L'espace du roi

DU MÊME AUTEUR

Sociologie de la communauté de Port-Royal : Histoire, économie, Paris, Klincksieck, 1999.

William Ritchey Newton

L'espace du roi

La Cour de France au château de Versailles 1682-1789

Préface de Jean-Pierre Babelon, de l'*Institut*

Ouvrage publié avec le concours du Centre national du livre

Fayard

Pour D.T.H.

Remerciements

De nombreux amis ont contribué à la préparation de cet ouvrage. À New York, mon ancien collègue de la bibliothèque Pierpont Morgan J. Rigbie Turner m'a apporté une inestimable assistance technique dans les premières étapes de mon travail. À Paris, mes premières recherches furent rendues possibles grâce à l'hospitalité de Roger Clarke et Robert Oresko. Aux Archives nationales, Anne-Marie Joly m'a aimablement permis de voir des plans rares, catalogués avec grand soin par Mme Gallet-Guerne, dont le travail fut pour moi un guide précieux. À Versailles, Christian Baulez m'a généreusement ouvert ses dossiers personnels et m'a indiqué maintes nouvelles directions pour mes recherches. De même, Béatrix Saule m'a aidé sur de nombreux points particuliers des coutumes de la Cour.

Par la suite, Maarten Ultée a lu plusieurs de mes essais et m'a fait d'utiles suggestions. Bruno Neveu et Philippe Cocâtre-Zilgien ont bien voulu m'encourager à poursuivre mon travail pendant plus d'une décennie. Enfin, Ellen et Jean Laporte furent une source d'aide constante, et Lilas Seewald a veillé avec un soin scrupuleux à la précision de cette édition. Leur travail à tous a rendu ce livre possible.

Préface

L'immense château transformé en musée par la volonté de Louis-Philippe s'emplit chaque matin de la foule bruyante et cosmopolite des visiteurs, attirés par une renommée touristique qui n'a jamais faibli. Ils patientent sur le pavé des cours avant de pénétrer dans les lieux sacrés et de piétiner sur le parquet des appartements, de pièce en pièce, en suivant leur guide. À la tombée de la nuit, le château se vide soudain pour ne plus résonner que du pas de l'équipe de surveillance qui traverse les espaces désertés, tandis que les cours reviennent à la solitude. Pour avoir habité en permanence l'un des appartements des ailes des Ministres et avoir exercé à Versailles des responsabilités qui s'apparentaient à certaines charges de l'ancienne Cour, car les nécessités de gestion survivent aux révolutions, je mesure tout particulièrement l'intérêt de l'étude menée par William R. Newton.

La société qui occupa les espaces versaillais jusqu'au 6 octobre 1789, c'était le roi, la reine et leurs enfants – si nombreux sous Louis XV qu'on avait osé numéroter les filles – servis par les gens de leurs « maisons », les princes et princesses du sang, frères et sœurs, oncles et cousins du souverain, avec la foule de leurs serviteurs, les grands seigneurs pourvus de charges à la Cour, tous les services destinés à assurer l'existence et les loisirs des personnes, à aménager et à entretenir les espaces, et enfin, dès les années 1670, les ministères qui assistent le roi dans le gouvernement du royaume. Une population estimée à plusieurs milliers d'âmes, une ville, une province, un « pays » qui vit en autarcie dans les limites du domaine royal, avec ses satisfactions et ses mécontentements, ses passions, ses cabales puis la lente démobilisation des esprits.

En labourant les sources d'archives avec une ardeur de bénédictin, essentiellement les dossiers de la Maison du roi (la précieuse série O^1 des Archives nationales autrefois conservée à Versailles), William R. Newton est parvenu à récapituler la succession d'attribution des appartements de fonction répartis dans le château et ses dépendances, *les vastes suites des princes et princesses, les logements des courtisans favorisés de quatre ou cinq pièces ou réduits à quelques « trous » à rat, selon le langage du temps, et jusqu'aux moindres soupentes sans feu, sans air, sans vue, où nichent frotteurs et balayeurs. Les informations tirées de ces documents, une fois repérées sur les plans de Mortin et de Blondel et sur les huit listes de concessions connues, ont donc permis de situer et de décrire ces logements dont le nombre, sur le premier état de 1722, était égal, à une unité près, à celui des jours de l'année, de préciser aussi les travaux qui y furent réalisés, aux frais du roi bien entendu, par les soins de l'administration des Bâtiments.*

Il devenait ainsi possible d'écrire la copieuse histoire de l'occupation de Versailles, doublant celle de sa construction. Elle concerne le manoir de Louis XIII doublé par Le Vau, corps central, aile du Gouvernement et Vieille Aile, puis les grandes ailes des Princes et du Nord ajoutées par Jules Hardouin-Mansart, les deux ailes des Ministres et enfin l'hôtel de la Surintendance, qui prolongeait l'aile des Princes, bref le château proprement dit, qui forme « l'espace du roi ». Elle sera, nous l'espérons, complétée par celle des « Dehors », le Grand Commun, les Écuries, le Gouvernement... tous les immeubles de Versailles qui abritaient les services de la Cour.

Au-delà de la simple histoire des lieux, les documents examinés, et particulièrement les réclamations des princes et des courtisans pour obtenir le logement convoité et les réponses apportées après décision du roi, qui tenait à statuer personnellement sur toute attribution, offraient un matériau de choix pour analyser le fonctionnement du groupe social constitué par la Cour. En bon connaisseur de la société d'Ancien Régime, l'auteur est en mesure d'apprécier le fonctionnement des offices, des services, des « départements », en s'appuyant sur la nomination des personnes et la taille des espaces, en un temps où locaux d'habitation et locaux professionnels sont étroitement liés. Ajoutons que l'index de ce volume nous procure un véritable Bottin de la cour de France durant un siècle.

Ces réflexions conduisent bien vite à l'histoire politique de ces trois règnes, si liés à la personnalité du souverain, et donc si différents. L'« espace du roi », c'est celui de sa vie personnelle, celui de sa vie relationnelle, celui du gouvernement des esprits, celui du gouvernement du royaume. D'un édifice de pierres et d'hommes construit par Louis XIV à la taille de sa personnalité et de ses ambitions, régi par un mécanisme d'horlogerie qui tourne bien jusqu'aux grands deuils de 1711-1712, que vont faire dans le siècle nouveau qui parie sur l'intimité contre le protocole Louis XV entouré de ses maîtresses, Louis XVI et Marie-Antoinette qui cherchent à échapper à l'étiquette ? Selon le système mis en place dans les années 1680, la société de Cour poursuivait sa révolution autour d'un roi identifié au soleil, mais tout dépendait de la force d'attraction qui maintenait la gravitation, et tout se disloque lorsque s'amoindrit puis s'éteint cette force faite de tradition et de respect, mais aussi d'intérêts. Les courtisans se lassent de gestes surannés auxquels le souverain ne porte plus d'attention, ils quittent ce pays de fiction pour les lumières de Paris.

Toutes les notations réunies par William R. Newton permettent ainsi de déceler, année après année, entre les murs du château de Versailles, les développements d'une crise de société que l'on connaissait, mais que l'on n'avait jamais observée de si près. C'est la conclusion inattendue de cette fructueuse recherche.

Jean-Pierre BABELON,
membre de l'Institut, directeur général honoraire
du Musée et du Domaine national de Versailles

Abréviations

Les éléments architecturaux du château sont abrégés en gras :

AG *Aile du Gouvernement*
ADM *Aile droite des Ministres*
AGM *Aile gauche des Ministres*
AN *Aile du Nord*
AP *Aile des Princes*
CC *Corps du château*
GC *Grand Commun*
S *Surintendance*
VA *Vieille Aile*

Les archives utilisées sont abrégées comme suit :

A.N. = Archives nationales
B.N. = Bibliothèque nationale de France
D.C.V. = Documentation du musée national du Château de Versailles

Les ouvrages imprimés souvent cités sont abrégés de la sorte :

C* = CROŸ, Emmanuel, duc de, *Journal inédit*, vicomte de Grouchy et P. Cottin, éd., 4 vol., Paris, 1907.

D = DANGEAU, Philippe de COURCILLON, marquis de, *Journal du marquis de Dangeau* [...] *avec les additions inédites du duc de Saint-Simon*, Émile Soulié, Louis Dussieux *et alii*, éd., Paris, 1854-1882, 19 vol.

GG-B = France, Archives nationales, *Versailles : dessins d'architecture de la direction générale des Bâtiments du roi*, t. 1, *Le Château, les jardins, le parc, Trianon*, Danielle Gallet-Guerne et Christian Baulez, éd., Paris, 1983.

L* = LUYNES, Charles Philippe d'ALBERT, duc de, *Mémoires du duc de Luynes sur la cour de Louis XV (1735-1758)* [...], Louis Dussieux et Émile Soulié, éd., Paris, 1860-1865, 17 vol.

SS = SAINT-SIMON, Louis de ROUVROY, duc de, *Mémoires de Saint-Simon : nouvelle édition collationnée sur le manuscrit autographe* [...], Arthur de Boislisle et L. Lecestre, éd., Paris, 1879-1930, 42 vol.

S = SOURCHES, Louis François du BOUCHET, marquis de, *Mémoires du marquis de Sourches sur le règne de Louis XIV* [...], Gabriel Juste, comte de Cosnac, et Arthur Bertrand, éd., Paris, 1882-1893, 13 vol.

Les noms des auteurs des lettres citées sont abrégés par leur initiale :

A = D'ANGIVILLER, Charles Claude FLAHAUT DE LA BILLARDERIE, comte, directeur général des Bâtiments du roi (1774-1789)

E = L'ÉCUYER, Jean Charles, contrôleur général des Bâtiments du roi (1742-1775)

G = GABRIEL, Ange Jacques, architecte ordinaire du roi (1742), contrôleur général des Bâtiments du roi (1743) ; intendant des Bâtiments du roi (1754) ; premier architecte (1742-1755)

H = HEURTIER, Jean-François, architecte, inspecteur général des Bâtiments du roi (1774-1793)

L** = LOISELEUR, N..., inspecteur des Bâtiments du roi (1777-1791)

LR = LE ROI, Antoine, inspecteur des Bâtiments du roi (1777-1791)

M = MARIGNY, Abel François Poisson, marquis de Vandières, puis de, directeur général des Bâtiments du roi (1751-1773)

N = NOAILLES, Philippe de NOAILLES, comte de MOUCHY, comte de, plus tard maréchal-duc de MOUCHY, gouverneur de Versailles (1720-1778)

P = POIX, Philippe Louis Marc Antoine de NOAILLES, prince de, gouverneur de Versailles (1778-1789)

T = TOURNEHEM, Charles François Paul LE NORMAND de, directeur général des Bâtiments du roi (1746-1751)

Introduction

La structure, la fonction et la composition des cours royales d'Europe évoluèrent différemment au XVIe et au XVIIe siècle, tout en conservant certains traits communs [1]. Dans la plupart des cas, le monarque, autrefois itinérant, possédait une résidence principale. Cette résidence attirait la noblesse, qui vint y faire sa cour de plus en plus assidûment, avant de s'établir dans le palais même ou dans le voisinage. Ainsi naquit une société de cour dont les mœurs donnèrent le ton à la culture, aux manières et à la conduite de la noblesse, conformément à la vision qu'elle se faisait d'elle-même. En même temps, les appartements royaux et l'administration s'accrurent rapidement autour de la Cour. Le civil s'y mêlait au militaire, et la robe à l'épée, dans une cohabitation qui brisa les contraintes des époques précédentes.

En Angleterre, la Cour perdit son importance lorsque le régime constitutionnel favorisa les institutions représentatives. Au XVIe siècle, la cour des Tudor connut une tension entre l'assemblée gouvernementale et le cabinet, entre le pouvoir public et la vie privée. Les Stuarts ne parvinrent pas à résoudre cette tension par la montée d'un gouvernement de favoris dont le pouvoir était fondé sur le patronage [2]. De cette façon, la Cour exerçait le pouvoir à travers un système politique d'allégeances fondé sur des pensions, des récompenses et des prérogatives. Selon certains auteurs, l'idée traditionnelle de la Cour évolua : elle n'était plus tant perçue comme une constellation d'élites, de courtisans et d'officiers gravitant autour du roi que comme une sorte de parti politique dont ses membres auraient des liens dans tout le pays. Cette conception de la cour suscita l'idée inverse, également confuse, d'un intérêt du « pays » : chacune de ces idées représentait une affiliation mal définie d'individus s'organisant pour des raisons politiques, sociales ou religieuses [3]. Cette politisation mena à la destruction de la cour de Charles Ier par la guerre civile. Mais le chef de l'État, y compris Cromwell,

1. Voir Ronald ASCH et Adolf BIRKE, éd., *Princes, Patronage, and the Nobility : The Court Nobility at the Beginning of the Modern Age c. 1450-1650*, Londres, 1991 ; M. CATTINI et M. A. ROMANI, *La Corte in Europa*, Brescia, 1983 ; A.G. DICKENS, éd., *The Courts of Europe : Politics, Patronage and Royalty, 1400-1800*, New York, 1984.

2. D. LOADES, *The Tudor Court*, Londres, 1986 ; David STARKEY, éd., *The English Court : From the War of the Roses to the Civil War*, Londres, 1987 ; R. LOCKYER, *Buckingham : The Life and Political Career of George Villiers, First Duke of Buckingham, 1592-1628*, Londres, 1981.

3. H. R. TREVOR-ROPER, « The General Crisis of the 17th Century », dans T. ASTON, éd., *Crisis in Europe 1560-1660*, Londres, 1965, p. 59-66 ; Kevin SHARPE, *Criticism and Compliment : The Politics of Literature in the England of Charles I*, Cambridge, 1987 ; Pérez ZAGORÍN, *The Court and the Country*, Londres, 1969 ; ID., « The Court and the Country : A Note on Political Terminology in the Earlier Seventeenth Century », *English Historical Review*, vol. 77, 1962, p. 306 *sq.*

ne pouvait se passer d'une maison, et la Cour fut rétablie par Charles II comme résidence du roi et siège des ministères. Cependant, la puissance grandissante du Parlement, qui culmina sous Guillaume III, et les concessions législatives de ses successeurs réduisirent la Cour à l'entourage qui servait les besoins personnels du monarque. Comparés aux dynastes du continent, les Hanovre du XVIIIe siècle apparaissent presque comme des citoyens particuliers [1].

En Allemagne, la *Reichsreform* dota l'Empire d'un ensemble d'institutions politiques et gouvernementales indépendantes de l'empereur [2]. Cela priva la cour impériale de sa position centrale, en conférant une indépendance relative aux unités territoriales à l'intérieur du Saint Empire. Il en résulta une série de petites cours aux cultures et aux intérêts locaux, comme l'illustre le *Kleinstaaterie* du XVIIIe siècle, dans lequel les princes singeaient Versailles tout en vivant de manière beaucoup moins protocolaire [3].

En Espagne, Philippe II apporta une contribution significative au développement de la Cour lorsqu'il choisit Madrid pour capitale et principale résidence, qu'il remodela l'Alcázar en donnant la priorité aux appartements officiels et en répudiant la curieuse tradition espagnole du palais comme annexe d'un monastère et qu'il étendit son autorité sur une bureaucratie grandissante aussi bien que sur les demeures royales [4]. Durant son règne, les courtisans furent nombreux à s'établir à Madrid, qui connut un grand essor. L'architecture, la décoration, les activités culturelles atteignirent un apogée grâce aux sommes qui leur furent consacrées, à une époque où l'Empire espagnol amorçait son déclin. Le ministre Olivares poursuivit la construction du palais du Buen Retiro, matérialisation des ambitions de Philippe IV. Ce faisant, il suscita l'émergence d'une opposition : la Cour devint pour celle-ci le symbole de l'extravagance ostentatoire et de l'oubli des réalités au lieu d'être le siège de la gloire et de la puissance [5]. À l'accession au trône de Charles II, la cour espagnole renoua avec l'atmosphère monastique. La mauvaise santé, la mélancolie, voire la folie, transparaissaient en fait derrière le cérémonial rigide qui maintenait le roi caché dans l'Alcázar. Cette tradition s'empara rapidement de son successeur, le Bourbon Philippe V, petit-fils de Louis XIV, et domina également le monarque du XVIIIe siècle, Ferdinand VI.

En France, la Cour émergea à la fin du XVe siècle lorsque la maison royale s'accrut, doublant en effectif entre 1490 et 1534 [6]. L'arrivée d'artistes et d'intellectuels commença alors à attirer la noblesse et de nouvelles idées surgirent [7]. Cependant, les conflits civils et religieux de la fin du XVIe siècle interrompirent le développement de la Cour en tant qu'institution monarchique. Plus tard, le gouvernement de Richelieu, avec son système de patronage personnel, éclipsa le monarque et réduisit le rôle de la Cour [8]. Sous Mazarin, elle était plus une source de dissension que d'unité.

1. Robert O. BUCHOLZ, *The Augustan Court : Queen Anne and the Decline of Court Culture*, Stanford, 1993 ; John M. BEATTIE, *The English Court in the Reign of George I*, Cambridge, 1967.

2. Volker PRESS, « The Hapsburg Court as the Center of Imperial Government », *Journal of Modern History*, vol. 58, 1986, supplément, p. 23-45.

3. J. VON KRUEDENER, *Die Rolle des Hofes im Absolutismus*, Stuttgart, 1973 ; H. C. EHALT, *Ausdrucksformen absolutistischer Herrschaft. Die Wiener Hof im 17 und 18 Jahrhundert*, Vienne, 1980.

4. Mia RODRÍGUEZ-SALGADO, « The Court of Philip II of Spain », dans ASCH, p. 205-244. *Cf.* James M. BOYDEN, *The Courtier and the King : Ruy Gómez de Silva, Philip II and the Court of Spain*, Berkeley, 1995.

5. Jonathan BROWN et J.H. ELLIOTT, *A Palace for a King : The Buen Retiro and the Court of Philip IV*, New Haven, 1980 ; J. H. ELLIOTT, « The Court of the Spanish Habsburgs : A Peculiar Institution », *Spain and its World, 1500-1700*, New Haven, 1989.

6. R. J. KNECHT, « The Court of Francis I », *European Studies Review*, vol. 8, n° 1, janvier 1978, p. 1-22.

7. Jean JACQUART, *François Ier*, Paris, 1981, p. 379-384 ; Jacqueline BOUCHER, *La Cour de Henri III*, Rennes, 1986.

8. Sharon KETTERING, *Patrons, Brokers, and Clients in Seventeenth-Century France*, New York, 1986. Voir aussi ses autres études : « Patronage and Kingship in Early Modern France », *French Historical Studies*, vol. 16, 1989, p. 408-436 ; « Patronage in Early Modern France », *ibid.*,

Louis XIV fit revivre de nombreux aspects de la vie de cour antérieure, et fit de la sienne un modèle pour les autres monarques européens ; elle devint le centre du pouvoir dans le royaume. Le roi codifia les cérémonies quotidiennes et l'étiquette, tout en mettant l'accent sur le rôle personnel du monarque dans l'État. Il fit des services de sa maison un privilège recherché par les nobles les plus fiers, et Versailles devint le symbole de la Cour comme organe à la fois de la politique intérieure et extérieure – une façon de consolider le contrôle royal sur la France et de manifester sa gloire à l'étranger.

PERSONNALITÉS ET POUVOIR

Louis XIV

La cour de Louis XIII et du début du règne de Louis XIV demeura aussi itinérante que celle des Valois au siècle précédent [1]. Les campagnes militaires, les voyages, les changements perpétuels de résidence de Paris à Saint-Germain-en-Laye et Fontainebleau déterminaient le rythme de la vie royale. Versailles fut d'abord la résidence privée du roi. Dans les années 1630, c'était un rendez-vous de chasse de Louis XIII. Pour le jeune Louis XIV, il devint un discret lieu de retraite et de rencontres intimes avec Mlle de La Vallière et une sorte d'entrepôt de la collection royale d'objets d'art et de bijoux. C'est seulement lorsque la Cour y fut officiellement transférée que le château, agrandi, devint un instrument de la politique royale.

Extérieurement, la magnificence des constructions et de la décoration était destinée à glorifier la personne et la position de Louis XIV et de la France. L'envoyé de la cour de Brandebourg mesurait, entre autres critères, la puissance du roi à l'aune des sommes nécessaires à l'entretien du château. Il tenta une estimation des dépenses afférentes aux « bâtiments et entretien des maisons royales, et d'où même on peut juger par le seul Versailles qui, pour le château, les jardins, orangeries, surtout les eaux et fontaines, les conduits sous terre, les machines qu'il fallut employer, coûte au roi plus de quatre-vingt millions de livres [2] ». À quoi il fallait ajouter, notait-il, le coût des domestiques de la table, des écuries, des pensions, des gratifications, des subsides et des œuvres d'art. Cette prodigalité était considérée comme un aspect de la grandeur du roi, et lorsque les constructions ralentissaient, l'Europe s'inquiétait : l'argent soustrait à Versailles allait inévitablement aux campagnes militaires [3]. De leur côté, les courtisans – ainsi le marquis de Sourches – voyaient d'un bon œil augmenter les sommes investies dans les œuvres d'art, le mobilier et les joyaux du roi [4] ; les modestes provinciaux se réjouissaient du luxe du palais [5]. Cette munificence glorifiait la personne du roi et exaltait sa position parmi les autres monarques.

---

vol. 17, 1992, p. 839-862 ; « The Decline of Great Noble Clientage during the Reign of Louis XIV », *Canadian Journal of History*, vol. 24, 1989, p. 157-178 ; « Brokerage at the Court of Louis XIV », *The Historical Journal*, vol. 36, 1993, p. 69-87.

1. Jean BOUTIER, Alain DEWERPE et Daniel NORDMAN, *Un tour de France royal : Le voyage de Charles IX, 1564-1566*, Paris, 1984 ; *cf.* Jean-François SOLNON, *La Cour de France*, Paris, 1987.

2. Ézéchiel SPANHEIM, *Relation de la cour de France en 1690*, Émile Bourgeois, éd., Paris, 1973, p. 39 et 221.

3. S I 347.

4. S III 443 *sq.*

5. Pierre PRION, *Pierre Prion, scribe : Mémoires d'un écrivain de campagne au XVIIe siècle*, Orest Ranum et Emmanuel Le Roy Ladurie, éd., Paris, 1985, p. 56.

Le but principal de la cour de Versailles était le contrôle de la noblesse. Dans les *Mémoires* préparés pour l'instruction de son héritier, Louis XIV s'exprime clairement sur ce point : « Les fils de France [...], pour le bien de l'État, ne doivent jamais avoir d'autre retraite que la Cour, ni d'autre place de sûreté que dans le cœur de leur frère [1]. »

Quand le roi méditait ces recommandations, la Fronde était encore récente. Gaston d'Orléans avait soulevé les provinces contre la monarchie ; sa cousine, la Grande Mademoiselle, avait fait donner le canon sur Paris, et la branche collatérale, les Condé, en la personne du commandant suprême des forces militaires, avaient ouvertement attiré des troupes étrangères contre le trône [2]. Chaque fois, les rebelles avaient recouru au patronage et aux réseaux locaux, et même s'étaient alliés à une fraction de la noblesse parlementaire. Dès le début de son règne personnel, Louis XIV accrut la centralisation que Richelieu avait déjà accentuée. En outre, les foyers potentiels d'opposition tels les parlements et les états de certaines provinces – corps quasi indépendants représentant les intérêts locaux – furent surveillés et soumis à un contrôle strict, du moins en théorie [3]. Afin d'assurer l'obéissance et la loyauté des élites, le roi s'appliqua à devenir l'unique source d'avancement et de gratification. Offices, promotions, pensions et autres subsides furent généreusement accordés à la noblesse, grande et petite.

Louis XIV exigea que les nobles fissent leur cour pour participer à cette loterie de faveurs royales, c'est-à-dire qu'ils vinssent lui rendre visite et manifester leur fidélité en assistant aux rites quotidiens de son existence. Pour la grande majorité d'entre eux, cela impliquait leur présentation à la Cour [4], des visites occasionnelles à la résidence du monarque, et l'obtention d'une approbation aux alliances de leur progéniture, ce qui se manifestait souvent par la signature du roi sur les contrats de mariage. Plus la famille était importante, plus le roi tenait à ce qui était devenu l'équivalent de l'hommage vassalique. C'est ainsi que la Cour devint un instrument de la politique royale. Au milieu du XIXe siècle, Louis-Philippe voyait encore clair dans cette stratégie : « Il persista dans tout le corps de son règne à abaisser les princes et la haute noblesse, à les réduire à sa cour à un état de domesticité auprès de sa personne, et à limiter leur ambition à se rapprocher du souverain afin d'être plus à portée de partager ses faveurs [...]. Il attira donc tous les nobles à sa cour afin de diminuer leur influence dans leurs terres et dans leurs provinces [5]. »

Maintenir une cour permanente et fastueuse, capable de remplir à la fois le rôle de résidence royale, de siège du gouvernement et de centre de la société nécessitait d'importantes installations. Colbert avait plaidé pour l'agrandissement et l'embellissement du Louvre, mais le séjour parisien présentait plusieurs inconvénients [6]. Les bâtiments étaient vétustes et avaient été la proie des flammes [7]. L'espace compris entre le Louvre et les Tuileries était encore privé, et d'ailleurs une partie de ces terrains devait rester un quartier résidentiel jusqu'au temps de Napoléon III. Certains membres de l'aristocratie possédaient un hôtel à Paris, mais les autres n'envisageaient guère de

1. LOUIS XIV, *Mémoires*, Jean Longnon, éd., Paris, 1978, p. 164.

2. G. DETHAN, *Gaston d'Orléans, conspirateur et prince charmant*, Paris, 1959 ; A. Lloyd MOOTE, *The Revolt of the Judges : The Parlement of Paris and the Fronde, 1643-1652*, Princeton, 1971 ; Orest RANUM, *The Fronde : A French Revolution*, New York, 1993.

3. Roger METTAM, *Power and Faction in Louis XIV's France*, Oxford, 1988.

4. François BLUCHE, *Les Honneurs de la Cour*, Paris, 1957, 2 vol.

5. LOUIS-PHILIPPE Ier, *Mémoires de Louis-Philippe, duc d'Orléans, écrits par lui-même*, 2 vol., Paris, 1973, t. I, p. 7.

6. Jean-Baptiste COLBERT, *Lettres, instructions, et mémoires*, Pierre Clément, éd., 7 vol., Paris, 1861-1873, V, p. 266-270.

7. Anne-Marie Louise D'ORLÉANS, duchesse de Montpensier, *Mémoires de Mademoiselle de Montpensier*, 7 vol., Londres, 1746, V, p. 49 ; Louis HAUTECŒUR, *Le Louvre et les Tuileries de Louis XIV*, Paris, 1927.

construire[1]. Dans leurs quartiers parisiens, les nobles ne pouvaient être sous contrôle immédiat. Ajoutons que Louis XIV n'appréciait pas Paris, parce qu'il aimait la vie au grand air, mais aussi en raison des mauvais souvenirs qu'il avait gardés, enfant, de la Fronde. Avant même d'avoir officiellement et de façon permanente transféré la Cour au château de Versailles en 1682, il avait depuis la mort de Mazarin (1661) évité Paris et vécu la plupart du temps au château de Saint-Germain(-en-Laye). À l'exception de trois hivers passés aux Tuileries, il évita la capitale presque complètement après 1666 et ne s'y rendit que trente-six fois durant les seize années suivantes, et seulement huit fois après s'être établi à Versailles[2].

Les châteaux de Saint-Germain et de Fontainebleau ne se prêtaient pas à un large établissement[3]. Et bien que beaucoup se soient plaints des inconvénients du site de Versailles et de ses marécages, le modeste rendez-vous de chasse bâti par son père demeura la résidence favorite de Louis XIV ; il y ajouta de nouvelles constructions et embellit le bâtiment primitif[4]. Avant 1682, Versailles n'était que l'une des résidences royales, mais devint à cette date le siège officiel du gouvernement et de la Cour. Le corps central, le premier château, encastré dans une façade massive donnant sur le jardin, avait d'abord, on l'a vu, servi de retraite. Des appartements étaient réservés aux membres les plus proches de la famille royale et aux princes du sang et un nombre limité de logements étaient destinés à la suite immédiate du roi. En dehors de ceux dont les fonctions officielles au sein de la Maison du roi donnaient accès à la personne du monarque, les visites à Versailles ne se faisaient que sur invitation. Seul un petit nombre d'amis du roi pouvaient l'y suivre sans y être conviés en raison des privilèges octroyés par le port du « justaucorps bleu » donné par brevet à ses compagnons de chasse[5]. Mais peu d'entre eux pouvaient être logés dans le château lui-même. On les gratifia de parcelles situées en bordure de ce qui est aujourd'hui la place d'Armes et des avenues. Ils y construisirent des hôtels où ils passaient la nuit et logeaient leurs serviteurs et leurs chevaux. Au début des années 1670, des pavillons furent également édifiés pour les quatre secrétaires d'État, quand le roi commença à séjourner plus longtemps à Versailles et éprouva le besoin de les avoir près de lui pour travailler quotidiennement.

Il fallait trouver de la place pour loger la famille royale qui s'accroissait. Le dauphin allait se marier et engendrer la génération suivante de la dynastie, les enfants naturels du roi grandissaient aussi ; les enfants des princes du sang devenaient adultes. L'aile sud, dite du Midi, ou aile des Princes, fut achevée en 1682. Pour la première fois, il y aurait assez de place pour loger les courtisans en permanence. Colbert veillait à tous les détails et distribuait attentivement les locaux[6]. Une aile de même forme fut construite un peu plus tard au nord, l'aile Neuve ou aile du Nord. Une fois achevée (en 1689), elle procura cinquante-cinq nouveaux appartements pour les courtisans[7]. Avec ceux de l'aile des Princes, des attiques du corps central et des ailes qui le

1. Jean-Pierre BABELON, *Demeures parisiennes sous Henri IV et Louis XIII*, Paris, 1991, p. 64.

2. SS XIII, 294 ; XVIII, 316 ; XXVIII, 126-136, 518 *sq.*

3. Bernard NARBONNE, *Les Grandes Heures de Saint-Germain-en-Laye*, Paris, 1950.

4. Sur les plaintes relatives au site marécageux de Versailles, voir SS XXVIII 162 ; [Giovanni Battista] PRIMI-VISCONTI (Fassola di Rossa, comte di San Maiolo), *Mémoires sur la cour de Louis XIV*, Jean Le Moine, trad., Paris, 1908, p. 271 ; J. A. LE ROI, éd., *Journal de la santé du roi Louis XIV de l'année 1647 à l'année 1711*, Paris, 1862, p. 294 ; Pierre NARBONNE, *Journal des règnes de Louis XIV et Louis XV de l'année 1701 à l'année 1744*, J. A. Le Roi, éd., Paris, 1866, p. 321.

5. D I 393 ; SS XII 351 ; XXVIII 133.

6. Pierre MARGRY, *Un fils de Colbert : étude suivie de la correspondance du marquis d'Ormoy avec son père concernant les bâtiments du palais de Versailles et les travaux faits dans les environs, 1663-1704*, Paris, 1873.

7. D I 148.

prolongeaient du côté de la cour de Marbre, il y avait assez de place pour loger les branches collatérales et les principales familles de France. Le duc de Saint-Simon résume parfaitement la situation : « À Versailles, Louis XIV fit naître peu à peu ces bâtiments immenses qu'il y a faits et leur commodité pour une nombreuse cour, si différente des logements de Saint-Germain [...]. Il y fait les logements infinis qu'on lui faisait sa cour de lui demander, au lieu qu'à Saint-Germain presque tout le monde avait l'incommodité à être à la ville et le peu qui était logé au château y était étrangement à l'étroit [1]. »

Le roi pouvait à présent s'assurer que les élites allaient lui rendre hommage, mais aussi qu'elles vivraient dans sa propre demeure, dont elles ne bougeraient guère. Sous le règne suivant, le vieux comte de Flamarens devait se souvenir : « Les ministres ne quittaient jamais le roi sans congé. Les grands officiers de la Couronne ne s'absentaient pas non plus sans permission. Les personnes en charge, celles en place, restaient toujours à la Cour, y vivaient continuellement. Versailles était leur pays : ils étaient étrangers à Paris [2]. »

La force du Roi-Soleil résidait dans son caractère. L'esprit toujours en éveil, il notait chaque jour lors des repas, des offices religieux, des promenades, qui était présent et qui était absent, et en demandait la raison : « C'était un démérite aux uns et à tout ce qu'il y avait de distingué, de ne faire pas de la Cour son séjour ordinaire, aux autres d'y venir rarement, et une disgrâce sûre pour qui n'y venait jamais. Quand il s'agissait de quelque chose pour eux : “Je ne les connais point”, répondait-il fièrement ; sur ceux qui se présentaient rarement : “C'est un homme que je ne vois jamais”, et ces arrêts-là étaient irrévocables [3]. »

Ce que le roi ne pouvait observer directement, il l'apprenait par les rapports de police, les portiers ou les concierges dont les observations lui étaient transmises par son valet de chambre Bontemps [4]. Les lettres étaient régulièrement ouvertes et lues par le « cabinet noir », rôle dévolu aux officiers surveillant la poste [5].

Versailles devint ainsi un lieu où les grandes familles de la noblesse étaient rassemblées et surveillées en permanence. Puisque la Cour était la source des faveurs et des récompenses, peu de gens pouvaient se dispenser d'y figurer, et pour les plus ambitieux d'entre eux, une présence permanente était nécessaire. C'est dans ce milieu que se développa un style de vie que les sociologues ont appelé la « société de cour [6] » – les courtisans appellaient simplement Versailles « ce pays-ci [7] ». Ces mots désignent une manière de vivre, une étiquette, une échelle de valeurs et un certain comportement. Vue dans une perspective historique, la société de cour constitue une étape de l'évolution sociale qui a fait de la noblesse médiévale, belliqueuse et indépendante, un groupe destiné à sou-

1. SS XXVIII 131.

2. Marie Angélique Fremyn de Moras, duchesse DE BRANCAS, *Mémoires de la duchesse de Brancas*, E. Asse, éd., Paris, 1890, p. 21.

3. SS XXVIII 134 *sq.* ; *cf.* V 383 ; VI 562 ; XII 115 *sq.*, 299 ; XIII 242 *sq.*, 266 *sq.*, 483, 486 *sq.*, 488 ; XIV 148 ; XV 240, 318 ; XXIV 197, 308 ; XXVI 24 *sq.* ; PRIMI-VISCONTI, p. 259.

4. SS XIII 153 ; XXVIII 136 *sq.*

5. A. DE BOISLISLE, « Secrets de la poste sous le règne de Louis XIV », *Annuaire bulletin de la Société de l'histoire de France*, 1890, p. 229-245 ; D XIII 150 ; Charlotte Élisabeth von der Pfalz, duchesse D'ORLÉANS, *Lettres françaises*, Dirk Van der Gruysse, éd., Paris, 1989, p. 67, 73, 96, 192, 208 et *passim* ; SS III 142 ; VII 2 ; VIII 350 ; XVI 197 ; XXIII 134.

6. Norbert ELIAS, *La Société de cour*, trad. fr., Paris, 1974 ; *cf.* G. CRIFO, « Tra sociologica et storia. Le scelte culturali de Norbert Elias », dans S. Bertelli et G. Crifo, éd., *Rituale, ceremoniale, etichetta*, Milan, 1985. Voir aussi Ellery SCHALK, *From Valor to Pedigree : Ideas of Nobility in France in the Sixteenth and Seventeenth Centuries*, Princeton, 1986.

7. BRANCAS, *Mémoires*, p. 21 ; L* V 92 ; Alexandre TILLY, *Mémoires du comte Alexandre de Tilly*, Christian Melchior-Bonnet, éd., Paris, 1965, p. 141 *sq.* Sur l'évolution du concept d'un langage de cour en France, voir Marc FUMAROLI, « Le langage de cour en France : problèmes et points de repères », dans *Europäische Hofkultur im 16. und 17. Jahrhundert*, August Buck *et al.*, éd., *Wolfenbütteler Arbeiten zur Barockforschung*, vol. 9, 1981, p. 23-32.

tenir l'État en la personne du monarque, et dont la vie se déroule largement autour de sa personne. Ces mêmes nobles qui avaient menacé Louis XIV dans son enfance et sa jeunesse furent « civilisés » par la pratique journalière de l'étiquette. Les anciens potentats des provinces en furent réduits à s'affronter sur des affaires de préséance, à rivaliser pour les charges honorifiques et l'attribution de pensions. La vie quotidienne était rythmée par un programme rigide de cérémonies : les privilégiés étaient admis au lever du roi en plusieurs vagues successives appelées « entrées familières », « grandes », « premières » et « simples », à son habillement, à sa toilette et à sa prière. Louis XIV prenait habituellement ses repas en public : le « grand couvert » quand il dînait en cérémonie devant toute la Cour qui y assistait debout, le « petit couvert » quand il le faisait dans sa chambre en présence de courtisans choisis [1]. Sa journée s'achevait avec le coucher, durant lequel il se préparait longuement pour la nuit [2].

Ces rites étaient beaucoup plus importants que les assistants ne le supposaient, car les relations entre la personne du souverain et l'État avaient changé. Le mythe de l'État constitué de deux corps – le corps physique du monarque, le corps politique du roi et de ses sujets – avait trouvé son expression dans le cérémonial de la « joyeuse entrée », du sacre, des funérailles et du lit de justice. Ces occasions s'étant raréfiées, l'idée du roi personnifiant l'État – résumée par la formule « L'État, c'est moi » – en vint à symboliser le corps politique [3]. En même temps, l'établissement d'une cour nombreuse et domiciliée créa entre le roi et la noblesse une relation de subordination et de service personnel. Mais, pour que les rites de la société de cour devinssent l'image et le modèle de la monarchie, il fallait que ces rites fussent constamment répétés dans un cadre cérémoniel [4].

Louis XV

La cour de Louis XIV à Versailles fut à son zénith entre 1682 et 1710. Après cette date, accablé par le décès de nombre de ses proches, par une santé défaillante et l'attente de sa propre mort, le Roi-Soleil se montra un peu plus laxiste. Le rituel fut certes observé jusqu'à son dernier jour, mais, en 1713, des courtisans qui, jusque-là, n'auraient pas songé à s'absenter, commencèrent à acquérir des résidences à Paris et à se préparer pour le nouveau règne [5]. Durant la régence qui suivit, la cour de Versailles disparut. Le jeune Louis XV, né en 1710, vivait le plus souvent à Vincennes ou aux

1. *État de France* 1688, I, p. 96 ; Béatrix SAULE, *Versailles triomphant : Une journée de Louis XIV*, Paris, 1996, p. 98-111, 164-173, et « Tables royales à Versailles, 1682-1789 », *Versailles et les tables royales en Europe, XVIIe-XVIIIe siècle*, Paris, 1993, p. 41-68.

2. Les entrées familières étaient accordées à ceux qui entraient quand le roi était encore dans son lit, parmi ceux-ci son médecin, son ancienne nourrice et d'autres serviteurs de ses besoins corporels. Les grandes entrées étaient accordées aux membres directs de la famille royale, au grand chambellan, aux premiers gentilshommes de la chambre du roi, au grand maître et au maître de la garde-robe du roi et quelques autres privilégiés. Ils entraient lorsque le roi était levé. Les premières entrées (souvent appellées secondes entrées) venaient quand le roi avait revêtu sa robe de chambre. Elles étaient accordées par un brevet d'affaires à des individus et par droit aux secrétaires du cabinet et aux lecteurs du roi. Enfin, les simples entrées étaient données aux officiers de la Maison du roi et aux courtisans de service, qui entraient lorsque le roi était assis à sa table de toilette. Pour le coucher, les simples entrées partaient quand la chaise du monarque était placée devant sa table de toilette, tandis que les premières, grandes et familières entrées restaient dans la chambre du roi pendant que celui-ci se déshabillait et jusqu'à ce qu'il fût dans son lit. Voir D I 257, 350 ; *État de France*, 1712, I 251 *sq.* ; L* I 262 *sq.* ; SS XXII 496 ; XXIV 201, 344 *sq.* ; XXVIII 336.

3. Louis MARIN, *Portrait of the King*, Martha Houle trad., dans *Theory and History of Literature*, vol. 57, Minneapolis, 1988. *Cf.* Peter BURKE, *The Fabrication of Louis XIV*, New Haven, 1992.

4. Ralph GIESEY, *Cérémonial et Puissance souveraine en France du XVe au XVIIe siècle*, Paris, 1987 ; et « Modèles de pouvoir dans les rites royaux en France », *Annales E.S.C.*, vol. 41, n° 3, 1986, p. 570-598. Voir aussi Sarah HANLEY, *The* Lit de Justice *of the Kings of France : Constitutional Ideology in Legend, Ritual and Discourse*, Princeton, 1983 ; et « L'idéologie constitutionnelle en France : le lit de justice », *Annales E.S.C.*, vol. 37, n° 1, 1982, p. 32-62. Pour les études sur l'époque plus ancienne, voir Lawrence BRYANT, *The King and the City in the Parisian Royal Entry Ceremony : Politics, Ritual, and Art in the Renaissance*, Genève, 1986 ; Ralph GIESEY, *The Royal Funeral Ceremony in Renaissance France*, Genève, 1960 ; Richard A. JACKSON, *Vive le roi ! A History of the French Coronation from Charles V to Charles X*, Chapel Hill, 1984.

5. SS XXXIII 380.

Tuileries ; le Régent, le duc d'Orléans, logeait au Palais-Royal à Paris. Même quand il revint à Versailles, en 1722, le gouvernement resta entre les mains du Régent, puis du duc de Bourbon et finalement du cardinal de Fleury. Un grand nombre des courtisans du règne précédent ne revinrent pas. Leurs postes dans la Maison du roi avaient disparu avec la décimation de la dynastie. Les membres de celle-ci ne se montraient guère. Au début, la Cour était peuplée de favoris et d'amis du Régent. Le maréchal de Villars se plaignait de cette atmosphère de vieillards [1].

Peu après, cependant, le duc de Bourbon, prince de Condé, dit Monsieur le Duc, qui occupa brièvement la charge de principal ministre, parvint à attirer la Cour. Mais le Régent mourut en 1723 et Monsieur le Duc tomba en disgrâce. L'héritier du duc d'Orléans, qui avait auparavant tenté d'exercer le pouvoir, se retira à l'abbaye Sainte-Geneviève à Paris où il mena une vie de reclus, adonné aux exercices de piété et à diverses excentricités. Les princes du sang étaient ou trop âgés, ou trop jeunes, ou trop incapables pour paraître à la Cour. En ces circonstances, le cardinal de Fleury, ancien précepteur du roi, tint les rênes du pouvoir presque seul jusqu'en 1738, et sans sérieuse difficulté jusqu'à sa mort en 1743. Ces années furent pour la France une période de redressement et de paix relative.

C'est dans ce climat que grandit Louis XV [2]. C'était un jeune homme timide et, pour un Bourbon, studieux ; il souffrait régulièrement de maux de tête et de rhumes. Ses fréquentes maladies effrayèrent Monsieur le Duc et le décidèrent à le marier au plus tôt. Le Régent avait déjà arrangé un mariage avec l'infante d'Espagne, âgée de cinq ans. Elle fut renvoyée chez elle sans cérémonie et le jeune roi épousa la fille du roi de Pologne en exil, Stanislas. Quand Marie Leszczyńska arriva à la Cour en 1725, c'était une jeune femme pieuse et morne, mais très consciente de l'honneur qui lui était fait d'être reine de France. Bien que la situation de son père ne fût guère brillante, la princesse polonaise était belle et semblait apte à donner des héritiers à la couronne. Louis XV réagit avec passion et remplit son devoir conjugal avec enthousiasme. Au bout de deux ans, deux filles jumelles naquirent : Madame Élisabeth, la seule des filles de Louis XV qui devait se marier, et Madame Henriette ; une troisième, qui vécut peu de temps, vit le jour l'année suivante. Enfin, en 1729, un dauphin naquit, suivi en 1730 d'un frère qui mourut jeune. Entre 1732 et 1737, cinq filles suivirent. Plus tard, les quatre survivantes furent appelées Madame Adélaïde, Madame Victoire, Madame Sophie et Madame Louise. Au terme de près d'une décennie de fidélité, le roi accueillit cette dernière naissance sans enthousiasme et surnomma sa dernière fille « Madame dernière ». L'idylle de la vie domestique était achevée.

Ce fut à la fin des années 1730 que Louis XV devint véritablement adulte. Il commença à choisir ses amis et à les inviter à des soupers privés. Pour donner un caractère intime à ces réunions, il fit construire les « Petits Appartements » dans les attiques situés au-dessus de ses appartements personnels. Et il prit en secret une maîtresse, la marquise de Mailly. Médiocre par la beauté, les ressources et l'esprit, elle était presque aussi réservée que lui. Longtemps la Cour soupçonna une liaison, mais celle-ci ne fut connue de tous qu'en 1737 ; en 1741, le roi installa la marquise dans

1. Claude Louis Hector, maréchal-duc DE VILLARS, *Mémoires du maréchal de Villars*, Petitot et Monmerqué, éd., *Collection de mémoires relatifs à l'histoire de la France*, 2e série, LXX, p. 124-126.

2. Michel ANTOINE, *Louis XV*, Paris, 1989. Cette admirable biographie contient l'essentiel de l'histoire du règne. Pour raison de brièveté, elle est citée ici une seule fois, car autrement, nous devrions la citer si souvent qu'elle envahirait le texte. On y ajoutera un ouvrage antérieur du même auteur, *Le Conseil du roi sous le règne de Louis XV*, Genève et Paris, 1970.

un logement jouxtant les Petits Appartements, lui décernant ainsi la qualité de maîtresse attitrée. C'était une position que les courtisans reconnaissaient depuis longtemps comme une source de pouvoirs et de profits.

Le cardinal de Fleury vieillissait rapidement. Les secrétaires d'État qui travaillaient sous sa direction commençaient à s'agiter. Chauvelin, chargé des Affaires étrangères, alla jusqu'à monter une coterie indépendante pour pousser la France à entrer dans la guerre de la Succession de Pologne pour défendre les droits du beau-père de Louis XV, Stanislas Leszczyński, élu par la diète de Varsovie. Il fut congédié, mais d'autres virent combien aisément un roi timide pouvait être manœuvré. C'est ainsi que s'ouvrit une longue période où des factions suscitées par des ambitions individuelles tentèrent de régenter la France par le truchement de la Cour. Sous Louis XV, celle-ci, au lieu d'être l'instrument par lequel le roi dominait la noblesse, était devenue une arène où les nobles cherchaient à contrôler le roi afin d'exercer une influence sur la politique. Louis avait cependant du caractère, et l'influence des courtisans était plus illusoire que réelle.

Du point de vue des courtisans, le reste du règne de Louis XV jusqu'à sa mort en 1774 fut une succession de luttes et de cabales entre coteries pour gouverner en sous-main à travers la maîtresse du moment, ses partisans et ses amis. À Mme de Mailly succéda un temps sa sœur, la marquise de Vintimille. À la mort de cette dernière, une autre de ses sœurs la remplaça. Celle-ci, la marquise de La Tournelle, plus tard duchesse de Châteauroux, eut plus d'ambition. Elle soutint le maréchal de Belle-Isle qui se proposait d'entraîner la France dans une guerre contre l'Autriche, et finalement contre la Prusse. À sa mort, elle fut remplacée par Mme Le Normant d'Étioles, bientôt faite marquise de Pompadour ; celle-ci eut d'abord besoin du soutien du duc de Richelieu, puis devint un pouvoir indépendant que les Autrichiens utilisèrent pour renverser la politique étrangère traditionnelle de la France, et favoriser une alliance avec Vienne. L'abbé de Bernis, le futur cardinal, fut l'homme de Mme de Pompadour et de même le duc de Choiseul ; ils détinrent successivement le portefeuille des Affaires étrangères. Choiseul fut très près d'exercer l'hégémonie sur les autres ministres et de maintenir une politique étrangère cohérente, mais il dut céder aux parlementaires et à l'Église sur les affaires intérieures. Il survécut à Mme de Pompadour, qui mourut en 1764, et renforça l'alliance franco-autrichienne par le mariage du petit-fils de Louis XV à une fille de l'impératrice Marie-Thérèse, Marie-Antoinette. Il ne survécut pas, en revanche, à la dernière maîtresse de Louis XV, Mme du Barry, ancienne vendeuse d'une grande beauté, qui ne s'intéressait pas particulièrement à la politique, mais que le désir de Choiseul de la remplacer par sa propre sœur amena à s'opposer au ministre. Le duc d'Aiguillon, ami et protecteur de Mme du Barry, lui succéda, et perdit à son tour le pouvoir lorsque le parti dévot accrut son influence après la mort de Louis XV et le bannissement de Mme du Barry de Versailles.

On réduit souvent l'histoire de la Cour à la chronique des intrigues, des cabales et des luttes d'influence entre les ministres et les maîtresses, et c'est là l'objet de nombreux Mémoires [1]. On ne peut nier les effets négatifs, en France et à l'étranger, de ces conflits et des coups portés contre le trône au XVIIIe siècle.

1. Sur les cabales à la cour de Louis XIV, voir Emmanuel LE ROY LADURIE, « Système de la Cour : Versailles en 1709 », *L'Arc* n° 65, 1976, p. 21-35. Pour le règne de Louis XV, voir René Louis de Voyer de Paulmy, marquis D'ARGENSON, *Journal et Mémoires du marquis d'Argenson*, E. J. B. Rathery, éd., 9 vol., Paris, 1859-1867, *passim* ; L* III 470 ; VI 265, 266 *sq.*, 468, 471 ; V 156 ; VI 177, 419, 425, 487 ; X 117 *sq.* ; XIII 426, 436 *sq.* ; XV 284-287, 320 ; XVI 284 *sq.* ; C* I 60-74 ; II 44 *sq.*

En fin de compte, c'est la personnalité de Louis XV qui a provoqué cette évolution de la Cour. Le duc de Croÿ estimait que « la modestie était une qualité qui fut poussée au vice chez lui [1] ». Il paraissait souvent incapable d'exercer une solide autorité et de prendre des décisions claires. Les séances du Conseil tournaient alors à la comédie. Les ministres s'efforçaient de travailler avec lui, mais se trouvaient régulièrement en opposition les uns aux autres. Et ceux qui étaient forts, le roi ne les soutenait pas toujours. En politique intérieure, des demi-mesures entraînaient des compromis sans résoudre les problèmes de finances, de religion ou de division du pouvoir régalien qui survenaient. En revanche, Louis XV menait une politique étrangère indépendante, parfois contraire à celle de ses ministres, le « secret du roi [2] ».

Dans un milieu où approcher le monarque était une chance, sa timidité encourageait les intrigants à la flatterie, que seuls limitaient la tolérance du roi, ou son indifférence à la flagornerie, et ses soudains retours d'affirmation de soi. Lorsqu'il se sentait assiégé, il se retirait soit dans les Petits Appartements, soit dans telle ou telle résidence discrète comme Bellevue, Choisy, la Muette ou Saint-Hubert, qui ne pouvaient héberger que la maîtresse du moment et un petit groupe d'amis. Ces retraites, avec les séjours à Trianon et à Marly, ceux à Compiègne en été et la chasse en automne à Fontainebleau laissaient fréquemment la Cour déserte. En 1741, un Parisien notait dans son Journal que le roi n'avait guère passé à Versailles une semaine entière au cours de l'année [3]. En 1759, le duc de Croÿ observe de son côté : « Le roi se dispersait par des voyages continuels [4]. »

Louis XVI

La mort de Louis XV amena son petit-fils sur le trône en 1774. Le dauphin, âgé de dix-neuf ans, n'était guère préparé à assumer son rôle. La timidité du grand-père fit place à un pénible embarras qui pouvait rendre le nouveau roi incapable de faire une réponse appropriée [5]. Les maîtresses n'étaient plus là, mais les ministres acquirent encore plus de poids, sinon de compétence. Symboliquement, Maurepas, le principal ministre, fut installé dans les appartements de Mme du Barry, où il tenait des soirées politiques [6]. Le roi et la reine vivaient retirés dans l'intimité de la vie familiale. Au lieu du dîner en public du règne de Louis XIV ou des soupers intimes donnés par Louis XV dans les Petits Appartements, Marie-Antoinette et Louis XVI préféraient dîner avec les comtes de Provence et d'Artois et leurs épouses [7]. Le roi s'intéressait davantage à la chasse et à la serrurerie qu'aux réunions du Conseil [8]. Marie-Antoinette,

1. C* III 108.

2. E. BOUTARIC, éd., *Correspondance secrète inédite de Louis XV sur la politique étrangère avec le comte de Broglie, Tercier, etc.*, 2 vol., Paris, 1866 ; Jacques Victoire Albert, duc de BROGLIE, éd., *Le Secret du roi : correspondance secrète de Louis XV avec les agents diplomatiques*, 2 vol., Paris, 1878 ; Didier OZANAM et Michel ANTOINE, éd., *Correspondance secrète du comte de Broglie avec Louis XV*, 2 vol., Paris, 1956-1961 ; Camille ROUSSET, éd., *Correspondance de Louis XV et du maréchal de Noailles*, 2 vol., Paris, 1865.

3. Edmond Jean François BARBIER, *Chronique de la Régence et du règne de Louis XV, 1718-1763*, 8 vol., Paris, 1866-1877, t. III, p. 288 ; t. V, p. 8, 107, 109, 148. Les absences du roi étaient aussi notées par Narbonne, magistrat de Versailles, qui remarque que le roi ne passa que 131 jours à Versailles en 1725, 125 en 1733, 272 en 1737, 157 en 1740, 226 en 1742. Ces chiffres sont cités par Jacques LEVRON, *La Vie quotidienne à la cour de Versailles*, Paris, 1965, p. 133. *Cf.* L* XII 318.

4. C* II 346.

5. Henriette Louise de Waldner de Freundstein, baronne D'OBERKIRCH, *Mémoires de la baronne d'Oberkirch sur la cour de Louis XVI et la société française avant 1789*, Suzanne Burkard, éd., Paris, 1982, p. 153.

6. CC 45.

7. Jeanne Louise Henriette Genest, Mme CAMPAN, *Mémoires sur la vie privée de Marie-Antoinette*, 3 vol., dans *Collection des mémoires relatifs à la Révolution française*, 3e éd., 11 vol., Paris, 1823, t. I, p. 124 ; D'OBERKIRCH, p. 208.

8. CAMPAN, t. I, p. 122 *sq.*

inversant les habitudes des monarques précédents, se donnait des favoris. La duchesse de Polignac exerçait sur elle une grande influence et forma la « société » des intimes de la reine [1]. Celle-ci se rebella ouvertement contre les obligations de l'étiquette, se moquant de sa dame d'honneur, la comtesse de Noailles, qu'elle appelait « Madame Étiquette ». Elle refusait de réunir un cercle pour les dames de la Cour, et elle abrégea la toilette matinale en présence de la Cour. Les gens distingués se plaignaient, lorsqu'ils venaient pour un bal à Versailles, de devoir rester debout en costume de cour tandis que la reine se retirait dans ses petits appartements [2]. Mme de Chastenay rapporte que « la Cour était si peu de monde qu'il est arrivé à maman de se trouver, les princesses compris, douzième aux bals de la reine [3] ». Mme Campan, première femme de chambre de Marie-Antoinette, pensait que celle-ci trouvait cette formalité « insupportable », observant : « Toutes ces formes étaient gênantes à la vérité, mais elles avaient été calculées sur la nécessité de présenter aux Français tout ce qui peut leur commander le respect [4]. »

En même temps, le rituel de la vie quotidienne du roi se détériorait. Louis XV avait conservé celui du lever et du coucher, mais Louis XVI le rendit purement formel. Le lever fut retardé dans la matinée et devint la toilette du roi ; le coucher aussi perdit de l'importance. Le roi ne parvenait pas à les prendre au sérieux. Il plaisantait avec le capitaine des gardes et tournait la cérémonie en dérision en faisant imiter le chant du coq par un vieux valet de chambre [5]. Ces cérémonies furent de plus en plus désertées, et seuls les officiers de service y venaient [6] ; la Cour ne s'y intéressait plus. La prédilection de la famille royale pour l'intimité la rendait moins visible, moins accessible, moins imposante. Ce déclin du cérémonial transforma la Cour en résidence et en fit le simple siège du pouvoir. Les courtisans s'y rendaient plutôt qu'ils n'y vivaient et les solliciteurs s'adressaient aux ministres plutôt qu'au roi. Le comte de Ségur résume la situation ainsi : « Jamais il n'y eut à la Cour plus de magnificence, de vanité et moins de pouvoir. On frondait les puissances de Versailles et on faisait sa cour à celles de l'*Encyclopédie* [7]. »

Dans les institutions de la France de l'Ancien Régime, où théoriquement tout pouvoir émanait du monarque, on ne saurait sous-estimer le poids de sa personnalité et de sa présence en public. À Versailles, la société de cour attirait la noblesse et les élites, les faisant vivre dans un environnement centré sur une série de rites quotidiens qui glorifiaient le monarque. Le retrait progressif de celui-ci dans ses appartements et la sphère privée relâchèrent le lien et sapèrent l'idée de la Cour comme image idéalisée de l'État avec le roi entouré de sa fidèle noblesse.

Mais la personnalité des uns et des autres ne suffit pas à expliquer comment la cour de Versailles déclina jusqu'aux sombres journées d'octobre 1789, lorsque la foule campa sur la place d'Armes et dans les jardins, et envahit un château presque déserté

1. CAMPAN, t. I, p. 143.

2. Mathieu A. GEFFROY et Alfred ARNETH, éd., *Correspondance secrète entre Marie-Thérèse et le comte de Mercy-Argenteau avec les lettres de Marie-Thérèse et de Marie-Antoinette*, 3 vol., Paris, 1874, t. II, p. 537.

3. Victorine DE CHASTENAY, *Mémoires de Mme de Chastenay, 1771-1815*, Guy Chaussinand-Nogaret, éd., Paris, 1987, p. 27.

4. CAMPAN, t. I, p. 50 ; *cf.* CHASTENAY, p. 68.

5. Félix, comte D'HÉZECQUES, *Page à la cour de Louis XVI : Souvenirs du comte d'Hézecques*, Emmanuel Bourassin, éd., Paris, 1987, p. 43 *sq.*. Voir aussi Hilarion, comte de LIEDEKERKE-BEAUFORT, « Souvenirs d'un page du comte de Provence », *Revue de Paris*, mai 1952, p. 63 *sq.*.

6. C* II 346.

7. Louis Philippe, comte DE SÉGUR, *Mémoires, souvenirs et anecdotes*, François Barrière, éd., 2 vol., dans *Bibliothèque des mémoires relatifs à l'histoire de la France pendant le XVIIIe siècle*, vol. XIX et XX, Paris, 1859, I, p. 97.

par ses habitants. Comme la France tout entière, la société de cour était sujette à des tensions et à des changements qui ne dépendaient pas de la personne royale. Dans la seconde moitié du XVIIIe siècle, bien des postulats concernant la Cour furent remis en question. Comme Ségur le suggérait, l'attrait des idées nouvelles se fit de plus en plus fort et Paris semblait plus attrayant que Versailles [1]. Les réformes de l'armée favorisaient la noblesse provinciale davantage que les courtisans qui s'étaient élevés par le favoritisme et l'influence plus que par le mérite [2], et le développement de la bureaucratie royale entama l'influence des favoris de cour [3]. De surcroît, les réformes budgétaires de la Maison du roi réduisirent encore l'importance de la Cour comme source valable de revenus [4].

Les effets des changements dans le climat intellectuel, la vie militaire et le gouvernement étaient grandement amplifiés à la Cour. Ses membres se rendaient compte qu'il s'agissait d'un monde différent de Paris, beaucoup plus confiné [5]. C'était dans la propre demeure du roi que les courtisans commentaient leurs problèmes. Ils n'évoquaient pas les mutations que la société, l'économie et la répartition du pouvoir connaissaient, mais les changements relatifs à des affaires mondaines telle que la disponibilité, l'allocation et la qualité des appartements... Parce qu'elles déterminaient l'appartenance à la société de cour, ces questions dépassaient par leurs conséquences la seule histoire du château comme édifice.

Les logements à la Cour

L'histoire de Versailles est marquée par la disparition progressive de l'espace disponible dans le palais et par le déclin du prestige de la Cour. Sous Louis XIV, le château fut réservé d'abord à la famille royale et à quelques favoris. La haute noblesse se fit construire des résidences dans la ville où ses membres reçurent en don des parcelles qui avaient l'avantage de leur permettre d'échapper à leurs créanciers. La construction de l'aile des Princes puis de celle du Nord les amena à demander à jouir d'un logement au château, ce qui conduisit bientôt au surpeuplement. La place disponible dans le bâtiment diminua encore quand l'aile du Gouvernement et le pavillon au bout de l'aile du Nord furent abattus au profit d'espaces publics. En même temps, l'espace nécessaire à la famille royale empiétait sur celui occupé par les princes du sang. Il en résulta un relâchement des liens de ceux-ci avec la Cour au moment même où ils passaient dans l'opposition au roi. Cette croissance de la famille royale entraîna également celle de leurs maisons. Alors que les démolitions avaient réduit les appartements disponibles, l'accroissement du nombre de ceux qui pouvaient y prétendre provoqua une véritable crise du logement. Beaucoup des grands qui auraient dû en avoir un se virent refuser celui alloué aux dames et aux officiers des maisons féminines et abandonnèrent Versailles pour Paris. La solution aurait été de rebâtir le château, et plusieurs

1. *Ibid.*, I, p. 4.

2. David Bien, « La réaction aristocratique avant 1789 : l'exemple de l'armée », *Annales E.S.C.*, vol. 29, nos 1 et 2, 1974, p. 23-48, 323-408.

3. John McManners, « France », *The European Nobility in the Eighteenth Century*, Albert Goodwin, éd., New York, 1967, p. 22-42. Voir aussi Clive H. Church, *Revolution and Red Tape : The French Ministerial Bureaucracy, 1770-1850*, Oxford, 1981, p. 23-55, et François Bluche, « L'origine sociale du personnel ministériel français au XVIIIe siècle », *Bulletin de la Société d'histoire moderne*, vol. 56, série 12, n° 1, 1957, p. 9-13.

4. Jean Égret, *La Pré-Révolution française, 1787-1788*, Paris, 1962, p. 74 *sq.* ; Daniel L. Wich, « The Court Nobility and the French Revolution », *Eighteenth-Century Life*, vol. XIII, 1980, p. 263-284.

5. Brancas, *Mémoires*, p. 19.

plans furent dressés à cet effet, mais la crise financière de l'État et le coût de la Cour proprement dite s'aggravèrent au point que le château lui-même se mit à se dégrader, rendant la Cour peu attirante comme résidence permanente.

Avec sa précision habituelle, le duc de Croÿ décrit les contraintes de la vie d'un courtisan à Versailles : « J'ai toujours remarqué que les deux seules grâces réellement d'un usage agréable à la Cour sont les entrées et un bon logement au château. [...] Le reste est peu de chose auprès de cela [1]. » Pour le courtisan assidu, il était essentiel d'avoir un appartement dans le château. Croÿ n'obtint jamais ce privilège et dut, à la fin de sa vie, se contenter de quelques pièces dans l'hôtel du Gouvernement, un bâtiment administratif situé en ville [2]. Il savourait le souvenir de ses premiers temps à la Cour, quand le comte d'Estrées lui avait prêté un appartement dans l'aile Neuve [3]. Tout en conservant prudemment son logement et ses écuries en ville, il s'y était installé la veille du nouvel an 1747. Il déclara l'appartement à l'étage supérieur admirable et nota qu'« il fit tout [son] agrément à la Cour, dont je sentis bien la différence et la nécessité d'y être logé pour tout et, surtout pour, dans bien des moments vides qui se trouvent, pouvoir venir se reposer, travailler et réfléchir [4] ».

La commodité avait une grande importance. Un appartement même exigu était un endroit où l'on pouvait se reposer, se changer, recevoir. Au milieu du XVIIIe siècle, il était impensable de loger dans une chambre louée ou même dans une maison de ville. Le maréchal de Villars tirait gloire de la vague d'indignation qui s'était élevée lorsqu'il s'était vu forcé de loger dans une auberge [5]. En 1709, Saint-Simon avait menacé de quitter la Cour et de se retirer à la campagne quand il avait été privé de l'appartement prêté par son beau-frère [6] : il y avait vécu depuis son mariage. Officiellement, cet appartement était attribué à sa belle-mère, la maréchale douairière de Lorge. Quand le fils de celle-ci épousa la fille de Chamillart, le tout-puissant contrôleur général des finances puis secrétaire d'État à la Guerre, le couple s'installa dans un des appartements contrôlés par le ministre, laissant une place pour Saint-Simon qui l'occupa pendant sept ans. Quand Chamillart perdit le pouvoir, le beau-frère de Saint-Simon réclama le logement, et celui-ci se retrouva sans appartement et sans office à la Cour. Sa situation était encore aggravée par sa démission de l'armée, présentée par dépit pour avoir manqué une promotion, et par le fait qu'il avait semblé mettre en question l'ardeur militaire du dauphin. Outre ces deux causes de disgrâce, il avait l'habitude de se mêler à toutes sortes de querelles de préséance. Sans son pied-à-terre au château, il lui était quasi impossible de conserver la faveur royale. Il possédait pourtant un hôtel particulier dans Versailles [7]. C'était une résidence modeste, mais certainement plus confortable et plus spacieuse que son petit appartement dans le château. La plupart des courtisans avaient comme Saint-Simon des écuries et des remises pour leurs carrosses, des bureaux et des logements pour leurs domestiques ainsi que des lieux d'entrepôt et de cuisine. Saint-Simon était donc presque décidé à s'exiler à la campagne quand le chancelier de Pontchartrain intervint en sa faveur. Détaillant les

1. C* VI 192 *sq.*
2. C* II 92, 104, 130, 172 ; IV 62, 76, 128, 181 ; A.N. O¹ 1076 188.
3. **AN 56A** : C I 65.
4. C* I 66.
5. VILLARS, LXX 125.
6. **AN 47** : SS X 405.
7. Jean LAGNY, « L'hôtel de Saint-Simon à Versailles », *Cahiers Saint-Simon*, n° 12, 1984, p. 7-15. *Cf.* Hélène HIMELFARB, « Regards versaillais sur l'hôtel parisien : le silence des chroniqueurs et épistoliers de cour à la fin du règne de Louis XIV », *XVIIe Siècle*, n° 162, janvier 1989, p. 85-100.

circonstances, le sage magistrat et l'épouse de Saint-Simon concluaient : « Enfin, ils me dirent que ce [que] j'aurais de plus journalièrement incommode à essuyer était de loger à la ville, parce que, outre l'incommodité, cela entraînait mille contretemps et rompait le commerce et la société, dont on tire imperceptiblement tant d'avantages [1]. » Pour amener le duc à rester, Pontchartrain lui offrit une grande et belle chambre avec une garde-robe que son frère avait occupée à l'intérieur de l'appartement ministériel [2]. Le couple jouit de cette commodité jusqu'en 1710, quand la duchesse accepta d'être dame d'honneur de la duchesse de Berry : le roi octroya alors aux Saint-Simon un autre logement [3].

Sous Louis XIV, l'attribution d'un appartement était toujours une faveur royale, et il semble qu'il y ait eu assez d'espace. La première liste des lieux occupés qui soit conservée fut dressée après le retour de la Cour en 1722 et resta jusqu'en 1741 pour le gouverneur du château, le comte de Noailles, un instrument de travail. Cet *État des logements* était le premier de huit documents de même nature [4]. À l'exclusion des caves et des espaces qui avaient été divisés, y étaient recensés 364 appartements [5]. Parmi ceux-ci figuraient les cinq énormes appartements du roi et de la reine et les 256 destinés aux autres membres de la famille royale, aux princes du sang, aux officiers de la Maison du roi et aux courtisans. Cela correspond généralement au calcul que fit BLONDEL quand il inspecta le château entre 1753 et 1755 [6] : il dénombra 226 appartements résidentiels en dehors de ceux du roi, de la reine, et de la famille royale, mais il estimait difficile de faire une énumération exacte : « Que pourrions-nous dire sur une distribution faite à diverses reprises et dont les pièces changent de maître continuellement ? Quelles observations y a-t-il à faire sur les appartements qui, ayant été faits doubles, semi-doubles et simples, manquant pour la plupart des commodités essentielles et indispensables à une maison royale [...], sinon que de ce défaut résulte la nécessité des changements qu'on y a faits depuis vingt ans et que l'on sera forcé d'y faire dans la suite [7]. »

En 1781, selon Pierre de Nolhac, la quantité d'appartements résidentiels accessibles aux courtisans était tombée à 188. Cela représente 27 % de moins que dans le courant du XVIIIe siècle. Il y avait deux principales causes à cette baisse : l'accroissement de la famille royale, qui empiétait sur les appartements des princes, et la suppression de larges espaces lorsque l'aile du Gouvernement fut démolie et que l'Opéra fut construit à l'extrémité de l'aile du Nord.

Les cuisines, établies dans les années 1660 dans l'aile du Gouvernement, furent parmi les premières additions de Louis XIV. Au début des années 1740, cette aile avait quatre-vingts ans et avait subi plusieurs modifications majeures. Depuis le

1. SS XVIII 296.

2. **ADM 21** : SS XVIII 398.

3. **AN 45** : Pierre LEMOINE, « Les logements de Saint-Simon au château de Versailles », *Cahiers Saint-Simon*, n° 12, 1984, p. 17-30.

4. La première liste, A.N. O[1] 1795, nous l'appelons ici *État* 1741. La deuxième liste, ici *État* A, date de 1770 ; elle se trouve à la Bibliothèque nationale de France, mss fr. 7803, p. 41-75. Les six autres listes sont mentionnées dans les archives du musée du Château de Versailles. Ce sont : B (1776-1778) ; C (1778-1789) ; D (1781-1783) ; E (1787) ; F (1789) et G (1817). Pierre DE NOLHAC publia l'*État* E avec annotations de A, B, C, D et F dans « Le château de Versailles au temps de Marie-Antoinette, 1770-1789 », dans *Mémoires de la Société des sciences morales, des lettres et des arts de Seine-et-Oise*, vol. XVI, 1889, p. 19-124. Les originaux sont consultables à la conservation du musée national du Château de Versailles (mss. 19, 20, 21, 23 et 26).

5. Ce calcul prend en compte l'aile du Gouvernement, la Vieille Aile, le corps central, l'aile des Princes, l'aile du Nord, les ailes des Ministres, droite et gauche, et la Surintendance, mais non pas le Grand Commun.

6. A.N. O[1] 1811 I 58.

7. Jacques François BLONDEL, *Architecture française ou Recueil des plans, élévations, coupes et profils des églises, maisons royales, palais, hôtels et édifices les plus considérables de Paris, ainsi que des châteaux et maisons de plaisance situés aux environs de cette ville*, 4 vol., Paris, 1752-1756, IV, p. 132.

début du siècle, on avait envisagé d'installer un nouvel escalier dans une partie de l'aile [1]. L'achèvement du salon d'Hercule, qui joignait le corps central et l'aile du Nord, donna au projet une impulsion nouvelle. Un escalier dans l'aile du Gouvernement conduirait directement à l'enfilade des Grands Appartements au lieu de mener à mi-chemin à ces salles officielles et par le côté, comme l'escalier des Ambassadeurs le faisait auparavant [2]. Des problèmes de structure relatifs à l'escalier des Ambassadeurs et sa démolition afin de créer un appartement à l'usage de Madame Adélaïde permirent d'envisager sérieusement de bâtir un nouvel escalier dans l'aile du Gouvernement. En 1748, les habitants des étages supérieurs commencèrent à redouter la perte de leur espace. Un mémorandum commence ainsi : « Prévoyant la chute de l'aile... [3] ». Des plans additionnels furent préparés en 1749, et le gouverneur entreprit de faire campagne pour établir sa résidence et ses bureaux dans l'aile du Nord. En 1755, il jeta son dévolu sur le « Gros Pavillon » entre la façade du jardin et la rue des Réservoirs. Il demandait qu'on lui accordât deux petits espaces pour lui et pour son épouse [4], « faisant dans la suite la conquête » de deux espaces supplémentaires [5]. « L'aile du Gouvernement pourra loger encore jusqu'à ce qu'elle tombe mari et femme à l'aise. Il paraît assez juste que quand M. le comte de Noailles [y] ayant passé trente ans, les jeunes personnes puissent courir les mêmes risques [6]. »

Le double appartement du comte et de la comtesse de Noailles dans l'aile du Gouvernement [7] fut divisé en deux et prêté comme résidence temporaire jusqu'à ce qu'une décision fût prise concernant le sort de l'aile. Mais les murs se dégradaient. En 1757, le confesseur du roi, qui occupait un espace dans le pavillon terminal, se plaignit de morceaux de plafonds qui tombaient, de fissures dans les boiseries et d'un laisser-aller général [8]. Trois ans plus tard, un rapport officiel signalait de graves dégâts. La terrasse de la colonnade du pavillon terminal avait été renforcée en 1743, mais dans l'intervalle les poutres qui la soutenaient avaient pourri et étaient sur le point de s'effondrer avec les colonnes décoratives. La solution était de supprimer l'ensemble de la colonnade, ce qui, pour des raisons de symétrie, exigeait qu'on supprimât également sa jumelle dans la Vieille Aile [9]. Entre-temps, l'aile fut entièrement désertée. Quand elle fut finalement détruite, au début des années 1770, pour être remplacée par l'aile dite de Gabriel que nous voyons aujourd'hui, dix-huit appartements furent perdus.

La construction de l'Opéra, projetée depuis longtemps, entraîna la disparition d'autres appartements. En 1763, Gabriel prépara de nouveaux plans et estima le coût de l'Opéra et la reconstruction de l'aile du Gouvernement à 340 000 livres [10]. En 1766, le gouvernement dressa la liste des neuf principaux courtisans qui seraient délogés [11]. Ces pertes étaient plus importantes encore que celles des logements de l'aile

1. MORTIN, planche 1, « 25 ».
2. D'ARGENSON, I 121.
3. A.N. O^1 1076 211.
4. **AN 48 et 38.**
5. **AN 31 et 38A.**
6. A.N. O^1 1076 406.
7. **AG 28 et 29.**
8. **AG 27** : A.N. O^1 1076 485 et 486 ; 1796 406.
9. A.N. O^1 1797 166.
10. A.N. O^1 1797 321.
11. A.N. O^1 1076 818.

du Gouvernement, car elles comprenaient quatre espaces assignés aux Conti, dont le statut requérait un appartement comparable sur la façade du jardin. En outre, plusieurs des bâtiments extérieurs qui avaient poussé sur le site du futur Opéra furent détruits. Le comte de Noailles se plaignait en ces termes : « On a abattu pour les bâtiments de l'Opéra quarante-quatre logements et aucun n'a été remplacé. C'est ce qui est la cause de la liste des justes demandes faites par les charges [1]. »

Loger les princes

La croissance de la famille royale au XVIIIe siècle fut la seconde cause de réduction de l'espace résidentiel à la Cour. Sous Louis XIV, il y avait assez de place pour elle, les bâtards du roi et les princes du sang dans les spacieux appartements du rez-de-chaussée et du premier étage de la façade sur les jardins. Dans l'aile des Princes, le plan initial prévoyait deux appartements de chaque côté d'un grand salon central. De hautes fenêtres à la française (à deux battants) ouvraient sur les jardins et éclairaient de grandes pièces hautes de plafond. Les pièces à l'arrière, situées parallèlement à une longue galerie, étaient pourvues d'entresols. À l'origine, le dauphin et son épouse devaient occuper tout le premier étage. Mais quand la reine Marie-Thérèse mourut en 1683 et que la dauphine devint la première dame de la Cour, le couple s'établit l'année suivante dans le corps du château [2]. Le frère de Louis XIV, Monsieur, duc d'Orléans, et Madame remplacèrent les héritiers dans la nouvelle aile des Princes [3].

Au-dessous, au niveau de la terrasse, le roi logeait les Condé et les Conti. Monsieur le Prince bénéficiait avec son épouse d'un double appartement à l'extrémité nord de l'aile, à sa jonction avec le corps central [4]. Cet appartement de cinq pièces principales ouvrant sur les jardins était assez vaste pour qu'on y donnât un bal masqué en 1700. À cette occasion, le mobilier fut ôté et l'on obtint un jeu compliqué de pièces en enfilade. La principale avait été pourvue d'une galerie pour musiciens, spécialement construite au-dessus de l'entrée, et d'élégants gradins élevés le long des murs pour permettre d'observer les danseurs. Une deuxième pièce servit de salle de bal, tandis qu'une troisième contenait un gigantesque buffet à gradins décoré à l'orientale. La dernière offrait des boissons de toutes sortes pour les invités [5].

Coincé entre cet espace princier et le salon central se trouvait un petit « logement de garçon », un appartement de célibataire pour le grand écuyer de France [6]. Cet espace exigu était un simple pied-à-terre, car le grand écuyer disposait d'un magnifique appartement de fonction dans la Grande Écurie, sur la place d'Armes.

Non seulement Louis XIV attira les jeunes princes du sang à la Cour en leur donnant des logements, mais il se les attacha personnellement en les mariant à ses filles naturelles : en 1680, Louis Armand de Conti épousa Mlle de Blois, que le roi avait eue de Louise de La Vallière. Ils furent logés dans un grand appartement situé juste au

1. A.N. O1 1077 481.

2. **CC 26** pour le dauphin ; **CC 32** pour la dauphine. Voir J.-Cl. LE GUILLOU, « L'appartement de Monseigneur, puis de ses fils : évolution chronologique, 1684-1715 », *Eighteenth-Century Life*, vol. 17, 1993, p. 68-81.

3. **AP 65, 66, 67, 68 et 69.**

4. **AP 49 et 50** : GG-B 1304 ; D I 81, VII 252 ; S VI 230 ; SS VII 53.

5. D VII 252 ; S VI 230 ; SS VII 53 ; *Le Mercure galant*, février 1700.

6. **AP 51** : GG-B 1304.

sud du Grand Salon, au rez-de-chaussée de l'aile des Princes [1]. En 1685, le jeune héritier des Condé, Monsieur le Duc, épousa Mlle de Nantes, fille du roi et de la marquise de Montespan, et le couple s'installa dans un appartement ensoleillé de l'extrémité sud de l'aile [2].

Mais ces installations ne suffirent pas longtemps, car de nouvelles générations d'enfants et de petits-enfants de France eurent bientôt besoin d'espace supplémentaire. L'aile du Nord, élevée en pendant de l'aile des Princes et appelée l'aile Neuve, fut achevée en 1689. Au premier étage, le duc de Beauvillier, gouverneur des fils du dauphin, prit l'appartement du pavillon Nord [3]. Ces enfants furent dotés chacun d'appartements sur la façade du jardin : le duc de Bourgogne en 1689 [4], le duc d'Anjou en 1690 [5], le duc de Berry en 1693 [6].

Au-dessous, la moitié nord de l'aile fut assignée au plus éloigné des collatéraux, François Louis de Bourbon, prince de Conti [7]. Il avait succédé à son frère, mort en 1685, mais laissa à sa belle-sœur, l'ex-Mlle de Blois, désormais première douairière de Conti, l'usage de l'appartement qu'elle occupait avec le disparu. Le deuxième Conti était presque universellement admiré ; Louis XIV soupçonnait ses ambitions et haïssait son indépendance. En dépit d'un bref exil en 1685, son mariage avec la fille de Monsieur le Prince lui valut d'obtenir un vaste appartement.

La moitié sud de l'étage était divisée en deux appartements pour les autres enfants illégitimes de Louis XIV. Près de l'escalier, au centre de l'aile, se trouvait l'appartement du fils de Monsieur, le duc de Chartres, que le roi maria en 1692 à sa plus jeune fille illégitime, la seconde Mlle de Blois [8]. Près du vestibule de la Chapelle était l'appartement de son fils légitimé préféré, le duc du Maine, qu'il maria peu après à la fille de Monsieur le Prince [9].

Cette répartition de l'espace reflétait exactement le rang hiérarchique des membres de la famille royale. On observa le même système spatial dans les dîners en certaines occasions officielles, par exemple le mariage du duc de Chartres. Rapportant l'événement, *Le Mercure galant* indique l'emplacement des sièges disposés autour d'une table semi-circulaire. Louis XIV est au centre, avec le roi d'Angleterre exilé, Jacques II, son invité. À sa droite et à sa gauche, dans l'ordre hiérarchique, se trouvent le dauphin (fils de France), Monsieur (fils de France), avec sa femme en face ; le duc de Chartres (futur Régent et petit-fils de France), avec sa femme en face ; ensuite, alternativement, les petites-filles de France : la sœur du duc de Chartres, Mademoiselle, et la fille de Gaston d'Orléans, la duchesse douairière de Guise, venue à la Cour pour l'occasion. Ensuite, les princes du sang et leurs épouses sont assis, à droite et à gauche. Les fils légitimés du roi, le duc du Maine et le comte de Toulouse, sont admis dans le cercle familial. Afin de justifier leur présence sur un rang séparé, Charlotte Séguier, fille de l'ancien chancelier, une vieille dame de soixante-dix ans, fut placée, au grand scandale

1. **AP 52** : GG-B 99, 100, *cf.* 366, 407 ; D XI 170.
2. **AP 53** : GG-B 1258-60, 1295 ; D II 295.
3. **AN 44** : S III 151 ; SS II 12.
4. **AN 43** : S VI 190.
5. **AN 42** : S VI 190.
6. **AN 40 et 41** : S VI 190.
7. **AN 29 et 30** : GG-B 1118-1111, 1249, 1254, 1337, 1592, 1594, 1595 ; D XIII 54, 57 ; SS XVIII 219.
8. **AN 28.**
9. **AN 27** : GG-B 1114, 1115, 1119 ; D IV 26.

de la Cour, à l'extrémité de la table, en sa qualité de veuve d'un fils bâtard légitimé de Henri IV, le duc de Verneuil [1].

La distribution des appartements princiers en 1693 suivait le même modèle : le roi et le dauphin – celui-ci ayant le pas sur les autres Enfants de France [2] – occupaient le corps central [3] ; à droite, au premier étage de l'aile des Princes, Monsieur, fils de France, et sa famille [4] ; au premier étage de l'aile du Nord, les petits-fils de France [5]. Venaient ensuite au niveau inférieur, à droite dans l'aile du Midi, des princes du sang [6], et à gauche, dans l'aile du Nord, les derniers des collatéraux et les légitimés [7].

Ces arrangements demeurèrent relativement stables jusqu'à la fin du règne, lorsqu'une série de décès vinrent faucher la famille royale presque entière. En 1711, le dauphin mourut, suivi du duc et de la duchesse de Bourgogne et, en 1712, d'un de leurs deux fils. Dans l'intervalle, le duc de Bourgogne fut brièvement installé dans l'appartement de son père. Son frère, le duc de Berry, qui, pensait-on, devrait succéder au maladif petit dauphin, qui pourtant allait survivre pour devenir Louis XV, prit l'appartement de l'héritier et sa femme celui d'à côté [8]. Mais cet héritier présomptif mourut lui-même deux ans plus tard dans un accident de chasse. Dans la dernière année de sa vie, Louis XIV vit sa descendance directe, hors les légitimés, réduite à un fragile enfant de cinq ans. Il devait considérer la nécessité d'une régence, sinon l'accession au trône du fils de Monsieur, le duc de Chartres, qui en 1701 avait succédé à son père comme duc d'Orléans.

Louis XIV commença à prendre des dispositions qui se reflétèrent de bonne heure dans la distribution des appartements princiers. L'aile des Princes ne connut pas d'importants changements, mais l'aile du Nord en subit. L'éventualité que le duc d'Orléans devînt l'héritier du trône signifiait que le duc de Chartres, son fils, devait être considéré *de facto* comme un fils de France [9]. Il reçut les appartements que le duc et la duchesse de Berry déménagèrent dans l'appartement du dauphin, dans le corps central, à la mort du duc de Bourgogne [10]. Auparavant, il avait occupé l'un des appartements attribués aux petits-fils de France lorsqu'ils étaient sous la férule de leur gouverneur [11]. Il jouxtait la chambre des deux fils du duc de Maine, le comte d'Eu et le prince de Dombes [12].

Ces changements et ajustements mineurs reflètent la préoccupation constante de Louis XIV d'attribuer l'espace selon le rang, au point d'accorder des appartements princiers aux enfants légitimés. Avec vingt et un appartements répartis sur les deux premiers étages des ailes du Nord et du Midi, il y avait assez de place pour loger à la

1. *Le Mercure galant*, février 1692 ; D IV 31 *sq.* ; S IV 11 ; SS I 93-95. Pour d'autres exemples de plans de table organisés selon l'ordre hiérarchique, voir les mariages du duc de Bourgogne en 1697 (D VI 240 et SS IV 312 *sq.*) et du duc de Berry, en 1710 (SS XIX 353 et S XII 258), pour lesquels des listes des convives assis à la droite et à la gauche du roi sont données. Les plans de table de ces cérémonies se trouvent à la Bibliothèque mazarine, ms 2743-1848 : *Recueil des relations des cérémonies de la cour de France copié pour M. Desgranges sur les originaux appartenant au Sieur Sainctot, maître des cérémonies.* L'un de ces plans est reproduit dans Alfred et Jeanne MARIE, *Mansart à Versailles*, Paris, 1972, 2 vol., p. 332.

2. Emmanuel LE ROY LADURIE, « Rangs et hiérarchie dans la vie de cour », *Travaux de linguistique et de littérature*, XIII, n° 2, 1985.

3. **CC30** et **CC 26**.

4. **AP 66, 67 68** et **69**.

5. **AN 39, 40, 41** et **42**.

6. **AP 49, 50, 51, 52** et **53**.

7. **AN 27, 28, 29** et **30**.

8. **CC 26** et **26A** : MORTIN, planches « 7 » et « 8 » ; D XIII 489 ; XIV 180.

9. Sa mère n'avait pu obtenir qu'il fût appelé arrière-petit-fils de France. *Cf.* SS XVII 287.

10. **AN 39** : MORTIN, planche 3 « 34 », montre une partie de l'appartement. Voir aussi GG-B 1103 ; D XIII 178.

11. **AN 42**.

12. **AN 43** : D XIII 178.

Cour les divers cercles de la famille royale et même pour attribuer des appartements doubles à plusieurs ménages tout en installant les enfants d'autres ménages. Cet espace disponible permettait à Louis XIV d'appliquer une politique de présence constante des princes à Versailles.

La cour de Louis XIV disparut avec lui en 1715. Le château fut fermé et le Régent s'installa à Paris. En 1722, on décida que le château serait rouvert et que le roi et la Cour y retourneraient. Le jeune Louis XV fut installé dans les appartements royaux, tandis que sa fiancée, l'infante Marie-Anne Victoire d'Espagne, occupait l'appartement de la reine. Le Régent, en sa qualité d'héritier présomptif, occupait l'appartement du dauphin, et les princes du sang retrouvèrent leurs anciens logements. Il y avait maintenant tant de veuves qu'on appelait les princesses de Conti « première », « deuxième » et « troisième princesse douairière ». Aucune d'entre elles ne paraissait souvent à la Cour. De nombreux appartements princiers, comme ceux du duc et de la duchesse du Maine et de leurs fils, qui étaient en disgrâce, étaient réservés mais restaient inoccupés. Le Régent peupla la Cour de ses amis. D'anciens courtisans, comme le maréchal de Villars, s'indignèrent ainsi de voir la famille de Rohan pourvue des locaux les plus agréables. Le cardinal de Rohan, qui était grand aumônier de France, fut gratifié d'un appartement princier vacant au premier étage de l'aile du Nord [1].

En 1723, quand le Régent mourut, ses fonctions furent dévolues à Monsieur le Duc, tête du clan Condé. Il prit l'appartement du Dauphin et distribua des logements à ses favoris et à sa famille. Dans l'aile des Princes, sa sœur, Mlle de Charolais, était installée auprès de sa femme [2]. Dans l'aile du Nord, sa sœur cadette, Mlle de Sens, se trouvait à côté du cardinal de Rohan [3]. Plus important, Monsieur le Duc renvoya l'infante d'Espagne et maria Louis XV à la princesse polonaise Marie Leszczyńska. En douze ans, celle-ci allait donner au roi une abondante progéniture, et la nécessité de loger cette famille allait modifier le modèle hiérarchique de la distribution des appartements princiers en place depuis cinquante ans.

Sous Louis XIV, la chambre des enfants se trouvait dans la Vieille Aile, qui formait la partie sud de la cour Royale. Les enfants du dauphin y avaient vécu avec la gouvernante des Enfants de France jusqu'à sept ans, âge auquel ils avaient été remis à un gouverneur. Plus tard, les enfants du duc de Bourgogne y furent élevés, eux aussi [4]. Mais quand le cardinal de Fleury accéda au pouvoir, il prit ces spacieux appartements et y demeura jusqu'à sa mort en 1743 [5].

Par suite de la naissance des enfants de Louis XV, on réorganisa la série des trois appartements à l'extrémité sud du premier étage de l'aile des Princes qu'avait d'abord occupés la famille d'Orléans [6]. La gouvernante des Enfants de France, la duchesse de Tallard, prit l'appartement du bout et les enfants furent logés, à deux par chambre, dans les appartements restants. L'espacement des naissances et l'installation du dauphin dans ses appartements traditionnels, dans le corps central, quand il en eut l'âge [7], libérèrent de la place pour les petites princesses nées entre 1728 et 1737.

1. **AN 42** : Villars, LXX, 126.
2. **AP 51** : GG-B 365, 407, 768, 1337, 1358, 1359 ; Blondel, planches 2 « c » et 4 « c » ; *État* 1741 ; L* V 473.
3. **AN 43** : GG-B 1106 ; Blondel, planche 9 « 4 » ; *État* 1741.
4. **VA 36** : Mortin, planche « 3 » ; D IV 346, VI 283, VII 123, 164, XIV 266, 373, 388, XV 7 ; S VI 190.
5. GG-B 758 ; Blondel, planche 8 « b ».
6. **AP 67, Grand Salon, 68 et 69** : Blondel, planche 7 « b » ; GG-B 1285 ; *État* 1741.
7. **CC 26** : Blondel, planche 5 « a » ; L* I 59, III 147, 242, 440, IV 4, V 337.

Durant cette période, la Cour se trouva démographiquement divisée. Les jeunes générations de la famille royale incluaient le roi, la reine et les Enfants de France, ainsi que leurs contemporains parmi les princes du sang : les Condé célibataires – les comtes de Charolais et de Clermont et Mlles de Charolais, de Clermont et de Sens – et Mlle de La Roche-sur-Yon, une Conti. L'ancienne génération comprenait des princesses et princes de la cour de Louis XIV : les princesses légitimées – Madame la Duchesse douairière, Madame la princesse de Conti première douairière, la duchesse d'Orléans, veuve du Régent – le duc du Maine et le comte de Toulouse. En raison des fréquents séjours du roi dans ses autres résidences, ces princesses étaient rarement à la Cour. Toutes, cependant, à l'exception de la duchesse du Maine, conservèrent les mêmes appartements. Et ce n'est qu'après la mort du duc du Maine en 1736 que cette dernière s'installa dans l'appartement de la princesse de Conti première douairière, laissant son propre appartement au duc d'Orléans [1].

La nouvelle génération des princes du sang apparut à la Cour après 1740, mais ils ne parvinrent pas à s'assurer des appartements permanents pendant de nombreuses années. Durant leur jeunesse, ils furent déplacés en une succession d'échanges et de transferts : ce fut une véritable « chasse aux croisées » causée par les besoins croissants de la famille royale.

En premier lieu, le jeune prince de Condé succéda à Monsieur le Duc et s'établit dans l'appartement familial avec son oncle et tuteur, le comte de Charolais [2]. En 1744, quand le duc de Chartres se maria, son père offrit de lui donner l'appartement qu'il habitait depuis 1738 et de prendre les pièces que Mlle du Maine, récemment décédée, avait occupées dans l'appartement de ses parents dans l'aile des Princes. La protestation du jeune duc fut la première manifestation d'une longue lutte pour l'espace. Il demanda tant de modifications dans l'appartement que le roi finit par installer la duchesse du Maine dans l'ancien appartement du duc d'Orléans de l'aile du Nord et il donna au jeune Chartres l'appartement de la duchesse dans l'aile des Princes [3]. Puisque son père était absent, il jouirait d'un appartement luxueux avec huit croisées donnant sur les jardins.

Mais le duc de Chartres n'allait pas profiter longtemps de son nouvel appartement. Il fut en effet le premier des princes à souffrir des restrictions d'espace dues à l'agrandissement de la famille du roi. En 1744, le dauphin fut fiancé à une infante d'Espagne, et il fut décidé que le jeune couple recevrait le premier étage entier de l'aile des Princes, à l'exception de l'appartement terminal, réservé à son gouverneur, le duc de Châtillon. C'était revenir à la distribution de 1682 [4]. Ce transfert allait déloger ses sœurs, Mesdames, qui devaient recevoir son appartement traditionnel [5]. Mais cet arrangement fut de courte durée. La dauphine mourut en 1746, peu après la naissance d'une fille, appelée « la Petite Madame », qui devait recevoir l'appartement du dauphin dans le corps central [6] ; Mesdames et leur gouvernante furent reléguées à l'extrémité de l'aile des Princes dans l'appartement rendu vacant par la disgrâce du duc de Châtillon [7].

1. **AN 27 et 28** : Blondel, planche 6 « 1 » et « 2 » ; GG-B 1114, 1115, 1119, 1121-1123, 1132.
2. **AP 49 et 50** : Blondel, planche 2 « d » ; GG-B 725, 770, 1342 ; *État* 1741 ; L* III 432.
3. L* V 293, 401.
4. **AP 66, 67 et le Grand Salon** (pour le dauphin), **68** (pour la dauphine) et **69** (pour le duc de Châtillon) : GG-B 1265 ; L* VI 129.
5. **CC 26** : L* VI 129, 171.
6. **CC 26** : A.N. O[1] 1076 104 ; L* VII 217.
7. **AP 69** (pour Mesdames) et **68** (pour leur dame d'honneur, la maréchale de Duras) : GG-B 1265, 1331, 2738 ; A.N. O[1] 1076 104 et 137 ; L* VII, 195, VIII 243. En 1746, l'appartement terminal avait été prêté à la sœur du duc d'Orléans, la duchesse de Modène, en séjour. Voir L* VI 279.

Lorsque le dauphin se remaria, il renonça à habiter l'appartement qu'il avait partagé avec sa première femme et retourna au corps central avec sa seconde épouse, abandonnant leur confortable appartement à Mesdames [1]. Cet échange déplaça la Petite Madame et requit l'intervention du roi. Il fut décidé que la princesse aurait l'appartement terminal au rez-de-chaussée de l'aile des Princes, que Mlle de La Roche-sur-Yon avait occupé. Cette princesse du sang recevrait une partie du logement du duc et de la duchesse de Chartres, et la gouvernante des Enfants de France occuperait le reste [2]. Le duc de Chartres, dépossédé, recevrait en compensation l'espace du prince de Condé à l'autre extrémité de l'aile [3]. N'ayant que onze ans, le petit prince pouvait difficilement s'y opposer. Mais son cousin plus âgé, le duc de Chartres, se montra moins souple. Protestant contre les changements proposés, il voulut retrouver son appartement au premier étage de l'aile des Princes. Le directeur général des bâtiments, Le Normand de Tournehem, exposa la situation au roi le 31 mai 1747 : « Le duc de Chartres a dit [...] qu'il ne se trouverait pas assez de logement dans l'appartement du prince de Condé et du comte de Charolais, qu'il désirait plutôt occuper celui du dauphin dessus, en y joignant la chambre à coucher de Madame la dauphine. [...] Le duc de Chartres a dit que si Votre Majesté n'était pas dans l'intention de lui donner l'appartement de la dauphine avec la chambre de Madame la dauphine, il aimait mieux rester dans le sien [...] moyennant un entresol sur la chambre de Mme la duchesse de Chartres et le remplacement de son antichambre que l'on prendra pour les Enfants de France par celle qui est commune avec [Mlle de Charolais] [4]. »

Au cours d'un voyage triomphal qu'il effectuait alors aux Pays-Bas, le roi annota personnellement les plans, et Chartres reçut l'ancien appartement de Mesdames et une partie de celui de leur dame d'honneur [5]. Mais Chartres ne put en jouir que quelques années, car le retour de Mesdames « les cadettes », les trois plus jeunes filles de Louis XV, de l'abbaye où elles avaient été pensionnaires, nécessitait plus d'appartements pour les Enfants de France. En 1748, la première à revenir, Madame Victoire, reçut un coin de l'appartement de ses sœurs aînées, Mesdames Henriette et Adélaïde. Lorsque Mesdames Sophie et Louise la rejoignirent en 1752, on procéda à de nouveaux aménagements. Madame Henriette était morte, et Madame Adélaïde ne voulait pas rester dans l'appartement qu'elles avaient partagé. Elle alla dans l'ancien « appartement des Bains », sous la galerie des Glaces [6]. Cela entraîna une cascade de changements. Les cadettes reçurent la plus grande partie de l'appartement de leurs aînées [7] et le duc de Penthièvre, fils du comte de Toulouse, prit l'appartement du duc de Chartres [8]. Ce dernier, succédant à son père comme duc d'Orléans et comme premier prince du sang en avril 1752, recouvra enfin l'appartement familial traditionnel qu'il avait demandé en 1747 [9].

Le prince de Condé fit une semblable expérience de transfert. La mort de la Petite Madame en 1748 n'atténua que brièvement le manque d'appartements princiers, car

1. **AP 66, 67, Grand Salon** et partie de **68** : GG-B 1265 ; L* VIII 243. Dans l'intervalle, Mesdames avaient emprunté l'appartement du prince de Conti, **AN 29**.

2. **AP 53 et 53A** : GG-B 2737 ; A.N. O[1] 1076 137 ; L* VIII 243.

3. **AP 49 et 50.**

4. A.N. O[1] 1070 322 ; *cf.* GG-B 1265.

5. **AP 69** : GG-B 1265, 2737, 2738, 2740, 2877, 2878.

6. **CC 24** : MORTIN, planche 2 « 15 » ; BLONDEL, planche 5 « c » ; GG-B 47, 48, 773, 809, 811, 812, 2874, 2857 ; A.N. O[1] 1076 250 ; D'ARGENSON, VI 113, 117, 125, 132 ; C* I 171 ; L* X1 17, 179, 188, XI 448.

7. **AP 68 et le Grand Salon** : L* XIII 310.

8. **AP 69** : C* I 171.

9. **AP 66 et 67** : BLONDEL, planche 3 « b » ; L* XV 497.

le mariage du dauphin avec Marie-Josèphe de Saxe en 1747 fut bientôt fécond. En 1750, l'appartement des Condé-Charolais, qui avait été destiné au duc de Chartres en 1747, fut de nouveau pris comme chambre des enfants [1]. En outre, le mariage du jeune prince de Condé en 1753 signifiait la nécessité de lui trouver un appartement plus vaste. Les quatre petits-fils de Louis XV et leur nouvelle gouvernante, la comtesse de Marsan, passèrent alors dans la moitié sud de l'aile, en en délogeant les occupants [2]. Dans le même temps, le couple Condé, après avoir failli recevoir le logement de Mesdames les cadettes, succéda au duc de Penthièvre dans l'appartement terminal de l'aile des Princes [3].

Ce transfert fut lui aussi de courte durée. En 1757, le fils aîné du dauphin quitta la chambre des enfants pour recevoir son éducation du duc de La Vauguyon. L'enfant et son gouverneur reçurent l'appartement du duc d'Orléans [4]. Chassé une fois de plus par l'agrandissement de la famille royale, le duc d'Orléans retourna à l'appartement terminal, délogant le prince de Condé [5]. Après avoir déménagé quatre fois en dix ans, il put enfin garder ce logement, mais le changement survenait trop tard. Contrairement à son père, l'ascète demi-fou, le fils obèse, dit Louis le Gros, remplit son rôle de chef de la branche d'Orléans et glissa inéluctablement dans l'opposition, en s'alliant avec le mouvement judiciaire du parlement de Paris. On y discutait les droits des princes et des pairs à y siéger [6]. Bien qu'il ait gardé son appartement à Versailles pendant les dix-huit années suivantes, annexant progressivement l'espace voisin, il fut rarement présent. Finalement, Louis XVI le délogea pour héberger sa sœur cadette, Madame Élisabeth.

Le prince de Condé trouva lui aussi des quartiers semi-permanents en s'installant au rez-de-chaussée de l'aile du Nord [7]. Les locaux y avaient été relativement peu affectés par l'extension des « nurseries » royales. Les Conti restèrent dans la partie nord du rez-de-chaussée. Les fils du duc du Maine gardèrent les appartements qu'ils avaient reçus lors du retour de la Cour à Versailles [8]. Quand le prince de Dombes mourut, en 1755, son appartement fut donné à Mlle de Sens [9], qui déménagea plus loin dans la galerie, laissant son appartement au jeune héritier Conti, le comte de La Marche, qui avait juste atteint l'âge requis [10].

Mais l'aile du Nord n'échappa pas entièrement aux conséquences de la croissance de la famille royale. Lorsque Madame Adélaïde passa dans le corps central en 1752, suivie de ses sœurs en 1754, ce changement leur permit de se rapprocher du roi, mais n'assurait pas de place à leur dame d'honneur ou leur dame d'atour, dont elles avaient constamment besoin auprès d'elles. Dans l'aile des Princes, la maréchale de Duras avait occupé un logement découpé dans l'enfilade de leur appartement [11]. Elle garda cet appartement quand Mesdames s'installèrent dans le corps central, car ces nouveaux

1. **49 et 50** : A.N. O¹ 1076 408 ; L* XIII 131, 287.

2. **AP 51, Grand Salon, 52 et 53** : BLONDEL, planche 2 « b » ; GG-B 1263, 1264, 2113, 2881 ; L* XXX 131, 286.

3. **AP 69** : BLONDEL, planche 3 « e » ; A.N. O¹ 1076 374 ; L* XIII 310. Pour la proposition de donner aux Condé l'appartement de Mesdames les cadettes, voir A.N. O¹ 1076 372.

4. **AP 66 et 67** : A.N. O¹ 1076 506 ; L* XV 497, XVI 432.

5. **AP 69** : GG-B 1393, 1394, 1407, 2878 ; A.N. O¹ 1076 476 ; *État* A ; L* XV 497.

6. Amédée BRITSCHE, *La Jeunesse de Philippe Égalité*, Paris, 1926, p. 133 *sq.*.

7. **AN 27 et 28** ; GG-B 1131, 2759 ; A.N. O¹ 1076 476 ; L* XV 497.

8. **AN 39** (pour le prince de Dombes) et **AN 40 et 41** (pour le comte d'Eu).

9. **AN 39** : BLONDEL, planche 9 « 1 » ; GG-B 1128, 1129, 1134, 1244, 1245, 2752 ; A.N. O¹ 1076 398 ; L* XIV 283.

10. **AN 43** : BLONDEL, planches 3 « g », 9 « 4 » ; GG-B 1106, 1239, 1255 ; *État* 1741 ; A.N. O¹ 1076 98 ; L* XIV 283.

11. **AN 68** : GG-B 1265, 2738 ; L* VII 217, VIII 243.

locaux ne permettaient de lui allouer qu'un petit cabinet [1]. La duchesse de Beauvillier, dame d'honneur de Madame Adélaïde, n'eut droit pour sa part qu'à une petite chambre à coucher dans l'appartement de sa maîtresse [2].

Il n'y avait qu'une alternative : trouver de la place dans le corps central, ou bien s'étendre dans l'aile voisine. Mesdames firent les deux choix. En 1753, quand Madame Adélaïde créa un nouvel appartement sur l'emplacement de l'escalier des Ambassadeurs [3], ses sœurs occupèrent la place vacante l'année suivante [4]. Elles annexèrent aussi un supplément d'espace de service pour loger leurs garde-robes et divers effets [5]. En outre, elles demandèrent à s'agrandir dans l'aile du Nord. Madame Adélaïde emprunta d'abord l'appartement de la duchesse du Maine au rez-de-chaussée ; ensuite cet appartement fut concédé à la marquise de Clermont-Gallerande, la dame d'honneur de Mesdames les cadettes, et même prêté à la duchesse de Boufflers, avant d'être donné au prince de Condé en 1757 [6]. La même année, l'appartement de Mlle de Sens, à l'étage, au-dessus, fut réquisitionné pour la maréchale de Duras. Plus tard, il fut occupé par la duchesse de Villequier, puis la duchesse de Beauvillier, dame d'honneur de Madame Adélaïde. La marquise de Civrac, en devenant la dame d'honneur de Madame Victoire, lui succéda en 1774 [7]. L'année suivante, lorsque le comte d'Eu mourut, Madame Adélaïde obtint son appartement pour sa nouvelle dame d'honneur, la comtesse de Narbonne [8]. L'aile du Nord devint une annexe des appartements de Mesdames dans le corps central, et les principaux officiers furent logés dans les appartements princiers vides donnant sur les jardins.

Il arriva même que Mesdames chassèrent temporairement les princes du sang. En 1768, Madame Adélaïde retourna au rez-de-chaussée du corps central pour occuper l'appartement qui avait été celui de Mme de Pompadour jusqu'à sa mort [9]. Durant les travaux de décoration et le réaménagement de son appartement, Madame Louise prit le logement du comte d'Eu [10], lequel reçut d'abord l'appartement du jeune fils du prince de Condé, le duc de Bourbon [11], et fut ensuite transféré dans l'appartement de l'aile des Princes, sur la rue de la Surintendance, qui abritait la comtesse de Tessé, laquelle refusa d'abord d'y renoncer [12].

Seuls le prince de Condé et le comte de La Marche occupaient des appartements dans l'aile du Nord. Tout les autres appartements princiers avaient été attribués aux gens des maisons de Mesdames ou détruits pour la construction de l'Opéra. Envisagée depuis longtemps, cette démolition avait été retardée jusqu'en 1766 pour des raisons

1. L* XIII 310.

2. L* XIII 184. En septembre 1750, quand fut formée la maison des filles de Louis XV, la maréchale de Duras, qui avait été leur dame d'honneur, conserva ce poste dans la maison des cadettes, et la duchesse de Beauvillier fut élevée du rang de dame pour accompagner à celui de dame d'honneur de Mesdames les aînées. Voir L* X, 331, 339.

3. **CC 30** : BLONDEL, planche 3 « i^1 à i^9 » ; GG-B 4, 183, 492, 842, 887 ; L* XI 449, XIII 113.

4. **AP 24** : BLONDEL, planche 2 « u^1 à u^{14} ».

5. **CC 6** : *ibid.*, planche 2 « x^1 à x^4 ».

6. **AN 27 et 28** : *ibid.*, planche 2 « e » ; A.N. O[1] 1076 352 ; L* XII 112, XIII 28.

7. **AN 39** : GG-B 1188 ; A.N. O[1] 1076 491, 1077 54 ; *États* 1770 et 1781.

8. **AN 40 et 41** : GG-B 1188, 1189 ; A.N. O[1] 1077 218 ; *États* 1777 et 1781.

9. **CC 23** : BLONDEL, planche 2 « y^1 à y^9 » ; GG-B 48, 147, 172, 252, 256, 257, 331, 434, 708, 824, 831, 1061, 1229, 1392, 2874, 2875 ; A.N. O[1] 1077 34 ; L* X 117, XI 448. Entre la mort de Mme de Pompadour en 1764 et le transfert de Madame Adélaïde, cet espace fut divisé entre la marquise de Clermont-Gallerande et la comtesse de Narbonne, puis destiné à la comtesse de Valentinois. A.N. O[1] 1076 759 765.

10. **AN 40 et 41** : A.N. O[1] 1077 24, 34, 383.

11. **AN 28** : A.N. O[1] 1077 6.

12. **AP 85** : A.N. O[1] 1077 348 et 403.

financières et par crainte de manquer de logements [1]. Parmi les quatre-vingt-quatre appartements perdus, le plus important était celui des Conti. Le prince et la princesse douairière, sa mère, furent délogés ; son fils, le comte de La Marche, et sa femme furent temporairement déplacés et virent finalement leur espace réduit de moitié – de onze à quatre croisées sur la façade côté jardins [2].

C'eût été insuffisant si le prince était demeuré à Versailles. Mais, après avoir servi pendant des années comme ministre clandestin pour le « secret du roi », Conti se fâcha avec Mme de Pompadour en 1757 et quitta la Cour – il devait n'y revenir que pour le baptême des petits-enfants de Louis XV en 1761 et pour le mariage du dauphin en 1770. Ayant vendu son palais parisien pour rétablir ses finances, il s'installa dans sa résidence officielle de grand prieur de l'ordre de Malte en France, le Temple. Cette vaste agglomération était considérée comme juridiquement indépendante de la Ville de Paris. Les résidences abritées par ses murs constituaient un asile pour les débiteurs et le refuge de plus de 4 000 personnes. Conti y avait constitué ce que Horace Walpole appelait « une sorte de cour composée de ceux qui n'avaient rien à espérer de celle du roi » et devint l'idole du Parlement quand il défendit les droits des justiciables contre les réformes de Louis XV. Longtemps après que son fils se fut insinué dans les bonnes grâces du roi et que les autres princes eurent scellé une difficile réconciliation avec la Cour, Conti demeura dans l'opposition. Lorsque sa vieille mère plaida sa cause auprès du jeune Louis XVI, le roi et le prince refusèrent tous deux [3].

La construction de l'Opéra réduisit encore l'espace habitable au château. La situation devenant désespérée, le gouverneur du palais, chargé d'organiser la distribution des appartements, écrivit au roi : « Le comte de Noailles se trouve dans le moment le plus critique où il ait été de sa vie pour l'article des logements. Il y a cinq princes du sang qui n'ont point de logements et qui en demandent. C'est à Votre Majesté à ordonner au comte de Noailles ce qu'il doit faire. Telle que sort la décision, il ne sera pas moins dans le plus cruel embarras dont on ne sortira jamais si l'on abat toujours des logements et qu'on en rabâtit pas une trentaine [4]. »

Le logement de la nouvelle génération des Enfants de France souleva un problème encore plus difficile. Le futur Louis XVI se maria en 1770, et ses frères, les comtes de Provence et d'Artois, en 1771 et 1773. La mort de leur père, le dauphin, fils de Louis XV, avait permis à Noailles de prêter son appartement à la princesse de Conti [5]. Mais elle en fut délogée lors du mariage du dauphin avec Marie-Antoinette. Avant que la dauphine n'entrât dans les appartements redécorés de la reine au premier étage, le jeune couple s'installa dans l'extrémité Est de cet appartement au rez-de-chaussée. Plus tard, à la mort de Louis XV, l'appartement traditionnel du dauphin échut au comte et à la comtesse de Provence, Monsieur et Madame [6]. Comme chaque jeune petit-fils de France quittait l'appartement de son enfance au rez-de-chaussée de l'aile, qu'il avait partagé avec son gouverneur, le comte d'Artois étendit son espace jusqu'à

1. T. G. BOUCHER, « L'Opéra royal », dans M. GALLET et Y. BOTTINEAU, éd., *Les Gabriel*, Paris, 1982, p. 194-213. Boucher, citant A.N. O[1] 1833, indique que les 84 logements perdus étaient principalement ceux des domestiques.

2. **AN 29** : A.N. O[1] 1077 87. Ils reçurent en compensation le pavillon du Val à Saint-Germain-en-Laye. Voir A.N. O[1] 1070 95.

3. G. CAPON et R. YVE-PLESSIS, *La Vie privée du prince de Conti*, Paris, 1907 ; Henri DE CURZON, *La Maison du Temple de Paris*, Paris, 1988 ; Horace WALPOLE, *Lettres à ses amis*, Paris, 1873, p. 187 ; John D. WOODBRIDGE, *Revolt in Prerevolutionary France : The Prince de Conti's Conspiracy against Louis XV, 1755-1757*, Baltimore, 1995.

4. A.N. O[1] 1077 402.

5. **CC 26** : A.N. O[1] 1076 817.

6. **CC 26** : GG-B 145, 174, 707, 713, 797-801, 1389, 2103 *bis* ; *États* 1770 et 1787.

occuper avec son épouse l'ensemble du triple appartement en 1773 [1]. Chacun des petits-fils de France reçut donc un logement, mais l'accroissement de la famille royale commençait à réduire la capacité du château. Quand, immédiatement après la mort de Louis XV, la famille royale se retira à la Muette, le duc de Croÿ observa que le jeune roi, ses deux frères, leurs trois épouses et les trois tantes logées au palais « étaient entassés comme le sont les harengs [2] ».

Sous Louis XVI, l'accroissement de la famille royale exclut tout à fait les princes du sang des appartements princiers de la façade sur les jardins. Le duc d'Orléans, qui avait réussi à s'étendre progressivement au premier étage de l'aide des Princes, fut encore le premier à subir des pressions. Dès 1771, quand le prince de Condé chercha à laisser son appartement à sa bru et à s'assurer un espace séparé pour lui-même, le comte de Noailles réquisitionna les annexions d'Orléans. Le gouverneur regrettait que le premier prince du sang « fasse peu d'usage et d'habitation de Versailles », ajoutant : « La disette des logements rend cet arrangement très essentiel [3]. » Le duc d'Orléans tint encore jusqu'en 1780, cédant de plus en plus de terrain, d'abord au prince de Condé, puis à la sœur du roi, Madame Élisabeth, et à sa dame d'honneur, Diane de Polignac, qui finit par le déloger complètement [4]. Finalement, le duc d'Orléans et son fils, le duc de Chartres, furent écartés des appartements princiers de la façade sur les jardins et vinrent habiter dans un double appartement à l'angle nord-est de l'aile des Princes, attribué traditionnellement aux dames d'honneur de la reine [5].

Il y avait de la place mais elle resta vide, car le jeune héritier d'Orléans, le futur Philippe Égalité, avait à sa disposition le Palais-Royal à Paris. Là, pour faire face à ses vastes dépenses, il lança un programme immobilier sur l'emplacement des jardins. Trois nouvelles rues furent tracées pour former les limites extérieures d'un ensemble privé avec le palais à l'extrémité d'un jardin entouré sur trois côtés par soixante logements de location situés au-dessus d'un portique public au rez-de-chaussée desservant des boutiques, des restaurants et des cafés. Puisqu'il s'agissait d'une propriété princière, sa création n'était pas sujette aux règlements habituels et le lieu devint bientôt le centre du radicalisme, un véritable anti-Versailles [6].

Sur la rue de la Surintendance, longeant le palais de Versailles, habitait le duc de Penthièvre, qui avait été délogé de la façade sur les jardins dès 1757 au profit du fils aîné du dauphin [7]. Penthièvre reçut à l'angle sud-est de l'aile des Princes un grand appartement qui avait été l'un des logements de courtisans les plus agréables [8]. Il y resta jusqu'en 1775, date à laquelle sa bru, la princesse de Lamballe, fut nommée surintendante de la maison de la reine. Il fallait à cette dernière un espace plus grand que l'appartement situé juste au-dessous de celui de Penthièvre [9]. Elle prit les deux appartements pour former un vaste « duplex », et Penthièvre dut de nouveau déménager [10]. Ayant été délogé cinq fois, il demanda qu'on lui accordât un appartement

1. **AP 66, 67 et Grand Salon** : GG-B 1321, 2101, 2882 ; D'HÉZECQUES, p. 63.
2. C* III 118.
3. **AP 68** : A.N. O[1] 1077 108 ; *État* 1770.
4. **AP 68 et 69** : GG-B 1395, 1399, 2116, 2880 ; *État* 1781 ; A.N. O[1] 1077 262.
5. **AP 85 et 86** : *État* 1787 ; A.N. O[1] 1077 267.
6. René HÉRON DE VILLEFOSSE, *L'Anti-Versailles ou le Palais-Royal de Philippe Égalité*, Paris, 1974. *Cf.* CHASTENAY, p. 73.
7. **Grand Salon et AP 68** : L* XV 497.
8. **AP 70 et 70A** : GG-B 2756 ; *État* 1770 ; A.N. O[1] 1076 44.
9. **AP 54 et 54A** : *États* 1777 et 1781.
10. A.N. O[1] 1077 480.

« à vie » et fut transféré au pavillon terminal de la Vieille Aile, le logement officiellement attribué au vieux prince de Conti dans ses dernières années d'absence [1].

Mais même une favorite comme la princesse de Lamballe ne pouvait s'opposer à la nécessité de loger une nouvelle génération d'arrière-petits-fils de France. En 1780, la moitié de son appartement fut pris pour les enfants du comte d'Artois [2]. Mais cet arrangement fut de courte durée, car lorsque le fils de Louis XVI eut l'âge requis, il fut logé avec son gouverneur dans l'appartement traditionnel du corps central. Ce changement contraignit le frère du roi, le comte de Provence, et son épouse, à déménager en 1786 pour l'ancien « duplex » Penthièvre-Lamballe. D'importantes améliorations furent projetées, y compris un nouvel escalier à l'extrémité de l'aile, et les appartements y reçurent le nom de pavillon de Provence. Avant 1789, un dernier changement transféra les enfants d'Artois et leur gouverneur au premier étage de l'aile du Nord, d'où ils délogèrent deux dames d'honneur de Mesdames [3].

Le déménagement des princes du sang au profit des Enfants de France reflétait une grave division au sein de la famille royale. Bien que les premiers n'eussent jamais résidé de façon continue à Versailles, ils étaient absents de la Cour vers la fin du règne de Louis XV, et de plus s'associèrent pour la première fois à l'opposition. Comme ils l'avaient fait lors de la Fronde durant la minorité de Louis XIV, ils appuyèrent l'offensive « constitutionnelle » des milieux judiciaires conduite par le parlement de Paris. Le duc d'Orléans soutenait depuis longtemps les parlementaires, et le prince de Conti avait patronné dès 1765 un groupe qui prétendait se conduire comme une cour des pairs [4]. Une rupture plus forte se produisit en 1771, quand le chancelier de Maupeou désorganisa le corps judiciaire pour établir un système complètement nouveau. Comme d'habitude, les Orléans, père et fils, prirent le parti du Parlement, ainsi que le comte de Clermont. Le prince de Conti, depuis longtemps détaché de la Cour, accepta lui aussi ce rôle. Le prince de Condé se voulut loyal à la fois envers le prince et le roi, mais il finit par s'aliéner les deux camps. Seul le jeune héritier de Conti, le comte de La Marche, prit ouvertement le parti de la Cour, affirmant que, « quand on n'a pas 100 000 hommes à mobiliser, il vaut mieux ne pas résister à la volonté du roi ». C'était réveiller le spectre de la Fronde des princes et alarmer Maupeou au point qu'il demanda que des lettres de cachet fussent envoyées aux princes. Le roi, craignant la désertion complète de sa cour, refusa [5]. Néanmoins, quand le duc de Croÿ se rendit à la Cour pour le mariage du comte de Provence en mai 1771, il évoqua « une sorte d'exil de tous les princes du sang qui, à l'exception du comte de La Marche, avaient l'interdiction de venir à la Cour [6] ». Les princes finirent par capituler et revinrent à Versailles à la fin de l'année, mais ne rompirent jamais leur alliance avec le Parlement ; après le bref exil du duc d'Orléans, ils intervinrent pour obtenir son rappel au début du règne de Louis XVI [7].

1. **VA** 37 : *États* 1770 et 1787 ; A.N. O^1 1077 42.

2. **AP 70** et **70A** : GG-B 1348, 1380 ; *États* 1781 ; A.N. O^1 1077 437.

3. **AN 39, 40** et **41** : GG-B*1184-1189, 1381, 1382, 1384 ; *État* 1787.

4. C* I 342, III, 196 ; Jean ÉGRET, *Louis XV et l'opposition parlementaire, 1715-1774*, Paris, 1970 ; Dale VAN KLEY, *The Jansenists and the Expulsion of the Jesuits from France, 1757-1765*, Princeton, 1975.

5. Pierre Victor, baron DE BESENVAL, *Mémoires du baron de Besenval*, Paris, 1846, p. 197 *sq.*, 202.

6. C* II 426, 489, 503.

7. C* III 6, 24, 26, 30, 128, 134 *sq.*

Entre-temps se produisit entre le roi et les princes une nouvelle dissension émotionnelle. Le duc de Croÿ avait noté en 1771 que l'exil des princes ne se remarquait guère car les nouveaux membres de la famille royale et l'accroissement de leurs maisons avaient grossi le nombre des officiers de la Cour. Sous Louis XVI, la dynastie allait complètement dominer le palais tout en se séparant des branches cadettes. On vit même se produire un duel entre le duc de Bourbon et le comte d'Artois.

En 1778, à un bal masqué à Paris, la duchesse de Bourbon, née d'Orléans, avait observé le comte d'Artois en train de faire la cour à l'une de ses anciennes dames de compagnie, que le duc de Bourbon avait déjà, disait-on, remarquée. Elle s'approcha du prince, le provoqua et lui arracha sa fausse barbe, à quoi celui-ci réagit en lui déchirant son masque. Comme l'incident avait eu lieu en un endroit où l'incognito était de mise, on aurait pu l'étouffer comme une simple folie de jeunesse. Mais le duc de Bourbon en prit offense, et une sotte querelle devint un incident que le roi ne pouvait ignorer plus longtemps. Le père du duc, le prince de Condé, qui y fut inévitablement mêlé, refusa, ainsi que sa belle-fille, une formule incluant non seulement des excuses au roi, mais à la « famille royale ». À la différence de Louis XIV, Louis XVI ne considérait pas les princes comme des membres de sa famille. Le duel eut lieu, avec seulement une égratignure pour le comte d'Artois. À Paris, les Condé ouvrirent leur hôtel pour célébrer l'événement, à Versailles, le roi remâcha son ressentiment [1].

À la fin de l'Ancien Régime, les princes, dépourvus de tout attachement au roi et à sa famille et tous absents de Versailles, s'étaient associés à l'opposition politique. On était loin des mots de Louis XIV : ils « ne doivent jamais avoir d'autre retraite que la Cour, ni d'autre place de sûreté que dans le cœur de leur frère ». Les questions de personnes, d'orgueil, d'ambition et de politique furent certainement les causes premières de leur défection. Ces forces centrifuges jouèrent lorsque les princes durent déménager par suite de l'accroissement de la famille royale. Leur désertion commença à la fin des années 1760, quand le château ne put plus leur fournir de logements appropriés ; une décennie plus tard, la Cour avait cessé de les attirer et de les unir au roi. La cour à Versailles avait échoué comme instrument politique destiné à attacher les princes au trône et à les empêcher de devenir les otages ou les meneurs de forces politiques indépendants du roi.

Loger les officiers domestiques

Alors que disparaît l'espace résidentiel des princes et des courtisans, les besoins augmentent en raison, pour une bonne part, de la croissance numérique de la famille royale. Dès que l'un des Enfants de France en a l'âge ou se marie, une nouvelle maison est constituée, ce qui a pour conséquence, au XVIIIe siècle, un fort accroissement du nombre des personnes de tous états servant la famille royale. En outre, ces maisons sont toutes beaucoup plus importantes numériquement que ne l'étaient les maisons princières sous Louis XIV.

1. BESENVAL, p. 242 *sq.* ; C* VI 67 *sq.* ; CHASTENAY, p. 70.

Le développement des maisons royales et princières à Versailles
1682-1789

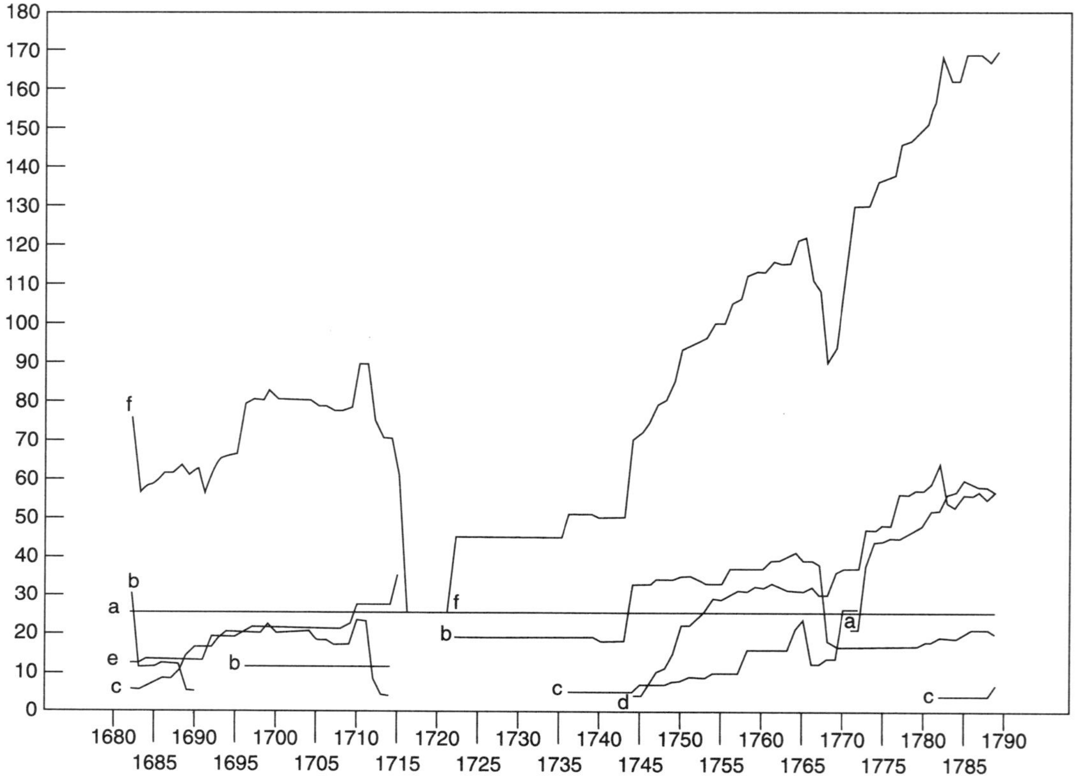

Le développement des maisons royales et princières à Versailles au XVIIIe siècle fut en partie la cause de difficultés de logement, lorsque le nombre de candidats excédait celui, limité, des appartements disponibles du château. Ce graphique montre que le nombre des maisons s'accrut, de même que la taille de beaucoup d'entre elles.

a : principaux offices de la Maison du roi, qui demeurèrent généralement sans changement jusqu'à la fin de la monarchie.

b : principaux offices des maisons de la première dame de la Cour : la duchesse de Bourgogne ; Marie Leszczyńska et l'épouse du dauphin, fils de Louis XV ; Marie-Antoinette.

c : principaux courtisans accompagnant l'héritier mâle du trône : le fils de Louis XIV, appelé le Grand Dauphin ; le duc de Bourgogne ; le fils de Louis XV ; le fils de Louis XVI. Ce sont des gentilshommes de la manche lorsque les princes sont jeunes, des menins plus tard. Techniquement, il ne s'agit pas là d'une maison mais d'une suite, car le dauphin est servi par les officiers du roi. Mais on peut considérer les menins comme l'équivalent des dames du palais dans les maisons féminines.

d : principaux offices des maisons des Enfants de France : Mesdames de France, filles de Louis XV, et sœurs de Louis XVI.

e : offices des maisons des petits-enfants de France, les ducs de Berry et d'Anjou, et plus tard des comtes de Provence et d'Artois avec leurs épouses.

f : total. Vers 1760, il commence à croître à un rythme rapide en raison de l'établissement d'importantes maisons pour Mesdames de France et pour les frères de Louis XVI.

Les officiers les plus importants servaient le monarque. Sous Louis XIV, la Maison du roi comptait vingt-deux départements. Beaucoup d'entre eux étaient techniquement indépendants, mais en réalité ils ne constituaient que des sections des grands services placés sous la direction des grands officiers [1]. La Maison du roi, au sens strict, était composée des officiers attachés à la table royale. L'office de grand maître de la Maison du roi était une sinécure prestigieuse et lucrative, toujours tenue par le prince de Condé. Les affaires quotidiennes relevaient du premier maître d'hôtel, aidé d'un nombreux personnel attaché à l'alimentation et à la table du roi. Ce département venait après la Chapelle, placée sous l'autorité nominative du grand aumônier de France qui, comme plusieurs autres grands officiers, se targuait d'une dignité supérieure en sa qualité de l'un des plus anciens officiers de la Couronne. En troisième lieu venait la Chambre du roi, de loin le département le plus puissant en raison de son contact direct avec le souverain. Nominalement, elle était présidée par le grand chambellan, office héréditaire détenu par la famille de La Tour d'Auvergne, mais en réalité, elle était dans une large mesure le domaine de quatre favoris royaux, les premiers gentilshommes de la chambre du roi. En faisaient aussi partie les huissiers de la chambre et de l'antichambre, les valets de chambre, et son secrétariat, « le cabinet », dirigé par le secrétaire « ayant la plume ». Après 1669, un quatrième service séparé, sous la direction du grand maître de la garde-robe, fut créé et attribué à la famille de La Rochefoucauld. L'un des principaux officiers était en permanence de service pour tendre au roi ses habits et accessoires. Venaient ensuite, par ordre décroissant, la Grande et la Petite Écurie, la première abritant les chevaux à monter lors des cérémonies, des campagnes militaires et à la chasse, la seconde ceux qui tiraient carrosses et voitures. Le grand écuyer de France, titre héréditaire dans la branche d'Armagnac de la famille de Lorraine, chef nominal de ces deux organes, était secondé par le premier écuyer, quasi indépendant, qui était quotidiennement de service et que l'on appelait Monsieur le premier. Quant au grand veneur, il dirigeait la chasse royale composée de six équipages et meutes. Le plus prestigieux de ces officiers était le grand louvetier. Enfin, le grand prévôt de France assurait la justice de la Cour.

Puis venait un second rang d'officiers importants : le surintendant des Bâtiments était l'ordonnateur de la construction et de la réparation des résidences royales et de la protection des arts ; le grand maréchal des logis réglait les voyages, et le grand maître des cérémonies dirigeait le protocole. De plus, bien qu'ils fissent partie de la maison militaire, les quatre capitaines des gardes du corps étaient des favoris dont la fonction leur permettait d'être constamment en présence du roi. Juste au-dessous par le rang se trouvaient le capitaine des cent-Suisses et le capitaine des gardes de la porte.

Ce noyau de vingt-six officiers demeura largement inchangé après 1660. En dépendaient des centaines d'officiers subalternes, de serviteurs et de fournisseurs attitrés dont l'effectif varia avec le temps. En période de crise et de nécessité financière, le nombre s'accroissait, car la plupart de ces charges étaient vénales ; leur vente était

1. Marcel MARION, *Dictionnaire des institutions de la France aux XVIIe et XVIIIe siècles*, Paris, 1923 et 1984 ; L. DUSSIEUX, *Le Château de Versailles : histoire et description*, 2 vol., Paris, 1881, t. I, p. 250 *sq.* Les deux exploitent les nombreuses livraisons de l'*État de France*, qui mentionne les offices, les tenants, leurs titres, émoluments, privilèges, fonctions et périodes annuelles de service, les rentrées monétaires dues à la cession de l'office (brevet de retenue), les privilèges des dîners, les droits spéciaux d'entrée en présence du roi, et les compensations en espèces, telles que les droits aux restes de nourriture, au mobilier, aux habits ou aux chandelles. En plus l'*Almanach royal* et *Le Mercure de France* ainsi que les mémoires cités ont été partout utilisés par nous.

rentable pour l'État et fortifiait la loyauté de leurs détenteurs. À la fin du règne de Louis XIV, le total baissa pour se stabiliser à 800 ou 900 personnes [1].

Même les plus humbles de ces offices de la maison royale donnaient droit à un logement. Pour la grande majorité des officiers subalternes, cela prenait la forme d'une allocation financière au lieu d'un appartement. D'autres, par nécessité, recevaient un espace près du lieu où ils effectuaient leur service. Quelques-uns des officiers subalternes de la Bouche du roi étaient ainsi logés dans une annexe appelée le Grand Commun, tandis que les Écuries assuraient au grand écuyer une résidence officielle et des logements pour son personnel. Les officiers supérieurs, eux, avaient le droit d'être « logés au Louvre », c'est-à-dire partout où le roi se trouvait en résidence. Le guide officiel de la Cour clôt en 1683 la liste des grands officiers par le Grand prévôt, mais observe qu'après les princes et les officiers des logements doivent être assignés aux ducs et pairs, aux maréchaux de France et aux secrétaires d'État [2].

En pratique, le droit à un logement à la Cour s'étendait à bien d'autres personnes qu'aux officiers importants de la Maison du roi. Dans le langage de la Cour, on disait avoir un « logement de fonction ». Comme la Cour s'agrandissait et que de nouvelles maisons furent établies pour plusieurs générations de la lignée royale – fils et filles, petits-fils et petites-filles de France –, la demande se fit très pressante. Progressivement, la plus grande partie de l'espace prévu pour les courtisans servit à loger ces maisons. Pour cette raison, l'évolution et l'attribution de l'espace aux tenants d'offices donnent la mesure du changement de composition de la société de cour et font apparaître une modification du rôle de la Cour entre 1682 et 1789.

À côté de la Maison du roi, il y avait le « service » assuré par une série de gentilshommes appelés « menins » et d'officiers détachés du service du roi auprès du dauphin en tant qu'héritier du trône. Il y eut aussi, jusqu'à la mort de Marie-Thérèse en 1683, la maison de la reine [3]. Après quoi la maison de la dauphine devint la maison de la première dame de la Cour jusqu'à sa mort, en 1690. Plus tard, cet honneur revint à l'épouse de l'héritier présomptif, la duchesse de Bourgogne, lorsque sa maison fut constituée en 1696. Chacune de ces princesses jouissait de grands appartements.

Sur une échelle réduite, des maisons furent établies pour d'autres membres de la famille royale : Monsieur et Madame (auxquels succéda leur fils, le duc d'Orléans) et le duc de Berry, frère de l'héritier présomptif, dont le service fut transformé et agrandi quand il se maria en 1709. Enfin, les épouses des branches collatérales, les princesses de Condé et de Conti disposaient d'une suite de dames. Les principaux officiers de chaque maison jouissaient d'un logement de fonction et, dans les premières années, ce privilège fut étendu aux dames accompagnant les princesses du sang.

La maison de la première dame de la Cour comptait quatre officiers masculins principaux : le chevalier d'honneur, le premier aumônier, le premier écuyer et le premier maître d'hôtel. Le chevalier d'honneur était le plus important : il recevait les serments et escortait la princesse. Le premier aumônier était le chef de son clergé

1. Jacqueline BOUCHER, « L'évolution de la Maison du roi des derniers Valois aux premiers Bourbons », *XVIIe Siècle*, n° 137, octobre 1982, p. 359 *sq.*

2. *État de France*, 1683, I, p. 326 *sq.*

3. Françoise BARRY, *Les Droits de la reine sous la monarchie française jusqu'en 1789*, Paris, 1932 ; Ruth KLEINMAN, « Social Dynamics at the French Court : The Household of Anne of Austria », *French Historical Studies*, vol. 16, n° 3, printemps 1990, p. 517-535.

personnel, le premier écuyer était chargé de ses déplacements et agissait souvent à la place du chevalier ; et le premier maître d'hôtel veillait à la table, fournie par un service particulier.

Les offices féminins comptaient beaucoup plus. La véritable tête de la maison était la dame d'honneur, qui était considérée comme un équivalent du chambellan et à ce titre régissait l'étiquette et les présences auprès de la princesse. Venait ensuite la dame d'atour, en charge de la garde-robe et de la toilette. Toutes deux dirigeaient un nombre variable de femmes qui formaient la suite. Celle de la reine se composait de « dames du palais », qui furent jusqu'à douze. Au début, la dauphine et la duchesse d'Orléans étaient servies par une chambre de filles d'honneur, issues de la noblesse et élevées à la Cour, comme leurs frères les pages du roi. Mais cette coutume médiévale fut abandonnée, et ces jeunes filles furent remplacées par la suite des dames de la Cour, service composé de six dames de la dauphine qui, quand celle-ci devint la première dame de la Cour, prirent le titre de dames du palais. Pour les autres princesses, les dames en fonction étaient connues sous le nom de « dames pour accompagner ». Quel que fût leur titre, leur fonction était d'assurer aux côtés de leurs maîtresses la présence constante de nobles dames sans autres devoirs spécifiques. La formule de la lettre de nomination pour une dame du palais stipulait : « Vous ayant choisie pour faire la société de la reine [1] »... L'effectif de ces dames varia beaucoup. Sous Louis XIV, des nombres furent fixés pour refléter le rang de chaque maison : la reine avait douze dames ; la dauphine, comme épouse de l'héritier, et plus tard la duchesse de Bourgogne, comme épouse de l'héritier présomptif, en avaient six ; les princesses d'Orléans (d'abord Madame, et plus tard la duchesse d'Orléans), deux chacune. Il y avait aussi des règles non écrites concernant le statut personnel des membres des divers offices de la maison. À l'origine, seule la dame d'honneur et la dame d'atour devaient être « titrées », c'est-à-dire duchesses ou épouses d'un maréchal de France ; les dames de la suite étaient « non titrées », c'est-à-dire nobles certes, mais sans les prérogatives d'une duchesse – en particulier le droit de s'asseoir en présence du roi ou d'entrer dans la cour du palais en carrosse. Plus tard, un plus grand nombre de femmes « titrées » furent admises à servir [2].

Sous Louis XIV, le nombre total des courtisans disposant du droit et du pouvoir d'obtenir un appartement au château varia d'année en année avec les naissances, les mariages et les décès. Mais, même à son apogée, en 1709, avec l'établissement de la maison du duc et de la duchesse de Berry, approximativement quatre-vingts officiers principaux des différentes maisons pouvaient légitimement prétendre à un logement de fonction.

Après la mort de Louis XIV en septembre 1715, Versailles, on l'a vu, fut déserté et utilisé seulement pour impressionner un visiteur occasionnel tel que Pierre le Grand – le duc de Noailles proposa même d'abattre le château [3]. À la grande joie de la population de la ville, qui avait souffert d'une terrible dépression durant l'absence de la Cour, le jeune Louis XV regagna le palais en 1722 [4]. N'ayant que la Maison du roi à loger, le Régent put accorder de beaux appartements à son gré. La première addition du XVIIIe siècle au nombre des maisons fut l'établissement d'une maison pour la reine

1. CAMPAN, t. I, p. 315.
2. L* XIII 33.
3. SS XXVII 171, XXXI 378.
4. *Le Mercure de France*, juin 1722, p. 145 ; Jacques LEVRON, *Versailles, ville royale*, Roanne, 1981.

en 1726, et peu après était créée une suite placée sous la direction de la gouvernante des Enfants de France, dite « l'éducation ». En 1736, le dauphin fut confié à son gouverneur et un modeste service fut constitué pour l'accompagner. L'année suivante, le duc de Luynes observait que seuls deux appartements au rez-de-chaussée et aux principaux étages au château étaient occupés par des personnages non royaux [1]. La situation s'améliora lorsque, par esprit d'économie, Louis XV confia ses filles cadettes, Mesdames Victoire, Sophie et Louise, à l'abbaye royale de Fontevrault en 1738. Mais aucune des princesses ne choisit de rester au couvent, et en 1752 toutes étaient revenues à la Cour. Entre-temps, le dauphin s'était marié en 1744, et une nouvelle maison avait été créée pour son épouse.

On observe une difficulté croissante à trouver des appartements dans les « dispositions » préparées à l'intention du roi par le comte de Noailles [2]. Louis XIV discutait ces affectations avec son premier valet de chambre, Bontemps [3]. Au début de son règne, Louis XV répondait en personne à ces demandes, parfois en prenant le contre-pied de la décision du gouverneur [4]. Mais comme le nombre des officiers qui sollicitaient des logements augmentait, le timide roi préféra laisser son gouverneur recevoir les demandes et proposer des solutions sous forme de longues listes s'élevant jusqu'à vingt propositions d'échange, souvent hypothétiques, pour un même appartement. Ces tractations devinrent plus longues et plus compliquées après 1746. Une simple vacance pouvait susciter douze demandes d'attribution d'un même appartement [5].

En 1745, le roi avait consenti à constituer une maison pour Mesdames les aînées, Henriette et Adélaïde. Bien que les princesses du sang, les épouses du duc d'Orléans et des princes de Condé et de Conti, eussent eu de modestes maisons dans le passé, leur entourage avait rarement bénéficié du privilège de disposer d'un logement au château. En fait, il n'y avait jamais eu de filles de France adultes résidant à Versailles et encore moins cinq princesses célibataires. La maison de Mesdames fut une nouveauté qui se reproduisit quand Mesdames les cadettes, revenues de Fontevrault, voulurent leur propre établissement : en 1750, les jeunes princesses eurent droit elles aussi une maison séparée. Elles se partageaient une dame d'honneur et une dame d'atour et neuf dames pour accompagner – juste un peu moins que les onze que leur sœur aînée Adélaïde avait retenues après la mort d'Henriette. Pendant plusieurs années, les deux maisons des jeunes filles eurent en commun le groupe habituel des officiers masculins (chevalier d'honneur, premier aumônier, premier écuyer), mais Mesdames Victoire et Sophie, les cadettes survivantes, obtinrent chacune en 1777 un personnel masculin [6]. Cependant, dès 1752, il devint très difficile de loger vingt-sept nouveaux membres des deux maisons des Enfants de France. Plusieurs trouvèrent de la place dans les ailes ministérielles, mais quatre dames restaient encore à loger à la fin de l'année. Dans une requête au comte de Noailles, elles demandèrent à être inscrites comme candidates aux premières places disponibles [7].

1. L I 273 *sq.* Le cardinal de Rohan, grand aumônier de France, occupait **AN 42** et le duc de Charost, ancien gouverneur de Louis XV, **AN 44** ; BLONDEL, planche 8 « 3 » et « 5 ».

2. Ces dispositions, parfois dites projets, et les distributions plus définitives sont connues globalement sous le nom de bons du roi parce que, pour donner son approbation, le monarque écrivait simplement « Bon ». Plus de 1 300 de ceux-ci sont conservés aux Archives nationales dans la série O[1] 1076 et 1077.

3. D VII 164.

4. L* III 405 *sq.*

5. A.N. O[1] 1076 111 et 177.

6. *Le Mercure de France*, septembre 1771.

7. A.N. O[1] 1076 315.

Dans les années suivantes, d'autres dames furent ajoutées à chaque maison, et les menins du dauphin passèrent de quatre en 1745 à onze en 1759. Toute nouvelle nomination, tout poste surnuméraire, tout survivancier prenant le titre et non le service de l'office d'un parent accroissaient la pression sur le comte de Noailles. La place dans les mansardes affectées à des officiers de rang secondaire sous le règne précédent fut ardemment recherchée. Les marquises de Bassompierre et du Hausset demandèrent ainsi toutes deux un espace décrit comme « une autre chambre et garde-robe dans les toits, très vilain et très fumant [...] et connu vulgairement sous le nom de trou de Mme de Gouye [1] ». Noailles pouvait facilement comprendre leurs raisons car, en rejetant la demande du duc de Lorge au sujet du « trou » de son frère au profit des officiers des maisons royales, il spécifiait : « Tout étant préférable à être logé dans la rue Satory quand on a un service journalier [2]. » Bien que son subordonné le juge d'un « flegme à glacer [3] », Noailles était à bout lorsqu'il présenta à Louis XV un mémoire désespéré (mars 1759) : « L'état des logements nécessaires à trouver dans le château de Versailles est effrayant [...]. Tout ce qui compose la maison de Votre Majesté est logé, hors M. le grand maître de la garde-robe. Toute la maison de la reine l'est, et très bien. Madame la dauphine a ses neuf dames logées et même deux surnuméraires et une dame d'honneur en survivance, ce qui est contre la règle. Madame a ses neuf dames logées, et il n'y a que sa dame d'honneur à loger. Mesdames ont douze de leurs dames logées. Monseigneur le duc de Bourgogne a tout son service logé. Il paraît absolument nécessaire, pour parvenir à faire un arrangement solide et n'être pas dans le plus grand embarras pour l'augmentation indispensable quand Monseigneur le duc de Berry, Monseigneur le comte de Provence et Monseigneur le comte d'Artois passeront aux hommes, que Votre Majesté ait la bonté de défendre au comte de Noailles de lui proposer de donner aucun logement de telle espèce qu'il puisse être, hors pour M. le grand maître de la garde robe et pour la dame d'atour de Madame, et de garder en réserve tout ce qui viendra à vaquer jusqu'au mariage de Monseigneur le duc de Bourgogne [4]. » Louis XV approuva la liste des dix-huit personnes qui seraient ainsi privées de logements.

En septembre, le gouverneur assiégé dut requérir un renouvellement du moratoire royal, en soumettant au monarque une liste de vingt-trois personnes candidates à un logement de fonction et une liste de six autres officiers pour les petits-fils de France qui auraient besoin d'appartements l'année suivante [5].

Un moratoire ne pouvait résoudre le problème. Il fallait libérer un plus grand nombre d'appartements. La première solution proposée par Noailles au début de 1760 fut de refuser un logement aux survivanciers qui avaient un droit de réversion d'un office de maison quand son titulaire exerçait des fonctions nécessitant un logement. Ils étaient de deux sortes : ceux qui étaient dans l'expectative de l'office, ordinairement un enfant ou un parent de l'officier en place, et ceux qui avaient renoncé, en général en faveur d'un enfant, mais qui retenaient la survivance en cas de mort prématurée. Quand une famille partageait un appartement, ces survivanciers n'avaient pas besoin d'espace supplémentaire, mais leurs enfants consentaient rarement à vivre avec leurs

1. A.N. O^1 1077 407. Pour d'autres usages du terme « trou », voir *ibid.* 125, 181, 182, 194 et 222.

2. A.N. O^1 1077 182. La rue de Satory se trouve à 500 mètres du château.

3. Pierre NARBONNE, Papiers, bibliothèque municipale de Versailles : MS B 139-161, tome VIII, cité dans Agnès JOLY, « Le maréchal de Mouchy, gouverneur de Versailles, et ses dernières années », *Revue de l'histoire de Versailles et des Yvelines*, vol. LXVI, 1982, p. 55-74.

4. A.N. O^1 1076 541.

5. A.N. O^1 1076 566 et 569.

parents et sollicitaient un logement indépendant dès qu'ils s'étaient mariés. Par gratitude, les membres de la famille royale, notamment Madame Adélaïde, demandaient fréquemment que leurs fidèles fussent autorisés à conserver leurs appartements [1]. La seconde proposition de Noailles fut de créer pour les grands officiers de la Maison du roi des appartements permanents qui passeraient automatiquement à leur successeur dans l'office, qu'il s'agît d'une survivance ou d'une nouvelle nomination [2].

Le manque de place s'aggrava et les mécontentements s'accumulèrent. Noailles se plaignait d'être « persécuté » par les dames les plus insistantes de la Cour [3], tandis que de nombreux courtisans accueillaient avec ressentiment, voire combattaient les efforts déployés pour trouver un logement à ceux qui s'en trouvaient dépourvus en leur affectant ceux de titulaires absents ou empêchés [4]. Dans un cas au moins, il prit la précaution d'obtenir une lettre de l'occupant, le chevalier de Talaru, qui affirmait que l'appartement était seulement prêté [5]. Dans d'autres cas, Noailles fut obligé de dire brutalement à certains courtisans que c'était à prendre ou à laisser. Il lui arriva même une fois d'avoir à forcer les portes et à changer les serrures pour s'assurer de l'appartement de la comtesse de Tessé, qui refusait de céder la place [6]. Désespéré, il commença à prendre des décisions qui provoquèrent une cascade de changements. Finalement, il proposa que, en dehors des offices principaux des maisons du roi et de la reine, seuls les ménages dont les deux membres détenaient chacun un office fussent autorisés à demander un logement double [7]. « Le nombre des logements diminuant et le besoin augmentant tous les jours, écrivait-il, il faut inévitablement construire un second château [8]. »

Ce projet avait été envisagé depuis longtemps. Saint-Simon affirme que Hardouin-Mansart, l'architecte de Louis XIV, avait, par esprit de lucre, fait en sorte que le toit de la Chapelle dépassât nettement en hauteur la façade sur les jardins, de façon à inciter le roi à exhausser le château d'un étage, « pour cacher cette difformité [9] ». Au XVIIIe siècle, Gabriel fit toute une série de plans, appelés « grands projets », destinés à remodeler et agrandir le château [10]. Deux seulement de ces projets furent réalisés, la construction de l'Opéra et celle de l'aile Gabriel, qui eurent pour effet de réduire encore la quantité d'espace résidentiel. Pour cette raison, quand le fils de Louis XV mourut, ses menins ne furent pas autorisés à conserver leurs appartements et durent déménager avec de vagues promesses de futures places vacantes [11]. Pour Mesdames, ce fut l'occasion d'installer certains membres de leurs maisons. Elles furent inflexibles dans leurs requêtes. Noailles se plaignait d'être « accablé de tracasseries sur l'article des logements » et plaida de nouveau auprès du roi pour que celui-ci le protégeât contre ce « tourment journalier [12] ».

1. A.N. O^1 1076 583.
2. A.N. O^1 1076 584 et 713.
3. A.N. O^1 1076 618. Pour d'autres exemples du terme « persécuté », voir *ibid.*, 794 ; 1077 110 et 118.
4. A.N. O^1 1076 643, 654, 657, 661, 665 et 666.
5. A.N. O^1 1076 755.
6. A.N. O^1 1077 348.
7. A.N. O^1 1076 660.
8. A.N. O^1 1076 663.
9. *Additions* de Saint-Simon à D XII 134 *sq.*
10. GG-B, p. 567, mentionne 138 grands projets entre 1741 et 1785. Voir aussi Christopher TADGELL, *Ange Jacques Gabriel*, Londres, 1978, p. 33-39, 94-94, et C. BAULEZ, « Le Grand Projet », dans M. GALLET et Y. BOTTINEAU, éd. *Les Gabriel*, Paris, 1982, p. 182-193.
11. A.N. O^1 1076 829.
12. A.N. O^1 1076 794 et 828.

La tension relative aux logements se relâcha un peu dans les années suivantes, avec la mort de la dauphine en 1767 et celle de la reine en 1768. En affectant tous les membres de la maison de la reine à celle de la future dauphine, Marie-Antoinette, on évita bien des conflits. En outre, pour la première fois, le Grand Commun – où l'on ne logeait que les domestiques des officiers de second rang et occasionnellement des courtisans – fut jugé digne d'héberger des membres de certaines maisons.

Répondant aux requêtes continuelles de Mesdames, Noailles rapportait au roi en 1770 que, en raison de « la disette extrême des logements, il y aura impossibilité totale de loger le service de Monseigneur le comte de Provence et Madame la comtesse de Provence [1] ». Cette maison établie en 1771 ainsi que celle qui fut créée en 1773 pour le comte et la comtesse d'Artois comprenaient chacune la hiérarchie des officiers, y compris dix dames pour chaque princesse. Les fils de France furent en outre dotés d'officiers que la Cour n'avait pas connus depuis Louis XIV : un premier gentilhomme de la chambre, deux capitaines des gardes et dix gentilshommes d'honneur.

Ces maisons furent créées au moment où les maisons féminines s'accroissaient. Ce fut le cas de celles de Mesdames Victoire et Sophie, et de plus, en 1772, une suite composée d'une gouvernante, de trois sous-gouvernantes, de quatre dames pour accompagner et d'un écuyer fut formée pour les deux petites-filles de Louis XV, Mesdames Clotilde et Élisabeth. La première se maria en 1775, mais la seconde demeura à la Cour. En 1779, sa maison comprenait les habituelles dames d'honneur et d'atour, un chevalier d'honneur et un premier écuyer.

Avec le mariage du comte de Provence, le duc de Croÿ commença à relever dans son Journal l'accroissement de la famille royale, la constitution de suites coûteuses par les princes et l'augmentation des dépenses de l'État sur ce chapitre. Lors du mariage du comte d'Artois, il les comparait aux maisons des souverains étrangers et les jugeait financièrement ruineuses [2]. En mai 1774, au début du nouveau règne, il notait : « Le roi défunt avait été heureux car il était seul et maître de ses actions. Mais le roi actuel [...] avait affaire à trois tantes [Mesdames Adélaïde, Victoire et Sophie], trois princesses [la reine, Madame la comtesse de Provence et Madame la comtesse d'Artois] et de plus deux sœurs [Madame Clotilde et Madame Élisabeth]. Ainsi, cela faisait, outre deux frères, huit femmes avec qu'il allait vivre et qui, en ayant chacune beaucoup à leur suite, dont plusieurs habiles, lui faisaient une centaine de femmes à qui il allait avoir affaire, et ce n'était pas une petite dans un temps où on ne regardait comme grand que les affaires de cour, tandis que, pour que les affaires allassent bien, il faudrait qu'on sentît que ce devraient être les moindres et que ce n'est pas la Cour qui fait l'État mais qui le mange [3]. »

Soixante-huit autres appartements au moins auraient été nécessaires pour loger cet afflux d'officiers dans les maisons des frères et sœurs du roi. La solution de Noailles, qui allait donner le ton pour le règne, était de n'en accorder qu'aux seuls premiers gentilshommes des princes et aux dames d'honneur et dames d'atour des princesses [4]. Un conflit s'éleva inévitablement entre les officiers lorsque les capitaines réclamèrent la préséance sur les premiers gentilshommes, et le maître de la garde-robe sur le second capitaine. Quand la comtesse de Nesle « employa tous ses charmes [5] » pour influencer

1. A.N. O[1] 1077 64. Pour d'autres exemples du terme disette au sujet des logements, voir 1076 724 et 1077 64, 108, 147 et 274.
2. C* II 502, 512, III 51, 56.
3. *Ibid.*, III, 177 *sq.*
4. A.N. O[1] 1077 100.
5. A.N. O[1] 1077 115 et 118.

Noailles en faveur de son mari, le premier écuyer de la comtesse de Provence, cela le changea de la « persécution » antérieure mais n'apporta rien de nouveau. Le manque de place devint encore plus critique, car les appartements jusque-là occupés par des courtisans furent réunis. De plus, des appartements entiers et même de modestes chambres de l'attique furent pris pour la table du comte d'Artois ainsi que pour la garde-robe et le mobilier de la comtesse de Provence [1].

Après l'avènement de Louis XVI en 1774, Noailles, devenu maréchal-duc de Mouchy, abandonna progressivement le contrôle des appartements. En 1767, il avait obtenu la survivance de l'office de gouverneur pour son fils, le prince de Poix, qui prit formellement son office en 1778. Mais la surpopulation du château n'était pas résolue et « la petite fleur des pois », comme on l'appelait, réitéra les plaintes de son père sur les terribles embarras causés par le manque de logements dans le château [2]. Cependant, il aborda les problèmes de façon plus directe que le maréchal. Tandis que la formule de ce dernier était : « Votre Majesté veut-Elle accorder ? », le fils disait : « Le prince de Poix propose à Votre Majesté [3] ». Ce langage nouveau représentait davantage qu'un changement de style administratif, car on prit l'habitude de présenter de moins en moins mémoires et projets à Louis XVI. De 1774 à 1789, trente-cinq programmes de modification seulement furent soumis au roi, contre cent soixante-dix-sept à son grand-père, entre 1759 et 1774. En même temps, il y eut moins de permutations. Bien qu'il fût peut-être plus directif, le prince de Poix tenait des *États des logements* plus précis que son père. Entre 1777 et 1789, il y eut au moins cinq listes nouvelles, caractérisées par la continuité plutôt que par le changement. Face au manque d'espace au château, les courtisans étaient moins nombreux à demander un appartement. Cette attitude est par exemple illustrée dès 1771 par le marquis de Brancas qui écrivait dans sa requête : « Ne pouvant jamais espérer d'avoir un logement au château de Versailles [4] »... Les privilégiés qui disposaient d'un logement ne bougeaient pas. En termes d'espace, la Cour paraissait fermée.

Ce manque de place contribua avec d'autres événements à réduire l'importance et la puissance de la Cour dans la société française. Les absences de Louis XV et la préférence de Louis XVI et de Marie-Antoinette pour la vie privée rendirent moins nécessaire à ceux qui tenaient des offices de résider continuellement à Versailles. Ils pouvaient aller et venir suivant les exigences de leur service, puisque presque tous servaient à temps partiel. Les dames des maisons féminines étaient réparties en « semaines » ; sur les douze dames de la reine, quatre seulement étaient là simultanément, c'est-à-dire une semaine sur trois. Les capitaines des gardes du corps étaient présents par roulement un trimestre par an, le premier gentilhomme de la Chambre une année sur quatre. Sous Louis XIV, les courtisans, même lorsqu'ils n'étaient pas de service, devaient s'esquiver pour se rendre en ville. Sous Louis XV, ils pouvaient aller et venir librement, accompagner le roi dans ses voyages lorsqu'ils y étaient invités et passer de plus en plus de temps hors de la Cour. Sous Louis XVI, leur nombre décrût, excepté lorsque l'étiquette exigeait le contraire.

Dès 1776, le perspicace ambassadeur impérial Mercy Argenteau avait noté deux des dangers que faisait courir au royaume ce déclin de la Cour. D'abord, l'accès restreint,

1. A.N. O^1 1077 109, 122, 123 et 191.
2. A.N. O^1 1077 274.
3. A.N. O^1 1077 267, 269, 306, 314, etc.
4. A.N. O^1 1077 143.

qui reposait sur le favoritisme plutôt que sur les droits de la naissance ou du service, laissait entendre qu'on n'était guère récompensé d'aller à Versailles ; puisqu'il n'y avait pas de place au château, beaucoup en vivaient éloignés, pour la plupart à Paris. Le diplomate suggère aussi que les maisons étaient souvent sous la domination non pas des grands mais de leurs obligés, soit vénaux, comme les Polignac, soit bien moins fortunés, comme la princesse de Chimay. Progressivement, la constitution de grandes maisons, en particulier celles des princesses célibataires aussi bien que celles des frères du roi avec leurs épouses, avait accru le nombre des demandeurs, tandis que leur qualité et la puissance des occupants diminuaient [1]. Les gens fiers et indépendants n'éprouvaient pas d'attrait pour le service dans de telles maisons. Un groupe de duchesses veuves ou ambitieuses [2] et de dames sans ressources entourait Mesdames, et leurs fils formaient la suite des frères du roi. La Cour perdit ainsi son prestige de point de rassemblement des élites de France.

Considérant une proposition de mariage qui lui aurait assuré la survivance du poste de dame d'atour de Madame Élisabeth, la jeune Mlle de Chastenay s'exprimait ainsi : « Je ne puis supporter l'idée de m'enchaîner au service des princes dans la nécessité d'y vivre de mes gages. Fonder son pot-au-feu, enfin, sur un regard de faveur me paraissait une chose ignoble, et j'en étais à croire qu'une place de cour n'a rien d'honorable si on la tenait que pour l'honneur [3]. »

Loger les courtisans

Pour les courtisans et les membres des maisons princières, chaque départ ou décès signifiait une place vacante et donc une chance à saisir. Tant qu'il y eut assez d'espace, la simple faveur pouvait procurer un logement. Plus tard, l'appartenance à l'une de ces maisons fut une condition requise, sans pour autant assurer l'attribution immédiate d'un logement. Les personnes nouvellement nommées pouvaient d'abord s'installer chez un parent ou bénéficier d'une ou plusieurs affectations temporaires durant l'absence du tenant officiel. Pour les ambitieux, ce premier appartement était un marchepied. Ensuite, toute vacance ou tout avancement au sein des maisons était l'occasion d'obtenir un logement de meilleure qualité.

Il est souvent difficile de distinguer entre les effets d'une grâce et les fruits d'une fonction, car dès qu'un nouvel arrivant recevait une faveur du monarque ou d'un membre de la famille royale, il se trouvait presque immédiatement pourvu d'une fonction qui lui donnait droit à un appartement. Et quand il n'y avait pas de place, il pouvait se faire désigner « surnuméraire », usage fréquent dans les maisons des filles de France. En pratique, elle signifiait que bien que le contingent de postes fût complet, le candidat avait un droit sur la prochaine vacance. Cela lui donnait un statut semi-officiel à défaut du droit à un logement jusqu'à ce qu'il fût officiellement entré en charge. Néanmoins, cela impliquait qu'il demeurât en grâce.

Le meilleur exemple du rôle de la faveur dans l'allocation des appartements sous Louis XIV est la carrière du marquis de Dangeau, auteur d'un célèbre *Journal* qui consignait les récompenses octroyées par le roi à ses courtisans. Il avait reçu le brevet

1. CHASTENAY, p. 21.
2. La marquise de Civrac (dame d'honneur de Madame Victoire), la comtesse de Mailly d'Haucourt (dame d'atour de Marie-Antoinette), la comtesse de Narbonne (dame d'honneur de Madame Adélaïde), et la comtesse de Polignac (gouvernante des Enfants de France) ont toutes profité de leur faveur pour obtenir l'élévation de leur mari au rang de duc.
3. CHASTENAY, p. 57.

– très recherché – d'entrée en 1670 et était devenu menin du dauphin en 1680. Cette position ne comportait pas de devoirs particuliers, hormis d'accompagner son maître, mais assurait pourtant 6 000 livres de pension et le titre de gentilhomme d'honneur [1]. Bien que Mme de Sévigné mette le menin sur le même pied que les dames du palais et qu'un grand nombre de menins aient obtenu des logements dans le château, le poste ne semble pas avoir donné automatiquement accès à un appartement de fonction. Mais Dangeau avait aussi des talents marqués pour les cartes et pour la poésie. Le second talent le rendit populaire auprès des maîtresses du roi et le premier lui valut un appartement un jour qu'il jouait avec Mme de Montespan. Le marquis tenant souvent le rôle, essentiel, du banquier dans les jeux de cartes, le roi avait été poussé à lui accorder un appartement ; il y fut également incité par d'autres courtisans et officiers au moment du transfert à Versailles. Espérant peut-être montrer sa bienveillance sans paraître lui donner une récompense, Louis XIV lui proposa une série de rimes, lui offrant un appartement s'il parvenait sur-le-champ à en faire un poème. C'est ainsi que Dangeau reçut l'un des appartements disponibles les plus recherchés [2]. Alors qu'il avait déjà investi ses gains aux cartes dans l'achat d'une charge de gouverneur de province, sa faveur lui permit d'obtenir d'importantes fonctions de maison. Enfin, il fit un bon mariage avec l'une des anciennes filles de la chambre de la dauphine. Lorsque le couple Dangeau fut nommé auprès de la maison de la duchesse de Bourgogne en 1696 – lui comme chevalier d'honneur, elle comme dame du palais –, il reçut un magnifique logement de fonction.

Le nouvel appartement de Dangeau avait appartenu à son prédécesseur, le duc de la Vieuville, chevalier d'honneur de la reine Marie-Thérèse. Des courtisans comme le marquis de Sourches furent stupéfaits : « Il est bien certain que si Mme de la Vieuville eût vécu, on ne l'aurait jamais dépouillée, car elle avait trop d'esprit et trop d'intrigues à la Cour pour qu'on lui eût fait un tour si désagréable. » Mais, puisque la duchesse de Bourgogne avait succédé à la reine comme première dame de la Cour, il admettait que l'appartement appartenait au chef masculin de sa maison [3]. Dangeau reçut ainsi un logement de fonction mais également des locaux appropriés à son office. Il disposait de huit pièces donnant sur le parterre du Midi, dotées de cinq cheminées et quatre entresols. Le plus important est que la résidence de Dangeau était située tout près de chez la duchesse de Bourgogne : il n'avait qu'à descendre un escalier et traverser la salle des Marchands pour entrer dans les appartements de celle-ci.

Combiner le logement et la fonction était une considération importante dans l'attribution de l'espace. Lorsqu'ils étaient de service, les membres des maisons royales devaient être présents de longues heures, et largement disponibles le reste du temps. Comme le comte d'Hézecques l'observait au sujet des courtisans à la fin du XVIIIe siècle : « Quoique les appartements qu'ils occupaient fussent sombres et incommodes, étant situés sous les combles, ils les trouvaient toujours plus agréables, pour passer quelques jours à la Cour, que les hôtels qu'ils avaient en ville. Obligés par leur charge d'être au château plusieurs fois le jour, ils n'avaient que ses galeries à traverser, sans être

1. SS III 181.
2. SS III 184 ; XXXVIII 17-24.
3. **AP 87** : S III 30 et 42.

obligés de faire atteler leurs équipages qui restaient, ainsi que leurs cuisines, dans leurs hôtels [1]. »

C'est pour des raisons de convenance que les plus beaux appartements disponibles pour les courtisans dans l'aile des Princes furent d'abord et souvent attribués à des membres de la maison de la première dame de la Cour. Il y avait sept appartements de cette qualité dans l'attique qui regardait les jardins [2], et cinq autres, de moindres dimensions, donnant sur les cours intérieures [3]. Les circonstances, le besoin et la disponibilité jouèrent un grand rôle dans l'allocation de l'espace ; à l'occasion, les dames du palais côtoyaient d'autres officiers comme le premier écuyer, la dame d'atour de Madame Palatine et, au XVIIIe siècle, les dames des maisons des princesses qui vivaient juste au-dessous, au premier étage. L'ensemble des logements, accessible par une série de corridors sans fenêtres entre les deux lignes d'appartements, formaient un quartier à lui seul. Au XVIIIe siècle, le comte de Dufort de Cheverny songeait à ces logements et à leurs occupants quand il parlait de « dames de la Cour logées sous les toits [4] ».

Les membres les plus importants de la suite de la reine étaient encore plus commodément logés aux étages inférieurs dans de vastes appartements sur la cour des Princes. Pendant longtemps, la dame d'honneur de la reine occupa un double appartement à deux pas de celui de sa maîtresse [5], pendant que la dame d'atour en occupait un semblable juste au-dessous, au rez-de-chaussée [6]. Elles furent finalement délogées à la fin du XVIIIe siècle parce qu'on avait besoin des lieux pour le duc d'Orléans quand il fut chassé de son appartement familial sur les jardins, et pour loger la princesse de Conti quand son appartement fut pris pour construire l'Opéra.

L'ascension de la marquise, plus tard duchesse de Civrac donne un exemple de la façon dont un courtisan ambitieux pouvait faire son chemin malgré le manque de place et la compétition pour en obtenir. Anne Marie de La Faurie de Monbadon appartenait à une famille de Gascogne et s'était mariée dans une branche cadette de la puissante famille de Durfort, dont la branche aînée prospérait à la Cour. Lorsqu'elle fut présentée à la Cour en septembre 1751, la maréchale de Durfort-Duras l'introduisit auprès du roi et on trouva une place à la jeune femme comme dame surnuméraire de la maison nouvellement formée de Mesdames les cadettes, où la maréchale était dame d'honneur [7]. En mai de l'année suivante, le fils de cette dernière demanda que la jeune marquise de Civrac fût autorisée à habiter l'appartement qu'il avait dans l'aile du Nord [8]. Ce prêt dura jusqu'en 1755, lorsque la marquise obtint un logement à elle dans l'aile des Princes [9]. L'occasion en fut son élévation au poste de dame d'atour en survivance de Mesdames les cadettes [10]. En 1760, quand le marquis de Civrac tomba malade, elle « persécuta » le comte de Noailles jusqu'à ce qu'il lui allouât un espace proche pour la convalescence de son mari. Deux ans plus tard, l'archevêque de Paris,

1. D'Hézecques, p. 33.
2. **AP 87, 89, 91, 92, 94, 96** et **97**.
3. **AP 88, 90, 93, 95** et **98**.
4. Dufort, I 105.
5. **AP 84** et **86**.
6. **AP 65**.
7. L* XI 228.
8. **AN 53** A.N. O[1] 1076 301.
9. **AP 71** : L* XIV 261 ; A.N. O[1] 1076 398.
10. L* XV 312.

prié de renoncer à cet appartement, essayait encore de le récupérer [1]. Or la marquise pourrait bien avoir besoin de cet espace supplémentaire, car elle se plaignit en septembre 1763 que les gouttières cassées du toit rendent les lieux en partie inhabitables : « Il pluie [*sic*] dans ma chambre », selon son expression. La réponse fut que le toit serait réparé lorsque les plombiers auraient achevé la salle de bains du roi et que les dégâts intérieurs attendraient l'été. À l'automne de 1764, le travail avait commencé, mais n'était pas achevé l'année suivante lorsqu'un violent orage vint aggraver les dommages. C'est ensuite seulement que l'appartement fut remis en état [2]. L'année suivante, Mme de Civrac prit officiellement ses fonctions. Ses nouvelles obligations lui donnant droit à un appartement plus spacieux, elle fut gratifiée en 1776 d'un appartement princier du premier étage de la façade sur les jardins dans l'aile du Nord [3]. Elle devint dame d'honneur de Madame Victoire, ce qui valut à son mari d'être fait duc en 1774. Telles furent les récompenses d'une courtisane assidue qui avait exercé sa domination sur l'une des tantes du roi [4]. Comme Mme Campan le rappelait, « la marquise de Durfort, depuis de Civrac, avait procuré à Madame Victoire les douceurs d'une société aimable. La princesse passait presque toutes ses soirées chez cette dame et avait fini par s'y croire en famille [5] ».

Le plus agréable appartement de Versailles

Les appartements du château allaient de la vaste enfilade de pièces donnant sur les jardins à la simple mansarde. La plupart se composaient d'une antichambre pour le laquais, d'une chambre, qui servait, au XVIIe siècle, à la fois de chambre à coucher et de salle de séjour, et d'un cabinet. Plus tard, avec le goût croissant pour la vie privée, les pièces publiques furent dotées d'entresols pour servir de chambres à coucher. La deuxième antichambre devint au XVIIIe siècle salle de compagnie ou salle à manger [6]. Le courtisan chanceux pouvait obtenir un double appartement comprenant une chambre et un cabinet pour le mari et des facilités identiques pour son épouse. Un exemple d'appartement de ce type nous est fourni par celui du duc de Saint-Simon.

Dès que la duchesse de Saint-Simon eut, à regret, accepté le poste de dame d'honneur de la duchesse de Berry, on trouva un logement pour le couple. Le jeune marquis de Gondrin et la duchesse Sforza durent quitter les lieux et deux logements attenants

1. **AP 78 A** : A.N. O[1] 1076 618 et 683.
2. A.N. O[1] 1797 370, 372, 407, 452, 552 et 553.
3. **AN 39** ; A.N. O[1] 1077 404 ; *États* 1770 et 1777.
4. « Reminiscences of the marquise de Donissan » dans Casimir STRYJENSKI, *The Daughters of Louis XV*, Londres, 1912, p. 286.
5. CAMPAN, t. I, p. 22.
6. Pour les salles à manger dans les appartements des courtisans, voir : **AG 4** : A.N. O[1] 1071 224, 1077 403 et 1798 202 ; **VA 36** et **36A** : A.N. O[1] 1810 III 25 ; **CC 9** : L* III 147 ; **CC 9A** : A.N. O[1] 1810 I 132 ; **CC 24** : L* X 179 ; **CC 25** : A.N. O[1] 1765, 2e dossier ; **CC 34** : A.N. O[1] 1798 650 ; **CC 45** : A.N. O[1] 1800 544 et 1801 215 ; **CC 56** et **57** : A.N. O[1] 1801 227 ; **CC 59 A** : L* VI 91 ; **CC 69** : A.N. O[1] 1800 369 ; **AP 51** : A.N. O[1] 1802 264 et 265 ; **AP 54 A** : A.N. O[1] 1786 85 et 1802 497 ; **AP 55** : A.N. O[1] 1802 280 ; **AP 60** : A.N. O[1] 1800 398 et 399, 1801 121 et 122 ; AP 62 : A.N. O[1] 1801 3 et 7 ; **AP 63** et **64** : A.N. O[1] 1801 15 et 1810 I 121 ; **AP 65** : A.N. O[1] 1797 452 et 1812 III 29 ; **AP 69** : A.N. O[1] 1810 II 105 ; **AP 70, 70 bis** et **70 A** : A.N. O[1] 1070 521 et 1802 92 ; **AP 74** : A.N. O[1] 1801 36 ; **AP 80** et **81** : A.N. O[1] 1077 62 ; **AP 109** et **111** : A.N. O[1] 1796 357 ; **AN 24, 25** et **26** : A.N. O[1] 1800 345 ; **AN 27** et **28** : A.N. O[1] 1070 528 ; **AN 38** et **38 A** : A.N. O[1] 1071 163 ; **AN 39** : A.N. O[1] 1799 252 ; **AN 46 A** : A.N. O[1] 1802 427 ; **AN 48** et **48 A** : A.N. O[1] 1811 II 77-79 ; **AN 59 A** : A.N. O[1] 1070 509 et 510, 1796 264 ; **ADM 8** : A.N. O[1] 1802 124 ; **ADM 14** : A.N. O[1] 1801 401 et 402, 1802 220 ; **AGM 9** : A.N. O[1] 1796 556 ; **AGM 10** : A.N. O[1] 1070 88 et 89, 1797 419 ; **AGM 11** et **11 A** : A.N. O[1] 1798 500, 1800 371, 1801 227 et 372 ; **AGM 12** : A.N. O[1] 1077 34 et 62 ; **AGM 14** : A.N. O[1] 1802 117 et 121 ; **AGM 15** : A.N. O[1] 1071 37, 1700 588 ; **AGM 25 A** : A.N. O[1] 1801 412. Cette liste ne doit pas être considérée comme complète. Elle concerne seulement les appartements pour lesquels une réparation était spécialement demandée dans un espace clairement défini comme salle à manger. Il est hors de doute que d'autres appartements, en particulier des logements plus petits, offraient une salle à manger improvisée avec des tables pliantes.

furent assemblés pour former un double appartement [1]. Saint-Simon lui-même le décrit comme « le plus agréable appartement de Versailles ». Il était situé sur le côté nord du Gros Pavillon et admirablement situé pour la duchesse, qui n'avait que quelques pas à faire pour se rendre auprès de la duchesse de Berry [2]. Chaque étage du pavillon était divisé en deux par un long couloir central. De part et d'autre de ce passage se trouvaient les chambres de service intérieures. Celles-ci étaient divisées dans leur hauteur pour former un entresol dans une partie de l'appartement, un aménagement appelé « demi-double ». C'était dans ces chambres basses et sans fenêtres que les domestiques les plus proches – le valet de chambre pour le duc, et la femme de chambre pour la duchesse – passaient la nuit. Les autres se tenaient pendant la journée dans la petite pièce du côté du corridor qui servait de première antichambre. Le visiteur pénétrait ensuite dans une plus vaste antichambre au centre d'une série de cinq pièces, pourvue de huit fenêtres donnant sur la cour de l'Opéra. C'était la partie la plus publique du logement et c'était sans doute là que des tables étaient disposées quand, comme chef de la maison de la duchesse de Berry, Mme de Saint-Simon recevait à dîner d'autres membres de la maison et des visiteurs.

De chaque côté de la grande antichambre, l'appartement de Saint-Simon suivait une division courante sous l'Ancien Régime : un accès progressif du public vers le privé et l'intime. À droite et à gauche se trouvaient respectivement la chambre de la duchesse et celle du duc. En un temps où il était habituel de recevoir les visiteurs au lit, et pour le roi lui-même de s'habiller en public, la chambre à coucher était moins un endroit réservé aux relations conjugales qu'un espace semi-public où chacun des conjoints recevait ses amis. Au-delà des chambres à coucher, aux extrémités de l'appartement, le duc et la duchesse avaient chacun un cabinet. Ces pièces qui ne s'ouvraient que sur invitation ne servaient qu'au travail privé et aux conversations. Le duc disposait enfin d'une pièce encore plus étroite donnant sur le corridor public, qui lui servait de bureau. Il l'appelait sa « boutique ».

Cet appartement était plus spacieux que beaucoup d'autres. D'après l'échelle du plan réalisé par BLONDEL en 1755, il mesurait (à l'extérieur) approximativement 25 × 10 mètres, c'est-à-dire 250 m^2 sans les entresols. En outre, les Saint-Simon avaient le rare privilège de posséder une grande cuisine au rez-de-chaussée de la cour de l'Opéra, avec un four et neuf fourneaux ou potagers pour cuire [3]. Même si leurs héritiers ne purent conserver cette cuisine, l'appartement passa à leur fils en 1743 et, après la mort de celui-ci, à sa veuve qui garda la moitié de l'appartement avant que le manque de place ne conduisît à la diviser [4].

Un fort mauvais appartement

L'appartement de Saint-Simon constituait le haut de gamme de ceux auxquels pouvaient prétendre les courtisans. La plupart étaient beaucoup moins spacieux, moins aérés, moins bien agencés. Le contraste est manifeste quand on le compare aux divers « trous » que les courtisans assidus acceptaient afin de demeurer à la Cour. Un logement mansardé dans le pavillon de la Surintendance, que l'on peut considérer comme

1. AN 45 : BLONDEL, planche 9 « n » ; SS XIX 338. *Cf.* LEMOINE, « Les logements de Saint-Simon... », qui reproduit quatre plans rares.
2. AN 39.
3. AN 11 : *État* 1741.
4. L* IV 445, VII 210 ; A.N. O[1] 1076 102, 180.

ce qu'il y avait de pire en la matière, illustre amplement les inconvénients et l'inconfort dont souffraient de nombreux courtisans.

La première Surintendance était un pavillon indépendant qui fut par la suite incorporé à l'aile des Princes. Les étages mansardés abritaient des appartements étroits et bas de plafond. Donnant sur les jardins, une enfilade de pièces (qui devaient plus tard former deux appartements) était destinée à l'origine à la conservation des dossiers concernant le château [1]. En arrière de ces pièces se trouvaient de petits appartements de service, plutôt sombres, donnant sur la cour de l'Apothicairerie. On y accédait par un long corridor sans fenêtres. Là, dans ces combles, Hardouin-Mansart avait construit une série de pièces qui composaient l'angle sud-est de la cour [2].

Au XVIIIe siècle, cet espace était assez délabré. Une série de dames de service de la duchesse d'Orléans l'avaient occupé dans les premières années du règne de Louis XV, suivies de servantes encore plus modestes de Mesdames les cadettes ; finalement, il fut attribué à l'une des sous-gouvernantes des Enfants de France [3]. Non seulement cet appartement était froid l'hiver et chaud l'été, car sous les toits, mais il avait encore l'inconvénient de se trouver à proximité des lieux d'aisances qui desservaient le pavillon. Quand il fut attribué à Feydeau de Brou, membre du Conseil des finances, celui-ci protesta : « Le logement, en vérité, quant à présent, n'est pas habitable tant par rapport à la puanteur d'un privé [toilettes] public qu'est adossé à la chambre et au mur duquel il paraît y avoir des fenêtres par lesquelles l'odeur se communique, que par l'état où se trouvent les planchers, les fenêtres [4]. »

Le rapport de l'inspecteur fit plus que confirmer la justesse de la plainte du conseiller : « N'étant qu'un grenier dans lequel on a pratiqué des cloisons pour en former un fort mauvais logement, indépendamment de l'odeur des lieux près la chambre principale [...] la chambre [...] est infectée du voisinage des lieux communs qui sont en le corridor en retour, les crevasses des cloisonnages transpirent d'odeur dans cette chambre, ce qui la rend inhabitable [5]. » La solution était de déplacer les lieux d'aisances qui étaient si obscurs et si difficiles à trouver que le grand louvetier s'était tué dans une chute en les cherchant une nuit [6]. Mais l'argent manquait et les appartements étaient si recherchés que l'emplacement fut divisé en deux petits « logements de garçon sans suite [7] ». Ce ne fut qu'une solution provisoire. L'intendant de Paris prit l'appartement le plus grand [8] et le marquis d'Armentières le plus petit [9]. Aucun d'entre eux n'était souvent à la Cour, et ce lieu était considéré comme un logement pour la nuit plutôt qu'un espace approprié à la vie d'un courtisan.

L'appartement fut libéré par la mort de d'Armentières mais en dépit de la pénurie de place, il n'intéressa pas grand monde. Il fut proposé sans succès au chevalier d'honneur de la comtesse d'Artois, au premier aumônier de la reine et au gouverneur du duc de Chartres [10]. Un rapport au roi était net : personne ne voulait de cet appar-

1. **AP 100** et **102** : GG-B 411 et 1286.
2. **AP 102** et **106** : GG-B 2214 reproduit dans MARIE, *Mansart à Versailles*, p. 182. Après 1699, Hardouin-Mansart occupa la troisième des Surintendances, un hôtel à l'angle de la rue du Vieux-Versailles et de la rue de la Surintendance.
3. **AP 102** : GG-B 2222 ; *État* 1741 : L* II 13 ; A.N. O^1 1076 260 et 279.
4. A.N. O^1 1077 415. *Cf.* 1795 278.
5. A.N. O^1 1795 290.
6. L* IV 108.
7. A.N. O^1 1076 330 ; 1795 281, 303, 309 ; *État* 1770.
8. **AP 102A**.
9. **AP 102B**.
10. A.N. O^1 1077 196, 203, 218.

tement à cause de son obscurité et de sa puanteur [1]. Finalement, le gouverneur du château l'attribua à un officier de finance dont la présence était requise par les besoins d'argent croissants de la Cour, avec le commentaire suivant : « Il y aura peu de personnes jalouses de cette faveur [2]. »

Voisinages

Si obtenir et conserver un appartement dans le château était le premier but du courtisan, aménager et accroître cette première conquête constituait l'étape suivante : les occupants cherchaient à joindre, à annexer ou à échanger des pièces adjacentes.

Les escaliers de Versailles, comme ceux de la cour d'un collège, favorisaient ces arrangements, car ils permettaient de limiter les accès. Bien que l'attribution des appartements fût parfois soumise aux caprices du sort, la faveur aussi jouait son rôle. Souvent, avec de la chance, les courtisans pouvaient peu à peu s'approprier les espaces voisins et créer de véritables ensembles. Ces regroupements reposaient habituellement sur les liens familiaux. Comme les liens généalogiques associaient l'intérêt à l'intimité, la solidarité familiale était essentielle. L'amitié aussi jouait un rôle, comme le faisaient également les « cabales » qui se constituaient pour influencer le roi et sa politique. Un courtisan observateur pouvait examiner le plan des étages supérieurs et des ailes donnant sur la rue et découvrir, au-delà des détails de l'architecture, une contrée aussi diverse que l'Allemagne du XVIIIe siècle. À côté des apanages des princes du sang se trouvaient les petits domaines des grandes familles de la Cour, des coteries politiques, des cercles spirituels.

Le petit troupeau

Le premier exemple d'un voisinage de ce genre apparut dès que l'aile des Princes fut achevée. Les ducs de Beauvillier et de Chevreuse obtinrent des appartements attenants dans l'attique de la nouvelle aile regardant les jardins [3]. Ils y accédaient tous les deux par un grand escalier à l'extrémité de la galerie située à l'étage au-dessous. Cet escalier donnait sur un large vestibule qui précédait l'appartement dans l'attique du pavillon qu'occupait le duc de Vendôme [4]. L'appartement Beauvillier disposait d'une entrée en haut de l'escalier, tandis qu'on arrivait chez Chevreuse par un long corridor central privé dont plusieurs portes ouvraient sur l'appartement Beauvillier. Leurs épouses, toutes deux filles de Colbert, étaient amies intimes, et les ducs agissaient avec « un seul cœur et esprit » au point que, disait-on, « parler à l'un c'était parler à l'autre ». Ils passaient leur temps libre ensemble, dînant souvent en tête à tête sans faire appel à leurs domestiques. Ces deux beaux-frères étaient si proches que Saint-Simon regrettait qu'ils vécussent presque comme des ermites à la Cour, dans une bouteille [5].

Quand, en septembre 1689, Beauvillier fut nommé gouverneur des trois fils du Grand Dauphin, il prit résidence à l'autre extrémité du château, dans le pavillon terminal de l'aile du Nord [6]. Dans les deux mois qui suivirent, Chevreuse avait réussi

1. A.N. O[1] 1077 229.
2. A.N. O[1] 1077 362.
3. **AP 96** (pour Beauvillier) et **AP 97** (pour Chevreuse) : GG-B 1344, reproduit dans MARIE, *Mansart à Versailles*, p. 246.
4. **AP 99** : GG-B 1344.
5. SS II 58, 272 ; III 199 ; XIII 218 ; XV 404 ; XVI 20 ; XVII 158 ; XVIII 33 ; XXI 171, 291, 300 ; XXII 317 ; XXIII 196 ; XXV 45.
6. **AN 44** : S III 151 ; SS II 12 ; *cf.* D X 35.

à céder son appartement dans l'aile des Princes pour prendre celui qui était assigné à Charles Maurice Le Tellier, archevêque de Reims, dans la nouvelle aile [1]. Cet échange permit à M. de Reims de se rapprocher de son frère Louvois, qui avait pris l'hôtel de la Surintendance et installé ses enfants dans le pavillon attenant. Il permit aussi de loger Chevreuse tout près de Beauvillier.

Dans l'intervalle, l'ancien appartement Beauvillier avait été attribué à la fille du duc de Chevreuse, la duchesse de Montmorency [2]. Cependant, désirant se rapprocher de sa mère, celle-ci parvint à échanger ce logement avec la marquise de Châtillon qui était installée dans l'aile du Nord [3]. Pour Mme de Châtillon, l'échange offrait l'avantage de lui fournir un appartement juste au-dessus de chez Madame, la duchesse d'Orléans, qu'elle servait comme dame d'atour. Quant à Mme de Montmorency, l'ancien appartement Châtillon se trouvait juste en face de l'entrée de celui de Chevreuse. Quand elle mourut en 1694, son mari, tout en maintenant une « union étroite » avec les Chevreuse, déménagea pour l'appartement tout proche de son père dans l'attique du pavillon terminal [4], laissant les lieux à son beau-frère le duc de Montfort [5].

Un échange semblable fut tenté par une autre fille de Colbert, la duchesse de Mortemart. Son mari et elle avaient été parmi les courtisans auxquels furent assignés les premiers appartements disponibles dans l'aile de Princes, quoique Colbert eût réduit de deux cabinets à un seul l'espace originel alloué par Mansart [6]. Quand le clan Beauvillier-Chevreuse déménagea dans l'aile du Nord, elle tenta aussi, mais semble-t-il sans succès, un échange d'appartements avec la marquise d'Antin, afin de se rapprocher de ses sœurs [7]. Cependant, à l'apogée de l'influence de Fénelon et de Mme Guyon, cette quiétiste parvint à s'installer dans la nouvelle aile grâce à un échange avec la duchesse de Roquelaure [8]. Cet appartement était plus petit que celui des Montmorency-Montfort, mais il se trouvait juste de l'autre côté du passage, et elle était veuve.

Entre ces appartements, les pieux disciples de Mme Guyon, que Saint-Simon appelait « le petit troupeau », échangeaient des visites et rencontraient discrètement leur égérie quand elle s'aventurait à Versailles en l'absence de la Cour. Dans l'intervalle, ils s'entretenaient avec Fénelon, leur conseiller spirituel, qui, en tant que précepteur du duc de Bourgogne, disposait d'un logement dans le voisinage [9]. Ç'avait été la première faveur accordée à l'abbé, et ce fut la première à lui être retirée. Longtemps auparavant, Dangeau avait noté comme un signe certain de sa disgrâce le fait que son nom avait été biffé de l'*État des logements*. Ses amis s'affligèrent de la perte de son appartement et s'inquiétèrent de son mobilier [10]. Quand Fénelon fut exilé, Chevreuse,

1. **AN 54** : D III 27.
2. **AP 96** : D II 448 *sq.*
3. **AN 61** : GG-B 1166 ; D III 27.
4. **AN 56** : GG-B 1146 ; D V 132 ; SS II 242.
5. D V 132.
6. Notes marginales de Colbert sur un rapport de son fils, cité dans MARGRY, *Un fils de Colbert...*, p. 66. L'espace original dans l'aile des Princes n'est pas identifié.
7. D III 31.
8. **AN 58** : GG-B 1166 ; D VI 2.
9. **AN 49**.
10. Jacques Bénigne BOSSUET, *Correspondance*, Charles Urbain et E. Levesque, éd., Paris, 1909-1925, X, p. 4, 385 ; XI, p. 44. La *Gazette d'Amsterdam* annonça la disgrâce de Fénelon le 16 juin 1698 ; la *Gazette de Leyde* note la suppression de son nom des listes officielles le 19 janvier 1699, six jours après Dangeau (VII 9) et trois jours après Sourches (VI 111).

son fidèle disciple, ne put trouver le courage de remercier le roi quand il eut le geste de d'accorder l'appartement du prélat disgracié à sa fille, la marquise de Lévis [1].

On accédait aux appartements de la famille Chevreuse par un large escalier central du milieu de l'aile du Nord. Il s'élevait à l'intersection de la galerie nord-sud parallèle aux jardins et de la galerie est-ouest menant du corridor central vers les appartements du Gros Pavillon. Cet escalier donnait sur un vaste vestibule. L'appartement des Chevreuse ouvrait vers le nord tandis que l'on pénétrait dans celui des Montmorency-Monfort par la première porte à droite et dans l'appartement des Mortemart par la seconde porte à gauche, en suivant le corridor central du Gros Pavillon.

Les rues de Noailles

Au sud de cet escalier central et du côté des jardins, un autre long corridor menait au salon de la Chapelle. Il donnait accès aux trois appartements que le duc de Noailles avait rassemblés en un logement « si vaste que cela s'appelait la rue de Noailles et tenait toute la moitié du haut de la galerie de l'aile du Nord [2] ». Ce logement ouvrait sur les jardins par douze croisées ; avec les annexions dans le corridor et les entresols, il rivalisait en dimension avec les appartements princiers situés au-dessous.

Là vivait donc Noailles avec ses enfants, parmi lesquels la duchesse de Guiche, qui était « raffolée de Monsieur de Cambray [Fénelon] et Mme Guyon et de tout le petit troupeau [3] ». Cependant quand son frère, le comte d'Ayen, épousa en 1698 la nièce de Mme de Maintenon, Mme de Guiche lui céda sa place [4]. Cette union porta à son comble la faveur des Noailles, mais cela ne suffit pas à satisfaire tous les besoins d'une famille aussi nombreuse ou d'une mère aussi exigeante que la duchesse, dont les constantes requêtes fatiguèrent Mme de Maintenon. Les d'Ayen non plus n'étaient pas parfaitement à l'aise dans cet univers familial où le comte tomba malade, en 1703, d'un mystérieux désordre d'estomac. Il ne pouvait songer à participer à la campagne militaire d'été et passa la plus grande partie du printemps devant son feu. Un été aux eaux de Bourbon lui apporta quelque soulagement, mais il tomba malade de nouveau en octobre aux bains de Plombières. À son retour à Versailles, il voulut avoir un appartement séparé, espoir soutenu par Mme de Maintenon qui pouvait ainsi rendre visite à sa nièce sans avoir à entendre les constantes récriminations de la duchesse de Noailles. La cible de celle-ci était le logement de l'infortuné archevêque de Reims dans l'aile des Princes. À cette époque, le prélat était dans une position très vulnérable. Son frère Louvois était mort et un nouveau ministère était au pouvoir. Pis encore, il s'était jadis opposé aux Jésuites qui, ayant trouvé des copies de sa correspondance clandestine avec des jansénistes en exil, avaient tourné le roi contre lui. La requête d'Ayen pour un échange (unilatéral, car il n'avait rien à donner en contrepartie) fut pour l'archevêque l'occasion d'un retour en faveur en obligeant Mme de Maintenon. Agissant « avec toute la politesse d'un rustre en disgrâce », il fit rapidement enlever le mobilier de son appartement et en rendit les clés [5]. En fait, le transfert n'eut pas

1. D VII 9 ; S V 320 VI 111 ; SS VI 148.

2. **AN 52, 53** et **53A** : GG-B 1126 ; SS XI 115. Voir aussi S X 323 : « Il était si grand qu'on l'appelait la rue de Noailles, parce qu'il y avait un corridor très long qui communiquait à toutes les pièces. » Aussi tard que 1743, le duc de Luynes se référait encore à cet espace comme la rue de Noailles (L* V 55).

3. SS II 346, XII 302.

4. D VI 378.

5. **AP** 97.

lieu avant 1705. Dans l'intervalle, les d'Ayen empruntèrent l'appartement du duc de Vendôme absent [1]. Le geste de soumission de l'archevêque fut immédiatement récompensé par un entretien avec le roi, au cours duquel celui-ci prêta au prélat l'appartement vacant du duc de Berry et lui offrit de prendre en charge les dépenses requises par les changements [2]. « Et voilà, écrit Saint-Simon, comment, dans les cours, des riens raccommodent souvent les affaires les plus désespérées ; mais ces hasards heureux sont pour bien peu de gens [3]. »

D'Ayen, qui prit le titre de duc de Noailles en 1704, devint capitaine des gardes du corps en 1707 et succéda à son père dans l'appartement familial malgré un terrible incendie qui dans la nuit du 22 mai 1707 endommagea le mobilier, brûla les poutres et le toit et nécessita quatre mille hommes pour en venir à bout [4]. Sous Louis XV, quand la Cour regagna Versailles, il devait être réinstallé dans les lieux, mais il fut exilé pour avoir déplu au cardinal Dubois. Son appartement fut divisé entre la comtesse de Guise et la princesse de Léon [5] et lui-même ne réapparut qu'après la mort de Dubois [6]. Il parvint à reconstituer cependant en quelques années une deuxième « rue de Noailles » dans l'aile du Gouvernement, où il occupait tout le premier étage, faisant fonction de gouverneur du château en lieu et place de son jeune fils avant que celui-ci eût atteint l'âge requis (1740).

Quand celui-ci, le comte de Noailles, se maria, la famille se partagea en deux branches étroitement unies. Le comte développa l'office de gouverneur du château et de la ville de Versailles. Il demeura dans l'aile du Gouvernement jusqu'à ce que l'état de vétusté de celle-ci l'obligeât à partir, en 1755. Ensuite, il créa une véritable troisième « rue de Noailles » composée de quatre appartements dans le Gros Pavillon [7].

Son père, qui avait remis en 1731 la survivance du plus important office de la famille, celui de capitaine des gardes du corps, à son fils aîné, alors duc d'Ayen, s'établit en 1741 dans l'aile des Princes, dans un spacieux appartement occupé par une Condé, Mlle de Clermont, qui venait de mourir. Son entrée se trouvait en haut d'un large escalier desservant le pavillon de la Surintendance, et l'enfilade des pièces principales donnait au sud sur l'ancien hôtel de la Surintendance. Derrière celles-ci, un long et étroit passage médian sans fenêtres menait à un petit logement de service sur la cour intérieure. Ces pièces appartenaient à la dame d'honneur de Mlle de Clermont [8]. C'est là que le maréchal de Noailles installa sa bru, la duchesse d'Ayen. Le vieux courtisan devait conserver son propre logement jusqu'à sa retraite en 1756. Mais son habitation fut souvent menacée.

La première alarme vint quand naquit la première des petites-filles de Louis XV, la Petite Madame, qu'il fallut loger dans le pavillon terminal de l'aile [9]. En conséquence, la gouvernante des Enfants de France, la duchesse de Tallard, devait recevoir l'appartement du maréchal. C'est le roi lui-même qui redistribua l'espace en traçant les plans. Seule la mort soudaine de l'enfant sauva l'appartement des Noailles. Mais sa proximité par rapport aux appartements princiers le rendait vulnérable à une éventuelle

1. **AP 99** : D X 202.
2. **AN 40** et **41** : D X 235.
3. D X 320, 322 ; S VIII 197 ; SS XI 115-123.
4. D X 373 ; S X 323.
5. SS XL 265 *sq.* ; *Le Mercure galant*, juin 1722.
6. SS XLI 221 ; Barbier, I 302.
7. **AN 38** et **38A** ; **48** et **48A** souvent avec **AP 31** ; *États* 1770, 1777, 1781 et 1787 ; A.N. O^1 1076 806 et 1077 76 et 433.
8. **AP 54** et **54A** : GG-B 368 ; Blondel, planche 4, « f » ; *État* 1741 ; L* III 455, VIII 318.
9. **AP 53** : GG-B 2737 ; A.N. O^1 1076 137 ; L* VII 415 *sq.*, VIII 243.

annexion. Les Noailles cherchèrent alors un autre assemblage familial. La meilleure alternative se trouvait dans le pavillon terminal de l'aile du Nord. Le duc de Charost avait occupé les lieux de 1722, date où il avait remplacé le maréchal de Villeroy comme gouverneur de Louis XV, jusqu'à sa mort en octobre 1747 [1]. En 1733, le roi avait dépensé 21 500 livres pour construire une petite annexe à cet appartement à l'extrémité ouest du site de l'Opéra projeté. Cette annexe consistait, à chaque niveau, en une étroite enfilade de petites pièces appuyées sur le pavillon terminal. Les deux sous-sols de l'extension étaient dévolus aux cuisines et aux bureaux de la princesse de Conti et le rez-de-chaussée permit d'agrandir ses appartements [2]. En revanche, les entresols de l'extension du rez-de-chaussée et l'appartement du premier étage furent attribués à la belle-fille du duc de Charost, la marquise d'Ancenis, et à son fils le duc de Béthune [3]. Comme l'espace alloué entre le vaste et solennel appartement attribué au chef de famille et le logement de service attenant pour les enfants ressemblait fort à celui de l'appartement Noailles-Ayen dans l'aile des Princes, un échange fut proposé. Le maréchal de Noailles obtiendrait le spacieux logement du duc de Charost sur le parterre du Nord, le duc de Béthune celui du maréchal dans le pavillon de la Surintendance, tandis que le duc d'Ayen échangerait son appartement de service contre l'annexe de Mme d'Ancenis. Cet arrangement fut considéré comme avantageux pour tous, car il satisfaisait le désir de la plupart des membres de ces familles de vivre aussi près que possible les uns des autres – sinon porte à porte, du moins dans la même aile. Le duc de Luynes observait que le maréchal et le duc d'Ayen auraient été plus proches du comte de Noailles et le duc de Béthune de sa fille la comtesse de Tessé [4]. Hélas, quand une visite fut organisée, le maréchal de Noailles n'aima pas les appartements Charost-Béthune, parce qu'ils avaient été la proie d'un grave incendie deux ans auparavant [5]. De plus, le duc de Béthune ne voyait pas d'un bon œil le projet de rassembler de nouveau les Noailles. Invoquant les dettes laissées par son père, les siennes propres et le retard de dix-huit mois des versements royaux, il rompit les négociations.

Les Noailles restèrent donc dans leur double appartement jusqu'en 1750, date à laquelle le duc d'Ayen s'installa dans l'attique du corps central [6]. Un appartement vide constituant une charge à la Cour, il fut immédiatement proposé que la marquise de Boufflers-Remiencourt reçût le logement de service [7]. Elle exerçait les fonctions de dame de Mesdames, mais passa jusqu'en 1766 la majeure partie de son temps à Lunéville en tant que maîtresse putative du père de la reine, Stanislas Leszczyński [8]. Lors de ses séjours à Versailles, on lui attribuait d'ordinaire un appartement temporairement disponible. La perspective de la nomination de Mme de Boufflers à la fonction de dame pour accompagner Mesdames fit lâcher prise aux Noailles, et le roi considérant le logement d'Ayen comme « appartement de veuve », il fut attribué à la marquise de Châteaurenault [9]. Celle-ci reçut les pièces entourant l'angle sud-est de la cour de l'Apothicairerie et une grande pièce sur la rue de la Surintendance ; en même

1. **AN 44** : GG-B 1108 ; BLONDEL, planche 9, « 5 » ; *État* 1741.
2. **AN 30A** : GG-B 1107-1112.
3. **AP 44A** : GG-B 1108 ; BLONDEL, planche 9, « 13 » ; *État* 1741 ; L* I 281, IV 379.
4. L* VIII 318.
5. C I 70 ; L* VIII 93.
6. **CC 61** et **62** : GG-B 574 ; A.N. O^1 1076 250 ; L* X 173.
7. **AP 54A** : A.N. O^1 1076 257.
8. Gaston MAUGRAS, *La Cour de Lunéville au dix-huitième siècle*, Paris, 1904 et *Les Dernières Années de la Cour de Lunéville*, Paris, 1906 ; *La Marquise de Boufflers et son fils le chevalier de Boufflers*, Paris, 1907.
9. **AP 54A** : GG-B 1357 ; BLONDEL, planche 2, « g » ; A.N. O^1 1076 337.

temps on proposa que le duc de Luxembourg reçût l'appartement du vieux maréchal [1]. En échange, on devait donner à Noailles de spacieux locaux en construction sur la rue des Réservoirs, entre le Gros Pavillon et le site de l'Opéra [2]. Comme l'enclave de Béthune, cela l'aurait rapproché de son plus jeune fils, mais finalement il resta là où il était, acceptant de perdre le logement de service tout en demandant la construction d'entresols au-dessus de trois des pièces qui lui restaient [3]. Cette requête bouleversa les plans de l'architecte et retarda l'emménagement de Mme de Châteaurenault, mais le vieux maréchal réussit à conserver son appartement [4].

L'escalier d'Épernon

Le duc d'Ayen paria sur Mme de Pompadour et fut récompensé par la reprise de son logement au-dessus des Grands Appartements [5]. Là, il parvint à réunir deux vastes logements totalisant onze pièces, cinq entresols et cinq croisées le long du parterre du Nord ; il y vécut jusqu'en 1789. Comme tous les logements au-dessus des Grands Appartements, on atteignait ceux de Noailles par un escalier qui, au début du XVIIIe siècle, était désigné sous le nom d'« escalier d'Épernon ». À l'origine, il était situé entre la cour intérieure et l'escalier des Ambassadeurs, dont le vestibule donnait accès à son étroit palier, au rez-de-chaussée [6]. Sous Louis XIV, le haut de cet escalier donnait sur un étroit passage le long de la cour intérieure, desservant cinq appartements de diverses dimensions. Une coupe du XVIIe siècle [7] montre qu'il s'agissait de locaux spacieux et décorés avec élégance, mais on ne sait rien de leurs occupants avant la mention par l'*État des logements* de cinq courtisans vers 1741. En haut de l'escalier se trouvait l'appartement du duc d'Épernon, dont le nom fut attribué à l'escalier [8]. À l'est se trouvait un petit espace qui avait été un galetas sous Louis XIV, mais il fut désigné sous le règne suivant comme logement pour Jacques Bienvenu, tapissier du roi, qui servait dans le garde-meuble attenant dans la mansarde de l'aile du Gouvernement [9]. À l'ouest, le long du corridor, se trouvaient deux autres appartements doubles, le premier occupé par le marquis de Matignon et son épouse [10], et le second par le duc de Coigny et son fils [11].

Cet arrangement reflétait la division primitive de l'espace. Les dimensions extérieures de chacun des appartements de l'attique correspondaient à l'un des salons des Grands Appartements au-dessous et ils étaient circonscrits par des murs de refend. Dans les années 1740, cependant, cette partie du palais changea d'affectation et devait devenir le quartier des maîtresses de Louis XV et de leur entourage.

En sa qualité de dame du palais, la première maîtresse royale, la marquise de Mailly, disposait d'un appartement dans le Gros Pavillon [12]. Cependant, afin de ménager une

1. **AP 54** : A.N. O[1] 1077 420.
2. **AN 33A** : A.N. O[1] 1795 352-353.
3. **AP 54** : A.N. O[1] 1076 91 et 93.
4. **AP 54** : A.N. O[1] 1795 351, 364.
5. **CC 61** et **62** : GG-B 574 ; A.N. O[1] 1076 250 ; L* X 173 ; *États* 1770 et 1787.
6. MORTIN, planche 2 et 3 ; BLONDEL, planche 5.
7. Reproduit par BERGER, figure 32, d'après ms 1307 de la Bibliothèque mazarine, Paris.
8. **CC 58** : GG-B 765-767 et 814.
9. **CC 56** plus tard **57** : *État* 1741. Un plan antérieur à 1699 et montrant les supports de l'attique dans cet espace est reproduit par MARIE dans *Versailles au temps de Louis XV*, p. 43. Il le donne comme conservé à la Bibliothèque nationale, mais ne cite aucune cote.
10. **CC 59** et **60** : GG-B 578 ; *État* 1741.
11. **CC 62** : GG-B 578, 755 ; *État* 1741 ; L* I 82.
12. **AN 33** : GG-B 1150, 1159 ; BLONDEL, planche 6 « 12 » ; *État* 1741.

retraite pour le roi, un petit logement fut installé dans les mansardes entre la voûte de l'escalier des Ambassadeurs et la cour Royale [1]. C'est là que Louis XV souhaitait installer sa maîtresse, sous couvert de créer un appartement pour un courtisan, le marquis de Meuse.

Un soir à souper, le roi demanda timidement au courtisan, gêné, s'il était satisfait de son installation, un petit espace dans les mansardes de l'aile des Princes. Choiseul-Meuse ne disposait que d'une seule fenêtre sur une cour des cuisines et n'avait pas pu persuader l'architecte en chef d'ajouter une seconde fenêtre à ses frais [2]. Le duc de Luynes rapporte que ce courtisan accompli répondit qu'il recevait avec gratitude les faveurs du roi, ce à quoi Louis XV répliqua : « "Je veux vous en donner un au-dessus de ma petite galerie". M. de Meuse se confondit en remerciements et dit que sa reconnaissance était d'autant plus grande qu'il serait bien près des cabinets de Sa Majesté. Le roi dit : "Mais je ferai fermer la communication." Il ajouta : "De quoi voulez-vous que votre logement soit composé ?" Sur cela, on raisonna sur la distribution du logement ; il est composé d'une petite antichambre, d'une seconde antichambre assez grande pour y manger, d'une jolie chambre, d'un cabinet et dans le double un office, une cuisine, une garde-robe de commodité, et une garde-robe pour coucher. Le roi, continuant la conversation sur le logement, dit à M. de Meuse : "Votre chambre sera meublée ; vous y aurez un lit, mais vous n'y coucherez point ; vous aurez une chaise percée, mais vous n'en ferez point d'usage ; vous aurez la clef dans votre poche, et vous pourrez y faire entrer M. de Luxembourg et M. de Coigny quand ils seront revenus de l'armée ; mais il faudra que vous y dîniez. Qu'est-ce que vous voulez avoir pour votre dîner ?" M. de Meuse, qui n'avait pas été au fait à la première question, mais qui voyait de quoi il s'agissait, dit qu'il aimait assez à faire bonne chère ; qu'il ne serait pas fâché d'avoir un bon potage, une pièce de bœuf, deux entrées, un plat de rôti, deux entremets. Le roi lui dit : "Mais j'irai y souper quelquefois." M. de Meuse répondit qu'il tâcherait alors de faire bonne chère à Sa Majesté. "Combien demandez-vous, dit le roi, pour faire cette dépense ?" À cette question, M. de Meuse, fort embarrassé, craignant de dire trop ou trop peu, dit à Mme de Mailly : "Madame la comtesse, aidez-moi donc." On examina ce qu'il fallait d'officiers pour servir cette table, et M. de Meuse, pressé vivement par le roi de dire une somme, dit qu'il imaginait pouvoir faire cette dépense pour 1 200 ou 1 500 francs par mois. Les choses en sont là jusqu'à présent. Il y aura trois douzaines d'assiettes pour cette table, et apparemment le roi donnera aussi des plats, et le valet de chambre de Mme de Mailly sera le maître d'hôtel [3]. »

Ce jeu du chat et de la souris avec le marquis de Meuse ne trompa personne. Le ministre d'Argenson était au courant de l'affaire depuis 1736, bien qu'elle fût considérée comme un secret. Le bourgeois Barbier, dans son célèbre Journal, n'y fait allusion que l'année suivante [4]. Le fait que cet appartement fût attenant aux appartements privés du roi excluait toute confidentialité. C'était moins le triomphe de la marquise

1. Voir **CC 59A**. À l'époque, évidemment, cet espace privé n'a pas de numéro, étant incorporé dans les Petits Appartements du roi. À ceux-ci fut primitivement assigné le numéro **CC 45** dans l'*État* de 1741, une partie de l'espace étant attribuée à l'abbé de Pomponne. Pendant le règne de Louis XVI, quand les Petits Appartements furent divisés en logements pour les courtisans, le même numéro fut employé de nouveau. Dans l'intervalle, l'appartement de la marquise de Mailly disparut. Dans le même espace, on construisit un appartement pour la dame d'honneur de Madame Adélaïde, la duchesse de Beauvillier. L'entrée de ce logement jouxtant **CC 59**, il prit le numéro **CC 59A**, ici appliqué rétroactivement au logement de Mme de Mailly.

2. **AP 116** ; *État* 1741 ; L* IV 4, note 1.

3. L* IV 6 *sq.*

4. D'ARGENSON, I 220 ; BARBIER, III 113.

de Mailly, une femme sans prétention, qu'une proclamation que le roi aurait désormais une maîtresse attitrée. Mais l'appartement ne servit pas longtemps. En novembre 1742, le roi congédia Mme de Mailly, ajoutant l'insulte à l'injustice en déclarant sa flamme à la sœur de celle-ci, la marquise de La Tournelle [1].

L'appartement resta pourtant vide, car Mme de La Tournelle ne voulait pas se contenter des modestes récompenses de sa sœur [2]. Des courtisans chevronnés comme le duc de Luynes prédisaient que les quatre appartements ouvrant sur l'escalier d'Épernon seraient pris par la nouvelle maîtresse et par sa sœur, la duchesse de Lauraguais [3]. Bientôt les Matignon et les Coligny quittèrent les lieux, et les deux sœurs vinrent s'y établir.

La marquise de La Tournelle, qui fut rapidement titrée duchesse de Châteauroux, prit les deux logements à l'ouest de l'escalier [4], et Mme de Lauraguais prit les deux logements attenants [5]. Avec les appartements privés du roi à quelques pas de là, elles avaient à peine besoin de délaisser le confort de leurs propres appartements. Le plus souvent, elles faisaient appel à un traiteur pour le dîner ou se contentaient d'une soupe préparée par les domestiques dans les pièces donnant sur la cour intérieure [6]. Indolente, Mme de La Tournelle tentait aussi d'obtenir son propre établissement, avec un carrosse à six chevaux, un cuisinier et une cuisine. Jusqu'à ce qu'elle obtînt ces privilèges, elle refusa systématiquement que le roi se fît servir ses repas dans son appartement, disant qu'elle ne demandait pas mieux que de pouvoir lui donner à souper [7]. Elle tint bon jusqu'à ce que finalement Louis XV renonçât en sa faveur à la cuisine réservée aux pâtisseries dans ses petits appartements. Le four fut remplacé par des ouvertures pour chauffer la soupe, un fourneau fut installé à la place de la rôtisserie, et une petite arrière-cuisine fut même ajoutée [8].

Le duc de Luynes croyait que Mme de La Tournelle était moins éprise du roi que de la position de maîtresse en titre qu'elle avait au début assumée de façon très privée. Les deux sœurs passaient toute la journée ensemble, à bavarder en se prélassant paresseusement dans de confortables sièges [9]. Au début, leur cadette, la marquise de Flavacourt, surnommée « la Poule », vint se joindre à elles. La duchesse de Lauraguais était appelée « Madame la réjouie », c'est-à-dire joyeuse et plantureuse, car elle était la mieux faite et la plus spirituelle des sœurs. Mme de La Tournelle, elle, en tant que maîtresse, était dite « la Princesse [10] ».

Pour loger les sœurs Mailly-Nesle et aménager pour les intimes du roi un itinéraire séparé, l'escalier d'Épernon fut remplacé par un escalier privé. En 1742, l'escalier public, qui garda son ancien nom, fut reconstruit le long du côté nord de la petite cour du Roi. En haut se trouvait un vestibule avec les appartements Mailly-Nesle à l'ouest et les appartements attenants à l'est. En outre – par paresse ou pour plus de discrétion –, Mme de Châteauroux persuada le roi de lui faire installer une « chaise

1. L* IV 265, 267.
2. Brancas, *Mémoires*, p. 89, citant une lettre de Mme de La Tournelle au duc de Richelieu.
3. L* IV 29.
4. **CC 61** et **62** : GG 577-579, 755 ; *État* 1741 ; L* IV 305, V 11.
5. **CC 58, 59** et **60** : GG 571-2 ; 580-581 ; L* IV 29, 305, XI, 30 *sq.*
6. L* V 96.
7. L* IV 444, 469.
8. GG-B 330, 580.
9. L* V 96 *sq.*
10. L* IV 403, V 51, 77, 97.

volante », ancêtre de l'ascenseur [1]. Ce n'était pas la première tentative de ce genre à Versailles. Sous le règne précédent, Madame la duchesse avait expérimenté un système fait d'une petite chaise installée dans une cage qui la montait vers les entresols de son appartement, mais elle l'avait abandonné après s'être trouvée bloquée entre les étages plusieurs heures durant [2]. La chaise volante conçue pour Mme de Châteauroux était beaucoup plus ambitieuse : une cage avec un banc capitonné fut installée dans un petit puits ménagé sur l'espace restant au nord de la petite cour du Roi après la construction du second escalier d'Épernon [3] ; ces transformations prirent la place de l'arrière-cuisine attenante. L'ascenseur franchissait trois étages et donnait accès aux appartements privés du roi [4]. Il ne fut terminé qu'en 1744, aussi Mme de Châteauroux n'en profita-t-elle que quelques mois.

En descendant le vestibule à l'est, le dernier appartement fut confié à l'ami et soutien des sœurs Mailly-Nesle, un courtisan consommé et libertin, le duc de Richelieu. C'était lui que Louis XV avait choisi pour lui confier en premier sa passion pour Mme de La Tournelle. Pour cette mascarade si romanesque, le roi et Richelieu se réunissaient secrètement dans la cour de Marbre déguisés en cochers avec d'énormes perruques pour rendre visite à la marquise dans l'appartement qui lui était affecté dans la cour des Ministres [5]. En tant que séducteur notoire, Richelieu jouait le visiteur de minuit. Seul Louis XV paraît avoir cru à l'efficacité de ce stratagème ; à l'exception de l'arrivée occasionnelle d'un cocher, tout autre courtisan se tenait simplement hors de vue [6].

Le duc de Richelieu fut récompensé lorsque Mme de La Tournelle consolida sa position. Il fut d'abord fait gouverneur du Languedoc, puis reçut l'honneur des « premières entrées » suivi du poste de premier gentilhomme de la Maison du roi. Enfin, il fut gratifié d'un nouvel appartement. Mais il fallait d'abord que la duchesse d'Antin (duchesse d'Épernon jusqu'en 1736) fût convaincue de renoncer à son appartement familial. En octobre 1743, le premier architecte, Gabriel, fut envoyé pour en discuter avec elle. Il expliqua que le roi était à court de place et lui demanda d'échanger la partie de son logement jouxtant celui de Mme de Lauraguais, dont le mari valétudinaire et alcoolique avait habité là, contre les lieux occupés par Bienvenu. Comprenant que cet arrangement était plus avantageux que la résistance, Mme d'Antin offrit de céder son espace également, pourvu que le roi lui en accordât un autre. Elle en fut sur-le-champ récompensée par l'attribution de deux logements au rez-de-chaussée de l'aile des Princes [7]. En outre, les lieux furent rénovés avant qu'elle en prît possession : une pièce fut repeinte en jaune, une autre en vert pâle et un manteau de cheminée pris dans la bibliothèque même du roi. On lui concéda même l'une des rares cuisines privées attachées à des appartements de courtisans [8].

Dans l'espace en attique de Bienvenu et l'extrémité est de l'appartement de d'Antin, Gabriel conçut, en avril 1744, le nouvel appartement de Richelieu. Son plan constitue

1. Cet ascenseur fut installé en 1742, supprimé en 1754 et réinstallé à Fontainebleau. A.N. O[1] 2243 folio 231 et 1811 I 118.

2. AP 53 : Saint-Simon, *Additions* à D III 295 ; *Comptes des Bâtiments*, IV, p. 164.

3. A.N. O[1] 1813 123.

4. GG-B 273, 570, 573, 2121 ; Racinais I 65 *sq.*

5. **AGM 17** : L* IV 226.

6. Louis François Armand de Vignerot du Plessis, maréchal-duc de RICHELIEU, *Mémoires authentiques de M. de Richelieu (1725-1757), publiés d'après le manuscrit original par la Société de l'histoire de France*, A. de Boislisle, éd., « Publications de la Société de l'Histoire de la France », vol. 383, Paris, 1918, p. 61-65.

7. **AP 57** : GG-B 371, 373-374, 421, 1332-1333 ; BLONDEL, planche 4 « 1 » ; *État* 1741 ; L* IV 445, V 154 et **AP 60** ; BLONDEL, planche 4 « m ».

8. **AP 28** : *État* 1741.

un document très précieux sur un appartement de courtisan et donne une idée des superficies allouées à un favori [1]. On y entrait par un corridor orienté vers l'est, à partir de l'escalier d'Épernon. La première pièce était un vestibule, ou première antichambre, pour les serviteurs. Elle mesurait approximativement 15 pieds [2] de long sur 12 de large (4,59 × 3,59 m), et son plafond, à 13 pieds (3,99 m) du sol, touchait presque le toit. Elle introduisait à une série de pièces intérieures ; au nord, elle donnait accès à la deuxième antichambre, première d'une enfilade de trois pièces regardant les jardins. Cette véritable antichambre, munie d'une croisée, mesurait 19 pieds le long du jardin, était large de presque 14 pieds (4,6 × 6,2 m), et sa hauteur sous plafond approchait de 13 pieds (3,99 m). À l'est, elle conduisait au cabinet, la principale pièce de réception, qui pouvait également servir de salle à manger, mesurait 9 pieds et demi de long et 15 et demi de large (2,9 × 4,7 m), et était pourvu d'une seconde croisée. Mais le plafond était bas (6 pieds et demi [2 m]), parce que la pièce avait été divisée horizontalement pour créer des entresols. Ces deux pièces se trouvaient dans l'enveloppe du corps central. La dernière pièce, en enfilade, à l'est, était située dans le pavillon terminal de l'aile du Gouvernement. C'était la chambre, la pièce la plus spacieuse de l'appartement – près de 25 pieds de long sur les jardins et 17 de large (7,59 × 5,35 m). En outre, derrière le cabinet figuraient une garde-robe mesurant un peu plus de 6 pieds sur 15 (1,94 × 4,76 m) et un escalier qui conduisait à un espace semblable en haut, et des chambres au-dessus du cabinet. Derrière la chambre, il y avait encore une autre grande garde-robe, de 13 pieds et demi sur 11 pieds et demi (4,6 × 3,53 m). Pour un duc et pair de France, 850 pieds carrés (83 m^2) de pièces habitables, plus une quantité équivalente dans les entresols, étaient à peine suffisants [3]. Le total – 1 600 pieds carrés (160 m^2) – se rapproche de la superficie d'une modeste maison américaine ou d'un appartement bourgeois du XVIe arrondissement.

Richelieu devait conserver cet appartement jusqu'à sa mort [4], mais sa confidente, Mme de Châteauroux, garda le sien moins longtemps. En 1744, elle suivit le roi dans sa campagne militaire d'été, mais sa sœur et elle durent partir quand il tomba malade et qu'on le crut perdu. Cette « affaire de Metz » donna des frissons à la Cour, car lorsque la santé de Louis XV se rétablit, il s'en prit aux pieux courtisans qui, dans leur zèle à sauver son âme, l'avaient ridiculisé. Ils furent exilés et la duchesse de Châteauroux rappelée. Mais elle mourut brutalement en décembre 1744 avant même d'avoir pu revenir. Richelieu, cependant, resta et commença son année de service de gentilhomme de la Chambre en 1745, juste à temps pour introduire la future Mme de Pompadour dans la vie de Louis XV, au bal masqué de février 1745.

La nouvelle maîtresse reçut l'appartement de Mme de Châteauroux quatre mois plus tard. Il fut redécoré, mais le mobilier resta le même [5]. Mme de Pompadour avait elle aussi sa confidente, sa cousine Mme d'Estrades, qu'elle parvint à placer dans l'appartement de Mme de Lauraguais [6]. Et peut-être parce qu'elle était lassée de Richelieu, le logement autrefois occupé par le duc de Lauraguais fut accordé à l'ambassadeur

1. CC 56 et 57 : GG-B 580.
2. Le pied de l'époque = 32,4 cm.
3. Pour des comparaisons de la taille relative des logements, voir Annik PARDAILHÉ-GALABRUN, *La Naissance de l'intime : 3 000 foyers parisiens, XVIIe-XVIIIe siècle*, Paris, 1988, p. 233-255.
4. CC 56 et 57 : A.N. O^1 1076 736 et 739 ; *États*, 1770, 1787.
5. CC 61 et 62 : L* VI 492, VII 60.
6. CC 59 : A.N. O^1 1076 201 et 105.

de l'ordre de Malte, le bailli de Froulay [1]. Ainsi Richelieu se trouva-t-il séparé de l'enclave des maîtresses. Il conserva néanmoins la confiance du roi, ses postes et ses honneurs, son appartement et un escalier privé, qui descendait à travers le garde-meuble du roi dans l'aile du Gouvernement, directement vers la Cour.

Ces trois exemples de regroupement causés respectivement par des préoccupations spirituelles ou familiales ou encore par l'intrigue sont remarquables. S'en produisaient de semblables dans tout le palais, la plupart de moindre ampleur. Les requêtes soumises au gouverneur montrent que, fréquemment, le désir de se rapprocher d'un enfant ou d'un ami avait autant d'importance que la volonté d'obtenir plus d'espace. À la Cour, où l'appartement était un pied-à-terre, la proximité de la famille et des amis était essentielle pour tempérer les heures d'ennui et d'oisiveté, et une manière de stabiliser et de consolider les liens dans un monde en constante compétition pour se concilier les faveurs du roi.

Réparations et entretien

La direction générale des Bâtiments

Ceux qui avaient obtenu un appartement devaient ensuite le rendre habitable. Pour cela, ils s'adressaient aux Bâtiments du roi, le département chargé de la construction et de l'entretien des résidences de la Couronne. Sous Louis XIV, Colbert puis Louvois détinrent le titre de surintendant des Bâtiments du roi, attributions qui comprenaient aussi la Bibliothèque royale, les manufactures royales et de nombreuses autres responsabilités touchant aux beaux-arts [2]. Avant de mourir, Colbert obtint la nomination de son cousin Villacerf comme inspecteur général. Celui-ci servit sous Louvois, puis lui succéda en 1691. Mais le marquis de Villacerf était âgé, sans expérience et inefficace. Il démissionna en 1699 lorsqu'on découvrit que son commis principal avait détourné des fonds, falsifié des comptes et trompé des fournisseurs [3]. Le premier architecte, Hardouin-Mansart, fut nommé à ce poste et l'occupa jusqu'à sa mort. Ensuite, Louis XIV supprima l'office de surintendant et créa le poste de contrôleur général des Bâtiments du roi avec des responsabilités réduites et une supervision financière accrue et directe [4]. Il fut confié au marquis d'Antin, qui obtint sous la Régence le titre de surintendant et le conserva jusqu'à sa mort en 1736 [5].

Ce département pouvait être une source de profits considérables. On accusa Hardouin-Mansart de s'être enrichi par des malversations et des pots-de-vin, et d'Antin parvint à rendre la position lucrative malgré les efforts de Louis XIV pour appliquer un contrôle financier [6]. En 1737, on s'efforça encore d'introduire davantage de clarté dans les comptes quand le contrôleur général des finances, Philibert Orry, prit en outre le titre de contrôleur général des Bâtiments, celui de surintendant ayant été supprimé une

1. **CC 60** : A.N. O^1 1076 201 et 205 ; L* IX 30 *sq.*

2. Roger Guillement, *Essais sur la Surintendance des Bâtiments du roi dans le règne personnel de Louis XIV*, Paris, 1912. Pour la variété des responsabilités et des requêtes au XVIIIe siècle, voir Virgile Josz, « Le portefeuille des Bâtiments du roi, 1730-1780 : documents inédits », *Mercure de France*, vol. XXXVIII, juin 1901, p. 577-609. Pour le personnel subordonné, voir François Reynier, « Contribution à l'histoire de l'hôtel de Seignelay à Versailles », *Revue de l'histoire de Versailles et de Seine-et-Oise*, vol. 59, 1971, p. 67-114.

3. D VI 481, VII 3, 10, 13, 45, 80 ; S VI 112 ; SS VI 93 *sq.*

4. D 137, 141 ; S VI 83 ; SS XVI 50.

5. SS XIX 321.

6. SS XVI 43-55.

nouvelle fois. Orry et son successeur, Le Normand de Tournehem, introduisirent des procédures bureaucratiques dans le fonctionnement des Bâtiments du roi [1].

Le budget fut divisé en deux parties. La première concernait les dépenses fixes : « Gages, appointements, entretien fixé et ordinaire connu et à prière par les marchés, pensions, gratifications, loyers de maisons et des terres occupées pour le service du roi, indemnités de logement et intérêts et principaux pour diverses acquisitions qui faute des fonds n'ont pu être acquittées. » La seconde était consacrée aux dépenses variables : « Fonds estimatifs pour les entretiens non fixés et imprévus, et pour les réparations urgentes qui sont reconnues nécessaires au commencement de chaque année et en outre celui approximatif des grosses réparations [2]. »

Les talents que Le Normand de Tournehem, fort de son expérience du monde de la finance, apporta à cette fonction ne furent pas partagés par son successeur, Abel Poisson, le frère de Mme de Pompadour. Le jeune homme reçut la survivance de l'office de directeur général des Bâtiments du roi en 1745 en même temps que le marquisat de Vandières [3]. Il fut ensuite envoyé en Italie pour y recevoir une éducation artistique. À la mort de Le Normand en 1751, il assuma la responsabilité des Bâtiments du roi et reçut peu après le titre de marquis de Marigny. La vaste correspondance et les mémorandums qu'il échangea avec son adjoint L'Écuyer prouvent qu'il était assidu à ses devoirs, mais que cette créature de la Cour ne savait pas dire non aux requêtes des courtisans. La détérioration de la situation financière des Bâtiments du roi s'aggrava d'année en année.

Un rapport de 1764 montre que les dépenses fixes s'étaient établies à environ 960 000 livres par an durant les trente années précédentes. C'étaient les dépenses variables qui constituaient un véritable cauchemar budgétaire. De 1740 à 1743, le budget du département fut de 3 500 000 livres. Il fut réduit en 1744 d'un million, à 2 400 000 livres, mais les dépenses ne baissèrent pas autant et bientôt on enregistra un déficit de 2 500 000 livres. En partie pour effacer cette dette, en 1746 Le Normand de Tournehem demanda 5 400 000 livres, ce qui se répéta en 1747, 1748 et 1749. Les économies visant à faire passer les dépenses annuelles à 2 400 000, 2 700 000 et 2 800 000 livres ne furent pas réalisées et le département se trouva de nouveau en déficit. En 1750, son budget s'éleva à 3 200 000 livres et les créanciers furent obligés d'accepter des billets à intérêt de 3 %, tirés sur la ferme générale des postes, ce qui coûta 3 872 000 livres de plus. Après cet expédient, le budget resta fixé à 3 200 000 livres de 1750 à 1758. Durant la période critique de la guerre de Sept Ans, dans un mouvement général d'économies, le budget total retomba à 1 800 000 livres. Après avoir servi à régler les dépenses fixes, les 850 000 livres restantes, destinées à des réparations urgentes, furent réservées presque exclusivement à la famille royale.

Inévitablement, les dépenses fixes elles-mêmes semblent avoir été retardées. Un appel de L'Écuyer a quelque chose de pathétique : « M. L'Écuyer crut ne pouvoir se dispenser de prendre la liberté de représenter à M. de Marigny l'extrême misère où se trouve tout son département. Les inspecteurs, commis, fontainiers, gondoliers, gardes-bosquets [...], n'ayant tous que de très médiocres appointements, périssent de besoin. Les entrepreneurs tant des couvertures que des jardins et autres vont cessent de se faire [*sic*]. Tous les ouvriers à la journée du roi employés au château, magasins, et à l'entretien des tuyaux

1. Pour l'administration de Le Normand, voir Jean NICOLLE, *Madame de Pompadour et la société de son temps*, Paris, 1980, p. 125-141.
2. A.N. O[1] 1797 418.
3. Alfred MARQUISET, *Le Marquis de Marigny, 1727-1781*, Paris, 1918, p. 12 *sq.*

qui conduisent les eaux à Versailles, dont la journée ne suffit peine qu'à leur procurer une médiocre subsistance, meurent de faim, leurs hôtes ne voulant n'y les loger, étant dû à ses malheureux 18 mois. Monseigneur le duc de Bourgogne étant passé aux hommes et Monseigneur le duc de Berry étant passé aux hommes, on a été obligé de faire beaucoup d'ouvrages non seulement dans leurs appartements mais pour l'établissement de leurs services, en tous genres, ainsi que chez MM. leur gouverneur, sous-gouverneurs et autres pour lesquels ouvrages on avait promis de donner les fonds. En conséquence de cette promesse, les entrepreneurs ont fait travailler jour et nuit avec la plus grande diligence, mais, n'ayant encore rien touché, ils sont réduits dans le plus grand besoin, ayant beaucoup sans pouvoir payer [...]. Toutes les fournitures des magasins et autres absolument nécessaires pour le service courant manquent sans pouvoir les faire remplacer. Les habits des gardes-bosquets, gondoles, et autres sont à si grand point de délabrement qu'il ne leur est plus possible de les mettre [1]. »

Quand la guerre fut terminée, le budget fut restauré. La demande pour 1764 fut de 4 065 000 livres : 995 436 pour les dépenses fixes, 2 204 564 pour les dépenses variables, 865 000 pour des projets spéciaux, y compris la salle de spectacle [2]. Pour rester dans les limites de ce budget, Marigny suggéra des économies aussi radicales que la démolition des châteaux de Blois, de Madrid et de Montceaux, la vente de Bellevue et la remise à vie de Chaville et du pavillon du Val à qui accepterait d'entretenir ces résidences [3]. Il reconnaissait que les réparations indispensables augmentaient à un rythme effrayant. En 1765, il écrivit au contrôleur général des finances que la restauration des toits des Petites Écuries, qui aurait coûté 5 000 livres trois ans plus tôt, et 36 000 livres l'année précédente, nécessitait à présent 150 000 livres [4]. Une fois encore, aucuns fonds supplémentaires ne vinrent, et les dépenses pour la famille royale continuèrent. Les réparations furent retardées, les créanciers ne furent pas payés et le personnel négligé.

La mort de Mme de Pompadour n'affecta pas tout de suite la faveur de Marigny, mais la décrépitude croissante des bâtiments commença à lui valoir des ennemis. La dauphine Marie-Antoinette fut mécontente que son appartement n'eût pas été terminé à temps, et la nouvelle maîtresse royale, Mme du Barry, se plaignait que ses projets favoris restaient inachevés. À la fin, Marigny se heurta au nouveau contrôleur général des finances, le raide abbé Terray, qui voulait réduire le train de vie de toute la Cour. En 1772, il écrivit à Marigny : « Tout vous atteste qu'il n'est aucun des départements de la Maison du roi qui soit réduit à un état aussi affreux. [...] Les bâtiments, dont l'existence nécessaire est si sensible, sont négligés à tel point qu'au commencement de 1771 il s'en fallait de plus de moitié que les fonds de 1766 eussent été payés. [...] Tous les bâtiments du roi doivent périr nécessairement parce que le non-payement ne peut plus suppléer à de grosses réparations ordonnées depuis six, huit et dix ans et dont l'exécution a triplé les objets [5]. »

L'année suivante, Marigny fut congédié avec une bonne pension et un logement officiel à Paris. Il fut remplacé en 1774 comme directeur général des Bâtiments du roi par le comte d'Angiviller, qui fut le dernier titulaire de ce poste sous l'Ancien Régime. En dehors de ses qualités d'amateur d'art, d'Angiviller semble ne pas avoir

1. A.N. O^1 1797 165.
2. A.N. O^1 1797 418.
3. Marquiset, p. 106, citant A.N. O^1 1244.
4. *Ibid.*, p. 126.
5. *Ibid.*, p. 172.

bénéficié d'une meilleure préparation que Marigny. Mais il comprenait la Cour et paraissait prêt à opérer des réformes.

Le comte d'Angiviller commença par les procédés habituels à sa direction. D'abord il réorganisa le personnel pour créer sa propre équipe. Le vieux Gabriel, premier architecte, et le fidèle L'Écuyer, qui avaient servi cinquante-cinq ans, furent mis à la retraite [1]. En 1775, Gabriel fut remplacé par Richard Mique, qui avait la faveur de Marie-Antoinette [2]. L'office de L'Écuyer fut attribué à Michel Barthélemy Hazon, en le divisant en deux postes de contrôleurs généraux ambulants. L'année suivante, Hazon fut promu intendant général des Bâtiments du roi, avec d'importantes responsabilités administratives [3]. Le véritable successeur de L'Écuyer fut Jean-François Heurtier, qui reçut le poste d'inspecteur général des Bâtiments du roi [4]. Il collabora étroitement avec d'Angiviller jusqu'en 1789, aidé après 1777 par deux inspecteurs qui servaient en alternance, un jour sur deux, les sieurs Le Roi et Loiseleur [5].

Rénovation des appartements

Quand un courtisan recevait un appartement du roi, sa première requête était que l'on y exécutât des réparations ou des améliorations avant qu'il ne s'y installât. Habituellement, le nouvel occupant visitait ou écrivait au directeur général des Bâtiments du roi pour demander que l'appartement fût examiné et repeint. Le ton de ces lettres est poli, mais elles évoquent souvent des liens d'amitié et d'obligation mutuelle. Le directeur savait d'expérience que ce qu'un courtisan considérait comme des dépenses mineures pouvait finir en projet majeur, coûteux pour son département. Son second était envoyé sur les lieux et préparait un rapport sur les travaux à envisager. Pendant la majeure partie du siècle, ce fut L'Écuyer qui s'en chargea, puis Heurtier après 1775. Dans bien des cas, le rapport comprenait une estimation chiffrée sur deux colonnes : la première pour le coût des réparations, la seconde pour celui des améliorations que le courtisan sollicitait. Les réparations légitimes comprenaient des raccords de plâtre, la restauration des plafonds, la pose de cloisons, le remplacement des parquets, la restauration des cheminées. Les améliorations n'étaient limitées que par la fantaisie et les prétentions de l'occupant des lieux. Les changements les plus fréquents consistaient à déplacer des cloisons, à créer des entresols, à installer des fenêtres à double vitrage en carreaux de Bohême, à placer des fourneaux. Le devis en main, le directeur général discuterait le projet avec le roi. Trois problèmes essentiels devaient être résolus : la dépense serait-elle autorisée en totalité ou en partie ? Qui ferait le travail ? Quand serait-il entrepris ?

Le coût des travaux pouvait se révéler lourd, même quand il y avait de l'argent dans les caisses du département. Entre 1746 et 1750, on dépensa 150 154 livres pour les réparations effectuées lorsque les appartements changeaient d'occupant [6]. Les amélio-

1. A.N. O^1 1799 325 et 360.

2. Muriel MÜNTZ DE RAÏSSAC, « Richard Mique et les appartements de Marie-Antoinette à Versailles », *Eighteenth-Century Life*, vol. 17, 1993, p. 207-219. Mique semble avoir été mal vu du personnel des Bâtiments du roi et il ne détint le titre de premier architecte que jusqu'au 28 décembre 1776, date où il fut rétrogradé au rang d'architecte ordinaire et d'intendant général, avec des pouvoirs limités et de nombreuses contraintes. Il semble avoir tenté de contourner l'administration pour obtenir directement l'approbation royale, et avoir été insouciant des coûts.

3. A.N. O^1 1799 645.

4. A.N. O^1 1799 337.

5. A.N. O^1 1800 42 et 1802 10.

6. A.N. O^1 1795 193 ; 1746 = 18 000 ; 1747 = 22 000 ; 1748 = 59 305 ; 1749 = 26 492 ; 1750 = 24 357.

rations étaient souvent encore plus difficiles à financer. Périodiquement, le roi refusait de régler tous ces ajustements [1]. En pareil cas, le courtisan offrait souvent de payer lui-même. De tels gestes étaient accueillis avec un certain scepticisme, car les versements promis n'étaient pas faits ou bien remplacés par une nouvelle requête au roi, ce qui obligeait le budget des Bâtiments à débourser des sommes qu'il avait auparavant refusées. Quand la marquise de Bassompierre demanda certaines améliorations, L'Écuyer nota ainsi : « Les réparations du logement de Mme la marquise de Bassompierre [sont] un objet de 6 000 livres [...]. Il est vrai qu'elle s'offre à payer la dépense du changement de sa niche, qui occasionnera de refaire à neuf toute la menuiserie de cette chambre, dont l'objet peut aller à 1 000 écus, mais ordinairement ces sortes de promesses de la plupart des seigneurs et dames de la Cour n'étaient que pour la forme et sans intention de payer, ainsi qu'ils le font trop connaître aux entrepreneurs. Je me trouve obligé de solliciter leurs payements comme leur ayant ordonné les ouvrages, ce qui est fort désagréable [2]. »

Quoi qu'il en fût, il fallait savoir qui ferait le travail. En principe, seul le personnel autorisé par les Bâtiments du roi travaillait à Versailles [3], mais ces artisans et ces ouvriers étaient en nombre limité, et leur priorité était de faire face aux multiples besoins de la famille royale. Des ouvriers de l'extérieur étaient alors embauchés sous le contrôle des inspecteurs des Bâtiments, mais il semble qu'ils aient été mal vus par le personnel de Versailles [4].

Il y avait ensuite, comme aujourd'hui, un long chemin à parcourir entre l'accord donné et l'achèvement des travaux. Versailles étant habité la plus grande partie de l'année, les réparations majeures, particulièrement celles qui provoquaient du bruit et de la poussière, étaient entreprises quand la Cour était absente [5]. Pendant le séjour estival à Compiègne et au moment des chasses à Fontainebleau durant l'automne, on hâtait le travail. Mais les transformations importantes dans les appartements royaux, qui demandaient une large main-d'œuvre ou imposaient des contraintes budgétaires, faisaient que réparations et aménagements étaient souvent reportés à la prochaine absence de la Cour, et les courtisans se plaignaient de voir leurs logements en si mauvais état qu'ils en étaient inhabitables.

La situation ne s'améliora pas quand d'Angiviller exerça son autorité. Afin de réduire le coût des réparations et des changements lors des transferts d'appartements, il interdit que l'on ôtât toute décoration encastrée dans les murs en quittant un local. Il fallait ainsi laisser en place les trumeaux, les niches, les alcôves ajoutés par les occupants, les garde-robes intégrées, les manteaux de cheminée, les miroirs, les ferronneries de fenêtres et de portes [6]. On ne pouvait enlever les glaces qu'à condition de produire un reçu prouvant qu'elles étaient sa propriété personnelle. Et même dans ce cas, si le démontage devait abîmer la boiserie, les ex-occupants étaient obligés d'en acquitter le remboursement. D'Angiviller écrivit directement aux courtisans pour leur exposer l'alourdissement des contraintes, en stipulant que les changements à l'intérieur des appartements et l'installation d'articles de luxe comme les larges carreaux de Bohême seraient désormais à leurs frais. Le ton était courtois mais ferme. L'époque fastueuse

1. A.N. O[1] 1796 68.
2. A.N. O[1] 1797 578.
3. A.N. O[1] 1797 89.
4. A.N. O[1] 1797 197 et 198.
5. A.N. O[1] 1795 454.
6. A.N. O[1] 1799 305 et 337.

de Marigny était loin, et les incessantes requêtes s'accompagnaient de plus en plus d'offres de payer les dépenses. Avec un petit nombre de changements d'appartements et la réduction des dépenses lors de chaque transfert, d'Angiviller parvint à réduire l'un des plus lourds postes de dépenses. Le coût était maintenant supporté par les courtisans qui devaient accepter les inconvénients de la distribution existante ou faire les changements à leurs propres frais. En un temps où le besoin d'intimité et de confort s'amplifiait, les économies de d'Angiviller ajoutèrent de nouvelles contraintes qui rendirent la vie à la Cour peu agréable.

Le manque de logements pour les princes et les courtisans, l'absence fréquente de commodités comme les salles de bains ou le chauffage et la nécessité croissante de réparations pour un bâtiment à présent centenaire laissaient entendre que des mesures radicales s'imposaient, à savoir reconstruire le château. Le problème était financier. En 1781, l'administration reçut une proposition d'un entrepreneur anonyme qui s'engageait à payer la reconstruction en échange de la concession des transports publics, les messageries, durant trente ans. Il offrait dix millions d'avance, plus divers avantages matériels ainsi que 800 000 livres par an [1]. Rien ne sortit de cette offre, peut-être parce que les avances ne correspondaient guère aux dépenses anticipées, que Moreau d'Esmond estimait en 1783 à 16 millions pour la cour Royale et 2 millions pour la façade des jardins [2].

Peu après la prise de la Bastille, le roi conseilla à d'Angiviller d'émigrer à cause des accusations de mauvaise gestion portées contre lui ; de plus, les finances des Bâtiments étaient loin de s'améliorer. Il partit le 30 juillet 1789 pour l'Espagne, et les Bâtiments furent annexés par le comte de Saint-Priest, ministre de la Maison du roi. Après le retour de d'Angiviller (janvier 1790), Alexandre de Lameth le dénonça devant l'Assemblée nationale, en septembre, et l'accusa de ruiner les finances en dépensant 20 millions de francs. L'intéressé se défendit en répondant que la somme n'était que de 16 millions et qu'elle représentait la dette qu'il avait héritée de ses prédécesseurs. Mais on n'alla pas consulter les comptes et d'Angiviller dut de nouveau prendre la fuite en juin 1791 [3] – il mourut en exil en 1809. En revanche, son fidèle assistant, Heurtier, resta en place. Des réparations mineures et des travaux d'entretien furent entrepris en 1790, 1791 et même 1792 [4]. Mais avec la dispersion de la Cour, les vandales et les voleurs pénétraient dans le château [5]. Les restaurations furent bientôt reportées, remises à plus tard, et Heurtier lui-même fut relevé de ses fonctions. Le 23 mars 1793, celui-ci, alors inspecteur général des Bâtiments de la République, rendit ses comptes au citoyen Henry, commissaire liquidateur [6]. Versailles était devenu le palais du peuple. Réparations et améliorations continuèrent. Napoléon pensa même y installer sa cour, mais le château resta inutilisé jusqu'à Louis-Philippe qui lui assigna un nouveau rôle en en faisant un musée dédié à l'histoire de France.

1. A.N. O^1 1801 60.
2. A.N. O^1 1801 503 et 505.
3. Charles Claude de La Billarderie, comte D'ANGIVILLER, *Mémoires* de Charles de la Billarderie, comte d'Angiviller *: Notes sur les* Mémoires de Marmontel, Louis Bobé, éd., Copenhague, 1933, p. VIII-XXXIV.
4. A.N. O^1 1765, dossiers 3, 4 et 5.
5. A.N. O^1 1802 670 et 671.
6. A.N. O^1 1802 627, 646, 676, 679, 685 et 708.

Avertissement

Le château de Versailles était divisé en plusieurs ailes : l'*aile du Gouvernement*, la *Vieille Aile* et le *corps central* sur la cour Royale, l'*aile des Princes* au sud, l'*aile Neuve* au nord. En outre, il y avait deux *ailes ministérielles* dans l'avant-cour et l'ancien hôtel de la *Surintendance*. Ces unités architecturales déterminent les divisions fondamentales du présent livre. Pour chaque structure majeure, une brève introduction offre un rapide historique, l'orientation spatiale, une information sur l'occupation des appartements ainsi que les détails marquants qui s'y rattachent. Une information rassemblée et organisée pour chaque appartement séparé suit. Pour les appartements royaux du corps central et pour certains appartements princiers des ailes, le nombre de plans, d'ordres de travaux et de commandes de décoration est tel qu'on n'a inclus que les données les plus importantes. L'accent est mis sur le transfert des logements d'un occupant à un autre plutôt que sur la liste détaillée des requêtes pour leur réaménagement et leur décoration. Néanmoins, une certaine souplesse a été gardée afin d'inclure les détails significatifs.

Les plans

Ils comprennent deux sortes de documents, tous réunis dans le cahier hors-texte. La première se compose de grands plans, les plus anciens dressés par Mortin vers 1705, les plans généraux établis vers 1753 et ceux qui l'ont été par Blondel en 1735 et 1755. Afin de donner une orientation dans l'espace, de nombreuses notes dans les notices introductives se réfèrent largement à ces grands plans. Un second type de plans illustre les espaces privés dans le détail. Partout leur sélection vise à rendre compréhensibles les dimensions desdits espaces. Mais il faut savoir que leur distribution intérieure changeait constamment et que presque tous furent divisés pour donner des entresols. Sur les plans originaux, ces entresols étaient signalés par un découpage pliant montrant la distribution dans l'entresol situé au-dessus de l'espace principal ; on les appelle des « retombes ». Partout où c'est possible, deux plans du même espace sont présentés, avec les retombes en élévation pour l'espace principal, et en coupe pour les entresols. Cependant, redresser les retombes peut parfois couvrir d'autres parties du plan. Dans ce cas, on a laissé les retombes en coupe dans l'illustration, et la légende le signale.

L'IDENTIFICATION DES ESPACES

Au XVIIIe siècle, les *États des logements* assignaient des numéros aux appartements à travers tout le château. Mais les diverses ailes ayant été construites à des époques différentes, chacune eut son propre système de numérotage. Bien que ces systèmes aient fréquemment été modifiés pour rendre compte des subdivisions des appartements, ils demeurent la base de la répartition de l'espace à l'intérieur du château et imposent l'organisation de l'information qui l'accompagne. Lorsque c'est nécessaire, des sous-titres indiquent la séparation ou la combinaison des espaces numérotés. En outre, les rubriques du XVIIIe siècle, qui identifient l'étage ou les divers pavillons, ont été retenues comme des repères utiles.

Pour tout espace numéroté, l'information biographique sur chacun des occupants successifs fournie par les documents est mentionnée comme suit :

– Les individus sont cités avec leur titre suivi de leurs prénoms, patronymes et titres antérieurs ou additionnels. Des titres en usage à la Cour tels que *Monsieur le prince*, ou des surnoms fréquemment employés au lieu du titre seigneurial sont indiqués par la mention *dit*. Les prélats sont cités sous le nom de leur siège.

– La date de naissance et celle de la mort sont données entre parenthèses.

– Les offices majeurs de cour ou d'État que les courtisans détenaient immédiatement avant ou pendant l'occupation du logement sont mentionnés. À l'exception des officiers généraux de la maison militaire du roi, le *cursus honorum* des officiers de l'armée au-dessous du rang de maréchal de France n'est pas donné. L'index fournit une information biographique plus étendue.

Parce que l'appartement pouvait être accordé à l'un ou l'autre membre d'un ménage, est cité en premier celui des deux qui se l'est vu octroyer. Étant donné que de nombreux couples de la noblesse vivaient séparément et que les absences dues à la carrière militaire, diplomatique, ou aux affaires familiales étaient fréquentes, l'épouse de l'occupant n'est pas nommée sauf si elle était spécialement mentionnée lors de l'attribution du logement.

L'information concernant l'assignation et l'occupation d'un appartement suit l'ordre chronologique. Si la date exacte n'est pas connue, les documents officiels sont mentionnés avant les citations des Mémoires. Les plus exacts des documents officiels sont les « bons du roi » qui se trouvent dans la série O1 1076 et 1077 des Archives nationales. Ces documents ne mentionnent pas toujours le don effectif d'un logement, mais incluent une variété de pièces allant d'un simple mémorandum du gouverneur du château au roi pour lui communiquer demandes ou informations à des dispositions ou des projets qui sont des listes de changements proposés. On en trouve parfois des copies datées dans la correspondance du département des Bâtiments. Dans ce cas, la copie est citée et l'original est noté pour comparaison, et vice versa.

Ces changements pouvaient recevoir l'approbation royale, le « bon », mais beaucoup n'étaient pas approuvés ou bien n'étaient pas effectués. Ces cas de figure sont mentionnés : les occupations restées à l'état de proposition sont indiquées en retrait dans la liste.

Les *État des logements* sont moins exacts. Ils furent préparés entre 1722 et 1741 et en 1770 [A], 1777 [B], 1781 [C], 1787 [E] et 1789 [F]. Le plus ancien est la série O^1 1795, des Archives nationales. Les autres furent publiés sous forme résumée par Pierre de Nolhac, qui assortit les années de lettres qui figurent ici entre parenthèses. Les dates ne sont nullement définitives, car le document original fut continuellement révisé, les noms des anciens occupants raturés (indiqués ici en souligné), et le nouvel occupant inséré au-dessus ou au-dessous.

On attribue une date encore moins exacte aux divers plans du château qui sont énumérés selon leur ordre d'entrée dans le catalogue imprimé publié par les Archives nationales. Seuls les plus spécifiques et utiles de ces plans sont inclus dans notre liste.

Les citations des Mémoires sont présentées sous la forme suivante : les coupes sont indiquées par des points de suspension ; les noms des auteurs sont abrégés, mais la liste complète en est fournie (p. 10). Ces citations sont données dans l'ordre chronologique. Dans la plupart des cas, c'est la date de l'entrée dans le Journal de l'auteur qui a été retenue.

La suite des entrées associées à l'attribution d'un appartement pouvait commencer avec un mémorandum ou un projet de distribution soumis par le gouverneur du château à l'approbation du roi. Souvent plusieurs propositions étaient requises avant qu'une décision ne fût prise. Une fois le consentement royal donné, le gouverneur alertait le responsable des Bâtiments du roi. Celui-ci entamait à son tour une abondante correspondance concernant réparations, entretien et améliorations.

La correspondance des Bâtiments du roi se trouve dans la série O^1 des Archives nationales. La majorité des documents du XVIIIe siècle est contenue dans les cartons 1795 à 1810. Certains sont aussi résumés dans des registres. On les a inclus ici de façon sélective afin de confirmer l'attribution d'un espace à un individu particulier ou à une famille, et de dater l'occupation avec plus d'exactitude, afin également de fournir sur l'organisation et les aménagements dudit espace des détails qui peuvent illustrer les conditions matérielles de la vie à la Cour.

La correspondance des Bâtiments du roi et du gouvernement est introduite par une série d'abréviations indiquant l'auteur et le destinataire. La masse des matériaux disponibles a rendu nécessaire une sélection sévère des documents les plus importants, ainsi qu'un travail considérable d'édition des textes, particulièrement pour la correspondance des Bâtiments. Beaucoup de lettres et de mémorandums, surtout les requêtes des courtisans et les réponses des subordonnés du contrôleur général des finances, abondent en formules de politesse alambiquées, chères au XVIIIe siècle. Partout où cela a été possible, ils ont été transcrits en usant de points de suspension correspondant aux coupes destinées à alléger le texte. La fréquente formule d'appel « Monsieur » ou « Madame », les interminables expressions de gratitude anticipée et les inévitables vœux d'une prompte réponse et action n'ont pas été reproduits dans chaque texte. Les citations dans lesquelles la structure ou les détails du texte demandaient qu'il fût donné en entier fournissent de bons exemples du gros de cette correspondance.

De même il a été nécessaire d'abréger largement les notations marginales des documents. Généralement, ceux-ci incluaient deux types de notes. D'abord, un très bref résumé était placé en tête par le secrétaire qui insérait le texte dans le registre de correspondance. Nous l'avons rarement reproduit, sauf lorsqu'il n'y avait pas d'autre date, et la date de l'entrée dans le registre a alors été assignée au document. Une comparaison avec les documents datés montre que, pour la majorité des lettres écrites à Versailles, la date de réception correspondait au jour même de la rédaction ou se situait quelques jours après. En outre, de longues notes marginales étaient ajoutées par le personnel des Bâtiments du roi. Habituellement, elles contenaient la réponse détaillée du destinataire sur des questions spécifiques ainsi que sur la répartition des tâches. Les subordonnés pouvaient eux-mêmes porter des notes marginales déléguant le travail ou rapportant l'avancement des choses. On n'a reproduit ici que les plus pertinentes de ces notes marginales, et en partie seulement. Elles sont toutes mentionnées après le document principal, dans la rubrique « Réponse ».

Dans l'ensemble de l'ouvrage, l'orthographe a été modernisée. On a corrigé les erreurs grammaticales gênantes, tout en s'efforçant de retenir la saveur des documents originaux.

Certitudes et incertitudes

Les lieux décrits sont ceux situés dans le château proprement dit, dans les ailes des Ministres et l'ancien hôtel de la Surintendance, qui étaient placés sous la responsabilité d'un unique groupe d'inspecteurs du château. Les autres bâtiments, nombreux, hébergeant les fonctionnaires subalternes, y compris le Grand Commun, relevaient du département « du Dehors » et ne font pas partie de la présente enquête. Néanmoins, lorsqu'on sait qu'un occupant du château était doté d'un autre logement correspondant à un don du roi, cette information est incluse à l'entrée appropriée dans l'index. Cependant, les listes d'autres logements dus à la grâce et à la faveur du roi sont loin d'être complètes.

À l'intérieur du château, la plus ancienne date d'occupation d'un espace privé peut varier considérablement. On sait peu de chose sur les attributions antérieures à 1682, date sur laquelle s'ouvre le présent ouvrage. Et le règne de Louis XIV est moins riche en documents que celui de Louis XV. Des 364 espaces numérotés, non compté quelques divisions du XVIIIe siècle, on ne trouve qu'une attribution sur les 137 logements mentionnés pendant le règne de Louis XIV. Pour les 227 autres espaces, les premières indications datent du règne de Louis XV. De plus, les attributions antérieures à 1715 présentent elles-mêmes des incertitudes lorsqu'elles ne sont pas attestées par les très rares plans du château dressés avant 1720. La plus grande partie de cette information ancienne est tirée des Mémoires du temps, qui permettent d'établir une succession d'occupants aboutissant à une documentation ultérieure associant un occupant avec un espace particulier. Pour cette raison, quelques attributions d'avant 1715 sont plus sûres que d'autres. Les plus hypothétiques sont indiquées en note.

Malheureusement, pour beaucoup de personnes mentionnées dans les Mémoires comme disposant d'appartements au château, rien n'indique un espace particulier ; elles n'apparaissent pas sur les listes des occupants de tel ou tel espace. Cependant, si un courtisan a été identifié comme occupant d'un espace spécifique dans le château et comme ayant occupé aussi un espace antérieur ou ultérieur non identifié, nous avons ajouté une note concernant ce dernier espace sous l'entrée correspondante dans l'index.

À partir du retour de la Cour à Versailles en 1722, nous disposons d'une documentation plus complète : le premier des *États*, des plans plus nombreux et les premières lettres et mémorandums conservés par le département des Bâtiments du roi. Avec Le Normand de Tournehem, la documentation devient très riche, sous la forme de registres. Marigny perpétua ces procédures bureaucratiques et conserva aussi les lettres et brouillons originaux. Progressivement, les registres furent abandonnés et on trouve davantage de copies de dossiers. À partir du milieu du XVIIIe siècle, il existe une très bonne documentation et les attributions sont certaines et exhaustives. La documentation la plus abondante se rapporte aux appartements royaux et princiers. On y trouve souvent plus de détails que nous n'en pouvons inclure. Les appartements des courtisans donnant sur la rue et situés dans les étages mansardés étaient aussi l'objet d'une correspondance : afin de brosser un tableau de ce type plus ordinaire de logements, ces témoignages ont été cités en entier.

Enfin, à travers l'ensemble de l'ouvrage, on a mis l'accent sur les logements assignés aux courtisans plutôt que sur ceux de la famille royale. Pour la Cour, les appartements résidentiels du château étaient l'espace du roi.

Hamden, Connecticut
décembre 1999.

Sur la cour Royale

Depuis trois siècles, le visiteur qui se rend de Paris à Versailles arrive au château par la grandiose avenue de Paris, traverse la place d'Armes, bordée de part et d'autre par les écuries du roi, et pénètre dans l'enceinte du palais par la grille d'honneur, entre deux bastions décoratifs incurvés d'où s'élèvent deux rampes de chaque côté de l'avant-cour. Les deux ailes en pendant qui se dressent ensuite sur la droite et la gauche abritaient sous l'Ancien Régime les résidences et les bureaux des secrétaires d'État, raison pour laquelle elles ont reçu le nom d'ailes des Ministres. Le pavement monte régulièrement vers le château et ne s'aplanit qu'au niveau de la statue équestre de Louis XIV, érigée au XIXe siècle par Louis-Philippe. Là se trouvait autrefois une autre grille, semi-ovale celle-là, qui fermait la seconde cour, la cour Royale, autour de laquelle se dressaient les bâtiments principaux du palais. À droite et à gauche de cette cour s'élèvent deux ailes identiques, l'aile Gabriel et la Vieille Aile, tandis qu'au fond de la cour de Marbre figure le corps central, le premier château, construit par Louis XIII [1].

Louis XIV rejeta toujours les suggestions de ses architectes de raser ce simple rendez-vous de chasse, construit à la façon des demeures de la plupart des gentilshommes de province dans la première moitié du XVIIe siècle, de briques rouges contrastant avec des pierres de taille aux angles et coiffé d'un toit d'ardoise à forte pente. Et pourtant Louis XIII aurait difficilement reconnu son modeste rendez-vous de chasse derrière les colonnes de marbre de Rance, les bustes d'applique sur console, les balcons en fer forgé et doré, les balustrades surmontées de pots à feu et de statues allégoriques, et les lucarnes en œil-de-bœuf découpées dans le toit [2]. Malgré ces embellissements, les trois côtés du château original forment le centre du palais et délimitent la plus intérieure des trois cours successives, la cour de Marbre.

1. Les débuts de l'histoire du palais de Versailles ont fait l'objet de recherches détaillées. Voir Robert W. BERGER, *Versailles, The Château of Louis XIV*, University Park, 1985 ; Charles DU BUS, « Le plus ancien plan de Versailles », *Gazette des beaux-arts*, sept.-oct. 1926, p. 183 *sq.* ; E. COÜARD, « L'intérieur et le mobilier du château royal de Versailles à la date de la journée des Dupes », *Revue de l'histoire de Versailles*, vol. VII, 1906, p. 97-122, 198-216 ; Alfred MARIE, *Naissance de Versailles*, 2 vol., Paris, 1968, et *Versailles au temps de Louis XIV : Mansart et Robert de Cotte*, Paris, 1976, ainsi que *Versailles au temps de Louis XV*, Paris, 1984 ; Pierre DE NOLHAC, *Histoire du château de Versailles*, 2 vol., Paris, 1911 ; Guy WALTON, *Louis XIV's Versailles*, Chicago, 1986.

2. Jean-Claude LE GUILLOU, « Remarques sur le corps central du château de Versailles à partir du château de Louis XIII », *Gazette des beaux-arts*, VIe période, t. LXXXVII, février 1976, p. 49-60.

Caractéristique de l'architecture de transition de l'époque, la demeure en brique rouge de Louis XIII était une bâtisse en fer à cheval. Le château originel était cantonné de quatre petits pavillons, réminiscence des tours médiévales. L'ensemble était entouré d'un étroit fossé sec. Lorsque Louis XIV commença son règne personnel en 1661, il ajouta deux ailes à l'origine indépendantes dans l'avant-cour. À droite, là où devait plus tard s'élever l'aile du Gouvernement, se trouvaient les cuisines et les pièces de service ; à gauche, à l'emplacement de la future Vieille Aile, étaient les écuries. Cette demeure relativement modeste servait de retraite au roi. Là, discrètement, hors de vue de sa mère et de la reine, femme dévouée mais ennuyeuse, il vécut sa célèbre aventure avec sa première maîtresse, Mlle de La Vallière, accompagné non pas de ses officiers de cour, mais de ses favoris. Bien que Louis fût un grand bâtisseur, son contrôleur général des finances, Colbert, qui considérait la capitale comme la résidence appropriée du roi, parvenait à faire entreprendre, durant cette même période, la façade orientale du Louvre tandis que Louis XIV se contentait d'aménager de vastes jardins à Versailles [1].

En 1668, malgré les protestations de Colbert, les plans étaient dressés, et l'on commença à construire une importante extension du bâtiment de Louis XIII. Sur la cour, on garda la construction originelle, à laquelle on ajouta deux petites ailes pour joindre le corps central à l'aile du Gouvernement et à la Vieille Aile. Du côté des jardins, ce fut une transformation radicale. Au-dessus de l'ancien fossé, on construisit autour du château de Louis XIII un bâtiment de style classique en pierre de taille qui le rejoignait aux pavillons d'angle pour former des cours intérieures. Cette ceinture fut appelée « l'enveloppe ». Elle était destinée à procurer un grand appartement à la reine, à accroître l'espace du roi grâce à une série d'appartements d'apparat à l'étage principal, à fournir de la place aux enfants royaux et à Monsieur au rez-de-chaussée et à loger les princes du sang et les favoris dans les attiques. À l'origine, il y avait une terrasse au niveau du premier étage de la façade sur les jardins, mais elle fut plus tard fermée pour former la galerie des Glaces. Bien que les cours intérieures entre l'enveloppe et le château original fussent progressivement occupées par les appartements privés du roi au cours du XVIIIe siècle, la façade sur les jardins demeura inchangée.

La Cour fut officiellement transférée à Versailles en 1682 lorsque l'aile des Princes fut achevée. Dans la décennie suivante, une aile symétrique fut bâtie, appelée l'aile du Nord, et une nouvelle Chapelle en 1709. Ce fut la dernière construction majeure jusqu'à celle de l'Opéra ajouté à l'extrémité de l'aile du Nord durant la seconde partie du siècle. L'installation des organes du gouvernement à Versailles transforma ce qui n'était alors qu'une résidence royale parmi d'autres en siège du pouvoir et en demeure permanente de la cour de France. La retraite privée des années 1660 était devenue résidence principale, y compris pour les officiers de la maison royale disposant du droit d'être logés au Louvre, c'est-à-dire sous le toit du roi. L'entretien et la distribution de l'espace à une foule d'officiers et de courtisans avec leurs familles et leurs serviteurs incomba au premier intendant du château, le premier valet de chambre de Louis XIV, Alexandre Bontemps.

Jusqu'à la fin de sa vie, le Roi-Soleil exerça un contrôle plein et personnel sur l'octroi de logements au château. Sa connaissance personnelle de la Cour, enrichie

1. COLBERT, *Lettres*, V, p. 269 *sq.* ; Robert W. BERGER, *The Palace of the Sun : The Louvre of Louis XIV*, University Park, 1994 ; Ann FRIEDMAN, « The Evolution of the parterre d'Eau », *Journal of Garden History*, vol. 8, 1988, p. 1-30.

des informations quasi quotidiennes que Bontemps recueillait auprès des concierges et des suisses à chaque entrée, porte et escalier, ainsi que de la police et des domestiques lui permettaient d'allouer tout espace disponible en jugeant de chaque cas comme d'une faveur personnelle [1]. Peu avant la mort de Bontemps, cependant, certains changements furent introduits afin de contrôler les dépenses. Le critère de la faveur laisse entendre une certaine absence de contrôle bureaucratique. Avant 1700, il suffisait aux courtisans de s'adresser au directeur des bâtiments royaux, le surintendant des Bâtiments du roi, pour obtenir modifications, réparations et travaux de décoration, et les frais étaient assumés par le roi, quoique sans sa permission spéciale. Une dame de la Cour avait ainsi changé d'appartement chaque année depuis trois ou quatre ans, et les projets de ce genre avaient coûté au roi 60 000 livres dans les derniers mois de 1699. Aussi fut-il décidé que les courtisans s'adresseraient désormais au surintendant des Bâtiments pour les changements [2]. Cette bureaucratie grandissante, dirigée par Jules Hardouin-Mansart jusqu'en 1708, était nécessaire pour établir les projets, organiser la construction, entreprendre les réparations et bien sûr faire en sorte que les modifications proposées par les courtisans n'endommageassent pas la structure du bâtiment. Le roi conserva le contrôle de la distribution de l'espace et continua à travailler avec Louis Blouin, le successeur de Bontemps. C'est à ce fidèle administrateur qu'incomba la tâche d'entretenir le château durant l'absence de la Cour, de la mort de Louis XIV en 1715 jusqu'au retour de Louis XV en 1722 [3]. Ce fut probablement lui qui prépara le premier *État des logements* qui nous soit parvenu et qui date de cette période [4]. Tandis que les plans plus anciens adoptaient des systèmes différents pour désigner les espaces, dès lors ceux-ci reçurent à peu près les mêmes numéros jusqu'à la fin de l'Ancien Régime. Pour les appartements des courtisans, l'entrée principale portait, semble-t-il, un chiffre marqué sur la porte. En 1776, la plupart, étant effacés, furent remplacés [5]. L'entrée des principaux appartements de la famille royale ne portait naturellement pas de numéro, même s'ils recevaient des désignations numériques pour des raisons administratives (mais les changements perpétuels rendent difficile la description de l'espace assigné à un appartement royal).

Pour Blouin, les trois édifices de la cour Royale (corps central, aile du Gouvernement, et Vieille Aile) forment une seule unité. Son système de numérotation commence au rez-de-chaussée à l'extrémité de l'aile du Gouvernement, près de l'aile des Ministres, et continue autour de la cour Royale jusqu'à l'extrémité de la Vieille Aile, pour faire ensuite le tour extérieur des appartements princiers de la façade sur les jardins. Il répète le même circuit pour le premier étage, les attiques du corps central et les mansardes et galetas de la Vieille Aile et de l'aile du Gouvernement, d'abord autour de la cour, puis autour de l'enveloppe. Ce système correspond au développement chronologique du château, mais il est extrêmement difficile à suivre. Afin d'étudier chaque aile plus clairement, nous avons retenu la numérotation traditionnelle des logements, mais nous les avons regroupés et présentés selon leur appartenance à tel ou tel élément structurel.

1. D VIII 14 ; VII 7 ; SS IV 355 ; VIII 40 *sq.*
2. D VII 339 ; SS VII 1.
3. Jacques LEVRON, *Versailles, ville royale*, Roanne, 1981, p. 81-82.
4. A.N. O[1] 1795 55.
5. A.N. O[1] 1799 512.

Concordance de la numérotation
des logements entre les *États des logements*
et les ailes autour de la cour Royale

Appartements	Aile	Étage
1 à 5	AG 1 à 5	rez-de-chaussée
6 à 11	CC6 à 11	rez-de-chaussée
12 à 22	VA 12 à 22	rez-de-chaussée
23 à 26	CC 23 à 26	rez-de-chaussée
27 à 29	AG 27 à 29	premier étage
30 à 35	CC 30 à 35	premier étage
36 à 37	VA 36 à 37	premier étage
38 à 41	CC 38 à 41	premier étage
42 à 44	AG 42 à 44	mansardes
45 à 48	CC 45 à 48	attiques
49 à 52	VA 49 à 52	étage mansardé
53 à 55	VA 53 à 55	étage mansardé
56 à 69	CC 56 à 69	attiques
70 à 72	VA 70 à 72	attiques

L'aile du Gouvernement

L'aile droite sur la cour Royale ne reçut le nom d'aile du Gouvernement que dans la première partie du XVIIIe siècle. Bontemps avait assumé le titre d'intendant en lieu et place de Blouin, dont le père était mort d'un accident de carrosse en 1665 tandis qu'il occupait l'office. À la mort de Bontemps en 1701, Blouin fils lui succéda. À cette époque, les attributions de la fonction s'étaient largement étendues. Blouin père avait opéré comme un intendant ordinaire, un homme chargé des affaires relatives à Versailles, principalement de l'acquisition de terres et de la perception des loyers [1]. Bien que Bontemps n'eût jamais fait usage du titre de gouverneur, il parut nécessaire de le ressusciter pour Blouin en 1701 [2]. Tandis que s'accroissaient les charges liées au développement de la ville de Versailles, le besoin se fit sentir d'octroyer une plus large place à l'administration : entre 1709 et 1711, quand parut le premier plan imprimé du château, le gouverneur occupait presque entièrement le premier étage de l'aile du Gouvernement.

À cette date, celle-ci avait déjà subi une succession de transformations architecturales. Bâtie par Louis XIV en 1662 dans un style, dit retardataire, alliant la brique et la pierre, pour s'accorder à celui du rendez-vous de chasse de Louis XIII [3], elle avait été remodelée à la fin des années 1660 et au début des années 1670 et les cuisines y cédèrent la place à des logements. Les deux ailes en avancée furent enchâssées dans un revêtement classique de pierre qui faisait écho à la façade sur les jardins. La corniche de l'élévation fut relevée et surmontée d'une balustrade ponctuée de statues. Le toit d'ardoises à forte pente fut remplacé par un toit de plomb doucement incliné qui permettait de s'y promener et les pavillons terminaux furent ornés d'une colonnade sans profondeur surmontée de statues allégoriques figurant les fonctions culinaires primitives du lieu [4].

Tandis que le bâtiment de brique de Louis XIII ne pouvait être vu des jardins, le contraste qu'offraient, vus de la cour, l'ancien corps central et les nouvelles ailes en

1. Jacques LEVRON, « Jérôme et Louis Blouin, premiers valets de chambre de Louis XIV et Louis XV », *Revue des deux mondes*, février 1967, p. 374-384.

2. D VIII 13.

3. Voir Pierre PATEL, *Vue de Versailles*, 1668, musée national du Château de Versailles.

4. Voir Israël SILVESTRE, *Château royal de Versailles, vu du milieu de la Grande Avenue*, 1674.

retour d'angle était discordant. Hardouin-Mansart persuada Louis XIV de renoncer aux niches et aux statues, tout en gardant les colonnades. La brique et l'ardoise réapparurent, créant un ensemble harmonieux sur la cour de Marbre. À la place de la promenade sur le toit avec sa balustrade, des combles furent ajoutés au-dessus de chacune des deux ailes. La création d'une soupente accrut la place disponible dans ces combles, éclairés par des lucarnes. Les toits des deux pavillons terminaux étaient coiffés d'un lanternon abritant une horloge [1].

Jusqu'au dernier quart du XVIIIe siècle, ces mansardes servirent de garde-meuble royal. C'est cet usage qui peut avoir causé la ruine de l'aile, car il surchargeait les murs porteurs, qui commencèrent à montrer des signes de faiblesse dès 1742 [2]. Le comte de Noailles, dont le père avait acheté à Blouin l'office de gouverneur pour son fils en 1720, abandonna son appartement et ses bureaux dans l'aile en 1755 [3]. Ils furent prêtés jusqu'en 1771, quand on décida finalement d'abattre l'aile et de la remplacer. Ange Jacques Gabriel, architecte du roi, soumit de nombreux plans [4]. La nouvelle aile devait tout d'abord se conformer au style de la rénovation de Hardouin-Mansart, puis Louis XV changa d'avis et donna son accord pour l'édification d'une aile de style classique [5]. Celle-ci devait être le prélude à une reconstruction complète de la cour Royale, avec des façades de pierre, comme du côté des jardins. Hélas, l'épuisement des finances royales ne permit pas de réaliser ce projet. Seuls furent construits le pavillon terminal et la « carcasse » de l'aile, qui demeura presque vide. Dans cette béance, Marie-Antoinette fit bâtir une salle de comédie, dite le petit théâtre d'Hubert Robert. Élégant et commode, ce théâtre pourvu d'une machinerie complexe pouvait abriter jusqu'à 500 spectateurs. De son inauguration en janvier 1786, à mai 1789, les registres des Menus-Plaisirs mentionnent que s'y tinrent au moins 311 représentations. Il ne semble pas avoir survécu longtemps au départ de la Cour [6]. Le vaste escalier que Gabriel avait prévu pour remplacer l'escalier des Ambassadeurs et donner accès aux Grands Appartements demeura à l'état de plan élégant, à l'image des projets d'escaliers antérieurs [7]. Il ne fut réalisé que dans les années 1980.

Avant le déménagement des Noailles dans l'aile Neuve en 1755 et la construction de l'hôtel du Gouvernement en ville pour loger la bureaucratie, l'aile du Gouvernement abritait d'autres officiers attachés à l'administration et à l'entretien du château. Au rez-de-chaussée du pavillon terminal, les gardes de la porte avaient leur salle, et leur capitaine habitait l'appartement attenant dans l'aile [8]. Leur principale fonction était de surveiller le portail séparant la cour Royale de la cour des Ministres. Au début, le concierge du château habitait lui aussi dans l'aile. Ses portiers (appelés suisses parce qu'ils étaient souvent recrutés dans les vallées alpines) surveillaient les diverses entrées du château et fournissaient un courant régulier d'informations sur les allées et venues dans les cours. Dominique Lebel, qui cumulait le poste de premier valet de chambre avec la charge de concierge, servait d'entremetteur à Louis XV et hébergea Mme du Barry

1. Voir Israël SILVESTRE, *Le Château de Versailles, vu de la grande place*, vers 1684.
2. A.N. O[1] 1076 211, 406 ; 1763 A ; 1797 166. *Cf.* Christopher TADGELL, *Ange Jacques Gabriel*, Londres, 1978, p. 94.
3. SS XXXVII 308. *Cf.* A.N. O[1] 64 fol. 161 [les lettres patentes] et 1076 444, 1077 433.
4. En mai 1771, GG-B 938 à 943 et 974 à 980 ; en août 1771, GG-B 945 à 965, 981 à 987, 1004 à 1006, 1889 à 1896, 1026, 1027, 1033, 2915-2919 ; en octobre 1771, GG-B 10 et 11 ; en 1772, GGB-32 à 34, 148, 149, 1015 à 1022, 1074, 1075, 1081, 1092, 1897 ; en août 1774, GG-B 12 à 25, 995 à 1002 et 1868.
5. Christian BAULEZ, « Le Grand Projet », dans Michel GALLET et Yves BOTTINEAU, éd., *Les Gabriel*, Paris, 1982, p. 182-193.
6. Voir Philippe BEAUSSANT et Patricia BOUCHENOT-DÉCHIN, *Les Plaisirs de Versailles : théâtre et musique*, Paris, 1996, p. 474-481.
7. En 1741, GG-B 1871 à 1874 ; en 1749, GG-B 848 et 849, 860 à 871, 873 à 877 ; en 1759, GG-B 232.
8. **AG 1** : MORTIN, planche 2, « 30 », et **AG 4** : BLONDEL, planche 5, « r ».

dans sa loge au rez-de-chaussée lorsqu'elle vint à la Cour pour la première fois. Ironiquement, tout près, au premier étage du pavillon terminal, se trouvait l'appartement peu occupé du confesseur du roi, situé, comme il se devait, près de la Chapelle [1]. Après le départ de Noailles, l'aile perdit son caractère officiel. Mme de Pompadour annexa les vastes sous-sols avec ce qui restait des cuisines d'origine et les réaffecta à cet usage. Quand Madame Adélaïde reprit une partie de l'appartement de l'ex-favorite royale, sa dame d'atour, la comtesse de Narbonne, le transforma en garde-robe pour sa maîtresse.

Il y eut de longs débats sur le sort de l'aile du Gouvernement. Finalement, non seulement la colonnade, mais aussi le mur qui longeait la cour de la Chapelle laissèrent apparaître des crevasses et menacèrent de tomber. On les étaya, puis, en 1771, il fut décidé d'abattre l'aile. Des marchands furent appelés et firent le tour des appartements avec Gabriel afin de faire des offres pour les matériaux. Leur visite, logement par logement, est proposée à la fin de cette section, avec les documents correspondants relatifs à la démolition.

À la place de l'aile du Gouvernement, une construction nouvelle mais incomplète allait passer à la postérité sous le nom d'aile Gabriel. L'intérieur de l'aile était une coquille vide. Dans le pavillon se trouvaient plusieurs appartements de service derrière la façade classique, sur l'entablement de laquelle Louis-Philippe fit graver la devise : « À toutes les gloires de la France ».

1. AG 27.

REZ-DE-CHAUSSÉE

AG 0
Salle des gardes de la porte
MORTIN planche 2, "30" ; BLONDEL, planches 5 et 2, "k"
Suisses de la grille et corps de garde des suisses du château
1741 *État* « Suisses de la grille et corps de garde des Suisses du château » "2 pièces, 1 à cheminée ; 2 entresols sans cheminée"
Corps de garde des douze
BLONDEL planches 5, "t" et 2, "i"
Corps de garde des gardes suisses du château
1770 *État* A « Corps de garde des Suisses du château » "deux pièces, 1 à cheminée ; 2 entresols"

AG 1
Corps de garde des gardes de la porte
MORTIN, planche 2, "30" ; BLONDEL, planches 5 et 2, "k"
1741 *État* « Corps de garde des gardes de la porte » "1 pièce"
24.2.1752 E à M : *M. le marquis de Croissy demande une armoire qui soit scellée dans la salle des gardes de la porte pour serrer leur mousquets, leur nombre en étant considérablement augmenté... 72 livres.* Réponse : *M. L'Écuyer fera faire l'armoire.* A.N. O[1] 1795 227 ; *cf.* 1811 I 10.
1770 *État* A « Corps de garde des gardes de la porte » "1 pièce"

AG 2
Le Peletier, Michel, *dit* Le Peletier de Souzy, (1640-1725). Intendant des finances 1684-1701 ; directeur général des fortifications 1691-1715
Aubigné, Charles, comte d' (1634-1703). Frère de Mme de Maintenon
Bonrepaus, François d'Usson de (1650-1725). Intendant général de la Marine et des armées navales 1683-1693 ; lecteur du roi 1685-1719
13.1.1691 ... *on a donné à M. de Bonrepaus celui de M. Pelletier, l'intendant qui avait été destiné à M. d'Aubigny...* D III 273
MORTIN, planche 2, "32" « Logement de M. de Bonrepaus »
Breteuil, François Victor Le Tonnelier, marquis de Fontenay-Trésigny, marquis de (1686-1743). Secrétaire d'État à la Guerre 1723-1726 et 1740-1743 ; chancelier de la reine 1725
BLONDEL, planche 5, "s"
Ruffec, Armand Jean de Rouvroy de Saint-Simon, marquis de (1699-1754)
Ruffec, Marie Jeanne Louise Bauyn d'Angervillers, marquise de (1711-1761)
[1740] *M. de Breteuil, rez-de-chaussée à droite, son logement n° 2, 4 pièces dont 2 à cheminée et 3 entresols, 1 à cheminée, donné à M. et Mme la marquise de Ruffec* Logements... donnés par le roi : A.N. O[1] 1076 133
23.4.1740 *Le roi donna il y a deux ou trois jours à M. et à Mme la marquise de Ruffec l'appartement qu'avait M. de Breteuil ; c'est au-dessous de M. le maréchal de Noailles, à côté de la Chapelle* [**AG 29**]. L* III 177
1741 *État* « Chancelier de la reine, puis la marquise de Ruffec » "4 pièces, 2 à cheminée ; 3 entresols, 1 à cheminée"

AG 2A
Avisse, N... († avant 1784). Premier garçon du garde-meuble
6.5.1750 *M. le comte de Noailles par sa lettre du 2 de ce mois marque à M. de Tournehem que Mme la marquise de Pompadour leur a pris un très joli logement où était le premier garçon du garde-meuble. Il a fallu lui restituer et le roi juge à propos de donner au sieur Avisse, qui est celui dont est question, le logement de Mme la veuve de Rochechouart-Faudoas dans le château* [**AN 74**] *à cause de son service...* A.N. O[1] 1810 III 22

AG 2 et 2A sont combinés.
Pompadour[1], Jeanne Antoinette Poisson, marquise de (1721-1764). Maîtresse du roi ; dame du palais surnuméraire 1756
11.1755 BLONDEL, planche 2, "h" « Cuisines de Madame la marquise de Pompadour »

AN 2 et 2A sont séparés.

AN 2
Narbonne[2], Françoise de Châlus-Sanssat, marquise de (1734-1821). Dame du palais de l'Infante ; dame pour accompagner Madame Adélaïde 1760, puis sa dame d'atour 1764
1764 *La partie de l'appartement de Mme la marquise de Pompadour* [**CC 23**]... *avec la cuisine à Mme la comtesse de Narbonne, dame d'atour de Madame...* Disposition : A.N. O[1] 1076 765
1770 *État* A « Mme de Narbonne » "4 pièces, 2 à cheminée ; 3 entresols, 2 à cheminée"

AN 2A
Bourdelin, Louis Claude (1695-1777). Médecin de Mesdames
1763 *Le cireur du Domaine a eu de tous temps un logement au château* [**AN 12**] *et cette clause a toujours été insérée dans son marché. La disette des logements a obligé de le lui ôter pour y mettre le sieur Avisse quand il céda son logement à M. Bourdelin et sa cuisine pour Mme de Narbonne...* A.N. O[1] 1076 724
1764 *Le haut de la cuisine du dit logement* [**AG 2**], *qui était occupé autrefois par le S. Avisse, à M. Bourdelin, médecin de Madame Victoire, pour être à portée d'elle.* A.N. O[1] 1076 765
1770 *État* A « M. Bourdelin » "2 entresols, 1 à cheminée"

AG 3
Le Bel, Dominique Guillaume (1696-1768). Premier valet de chambre de la garde-robe du roi en survivance

1. Mme de Pompadour occupait **CC 23** à cette époque.
2. La comtesse de Narbonne occupait aussi **AG 29** au-dessus.

de son père 1703 ; premier valet de chambre du roi 1719 ; inspecteur général des châteaux de Versailles et Marly
1741 *État* « Le Bel » "4 pièces, 3 à cheminée ; 5 entresols, 5 à cheminée"
BLONDEL, planche 5, "r"
7.4.1754 N au roi : *M. Bachelier est dans l'état le plus triste. On est très empressé à la cour d'avoir des logements, ce qui fait qu'on a déjà pensé à cette succession. Le comte de Noailles prend la liberté de représenter que M. Le Bel n'a de logement que celui du concierge qui n'est pas des plus solides et qu'il paraît juste de lui accorder ce logement* [**AN 18 et 19**] *en cas qu'il vienne à vaquer.* A.N. O^1 1076 363
1755 BLONDEL, planche 3, "g" « M. le Bel, Concierge du château »
Boucheman, Louis Diane († 1782). Valet de chambre du roi ; concierge du château de Versailles
27.7.1754 *Le logement de M. Le Bel comme concierge du château de Versailles à M. Boucheman, valet de chambre de quartier du roi et concierge du château de Versailles en survivance.* L* XIII 287
Barry [1], Marie Jeanne Bécu, comtesse du (1746-1793). Maîtresse du roi
5.10.1769 *Le logement d'en bas, ci-devant à M. Le Bel et qui avait été donné à Mme la comtesse du Barry, en réserve...* Disposition : A.N. O^1 1077 52
16.10.1769 M, à Fontainebleau, à E : *Je vous adresse... le plan de la nouvelle cuisine pour Mme la comtesse du Barry et l'appartement de Mlle sa belle-sœur. Je vous donnerai 2 000 écus pour cette partie...* A.N. O^1 1798 404
1770 *État* A « Mme du Barry » "6 pièces, 3 à cheminée ; 8 entresols, 5 à cheminée"

AG 4
Saint-Vallier, Pierre Félix de La Croix de Chevrières, comte de (1614-1699). Capitaine des gardes de la porte 1670-1687
La Chaise, François d'Aix, comte de († 1697). Capitaine des gardes de la porte 1687-1697
26.8.1687 ... *On disait publiquement que M. de Saint-Vallier avait enfin conclu le marché de la vente de sa charge de capitaine des gardes de la porte du roi avec le frère du père de la Chaise, confesseur de Sa Majesté, en faveur duquel Elle lui donnait cent mille livres d'argent comptant et un brevet de retenue de deux cent mille livres, de sorte qu'il ne hasardait pas grand-chose du sien en achetant une charge à laquelle il n'aurait osé élever ses prétentions si le roi n'en avait fait lui-même la première proposition... En vérité, cela était bien mince pour occuper une charge, qui était alors la dernière des grandeurs de la Maison du roi.* S II 89 et 90 note 1 ; *cf.* 102 et 108
La Chaise, Antoine Dreux d'Aix, marquis de († 1723). Capitaine des gardes de la porte 1697-1723
14.8.1697 *M. de La Chaise mourut... le père de La Chaise... demanda la charge qu'avait son frère pour son neveu ; le roi la lui accorda.* D VI 170
MORTIN, planche, "28" « Capitaine des gardes de la porte »
Croissy, Jean-Baptiste Joachim Colbert de Torcy, marquis de (1703-1777). Capitaine des gardes de la porte 1723
5.12.1723 *La Chaise, fils du frère du feu père de La Chaise confesseur du feu roi, et capitaine des gardes de la porte du roi, mourut chez lui en Lyonnais. Il ne laissa point de fils, et avait un brevet de retenue. Torcy obtint la charge pour son fils. Il y avait déjà longtemps que toutes les secondes charges de la cour étaient devenues le préciput des fils de ministres. Celle-ci est un des moindres ; mais on tient par elle et on suit le roi partout.* SS XLI 235
1741 *État* « Capitaine des gardes de la porte, M. le marquis de Croissy » "5 pièces à cheminée ; 6 entresols, 4 à cheminée"
BLONDEL, planche 5, "q"
Créqui, Robert de Créqui d'Hémont, chevalier de (1705-1745). Gentilhomme de la manche du dauphin 1735, puis son sous-gouverneur ; premier maître d'hôtel de la dauphine 1745
1.12.1744 *M. le chevalier de Créqui, premier maître d'hôtel, a celui de M. et Mme de Croissy ; il est en bas dans ce que on appelle l'aile du gouvernement, qui est entre la cour du roi et la cour de la Chapelle.* L* VI 171
Muy, Joseph Gabriel Tancrède de Félix, marquis de († 1777). Premier maître d'hôtel de la dauphine 1745, puis de la comtesse de Provence et du comte de Provence, exerçant par commission
Muy, Louise Élisabeth Jacqueline d'Hénin-Cuvilliers, marquise de († 1764)
7.10.1748 *M. du Muy le fils représente à M. de Tournehem qu'il est logé très étroitement à Versailles [et] qu'il n'a dans son appartement aucune armoire pour serrer des papiers qui concernent son détail et sur cette considération, il prie M. le directeur général de lui faire ajuster un tambour en armoire sur l'échappée de l'escalier de son entresol et un devantage de porte dessous le bas du dit escalier pour le fermer.* Réponse : *Bon pour faire faire ce qui est porté sur le devis ci-après montant à 91 livres.* A.N. O^1 1810 II 90
9.4.1749 *Mme la comtesse de Muy prie M. de Tournehem de donner les ordres pour faire mettre sa chambre en blanc à l'huile et le reste de son appartement en blanc.* Réponse : *M. L'Écuyer fera faire les ouvrages demandés par Mme la comtesse de Muy, lesquels monteront... à la somme de 150 livres.* A.N. O^1 1810 II 147
6.6.1753 Le marquis de Muy à M : *L'appartement qu'occupent au château M. et Mme de Muy, ayant vue sur la cour Royale et surveillant la Chapelle, ne consiste qu'en trois petites pièces de sept pieds de hauteur. Il est devenu à cause de son peu de hauteur d'un noir insupportable par la lumière [des chandelles] et le séjour continuel de Mme de Muy, toujours malade. M. de Muy prie M. de Vandières d'avoir la bonté d'ordonner qu'on fasse blanchir ces petites pièces en blanc du plus commun, pour leur ôter seulement la malpropreté et les éclairer.* A.N. O^1 1795 334 ; *cf.* 332

1. Les dates de l'occupation de cet appartement par Mme du Barry sont discutées. NOLHAC (*Versailles... Marie-Antoinette*, p. 32-36) réfute l'affirmation de VATEL dans son *Histoire de Madame du Barry* (I, p. 494) selon laquelle celle-ci occupa cet appartement avant la mort de Le Bel.

15.6.1753 E à M : *M. le marquis de Muy demande, Monsieur, de donner ordre qu'on blanchisse les trois pièces qu'il occupe avec Mme de Muy au château de Versailles.* A.N. O^1 1795 333
8.8.1754 La marquise de Muy à M : *Ma santé ne me permettant pas, Monsieur, d'aller moi-même vous prier de m'accorder une grâce... de quelques réparations à faire à l'appartement que j'occupe...* A.N. O^1 1796 55
21.8.1754 M à E : *Mme la comtesse de Muy me demande, Monsieur, quelques réparations dans le logement qu'elle occupe au château, qu'elle m'assure être de peu de conséquence, mais néanmoins indispensables pour pouvoir l'habiter. Ayez agréable de voir en quoi cela consiste et de m'en envoyer le devis.* A.N. O^1 1796 56
7.9.1754 M à E : *Le roi ayant décidé, Monsieur, il y a déjà quelques temps, que les ajustements dans les logement que Sa Majesté a accordés ne soient plus à l'avenir à la charge des bâtiments, et Sa Majesté m'ayant renouvelé cet ordre ces jours-ci, il ne m'est pas possible d'accorder à Mme la marquise de Muy ce que [elle m'a demandé].* A.N. O^1 1796 68
11.9.1754 M au roi : *Mme la marquise de Muy supplie très humblement Votre Majesté de vouloir bien lui accorder les ajustements nécessaires à son logement, dont le devis ci-joint monte à la somme de 378 livres.* Réponse : *Ne se peut.* A.N. O^1 1070 441 ; *cf.* 443 1811 I 118, 123, 125 et 130
13.10.1754 E à M : *Mme la marquise de Muy qui a été refusée dans la demande des 378 livres qu'elle vous a faite pour des ajustements dans son logement, je vous serais bien obligé si vous vouliez lui accorder 9 toises superficielles de vieux lambris et une porte pour faire accommoder à ses dépens.* A.N. O^1 1796 85
11.1755 BLONDEL, planche 2, "f" « Maître d'hôtel de Madame la dauphine »
27.6.1756 *Le logement de M. le marquis de Muy en réserve pour [le service de] Monseigneur le duc de Bourgogne...* Changements : A.N. O^1 1076 444
13.11.1762 M à E : *Vous auriez agréable de faire blanchir la petite chambre en entresol où Mme de Muy couche ordinairement, qui donne sur la cour Royale et dans laquelle Mlle de Maillé a été malade pendant deux mois.* A.N. O^1 1797 285
La Marche, Louis François Joseph de Bourbon-Conti, comte de (1734-1814)
1768 *Le logement de feu M. Le Bel* [**AG 3**], *ou du moins la salle à manger de M. le marquis de Muy, à M. le comte de La Marche qui a perdu le sien par le bâtiment de l'Opéra jusqu'à ce qu'il en ait un convenable avec Mme la comtesse de La Marche.* A.N. O^1 1077 403
1768 *La salle à manger de M. le marquis de Muy, arrangée en logement, à M. le comte de La Marche jusqu'à ce qu'il en ait un...* Disposition : A.N. O^1 1798 202
17.9.1768 N à M : ... *Sa Majesté m'ordonne de vous mander aussi qu'Elle donne pour pied à terre à M. le comte de La Marche la salle à manger de M. le marquis de Muy où l'on fera quelques retranchements pour que ce prince puisse y avoir une chambre et une garde-robe, son logement venant d'être abattu pour l'Opéra.* A.N. O^1 1071 224
2.8.1768 E à M : ... *Quant à la salle à manger destinée à faire la chambre à coucher de Monseigneur le comte de La Marche et sa garde-robe, il n'est pas possible qu'il y puisse loger à son retour de Compiègne mais il la trouvera fort avancée...* A.N. O^1 1798 272
6.11.1768 *M. le comte de La Marche, ayant perdu son logement en entier par le bâtiment de l'Opéra, demande pour pied à terre le logement de M. de Le Bel.* Réponse : *À revoir.* A.N. O^1 1076 710
1770 *État A* « Mme du Barry, puis M. le comte de La Marche » "4 pièces, 3 à cheminée ; 1 entresol à cheminée"

AG 4A
Escalier des Grands Appartements [1]
MORTIN, planche 1 "25"
Garde-robe
BLONDEL, planches 5, "p" et 2, "e"
Garde-robe de Mesdames
1768 *Le logement en entresol et la salle de compagnie de M. le marquis de Muy pour la garde-robe de Mesdames...* Logements pour le service de Mesdames : A.N. O^1 1077 404 ; *cf.* 1798 202
1768 *La maison de feu Madame la dauphine logée au château de Versailles : M. le marquis du Muy, premier maître d'hôtel... Il a été ôté pour placer la garde-robe de Mesdames.* A.N. O^1 1077 445
17.7.1768 N à M : *Le roi m'ordonne de vous mander de sa part... que Mesdames étant obligées de perdre leur garde-robe par l'arrangement que Sa Majesté vous a dit faire... et ne voulant pas que leur dite garde-robe soit mise dans celle de la reine ou de feu Madame la dauphine, l'intention du roi est de la placer dans le logement de M. le marquis de Muy et sa salle de compagnie.* A.N. O^1 1071 224
31.7.1768 M à E : *Mesdames étant dans la nécessité de perdre leur garde-robe par suite du nouvel arrangement ordonné par Sa Majesté pour l'appartement de Madame Adélaïde, l'intention du roi est qu'elle soit placée dans le logement de M. le marquis de Muy et sa salle de compagnie... Sa Majesté venant aussi de le donner pour pied-à-terre à M. le comte de La Marche, il sera nécessaire d'y faire quelques arrangements afin que ce prince puisse y avoir une chambre et une garde-robe. Rendez-moi compte incessamment de l'ouvrage que ces changements exigent... en économissant autant qu'il se pourra...* A.N. O^1 1798 271
2.8.1768 E à M : *Ayant su au départ pour Compiègne que l'intention du roi était de placer la garde-robe de Madame Adélaïde dans le logement de M. le marquis de Muy, l'on a travaillé aussitôt et l'on continue avec la plus grande diligence. Vous pouvez, si vous le souhaitez, Monsieur, assurer à cette princesse que tout y sera achevé pour son retour. Nous faisons servir la plus grande partie des anciennes armoires, ce qui nous sera d'une grande avance et en diminuera de beaucoup la dépense...* A.N. O^1 1798 272
1770 *État A* « Garde-robe de Mesdames » "3 pièces, 2 à cheminée ; 2 entresols"
12.11.1774 *Le feu roi, ayant arrangé que dans l'aile qu'on bâtit le major des gardes du corps et deux aides-*

1. Cet escalier ne fut jamais construit.

majors et le confesseur de Votre Majesté y seraient logés, on dit que Mesdames voudraient y mettre leur garde-robe ; mais il paraît de toute justice que le service de Votre Majesté passe devant... A.N. O^1 1077 215

AG 5
Décharge du garde-meuble
1741 *État* « Décharge du garde-meuble » "1 pièce"
1770 *État* A « Décharge du garde-meuble » "1 pièce"

AG 5A
Premier valet de la garde-robe en quartier
1741 *État* « Premier valet de la garde-robe en quartier » "2 pièces à cheminée, un réchauffoir, et un bûcher"
1770 *État* A « Premier valet de la garde-robe en quartier » "2 entresols à cheminée"

AG 6 à 17 correspondent à **CC 6 à 11** et **VA 12 à 17**.

ENTRESOLS DU REZ-DE-CHAUSSÉE

AG 18 [1]
La Billarderie, Jérôme François Flahaut, chevalier puis comte de (1672-1761). Major des gardes du corps 1729
1741 *État* « Major des gardes du corps, M. de la Billarderie » "5 pièces, 1 à cheminée"
28.8.1754 E à M : *Logement de M. le major des gardes du corps à l'occasion de plusieurs petits changements, à savoir : maçonnerie 60 livres ; charpenterie 48 livres ; menuiserie 209 livres ; serrurerie 44 livres ; peinture 65 livres ; vitrerie 5 livres total 434 livres moins 250 livres de l'alcôve de chez M. Rouillé.* A.N. O^1 1796 51
9.9.1754 M à E : *Vous ferez faire, Monsieur, au logement de M. le major des gardes du corps les changements qu'il y demande qui, suivant le devis que vous m'en avez donné le 28 août, devaient monter à 434 livres, mais vous observerez de n'y employer que 250 livres, attendu que vous pouvez y faire servir l'alcôve qui était chez M. Rouillé.* A.N. O^1 1796 52
13.11.1755 N à M : *M. le major des gardes du corps a fort envie que je lui cède mon logement qui a le balcon sur la grand cour ; en bon mari, j'y ai deux grandes armoires où sont les grands habits de ma femme ; je ne peux les transporter* [au nouveau gouvernement]. *J'en demande deux autres du bois le plus commun et au meilleur marché.* A.N. O^1 1796 231 ; *cf.* 1811 II 57

AG 19 [2]
Noailles, Philippe, comte de, prince de Poix (1715-1794). Intendant et gouverneur du château de Versailles en survivance 1720, en titre 1729
1741 *État* « Gouverneur de Versailles » "5 pièces à cheminée"

1. Cet espace était l'entresol au-dessus du corps de garde des gardes de la porte.
2. Cet espace est l'entresol donnant « sur le passage de la cour de la Chapelle et sur 2 pièces du capitaine des gardes du corps ».

AG 20 à 26 correspondent à **VA 20 à 22** et **CC 23 à 26**.

PREMIER ÉTAGE

AG 27
La Chaise, François d'Aix, *dit* père de (1624-1709). Confesseur du roi 1675-1709
Le Tellier, Michel, abbé (1643-1719). Confesseur du roi 1709-1715
Lignières, N... Taschereau de, S.J., *dit* père de († 1743). Confesseur du roi 1722-1743
1741 *État* « Confesseur du roi » "4 pièces, 3 à cheminée ; 3 entresols, 1 à cheminée"
Pérusseau, Sylvain, S.J., *dit* père († 1753). Confesseur du roi 1743-1753
Desmarets, Philippe Onufre, S. J. abbé (1700-1780). Confesseur du roi 1753-1764
1.5.1757 L'abbé Desmarets à M : *J'ai cherché, Monsieur [le comte de Noailles]... pour vous prier de bien vouloir donner quelques ordres au sujet de mon logement. Je crois qu'on n'y a rien fait depuis la fondation du château. M. L'Écuyer qui y est entré vous certifiera qu'il est d'une malpropreté horrible. Il ne s'agit, Monsieur, que de raccommoder quelques plafonds, tombés en partie, une ou deux cloisons ouvertes, et d'un blanchissement. Je ne demande que du nécessaire... avec un peu de propreté sans vernis, lambris ou autres ornements qui ne me conviennent pas.* Réponse : *Les réparations... ci-joint monteront à 500 livres autant qu'il est bon d'en juger.* A.N. O^1 1076 485 et 486
15.5.1757 M au roi : *Le marquis de Marigny supplie très humblement Votre Majesté de lui permettre de lui représenter que le logement que le révérend père Desmarets occupe est en mauvais état et qu'il a besoin d'être réparé...* Bon du roi : A.N. O^1 1811 II 133
1757 E à M : *Vous auriez agréable faire mettre ouvriers aux réparations nécessaires à faire dans le logement du révérend père Desmarets, qui montent à 500 livres.* A.N. O^1 1796 407
Maudoux, Louis Nicolas, S.J., *dit* père (1724-?). Confesseur du roi 1764-1774
État A « Confesseur du roi » "4 pièces"

AG 28 et 29 [3]
Bontemps, Alexandre, écuyer (1626-1701). Premier valet de chambre du roi 1665 ; intendant du château de Versailles
Blouin, Louis (1660-1729). Premier valet de chambre du roi en survivance de son père 1665 avec exercice 1678-1715 ; intendant du château de Versailles 1701-1729
MORTIN, planche 2, "35"
Vendôme, Louis Joseph de Bourbon, légitimé de France, duc de Mercœur et de (1654-1712). Maréchal de France
4.1709 [Le duc de Vendôme] *arrivait à Versailles la surveille de chaque voyage de Monseigneur, pour faire sa*

3. Les appartements étaient situés sur un couloir est-ouest. **AG 28** regarde le sud et l'est ; **AG 29** regarde le nord.

cour au roi, et logait chez Blouin parce qu'il avait prêté son logement [**AP 99**] *à Mme de Montbazon.* SS XVII 322

Noailles, Adrien Maurice de Noailles, comte d'Ayen, puis duc de (1678-1766). Capitaine des gardes du corps en survivance 1707 ; maréchal de France 1734 BLONDEL, planche 8, "g"

Noailles[1], Philippe, comte de (1715-1794). Intendant et gouverneur du château de Versailles, en survivance 1720, en titre 1729-1778

Noailles, Anne Claude Louise d'Arpajon, princesse de Poix, comtesse de (1729-1794)

19.6.1740 *Le roi veut donner des appartements à M. le maréchal de Noailles qui a cédé le gouvernement à son fils...* L* III 406

1741 *État* « Bureau du Domaine de Versailles, puis Gouverneur » [**AG 28**] "2 pièces, 1 à cheminée" ; [**AG 29**] "15 pièces, 14 à cheminée, y compris 3 obscures et 3 entresols, 1 à cheminée"

18.1.1748 *M. le comte de Noailles par sa lettre du 27 janvier 1748 à M. de Tournehem le prie de donner ses ordres à M. L'Écuyer de visiter l'appartement de Mme la comtesse de Noailles et le sien à Versailles où il y aurait quelques réparations à faire, principalement pour les dégradations qui y ont été causées par les pluies... M. le comte de Noailles demande aussi qu'on veuille bien lui donner un peu de chemise blanche en détrempe.* Réponse : *M. de Tournehem l'a remis à M. L'Écuyer* A.N. O¹ 1810 II 34

3.1.1755 *Le comte de Noailles supplie très humblement Votre Majesté de vouloir bien avoir la bonté d'accorder à Mme la comtesse de Noailles la première chambre vacante dans l'aile du nord. Le comte de Noailles prendra pour lui-même son appartement et remettra celui du balcon à qui Votre Majesté jugera à propos.* A.N. O¹ 1076 391

AG 28 et 29 sont séparés[2].

AG 28

Suzy[3], Charles François de Ronty, vicomte de (?-?). Major des gardes du corps 1750-1758

9.11.1755 *Le logement de Mme la comtesse de Noailles sur la grande cour, qui fait le dessus du logement de M. le major des gardes* [**AG 18**], *à M. le vicomte de Suzy pour remplacer la chambre qu'il a cédée à M. le duc de Bouillon* [**AN 45A**]... Disposition : A.N. O¹ 1076 408

Major des gardes du roi

1770 *État* A « Major des gardes du roi » "3 pièces"

AG 29

Carignan, Christine Henriette de Hesse-Rheinfels-Rothenburg, princesse de Savoie (1717-1778)

8.2.1756 N au roi : *Le comte de Noailles demande à Votre Majesté de troquer son logement sur la cour avec Mme la princesse de Carignan* [**AN 31**]... *M. le marquis de Muy pourra prendre le petit logement qui est du côté nord* [**AG 29A**] *et l'on gardera celui qu'il occupe* [**AG 4**] *pour le service de Monseigneur le dauphin de Bourgogne.* A.N. O¹ 1076 447

3.9.1757 E à M : *Mme de Pompadour vient de me charger d'avoir l'honneur de prendre vos ordres pour cinq croisées à faire à neuf dans l'appartement de Mme la princesse de Carignan, celles qui y sont étant aussi anciennes que la maison et hors d'état d'être raccommodées, ce qui a causé beaucoup de froid à cette princesse pendant tout l'hiver dernier... Les cinq croisées en question est [sic] un objet de 500 livres* Bon du roi : A.N. O¹ 1070 545 et 547

13.9.1757 M à E : *Ayez agréable de faire faire tout de suite les cinq croisées que Mme la princesse de Carignan demande et de les faire mettre en place le plus tôt qu'il vous sera possible.* A.N. O¹ 1796 440 ; *cf.* 1811 II 163

AG 29A détaché de **AG 29**.

Muy, Joseph Gabriel Tancrède de Félix, marquis de († 1777). Premier maître d'hôtel de la dauphine 1745

Muy, Louise Élisabeth Jacqueline d'Hénin-Cuvilliers, marquise de († 1764)

8.2.1756 N au roi : *Le comte de Noailles demande à Votre Majesté de troquer son logement sur la cour avec Mme la princesse de Carignan* [**AN 31**]... *M. le marquis de Muy pourra prendre le petit logement qui est du côté nord et l'on gardera celui qu'il occupe* [**AG 4**] *pour le service de Monseigneur le dauphin de Bourgogne.* A.N. O¹ 1076 447

27.6.1756 *Le logement de M. le comte de Noailles au nord sur la cour de la Chapelle à M. le marquis de Muy...* Changements : A.N. O¹ 1076 444

Brancas de Forcalquier, Marie Anne Renée Jacqueline Grandhomme de Giseux, marquise de (?-?). Dame de Mesdames les cadettes 1754

Fronsac, Louis Antoine Sophie de Vignerot du Plessis de Richelieu, duc de (1736-1791). Premier gentilhomme de la chambre du roi en survivance 1756

19.12.1756 N au roi : *M. le maréchal de Richelieu demande à emprunter un logement pour M. le duc de Fronsac pour son année, sa maison étant dans l'avenue de Saint-Cloud.* A.N. O¹ 1076 466

1.1.1757 *Le logement du nord de l'ancien gouvernement donné à M. le marquis de Muy et prêté jusqu'au premier mars à Mme la marquise de Brancas, donné a M. le duc de Fronsac pour l'année 1757.* L* XV 392

16.1.1757 *Le logement de l'ancien gouvernement donné à M. le marquis de Muy et prêté jusqu'au premier mars à Mme la marquise de Brancas à M. le duc de Fronsac pour l'année 1757...* Disposition : A.N. O¹ 1076 469

9.1757 *L'ancien logement de M. le comte de Noailles au côté nord, prêté à M. le duc de Fronsac, cinq chambres, trois à cheminée* État des logements prêtés... pour le service de Madame l'infante... jusqu'au premier avril 1758 : A.N. O¹ 1076 491

1. Le comte de Noailles occupait aussi **AG 19**.
2. Après 1755, l'espace dans le pavillon fut désigné par **AG 28**. Alors, **AG 29** incluait l'espace éclairé par neuf des onze croisées sur la cour Royale (les deux à chaque extrémité éclairaient les escaliers), et les « pièces noires » qui s'appuyaient contre le mur sud du salon d'Hercule.
AG 29A est l'espace éclairé par les sept fenêtres regardant le nord sur la cour de la Chapelle.
3. Le vicomte de Suzy paraît avoir occupé l'espace du pavillon terminal. Il se retira en 1758.

Narbonne, Françoise de Châlus-Sanssat, marquise de (1734-1821). Dame du palais de l'Infante ; dame pour accompagner Madame Adélaïde 1760
Muy, Joseph Gabriel Tancrède de Félix, marquis de († 1777). Premier maître d'hôtel de la dauphine 1745
Muy, Louise Élisabeth Jacqueline d'Hénin-Cuvilliers, marquise de († 1764)
12.3.1758 *Le logement qu'occupait Mme la comtesse de Narbonne, côté nord de l'aile de l'ancien gouvernement à M. le marquis de Muy*... Disposition des logements... pour le service de Monseigneur le duc de Bourgogne : A.N. O[1] 1076 506
26.5.1758 Le marquis de Muy à M : *J'ai eu l'honneur de vous exposer avant-hier que le roi avait jugé à propos de disposer en faveur de M. l'abbé de Radonvilliers du logement qu'il m'avait accordé dans la cour de la Bouche de Madame la dauphine, n° 33, et qu'il me faisait passer dans celui qui donne dans la cour de l'ancien appartement de M. le comte de Noailles, et sur la représentation que je vous fis que le plafond avait besoin d'être blanchi, étant devenu fort noir, vous me faisiez la grâce de me répondre que vous ordonneriez qu'il fût blanchi. Je vous serai très obligé d'en laisser l'ordre pour le voyage de Compiègne afin que je puisse l'habiter au retour de la cour.* Notation : *76 livres*
Réponse de M à E : *Vous aurez agréable de faire gratter et blanchir pendant le voyage de Compiègne le plafond du nouveau logement que le roi a accordé à M. de Muy.* A.N. O[1] 1796 570 ; *cf.* 571 et 1811 III 23

AG 29 et 29A sont combinés.

Narbonne, Françoise de Châlus-Sanssat, marquise de (1734-1821). Dame du palais de l'Infante ; dame pour accompagner Madame Adélaïde 1760, puis sa dame d'atour 1764
28.10.1765 E à N : *Mme la comtesse de Narbonne, par le changement de Madame la dauphine, n'ayant plus de logement, le roi lui a donné le logement de Mme la princesse de Carignan pour la mettre à la portée de Madame* [Adélaïde]... A.N. O[1] 1797 590
23.1.1766 E à M : *Changements et ajustements à faire au logement de Mme la comtesse de Narbonne au château de Versailles, 6 521 livres.* A.N. O[1] 1071 149 ; *cf.* 1812 III 101
6.2.1766 E à M : *Venant d'arriver de Paris où l'on m'avait envoyé la lettre que vous m'avez fait l'honneur de m'adresser le 4 de ce mois pour faire travailler sur le champ au logement de Mme la comtesse de Narbonne, vous pouvez être assuré qu'il y aura des ouvriers demain matin sans manquer.* A.N. O[1] 1798 21
8.2.1766 *Madame la dauphine avait fait obtenir un logement dans l'ancien gouvernement, aile du nord, à M. le marquis de Muy, qui était très malade dans ce temps-là ainsi que sa femme. Madame désire ce logement pour sa garde-robe, celle de Monseigneur le dauphin étant trop petite. Madame la dauphine y consent.* A.N. O[1] 1076 793
12.3.1766 GG-B 2770[1]
13.3.1766 M à E : *Le roi agrée la dépense de 6 622 livres à laquelle vous estimez les réparations et changements demandés par Mme la comtesse de Narbonne. Vous pouvez y faire travailler. Sa Majesté veut bien parallèlement accorder les glaces pour les deux dessus des cheminées et les deux trumeaux en face. Vous auriez agréable de m'adresser un état de celles qui se trouveront dans le magasin que vous jugerez pouvoir convenir.* A.N. O[1] 1798 3
29.6.1766 M à E : *J'ai fait expédier l'ordre pour la délivrance des glaces que vous m'avez demandé par votre note de 19 de ce mois pour l'appartement de Mme la comtesse de Narbonne au château de Versailles.* A.N. O[1] 1798 75
1770 *État* A « Mme de Narbonne » [**AG 28**] "6 pièces"
1770 *État* A « Mme de Narbonne, pour garde-robe de Madame » [**AG 29A**] "4 pièces"

ATTIQUE ET GALETAS[2]

AG 30 à 41 correspondent à **CC 30 à 34, VA 35 à 37**, et **CC 38 à 41**.

AG 42
Garde-meuble
Hollande, N..., sieur (?-?). Garçon du garde-meuble
1741 *État* « Garçon du garde-meuble, le Sr. Hollande » "2 pièces, 1 en entresol à cheminée"
1770 *État* A « Garde-meuble » "2 pièces"

AG 42A
Pommery, Pierre Randon de († 1787). Garde général des meubles de la Couronne 1764
Pons Saint-Maurice, Emmanuel Louis Auguste, comte de (1712-1791). Gouverneur du duc de Chartres 1751, puis premier gentilhomme de la chambre du duc d'Orléans 1752
1768 *Le logement de M. et Mme de Lostanges* [**AP 68**] *et de M. de Pommery à Mademoiselle et M. le comte de Pons*... Disposition : A.N. O[1] 1077 34 ; *cf.* 1802 733
1770 *État* A « M. de Pommery » "5 pièces"

AG 43
Garde-meuble
1741 *État* « Garde-meuble » "11 pièces, 2 à cheminée"
Richelieu, Louis François Armand de Vignerot du Plessis de Richelieu, duc de Fronsac, puis duc de

1. Le plan montre que **AG 28** consiste en une enfilade de deux antichambres, un cabinet, et une chambre à coucher avec deux chambres supplémentaires attribuées à M. de Narbonne sur la cour Royale. L'espace de **AG 29** près du salon d'Hercule sur la cour de la Chapelle est appelé « pièces noires de Mme de Narbonne » ; l'espace restant près du pavillon, désigné **AG 29A**, est marqué « garde-robe de Madame », « la femme de chambre de Madame », et « garçon de la garde-robe de Madame ».
2. Ce terme, employé dans l'*État* de 1741, désigne l'étage mansardé et le comble du pavillon.

(1696-1788). Premier gentilhomme de la chambre du roi 1744 ; maréchal de France 1748
1770 *État* A « M. le maréchal de Richelieu » "1 pièce"

AG 44
Bienvenu, Jacques Gouyon, *dit* sieur († 1747). Garçon du garde-meuble 1705 ; valet de chambre du roi 1742
1741 *État* « Garçon du garde-meuble, le Sr Bienvenu » "2 pièces, 1 à cheminée en entresol"
28.4.1748 N au roi : *Le logement du sieur Bienvenu sera sans doute bientôt vacant. Le comte de Noailles propose de le donner à sa mort au sieur Foirstié et celui de sieur Foirstié au sieur Avisse et celui du sieur Avisse en argent de celui qui le remplacera.* A.N. O[1] 1076 197
Avisse, N... (?-?). Premier garçon du garde-meuble du roi
25.8.1748 N au roi : *Le sieur Foirstié, prévoyant la chute de l'aile où est logé le sieur Bienvenu, préfère garder son logement quelque vilain qu'il soit au risque d'être obligé de sortir du château... Votre Majesté est donc suppliée d'accorder au sieur Avisse le logement du sieur Bienvenu et à Sallentin, garçon du garde-meuble qui remplace Avisse les 300 livres de logement qu'avait Avisse.* Bon du roi : A.N. O[1] 1076 211
Richelieu, Louis François Armand de Vignerot du Plessis de Richelieu, duc de Fronsac, puis de (1696-1788). Premier gentilhomme de la chambre du roi 1744 ; maréchal de France 1748
1770 *État* A « M. le maréchal de Richelieu »

LA DÉMOLITION DE L'AILE

28.8.1760 E à M : *La terrasse du garde-meuble à l'autre bout de cette même aile, reconnue fort mauvaise en 1743, fut étayée en conséquence. Actuellement, tous les bois du plancher et des étayages en sont entièrement pourris et prêts à tomber avec les colonnes. Il s'agirait de réparer entièrement cette terrasse ou de la supprimer, si l'on voulait. Comme n'étant pas une décoration nécessaire à conserver, il en résulterait un grand bien par le jour que cela donnerait aux croisées au-dessous. En prenant ce parti, il faudrait parallèlement supprimer l'autre terrasse vis-à-vis qui est à peu près aussi mauvaise, ce qui produirait beaucoup de plomb et éviterait une très grande dépense.* A.N. O[1] 1797 166

4.9.1766 M à E : ... *de la suppression des colonnes qui terminent les bouts des deux ailes de la cour Royale... je vous autorise à profiter du premier moment propre pour les faire abattre. Il est même à désirer, attendu le mauvais état des étais, que ce moment se présente bientôt...* A.N. O[1] 1789 110
5.9.1766 E à M : *J'ai l'honneur de vous envoyer ci-joint le plan et l'élévation des deux terrasses au bout des ailes de la cour Royale désignés par M. Wailly pour vous représenter l'importance qu'il y aurait de démolir au plus tôt celle du côté de la Chapelle comme étant la plus mauvaise, dont la chute peut arriver d'un jour à l'autre et tuer les passants, s'il s'en trouverait au-dessous.* A.N. O[1] 1071 174
28.9.1766 M au roi : *Votre Majesté n'ignore point le mauvais état où est depuis longtemps la colonnade qui termine les ailes de la cour Royale, particulièrement du côté de la Chapelle, ce qui a obligé de l'étayer il y a environ 24 ans. Les bois sont aujourd'hui entièrement pourris en sorte qu'il y a du danger que le tout ne s'écroule au premier jour. Je prendre la liberté de proposer à Votre Majesté de prendre parti sur cet objet. Si Elle prenait celui de la supprimer, il en résulterait un grand avantage pour les logements au-dessous qui sont mal éclairés à cause de la saillie des terrasses. L'on éviterait leur reconstruction et un entretien dépensieux. Pour mettre Votre Majesté en état d'adopter dans ce cas un projet de décoration pour le bout de ces deux ailes, j'en joins ici deux dessins, ouvrages du sieur Wailly...* A.N. O[1] 1071 184 ; *cf.* 1812 III 153
29.9.1766 E à M : *Actuellement que nous commençons à être un peu débarrassés au château, je vais penser à la démolition des deux terrasses au bout des ailes de la cour Royale suivant vos ordres, en apportant toutes les précautions nécessaires pour éviter les accidents qui en pourraient arriver par le mauvais état de tous les bois.* A.N. O[1] 1798 111
1.10.1766 E à M : *M. Gabriel, ayant appris par le roi qu'on allait supprimer les deux terrasses au bout des ailes de la cour Royale, vient de prévenir que cette suppression ferait un très mauvais effet à leur décoration, ce qui occasionnerait des mécontentements et propos désagréables qu'on pourrait éviter en les conservant. Ma réponse a été que ces deux terrasses menacent d'une ruine très prochaine. J'avais cru être obligé d'avoir l'honneur de vous en proposer le rétablissement ou la suppression, ne pouvant rester plus longtemps dans l'état où elles étaient, vu les risques qu'il y avait de leur chute et que vos ordres sur cela étaient de les abattre pour en éviter les réparations dans la suite et donner plus de jour aux logements au-dessous qui en manquent. Si les réflexions de M. Gabriel vous faisaient changer de sentiment, Monsieur, d'autant que M. le duc de Duras ne manquerait pas de vous faire ses représentations et de beaucoup crier si on venait à lui ôter sa terrasse, je vous supplierais très humblement de vouloir bien me donner de nouveaux ordres ; alors je commencerais par la réparation de celle du côté de la Chapelle comme étant la plus mauvaise, l'autre pouvant attendre à l'année prochaine. Chacune de ces deux terrasses serait l'object de 10 000 à 12 000 livres ou environ, eu égard aux vieux plombs et soudures qui resserviraient.* A.N. O[1] 1798 112
10.10.1766 M à E : *Les observations de M. Gabriel sur la suppression des deux terrasses et deux colonnades qui terminent les ailes de la cour Royale ne me font pas changer d'avis. Je crois que le plus grand inconvénient est la suppression de l'agrément d'une terrasse dont jouissaient quelques personnes, ainsi j'approuve que vous fassiez travailler à la démolition de ces terrasses aussitôt que vous serez débarrassé des travaux les plus urgents.* A.N. O[1] 1798 113
23.3.1771 E à M : *J'ai cru devoir me donner l'honneur de vous informer que le mur de face, surtout celui de l'aile où loge Mme de Narbonne, est si mauvais qu'il tombe et travaille beaucoup, ce qui m'a déterminé sur-le-champ à le faire étayer. Vous devez juger, Monsieur,*

qu'étant la nouvelle du jour, chacun y donne son avis. Quant au mien, dont j'ai fait part ce matin au roi, c'est que cette aile est à refaire à neuf ainsi que le pavillon qui la joint... A.N. O[1] 1798 616

1.4.1771 M au roi : ... *Il est indispensable d'en reconstruire à neuf la totalité sans aucunes réserves... Le bas quoique venant d'être étayé n'est pas d'une sûreté pour empêcher l'écartement du haut, vu que le comble, dont les bois sont pourris, pousse les murs de face au vide. Cette aile a été très mal construite et est fort ancienne, ayant servi de remises et d'écuries à Louis XIII. En 1722... on fut obligé d'en fortifier en moellon et plâtre le bas des pilastres de la face de la cour Royale tels qu'on les voit...* A.N. O[1] 1071 265 ; *cf.* 1812 IV 117

10.4.1771 M au roi : *Le sieur L'Écuyer me rendra compte que après avoir bien examiné l'état de l'aile du château près la Chapelle, il ne juge pas malgré les étais qu'il a fait mettre aux murs de face qu'il y ait de la sûreté pour ceux qui l'habitent, qu'il faudrait les en faire déloger pour en faire étayer le comble et tous les planchers. Votre Majesté veut-Elle bien en conséquence me donner les ordres d'écrire à M. le comte de Noailles pour qu'il fasse évacuer tous ces logements...* A.N. O[1] 1071 264

10.9.1771 G à M : *Nous, Ange Jacques Gabriel* [et al.] *sommes transportés... dans l'aile entre la cour Royale et la cour de la Chapelle... de faire visiter, priser, et estimer toutes les menuiseries de la dite aile... En arrivant nous sommes entrés dans un petit appartment destiné à Monseigneur le comte de La Marche* **[AG 4]** *que nous avons trouvé, tant pour le parquet que les croisées, lambris, et cloisons, en très bon état. Ensuite nous sommes passés à une grande pièce sur la cour Royale destinée à la garde-robe de Mesdames* **[AG 4A]** *que nous avons trouvée avec croisées à panneaux de verre, vieux parquet, et lambrissée de différents cadres et compartiments. Les deux pièces sur la cour de la Chapelle et les entresols au-dessus dépendent des dites garde-robes de Mesdames, avec croisées de peu de valeur, quelques-unes des pièces boisées en vieux lambris garnis ; et leurs portes sont vitrées ou à placards et d'autres pleines. Le tout de médiocre construction. Nous sommes passés ensuite à la cuisine et offices de Mme la comtesse du Barry* **[AG 3]** *garnis d'armoires, bas d'armoires, tables, tablettes et autres utensiles réservés pour être transportés dans les nouvelles cuisines et offices qui lui sont destinées. Le surplus en portes d'entrée à deux vantaux, croisées à panneaux et quelques parties de lambris rajustées aux places avec portes pleines, le tout de peu de valeur. La cuisine de Mme de Narbonne* **[AG 2]** *ensuite n'a d'autre menuiserie que deux vieilles croisées, une porte d'entrée à deux vantaux, deux autres portes pleines, une devanture d'armoire et une petite cloison, le tout très vieux. Étant passés dans le corps de garde des gardes de la porte* **[AG 1]** *et dans celui du suisse des douze* **[AG 0]** *nous les avons trouvés garnis seulement de portes et croisées... le tout de peu de valeur. De ce rez-de-chaussée, nous sommes montés aux entresols formant l'appartement de Mme du Barry* **[AG 3]** *que nous avons trouvés éclairés par les éventails de cinq croisées du dessous, garnies de glaces à double châssis par-dehors et en verre de Bohême aux croisées du dedans. La première [pièce] avec deux glaces de 31 pouces sur 18 pouces dont une cassée, deux verres de Bohême de même grandeur. La seconde [pièce] deux glaces et deux verres de Bohême de chacun 23 pouces sur 18 pouces, le tout réduit. Tout cet appartement est parqueté et boisé de hauteur avec portes à placard, chambranles et embrasements, traverses d'alcôve, armoires dans les renfoncements avec tablettes et tiroirs en très bon état. Nous avons passé par le degré joignant le passage dans les entresols au-dessus du petit logement de M. le comte de La Marche, occupé par les deux premier valets de chambre de la garde-robe du roi et de Monseigneur le dauphin,* **[AG 5A]** *garni seulement de vieilles portes et quelques retranchements de sapin de peu de valeur. Et étant descendus des dits entresols nous sommes montés par le degré du bout de l'aile au premier étage et sommes entrés dans l'appartement de Mme la comtesse de Narbonne* **[AG 29]** *par l'antichambre que nous avons reconnue garnie de croisées à carreaux de verre et volets brisés, trois portes à placard dans leur bâtis, plusieurs parties de vieux lambris de différents compartiments et profils, tant d'appui que de hauteur. Et étant passés de suite dans la pièce de compagnie et deux chambres à coucher qui forment l'enfilade, nous les avons trouvées garnies de croisées à carreaux de verre avec leurs doubles châssis et volets. Les dites pièces [sont] boisées de hauteur avec portes à placard et dessus en menuiserie, dessus de cheminées sans glace, avec sculpture et bordures dorées, cloisons d'alcôves et de séparations, le tout de bonne menuiserie faite depuis 5 ou 6 ans seulement. Les parquets de tout cet appartement, partie vieux et partie à neuf. La pièce ensuite et l'entresol au-dessus sont garnis de vieilles portes et croisées, boisées avec vieux lambris, rajustés de veilles portes d'armoire et cloisons, le tout de peu de valeur. Étant passés ensuite aux anciennes garde-robes de Madame Adélaïde* **[AG 29A]**, *sur la cour de la Chapelle, nous les avons trouvées garnies de croisées et volets en médiocre état ; le surplus est une devanture d'alcôve, une face d'armoire, une partie de cloison et une autre de vieux lambris de différents compartiments, portes pleines et à placard, le tout de peu de valeur ainsi que le parquet dans une des pièces seulement. Derrière l'appartement de Mme de Narbonne et par un corridor noir qui traverse la dite aile, nous sommes passés à deux pièces aussi noires qui servent de garde-robe à cet appartement, nous les avons trouvées garnies seulement de trois vieilles portes pleines. Ensuite, nous sommes passés au pavillon de l'horloge sur l'avant-cour, suite du premier étage, et sommes entrés dans l'appartement de M. le major des gardes du corps* **[AG 28]** *que nous avons trouvé appliqué à une première pièce ayant vue sur la cour Royale, un cabinet ensuite, escalier sur l'avant-cour et du delà une pièce servant de garde robe. Les dites pièces garnies de trois croisées avec leur volets. La chambre et cabinet parquetés d'ancien parquet et boisés sur tout leur pourtour de lambris de hauteur, portes à placard, garnies de leurs chambranles. Le tout d'ancienne menuiserie, partie bonne et partie défectueuse ; dans la garde-robe une vieille cloison et une porte pleine. Étant descendus à l'entresol sous cet appartement, faisant le dessus du corps des gardes de* *la porte et des suisses des douze* **[AG 0 et 1]**, *nous y avons reconnu que les trois croisées qui éclairent les dites pièces sont vieilles, deux à carreaux de verre et une en plomb. Le tout avec volets. Une des pièces parquetées de vieux parquet et boisée de hauteur avec lambris à petits cadres, garnie de portes à placard avec desssus en menuiserie en bon état. Nous sommes montés ensuite dans le logement du confesseur du roi* **[AG 27]** *composé de deux chambres à coucher et deux cabinets que nous avons trouvés garnis de vieilles croisées, la plus grande partie de hauteur et l'autre d'appui et quatre vieilles portes garnies de leurs chambranles, le tout de l'ancienne construction. Nous sommes montés ensuite dans l'appartement occupé par M. de Pommery* **[AG 42A]** *garde général des meubles de la Couronne à la hauteur de la terrasse de l'horloge. Nous l'avons trouvé fait à neuf à ses dépens, n'ayant pas eu le temps de l'occuper. Nous avons reconnu que le surplus de cet étage dans toute la longueur de l'aile, jusqu'au degré près l'arcade servant de passage, avait été occupé par le garde-meuble du roi jusqu'au temps où il a été transporté hors du château avec toutes les armoires qu'il contenait, lequel étage nous avons trouvé garni de vieux parquet, portes et croisées de lucarnes de l'origine de la dite aile et à peine valant la démolition et transport... menuiserie y compris, ferrures et verres... pouvait monter à 12 à 13 mille livres y compris les frais de démolition et transport.* A.N. O^1 1799 12

14.9.1711 G à M : ... *Mes détails pour la construction de l'aile neuve sont fait ainsi que tous les plans et études pour l'exécution. Je vous présenterai le tout à Fontainebleau. L'objet est environ 700 000 livres et ce sera l'ouvrage de trois campagnes vu les difficultés pour les abords et les interruptions fréquentes par le séjour habituel de la cour.* A.N. O^1 1071 288

20.9.1771 G à M : *Je supplie M. le marquis de Marigny de vouloir bien dans le travail qu'il se propose de faire avec le roi sur l'aile neuve à reconstruire dans la cour Royale à Versailles faire prononcer à Sa Majesté que son intention est qu'il ne soit fait aucune nouvelle décoration qui soit discordante avec le restant du château du côté de la cour Royale et qu'en conséquence la dite aile soit reconstruite dans la même façon que celle à démolir en assujettissant seulement le plain-pied du premier étage de cette aile à celui des grands appartements, approuvant au surplus la dispositon du plan qui lui est présenté.* A.N. O^1 1763B

10.10.1771 G à M : *J'adresse à M. le marquis de Marigny le mémoire que M. le comte de Noailles m'a envoyé pour tâcher de trouver dans les dispositions de l'aile neuve à faire à Versailles les logements ci-après... Un appartement pour le major des gardes et sa femme ; deux petits appartements pour deux aides-majors de la cour ; un appartement pour le confesseur ; un petit appartement de quartier pour le valet de chambre de la garde-robe du roi ; un petit appartement pour Mlle du Barry ; des cuisines et offices pour Mme la comtesse du Barry ; quelques petits réduits dans les faux combles pour un garçon de garde-meuble, [avec] quelques légers dépôts et le remplacement d'un petit logement pour M. de Pommery. Voici la disposition de toute l'aile et pavillon. Le rez-de-chaussée... est destiné dans la partie de l'aile à un vestibule, un grand degré, deux petits degrés publics et un corps de garde des suisses des douze très succinct. Le pavillon sur l'avant-cour a une salle de gardes de la porte qui sert de nuit au garde du corps, le surplus ainsi que les entresols sur le rez-de-chaussée de ce pavillon est destiné à un passage public et aux cuisines et offices pour Mme la comtesse du Barry. Le premier étage de l'aile est destiné à une salle des gardes du roi, cage du grand degré, deux autres degrés publics et le surplus dans le pavillon au logement du major, y compris les entresols. Dans le pavillon sur l'avant-cour ce qui fait les dessus de l'appartement du major est susceptible d'être partagé en trois appartements de chambre, garde-robe de domestique et une chaise qui pourraient être à l'usage du confesseur et des deux aides-majors* [1]. *Dans l'étage de galetas au-dessus de la calotte de la salle des gardes et du petit degré public, il ne peut y avoir qu'un appartement pour Mlle du Barry et le remplacement de la cuisine de M. le maréchal de Richelieu. Et dans le dessus du pavillon sur l'avant-cour un petit logement pour le premier valet de la garde-robe du roi et un garçon du garde-meuble avec ses dépôts. Ce détail remplit ce que propose M. le comte de Noailles. Il n'y aura que M. de Pommery... qui ne peut être remplacé à moins de lui donner la préférence sur les deux aides-majors en plaçant ces officiers ailleurs, ces logements étant très petits.* A.N. O^1 1763B

10.10.1771 G à M : *La dépense pour la reconstruction de l'aile du château de Versailles montera... à 754 000... Total du fonds pour la première année 250 000 livres.* A.N. O^1 1763B

13.10.1771 *État des détails de la dépense à faire au château de Versailles pour la reconstruction de l'aile entre la cour Royale et la cour de la Chapelle... Total 754 044 livres.* Note : *Mis sous les yeux du roi 13 octobre 1771. Ces détails sont ceux de la dépense à faire dans la supposition où l'on rebâtirait l'aile dont il s'agit suivant la même décoration que l'actuelle, mais Sa Majesté s'étant enfin déterminée à adopter un plan général de décoration analogue à celui du côté des jardins la dépense suivant M. Gabriel montera environ 100 000 livres de plus, ce qui la portera à environ 850 000 livres* A.N. O^1 1071 294 ; *cf.* 295

9.11.1771 G à M : *Nous avons fait l'établissement de toutes les palées à faire pour former l'enceinte des constructions, de ces petits bâtiments provisionnels pour le corps de garde, bureau et la tour pour y placer la nouvelle horloge qui se démontera, et les ouvriers sont auprès. Comme les logements de cette aile ne sont pas vacants pour la plupart et que dans d'autres il y reste encore des effets, nous n'avons pu établir nos démolitions et c'est à M. le comte de Noailles à donner les ordres pour faire évacuer les lieux, ce qui suivant les apparences n'aura point d'exécution que les appartements de M. le comte de La Marche* **[AN 30]** *et de M. le prince be Beauvau* **[AN 56]** *ne soient achevés et auxquels l'on n'a pas encore commencé faute des fonds...* A.N. O^1 1763B

11.11.1771 *État des fonds payés... pour la démolition*

1. Note à la marge : *Deux aides-majors seulement.*

de l'aile du château du côté de la Chapelle par la distribution de 11 novembre 1771... 50 000 livres. A.N. O[1] 1071 298

14.11.1771 G à M : *Dans un travail d'hier sur le soir, le roi s'est décidé de faire dès à présent toute l'enceinte nécessaire pour clore l'aile à construire et de profiter du reste du voyage pour cette opération si cela est possible...* A.N. O[1] 1798 685 ; *cf.* 685-694 et 696

21.12.1771 M au roi : *Votre Majesté ayant peut-être été surprise de ce que la démolition de l'aile de la Chapelle ne se soit faite pas plus rapidement, je crains devoir prendre la liberté de lui en expliquer la raison. C'est qu'il s'en faut bien que les 50 000 livres, qui devaient être payées par sieur Beaujon, l'aient été comptant. Il a eu 15 000 livres payées vers le 20 novembre, autres 15 000 livres le 10 de ce mois, et les 20 000 livres restant ne le seront qu'au 20 janvier prochain. Un pareil retard a dû nécessairement en occasionner un dans cette opération. J'ai eu beau faire assurer les entrepreneurs qu'ils étaient compris pour les sommes promises dans la distribution de ces 50 000 livres, leur faire expliquer la cause du retard, leur terreur est telle qu'ils ne vont qu'en tremblant. Une autre raison est la nécessité de tirer le meilleur parti possible de nombre des matériaux bons ou à conserver ou à donner en compte aux entrepreneurs. On a fait seulement hier l'estimation de la veille menuiserie.* A.N. O[1] 1071 293 ; *cf.* 1812 IV 127

15.3.1772 M au roi : *Il a été retiré de dessus de l'aile du château de Versailles qu'on démolit six figures en pierre de six à sept pieds de hauteur, quatorze torchères et quatre trophées aussi en pierre qui deviennent inutiles au service de Votre Majesté, la décoration de la nouvelle aile ne comportant pas qu'elles y soient replacées et n'y ayant pas même de lieu où elles puissent l'être. M. Bertin, ministre de Votre Majesté, prend la liberté de la supplier par mon entremise de vouloir bien lui en faire don.* Bon du roi : A.N. O[1] 1071 299 ; *cf.* 300 et 301

18.12.1772 *Je, Joseph Thomas, entrepreneur et menuisier des bâtiments du roi, promets de démolir et enlever à mes frais et dépens toute la menuiserie composant l'aile du château [hors l'appartement de M. de Pommery] parquets, croisées, lambris, armoires, ferrures... [pour] 11 000 livres* A.N. O[1] 1799 12 *bis* ; *cf.* 1071 296 et 1763B

11.11.1773 G à M : *Les ouvrages de l'aile Neuve finiront demain. Elle sera érasée au-dessus des frontons des croisées du premier étage et l'on couvrira les murs pour les mettre à l'abri de l'hiver.* A.N. O[1] 1799 102

24.8.1773 E à M. Cuvillier : *À l'aile Neuve... les bases du bas des colonnes en étant presque posées... cette aile est élevée actuellement à 22 pieds de hauteur au-dessus du pavé.* A.N. O[1] 1799 168

La Vieille Aile

L'aile qui bordait, sur la gauche, la cour Royale se présenta comme l'exacte réplique de l'aile du Gouvernement jusqu'aux années 1770. Bâtie en 1662, elle servit d'écuries les dix premières années d'occupation du château par Louis XIV. Après la construction des Grandes et des Petites Écuries, elle subit des transformations. Son toit fut surélevé pour former deux niveaux de logements dans les mansardes et les combles, et les étages inférieurs furent transformés pour répondre aux besoins officiels.

Au rez-de-chaussée, l'accès à la cour Royale se faisait depuis la Vieille Aile, lieu de réception parfait. Trois lieux distincts furent consacrés aux fonctions officielles. Près de la jonction avec le corps central, un espace fut offert au grand maître de la Maison du roi [1]. Son principal devoir, bien que rarement rempli, était de servir les visiteurs de marque invités à sa table. Douze couverts étaient régulièrement dressés pour un service spécial. Après 1724, ces repas furent servis en ville, à l'hôtel du Grand Maître, bâtiment qui était auparavant la résidence de la princesse de Conti [2]. Plus tard, sous Louis XV et Louis XVI, les chasseurs qui avaient l'honneur de suivre le roi étaient conviés à la table du Grand Maître. En outre, le bureau de la Maison du roi, dirigé par le Grand Maître, se réunissait trois fois par semaine afin de dresser le menu de la table du roi et des tables secondaires de la Cour.

Au milieu de l'aile au rez-de-chaussée, figurait un deuxième espace officiel, la salle des Ambassadeurs [3]. C'était là le domaine de l'introducteur des ambassadeurs, dont le rôle était d'accueillir les dignitaires en visite et de les conduire en audience auprès du roi et des membres de la famille royale. À une époque où tout acte mettait le prestige en jeu et où toute présentation, toute prétention et toute représentation engendrait un conflit sur les prérogatives cérémonielles, l'introducteur était souvent un médiateur. Il faisait appel au registre du protocole, conservé dans une petite pièce attenante à la salle où il recevait les hôtes de marque. Hélas, ses décisions n'étaient pas toujours bienvenues auprès de courtisans pointilleux comme le duc de Saint-Simon [4]. Lorsqu'il devait conduire un nouvel ambassadeur d'un appartement royal à

1. 12 : MORTIN, planche 2, « 4 ».
2. MARIE, *Versailles... Louis XV*, p. 71-79.
3. **VA 13** : MORTIN, planche 2, « 3 ».
4. SS V 14 *sq.* ; IX 248.

l'autre pour le présenter aux membres de la famille directe du roi, le diplomate était d'abord reçu dans la salle des Ambassadeurs, où il pouvait tromper les inévitables temps morts de la vie cérémonielle, et où un banquet serait donné en son honneur après les présentations.

Près du pavillon terminal se trouvait un troisième espace composé de trois pièces. La plus grande était la salle du Conseil [1], siège de la justice privée du roi, où il était censé juger des cas qui lui étaient soumis et qui échappaient ainsi à la juridiction ordinaire des parlements. Le Conseil privé faisait aussi fonction de cour d'appel, pouvant casser la décision d'une cour inférieure ou renvoyer un cas à une autre juridiction. Saint-Simon le décrit comme un tribunal suprême appelé à se prononcer entre des parties en litige. Pour cette raison, on l'appelait parfois le Conseil des parties. En fait, ses activités majeures concernaient la justice administrative et il méritait à ce titre son autre nom de Conseil d'État [2]. Le travail s'accomplissait dans divers bureaux ou commissions. On en comptait sept en 1700 (les affaires ecclésiastiques, les appels, les gabelles, etc.) et pas moins de quinze en 1789. Être à la tête d'une de ces commissions signifiait une position à la fois influente et lucrative. Comme l'expliquait le duc de Luynes, « la place de conseiller d'État est la plus grande récompense qu'un homme de robe puisse espérer, à l'exception des charges ; elle est plus honorable qu'utile, à moins qu'on n'ait des bureaux [3] ».

En fait, le roi n'usait pas de la salle du Conseil, mais du cabinet du Conseil, près de sa grande chambre, lieu où se tenait le Conseil d'en haut, qui se réunissait en sa présence. Les réunions judiciaires avaient lieu dans la salle du Conseil hors de la présence du roi [4]. Quand il était en session, le Conseil privé était présidé quotidiennement par le chancelier de France. En 1673, il était composé de vingt-neuf conseillers d'État, dont vingt-trois issus de la basoche, trois de l'Église et trois de la noblesse d'épée. En 1787, quand il fut réformé, il comptait soixante-quatre membres servant par quartiers de seize et un doyen. Le poste de conseiller d'État était une commission, et non pas un office, c'est-à-dire qu'il s'obtenait par une nomination royale. Les conseillers d'État étaient assistés par un personnel de quatre-vingts maîtres des requêtes, qui rapportaient les cas mais ne participaient pas aux décisions [5]. Lorsque le roi siégeait, son fauteuil était symboliquement placé à la tête de la table. Les conseillers, revêtus de longues robes de soie noire, étaient assis autour de la table centrale. Derrière eux, ceux qui ne servaient pas par quartiers étaient assis sur des carreaux, tandis que les maîtres des requêtes se trouvaient sur des bancs le long des murs. Naturellement, chaque magistrat était assisté de clercs, et il était inévitable que la salle du Conseil fût précédée d'une antichambre sur la cour Royale, avec une petite pièce à l'arrière appelée la buvette et qui, comme salle commune, offrait des rafraîchissements et un environnement propice aux échanges informels.

Au-dessus de ces espaces officiels se trouvaient une série de petits entresols [6] qui, au XVIIIe siècle, servaient à loger l'aide-major de la garde du roi. À l'origine, ils avaient

1. **VA 14 et 15** : MORTIN, planche 2, « 2 ».

2. Ce corps judiciaire ne doit pas être confondu avec le conseil royal le plus élevé, qu'on appelait Conseil d'en haut, Conseil d'État ou Conseil secret. Dans ce conseil de gouvernement, le roi était entouré de ses principaux conseillers, habituellement les ministres et secrétaires d'État.

3. L* XV 432.

4. Au sujet des travaux et du personnel des conseils de gouvernement, voir Michel ANTOINE, *Le Conseil du roi sous le règne de Louis XV*, Paris, 1970.

5. MARION, *Dictionnaire des institutions de la France aux XVIIe et XVIIIe siècles*, Paris, 1923.

6. **VA 15 A, 20, 21 et 22.**

été construits au-dessus des petits arrière-cabinets sur la cour des Princes, mais quelques-uns s'étendirent progressivement au-dessus de la salle du Conseil [1].

Le rez-de-chaussée du pavillon terminal abritait l'appartement de fonction du colonel des gardes françaises. Ce personnage commandait l'unité la plus importante de la maison militaire du roi. Les gardes françaises étaient, depuis le règlement de 1777, une force de près de 5 000 hommes répartis en six bataillons composés chacun de cinq compagnies, avec une compagnie de grenadiers et quatre de fusiliers. Une troupe aussi nombreuse ne pouvait avoir ses quartiers à Versailles. La plupart trouvèrent à se loger à Paris, d'où trois compagnies se rendaient à pied au château quand elles devaient y prendre leur service. Chacune servait durant huit heures, gardant l'enceinte sud du palais. Les usages changèrent en 1773 avec la construction d'une caserne près du château pour abriter les trois cents soldats de service [2]. Les autres restèrent à Paris, où une taxe sur les maisons non occupées par leurs propriétaires était levée pour le quartier des gardes. Le poste de colonel de ce régiment devint l'un des plus lucratifs de la cour. Finalement, la proximité de cette troupe avec les Parisiens eut pour effet que les gardes françaises firent défaut au roi quand vint la Révolution. En 1789, leur participation aux mouvements populaires rendit toute répression militaire impossible.

Le premier étage de la Vieille Aile servit d'appartement pour les enfants royaux dans les années 1680 et 1690 [3]. C'est là que vivait la maréchale de La Motte-Houdancourt avec les jeunes princes dont elle était chargée, les trois fils du Grand Dauphin, fils de Louis XIV. Quand ils atteignaient l'âge de sept ans, ils étaient remis aux mains d'un gouverneur et installés dans des appartements de l'aile du Nord. En 1699, le duc de Bourgogne eut l'âge d'inaugurer sa vie conjugale avec Marie-Adélaïde de Savoie. En l'absence de reine ou de dauphine (toutes deux étaient mortes jeunes), la duchesse de Bourgogne devint la première dame de la Cour et occupa l'appartement de la feue reine dans le corps central. Il fallait aussi prévoir un appartement proche pour son époux. La solution retenue – assez curieuse – fut de construire une petite aile joignant, au centre de la cour, le château original et l'enveloppe. Ce devait être l'appartement de nuit [4] du duc de Bourgogne, mais ce ne fut en réalité qu'un cabinet de toilette pour gentilhomme. Son appartement officiel, l'appartement de jour, devait occuper le premier étage de la Vieille Aile. Le projet initial était de vider les étages supérieurs pour y créer une impressionnante série de pièces voûtées, mais il fut bientôt abandonné, et la chambre des enfants fut simplement transformée en appartement. Cet aménagement dura jusqu'à la mort du Grand Dauphin, et le duc de Bourgogne reçut alors l'appartement de son père, situé au-dessous de celui de son épouse ; son ancien appartement de jour recouvra son statut de « nursery » royale. Mais bientôt la mort le faucha avec toute sa famille, à la seule exception du futur Louis XV.

Quand la Cour retourna à Versailles en 1722, l'appartement de l'aile fut occupé par le cardinal de Fleury jusqu'à sa mort en 1743. Il fut ensuite attribué à des courtisans bien vus. Puisqu'il y avait des escaliers à chaque extrémité, là où l'aile rejoignait les pavillons terminaux construits à l'origine, l'espace pouvait aisément être divisé en deux ou recomposé pour loger une famille. Ces mêmes escaliers desservaient les appartements des pavillons. Au premier étage vers le corps central, cet espace fut

1. VA 15 A et 22.
2. Georges MOUSSOIR, « Les gardes françaises à Versailles », *Revue de l'histoire de Versailles et de Seine-et-Oise*, 1915, p. 5-25.
3. VA 36.
4. CC 32.

souvent réuni à l'appartement attenant, où Mme de Maintenon avait habité [1]. À l'exprémité extérieure, un appartement séparé fut créé [2].

Au niveau de l'étage mansardé, l'espace était divisé en logements plus modestes. Deux rangées de lucarnes, l'une au niveau de la balustrade, une seconde, de moindres dimensions, directement au-dessus, donnaient air et lumière. Trois appartements se succédaient dans l'aile entre les deux escaliers [3]. Un quatrième se trouvait en haut du pavillon terminal [4]. Ces logements bas et sombres furent souvent combinés avec ceux situés directement au-dessous [5] pour former ce qu'on appellerait aujourd'hui des duplex. Dans le comble également, dans le pavillon attenant au corps central, se trouvaient deux logements que les *États* mentionnent de pair avec l'édifice central [6]. Ils étaient desservis par le même palier qu'un autre escalier qui menait à un bel appartement construit au-dessus de l'aile reliant la Vieille Aile et l'aile des Princes [7].

Extérieurement, l'aile demeura inchangée lorsque son pendant, l'aile du Gouvernement, fut démolie et remplacée par l'aile Gabriel. Le contraste entre l'allure classique de la nouvelle aile et le style ouvragé de la Vieille Aile était visible. Quand il songea à ramener la Cour à Versailles, Napoléon envisagea de reconstruire l'ensemble des bâtiments sur la cour d'entrée pour souligner la grandeur du palais, d'autant qu'il jugeait l'aile Gabriel de mauvais goût. Mais ses plans n'aboutirent à rien [8]. Louis XVIII appréciait le style de son grand-père. Non seulement il utilisa le château pour loger des familles d'émigrés ruinés, mais il fit achever par l'architecte Dufour la commande napoléonienne d'un pavillon terminal pour la Vieille Aile qui fût en accord avec celui de l'aile Gabriel [9], de façon à supprimer le contraste architectural de la cour Royale. Mais le projet d'habiller l'aile dans un style semblable fut, quant à lui, finalement abandonné. Le visiteur de la cour des Princes peut encore voir les pierres de taille dentelées là où devait s'élever la nouvelle aile. Un arc de fenêtre inachevé pend en l'air près de la brique et de la pierre de l'ancien bâtiment, qui témoigne de la persistance du château de Louis XIV.

1. CC 34 : MORTIN, planche 3, « 3 ».
2. VA 37 : *ibid.*, planche 3, « 1 ».
3. VA 49, 50 et 51.
4. VA 52.
5. VA 53, 54 et 55.
6. VA 70 et 71.
7. VA 72.
8. Casimir STRYJENSKI, « Le château de Versailles et Napoléon Ier », *Revue de l'histoire de Versailles et de Seine-et-Oise*, 1904, p. 134-136.
9. M. H. MARCEL, « Louis-Philippe et le château de Versailles », *ibid.*, 1909, p. 177-191.

REZ-DE-CHAUSSÉE

VA 1 à 11 correspondent à **AG 1 à 6** et **CC 6 à 11.**

VA 12
Salle du Grand Maître
MORTIN, planche 2, "4"
1741 *État* « Grand maître » "3 pièces, 2 à cheminée"
1787 *État* E « Salle du grand maître » "3 pièces, 1 à cheminée"

VA 13
Salle des Ambassadeurs
MORTIN, planche 2, "3"
7.2.1737 *L'ambassadeur de Malte... doit venir ici donner part au roi... de la mort du grand maître... presque tous les chevaliers profès qui sont ici accompagneront l'ambassadeur. On compte qu'il y en a soixante-dix ou quatre-vingts... Ils sont traités aux dépens de Sa Majesté. Le dîner est dans la salle des Ambassadeurs. Comme elle est diminuée par le logement que l'on a fait à M. le marquis d'Antin* **[VA 22A]**... *elle ne peut tenir qu'environ cinquante personnes.* L* I 171
1741 *État* « Salle des ambassadeurs » "2 pièces à cheminée"

Brancas, Louise Diane de Clermont-Gallerande, duchesse de Villars-, *dite* duchesse douairière de (1711-1784). Dame d'honneur de la dauphine en survivance de sa belle-fille 1762-1767
13.4.1770 N au roi : *Mme la duchesse de Brancas fait des visites journalières au comte de Noailles pour son logement. Elles est au moment de sortir de celui de Madame la dauphine qu'elle occupait* **[CC 26]**. *Elle ne sait où mettre ses meubles. Votre Majesté lui avait accordé l'ancienne comédie* **[VA 17]**. *M. Gabriel s'y oppose à cause de l'embarras de l'arranger, mais il pense qu'on y pourrait mettre les ambassadeurs qui se plaignent de leur salle et accorder à Mme la duchesse de Brancas pour son logement de dame d'honneur de Mme la comtesse de Provence la salle des Ambassadeurs. Mme la duchesse de Brancas supplie Votre Majesté de lui accorder le logement de Monseigneur le comte d'Artois qui sera vacant au mariage de Monseigneur le dauphin en attendant qu'elle puisse occuper la salle des Ambassadeurs.* A.N. O[1] 1077 74 ; *cf.* 1812 IV 76
23.5.1770 M à N : *Je reçus dans son temps la lettre que vous me fîtes l'honneur de m'écrire le 28 du mois dernier au sujet de la disposition que Sa Majesté fait de l'ancienne salle des Ambassadeurs et de celles des ambassadeurs pour le logement de Mme la duchesse de Brancas. J'ai en conséquence voulu prendre les ordres de Sa Majesté pour l'exécution de ces dispositions, mais le roi m'a témoigné avoir aujourd'hui d'autres vues...* A.N. O[1] 1798 505

1787 *État* E « Salle des Ambassadeurs » "3 pièces à cheminée"

VA 14 et 15
Salle du Conseil, greffe et buvette
MORTIN, planche 2, "2"
1741 *État* « Salle des parties du conseil, greffe, et buvette » **[VA 14]** "1 pièce à cheminée" et **[VA 15]** "3 pièces à cheminée"
25.6.1743 *Les états de Bourgogne eurent la réponse à leurs cahiers. Cette réponse, suivant l'usage ordinaire s'est faite dans la salle du conseil. Cette salle est ici, en bas, entre la cour Royale et la cour des princes ; c'est là que se tient le conseil privé ou conseil des parties, où préside M. le chancelier. Il y a une table longue ; au bout d'en haut est le fauteuil du roi bordé d'or et d'argent ; personne ne se met dans ce fauteuil dans aucune circonstance ; tout autour de la table sont des fauteuils de maroquin noir ; le premier, à la droite du fauteuil du roi, sur le retour de la table, est occupé par M. le chancelier ; le second vis-à-vis celui-ci et à la gauche du fauteuil du roi, sur le retour, est occupé par le chef du conseil ou en son absence par le plus ancien conseiller d'État, et ensuite alternativement les conseillers d'État suivant leur rang ; les maîtres des requêtes debout derrière les fauteuils. Celui qui rapporte se place du côté du bras gauche du fauteuil du roi, adressant la parole à M. le chancelier.* L V 49
1770 *État* A « Salle du conseil et buvette »
1777 *État* B « Salle du conseil et buvette »
1787 *État* E « Salle du conseil et buvette » "4 pièces, 2 à cheminée"

VA 15A
La Ferrière, Charles de Masso, marquis de († 1773). Sous-gouverneur du dauphin et des comtes de Provence et d'Artois 1758
16.9.1758 Le chevalier de La Ferrière à M : *M. le marquis de Marigny est supplié de vouloir bien accorder les doubles châssis pour les trois croisées de l'appartement du chevalier de La Ferrière du côté de la cour Royale et des barrières dans la cour des princes pour lui faciliter l'entrée et la sortie du dit appartement presque toujours embarrassé par les voitures.* Réponse de E : *La cour des princes à Versailles n'étant déjà que trop petite, il ne peut y avoir des barrières, d'ailleurs cela tirerait à conséquence, n'en ayant jamais eu dans l'ancienne cour de ce château pour qui que ce soit. Quant aux doubles châssis, MM. les sous-gouverneurs peuvent représenter leur droit pour en avoir par les exemples du passé et celui des sous-gouverneurs des Enfants de France qui en ont ; par conséquent, M. le chevalier de La Ferrière est fondé ainsi que M. le chevalier de Beaulieu son camarade.* A.N. O[1] 1796 641 ; *cf.* 1811 III 64
30.10.1758 M à E : *Vous auriez agréable de lui dire lorsque vous le verrez que dans les circonstances présentes, je ne puis lui accorder que les doubles châssis qu'il me demande.* A.N. O[1] 1796 643

VA 15 A est divisé en **VA 15A** et **VA 15B**.

VA 15 A
Thierry, François Christophe, écuyer (1699-?). Premier valet de chambre du dauphin 1760-1774
1770 *État* A « M. de la Ferrière, puis Monseigneur. le dauphin, puis M. Thierry, premier valet de chambre du roi » "3 pièces"

9.10.1770 N au roi : *Monseigneur le dauphin demande que le logement de M. le chevalier de la Ferrière soit assuré quand il le quittera à M. Thierry, père, son premier valet de chambre.* A.N. O^1 1077 100

VA 15B

Conti [1], Louis François de Bourbon-Conti, prince de (1717-1776)
1770 *État* A « M. de la Ferrière, puis M. le prince de Conti »
Penthièvre, Louis Jean Marie de Bourbon, duc de (1725-1793). Grand veneur 1737
1787 *État* E « M. le duc de Penthièvre » "1 pièce à cheminée"

VA 16

La Feuillade, François III d'Aubusson, vicomte, comte, puis duc de (1631-1691). Colonel des gardes françaises 1672 ; maréchal de France 1675
Boufflers, Louis François, chevalier, puis marquis, puis en 1699 duc de (1644-1711). Colonel des gardes françaises 1692 ; maréchal de France 1693 ; capitaine des gardes du corps 1704
Boufflers, Catherine Charlotte de Gramont, duchesse puis maréchale de (1670-1739). Dame d'honneur de la reine Marie Leszczyńska 1725-1735
30.1.1692 *Le roi donne à M. de Boufflers le logement qu'avait M. de la Feuillade et même il a eu le soin de lui faire prêter un logement pour ce voyage-ci.* D IV 17
1.2.1692 *M. de Boufflers arriva de Flandre... le roi lui dit qu'il l'avait choisi pour colonel de son régiment des gardes.* D IV 16
Lude, Marguerite Louise de Béthune, comtesse de Guiche puis duchesse du (1645-1726). Dame du palais 1667, puis dame d'honneur de la duchesse de Bourgogne 1696-1726
28.3.1693 *Le roi prête à la duchesse du Lude le logement du colonel des gardes en l'absence de Boufflers.* D IV 38
13.10.1704 *Le roi avait donné au maréchal de Boufflers la charge de capitaine de gardes du corps vacante par la mort du maréchal de Duras, et celle de colonel du régiment des gardes au duc de Guiche...* S IX 96 *Cf.* SS XII 301-305 : *Jamais Boufflers ni sa femme ne se consolèrent du régiment des gardes, jamais ils n'en ont pardonné le rapt au duc et moins encore à la duchesse de Guiche... Ils essayèrent de consoler le maréchal comme un enfant avec un hochet : le roi lui dit de conserver partout le logement de colonel des gardes et de continuer d'en mettre les drapeaux à ses armes.*
Guiche, Antoine de Gramont, comte, puis en 1695 duc de, puis en 1720 *dit* duc de Gramont (1671-1725). Colonel des gardes françaises 1704 ; maréchal de France 1724
MORTIN, planche 2, "1"
19.2.1715 *L'ambassadeur [de Perse] arriva sur les onze heures... ils vinrent mettre pied à terre dans la grand-cour, à l'appartement du colonel des gardes, par le cabinet.* SS XXVI 121

1. Le prince de Conti et le duc de Penthièvre occupaient aussi **VA 37** au-dessus.

Gramont, Louis Antoine Armand de, duc de Louvigny 1720, puis duc de Guiche, puis en 1725 duc de (1688-1741). Colonel des gardes françaises en survivance de son père 1716
10.12.1725 *[Le logement] de feu M. le maréchal de Gramont à M. le duc de Louvigny.* Bon du roi : A.N. O^1 1795 28
BLONDEL, planche 5, "o"
Gramont, Louis Antoine de, comte de Lesparre, puis en 1741 duc de (1689-1745). Colonel des gardes françaises en survivance de son frère 1741
7.6.1741 *M. de duc de Gramont va occuper celui de M. son frère.* L* III 419
1741 *État* « Le colonel aux gardes françaises, M. le duc de Gramont » "6 pièces, 4 à cheminée ; 8 entresols, 4 à cheminée"
Biron, Louis Antoine, comte puis en 1746 duc de (1700-1788). Premier écuyer du duc d'Orléans en survivance ; colonel des gardes françaises 1745 ; maréchal de France 1757
Biron, Pauline Françoise de La Rochefoucauld de Roye, maréchale de (1733-?)
11.1755 BLONDEL, planche 3, « d » "M. le duc de Biron, colonel des gardes françaises"
9.1758 E à M : *Logement de M. le maréchal de Biron : Toutes les portes et croisées de ce logement étant dans le plus ancien château, elles sont très mauvaises, mais M. le maréchal me demandait seulement les deux petites croisées de sa chambre à coucher et les deux de celle de Mme de Biron pour les empêcher d'avoir foid l'hiver, passant un vent considérable au pourtour des ces vieilles croisées. C'est un projet de 289 livres.* A.N. O^1 1796 630 ; *cf.* 1811 III 57
11.9.1758 M à E : *Auriez agréable de vouloir bien dire à M. le maréchal de Biron qu'il faut nécessairement attendre un temps plus heureux pour faire les réparations qu'il souhaite.* A.N. O^1 1796 630
1770 *État* A « Colonel aux gardes françaises »
1777 *État* B « M. de Biron »
Châtelet, Florent Louis Marie du Châtelet-Lomont, à partir de 1777 duc du (1727-1793). Colonel des gardes-francaises 1788
1787 *État* E « M. le duc du Châtelet, colonel des gardes françaises » "6 pièces, 4 à cheminée ; 6 entresols, 3 à cheminée"
3.11.1788 P à A : *M. le duc du Châtelet prendra le logement de M. le maréchal de Biron. Il est dans un état affreux et impossible à habiter.* A.N. O^1 1802 536
5.11.1788 H à A : *Cet appartement où on n'a rien fait depuis la création du château est dans le plus mauvais état possible ; tout y est à refaire ; cette réparation pourra coûter 9 000 à 10 000 livres.* A.N. O^1 1802 547
14.11.1788 L** à A : *M. le duc du Châtelet... prie... différentes réparations dans son appartement et... celles consistant dans la réfection du plafond, réparation des lambris et parquets, dans le changement de l'escalier des entresols pour le rendre plus commode, dans des cloisons à faire pour former des garde-robes et un cabinet, dans le changement de l'alcôve de la chambre à coucher, dans le blanchi du dit appartement, et toutes les croisées à refaire.* Réponse : *Le 17 pour ordre de pourvoir.* A.N. O^1 1802 538 ; *cf.* 543

VA 17
Salle des Comédies
1741 *État* « Salle des comédies »
20.12.1743 *Le roi... n'allait presque jamais à la comédie ; cependant, comme Mme de Châteauroux aime beaucoup la comédie, le roi y va assez souvent depuis quelque temps ; mais c'est incognito. Il y a au-dessous de la loge de la reine une loge dont les deux côtés sont grillés ; c'est là la place que le roi prend pour voir et entendre sans être vu ; on a accommodé cette loge pendant le voyage de Fontainebleau.* L* V 218
29.11.1748 *L'on a fait une nouvelle entrée pour la loge de la reine ; on a ouvert une porte dans le palier qui est au milieu de l'escalier qui monte à la galerie des Princes ; l'on passe actuellement par-dessous l'espace qui est entre ce palier et le jardin, c'est-à-dire par-dessous le passage qui conduit chez Mesdames. Cette nouvelle entrée conduit de plain-pied à la loge de la reine, que l'on a agrandie en y joignant celles des dames du palais ; sur le devant de la loge, il y a au moins neuf ou dix places, fort commodes pour le roi, la reine et tout la famille royale. Il y a derrière un espace suffisant pour le service, une espèce de banc fort long dans lequel on met des pliants pour dix ou douze dames de la suite de la reine, de Madame la dauphine, et de Mesdames. Derrière le banc des dames, un autre banc plus étroit pour les officiers des gardes et les écuyers. Dans le nouveau passage, on a pris la largeur d'une des fenêtres pour faire une garde-robe de commodité en cas de besoin. En même temps qu'on a formé ce passage, on a détruit un tambour qui subsista de tous les temps dans le salon au-dessus de la Comédie, dans lequel était un petit escalier qui descendait à la loge de la reine.* L* IX 132

Brancas, Louise Diane de Clermont-Gallerande, duchesse de Villars-, *dite* duchesse douairière de (1711-1784). Dame d'honneur de la dauphine en survivance de sa belle-fille 1762-1767 ; dame d'honneur de la comtesse de Provence 1770-1772
1768 *L'ancienne salle de la comédie à Mme la duchesse de Brancas, dame d'honneur de la future comtesse de Provence...* Disposition : A.N. O[1] 1077 34 ; *cf.* 1798 204
15.3.1769 G à M : *M. le comte de Noailles m'ayant dit que le roi avait accordé à Mme la duchesse de Brancas l'emplacement de l'ancienne salle de comédie pour lui faire un logement et qu'elle avait un bon de Sa Majesté, je crois représenter à M. le marquis de Marigny que cette disposition est très difficile et dangereuse à exécuter. Cette salle a deux murs de face en arcades et deux murs de refend par les extrémités. Le dessus de cette salle forme dans la même étendue la pièce des cent-suisses, ayant parallèlement deux murs de face en arcades et deux murs de refends aux extrémités, dont un est construit en deux arcades, l'une communiquant à l'ancien appartement de M. le cardinal de Fleury* [**VA 36**] *et l'autre à un degré public. Le dessus de cette salle des Cent-Suisses forme dans la même étendue l'appartement de M. le Premier* [**VA 72**] *avec des distributions en cloisons. Voilà la situation des choses. Pour former un appartement à Mme la duchesse de Brancas, il faut des entresols et des cheminées multiples ; avec toute l'adresse, l'on pourrait hasarder d'en faire deux dans les murs de refend. Il ne peut y en avoir dans les trumeaux parce que toutes les grosses poutres de tous les étages portent dans le milieu des trumeaux qui sont très étroits. Et comme deux seules cheminées, si l'on pouvait les faire, ne peuvent compléter un appartement, il résulte qu'il n'est pas praticable d'en faire une habitation. Si les représentations ci-dessus sont agréées, je propose à M. le marquis de Marigny qu'en cas que l'intention du roi fût toujours de supprimer la petite salle de comédie, de donner à Sa Majesté les moyens ci-après de faire usage de cette salle. Le premier, d'en former un passage au jardin pour suppléer à celui que Sa Majesté a supprimé par la cour de marbre, étant le côté de la terrasse le plus fréquenté. Le deuxième, d'y établir le conseil de Sa Majesté qui est très étroitement placé et, si on ose le dire, indécemment. Le troisième, d'y mettre la salle des Ambassadeurs et autres pièces de suite qui n'ont nulle dignité, ce qui est remarqué fréquemment par les étrangers. De ces trois projets, le moins coûteux serait d'en faire un passage public puisqu'il ne s'agirait que de dégager les salles et approprier le passage. Les deux autres seraient dispendieux par les cheminées et décorations, mais de moitié moins que si l'on en formait un appartement complet de résidence, lequel attaquant de fond en comble, ce corps de bâtiments coûterait au moins 30 000 à 40 000 livres et peut-être d'avantage. Si mon choix peut valoir quelque chose, je le donne en faveur du passage public. Cela serait sûrement bien reçu. La dignité du château l'exige et la circonstance des moyens encore d'avantage.* A.N. O[1] 1798 329
13.4.1770 *Mme la duchesse de Brancas fait des visites journalières au comte de Noailles pour son logement. Elle est au moment de sortir de celui de Madame la dauphine* [**CC 26A**] *qu'elle occupait. Elle ne sait où mettre ses meubles. Votre Majesté lui avait accordé l'ancienne Comédie. M. Gabriel s'y oppose à cause de l'embarras de l'arranger, mais il pense qu'on y pourrait mettre les ambassadeurs qui se plaignent de leur salle* [**VA 13**] *et accorder à Mme la duchesse de Brancas pour son logement de dame d'honneur de Mme la comtesse de Provence la salle des Ambassadeurs. Mme la duchesse de Brancas supplie Votre Majesté de lui accorder le logement de Monseigneur le comte d'Artois qui sera vacant au mariage de Monseigneur le dauphin en attendant qu'elle puisse occuper la salle des Ambassadeurs.* A.N. O[1] 1077 74
1770 *État* A « Ancienne salle des comédies »

Salle des Ambassadeurs
1770 *L'ancienne salle de comédie destinée à faire la salle des Ambassadeurs* A.N. O[1] 1799 110
1777 *État* B « Comédie »
1783 *État* D « Petite comédie »
30.10.1786 L** à A : *L'on demande la pose d'un bout de conduit pour donner de l'eau dans la nouvelle salle du bal qu'on va établir sur la terrasse du midi joignant les deux loges, l'un pour former la communication à la salle du bal et l'autre pour faire un buffet, et l'établissement d'un poêle pour échauffer l'ancienne petite*

comédie qui servira de salle à manger. Réponse de H : *Il n'y pas le plus léger inconvénient à accorder les demandes annoncées.* Réponse de A : *Autorisation verbale.* A.N. O[1] 1802 249
1787 *État* E « Petite salle de spectacle »

VA 18 et 19 correspondent à **AG 18 et 19**.

VA 20 et 21 [1]

VA 20
Comédiens
1741 *État* « pour les comédiens » "3 pièces, 2 à cheminée, obscures"
Hébert, Antoine (1717-1792). Aide-major 1747
Suzy, Charles François de Ronty, vicomte de (?-?). Major des gardes du corps 1750
8.1750 *Le logement de M. Hébert et un entresol à faire sur le grand maître parallèle à celui de la salle du conseil pour M. le vicomte de Suzy et sa femme...* Disposition : A.N. O[1] 1076 255 ; *cf.* 257 30.8.1750 : *Le logement de garçon de M. le duc de Bouillon* [**AN 45A**] *à M. le vicomte de Suzy à la place de l'entresol qui devait être fait sur le grand maître qui aurait été une grande dépense et difficile à habiter.*

VA 21
La Maisonneuve, N... de (?-?). Aide-major des gardes du corps.
Champeron, N..., chevalier de (?-?). Aide-major des gardes du corps
1741 *État* « Aide-major des gardes du corps, M. de Maisonneuve, puis M. de Champeron » "1 pièce à cheminée"
Hébert, Antoine (1717-1792). Aide-major 1747
8.1750 *Le logement du major des gardes du corps à M. Hébert, aide-major de la Cour...* Disposition : A.N. O[1] 1076 255

VA 20 et 21
Aide-major
1770 *État* A « Aide-major des gardes du roi, puis aide-major de la cour »
Agoult, Jean Antoine, chevalier d' (1753-1826). Aide-major des gardes du corps
31.10.1772 E à M : *Quant à la demande que vous a faite M. le chevalier d'Agoult, aide-major des gardes du roi, pour le blanchissage de son logement, vu que son prédécesseur y est mort de la poitrine après une longue maladie qui a infecté le logement, il est bien avancé...* A.N. O[1] 1799 50
9.11.1777 *État des travaux : ... L'appartement de M. le chevalier d'Agoult à reblanchir et les carreaux à relever en état.* A.N. O[1] 1800 110
22.2.1782 Le chevalier d'Agoult à A : *Le chevalier d'Agoult serait infiniment obligé à M. le comte d'Angiviller s'il avait la bonté de donner des ordres pour travailler incessamment et avec célérité aux réparations et ouvrages de son appartement... 1. parqueter sa chambre à coucher, le corridor et son cabinet ; 2. poser une cheminée de marbre dans la chambre à coucher avec plaques pour la réverbération de la chaleur ; 3. des croisées neuves à grands carreaux ; 4. une porte d'entrée neuve ; 5. des armoires et placards dans la chambre obscure ; 6. blanchir à neuf l'appartement. Le logement est au château, petit escalier de la petite salle du commandeur au n° 21* [sic] Réponse de H : *J'ai fait... l'examen des demandes de M. le chevalier d'Agoult... Je pense que le magasin pourvoit à tout même au revêtissement de la cheminée... On travaille actuellement à son appartement.* A.N. O[1] 1801 261 et 262
1.3.1782 LR et L** à A : *L'appartement de M. le chevalier d'Agoult : Les changements de cet appartement sont commencés... Les lambris de cet appartement sont posés ; on va commencer le blanchi.* A.N. O[1] 1801 220
22.4.1782 Le comte d'Agoult à A : *Le comte d'Agoult serait infiniment obligé à M. le comte d'Angiviller s'il avait pour lui la nouvelle bonté de donner ses ordres pour que sa chambre à coucher et son cabinet ce qui fait un objet de 24 toises soient peintes en vernis comme celui qui a été employé chez Mme la princesse de Guéménée.* A.N. O[1] 1801 291
1.5.1782 LR et L** à A : *L'appartement de M. d'Agoult : fait en totalité.* A.N. O[1] 1801 222
27.9.1782 Le comte d'Agoult à A : *Le comte d'Agoult, aide-major général des gardes, a obtenu un enfoncement de porte au bas de l'escalier de la petite salle de comédie en face du grand maître de trois pieds et demi de large sur autant de profondeur et de la hauteur de sept pieds, fermé par une porte. Il a l'honneur de représenter à M. le comte d'Angiviller que le peu d'espace qu'il y a dans son appartement lui ôtant la possiblité d'y avoir une cuisine, il se sert de celle qu'il a à son appartement de l'hôtel des gardes du corps. Cet éloignement du château nécessite un réchauffoir auprès de l'appartement de M. d'Agoult. Il le propose dans cet enfoncement au bas de son escalier si M. le comte d'Angiviller approuve.* A.N. O[1] 1801 374
10.10.1782 H à A : *M. le prince de Poix a accordé à M. le comte d'Agoult le renfoncement d'une porte auprès l'escalier qui monte de la petite salle de comédie au château à la salle des Cent-Suisses... M. le directeur général... connaît aussi bien que moi le local... il peut juger pour lui-même qu'il n'est pas possible d'accorder raisonnablement à M. le comte d'Agoult l'objet de sa demande.* A.N.O[1] 1801 374 et 374 *bis*
19.8.1786 Le comte d'Agoult à A : *Le comte d'Agoult a l'honneur de représenter à M. le comte d'Angiviller que la suppression de la petite salle de l'ancienne comédie laisse en entresol des emplacements inutiles pour la salle du bal et qui d'autrefois dépendaient de son appartement, séparés du gros mur de l'entresol de la salle du bal par des cloisons forts légères. Ces emplacements pourraient servir à l'élargir, l'augmenter, et donner un peu de jour aux chambres obscures qui le composent en retournant un peu sur la cour des princes et ouvrant sur la salle de bal, ce qui donnerait au comte d'Agoult la facilité de loger Mme d'Agoult et d'y avoir ses gens auprès de lui, avec une antichambre, ce dont*

1. Ces deux appartements étaient les entresols au-dessus de la salle des Ambassadeurs.

il est privé aujourd'hui ainsi que de toutes choses absolument nécessaires pour l'occuper avec Mme d'Agoult... Ce serait une grande bonté... si en l'absence de Mme Agoult, qui est en Limousin, et pendant le voyage de Fontainebleau, il voulait bien donner ses ordres sur ce objet. Réponse de L** : *J'ai examiné avec M. Heurtier la demande de M. le comte d'Agoult et... il a reconnu que les changements ne lui donneraient pas le local qu'il attendait. M. le comte d'Agoult prie seulement M. le directeur général de lui accorder le blanchi des trois pièces de son appartement.* A.N. O[1] 1802 205
9.10.1786 H à A : *État des ouvrages à faire : Chez M. le comte d'Agoult, le blanchi de son appartement.* A.N. O[1] 1802 244
1787 *État* E « M. l'aide-major » "4 pièces, 2 à cheminée"

VA 22 et 22A [1]

VA 22
Champeron, N..., chevalier de (?-?). Aide-major des gardes du corps
Malherbe, N... de (?-?). Aide-major des gardes du corps
1741 *État* « Aide-major des gardes du corps, M. de Champeron, puis M. de Malherbe » "3 pièces, 1 à cheminée"
1775 *Extrait des détails des réparations à faire... [chez] M. Malherbe, 1 030 livres...* A.N. O[1] 1799 396

VA 22A
Antin, Antoine François Pardaillan de Gondrin, marquis de (1709-1741). Vice-amiral de France 1731
Créqui, Robert de Créqui d'Hémont, chevalier de (1705-1745). Sous-gouverneur et gentilhomme de la manche du dauphin 1735, puis son sous-gouverneur
5.1741 *[Le roi] a donné à M. le chevalier de Créqui le logement de feu M. le marquis d'Antin au-dessus de la salle du Conseil.* L* III 406 ; *cf.* 419
1741 *État* « M. le chevalier de Créqui » "5 pièces, 1 à cheminée"
Polastron, Françoise Jeanne de Mirande, comtesse de Pleyssan, puis de (?-?)
1.12.1744 *Le roi a donné à M. de Croissy l'appartement de feu M. de Polastron* **[AP 78 et 79]**, *qu'on avait laissé à sa veuve... et à Mme de Polastron l'appartement du chevalier de Créqui. C'est celui qu'on fit il y a quelques années pour feu le marquis d'Antin, au-dessus de la salle du conseil entre la cour des princes et celle du roi.* L* VI 171
Biron, Charles Armand de Gontaut, marquis, puis en 1723 duc de (1663-1756). Premier écuyer du Régent 1719 ; maréchal de France 1734
29.1.1746 *Propositions... de mettre... M. le maréchal de Biron chez Mme de Polastron.* Bon du roi : A.N. O[1] 1076 102
7.1.1746 *M. le maréchal de Biron, qui loge* **[AP 87]** *depuis longtemps ici au-dessus de Mme de Luynes* **[AP 84 et 86]**... *a remis cet appartement, en échange duquel on lui donne celui de Mme de Polastron au-dessus de la salle des Ambassadeurs. Ce logement n'est qu'en entresols, mais il est beaucoup plus proche de celui de M. le duc de Biron qui loge dans celui qu'avait feu M. le duc de Gramont* [**VA 16**]. L* VII 210
Gramont, Geneviève de Gontaut-Biron, duchesse de (1697-1756)
1747 N au roi : *Il ne resterait donc [des appartements vacants] que celui de M. le duc de Biron, qui est très petit et qui ne peut servir pour deux ; si le roi voulait donner cette marque de bonté à Mme la duchesse de Gramont, peut-être en profiterait-elle.* Bon du roi : A.N. O[1] 1076 130
8.12.1747 *Logement vacant : celui de M. le maréchal de Biron qu'il vient de rendre... personnes qui demandent le dit logement : M. et Mme de La Rivière, M. l'évêque de Bayeux, Mme la duchesse de La Trémoille, M. le comte de Guerchy, M. le maréchal de Lowendal, M. le maréchal de Montmorency, M. le maréchal de Balincourt, M. le maréchal de Tonnerre, M. le marquis de Langeron, Mme la comtesse de Forcalquier, Mme la duchesse de Gramont.* Bon du roi : A.N. O[1] 1076 177
14.12.1747 *Il y a quelques jours que le roi a donné à Mme la duchesse de Gramont (Biron) l'appartement qu'avait M. le maréchal de Biron, son père, lequel s'est retiré à l'Institution. Cet appartement, qui avait été fait pour M. le marquis d'Antin, est au-dessus de la salle des Ambassadeurs, entre la cour des princes et la cour Royale.* L* VIII 349
21.1.1748 E à T : *État des ajustements demandés... à l'appartement de Mme la duchesse de Gramont. Les ajustements montent à la somme de 943 livres.* Bon du roi : A.N. O[1] 1810 II 38
Matignon, Edmée Charlotte de Brenne de Bourbon, marquise de (1700-1756). Dame du palais 1726-1741
1756 N au roi : *Mme la duchesse de Gramont, douairière étant à la dernière extrémité, le comte de Noailles supplie Votre Majesté d'accorder à Mme la marquise de Matignon l'entresol de Mme la duchesse de Gramont.* A.N. O[1] 1077 457

VA 22A est combiné avec **VA 15A**.

Thierry, François Christophe, écuyer (1699-?). Premier valet de chambre du dauphin 1760-1774
1770 *État* A « Chef de brigade servant chez Monsieur le dauphin, puis M. Thierry, premier valet de chambre du roi »
3.7.1774 *Le logement du chef de brigade de Monseigneur le dauphin en augmentation à M. Thierry, premier valet de chambre du roi* A.N. O[1] 1799 223 ; *cf.* 1077 203
1777 *État* B « M. Thierry, père »
Vaudreuil, Joseph François-de-Paule, comte de (1740-1817). Grand fauconnier 1780
20.6.1781 *La survivance du logement de M. Thierry, père, à M. le comte de Vaudreuil, grand fauconnier...* A.N. O[1] 1077 269
1782 *Le logement de M. Thierry à M. le comte de Vaudreuil, grand fauconnier.* Distribution : A.N. O[1] 1077 439 ; *cf.* 1801 328

1. Ces logements étaient dans les entresols au-dessus de **VA 14 et 15**.

16.12.1782 LR et L** à A : *Situation des travaux : L'appartement de M. de Vaudreuil. Les réparations de cet appartement ainsi que le blanchi sont très avancés.* A.N. O[1] 1801 229
1783 *État* D « M. le comte de Vaudreuil »
1.10.1784 L** à A : *Le comte de Vaudreuil demande le reculement d'une cloison de planche dans une pièce de son appartement pour former un cabinet. M. le comte de Vaudreuil demande la pose d'un poêle à ses dépens.* A.N. O[1] 1801 665
1787 *État* E « M. le comte de Vaudreuil » "6 pièces, 3 à cheminée"
Ossun, Charles Hyacinthe, comte d' (1750-1791)
3.11.1788 *Le logement de M. de Vaudreuil à M. le comte d'Ossun...* A.N. O[1] 1802 537 ; *cf.* 1077 366

VA 23 à 34 correspondent à **CC 23 à 26, VA 27 à 29** et **CC 30 à 34**.

PREMIER ÉTAGE

VA 35
1741 *État* « Antichambre commune » "1 pièce à cheminée"

VA 36
La Motte-Houdancourt, Louise de Prie, maréchale de (1624-1709). Gouvernante des Enfants de France 1664-1709
Bourgogne, Louis de France, duc de (1682-1712)
Anjou, Philippe de France, duc d', plus tard Philippe V, roi d'Espagne (1683-1746)
Berry, Charles de France, duc de (1686-1714)
Fürstemberg, Guillaume Égon, cardinal de (1629-1704). Cardinal 1686 ; abbé de Saint-Germain-des-Prés 1688
25.8.1693 *Le roi laisse à Mme la maréchale de La Motte son appartement et donne celui qu'avait M. le duc de Berry au cardinal, on prendra pour M. le duc de Berry celui du cardinal* [**AN 40 et 41**]. D IV 346
25.1.1698 *Le roi fait des changements dans les logements de Versailles ; il prend l'appartement de M. le cardinal de Fürstemberg pour le joindre à celui de Mme de Maintenon* [**CC 34**] *qui était trop étroitement logée ; le roi destine à M. le cardinal de Fürstemberg l'appartement de Mademoiselle et jusqu'à ce qu'elle parte il aura celui de Mme d'Arpajon* [**AP 84 et 86**]. D VI 283
Bourgogne, Louis de France, duc de (1682-1712)
31.7.1699 *On bâtit dans la petite cour de Monseigneur un logement où Mgr le duc de Bourgogne s'habillera... Outre ce petit logement qu'on bâtit, Mgr le duc de Bourgogne aura le logement de Mme la maréchale de La Motte...* D VII 123
6.8.1699 *Le roi a ordonné de rompre tous les logements dans le comble au-dessus de la grande antichambre, deuxième antichambre et grand chambre de l'appartement que l'on doit faire pour Mgr le duc de Bourgogne dans celui qu'occupe Mme la maréchale de La Motte pour en exhausser en refaisant le dit appartement toutes les dites pièces et les cintres dans le comble.* A.N. O[1] 1809 23 verso
7.8.1699 *Le roi a réglé que la salle, la chambre et l'antichambre et la garde-robe de l'appartement de Monseigneur le duc de Bourgogne auraient la hauteur des deux étages.* A.N. O[1] 1809 23 verso
8.9.1699 *Le roi a ordonné de mettre du parquet neuf dans toutes les pièces de l'appartement qui l'on fait pour Monseigneur le duc de Bourgogne dans l'aile du château, que tous les lambris d'appui et portes à placard seront faites neuves, que les croisées resteront comme elles sont et qu il y fera faire des chambranles de marbre aux cheminées avec tablettes, foyers et revêtements dehors et dedans.* A.N. O[1] 1809 24 verso
19.8.1699 *Le roi a ordonné de ne point faire cette année l'appartement pour Monseigneur le duc de Bourgogne dans l'aile du château où loge Mme la maréchale de La Motte, mais seulement la première antichambre du côté de Mme de Maintenon.* A.N. O[1] 1809 24 verso
7.10.1699 *Madame la maréchale de La Motte logera présentement à l'appartement du M. le duc de Berry, parce qu'on prend son appartement pour Monseigneur le duc de Bourgogne.* D VII 164
8.10.1699 [Le roi] *donna à la maréchale de La Motte l'appartement du duc de Berry* [**AN 41**] *mais la duchesse de La Ferté, sa fille, y perdit beaucoup, car comme l'appartement du duc de Berry était beaucoup plus petit que celui que le maréchale quittait, la duchesse de La Ferté, qui avait toujours occupé une partie de l'appartement de sa mère* [**VA 36A**], *se trouva sans logement dans le château... on donna à la duchesse de Guiche l'appartement qu'avait occupé la duchesse de La Ferté.* S VI 190
22.10.1699 *Monseigneur le duc de Bourgogne coucha pour la première fois chez Madame la duchesse ; dans ce commencement il n'y couchera que deux jours l'un...* D VII 174
23.10.1699 *Monseigneur le duc de Bourgogne couche le soir dans son appartement qui est celui qu'avait la maréchale de La Motte. On lui en a bâti encore un petit* [**CC 32**] *qui communique à l'appartement du roi et à celui de Madame la duchesse de Bourgogne et qui est plus agréable qu'on l'aurait cru.* D VII 174
L'appartement de Mme de Maintenon était en plain-pied et faisant face à la salle des gardes du roi ; l'antichambre était un passage long en travers, étroit jusqu'à une autre antichambre toute pareille en forme, dans laquelle les seuls capitaines des gardes entraient, puis une grande chambre très profonde. Entre la porte par où on y entrait de cette seconde antichambre et la cheminée était le fauteuil du roi, adossé à la muraille, une table devant lui, et un ployant autour pour le ministre qui travaillait. De l'autre côté de la cheminée, une niche de damas rouge et un fauteuil où se tenait Mme de Maintenon avec une petite table devant elle ; plus loin, son lit dans un enfoncement, vis-à-vis le pied du lit une porte et cinq marches à monter ; puis un fort grand cabinet qui donnait dans la première antichambre de l'appartement de jour de Monseigneur le duc de Bourgogne, que cette porte enfilait, et qui est aujourd'hui l'appartement du cardinal de Fleury. Cette première antichambre, ayant à droite cet appartement, et à gau-

che ce grand cabinet de Mme de Maintenon, descendait, comme encore aujourd'hui par cinq marches, dans le salon de marbre **[VA 35]** *contigu au palier du grand degré au bout des deux galeries haute et basse, dites de Madame la duchesse d'Orléans et des princes. Tous les soirs, Mme la duchesse de Bourgogne joue dans le grand cabinet de Mme de Maintenon avec les dames à qui on avait donné l'entrée, qui ne laissait pas d'être assez étendue, et, de là on entrait tant et si souvent qu'elle voulait dans la pièce joignante, qui est la chambre de Mme de Maintenon, où elle était avec le roi, la cheminée entre eux deux. Monseigneur, après la comédie, montait dans ce grand cabinet où le roi n'entrait point et Mme de Maintenon presque jamais... Lorsque le roi était averti qu'il était servi, il passait un moment dans une garde-robe, allait après dire un mot à Mme de Maintenon, puis sonnait une sonnette qui répondait au grand cabinet. Alors Monseigneur, s'il y était, Monseigneur et Madame la duchesse de Bourgogne, M. le duc de Berry, et des dames qui étaient à elle, entraient à la file dans la chambre de Madame de Maintenon... Nul homme sans exception que de ces trois princes n'entrait dans ce grand cabinet.* SS XVI 470 *sq.*

12.4.1702 *Sa Majesté a ordonné de faire croisées neuves, portes et lambris d'appui dans l'appartement de Monseigneur le duc de Bourgogne à Versailles pendant son absence et redorer le tout proprement pour son retour.* A.N. O[1] 1809 [94]

Rohan-Soubise, Armand Gaston Maximilien, cardinal de (1674-1749). Cardinal 1712 ; grand aumônier de France 1713

17.11.1712 *Le roi prête à M. le cardinal de Rohan à Versailles le logement qui est destiné aux enfants de Monseigneur de Berry.* D XIV 266

Alençon, Louis de France, duc d' (1713-1713)

Louis XV, duc d'Anjou, puis roi de France, (1710-1774)

MORTIN, planche 3, "1" « Enfants de France »

Pompadour, Gabrielle de Montault-Navailles, marquise de (1663-1727). Gouvernante des enfants du duc de Berry 1712

Pompadour, Léonard Hélie, marquis de (1654-1732). Menin du dauphin 1708

26.3.1713 *Le roi, avant la messe, alla voir M. le duc d'Alençon ; c'est le nom du prince dont Madame la duchesse de Berry est accouchée cette nuit à quatre heures... On l'a mis dans l'appartement où était le cardinal de Rohan, qui fit tout démeubler hier au soir à la hâte, et c'est l'appartement où avaient été élevés les trois enfants de Monseigneur et que le dauphin Bourgogne avait conservé jusqu'à la mort de Monseigneur le dauphin, son père. On avait donné deux pièces de cet appartement à Mme de Maintenon parce qu'elles touchent le sien, mais elle vient de les rendre, afin que Mme de Pompadour, gouvernante de M. d'Alençon, fût logée plus commodément, et qu'elle y pût avoir son mari avec elle...* D XIV 373

19.4.1713 *Le roi laisse Mme de Pompadour dans l'appartement qu'avait M. le duc d'Alençon.* D XIV 388

12.10.1713 *Le roi... a trouvé Monseigneur le dauphin en bonne santé... ce prince est rentré dans son ancien appartement qu'on a fait raccommoder et le roi a redonné à Mme de Pompadour le logement qu'on avait donné à ce prince en attendant que le sien fût raccommodé.* D XV 7

VA 36A

La Ferté, Marie Isabelle Gabrielle Angélique de La Motte-Houdancourt, duchesse de (1654-1726)

Guiche, Marie Christine de Noailles, duchesse de (1684-1748)

8.10.1699 *[Le roi] donna à la maréchale de La Motte l'appartement du duc de Berry,* **[AN 41]** *mais la duchesse de La Ferté, sa fille, y perdit beaucoup, car comme l'appartement du duc de Berry était beaucoup plus petit que celui que la maréchale quittait, la duchesse de La Ferté, qui avait toujours occupé une partie de l'appartement de sa mère* **[VA 36A]**, *se trouva sans logement dans le château... on donna à la duchesse de Guiche l'appartement qu'avait occupé la duchesse de La Ferté.* S VI 190

VA 36 et 36A

Fleury, André Hercule, évêque de Fréjus, cardinal de (1653-1743). Précepteur de Louis XV 1715 ; grand aumônier de la reine ; cardinal et ministre d'État 1726 GG-B 758 ; BLONDEL, planche 8, "b"

18.12.1731 *Un des spectacles les plus ridicules de ce temps, c'est le petit coucher de M. le cardinal de Fleury. Je ne sais pas où ce bonhomme a pris cette prérogative de sa place et qu'elle convînt à ce poste où, ayant à la vérité toute l'autorité, il n'a extérieurement que le titre de ministre d'État, comme le maréchal de Villars. Toute la France, toute la cour, poilous ou autres, useurs de parquet ou gens affairés attendent donc à la porte ; Son Éminence rentre, passe dans son cabinet puis on ouvre et vous voyez ce vieux prêtre qui ôte sa culotte, qu'il plie proprement ; on lui passe sa chemise ; il peigne longtemps ses quatre cheveux blancs ; il raisonne ; il jase ; il radote ; il débite quelques mauvaises plaisanteries entrelardées de discours mielleux et communs, quelques nouvelles de la ville... Le bonhomme s'imagine que c'est là une consolation pour nous autres, et pour ce pauvre peuple qui a empressement de le voir de sorte qu'il ne peut donner un temps plus loisible sans faire tort aux affaires.* D'ARGENSON I 113

Tencin, Pierre Guérin, abbé, puis cardinal de (1679-1758). Ministre d'État 1742

7.2.1743 *On dit aussi que le roi à donné à M. le cardinal de Tencin l'appartement qu'occupait à Versailles M. le cardinal de Fleury.* BARBIER III 422

Aumont, Louis Marie Victor Augustin, duc d' (1709-1782). Premier gentilhomme de la chambre du roi 1723

Aumont, Louise Victoire Félicité de Durfort-Duras, duchesse d' (1706-1753)

1741 *État* « M. le cardinal de Fleury, puis M. le duc d'Aumont » "12 pièces, 9 à cheminée"

23.3.1743 *... le roi donna à M. et Mme d'Aumont l'appartement de feu M. le cardinal de Fleury.* L* IV 445

1743 *Ouvrages qui ont été faits au château de Versailles sur le compte des seigneurs et qui sont à payer... M. le*

duc d'Aumont, 1743 : menuiserie 2 685 livres, sculpture 469 livres, marbre 163 livres, glaces 1 119 livres. Bon du roi : A.N. O^1 1795 88
15.11.1743 *État des glaces à fournir pour le château de Versailles... pour l'appartement de M. le duc et Mme la duchesse d'Aumont, qu'ils demandent au prix du roi, assurant qu'on leur a promis : pour la cheminée, 2 glaces dont une 41 pouces 1 ligne de hauteur et l'autre au-dessus de 35 pouces 2 lignes, sur chacune 40 pouces 6 lignes de largeur ; pour les trumeaux entre les deux croisées, 2 glaces dont une de 47 pouces 8 lignes de hauteur et l'autre au-dessus de 35 pouces 2 lignes, sur chacune 40 pouces 4 lignes de largeur ; pour le trumeau vis-à-vis, 2 glaces dont une 48 pouces de hauteur et l'autre au-dessus de 35 pouces 2 lignes, sur chacune 40 pouces 1/2 ligne de largeur.* A.N. O^1 1795 74
26.6.1746 *M. L'Écuyer... a remis à M. le directeur général, l'état... des ouvrages faits au château de Versailles aux appartements et sur le compte des seigneurs ci-après dénommés en 1743 et que le roi a trouvé bon qu'ils soient payés sur les fonds de ses bâtiments de l'année courante 1756... M. le duc d'Aumont 4 436 livres.* A.N. O^1 1810 I 74
5.11.1749 E à T : *Le blanchissage de l'appartement de M. le duc d'Aumont qu'il vous a demandé est un objet de 273 livres, mais n'étant pas possible de le faire pour le retour de la cour, et d'ailleurs la saison où nous sommes ne convenant pas, je penserais, Monsieur, qu'il vaudrait mieux attendre ce printemps pendant une absence. Comme M. le duc d'Aumont m'avait envoyé son concierge pour savoir quand il démeublerait, j'ai cru devoir lui faire part des représentations que j'ai l'honneur de vous faire à son sujet pour calmer son impatience au cas qu'il ne vous peut joindre à Fontainebleau.* A.N. O^1 1795 155
21.4.1750 T au roi : *M. le duc d'Aumont demande quelques ajustements dans son appartement au château de Versailles, lesquels coûteront, suivant l'estimation, la somme de 244 livres si Sa Majesté veut bien les accorder.* Bon du roi : A.N. O^1 1070 365 ; *cf.* 1810 III 17 et 25
28.5.1750 *M. le duc d'Aumont prie M. de Tournehem de vouloir bien faire boiser sa salle à manger à Versailles avec du vieux lambris qui proviendra des démolitions que l'on fera à Versailles et à Fontainebleau.* Réponse : *A M. L'Écuyer pour m'en rendre compte.* A.N. O^1 1810 III 25
27.9.1759 M au roi : *M. le duc d'Aumont supplie très humblement Votre Majesté de vouloir bien lui accorder un entresol dans le logement qu'il occupe au château de Versailles, dont la construction suivant le devis ci-joint montera à 383 livres.* Bon du roi : A.N. O^1 1070 ; *cf.* 1811 I 79
30.9.1753 M à E : *Vous auriez agréable, Monsieur, de faire faire les entresols que M. le duc d'Aumont demande dans le logement qu'il occupe au château de Versailles... 383 livres.* A.N. O^1 1795 444
19.10.1753 E à M : *État où étaient les ouvrages au château de Versailles.. Mme la duchesse d'Aumont venant de mourir, j'ai cru devoir faire cesser l'ouvrage de son entresol.* A.N. O^1 1795 453

Mazarin, Louise Jeanne de Durfort-Duras, duchesse de (1735-?). Dame de Madame Adélaïde 1756
2.11.1753 E à M : *J'avais suspendu l'entresol de Mme la duchesse d'Aumont... mais le concierge m'ayant représenté que Mme la duchesse de Mazarin devait y loger l'hiver, M. le duc d'Aumont nous la redemanderait, par conséquent, comme il s'agissait de remettre cet endroit dans le même état qu'il était avant d'y avoir fait travailler ou d'y faire achever ce qu'y avait été commencé, j'ai cru devoir prendre ce dernier parti.* A.N. O^1 1795 465
3.8.1753 E à M : *Après le retour du roi, lorsque nous serons débarrassés de tous nos ouvrages, j'aurai l'honneur de vous rendre compte de l'entresol que M. le duc d'Aumont vous a demandé, n'en ayant besoin que pour 1754 qu'il entrera en année.* A.N. O^1 1795 428
11.1755 BLONDEL, planche 3, "b" « Appartement de M. le duc d'Aumont »

VA 36 et 36A sont séparés.

VA 36
Bouillon, Godefroy Charles Henri de La Tour d'Auvergne, *dit* prince de Turenne, puis duc de (1728-1792). Grand chambellan de France en survivance 1747
Bouillon, Louise Henriette Gabrielle de Lorraine, *dite* princesse de Turenne, puis duchesse de (1718-1788)
9.11.1755 N au roi : *M. le prince et Mme la princesse de Turenne auraient volontairement le logement de M. le maréchal de La Motte* **[AN 55]** *s'ils avaient espéré au bout de quelques temps d'avoir celui de M. le duc d'Aumont, que Votre Majesté lui a laissé pour deux ans. Mme de Turenne aime fort son quartier et le voisinage de Mme la comtesse de Marsan...* A.N. O^1 1076 409
1770 *État* A « M. le duc d'Aumont » "13 pièces, 9 à cheminée"
Polignac, Gabrielle Yolande Claude Martine de Polastron, comtesse, puis duchesse de (1749-1793). Gouvernante des Enfants de France 1782-1789
La comtesse Jules [de Polignac] fut longtemps sans tenir un grand état à la cour. La reine se borna à lui donner un très bel appartement au haut de l'escalier de marbre. CAMPAN I 143
1777[1] *État* B « M. le duc d'Aumont, puis Mme la duchesse de Polignac » "10 pièces"
25.7.1778 H à A : *Le parquet de l'appartement de Mme de Polignac... était impossible de... faire resservir ; la boiserie est en aussi mauvais état. Mais l'administration suppléerait difficilement à tout ce qu'il faudrait faire pour mettre cet appartement dans un état de propreté convenable. M. le directeur général pourrait accorder à Mme de Polignac du parquet et du lambris d'appui ; le reste serait tapissé, si mieux elle n'aime que tout son appartement soit boisé avec des lambris du magasin qui sont tous avec des compartiments différents.* A.N. O^1 1800 219
27.6.1779 La comtesse de Polignac à A : *M. Heurtier m'a dit que vous ne voulez pas absolument me donner*

1. Une partie de l'espace original devint **VA 36A** à cette époque. Voir P. DE NOLHAC, *Versailles... Marie-Antoinette*, p. 73.

des verres de Bohême parce qu'il n'y en avait pas encore dans cette cour-là. J'ai l'honneur de vous répondre à cela que les fenêtres de M. de Villequier et de M. de Maurepas **[CC 45A et 45]** *sont en verre de Bohême, de plus l'entresol qui est dans mon appartement est tout en verre de Bohême aussi. Il n'y a donc que mon logement qui n'en ait pas. Quant à l'aile vis-à-vis, elle n'est point finie. Si c'est la dépense qui vous effraye, je la ferai moi-même...* A.N. O1 1800 412

6.8.1779 H à A : *Mme Jules de Polignac désirait que vous voulussiez bien donner vos ordres pour qu'il fût posé dans son appartement deux glaces du teint, devant servir de chapitaux à celles qui y sont déjà, l'une 16 pouces sur 43 pouces, l'autre neuf et 1/2 sur 42 pouces. Je les ai fait chercher au magasin et on n'en a pas trouvé des mesures données.* A.N. O1 1800 437

24.1.1780 H à A : *Mme Jules de Polignac prie M. le directeur général d'ordonner qu'il soit fait une armoire de huit pieds de long sur six pieds de haut dans une pièce de son appartement...* Réponse : *Bon à faire exécuter.* A.N. O1 1800 510

5.2.1781 H à A : *La bibliothèque de Mme la duchesse de Polignac est posée et on est après à blanchir.* A.N. O1 1801 1

11.6.1782 La duchesse de Polignac à A : *Mme la duchesse de Polignac a l'honneur de prier M. le comte d'Angiviller de vouloir bien donner ordre de faire quelques légères réparations à son appartement pendant son absence... de peindre un escalier pour le rendre moins sombre et quelques autres détails...* A.N. O1 1801 316

1.6.1783 *La reine a pour son été trois princesses de Hesse-Darmstadt qu'elle aime fort et qu'elle loge ici dans l'ancien appartement de Mme de Polignac ; elles sont accompagnées de leur frère le prince Georges.* Chevalier d'Isle, *Lettres*, cité par P. DE NOLHAC, *Versailles... Marie-Antoinette*, p. 73

Bouillon, Godefroy Charles Henri de La Tour d'Auvergne, prince de Turenne, puis en 1771 duc de (1728-1792). Grand chambellan de France en exercice 1754

1782 *Le logement de la duchesse de Polignac, comme l'avait M. le duc d'Aumont, à M. le grand chambellan qui a droit au plus beau logement de Versailles* A.N. O1 1077 439 ; *cf.* 1801 328

VA 36A

Villequier, Louis Alexandre Céleste d'Aumont, duc de (1736-1814). Premier gentilhomme de la Chambre en survivance de son père 1762

Villequier, Félicité Louise Le Tellier de Courtenvaux, duchesse de (1736-1768). Dame d'honneur de Mesdames 1764-1769

1759 N au roi : *M. le duc d'Aumont supplie très humblement Votre Majesté de vouloir bien accorder un logement à Mme la duchesse de Mazarin, dame de Mesdames, afin de pouvoir loger chez lui M. le duc et Mme la duchesse de Villequier.* Réponse : *À revoir.* A.N. O1 1077 426

Civrac, François Aymery de Durfort, marquis de († 1786). Menin surnuméraire du dauphin 1752

[176...] *Le logement de Mme la duchesse de Villequier près M. le duc d'Aumont à M. le comte de Civrac, menin...* Disposition : A.N. O1 1076 759

21.4.1765 *La partie du logement de M. de duc d'Aumont qu'occupait M. et Mme la duchesse de Villequier à M. le comte de Civrac, menin.* A.N. O1 1797 524

Rochechouart-Faudoas, Charlotte de Faulcon de Rys, *dite* Mlle de Charleval, marquise de (1708-1789). Dame pour accompagner Mesdames les cadettes 1748-1758

Rochechouart-Faudoas, Jean Louis Roger, marquis de (1717-1776). Menin du dauphin

1766 *Le logement de M. le comte de Civrac, auprès de M. le duc d'Aumont, aile du midi* [sic] *à Mme la marquise de Rochechouart-Faudoas...* Disposition : A.N. O1 1076 827

26.11.1766 La marquise de Rochechouart-Faudoas à M : *... Le roi ayant ôté à M. de Rochechouart-Faudoas son logement de menin* **[AN 53]** *à Versailles m'a fait la grâce de m'en donner un en mon nom qui n'est exactement qu'une chambre dans laquelle il y a une cloison. J'ai donc l'honneur de vous demander de vouloir bien permettre que cette cloison soit avancée de deux pieds, lequel me procurera le moyen de mettre derrière un lit pour M. de Rochechouart-Faudoas. Je vous demande aussi la grâce de permettre qu'on me fasse deux petits placages de menuiserie dans cette chambre et qu'on la blanchisse. Je vous prie de vouloir bien permettre que je fasse mettre aux bâtiments cinq doubles châssis qui me sont inutiles et beaucoup des planches des cloisons que j'avais fait faire à mes dépens qui seront une petite indemnité pour laquelle j'ai l'honneur de vous demander, sans rien diminuer sur la reconnaissance que je vous dois...* Note de E : *Se trouvant quelques vieux lambris dans le magasin, dont on pourrait se servir, la demande de Mme de Rochechouart-Faudoas est un objet de 400 livres. À l'égard des doubles châssis, c'est une chose à voir...* Bon du roi : A.N. O1 1071 193 et 194

14.12.1766 M à E : *M. L'Écuyer, contrôleur des bâtiments du roi au département du château de Versailles, fera travailler incessamment aux réparations et changements des logements de Mme de Rochechouart-Faudoas...* A.N. O1 1798 120

6.9.1768 *M. le duc d'Aumont est très mécontent du logement de M. le duc de Villequier* **[AP 72]***... s'il le désire Votre Majesté aura la bonté de lui rendre pour M. le duc de Villequier la partie de son logement occupée par Mme la marquise de Rochechouart-Faudoas ?* A.N. O1 1077 33

1770 *État* A « Mme de Rochechouart-Faudoas »

Polignac, Armand Jules François, comte, puis en 1780 duc de (1745-1817). Premier écuyer de la reine en survivance 1776

1777 *État* B « M. Jules de Polignac » "4 pièces"

Narbonne-Lara, Antoinette Françoise Claudine de La Roche-Aymon, vicomtesse de (1750-?). Dame pour accompagner Madame Adélaïde 1771

Narbonne-Lara, Philippe Louis Marie Christophe Innocent Jules, vicomte de (1750-1834)

1782 *Le logement de Mme de Rochechouart-Faudoas, qui avait été joint à celui de M. d'Aumont, à Mme la vicomtesse de Narbonne...* A.N. O1 1077 439

Saulx-Tavannes, Élénore Eugénie de Lévis-Châteaumorand, comtesse, puis duchesse de (?-?). Dame du palais de la reine 1759

1782 *Celui de M. de Rochechouart-Faudoas qui avait été joint à celui de M. d'Aumont à Madame la comtesse de Tavannes, dame du palais...* A.N. O[1] 1077 438 ; *cf.* 1801 382
21.11.1782 La comtesse de Tavannes à A : *Je vous prie M. de vouloir bien donner des ordres pour qu'on blanchisse l'appartement que M. le duc de Polignac vient de quitter et dans lequel je vais entrer.* A.N. O[1] 1801 399 *bis*
25.[11].1782 *La comtesse de Tavannes demande le blanchissage de son nouvel appartement auquel elle succède au duc de Polignac.* D.C.V. citant A.N. O[1] 1235 273
20.1.1783 H à A : *Les demandes de Mme de Tavannes consistent dans la suppression d'une alcôve pour agrandir sa chambre, le changement de la porte d'entrée et l'arrangement des deux garde-robes, et le blanchissement de sa chambre.* A.N. O[1] 1801 412

VA 36 et 36A sont combinés.

Ossun, Geneviève de Gramont, comtesse d' (1751-1794). Dame d'atour de la reine 1781
Ossun, Charles Pierre Hyacinthe, comte d' (1750-1791)
21.12.1785 *Le logement actuel du grand chambellan en y joignant celui de Mme la comtesse de Tavannes à Mme la comtesse d'Ossun, dame d'atour de la reine...* A.N. O[1] 1802 149 et 150 ; *cf.* 1077 343 et 434
1785 *La reine... s'éloigna insensiblement du salon de Mme de Polignac et prit l'habitude d'aller souvent et familièrement chez la comtesse d'Ossun, sa dame d'atour, dont le logement était très près de l'appartement de la reine, elle y venait dîner avec quatre ou cinq personnes ; elle y arrangeait de petits concerts, dans lesquels elle chantait ; enfin elle montrait là plus d'aisance et de gaîté qu'elle n'en avait jamais laissé apercevoir chez Mme de Polignac.* Auguste Marie RAYMOND, comte de LA MARCK, *Correspondance entre le comte de Mirabeau et le comte de La Marck*, A. de Baucout, éd. Paris, 1851, I, p. 58
1787 *État* E « Mme la comtesse d'Ossun » **[VA 36]** "10 pièces, 6 à cheminée ; 2 soupentes" **[VA 36A]** "4 pièces, 2 à cheminée ; 1 soupente"

VA 37
Antin, Louis Antoine de Gondrin de Pardaillan, marquis d', puis duc d' (1665-1736). Directeur général des Bâtiments 1708 ; surintendant des Bâtiments 1716
MORTIN, planche 3, "1" « Le duc d'Antin »
La Rochefoucauld, Alexandre de La Rochefoucauld, comte de Durtal, puis duc de La Rocheguyon, puis duc de (1690-1763). Grand maître de la garde-robe du roi en succession de son père 1718
La Rochefoucauld, Élisabeth Marie Louise Nicole de Bermond du Caylar de Saint-Bonnet, duchesse de (1691-1752)
CG-B 758 ; BLONDEL, planche 8 "a"
16.12.1736 *L'appartement de M. d'Antin fut donné, il y a quelques jours, à M. de La Rochefoucauld ; cet appartement est fort commode pour une personne seule. M. d'Antin venait d'y faire un changement qui lui donnait une chambre à coucher, petite, et un cabinet assez grand pour manger. Il n'a pas eu le temps de jouir de cette commodité ; on change de nouveau cet appartement. La chambre à coucher devient seconde antichambre ; l'antichambre ancienne sera la chambre de M. de La Rochefoucauld avec une garde-robe derrière ; et à gauche une grande chambre et un grand cabinet pour Mme de La Rochefoucauld, mais comme elle vient peu ici, M. de La Rochefoucauld sera logé commodément... Cet appartement est en entrant dans la cour des princes au-dessous de celui de M. de Gesvres* **[VA 52]** *et au-dessus de celui du colonel des gardes françaises* **[VA 16]**. L* I 143 *sq.*
GG-B 758 « Plan côté des appartements... M. de La Rochefoucauld au premier étage de la Vieille Aile »
1741 *État* « Directeur général des Bâtiments, M. le duc d'Antin, puis M le duc de La Rochefoucauld » "6 pièces, 4 à cheminée"
Roure, Marie Antoinette Victoire de Gontaut, comtesse du (1719-1770). Dame de la dauphine
5.12.1744 [1] *J'ai marqué ci-dessus que le roi avait donné à Mme du Roure l'appartement de M. de La Rochefoucauld, vis-à-vis celui de Mme de Luynes au-dessus de M. le duc de Gramont ; c'est celui qu'avait feu M. le duc d'Antin. J'ai appris que cet arrangement est changé ; le roi laisse à M. de La Rochefoucauld son appartement et donne à Mme du Roure les entresols qu'avait Mme de Ventadour* **[AP 68 suite]**. L* VI 174
31.12.1744 *J'ai marqué ci-dessus le détail des appartements donnés, entre autres les entresols de Mme de Ventadour à Mme du Roure. Depuis la mort de Mme de Ventadour cet arrangement est changé. On rend à M. de La Rochefoucauld son ancien logement,* **[CC 9]** *que devait occuper Mme de Ventadour et on donne à Mme du Roure celui de M. de La Rochefoucauld, qui est celui de feu M. d'Antin.* L* VI 202
26.2.1746 *M. L'Écuyer a proposé ce-jourd'hui à M. le directeur général plusieurs changements... dans l'appartement de Mme la comtesse du Roure... 329 livres.* A.N. O[1] 1810 I 73
20.11.1746 E à T : *Mme du Roure demande des doubles châssis* Réponse : *On ne donne point de doubles châssis.* A.N. O[1] 1810 I 114
15.4.1754 *Devis : Logement de Mme la comtesse du Roure... la niche d'une des chambres à boiser avec le plafond ; les deux vantaux pour la fermer pendant la journée... 200 livres.* Réponse de M à E : *Vous aurez agréable de faire faire dans le logement de Mme la comtesse du Roure les réparations qu'elle demande.*
27.3.1754 E à M : *Logement de Mme la comtesse du Roure : la niche d'une chambre à boiser avec un plafond 130 livres ; les deux vantaux pour fermer pendant le jour 70 livres ; total 200 livres.* Réponse : *Bon.* A.N. O[1] 1796 10
11.1755 BLONDEL, planche 3, "a" « Appartement de la comtesse du Roure, dame de compagnie de Madame la dauphine »
1768 N au roi : *La maison de feu Madame la dauphine*

1. Le duc de La Rochefoucauld fut exilé en novembre 1744 pour son rôle dans affaire de Metz. Il ne revint pas à la Cour. Voir L* VI 167.

au château de Versailles : Mme la comtesse du Roure, douairière, à ôter, mais Votre Majesté a promis de lui en rendre un plus petit A.N. O¹ 1077 445
La Ferrière, Charles de Masso, marquis de († 1773). Sous-gouverneur du dauphin et des comtes de Provence et d'Artois 1758
Conti [1], Louis François de Bourbon-Conti, prince de, (1717-1776)
3.1.1769 *Le logement de Mme la comtesse du Roure à M. le prince de Conti...* Disposition : A.N. O¹ 1077 42
1770 *État* A « M. de La Ferrière, puis M. le prince de Conti »
Penthièvre, Louis Jean Marie de Bourbon, *dit* duc de (1725-1793). Grand veneur 1737
1776 N au roi : *Le logement de Mme la princesse de Lamballe, surintendante de la maison de la reine,* **[AP 54]** *étant très incommode pour cette princesse et M. le duc de Penthièvre, M. le maréchal de Mouchy propose à Votre Majesté de donner à M. le duc de Penthièvre le logement de feu M. le prince de Conti et laisse à Mme la princesse de Lamballe celui de M. le duc* **[AP 70 et 70A]** *pour ajouter à celui qu'elle occupe.* A.N. O¹ 1077 480
1.9.1776 Hazon à A : *Extrait de l'ouvrage de peinture à faire à l'appartement de Mgr le duc de Penthièvre... total 680 livres. Mgr le duc de Penthièvre demande de plus une table de marbre en console. Il y en a une au magasin, mais il faudrait redorer le pied. Son Altesse demande aussi quatre paires de bras. Il n'y en a au magasin que deux paires qui soient convenables. Plus, deux petites glaces blanches d'environ 2 pieds sur 2 pieds et 1/2 pour éclairer deux garde-robes qui n'ont aucune espèce de jour. Elles se trouvent au magasin.* A.N. O¹ 1799 573 ; *cf.* 574
11.9.1776 H à A : *Vous avez ordonné de blanchir l'appartement de M. le duc de Penthièvre et il sera fini vendredi. Le valet de chambre de M. le duc a observé que dans tout l'appartement, il n'y avait que deux petites armoires ; il en demande une troisième...* A.N. O¹ 799 576
1787 *État* E « M. le duc de Penthièvre » "6 pièces, 4 à cheminée ; 2 entresols"

VA 38 à 49 correspondent à **CC 38 à 41, AG 42 à 44** et **CC 45 à 48**.

ATTIQUES [2]

VA 49 [3]
Gesvres, Léon Potier, duc de (1620-1704). Capitaine des gardes du corps en succession de son père 1646-1669 ; premier gentilhomme de la chambre du roi 1669
Montgon, Louise Sublet d'Heudicourt, marquise de (1668-1707). Dame du palais de la duchesse de Bourgogne 1696
Montgon, Jean François Cordebœuf de Beauverger, marquis de (1655-1730)
3.6.1695 *Le roi a donné au duc de Gesvres l'appartement qu'avait Madame de Soubise* **[CC 68]** *et à Mme de Montgon l'appartement qu'avait le duc de Gesvres.* D V 215
20.6.1695 GG-B 1144 « Plan de l'appartement de Mme de Montgon, qu'occupait M. le duc de Gesvres au château »
Courcillon, Philippe Égon, comte de (1687-1719)
Courcillon, Françoise de Pompadour, duchesse de la Valette, comtesse de (1695-1756). Dame du palais de la duchesse de Bourgogne en survivance de sa belle-mère 1708
9.3.1709 *Depuis la mort de Mme de Montgon, dame du palais, le roi a laissé par prêt à M. de Montgon, son mari, le logement qu'elle avait ici dans le corps du château et lui avait fait espérer en lui ôtant cet appartement, qu'il en donnerait quelque autre. Il y en a eu un vacant dans la cour des secrétaires d'État par la mort de M. d'Avaux, et le roi l'a donné à M. de Montgon et a donné celui qu'il occupait à Mme de Courcillon, sa belle-fille. Le roi eut la bonté de nous envoyer M. Blouin pour nous l'apprendre. Nous n'aurions osé le demander, quelque plaisir que cela nous fît et quoique cela nous convînt tout à fait, mais pendant que M. de Montgon l'occupait nous ne croyions pas qu'il fût honnête de le demander.* D XII 352
Gontaut, Antoinette Eustachie Crozat du Châtel, duchesse de (1728-1747)
20.6.1695 GG-B 1144 « Plan de l'appartement de Mme de Montgon dans le comble de la vieille aile sur la cour Royale, anciennement celui du duc de Gesvres, puis devenu en 1740 celui de Mme de Gontaut. Devis détaillé »
Beauvau, Marc de Beauvau, marquis de Craon, *dit* marquis de (1679-1754). Grand écuyer du duc de Lorraine
Helvétius, Jean Claude Adrien (1685-1755). Premier médecin du roi 1713-1755
Tresmes, Louis Léon Potier, comte, puis en 1757 duc de (1695-1774). Gouverneur de Paris, et d'Île-de-France 1757
GG-B 754 [Vers 1740]
1741 *État* « M. de Beauvau, puis M. Helvétius, M. le comte de Tresmes » "5 pièces, 3 à cheminée"
15.6.1747 *Il a été remis à M. de Tournehem deux mémoires d'ouvrages faits dans l'appartement de M. le comte de Tresmes au château de Versailles, l'un de menuiserie fait par L'Échaudé, fils, montant à 273 livres... l'autre d'une cheminée de pierre de liais faite par Trourard... à 25 livres.* A.N. O¹ 1810 I 225
24.3.1758 *Le logement de M. le duc de Gesvres avec la chambre de M. Jard* **[VA 51]** *à M. le duc de Duras...* Disposition : A.N. O¹ 1076 511
24.3.1758 *La cuisine de M. Jard à M. le duc de Tresmes pour ajouter à son logement...* Disposition : A.N. O¹ 1076 511
1770 *État* A « M. le duc de Tresmes »
Fougières, François Marie, comte de (1721-1787). Premier maître d'hôtel du comte d'Artois 1773
Aiguillon, Emmanuel Armand, comte, puis en 1740 duc d' (1720-1788). Capitaine commandant de che-

1. Le prince de Conti et le duc de Penthièvre occupaient aussi **VA 15B**.
2. Ce terme, employé dans l'*État* de 1741 désigne l'étage mansardé.
3. **VA 49** était combiné avec **VA 53** au-dessus à cette époque.

vau-légers de la garde du roi ; ministre des Affaires étrangères 1771-1774

10.1774 *Le logement de M. le duc de Tresmes est petit et vilain. Votre Majesté veut-Elle bien le donner au capitaine des chevau-légers en attendant mieux ; si M. de Fougières l'aimait mieux que le sien,* [**AP 82**] *si Votre Majesté l'approuve, on donnerait celui de M. de Fougières à M. le duc d'Aiguillon.* A.N. O[1] 1077 217

16.3.1775 A au comte de Gesvres : *Je crains beaucoup qu'il ne sera pas possible de retirer de l'appartement qu'occupait feu M. le duc de Tresmes votre père au château de Versailles les glaces et les boiseries que vous présumez qui y avaient été établies à ses frais... Les registres des bâtiments de l'administration ne présentent aucune trace d'ouvrages faits dans les appartements aux frais de ceux qui les occupaient et comme il est certain en général que c'est le roi qui approuverait dans tous les cas les dépenses des logements, il paraît difficile qu'il y ait eu exception pour Monsieur votre père...* A.N. O[1] 1799 322

Crussol, Alexandre Charles Emmanuel de Crussol d'Uzès, chevalier de (1743-1815). Capitaine des gardes du corps du comte d'Artois

14.4.1775 *Les dames du palais de la reine ont le droit d'avoir logement de mari et femme. Mme la comtesse de Talleyrand n'a pas cet avantage, en conséquence, elle demande qu'on donne à M. le chevalier de Crussol le petit logement de feu M. le duc de Tresmes et M. le comte de Talleyrand aura le trou de M. le chevalier de Crussol qui est dans son voisinage* [**AN 76**]. A.N. O[1] 1077 222

28.4.1775 *Le logement de M. le duc de Tresmes à M. le chevalier de Crussol, capitaine des gardes de Monseigneur le comte d'Artois...* Distribution : A.N. O[1] 1799 338

4.5.1782 A à L : *Je vous autorise... en égard au titre de M. le bailli de Crussol dans la maison de Monseigneur le comte d'Artois à faire établir les deux persiennes indiquées dans votre rapport du 29 avril, appui de l'avis de M. Heurtier auquel vous ferez part de ma décision...* A.N. O[1] 1798 345

Haussonville, Joseph Louis Bernard de Cléron, comte d' (1739-1806). Grand louvetier de France 1780

30.9.1783 *Le logement de M. le chevalier de Crussol à M. de comte d'Haussonville* A.N. O[1] 1077 282 ; *cf.* 1801 539

Esterházy, Valentin Ladislas, comte d' (1740-1805)

30.11.1783 *Le logement de M. le comte d'Haussonville à M. le comte d'Esterházy* A.N. O[1] 1077 283 ; *cf.* 1801 539

28.12.1783 Le comte Esterházy à A : *Le roi ayant bien voulu donner au comte d'Esterházy un logement au château de Versailles occupé ci-devant par M. le bailli, en entresol près de la salle des Cent-Suisses, il prie M. le comte d'Angiviller de vouloir bien donner ses ordres pour qu'il soit visité et qu'il y fasse faire quelques réparations.* A.N. O[1] 1801 556

1787 *État* E « M. le chevalier de Crussol » "6 pièces, 4 à cheminée ; 2 bûchers"

VA 50 [1]

Tresmes, Bernard François Potier, marquis de Gesvres, puis en 1703 duc de, *dit* duc de Gesvres en 1719 (1655-1739)

Racine, Jean (1639-1699). Historiographe du roi 1677 ; gentilhomme du roi 1690

20.6.1695 *Le roi a donné à Racine le logement dans le château qu'avait le marquis de Gesvres.* D V 225

Charolais, Louise Anne de Bourbon-Condé, *dite* Mlle de Sens, puis de (1695-1758)

27.10.1699 *Le roi a donné à la petite Mlle de Charolais le logement dans le château qu'avait Racine. Madame la princesse avait demandé ce logement là pour Mlle de Condé et avait même prié Madame la duchesse d'en parler au roi.* D VII 177

Montbazon, Louise Julie de La Tour d'Auvergne, princesse de (1681-1750)

[1731] GG-B 663 « Plan de l'appartement de la princesse de Montauban dans l'attique du corps du château, dans la Vieille Aile [**VA 50**] et au-dessus de l'appartement de la reine [**VA 70**)] »

Muy, Jean-Baptiste II de Félix, marquis de (1676-1759). Sous-gouverneur des Enfants de France 1735

1741 GG-B 754 « Plan coté des appartements du comte de Tresmes [**VA 49**] et de M. de Muy [**VA 50**]... »

1741 *État* « Mme de Montbazon, puis M. de Muy » "2 pièces à cheminée"

Brissac, Catherine Madeleine Pécoil de la Villedieu, duchesse de (1707-1770)

10.3.1745 ... *le roi ôte à M. de Muy le père le logement qu'il avait ici près du côté de M. de Gesvres et de M. le Premier... Il a été donné à Mme la duchesse de Brissac douairière.* L* VI 353

10.3.1745 ... *le roi a ôté à M. de Muy le logement qu'il*

1. **VA 50** fut presque toujours combiné avec **VA 70**, situé au-dessus.
L'attribution à Tresmes, Racine et Charolais est sujette à révision. Le logement n'était pas de choix, étant très petit. Le marquis de Tresmes s'en servit peut-être comme d'une annexe de l'appartement de son père le duc de Gesvres, qui habita **VA 49** jusqu'en 1695, année où tous deux déménagèrent. Son attribution à Racine semble logique. En tant qu'historiographe du roi, celui-ci avait droit à un logement à la Cour, et en occupant **VA 50** pendant ses séjours à Versailles, il était à proximité de la salle des Comédies au-dessous, **VA 17**, et de l'appartement de Madame de Maintenon, **CC 34**, à une époque où son théâtre était en vogue à la Cour (D V 87 *sq.*, VI 56, 65, 70, 461, 466, VII 33). À sa mort, le logement passa à une princesse du sang en bas âge, Mlle de Charolais, et à ses nourrices. Il n'y avait que quelques années que l'étage au-dessous, **VA 36**, était affecté aux Enfants de France, et il conservera cette fonction après la naissance des enfants du duc de Bourgogne. Plus tard, l'espace mitoyen, **CC 48 et 70**, servit d'appartement aux fillettes du Régent. La tradition voulait donc que les enfants de la famille royale fussent voisins. Mais, quand Hardouin-Mansart projeta un « appartement de jour » pour le duc de Bourgogne au premier étage, avec des pièces voûtées, tous les logements de l'attique furent menacés. Mlle de Charolais, accompagnée de sa sœur, déménagea encore en janvier 1701, cette fois pour l'appartement, non identifié, de Blouin (D VIII 24), sans doute parce qu'il avait reçu le logement de fonction de Bontemps lorsqu'il lui succéda comme gouverneur du château. Les deux sœurs déménagèrent de nouveau en 1704, pour reprendre le logement, non identifié, du marquis de Cavoye (D X 157).

avait au-dessus de M. le Premier ; cet appartement a été donné à Mme la duchesse de Brissac... L* VI 367
12.1745 N au roi : *Le comte de Noailles... propose à Votre Majesté le logement que M. de Muy a rendu, composé de trois petits pièces, à Mme la duchesse de Brissac, douairière.* Bon du roi : A.N. O[1] 1076 94
Meaux, Jean Louis Marthonie de Caussade, évêque de (1712-1779). Évêque de Meaux 1759-1779 ; premier aumônier de Madame Adélaïde 1759
1770 N au roi : *Madame désire le logement de Mme la duchesse de Brissac pour M. l'évêque de Meaux...* A.N. O[1] 1077 87
1770 *État* A « M. l'évêque de Meaux »
1777 *État* B « M. l'évêque de Meaux »
Hénin, Charles Alexandre d'Alsace-Hénin-Liétard, prince d' (1744-1794). Capitaine des gardes du corps du comte d'Artois
1787 *État* E « M. le prince d'Hénin » "2 pièces, 1 à cheminée"
28.6.1788 H à A : *On a réparé la partie du comble du château précisément au-dessus du logement de M. le prince d'Hénin... La réparation a endommagé le plafond de ce logement...* A.N. O[1] 1802 474

VA 51
Fleury, André Hercule, évêque de Fréjus, cardinal de (1653-1743). Précepteur de Louis XV 1715 ; grand aumônier de la reine ; cardinal et ministre d'État 1726
Fleury, André Hercule de Rosset, marquis de Perpignan, puis duc de (1715-1788). Premier gentilhomme de la chambre du roi 1741
1741 *État* « M. le cardinal de Fleury, puis marquis de Fleury » "3 pièces, 1 à cheminée"
Muy, Louis Nicolas Victor de Félix, chevalier puis comte du (1711-1775). Menin du dauphin ; ministre de la Guerre et maréchal de France 1774
18.12.1745 *On propose aussi... d'accorder à M. le chevalier du Muy, menin de Monseigneur le dauphin, la chambre qu'occupait M. le marquis de Fleury.* Bon du roi : A. N. O[1] 1076 98
18.2.1746 *M. le chevalier de Muy prie M. le directeur général de vouloir bien lui accorder une glace de 30 pouces de large sur 35 de haut pour la cheminée de l'appartement que le roi lui a donné.* A.N. O[1] 1810 I 72
Jard, N... (?-?). Chirugien accoucheur de la dauphine
2.1.1748 *Le logement de Jard* [**AP 104 et 105**], *hors la petite pièce accordée à M. Rouillé, à M. le chevalier de Muy en échange du sien ; celui de M. le chevalier de Muy à M. Jard* Bon du roi : A.N. O[1] 1076 190
1758 *La cuisine de M. Jard à M. le cardinal de Gesvres et M. le duc de Gesvres* A.N. O[1] 1077 463
24.3.1758 *La cuisine de M. Jard à M. le duc de Tresmes pour ajouter à son logement* [**VA 49**]... Disposition : A.N. O[1] 1076 511

VA 52 [1]
Tresmes, Bernard François Potier, marquis de Gesvres puis en 1703 duc de, *dit* duc de Gesvres en 1719 (1655-1739). Premier gentilhomme de la chambre du roi en survivance de son père 1670
Gesvres, François Joachim Bernard Potier, marquis puis en 1702 duc de, plus tard *dit* duc de Tresmes (1692-1757). Premier gentilhomme de la chambre du roi 1739
1741 *État* « Premier gentilhomme de la chambre, M. le duc de Tresmes, puis de Gesvres » "9 pièces, 7 à cheminée"
20.5.1748 *M. le duc de Gesvres a passé chez M. de Tournehem pour le prier d'ordonner qu'on lui rende tout ce que l'on a ôté de dessus la terrasse quand on l'a raccommodée, le tout consistant, savoir : deux volières, deux sièges de font, deux pompes, deux cuvettes de plomb, les tuyaux, aussi de plomb, un grand treillage autour des fenêtres de l'appartement, un petit treillage de fer autour des balastrages avec les cuvettes de plomb qui servaient de réservoirs aux volières.* Réponse : *À M. L'Écuyer.* A.N. O[1] 1810 II 52
29.9.1748 *M. le duc de Gesvres prie M. de Tournehem de faire peindre en détrempe deux chambres de son appartement à Versailles pendant le voyage de Fontainebleau.* Réponse : *Bon pour 77 livres.* Note de E : *Il y a quatre petits châssis, un plafond et plusieurs recherches à faire dans cet appartement montant à 194 livres qui doivent regarder les réparations.* A.N. O[1] 1810 II 87
11.8.1753 Le duc de Gesvres à M : *J'espérais toujours avoir l'honneur de vous voir à Versailles, Monsieur... J'ai une grâce à vous demander. Depuis que M. de Muy s'est cassé la jambe, mon escalier de Versailles fait peur. Si vous vouliez bien y faire raccommoder quelque chose, cela serait aisé et de peu de dépense et vous rendriez un grand service aux jambes...* A.N. O[1] 1811 I 82 ; *cf.* 129
22.10.1753 M à E : *M. le duc de Gesvres me demande quelques réparations à faire à l'escalier de son logement au château de Versailles. Ayez agréable de voir ce qu'il y a faire.* A.N. O[1] 1795 458
22.10.1753 M au duc de Gesvres : *Je vous écrirai à Versailles afin de pourvoir aux moyens de rendre plus commode l'escalier de votre logement.* A.N. O[1] 795 459
2.11.1753 M à E : *M. le duc de Gesvres m'ayant envoyé, Monsieur, une copie d'une de vos lettres au sujet de son escalier, j'ai prié le porteur de lui dire que le terme était trop court pour le retour et que nous sommes trop surchargés d'ouvrage pour penser au sien actuellement.* A.N. O[1] 1795 465
12.10.1754 E à M : *La partie de l'escalier de M. le duc de Gesvres à changer pour l'adoucir... 135 livres* Réponse : *Vous auriez agréable, Monsieur, de faire faire chez M. le duc de Gesvres les petites réparations qu'il demande.* A.N. O[1] 1796 80
12.10.1757 *Sa maison à Paris et son appartement ici ne désemplissaient point depuis qu'il était éveillé jusqu'à ce qu'il se couchât. Les prélats, les femmes, les grands et les petits de tout étage avaient toujours affaire à lui ; il recevait du monde pendant qu'il était encore dans son lit. Il écrivait, il dictait au milieu d'une compagnie nombreuse. Tous les ministres lui rendaient des devoirs. Il donnait presque tous les jours des audiences particulières dans son cabinet à ses amis ou à des gens qui avaient à lui parler. Il avait tous les jours un grand*

1. **VA 52** fut presque toujours combiné avec **VA 55**, situé au-dessus.

dîner. Il ne paraissait pas être fort occupé de la bonne chère, mais il était fort aise d'avoir beaucoup de monde. Il avait une maison considérable en gentilhommes, pages et domestiques de toute espèce, et faisait une dépense prodigieuse. L* XVI 186

Lauraguais, Diane Adélaïde de Mailly de Nesle, duchesse de (1714-1769). Dame d'atour de la dauphine 1744

1757 N au roi : *Mme de Lauraguais ne veut point l'appartement du duc de Gesvres. Elle me le dit hier ainsi. Je le donne à M. de Duras avec l'appartement de Jard* [**VA 51**] *sans la cuisine que je donne par augmentation au cardinal de Gesvres. Si elle ne veut pas d'un autre que je lui proposerai, il faudra que le comte de Noailles patiente encore.* A.N. O[1] 1077 462

VA 51 et 52 sont combinés.

Duras, Emmanuel Félicité de Durfort, comte, puis duc de (1715-1789). Premier gentilhomme de la chambre du roi 1757 ; maréchal de France 1775

Duras, Louise Françoise Maclovie Céleste de Coëtquen, duchesse de (1724-1802)

16.9.1757 E à M : *Le sieur Beaubigny, menuiser chargé du logement de Mme la maréchale de Duras, m'ayant fort assuré que toute la menuiserie en serait posée cette nuit, j'ai été fort surpris ce matin de ce qu'il lui restait encore à sa boutique plusieurs parties à achever, ce qui m'a obligé d'envoyer commander dans la ville huit compagnons et menuisiers lesquels allant travailler jour et nuit sans relâche, j'espère réparer le manque de parole de cet entrepreneur, ce qui est absolument important vu que le roi compte que la dame d'honneur de Madame l'Infante occupera le logement qu'on a prêté à Mme de Duras* [**CC 59A**], *ce qui ne se pourrait si celui de cette maréchale ne se trouvait pas en état de la recevoir au retour de Fontainebleau.* A.N. O[1] 1796 485

[10.1757] GG-B 26 « Plan de l'appartement destiné à M. le duc de Duras, premier gentilhomme de la chambre qu'occupait auparavant M. le duc de Gesvres »

4.10.1757 E à M : *L'appartement de Mme la maréchale de Duras sera entièrement achevé le 20 ou 22, ce que j'espère, au moyen de quoi elle pourra remettre à la dame d'honneur de Madame celui qu'on lui avait prêté en attendant.* A.N. O[1] 1796 480

21.10.1757 ... *le roi a donné à M. le duc de Duras l'appartement de M. le duc de Gesvres. On y ajoute celui de M. de Jard* [**VA 51**], *qui est à côté ; on l'accommode pour faire un appartement à M. de Duras ; celui de M. de Gesvres sera pour Mme de Duras.* L* XVI 225

6.12.1757 *État des glaces qui appartiennent à M. le duc de Gesvres : dans la première antichambre, une glace sur la cheminée ; dans la deuxième antichambre, une glace sur la cheminée ; dans le grand cabinet, une glace sur la cheminée et deux trumeaux entre les croisées ; dans la chambre grise, une glace sur la cheminée ; dans la petite chambre, une glace sur la cheminée... prix total du roi 1 083 livres ; prix total du marchand 1 455 livres.* A.N. O[1] 1796 488 ; *cf.* 1811 II 175

7.1.1758 M à E : *Le roi a accordé à M. le duc de Duras les glaces qui sont dans le logement qu'occupait feu M. le duc de Gesvres et qui appartiennent à sa succession. Vous auriez agréable... de m'envoyer le prix pour être remboursé aux héritiers de M. le duc de Gesvres... au prix que le roi paye les glaces, sinon les héritiers emporteront les glaces et le roi en substituera d'autres.* A.N. O[1] 1796 503

24.3.1758 *Le logement de M. le duc de Gesvres avec la chambre de M. Jard* [**VA 50**] *à M. le duc de Duras...* Disposition : A.N. O[1] 1076 511

1758 *Le logement de M. le duc de Gesvres y ajoutant la chambre de M. Jard, accoucheur de Madame la dauphine, et en retranchant sa cuisine à M. le duc de Duras...* Disposition : A.N. O[1] 1077 463

6.1758 *État des marbres qui sont à fournir pour le service du roi... dans le nouveau logement de M. le duc de Duras : dans la chambre à coucher, une cheminée de marbre commun ; dans le cabinet, une cheminée de marbre commun* A.N. O[1] 1796 572

21.7.1758 M à E : *Par votre note... je vois que M. le duc de Duras demande 11 glaces pour son nouveau logement. Vous sentirez que le Trésor royal étant fermé pour le trésorier des bâtiments depuis deux mois, il se trouve vide de 560 000 livres dans sa caisse, ce qui m'empêche de pouvoir accorder à M. le duc de Duras ces onze glaces. Tout ce que je puis faire actuellement, c'est de lui accorder celle qu'il demande pour son cabinet de compagnie sur la cheminée et celle de sa chambre à coucher sur sa cheminée.* A.N. O[1] 1796 601 ; *cf.* 599 et 600

27.4.1762 E à M : *Ouvrages demandés par le duc de Duras dans son appartement : Quatre des croisées les plus mauvaises à refaire à neuf sur la terrasse, y compris quelques parties de lambris qui seraient à déposer et à reposer ; les ferrures neuves des croisées, les vieilles étant hors d'état de resservir ; la peinture, tant des croisées que les nettoiements et blanchissages de plusieurs pièces de l'appartement, fort sale, comme aussi les bronzes sur les principales ferrures ; la dépose et repose des glaces blanches des dites croisées avec les dorures de cuivre au pourtour... 756 livres.* Note : *Le rétablissement des robinets, pompes, tuyaux de plomb, rocailles et treillages sur la terrasse, pour lesquels articles M. le marquis de Marigny a mis un néant à la marge, ont été faits et entretenus sur le compte de M. le duc de Gesvres, ce qui le prouve est la vente qui était faite à sa mort à M. le duc de Duras... 250 livres.* A.N. O[1] 1797 224

29.5.1762 M à E : *Je prendrai l'ordre du roi pour la dépense, qui suivant votre devis, montera à 756 livres, mais à l'égard du rétablissement des robinets, pompes, tuyaux, rocailles et treillages du même logement, ces objets ayant été faits par feu M. le duc de Gesvres pour son plaisir et sa commodité et par lui entretenus à ses dépens, et M. le duc de Duras ayant acquis la propriété... il se trouve engagé à leur entretien comme propriétaire.* A.N. O[1] 1797 228

20.9.1766 M à E : *Je présume, quoique vous ne me le marquiez pas, que vous aurez fait faire au plancher du logement de Mme la duchesse de Duras la réparation de la nécessité de laquelle vous étiez convenu, ou au moins que cette petite réparation sera faite à temps pour qu'elle n'ait plus aucun sujet de craindre quand elle retournera à Versailles.* A.N. O[1] 1798 107

1770 *État A* « M. le duc de Duras, puis prêté à M. le major et M. de Prisis, premier aide-major de Cour » puis « promis à M. le duc d'Ayen ».

20.7.1771 *Le logement de M. le duc de Duras, attiques, corps du château, n°s 51 et 52 en réserve pour le premier écuyer du roi...* Disposition : A.N. O[1] 1798 643

1771 N au roi : *La vacance du logement de M. le duc de Duras et la demande de Mgr le comte et Mme la comtesse de Provence a mis le trouble à la Cour. Votre Majesté a accommodé en réservant le dit logement pour son premier écuyer, mais Monseigneur le dauphin, ayant écrit au comte de Noailles pour M. le duc de Saint-Maigrin, il désire savoir la réponse qu'il doit faire. Il paraît que les premiers gentilshommes de la Chambre et les capitaines des gardes de Mgr le comte de Provence et le chevalier d'honneur de Mme la comtesse de Provence pourraient avoir la préférence quand il en vaquera... après que l'aile à abattre sera rebâtie.* A.N. O[1] 1077 113

3.2.1771 G à M : *Je remets sous les yeux de M. le directeur général la demande qui lui faite M. le duc de Duras de le faire rembourser de 2 000 livres... qu'il abandonne en quittant son ancien appartement... Si M. le duc de Duras avait un successeur dans ce logement, il serait plus convenable qu'il s'arrange avec lui, mais comme ce logement est un de ceux que l'on supprime, M. le duc de Duras est dans un cas un peu différent et paraît fondé à demander une indemnité des dépenses qu'il a faites ou a remboursées [la succession du duc de Gesvres] attendu qu'il aurait pu en jouir encore longtemps.* A.N. O[1] 1799 6

19.7.1772 M au roi : *M. le duc de Duras en abandonnant le logement qu'il avait précédemment au château de Versailles y a laissé nombre d'ajustements et effets la plupart uniquement faits pour la place qu'il avait achetée de la succession de M. le duc de Gesvres à qui il avait succédé dans ce logement. Ces différents effets ont été transportés dans le magasin des bâtiments à l'effet d'être remployés en différents endroits et par une estimation très modérée ils montent à une somme de 1 946 livres. Je supplie Votre Majesté de vouloir bien lui en accorder le remboursement, ce qui me paraît juste, M. le duc de Duras n'ayant quitté que par nécessité ce dernier logement et ayant d'ailleurs fait pour arranger le nouveau* **[CC 34 et 48]** *des avances dont ce remboursement l'indemnisera un peu.* Bon du roi : A.N. O[1] 1070 235 ; *cf.* 234

Major et premier aide-major de la Cour

29.3.1771 N au roi : *Votre Majesté a accordé à Madame Victoire le logement de M. de Prisis, premier aide-major de cour pour sa garde-robe, l'on peut mettre cet aide-major avec M. le major chez M. le duc de Duras* A.N. O[1] 1077 114

29.3.1771 N au roi : *M. le duc de Duras prétend ne pouvoir habiter son nouveau logement* **[CC 34 et 48]** *après Fontainebleau à cause des plâtres neufs. Comme il n'y en a point dans la chambre de Mme la duchesse de Duras, le comte de Noailles demande la permission à Votre Majesté de demander de sa part à M. le duc de Duras de vouloir bien céder son logement le 2 janvier pour y mettre M. le major et un des deux aides-majors de cour qu'il faut remplacer nécessairement quand on abattra l'aile [du Gouvernement] et lorsqu'il viendra à Versailles, il pourra coucher dans l'appartement de Mme la duchesse de Duras.* Réponse : *Approuvé.* A.N. O[1] 1077 120

Pontécoulan, Léon Armand Le Doulcet, seigneur de (1726-?). Major de la Cour

Prisis, Claude de (?-?). Aide-major des quatre compagnies des gardes du roi 1771

29.3.1771 *Le logement de M. le duc de Duras, destiné au premier écuyer, n°s 51 et 52, attique, corps du château prêté à M. le major des gardes et au second aide-major de la Cour...* Disposition : A.N. O[1] 1077 124 ; *cf.* 1798 657, 684 et 1802 733

Ayen, Jean Louis François Paul de Noailles, duc d' (1739-1824)

Ayen, Henriette Anne Louise d'Aguesseau, duchesse d' (vers 1736-?)

7.5.1772 N au roi : *M. le duc de Noailles persécute avec quelque sorte de raison son frère pour loger son fils aîné et sa belle-fille. M. le duc d'Ayen quoiqu'à son 12e quartier a eu la discrétion, vu la disette, de ne demander que quand l'aile serait rebâtie. Comme M. le major des gardes de Votre Majesté a son logement marqué avec les deux aides-majors de cour, Votre Majesté veut-Elle bien avoir la bonté d'assurer ce dit logement à M. le duc d'Ayen ? C'est celui que M. le duc de Duras avait avant celui de M. le comte de Clermont.* **[CC 34 et 48]**. Réponse : *Bon.* A.N. O[1] 1077 161

1776 N au roi : *Le feu roi a accordé à M. le duc d'Ayen la survivance de l'ancien logement de M. le maréchal de Duras, occupé à présent par M. le major et aide-major général des gardes de Votre Majesté qui a eu la bonté de confirmer cette grâce. M. le maréchal de Noailles ayant quitté sa charge, son logement* **[CC 60, 61, et 62]** *appartiendrait de droit à M. le duc d'Ayen ; mais il est impossible de refuser à M. le maréchal de Noailles la faveur qui a été accordée à M. le maréchal de Richelieu et M. le duc de Bouillon de conserver un logement comme seigneur. Il consent de remettre la survivance du logement occupé par M. le major, mais il demande la survivance de celui de l'ancien évêque de Limoges.* **[VA 53]** *La demande est très modeste. La reine demande avec la plus vive insistance que Mme la marquise de Mailly, sa dame d'atour, ait tout à l'heure le logement de M. le major et aide-major général qui occuperaient le sien que Votre Majesté a accordé par un bon de sa main à la comtesse de Buzançois* **[AN 73 et 74]** *; il restera toujours destiné à cette dame d'honneur, mais M. de Pontécoulan et M. de Prisis l'occuperaient en attendant qu'on puisse les placer ailleurs, étant impossible qu'ils soient sans logement.* A.N. O[1] 1077 361

Mailly-d'Haucourt, Jeanne Marie de Talleyrand-Périgord, comtesse, puis en 1777 duchesse de (1748-1792). Dame d'atour de la reine 1775

Mailly-d'Haucourt, Louis Marie, comte de Mailly d'Haucourt, puis en 1777 duc de (1744-1792)

14.12.1776 *L'ancien logement de M. le maréchal de*

Duras occupé par M. le major et M. l'aide-major général des gardes du corps à Mme la marquise de Mailly, dame d'atour de la reine... Disposition : A.N. O^1 1799 631 ; *cf.* 635
1787 *État* E « Mme la duchesse de Mailly »

ENTRESOLS AU-DESSUS DE L'ATTIQUE

VA 53 [1]
Gontaut, Antoinette Eustachie Crozat du Châtel, duchesse de (1728-1747)
Rohan, Louis Marie Bretagne Dominique de Rohan-Chabot, duc de (1710-1801)
Rohan, Charlotte Rosalie de Châtillon, duchesse de (1719-1753). Dame de la dauphine 1744
1740 *Mme la duchesse de Gontaut, entresols au-dessus de l'attique, n° 53, sept pièces, dont sept à cheminée donné à M. et Mme de Rohan...* Logements... donnés par le roi : A.N. O^1 1076 133
1741 *État* « Dame du palais Mme de Gontaut, puis M. le duc de Rohan » "7 pièces, 4 à cheminée"
16.7.1746 *Le roi a donné... celui de Mme la maréchale de Maillebois* [**AP 90**] *à M. et Mme la duchesse de Rohan. Ainsi il reste de vacant... celui que M. de duc de Rohan avait auprès de M. le duc de Gesvres* [**VA 52**] *et de M. le Premier* [**VA 72**] *lequel était autrefois à Mme la duchesse de Gontaut...* L* VII 344
La Vauguyon, Antoine Paul Jacques de Quélen d'Esteur de Caussade, marquis de Saint-Maigrin, puis duc de (1706-1772). Menin du dauphin 1745
La Vauguyon, Marie Françoise de Béthune-Charost, duchesse de (1712-?)
27.9.1746 *État des personnes qui demandent le logement de Mme la duchesse de Rohan : M et Mme de La Vauguyon à la place de celui qu'ils ont* [**AN 34**]... Bon du roi : A.N. O^1 1076 115
28.3.1752 *M. le comte de La Vauguyon prie M. de Vandières de donner ses ordres pour les réparations urgentes et nécessaires à faire aux planches, parquets et châssis des croisées de son appartement [et] en outre d'y joindre quelques changements de cloisons de planche, l'ouverture d'une porte dans une cloison de charpente et le raccordement du lambris avec une face d'armoire coupée dans le lambris... Devis = 851 livres.* Bon du roi : A.N. O^1 1811 I 7 et 13
20.6.1752 M à E : *J'ai pris l'ordre du roi, Monsieur, sur les réparations et ajustements que M. le comte de La Vauguyon demande à Sa Majesté dans son logement au château de Versailles et dont vous m'avez remis le devis sur 2 colonnes. Sa Majesté lui a accordé seulement 597 livres.* A.N. O^1 1795 235
Limoges, Jean Gilles de Coëtlosquet, évêque de (1700-1784). Évêque de Limoges 1739-1758 ; premier aumônier du comte de Provence et chargé de la feuille des bénéfices de l'apanage du prince
1758 *Le logement de M. le comte de La Vauguyon à M. l'évêque de Limoges, précepteur de Monseigneur le duc de Bourgogne...* Dispositions des logements... pour le service de Monseigneur le duc de Bourgogne : A.N. O^1 1076 506
Argentré, Jean Baptiste du Plessis, abbé d' (1720-1795). Précepteur des enfants du roi ; premier aumônier de Monsieur
[176...] *L'abbé d'Argentré, lecteur de Monseigneur le duc de Bourgogne, désire être logé au château parce que M. l'abbé de Marbeuf, lecteur de Madame la dauphine, y logeait, le roi avait décidé qu'il logerait dans l'entresol de son oncle l'évêque de Limoges.* A.N. O^1 1077 431
1770 *État* A « M. l'évêque de Limoges »
1777 *État* B « M. l'évêque de Limoges »
Ayen, Jean Louis François Paul de Noailles, duc d' (1739-1824)
Ayen, Henriette Anne Louise d'Aguesseau, duchesse d' (vers 1736-?)
1778 N au roi : *Le feu roi a accordé à M. le duc d'Ayen la survivance de l'ancien logement de M. le maréchal de Duras* [**VA 51 et 52**]... *Il consent de remettre la survivance du logement occupé par M. le major, mais il demande la survivance de celui de l'ancien évêque de Limoges. La demande est très modeste.* A.N. O^1 1077 361
Polastron, Marie Louise d'Esparbès de Lussan, vicomtesse de (1764-1804). Dame du palais de la reine 1782 ; maîtresse [présumée] du comte d'Artois
Polastron, Adhémar Jules, vicomte de (?-?)
21.4.1784 *Lettre de Mme la vicomtesse de Polastron qui prie M. le directeur général d'envoyer visiter l'appartement au château de Versailles qu'on vient de lui accorder et dans lequel elle succède à M. l'évêque de Limoges.* Réponse : *Réponse provisoire de politesse.* A.N. O^1 1801 597
23.4.1784 L** à A : *Les demandes de cette dame consistent en deux cloisons légères à faire dans l'antichambre pour former une chambre et un cabinet et dans la suppression des fourneaux de la cuisine pour en faire l'antichambre et le blanchi du dit appartement.* Réponse de H : *Après la note que M. Loiseleur m'a communiquée, je... l'ai autorisé à aller en avant.* A.N. O^1 1801 607
12.12.1785 H à A : *J'ai été chez Mme de Polastron où j'ai trouvé M. le vicomte de Polastron qui m'a dit que les demandes de Mme de Polastran le regardaient personnellement. Elles consistent : 1. dans la suppression d'une cloison légère pour joindre deux petites pièces en une seule, laquelle lui servira de chambre à coucher ; 2. dans la pose et repose d'un lambris et l'ajustement d'une alcôve avec les boiseries qui sont sur place. Tous ces objets pourront coûter 400 à 500 livres.* Réponse : *Ordre d'exécution.* A.N. O^1 1802 143
1787 *État* E « Mme de Polastron » "7 pièces, 3 à cheminée"

VA 54 [2]
Estrées, Louis Charles César Le Tellier, marquis de Courtenvaux, puis en 1739 comte d' (1695-1771). Capitaine des cent-suisses par commission pendant la minorité de son neveu 1722-1734
Courtenvaux, François César Le Tellier, marquis de Montmirail, puis de (1718-1781). Capitaine des cent-suisses à la mort de son père, charge exercée par son oncle pendant sa minorité 1722-1734

1. **VA 53** était situé au-dessus de **VA 49**.
2. **VA 54** était situé au-dessus de **VA 51 et 52**.

1741 *État* « Capitaine des cent-suisses, M. de Courtenvaux Louvois, Montmirail » "5 pièces, 4 à cheminée ; 1 réchauffoir sur le palier"
27.7.1753 E à M : *M. de Courtenvaux demande depuis longtemps quelques changements dans son logement avec la même menuiserie, ce qui pourra monter environ à 50 livres.* Réponse : *Bon.* A.N. O^{1} 1795 438
Beauvillier, Marie Madeleine de Rousset de Fleury, duchesse de (1744-?). Dame du palais 1764
1764 N au roi : *Votre Majesté permet-Elle au comte de Noailles d'emprunter à M. de Montmirail son logement pour Mme la duchesse de Beauvillier, dame du palais de la reine, en laissant l'entresol qui en dépend à M. le marquis de Béthune ?* A.N. O^{1} 1076 737
20.4.1764 N au roi : *M. le comte de Noailles a demandé à M. de Montmirail de prêter la moitié de son logement à Mme la duchesse de Beauvillier, dame du palais de la reine, ce qui paraissait ne devoir pas lui déplaire. Il représente par la lettre ci-jointe qu'il a refusé déjà son logement à la reine pour feu M. le marquis de Chalmazel et à Madame la dauphine pour M. le comte de Lusac. Le comte de Noailles tiendra-t-il bon ou se rendra-t-il à la demande peu raisonnable de M. de Montmirail ? Il paraît qu'on peut sans inconvénient lui demander la moitié de son logement jusqu'à la vacance du premier qui ne peut être refusée à Mme la duchesse de Beauvillier, dame du palais de la reine.* A.N. O^{1} 1076 733
1764 Le comte de Montmirail à N : *J'obéis aux ordres de Sa Majesté en toute soumission ma vie durant pour ce qu'elle me commandera, en conséquence, j'envoie ce matin mon valet de chambre tapissier avec les clefs au logement du premier maître d'hôtel du roi et l'inventaire des meubles qui y sont pour en dresser un état avec la personne que Mme la duchesse de Beauvillier voudra bien indiquer afin qu'ils soient rendus conformément à cet état. Il remettera les clefs suivant que vous me faites l'honneur de me marquer à M. de Boucheron.* A.N. O^{1} 1076 736
Cossé, Louis Hercule Timoléon de Cossé-Brissac, marquis de (1734-1792). Capitaine colonel des cent-suisses

Estrées, Louis Charles César Le Tellier, marquis de Courtenvaux puis en 1739 comte d' (1695-1771). Capitaine-colonel des cent-suisses 1734
13.4.1770 *Le logement du capitaine des cent-suisses à M. le maréchal d'Estrées, s'il l'aime mieux que celui qui lui est destiné* [**AP 96**]... Disposition : A.N. O^{1} 1077 73

Montmorency, Louis René Gabriel de Montmorency-Logni, prince de (1735-?). Menin du dauphin 1770
Montmorency, Louise Françoise Pauline de Montmorency de Tingry, princesse de (1734-1818)
1769 *Le logement de M. le duc de Cossé, corps du château, n° 54 à M. le prince et Mme la princesse de Montmorency*... Distribution : A.N. O^{1} 1799 109
1770 *État* A « M. de Cossé, puis le prince de Montmorency »
13.4.1770 N au roi : *Mme la princesse de Montmorency a grand frayeur de n'être pas logée au mariage. Rien n'est plus difficile et jusqu'à présent elle n'a aucun titre pour l'être. M. le duc de Saint-Aignan demandait le logement que M. le comte de Sponeim* [**AGM 18**] *a quitté dans l'avant-cour pour M. et Mme de Buzançais... Si Votre Majesté veut faire plaisir à Madame Victoire et en même temps à Mme la princesse de Montmorency, elle pourrait donner le logement de M. le comte de Sponeim à la comtesse de Buzançois, qui est dans la cour des ministres, et à Mme la princesse de Montmorency celui de M. le duc de Cossé.* A.N. O^{1} 1077 75
18.9.1770 M à E : *Mme de Montmorency me marque que l'appartement qu'elle vient d'obtenir au château qui était ci-devant celui de M. de Cossé est inhabitable et offre d'avancer jusqu'à la concurrence de 100 louis pour le mettre en état. Elle demande qu'il soit arrangé quelques cloisons et qu'on le blanchisse. Vous verrez de quoi il s'agit et vous m'en rendrez compte ; mais en quelque état qu'il soit, il ne faut pas que la réparation excède 100 louis...* A.N. O^{1} 1798 471
14.10.1770 La princesse de Montmorency à M : *M. le prince et Mme la princesse de Montmorency prient M. le marquis de Marigny de vouloir bien se souvenir qu'il leur a promis deux glaces dans leur appartement de Versailles et en conséquence de donner ses ordres à M. L'Écuyer ainsi que pour faire commencer tout de suite les réparations qu'on doit y faire qui ne le sont pas encore à ce qui leur est mandé...* Réponse : *M. de Montmorency avance 2 400 livres en foi à ce qu'il m'a dit.* A.N. O^{1} 798 554
15.10.1770 M à la princesse de Montmorency : *Je suis étonné que d'après la promesse que vous m'avez faite et dont j'ai informé M. L'Écuyer de faire aux entrepreneurs des bâtiments du roi l'avance de 2400 livres que doivent coûter les réparations à faire à votre logement que l'on n'ait pas encore commencé. Je manderai de nouveau à M. L'Écuyer mes intentions à ce sujet. Je ne vous dissimulerai pas que peut-être les ouvriers attendent le premier à compte pour les mettre à l'œuvre. Je n'en serais pas surpris, malgré la confiance qu'ils doivent avoir en votre parole ; mais leur épuisement est tel que je ne peux plus en faire exécuter pour la personne du roi que de cette manière.* A.N. O^{1} 1798 555
15.10.1770 M à E : *M. le prince et Mme la princesse de Montmorency... m'informent qu'on n'a point encore commencé à travailler à leur logement, nonobstant l'offre qu'ils ont faite de faire les avances de 2 400 livres pour cet effet. Il faut y mettre sur-le-champ les ouvriers. Vous pouvez compter sur la promesse qu'ils me réitéraient de payer cette somme en deux payements de 1 200 livres chacun. Ils me demandent aussi deux glaces pour ce logement. Il doit y en avoir au magasin. Je vous autorise à les en tirer pour les y placer.* A.N. O^{1} 1798 570
25.?.1774 Le prince de Montmorency à l'abbé Terray : *On travaille... si peu ou même point au rétablissement de mon appartement à Versailles que je suis obligé de vous importuner afin que vous donniez des ordres pour qu'on profite de la belle saison que nous avons pour achever ce qu'il y reste à faire.* Réponse : *Je renouvellerai... avec empressement les ordres que vous me demandez...* A.N. O^{1} 1799 199
Courtenvaux, François César Le Tellier, marquis de Montmirail, puis de (1718-1781). Capitaine des cent-suisses en survivance 1719
3.7.1772 N au roi : *M. le marquis de Courtenvaux*

demande un logement comme capitaine des cent-suisses. Il paraît que dans le temps qu'il vendit 800 000 francs sa survivance, Votre Majesté a décidé qu'il n'aurait qu'un logement pour lui et M. le duc de Cossé. Votre Majesté approuve-t-Elle que le comte de Noailles mande à son germain qu'Elle persiste dans sa première décision vu la grâce de 800 000 francs qui vaut bien un double logement. A.N. O^1 1077 166
8.2.1775 *Le logement de M. le prince de Montmorency, qui était celui du capitaine des cent-suisses à M. le marquis de Courtenvaux, titulaire de la charge et qui n'en a point.* A.N. O^1 1077 218 ; *cf.* 1799 386
1777 *État* B « M. de Courtenvaux »
Chamilly, Claude Christophe Lorimier, sieur de (1732-1794). Premier valet de chambre du roi en titre 1764, en exercice 1771
1787 *État* E « M. de Chamilly » "5 pièces, 4 à cheminée, 1 réchauffoir"

VA 55[1]
Tresmes, Bernard François Potier, duc de, marquis de Gesvres puis en 1703 duc de, *dit* duc de Gesvres en 1719 (1655-1739). Premier gentilhomme de la chambre du roi en survivance de son père 1670
Gesvres, François Joachim Bernard Potier, duc de (1692-1757). Premier gentilhomme de la chambre du roi 1739
1741 *État* « Premier gentilhomme de la chambre, M. le duc de Tresmes, puis de Gesvres »
Duras, Emmanuel Félicité de Durfort, comte puis duc de (1715-1789). Premier gentilhomme de la chambre du roi 1757 ; maréchal de France 1775
Duras, Louise Françoise Maclovie Céleste de Coëtquen, duchesse de (1724-1802)
Mailly-d'Haucourt, Jeanne Marie de Talleyrand-Périgord, comtesse, puis en 1777 duchesse de (1748-1792). Dame de la dauphine 1771 ; dame d'atour de la reine 1775
Mailly-d'Haucourt, Louis Marie, comte, puis en 1777 duc de (1744-1792)
1787 *État* E « Mme la duchesse de Mailly » "3 pièces, 2 à cheminée"

VA 56 à 69 correspondent à **CC 56 à 69**.

VA 70[2]
Montbazon, Louise Julie de La Tour d'Auvergne, princesse de (1681-1750)
[1731] GG-B 663 « Plan de l'appartement de la princesse de Montbazon, dans l'attique du corps du château, dans la vieille aile **[CC 50]** et au-dessus de l'appartement de la reine **[CC 70]** ». Annoté au verso « Corps du château, aile du midi et aile au-dessus de M. le cardinal »
Muy, Jean-Baptiste II de Félix, marquis de (1676-1759). Sous-gouverneur du dauphin 1735 ; premier maître d'hôtel de la dauphine ; directeur général des économats
1741 *État* « Mme la princesse de Montbazon, puis M. de Muy » "3 pièces à cheminée"
Meaux, Jean Louis Marthonie de Caussade, évêque de (1712-1779). Évêque de Meaux, 1759-1779 ; premier aumônier de Madame Adélaïde 1751
1770 *État* A « M. l'évêque de Meaux »
1777 *État* B « M. l'évêque de Meaux »
Hénin, Charles Alexandre d'Alsace-Hénin-Liétard, prince de (1744-1794). Capitaine des gardes du corps du comte d'Artois
GG-B 1386
1787 *État* E « M. le prince d'Hénin » "3 pièces à cheminée"

VA 71[3]
Mlle de Montpensier[4], Louise Élisabeth d'Orléans, *dite* (1709-1742)
Mlle de Beaujolais, Philippine Élisabeth d'Orléans, *dite* (1714-1734)
Mlle de Chartres, Louise Diane d'Orléans, *dite* plus tard princesse de Conti (1716-1736)
Gontaut[5], François Armand, comte, puis en 1733 duc de (1690-1736)
Gontaut, Marie Adélaïde de Gramont, comtesse, puis en 1733 duchesse de (1700-1740). Dame du palais de la reine 1725-1740
Beringhen, Henri Camille, chevalier, puis marquis de (1693-1770). Premier écuyer en succession de son père 1724
Vassé, Charles Armand de, vidame du Mans, *dit* vidame de (1706-1741)
1741 *État* « Les princesses d'Orléans, puis M. le duc de Gontaut, M. le premier et M. Vassé » "3 pièces à cheminée"
Ségur, Henri François, marquis de (1689-1751)
1753] GG-B 5
6.11.1747 *Du vieux plomb venant de dessus de M. de Ségur* D.C.V. citant A.S.A 14
2.3.1751 *Deux glaces... déposées de la cheminée de M. de Ségur* D.C.V. citant A.S.A. 15
6.10.1755 *Il est rentré du magasin de Paris un chambranle de marbre... provenant de chez M. de Ségur.* D.C.V. citant A.S.A. 16 folio 23
Beringhen, Henri Camille, marquis de, premier écuyer, *dit* Monsieur le Premier (1693-1770)
12.4.1751 *Le logement de M. de Ségur à M. le Premier.* A.N. O^1 1076 279
7.9.1751 *M. de Beringhen par sa lettre du 6 du dit mois de septembre, marque à M. de Tournehem ce qui suit : J'ai passé chez vous Monsieur ce matin pour vous supplier de vouloir bien donner vos ordres pour que l'on*

1. **VA 55** fut presque toujours combiné avec **VA 52**, situé au-dessus.
2. **VA 70** fut presque toujours combiné avec **VA 50** situé au-dessus. Il se trouvait dans l'attique au-dessus de l'espace réservé aux porteurs de chaises [**CC 00**] entre la salle des Cent-Suisses et la salle des gardes de l'appartement de la reine.
3. **VA 71** était situé dans l'attique au-dessus de **CC 48**.
4. Les enfants d'Orléans occupaient aussi **CC 34 et 48**.
5. Le duc de Gontaut occupait aussi **CC 48**.

fasse accommoder un réchauffoir au logement de M. de Ségur que Sa Majesté a bien voulu ajouter au mien. A.N. O[1] 1810 III 115

Tessé, René Mans de Froulay, comte de (1736-1814). Premier écuyer de la reine en survivance 1742

Tessé, Adrienne Catherine de Noailles, comtesse de (1741-1814). Dame de la dauphine 1745

1770 *État* A « M. et Mme de Tessé. Au-dessus de la salle des Cent-Suisses » "2 pièces, 1 à cheminée"

VA 72 [1]

Bouillon, Godefroy Frédéric Maurice de La Tour d'Auvergne, duc de (1641-1721). Grand chambellan de France 1658

Mademoiselle, Élisabeth Charlotte d'Orléans, *dite* (1676-1744)

14.12.1686 *On rendit à M. le prince de Conti son appartement où logeait Mademoiselle et on donna à Mademoiselle le logement de M. de Bouillon ; cela fait croire qu'il ne reviendra pas sitôt.* D I 429

Bouillon, Charles Godefroy de La Tour d'Auvergne, duc de (1706-1771). Grand chambellan 1730-1754

La Trémoille, Charles Armand René, prince de Tarente, puis en 1719 duc de (1708-1741)

GG-B 108 « Plan du comble à aménager au-dessus de l'appartement du duc de La Trémoille, à l'angle du château entre le vide de la grand salle des gardes et le départ de l'aile du midi ; sur le passage des princes au-dessus de l'ancienne comédie »

Beringhen, Henri Camille, marquis de, Premier écuyer, *dit* Monsieur le Premier (1693-1770)

Vassé, Jacques Emmanuel, marquis de (1705-1742)

16.7.1741 *Celui que M. de La Trémoille avait pris en dernier lieu, qui est l'ancien appartement de M. de Bouillon, vers celui de M. de Gesvres au-dessus de M. le cardinal, a été donné à M. le premier et à M. de Vassé.* L* III 440 *sq.*

1741 *État* « Grand chambellan, M. le duc de Bouillon, puis M. le Premier et vidame de Vassé » "7 pièces, 5 à cheminée ; 6 entresols, 2 à cheminée"

8.9.1751 T au roi : *M. le Premier demande quelques changements dans son logement au château de Versailles, lesquelles sont... en rouge sur le plan et qui pourront se monter, suivant le devis, à la somme de 621 livres.* Bon du roi : A.N. O[1] 1810 III 115 ; *cf.* 132, 136 et 1070 395

16.6.1752 M au roi : *M. le Premier demande qu'il soit fait à son logement deux entresols pour loger deux domestiques, que les parquets et lambris qui sont pourris soient renouvelés, et que les lambris, plafonds, corniches* et alia *soient refaits à neuf. Cette dépense montera à 6 000 à 7 000 livres.* Note : *Le 23 décembre 1751 fut passé 621 livres de réparations au même logement.* Réponse : *Le 27 mai 1752 le roi a mis en marge « faire les réparations ».* A.N. O[1] 1811 I 13

20.6.1752 M à E : *J'ai rendu compte au roi, Monsieur, des réparations que M. le marquis de Beringhen demande qui soient faites dans son logement au château de Versailles consistant : à y faire deux entresols ; à relever toutes les lambourdes... [pourrissantes]* [2] *; à refaire à neuf tous les lambris, plafonds et corniches des ses principales pièces et autres ouvrages nécessaires pour rendre son logement plus commode et en meilleur état. Le tout devrait monter à 6 000 ou 7 000 livres.* A.N. O[1] 1795 234

[7.1752] GG-B 2101 *bis* Plan du logement du marquis de Beringhen, avec les changements à y faire, au-dessus de l'ancienne comédie

8.7.1752 M à E : *J'ai reçu... le devis... des réparations et des ajustements que M. le marquis de Beringhen avait demandés pour son appartement. Les réparations montant à 2 745 livres ; les ajustements 3 857 livres. Sa Majesté n'ayant accordé que l'article des réparations nécessaires, vous y ferez travailler à la concurrence de 2 745 livres.* A.N. O[1] 1795 240

8.7.1752 E à M : *Devis : Il est à observer que dans les réparations dont il est question, lorsque les parquets seront relevés, il se trouvera, peut-être, des volières pourries... et autres imprévus qui feront augmenter cette dépense. Quant aux ajustements, ils consistent en deux petits entresols avec escaliers pour y loger des valets de chambre et femmes de chambre, plus des lambris neufs dans la chambre à coucher et cabinet de compagnie de M. le marquis de Beringhen.* A.N. O[1] 1795 251

17.7.1752 M à E : *Je vous mande, Monsieur, par lettre du 8 de ce mois, de faire travailler aux réparations, seulement, du logement de M. le marquis de Beringhen. Il est venu me voir depuis et m'a dit que puisque le roi avait restreint ses demandes à celles qui étaient purement nécessaires, il offre de payer pour son compte tout présentement 3 000 livres, qu'il remettra dans vos mains.* A.N. O[1] 1795 251 *bis*

7.1752 E au marquis de Beringhen : *Suivant les ordres que j'ai reçus dernièrement de M. de Vandières touchant votre logement, ils ne consistent qu'en réparations urgentes, le roi n'ayant pas voulu passer les changements et ajustements, de sorte, Monsieur, quelque désir que j'aie de trouver l'occasion de vous obliger, il ne m'est pas possible de faire au-delà ce qui m'est prévu. Quant aux parties que vous convenez de faire sur votre compte, je vous supplierais, Monsieur, de vouloir bien me donner vos ouvriers, les nôtres depuis plusieurs années ne voulant plus travailler que pour le roi. D'ailleurs, ils sont si occupés au château qu'ils ne peuvent répondre aux ouvrages qu'ils ont à faire, ce qui me fait craindre de les faire commencer chez vous, Monsieur, avant le retour de la Cour, par la crainte que j'ai que cet empressement devienne inutile, aimant mieux m'y mettre quelques temps après l'arrivée ; c'est pourquoi j'ai cru devoir engager votre tapissier à ne pas démeubler votre appartement avant que vous ne m'ayez honoré de votre réponse sur ce que vous aurez décidé à ce sujet.* A.N. O[1] 1795 249

25.10.1752 E à M : *Le logement de M. le Premier commence actuellement à prendre forme et serait plus avancé sans [le fait que] les bas d'un des planchers et du comble au-dessus sont tombés en pourriture au moment qu'on ne*

1. **VA 72** était situé dans l'attique de l'aile qui assurait la jonction du corps central et de l'aile des Princes.

2. On a déjà trouvé des poutres pourries en 1708. Voir **CC 35**.

s'attendait pas, ce qui a même blessé un ouvrier. Cette augmentation d'ouvrage nous ayant beaucoup retardés, M. le Premier ne peut compter la charpente et le plâtre pour son retour. A.N. O^1 1795 271

24.7.1753 E à M : *M. le marquis de Beringhen m'ayant fait remettre les mille écus pour les changements et ajustements qu'il désire faire dans son logement, je vais en conséquence de vos ordres y faire commencer... au cas qu'il ne se trouve pas plus de bois pourri dans les planches qu'il en est porté. Mais quelques soins que je puisse apporter à ce nouvel atelier, il ne pourra aller aussi vite que je le souhaiterais, vu que Bréan le charpentier (de qui l'avancement en dépend le plus) ayant beaucoup d'ouvrages à achever à la nouvelle salle à manger du roi, aux appartements de Madame l'Infante, à celui de Madame Adélaïde...* A.N. O^1 1795 379

31.7.1753 M à E : *Vous aurez agréable, Monsieur, de m'envoyer un état de ce où en est l'appartement de Monsieur le Premier et de me marquer si les glaces y sont posées.* A.N. O^1 1795 423

3.8.1753 E à M : *Quant au logement de Monsieur le Premier, il est entièrement achevé.* A.N. O^1 1795 425

Tessé, René Mans de Froulay, comte de (1736-1814). Premier écuyer de la reine en survivance 1742

Tessé, Adrienne Catherine de Noailles, comtesse de (1741-1814). Dame de la dauphine

1770 N au roi : *M. le duc de Noailles et M. le duc d'Ayen désirent vivement pour M. le comte et Mme la comtesse de Tessé le logement de feu M. le premier. Votre Majesté veut-elle bien le leur accorder, et le futur premier écuyer aura celui de M. le comte et Mme la comtesse de Tessé* [**CC 59**] *?* A.N. O^1 1077 88

1770 *Le logement de feu M. le premier, n*[os] *71 et 72, corps du château, à M. le comte de Tessé premier écuyer de Mme la dauphine et Mme la comtesse de Tessé...* Distribution : A.N. O^1 1799 110

3.10.1781 GG-B 170 « Plans légendés... Appartements attribués [entre autres] au comte de Tessé... »

1787 *État* E « M. le comte de Tessé » "7 pièces, 5 à cheminée, 3 entresols à cheminée".

Le corps central

REZ-DE-CHAUSSÉE, 1682-1789

En 1682, la structure extérieure du corps central avait dans une large mesure pris sa forme finale. La terrasse du premier étage de la façade du jardin avait été remplacée par la galerie des Glaces, qui complétait les Grands Appartements. Après cela, le développement du corps central fut invisible pour le public. Cependant, les travaux ne connurent guère de répit et des espaces supplémentaires vinrent progressivement s'ajouter aux appartements du roi et de la reine. Les deux cours créées par les constructions édifiées autour du premier château furent pourvues d'additions, les attiques et les combles furent convertis en espace habitable pour la famille royale. De plus, celle-ci occupa peu à peu une grande partie de l'espace officiel ainsi que les appartements de fonction de la première période.

Jusqu'à la fin du XVIIe siècle, le corps central resta un espace très public. Au rez-de-chaussée, les salles donnant sur la cour Royale avaient un caractère officiel. Au nord, une colonnade à trois arcades donnait accès à un vaste vestibule d'où partait l'escalier des Ambassadeurs, éclairé par des lucarnes faîtières dans le toit. Derrière, se trouvait la salle des Hoquetons, affectée aux gardes de la prévôté de l'hôtel du roi [1]. Cette force de soixante-huit hommes et vingt-cinq officiers avait pour tâche d'assurer l'ordre partout où se trouvait le roi. C'était la police du palais. Comme telle, elle contrôlait la foule, particulièrement quand on donnait des bals publics. Lors des cérémonies, les gardes de la prévôté étaient alignés sur les escaliers, d'où leur proximité par rapport à celui des Ambassadeurs.

Au-delà de la colonnade, sur la cour de Marbre, les gardes du corps disposaient d'une salle de garde, d'un appartement pour le lieutenant de service et, dans l'angle de la cour, de l'appartement de fonction du capitaine des gardes du corps qui devait accompagner le roi en toute occasion [2]. Cette garde comprenait quatre compagnies ; l'office de capitaine de chaque compagnie était des plus convoités à la Cour, car il permettait d'approcher le roi en permanence. Ces capitaines servaient par quartiers,

1. **CC 23** : MORTIN, planche 2, « 24 ».
2. **CC 7** : *ibid.*, *loc. cit.*, « 18 » ; BLONDEL, planche 5 et planche 2, « x⁷ », et **CC 8** : MORTIN, planche 2, « 14 » ; BLONDEL, planche 5, « d ».

et résidaient alors dans l'appartement officiel, directement au-dessus du roi. Le reste de l'année, ils vivaient dans un autre appartement du château avec leur famille.

À l'extrémité de la cour de Marbre, un vestibule ouvrait sur une galerie donnant sur les jardins, appelée le péristyle. Cette galerie a été restituée récemment, et le visiteur peut juger de la difficulté rencontrée par les architectes lorsqu'ils construisirent l'enveloppe, car le vieux château sur la cour de Marbre et la nouvelle façade sur les jardins se trouvaient à des niveaux différents. Aussi imaginèrent-ils de créer une ligne de pilastres de soutien entre les marches descendant dans la galerie du jardin. L'effet en est étrange, sans inspiration et guère pratique.

Au-delà du vestibule, dans l'angle sud-ouest, se trouvait l'appartement de fonction du grand maître de la garde-robe du roi, symétrique de l'appartement de fonction du capitaine des gardes [1]. Ce poste avait été créé pour le duc de La Rochefoucauld, dont les descendants l'occupèrent jusqu'à la fin de l'Ancien Régime. Il lui donnait un accès immédiat auprès du monarque et un substantiel revenu. De son appartement d'angle, il contrôlait une série de pièces plus petites situées le long de la cour : c'est là qu'étaient rangés les habits du roi et que le personnel de la garde-robe avait un logement de service [2].

Enfin, à l'opposé de la colonnade menant vers l'escalier des Ambassadeurs, se trouvait une entrée symétrique conduisant à l'escalier de la Reine, qui était l'accès ordinaire aux appartements royaux [3]. Cette entrée était gardée par les cent-suisses, une compagnie d'élite composée de cent vingt-sept hommes issus des régiments de mercenaires recrutés dans les cantons suisses. Leur loyauté indéfectible était hautement appréciée et leur commandant bénéficiait d'importantes prérogatives cérémonielles, telles que précéder le roi durant ses voyages, monter dans son carrosse et le servir à table en certaines circonstances officielles.

Du côté des jardins, la salle des Hoquetons gardait le passage de la cour Royale vers le parterre du Nord. Ensuite venait le magnifique appartement du marquis d'O, suivi de celui du comte de Toulouse [4]. À l'origine, cet espace avait été le célèbre appartement des Bains, une suite revêtue de marbre avec deux pièces de réception sur le parterre du Nord, une chambre à coucher et un très grand cabinet des Bains avec une cuve et deux baignoires. Sa décoration était à peine achevée quand, en 1684, l'espace fut converti en un appartement privé pour la maîtresse en disgrâce de Louis XIV, Mme de Montespan ; l'idylle était terminée depuis longtemps, et la marquise séjourna rarement à la Cour durant les sept années suivantes. En 1691, ce logement fut donné à son fils, le comte de Toulouse, dont l'épouse et le fils l'occupèrent jusqu'aux années 1750. L'annexion de l'appartement du marquis d'O et du vestibule compris entre les deux espaces leur permit de disposer d'un vaste appartement familial.

Un même appartement en équerre lui faisait pendant le long de la façade sur le parterre du Midi [5]. C'était traditionnellement celui de l'héritier du trône : d'abord Monsieur, frère de Louis XIV, puis le Grand Dauphin, le duc de Bourgogne, le duc de Berry, le fils de Louis XV, puis son petit-fils, le futur Louis XVI, et enfin les malheureux dauphins qui auraient dû régner sous le nom de Louis XVII [6]. Ces princes

1. **CC 9 et 9 A** : MORTIN, planche 2, « 13 ».
2. **CC 9 D et 10** : *ibid.*, *loc. cit.*, « 10, 11 et 12 » ; BLONDEL, planche 5, « e ».
3. **CC 11** : MORTIN, planche 2, « 5 ».
4. **CC 23 et 24** : *ibid.*, *loc. cit.*, « 23, 16 et 15 ».
5. **CC 26** : *ibid.*, *loc. cit.*, « 8 » ; BLONDEL, planches 5, « a » et 2 « r ».
6. J.-Cl. LE GUILLOU, « L'appartement de Monseigneur, puis de ses fils au château de Versailles : évolution chronologique, 1684-1715 », *Eighteenth-Century Life*, vol. 17, mai 1993, p. 68-81.

occupaient les deux salles de réception sur le parterre d'Eau, le salon d'angle, et plusieurs pièces sur le parterre du Midi. Ces salons étaient suivis d'une enfilade de pièces attribuées à leurs épouses [1]. Il arriva que cet ordre fût inversé, et lorsque la dauphine occupa l'appartement de la reine, l'espace le plus proche de la Vieille Aile fut attribué à tel courtisan favori [2].

Durant les cinquante dernières années de l'Ancien Régime, le rez-de-chaussée sur le parterre du Nord fut le domaine des filles non mariées de Louis XV. Progressivement, la famille du comte de Toulouse en fut délogée. D'abord, sa veuve commença à passer la plus grande partie de son temps dans une maison qu'elle louait en ville, près de l'église Notre-Dame. Elle ne venait à la Cour que lorsque le roi dînait en public, après quoi il lui rendait visite de façon privée dans la soirée en descendant discrètement un petit escalier en demi-vis partant de ses petits appartements, situés à l'étage. Plus tard, elle donna son appartement à son fils, le duc de Penthièvre, ne gardant que quelques pièces sur la cour intérieure [3], ce qui libéra l'appartement de Penthièvre pour Mme de Pompadour. Durant les premières années, passionnées, de sa liaison avec Louis XV, celle-ci logea dans les attiques donnant sur le parterre du Nord [4]. Lors du long séjour qu'effectua à Versailles la seule fille mariée de Louis XV, Madame Infante, en 1748, la marquise put remarquer le plaisir que le roi prenait à la compagnie de ses enfants. Les aînées, Mesdames Henriette et Adélaïde, étaient logées dans l'aile des Princes, et les cadettes, Mesdames Victoire, Sophie et Louise, montraient peu d'inclination pour la vie conventuelle à l'abbaye de Fontevrault, où elles avaient été envoyées en pension. Consciente des problèmes de logement à Versailles, Mme de Pompadour se rendit compte que le retour des plus jeunes surchargerait les quartiers des aînées qui recevraient probablement l'appartement des Penthièvre que Madame Infante venait de laisser, aussi demanda-t-elle cet appartement pour elle-même en 1749 [5]. Il fut agrandi et redécoré l'année suivante. La salle des Hoquetons fut annexée et divisée en deux antichambres ; le vestibule qui ouvrait par une colonnade sur le parterre du Nord fut partagé pour former un cabinet particulier sur le jardin et un boudoir à l'intérieur. Ces espaces d'habitation furent complétés par une série de pièces de service donnant sur un long couloir du côté de la cour intérieure [6].

Mme de Pompadour avait raison de s'inquiéter. Mesdames les cadettes revinrent du couvent ; leurs sœurs aînées étant devenues adultes, Louis XV trouvait leur compagnie de plus en plus agréable, et quand Madame Henriette mourut subitement, il en éprouva un très grand chagrin. Mme de Pompadour comprit qu'elle ne pouvait plus garder les princesses à distance. Dans une retraite stratégique, elle plaida en faveur de Madame Adélaïde pour que celle-ci reçût un appartement dans le corps central. Dans les dix jours, les Penthièvre furent délogés et Adélaïde fut provisoirement installée dans l'ancien appartement des Bains.

Les cadettes aussi demandèrent à se rapprocher de leur père, et Louis XV céda. Elles devaient recevoir l'appartement des Bains en entier, une série de nouveaux cabinets obtenus en divisant la partie nord du péristyle sous la galerie des Glaces, et

1. **CC 26** : MORTIN, planche 2, « 7 » ; BLONDEL, planche 2, « q ».
2. **CC 26 A** : MORTIN, planche 2, « 6 ».
3. BLONDEL, planche 2, « z ».
4. **CC 61** et **62**.
5. **CC 23** : BLONDEL, planche 2, « y^1 à y^9 ».
6. Danielle GALLET-GUERNE, « Madame de Pompadour et l'appartement d'en bas au château de Versailles », *Gazette des beaux-arts*, VIe période, t. CXVIII, septembre 1991, p. 129 *sq.* ; *cf.* GG-B 333.

l'appartement de service du capitaine des gardes du roi, qui fut pris par leur dame d'honneur et leur personnel de service [1]. Madame Adélaïde bénéficierait d'un appartement entièrement nouveau, grâce à la destruction de l'escalier des Ambassadeurs.

Depuis quelque temps on s'interrogeait sur le sort de ce vestibule et de son degré à double révolution. Et bien que son magnifique revêtement de marbre et ses fresques fussent un chef-d'œuvre du style Louis XIV, sa décoration paraissait à présent trop chargée. Dans les années 1740, il ne plaisait plus et servait fréquemment de salles à se changer et de magasin de scène pour les représentations théâtrales montées dans l'appartement intérieur du roi. En 1748, il fit même office de théâtre improvisé [2]. Les plans d'un nouvel escalier officiel dans l'aile du Gouvernement ayant été dressés, on abandonna donc l'escalier des Ambassadeurs à Madame Adélaïde. Seuls quelques contemporains en furent contristés, parmi lesquels le duc de Luynes, qui regrettait que les marches ne pussent en être réutilisées dans le nouveau projet [3].

Les relations entre Mme de Pompadour et l'énergique Madame Adélaïde furent toujours distantes. Même lorsque la maîtresse royale plaidait sa cause, la princesse ne disait pas un mot de gratitude. La même attitude dédaigneuse transparaît dans les propos de Madame Henriette lorsque fut soulevée pour la première fois la question du logement des princesses : « Que la marquise soit logée en haut ou en bas, le roi mon père n'y ira pas moins ; il faut autant qu'il monte pour redescendre que de descendre pour remonter, au lieu que moi, dame de France, je ne puis loger en haut dans des cabinets [4]. » Une paix malaisée s'établit entre les pieuses voire prudes filles du roi et Mme de Pompadour, jusqu'à la mort de celle-ci en 1764. Mme du Barry, qui lui succéda, n'eut pas même droit à cette tolérance. La présence de la nouvelle favorite à la cour en 1768 provoqua des tensions à l'intérieur de la famille royale.

À cette époque, Mesdames avaient perdu le charme de leur jeunesse et étaient devenues des vieilles filles à l'esprit étroit, des dévotes ennuyeuses, sans le moindre charme. Madame Louise était inculte et pieuse à l'excès. En 1770, elle entra au Carmel. Mesdames Sophie et Victoire n'avaient pas de personnalité [5], Madame Adélaïde se montrait acariâtre et autoritaire. Son dédain envers Mme du Barry, la jeune beauté de vingt-cinq ans devenue la maîtresse d'un père âgé de cinquante-huit ans, était absolu. Louis XV ne pouvait pas tolérer longtemps que Madame Adélaïde vécût si près. Il établit Mme du Barry dans les Petits Appartements, réclama l'appartement de sa fille aînée pour l'annexer à son appartement intérieur au premier étage et transféra la princesse dans l'ancien logement de Mme de Pompadour au rez-de-chaussée. Ensuite, il déplaça ses filles plus jeunes de pièce en pièce le long du parterre du Nord. Leurs appartements furent réaménagés et agrandis de façon à annexer tout le vestibule et le péristyle situés sous la galerie des Glaces. Dans son appartement du premier étage, le roi vécut les dernières années de sa vie entre vice et vertu. Au-dessus, la sensuelle et gaie Mme du Barry tenait sa cour ; au-dessous, Mesdames menaient une existence cloîtrée. Elles disposaient d'une table coûteuse et abondante, mais vivaient

1. BLONDEL, planche 2, « u^6, u^7, u^9, u^{13} et u^{24} ».
2. L* IX 94, 132, 165.
3. L* XI 449. Tout le marbre fut sauvé et le duc de Luynes, le duc de Chaulnes, le duc d'Antin et la princesse d'Armagnac en obtinrent ostensiblement des plaques pour décorer ou construire des autels. Le duc de Chevreuse se proposait d'en employer plusieurs dans ses bains. A.N. O^1 1796 29 et 653 ; 1797 77, 78, 79, 114, 514, 515, 516, 519, 520, 557, 559 et 560.
4. D'ARGENSON VI 125.
5. « Reminiscences de la Marquise de Donissan » dans Casimir STRYJENSKI, *The Daughters of Louis XV*, Londres, 1912, p. 285.

dans l'ennui [1]. Madame Adélaïde se plaignait de passer la plus grande partie de son temps à se changer [2] ; il fallut d'ailleurs trouver de plus en plus de place pour leurs garde-robes [3]. Chaque matin, le roi lançait un bref appel, apportant souvent le café qu'il avait fait lui-même ; Madame Adélaïde sonnait alors Madame Victoire dans l'appartement voisin, qui à son tour sonnait Madame Sophie dans l'appartement suivant, qui à son tour encore avertissait Madame Louise [4].

Le rez-de-chaussée donnant sur le parterre du Midi demeurait le domaine de l'héritier du trône. Quand le fils de Louis XV passa sous la tutelle d'un gouverneur, on prit le logement de fonction du grand maître de la garde-robe pour en faire celui de son gouverneur [5] ; plus tard, après divers projets et propositions, il fut intégré à l'appartement du dauphin. Les pièces donnant sur le côté sud de la cour de Marbre devinrent une salle de garde et une antichambre [6]. Le reste de cet appartement fut transformé en une garde-robe, et l'extrémité sud du péristyle fut divisée pour fournir un appartement à Binet, l'ambitieux premier valet de chambre du dauphin [7]. Semblablement, sur le parterre du Midi, la dauphine disposait d'une série de vastes pièces classiques qui communiquait avec celles de son mari. Vers l'extrémité est de cette longue enfilade se trouvait un grand vestibule qui avait à plusieurs reprises fait partie d'un appartement plus important et avait été divisé en une série de petites pièces intérieures réservées à sa dame d'honneur et à ses premières dames, où celles-ci pouvaient se reposer de leur service [8]. Cet espace avait à l'origine été conçu pour remplir le vide compris entre l'enveloppe et la Vieille Aile et exhausser la Chapelle d'un étage. Quand le lieu de culte de la Cour fut transféré dans l'aile du Nord en 1682, des poutres furent posées pour diviser le volume horizontalement et rajouter des salles de garde pour les appartements royaux au rez-de-chaussée et au premier étage. Le plancher était soutenu par des pilastres en son milieu, ce qui permettait un facile cloisonnement en cas de besoin. Cependant, les poutres tendaient à pourrir et il fallut les remplacer en deux occasions [9].

À la mort de Mme de Pompadour en 1764, tout le rez-de-chaussée du corps central avait été annexé par la famille directe du roi. Le dernier espace restant de l'ancien vestibule et le péristyle furent pris pour agrandir l'appartement de Madame Sophie, qui disposa ainsi d'une suite de pièces ensoleillée sur le parterre d'Eau, séparée par un long couloir d'une bibliothèque et de salles de service sur la cour de Marbre [10]. On savait que c'était là un passage réservé à la famille royale et plus tard au seul roi. De nombreux coudes et, le cas échéant, un court escalier permettaient d'évoluer entre les chambres arrière des appartements individuels en évitant les fastidieuses parades des gardes et les officiers de maison, rappel constant du poids de l'étiquette. La vie publique des règnes précédents avait cédé la place au désir de préserver la vie privée.

Ce goût de l'intimité s'accrut sous le règne suivant. Louis XVI était d'une timidité maladive, Marie-Antoinette évitait autant de cérémonies qu'elle le pouvait et écourtait

1. Marc Antoine THIERRY, baron de Ville d'Avray, « Mémoires de Marc Antoine Thierry », *Revue de l'histoire de Versailles et de Seine-et-Oise*, 1908, p. 105.
2. DUFORT, I 103 *sq.*
3. BLONDEL, planche 2, « x^2 à x^4 ».
4. CAMPAN, t. I, p. 14.
5. BLONDEL, planche 5, « b ».
6. **CC 9** : *ibid.*, planche 2, « r^1 et r^2 ».
7. **CC 9** : *ibid.*, *loc. cit.*, « r^4, r^5 et r^6 ».
8. **CC 26** : *ibid.*, *loc. cit.*, « q^3 et q^4 ».
9. GG-B 2857.
10. **CC 25**.

les autres. Elle passait la plus grande partie de son temps en privé. Les cabinets intérieurs au premier étage et dans les attiques furent étendus, et quand Madame Sophie mourut, en 1782, la reine annexa ses appartements. En conséquence, cette suite prit le nom de « petits appartements de la reine ». Au début, elle y installa sa fille, Madame Royale [1], avant que celle-ci ne fût remise aux mains d'une gouvernante, Yolande de Polignac, amie de la reine, et n'occupât la chambre des enfants royaux, dans l'aile des Princes. Cela permit à la reine de récupérer la plus grande partie de l'espace jusque-là dévolu à la fillette. Un petit logement fut aménagé là pour le premier valet de chambre du dauphin, avant son transfert en 1787 dans l'appartement de l'héritier, sur le parterre du Midi, occupé depuis la mort de Louis XV par celui qui fut l'héritier présomptif, le comte de Provence, avant la naissance du premier dauphin, en 1781. C'est là que le petit prince mourut en juin 1789. Son frère, le second dauphin, y fut immédiatement installé avec sa gouvernante, Mme de Sourches-Tourzel.

Premier étage

L'Appartement du roi, 1682-1789

Le premier étage du corps central connut peu de changements entre l'achèvement des Grands Appartements en 1684 et la fin de la monarchie. À l'exception de certains décors et du mobilier, le courtisan de Louis XVI, qui, ressuscité, ferait aujourd'hui le tour des Grands Appartements et de la galerie des Glaces, les trouverait fidèles à leur conception première. Les tables, les guéridons et les lustres d'argent massif furent, hélas, fondus pour payer les frais de la guerre, et les sols de marbre remplacés par du parquet, l'eau qui servait à nettoyer la pierre coulant dans les salles au-dessous [2]. Les vraies transformations, toutefois, eurent lieu dans les cabinets intérieurs de l'appartement du roi.

À l'origine, les salles entourant la cour de Marbre avaient été distribuées ainsi : au sud, l'appartement de la reine ; au nord, l'appartement du roi. Entre les deux, dans l'espace maintenant occupé par la grande chambre du roi, se trouvait un salon central. Cet aménagement changea avec l'achèvement de l'enveloppe et de la galerie des Glaces. La reine s'installa dans son nouvel appartement dans l'enveloppe, le long du parterre du Midi. Son ancien appartement sur la cour de Marbre devint l'appartement officiel du roi : au sud figurait sa salle des gardes, suivie de la première antichambre, où Louis XIV avait coutume de prendre son repas principal dans l'après-midi [3]. Puis venait une seconde antichambre connue sous le nom d'antichambre des Bassans parce qu'elle était décorée de tableaux du maître italien Jacopo Bassano et de ses fils, et à l'angle sud-ouest de la cour on trouvait la chambre à coucher du roi [4]. Le salon central ouvrait par trois portes sur la Grande Galerie mitoyenne. Au-delà se trouvaient deux pièces d'usage plus privé correspondant à la chambre du roi et à l'antichambre des

1. Marguerite JALLUT, « Château de Versailles : cabinets intérieurs et petits appartements de Marie-Antoinette », *Gazette des beaux-arts*, VIe période, t. LXIII, mai-juin 1964, p. 289-354 ; et « Les petits appartements de Marie-Antoinette : la Révolution, le XIXe siècle et la destruction », *Revue de l'histoire de Versailles et de Seine-et-Oise*, vol. 56, 1965-1967, p. 87-97. Voir aussi l'article révisionnel de J.-Cl. LE GUILLOU, « L'appartement de Madame Sophie au château de Versailles : formation et métamorphoses, 1774-1790 », *Gazette des beaux-arts*, VIe période, t. CIII, mai-juin 1981, p. 201-218.

2. D XII 432 *sq.* ; SS XVII 401 *sq.* ; MARIE, *Naissance de Versailles*, p. 280.

3. MORTIN, planche 3, « 11 » et « 12 ».

4. Michel FLORISOONE, « Le salon des Bassans à Versailles », *Revue des arts*, vol. 4, n° 2, 1954, p. 93-102.

Bassans. Leur faisaient pendant de l'autre côté du salon central le cabinet du Roi, plus tard appelé cabinet du Conseil, où celui-ci réunissait son conseil et tenait ses audiences privées, et le cabinet des Termes, qui lui servait de retraite intime, ou, selon le schéma de la distribution de l'espace au XVIIe siècle, d'arrière-cabinet [1].

Au nord de la cour de Marbre, l'ancien appartement officiel du roi dans les années 1660 fut reconverti, à usage privé, en cabinets intérieurs. N'étaient admis là que quelques privilégiés, dont le duc de Saint-Simon ne fit jamais partie [2]. L'antichambre de la période précédente fut transformée en une salle destinée aux loisirs du roi. Il y jouait au billard, y nourrissait ses chiens, activités qui valurent deux noms différents à la même pièce [3]. Plus loin, à l'ancien escalier du Roi avait succédé un petit salon, appelé le salon du Petit Escalier du roi [4]. Quand l'escalier des Ambassadeurs fut achevé, les courtisans empruntèrent en général l'escalier de la Reine, dans le sud de la cour Royale, pour gagner les appartements du roi. Pour cette raison, l'ancien escalier du Roi fut remplacé, en 1684, par un vestibule sur la cour de Marbre et au-dessus par le salon précité. On construisit, pour donner accès aux appartements privés, un escalier qui reçut le nom de Degré du roi [5]. Le petit bâtiment qui l'abritait fut la première construction élevée dans la cour intérieure qui séparait l'ancien château de l'enveloppe. Seuls quelques privilégiés et les gens de service, tels les premiers valets de chambre, utilisaient cet escalier privé. Pour partager une soirée ordinaire de la famille royale, ils montaient l'escalier, traversaient le salon du Petit Escalier et attendaient le roi dans la salle des Chiens, dont les portes donnaient sur le cabinet des Termes, où se rassemblaient les princes. D'autres portes ouvraient sur le cabinet du Conseil, où attendaient les serviteurs. Telle est l'idée que Louis XIV se faisait d'une « heure en famille », une conversation générale jouée comme un drame de salon avec l'assistance de la domesticité en coulisse [6].

À l'est de l'ancien escalier du Roi, on trouvait dans les années 1660 une salle de billard qui, plus tard, devint la première d'une série de salons abritant les collections de Louis XIV. Le roi avait du goût pour les pièces au riche décor, dont témoignèrent d'abord le cabinet des Miroirs et le cabinet des Cristaux et Filigranes [7]. Avec les transformations du château, elles furent transférées au-delà des cabinets intérieurs pour former un musée privé, et l'ancienne salle de billard prit le nom de cabinet des Tableaux [8]. En 1692, on lui ajouta deux autres salles en développant l'extension de 1684 qui abritait le degré du Roi : d'une part le cabinet des Coquilles [9], ultérieurement converti en bibliothèque pour les livres rares, et d'autre part le salon Ovale, où fut placée la collection de bronzes du roi [10].

À la même époque, Louis XIV annexa l'appartement attenant, autrefois attribué à Mme de Montespan, pour l'affecter à ses collections. Les trois pièces, deux salons à

1. MORTIN, planche 3, « 15 », illustre la partie du premier cabinet des Termes, montré tel qu'il se présentait après 1701, quand, ses dimensions ayant été réduites, il fut généralement connu sous le nom de cabinet des Perruques. Voir plus loin.

2. SS XXXI 67.

3. MORTIN, planche 3, « 17 » ; SS XXVIII 153, 349.

4. MORTIN, planche 3, « 19 ».

5. GG-B 87 et 88 ; *cf.* 205.

6. SS XIX 74 *sq.*, XXVI8II 361, XXXI 67.

7. Béatrix SAULE, « Le premier goût du roi à Versailles : décoration et ameublement », *Gazette des beaux-arts*, VIe période, t. CXX, octobre 1992, p. 137-148.

8. Sur la planche 3 de MORTIN, « 18 » est appelé le cabinet des Agates et Bijoux, car, lorsqu'elle fut gravée, les principaux tableaux du roi se trouvaient dans la Petite Galerie décorée par Mignard. Voir GG-B 40, 62, 192 et 258.

9. MORTIN, planche 3, « 20 », dit cabinet des Livres du roi ; GG-B 40, 87, 196, 310, 529-533.

10. MORTIN, planche 3, « 21 » ; GG-B 40, 87, 110, 114, 125, 188, 192, 258, 310, 528-533.

chaque extrémité d'une galerie construite à la fin des années 1660 pour relier l'ancien château et l'aile des cuisines, devinrent la Petite Galerie des cabinets intérieurs, une galerie de tableaux destinée à exposer les peintures et les gemmes du roi sous un plafond décoré par Mignard [1]. La somptuosité de cette exposition de richesses dépassa les attentes du Roi-Soleil lui-même, et en 1692 le lambris de lapis-lazuli et d'écaille de tortue de la galerie, resté inachevé car trop coûteux, fut envoyé aux Tuileries. En revanche, les peintures restèrent là, mais on en changeait souvent l'accrochage.

Cette vaste suite consacrée aux beaux-arts s'achevait avec la collection de numismatique de Louis XIV, le cabinet des Médailles [2]. En accord avec le caractère public de beaucoup d'entre elles, qui célébraient les événements officiels de la vie du roi, cette collection était conservée dans une pièce qui n'appartenait pas aux cabinets intérieurs. Située juste à la sortie du salon de l'Abondance, elle était pour ainsi dire une annexe numismatique des Grands Appartements. Dans les deux endroits, le même parallèle était établi entre l'Antiquité et le règne du Roi-Soleil, en un subtil mélange de glorification et de propagande [3]. C'était l'une des salles préférées de Louis XIV, et il s'y rendait souvent après déjeuner [4].

En 1699, quand le duc de Bourgogne fut autorisé à coucher avec sa femme, on jugea la chambre à coucher du roi et celle de la duchesse anormalement proches. Il fut alors décidé que l'ancienne chambre à coucher du monarque serait adjointe à l'antichambre des Bassans pour former une nouvelle antichambre dotée d'un plafond voûté. Cette antichambre éclairée au sud par une fenêtre ovale devint le salon de l'Œil-de-bœuf [5]. Grâce à ses vastes dimensions, elle servait de salle d'attente aux courtisans qui assistaient aux cérémonies quotidiennes de la vie du roi.

En même temps, le salon central qui communiquait par des portes avec la galerie des Glaces vit celles-ci obturées et devint en 1701 la nouvelle chambre du Roi [6]. Le lit royal fut placé au cœur même du château sur un axe allant de l'extrémité du Grand Canal aux hauteurs de l'avenue de Paris. La pièce fut richement décorée ; le « meuble d'hiver », garniture de velours cramoisi rebrodé d'or comprenant les tentures, les rideaux de lit, les portières et le tissu des sièges, y fut installé en 1701. L'effet en était si magnifique que Louis XIV lui-même, en voyant la pièce ainsi refaite, aurait modestement remarqué qu'il était trop vieux pour un tel luxe [7]. Lorsque le velours, devenu élimé, fut brûlé en 1785, il produisit plus de 60 kilos d'or [8] ! Dans cette pièce où se tinrent parfois certaines audiences solennelles, le lever et le coucher, les cérémonies du roi continuèrent à se dérouler journellement, quoique avec une symbolique moins forte, jusqu'à ce que la foule ramenât Louis XVI à Paris en 1789. Elle était le centre de la vie de cour et la raison d'être de la société de cour.

Le cabinet du Conseil fut agrandi aux dépens du cabinet des Termes, qui tomba en désuétude quand Louis XIV prit l'habitude de passer ses soirées chez Mme de Maintenon [9].

1. MORTIN, planche 3, « 22 » ; GG-B 137.
2. MORTIN, planche 3, « 31 » ; GG-B 71 ; *Cf.* Simone HOOG, « Quelques marbres du cabinet du roi identifiés à Versailles », *Gazette des beaux-arts*, VIe période, t. CXIX, avril 1992, p. 137-144.
3. SS X 115, 474-480 ; Peter BURKE, *The Fabrication of Louis XIV*, New Haven, 1992.
4. D VI 41 ; SS XIV 98.
5. MORTIN, planche 3, « 13 » et 8, « grande antichambre du Roi » ; GG-B 194.
6. MORTIN, planche 3, « 14 » ; GG-B 40 et 73.
7. D VIII 239 ; S VII 149.
8. VERLET Pierre, *Le Château de Versailles*, p. 215 ; Daniel MEYER, « L'ameublement de la chambre Louis XIV à Versailles de 1701 à nos jours », *Gazette des beaux arts*, VIe période, t. CXIII, février 1989, p. 81-104.
9. Alfred MARIE, « Le cabinet du Conseil au château de Versailles de 1678 à 1701 », *Bulletin de la Société de l'histoire de l'art français*, 1940, p. 65-75.

En même temps, le plafond voûté de l'ancien arrière-cabinet fut abaissé, ce qui donna une pièce beaucoup plus petite que Louis XIV utilisait pour se changer (d'où son nouveau nom de cabinet des Perruques [1]) et qui lui permettait d'accéder à sa chaise percée, située dans un petit espace adjacent sur la cour intérieure [2]. Les pièces intérieures de ce cabinet d'affaires menaient aux escaliers de service et à un petit escalier en demi-vis que le roi empruntait pour se rendre à l'appartement des Bains, au rez-de-chaussée. Il pouvait aussi gagner son Grand Appartement par un long couloir intérieur disposé autour de la cour. Ce passage de service appartenait à une petite aile achevée en 1699 qui s'étendait du degré du Roi à son Grand Appartement et qui coupait la cour intérieure en deux [3]. Cette aile se composait d'une loggia au rez-de-chaussée, de deux pièces principales à l'étage et d'un attique au-dessus, qui faisaient office de salle commune pour les garçons et les suisses de service [4].

Les cabinets intérieurs de la reine, 1699-1789

Comparés à ceux du roi, les cabinets intérieurs de la duchesse de Bourgogne étaient modestes. Une série de pièces étroites avaient été construites entre la cour intérieure et le grand appartement de la reine sur le parterre du Midi [5]. À l'origine, elles faisaient partie des passages de service situés derrière les pièces donnant sur les jardins [6]. La duchesse de Bourgogne se contenta d'ajouter des bains à l'attique et d'entourer trois côtés de la cour d'une rambarde en fer forgé [7]. Après sa mort, ces appartements restèrent inoccupés [8]. Quand Marie Leszczyńska devint reine en 1725, elle ne procéda qu'à quelques changements, car Mlle de Clermont, fille du prince Louis II de Condé, occupa l'appartement de nuit du duc de Bourgogne, jusqu'en 1728, en qualité de surintendante de la maison de la reine [9]. C'est alors que les cabinets intérieurs annexèrent l'ancien appartement de nuit du duc de Bourgogne : sa chambre à coucher devint le grand cabinet de la reine ; son cabinet fut transformé pour créer des bains, et une étroite porte fut percée sur la série des pièces donnant sur la cour [10]. Là, la reine installa un oratoire, un atelier pour peindre, un petit refuge, la « méridienne », pour la sieste, une garde-robe et une salle commune pour ses servantes [11].

Au-dessous de ces pièces, dans les entresols du rez-de-chaussée, un espace plus vaste était affecté à la garde-robe de la reine, la garde-robe d'atour. Il se composait de trois pièces équipées de placards, de boîtes pour les vêtements et de larges tables pour plier les robes [12]. Dans un entresol au-dessus des bains de Marie Leszczyńska, se trouvait une salle commune pour les garçons de la chambre et un petit logement pour la

1. MORTIN, planche 3, « 16 » ; GG-B 40.
2. GG-B 40, 197 et 207 ; S XI 196 ; SS XXVIII 349.
3. A.N. O[1] 1809 23.
4. MORTIN, planche 3, « 23 ».
5. CC 32.
6. Musée du Louvre, département des Arts graphiques, Inv. 30. 278 ; A.N. O[1] 1766, n° 1 ; Nationalmuseum, Stockholm, CC 74, reproduit par BERGER, fig. 10, 11 et 12. Ces plans indiquent que les murs porteurs entre la première antichambre et la seconde antichambre ou grand cabinet de l'appartement de la reine empêchaient d'ouvrir un accès direct des appartements de nuit dans les cabinets intérieurs. Ces trois plans, comme la planche 2 de MORTIN, montrent qu'un solide bloc de maçonnerie était requis comme support au rez-de-chaussée.
7. D XIV 10 ; GG-B 695.
8. SS XXVI 132.
9. GG-B 585.
10. BLONDEL, planches 8 et 3, « f^7 et f^6 » ; GG-B 668-683.
11. BLONDEL, planche 3, « f^8 à f^{12} ».
12. CAMPAN, t. I, p. 290.

première femme de chambre [1]. Plus tard, il y eut dans les attiques un petit appartement pour la dame d'honneur de service.

Cette configuration demeura en place jusqu'à la mort de Marie Leszczyńska, mais fut profondément remaniée quand arriva la dauphine Marie-Antoinette. Âgée de quatorze ans seulement, elle était encore sous la tutelle de l'abbé de Vermond et de sa mère, l'impératrice Marie-Thérèse, qui l'exhortait constamment à lire [2]. C'est pourquoi, en dehors de la remise en état des appartements, le premier changement opéré fut d'installer une bibliothèque à l'étage de l'attique, au-dessus de la série de pièces qui longeait le côté sud de la cour [3]. À peine était-elle achevée, en 1771, que des plans furent dressés pour une seconde bibliothèque, plus décorative, au premier étage sur la cour [4]. En 1776, la première bibliothèque fut remplacée par une salle de billard qui regardait la cour et était pourvue de deux entrées.

La première de ces entrées donnait accès à un escalier situé derrière le grand cabinet de la reine, et qui desservait le logement de la première femme de chambre à l'entresol et l'appartement de service de la dame d'honneur dans les attiques [5]. Ce dernier fut considérablement réduit quand Marie-Antoinette en prit la moitié pour en faire une salle à manger privée. Il y avait aussi un second escalier menant aux attiques, juste derrière la chambre à coucher de la reine, qui montait de la garde-robe d'atour, dans l'entresol du rez-de-chaussée, au premier étage, puis au niveau de l'attique (où se trouvait une petite antichambre contiguë à la salle de billard et deux chambres pour le premier valet de chambre du roi), et enfin, au niveau le plus élevé, une enfilade circulaire de pièces autour de la voûte du salon de la Paix. En 1779, Marie-Antoinette prit les deux chambres qui avaient longtemps appartenu au premier valet de chambre, se créant ainsi une retraite intime au niveau de l'attique, qui comprenait la salle de billard et deux petits appartements de chaque côté. Ces pièces étaient totalement inconnues des courtisans ; le comte d'Hézecques, par exemple, ne les découvrit qu'en octobre 1789 [6]. Même un vieil initié comme le baron de Besenval fut étonné quand on le conduisit directement par le passage du roi, des appartements du roi aux entresols du rez-de-chaussée et de là aux escaliers intérieurs, pour rencontrer en secret Marie-Antoinette dans sa salle de billard : « Je fus surpris non que la reine ait voulu de telles accommodations, mais qu'elle ait osé les obtenir [7]. » Ce soupçon était certainement injustifié, bien qu'il soit certain que la reine ait logé quelque temps son fidèle ami et amant platonique Axel de Fersen dans les anciennes chambres du premier valet de chambre du roi. Cependant, aux yeux des courtisans, de tels aménagements évoquaient l'appartement de la favorite dans les petits appartements du roi ; dans une cour saturée de bavardages, ils peuvent avoir donné naissance à des murmures sur la conduite de la reine que ses ennemis traduisaient en grossiers pamphlets pornographiques publiés à Paris [8].

1. CC 41 : *État* 1741 ; GG-B 593 (JALLUT, figure 11), 614 (MARIE, *Versailles... Louis XV*, figure 66).
2. Eugène WELVERT, « L'éminence grise de Marie-Antoinette », *Revue de l'histoire de Versailles et de Seine-et-Oise*, 1921, p. 133-142, 227-240 ; 1922, p. 40-60, 116-131, 221-244 ; GEFFROY, *Correspondance secrète..., passim.*
3. GG-B 611.
4. *Ibid.* 587-590, 593 et 692.
5. CAMPAN, t. II, p. 188.
6. D'HÉZECQUES, p. 43.
7. BESENVAL, p. 302 *sq.*
8. Robert DARNTON, « The High Enlightenment and the Low Life of Literature in Pre-Revolutionary France », *Past and Present*, n° 51, 1970, p. 81-115.

L'appartement intérieur du roi, 1722-1738

En avançant en âge, Louis XV éprouva un besoin croissant d'intimité. Au fil des années, les cours intérieures furent toutes absorbées pour accroître l'espace disponible au premier étage et de solides murs porteurs furent édifiés pour le vaste labyrinthe de pièces à usage privé que le roi obtint en mettant d'équerre les anciens toits mansardés et en construisant par-dessus des terrasses et des structures en appentis [1]. Son premier désir fut assez modeste : une salle de bains et une pièce de détente, dite chambre des bains, à construire à l'emplacement de ce qui avait servi de salle commune aux garçons et aux suisses jusqu'en 1723 [2]. Cet espace fut remodelé cinq ans plus tard, le plafond abaissé pour faire place à la chaufferie et aux réservoirs d'eau sur un entresol, et l'entresol du couloir menant jusque-là aux tribunes des musiciens dans le salon de Mars fut réquisitionné pour les serviteurs préposés au bain royal. Le couloir que les garçons empruntaient pour se rendre dans le salon de Mercure fut également affecté à l'usage privé du roi, qui pouvait ainsi faire le tour de la cour des Cerfs de son cabinet de chaise (percée), remodelé en 1732, à l'ouest de la cour, jusqu'à sa chambre des bains, à l'est de la même cour. Bien que ces améliorations fussent dans le goût de l'époque, elles indiquaient pour la première fois que Louis XV ne mènerait pas la vie totalement publique de son prédécesseur.

Le premier signe de ce changement apparut aux courtisans en 1735 avec la transformation des cabinets intérieurs et la création des Petits Appartements. Les deux termes sont souvent confondus. À l'origine, le terme « petits appartements » désignait la retraite la plus intime du monarque, où les courtisans entraient rarement. Quand il était jeune, Louis XIV avait disposé d'un espace de ce genre dans les attiques d'une partie de la façade sur les jardins, plus tard reconstruite pour créer la galerie des Glaces [3]. Le Roi-Soleil se contenta ensuite de ses cabinets intérieurs au premier étage, conçus à son usage personnel, sans pour autant être inaccessibles. Le désir de vie privée était beaucoup plus grand chez Louis XV, qui créa une importante suite de petits appartements dans les attiques. Les débuts furent plutôt modestes, cependant l'espace s'accrut au fur et à mesure des besoins. La transformation des cabinets intérieurs entre 1735 et 1738 avait fait d'eux un espace plus ouvert encore, ce qui poussa le timide roi à se réfugier en haut.

Le travail commença en 1735 dans les cabinets intérieurs. Sous Louis XIV, le cabinet des Perruques, le salon du Billard, le salon du Petit Escalier du roi, et le cabinet des Coquilles étaient voûtés [4]. En en abaissant le plafond, on obtint de la place pour le petit appartement de Louis XV sous le toit mansardé. En même temps, le cabinet aux Tableaux de Louis XIV fut divisé en deux espaces appelés cabinet à Niche et cabinet à Pans [5].

Le premier fut garni d'élégants lambris de chaque côté des portes, à l'extrémité est. Ajoutons qu'un mécanisme encastré dans la boiserie faisait apparaître quotidienne-

1. La chronologie confuse des premiers changements de Louis XV a été établie de façon claire et définitive par J.-Cl. LE GUILLOU dans « La création des cabinets et des petits appartements de Louis XV au château de Versailles, 1722-1738 », *Gazette des beaux arts*, VIe période, t. CV, avril 1985, p. 137-146.

2. MORTIN, planche 2, « 23 ». *Cf.* GG-B 179, 263 et 728 pour les transformations de 1738.

3. J.-Cl. LE GUILLOU, « Le grand et le petit appartement de Louis XIV au château de Versailles, 1668-1684 », *Gazette des beaux-arts*, VIe période, t. CVIII, juillet-août 1986, p. 7-22.

4. B.N.F., département des Estampes B 8919.

5. BLONDEL (planche 8) les désigne comme salle à manger et cabinet du Conseil.

ment le lever du soleil, son coucher, et le lever de la lune, thème en vogue à l'époque ; il préludait à l'installation de la fameuse horloge astronomique au centre de la salle en équerre, qui devait lui valoir son nom actuel de salon de la Pendule [1]. Le cabinet à Niche, qui servit de salon dans le nouvel espace privé, est désigné sur les plans sous le nom de Grand Cabinet.

Le cabinet à Pans, bientôt rebaptisé cabinet d'Angle à cause de sa position à l'angle du château avec une fenêtre sur la cour de Marbre et une seconde sur la cour Royale, servait au roi de cabinet intérieur [2]. En fait, il fut souvent utilisé comme salle à manger lors de réceptions royales privées. Plus loin, le salon Ovale fut conservé [3], mais le cabinet des Coquilles disparut. Après en avoir abaissé le plafond pour constituer un entresol servant de magasin et placer des réservoirs d'eau, on le divisa en deux. Dans l'espace intérieur sans fenêtre, on construisit un escalier qui conduisait aux petits appartements ; sur la cour intérieure se trouvait l'arrière-cabinet où Louis XV travaillait aux affaires du royaume. On installa des commodités pourvues en eau par les réservoirs de l'entresol dans l'emplacement délimité par les angles arrondis du salon Ovale [4].

Pour accéder à cette nouvelle suite de pièces, le degré du Roi fut une fois de plus déplacé, ou plutôt réduit de moitié. Dans la place ainsi gagnée fut aménagée une nouvelle antichambre [5]. Le courtisan privilégié devait emprunter le nouvel escalier, attendre dans l'antichambre et pénétrer dans le cabinet à Pans, qui servait de salon et de seconde antichambre. Au lieu d'aller d'une pièce à l'autre comme le voulait la tradition, c'est-à-dire du public au privé, par une longue enfilade, le visiteur pouvait être conduit soit vers le cabinet du roi, voire le cabinet d'angle sur la gauche, soit à droite vers la chambre du roi, qui fut achevée en 1738 [6].

L'abandon de la chambre de Louis XIV comme chambre à coucher du roi et l'installation de la nouvelle dans l'ancienne salle de billard avec une alcôve construite sur la cour des Cerfs marquèrent le commencement de la fin du système de cérémonies qui caractérisait la société de Cour. Celles du lever et du coucher continuaient d'avoir lieu dans la Grande Chambre du roi qui, avec les antichambres du sud de la cour de Marbre, devint un simple appartement de représentation. Mais comme Louis XV était fréquemment absent de Versailles et préférait la vie privée, le lien entre des cérémonies accomplies de façon routinière et le souverain lui-même se relâcha. Puisqu'il ne dormait plus dans son lit de parade, il s'agissait là de rites purement formels, de plus en plus détachés de la réalité.

La raison apparente du changement était la santé de Louis XV. Il avait failli mourir à plusieurs reprises dans son enfance et s'enrhumait facilement [7]. Adulte, il se plaignait du froid dans la Grande Chambre du roi avec son plafond voûté et sa série de fenêtres qui renvoyaient au-dehors la chaleur que les cheminées dégageaient. L'une d'entre elles fut plus tard remplacée par un poêle à bois pour réchauffer l'atmosphère [8]. Les jours de grand froid, le jeune roi allumait le feu en personne avant que ses domestiques

1. Blondel, planche 3, « h^8 » ; GG-B 430 et 433.
2. *Ibid.*, *loc. cit.*, « h^9 » ; GG-B 136, 293, 494-497 et 623.
3. *Ibid.*, planches 8 et 3, « h^{10} ».
4. *Ibid.*, *loc. cit.*, « h^{10} et h^{11} » ; GG-B 207 et 247.
5. Blondel, planches 8 et 3, « H^{12} ».
6. *Ibid.*, *loc. cit.*, « H^7 » ; GG-B 139, 181, 204, 267, 269 et 270.
7. SS XXII 349*sq.*, XXIX 39, XXXIII 24, XXXIV 307*sq.*, XXXVIII 216 *sq.*, 346 *sq.* ; Barbier, I 379.
8. A.N. O^1 1796 528 ; GG-B 245.

viennent le réveiller, ou bien se réfugiait dans le cabinet du Conseil, qui était plus chaud. Durant un interminable rhume, en 1737, il y fit même transporter son lit [1]. C'est cette maladie qui fut invoquée pour décider l'abandon de la chambre de Louis XIV ; en fait, le goût de Louis XV pour la vie privée joua probablement un rôle aussi important, car le roi avait non seulement pris en secret une maîtresse, mais il l'avait installée dans les premières pièces de ses petits appartements.

Avec ces changements, les appartements du roi furent désormais au nombre de quatre. Les premiers étaient les Grands Appartements, des salles d'apparat purement officielles donnant sur le parterre du Nord, qui servaient pour les réceptions d'ambassades, les bals et où « il y avait appartement », comme le dit Saint-Simon. Puis venait le grand appartement de Louis XIV qui commençait à l'escalier de la Reine et finissait avec la Grande Chambre, au centre du château ; il demeura l'appartement du roi pour les visiteurs et pour la plupart des courtisans jusqu'à la fin de l'Ancien Régime. Le troisième était formé par l'appartement intérieur ou cabinets intérieurs. Sous Louis XIV, ils avaient été la retraite et la galerie d'art privées du roi. Les changements que Louis XV fit subir à cet espace, en particulier le transfert de sa chambre à coucher, transformèrent les cabinets intérieurs en un appartement non protocolaire, un lieu fonctionnel au quotidien. Son véritable refuge, qui devint le quatrième espace royal, ce furent les Petits Appartements, à l'étage supérieur.

L'appartement de Madame Adélaïde et les salles Neuves, 1739-1789

La Petite Galerie décorée par Mignard demeura intacte jusqu'en 1736, et l'espace bas de plafond au-dessus de sa voûte fut transformé en cuisines en 1735. Quand cette voûte fut démolie [2], l'espace à l'étage mansardé fut converti en un appartement secret pour la première maîtresse du roi, Mme de Mailly. La galerie, pourvue d'un plafond plus bas, demeura et fut redécorée [3]. Des appliques nouvelles et une girandole de cristal de roche vinrent l'agrémenter en 1741 [4]. C'est là que Mme de Pompadour organisait et mettait en scène des spectacles de théâtre amateur où jouaient les intimes du roi. Au début, en 1747, il n'y avait pas de musiciens de métier, les courtisans et leurs serviteurs composaient un orchestre improvisé. Le suffisant duc de Luynes, que les fonctions de son épouse, dame d'honneur de la reine, exclurent tout d'abord de ces soirées, notait avec envie que quatorze personnes à peine composaient l'assistance des premières représentations [5]. Plus tard, ces activités inclurent des Opéras nécessitant des musiciens et des danseurs professionnels venus de Paris. Comme ces soirées étaient de plus en plus complexes, la Petite Galerie s'avéra bientôt un cadre trop exigu. En novembre 1748, un théâtre temporaire fut érigé dans le vestibule de l'escalier des Ambassadeurs. Il pouvait contenir près de cent spectateurs, plus un orchestre de quarante musiciens [6]. Cette structure était démontable en quelques heures et on la remisait dans la galerie de l'aile du Nord [7]. C'est alors que se scella le sort de l'escalier

1. L* I 402, 428, 430.
2. GG-B 884.
3. *Ibid.*, 334, 540.
4. MARIE, *Versailles... Louis XV*, p. 423.
5. L* VIII 89, 90 *sq.*, 135, 146, 356 *sq.*, 364, 416-419, 424, 427, 442 *sq.*, 449 *sq.*, 457, 460, 473, 477, 484, IX 147, 152, 160 *sq.*, 186 *sq.*, 286, 293, 326 *sq.*, 336, 345, 352s, X 42 *sq.*, 44, 52, 56, 81 *sq.*, 89, 99, 167, 185, 187, 190, 197, 199, 212, 219, 222, 224, 227, 230, 241, 403.
6. L* IX 132 *sq.*, 227.
7. L* IX 94.

baroque : en 1749, les premiers plans furent préparés pour lui substituer un appartement qui serait finalement donné à Madame Adélaïde en 1752 [1].

Le nouvel appartement fut formé à l'emplacement de la cage de cet escalier solennel à double révolution dont les marches menaient vers un palier central et partaient de chaque côte à angle droit en deux volées identiques. En haut de chacune d'elles, se trouvait un long espace bordé d'une balustrade et construit sur une loggia. À l'est, le balcon menait au salon de Vénus et à l'ouest au salon de Diane. Afin d'aménager l'appartement de Madame Adélaïde, ces deux balcons furent murés et coiffés d'entresols. Le premier servit de garde-robe et plus tard de bains [2], le second fut transformé en antichambres de l'appartement [3]. Une porte fut ouverte dans l'ancien cabinet des Médailles, qui devint la première antichambre de la princesse [4]. Ensuite, le mur intérieur mitoyen de l'ancienne Petite Galerie fut déplacé vers le nord, coupant en deux l'ancienne cage d'escalier. Cette construction doubla plus ou moins la largeur du salon terminal et de la galerie, convertis en salle à manger et chambre à coucher de Madame Adélaïde, tandis que le salon jouxtant les cabinets intérieurs du roi, dit cabinet Doré, devenait sa salle de musique (on raconte que l'enfant prodige Mozart s'y produisit [5]).

Le cabinet Doré est la seule pièce de l'appartement de Madame Adélaïde qui demeure intacte. En 1768, quand commença sa liaison avec Mme du Barry, Louis XV transféra sa fille au rez-de-chaussée [6] et prit son appartement du premier étage pour lui-même. Le roi donnait des réceptions privées trop importantes pour qu'elles eussent lieu dans celui de la favorite, situé à l'étage au-dessus. Les pièces annexées par le roi reçurent le nom de salles à manger aux salles Neuves. Louis XV utilisa le cabinet Doré pour préparer et déguster le café après dîner, et l'ancienne chambre à coucher de Madame Adélaïde servit pour le jeu de cartes. Le roi fit réaliser une nouvelle salle à manger à la place de celle de sa fille, avec un buffet dans la première antichambre et une salle à manger pour les hôtes dans l'ancien cabinet des Médailles. Le travail commença en 1769, mais la décoration ne fut jamais achevée [7].

Quand Louis XVI monta sur le trône, il supprima l'appartement de Mme du Barry, renonça aux cabinets de son grand-père au second étage et utilisa les salles Neuves pour sa vie privée. La salle de jeu et la salle à manger furent redécorées ; la première devint la bibliothèque du roi ; la seconde reçut le nom de cabinet des Porcelaines parce qu'elle servait à l'exposition annuelle de porcelaines de Sèvres [8]. Le buffet fut converti en salle de billard, et la salle à manger des Seigneurs fut fermée. Louis XVI préférait dîner en famille.

Les attiques

Les Petits Appartements du roi, 1722-1774

Les attiques situés au-dessus de l'appartement intérieur du roi se présentaient le plus souvent sous Louis XIV comme des espaces bas et voûtés. Il y avait au-dessus du

1. L* XI 449 ; D'ARGENSON VII 121 ; GG-B 887 et 888.
2. BLONDEL, planche 3, « i^8 et i^6 ».
3. *Ibid.*, *loc. cit.*, « i^1 et i^2 ».
4. *Ibid.*, *loc. cit.*, « i^9 ».
5. *Ibid.*, *loc. cit.*, « i^3, i^4 et i^5 » ; GG-B 492 et 775.
6. **CC 23** : GG-B 609, 610, 708, 712, 806, 977, 1061, 1392, 2115, 2115 *bis*, 2117 et 2122.
7. Christian BAULEZ, « La restauration des salles à manger aux salles Neuves », *La Revue du Louvre et des musées de France*, vol. 26, n° 3, 1976, p. 189-196.
8. Daniel MEYER, « L'appartement intérieur du roi », *ibid.*, p. 175-183.

salon Ovale et du cabinet des Coquilles un petit appartement qui, dans les années 1730, fut assigné à l'abbé de Pomponne [1]. Il existait en outre une suite de pièces basses de plafond dans les attiques de l'ancien château au-dessus du cabinet du Conseil et du cabinet des Perruques. Cet endroit avait été la retraite, peu utilisée, de Louis XIV dans les dernières années de son règne. On y arrivait par l'escalier en demi-vis placé à l'extrémité ouest de ce qui allait devenir la cour des Cerfs. Au début du règne de Louis XV, cet espace fut attribué à Lazur, cuisinier, pour qu'il pût superviser la cuisine personnelle du souverain.

Cet aménagement faisait partie des premiers travaux entrepris dans l'espace qui allait devenir les Petits Appartements. Les appartements privés proprement dits furent créés en 1726, quand le jeune roi commanda la construction d'une bibliothèque. À la différence de son arrière-grand-père, il avait un goût prononcé pour la lecture, et sa première démarche fut de construire un long couloir en forme de L pour ranger ses livres, dans l'attique créé autour de l'angle nord-ouest de la cour des Cerfs par la mise à l'équerre des toits mansardés [2]. On aménagea au-dessus une promenade en terrasse. Le projet fut repris dans les années suivantes en étendant les travaux à l'aile qui séparait les deux cours. En 1728, les bains furent remodelés et les mansardes redressées. Au niveau de l'attique, dans le nouvel espace créé qui rejoignait le couloir aux livres, on créa une nouvelle bibliothèque et un cabinet de travail [3]. Au-dessus, les terrasses furent agrandies, et un appentis fut construit pour servir d'extension aux cuisines.

En 1732, les améliorations et le développement de l'espace destiné aux cuisines se poursuivirent. On annexa l'espace situé au-dessus du degré du Roi pour agrandir la bibliothèque [4]. Le logement de Lazur dans la mansarde fut redressé en équerre pour former une nouvelle retraite, ainsi que le reste des mansardes de chaque côté de l'escalier en demi-vis. La terrasse fut étendue le long du côté ouest de la cour et, derrière la nouvelle façade, de petites pièces furent créées à la place d'un étroit passage. Au nord-ouest, dans ce qui avait été une cuisine de 1726 à 1728, se trouvait le cabinet des Oiseaux [5], qui menait au cabinet secret du roi, une série de petites pièces construites sur les quatre côtés de la voûte du salon de la Guerre [6]. Durant quelques années, Louis XV partagea cette enfilade circulaire de pièces avec Lazur, qu'il avait délogé. Mais bientôt le cuisinier fut transféré au Grand Commun et en 1734 la retraite studieuse du roi était devenue le lieu de ses tête-à-tête avec sa première maîtresse en date, Mme de Mailly.

Louis XV resta fidèle à la reine jusqu'à ce qu'il eût vingt-quatre ans, mais en prenant de l'âge il se fit moins timide et réservé, plus habitué à la compagnie. Il commença à se sentir plus à l'aise dans une réunion intime et en vint à chercher la société d'autrui. L'épanouissement de sa personnalité le conduisit à la construction des Petits Appartements et finalement à la reconnaissance ouverte d'une favorite en titre. La nouvelle retraite fut conçue en vue d'assurer au roi, à l'intérieur de ses appartements privés, un espace où il pût réunir un petit nombre d'amis.

Le travail commença en 1735. L'appartement de l'abbé de Pomponne fut mis à

1. CC 45 : GG-B 2966 ; B.N.F. département des Estampes 8919 ; *État* 1741 ; J.-Cl. LE GUILLOU, « La création des cabinets et des petits appartements de Louis XV au château de Versailles, 1722-1738 », *Gazette des beaux-arts*, VIe période, t. CV, avril 1985, p. 137-146.

2. GG-B 462-468.

3. GG-B 259 et 260.

4. GG-B 197, 265 et 320.

5. GG-B 214.

6. GG-B 573-579.

l'équerre. La plus grande partie de la place ainsi gagnée fut donnée à Lazur, tandis que le reste fournit de quoi créer un palier d'escalier où l'on arrivait des étages inférieurs et une antichambre de la salle à manger. On aménagea cette dernière grâce à l'espace récupéré en abaissant les plafonds des cabinets intérieurs de l'appartement du roi, au premier étage. Au-dessus de l'extrémité orientale du cabinet à Pans et du cabinet à niche se trouvait une salle à manger de forme irrégulière [1]. Comme elle était basse de plafond, on ajouta des lucarnes pour y faire entrer la lumière. Cette pièce communiquait avec une galerie sous les combles qui donnait sur la cour Royale, et se trouvait au-dessus de la chambre à coucher du roi et du site de l'ancien salon du Petit Escalier du roi. Plus tard, en 1738, le roi transforma cette première salle à manger en la mettant à l'équerre pour former une nouvelle pièce, dite cabinet d'angle de la Petite Galerie [2]. Le gain de place permit de rallonger la galerie et de construire une salle à manger d'hiver sur les cours intérieures en annexant une partie de la bibliothèque [3].

Cette suite de pièces reçut le nom, après 1735, de Petits Appartements. En général, le roi y conviait six personnes à souper et jusqu'à une vingtaine les jours de chasse. Elles entraient par l'antichambre, soupaient dans la salle à manger, jouaient aux cartes dans la Petite Galerie et prenaient le café (qu'elles se servaient elles-mêmes) dans le cabinet d'Angle. Les invités étaient déjà réunis quand le roi arrivait des cabinets intérieurs, situés au-dessous. Il passait directement à table, désignant les deux dames qui devaient prendre place à sa gauche et à sa droite, et laissait un siège vide auprès de la seconde, le réservant à un courtisan qui avait sa faveur comme le comte de Meuse, qui souvent venait plus tard. Fréquemment, en particulier en été, quand on soupait dans une salle à manger au sud-ouest de la cour des Cerfs, les convives prenaient un plateau au buffet et mangeaient debout, ce qui leur permettait de parler au roi sans avoir dû être invité à s'asseoir à sa table. Le repas durait deux ou trois heures. Le roi pouvait se dispenser de l'étiquette et jouir d'une certaine intimité.

Dans cette atmosphère, la passion de Louis XV pour Mme de Mailly devint un secret de polichinelle. D'Argenson l'avait apprise dès 1736, et on en parla à Paris à partir de novembre 1737 [4]. En tant que dame du palais de la reine, Mme de Mailly disposait dans l'aile du Nord d'un appartement qui s'accrut bientôt du logement voisin et de celui du dessus [5]. Mais ce n'est qu'en 1741, lorsque sa position fut presque universellement reconnue, qu'elle put s'installer dans les Petits Appartements. Son minuscule logement se trouvait dans les attiques de la Petite Galerie, où une partie des cuisines avait déjà été installée. Il fut légèrement agrandi en 1742, mais l'idylle allait bientôt finir [6] et il retrouva sa vocation culinaire jusqu'à ce que Madame Adélaïde annexât l'espace situé au-dessous pour en faire sa bibliothèque et l'appartement de sa dame d'honneur [7].

Durant cette période, les Petits Appartements restèrent le lieu des soupers privés du roi, avec la maîtresse en titre agissant comme maîtresse de maison. Après la mort de Mme de Pompadour en 1764, il n'y eut plus de maîtresse officielle avant l'arrivée

1. GG-B 291.
2. GG-B 312, 431, 446, 535 et 537-539.
3. GG-B 281, 292, 314 et 318.
4. D'Argenson I 220 ; Barbier III 113.
5. **AN 33, 34 et 46.**
6. L* IV 152, 291.
7. **CC 59 A.** Ce numéro fut assigné à cet espace parce que l'entrée publique en était desservie par un escalier partant de **CC 59** ; *cf.* GG-B 341, 2764.

de la comtesse du Barry. Dans l'intervalle, la dauphine, devenue veuve, fut brièvement installée dans les Petits Appartements en 1766 [1]. Le prétexte en était que les poutres de son appartement du rez-de-chaussée avaient besoin d'être remplacées. En fait, il est possible que le clan Choiseul ait cherché à l'écarter à cause de son influence sur ses enfants [2]. Les améliorations apportées à son intention bénéficièrent bientôt à Mme du Barry, qui occupa les Petits Appartements jusqu'à la mort de Louis XV en 1774 [3] ; son logement devint bientôt le point de ralliement des courtisans proches du roi [4].

Les Petits Appartements furent abandonnés et divisés à la mort de Louis XV. Louis XVI n'avait pas de maîtresse, partageant ses centres d'intérêt entre sa famille, la chasse et ses travaux d'artisanat. Sur la cour des Cerfs, le premier valet de chambre reçut un appartement à l'emplacement de l'ancienne bibliothèque [5], et dans les Petits Appartements on installa le premier gentilhomme de la chambre, le duc de Villequier [6] : il disposait de deux antichambres sur les cours intérieures, d'un large cabinet à l'emplacement de la pièce du café du roi et de deux chambres à coucher dans la galerie [7]. Enfin, le roi donna à son principal ministre, le vieux Maurepas, un appartement au-dessus de la Petite Galerie de Mignard [8] ; on y accédait par un escalier situé près de l'entrée des salles Neuves des cabinets intérieurs. En raison de l'absence de favorite royale, les courtisans se rassemblaient chez Maurepas chaque soir [9].

Les appartements des courtisans

Durant les discussions sur les mérites et le style de l'enveloppe entourant l'ancien château, l'architecte Le Vau abandonna les toits à forte pente et les faîtages compliqués qui avaient caractérisé le premier Versailles, pour adopter un style massif rectiligne, caractéristique du baroque romain. Cela créa de la place pour les appartements des courtisans au-dessus des Grands Appartements. Colbert, qui avait tenté de s'opposer à l'agrandissement du château, demanda qu'au moins les attiques fussent utilisés. Il précisa : « Un attique mis à l'équerre pour plusieurs appartements, dont six seraient composés d'une antichambre, une chambre, une garde-robe et un cabinet ; le reste avec chambre à coucher et cabinet seulement [avec] des escaliers pour conduire à ces appartements en haut [10]. »

Les plans de François d'Orbay pour l'enveloppe offraient cinq appartements de ce genre au-dessus des Grands Appartements [11]. Il y en eut six quand les plans définitifs concernant l'escalier des Ambassadeurs permirent d'aménager l'extrémité occidentale de l'enfilade située au-dessus du salon de Diane. Cependant, la place se trouva rapidement réduite quand on réquisitionna l'appartement de l'extrémité orientale pour construire la voûte du salon de la Guerre.

1. GG-B 300 et 569.
2. Archives de Dresde IV, 10, 90, lettre de la dauphine du 27 septembre 1766 citée par Casimir STRYJENSKI, *La Mère des trois derniers Bourbons : Marie-Josèphe de Saxe et la cour de Louis XV*, Paris, 1902, p. 380.
3. GG-B 176, 776, 781 et 783-796.
4. C* II 439.
5. **CC 46** : GG-B 167, 709 ; DE VILLE D'AVRAY, « Mémoires... », p. 99 *sq*.
6. **CC 45 A** : GG-B 710.
7. GG-B 709.
8. **CC 45** : GG-B 167, 170, 710, 779 ; A.N. O[1] 1077 359. La désignation **CC 59 A** fut abandonnée.
9. C* IV 42.
10. COLBERT, *Lettres...*, V 56.
11. Bibliothèque de l'Institut, ms 1307, reproduit par BERGER, fig. 32.

Un aménagement semblable avait été réalisé au-dessus du grand appartement de la reine. On y accédait par un escalier partant de la cour de la Reine. Là, un long couloir desservait cinq appartements éclairés par des fenêtres d'attique donnant sur le parterre du Midi [1]. Des mentions éparpillées dans les Mémoires du XVIIe siècle laissent entendre que ces appartements furent attribués à de fidèles serviteurs comme Moreau, premier valet de chambre du duc de Bourgogne, au premier gentilhomme de la Chambre ou aux filles d'honneur de la dauphine. On n'en connaît les occupants avec certitude que pour le XVIIIe siècle. En raison de la proximité des appartements de la reine, la plupart étaient des membres de sa maison ou des ecclésiastiques âgés.

On atteignait les appartements situés au-dessus des appartements du roi par un escalier situé entre l'escalier des Ambassadeurs et la cour du Roi. On ne sait rien, pour le XVIIe siècle, des occupants de ces cinq appartements desservis par le long corridor donnant sur les cours intérieures et éclairés par des fenêtres sur le parterre du Nord [2]. Entre 1740 et 1750, cet ensemble devait devenir le domaine presque exclusif de la maîtresse du roi. Du fait de sa situation en haut d'un escalier isolé, loin du logement des autres courtisans et communiquant avec les Petits Appartements, il assurait un environnement où le roi pouvait évoluer librement avec ses amis.

Quand Mme de Pompadour devint maîtresse en titre, elle prit l'appartement de celle qui l'avait précédée et l'agrandit, mais elle était trop fine et aimait trop la société pour rester recluse et déménagea bientôt pour le rez-de-chaussée, laissant son logement dans l'attique au duc de Noailles. Par la suite, les autres appartements du même étage furent attribués à des courtisans au fur et à mesure qu'ils se libéraient, et ce secteur perdit son caractère particulier.

1. CC 65 et 65 A, 66, 68 et 69.
2. CC 58, 59, 60, 61 et 62.

REZ-DE-CHAUSSÉE SUR LA COUR DE MARBRE

CC A [1]
Réchauffoir
1787 *État* E « Réchauffoir du capitaine des gardes de quartier »

CC 1 à 5 correspondent à **AG 1 à 5**.

CC 6
Foyer de l'escalier des Ambassadeurs et les deux pavillons à côté
MORTIN, planche 2, "21" et "22" « petit garde-meuble »
Nérot, Claude (1670-1750). Garde général des meubles de la Couronne.
BLONDEL, planche 5, foyer, passage, et "g" « Logement de M. Nérot, contrôleur des meubles de la Couronne »
Gentil, Jean François († 1764). Garde général de la Couronne
Garde-robe de Mesdames Victoire, Sophie et Louise
1753 *Le logement de M. Gentil, garde-meuble de la Couronne, à Mme la marquise de Clermont pour la garde-robe de Mesdames et les entresols qui servaient à la garde-robe de Mesdames et qui sont au-dessus de l'appartement de M. le duc et Mme la duchesse de Penthièvre* [**CC 24**] *à M. Gentil.* A.N. O[1] 1077 412
BLONDEL, planche 2, "x^2, x^3 et x^4"
Garde-robe de Madame Adélaïde
BLONDEL, planche 2, "x^1"
1787 *État* E « Garde-robe de Madame Adélaïde » "1 pièce ; 3 entresols, 2 à cheminée ; 1 bûcher »

CC 7
Petite salle des gardes du roi
MORTIN, planche 2, "18" ; BLONDEL, planche 5
1741 *État* « Petite salle des gardes du corps » "1 pièce à cheminée"
31.12.1746 *État des ouvrages ordonnés par le roi : La salle des gardes. Le percement est fait et l'on travaille à baisser le terrain de la dite salle pour que les marches par lesquelles Sa Majesté descendra en cas de pluie pour monter dans son carrosse n'excèdent pas les murs dans la cour. Le roi ordonnant la nouvelle salle des gardes pour lui servir de passage et couvert en descendant de son carrosse supprime une pièce et un entresol au-dessus servant à sa garde-robe où couchent deux garçons de garde-robe...* A.N. O[1] 1810 I 136
BLONDEL, planche 2, "x^7"
4.10.1757 E à M : *La menuiserie de la petite salle des gardes sera entièrement posée demain après quoi l'on se mettra à poser celle de l'entresol au-dessus où doit loger au retour le capitaine des garde de quartier. Son nouveau réchauffoir sera fait aussi.* A.N. O[1] 1796 480
1770 *État* A « Petite salle des gardes du roi »
1787 *État* E « Salle des gardes » "1 pièce à cheminée"

CC 8
Appartement du capitaine des gardes du corps en quartier
23.7.1701 *Sa Majesté a réglé tous les changements à faire dans l'appartement de quartier du capitaine des gardes.* A.N. O[1] 1809 69
MORTIN, planche 2, "14" ; BLONDEL, planche 5, "d"
1741 *État* « Capitaine des gardes du corps en quartier » "6 pièces, 3 à cheminée ; 4 entresols, 5 à cheminée"
9.6.1750 *M. le duc de Béthune prie M. de Tournehem de vouloir bien ordonner que l'on peigne en couleur de citron verni le petit entresol boisé qui est au-dessus du cabinet de l'appartement du quartier. Il y a plus de 12 pieds de long sur sept ou huit de large et sept à huit pieds de haut. Comme il compte en faire grand usage et même y faire mettre un petit lit pour y coucher pendant les trois mois de son service, il souhaiterait qu'on puisse y faire ce petit ajustement.* Réponse : *Je voudrais bien faire ce que souhaite M. le duc de Béthune, cependant le logement venant à changer tous les quartiers, il semble qu'il faudrait que MM. les capitaines des gardes en fussent tous d'accord.* A.N. O[1] 1810 III 28 ; *cf.* 34 et 43
3.11.1752 E à M : *Quant au logement du capitaine de quartier, tout en est fort avancé aussi et le sieur Trouard n'ayant pu finir la cheminée du cabinet de compagnie pour le retour, nous en a prêté une en attendant qu'elle soit posée.* A.N. O[1] 1795 276
5.9.1757 E à M : *Suivant votre intention, M. Gabriel m'ayant envoyé le plan des changements qui sont à faire dans le logement de quartier du capitaine des gardes pour y loger Madame l'Infante, j'y ai fait commencer hier matin... Ayant lieu de présumer, Monsieur, que l'on remette après le départ de Madame l'Infante ce logement ainsi qu'il était, j'en ai fait lever les plans pour y reposer les cloisons et entresols dont les bois et menuiseries qui en proviennent viennent d'être portés et mis à part dans les magasins pour les trouver et poser sans confusion lors de la reconstruction de ce logement.* A.N. O[1] 1796 479
1774 N au roi : *Il y a deux pièces qui ont été prises aux capitaines des gardes, de plain-pied à l'entresol du logement du quartier. Ils supplient Votre Majesté de vouloir bien les leur accorder.* Bon du roi : A.N. O[1] 1077 357
9.10.1786 H à A : *État des ouvrages à faire : Le blanchi de l'appartement du capitaine des gardes en quartier.* A.N. O[1] 1802 244
1787 *État* E « Capitaine des gardes » "6 pièces, 4 à cheminée ; 7 entresols, 2 à cheminée" [2]

CC 9
La Rochefoucauld, François VII de La Rochefoucauld, prince de Marcillac, puis duc de (1634-1714). Grand

1. Le système de numérotation adopté pour le corps central lui-même commence par le réchauffoir des gardes du corps [**CC A**], à l'angle nord-est de la cour de Marbre, et va en sens inverse vers la salle des Cent-Suisses [**CC 11**], à l'angle sud-ouest de la cour.

2. À cette époque, l'appartement du capitaine des gardes du corps fut réduit aux pièces du nord de la cour de Marbre et sur la cour intérieure. Mesdames puis Marie-Antoinette avaient annexé les pièces principales au-dessus du cabinet du Conseil pour agrandir les petits appartements de la reine.

maître de la garde-robe du roi 1672 ; grand veneur 1679
MORTIN, planche 2, "13"
28.4.1684 Hardouin-Mansart à Colbert : *J'ai envoyé encore... une copie du mémoire de M. le duc de La Rochefoucauld avec le plan marqué par alphabet relatif au mémoire et le dessin de la menuiserie de la petite salle à manger et petite galerie sur la petite cour, et à l'égard de la menuiserie du petit passage. Elle est faite et on la pose sans sculpture encore bien que M. le duc de La Rochefoucauld le [voulût] par son mémoire, la demandant comme sa chambre qui est sculptée proprement. J'attends là-dessus vos ordres pour savoir si vous voulez que l'on la fasse.* Réponse : *J'ai fait voir au roi le plan et le mémoire de ce que demande M. de La Rochefoucauld. Sa Majesté ne veut point qu'on fasse le perron marqué R, trouvant que celui marqué G et celui qui communique entre les officiers de la chambre de la garde-robe et lui, lui doit suffire. Sa Majesté veut bien que l'on fasse l'entresol qu'il désire au-dessus de la pièce marquée G ; la pièce marquée AA devait rester à Monseigneur le dauphin. À l'égard de la menuiserie et du parquet, le roi veut bien que l'on en fasse partout où il en demande, mais ce doit être de la menuiserie unie et sans aucune sculpture. C'est ce que vous ferez entendre, s'il vous plaît, au sieur Le Fèvre et aux ouvriers qui y travailleront.* A.N. O[1] 1762 A dossier 2
27.5.1684 Hardouin-Mansart à Colbert : *L'appartement de M. le duc de La Rochefoucauld : La maçonnerie sera finie mercredi prochain aussi bien que l'ajustement de la sculpture de la corniche de la chambre qui avait été rompue en raccommodant la plancher. Rivet promet toute la menuiserie du dit appartement conformément à l'ordre que Monseigneur m'en a donné le dix ou au plus tard le douze du mois prochain.* A.N. O[1] 1762A dossier 2
8.7.1701 *Faire les ouvrages nécessaires dans l'appartement de M. le duc de La Rochefoucauld au-dessous* [du futur salon de l'Œil-de-Bœuf] *au sujet des dits changements, comme la démolition du mur qui sépare l'antichambre des Bassans ; supprimer deux tuyaux de cheminée chez M. de La Rochefoucauld ; on les fera adosser au mur de la galerie et on les coulera dans l'ancien tuyau de la cheminée de la dite antichambre des Bassans.* A.N. O[1] 1809 65
16.2.1708 *Le duc de La Rochefoucauld... depuis un mois avait la goutte et s'était même fait porter depuis plusieurs jours à son appartement au chenil de Versailles pour y avoir moins de bruit que dans son appartement du château lequel était immédiatement sous l'appartement du roi...* S XI 22
1.5.1709 *M. le duc de La Rochefoucauld n'est point de ce voyage. On croit même qu'il n'y viendra plus. La vue commence à lui manquer. Il ne veut plus aller à la chasse, et son projet, à ce qu'il paraît, est de se tenir au chenil à Versailles, de venir rarement au château voir le roi, de ne guère recevoir de visites et de mener une vie fort retirée comme un homme qui ne veut plus s'occuper que de son salut. Il laissera un grand vide à la Cour, car son appartement était ouvert à tout le monde dès le matin et il y vivait fort magnifiquement.* D XII 400 *Cf. SS Additions Son appartement était ouvert matin et soir ; mais le mélange des valets d'un trop bon maître, les égards qu'il fallait avoir pour eux et les airs que prenaient les principaux en bannissaient la bonne compagnie, qui n'y allait que des instants et peu souvent et laissait le champ libre aux ennuyeux et au désœuvrés de la Cour, qui y trouvaient bonne chère, y établissaient leur domicile et y essuyaient largement les humeurs du maître, qui dominait sur eux avec un empire dur, et qui se trouvait déplacé et embarrassé avec mieux qu'eux... Ses valets, qui étaient ses maîtres... espéraient toujours tirer de son reste de crédit, et ils l'entraînèrent au chenil à Versailles, pour de là le pouvoir faire aller demander au roi quand ils en auraient besoin. Ce fut là qu'il établit sa demeure, où bientôt il fut abandonné...*
MORTIN, planche 2, "13" « Grand maître de la garde-robe du roi »
La Rochefoucauld, François VIII de La Rochefoucauld, duc de, puis duc de La Rochefoucauld (1663-1728). Grand maître de la garde-robe du roi et grand veneur en survivance 1679
2.7.1712 *Le roi donne à Monseigneur le duc de Berry et à Madame la duchesse de Berry l'appartement que Monseigneur avait à Versailles* **[CC 26]** *et on y joint le logement où était le duc de La Rocheguyon* **[CC 26A]** *pour augmenter la salle des gardes. M. de La Rocheguyon prendra l'appartement que M. son père n'occupe plus depuis longtemps.* D XIV 148
La Rochefoucauld, Alexandre de La Rochefoucauld, comte de Durtal, puis duc de La Roche-Guyon, puis duc de (1690-1763). Grand maître de la garde-robe du roi en succession de son père 1718
Châtillon, Alexis Madeleine Rosalie, comte, puis en 1736 duc de (1690-1754). Gouverneur du dauphin 1735
Châtillon, Anne Gabrielle Le Veneur de Tillières, duchesse de (1699-?)
1741 *État* « Grand maître de la garde-robe, puis gouverneur de Monsieur le dauphin » "9 pièces, 4 à cheminée ; 4 entresols sans cheminée"
Ventadour, Charlotte Éléonore Madeleine de La Motte-Houdancourt, duchesse de (1651-1744). Gouvernante des Enfants de France en survivance 1704-1732
4.12.1744 *Mme la duchesse de Ventadour a l'ancien logement de M. de La Rochefoucauld ; c'est celui qu'occupait M. le duc de Châtillon. On avait compté qu'il serait rendu à M. de La Rochefoucauld ; le roi fera apparemment un autre arrangement pour lui, mais il a été bien aise que Mme de Ventadour, qui est logée dans des entresols* **[AP 68]**, *soit logée plus commodément et à la portée de Mesdames, d'autant plus que Madame continue d'aller tous les soirs chez Mme de Ventadour, et que c'est une grande satisfaction pour l'une et l'autre.* L* VI 173
31.12.1744 *Depuis la mort de Mme de Ventadour, cet arrangement est changé. On rend à M. de La Rochefoucauld son ancien logement, que devait occuper Mme de Ventadour, et on donne à Mme du Roure celui*

de La Rochefoucauld qui est celui de feu M. d'Antin [**VA 37**]. L* VI 202

Duras, Angélique Victoire de Bournonville, maréchale-duchesse de (1686-1764). Dame d'honneur de Mesdames les aînées 1746, puis de Mesdames les cadettes 1750-1764

13.2.1746 ... *en attendant que l'on ait fait tous les changements pour les logements de Mesdames, elles resteront dans le même appartement* [**CC 26**] *; et Mme la maréchale de Duras, pour être auprès d'elles, occupera l'appartement de M. de La Rochefoucauld qui est celui qu'avait M. de Châtillon pendant l'éducation de M. le dauphin ; mais la communication de cet appartement avec le cabinet des glaces est murée ; il faudrait que Mme de Duras passât par la cour.* L* VII 218

20.5.1746 *Il ne paraît pas jusqu'à présent que l'intention de S.M. soit de rien changer à celui de Mme la maréchale de Duras, qui cependant se trouvera bien éloigné de celui de Mesdames, puisqu'elle est logée dans le logement de M. de La Rochechoucauld qu'avaient M. et Mme de Châtillon pendant l'éducation de M. le dauphin.* L* VII 318

C 9 est divisé en **CC 9 et 9A** [1].

CC 9 est combiné avec **CC 26** de 1747 à 1786 [2].

CC 9A

Binet, Gérard, seigneur de Sainte-Preuve (1688-1761). Premier valet de chambre du dauphin 1735 ; contrôleur de la maison de la dauphine 1744

11.1746 *L'appartement qu'on fait en bas pour Monsieur le dauphin et Madame la dauphine* [**CC 26 et 26A**] *n'est pas encore près d'être achevé... Cela... donne occasion de demander pourquoi l'on fait un nouvel appartement pour Monsieur le dauphin et Madame la dauphine puisque celui qu'ils ont* [**AP 66, 66A, et 67**] *est beau et convenable. Il y a des gens qui répondent à cette question que Binet, premier valet de chambre de Monsieur le dauphin, est la principale cause du grand ouvrage que l'on fait actuellement pour le nouvel appartement de Monsieur de dauphin parce qu'il est actuellement fort mal logé* [**AP 103, 104 et 105**] *et qu'il sera fort bien dans le nouveau.* L* VII 8

23.12.1746 *M. Binet, premier valet de chambre de Monsieur de dauphin, supplie M. de Tournehem de vouloir bien faire achever de boiser sa salle à manger avec du vieux lambris, n'étant question que de 6 toises courant sur 6 pieds, 1 pouce de haut. Il supplie pareillement de lui donner tous les vieux lambris, portes, chambranles et croisées de marqueterie provenant de la chambre de glace* [de **CC 26**], *étant choses qui ne peuvent jamais être remplacées chez le roi.* Bon du roi : A.N. O^1 1810 I 132

2.8.1752 [Pendant la maladie du dauphin] *la seconde antichambre, qui sépara la chambre de Monseigneur le dauphin d'avec le cabinet de Binet avait été remplie de lits pour les médecins, et comme plusieurs personnes de ceux qui ont les grandes entrées chez le roi se tenaient parmi les lits, ce qui importunait fort les médecins, on jugea à propos dans la suite de la maladie que personne n'entrât plus dans cette pièce. Ceux qui ont voulu veiller pour savoir des nouvelles se tenaient dans le cabinet de Binet... J'ai oublié de marquer que c'est dans le cabinet de Binet que se sont faites les consultations et que s'est tenue la table de la faculté, servie par la Bouche du roi.* L* XII 85*sq.*

11.1755 BLONDEL, planche 2, "r^4 et r^5" « Retraite du premier valet de chambre »

Marchais, George René Binet, baron de (1712-1780) Premier valet de chambre du roi en survivance de M. Bachelier, et en exercice 1754

Marchais, Élisabeth Josèphe de La Borde, baronne de, plus tard comtesse d'Angiviller (1725-1808)

1.8.1756 *Votre Majesté ayant accordé à M. Binet l'expectative du petit logement de M. le cardinal de Luynes* [**S 18 et 19**] *qu'il laissera moyennant le sien à M. Marchais...* A.N. O^1 1076 453

19.4.1757 *Le logement de M. Binet, habité à présent par M. et Mme Marchais et dont ils en ont la survivance rendu à M. Binet, qui rendra, quand il en sera en possession, le bon du cardinal de Luynes et le logement de garçon qui avait été donné à M. Marchais quand il eut la survivance de M. Bachelier.* A.N. O^1 1076 478

16.12.1758 *Je, architecte ordinaire et contrôleur des bâtiments... certifie que les glaces mentionnées ci-dessus ne sont point du roi... Le logement de M. de Marchais dans la pièce de compagnie un trumeau entre les croisées en deux glaces.* A.N. O^1 1796 650

1758 N au roi : *M. Binet a consenti, il y a deux ans, que son fils aîné restât dans son logement à condition qu'il avait l'expectative de celui du cardinal de Luynes.* [**S 18 et 19**]. *M.* [Binet] *de Boisgiroux* [le frère] *avait ses prétentions sur le dit logement et les soutient avec beaucoup d'esprit et désire avec vivacité que le logement de M. de Champenetz donné à M. de Champlost* [**AP 117**] *son successeur soit accordé à M. de Marchais, que la survivance de celui de M. Binet lui soit accordée, et que M. de Champlost se contente de celui que M. de Boisgiroux occupait aujourd'hui* [**AP 57**], *qui est un petit logement qui avait été accordé à M. Marchais, étant garçon. M. le comte de Noailles a répondu qu'il supplierait Votre Majesté d'accorder le premier logement de mari et femme vacquant à M. de Marchais et que pour lors M. Binet rentrerait dans le sien à condition de rendre le bon qu'il a pour celui de M. le cardinal de Luynes et le logement que Votre Majesté avait accordé à M. de Marchais, étant garçon* [**AP 115B**]. A.N. O^1 1077 45

6.12.1761 N au roi : *Votre Majesté a eu la bonté d'accorder à M. de Marchais la survivance du logement de M. Binet. Il en demande la confirmation en rendant*

1. **CC 9** continuait à se rapporter à l'espace situé sur le côté sud de la cour de Marbre. **CC 9A**, bien que n'apparaissant pas sur les *États*, a été employé ici pour indiquer l'espace restant de **CC 9** en retour lorsque on revient à l'extrémité ouest de la cour de Marbre entre l'angle sud-ouest et le vestibule à colonnes. Il fut souvent agrandi pour gagner de la place dans l'ancien péristyle du parterre du Midi.

2. Voir plus loin.

un très joli logement de garçon. Bon du roi : A.N. O[1] 1076 653

CC 9A est ajouté à **CC 26 et 9** est désigné *chambre de Monsieur* vers 1769-1786.

CC 9A, avec une partie de **CC 9**, est séparé de **CC 26** entre mars 1787 et juillet 1788 [1].

Bourcet, Pierre Jean (1752-?). Premier valet de chambre du dauphin
7.3.1788 M. Bourcet à A : *Le départ de Monseigneur le dauphin pour Meudon m'engage à réclamer de nouveau vos bontés... pour qu'on fît quelques réparations et changements nécessaires dans mon appartement de service auprès de Monseigneur le dauphin. Ces réparations consistent en la démolition d'une petite cloison à l'entresol... et la construction d'un petit escalier de 18 marches en remplacement d'une espèce d'escalier en bois qui est dans le plus mauvais état et enfin en quelques étagères compartimentées et réparations urgentes pour la commodité du très petit local de retraite dont je jouis.* Réponse de L** (15.3.1788) : *La demande de M. de Bourcet consiste dans la démolition d'une cloison dans l'entresol pour des deux pièces en faire qu'une pour former un cabinet, dans la pose du parquet en place des carreaux, dans la dépose et repose d'un corps de tablettes en armoire, la construction d'un corps de tablettes en raccommodant des précédents, dans la démolition et reconstruction d'un petit escalier de planches, dans la réfection des plâtres du plafond sur le palier des escaliers, le reculement d'une cloison, dépose et repose désormais dans la pièce du bas, la pose d'une glace entre les cloisons, la démolition d'une armoire et d'un bout de cloison, deux petites persiennes pour les croisées et le blanchissement de l'appartement.* A.N. O[1] 1802 431

CC 9A est combiné avec **CC 25**, les petits appartements de la reine

10.7.1788 H à A : ... *Par la suite des dispositions du roi pour ajouter aux intérieurs de la reine* [**CC 25**] *le logement de M. de Bourcet, premier valet de chambre de Monseigneur le dauphin... M. le duc d'Harcourt a remplacé M. de Bourcet dans les pièces réservées pour la garde-robe de Monseigneur le dauphin* [**CC 11D**], *laquelle va être reportée dans une des pièces que quitte M. de Bourcet et qui est inutile à la reine.* A.N. O[1] 1802 489
10.7.1788 H à A : *La reine a pris pour ajouter à ces cabinets tout ce qui composait le logement du premier valet de chambre de Monseigneur le dauphin.* A.N. O[1] 1765 cité par Marguerite Jallut, « Château de Versailles : cabinets intérieurs et petits appartements de Marie-Antoinette », *Gazette des beaux-arts*, mai-juin 1964, p. 289-334

C 9D
Coffres de la chambre du roi
1741 *État* « Pour les coffres de la chambre du roi » "3 pièces, 1 à cheminée"
1770 *État* A « Pour les coffres de la chambre du roi »
1787 *État* E « Coffres du roi » "1 pièce"

CC 10
Garde-robe du roi
Mortin, planche 2, "10"
1741 *État* « Garde-robe du roi » "3 pièces, 1 à cheminée ; 4 entresols, 1 à cheminée"
17.10.1753 E à M : *Le logement des garçons de la garde-robe du roi au château : lambrisser une partie de ce logement à cause de l'humidité, ce qui leur est promis depuis fort longtemps... 150 livres.* A.N. O[1] 1795 434 ; *cf.* 435
28.7.1748 *Le sieur Chevery, garçon ordinaire de la garde-robe du roi, assujetti à se retirer après le coucher de Sa Majesté pour son service dans une petite chambre sous les bains de la reine, supplie M. de Tournehem de lui accorder une enceinte sous le rempart de la voûte de 6 pieds au plus haut qui formera une alcôve pour fermer son lit.* Bon du roi : A.N. O[1] 1810 II 87
22.10.1753 G à M : *M. le dauphin désire depuis deux ans d'avoir des petites pièces au-dessous de la chambre des bains de la reine qui joignent l'appartement de Madame la dauphine pour donner plus de facilité à son service. Ces petites pièces sont occupées par deux garçons de la garde-robe du roi. M. le comte de Noailles a proposé l'année passée qu'il fût fait un entresol sur la pièce qu'occupent les garçons de la chambre du roi dans le... plan ci-joint. Les garçons de la chambre du roi représentent que leur service est très essentiel pour le roi, que l'entresol ne peut être fait qu'en fouillant le terrain pour avoir plus de hauteur, que cette fouille, plus bas que la cour de Marbre, rendra l'habitation humide et peu propre au dépôt du linge qu'ils ont pour le roi. Ils avancent que le service de la garde-robe du roi exige seulement qu'il y couche un des valets de la garde robe, qu'il y est déjà deux de logés et que ce n'est que par tolérance que deux autres occupent les pièces demandées par Monsieur le dauphin. M. de Vandières aura la bonté de faire décider cette affaire par Sa Majesté. Si l'entresol se fait, la dépense montera à 3 300 livres.* Réponse : *Il me paraît que cette dépense est très inutile et qu'il serait bien plus simple de transporter les garçons de la garde-robe dans leur logement en dehors, y ayant déjà deux garçons de la garde-robe couchés dans la garde-robe du roi. Alors, les deux pièces deviendraient libres pour Monseigneur le dauphin.* A.N. O[1] 1795 410 et 411
11.12.1753 M à G : *Sa Majesté veut que les deux garçons de sa garde-robe quittent et vident les deux pièces*

1. Pour les plans de l'espace en mutation dans **CC 9, 9A et 25** voir J.-Cl. Le Guillou, « L'appartement de Madame Sophie au château de Versailles : formation et métamorphoses, 1774-1790 », *Gazette des beaux-arts*, VIe période, t. CIII, mai-juin 1981, p. 201-218.

joignant l'appartement de Madame la dauphine que Monseigneur le dauphin a demandées pour la facilité de son service et que ces deux pièces restent libres à M. le dauphin. Ces deux garçons de garde-robe ne les occupant que par tolérance, il y a en effet deux autres garçons de garde-robe à portée de faire leur service et on évite par là de construire un entresol qui ne pourrait être fait qu'en fouillant le terrain afin d'avoir plus de hauteur, ce qui aurait rendu ces pièces plus basses que la cour de Marbre et nécessairement humides et peu propres au dépôt des linges de Sa Majesté. A.N. O^1 1811 I 85
1761 GG-B 2104 *bis* « Plan du changement à faire à la garde-robe aux habits du roi » avec un devis pour 8 200 livres
29.10.1774 Le duc d'Estissac à A : *Je vous prie de vouloir bien donner vos ordres pour que l'on mette des barreaux de fer à une pièce que le roi vient d'ajouter à sa garde-robe.* A.N. O^1 1799 264
1787 *État* E « Garde robe du roi » "4 pièces, 2 à cheminée, 4 entresols, 2 bûchers"

CC 11
Salle des Cent-Suisses
1741 *État* « Salle des Cent-Suisses » "1 pièce à cheminée, 1 entresol"
31.1.1758 *Lorsque le roi vint s'établir à Versailles, les cent-suisses reprirent leur ancienne salle en bas, au pied de l'escalier de la reine ; c'est la même qu'ils occupaient du temps de Louis XIV ; et comme l'appartement de Mme de Maintenon (qui est aujourd'hui celui de M. le comte de Clermont)* [**CC 34**] *est au-dessus de cette salle, il leur était très sévèrement défendu d'y fumer ; Louis XIV n'a jamais pris de tabac et n'en aimait pas l'odeur. Cette même défense a été renouvelée dans l'établissement de la nouvelle salle des Cent-Suisses. Quoiqu'ils occupent cette nouvelle salle, ils font cependant toujours usage de l'ancienne ; c'est là qu'ils s'établissent pour attendre le moment de la sortie et de la rentrée du roi et de la reine etc. ; c'est là aussi qu'ils font leur repas. Cette ancienne salle est d'ailleurs réputée plutôt pour Monseigneur le dauphin que pour le roi ; et comme il y a toujours un certain nombre de cent-suisses détachés pour le service de la reine et celui de Monseigneur le dauphin, ces deux maisons fournissent du bois pour la cheminée de cette salle d'en bas. On leur a continué aussi de la fourrière du roi les mêmes douze bûches, pendant l'hiver, et les mêmes trois bûches pendant l'été, qu'ils avaient à Paris. Il semblerait qu'avec cette triple fourniture, ils devraient en avoir une quantité suffisante, mais la cheminée de l'ancienne salle en consomme plus que le poêle* [dans leur nouvelle salle en haut]... L* XVI 348
4.6.1783 *Il paraît nécessaire à la petite salle des Cent-Suisses de placer au-dessus du chambranle de cheminée un miroir fixé ou une petite glace. On ne la désire que de 20 pouces de hauteur sur 16 de largeur. Elle servirait non à la décoration précise du local mais aux cent-suisses qui sont dans le cas d'avoir une tenue très exacte et de rechercher fréquentement dans la journée cette tenue après les mouvements très fréquents qu'ils font tant dans l'intérieur que dans l'extérieur du château.* A.N. O^1 1801 462
1787 *État* E « Salle des Cent-Suisses » "1 pièce à cheminée, 1 entresol"

CC 11A
Salle de la Prévôté
31.3.1783 Le marquis de Tourzel à A : *J'ai l'honneur de vous prier... qu'il soit construit des armoires pour serrer les habits de grand uniforme du garde de la prévôté de l'hôtel dans une petite pièce tenant à leur corps de garde au château de Versailles qui vient de leur être accordée à cet effet. La petitesse de leur corps de garde ne m'avait pas permis, jusqu'à présent, d'y procurer et il était essentiel pour cet objet d'obtenir le petit emplacement.* Réponse : *Réponse d'adhésion ; ordres en conséquence à M. Heurtier.* A.N. O^1 1801 440
1787 *État* E « Salle de la prévôté » "1 pièce à cheminée, 1 entresol"

CC 11B
Réverbères
1787 *État* E « Réverbères » "1 pièce"

CC 11C
Thierry de Ville d'Avray, Marc Antoine, baron (1732-1791). Premier valet de chambre en survivance de son père 1774 ; intendant puis commissaire général du garde-meuble 1783
1770 *État* A « Bûcher au premier valet de chambre de Monseigneur le dauphin, puis M. Thierry, premier valet de chambre du roi »
Première femme de Madame
1777 *État* C « Première femme de Madame »
Garde-robe de Monseigneur le dauphin
1787 *État* E « Garde-robe de Monseigneur le dauphin » "1 pièce à cheminée, 1 entresol"

CC 12 à 22 correspondent à **VA 12 à 17, AG 18 et 19** et **AG 20 à 22**

REZ-DE-CHAUSSÉE SUR LES PARTERRES

Salle des Hoquetons [1]

CC 23 [2]
MORTIN, planche 2, "24" « Salon de l'escalier du roi » ;

1. Cette grande salle fut ainsi nommée en raison de l'uniforme des gardes de la prévôté de l'hôtel du roi, la police intérieure du château. Décorée en 1672 de panneaux en trompe-l'œil, de statuaire et de trophées militaires, elle fut divisée en deux antichambres pour former une partie de l'appartement de Mme de Pompadour en 1750 et n'a été que récemment restaurée dans ses dimensions et son décor originaux. Au XVIIe siècle, elle correspondait aux croisées 1 à 3.
2. Croisées 4 à 7.

BLONDEL, planche 5, "h" « Salle des gardes de la prévôté de l'hôtel du roi »
Toulouse, Louis Alexandre de Bourbon, légitimé de France, comte de (1678-1737)
Bouillon, Emmanuel Théodose de La Tour d'Auvergne, cardinal de (1643-1745). Grand aumônier de France 1700
28.3.1692 *Le roi donne à M. le comte de Toulouse l'appartement des bains* **[CC 24]** *où est présentement M. du Maine et à M. de Bouillon l'appartement de M. le comte de Toulouse. M. le cardinal de Bouillon depuis son retour n'avait point eu de logement.* D IV 38
Officiers du duc de Berry [1]
15.9.1693 *Le roi donna avant-hier le logement qu'avait feu Mademoiselle* **[CC 26A]** *à M. le cardinal de Bouillon et l'on donna aux principaux officiers de M. le duc de Berry le logement qu'avait le cardinal de Bouillon.* D IV 357
O, Gabriel Claude, marquis d' (1654-1728). Gouverneur et administrateur de la maison du comte de Toulouse ; premier gentilhomme de sa chambre 1696
O, Marie Anne de la Vergne de Guilleragues, marquise d' (1657-1737). Dame du palais de la duchesse de Bourgogne
8.12.1696 *M. d'O n'est plus gouverneur de M. le comte de Toulouse, il est présentement gentilhomme de sa chambre... Il sera toujours logé et nourri, lui et tous ses domestiques chez M. le comte de Toulouse.* D VI 40. *Cf.* SS III 202 *sq.* : *M. d'O fut mis auprès de M. le comte de Toulouse avec le titre de gouverneur et administrateur de sa maison... Sa femme fut logée avec lui dans l'appartement de M. le comte de Toulouse, qui lui entretint soir et matin une table fort considérable... Il sut peu à peu gagner l'amitié de son pupille... Sa femme lui aida fort en cela et ils y réussirent si bien que leur temps fini par l'âge de M. le comte de Toulouse, ils demeurèrent tous deux chez lui comme ils y avaient été...*
MORTIN, planche 2, "23"
Toulouse, Louis Alexandre de Bourbon, légitimé de France, comte de (1678-1737)
Toulouse, Marie Victoire Sophie de Noailles, marquise de Gondrin, puis en 1723 comtesse de (1688-1766)
Penthièvre, Louis Jean Marie de Bourbon, *dit* duc de (1725-1793). Grand veneur 1737
Penthièvre, Marie Thérèse d'Este, duchesse de (1726-1754)
1741 *État* « Dans l'appartement des bains Mme la comtesse de Toulouse, puis de Penthièvre » **[CC 23 et 24]** "14 pièces, 7 à cheminée ; 10 entresols, 2 à cheminée"
22.5.1746 *Depuis l'accouchement de Mme de Penthièvre, le roi a trouvé bon que l'on mît des tapis dans la pièce des deux tribunes qui fait partie du [grand] appartement et qui est au-dessus de la chambre de Mme de Penthièvre.* L* VII 319
20.11.1746 E à T : *M. le duc de Penthièvre demande du parquet dans une pièce à la place des marbres qui y sont... 450 livres.* Bon du Roi : A.N. O^1 1810 I 114
Bourbon-Parme, Isabelle, future épouse de l'empereur Joseph II (1741-1763)
21.10.1748 *Madame l'Infante logera à Versailles dans l'appartement de Mme la comtesse de Toulouse, et Mme sa fille dans celui de M. et Mme de Penthièvre.* L* IX 107
1.1.1749 *Madame l'Infante arrive avant-hier à Thoury... Madame l'Infante loge dans l'appartement de Mme la comtesse de Toulouse, laquelle s'est réservé seulement un cabinet pour pouvoir y recevoir le roi au sortir du souper les jours de grand couvert. Mme de Leyde mange ici à une table de douze couverts servie par les officiers de la Bouche du roi ; le roi a donné ordre que cette table continuât tout le temps que Madame l'Infante serait ici.* L* IX 271
Pompadour, Jeanne Antoinette de Poisson, Mme Le Normand d'Étioles, puis marquise de (1721-1764). Maîtresse du roi ; dame surnuméraire du palais 1756
29.12.1749 *Mme de Pompadour va loger où logent actuellement M. et Mme de Penthièvre. Les appartements de M. et de Mme de Penthièvre et de Mme la comtesse de Toulouse comprennent tout ce qui est depuis la voûte de la Chapelle jusqu'à l'encoignure du château sur la terrasse faisant face au parterre du Nord, et dans le retour sept croisées sur la face du château du côté de la terrasse, c'est-à-dire tout le dessous de l'appartement du roi, depuis la grande pièce qui se trouve la seconde après le salon d'Hercule jusqu'au salon de la Guerre, et en retour les trois croisées du salon qui sont de la face du château et quatre de la galerie. C'est dans ce terrain que l'on arrange un appartement pour M. et Mme de Penthièvre, sur le double duquel il y aura un petit appartement complet pour Mme la comtesse de Toulouse, qui ne l'habite plus ; elle loge dans une petite maison près de la paroisse... La partie la plus proche de la voûte va être accommodée pour Mme de Pompadour, et dans celle entre M. de Penthièvre et Mme de Pompadour on va faire des petits cabinets où le roi ira souper ; voilà le projet jusqu'à présent... Mme de Pompadour connaît le roi... il ferait céder son goût présent à son devoir. Elle a remarqué le goût du roi pour Mesdames ; le séjour de Madame l'Infante dans l'appartement de Mme la comtesse de Toulouse a fait connaître encore davantage au roi la facilité de faire usage de cet appartement par un petit escalier dérobé qui avait été fait du temps de Mme de Montespan... comme il est vraisemblable que Madame Sophie et Madame Louise ne seront pas longtemps sans revenir de Fontevrault et que cela fera une augmentation des logements, il était aisé de prévoir que le roi... pourrait bien loger Madame* [Henriette] *et Madame Adélaïde dans cet appartement et s'accoutumer à y descendre et même à souper. Voilà précisément ce qu'elle a voulu éviter.* L* X 117
5.1.1750 *Il y a toujours grand tapage à Versailles sur l'appartement donné à la marquise de Pompadour au préjudice de Mesdames aînées : elles mettent en mou-*

1. En outre, le duc de Beauvillier logeait dans **AN 44**. Dangeau (IV 346) énumère parmi les officiers : le marquis de Rasilly, sous-gouverneur ; l'abbé de Beaumont, sous-précepteur ; l'abbé de Catelan, lecteur ; MM. Soleysel et Vassan, gentilshommes de la manche ; Duchesne, premier valet de chambre ; Chesnedé, premier valet de la garde-robe ; et le porte-arquebuse, M. de L'Isle. *Cf.* S IV 249.

vement la reine et tout ce qu'elle peuvent de force pour l'emporter. Tout cela déplaît au roi qui est doux et n'est bon à rien qu'à le tourmenter et à le fâcher contre des personnes qu'il aime et qu'il voudrait voir contentes. D'ARGENSON VI 117

23.1.1750 *C'était la reine qui avait été pour la marquise et contre Mesdames au sujet de l'appartement de Mme la comtesse de Toulouse* [**CC 24**] *qu'elles avaient demandé concurremment. La reine était jalouse du crédit de ses enfants... Cet appartement était donc fort requis à cause qu'il donne lieu à de fréquentes conversations avec le roi qui y descend pour oui ou pour non plusieurs fois par jour ; cela n'est décidé que depuis huit jours. On a divisé, transigé, morcelé et chacun est mécontent...* D'ARGENSON IV 132

24.5.1750 *Mme la marquise de Pompadour chez M. le duc et Mme la duchesse de Penthièvre et chez Avisse, premier garçon du garde-meuble...* [**AG 2 et 2 A**] Disposition : A.N. O^1 1076 250

1750 La marquise de Pompadour à Mme de Lutzelbourg : *Le roi m'a donné le logement de M. et Mme de Penthièvre, qui me sera très commode. Ils passent dans celui de Mme la comtesse de Toulouse, qui en garde une petite partie pour venir voir le roi le soir. Ils sont tous très contents et moi aussi.*

10.1750 La marquise de Pompadour à Mme de Lutzelbourg : *Cet appartement me sera très commode, je ne pourrai y être qu'au retour de Fontainebleau...* Cité par Danielle GALLET, « Madame de Pompadour et l'appartement d'en bas au château de Versailles », *Gazette des beaux arts*, VIe période, t. CXVIII, sept. 1991, p. 129 *sq.*

11.3.1750 GG-B 434 ; *cf.* GG-B 831 vers 1749, GG-B 2874 et 2875 vers 1750, GG-B 48 vers 1750-1753, GG-B 333 « octobre 1751 », GG-B 1229 vers 1755

23.11.1753 *On entre chez M. le comte de Toulouse par une grande antichambre à deux croisées où il y a des colonnes. Toute la droite de cette antichambre où M. et Mme de Penthièvre ont logé et qui depuis a été occupée par l'Infante Isabelle pendant son séjour ici [en 1749], tout cela jusqu'à la voûte de la Chapelle fait l'appartement de Mme de Pompadour. On a fait entre l'appartement de Madame Adélaïde et Mme de Pompadour un petit logement pour Mme de Beauvillier.* L* XI 448

CC 23 est divisé.

1764 *La partie de l'appartement de Mme la marquise de Pompadour du côté de la Chapelle à Mme la marquise de Clermont, dame d'atour de Mesdames ; l'autre partie du logement avec la cuisine* [**AG 2**] *à Mme la comtesse de Narbonne...* Disposition : A.N. O^1 1076 765

CC 23 vers la Chapelle.

Clermont-Gallerande, Gabrielle Françoise de Villers d'O, comtesse de (1699-1765). Dame d'atour de Mesdames les cadettes 1751-1765

28.10.1764 La comtesse de Clermont-Gallerande à M : *L'approche de l'hiver me fait sentir, Monsieur, toute l'utilité d'un coffre à bois. Un grand logement à l'exposition du nord en marque la nécessité. Il y en avait, mais étant incommodes à Madame, ils ont été détruits. Avant de vous importuner, Monsieur, pour vous prier de vouloir bien donner des ordres pour m'en faire reconstruire un, j'ai trouvé un emplacement sous les voûtes qui je crois ne soulèvera nulle difficulté. Plusieurs raisons m'autorisent à vous faire cette demande. Dans les différents logements que j'ai occupés à la Cour, il s'en est trouvé un* [**AN 32**] *que j'ai eu après M. le comte de Saulx à qui le coffre à bois appartenait, qui m'était cédé en payant la valeur. J'ai depuis quitté ce logement pour en occuper d'autres et comme partout où j'ai été, il s'en trouve, le mien est demeuré en place et me fait grand faute présentement, n'en trouvant plus. J'espère, Monsieur, que vous voudrez bien donner des ordres à cet égard.* Réponse : *À M. L'Écuyer pour examiner le lieu et me marquer ce qu'un pareil coffre coûtera.* A.N. O^1 1797 498

Valentinois, Marie Christine Chrétienne de Saint-Simon, comtesse de (1728-1774). Dame d'atour de Mesdames 1762

1764 *La survivance du logement de Mme la marquise de Clermont, dame d'atour de Mesdames, à Mme la comtesse de Valentinois, dame de Mesdames* A.N. O^1 1076 759

31.12.1765 M au roi : *Mme la comtesse de Valentinois supplie très humblement Votre Majesté de lui accorder les changements absolument nécessaires au logement qu'elle doit occuper au château de Versailles. La dépense, suivant le plan et le devis ci-joint... est un objet de 1 804 livres.* A.N. O^1 1071 130

31.12.1765 [1] GG-B 276 « Logement donné à Mme la comtesse de Valentinois, tel qu'il est »

[1765] La comtesse de Valentinois à M : *Mme la comtesse de Valentinois désirait qu'il fût fait quelques arrangements dans son appartement de Versailles, savoir : Que le poêle de l'antichambre qui est attendant la parte d'entrée et sur lequel la porte ouvre soit changé de place en le mettant dans la même cloison vitrée où il est mais plus éloigné de la porte et comme il était avant Mme de Clermont. En conséquence, mettre la porte vitrée de la dite cloison à l'endroit où est présentement le poêle et pratiquer une cloison en planches depuis cette porte vitrée jusqu'à celle qui conduit au bas de l'escalier de Madame [Adélaïde] que Mme de Clermont avait fait murer et qui est nécessaire à Mme de Valentinois pour aller chez Madame ; qu'il soit pratiqué dans quelque endroit de l'appartement qu'il conviendra un réchauffoir pour servir au défaut de la cuisine du dit appartement* [**AG 2**] *qui vient d'être détachée ; que soit continué l'entresol sur la seconde antichambre de même qu'elle l'est sur la première avec un simple carrelage et sans boiseries. On peut mettre ce plancher à la hauteur de l'ouverture des croisées et des portes, et qu'on coupera cet entresol en deux pièces.* A.N. O^1 1071 133

1. Le plan désigne les six premières croisées comme appartenant à Mme de Valentinois et le reste de l'espace à la comtesse de Narbonne. Il est douteux que Mme de Valentinois ait occupé l'appartement. En 1766, elle reçut **AN 46**.

CC 23 vers le parterre d'Eau
Narbonne, Françoise de Châlus-Sanssat, marquise de (1734-1821). Dame du palais de l'Infante ; dame pour accompagner Madame Adélaïde 1760, puis sa dame d'atour 1764

CC 23 est recomposé.

Madame Adélaïde, Marie Adélaïde de France, *dite* (1732-1800)
21.6.1767 M à E : *Je vous envoie deux autres plans que Sa Majesté vient de me remettre, l'un regarde l'appartement de Madame Adélaïde qui veut faire changer son cabinet particulier pour en agrandir la surface, ainsi qu'un degré dans une pièce joignant sa chambre pour communiquer à l'appartement de Madame Victoire. Il faut que cette partie-là soit faite pendant le voyage de Compiègne. Vous vous concerterez pour le cabinet avec M. Gabriel pour tâcher de conserver le plafond, les corniches et tout ce que l'on pourra des menuiseries qui sont très belles, très riches et qui plaisent même à Madame.* A.N. O[1] 1798 143
1768 [1] ... *le logement de Madame Victoire à Madame Adélaïde* A.N. O[1] 1077 34
1768 *Louis XV voyait très peu sa famille ; il descendait tous les matins par un escalier dérobé dans l'appartement de Madame Adélaïde. Souvent il y apportait et y prenait du café qu'il avait fait lui-même. Madame Adélaïde tirait un cordon de sonnette qui avertissait Madame Victoire de la visite du roi ; Madame Victoire en se levant pour aller chez sa sœur sonnait Madame Sophie, qui à son tour sonnait Madame Louise.* CAMPAN I 14
1787 *État* E « Mme Adélaïde » "13 pièces, 12 à cheminée ; 3 entresols à cheminée"

CC 24 sous Louis XIV *dit* **appartement des Bains** [2]
Montespan, Françoise Athénaïs de Rochechouart de Mortemart, marquise de (1641-1707). Surintendante de la maison de la reine
05.3.1684 *J'appris que le roi prenait pour lui le logement de Mme de Montespan qu'il joignit à son petit appartement... il donnait à Mme de Montespan l'appartement des Bains.* D I 77
26.1.1685 *Madame de Montespan prit possession de l'appartement des Bains.* D I 112
Maine, Louis Auguste de Bourbon, légitimé de France, duc du (1670-1736)
15.3.1691 *Mme de Montespan... a fait dire au roi par M. de Meaux que le parti qu'elle prenait était un parti de retraite pour toujours... Le roi a donné l'appartement des Bains qu'elle avait à M. le duc du Maine.* D III 300 ; *cf.* ibid. 325 ... *à la vérité on s'est un peu hâté de faire démeubler son appartement.*
05.3.1719 *Le duc du Maine persuada sa mère de se retirer de la Cour pour quelque temps... elle alla à Paris et écrivit au roi qu'elle ne reviendrait plus. Le duc du Maine fit bien vite expédier pour Paris tous les bagages de sa mère sans qu'elle en fût instruite. Quant à ses meubles, il les fit tous jeter par la fenêtre, en sorte qu'elle ne pouvait plus revenir à Versailles.* Lettre de Madame Palatine citée par BOISLISLE dans SS XV 91
Toulouse, Louis Alexandre de Bourbon, légitimé de France, comte de (1678-1737)
28.2.1696 *On sut que le roi... avait accordé au comte de Toulouse l'appartement des Bains qu'occupait auparavant le duc son frère.* S IV 14
MORTIN, planche 2, "15" [3]
Toulouse, Marie Victoire Sophie de Noailles, marquise de Gondrin, puis en 1723 comtesse de (1688-1766)
13.3.1740 *Tout se tourne du côté de Mme la comtesse de Toulouse : son appartement rend à celui du roi par un escalier dérobé ; Sa Majesté y descend à toute heure et à tout moment ; tout cela finira par donner ce logement à Mme de Mailly. C'était autre fois celui de Mme de Montespan qui passa à M. le comte de Toulouse.* D'ARGENSON III 14
6.8.1741 *Sa Majesté a pris l'habitude de descendre des quatre à cinq fois par jour chez Mme la comtesse de Toulouse qui a l'appartement de Mme de Montespan ; elle a été jusqu'à présent véritablement la m*[aquerelle]. *Mme de Mailly est à portée de cet appartement ; la bonne princesse se prête avec délices aux jouissances du roi, prête son lit, son canapé, son fauteuil. Cependant, elle est dévote et sans rouge ; elle passe deux heures à l'église à lire avec une petite bougie dans un confessionnal.* D'ARGENSON III 361
26.12.1746 *Après le souper, le roi descendit chez Mme la comtesse de Toulouse, qui vient exprès dans son appartement le soir des jours de grand couvert. Depuis que M. le duc et Mme la duchesse de Penthièvre sont en Bretagne, elle n'habite plus son logement ici au château ; elle demeure dans une maison près la paroisse de Notre-Dame de Versailles ; elle a été bâtie par les soins et aux frais de M. le curé, dans l'intention d'en faire usage pour le service d'un collège qu'il a trouvé le moyen de faire établir à Versailles, il y a déjà plusieurs années ; et le fonds de la maison doit être au profit des pauvres. Il a loué cette maison 2 000 livres*

1. P. DE NOLHAC, dans *Versailles... Marie Antoinette* (p. 39 *sq.*), cite des registres des ordres de travaux indiquant que Madame Adélaïde emménagea dans l'appartement de Mme de Pompadour durant l'hiver de 1768-1769.
2. Au XVIIe siècle cet espace occupait les croisées 12 à 16 sur le parterre du Nord et les sept premières croisées en retour sur le parterre d'Eau. Le système de numérotation pour cet appartement change au milieu du XVIIIe siècle. L'état de 1741 désigne par **CC 23** la série entière des pièces sur le parterre du Nord et attribue cet espace au comte de Toulouse. Dans le même état, **CC 24** est assigné à la série des pièces sur le sud du parterre d'Eau et l'extrémité ouest du parterre du Midi et attribué à « M. le duc d'Orléans, puis appartement de Monseigneur le dauphin. » Dans le système de numérotation des états ultérieurs, ce second espace est numéroté **CC 26**, et **CC 24** est assigné à l'ancien appartement des Bains. Ces variations de numérotation sont moins importantes que la mention de la certitude à l'époque de la Régence qu'en de nombreux cas l'*État* de 1741 date l'occupation de plusieurs appartements à une époque très antérieure.

3. MORTIN désigne les croisées 9 à 11 comme celles du « grand salon du dit comte [de Toulouse] ».

à Mme la comtesse de Toulouse, qui l'a fait ajuster pour son usage et pour sa plus grande commodité. Comme elle n'est séparée de l'église que par une petite rue, elle a fait faire une espèce de galerie sur cette rue, qui lui donne une communication de sa chambre à l'église. Elle a fait faire une espèce d'entresol au-dessus d'une des chapelles qui est à côté du chœur ; dans cet entresol est un autel, et une petite niche pour elle ; l'appartement en tout est simple mais commode. L* VIII 42

Madame Infante[1], Marie Louise Élisabeth de France, duchesse de Parme, *dite* (1728-1759)

21.10.1748 *Madame l'Infante logera à Versailles dans l'appartement de Mme la comtesse de Toulouse, et Madame sa fille dans celui de M. et Mme de Penthièvre à qui on donne celui de feu Madame Marie-Thérèse, fille de M. le dauphin, dans l'aile des Princes* [**AP 53**]. L* IX 107

15.12.1749 *Le feu prit hier dans les cabinets du roi, c'est-à-dire dans un petit cabinet que Madame la comtesse de Toulouse s'est réservé au-dessus de ces petits cabinets. La flamme fut fort considérable mais sans aucune suite fâcheuse ; il y a un réservoir d'eau toujours plein au-dessus de l'appartement du roi et une pompe pour le remplir.* L* X 53

Pompadour, Jeanne Antoinette Poisson, Mme Charles Guillaume Le Normant d'Étioles, marquise de (1721-1764). Maîtresse du roi ; dame surnuméraire du palais 1756

29.12.1749 *La marquis de Pompadour va avoir l'appartement de Mme la comtesse de Toulouse au-dessous de celui du roi et que l'on va faire accommoder à la moderne. C'est celui qu'avait autrefois Mme de Montespan, maîtresse du roi. De là, grand mécontentement de la famille royale contre cette maîtresse : Mesdames de France, les deux aînées, espérant de l'avoir, comme j'ai dit, et de profiter des visites du roi l'après-souper des jours du grand concert, en attendant que le souper de la marquise fût fini, comme en profitait Mme la comtesse de Toulouse. Voilà cette affaire : le retour des deux dames cadettes de France qui restent à Fontevrault fort reculé, ce qui fait fort haïr la marquise...* D'ARGENSON VI 113. *Cf.* 125 daté 16.1.1750 *La grande affaire de l'appartement de Mme la comtesse de Toulouse à donner à la marquise de Pompadour ou à Mesdames n'est pas encore finie et rien n'est déclaré ; on hésite sur le trouble que cela apporterait dans la famille royale. Madame dit : « Que la marquise soit logée en haut ou en bas, le roi mon père n'y ira pas moins ; il faut autant qu'il monte pour redescendre que de descendre pour remonter au lieu que moi, Dame de France, je ne peux loger en haut dans des cabinets. » Sur cela, le roi prudemment hésite et aucun ordre n'est donné.*

Penthièvre, Louis Jean Marie de Bourbon, duc de (1725-1793). Grand veneur 1737

Penthièvre, Marie Thérèse d'Este, duchesse de (1726-1754). 29.12.1749 *Mme de Pompadour va loger où logent actuellement M. et Mme de Penthièvre* [**CC 23**]. *Les appartements de M. et de Mme de Penthièvre et de Mme la comtesse de Toulouse comprennent tout ce qui est depuis la voûte de la Chapelle jusqu'a l'encoignure du château sur la terrasse faisant face au parterre du nord, et dans le retour sept croisées sur la face du château du côté de la terrasse, c'est-à-dire tout le dessous de l'appartement du roi, depuis la grande pièce qui se trouve la seconde après le salon d'Hercule jusqu'au salon de la Guerre, et en retour les trois croisées du salon qui sont de la face du château et quatre de la galerie. C'est dans ce terrain que l'on arrange un appartement pour M. et Mme de Penthièvre, sur le double duquel il y aura un petit appartement complet pour Mme la comtesse de Toulouse, qui ne l'habite plus ; elle loge dans une petite maison près le la paroisse...* L* X 117

1.1.1750 *L'on commence déjà à travailler dans les appartements de Mme la comtesse de Toulouse et de M. et de Mme de Penthièvre, qui contiennent tout le bas de la face du nord et sept croisées au-dessous du salon de la Guerre et de la Grande Galerie. Outre cet espace on prend une pièce de l'appartement de quartier du capitaine des gardes* [**CC 8**] *et l'on fait un très petit appartement pour Mme la comtesse de Toulouse, une très commode pour M. et Mme de Penthièvre, une salle à manger pour les soupers des cabinets, et un appartement pour Mme de Pompadour, qui sera du côté des voûtes de la Chapelle. Il a fallu pour cela démolir l'estrade faite du temps de Mme de Montespan, sur laquelle était une niche où l'on avait mis un lit pour M. le comte de Toulouse. Cette estrade, élevée de deux marches, avait été pour couvrir une cuve de marbre mise plus anciennement pour baigner plusieurs personnes ensemble, comme c'était alors l'usage. Cette cuve est actuellement découverte et j'allai la voir ; elle est d'un marbre qu'on appelle du Rance, d'un seul morceau fort épais ; elle a huit pans, qui ont chacun quatre pieds de long ; elle a de largeur dix pieds moins deux pouces et de profondeur trois pieds trois pouces. On descend par trois marches sur une tablette qui règne tout autour et qui servait à s'asseoir pour se baigner. Comme il est impossible de la sortir du lieu où elle est, on prendra le parti de la descendre en bas, afin que le plancher de la chambre où elle est soit tout de plain-pied.* L* X 179

23.1.1750 *C'était la reine qui avait été pour la marquise et contre Mesdames au sujet de l'appartement de Mme la comtesse de Toulouse... On a divisé, transigé, morcelé et chacun est mécontent. M. et Mme de Penthièvre n'ont qu'un petit appartement reculé. Mme la comtesse de Toulouse conserve deux cabinets pour n'y jamais coucher, mais pour attendre les visites du roi, et cette petite réserve coupe toute communication du roi avec l'appartement de sa favorite, de sorte qu'on ne sait plus par où il passera pour y aller en secret.* D'ARGENSON IV 132

27.1.1750 *La fenêtre de la chambre s'étant trouvée assez grande pour la sortir* [*la cuve de bain*], *on a pris le parti de la tirer de sa place, avec des cordes, des cabestans et un bâti de charpente. Cette opération ne s'est pas faite sans beaucoup de peine et un grand nombre d'ouvriers. Il y a actuellement 22 hommes qui la conduisent sur des rouleaux au lieu où elle doit être*

1. Madame Infante quitta la Cour le 6 octobre 1749. Voir L* XV 473.

placée. C'est dans la petite maison bâtie depuis peu entre les deux chemins de Versailles à Marly... On l'appelle l'Ermitage. Cette cuve doit être employée comme un bassin. L* X 188

24.5.1750 *M. le duc et Mme la duchesse de Penthièvre chez Mme la comtesse de Toulouse...* Disposition : A.N. O[1] 1076 250

1750 GG-B 47 et 48

Madame Adélaïde, Marie Adélaïde de France, *dite* (1732-1800)

22.2.1752 *Madame Adélaïde ne voulut pas rester du côté où était morte sa sœur* [**AP 66, 66A et 67**], *le roi dit à M. le duc de Penthièvre qu'il lui empruntait son appartement pour deux ans et on prépara celui de M. et Mme de Penthièvre pour Madame Adélaïde, où elle entra quinze jours après... Comme ce nouvel appartement était sous celui du roi, avec un escalier dérobé, cela fit faire bien des conjectures, d'autant qu'il était tout contre celui de Mme la marquise* [de Pompadour]. *On disait que si le roi prenait des remords, l'âge diminuant ses passions, il pourrait arriver que ne lui fallant plus que de la compagnie, il pourrait se contenter de celle de sa fille, Madame Adélaïde, qui était charmante. Sa cour en augmenta beaucoup, et elle commenca à jouer un personnage, surtout le roi lui ayant conservé à elle seule une très grande maison, et au moins aussi forte que quand elles étaient deux. Alors on commença à démolir le bel escalier de marbre et à culbuter les belles peintures de Le Brun, pour sans perdre de temps, avec son terrain et tout à côté du château, faire quatre appartements pour qu'en deux ans le roi puisse avoir, pour ainsi dire, sous sa main, ses quatre filles. Cela faisait augurer qu'il pourrait se contenter alors de cette dissipation et chacun faisait et tirait ses conjectures. Depuis des temps très considérables, Mme la comtesse de Toulouse avait conservé là auprès une petite chambre à petits carreaux, où le roi venait souvent lui faire des petites visites. On la lui conserva encore.* C* I 171

23.2.1752 [Mme de Pompadour a] *obtenu pour Madame Adélaïde l'appartement qui a fait tant de bruit. On l'avait refusé à feu Mme Henriette. Mme de Pompadour, dans ses moments d'affection, s'est mise aux genoux du roi pour le demander et l'a obtenu. Quel bruit fait dans le monde un appartement donné ou refusé à une femme... Car il peut se faire qu'il dépende de cela plusieurs événements considérables dans l'État... En attendant, cet objet fait une occupation vive pour le roi, à qui ces petites passions sont nécessaires. On accommode cet appartement pour Madame ; des ouvriers y sont ; le roi les conduit et les pique. Il y va continuellement.*
D'ARGENSON VII 118

5.3.1752 *Madame Adélaïde prit le 5 de ce mois possession de son nouvel appartement... celui anciennement occupé par M. le comte et Mme la comtesse de Toulouse, et depuis par M. et Mme de Penthièvre. On entrait chez le comte de Toulouse par une grande antichambre à deux croisées où il y a des colonnes... De cet antichambre, tournant à gauche on entrait dans une seconde pièce, où on avait fait des retranchements ; elle avait aussi deux croisées ; on l'a séparée en deux et on en a fait une petite antichambre pour Madame Adélaïde. On y entre par la cour qui conduit à l'appartement du capitaine de quartier. De là, le grand cabinet qui est sous le salon de la Guerre, la chambre à coucher de Mme la comtesse de Toulouse, et la pièce par-delà où il y avait deux marches à descendre dans le milieu et une alcôve établie sur une ancienne cuve de marbre... Dans cette pièce on a fait plusieurs changements et il n'y a plus de marches. On a fait entre l'appartement de Madame Adélaïde et celui de Mme de Pompadour un petit logement pour Mme de Beauvillier. Mais ce logement ne doit pas rester à Madame Adélaïde ; on lui en fait un autre actuellement, dans le grand escalier de marbre...* L* XII 448

Madame Infante[1], Louise Élisabeth de France, duchesse de Parme, *dite* (1727-1759)

12.11.1752 *Madame l'Infante loge ici dans l'appartement qu'occupe Madame Adélaïde en attendant que le neuf qu'on lui fait soit prêt ; mais Madame l'Infante a une entrée différente de celle qui va chez Madame Adélaïde ; elle est de l'autre côté de la petite cour. Madame Adélaïde couche dans la chambre qu'on a donnée à Mme de Beauvillier, parce qu'on a fait beaucoup d'ouvrages en plâtre neuf dans la chambre à coucher de Madame Adélaïde ; son lit est cependant tendu dans cette chambre, mais elle ne s'en sert que le jour ; c'est dans le cabinet d'auparavant, toujours revêtu de marbre, qu'elle mange avec Madame l'Infante et Mesdames ses sœurs.* D XII 184

Madame Victoire[2], Victoire Louise Marie Thérèse de France, *dite* (1733-1799)

BLONDEL, planche 2 "u^4, u^{11} et u^{15}"

Madame Sophie, Sophie Philippine Élisabeth Justine de France, *dite* (1734-1782)

BLONDEL, planche 2 "u^5, u^9 et u^{10}"

Madame Louise, Louise Marie de France, *dite* (1737-1787). Religieuse au Carmel de Saint-Denis 1770

BLONDEL, planche 2 "u^6, u^7, u^8 et u^9"

9.8.1754 *Madame Louise va occuper l'appartement qu'on lui a accommodé, en bas, au-dessous de la grande galerie auprès de ceux de Mesdames ses sœurs. On a accommodé aussi auprès de cet appartement un cabinet pour Mme la maréchale de Duras, qui ne quitte point le logement qu'elle avait auprès de Mesdames dans la galerie des Princes* [**AP 68**], *mais qui est trop éloigné pour pouvoir se trouver à tous moments dans la chambre de Mesdames ; comme il arrive dans tous les cas de maladie.* L* XIII 310

21.6.1767 M à E : *L'intention de Sa Majesté sur le plan de l'appartement de Mesdames que je vous ai remis hier, est que l'appartement de feu Madame la dauphine* [**CC 26A**] *que doit occuper Madame Victoire soit prêté avant le départ pour Compiègne, cette princesse désirant non pas y coucher mais y faire transporter ses meubles, et que dans le surplus l'on ne fasse pendant le voyage de Compiègne que la chambre de Madame*

1. Madame Infante séjourna à la cour pendant un an, de son arrivée à Fontainebleau le 26 novembre 1752 à son départ pour Parme le 27 novembre 1753. Voir BARBIER, *passim*, et L* XIII 69.

2. **CC 24** était divisé en trois espaces interconnectés pour Mesdames les cadettes. Elles ont partagé la première et la deuxième antichambre et le grand cabinet. Voir BLONDEL planche 2 "u^1 à u^{15}".

Sophie le cabinet joignant [**CC 25**], *la bibliothèque de Mme Victoire, le degré de communication pour sa Majesté et la garde-robe qui servait de cabinet de Madame Victoire pour les plâtres, charpentes, corniches, parquets, cheminées de marbre, tout généralement quelconque hors le menuiserie que l'on posera pendant Fontainebleau ainsi que les autres ouvrages qui doivent s'ensuivre pour ces pièces-là pour l'exécution desquelles choses vous concerterez avec M. Gabriel.* A.N. O[1] 1798 143

Eu, Louis Charles de Bourbon, comte d' (1701-1775)

[1768] N au roi : *Madame Louise a pris le logement de M. le comte d'Eu* [**AN 40 et 41**] *et compte l'occuper dix-huit mois ou deux ans. Ce prince est fort affligé et demande un autre logement. Comme on dit que M. le duc de Bourbon ne viendra s'établir que le premier janvier 1769* [**AN 28**], *si Votre Majesté l'approuve, le comte de Noailles écrira de sa part pour le demander à emprunter à M. le prince de Condé jusqu'à Fontainebleau et alors on pourrait prêter deux pièces de Madame Louise à M. le comte d'Eu en laissant la communication avec Madame Sophie bouchée jusqu'à ce que Madame Louise occupe son nouvel appartement.* A.N. O[1] 1077 383

1.4.1768 : *Le logement de M. le comte d'Eu prêté à Madame Louise jusqu'à ce qu'elle puisse habiter le sien.* A.N. O[1] 1076 24

7.1768 GG-B 199 « Plan des appartements au-dessous de celui du roi au rez-de-chaussée du château avec les entresols. Levé en juillet 1768' [1] »

1768 *Le logement de Madame Sophie à Madame Victoire* A.N. O[1] 1077 34

1768 GG-B 2664 « Plan pour compléter l'appartement de Madame Louise dont la construction doit se faire en l'année 1768 »

7.2.1768 G à M : *L'on peut, pour hâter l'exécution du projet de l'appartement de Madame Louise au château de Versailles, travailler dès le commencement du mois de mars dans toutes les petites parties sous le cabinet du Conseil marqué A sur le plan, faire les enlèvements des terres nécessaires pour baisser ce sol, former les cloisons entresols et degré du roi, et remettre au voyage de Compiègne à supprimer les voûtes sur le jardin où se doit former l'appartement. Cet ouvrage se ferait par le jardin et les démolitions s'enlèvent à mesure. Pour y parvenir, il serait nécessaire que Madame Louise, ainsi qu'elle le projette, quitte son appartement dès à présent... Cette nature de construction ne peut pas être approuvée arbitrairement et j'estime qu'il faudrait qu'il fût fait un fonds de 20 000 à 25 000 livres* A.N. O[1] 1071 223

15.3.1768 E à M : *J'ai l'honneur de vous informer que Madame Louise venant de passer de son appartement dans celui de M. le comte d'Eu* [**AN 40 et 41**] *pour qu'on puisse travailler aux changements qu'elle y a demandés...* A.N. O[1] 1798 252

22.3.1768 M au roi : *Je prends la liberté de présenter à Votre Majesté les plans des changements projetés par le sieur Gabriel pour compléter l'appartement de Madame Louise. Suivant l'estimation qu'il en a faite, ce serait un objet de 25 000 à 30 000 livres.* Bon du roi : A.N. O[1] 1071 221

26.7.1768 E à M : *Le roi... m'ayant ordonné de faire travailler... à l'appartement de Madame et celui de Mme Louise, l'on a commencé ce matin.* A.N. O[1] 1763B

1787 *État* E « Madame Victoire » "7 pièces, 5 à cheminée ; 4 entresols, 2 à cheminée"

CC 24A

Premier garçon de fourrière de la reine

1741 *État* « Premier garçon de la fourrière de la reine » "1 pièce sans cheminée, en entresol sur le passage de l'appartement de Monsieur le dauphin"

CC 25 entre 1722 et 1769 [2]

Charolais, Charles de Bourbon-Condé, comte de (1700-1760)

Villars, Claude Louis Hector, duc de (05.1653-17.6.1734). Maréchal de France

1722 *Le roi donna au maréchal de Villars le logement que quittait M. de Charolais et le même que le feu roi avait donné au maréchal qui avait été occupé par Monseigneur le dauphin. Cette grâce eut l'air d'une faveur de la part du Régent.* VILLARS IV 256

BLONDEL, planche 5, "5"

Bouillon, Charles Godefroy de La Tour d'Auvergne, duc de (11.7.1706-24.10.1771). Grand chambellan de France en survivance 1754

1.7.1741 ... *de l'appartement qu'avait M. de Charolais on en ôte une pièce qui était anciennement de Monsieur le dauphin, qu'on lui rend ; elle servira d'antichambre avant la salle des gardes.* L* III 432

16.7.1741 ... *l'on avait rendu à l'appartement de Monsieur le dauphin une partie de celui de M. de Charolais. Cet appartement, qui a deux pièces de moins, vient d'être donné à M. de Bouillon.* L* III 440

1741 *État* « M. le maréchal de Villars, puis Mgr le comte de Charolais, puis M de Bouillon » "8 pièces, 6 à cheminée ; 8 entresols, 1 à cheminée"

La Trémoille, Marie Victoire Hortense de La Tour d'Auvergne, duchesse de (1704-?)

13.4.1749 N au roi : *M. le duc de Bouillon supplie très humblement Votre Majesté d'avoir la bonté d'accorder son logement à Mme duchesse de La Trémoille, il n'y peut pas dormir à cause du bruit. Il attend quelque occasion favorable et où Votre Majesté sera moins pres-*

1. Vers 1768, Madame Sophie a reçu l'ancien appartement du grand maître du garde-robe du roi, **CC 9**, quelques pièces sur le parterre d'Eau de l'appartement du dauphin, et une partie de l'ancien péristyle. Ses sœurs Mesdames Louise et Victoire ont redivisé l'espace de leur appartement commun et annexé le reste du péristyle. Les éditeurs du catalogue des plans notent avec raison que ce plan « semble postérieur d'un an ». Il est probablement le plan auquel se refère le mémoire du 21 juin 1767.

2. L'*État* de 1741 assignait ce numéro à l'espace entre la salle des gardes à l'extrémité ouest de l'appartement du dauphin [**CC 26A**] et le foyer sur la cour de Marbre. En 1768, ce numéro fut attribué à un espace complètement différent, l'appartement créé pour loger Madame Sophie au-dessous de la chambre du Roi et de la galerie des Glaces. Voir plus loin.

sée de logement pour lui en demander un moins bruyant... Bon du roi : A.N. O[1] 1076 235

Conti, Louis François de Bourbon-Conti, prince de (1717-1776)

22.1.1759 *Le logement occupé par Mme la princesse de La Trémoille, quand Mme l'Infante sera partie, à M. le prince de Conti* A.N. O[1] 1076 540

1760 N au roi : *Mme la duchesse de La Trémoille, ne venant presque jamais plus à la Cour, supplie Votre Majesté d'accorder son logement à son fils et Madame sa belle-fille. Mme la duchesse de Trémoille représente qu'elle n'a eu aucune grâce que ce logement à la mort de feu M. le duc de La Trémoille.* Réponse : *Mme n'a qu'à le garder.* A.N. O[1] 1076 599

3.5.1760 La duchesse de La Trémoille à N : *Je suis très fâchée, mon cher comte, que le roi ne juge point à propos de laisser mon appartement à mon fils. Je le garderais avec grand plaisir si je pouvais espérer que ma santé me permette d'en profiter pour faire ma cour à Sa Majesté... Je vous envoyerai la semaine prochaine... les meubles et vous remettrai les clefs.* A.N. O[1] 1076 598

11.5.1760 N au roi : *Mme la duchesse de La Trémoille a été contente de la réponse négative mais honnête du comte de Noailles mais voyant qu'elle ne pouvait l'obtenir pour M. son fils, elle l'a rendu. Votre Majesté permet-Elle au comte de Noailles de lui mander que si sa santé lui permettait d'y revenir Votre Majesté serait disposée à lui en accorder un. Monsieur le dauphin désire le logement de la duchesse de La Trémoille pour le chevalier de Beaujeu en échange du sien.* A.N. O[1] 1076 597

Beaujeu, Antoine Honoré de Quiqueran, chevalier de (?-?). Sous-gouverneur du duc de Bourgogne 1758

5.1760 Le chevalier de Beaujeu à M : *Le roi a eu la bonté de donner au chevalier de Beaujeu le logement de Mme la duchesse de La Trémoille, ce logement est en bon état et il n'y a absolument qu'à le blanchir. Cette dépense qui n'est pas grande est cependant au-dessus des forces du chevalier de Beaujeu qui est depuis 2 ans auprès de M. le duc de Bourgogne sans avoir encore touché le premier sol de ses appointements.* Réponse de E à M : *Logement de M. le chevalier de Beaujeu. Sa demande consiste à faire reblanchir son logement en blanc commun ; c'est objet de 94 livres.* Réponse de M à E : *Vous auriez agréable de faire reblanchir en blanc commun le logement de M. le comte de Beaujeu.* A.N. O[1] 1797 104 ; *cf.* 1811 III 114

CC 25 entre 1768 et 1789 [1]

Madame Sophie, Sophie Philippine Élisabeth Justine de France, *dite* (1734-1782)

21.6.1767 M à E : *L'intention de Sa Majesté sur le plan de l'appartement de Mesdames que je vous ai remis hier, est que... l'on ne fasse pendant le voyage de Compiègne que la chambre de Madame Sophie, le cabinet joignant... pour les plâtres, charpentes, corniches, parquets, cheminées de marbre, tout généralement quelconque hors la menuiserie que l'on posera pendant Fontainebleau ainsi que les autres ouvrages qui doivent s'ensuivre pour ces pièces-là, pour l'exécution desquelles choses vous concerterez avec M. Gabriel.* A.N. O[1] 1798 143

30.12.1767 E à M : *M. L'Écuyer croit devoir informer M. le marquis de Marigny que Madame Sophie vient de lui ordonner de mettre lundi des peintres et doreurs pour achever son beau cabinet, et comme le sieur Brancour leur doit beaucoup, ainsi qu'à son batteur d'or qui refuse de continuer à lui fournir de la matière, il ne sera possible à ce peintre d'exécuter les ordres de cette princesse s'il ne reçoit pas de l'argent... C'est un objet au moins de 8 000 livres.* Bon du roi : A.N. O[1] 1071 228

1770 *État* A « 12 pièces, 8 avec cheminée ; 4 entresols, 2 avec cheminée »

21.6.1771 GG-B 2103 *bis* « Plan du cabinet qu'occupait Madame Sophie dont tout l'intérieur est à démolir pour en former deux cabinets, l'un pour Mme la comtesse de Provence et l'autre pour Madame Sophie avec un laisse des détails de ce que coûteraient ces ouvrages... 16 722 livres. »

9.11.1771 G à M : *L'on espère que les cabinets de Mme la comtesse de Provence et celui de Madame Sophie seront en état pour le retour. Cet ouvrage a langui, les fonds à ce destinés n'étant venus que depuis deux ou trois jours.* A.N. O[1] 1763B

Madame Royale [2], Marie Thérèse Charlotte de France, *dite* (1778-1851)

CC 25 est divisé.

CC 25 sur la cour de Marbre, *dit* **les Petits Appartements de la reine**

Bourbon, Louise Marie Thérèse Bathilde d'Orléans, duchesse de (1750-1822)

9.1783 *Ancien appartement de Madame fille du roi : Divers arrangements pour former l'appartement de Mme la duchesse de Bourbon et les garde-robes de Madame Victoire.* A.N. O[1] 1801 519

6.10.1783 P au roi : *... à Madame la duchesse de Bourbon les antichambres de Madame, fille du roi, la biblio-*

1. Après la mort du dauphin, le numéro **CC 25** fut réassigné à l'espace situé sous la chambre du roi, le cabinet du Conseil, et une partie de la galerie des Glaces. Le péristyle récemment restauré offrait un large passage, de la cour de Marbre à la terrasse donnant sur le parterre d'Eau, le long duquel la galerie basse rejoignait l'appartement des Bains [**CC 24**] et l'appartement traditionnel du dauphin [**CC 26**]. Progressivement, au cours de la seconde moitié du XVIIIe siècle, les extrémités nord et le dessous de la galerie furent absorbés dans les appartements avoisinants. Finalement la partie centrale qui restait de la galerie, le péristyle, et l'appartement du capitaine des gardes du corps en quartier [**CC 8**] furent convertis en un appartement spacieux destiné à Madame Sophie. Le long de la terrasse était une antichambre commune partagée avec Madame Victoire [croisées 6 et 7], suivie par une enfilade comprenant une antichambre privée [croisées 8 et 9], un grand cabinet [croisées 10 et 11], sa chambre [croisées 13 et 14] et un cabinet particulier [croisées 15 et 16]. Sur la cour de Marbre, sous la chambre à coucher de Louis XIV, se trouvait sa bibliothèque et sous le cabinet du Conseil, dans l'ancien appartement du capitaine des gardes en semestre, ses bains et un appartement pour sa première femme de chambre.

2. Madame Royale occupa l'appartement de l'automne de 1782 à octobre 1783. Voir LE GUILLOU, « L'appartement de Madame Sophie... », p. 206 *sq.*

thèque et les entresols au-dessus des antichambres. Dans le reste de l'appartement les garde-robes de Madame et de Madame Victoire. A.N. O[1] 1801 521

Marie-Antoinette Josèphe Jeanne de Habsbourg-Lorraine. Dauphine (1770-1774), puis reine de France (1755-1793)

1783 *État* D « Petits Appartements de la reine »

1787 *État* E « Petits Appartements de la reine »

CC 25 sur le parterre du Midi

22.10.1785 P à A : *Il y a deux ans... que le roi m'a ordonné de retirer les logements qui servaient de garde-robe à Madame et à Madame Victoire ; Sa Majesté me dit que son intention était qu'elles fussent placées dans le logement de Madame Sophie...* A.N. O[1] 1802 134

Garde-robe de Madame Victoire [1]

6.9.1788 P à A : *Il y a... dans le corridor d*[u petit] *appartement de la reine une pièce qui sert de cuisine à la femme de garde-robe aux habits de Madame Victoire ; le charbon dont l'odeur se communique dans ce corridor incommode le roi et la reine. Je ne vois d'autre moyen pour remédier à cet inconvénient que de retirer cette cuisine qui va servir de réchauffoir pour le déjeuner de la reine et pour chauffer l'eau des bains quand Sa Majesté se baigne dans sa chambre. C'est donc un double avantage de réunir cette pièce à l'appartement de la reine. Mais comme la femme de la garde-robe a un service assidu et qu'elle ne peut absolument pas se passer de cuisine, Sa Majesté m'a chargé de lui en faire donner une dans les environs de l'appartement de Madame Victoire. Je me suis assuré qu'il n'y avait pas de possiblilité d'en trouver, excepté dans l'aile neuve près la Chapelle, mais comme les logements qui sont susceptibles d'en être occupés ne sont pas encore remis, la reine désire que vous le fassiez donner à cette femme.* A.N. O[1] 1802 538. *Cf.* LE GUILLOU, « L'appartement de Madame Sophie... », p. 205 et 210.

Garde-robe de Mme la comtesse de Provence 1783-1786 [2]

Garde-robe du dauphin [3] **et retraite des sous-gouverneurs** [4] entre mars 1787 et juillet 1788

Bourcet [5], Pierre Jean (1752-?). Premier valet de chambre du dauphin

10.7.1788 H à A : ... *Par la suite des dispositions du roi pour ajouter aux intérieurs de la reine* **[CC 25]** *le logement de M. de Bourcet* **[CC 9A]**, *premier valet de chambre de Monseigneur le dauphin... M. le duc d'Harcourt a replacé M. de Bourcet dans les pièces réservées pour la garde-robe de Monseigneur le dauphin, laquelle va être reportée dans une des pièces que quitte M. de Bourcet et qui est inutile à la reine.* A.N. O[1] 1802 489

1. Croisées 8 à 11. *Id. ibid.*, p. 207, 209-211 et 215.
2. Croisées 12 à 16.
3. Croisée 12 = garde-robe à armoires ; croisée 13 = chambre du valet de chambre ; croisée 14 = chambre du secrétaire de la garde-robe. *Cf.* LE GUILLOU, *ibid.*, p. 211.
4. Croisées 15 et 16. *Cf. ibid.*
5. Croisée 12 = bibliothèque ; croisée 13 = chambre à coucher ; croisée 14 = salle à manger. *Cf. ibid.*

Sourches-Tourzel [6], Louise Élisabeth Félicité Armande Jeanne Joséphine de Croÿ d'Havré, marquise de (1749-1832). Gouvernante des Enfants de France 1789

7.1789 *Le logement de M. Bourcet est aujourd'hui la salle à manger de Mme de Tourzel* D.C.V. citant A.N. O[1] 1765, 2e dossier et ASA 9

CC 26 [7]

Orléans, Philippe de France, *dit* Monsieur, duc d' (1640-1701)

Orléans, Élisabeth Charlotte von der Pfalz, princesse Palatine, *dite* Madame, duchesse d' (1652-1722)

Grand Dauphin [8], Louis de France, *dit* Monseigneur, ou le (1661-1711)

17.1.1685 *Le roi et la maison royale... descendirent dans l'appartement de Monseigneur où l'on fut quelque temps dans son beau cabinet qui n'était achevé que de ce jour-là...* D I 109

13.1.1692 *Monsieur joua le soir dans son caveau comme il a accoutumé de faire les jours qu'il n'y a ni appartement, ni comédie...* D IV 13 ; *cf. ibid.*, note 1 : *Je serais aussi d'avis qu'on n'usât que fort sobrement d'une autre façon de parler, cette espèce née depuis peu à la Cour, qui est « il y a un caveau » pour dire que Monseigneur joue dans une chambre basse de son appartement de Versailles, qu'on prétend qui ressemble à un caveau...* François de CALLIÈRES, *Des mots à la mode des façons de parler*, La Haye, 1693

19.3.1701 *Le roi descendit chez Monseigneur par un petit degré noir, étroit et difficile, qui du fond de l'antichambre qui joignait sa chambre descendait tout droit dans ce qu'on appelait le caveau, qui était un cabinet assez obscur sur la petite cour qui avait une porte dans la ruelle du lit de Monseigneur, et une autre qui entrait dans son premier grand cabinet sur le jardin. Le caveau avait un lit dans une alcôve, où il couchait souvent l'hiver, mais comme c'était un fort petit lieu, il se déshabillait et s'habillait dans sa chambre.* SS VIII 238 *sq.*

1707 *Mémoire général des ouvrages qui ont été faits par*

6. Croisées 13 et 14 = salle à manger ; croisées 15 et 16 = entrée. *Cf. ibid.*, p. 215 et 216. Le Guillou montre que Mme de Tourzel possédait aussi une série de pièces autour de la cour du Dauphin au-dessous des cabinets intérieurs de la reine et sous la chambre de la reine sur le parterre du Midi. Elle communiquait avec ses pièces sur le parterre d'Eau par un long corridor.
7. Cet appartement était éclairé par les croisées 17 à 23 sur le parterre d'Eau et 1 à 10 sur le parterre du Midi. L'état de 1741 désigne cet espace par CC 24 et indique qu'il comprend 17 pièces, dont 9 avec cheminées, et 16 entresols, dont 2 avec cheminées. Il est affecté au Régent. Plus tard, les états de logement assignent le numéro **CC 26** à la suite entière des croisées le long du parterre du Midi. La partie ouest servit toujours à héberger l'héritier présomptif, le dauphin ou le frère du roi, appelé Monsieur. La moitié est, désignée ici par **CC 26A**, fut souvent accordée à d'importants personnages de la Cour. Progressivement, cet espace fut incorporé à l'appartement du dauphin.
8. L'appartement comprenait alors des croisées 1 à 7, qui s'étendaient de l'encoignure du front des jardins, le long du parterre du Midi. Voir le plan de Le Vau reproduit dans BERGER fig. 10 et les plans dans J.-Cl. LE GUILLOU, « L'appartement de Monseigneur, puis de ses fils au château de Versailles : évolution chronologique, 1684-1715 », *Eighteenth-Century Life*, vol. 17, 1993, p. 68-81.

augmentation dans les bâtiments du roi pendant la présente année 1707 : l'agrandissement de l'antichambre de Monseigneur pour y joindre une pièce de l'appartement du grand aumônier à côté **[CC 26A]** *par l'estimation pour les colonnes mises sous les poutres, le rétablissement des planches et corniches, scellements des lambourdes, parquet neuf, reposement de la vieille menuiserie et impression de peinture... 18 000 livres.* A.N. O[1] 1762B dossier 1

Bourgogne, Louis de France, duc de, puis dauphin 1711-1712 (1682-1712)

30.9.1711 *Monsieur le dauphin est présentement dans l'appartement de feu Monseigneur et, du caveau où Monseigneur couchait, il en fait une bibliothèque. On a pris pour la part qui revient au roi des meubles de Monseigneur plusieurs agates, cristaux et prismes d'émeraudes qui étaient dans le cabinet de Monseigneur, mais il y en avait tant que cela n'est que mieux car y en avait trop.* D XIII 489

Berry [1], Marie Louise Élisabeth d'Orléans, duchesse de (1695-1719)

2.7.1712 *Le roi donne à Mgr le duc de Berry et à Mme la duchesse de Berry l'appartement que Monseigneur le dauphin avait à Versailles et on y joint le logement où était le duc de La Rocheguyon* **[CC 26A]** *pour augmenter la salle des gardes. M. de La Rocheguyon prendra l'appartement du grand maître de la garde-robe que M. son père n'occupe pas depuis longtemps* **[CC 9]**. D XIV 180

MORTIN, planche 2, "8"

Orléans, Philippe d'Orléans, duc de Chartres, puis d' (1674-1723). Régent de France

15.6.1722 *On résolut enfin que le roi abandonnerait Paris pour toujours et que la Cour se tiendrait à Versailles... M. le duc d'Orléans prit l'appartement de feu Monseigneur en bas et Mme d'Orléans demeura dans celui qu'elle avait en haut auprès du sien qui resta vide* **[AP 66 et 66A]**. SS XL 263

Bourbon, Louis III Henri de Bourbon-Condé, *dit* Monsieur le Duc, duc de (1692-1740). Principal ministre 1723

1724 *L'appartement bas de feu Monseigneur, où M. le duc d'Orléans est mort, et que Monsieur le Duc avait eu ensuite.* SS XXXIV 307

Dauphin, Louis de France, *dit* le (1729-1765)

15.1.1736 *Ce qui s'est passé quand Monsieur le dauphin a été remis entre les mains des hommes... Monsieur le dauphin en entrant chez lui, passa tout droit dans son cabinet qui est celui qu'occupait en dernier lieu M. le duc d'Orléans, Régent.* L* I 59

2.3.1740 *Il y eut hier un bal en masque chez Monsieur le dauphin, qui commença à sept heures. On dansa dans le cabinet de Monsieur le dauphin jusqu'à ce qu'il se couchât ; à dix heures et demie il s'en alla, et l'on dansa dans le cabinet d'étude et dans le cabinet des glaces. Le buffet pour la collation était dans la salle à manger de M. de Châtillon* **[CC 9]**. L* III 147

24.8.1740 *Monsieur le dauphin, en arrivant à Versailles, a trouvé quarante-deux poteaux dans son appartement. La reine, en partant pour Compiègne, avait demandé à M. Gabriel de faire visiter le plancher de sa chambre, où il y avait quelques endroits qui avaient baissé ; quoiqu'on l'eût assurée qu'il n'y avait rien à craindre, elle a voulu que cette visite fût faite ; on a trouvé toutes les poutres de la chambre et du cabinet pourries, et, comme on n'avait pas le temps de faire la réparation en entier et qu'il n'y avait pas même à Versailles dans ce moment des poutres pour y remettre, on a mis des poteaux, en attendant, pour la soutenir.* L* III 242 *sq.*

16.7.1741 *L'on avait rendu à l'appartement de Monsieur le dauphin une partie de celui de M. de Charolais.* **[CC 25]**. L* III 440

19.10.1741 *... changement a été fait à l'appartement de Monsieur le dauphin ; on l'a augmenté d'une pièce, qui était anciennement de cet appartement... Avant le changement, Monsieur le dauphin entendait la messe tous les jours ouvriers dans son cabinet... Depuis le changement, on dit la messe dans la pièce qui est avant la chambre...* L* IV 4

19.2.1744 *Hier la reine descendit au bal chez Monsieur le dauphin... Il y avait chez Monsieur le dauphin trois pièces destinées pour danser (et dans chaque pièce il y avait des violons), le cabinet d'avant la chambre, la chambre, dont on avait ôté les lits, et le grand cabinet. La collation était dans le cabinet qui est après la salle des gardes... On avait mis le lit de Monsieur le dauphin dans son cabinet d'étude avec celui de M. de Châtillon.* L* V 337

Madame Henriette, Anne Henriette de France, *dite* (1727-1752)

Madame Adélaïde, Marie Adélaïde de France, *dite* (1732-1800)

8.11.1744 *Monsieur le dauphin et Madame la dauphine logeront dans la galerie des Princes ; ils l'occuperont presque tout entière* **[AP 66, 66A et 67]** *à la réserve du logement de M. et Mme de Châtillon* **[AP 69]** *; Mesdames iront loger dans l'appartement de Monsieur le dauphin...* L* VI 129

1.12.1744 *M. le dauphin doit venir loger cette semaine dans son nouvel appartement* **[AP 66 et 66A]** *; on travaille sans cesse à le finir et à le meubler. Il est nécessaire qu'il quitte son ancien appartement pour qu'on puisse l'accommoder pour Mesdames.* L* VI 17

13.2.1746 *Mme de Duras entrera en fonction de sa charge. Elle couchera dans la chambre de Madame* [Henriette]. *Mme de Lalande couchera dès à présent dans celle de Madame Adélaïde. Dans ce moment, c'est la première femme de chambre qui couche dans sa chambre... Le jour que l'éducation a été regardée comme finie, Mme de Tallard, en conséquence de son droit de gouvernante, a fait retirer tout ce qui appartenait à Mesdames et était à leur usage. Cette recherche a été jusqu'aux tabatières les plus communes qu'elles avaient dans leurs poches. Madame Adélaïde, qui ne peut pas souffrir Mme de Tallard, et qui a une imagination vive et plaisante, a saisi cette occasion*

1. L'appartement de la duchesse de Berry était éclairé par les croisées 1 à 7.

pour faire une plaisanterie ; on lui vit manger beaucoup de petites dragées d'Italie... on lui en demanda la raison ; elle dit qu'il fallait bien qu'elle les mangeât parce qu'elle n'avait plus de boîte pour les mettre... D VII 231

Petite Madame, Marie Thérèse de France, *dite* la (1746-1748)

11.2.1746 *L'enfant à naître chez Mesdames...* Disposition : A.N. O[1] 1076 104

13.2.1746 *Mme de Tallard reste dans son appartement* **[dedans CC 26A]** *et celui de Mesdames sera occupé par l'enfant qui naîtra. Il est beaucoup trop grand, mais apparemment le roi compte y mettre ceux qui viendront dans la suite. Mesdames reviennent loger dans cette galerie des Princes* **[AP 69]**... *Lorsque Madame la dauphine sera accouchée, le roi a destiné le cabinet des glaces pour servir de chambre à l'une des sous-gouvernantes alternativement ; et en attendant qu'on ait fait tous les changements pour les logements de Mesdames, elles resteront dans le même appartement...* L* VII 217

21.9.1746 *J'ai parlé ci-dessus d'un projet pour un logement pour Monsieur le dauphin ; ce projet paraissait avoir été abandonné, mais depuis quelques jours il a été décidé que l'on y travaillerait incessamment. On doit commencer pendant le voyage de Fontainebleau. Monsieur le dauphin ne doit cependant habiter ce nouveau logement que dans un an ; mais comme c'est celui où loge actuellement la Petite Madame, et que par conséquence il lui en faut donner un autre, le roi a décidé qu'elle habitera le logement de Mademoiselle de La Roche-sur-Yon* **[AP 52]**... L* VII 415

8.11.1746 *L'appartement que l'on fait en bas pour Monsieur le dauphin et Madame la dauphine n'est pas encore près d'être achevé ; et quand même il le sera, il ne pourra être habité que quand les plâtres seront secs, c'est-à-dire au mois de juillet ou août de l'année prochaine ; ainsi la nouvelle dauphine logera dans le même appartement que la dernière. Cet arrangement donne occasion de demander pourquoi donc l'on fait un nouvel appartement pour Monsieur le dauphin et Madame la dauphine, puisque celui-ci* [dans l'aile des Princes] *qu'ils ont est beau et convenable. Il y a des gens qui répondent à cette question que Binet, premier valet de chambre de Monsieur le dauphin, est la principale cause du grand ouvrage que l'on fait actuellement pour le nouvel appartement de Monsieur le dauphin, parce qu'il est actuellement fort mal logé* **[AP 103, 104 et 105]** *et qu'il le sera fort bien dans le nouveau.* L* VIII 8

15.11.1746 ... *l'on ne pouvait comprendre quelle raison avait déterminé à faire un nouvel appartement à Monsieur le dauphin et à la future dauphine. On me dit il y a quelques jours que le motif avait été de mettre Monsieur le dauphin plus à portée de sortir de chez lui et de se promener ; il n'aime pas à sortir... et il trouve que c'est un embarras que de mettre beaucoup de monde en mouvement pour descendre un escalier pour entrer dans le jardin.* L* VIII 14 *sq.*

Dauphin, Louis de France, *dit* le (1729-1765)

10.6.1747 E à T : *M. le dauphin a demandé qu'il fût mis une grille à l'hauteur d'appui, depuis l'encoignure de son cabinet jusqu'à la dernière marche du perron afin d'éloigner les curieux qui pourraient peut-être s'approcher trop près de son appartement. J'ai cru devoir ordonner...* A.N. O[1] 1076 166

21.11.1747 ... *l'appartement de Monsieur le dauphin et de Madame la dauphine est prêt... L'appartement de Monsieur le dauphin est composé d'une salle des gardes à laquelle on arrive par la cour de Marbre en descendant quatre ou cinq marches, ou bien par l'autre côté en traversant une petite cour et partie d'une autre qui sont sous les cabinets de la reine ; le reste de la seconde cour est actuellement fermé par une grille. De la salle des gardes on entre dans une antichambre qui n'est pas fort grande, à droite de laquelle est le logement de Binet* **[CC 9A]**, *et à gauche la porte qui donne dans l'escalier nouveau, lequel rend dans l'Œil-de-Bœuf. La salle des gardes et l'antichambre sont toutes deux le long de la cour de Marbre.* **[CC 9]** *Après cette antichambre,* **[CC 26]** *on entre dans une seconde qui a deux croisées ; ensuite, la chambre à coucher de Monsieur le dauphin, aussi a deux croisées. Ces quatre croisées sont sous la galerie. Après la chambre de Monsieur le dauphin est son grand cabinet, qui est sous le salon où la reine joue. On n'a rien changé dans cette pièce ; on l'a seulement décorée par une belle cheminée et beaucoup de dorures. C'est dans ce cabinet que Monsieur le dauphin a désiré qu'il y eût une porte qui donne dans un petit enfoncement où l'on va placer un cabinet d'orgue assez considérable*. De ce cabinet en retournant du côté de la terrasse, on entre dans un petit cabinet particulier pour Monsieur le dauphin, qui est peint en vert, comme il l'a désiré... Sur le côté de Monsieur le dauphin, sa salle des gardes et sa première antichambre faisaient l'appartement de Mme de Châtillon* **[CC 9]** *; ces deux pièces étaient alors au niveau de la cour de Marbre. La seconde antichambre faisait la salle à manger de M. de Châtillon, dans laquelle il fallait descendre plusieurs marches. L'ancien cabinet de glace et le cabinet qui était par-delà font la chambre de Monsieur le dauphin. Du grand cabinet de Monsieur le dauphin, on a pratiqué un corridor de communication pour aller dans la chambre de Madame la dauphine par-derrière les cabinets ; et de ce corridor on entre dans plusieurs petites pièces pour la commodité desdits appartements : une garde-robe de commodité pour Monsieur le dauphin, fort joliment peinte en camaïeu ; les bains pour Madame la dauphine, qui serviront aussi à Monsieur le dauphin, et qui sont fort joliment peints ; une garde-robe pour Madame la dauphine ; un petit cabinet en entresol ; une petite bibliothèque pour Monsieur le dauphin, et une pièce encore après. Cette bibliothèque était ce qui faisait le cabinet particulier de M. de Châtillon, pendant l'éducation. On estime que tout l'ouvrage que l'on a fait pour ces deux appartements montera à 100 000 écus de dépenses.* L* VIII 330-33 [1]

31.12.1765 M au roi : *Je vous supplie très humblement, Votre Majesté, de me permettre de lui représenter que les appartements de Monseigneur le dauphin et Madame la dauphine viennent d'être réparés et redorés*

1. Notes de Luynes : * 13.8.1749 *Cette destination a été changée depuis. Monsieur le dauphin a fait présent à la paroisse de Saint-Louis de l'orgue que l'on destinait à son cabinet.*

à neuf, que s'ils étaient accordés à quelqu'un de la Cour, on ne manquerait pas d'y demander des changements qui gâteraient toute la décoration et qu'en les conservant dans l'état où ils sont on les trouverait tout disposés au besoin. Note : *Décidé par Sa Majesté... que l'appartement de Monseigneur le dauphin ne sera accordé à personne.* A.N. O[1] 1071 139 ; *cf.* 140 et 141, 1812 III 95

Carignan, Christine Henriette de Hesse-Rheinfels-Rothenburg, princesse de Savoie (1717-1778)

Conti, Louise Élisabeth de Bourbon-Condé, princesse de (1693-1775)

Conti, Louis François de Bourbon-Conti, prince de (1717-1776)

10.7.1766 *Le logement de feu Monseigneur le dauphin, vacant par la mort de Mme la princesse de Carignan, prêté à Mme la princesse et à M. le prince de Conti, dont on prendra les logements* [**AN 29 et 30**] *pour la salle de l'Opéra.* A.N. O[1] 1076 817 [1]

7.1766 *Le logement entier de feu Monseigneur le dauphin à M. le prince de Conti jusqu'à ce que ce prince en ait un.* A.N. O[1] 1077 403

1766 N au roi : *Mme la princesse de Conti, ayant pour elle et M. le prince de Conti le logement de feu Monseigneur le dauphin, y éprouve beaucoup d'incommodités. Elle a demandé une pièce des bains de Madame la dauphine et s'en est désistée quand elle a su que Votre Majesté l'avait donnée à Mme la duchesse de Brancas* [**CC 26A**] *douairière, mais elle demande en augmentation pour elle et M. le prince de Conti ce qui faisait l'ancienne garde-robe de Monsieur le dauphin.* Bon du roi : A.N. O[1] 1077 372

1768 *Le logement de feu Monseigneur le dauphin que Mme la princesse de Conti occupait à M. le prince de Conti, jusqu'à ce qu'il ait un...* Disposition : A.N. O[1] 1798 202

16.11.1768 E à M : ... *À l'égard de l'appartement de M. le prince de Conti, personne ne m'en avait parlé... il devait être en bon état, ayant été reblanchi et redoré à la mort de Monseigneur de dauphin...* A.N. O[1] 1798 300

CC 26A [2]

Thiange [3], Gabrielle de Rochechouart-Mortemart, marquise de (1631-1693)

15.9.1693 *Mme de Thianges mourut à Paris... le roi fait accommoder l'appartement qu'avait Mme de Thianges pour le joindre à celui de Monseigneur* [**CC 26**], *et outre cela on prendra deux pièces de l'appartement qu'avait feu Mademoiselle ; le reste sera pour M. le cardinal de Bouillon, à qui le roi l'aurait laissé tout entier sans que cela accommodât Monseigneur.* D IV 360. *Cf.* SS XV 354 ... *un magnifique logement de plain-pied et contigu à celui de Monseigneur où les enfants du roi et de sa sœur... la visitaient continuellement.*

Montpensier [4], Anne Marie Louise d'Orléans, duchesse de, *dite* la Grande Mademoiselle (1627-1693)

1672 *L'on alla à Versailles, on me logea dans un bel appartement qui venait d'être achevé. J'y entrais peu le jour. Je ne m'aperçus pas qu'il sentait la peinture ; lorsque je fut couchée, cette senteur me monta si violentement à la tête qu'il me fallut lever et attendre le jour avec beaucoup d'impatience pour m'en aller à Paris... Je demeurai trois ou quatre jours à Paris... et après je m'en retournai à Versailles loger dans mon ancienne chambre que je n'ai pas voulu quitter ; je la trouvais plus commode qu'un appartement complet auquel je ne serais pas accoutumée.* Montpensier IV 202

Bouillon [5], Emmanuel Théodose de La Tour d'Auvergne, cardinal de (1643-1745). Grand aumônier de France 1671-1700

9.9.1693 *Le roi donne au cardinal de Bouillon l'appartement que défunte Mademoiselle de Montpensier occupait dans le château de Versailles et ce fut la première grâce qu'il obtint depuis son éloignement de la Cour.* S IV 256 ; *cf.* D IV 357

Janson, Toussaint de Forbin, cardinal de (1630-1713). Grand aumônier de France 1706

17.5.1697 *M. le cardinal de Janson aura par prêt aussi l'appartement de M. le cardinal de Bouillon.* D VI 119

21.4.1700 *L'on a fait porter toutes les boîtes* [de la loterie de Madame la duchesse de Bourgogne] *dans l'appartement de M. le cardinal de Bouillon en bas où elles sont arrangées par milliers, par centaines et par dizaines et on les distribuera par quatre fenêtres qui donnent sur le jardin.* D VII 297

31.10.1700 ... *le roi fait faire une salle de comédie nouvelle, il prendra pour cela l'appartement du car-*

1. La mort de la princesse de Carignan renvoie à celle de la princesse douairière, Louise Françoise de Savoie, bâtarde de Savoie, *dite* Mlle de Suse, qui mourut en 1766.

2. L'appartement comprend principalement l'espace éclairé par les croisées 11 à 16 sur le parterre du Midi. Avant que la cour ne s'installât définitivement à Versailles en 1682, l'extrémité sud de « l'enveloppe » regardant le parterre du Midi était consacrée à la Chapelle, qui la même année fut déplacée vers un nouveau site, entre le corps central et la grotte de Thétis. Plus tard, cet espace fut alloué aux favorites de la cour ou aux serviteurs de l'occupant de **CC 26**, qui en usèrent plus ou moins en fonction des exigences des princes. L'*État* de 1741 assignait à ces pièces le numéro **CC 25**. Lorsque l'appartement de Madame Sophie fut créé le long de la terrasse du parterre d'eau entre **CC 24 et CC 26**, le numéro fut réattribué à cet espace et les pièces pourvues des croisées 11 à 16 furent baptisées **CC 26A**.

Parmi ses premiers occupants, il y eut la cousine de Louis XIV, la duchesse de Montpensier. Elle habita d'abord les pièces sur la cour de Marbre, approximativement sur le site de la garde-robe du roi. Plus tard, elle dut déménager pour l'enveloppe. Son appartement y était éclairé par les croisées 12 à 18. Entre ce logement et **CC 26** était compris un petit appartement éclairé par croisées 8 à 10. Il fut attribué à la marquise de Thianges. À sa mort, il fut divisé entre **CC 26 et 26A**. La partie à l'ouest fut englobée dans l'appartement du dauphin ; les croisées à l'est furent annexées par l'appartement du grand aumônier.

3. Dans le plan de Le Vau, l'appartement de Mme de Thianges occupe l'espace entre les croisées 8 à 10 et la cour intérieure, et comprend une antichambre et une chambre sur le parterre du Midi et deux cabinets sur la cour.

4. Croisées 11 à 16. C'est l'espace entre le passage du parterre du Midi à la cour Royale au premier avant-corps. Voir J.-Cl. Le Guillou, « L'appartement de Monseigneur », plan 1.

5. Croisées 14 à 16. Voir *ibid.*, plan 2.

dinal de Bouillon ; il y aura une tribune où l'on entrera par l'appartement de Mme de Maintenon, cette tribune sera pour Mme la duchesse de Bourgogne et il y aura d'autres tribunes pour les princesses. D VII 406

Coislin, Pierre du Cambout, cardinal de (1626-1706). Grand aumônier de France 1700

13.7.1701 *Le roi a donné tous les logements vacants à Versailles. Le cardinal de Coislin a celui du cardinal de Bouillon...* D VIII 147

5.2.1706 [1] *Le roi à son lever a fait de grands éloges du cardinal de Coislin... Il est mort cette nuit... On va faire une nouvelle salle de comédie dans l'appartement qu'avait le cardinal de Coislin.* D VIII 147

La Rochefoucauld, François VIII de La Rochefoucauld, duc de, puis duc de La Rochefoucauld (1663-1728). Grand maître de la garde-robe du roi et grand veneur en survivance 1679

26.2.1708 *Le roi a redonné des logements à tous ceux à qui il les avait ôtés pour donner à M. Desmarets tout ce qu'avait M. Le Peletier le ministre... au duc de La Rocheguyon, par prêt, le logement qu'avait le cardinal de Coislin.* D XII 85 ; *cf.* S XI 27 ... *le roi avait donné par prêt au duc de La Rocheguyon l'appartement qu'autrefois occupait le cardinal de Coislin et qu'on réservait pour faire augmentation à la salle des Comédies.*

Berry, Charles de France, duc de (1686-1714)

2.7.1712 *Le roi donne à Mgr le duc de Berry et à Mme la duchesse de Berry l'appartement que Monseigneur le dauphin avait à Versailles et on y joint le logement où était le duc de La Rocheguyon pour augmenter la salle des gardes. M. de La Rocheguyon prendra l'appartement du grand maître de la garde-robe* **[CC 9]** *que M. son père n'occupe pas depuis longtemps.* D XIV 180

Villars, Claude Louis Hector, duc de (1653-1734). Ambassadeur à Vienne 1697-1701 ; maréchal de France 1702

4.12.1714 *Le roi donne au maréchal de Villars l'appartement qu'avait Mgr le duc de Berry ; on a fait quelques petits changements qui rendront encore cet appartement plus commode. Il y a sept grandes croisées sur le jardin.* D XV 289

7.5.1722 *J'appris par tout ce qui arrivait de Paris que le 20 mai le roi irait habiter Versailles et qu'il changerait généralement toutes les dispositions des logements faites par le feu roi. Ce prince, un an avant sa mort, m'avait donné le logement entier de M. le duc de Berry, grâce très distinguée et honneur que le roi n'avait fait à personne... Effectivement ceux qui devaient suivre le roi étaient obligés à des dépenses considérables : il n'y avait plus de maisons dans la ville de Versailles, ni d'appartements dans le château, où il y eût aucune sorte de meubles. Tout le monde était établi à Paris et croyait l'être pour longtemps... les appartements, même ceux du roi, étaient en quelque désordre, par l'éloignement où la Cour en était depuis sept ans. Le Régent fut longtemps à se déterminer sur les logements ; enfin il les déclara, les porta au roi et désira que Sa Majesté en signât l'état. Par ce nouvel ordre, mon logement m'était ôté, ainsi qu'à tous les autres maréchaux de France, excepté au maréchal de Tallard, qui, par son alliance avec la maison de Rohan, eut le crédit de conserver le sien. Le public fut étonné, et murmura de me voir privé d'un logement que le feu roi m'avait donné par distinction et obligé d'aller loger au cabaret. Tous les logements furent donnés aux dames de Madame d'Orléans, au officiers du service du roi, à ceux du Régent ; et les secrétaires d'État entrèrent dans ceux qui avaient été occupés par leur prédécesseurs. Le cardinal Dubois prit ceux qu'avaient eu les ministres de la Guerre et tout ce qui tenait aux Rohan fut bien traité, surtout leur famille.* Louis Hector de Villars, *Mémoires du maréchal de Villars*, t. III, p. 124 *sq.* dans Petitot et Monmerqué, éd., *Collection des Mémoires relative à l'histoire de la France*, 2e série

13.8.1723 *Le roi revint à Versailles et le maréchal de Villars s'y établit dans l'appartement du duc de Berry, que le roi lui avait rendu.* Villars IV 263

GG-B 2857 « Plan du rez-de-chaussée du château de Versailles qui a été fait au sujet des poutres à remettre à la place des pourries »

Dauphine, Marie Josèphe de Saxe, *dite* la (1731-1767)

19.6.1747 *On continue de travailler très assidûment ici à l'appartement de Monsieur le dauphin et Madame la dauphine en bas. La pièce qui doit lui servir d'antichambre est au-dessous de la grande salle des gardes que l'on appelle le magasin. Il y avait quatre gros piliers de pierre dans cette pièce en bas qu'on a jugé à propos d'ôter et l'on a remarqué qu'une des poutres que ces piliers soutenaient était pourrie. On a entièrement défait tout le plancher de la salle et l'on y remet de grandes poutres parallèlement au mur de face au lieu que les deux autres partaient sur le dit mur de face.* L* VIII 246 [2]

21.11.1747 ... *l'appartement de Monsieur le dauphin et de Madame la dauphine est prêt* **[CC 26 et 26A]**... *Après la chambre de Monsieur le dauphin est son grand cabinet, qui est sous le salon où la reine joue. De ce cabinet en retournant du côté de la terrasse, on entre dans un petit cabinet particulier pour Monsieur le dauphin... De ce cabinet on entre dans un autre cabinet, qui est celui de Madame la dauphine ; celui-ci est peint très agréablement avec de petits cartouches et des dessins de Bérain, des fleurs, des oiseaux, etc. en miniature*. On y a fait une niche avec une grande glace dans le fond où il y a beaucoup de dorures. Après ce cabinet est la chambre à coucher de Madame la dauphine, qui est grande ; ensuite son grand cabinet, qui a trois croisées ; il est un peu plus long que celui qu'elle avait ici en haut, mais un peu moins large et*

1. Le cabinet du cardinal de Coislin, éclairé par la croisée 13, fut absorbé pour agrandir le vestibule du dauphin. Voir Le Guillou, *op. cit.*

2. Cet espace est numéroté « 6 » sur planche 2 de Mortin.

beaucoup moins haut ; il est plus sombre aussi, parce que les croisées sont plus étroites et les trumeaux plus larges. Après ce cabinet il y a deux grandes antichambres, dont l'une donne au pied du grand escalier de marbre et l'autre, une arcade plus loin, donne dans la cour... Quand on entre de la cour dans cette pièce, qui est la première de l'appartement de Madame la dauphine, on trouve à gauche trois petites pièces, une antichambre, un cabinet et une garde-robe que Mme de Brancas, la dame d'honneur, a demandée pour elle afin d'être plus à portée du service de Madame la dauphine [**CC 26A**] *; c'est ce qui faisait en dernier lieu le cabinet de Mme de Tallard. Ce qui faisait sa chambre à coucher est actuellement un appartement de Mme Dufour. La première antichambre de Madame la dauphine était une pièce remplie de colonnes où Mme de Tallard mangeait, et qui plus anciennement était la chambre de Mme de Villars. La petite antichambre de Mme de Tallard et son cabinet de compagnie font la seconde antichambre de Madame la dauphine ; c'était ce qui faisait l'appartement du maréchal de Villars. La salle des gardes de Monsieur le dauphin et quelques retranchements que l'on avait faits pour Mme de Tallard font le grand cabinet de Madame la dauphine.* L* VIII 330 *sq.* [1]

12.3.1748 T au roi : *Madame la dauphine demande qu'on lui pose des persiennes à ses croisées pareilles à celles de l'appartement de Monsieur le dauphin.* Bon du roi A.N. O[1] 1070 348

27.3.1766 *J'ai changé encore d'appartement parce qu'en voulant raccommoder le mien on y a trouvé les poutres en poussière. Le roi a eu la bonté de me loger en attendant dans ses cabinets d'en haut* [**CC 45**], lettre de la dauphine de Saxe aux Archives de Dresde, IV, 10, 90 citée par Casimir STRYJENSKI, *La Mère des trois derniers Bourbons, Marie-Josèphe de Saxe et la cour de Louis XV*, Paris, 1902, p. 380.

27.3.1766 E et G à M : *Nous vous adressons le plan des changements à faire à l'appartement de Mme la dauphine à Versailles. Nous y joignons aussi l'état de dépense. Vous le trouverez un peu fort, mais comme nous travaillons dans du vieux bâtiment où il survient toujours des réparations que l'on n'a pu prévoir que d'ailleurs, les demandes de tout un service ne l'exigent que quand l'ouvrage est fait. Nous l'avons tenu un peu fort pour ne pas rester en arrière sur les fonds... Total 40 000 livres.* A.N. O[1] 1071 165 et 166 *Cf.* 1812 III 136

27.6.1766 G à M : *État de la dépense à faire pour changer l'appartement de Madame la dauphine au château de Versailles pendant le voyage de Compiègne 1766 : maçonnerie 5 000 livres ; charpenterie 3 000 livres ; marbre et carreaux de faïence 3 000 livres ; menuiserie 10 000 livres ; sculpture 3 000 livres ; serrurerie et gros fer 3 000 livres ; bronze doré 3 000 livres ; glaces blanches à teints 3 000 livres ; vernis et dorures 500 livres ; plomberie 1 000 livres ; robinets et autres 1 000 livres ; vitrerie 500 livres ; poêles 500 livres ; démolitions et menues dépenses 1 000 livres... total 40 000 livres.* A.N. O[1] 1798 34

10.8.1766 G à M : *Les ouvrages de son appartement ont commencé le lendemain de son départ. Il n'y a pas plus de temps qu'il n'en faut, malgré toutes les précautions que nous avons prises de faire faire les menuiseries et autres ouvrages d'avance. Comme la princesse ne pourra pas coucher dans sa chambre neuve à cause des plâtres, le roi lui a dit qu'elle prendrait un petit cabinet de Mme la comtesse de Toulouse* [**CC 23**] *joignant le sien dans lequel elle mettrait son lit.* A.N. O[1] 1798 97

17.8.1766 E à M : *Les poutres pour la chambre à coucher de Madame la dauphine sont arrivées et l'on a commencé à les tailler.* A.N. O[1] 1798 86

10.8.1766 G à M : *Madame la dauphine a demandé une petite terrasse entre deux avant-corps sur le jardin à Versailles pour pouvoir mettre des caisses comme à l'appartement de Mesdames* [**CC 23 et 24**] *et que cela soit fait au retour de Compiègne. J'ai mandé à M. L'Écuyer qu'il fît quelques dispositions en attendant vos ordres...* A.N. O[1] 1798 97

24.8.1766 E à M : *On continue de travailler en plus grande diligence au plancher de l'appartement de Madame la dauphine pour que la Cour puisse passer dessus au retour de Compiègne.* A.N. O[1] 1798 89

Brancas, Louise Diane de Clermont-Gallerande, *dite* duchesse douairière de Villars- (1711-1784). Dame pour accompagner Mesdames 1747-1762, dame d'honneur de la dauphine en survivance de sa belle-fille 1762-1767

1768 *La maison de feu Madame la dauphine logée au château de Versailles : Mme la duchesse de Brancas logée dans l'appartement de Madame la dauphine. Il paraît qu'on peut laisser ce logement jusqu'au 1er juillet 1769.* A.N. O[1] 1077 445

1768 *L'appartement de feu Madame la dauphine qu'occupait Mme la duchesse de Brancas douairière, à Monsieur le dauphin ; la partie du logement de feu Madame la dauphine qui servait de retraite à la dame d'honneur et à la première femme de chambre, destiné pour la garde-robe de Monsieur le dauphin...* Disposition : A.N. O[1] 1077 34

Christian VII (1749-1808). Roi de Danemark 1766-1808

16.9.1768 E à M : *Le roi de Danemark... logera dans l'appartement de Mme la dauphine* [**CC 26 A**] *d'où j'ai pris occasion de remettre au plus tôt la première antichambre comme elle était avant que Mme la duchesse de Brancas en eût fait sa cuisine, ce qui était une chose*

1. Les notes de Luynes : * *La décoration de ce cabinet a été changée, La promptitude avec laquelle cet ouvrage avait été fait n'ayant pas permis de laisser sécher les toiles autant qu'il aurait été nécessaire, elle s'étaient grippées, ce qui faisait un effet desagréable, quoique les dessins fussent charmants. On a tout ôté et à la place on a mis de la menuiserie avec de la sculpture, et de fort bon goût ; tous les fonds sont en blanc et la sculpture est peinte en vert avec un vernis par-dessus. Cette espèce de décoration est riche et agréable. Je prétends, et peut-être avec fondement, que le modèle de ces menuiseries blanches avec les sculptures vertes, est un salon que Mme de Luynes fit faire à Dampierre, il y a sept ou huit ans, dans une île qui est au bout de la pièce d'eau.*

infâme que vous n'aviez permis que contre votre volonté. A.N. O[1] 1798 300
16.11.1768 E à M : *Le roi de Danemark... logera dans l'appartement de Madame la dauphine...* A.N. O[1] 1798 300
8.12.1768 *M. le comte de Noailles demande la permission de rendre à Mme la duchesse de Brancas le logement de feu Madame la dauphine jusqu'à ce que l'on accommode.* A.N. O[1] 1077 37
Louis XVI, Louis Auguste de France (1754-1793). Dauphin puis roi de France 1774-1791
1770 *État* A « Monsieur le dauphin »
Marie-Antoinette, Josèphe Jeanne de Habsbourg-Lorraine (1755-1793). Dauphine 1770-1774, puis reine de France
5.1770 *On la reçut à Versailles dans un appartement du rez-de-chaussée au-dessous de celui de la feue reine, qui ne fut prêt que six mois après le jour de son mariage.* CAMPAN I 53

CC 26, 9 et 9A sont combinés avec **CC 26A** [1].

Provence, Louis Stanislas Xavier de France, *dit* Monsieur, comte de, plus tard Louis XVIII (1755-1824)
Provence, Marie Josèphe de Savoie, *dite* Madame, comtesse de (1753-1810)
9.11.1769 G à M : ... *à former pour Monseigneur le comte et Mme la comtesse de Provence dans l'ancien appartement de Monseigneur le dauphin, dont on a supprimé des pièces haut et bas pour former le nouveau degré, coûtera environ 40 000 livres...* A.N. O[1] 1798 425
1770 *État* A « M. et Mme la comtesse de Provence »
1770 *État des ouvrages nécessaires à faire au château de Versailles : les appartements de Monseigneur le comte et Mme la comtesse de Provence, leurs services et accessoires, 70 000 livres.* A.N. O[1] 1798 528
3.9.1770 E à M : ... *A l'égard du salon de l'appartement de Monseigneur le comte de Provence dont vous m'avez envoyé le plan, sur lequel est marqué une cloison à faire pour pouvoir pratiquer un petit cabinet à un des bouts et un passage à l'autre, M. le duc de La Vauguyon et Mme la comtesse de Marsan ayant représenté à ce prince le dommage qu'il y aurait de gâter la plus belle pièce du château, il est convenu de leurs bonnes raisons et se contentera de la petite pièce en entresol dont Monseigneur le dauphin faisait usage, ce qui est fort heureux, vu que cela évitera une très grande dépense.* A.N. O[1] 1798 533
1770 E à M : *Appréciation de ce que coûtera la menuiserie pour le nouvel appartement de Mme la comtesse de Provence, 27 900 livres.* A.N. O[1] 1798 579

1. Après leur mariage en mai 1771, le comte et la comtesse de Provence occupèrent l'appartement du dauphin **CC 26**. L'espace alloué à la comtesse de Provence comprenait la moitié sud du péristyle sur le parterre du Midi. En 1774, cet espace fut incorporé à **CC 25** pour Madame Sophie, et la comtesse de Provence enménagea dans **CC 26A**. Voir LE GUILLOU, « L'appartement de Madame Sophie... », p. 201.

En 1786, le fils aîné de Louis XVI fut installé dans l'appartement traditionnel du dauphin et son gouverneur, le duc d'Harcourt, reçut celui de la dauphine.

9.11.1770 E à M : *Les appartements de Monseigneur le comte et Madame la comtesse de Provence sont arrêtés depuis 15 jours comme vous le savez... faute d'argent.* A.N. O[1] 1798 584
7.1773 *Extrait du détail de la dépense à faire pour les changements et augmentations demandés par M. le comte de Provence à son appartement au château de Versailles... total 23 200 livres.* A.N. O[1] 1799 107 et 108, 184
8.7.1773 E à M : *Monseigneur le comte de Provence désirant faire couper son grand cabinet en plusieurs parties pour se procurer une bibliothèque et autres commodités dont il a besoin, comme aussi d'avoir des bains dans un autre emplacement qu'il destine pour cet usage, m'a chargé d'avoir l'honneur de vous mander qu'il voudrait bien vous parler à ce sujet... J'ai dit à ce prince que ce serait un objet de 30 000 livres autant qu'il était possible d'en juger.* A.N. O[1] 1799 160
11.11.1773 G à M : *L'appartement de Monseigneur le comte et Madame la comtesse de Provence...* [sera] *en état d'être habité pour le retour...* A.N. O[1] 1799 102
24.12.1773 *Appartement de Monseigneur le comte de Provence à faire dans la petite cour de Monseigneur le dauphin pour communiquer à l'entresol du premier valet de chambre... 1 354 livres* A.N. O[1] 1799 195 [plan]
29.9.1774 A à E : *Les garçons de la chambre de Madame me mandaient... que dans le chambre qu'ils occupent dans l'appartement de cette princesse, ils désireraient qu'on établît une alcôve au lieu des armoires qui y avaient été établies pour la garde-robe des habits, lesquelles armoires sont aujourd'hui à l'usage des femmes de chambre. C'est sans doute très peu de chose que l'établissement de cette alcôve ; cependant, comme je répugne beaucoup à me prêter à toute demande qui peut servir d'exemple à d'autres et que les occasions d'en faire ne se multiplient que trop, je ne consentirai à l'établissement de l'alcôve en question qu'autant que vous pouvez m'assurer qu'il y en avait une dans la pièce qu'ont occupée ci-devant les garçons de la chambre. Mon intention dans tous des cas de ce genre est de conserver les choses sur leur ancien pied, et de ne rien augmenter parce que la plus légère concession devient un titre dont tout le monde veut profiter.* A.N. O[1] 1799 243
15.10.1774 E à A : *L'alcôve, avec les dépendances demandées, pour les garçons de la chambre de Madame est un objet de 150 livres* Réponse : *Bon* A.N. O[1] 1788 256
1775 *Souvent, vers onze heures du soir, le roi sortait du jeu ou des soirées de la reine lorsqu'elle recevait dans les Petits Appartements, repassait seul par des couloirs intérieurs et suffisamment éclairés pour remonter à son propre appartement par une petite porte au coin de l'Œil-de-Bœuf. Sa Majesté traversait sur sa route le passage qui liait le salon d'attente de l'appartement de Monsieur et l'antichambre du service des valets de chambre, gens de livrée, frotteurs, lampistes, etc. Il y avait des armoires et des banquettes rembourrées tout autour des murs, sur lesquelles s'étendaient et dormaient souvent quelques gens de service. Nous leur faisions assez fré-*

quemment des niches en traversant ce ronflant dortoir. Quand le roi s'en apercevait par hasard en passant dans son couloir, il s'arrêtait pour examiner nos opérations dont il riait beaucoup ; il avait fini par y applaudir, si bien qu'assurés de l'amuser un moment, nous nous étions enhardis au point d'aller quelquefois l'attendre dans son couloir, car il passait toujours avant le coucher de Monsieur et de lui dire : « Sire, pas un dormeur, là-bas, il n'y a rien à faire aujourd'hui. » D'autres fois, « Sire, si vous voulez, l'occasion est bonne ; ils sont trois ou quatre là-dedans étendus, le ventre en l'air sur des banquettes, ronflant comme des cochons ! » « Oh ! Oh ! disait-il, superbe occasion, c'est le cas de travailler. Avez-vous vos armes ? » « Oui, sire, camouflets, bouchons grillés bien noirs, seringues chargées d'eau, tout est prêt. » Il venait ensuite dans l'antichambre avec nous, les éveillés n'osaient souffler et les dormeurs étaient gratifiés, soit d'un camouflet dans le nez, soit de la décharge d'une seringue de poche, quand ils avaient la bouche béante, soit d'une moustache adroitement appliquée et dessinée par les bouchons noircis, de manière assez légère pour ne pas éveiller le dormeur, et le roi, de rire de tout son cœur en s'esquivant du champ de bataille aussi vite que sa jeune armée. Un jour qu'arrivé de bonne heure et seul dans le salon voisin je m'étais étendu et endormi moi-même sur une belle banquette de velours cramoisi, en attendant l'heure du coucher, qui tardait fort ce soir-là, ne voilà-t-il pas que tout à coup je me sens soulevé et emporté. Je m'éveille, je regarde, je me vois sur les bras du roi. « Venez, dit-il, il y a là-bas de la besogne pour vous. » Il me porte jusqu'au lieu de l'action, me place sur une petite armoire au pied de laquelle était étendu sur une banquette, la bouche ouverte et le cornet à la main, un petit éclaireur dormant comme un sabot. Tout cela se faisant en grand silence et sur la pointe des pieds. Quand je fus là perché, je me penche et dis à l'oreille du roi : « Sire, c'est un impromptu, je n'ai rien de préparé, si j'avais seulement un peu d'eau. » « Attendez, dit-il, je vais vous en donner. » Il prend là tout près une carafe d'eau bien pleine, me la donne et, dans l'instant même, je la brise sur le coin de l'armoire perpendiculairement au-dessus du dormeur. Vous croyez bien qu'il s'est éveillé et qu'il a fait une plaisante grimace. Le roi riait de tout son cœur et m'applaudissait du bon tour. Dans le fait, je venais j'espère de faire une action d'éclat. Il me disait avec bonté au retour : « D'où êtes-vous, mon petit ami ? » « Sire, je suis de Liège. » « Oh ! oh !, vous êtes de Liège, En ce cas-là, vous pouvez bien jouer avec de l'eau, vous ne risquez pas de vous noyer. » LIEDEKERKE-BEAUFORT, Hilarion, comte de, « Souvenirs d'un page du comte de Provence », *Revue de Paris*, mai 1952, p. 63 *sq.*

1777 *État* B « Monsieur » **[CC 26 et 9]** et « Madame » **[CC 26A]**

Dauphin, Louis Joseph Xavier de France, *dit* le (1781-1789)

Harcourt, François Henri, duc d' (1726-1794). Gouverneur du dauphin

28.10.1786 *Le logement de Monsieur et Madame à Monsieur le dauphin et son gouverneur* ... Distribution : A.N. O[1] 1802 242 et 243 ; *cf.* 1077 437

1787 *État* E « Monseigneur le dauphin et M. le gouverneur » "11 pièces, 7 à cheminée ; 3 entresols, 1 à cheminée"

Dauphin, Louis Charles de France, duc de Normandie, *dit* le, puis Louis XVII (1785-1795)

4.6.1789 L** à A : *Mme la duchesse de Polignac a demandé le changement d'une cloison de lambris et la dépose d'un corps d'armoire dans l'antichambre de Monseigneur le dauphin pour agrandir la salle des gardes.* A.N. O[1] 1802 603

4.7.1789 H à A : *Mme la duchesse de Polignac a dit ce matin que l'intention de la reine était que lundi prochain tous les travaux relatifs à l'établissement de M. le dauphin et Madame, fille du roi, dans leurs nouveaux appartements fussent commencés malgré la présence du prince et de la princesse...* A.N. O[1] 1802 614

Sourches-Tourzel [1], Louise Élisabeth Félicité Armande Jeanne Joséphine de Croÿ d'Havré, marquise de (1749-1832). Gouvernante des Enfants de France 1789

Madame Royale, Marie Thérèse Charlotte de France, (1778-1851)

Retraite de la dame d'honneur dans **CC 26A**

Tallard, Marie Isabeau Gabrielle de Rohan-Soubise, duchesse de (1699-1754). Dame du palais de la reine 1725 ; gouvernante des Enfants de France en survivance 1729, en exercice 1732

8.11.1744 ... *on donne à Mme de Tallard celui qu'a eu ci-devant le maréchal de Villars et qu'a eu depuis M. de Bouillon.* L* VI 12

BLONDEL, planche 2 "q[3] et q[4]"

Brancas, Marie Angélique Fremyn de Moras, duchesse de (1676-1763). Dame d'honneur de la dauphine 1744-1762

1.29.1746 *Propositions... de mettre... Mme de Brancas en bas chez Mme de Tallard.* A.N. O[1] 1076 102

10.6.1747 T, du château d'Étioles, au roi : *Mme la duchesse de Brancas dit avoir demandé à Votre Majesté un endroit de retraite dans l'appartement de Mme la dauphine, attendu son éloignement. Votre Majesté trouvera ci-joint le plan pour cet endroit qui est à côté de Mme la nourrice. Elle aura la bonté de décider sur la demande de Mme de Brancas. Sur le plan, qui est écrit de la main de M. Gabriel... A = pièces destinées à la première femme de chambre avec les entresols au-dessus pour le service dont elle est changée. B = petites pièces qui serviraient de cabinet de Mme la duchesse de Tallard, qui pourraient faire une retraite pour Mme la duchesse de Brancas dans laquelle il faudra faire une cheminée et la passer dans le mur de la grande salle des gardes du roi au-dessus.* Note de G : *Ce passage de cheminée ne pourra se faire pendant le séjour*

1. Quand Mme de Polignac s'enfuit de France en juillet 1789, Mme de Tourzel lui succéda comme gouvernante des Enfants de France. Le jeune duc de Normandie, qui à la mort de son frère devint le dauphin, habitait **CC 26** ; Madame Royale était installée dans **CC 26A**. Mme de Tourzel prit l'espace intermédiaire sur le parterre du Midi sous la chambre de la reine ainsi qu'une série de pièces sous les cabinets intérieurs de la reine. Elles communiquaient par un couloir avec une seconde série de pièces dans l'espace de **CC 25** sur le parterre d'Eau. Voir LE GUILLOU, « L'appartement de Madame Sophie... », p. 215.

que la reine fera dans l'appartement de Monseigneur le comte de Clermont. Comme Mme la duchesse de Brancas paraît avoir des prétentions sur la pièce destinée à la première femme de chambre par Sa Majesté, lors du projet, il est nécessaire que le roi décide par un bon sur le placet ce qu'il destine aux unes et autres. Réponse autographe du roi : *Mme de Brancas n'ayant besoin que d'un endroit pour pisser, ce qui est marqué B sur le plan est ce qu'il lui faut.* Réponse de T : *À M. L'Écuyer pour faire exécuter ce qui est marqué sur ce plan à la lettre B pour le retrait ou pissoir de Mme la duchesse de Brancas au bout de l'antichambre de Madame la dauphine...* Réponse de E : *Depuis, ayant vu les lieux, j'ai reconnu qu'il n'était pas nécessaire de faire une cheminée mais seulement une feinte dans laquelle il y aurait un poêle dont le tuyau irait dans une cheminée voisine.* A.N. O[1] 1810 I 228

21.11.1747 *Quand on entre de la cour dans cette pièce, qui est la première de l'appartement de Madame la dauphine* [**CC 26A**], *on trouve à gauche trois petites pièces, une antichambre, un cabinet, et une garde-robe que Mme de Brancas, la dame d'honneur, a demandés pour elle afin d'être plus à portée du service de Madame la dauphine ; c'est ce qui faisait en dernier lieu le cabinet particulier de Mme de Tallard. Ce qui faisait sa chambre à coucher est actuellement un appartement pour Mme Dufort*[1]. *La première antichambre de Madame la dauphine était une pièce remplie de colonnes où Mme de Tallard mangeait, et qui plus anciennement était la chambre de Mme la maréchale de Villars. La salle des gardes de Monsieur le dauphin et quelques retranchements que l'on avait faits pour Mme de Tallard font le grand cabinet de Madame la dauphine.* L* VIII 331 *sqq.*

18.12.1747 *Il y a un passage entre le péristyle qui est au bas de l'escalier de marbre et l'antichambre, c'est sur le double de ce passage-là qu'est le petit appartement de Mme de Brancas pour le jour. Elle prétend que le garde devait être à la porte du passage du côté du péristyle.* L* VIII 352

[4].7.1754 E à M : *Mme la duchesse se trouvant l'hiver incommodée du froid et toujours importunée de ce que sa première antichambre sert d'aile à tous les mondains, de passage à tout le monde, même aux chaises à porteurs qu'elle a vu sous ses yeux traversant la dite pièce, avec la livrée et les flambeaux de celles qui étaient dedans, m'a ordonné... de faire fermer la porte de cette antichambre qui donne sur le jardin, de la faire garder par l'huissier de l'antichambre pour n'être ouverte que pour la famille royale, voulant que la viande et les officiers de sa bouche et autres fassent le tour par la cour pour n'entrer que par la porte du péristyle. À cet effet, comme l'huissier de l'antichambre et la sentinelle ne peuvent rester dans la même pièce, Madame la dauphine m'a ordonné de vous demander un vitrage qui séparera l'arc qui se trouve en entrant par le côté de la cour ainsi qu'on en fait faire un... chez Monseigneur le duc de Bourgogne dans lequel se tient la sentinelle qui se trouvera postée dans la règle à la seule porte d'entrée de son appartement.* Bon du roi : A.N. O[1] 1071 89 et 92 ; *cf.* 1811 I 107

8.7.1754 E à M : *Vous venez de m'ordonner, Monsieur, de faire la cloison vitrée de la première antichambre de Madame la dauphine que Mme la duchesse de Brancas vous a demandée de sa part pour pouvoir ôter de cette pièce le garde du corps et éviter par ce moyen toutes altercations entre cette sentinelle et les officiers de cette princesse, ainsi que j'ai l'honneur de vous en donner le plan et la note du 23e du mois dernier. Permettez-moi, s'il vous plaît, Monsieur, de vous représenter qu'il serait à propos que vous en preniez l'ordre du roi avant que cette cloison soit posée, étant à présumer que MM. les officiers des gardes, mécontents de ce changement, ne manqueront pas d'avoir contestations aux dames d'honneur, ce qui pourrait être désagréable, Monsieur, si vous n'en avez pas parlé à Sa Majesté.* A.N. O[1] 1796 42

8.7.1754 E à M : *Mme de Brancas vient de me communiquer la lettre que vous avez écrite touchant l'ordre que vouz avez pris du roi pour la cloison vitrée en question et celui que vous avez donné en conséquence pour le lui en faire part au plus tôt. Elle a fait part de votre lettre, Monsieur, à Madame la dauphine, qui a été satisfaite de votre attention pour elle. Je vais me conformer à vos ordres pour que cette cloison soit faite et posée incessamment.* A.N. O[1] 1796 47

9.7.1754 GG-B 2766 « Plan d'une partie de l'appartement de Mme la dauphine, avec la cloison vitrée demandée pour fermer l'arcade... »

Boisgiroult, Anne Hippolyte Dufour de (?-?). Première femme de la dauphine

30.8.1758 Mme de Boisgiroult à M : *M. le marquis de Marigny est supplié par Mme de Boisgiroult de vouloir bien faire faire quelques changements dans le cabinet qu'elle occupe auprès de Mme la dauphine : 1. un placement d'armoire ; 2. l'établissement d'une baignoire ; 3. agrandir la porte d'entrée et mettre au-dessus quelques carreaux de verre pour éclairer le passage. Madame la dauphine le trouve bon ; 4. faire blanchir les entresols [et] y faire changer de glace et agrandir les armoires qui y sont pour le service de Madame la dauphine ; 5. éloigner un chambranle d'alcôve qui est déjà en place ; 6. faire mettre des volets brisés à trois.* A.N. O[1] 1811 III 34

10.7.1758 E à M : *Logement de Mme de Boisgiroult : changements et ajustements* [dans] *le petit appartement de Mme la dauphine... 1 078 livres.* A.N. O[1] 1796 603

10.7.1758 M à E : *Vous auriez agréable de dire à Mme de Boisgiroult que le devis que vous m'avez envoyé le 10 des changements et ajustements qu'elle demande dans son logement monte à 1078 livres. Il ne m'est pas possible de les lui accorder.* A.N. O[1] 1796 602

10.7.1758 E à M : *Logement de Mme de Boisgiroult, changements et ajustements [dans] le petit appartement de Mme la dauphine...1 078 livres.* A.N. O[1] 1796 603

Brancas, Louise Diane de Clermont-Gallerande, duchesse de (1711-1784). Dame d'honneur de la dauphine en survivance de sa belle-fille 1762

1. Mme Dufort était première femme de la chambre de la dauphine.

Pons Saint-Maurice, Marie Charlotte de Lallement de Betz, marquise de (?-?). Dame de la dauphine 1744-1766. *La retraite de Mme la duchesse de Brancas et des premières femmes de chambre dans l'ancien appartement de Madame la dauphine prêté à Mme la marquise de Pons, dame de Madame la dauphine...* Disposition : A.N. O[1] 1077 376 ; *cf.* 377
10.7.1766 *L'antichambre avec la retraite de la dame d'honneur et celle des premières femmes de chambre à Mme la marquise de Pons ; le reste de l'appartement à Mme la duchesse de Brancas, dame d'honneur dont on prendra le logement pour la salle de l'Opéra* [**AN 44**]... Disposition : A.N. O[1] 1076 817
24.7.1766 E à M : *Je vous supplie de vouloir bien donner vos ordres touchant... Mme la marquise de Pons... je ne peux... vous rendre compte de l'objet de la demande de [cette] dame qu'après son retour.* A.N. O[1] 1798 81
5.8.1766 E à M : *Ci-joint est la lettre de Mme la comtesse de Pons que vous m'avez ordonné de vous renvoyer. Je l'ai vue avant de partir pour les eaux de Forges où elle est actuellement en l'assurant qu'elle y recevrait vos nouvelles. Elle vous demande le blanchissement de son logement qui est très petit et une cloison de planches pour séparer une antichambre qui lui est commune avec Mme la duchesse de Brancas.* [**CC 26A**] *Cet objet est de 800 à 900 livres.* A.N. O[1] 1798 84

CC 27 à 28 correspondent à **AG 27 à 29.**

PREMIER ÉTAGE

CC 27, 28 et 29 correspondent à **AG 27, 28 et 29**.

CC 30 *dit* **cabinets intérieurs du roi**
29.3.1699 *Le roi a réglé de faire cette année le bâtiment neuf dans la petite cour pour la jonction des Petits Appartements avec le Grand Appartement, conformément au dessin qu'il a approuvé dont la dépense montera à 30 000 livres.* A.N. O[1] 1809 11
1741 *État*[1] « Petit Appartement du roi » "17 pièces, 13 à cheminée ; 3 entresols, 1 à cheminée"
17.1.1747 *Hier il y eut, comme je l'ai dit, comédie dans les petits appartements ; on joua* Tartufe *... en tout il n'y avait que quartorze personnes ; il n'y avait point de musiciens de profession à l'orchestre, mais seulement M. de Chaulnes, M. de Sourches, avec quelques-uns de leurs domestiques qui sont musiciens, et outre cela M. de Dampierre, gentilshommes des* [Menus] *Plaisirs... Le théâtre... est dressé dans la petite galerie ; ce ne sont point les Menus qui se sont mêlés de cet ouvrage, ce sont les Bâtiments. M. de Gesvres, quoiqu'en année, est censé l'ignorer et n'a point eu la permission d'assister au spectacle.* L* VIII 86 *sq.*
21.12.1747 *Les comédies commencèrent hier dans les cabinets. Le théâtre est toujours dans la Petite Galerie ; on y a seulement fait quelques changements. La partie de la Petite Galerie qui est du côté de l'appartement du roi et où le roi se place, ainsi que tous les spectateurs, formait un trop petit espace, parce qu'on avait pris sur cette partie un retranchement pour placer l'orchestre ; ce retranchement même était trop petit, et les musiciens y étaient fort mal à leur aise. On a donc ôté ce retranchement ; ainsi l'emplacement pour les spectateurs est présentement assez grand. On a placé l'orchestre en avant des spectateurs, et on lui a donné un emplacement suffisant. Le théâtre est par-delà l'orchestre, ce qui fait qu'il est un peu éloigné des spectateurs, et que les acteurs et actrices qui ont la voix faible se font entendre difficilement. Derrière le théâtre, on a construit un retranchement avec des planches dans lequel deux dames peuvent s'habiller, et plus loin sur le palier de l'escalier de marbre, près la porte de la petite galerie, on a fait un autre retranchement volant avec des planches, qui est assez grand, avec des poêles, pour que les hommes puissent s'habiller et se déshabiller sans se refroidir. On fait usage aussi pour des acteurs moins considérables, du cabinet qu'on appelle des Médailles, où elles ne sont plus, mais qui en porte toujours le nom. La comédie que l'on joua hier commença à cinq heures et demie... Après que la comédie fut finie, l'orchestre joua quelques temps, pendant lequel Mme de Pompadour, qui n'avait été que spectatrice, alla se préparer pour être actrice. On exécuta un acte dont la musique est composée par Rebel et Francœur et les paroles par M. de Moncrif. Cet acte est une pastorale extrêmement jolie... Les danses... sont exécutées par quatre fils et quatre filles de maîtres à danser de Paris, qui ont de dix, douze à quinze ans, qui dansent à merveille, et qui font beaucoup mieux sur le théâtre parce qu'ils le remplissent moins. Ce n'est que de cette année que cet arrangement a été fait. On a fait aussi un arrangement pour l'orchestre ; on l'a augmenté de deux des meilleurs violons de la musique du roi, d'un basson, d'une flûte et hautbois, aussi de la musique de Jéliotte ; qui joue de toutes sortes d'instruments et qui joue là du violoncelle.* L* VIII 355 *sqq.*
15.9.1748 *L'on construit depuis quelque temps ici un nouveau théâtre dans les cabinets du roi ; il sera achevé pendant Fontainebleau. On l'a élevé dans la cage du grand escalier de marbre ou des Ambassadeurs, sans gâter ni le marbre ni les peintures de cet escalier. On défera ce théâtre pour toutes les occasions de cérémonies où il sera nécessaire, comme par exemple les cérémonies de l'Ordre. On compte qu'il faut quatorze heures pour le défaire et vingt-quatre heures pour le remettre en place. On a défait celui de la Petite Galerie, à laquelle on n'a rien trouvé d'endommagé.* L* IX 94
11.9.1748 *Mercredi dernier le roi vit pour la première fois la nouvelle salle d'Opéra construite dans l'escalier des Ambassadeurs. Il n'avait point voulu y entrer jusqu'à la première représentation qui s'est faite... Il est beaucoup plus grand que celui de la Petite Galerie ; les*

1. Cette référence de l'état de 1741 combine les cabinets intérieurs de premier étage et les petits appartements des attiques. **CC 30** renvoie seulement aux cabinets intérieurs du roi.

décorations sont faites avec beaucoup de goût. La place où le roi se mit avec Monsieur le dauphin, Madame la dauphine et Mesdames est assez grande pour tenir environ vingt-cinq personnes. Des deux côtés de la place du roi en allant au théâtre, il y a deux balcons, dont chacun peut tenir douze ou quinze personnes. Au-dessous du roi, en face du théâtre, il y a des gradins où étaient M. le président Hénault, M. le président Ogier, en tout trente ou quarante personnes. Entre ces gradins et le théâtre est l'orchestre, qui est plus grand que celui de la Petite Galerie, et contient environ quarante places. Les musiciens et les spectateurs sont fort à leur aise, et l'on entend, de partout, facilement la voix des acteurs ; le mouvement des décorations et des machines se fait avec beaucoup de facilité et de promptitude. Cet ouvrage n'est pas aussi cher qu'on se l'imagine dans le public ; le roi demanda avant hier à M. le contrôleur général combien il avait donné de fois 15 000 livres. Le contrôleur général croyait que ce n'était que quatre fois, mais le roi le fit souvenir que c'était cinq. L* IX 132 *sq.*

11.9.1748 *Mme la marquise de Pompadour... prononca avant hier à haute et intelligible voix : « Qu'est-ce que ce que l'on dit que le nouveau théâtre que le roi vient de faire constuire sur le grand escalier lui coûte deux millions ? Je veux bien que l'on sache que il ne coûte que 20 000 écus. Je voudrais bien savoir si le roi ne peut pas mettre cette somme à son plaisir. »* D'ARGENSON V 291

30.12.1748 *Le théâtre est entièrement défait et l'escalier de marbre libre comme auparavant. Celui qui fait défaire le théâtre m'a dit que l'on n'avait été que dix-sept heures à cet ouvrage. On a mis dans la galerie d'en haut de l'aile Neuve depuis la Chapelle jusqu'à la porte de M. de Béthune* [**AN 44**], *tous les bois et toiles qui formaient le théâtre.* L* IX 165

Madame Adélaïde, Marie Adélaïde de France, *dite* (1732-1800)

24.1.1752 *Le grand escalier de marbre à Versailles que l'on appelait des Ambassadeurs, qui servait nécessairement aux cérémonies, vient d'être abattu pour accroître l'appartement où l'on travaille pour Madame Adélaïde ; ainsi nulle cérémonie ne sera plus praticable à Versailles, comme celles des chevaliers des ordres, des audiences d'ambassadeurs, etc., car les deux autres n'entrent que par le petit appartement ou par la petite cour de la Chapelle. Celui-ci et celui de M. le dauphin donnent seuls dans la grande cour : vaine dépense, inquiétude de changer toujours en pire sans ordre et sans plan.* D'ARGENSON VII 121

25.2.1752 *Voici que l'appartement auquel on travaille pour Madame Adélaïde coûtera 800 000 livres et on le presse avec grand activité. Cette dépense est causée par le changement du grand escalier que l'on démolit actuellement pour le reculer. L'on entrera désormais en cérémonie par le salon d'Hercule et pour cet effet, on fabriquera un escalier devant la Chapelle ; on y parviendra de la cour par un long péristyle. Le roi sacrifie au nouvel appartement la Petite Galerie et quand on en sera là, l'on trouvera que tout cette aile tombe et qu'il faut la rétablir, ce qui coûtera... au moins 800 000 livres.* D'ARGENSON VII 121

5.3.1752 *Madame Adélaïde prit le 5 de ce mois possession de son appartement... anciennement occupé par M. le comte de Toulouse* [**CC 24**]. *Mais ce logement ne doit pas rester à Mme Adélaïde ; on lui en fait un autre actuellement dans le grand escalier de marbre. On détruit entièrement ce bel escalier, dont les marbres ne pourraient point servir à ce que l'on assure, dans l'escalier que l'on projette dans l'aile* [du gouvernement] *de M. le comte de Noailles auprès de la Chapelle, en laissant l'ouverture des trois arcades. Les marches mêmes de celui que l'on démonte ne pourront pas servir au nouveau, parce qu'elles n'ont que 10 pieds de long et que les autres ont 18 pouces de plus. On entre dans cet appartement par le palier qui est du côté de la Chapelle. Ce palier formera la première pièce. Le reste de l'appartement* [sera] *pris sur la Petite Galerie, dont on recule le mur pour lui donner plus de largeur ; l'autre palier de l'escalier sera des garde-robes, et on fait une petite cour dans le milieu pour donner du jour.* L* XI 449

27.12.1753 [Le roi] *alla voir l'appartement nouveau de Madame Adélaïde pris sur la Petite Galerie et en partie sur l'ancien escalier de marbre, dans lequel Madame Adélaïde a commencé à loger ce moment-ci.* L* XIII 113

1768 *Le logement de Madame Adélaïde* [pour] *les cabinets du roi* A.N. O[1] 1077 34

1770 *État* A [1] « Petit appartement du roi, puis de M. le duc de Villequier »

CC 30 et 31

Louis XIV (1638-1715). Roi de France

Louis XV (1710-1774). Roi de France

Villeroy, François de Neufville, duc de (1644-1730). Maréchal de France 1693 ; gouverneur du roi 1717-1722

15.6.1722 *On a résolu enfin que le roi abandonnerait Paris... et que la Cour se tiendrait à Versailles. Le roi s'y rendit en pompe le 15 juin et l'Infante le lendemain. Ils y occupèrent les appartements du feu roi et de la feue reine et le maréchal de Villeroy fut logé dans les derrières des cabinets du roi.* SS XL 263

28.11.1739 *Le roi trouva ici en arrivant un meuble neuf dans sa nouvelle chambre. C'est une étoffe cramoisi et or, à laquelle on travaille à Lyon depuis cinq ou six ans ; le goût, le dessin et la fabrique de cette étoffe sont admirables ; elle coûte 400 livres l'aune. La tapisserie est de velours cramoisi avec une broderie d'or fort large, fort épaisse et d'un fort beau dessin, dans laquelle il y a des fleurs et des ornements d'or vert, comme dans l'orfèvrerie.* L* III 78

Louis XVI (1754-1793). Roi de France

1787 *État* E « Le roi » "31 pièces, 25 à cheminée ; 5 entresols, 1 à cheminée"

1. L'*État* de 1770 répète l'erreur de l'*État* de 1741. L'appartement du duc de Villequier était **CC 45** au-dessous.

CC 30E [1]
Premier valet de chambre du roi en quartier
28.2.1741 *Dans le passage particulier du roi chez la reine est la chambre où se tient pendant le jour le premier valet de chambre du roi. Cette chambre tient à la garde-robe de commodité de la reine. Bontemps, premier valet de chambre, était hier dans cette chambre avec sa femme et quelqu'un de ses amis ; c'est un de ceux qui y étaient qui m'a conté le fait. La reine appela une de ses femmes. Bontemps, entendant que personne ne répondit, ouvrit la porte ; la reine entra même un moment dans la chambre où était Bontemps et sa compagnie. Mme Mercier, première femme de chambre de la reine, trouva mauvais que cette porte ne fût pas fermée en dedans du côté de la reine ; la reine décida qu'elle voulait que Bontemps pût ouvrir la dite porte.* L* III 336 *sq.*
1741 *État* « Premier valet de chambre du roi en quartier » "1 entresol à cheminée"
1770 *État* A « Premier valet de chambre du roi en quartier » "2 pièces"

L'escalier « des Dupes » [2]
18.2.1738 *Le roi descend plusieurs fois par jour chez Monsieur le dauphin ; il passe par un petit escalier qui est auprès de la garde-robe du premier valet de chambre. Il n'y a que le premier gentilhomme de la chambre, le capitaine des gardes et les entrées familières qui aient droit de suivre le roi par cet escalier.* L* II 34
2.1748 *Il y avait... de tout temps, un petit escalier qui était fort mauvais, avec des marches fort hautes, qui montait depuis l'appartement de Monsieur le dauphin, à l'endroit qu'on appelle le caveau, d'abord jusqu'à l'œil-de-bœuf, entre cette pièce et la chambre qu'on appelle du premier valet de chambre, où il se tient pendant le jour. Cet escalier monte ensuite jusqu'en haut dans un corridor qui est au-dessus de l'appartement de la reine et qui sert de dégagement à quatre appartements occupés actuellement par M. l'archevêque de Rouen, M. et Mme Champagne, M. l'évêque de Chartres et M. et Mme de Fleury...* [**CC 66, 67, 68 et 69**] L* VIII 458

1. Cet espace était situé dans un passage étroit entre le salon de l'Œil-de-Bœuf et les cabinets intérieurs de la reine. Il comprenait des pièces supplémentaires situées au-dessus, dans un entresol et au niveau de l'attique.
2. Près de l'antichambre d'origine de la chambre du roi, dite des Bassans, se trouve un escalier circulaire traditionnellement appelé « l'escalier des dupes » selon la croyance non fondée qu'il avait joué un rôle dans la célèbre journée du même nom. Il s'appuyait au mur de la galerie des Glaces et donnait accès à une pièce communiquant avec les cabinets intérieurs de la reine et avec une autre série de pièces à l'étage au-dessus. Dans les états de logement pour le XVIIIe siècle, ces pièces formaient **CC 30E**, l'appartement du premier valet de chambre du roi. Un plan de l'attique du corps central conservé à la Bibliothèque nationale de France, que l'on peut dater d'avant 1699 parce qu'il ne montre pas encore l'appartement de nuit du duc de Bourgogne, est reproduit par MARIE, *Versailles... Louis XV*, p. 43. Il montre un labyrinthe de pièces qui disparurent quand l'antichambre des Bassans et la chambre du roi de 1684 furent réunies pour former l'antichambre de l'Œil-de-Bœuf avec son nouveau plafond voûté.

CC 31
1741 [3] *État* « Appartement des bains du roi » "2 pièces à cheminée ; 3 entresols, 2 à cheminée"
GG-B 179, 263, 271 et 728
1770 [4] *État* E « Appartement des bains du roi » "5 pièces"
GG-B 236, 297, 323, 338 et 562

CC 32

APPARTEMENT DE NUIT DU DUC DE BOURGOGNE, plus tard CABINETS INTÉRIEURS DE LA REINE

Bourgogne, Louis de France, duc de (1682-1712)
28.7.1699 *Le roi a réglé de faire dans la petite cour du château derrière l'appartement de Monseigneur un bâtiment sembable à celui qui a été fait à la petite cour opposée et de le mettre en état pour que Mgr le duc de Bourgogne y puisser loger au retour de Fontainebleau...* A.N. O[1] 1809 23
31.7.1699 *On bâtit dans la petite cour de Monseigneur un logement où Monseigneur le duc de Bourgogne s'habillera le matin en sortant de chez Mme la duchesse de Bourgogne ; on compte les mettre ensemble au retour de Fontainebleau.* D VII 123
8.8.1699 *Le roi a réglé que l'on ferait des corniches sculptées dans la chambre et dans le cabinet de l'appartement de Mgr le duc de Bourgogne dans la petite cour, que tous les chambranles des portes et croisées seront sculptés, qu'il n'y aura que du lambris d'appui dans la chambre, que la cheminée sera avec chambranles de marbre, tablettes, foyers et revêtements dehors et dedans et des attiques de menuiserie renfermant une seule glace. Qu'il sera fait des trumeaux opposés aux cheminées et un entre les deux croisées de la chambre avec une seule glace, comme au-dessus de la cheminée. Que le cabinet sera entièrement boisé d'un lambris sculpté et propre et les petites garde-robes d'un lambris plus simple et que le tout sera reblanchi.* A.N. O[1] 1809 23 verso
10.9.1702 *Sa Majesté a ordonné de faire de la menuiserie très riche, d'orner des glaces le pourtour du petit cabinet de Mme la duchesse de Bourgogne sur la petite cour avec une cheminée de marbre et de dorer tous les dits lambris d'or bruni.* A.N. O[1] 1809 [79]
25.6.1704 *Mme la duchesse de Bourgogne accoucha d'un prince... Le roi fut toujours au pied du lit de travail et Mme de Maintenon au chevet... Mgr le duc de Bourgogne était demeuré dans le cabinet qui rend dans son antichambre où on lui venait rendre compte à tout*

3. Les bains du roi étaient situés au premier étage du bâtiment séparant la cour des Cerfs de la petite cour du Roi à cette époque.
4. Les bains du roi étaient dans les Petits Appartements, au-dessus du cabinet du Conseil à cette époque.

moment de tout ce que se passait et d'où il ne pouvait entendre les cris... Sitôt qu'elle fut accouchée, Mgr le duc de Berry fendit la foule qui était dans l'antichambre et alla porter la bonne nouvelle à Mgr le duc de Bourgogne. D X 51. *Cf.* S VIII 403 *sq.*
MORTIN planche 2, "9"
Mlle de Clermont, Marie Anne de Bourbon-Condé, *dite* (1697-1741). Surintendante de la maison de la reine
Marie Leszczyńska, (1703-1768). Reine de France
1741 *État* « Petit appartement de la reine » "3 pièces, 2 à cheminée"
22.2.1737 G au cardinal de Fleury : *La reine m'ordonna hier de faire changer deux tableaux au-dessus des portes de son petit appartement et d'y mettre à la place deux passages clairs dans une forme qui ne soit pas guère comme les autres. Je compte trouver mon affaire dans les dessus des portes de Trianon sans en faire faire de neufs et remplacer ceux-ci par quelques copies du cabinet de la Surintendance à moins que vos ordres ne me prescrivent autre chose.* A.N. O[1] 1795 34
12.12.1742 *La reine est presque dans le même degré d'affliction du maréchal de Nangis ; tout lui en rappelle le souvenir ; elle pleure continuellement avec ceux ou celles qu'elle voit en particulier ; elle ne veut presque plus habiter ses petits appartements parce que de là on voit les fenêtres du maréchal* [**CC 66**], *et présentement elle fait presque toujours usage de ses entresols, dont elle ne se servait point auparavant.* L* IV 297
3.1.1746 *La reine a un de ses cabinets qui est extrêmement petit, où elle a rassemblé beaucoup de poésies ; elle s'amuse volontiers de ce genre de lecture, indépendamment de beaucoup d'autres de piété et d'histoire.* L* VII 190
9.11.1746 *M. de Tournehem vint rendre compte au roi il y a quelques jours de l'état des bâtiments de Versailles. La reine pourra habiter son appartement le 25 ; cependant comme on mettra encore du plâtre ce jour-là au bâtiment qui se fait derrière l'appartement de la reine, on croit que Sa Majesté ne pourra l'habiter que le jour.* L* VIII 7
15.12.1746 *La reine se baigna avant-hier ; les bains qu'elle a dans son appartement ont été changés pendant le voyage de Fontainebleau. Ce changement fait partie de ceux qui ont été faits dans les cabinets de la reine ; et comme les plâtres ne sont pas encore secs, la reine ne fait nul usage de cette partie de ses cabinets et ne se sert que du cabinet qu'elle a fait peindre en vert... et des petits qui sont à droite et à gauche par-delà de ce cabinet. Ces bains qui précèdent son grand cabinet vert ne pouvant donc lui être d'aucune utilité présentement, elle a fait demander ou demanda elle-même au roi la permission de se baigner dans ses bains.* L* VIII 31
2.1748 *Il y avait... un... escalier qui donnait tout auprès de la chambre et de celle de la garde-robe de la reine ; il descendait dans la petite cour et montait aux entresols de la reine. La partie de cet escalier qui monte aux entresols subsiste, l'autre est supprimée il y a longtemps.* L* VIII 458
19.11.1749 *La reine vient de faire un petit changement dans ses cabinets à Versailles. Dans le petit cabinet qui est par-delà le grand et qui touche à la salle des gardes, elle avait fait mettre cinq tableaux faits par un peintre nommé Pierre ; quatre représentent les quatre saisons et le cinquième une veillée de village. La reine a trouvé les figures trop fortes pour un aussi petit endroit ; elle les a fait mettre dans des cadres dorés et les a placés dans son cabinet en bas à Fontainebleau. Oudry, fameux peintre, vient d'en faire cinq autres qui seront posés ces jours-ci. Ils représentent les cinq sens. Ce sont de jolis paysages avec de très petites figures.* L* X 40
8.5.1764 E à M : *La reine demande à échanger une partie de la menuiserie de la pièce de ses bains pour y en faire une nouvelle afin de recevoir les papiers de la Chine. Cette dépense montera à 1 800 livres.* Bon du roi : A.N. O[1] 1071 101 et 102 ; *cf.* 1812 III 14
7.8.1764 M au roi : *La reine m'avait ordonné de faire nettoyer pendant Compiègne les dorures des plafonds de sa chambre à coucher et du cabinet qui le précède. En conséquence des ordres de la reine j'avais donné ceux nécessaires pour que cet ouvrage fût achevé pour le retour de Sa Majesté. Les premières opérations faites, il a été reconnu que ces dorures ne pouvaient être nettoyées et qu'elles s'éclatent de tous côtés en sorte qu'il n'est point d'autre parti que de supprimer cette ancienne dorure, et reblanchir ces plafonds et de les réparer seulement pendant ce voyage pour que la reine puisse jouir de sa chambre en blanc à son retour et de profiter du voyage de Fontainebleau pour la redorer ainsi que le cabinet qui la précède...* Bon du roi : A.N. O[1] 1071 112 ; *cf.* 1812 III 26
17.7.1768 N à M : *Le roi veut que Mme la comtesse de Noailles fasse bâtir un cabinet à Paris pour placer le cabinet des [*dessins*] chinois que le reine lui a laissés et qui n'a d'autre mérite que d'avoir été peint par la reine. Comme tout vient aux bâtiments et qu'il y a des glaces qui en sont, j'avoue (entre nous soit dit) que la dépense de 10 000 francs m'affligerait un peu, surtout s'il n'y a que les niches peintes et les Chinois, et que tout ne soit pas possible à transporter comme il existe à présent, ce qui ne se peut sans votre avis ; nous ne demandons rien.* A.N. O[1] 1071 224 et 225 ; *cf.* 1798 274
Marie-Antoinette Jeanne Josèphe de Habsbourg-Lorraine (1755-1793). Dauphine, puis reine de France
Les gens du premier rang à la Cour lui demandaient quelquefois des audiences particulières ; la reine les recevait alors dans une pièce précédée par celle qu'on appelait le cabinet des femmes de garde, qui annonçaient dans l'intérieur de Sa Majesté. CAMPAN I 168 [1].

AU-DESSOUS DES CABINETS INTÉRIEURS [2]

1746 G à T : *Le roi, en ordonnant la nouvelle descendante de carrosse* [**CC 7**], *supprime une pièce et salle*

1. Cet espace devint plus tard le supplément de la bibliothèque de la reine.
2. Au-dessous de ce qui devait être l'appartement de nuit du duc de Bourgogne, il y avait à l'origine une loggia ouverte séparant les deux cours. Plus tard, deux des trois arcades furent absorbées et équipées d'entresols pour obtenir plus d'espace. Au-dessous des cabinets intérieurs, dans les entresols des pièces regardant la cour, se trouvaient des pièces affectées à la garde-robe de la reine.

des gardes pour lui servir de passage à couvert en un entresol au-dessus servant à sa garde-robe où couchent deux garçons de garde-robe. On peut remplacer ce service qui est nécessaire en supprimant, ainsi qu'il est marqué par le plan ci-joint, deux petites pièces des entresols destinées pour les Enfants de France, marquées B et la construction d'un nouveau petit degré qui montera dans les pièces marquées A qui resteront pour le service des Enfants de France. Cette suppression sera dédommagée par les nouveaux entresols que Mme la duchesse de Tallard demande dans la grande pièce qui servira d'antichambre à l'appartement des Enfants de France [1]. A.N. O^1 1076 123 et 124 [plan]
18.4.1778 [2] N au roi : *La reine désire pour sa femme de garde-robe le logement des garçons de la chambre. Votre Majesté permet-Elle de reprendre une chambre qui a été donnée à la garde-robe à la mort du feu roi et qui n'est pas nécessaire ?* Bon du roi : A.N. O^1 1077 250
1.1779 La duchesse de Mailly à A : *La duchesse de Mailly prie instamment M. le comte d'Angiviller de vouloir bien lui faire faire dans la garde-robe des habits de la reine un certain nombre des tablettes à coulisse qui deviennent indispensables pour la conservation des habits et robes de Sa Majesté depuis que ces habits sont garnis de fleurs et de pomponages qui ne permettent plus de les mettre les uns sur les autres sans les perdre entièrement.. Les corps des armoires sont bons et il ne s'agit que des tablettes avec les mains pour les tirer et des coulisses à faire.* A.N. O^1 330 ; *cf.* 396
La garde-robe des atours consistait en trois grandes pièces environnées d'armoires les unes à coulisse, les autres à porte-manteau ; de grandes tables, dans chacune de ces pièces, servaient à étendre les robes, les habits et à les reployer. CAMPAN I 290
1787 *État* E « Garçons de la chambre du roi » "3 pièces, 2 à cheminée"

ENTRESOLS AU-DESSUS DE LA PREMIÈRE PIÈCE DES CABINETS INTÉRIEURS DE LA REINE

CC 41
Première femme de la chambre de la reine, madame la nourrice du roi
1741 *État* « Première femme de chambre de la reine, madame la nourrice du roi » "1 pièce à cheminée en entresol sur le degré"

1. À cette époque, la Petite Madame occupait **CC 26** et la duchesse de Tallard, sa gouvernante, la retraite de la dame d'honneur, **CC 26 A**.
2. L'*État* de 1787 assigne le numéro **CC 32** à la fois aux garçons de la chambre et à la reine. Il semble que **CC 32** ait été situé dans l'attique au-dessus du premier appartement de nuit du duc de Bourgogne. Il fut partiellement annexé par la reine pour agrandir ses appartements privés quand elle prit le logement des garçons de la chambre pour l'adjoindre à celui de sa première femme de chambre **CC 41**.

18.4.1778 *La reine désire pour sa femme de garde-robe le logement des garçons de la chambre* [**au-dessus de CC 32**]. *Votre Majesté permet-Elle de reprendre une chambre qui a été donnée à la garde-robe à la mort du feu roi et qui n'est pas nécessaire ?* Bon du roi : A.N. O^1 1077 250
1770 *État* A « Madame la dauphine, puis pour les premières femmes de la reine »
1787 *État* E « Femme de la reine » "2 pièces à cheminée"

SECOND ÉTAGE AU-DESSUS DES CABINETS INTÉRIEURS DE LA REINE

17.10.1711 *Madame la dauphine alla visiter un entresol et une petite manière de galerie qu'on lui a fait faire au-dessus de son appartement...* D XIV 10
25.7.1765 E à M : *La reine, du consentement du roi, venant de donner un petit endroit à Mme la comtesse de Noailles pour l'avoir auprès d'elle dans le cas d'indisposition, son logement étant éloigné du sien au lieu que de celui de Mme la duchesse de Luynes était à portée, s'agissant de le boiser et de le mettre en état. C'est un objet de 500 livres, compris le vieux lambris du magasin qui servira...* A.N. O^1 1071 129 ; *cf.* 1812 III 68

CC 33 *dit* **le Grand Appartement de la reine**
Marie-Thérèse d'Espagne (1638-1683). Reine de France
Dauphine, Marie Anne Christine Victoire de Bavière, *dite* la (1660-1690)
9.1683 *Quand j'arrivai à Paris, la saison était avancée et les plaisirs étaient sursis par la mort de la reine, il n'y avait que cette circonstance qui en fit souvenir et le deuil ; sans cela elle était fort oubliée. Madame la dauphine occupa son appartement.* MONTPENSIER VI 418
Mlle de Blois, Françoise Marie de Bourbon, légitimée de France, *dite*, plus tard duchesse d'Orléans (1677-1749)
6.2.1692 *On a mis Mlle de Blois dans l'appartement qu'avait feu Madame la dauphine à fin d'avoir le loisir de changer les meubles de l'appartement où elle était.* D IV 19
Bourgogne, Marie Adélaïde de Savoie, duchesse de (1685-1712)
8.11.1696 *Toute la Cour retourna le 8 novembre à Versailles où la princesse eut l'appartement de la reine et de Madame la dauphine.* SS III 276 ; *cf.* D VI 27 *Le roi, à la descente du carrosse... la mena dans le grand appartement de Madame la dauphine, qu'on trouva superbement meublé ; elle y demeura jusqu'à ce qu'elle soit mariée.*
19.2.1715 *L'appartement de la reine... n'avait pas été ouvert depuis la mort de Madame la dauphine.* SS XXVI 132
Infante, Marie Anne Victoire de Bourbon, *dite* l', future reine de Portugal (1718-1781)
Ventadour, Charlotte Éléonore Madeleine de la Motte-

Houdancourt, duchesse de (1651-1744) Gouvernante des Enfants de France en survivance 1704-1732
16.6.1722 *... la Cour se tiendrait à Versailles. Le roi s'y rendit le 15 juin et l'Infante le lendemain. Ils y occupèrent les appartements du feu roi et de la feue reine...* SS XL 263
Marie Leszczyńska, (1703-1768). Reine de France
9.12.1736 *M. le cardinal a chargé M. de Fontanieu d'aller prendre les ordres de la reine pour un meuble nouveau que le roi fait faire pour l'appartement de la reine ; on a fait faire les étoffes exprès. La reine choisira celles dont les dessins lui plairont davantage ; on donnera huit cents aunes d'étoffes pour faire ce meuble.* L* I 140
26.11.1737 *La reine a trouvé à son arrivée de Fontainebleau un nouveau meuble dans son appartement ; c'est une étoffe couleur de feu et d'or, la couleur de feu un peu pâle. L'étoffe est parfaitement bien fabriquée ; elle a été faite à Lyon ; celle coûte 180 livres l'aune à ce que j'ai ouï dire ce matin à M. le contrôleur général. Le grand cabinet d'avant la chambre de la reine est aussi meublé de cette étoffe, mais comme elle dépare entièrement la dorure ancienne de ce grand cabinet, on a résolu de l'ôter jusqu'à ce que l'on ait pris le parti d'y faire quelque changement. Il y a aussi un meuble qui est presque fait pour la chambre à coucher du roi et le Grand Appartement ; ce sont des meubles de différentes richesses pour l'un et pour l'autre. M. le contrôleur général m'a dit qu'il y avait pour environ un million de ces sortes d'étoffes. J'ai ouï dire que c'était pour soutenir des manufactures de Lyon qui manquent d'ouvrage.* L* I 404
20.1.1738 *Mme de Luynes s'est fait apporter les fournitures qu'elle avait choisies il y a quelque temps pour la reine, qui sont pour ce qui concerne le lit de la reine et qui regarde la dame d'honneur. Elles consistent en : couvre-pieds garnis de dentelle pour le grand lit et pour le petit ; en taies d'oreiller garnies de même point et d'Angleterre ; dix-huit paires de draps ; six paires pour les saignées ; douze paires de draps pour le petit lit. Cette fourniture coûte environ 30 000 livres, quoique Mme de Luynes n'ait pas fait renouveler des deux beaux couvre-pieds de la reine ; et toutes ces choses sont changées tous les trois ans.* L* II 17
1741[1] *État* « La reine » “6 pièces, 5 à cheminée ; 4 entresols, 2 à cheminée”
14.5.1743 *Hier le lit de la reine était dans ce grand cabinet, et elle y a couché cette nuit. L'on commença à tendre hier matin un nouveau meuble dans la chambre de la reine ; c'est un meuble d'été complet, lit, tapisserie, fauteuils, pliants, portières. Il n'y a que deux fauteuils ; l'on n'en met pas davantage dans la chambre de la reine. Le meuble est [de] gros de Tours, blanc, bordé et peint. Le lit et les portières sont belles [sic] et agréables ; il y a dans le milieu de chaque pièce de tapisserie un grand vase, qui fait un fort bel effet ; mais les ornements qui l'accompagnent sont de travers, suivant le goût nouveau. Il paraît aussi qu'il y a de l'inégalité dans les couleurs peintes. Comme on avait porté le meuble dans le salon de la reine et que l'on travaillait dans la chambre, la reine envoya dire à M. de Gesvres qu'il n'y aurait point de concert ; et la reine joua à six heures comme à l'ordinaire dans le grand cabinet où son lit était tendu.* L* V 13
20.11.1745 *La reine arriva ici environ à minuit. Elle a trouvé quelque changement dans son appartement ; des banquettes neuves dans son antichambre, cela est peu important ; une tapisserie dans son cabinet et dans sa chambre représentant plusieurs sujets de l'Écriture sainte ; son lit d'étoffe couleur de feu, qu'on a mis à la duchesse au lieu qu'il était à quenouille ; le plafond et toute la dorure nettoyés.* L* VII 130
À la mort de Marie Leszczyńska... la totalité du mobilier de sa chambre fut remise à la comtesse de Noailles... à l'exception de deux grands lustres de cristal de roche que Louis XV ordonne de conserver comme meubles de la Couronne. CAMPAN I 288
1768 *L'appartement de la feue reine à Madame la future dauphine...* Disposition : A.N. O[1] 1077 34
Marie-Antoinette Jeanne Josèphe de Habsbourg-Lorraine (1755-1793). Dauphine, puis reine de France
19.9.1770 La comtesse de Noailles à M : *Madame la dauphine m'ordonne, Monsieur, de vous mander de sa part qu'elle est très étonnée qu'il n'[y] ait pas un ouvrier à son appartement...* A.N. O[1] 1798 538 ; *cf.* 542-544
1787 *État* E « La reine » “12 pièces, 10 à cheminée ; 13 entresols, 9 à cheminée”

CC 00 *[sic]*
MORTIN planche 3, « Salon »
BLONDEL, planche 7, “d” « Passage et décharge pour la toilette de la reine »
1770 *État* A « pour les chaises de Madame la dauphine »
1787 *État* E « pour la chaise de la reine » “1 pièce”

CC 34
Maintenon, Françoise d'Aubigné, marquise de (1635-1719). Maîtresse, puis épouse morganatique de Louis XIV ; dame d'atour de la dauphine 1680
28.4.1684 Hardouin-Mansart à Colbert : *J'ai donné les instructions nécessaires au sieur Le Moine pour raccommoder le plafond de la petite chambre de Mme de Maintenon... Le plancher est presque abattu aussi bien que le mur de refend pour former le vestibule entre l'escalier de la Reine et la salle des gardes ; la cloison de l'appartement de Mme de Maintenon est abattue pour être rapportée au lieu où elle doit être ; le parquet et le lambris sont levés et on travaillera à les reposer la semaine prochaine.* A.N. O[1] 1762A dossier 2
4.2.1698 *Le roi fait travailler à l'augmentation* [l'antichambre de **VA 36**] *de l'appartement qu'on donne à Mme de Maintenon, et quoiqu'il y ait beaucoup de choses à faire et des degrés à changer, Mansart a promis au roi que samedi à son retour de Marly il trouverait tout l'appartement achevé et meublé.* D VI 290
4.4.1705 *Pendant que le roi continue de travailler, je soupe ; mais il ne m'arrive pas une fois en deux mois de le faire à mon aise... Le roi, quand M. Chamillart est près de finir avec lui, me prie de me dépêcher ; un autre jour il veut me montrer quelque chose : de*

1. Dans l'*État* de 1741, le grand appartement de la reine était désigné **CC 39**, et **CC 33** était assigné à « un sergent des Douze » “2 pièces, 1 à cheminée en entresol”.

manière que je suis toujours pressée... Le roi demeure chez moi jusqu'à ce qu'il aille souper, et environ un quart d'heure avant le souper du roi, Monsieur le dauphin, Monsieur le duc et Madame la duchesse de Bourgogne viennent chez moi. À dix heures ou dix heures et un quart, toute le monde sort. Mme de MAINTENON, *Lettres historiques et édifiantes*, II, p. 163 *sqq.*

1708 *L'appartement de Mme de Maintenon était de plain-pied et faisant face à la salle des gardes du roi* [**CC 40**]. *L'antichambre était plutôt un passage long en travers, étroit jusqu'à une autre antichambre toute pareille de forme, dans laquelle les seuls capitaines des gardes entraient, puis une chambre plus profonde. Entre la porte par où on y entrait de cette seconde antichambre et la cheminée était le fauteuil du roi, adossé à la muraille, une table devant lui, et un ployant autour pour le ministre qui travaillait. De l'autre côté de la cheminée, une niche de damas rouge, et un fauteuil où se tenait Mme de Maintenon, avec une petite table devant elle ; plus loin son lit dans un enfoncement ; vis-à-vis les pieds du lit, une porte et cinq marches à monter ; puis un fort grand cabinet qui donnait dans la première antichambre de l'appartement de jour de Monseigneur le duc de Bourgogne... Avant le souper du roi, les gens de Mme de Maintenon lui apportaient son potage avec son couvert, et quelque autre chose encore. Elle mangeait ; ses femmes et un valet de chambre la servaient toujours, le roi présent, et presque toujours travaillant avec un ministre. Le souper achevé, qui était court, on emportait la table ; les femmes de Mme de Maintenon la déshabillaient en un moment, et la mettaient au lit...* SS XVI 470 *sqq.*

Mlle de Beaujolais, Philippine Élisabeth d'Orléans, *dite* (1714-1734)

Mlle de Chartres, Louise Diane d'Orléans, plus tard princesse de Conti (1716-1736)

Clermont, Louis de Bourbon-Condé, comte de (1709-1771)

BLONDEL planche 7, "c"

1741 *État* « Les princesses d'Orléans [1], puis M. le comte de Clermont » "4 pièces à cheminée"

15.7.1744 *La reine de Pologne... n'a point voulu consentir à la proposition que la reine lui avait faite de venir loger à Saint Cyr... La reine lui avait arrangé un logement ici qui est celui de M. le comte de Clermont, et avait en conséquence donné les ordres pour les meubles et pour les logements de la suite de la reine de Pologne ; mais elle a appris ce matin que ce projet ne convenait point à la reine sa mère, qui veut absolument venir loger à Meudon.* L* VI 26

Stanislas Leszczyński (1677-1766). Roi de Pologne 1704-1709 puis 1733-1736, duc de Bar et de Lorraine

14.9.1752 *Le roi de Pologne arriva... Il loge, comme à l'ordinaire, dans l'appartement de M. le comte de Clermont.* L* XII 146

24.9.1753 *Le roi de Pologne arriva ici jeudi dernier ; il est logé dans l'appartement de M. le comte de Clermont.* L* XIII 66

11.1755 BLONDEL planche 3, "d"

1. Les filles du duc d'Orléans occupaient aussi **CC 48** à cette époque.

12.9.1756 *Le roi de Pologne... arriva ici le 12... Il loge ici à l'ordinaire dans l'appartement de M. le comte de Clermont.* D XV 228

1761 N au roi : *M. le comte de Clermont ne voulant pas reprendre son logement tant que M le comte de Lusac fera des voyages à la Cour, le comte de Noailles propose à Votre Majesté au départ de ce prince au mois d'avril d'y placer la garde-robe de Votre Majesté jusqu'à ce que l'endroit où elle est placée puisse être arrangé.* A.N. O^1 1076 666

Duras, Emmanuel Félicité, comte, puis duc de (1715-1789) : Premier gentilhomme de la Chambre 1757 ; maréchal de France 1774

Duras, Louise Françoise Maclovie Céleste de Coëtquen, duchesse de (1724-1802)

27.6.1771 N au roi : *Votre Majesté a eu la bonté d'accorder à M. le duc de Duras le logement de M. le comte de Clermont s'il pouvait s'arranger. Il le peut, si Votre Majesté veut bien y ajouter la cuisine qui en dépend que ce prince prêtait à Mme la princesse de Conti.* A.N. O^1 1077 135

20.7.1771 *Le logement de M. le comte de Clermont avec la cuisine, principal étage, corps du château, n° 34, à M. le duc de Duras...* Distribution : A.N. O^1 1798 643

15.8.1771 Le duc de Duras à M : *L'objet de la demande de M. le duc de Duras à M. le marquis de Marigny au sujet des ouvrages à faire en son nouvel appartement consiste : I. dans la dépose et repose d'une cloison qui ne porte point plancher à l'effet d'agrandir la seconde antichambre aux dépens de la première pour faire de cette seconde une salle à manger ; II. de supprimer dans la troisième pièce, qui est la salle de compagnie, une niche de lit qui est prise aux dépens d'un bouge obscur qui est au derrière, pour y pratiquer une loge de suisse, un petit réchauffoir et un escalier qui montera à l'appartement de M. le duc* [**CC 48**] *qui sera dans la mansarde au-dessus des antichambres et salon susdits, et à ce sujet, démolir l'ancien escalier qui est fort noir et dans le plus mauvais état ; III. dans la quatrième pièce, qui sera la chambre à coucher de Mme la duchesse, y faire une niche du lit entre deux garde-robes, et dans la mansarde au-dessus y faire des simples cloisons de distribution en planches recouvertes de plâtre pour former deux chambres de femme et une garde-robe pour les habits et le linge ; IV. dans la mansarde au-dessus des trois pièces susdites refaire une cheminée et faire une cloison de refend pour former à M. le duc une petite antichambre et un cabinet. Il est à observer que le plancher dans cette partie est totalement pourri, hors d'état de subsister et en grand danger de feu ; V. dans le derrière où sera refait l'escalier, M. le duc demande qu'il y soit fait à droite et à gauche deux petites chambres domestiques ; VI. il demande aussi que pour aérer et réclairer le dit escalier ainsi que les dites chambres domestiques, il soit fait un abat-jour dans le comble au-dessus. Pour tous lesquels ouvrages, M. le duc demande que M. le marquis de Marigny veuille bien faire faire par les Bâtiments du roi les parties des grosses réparations et la reconstruction du plancher susdits, ainsi que celle de l'escalier, ce qui pourra monter à... 3 200 livres. Quant aux autres ouvrages, pour les*

menues distributions, parquets, décorations, menuiseries, ferrures, peintures, et autres ajustements, M. le duc de Duras se charge de les faire faire et de les payer sur les Menus-Plaisirs, moitié pendant le courant des dits ouvrages et l'autre moitié restante un an après, ce qui montera à 900 à 800 livres A.N. O[1] 1798 650
23.7.1771 E à M : *Ci-joint le plan et devis de l'appartement de M. le duc de Duras... il a fallu en déposer les menuiseries et plâtres pour pouvoir juger de l'état de la charpente, dont une partie est pourrie... Comme vous me marquez, Monsieur... les grosses réparations qui intéressent la solidité du château montant à 3 200 livres doivent regarder les bâtiments du roi. Il est nécessaire que vous obteniez... le fonds au plus tôt, nos entrepreneurs ne pouvant faire aucunes avances...* A.N. O[1] 1798 654
4.8.1771 M à E : *... au logement de M. le duc de Duras les ouvrages qui regardent les Bâtiments du roi ne se font point faute de fonds.* A.N. O[1] 1798 656
9.11.1777 *État des travaux : ... L'appartement de Mme la duchesse de Duras à reblanchir... commencé et sera prêt au retour.* A.N. O[1] 1800 110
Avant d'avoir établi sa société chez Mme de Polignac, la reine allait quelque fois passer des soirs chez le duc et [la] duchesse de Duras ; une jeunesse brillante s'y trouvait retenue. On établit le goût des petits jeux ; les questions, la guerre-panpan, le colin-maillard, et surtout le jeu nommé descaptivos. CAMPAN I 148
1777 *État* B « M. le duc de Duras »
10.1781 GG-B 169
23.9.1786 L** à A : *M. le maréchal de Duras... prie de lui accorder le blanchi de son appartement...* Réponse : *Réponse d'adhésion.* A.N. O[1] 1802 212
9.10.1786 H à A : *État des ouvrages à faire : Chez M. le maréchal de Duras, le blanchi de son appartement et des croisées.* A.N. O[1] 1802 244
1787 *État* E « M. le duc de Duras » "5 pièces, 3 à cheminée"

CC 35 correspond à **VA 35**.

Salle des Marchands, plus tard *dite* **salle des Cent-Suisses**
3.7.1708 Antin au roi : *Le grand salon de dessus la comédie sera dans sa perfection vers le 15 du mois, il y a fallu plus de réparations que l'on n'avait cru, une poutre de dessous l'appartement de M. de Bouillon* [**AP 72**] *s'étant trouvée rompue...* Réponse : *Je ne doute pas que ce qu'il faut réparer ne soit achevé quelque temps devant mon arrivée.* Collection Dina Vierny, vente Hôtel Drouot, Paris, 28 octobre 1996, n° 73
9.8.1745 *Il y a quelques jours que l'on s'est aperçu que les poutres du salon qui fait le fond de la cour des Princes, et qui est au-dessus de la comédie* [**VA 17**] *sont pourries. On avait cru qu'en les étayant on pourrait gagner le temps de quelque absence de la Cour, mais enfin on a pris le parti d'en remettre d'autres. Cet ouvrage durera trois semaines. Comme il interrompt toute communication de plain-pied de l'appartement de la reine avec l'aile des Princes, où loge Mme de Villars* [**AP 92**], *chez laquelle elle va tous les soirs, hors quelques-uns qu'elle vient chez Mme de Luynes* [**AP 84 et 86**], *la reine pour éviter le désagrément de descendre et de traverser la cour ou le jardin a pris le parti de venir s'établir aujourd'hui dans l'appartement de Monsieur le dauphin* [**AP 66 et 66A**]. L* VII 25
1756 N au roi : *Le marquis de Montmirail* [capitaine-colonel des cent-suisses]... *demande à Votre Majesté le salon des Marchands pour faire à l'avenir la salle des Cent-Suisses de service auprès de Votre Majesté et de la famille royale. Le motif de sa demande a été la petitesse de la salle qu'ils occupent* [**CC 11**] *qui n'a que 19 pieds de longeur sur 15 de large et l'augmentation des suisses employés aux différents services : pour Votre Majesté 30 ; pour la reine 6 ; pour M. le dauphin 6 ; pour Mgr le duc de Bourgogne 4, pour Madame 4 ; pour Mesdames 4.* A.N. O[1] 1076 494
1757 N au roi : *M. le marquis de Montmirail ... renouvelle leur demande pour occuper la salle des Marchands... Si Votre Majesté leur accordait cette grâce elle pourrait retirer le corps de garde qu'ils occupaient en bas et en faire quelque usage. Si Votre Majesté accorde cette grâce, le comte de Noailles fera sortir tous les marchands et n'en laissera que six sur l'escalier et un protégé de la reine auprès de sa chaise à porteur, mais il ne souffrira plus des femmes pour éviter toutes sortes de tracas.* Bon du roi : A.N. O[1] 1076 496
18.4.1757 *C'est d'hier que tous les petits marchands qu'on avait souffert depuis longtemps à Versailles, depuis l'escalier de la galerie des Princes jusqu'à la salle des gardes, se sont retirés. La raison que l'on donne de cet ordre est le projet de faire actuellement une salle pour les cent-suisses, dans la pièce qui est au-dessus de la comédie et de laisser plus de place pour la livrée dans la petite pièce qui est entre celle-là et la grande salle des gardes* [**CC 00**]. *Quoique ces deux arrangements ne fassent rien aux marchands qui sont au haut de l'escalier, M. le comte de Noailles a voulu que tous se retirassent.* L* XVI 32
31.3.1758 *On vient d'établir ici... grands poêles... Depuis le commencement de cet hiver on [en] a établi un... dans la nouvelle salle des Cent-Suisses, au-dessus de la comédie.. J'ai appris à cette occasion que c'est la fourrière du roi qui fournit le bois pour lesdits poêles. Les officiers de la fourrière ne délivrent du bois que sous les ordres de M. Félix, contrôleur de la Maison du roi, et celui-ci prend l'ordre de M. le prince de Condé comme grand maître. Les cent-suisses avaient un très grand poêle dans la salle immense qu'ils occupaient aux Tuileries pendant le temps que la Cour y a demeuré ; il fut réglé dans ce temps qu'on leur fournirait pour l'entretien de ce poêle, tous les jours pendant l'hiver, douze grandes bûches et trois seulement pendant l'été... Quoiqu'ils occupent cette nouvelle salle, ils font cependant toujours usage de l'ancienne... Après l'examen fait pendant une journée par le major des cent-suisses sur la consommation nécessaire du poêle, il a été prouvé que la quantité n'était pas suffisante ; elle pouvait l'être à Paris, parce que le roi, étant fort jeune alors, se couchait de bonne heure ; mais ici les cent-suisses sont obligé de veiller ; il en reste toujours deux jusqu'à minuit et demi que la reine passe pour*

retourner de chez Mme de Luynes [**AP 84 et 86**] *chez elle, et après cela toujours un qui reste toute la nuit ; c'est ce qui fait qu'ils demandent et espèrent une petite augmentation de bois. Il n'y a aucun cent-suisse qui couche dans cette nouvelle salle ; il y en a toujours quatre qui couchent dans la grande salle des gardes du corps* [**CC 40**], *et ils regardent ce droit comme un privilège honorable. Il y a quelque distinction pour le coucher entre eux et les gardes du corps. Anciennement, le guet des gardes du corps ne couchait que sur les paillasses que le roi fournissait ; on leur a permis de se donner des matelas, et actuellement ils ont des lits de sangles ; pour des draps, ils en ont toujours eu. Ce sont quelques villages autour de Versailles qui sont chargés de cette fourniture et du blanchissage ; il en est de même pour les draps des cent-suisses ; mais ils n'ont que fort peu de lits de sangles ; c'est ce qu'on appelle des baudets.* L* XVI 348 *sq.*
5.1.1781 H à A : *Le feu a pris hier au soir dans le tuyau du poêle de la grande salle des Cents-Suisses... Cet accident n'a pas eu de suite parce que le tuyau donnant en dehors a été démonté sur-le-champ.* A.N. O[1] 1801 24

CC 36 et 37 correspondent à **VA 36 et 37**.

CC 38 [1]
Grand Appartement du roi
1741 *État* « Le roi » "12 pièces, 8 à cheminée"
1770 *État* A « Grand Appartement du roi » "12 pièces, 8 à cheminée"
1783 *État* D « Le roi » "9 pièces, 5 à cheminée et la Grande Galerie"
1787 *État* E « Le roi » "10 pièces, 5 à cheminée."

CC 39 correspond à **CC 32 et 33**.

CC 40
Salle des Gardes du roi
1741 *État* « Salle des gardes » "1 pièce à cheminée"
22.11.1754 *Le roi a trouvé ici en arrivant un petit changement dans le château. La grande salle des Gardes que l'on appelle magasin et la salle des Gardes du roi étaient parquetées comme le reste de l'appartement ; on a remarqué que dans le maniement des armes qui se fait dans ces deux salles, le grand nombre de fusils qui portent à terre dans un même temps assez rudement enfonçait le parquet ; c'est ce qui a déterminé à ôter le parquet et à y mettre des planches. Il n'y a plus que la salle des Gardes de la reine qui soit parquetée.* L* XIII 387
1787 *État* E « Salle des Gardes » "1 pièce à cheminée"

CC 42 à 44 correspondent à **AG 42 à 44**.

1. Ce numéro désignait la grande enfilade de pièces donnant sur le parterre du Nord du salon d'Hercule jusqu'au salon de la Guerre, ainsi que la galerie des Glaces.

ATTIQUES AU-DESSUS DES CABINETS INTÉRIEURS DU ROI

CC 45 *dits* **les Petits Appartements du roi** [2]
Pomponne, Henri Charles Arnauld, abbé de (1669-1756). Aumônier du roi 1698 ; conseiller d'État de l'Église 1711
B.N.F., département des Estampes B 8919 ; GG-B 2966
Louis XV, roi de France (1710-1774)
24.6.1737 *L'on avait dit que les petits cabinets du roi à Versailles coûtaient 1 500 000 ou 1 600 000 livres. M. Gabriel m'a dit que depuis 1722, que Sa Majesté a commencé à y faire travailler, jusqu'aujourd'hui la dépense, suivant les états arrêtés, ne monte qu'à 580 000 livres. M. Gabriel en fit il y a peu de temps le dépouillement pour en rendre compte au roi.* L* I 274
1741 *État* « M. l'abbé de Pomponne, puis salle à manger du Roy » "8 pièces, puis 3 pièces, 3 à cheminée"
23.4.1745 *Le roi fut hier à la chasse et soupa dans ses cabinets ; ce fut encore un souper particulier avec Mme d'Étioles... On ne sait point précisément où elle loge, mais je crois cependant que c'est dans un petit appartement qu'avait Mme de Mailly et qui joint les petits cabinets ; elle ne demeure point ici de suite, elle va et vient de Paris et s'y en retourne le soir.* L* VI 421
1767 GG-B 132
Dauphine, Marie-Josèphe de Saxe, *dite* la (1731-1767)
27.3.1766 *J'ai changé encore d'appartement parce qu'en voulant raccommoder le mien, on y a trouvé les poutres en poussière. Le roi a eu la bonté de me loger en attendant dans ses cabinets d'en haut.* Lettre de la dauphine conservée aux archives de Dresde, IV, 10, 90 citée par Casimir STRYJENSKI, *La Mère des trois derniers Bourbons, Marie-Josèphe de Saxe, et la cour de Louis XV*, Paris, 1902, p. 380.
Barry, Marie Jeanne Bécu, comtesse du (1746-1793). Maîtresse du roi
19.2.1770 *État des sommes à payer pour les ouvrages indispensables à faire au château de Versailles avant le mariage de Monseigneur le dauphin : l'appartement de Mme du Barry, 10 000 livres* A.N. O[1] 1798 482
27.5.1770 *Je remarquai que petit à petit on allait de plus en plus chez la comtesse* [du Barry]. *Elle était établie au logement des cabinets, là où était morte Mme la dauphine.* C* II 439
26.7.1770 M, à Compiègne, à E : *Je vous envoie... le plan de ce qu'il y a à faire à l'appartement de Mme la comtesse du Barry, tant pour la nouvelle entrée de son appartement, que pour différents changements marqués sur le plan, ainsi qu'un exhaussement à faire au-dessus*

2. Avant la vaste extension du plancher de l'attique en vue de créer les Petits Appartements, cet espace était occupé par un seul logement, habité par l'abbé de Pomponne. Quand il fut pris par le roi, la désignation numérique fut retenue et appliquée aux petits appartements. La démolition de l'appartement commença le 26 novembre 1735. Voir Jean-Claude LE GUILLOU, « La création des cabinets et des petits appartements de Louis XV au château de Versailles, 1722-1738 », *Gazette des beaux-arts*, VIe période, t. CV, avril 1985, p. 137-146, citant A.N. O[1] 2028 et 2030.

de l'alcôve du roi pour y former une garde-robe et une chaise... Mme la comtesse souhaite que la pièce marquée A, de l'ancien appartement de Madame Adélaïde, soit rétablie en bibliothèque comme elle existait. Vous devez en avoir la dépouille dans le magasin, que tout l'appartement soit blanchi et traité avec toute la propreté possible. Elle m'a aussi parlé des changements du boudoir... A.N. O[1] 1798 520
23.7.1770 GG-B 781 « Versailles : Plan des augmentations à faire à l'appartement de Mme la comtesse du Barry »
8.8.1770 E à M : *Quoiqu'on travaille vivement à l'appartement de Mme la comtesse du Barry, il en restera les repassages des blancs et les nouvelles bordures des glaces à achever pendant le prochain Fontainebleau, les ouvrages ayant été demandés trop tard...* A.N. O[1] 1798 521
16.8.1770 M à E : *Je viens d'ordonner un versement de 8 000 livres pour l'appartement de Mme la comtesse du Barry. Comme je compte que la recette du restant du fonds promis pour cet objet ne tardera pas, envoyez-moi deux nouveaux états de proposition pour le surplus de l'ouvrage. Vous pouvez aller jusqu'à concurremment 15 ou 16 000 livres pour ces deux comptes, néanmoins, je souhaite que vous puissiez vous borner à une douzaine de mille livres de fonds nécessaires, car sans cela, je ne vois nul moyen de venir au bout de cet ouvrage. M. Gabriel a dû, au reste, vous mander que Mme la comtesse du Barry demande que l'on change les bordures des glaces de son appartement qui lui déplaisaient.* A.N. O[1] 1798 523
19.8.1770 E à M : *Les peintres sont à l'appartement de Mme la comtesse du Barry et l'escalier pour ses femmes est très avancé. L'on va de suite reposer le lambris sur la cloison de la pièce au-dessus de l'alcôve du roi qui doit faire la nouvelle chambre à coucher...* A.N. O[1] 1798 525
12.10.1770 G à M : *Les ouvrages qui ont été ordonnés pour Mme la comtesse du Barry à Versailles et pour l'exécution desquels M. L'Écuyer avait demandé un fonds de 24 000 livres, dont le dernier acompte a été payé par le Trésor royal il y a environ 15 jours... consistant, savoir, à orner une nouvelle entrée pour son appartement par le degré dit d'Épernon en élevant sur la petite antichambre de l'ancienne salle à manger du roi une cage en pans de bois et comble pour y recevoir un degré qui puisse former l'entrée de cet appartement, lequel ouvrage ne se peut faire qu'en démolissant la toiture de cette antichambre couverte de plomb ; d'élever au-dessus de la chambre du roi un petit corps de bâtiment en deux parties pour former une nouvelle garde-robe à cheminée pour femme et une chaise, le tout boisé ainsi que toutes les communications à la chambre et à la salle à manger ; rétablir en conséquence tous les plombs des balcons et terrasses endommagés par cette construction ; boiser le fond de l'alcôve et la nouvelle chambre avec menuiserie et sculpture pareille à celle du reste de la chambre qui est fort ornée ; faire les changements dans les bains du roi pour les arranger à l'usage de Mme la comtesse ; faire un nouveau degré à l'usage de toutes les garde-robes de cet appartement à cause de la suppression d'un degré de communication qui est au roi ; faire un nouveau tuyau de cheminée pour une des dites garde-robes et boiser celles qui ne le sont pas ; supprimer dans la petite galerie servant de passage à ces garde-robes un fond de menuiserie et glace pour y substituer un corps d'armoire pour des habits ; rétablir l'ancienne menuiserie de la bibliothèque, substituer des glaces dans des vantaux au lieu de fil de laiton et augmenter cette menuiserie dans les parties qui se sont trouvées défectueuses et gâtées ; gratter et lessiver toute les différentes couleurs de cette pièce pour être repeinte ; boiser et faire des corps d'armoires neufs dans la petite pièce qui y est jointe ; rétablir tous les plâtres aux corniches et plafonds de tout l'appartement en général ; gratter et lessiver toutes les menuiseries et réparer toutes les sculptures, le tout pour être en blanc de doreur de toutes ses couches, en ne dorant que les bordures des glaces ; faire toutes réparations et nettoiements quelconques tant aux fermetures des portes, croisées, armoires, glaces, vitrerie, bronzes, cheminées, etc. pour mettre cet appartement en état d'être habité au retour de Fontainebleau. Voilà les détails qui ont fait demander un fonds de 24 000 livres. Depuis ces fonds obtenus, Mme la comtesse a désiré et demandé les articles énoncés ci-après : de réformer dans la bibliothèque le fond de la niche qui est en armoires pour y substituer un fond et côtés pour recevoir des glaces et bordures, 900 livres ; de remettre un trumeau de glace neuve entre les deux croisées dans le grand cabinet joignant et le substituer à la cheminée qui y est un chambranle de marble blanc avec sculpture ou bronze doré, 800 livres ; de dorer la bibliothèque, le dit grand cabinet, la galerie en suite, la nouvelle chambre et le cabinet de chaise qui y est joint, 7 402 livres, (total pour la bibliothèque et le grand cabinet, 4 183 livres) ; de redorer d'or moulu toutes des ferrures de bronze, bras et espagnolettes des croisées de toutes les pièces qu'elle doit occuper personnellement, 800 livres. Pour cette seconde partie, il est nécessaire de faire un fonds particulier et de connaître par les devis le montant de la dépense.* Réponse : *Il ne sera doré cette année que la bibliothèque et le grand cabinet.* A.N. O[1] 1798 565 et 566
6.11.1770 E à M : *Chez Mme la comtesse du Barry... la garde-robe à chaise sera carrelée en faïence, n'ayant pas assez de temps pour faire ces carreaux de marbre... elle ne sera pas mal en faïence.* A.N. O[1] 1798 578

CC 45 et 59A sont combinés.

Barry, Marie Jeanne Bécu, comtesse du (1746-1793). Maîtresse du roi
5.12.1769 *Le logement de Mme la duchesse de Beauvillier, dame d'honneur de Madame, à Mme la comtesse du Barry...* Disposition : A.N. O[1] 1077 52 ; *cf.* 1798 495
Cossé, Louis Hercule Timoléon de Cossé-Brissac, marquis de, plus tard duc de Brissac (1734-1792). Capitaine-colonel des cent-suisses en survivance 1766
2.4.1770 GG-B 2777 « Plan de l'appartement destiné à M. le duc de Cossé, dans la mansarde au-dessus

des nouvelles salles à manger du roi... » au verso « Projet dans le nouvel appartement de Mme du Barry »
3.4.1770 Le duc de Cossé à M : *Le roi m'ayant accordé... l'appartement que doit occuper Mme la comtesse du Barry, j'ai l'honneur de vous proposer d'avancer l'argent nécessaire pour le mettre en état d'être habité. Je vous serai infiniment obligé... si vous voulez bien en prendre le bon de Sa Majesté et donner vos ordres en conséquence.* A.N. O[1] 1071 257 ; *cf.* 258 et 1812 IV 105
13.4.1770 *Le logement de Mme la comtesse du Barry, ci-devant à Mme la duchesse de Beauvillier, dame d'honneur, à M. le duc de Cossé, capitaine des cent-suisses* A.N. O[1] 1077 73 ; *cf.* 1799 110
1.5.1770 M au roi : *Votre Majesté ayant disposé en faveur de M. le duc de Cossé du logement qui était destiné à Mme la comtesse du Barry, il supplie très humblement Votre Majesté de vouloir bien lui accorder les réparations et arrangements dont le logement a besoin et qui suivant le devis de sieur Gabriel pourraient monter à 10 000 livres. Il offre d'en faire les avances, attendu l'impuissance des entrepreneurs pour en être remboursés lorsque les circonstances auraient changé... Je crois devoir proposer à Votre Majesté une autre condition, savoir qu'en cas que les réparations et arrangements dont il s'agit excèdent 10 000 livres, le surplus soit à la charge de M. le duc de Cossé.* Réponse : *Approuvé* A.N. O[1] 1071 259
1.5.1770 M au duc de Cossé : *J'ai l'honneur de vous annoncer que Sa Majesté a bien voulu agréer qu'il fût fait dans l'appartement qu'elle vous a donné au château de Versailles des réparations et arrangements pour la somme de 10 000 livres.* A.N. O[1] 1798 499 ; *cf.* 502 et 1764 B dossier 2 : 9.4.1774. Le duc de Cossé à A : *J'ai l'honneur de vous envoyer les différents mémoires que j'ai payés aux ouvriers des bâtiments du roi. M. le contrôleur et M. Le Clerc prétendent que vous devez en avoir les fonds. Je vous serais infiniment obligé de me faire savoir quand vous me payerez ou s'il faut que je sollicite de nouveau cette affaire qui devrait être terminée depuis longtemps puisque l'appartement dont il s'agit rentre dans les petits appartements du roi...* Réponse : *J'ai mis sous les yeux du contrôleur général les papiers que vous m'avez fait l'honneur de m'adresser... J'ai reçu ordre de ménager les moyens des plus prompts qu'il sera possible pour consommer cette affaire à votre satisfaction.* A.N. O[1] 1764B dossier 2

Barry, Marie Jeanne Bécu, comtesse du (1746-1793). Maîtresse du roi
16.11.1771 *Le logement de M. le duc de Cossé à Mme la comtesse du Barry* A.N. O[1] 1798 700
5.1.1772 *Le logement de M. le duc de Cossé à Mme la comtesse du Barry* A.N. O[1] 1077 146
7.1772 G à M : *J'ai l'honneur de vous adresser le plan des nouveaux bains que Mme la comtesse du Barry demande à son appartement* A.N. O[1] 1799 35
19.7.1772 M au roi : *Je prends la liberté de mettre sous les yeux de Votre Majesté le projet et plan des nouveaux bains que Mme la comtesse du Barry désire à son appartement de Versailles. La dépense, en se bornant en ce moment au nécessaire, sera d'environ 15 000 livres.* Bon du roi A.N. O[1] 1070 237
20.7.1772 M à l'abbé Terray : *Mme la comtesse du Barry ayant demandé des nouveaux bains dans son appartement, Sa Majesté m'a ainsi donné les ordres. Cet ouvrage est un objet d'environ 15 000 livres. Je n'ai pas le premier sou pour remplir les intentions de Sa Majesté...* A.N. O[1] 1799 37
26.7.1772 GG-B 776 « Plan légendé des nouveaux bains à faire à l'appartement de la comtesse du Barry... »
15.8.1774 Le duc de Cossé à l'abbé Terray : *Vous m'avez promis, Monsieur, de me faire payer l'argent que j'ai avancé aux Bâtiments pour l'appartement que j'ai occupé à Versailles un moment et qui m'a été retiré par le feu roi lorsqu'il fut arrangé pour Mme la comtesse du Barry. Vous m'avez assuré avoir donné en conséquence du payement vos ordres à M. Cuvillier qui effectivement m'a remis de jour à jour. Il est actuellement à Compiègne où j'espère que vous lui en ordonnerez de nouveau... et même de ne plus me manquer de parole. Quoique rien ne soit plus légitime que ce que j'ai l'honneur de vous demander très instamment, je vous aurai toute l'obligation possible de terminer cette affaire... J'ai véritablement le plus grand besoin de cet argent.* Réponse : *Je me suis occupé... des moyens de satisfaire au remboursement que vous désirez. J'ai du moins entraîné votre liquidation en vous assignant une somme de 6 000 livres. Vous devez maintenant avoir reçu l'ordre du payement. Je ne perdrai pas le reste de vue...* A.N. O[1] 1799 222

CC 45, 45A, et 46 sont séparés [1].

1774 *Le logement dans les cabinets occupé par Mme la comtesse du Barry et Mlle du Barry à M. de Maurepas, à M. le duc de Villequier et pour le logement de quartier de MM. les premiers valets de chambre du roi...* Distribution : A.N. O[1] 1799 224
22.5.1774 N à l'abbé Terray : *Le roi m'a ordonné... de donner ses cabinets en entresols à Versailles partie à M. de Maurepas et ce qui est au-dessus de sa tête à M. Thierry, son valet de chambre qui est à Sa Majesté depuis son enfance et pour lequel le roi a beaucoup de bontés... Je vous prie de vouloir donner vos ordres à M. Gabriel pour que tout soit prêt à habiter au retour de Compiègne.* A.N. O[1] 1799 229

1. À la mort de Louis XV, la comtesse du Barry quitta Versailles. Son appartement fut alors divisé au profit des personnes les plus proches du nouveau monarque et des serviteurs attachés à sa personne. **CC 45** fut englobé dans l'appartement situé au-dessus de celui antérieurement occupé par Madame Adélaïde. Cet espace était auparavant numéroté **CC 59A**. Il fut donné au comte de Maurepas. **CC 45A** désignait l'appartement de Mme du Barry sur la cour Royale, qui fut attribué au duc de Villequier. Quant à **CC 46**, c'était l'appartement de fonction du premier valet de chambre sur la cour des Cerfs.

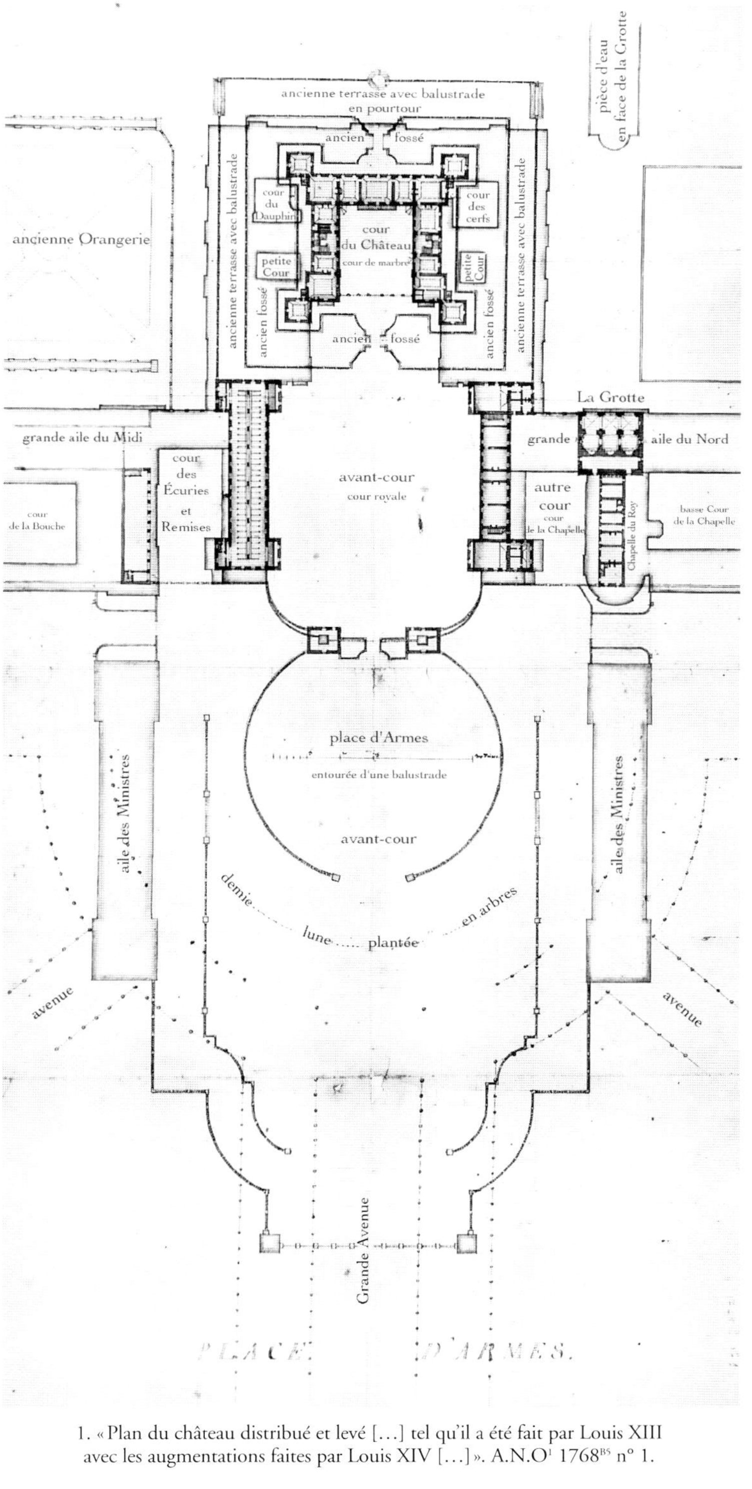

1. « Plan du château distribué et levé [...] tel qu'il a été fait par Louis XIII avec les augmentations faites par Louis XIV [...] ». A.N.O[1] 1768[B5] n° 1.

N.B. : les légendes des plans et, parfois, la numérotation des pièces ont été remaniées pour l'agrément de la lecture.

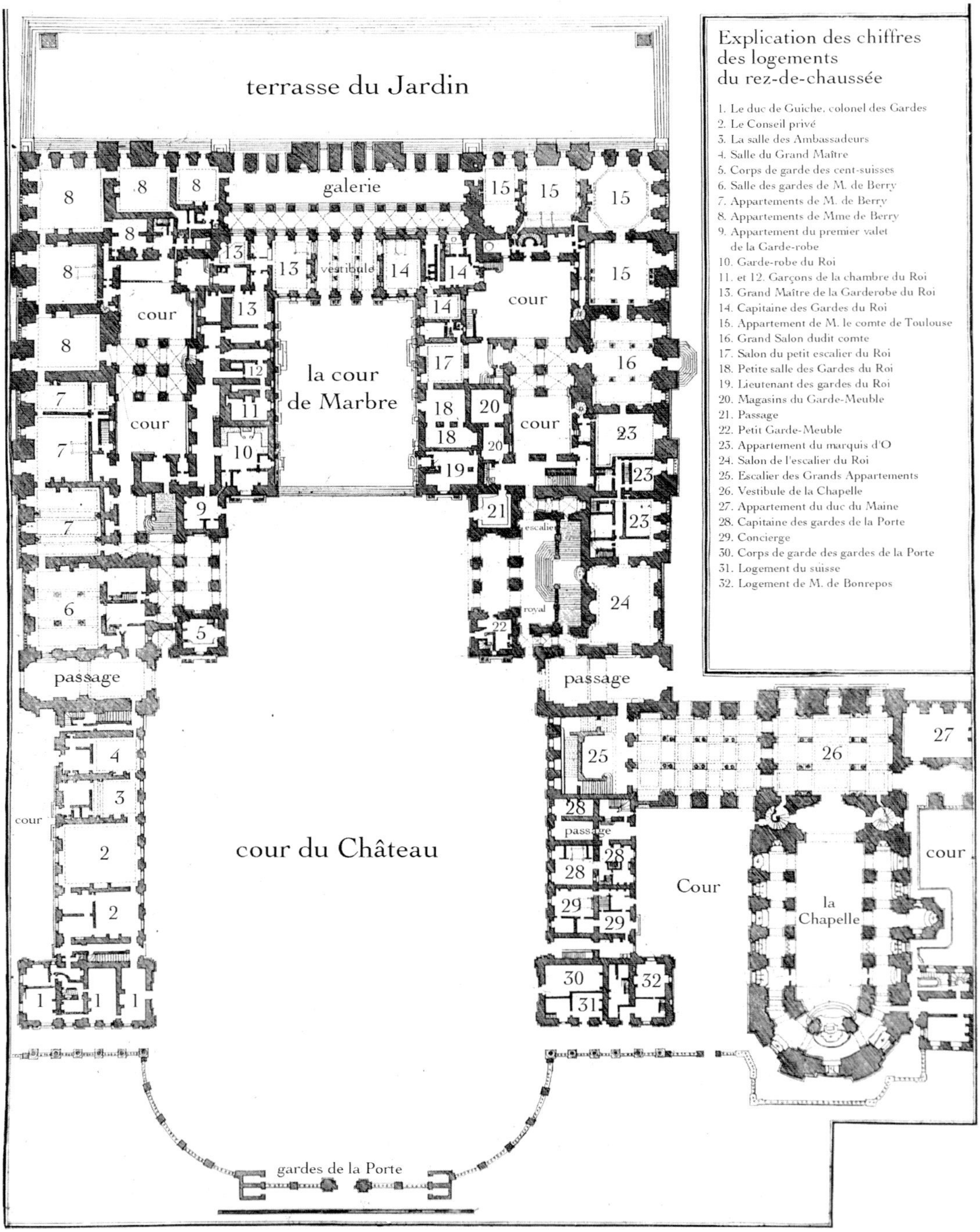

2. Mortin, « Plan du rez-de-chaussée du château royal de Versailles », vers 1709 (planche 2).

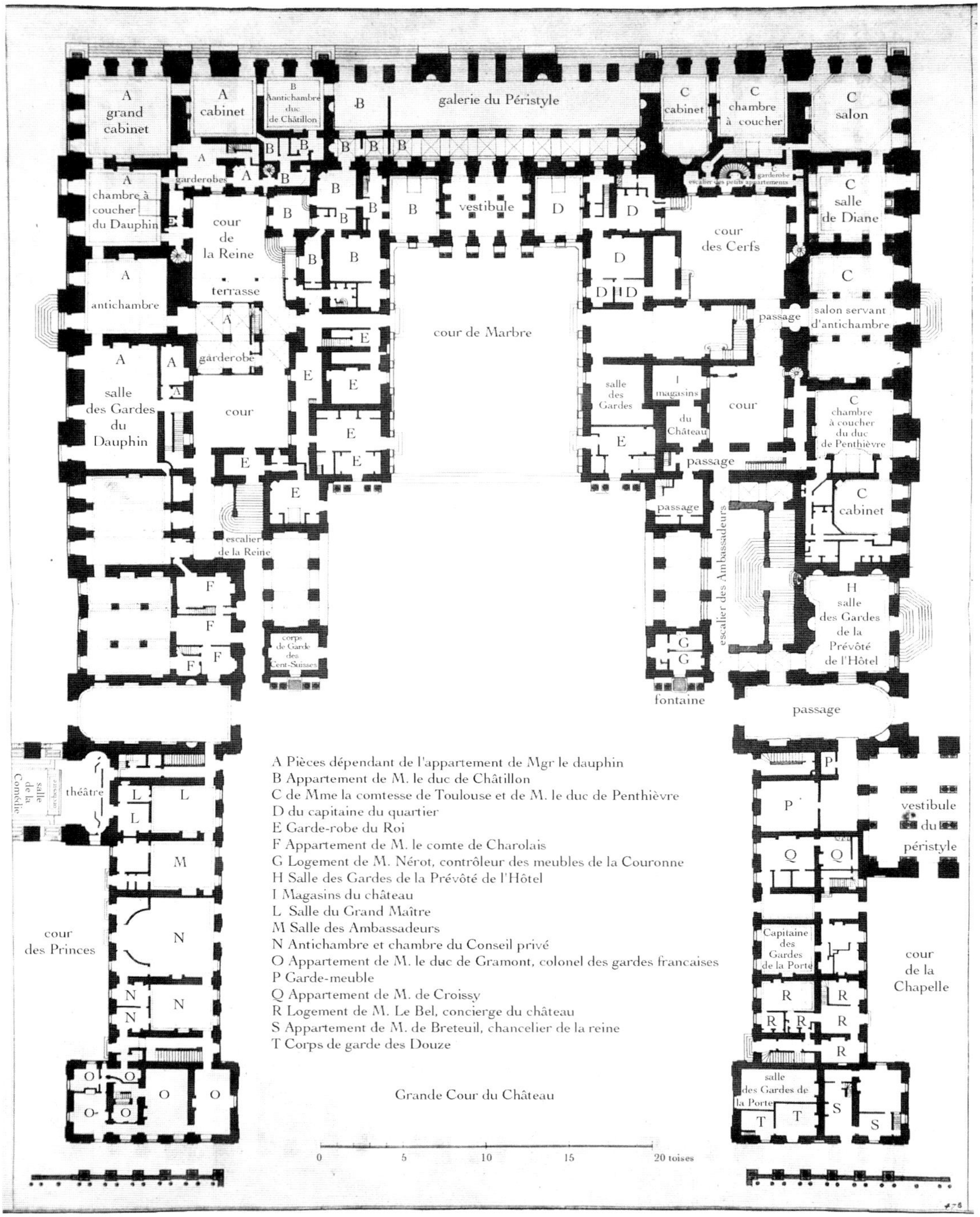

3. Blondel, « Plan du rez-de-chaussée du château royal de Versailles », vers 1735 (planche 5).

4. Israël Silvestre, *Le Château royal de Versailles vu du milieu de la grande avenue*, vers 1674. Cette gravure montre l'intégralité de la façade royale du château, telle qu'elle se présentait durant les années 1670. Au sud, le pavillon du roi se distingue difficilement dans l'ombre de la cour des Princes, tandis que l'aile des Princes ne sera pas construite avant 1682. Au nord, l'aile provisoire, sur le site qu'occupera la Chapelle de Hardouin-Mansart en 1709, est encore en place, avant l'achèvement de l'aile du Nord vers 1689.

5. Israël Silvestre, *Le Château de Versailles vu de la grande place*, vers 1684.

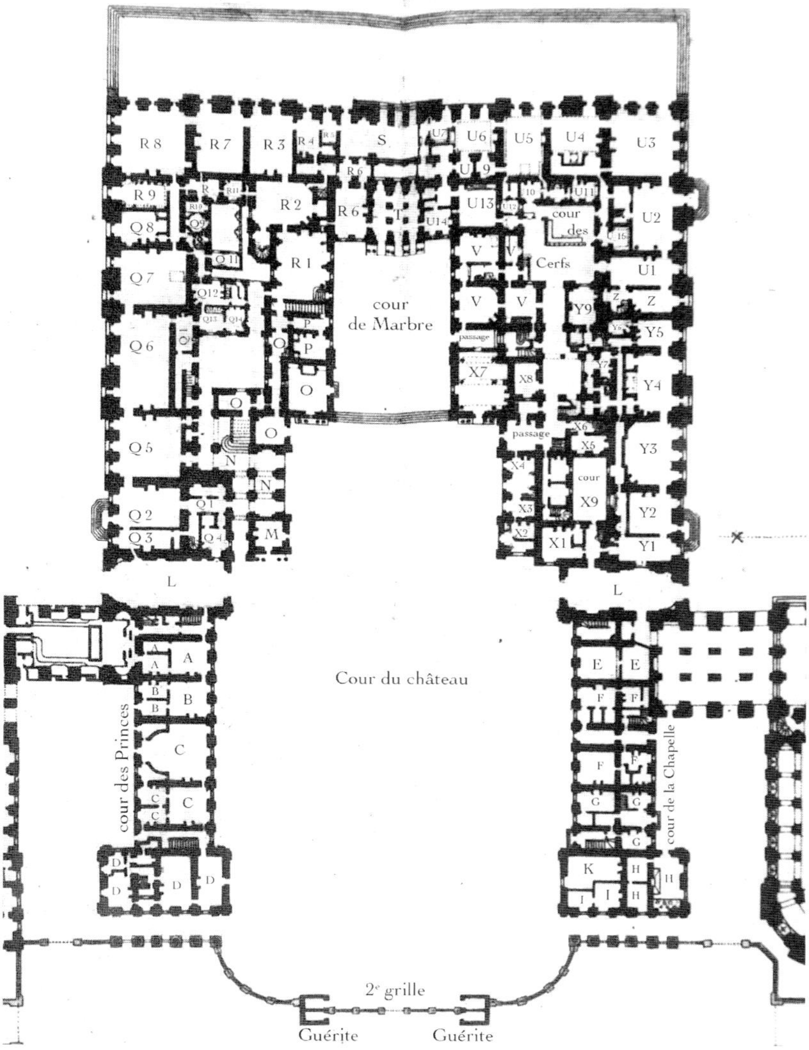

6. Blondel, détail du « Plan général du rez-de-chaussée des bâtiments, cour et avant-cour du château de Versailles », vers 1755 (planche 2).

A. Pour le grand maître
B. Salle des Ambassadeurs
C. Conseil privé
D. M. le duc de Biron, colonel des gardes françaises
E. Garde-robe
F. Maître d'hôtel de Mme la dauphine
G. M. Le Bel, concierge du château
H. Cuisines de Mme la marquise de Pompadour
I. Corps de garde des Douze
K. Salle des Gardes de la porte
L. Passage
M. Corps de garde des cent-suisses
N. Péristyle et escalier nommé « escalier de la Reine »
O. Garde-robe pour les habits du roi
P. Logement des garçons de la Chambre
Q. Appartement de Mme la dauphine
Q^{1}. Principale entrée
Q^{2}. Première antichambre
Q^{3}. Pièce occupée par la première femme de chambre
Q^{4}. Petit appartement de réserve servant de retraite aux dames d'honneur de Madame la dauphine
Q^{5}. Deuxième antichambre
Q^{6}. Grand cabinet
Q^{7}. Chambre à coucher
Q^{8}. Cabinet à Niche
Q^{9}. Arrière-cabinet
Q^{10}. Chaise percée avec dégagement
Q^{11}. Oratoire
Q^{12}. Garde-robe pour le service
Q^{13}. Pièce pour les garçons de la Chambre
Q^{14}. Pièce pour l'usage des femmes de chambre
R. Appartement de M. le dauphin
R^{1}. Salle des Gardes du corps
R^{2}. Première antichambre
R^{3}. Deuxième antichambre
R^{4} et R^{5}. Retraite du premier valet de chambre
R^{6}. Garde-robe aux habits
R^{7}. Chambre à coucher
R^{8}. Grand Cabinet
R^{9}. Cabinet en bibliothèque
R^{10}. Arrière-cabinet servant de garde-robe
R^{11}. Retraite pour les garçons de la Chambre
S. Péristyle voûté
T. Vestibule
U. Appartement de Mesdames
U^{1}. Première antichambre
U^{2}. Deuxième antichambre
U^{3}. Grand Cabinet
U^{4}. Chambre à coucher de Madame Victoire [ancienne salle de bains]
U^{5}. Chambre à coucher de Madame Sophie [dans laquelle était autrefois placée une baignoire de marbre]
U^{6}. Chambre à coucher de Madame Louise
U^{7} et U^{8} . Cabinet et arrière-cabinet
U^{9}. Bibliothèque de Mesdames Sophie et Louise
U^{10}. Cabinet de Madame Sophie
U^{11}. Cabinet de Madame Victoire
U^{12}. Pièce des bains pour Mesdames
U^{13}. Pièce pour le service de Mesdames
U^{14}. Pièce réservée pour Mme la maréchale de Duras
U^{15}. Bibliothèque de Madame Victoire
V. Appartement du capitaine des gardes en quartier
X^{1}. Garde-robe aux habits de Madame Adélaïde
X^{2}, X^{3} et X^{4}. Garde-robes aux habits de Mesdames Victoire, Sophie et Louise
X^{5}. Logement du premier valet de garde-robe du roi en quartier
X^{6}. Escalier nouvellement construit pour monter à l'appartement particulier de Sa Majesté
X^{7}. Salle des Gardes du roi pour cet appartement
X^{8}. Bûcher
X^{9}. Cour pratiquée aujourd'hui dans une partie du terrain qu'occupait l'escalier des Ambassadeurs
Y. Appartement de Mme la marquise de Pompadour
Y^{1}. Première antichambre
Y^{2}. Deuxième antichambre
Y^{3}. Grand Cabinet
Y^{4}. Chambre à coucher
Y^{5}. Petit Cabinet
Y^{6}. Arrière-cabinet
Y^{7}. Appartement des Bains (pièces entre Y^{4} et la cour intérieure)
Y^{8}. Méridienne
Y^{9}. Garde-robe
Z. Pièce avec entresol au-dessus, conservée à Mme la comtesse de Toulouse

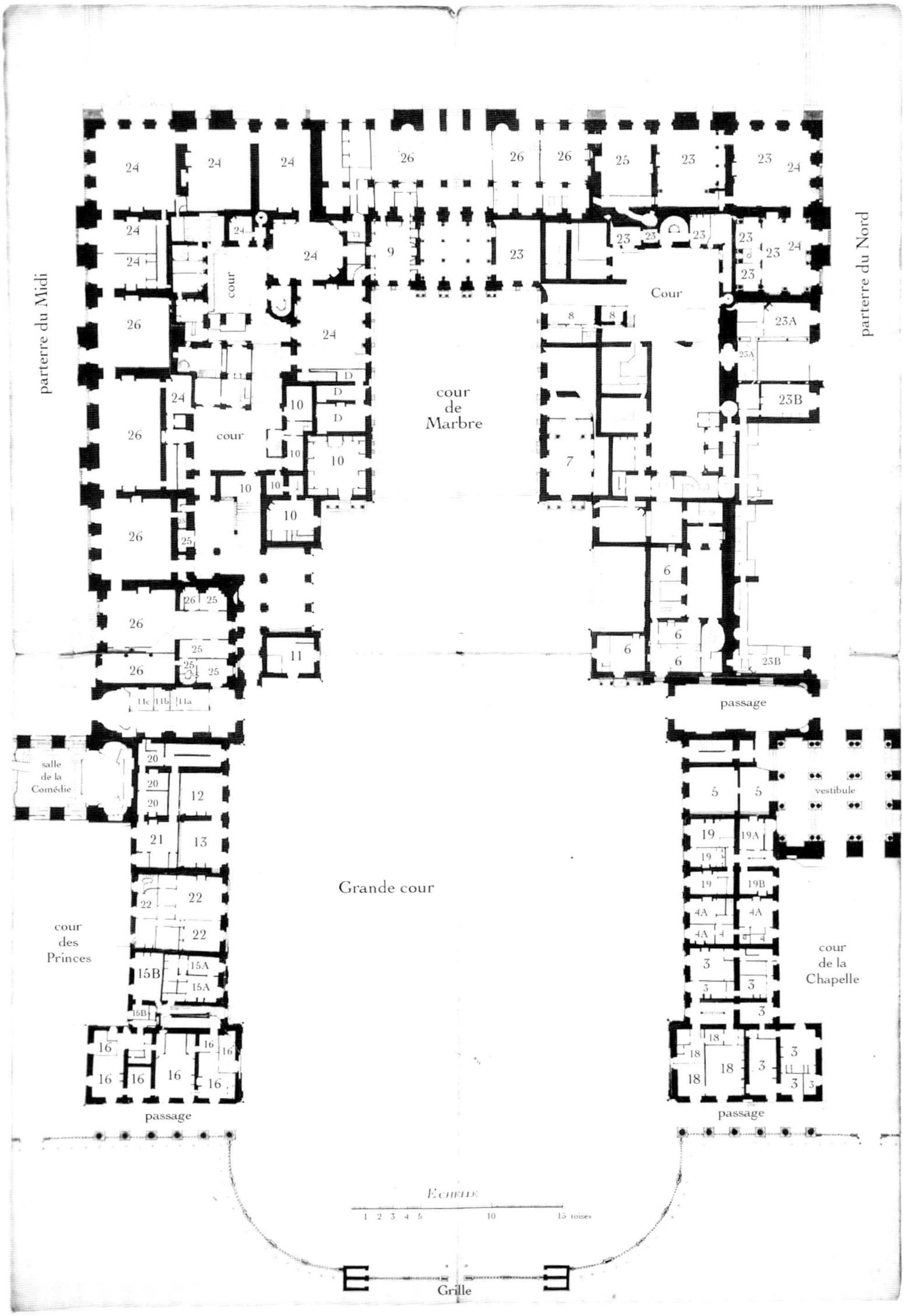

7. Plan du corps central du château au rez-de-chaussée, avec les retombes d'entresols à plat, vers 1752. A.N. O[1] 1766[2] n° 1. La numérotation de l'original est souvent rayée et modifiée, et il a été nécessaire de la travailler. Ainsi, le n° 26 du plan identifie l'appartement de la Dauphine, et correspond aux appartements **CC26** et **26A** des archives.

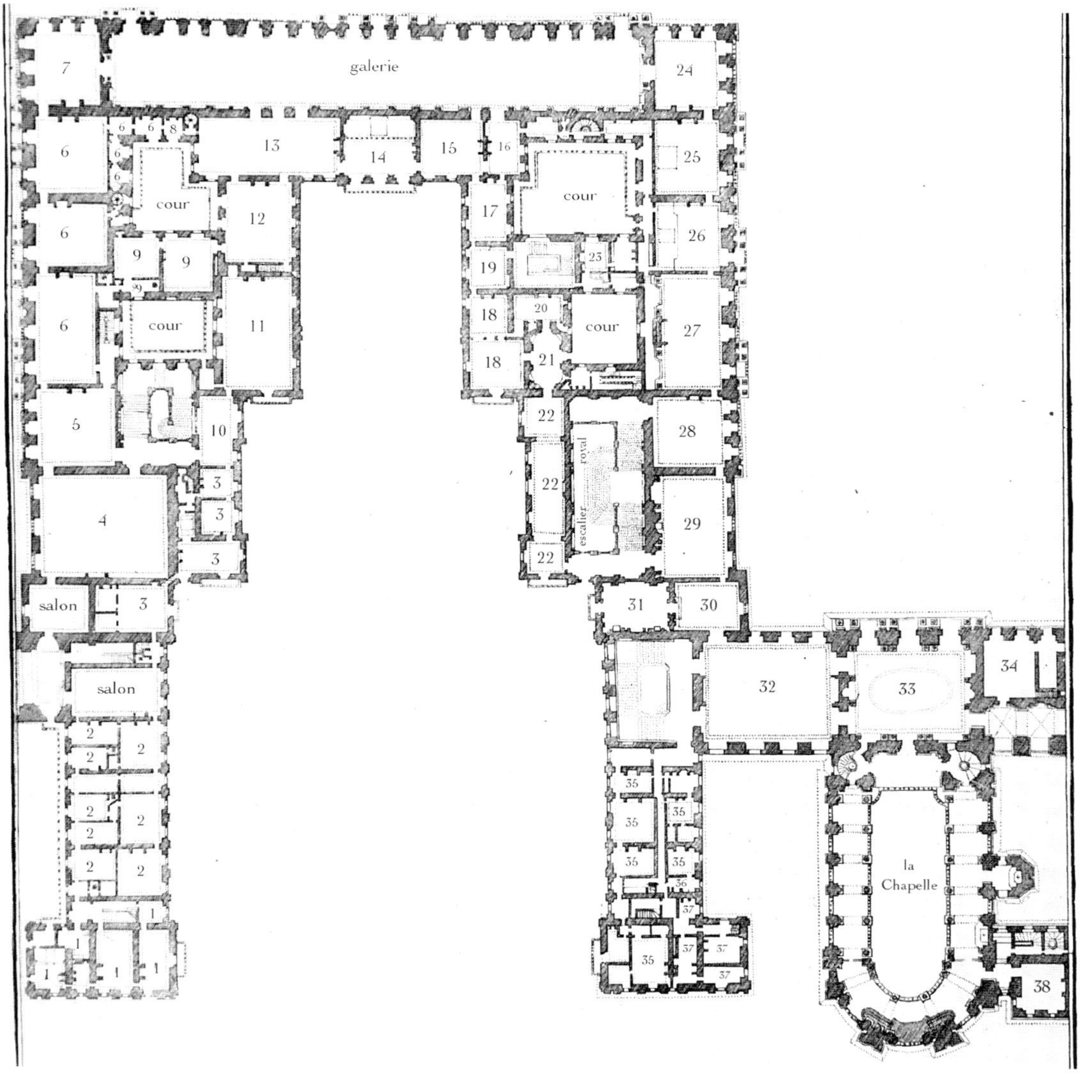

8 : Mortin, « Plan du premier étage et des appartements du château royal de Versailles », vers 1709 (planche 3).

1. Le duc d'Antin
2. Appartement des Enfants de France
3. Appartement de Mme de Maintenon
4. Grande salle des Gardes
5. Salle des Gardes de la reine
6. Appartement de la reine
7. Salon de la Paix
8. Appartement du premier valet de chambre
9. Appartement de Mgr le dauphin
10. Salon de l'Escalier de la reine
11. Salle des Gardes pour le roi
12. Chambre où le roi mange [antichambre du Grand Couvert]
13. Antichambre du roi
14. Chambre du roi
15. Cabinet du Conseil
16. Cabinet des Perruques
17. Cabinet des Chiens du roi
18. Cabinet des Agates et Bijoux
19. Salon du Petit Escalier du roi
20. Cabinet des Livres du roi
21. Salon Ovale
22. Petite galerie du roi
23. Garçons du château
24. Salon de la Guerre
25. Chambre du Trône
26. Chambre du Lit
27. Salon du Bal
28. Salon du Billard
29. Grande Salle de l'Escalier du roi
30. Petit salon du Cabinet
31. Cabinet des Médailles et Bijoux
32. Grand Salon
33. Salon de la Chapelle
34. Appartement de Mgr le duc de Chartres
35. Logement du gouverneur
36. Logement du concierge
37. Logement du confesseur du roi
38. Salle de la Musique du roi

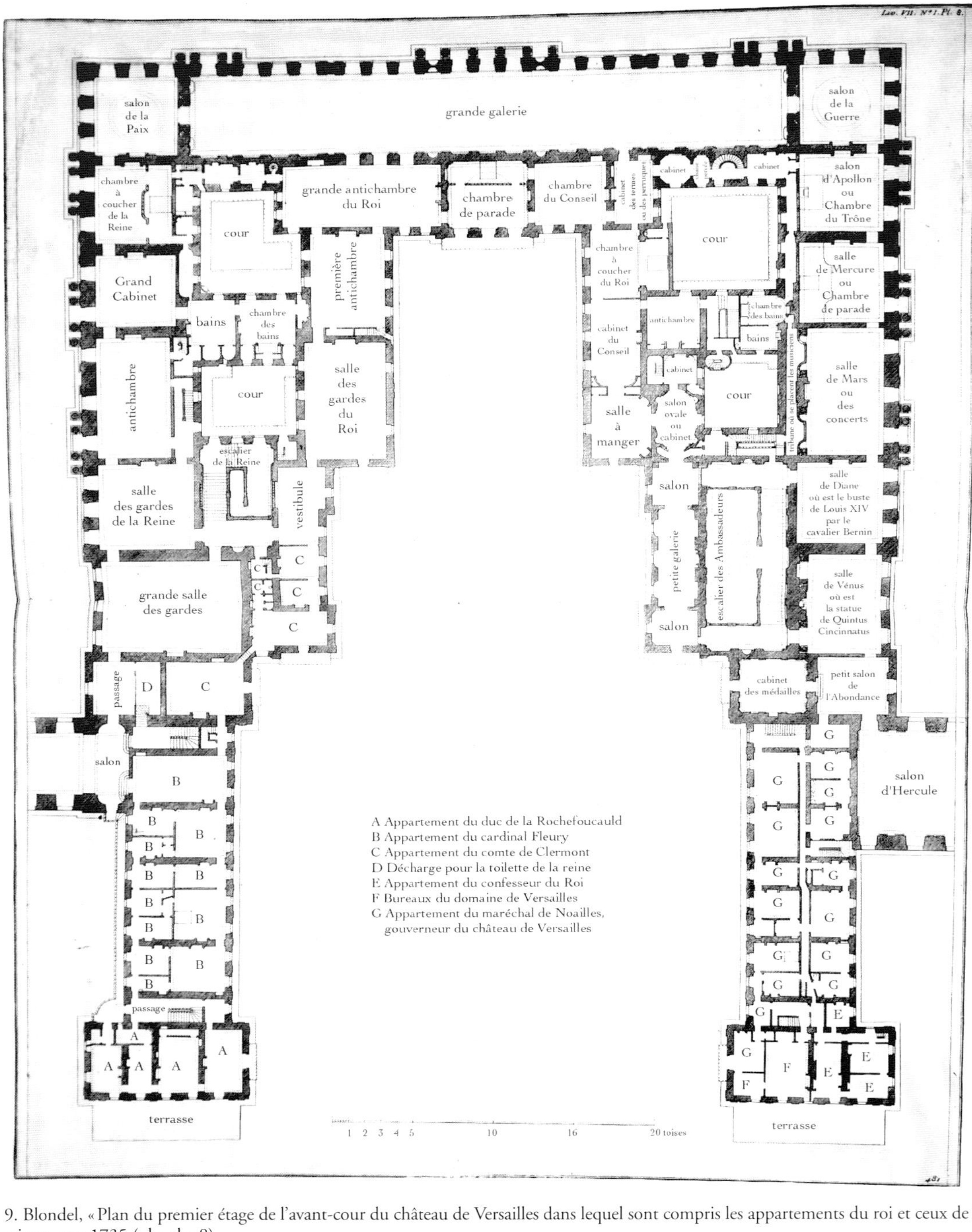

9. Blondel, « Plan du premier étage de l'avant-cour du château de Versailles dans lequel sont compris les appartements du roi et ceux de la reine », vers 1735 (planche 8).

10 a, b et c. Plans des cabinets intérieurs et Petits Appartements de Louis XV vers 1738, reproduits avec l'aimable autorisation de Jean-Claude Le Guillou et tirés de son article « La création des cabinets et petits appartements de Louis XV au château de Versailles, 1668-1684 », *Gazette des beaux-arts*, avril 1985.

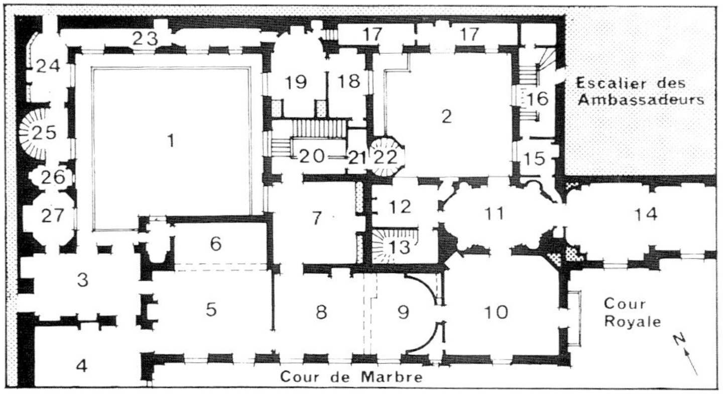

a. *Plan schématique de l'étage des cabinets du roi en 1738*

1. Cour des Cerfs
2. Cour du Roi
3. Cabinet des Perruques
4. Cabinet du Conseil
5. Chambre du roi, créée en 1738 à la place du cabinet du Billard
6. Alcôve empiétant sur la cour, réalisée en 1738
7. Antichambre qui remplaça le degré particulier de Louis XIV

8 et 9 Cabinet des Pendules, aménagé en 1738 [8 = antichambre ou salon de Louis XIV ; 9 = cabinet à Niche réalisé en 1735]

10. Cabinet à Pans, réalisé en 1735 [9 et 10 = cabinet des Tableaux de Louis XIV]
11. Salon Ovale
12. Escalier montant aux Petits Appartements [12 et 13 = cabinet des Coquilles de Louis XIV]
14. Petite Galerie de Louis XIV, modifiée en 1736
15. Passage [cabinet de la chaise de Louis XIV]
16. Escalier public (*dit* l'escalier d'Épernon)
17. Pièces pour les baigneurs
18. Pièce des cuves, réalisée en 1738 [alcôve de la chambre des bains en 1728]
19. Chambre des bains, faite en 1728, modifiée en 1738
20. Degré particulier du roi, réalisé en 1738 [pièces des cuves en 1728]
21. Escalier de 1728, détruit en 1738
22. Escalier réalisé en 1738
23. Corridor
24. Cabinet Doré
25. Escalier en demi-vis

26 et 27. Chaise et cabinet particulier, refaits en 1732

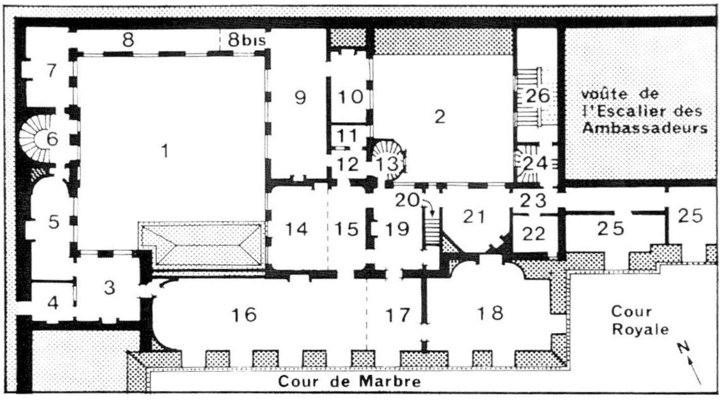

b. *Plan schématique de l'étage des Petits Appartements en 1738*

1. Cour des Cerfs
2. Cour du Roi

3 et 4. Cabinet et chaise, créés en 1735

5. Antichambre qui remplaça, en 1736, le cabinet du Tour de 1722
6. Escalier en demi-vis

7 et 8. Première pièce de bibliothèque et cabinet, datant de 1728

9 et 10. Grande pièce de bibliothèque et cabinet, datant de 1728

11, 12 et 13. Cabinet de chaise, passage et escalier, aménagés en 1738 [11 et 12 = escalier en 1728]

14 et 15. Salle à manger d'hiver, créée en 1738 [14 = supplément de bibliothèque ; 15 = magasins réalisés en 1732]

16 et 17. Petite Galerie des Petits Appartements, aménagée en 1738 [16 = Petite Galerie de 1735]

18. Cabinet formé en 1738 [17 et 18 = Salle à manger d'hiver, réalisée en 1735]

19 et 20. Antichambre et escalier, réalisés en 1735

21, 22, 23 et 24. Cabinet « pour Lazur », garde-manger, passage et escalier des cuisines, créés en 1735 [17 à 23 = ancien appartement de l'abbé de Pomponne avant 1735]

25. Laboratoires, installés en 1736
26. Escalier public (*dit* l'escalier d'Épernon)

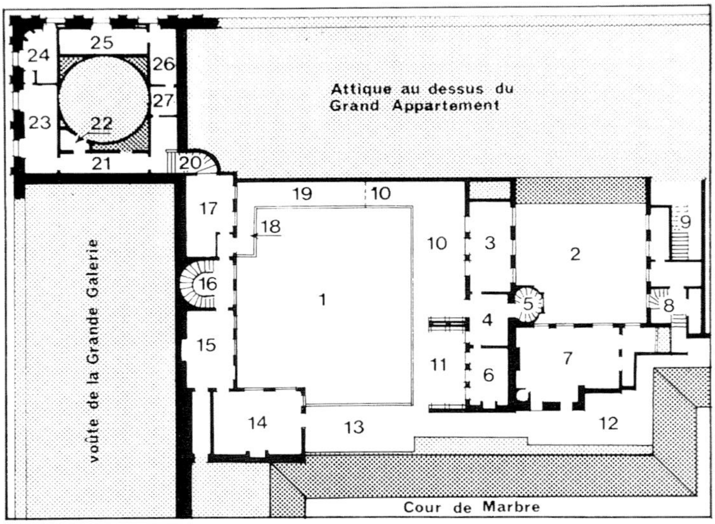

c. *Plan schématique de l'étage des terrasses en 1738*

1. Cour des Cerfs
2. Cour du Roi
3. Laboratoire de 1728 à 1736, puis cabinet du Tour après 1736
4. Escalier de 1728 à 1736, puis antichambre après 1738
5. Escalier construit en 1728
6. Laboratoire après 1732
7. Cuisine aménagée en 1732, élargie jusqu'à la cour du Roi en 1735
8. Escalier de la cuisine, bâti en 1728
9. Escalier public (*dit* l'escalier d'Épernon)
10. Terrasses construites en 1728
11. Terrasse de 1732
12. Terrasse de 1732, modifiée en 1735 et 1738
13. Terrasse de 1732, élargie en 1735
14. Chambre de Lazur [en mansarde de 1726 à 1732]
15. Galetas de Lazur de 1726 à 1732, passages [reconstruits en partie en 1732], pièce des Buffets [reconstruite en 1736]
16. Escalier en demi-vis
17. Laboratoire de 1726 à 1728, cabinet de la Volière en 1728, cabinet des Oiseaux en 1729, chambre probable de Mme de Mailly [reconstruite en 1736]
18. Balcon, installé en 1736
19. Terrasse, aménagée en 1726
20. Escalier coudé montant au-dessus du salon de la Guerre

21 à 25. Appartement pour le roi de 1732 à 1736 [21 = antichambre ; 22 = chaise ; 23, 24 et 25 = cabinets, probablement pour Mme de Mailly après 1736, excepté le cabinet 25 en 1736]

25. Cabinet « pour Lazur » après 1732

26 et 27. Chambre et antichambre de Lazur 1732

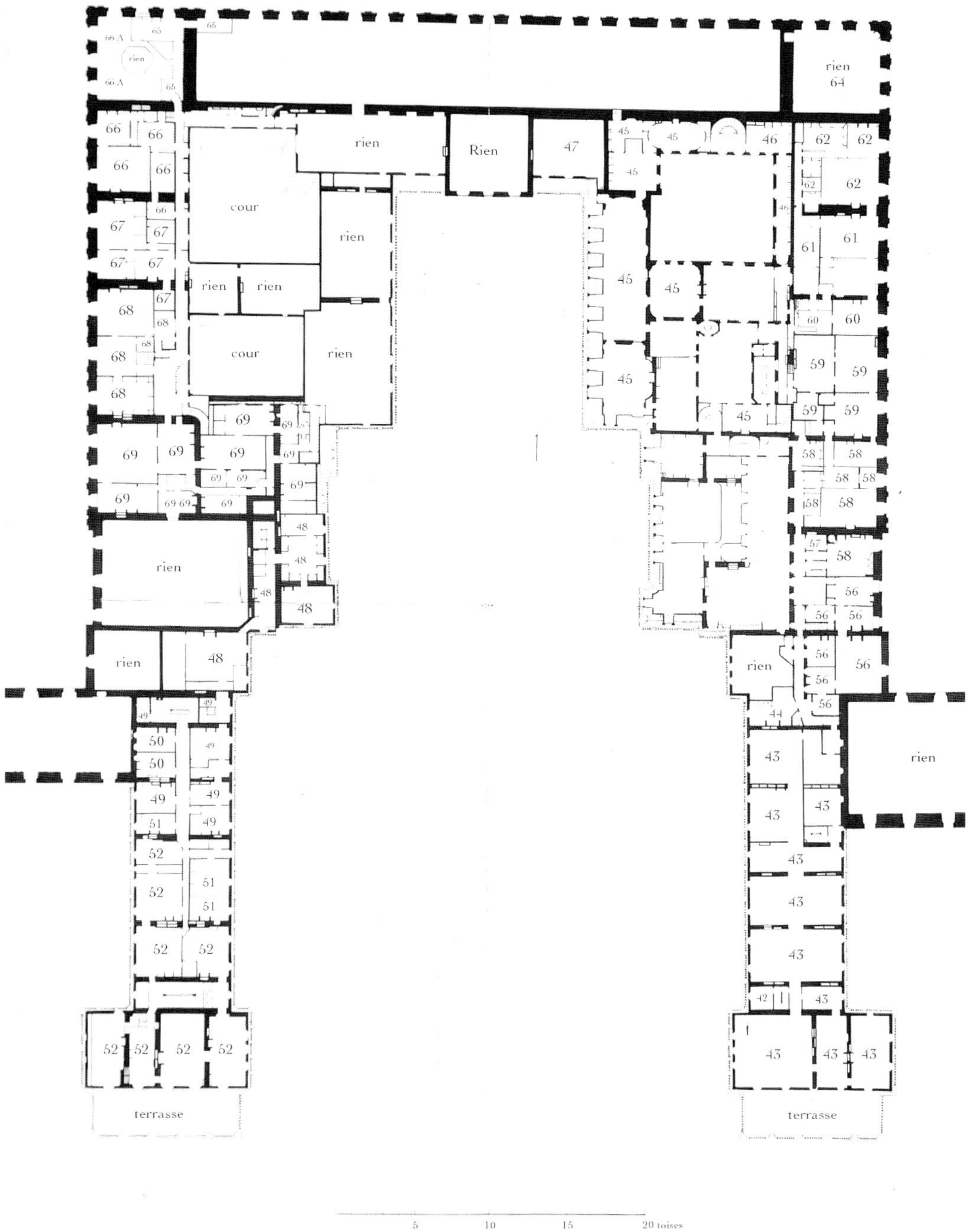

11. Second étage du château de Versailles, avec les retombes d'entresols en élévation, vers 1753. A.N. O[1] 1766[2] n° 3.

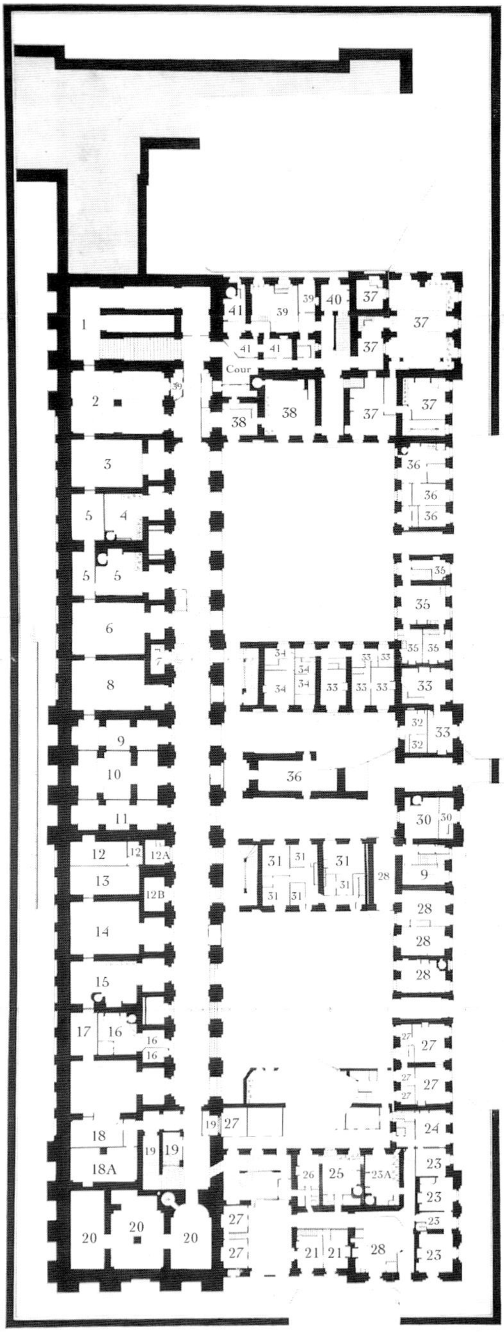

12. Plan du rez-de-chaussée des offices de l'aile des Princes, avec l'élévation des retombes d'entresols, deuxième quart du XVIIIe siècle. A.N. O[1] 1780[5] n° 2.

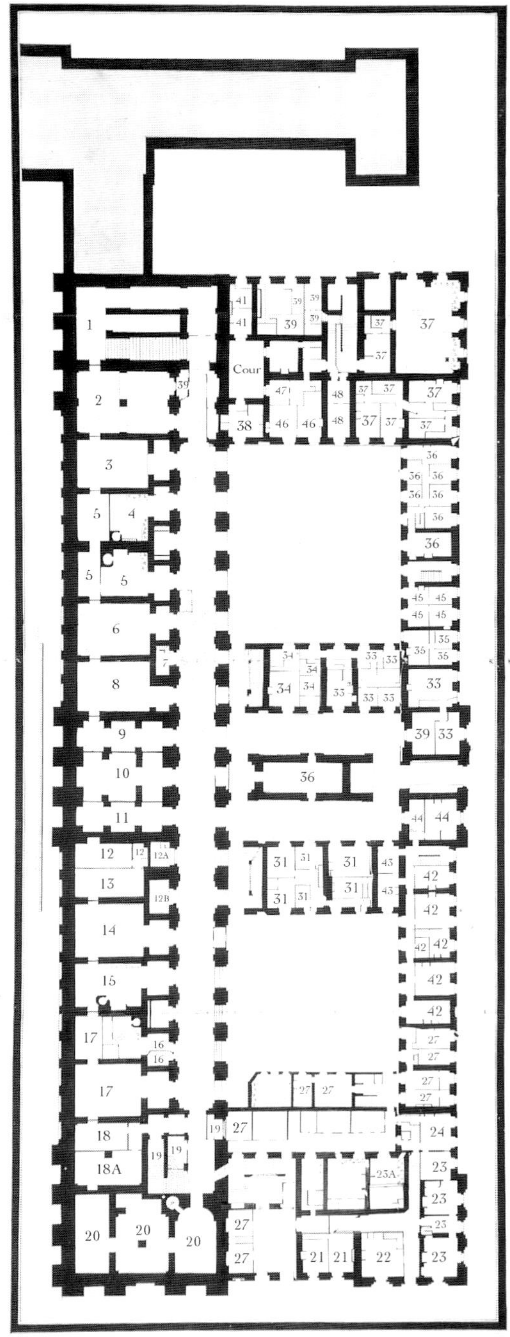

13. Plan du rez-de-chaussée des offices de l'aile des Princes, avec les retombes d'entresols à plat, deuxième quart du XVIIIe siècle. A.N. O[1] 1780[5] n° 2.

14. Blondel, « Plan du rez-de-chaussée de l'aile du Midi du château de Versailles », vers 1735 (planche 4).

Ce plan montre les rez-de-chaussée avant la division et subdivision des appartements qui interviendra plus tard. Les appartements sur les jardins ont conservé leurs dimensions princières, et le vestibule est toujours un espace public, qui n'a pas été annexé aux appartements voisins. De même, les arcades de la galerie ouverte ne sont pas encore encombrées par les salles de rangement voûtées et les offices qui proliféreront plus tard.

On devine dans l'angle supérieur, dans l'aile rattachant la cour des Princes au corps central, la salle de la Comédie, qui servait à la Cour de théâtre avant l'achèvement de l'Opéra. Entièrement visible, sur la cour des Princes se trouve le Pavillon du roi, qui à ce niveau n'a ni porte ni passage pratiqués dans ses murs d'origine et demeure une unité indépendante, dont l'entrée donne sur la cour.

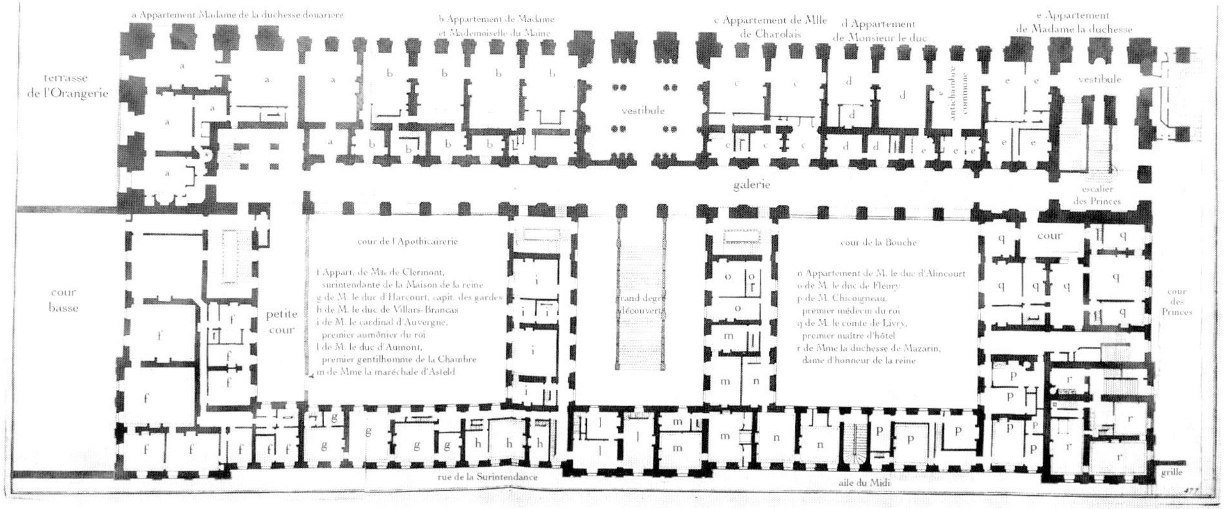

15. Blondel, détail du « Plan général du rez-de-chaussée des bâtiments […] du château de Versailles », vers 1755 (planche 2).

a. Mme de Marsan, première gouvernante des Enfants de France
b. Appartements des Enfants de France [fils du dauphin]
c. Mlle de Charolais
d. M. le comte de Charolais
e. Vacant
f. M. le maréchal de Noailles
g. Mme la comtesse de Châteaurenault
h. Mme la duchesse de Chevreuse, dame d'honneur de la reine en survivance
i. Mme de Gouye, dame pour accompagner de Mesdames
k. Mme la duchesse de Brancas, dame d'honneur de Madame la dauphine
l. Mme Durfort, première femme de chambre de Madame la dauphine
m. Appartement de Mme la duchesse d'Antin, dame du palais de la reine
n. Mme la duchesse de Caumont, dame de compagnie de la reine
o. M. le duc et Mme la duchesse de Gramont, l'un menin de M. le dauphin ; l'autre dame du palais de la reine
p. M. Sénac, premier médecin du roi
q. Comte et comtesse de Mailly, l'un premier écuyer de Madame la dauphine ; l'autre sa dame de compagnie.
r. M. le marquis de Livry, premier maître d'hôtel du roi

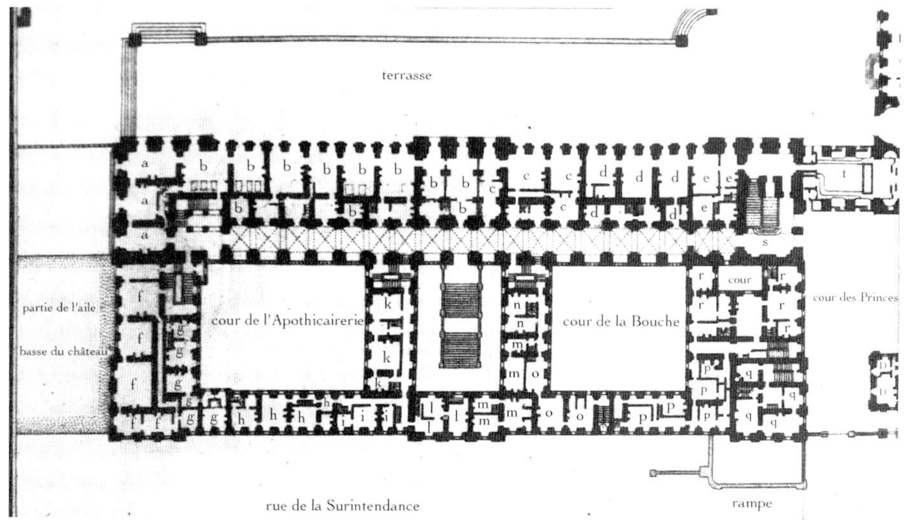

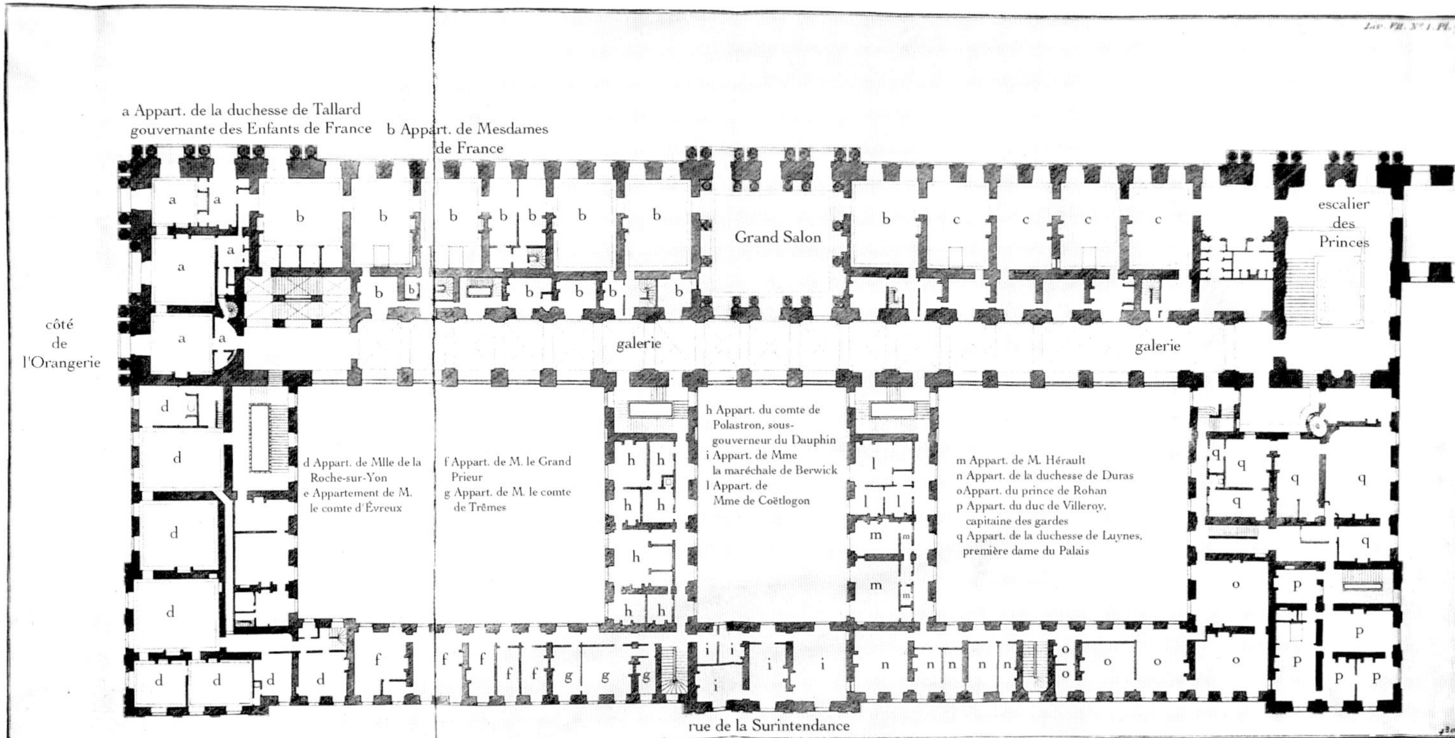

16. Blondel, « Plan du premier étage de l'aile du Midi nommée l'aile des Princes », vers 1755 (planche 7).

Blondel ne donnait aucune indication sur l'occupant de l'appartement « c ». En fait, ce logement était officiellement celui de l'excentrique duc d'Orléans, *dit* le Génovéfain, parce que, en permanence absent de la Cour, il passait la plus grande partie de son temps à l'abbaye Sainte-Geneviève à Paris.

Notons que le Grand Salon n'a pas encore été annexé aux appartements voisins. Il semble avoir servi d'antichambre à l'appartement des Enfants de France, dont les lits sont clairement indiqués sur le plan.

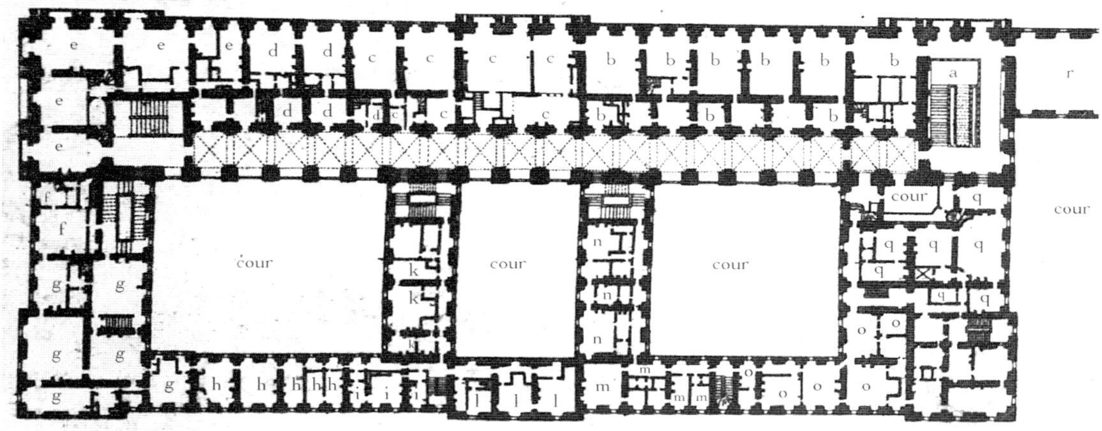

17. Blondel, détail du « Plan général, au premier étage du château de Versailles », montrant le premier étage de l'aile des Princes, vers 1755 (planche 3).

a. Grand Escalier, nommé l'« escalier des Princes »
b. Appartement de M. le duc et Mme la duchesse d'Orléans
c. Appartement de M. le duc de Penthièvre
d. Appartement de Mme la duchesse de Duras, dame d'honneur de Mesdames
e. Appartement de M. le prince et Mme la princesse de Condé
f. Appartement de Mme la duchesse de La Trémoille
g. Appartement de M. le marquis de Puysieulx
h. Appartement de Mme la duchesse de Brancas, dame d'honneur en survivance de madame la dauphine
i. Logement du premier médecin de la reine
k. Appartement de M. le duc de Brancas
l. Appartement de Mme la marquise de Bouzols, dame du palais de la reine
m. Appartement de Mme la marquise de Flavacourt, dame du palais de la reine
n. Appartement de Mme la comtesse de Pons, dame de compagnie de Madame la dauphine
o. Appartement de M. le prince de Soubise
p. Appartement de M. le duc de Villeroy, capitaine des gardes
q. Appartement de Mme la duchesse de Luynes, dame d'honneur de la reine
r. Vestibule appelé salon des Marchands

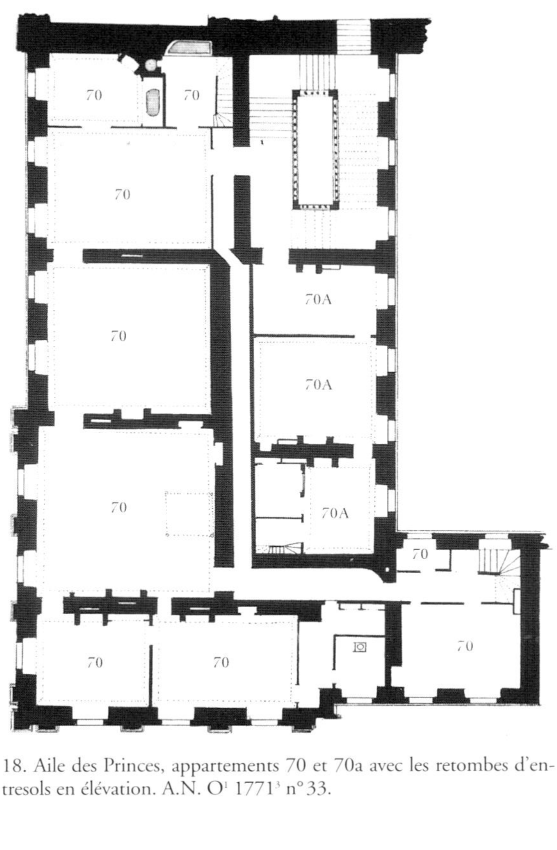

18. Aile des Princes, appartements 70 et 70a avec les retombes d'entresols en élévation. A.N. O[1] 1771[3] n° 33.

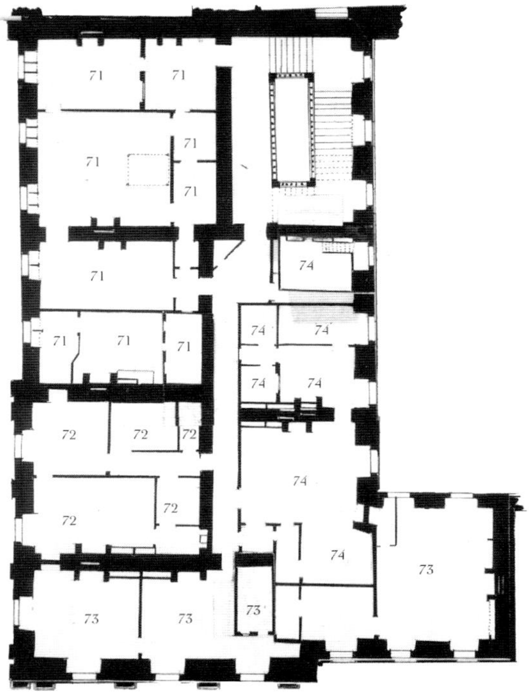

19. Aile des Princes, appartements 71, 72, 73 et 74. A.N. O[1] 1771[3] n° 33.

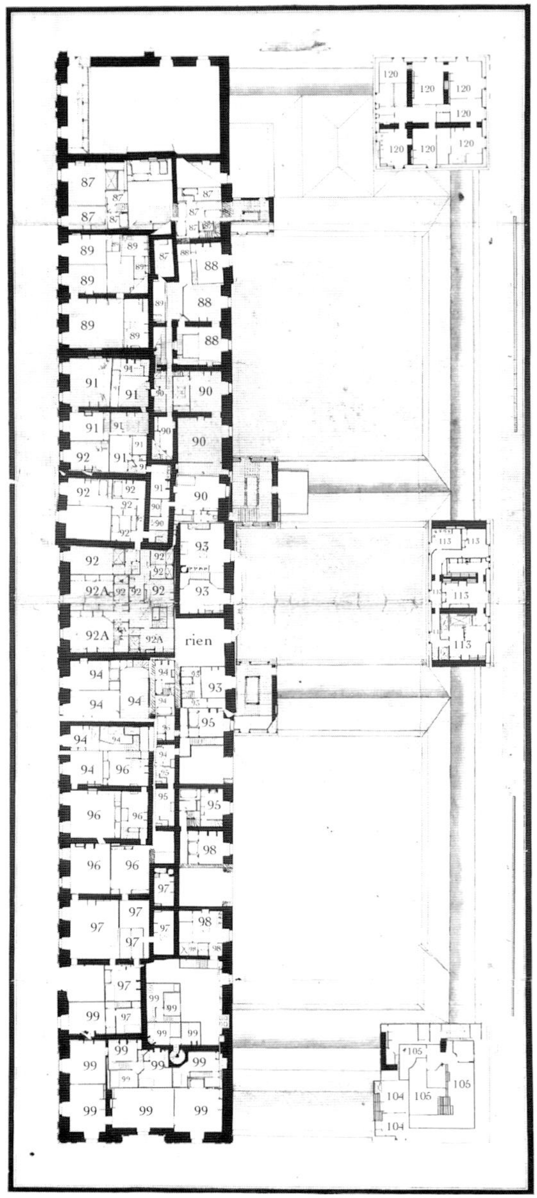

20. L'attique de l'aile des Princes vers le deuxième quart du XVIIIe siècle, avec les retombes d'entresols à plat. A.N. O[1] 1780[5] n° 5.

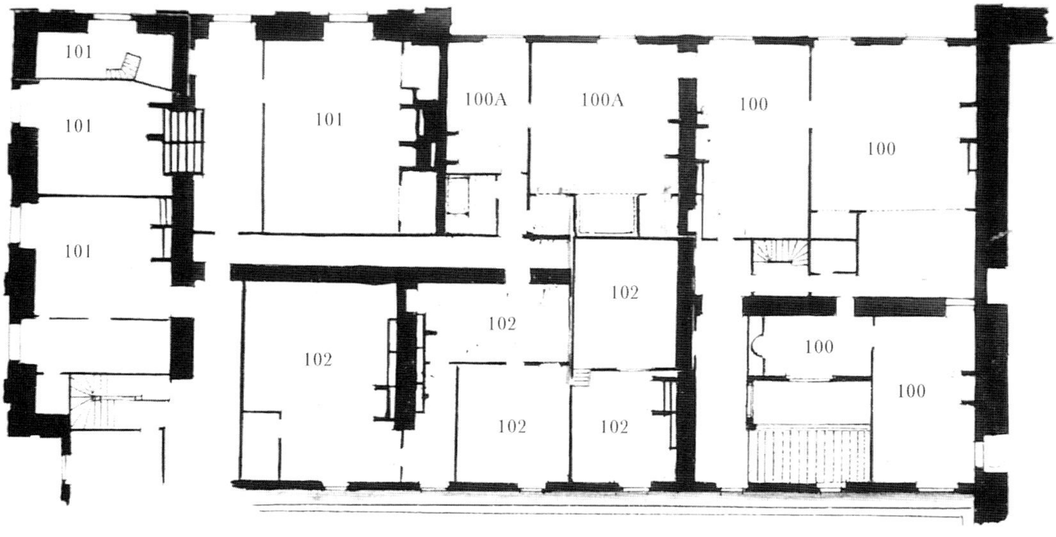

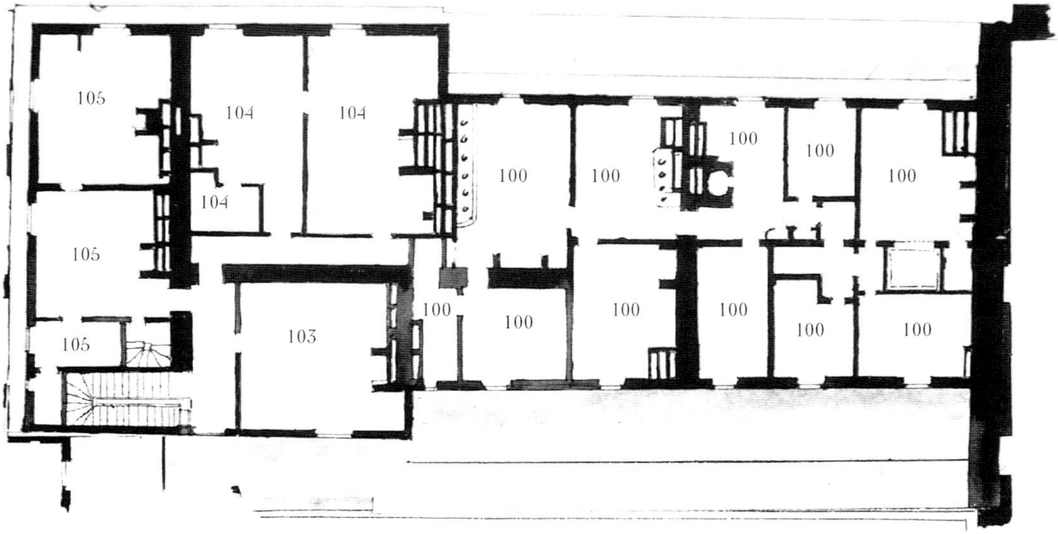

21 et 22. Plan de l'attique mansardé et des galetas au-dessus du pavillon de la Surintendance avec la première retombe en élévation montrant les n°s 100, 100A, 101 et 102 (en haut) et avec la première retombe à plat, montrant les entresols de 100,103 et 104 (en bas). A.N. O[1] 1850[1] n° 30.

N°s 100 et 100A : plans de l'appartement de M. le comte d'Évreux et de M. le comte de Roussy, destiné à M. de la Rochefoucauld ; 101 : grand louvetier, M. d'Heudicourt ; 102 : Mme la comtesse de Poitiers ; 103 : archives de Versailles ; 104 : M. le comte de Biron ; 105 : M. Bontemps fils.

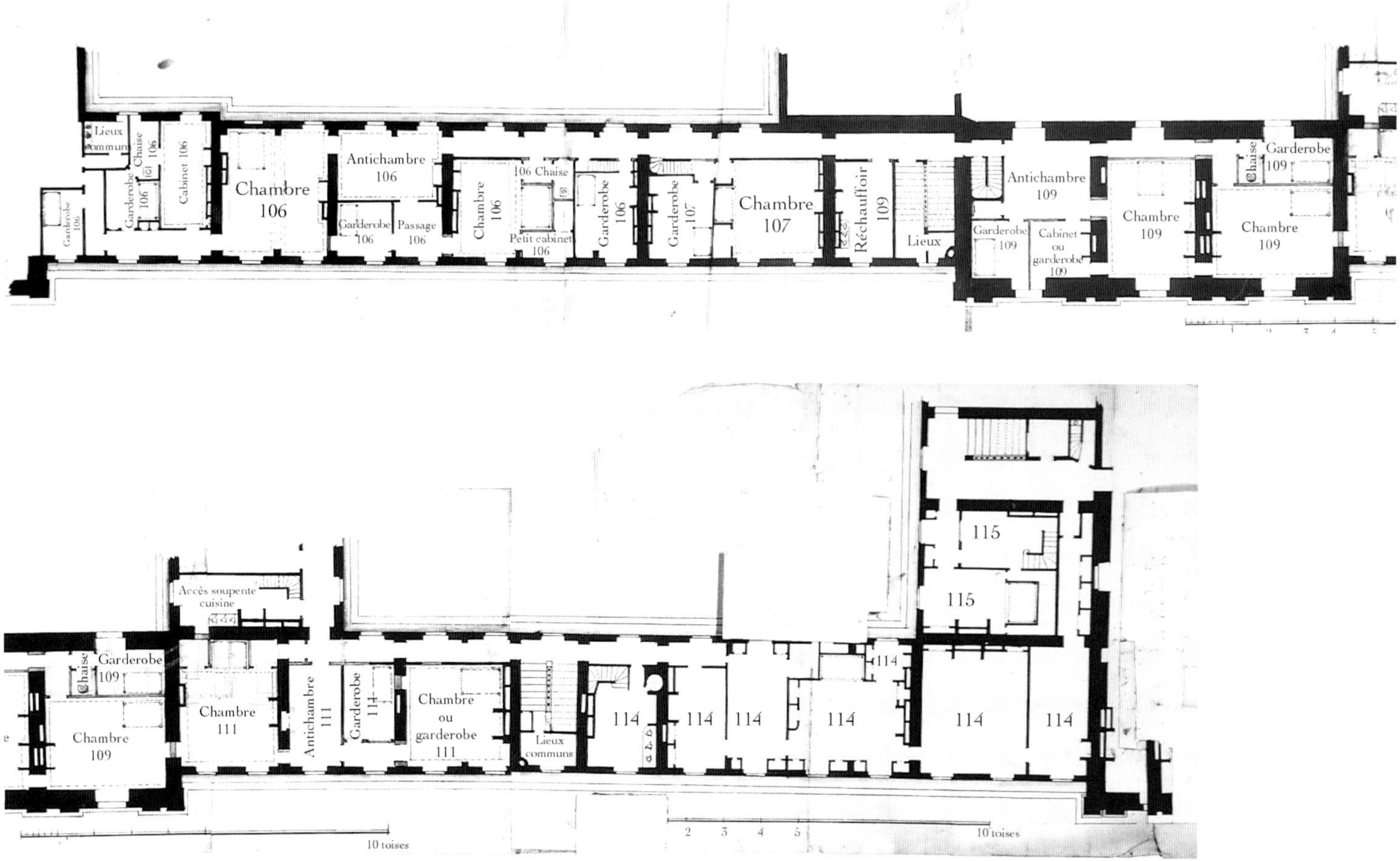

23. Aile du Midi, projet. Appartements n°s 106 à 116 avec les retombes d'entresols en élévation. A.N. O^1 1771^3 n° 72.
En haut, n°s 106 à 109 : 106, appartement de M. le duc et Mme la duchesse de Richelieu et Petit Appartement pour M. d'Armentières ; 109, logement qu'occupa en partie M. Maréchal fils.
En bas, n°s 111, 114 et 115 : 111, logement qu'occupait M. Maréchal, premier chirurgien ; 114, logement de M. de La Peyronie ; 115, logement de Mme d'Armentières.

24. « Façade de la grotte [de Thétis] de Versailles sur le jardin, 22 juin 1681 ». A.N. O[1] 1762[1] n° 51.

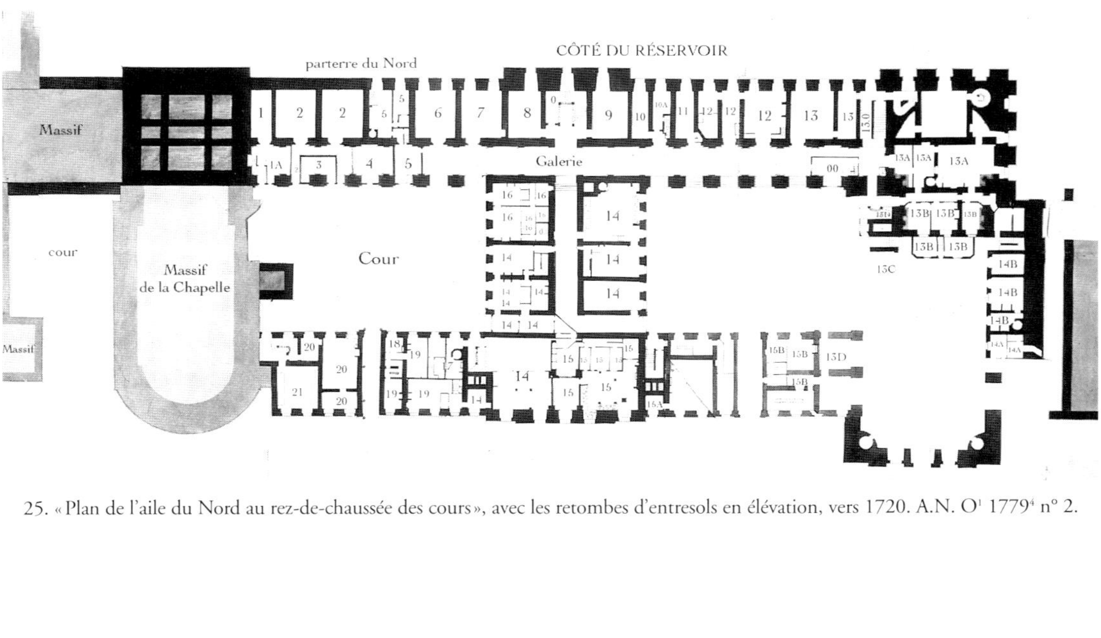

25. « Plan de l'aile du Nord au rez-de-chaussée des cours », avec les retombes d'entresols en élévation, vers 1720. A.N. O[1] 1779[4] n° 2.

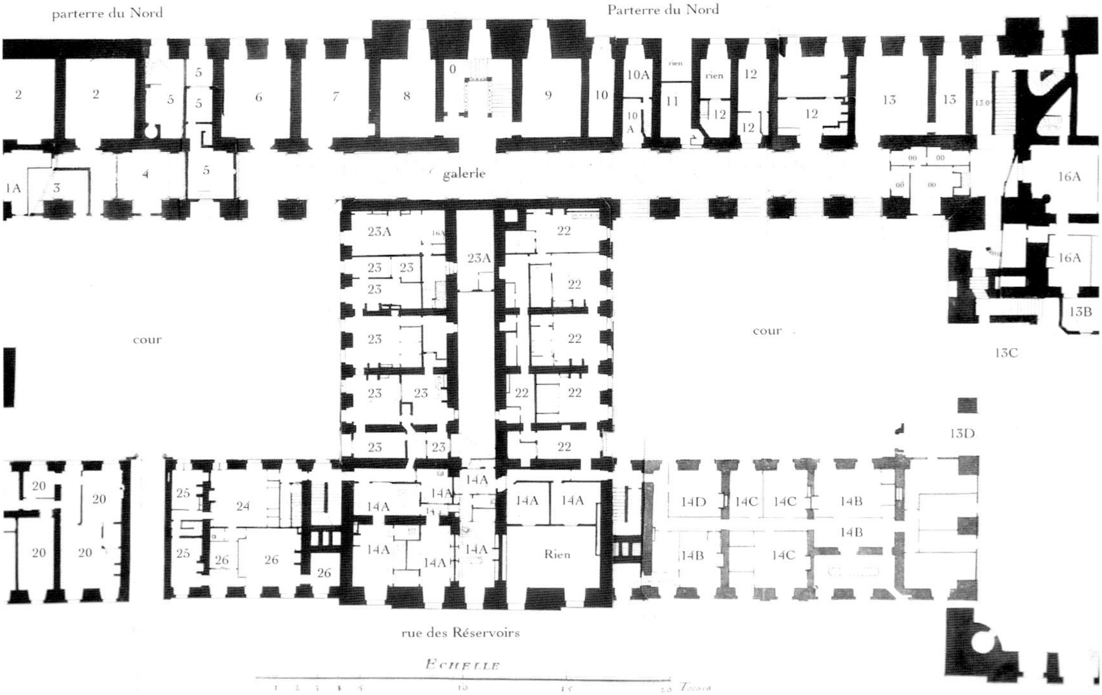

26. Détail du « Plan de l'aile du Nord au rez-de-chaussée des cours », avec les retombes à plat montrant les entresols du Gros Pavillon, vers 1720. A.N. O[1] 1779[4] n° 2.

Noter que l'aile sur la rue des Réservoirs reliant le Gros Pavillon au site de l'Opéra **AN 14 B**, **C** et **D** n'est alors qu'en projet ; cette aile du bâtiment ne prit pas sa forme définitive avant 1750.

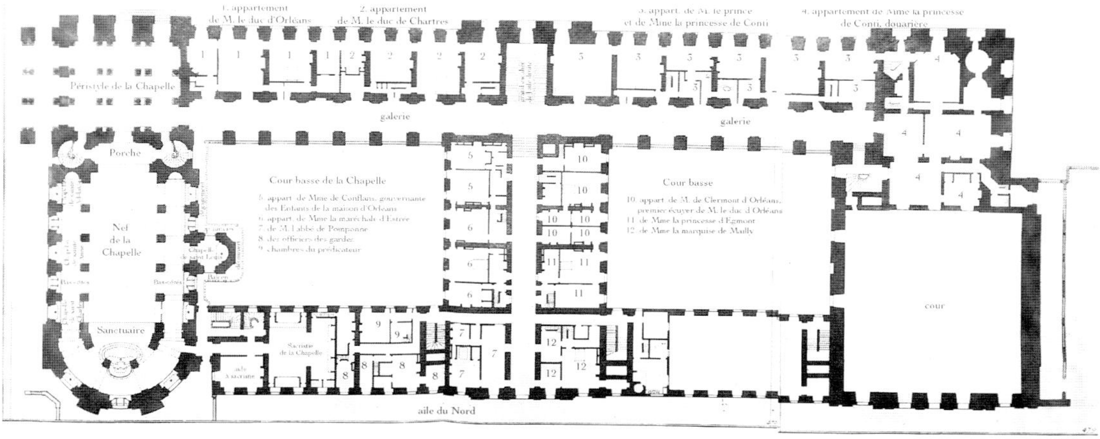

27. Blondel, « Plan du rez-de-chaussée de l'aile du Nord au château de Versailles », vers 1735 (planche 6).

1. Appartement de M. le duc d'Orléans
2. Appartement de M. le duc de Chartres
3. Appartement de M. le prince et Mme la princesse de Conti
4. Appartement de Mme la princesse de Conti, 2e douairière
5. Appartement de Mme de Conflans, gouvernante des enfants de la maison d'Orléans
6. Appartement de Mme la maréchale d'Estrées
7. Appartement de l'abbé de Pomponne
8. Appartement des officiers des gardes
9. Chambres du prédicateur
10. Appartement de M. de Clermont d'Orléans, premier écuyer de M. le duc d'Orléans
11. Appartement de Mme la princesse d'Egmont
12. Appartement de Mme la marquise de Mailly

Ce plan montre, dans une large mesure, l'aile du Nord telle qu'elle se présentait dans les dernières années du règne de Louis XIV, excepté l'appartement de la princesse de Conti, deuxième douairière, qui ne fut achevé que vers l'époque où fut dessiné le plan.

À droite se trouve le rez-de-chaussée de la Chapelle, avec l'autel principal et les autels latéraux, ainsi que la sacristie et le logement du prédicateur.

À gauche se situe le site du futur Opéra. À cette date, le terrain sur lequel la salle devait être construite en 1770 était encombré par plusieurs structures temporaires qui servaient souvent de cuisines aux appartements voisins. En outre, l'aile s'étendant du Gros Pavillon jusqu'au site de l'Opéra n'était qu'en partie édifiée.

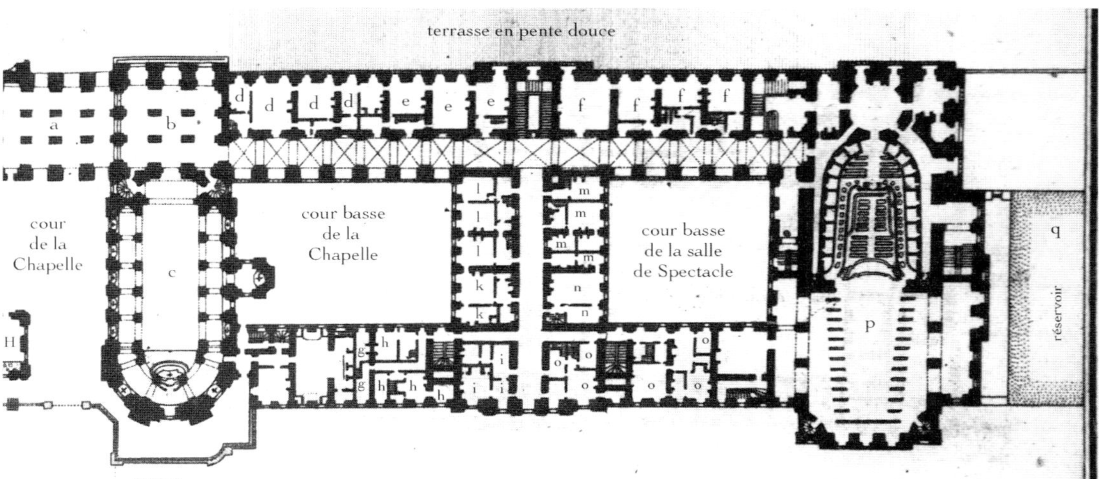

28. Blondel, détail du « Plan général du rez-de-chaussée des bâtiments, cour et avant-cour du château de Versailles », vers 1755 (planche 2).

a. Péristyle
b. Vestibule de la Chapelle
c. Chapelle
d. Mme la duchesse de Modène
e. Mme la marquise de Clermont-Gallerande
f. M. le prince de Conti et M. le comte de La Marche
g. Prédicateur du roi
h. Chef des brigades des gardes du roi
i. Appartement du prince Constantin, premier aumônier du roi
k. Mme Goësbriand, dame de compagnie de Mesdames Victoire, Sophie et Louise
l. Mme la duchesse de Lauraguais, dame d'atour de Madame la dauphine
m. Madame la princesse de Carignan
n. Mme la duchesse de Boufflers, dame du palais de la reine
o. M. de duc de Luxembourg, capitaine des gardes du roi
p. Plan de la salle de Spectacle
q. Réservoir

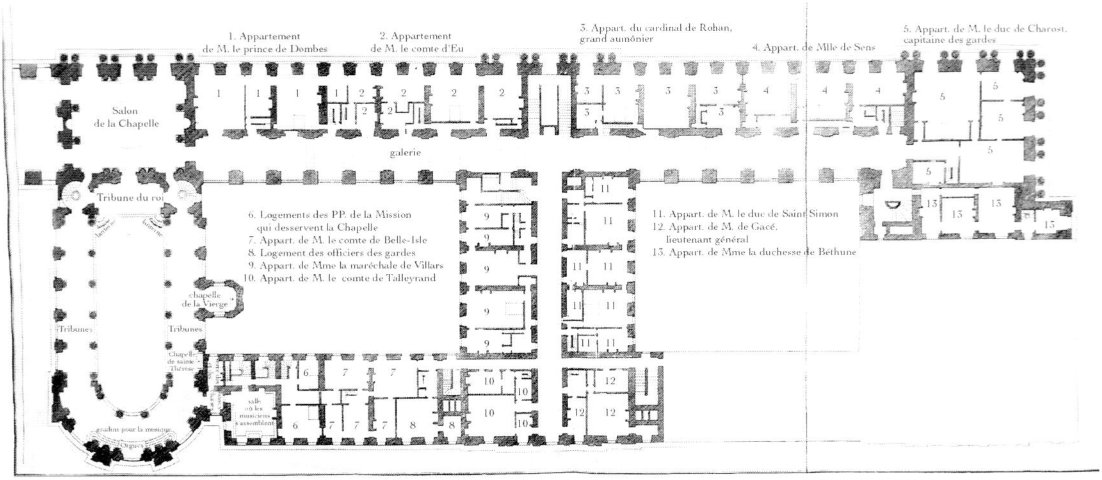

29. Blondel, « Plan du premier étage de l'aile Nord au palais du château de Versailles », vers 1735 (planche 9).

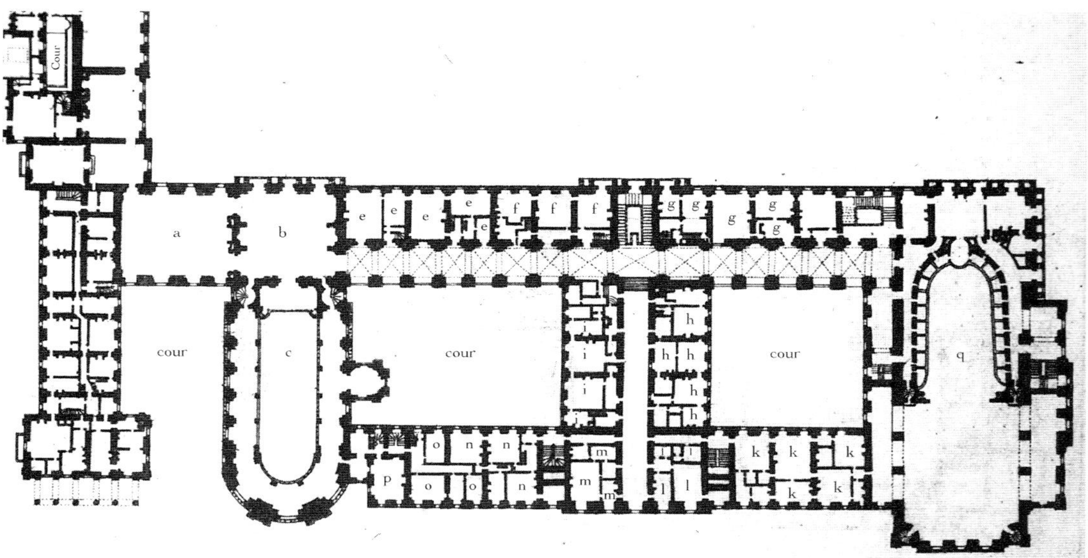

30. Blondel, détail de la « Distribution au premier étage de l'aile Nord nommée l'aile Neuve », vers 1755 (planche 3).

e. Appartement de Mlle de Sens
f. Appartement de M. le comte d'Eu
g. Appartement de M. le cardinal de Soubise, grand aumônier
h. Appartement de M. le duc de Bouillon, grand chambellan
i. Appartement vacant
k. Appartement de M. de Sassenage, chevalier d'honneur de Madame la dauphine
l. Appartement de M. le marquis de Matignon
m. Appartement de M. le maréchal de Coigny
n. Appartement de M. le maréchal de Belle-Isle
o. Appartement vacant
p. Pièce à l'usage de la Musique de la Chapelle
q. Plan des deuxièmes loges de la nouvelle salle de Spectacle qui comportait toutes les dépendances relatives à un bâtiment de cette espèce : loges d'acteurs, foyers, escaliers de dégagement, etc.

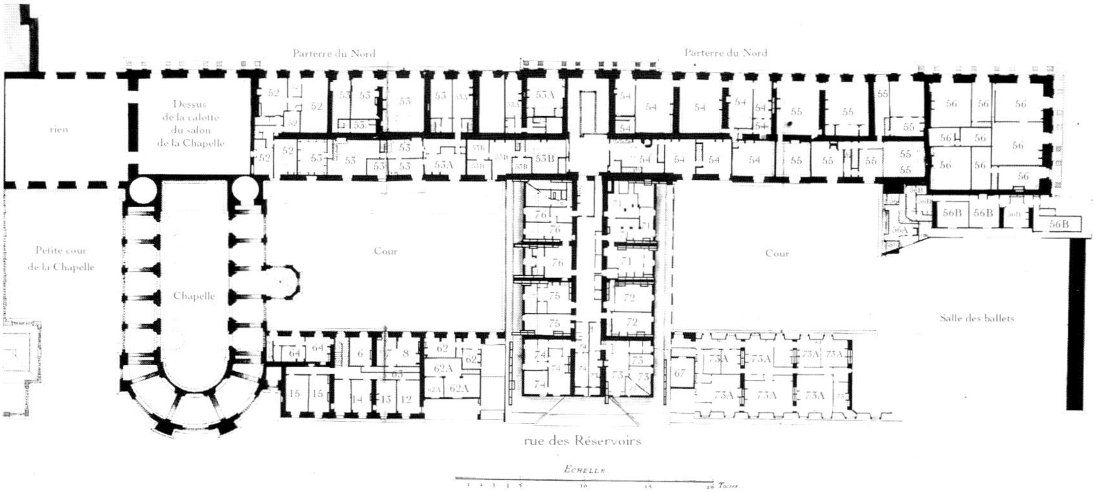

31. « Attique et galetas de l'aile du château de Versailles », vers 1720, avec les retombes d'entresols des appartements sur le parterre du Nord et des étages supérieurs du Gros Pavillon à plat. A.N. O^1 1779^4 n° 5.

AN 57, 58, 59, 60 et 61 au niveau du corridor desservant les appartements sur le parterre, et **AN 65, 66, 67, 68, 69** et **70**, dans le galetas du Gros Pavillon sont cachés par les retombes montrant **AN 72, 73, 75** et **76**.

32. « Profil du Gros Pavillon ». A.N. O^1 1768^2 n° 48.

Ce plan, qui date probablement de la fin du XVIIe siècle, montre les sept étages du Gros Pavillon. Au rez-de-chaussée se voient **AN 14, 15** et **16** avec leurs entresols numérotés **AN 14A, 22** et **23**. Au niveau marqué A, qui correspondait approximativement au rez-de-chaussée des appartements sur le parterre, se trouvaient **AN 31, 32, 33, 34** et **38**. Le niveau B comprenait **AN 45, 46, 47** et **48**, qui étaient à peu près au niveau du premier étage sur le parterre. Au niveau C (l'attique) se situaient **AN 57, 58, 59, 60** et **61**. Puis venaient, au niveau D, **AN 66, 67, 68, 69** et **71**. Au-dessus, les combles regroupaient **AN 72, 73, 74, 75** et **76**.

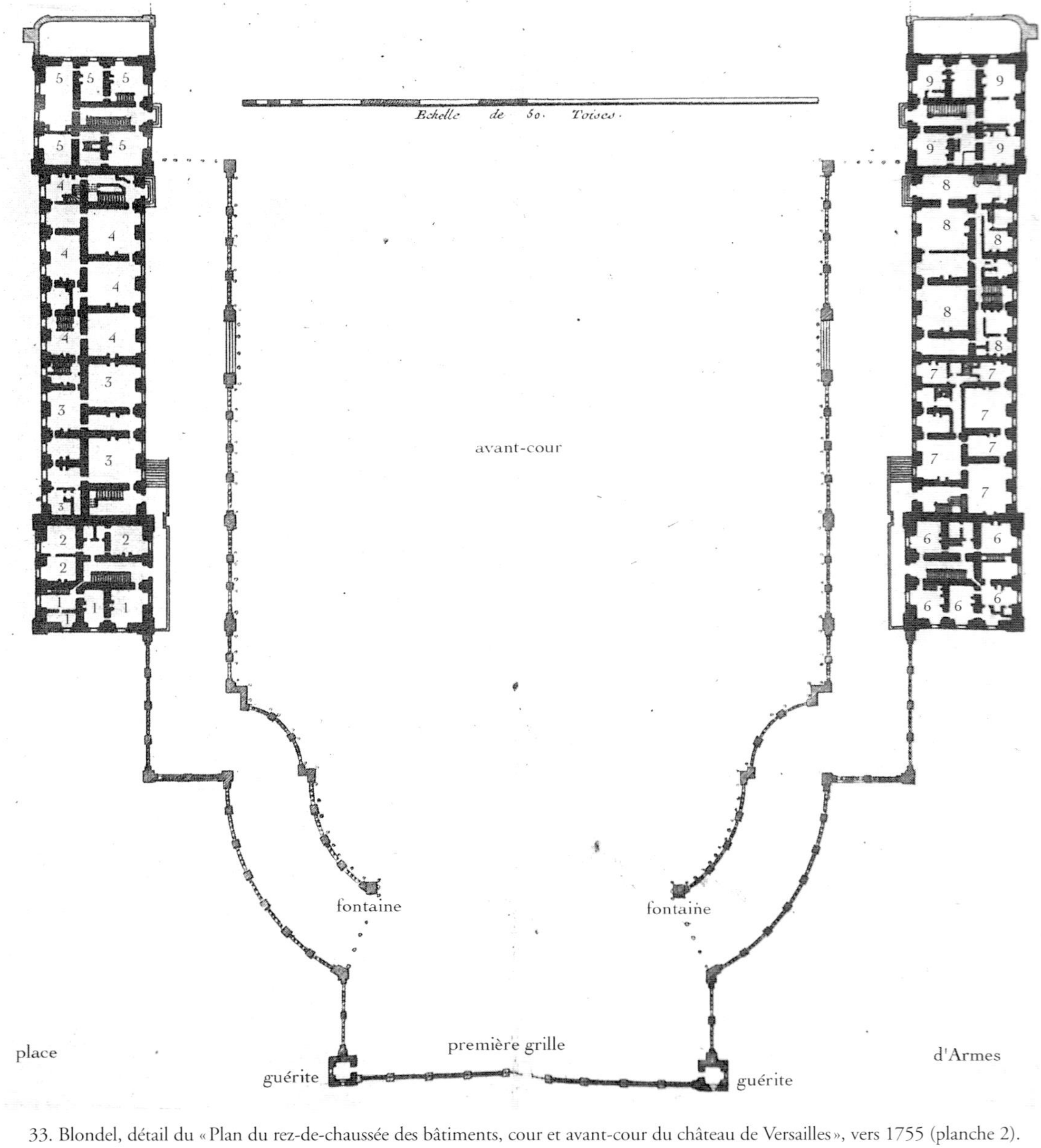

33. Blondel, détail du « Plan du rez-de-chaussée des bâtiments, cour et avant-cour du château de Versailles », vers 1755 (planche 2).

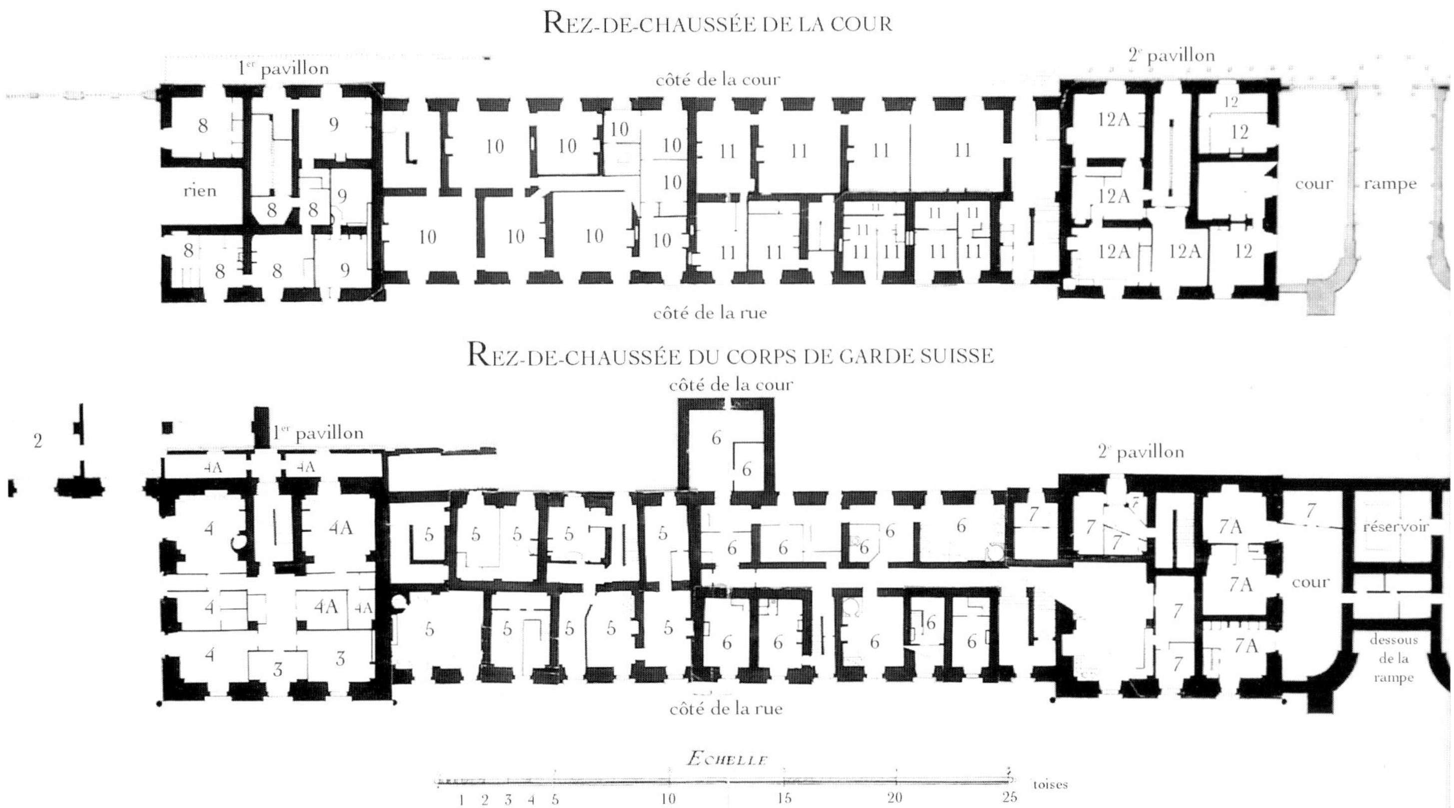

34. « Aile et pavillons de l'avant-cour du château de Versailles à droite, rez-de-chaussée sur la cour, avec les retombes d'entresols à plat », vers 1720. A.N. O^1 1779^7 n° 5.

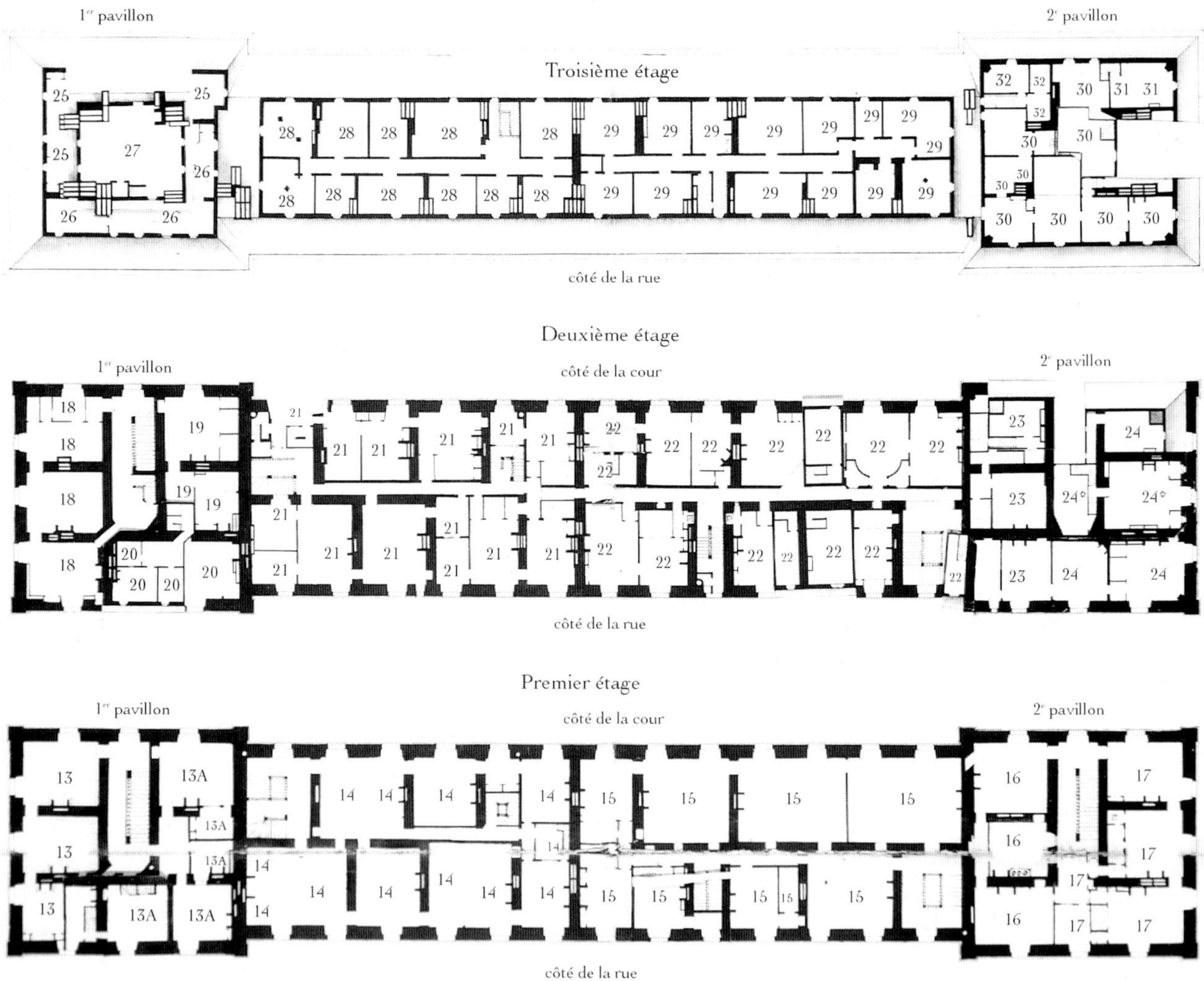

35. « Aile et pavillons de l'avant-cour au château de Versailles à droite sur la cour », avec les retombes d'entresols à plat, vers 1720. A.N. O1 17797 n° 5.

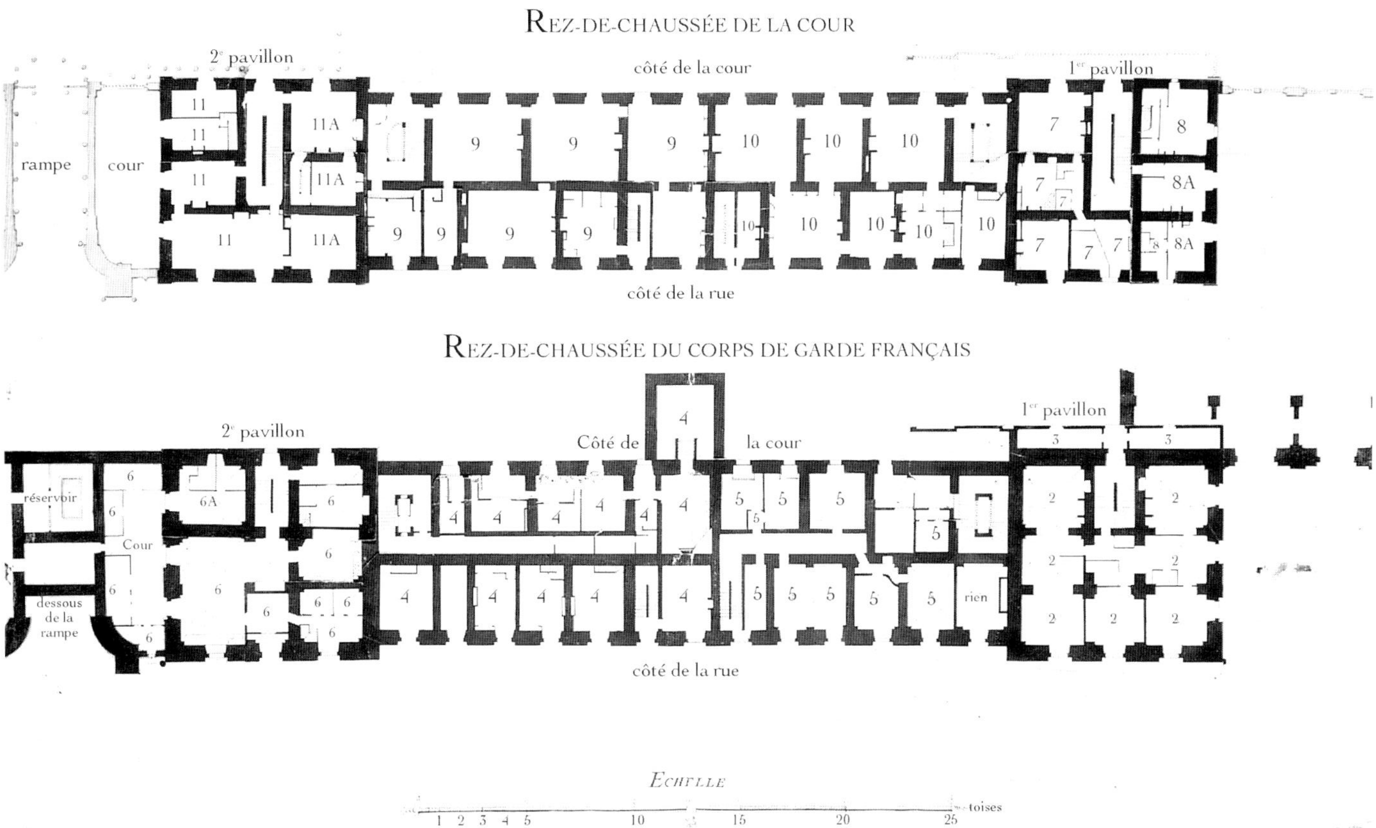

36. « Aile et pavillons de l'avant-cour au château de Versailles à gauche sur la cour », avec les retombes d'entresols à plat, vers 1720. A.N. O[1] 1779[7] n° 5.

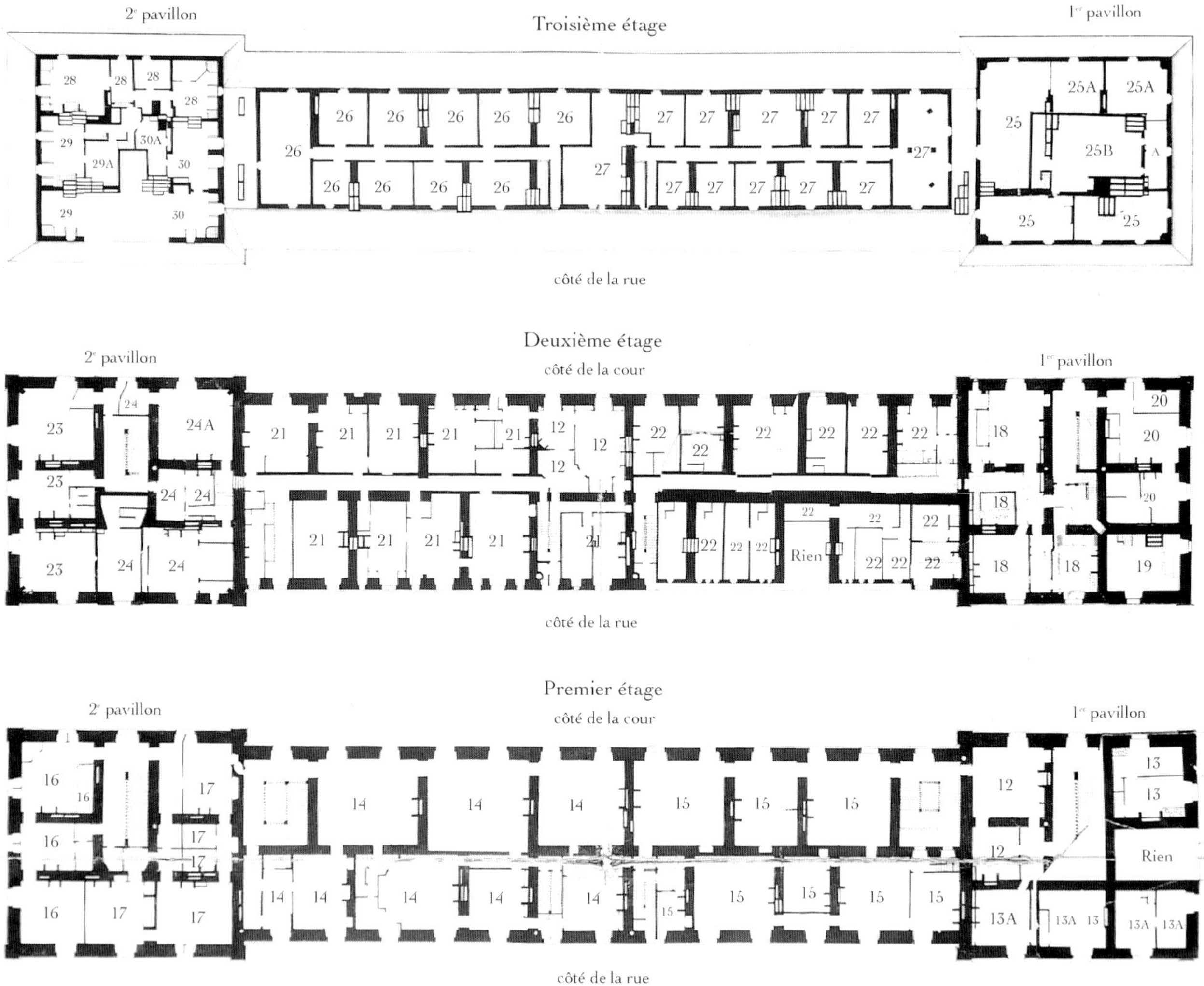

37. « Aile de[s] pavillon[s] de l'avant-cour du château de Versailles à gauche », avec les retombes à plat, vers 1720. A.N.O^{1} 1779^{7} n° 6.

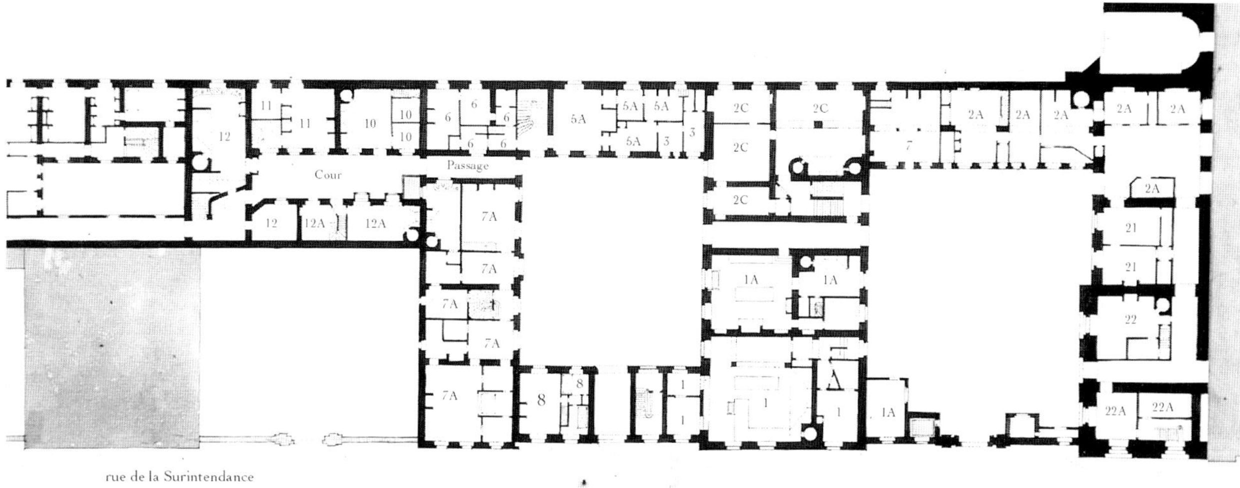

38. Plan du rez-de-chaussée de l'ancien hôtel de la Surintendance au niveau des cours, avec les retombes d'entresols en élévation. A.N. O^1 1850^1 n° 17.

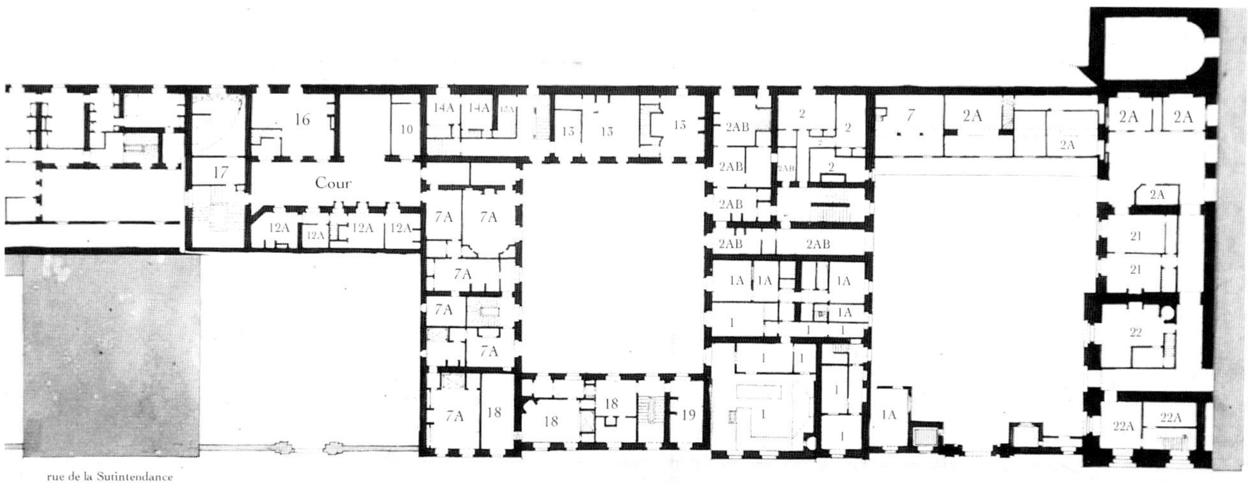

39. Plan du rez-de-chaussée de l'ancien hôtel de la Surintendance, avec les retombes à plat montrant les entresols. A.N. O^1 1850^1 n° 17.

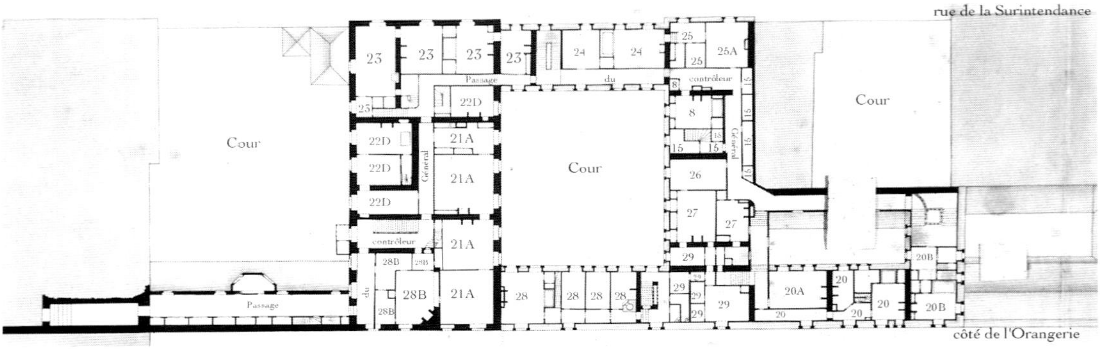

40. Plan du premier étage de l'ancien hôtel de la Surintendance avec les retombes d'entresols en élévation. A.N. O[1] 1850[1] n° 8.

41 a. Détails des entresols du premier étage du principal corps de logis de l'ancien hôtel de la Surintendance et au-dessus le « passage du contrôleur général » le reliant à l'aile des Princes, visible à gauche, et l'hôtel du Contrôle, plus loin le long de la rue de la Surintendance, mais non visible sur ce détail.

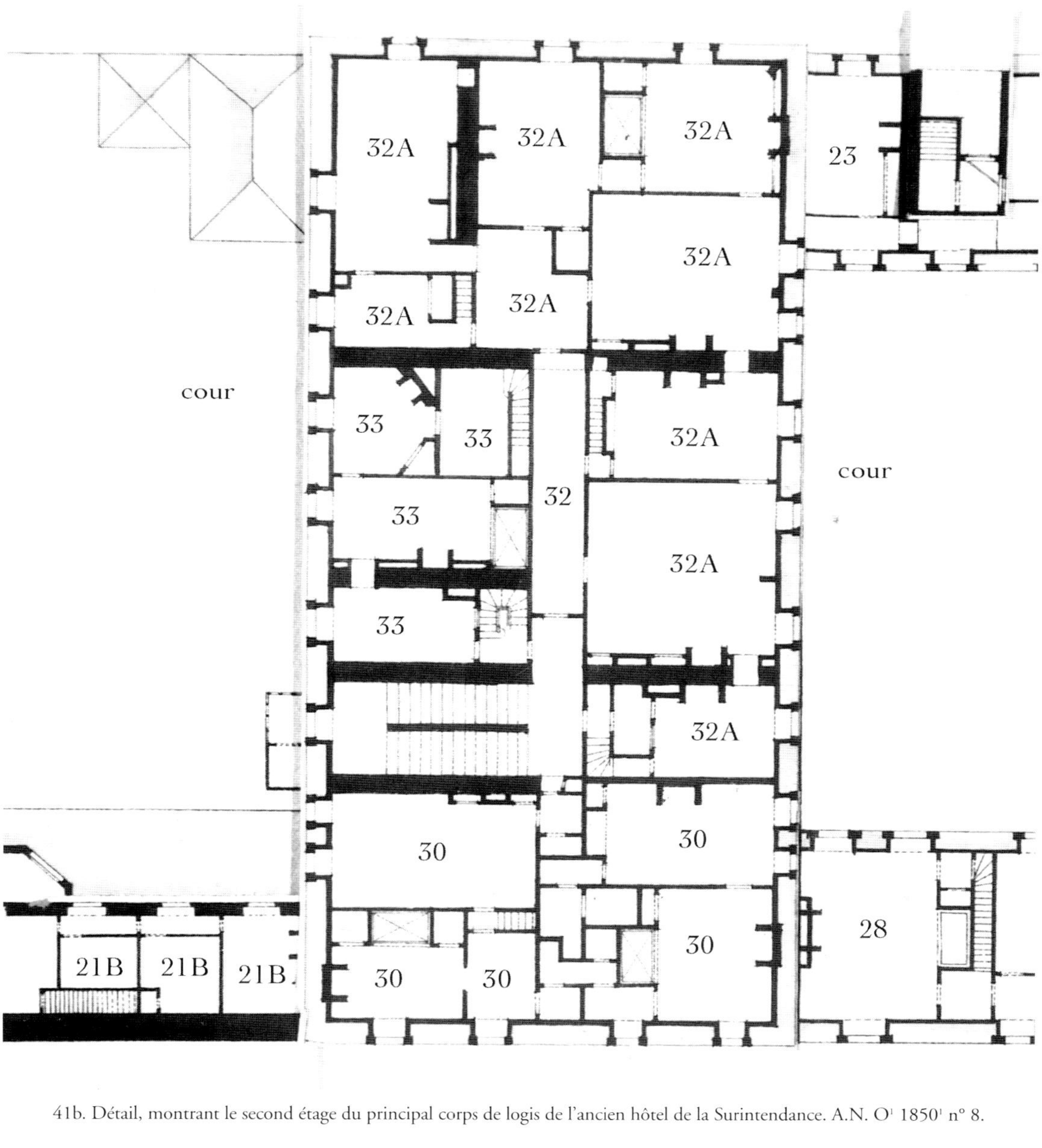

41b. Détail, montrant le second étage du principal corps de logis de l'ancien hôtel de la Surintendance. A.N. O[1] 1850[1] n° 8.

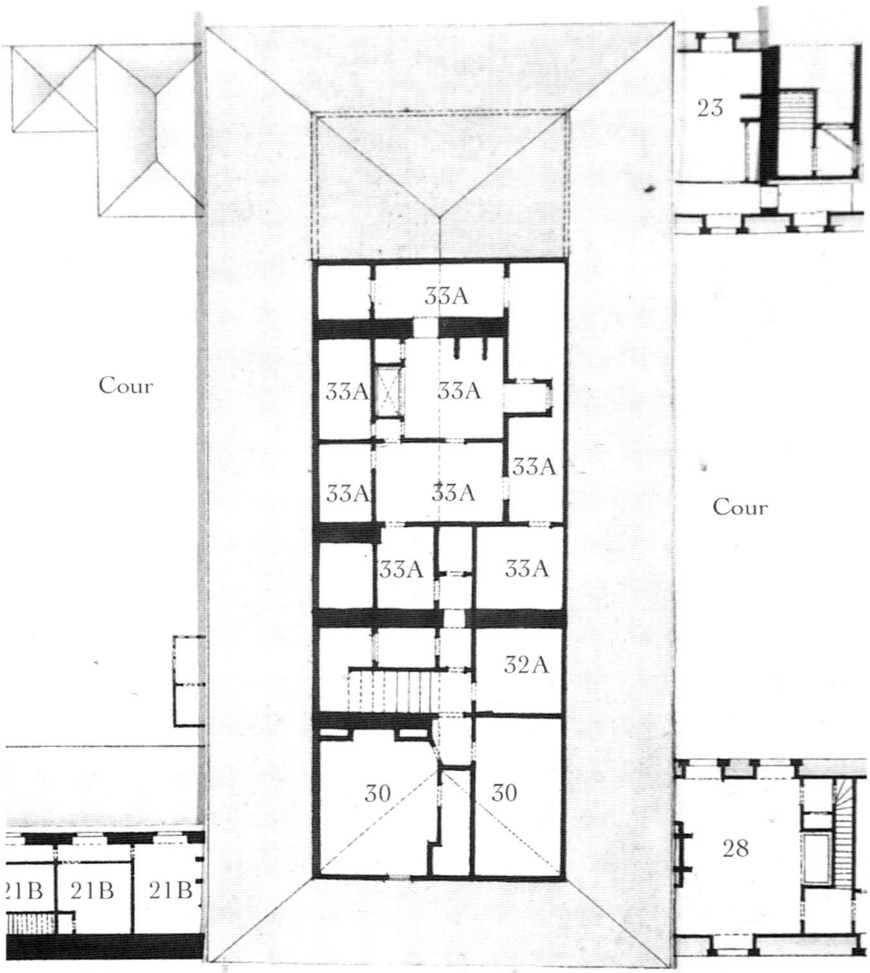

41c. Détail des combles du principal corps de logis de l'ancien hôtel de la Surintendance. A.N. O[1] 1850[1] n° 8.

CC 45

Maurepas, Jean Frédéric Phélypeaux, comte de (1701-1781). Ministre d'État 1774

Maurepas, Jeanne Phélypeaux de Saint-Florentin, comtesse de (1704-?)

1770 *État* A « Petits Appartements du roi [14 pièces, 10 à cheminée] puis M. le duc de Villequier, puis M. le comte de Maurepas »

7.7.1774 GG-B 167 « Plan du corps central au second étage sur la cour Royale... Appartements affectés aux comte et comtesse de Maurepas et au premier valet de chambre du quartier. Ancien appartement de la comtesse du Barry, morcellement de la Petite Galerie »

1774 GG-B 710 « Plan de l'étage des petits cabinets du roi affectés en juin 1774 au comte de Maurepas (A), au premier valet de chambre du roi [...] (B), au duc de Villequier, premier gentilhomme de la Chambre »

1777 *État* B « M. de Maurepas »

[1774] N au roi : *Le comte de Noailles, ayant appris que Votre Majesté ne voulait pas garder les logements des cabinets, propose d'en donner une partie à M. le comte de Maurepas pour qu'il ait un pied-à- terre quand Votre Majesté pourra en avoir besoin ; il y a des pièces sur le reste que Votre Majesté pourrait convenir à M. Thierry son premier valet de chambre dont le logement* **[VA 15A]** *est inhabitable en ôtant le caveau.* A.N. O[1] 1077 359

9.11.1777 *État des travaux... l'appartement de M. le comte de Maurepas, ces réparations sont faites.* A.N. O[1] 1800 110

7.7.1779 *Le soir j'allai à l'ordinaire chez Mme de Maurepas, où tout se rassemblait. C'était la vraie Cour, mais fort commode. Il y avait toujours un très grand souper de femmes, mais le plus grand nombre ne soupant pas, c'était un endroit agréable pour politiquer. Les ministres s'y trouvaient en partie, et ce lieu d'assemblée générale, les soirs, dans les petits cabinets, était fort commode.* C* IV 142

17.5.1780 H à A : *M. le comte de Maurepas prie M. le directeur général de donner des ordres pour que son appartement soit reblanchi pendant l'absence du roi.* A.N. O[1] 1800 539

18.5.1780 H à A : *M. le comte de Maurepas prie M. le directeur général de faire refaire deux croisées et persiennes pour sa salle à manger en remplacement de celles qui y sont et qui sont absolument hors de service.* A.N. O[1] 1800 544

10.12.1781 P à A : *État de distribution du logement de M. le comte de Maurepas... une petite antichambre donnant sur l'escalier de la cassette, la chambre et le cabinet de M. le comte de Maurepas à M. le duc d'Aumont* **[CC 45A]** *; les trois pièces sont à cheminée. Le reste de l'appartement hors une très petite cuisine à M. et Mme la duchesse de Cossé ; il y une antichambre, une salle à manger, deux grandes chambres, logements des gens et garde-robes. La petite cuisine à M. le maréchal de Richelieu* **[CC 57]** *dont il fait une chambre pour lui.* A.N. O[1] 1801 215

Cossé, Louis Hercule Timoléon de Cossé-Brissac, marquis de, puis duc de Brissac (1734-1792). Capitaine des cent-suisses

1783 *État* D « M. le duc de Brissac, capitaine des cent-suisses »

1787 *État* E « M. le duc de Cossé-Brissac » "6 pièces, 5 à cheminée ; 3 entresols à cheminée"

CC 45A

Villequier, Louis Alexandre Céleste d'Aumont, duc de (1736-1814). Premier gentilhomme de la chambre du roi 1762

6.1774 GG-B 709

10.12.1781 P à A : *État de distribution du logement de M. le comte de Maurepas... une petite antichambre donnant sur l'escalier de la cassette, la chambre et le cabinet de M. le comte de Maurepas à M. le duc d'Aumont ; les trois pièces sont à cheminée... Le reste de l'appartement hors une très petite cuisine à M. et Mme la duchesse de Cossé* **[CC 45]**. A.N. O[1] 1801 215

1787 *État* E « M. le duc de Villequier » "7 pièces, 5 à cheminée ; 3 entresols à cheminée"

CC 46

Laboratoire du roi [1]

1741 *État* « Laboratoire du roi », "3 pièces, 1 à cheminée"

1770 *État* A « Laboratoire du roi » "5 pièces, 3 à cheminée"

Thierry de Ville d'Avray, Marc Antoine, baron (1732-1791). Premier valet de chambre du roi 1774 ; Contrôleur général de la Maison du roi 1775 ; Intendant du garde-meuble 1783

Thierry de Ville d'Avray, Cécile Marguerite Lemoine, baronne (?-?). Femme de chambre de la reine

1774 N au roi : *Il y aura dans les cabinets que Votre Majesté a cédés de quoi loger très bien M. le comte et Mme la comtesse de Maurepas et MM. Thierry et leur famille ; mais le comte de Noailles, par l'examen qu'il a fait, croit observer à Votre Majesté qu'il est nécessaire qu'elle se garde toujours un passage pour aller à sa bibliothèque en haut par le côté que M. Thierry occupera, à moins que Votre Majesté ne veuille que la dite bibliothèque soit placée en plain-pied à son appartement.* A.N. O[1] 1077 357

1774 *M. de Mouchy, désirant ne voir à la tête des petits cabinets qu'un homme à sa dévotion (car MM. de Noailles ne négligent rien), en vain, dis-je, nous avait-il fort pressés, mon père et moi, à la Muette, de demander au roi le contrôle général des petits cabinets, je fus d'avis absolument contraire ; et j'assurai mon père, en la présence de M. le maréchal, qu'une démarche sembable serait de nature à déplaire au roi, par son indiscrétion. Le maréchal ne se rebuta pas, il crut forcer le roi à nous*

1. Le laboratoire du roi se trouvait à l'origine au niveau des toits. Le numéro qu'il portait fut attribué à l'espace assigné dans les Petits Appartements au premier valet de chambre du roi vers 1774. Le laboratoire fut transféré en **CC 47** à cette époque.

préférer et lui demanda la permission d'établir notre logement à Versailles dans celui de Mme la comtesse du Barry, maîtresse du roi, afin de nous avoir sous la main ; mais soit que le roi l'eût mal compris, soit qu'il eût voulu s'amuser à ses dépens, c'était le premier valet de chambre du quartier que le roi croyait avoir prétendu changer de place, et le maréchal de Mouchy... fut obligé de l'instruire de son erreur... M. le comte de Maurepas... montait à son appartement dont la porte était vis-à-vis la nôtre. M.A. THIERRY DE VILLE D'AVRAY, « Mémoires de Marc Antoine Thierry », *Revue de l'histoire de Versailles et de Seine-et-Oise*, 1908, p. 99 *sq*.
1787 *État* E « Premier valet de chambre du roi en quartier » "7 pièces, 5 à cheminée ; 2 entresols à cheminée"

CC 47
1741 *État* « Magasin pour les porcelaines du Roy » "3 pièces, 1 à cheminée"
1770 *État* A « Laboratoire du roi » "1 pièce"
1787 *État* A « Passage du roi »
24.5.1782 *Mme de Mackau me conduisit aux appartements et petits cabinets du roi que je ne connaissais point. Je les ai trouvés beaux et moins ornés que ceux de la reine. Louis XVI a des goûts simples... Nous montâmes par un escalier dérobé jusqu'à la serrurerie, ce qui l'amuse infiniment. Il y a plusieurs pièces remplies des outils nécessaires ; je fus tout impressionnée en y entrant. Un si grand roi s'occuper de si petites choses.* Henriette de WALDNER DE FREUNDSTEIN, baronne d'Oberkirch, *Mémoires*, Paris, 1982, p. 161

CC 48 [1]
Mlle de Beaujolais, Philippine Élisabeth d'Orléans, *dite* (1714-1734)
Mlle de Chartres, Louise Diane d'Orléans, plus tard princesse de Conti (1716-1736)
Gontaut, François Armand, comte, puis en 1733 duc de (1690-1736)
Gontaut, Marie Adélaïde de Gramont, comtesse, puis duchesse de (1700-1740). Dame du palais de la reine 1725-1740
Clermont, Louis de Bourbon-Condé, comte de (1709-1771)
1741 *État* « Les princesses d'Orléans, puis M. le duc de Gontaut, puis M. le comte de Clermont » "5 pièces, 3 à cheminée"
GG-B 1874 [1741] ; GG-B 611 [1769]
Duras, Emmanuel Félicité de Durfort, duc de (1715-1789). Premier gentilhomme de la chambre du roi 1757
Duras, Louise Françoise Maclovie Céleste de Coëtquen, duchesse de (1724-1802)
1787 *État* E « M. le duc de Duras » "9 pièces 4 à cheminée"

CC 49 à 55 correspondent à **VA 48 à 55**

1. Cet espace de l'attique est une partie de **CC 34**, le logement au-dessous, mieux connu comme l'appartement de Mme de Maintenon.

ATTIQUES AU-DESSUS DES GRANDS APPARTEMENTS

CC 56 [2]
Garçon du garde-meuble
1741 [3] *État* « Garçon du garde-meuble » "3 pièces, 1 à cheminée"

CC 57 [4]
Bienvenu, Jacques Gouyon, *dit*, sieur († 1747). Garçon du garde-meuble
1741 *État* « Le sieur Bienvenu » "1 pièce à cheminée ; 1 entresol au-dessus"
8.10.1743 *Dans cet étage, c'est-à-dire depuis l'escalier du gouvernement jusqu'à celui qui monte chez Mme d'Antin... il y avait il y a deux ans sept personnes logées : Bienvenu, garçon des Appartements, ensuite...* L* V 154

CC 56 et 57
Richelieu, Louis François Armand de Vignerot du Plessis de Richelieu, duc de Fronsac, puis duc de (1696-1788). Premier gentilhomme de la Chambre 1744 ; maréchal de France 1748
17.4.1744 *Il paraît certain que M. de Richelieu change d'appartement. Le roi lui en donne un qui est auprès de celui de Mme de Châteauroux, et qui faisait le logement du nommé Bienvenu, garçon du garde-meuble, auquel on a ajouté une partie de celui de Mme d'Antin.* L* V 388
[1764] *M. le maréchal de Richelieu n'ayant qu'un logement de garçon supplie Votre Majesté d'avoir la bonté de le lui conserver comme grâce sa vie durant...* A.N. O[1] 1076 737
[1764] *... celui de garçon qu'occupe M. le maréchal de Richelieu lui étant conservé comme grâce et non comme charge* A.N. O[1] 1976 739
1770 *État* « M. le maréchal de Richelieu »
Richelieu, Jeanne Catherine Josèphe de Lavaulx de Sommercourt de Rothe, en 1780 maréchale de (1741-1815)
1.2.1782 LR et L** à A : *L'appartement de M. le maréchal de Richelieu... les ouvrages de maçonnerie sont finis ; les menuiseries faites, mais l'humidité du plâtre empêche de les poser.* A.N. O[1] 1801 219
1.4.1782 LR et L** à A : *L'appartement de Mme de Richelieu : On pose les lambris... qui avaient été interrompus par l'humidité des plâtres.* A.N. O[1] 1801 221
1.5.1782 LR et L** à A : *L'appartement de Mme de Richelieu : Les menuiseries sont posées et le blanchi commencé.* A.N. O[1] 1801 222

2. Dans le maître plan de l'attique dressé vers 1753, GG-B 5, **CC 56** incluait les croisées 1, au-dessus du passage de la cour Royale, et les croisées 2 et 3, éclairant un attique non achevé le long du parterre du Nord.
3. L'*État* de 1741 réunit **CC 56 et 57** ; *cf.* GG-B 580.
4. Dans le maître plan de l'attique, GG-B 5, de 1753 environ, **CC 57** incluait la croisée 4, sur le parterre du Nord.

8.1782 *État des travaux : Blanchissement de l'appartement de Mme de Richelieu.* A.N. O[1] 1801 362
12.10.1782 LR et L** à A : *L'appartement de Mme de Richelieu : Le blanchi de cet appartement est très avancé ; le plafond de la petite pièce entre la salle à manger et la chambre est refait.* A.N. O[1] 1801 227
1787 *État* « M. le duc de Richelieu, premier gentilhomme de la chambre » "6 pièces à cheminée, 3 entresols à cheminée"
10.3.1788 LR à A : *Mme la maréchale de Richelieu, vu la situation désespérante de M. le maréchal, fait démeubler totalement son appartement au château... Elle réclame les glaces qui en sont dépendantes généralement... Comme d'après la recherche qu'on a faite sur les registres du magasin rien n'annonce ni ne prouve qu'elles appartiennent au roi, j'ai cru devoir prévenir le valet de chambre chargé de cette mission que je ne laisserais rien enlever que préalablement M. le directeur général n'en soit instruit parce que je me réservais d'avoir l'honneur de lui observer qu'il serait, je pense, plus à propos que le roi en fît l'acquisition, étant toutes posées et les parquets étant faits pour les glaces, que de les laisser enlever, d'autant mieux qu'il faudra nécessairement les remplacer par d'autres. La valeur des dites glaces suivant le prix du roi et par l'estimation avec le bénéfice du teint sera 1 523 livres.* A.N. O[1] 1802 430
Liancourt, François Alexandre Frédéric de La Rochefoucauld de Roye, duc de (1747-1827). Grand maître de la garde-robe du roi en survivance 1768
16.3.1788 Le duc de Liancourt à A : *Le roi ayant bien voulu... donner le logement de M. le maréchal de Richelieu, j'ai l'honneur de vous prier de donner vos ordres pour que ce logement soit blanchi et qu'il soit fait dans sa distribution quelques légers changements nécessaires à ma commodité.* A.N. O[1] 1802 432
17.3.1788 La maréchale de Richelieu à A : *J'apprends... que le préposé du garde-meuble du roi n'a pas voulu laisser enlever les glaces de l'appartement que M. le maréchal de Richelieu occupait au château [et] qu'on en lui eût rapporté les glaces appartenant à M. de Richelieu. J'ai à cet égard l'honneur de vous observer qu'il est bien difficile après plus de 40 ans de retrouver des traces et des renseignements sur cet objet ailleurs que dans le bureau même du garde-meuble, où un travail sur des registres avec soin ne peut éclairer l'administration sur des temps aussi reculés. Je suis informée que les glaces réclamées par M. de Richelieu ne font pas partie des états du garde-meuble et vous avoue... que cette circonstance jointe à l'assurance que m'a donnée dans tous les temps M. de Richelieu d'avoir fait mettre à ses frais toutes ces glaces, comme il l'a fait à ma connaissance pour celles du nouvel appartement dont il a joui plus récentement, me parut preuve complète d'après laquelle je ne m'attendrais plus à aucune difficulté. Je vous prie... de vouloir bien vous faire rendre compte de tout cela.* A.N. O[1] 1802 435
30.1.1788 Le duc de Liancourt à A : *Dans l'arrangement... que vous autorisez M. Le Roy à faire faire dans mon nouvel appartement, je désirerais que vous voulussiez bien y ajouter la permission de faire peindre en bois couleur d'acajou les portes des chambres des appartements et celles des corridors. Le garde-robe est en bois brun. Je me suis si bien trouvé de ce genre de peinture dans les différents appartements que j'ai fait arranger, j'y ai trouvé tout à la fois la propreté et l'agrément réunis que je tiens fort à ce que vous vouliez bien acquiescer à ma demande et donner en conséquence des ordres à M. Le Roy.* Réponse : *Répondu d'adhésion.* A.N. O[1] 1802 438

CC 58 [1]
Antin, Françoise Gilonne de Montmorency-Luxembourg, duchesse d'Épernon, puis en 1736 d' (1704-1768). Dame du palais de la reine 1726-1757
Antin, Louis II de Pardaillan de Gondrin, duc d'Épernon, puis en 1736 d' (1707-1743)
1741 *État* « M. et Mme la duchesse d'Épernon puis d'Antin », puis « Mme de Lauraguais » "11 pièces, 9 à cheminée ; 4 entresols, 2 à cheminée, [y] compris 1 sur le degré"
[1740] GG-B 753 « Plan côté de l'appartement de Mme d'Antin dans l'attique au-dessus des salons de l'Abondance, de Vénus et de Diane » *Cf.* GG-B 908 [1741] et 335 [1742]
8.10.1743 *Mme la duchesse d'Antin change d'appartement à Versailles ; elle était... logée en haut auprès de l'appartement de Mme de Lauraguais* [**CC 58, 59 et 60**]. *Dans cet étage, c'est-à-dire depuis l'escalier du Gouvernement jusqu'à celui qui monte chez Mme d'Antin, et où il y a une porte qui donne dans les petits cabinets, il y avait il y a deux ans sept personnes logées : Bienvenu, garçon des appartements* [**CC 57**], *ensuite M. et Mme d'Antin, MM. de Coigny et M. et Mme de Matignon. Quatre de ces appartements, qui sont ceux de M. et Mme de Matignon* [**CC 59 et 60**] *et de MM. de Coigny* [**CC 61 et 62**], *sont présentement occupés par Mme de La Tournelle, M. et Mme de Lauraguais. Le roi voulant augmenter l'appartement de ces dames a proposé à Mme d'Antin de lui céder l'appartement de M. d'Antin, en échange duquel il lui donnerait celui de Bienvenu. M. Gabriel chargé de raisonner sur cette affaire avec Mme d'Antin, lui ayant fait sentir que le roi se trouverait encore un peu plus gêné dans ses arrangements, Mme d'Antin a offert au roi de lui céder encore le sien pourvu que le roi voulût bien lui en donner un autre...* L* V 154
21.4.1741 GG-B 580 « Plan légendé d'un appartement à aménager à l'étage d'attique sur le parterre du Nord ; indication de la cuisine de la duchesse de Châteauroux. Deux retombes d'entresols » "Projet d'un appartement à construire dans la partie restante de l'appartement de Mme la duchesse d'Antin et celui du Sr Bienvenu..."

1. Dans le maître plan de l'attique, GG-B 5, (vers 1753), **CC 58** incluait les croisées 5 à 7 sur le parterre du Nord.

CC 59 et 60 [1]
Matignon, Marie Thomas Auguste de Goyon, marquis de (1684-1766)
Matignon, Edmée Charlotte de Brenne de Bourbon, marquise de (1700-1756). Dame du palais de la reine 1726-1741
GG-B 578 : « Plan légendé... entre le parc du côté du nord et la cour des Cerfs... appartement de M. et Mme de Matignon ».
1741 *État* « Dame du palais Mme et M. de Matignon », puis « Mme la duchesse de Châteauroux »
[**CC 59**] "3 pièces, 1 à cheminée ; 2 entresols, 5 *[sic ?]* à cheminée ; et 2 petites pièces sur le degré"
[**CC 60**] "6 pièces, 1 à cheminée ; ? entresols dont 1 à cheminée"

Châteauroux, Marie Anne de Mailly-Nesle, marquise de La Tournelle, puis en 1744, duchesse de (17171744). Dame du palais de la reine 1742 ; maîtresse du roi
8.8.1741 *On a trouvé moyen de diminuer le crédit de Mme la comtesse de Toulouse en donnant un autre* [appartement] *à Mme de Mailly proche les entresols du roi : le maréchal de Coigny a été lui offrir celui de Mme de Matignon ; par là on n'aura plus besoin de l'appartement de Mme la comtesse, si sainte et si dévote.* D'ARGENSON III 364
6.12.1742 *On a démeublé entièrement les appartements de Mme de Mailly ; le petit cabinet est même condamné... L'on ne doute pas que les quatre logements ne soient destinés à M. et Mme de Matignon, que l'on compte déloger, parce que leur appartement est fort à portée des petits cabinets et plus commode pour Mme de La Tournelle et que les deux autres ne soient pour M. et Mme de Lauraguais.* L* IV 29

CC 58, 59 et 60
Lauraguais, Diane Adélaïde de Mailly de Nesle, duchesse de (1714-1769). Dame d'atour de la dauphine 1744
Lauraguais, Louis de Brancas, duc de (1714-1793)
23.12.1742 *Celui de M. et de Mme de Matignon est destiné pour M. et Mme de Lauraguais.* L* IV 305
GG-B 570, 571, 572, 580, 581

CC 58, 59, et 60 sont divisés.

CC 58
Egmont, Henriette Julie de Durfort de Duras, comtesse de Pignatelli d' (1696-1779). Dame du palais 1725-1727
9.6.1748 ... *le roi a donné à Mme la comtesse d'Egmont (Duras) l'appartement de M. le duc de Lauraguais, qui est auprès de celui que Mme d'Estrades vient d'avoir.* L* IX 49
30.6.1748 *La comtesse d'Egmont, douairière, prie M. de Tournehem de faire faire une lucarne en abat-jour pour donner jour à l'antichambre et y faire passer le tuyau du poële [et de] faire un lambris pour fermer la garde-robe de la chaise percée.* Réponse : *Bon à faire ce qui est demandé suivant qu'il est parlé sur un état montant à 347 livres.* A.N. O[1] 1810 II 72 ; *cf.* 138
Choiseul-Beaupré, François Martial de Choiseul de Sommerville, *dit* comte de (1717-1792). Menin du dauphin 1770
Choiseul-Beaupré, Rosalie de Romanet, comtesse de (1732-1753). Dame pour accompagner Madame Adélaïde 1751
1.5.1751 *Le logement de Mme la comtesse d'Egmont à M. le comte et Mme la comtesse de Choiseul...* Distribution : A.N. O[1] 1076 281
12.5.1751 E à T : *L'appartement qui vient d'être donné à Mme la comtesse de Choiseul est aux panneaux de menuiserie sculptée, ainsi que la corniche sous le plafond et n'est point comme vous l'avez cru. Je vous supplie, Monsieur, de vouloir bien décider ce que je ferai à la chambre de M. le comte, son mari, qui voudrait, à ce qu'il me parut, avoir sa chambre pareille.* Réponse : *Je pense toujours qu'un appartement qui sera un jour peut-être réduit en cuisine comme il était avant qu'on donnât cet endroit à M. le comte de Choiseul, ne demande pas une décoration coûteuse. Si cependant ce qui est demandé n'excède pas beaucoup la dépense proposée, nous pouvons en faire les ajustements que demande M. le comte de Choiseul.* 1810 III 101 ; *cf.* A.N. O[1] 1795 19
Rochechouart-Faudoas, Jean Louis Roger, marquis de (1717-1776). Menin du dauphin
Rochechouart-Faudoas, Charlotte Françoise Faulcon de Rys, *dite* Mlle de Charleval, marquise de (1708-1789). Dame pour accompagner Mesdames les cadettes 1748-1758
29.6.1753 *Le logement des comte et comtesse de Choiseul à M. le comte et Mme la comtesse de Rochechouart-Faudoas...* Disposition : A.N. O[1] 1076 337 ; *cf.* 1795 353
8.9.1753 *M. et Mme de Rochechouart-Faudoas en ont un autre au-dessus de l'ancien escalier des ambassadeurs qui est celui qu'avait Mme de Choiseul...* L* XIII 50
29.8.1754 M à E : *Vous aurez agréable de faire faire dans la petite pièce d'entresol la cuisine que Mme la marquise de Rochechouart demande ; vous ferez employer le lambris qui proviendra de cet entresol au bureau du secrétaire de M. de Seycelles.* A.N. O[1] 1811 I 127
12.10.1754 M à E : *Vous auriez agréable de faire faire dans la petite pièce d'entresol la cuisine que Mme la marquise de Rochechouart-Faudoas demande. Vous ferez employer le lambris qui proviendra de cet entresol au bureau du secrétaire de M. de Seychelles.* A.N. O[1] 1796 82

1. Dans le maître plan de l'attique, GG-B 5, **CC 59** incluait les croisées 8 et 9 sur le parterre du Nord ; **AP 60** était éclairé par la croisée 10. La première mention de ces appartements se trouve dans l'*État* de 1741, dans lequel ils sont réunis.

Talmond, Marie Louise Jablonowska, princesse de (1701-1773)
[1758] *Le logement de M. le marquis de Rochechouart-Faudoas, menin de Monseigneur le dauphin, et Mme la marquise de Rochechouart-Faudoas, dame de Mesdames, à Mme la princesse de Talmond, si elle le veut en échange ou en réserve pour* [le service] *de Monseigneur le duc de Bourgogne...* Disposition : A.N. O[1] 1077 475
24.3.1758 *Le logement de M. le marquis et Mme la marquise de Rochechouart-Faudoas à la princesse de Talmond...* Disposition : A.N. O[1] 1076 511
31.3.1758 E à M *Mme la princesse de Talmond désire dans son nouveau logement au château de Versailles que l'on fasse le dessus d'une niche dans une petite chambre, que l'on remette la niche de son cabinet et que l'on recule une petite cloison.* A.N. O[1] 1796 526
12.5.1758 M au roi : *Mme la princesse de Talmond supplie très humblement Votre Majesté de vouloir bien lui accorder des réparations nécessaires au nouveau logement qu'Elle lui a accordé et qui... monteront à 900 livres.* A.N. O[1] 1071 12 et 13 : *Devis. Dans l'antichambre, la suppression d'une cloison pour agrandir la pièce avec le raccordement des plâtres, une porte vitrée à deux vantaux, une partie de porte à boucher avec du vieux lambris ; dans la chambre à coucher, à la place de la dite porte, une partie de menuiserie neuve avec un peu de sculpture comme le reste de cette pièce, une niche à déposer et reposer dans une autre pièce, faire à ce sujet une corniche en plâtre sur le devant avec sculpture dans la frise pareille à celle des autres faces ; dans le cabinet de compagnie, faire une niche neuve avec une porte vitrée de chaque côté et cloison de planches à ce sujet, le bouchement d'une lanterne sous le plafond de l'antichambre qui est inutile par la suppression de la cloison... Cf.* 1811 III 15, 20, 24, 32 et 39
14.5.1758 M à E : *Vous auriez agréable de faire travailler aux réparations du nouveau logement de Mme la princesse de Talmond qui monteront à 900 livres.* A.N. O[1] 1796 566
17.9.1758 *Votre Majesté a bien voulu accorder à Mme la princesse de Talmond une somme de 900 livres pour les réparations du nouveau logement qu'elle occupe au château, mais en y travaillant on s'est aperçu que ce serait un objet de 2 000 livres. Mme la princesse de Talmond supplie très humblement Votre Majesté de vouloir bien lui accorder les 1 100 livres excédentes.* Bon du roi : A.N. O[1] 1076 523
6.1758 M à E : *Je consens à ce que Mme la princesse de Talmond fasse troquer les deux petites glaces ovales de son nouveau logement contre deux plus grandes.* A.N. O[1] 1796 579
15.8.1758 E à M : *Mme la marquise de Pompadour vient de m'ordonner de prendre vos ordres de sa part touchant les ouvrages du nouveau logement de Mme la princesse de Talmond pour lequel vous lui avez passé 900 livres le 14 mai dernier ; mais avec les changements qu'elle y a fait faire sur son compte le tout se montera à 2 000 livres. Elle demanderait que vous voulussiez bien lui accorder les 1 100 livres d'excédent en égard qu'elle a beaucoup dépensé dans son ancien logement* **[AN 65 et 66]** *pour le mettre en état ainsi que les quittances des ouvriers le prouvent. Quoique Madame votre sœur connaisse bien l'état actuel des Bâtiments, elle me charge d'avoir l'honneur de vous mander que vous feriez plaisir d'obliger cette princesse à laquelle elle s'intéresse...* A.N. O[1] 1796 620 ; *cf.* 619
12.1.1759 *Je, architecte ordinaire et contrôleur des Bâtiments... certifie que les glaces mentionnées ci-dessus ne sont point du roi, qu'elles appartiennent à Mme la princesse de Talmond : dans la chambre à coucher un trumeau vis-à-vis la cheminée en deux glaces... dans la chambre à coucher le dessus de la cheminée en deux glaces, dans le cabinet particulier le dessus de cheminée en deux glaces.* A.N. O[1] 1796 648 et 649
20.3.1759 *Je, architecte ordinaire et contrôleur des Bâtiments... certifie que les glaces mentionnées ci-dessus ne sont point du roi, qu'elles appartiennent à Mme la princesse de Talmond : dans le cabinet aux portes à côté de la niche.* A.N. O[1] 1797 13
22.1.1764 La princesse de Talmond à M : *Vous savez, Monsieur, du moins par les plans, car par parenthèse je doute que vous soyez venu chez moi à Versailles, mais vous savez, dis-je, combien est très petit mon appartement, par conséquent la garde-robe proportionnée au logement est tout des plus petites. Je vous dis cela à fin que vous sachiez que la demande que je vais vous faire n'est pas considérable. Cette petite garde-robe est carrelée et cela m'est insupportable. Je voudrais bien que l'on y mette des carreaux de faïence. S'il y en avait dans votre magasin, je vous serais très obligée d'y en faire mettre encore un coup ; elle est extrêmement petite ; il en entraînerait fort peu et vous attirerez beaucoup de reconnaissance de ma part, car cette petite propreté me tient beaucoup à cœur.* Réponse de E : *Il n'[y] a plus de carreaux de faïence dans les magasins au roi, ayant tout été employé chez le roi et la famille royale.* A.N. O[1] 1797 424
22.2.1764 La princesse de Talmond à M : *Comment vous m'avez refusé des carreaux pour paver une petite garde-robe de quatre pieds. O sûrement c'est pourtant bien peu de choses. Au moins ayez la bonté de mander à M. L'Écuyer... que l'on me la fasse paver et je le payerai.* A.N. O[1] 1797 430
11.1.1768 M à E : *Mme la princesse de Talmond me marque qu'elle a dans son logement une alcôve cintrée et désirerait y placer un lit à colonnes. Le cintre s'oppose ce qu'il y entre. C'est pourquoi elle désirerait que ce cintre fût supprimé, m'observant au surplus que ce changement ne saurait être que d'une très mince dépense qu'elle offre de faire payer... Vous auriez agréable d'en prendre connaissance au plus tôt et de faire faire ce changement en me marquant néanmoins ce qu'il coûtera afin que je voie s'il convient que j'accepte l'offre de Mme la princesse de Talmond ou si je peux sans conséquence le mettre à la charge des bâtiments.* A.N. O[1] 1798 206
1.2.1768 E à M : *La demande de Mme la princesse de Talmond pour le changement de la traverse d'alcôve de son lit [est] estimée à 40 livres environ. Étant peu de*

chose, le sieur L'Écuyer y va faire travailler ces jours-ci l'ordre du 11... A.N. O[1] 1812 IV 12
1770 *État* A « Madame de Talmond »
3.8.1772 E à M : *Je crois devoir me donner l'honneur de vous prévenir que Mme la princesse de Talmond persiste encore depuis quatre ans à demander un abat-jour dans sa cuisine qui lui a toujours été refusé faute d'argent. C'est un objet d'environ 1 200 à 1 500 livres autant qu'il m'en souvienne. Elle propose de mettre des verres de Bohême à ses croisées à ses dépens, dont les petits bois seraient changés par les Bâtiments. Cette demande n'est pas sans inconvénient, vu que cette nouveauté tirerait à conséquence par l'exemple, ni ayant aucun de ces verres dans le château, même chez le roi, la famille royale, ni les princes. Pour vous débarrasser quand cette princesse vous écrira, j'ai répondu à son valet de chambre pour l'article de l'abat-jour que cette princesse ait la bonté de s'adresser à M. le contrôleur général pour avoir l'argent, les ouvriers nous refusant absolument de travailler...* A.N. O[1] 1799 42
Hénin, Charles Alexandre d'Alsace-Hénin-Liétard, prince de (1744-1794). Capitaine des gardes du corps du comte d'Artois
Hénin, Adélaïde Félicité Étiennette de Montconseil, princesse de (1750-1823). Dame du palais de la reine 1778
1777 *État* B « M. le prince d'Hénin »
3.4.1779 P à A : *M. d'Hénin possède un logement au château qui a grand besoin d'être blanchi. Je vous prie de vouloir bien donner vos ordres pour que cela soit fait pendant le voyage de Marly...* Note : *Répondu le 6 qu'il sera satisfait.* A.N. O[1] 1800 356
3.10.1781 GG-B 170
[178...] [1] *Le logement de Mme la princesse de Hénin à Mme la marquise de Maillé, dame du palais* A.N. O[1] 1077 366
12.8.1785 L** à A : *Les réparations à faire dans l'appartement de M. le prince de Hénin... consistent dans le blanchi du plafond de sa chambre, dans le raccommodage d'un chambranle de cheminée de marbre, dans le blanchi d'une petite antichambre et dans la suppression d'un corps de fourneau en métal d'une cheminée dans une petite cuisine pour en former une chambre et [dans] le blanchi de la dite chambre.* A.N. O[1] 1802 115
1787 *État* E « Mme la princesse d'Hénin, dame du palais de la reine » "6 pièces, 2 à cheminée ; 3 entresols, 2 à cheminée"

CC 59

Estrades, Élisabeth Charlotte Huguet de Semonville, comtesse d' († 1784). Dame d'atour de Mesdames 1749
1.5.1748 *Le logement de Mme la duchesse de Lauraguais à Mme la comtesse d'Estrades...* Disposition : A.N. O[1] 1076 201 et 205
Tessé, René Mans de Froulay, comte de (1736-1814). Premier écuyer de la reine en exercice 1753
Tessé, Adrienne Catherine de Noailles, comtesse de (1741-1814). Dame de la dauphine 1755
20.8.1755 [2] *Le roi a donné le logement de Mme la comtesse d'Estrades à M. le comte et à Mme la comtesse de Tessé.* L* XV 232
1755 *Le logement de Mme la comtesse d'Estrades à M. le comte de Tessé, premier écuyer, et Mme la comtesse de Tessé, dame de Madame la dauphine* A.N. O[1] 1077 468
27.10.1761 E à M : *L'introduction des cheminées de Nancy ne devait point être permise dans les maisons royales vu le danger du feu. J'ai cru devoir m'opposer à la pose de celle du petit cabinet de Mme la comtesse de Tessé la jeune, dont sa lettre est ci-jointe, non par cette crainte, mais pour lui en faire connaître la conséquence de l'empêcher d'en parler à qui que ce soit en supposant, Monsieur, que vous voulussiez lui en accorder la permission d'autant que la cheminée en question, qui est de fer, est pour mettre dans une cheminée ordinaire qui existe, dont elle ne peut faire usage à cause de la fumée et dans laquelle passerait jusqu'en haut un tuyau de tôle ainsi que l'on fait pour les poêles. Par cette précaution, il n'aurait rien à craindre pour le feu.* A.N. O[1] 1797 197 ; *cf.* 199 et 1812 I 21
7.9.1761 M à E : *Vous auriez agréable de n'apporter aucun obstacle à ce que Mme la comtesse de Tessé fasse poser une cheminée de Nancy qu'elle propose de faire placer dans une autre cheminée de son appartement à condition, toutefois, qu'on élèvera un tuyau de tôle jusqu'en haut pour éviter les accidents de feu.* A.N. O[1] 1797 1989 ; *cf.* 200
1770 *Le logement de M. Tessé, n° 59, corps du château, au futur premier écuyer du roi...* Distribution : A.N. O[1] 1799 110
Montmorin Saint-Hérem, Jean Baptiste Calixte, marquis de (1727-1781). Gouverneur de Fontainebleau en survivance
Mirepoix, Anne Marguerite Gabrielle de Beauvau-Craon, maréchale de (1707-1798). Dame du palais 1753
17.2.1771 *Le logement ci-devant à M. le comte de Tessé, reservé pour le premier écuyer, corps du château 59 à Mme la maréchale de Mirepoix...* Disposition : A.N. O[1] 1798 599
Narbonne, Françoise de Châlus-Sanssat, marquise de (1734-1821). Dame du palais de l'Infante ; dame pour accompagner Madame Adélaïde 1760, puis sa dame d'atour 1764
29.5.1771 N au roi : *Madame Adélaïde demande que le logement réservé pour le futur premier écuyer de Votre Majesté soit prêté à Mme la comtesse de Narbonne jusqu'à ce que son logement* **[AG 29]** *soit rassuré. L'on pourrait, si Votre Majesté approuve, donner à M. le marquis de Montmorin, qui occupait ce logement, le trou qu'avait M. le président Ogier dans le bas de cette aile près de l'Opéra* **[AN 14C]**. A.N. O[1] 1077 125

1. Dans l'*État* de 1787, « 1 pièce à cheminée », et « 1 entresol à cheminée » de **CC 58** furent adjoints à **CC 59** pour le comte et comtesse de Maillé.

2. Mme d'Estrades fut exilée 6 août 1755 ; Mlle de Noailles et M. de Tessé se marièrent le 27 juin 1755.

28.8.1773 N au roi : *Le comte de Noailles donnera à Mme la maréchale de Mirepoix le logement réservé pour le premier écuyer et gardera le sien pour le premier écuyer.* Ordre autographe du roi : A.N. O[1] 1077 180

Maillé, Charles René de Maillé de La Tour-Landry, baron, comte, puis en 1784 duc de (1732-1791). Premier gentilhomme de la chambre du comte d'Artois 1773

Maillé, Madeleine Angélique Charlotte de Bréhen, comtesse, puis duchesse de († 1829). Dame du palais de Marie-Antoinette

1770 *État* A « M. le premier écuyer, puis de Montmorin (prêt seulement), puis Mme la marquise de Mirepoix, puis M. le comte de Maillé »

[1774] *Le logement que Mme la maréchale de Mirepoix a rendu à M. le comte de Maillé, premier gentilhomme de la chambre de Monseigneur le comte d'Artois...* Distribution : A.N. O[1] 1799 224

3.7.1774 *L'appartement de Mme le maréchale de Mirepoix à M. le comte de Maillé, premier gentilhomme de Monseigneur le comte d'Artois...* Distribution : A.N. O[1] 1077 203

5.2.1778 H à A : *Mme la comtesse de Maillé prie M. le comte d'Angiviller de vouloir bien donner des ordres pour que l'on peigne au blanc de détrempe un cabinet en entresol qu'elle vient de faire meubler à nouveau.* Réponse : *Pour compte à rendre et faire exécuter si la chose est aussi peu conséquente qu'elle le paraît.* A.N. O[1] 1800 132

2.12.1781 La comtesse de Maillé à A : *Mme la comtesse de Maillé prie M. le comte d'Angiviller de vouloir bien donner des ordres pour faire faire à la cheminée de son appartement les réparations nécessaires pour l'empêcher de fumer.* Réponse : *Mandé à M. Heurtier d'envoyer le fumiste.* A.N. O[1] 1801 199

4.7.1782 La comtesse de Maillé à A : *La comtesse de Maillé a l'honneur d'assurer de son sincère attachement M. le comte d'Angiviller et a celui de le prier de visiter les doubles croisées de son appartement du château qui par leur vétusté non seulement sont hors d'état de service mais même en danger de tomber sur la terrasse. Le bois vermoulu ne tenant point à ses ferrures, il nécessitait par conséquence à en faire des nouvelles.* Réponse de H : *J'ai l'honneur de rendre compte que j'ai examiné les doubles châssis de l'appartement de M. le comte de Maillé qui sont au nombre de trois, dont le premier est à refaire à neuf et les deux autres à raccommoder et que je pense que l'administration doit supporter la dépense qu'occasionnera la réparation de ces doubles châssis parce que cet appartement en a toujours eu et qu'ils sont compris dans l'entretien de ceux du château.* Note : *Le compte est rendu... et se trouve favorable à la demande de Mme de Maillé.* A.N. O[1] 1801 321 et 322

30.7.1787 La duchesse de Maillé à A : *Mme la duchesse de Maillé... demande... d'obtenir de M. le comte d'Angiviller... qu'il dise à M. Le Roi de faire blanchir l'appartement de Mme de Maillé à la première absence qu'elle fera. Il y a longtemps qu'il en a grand besoin, mais il est devenu plus pressant depuis qu'on est obligé de faire continuellement des fumigations pour chasser l'horrible odeur des rats morts derrière la boiserie.* Réponse : *Réponse d'adhésion.* A.N. O[1] 1802 365

1787 [1] *État* E « M. le comte de Maillé » "4 pièces, 1 à cheminée, 4 entresols, 2 à cheminée"

CC 58 et 59 sont combinés.

Maillé, Charles René de Maillé de La Tour-Landry, baron, comte, puis en 1784 duc de (1732-1791). Premier gentilhomme de la chambre du comte d'Artois 1773

Maillé, Madeleine Angélique Charlotte de Bréhen, comtesse, puis duchesse de († 1829). Dame du palais de Marie-Antoinette

3.11.1788 *Le logement de Mme la princesse d'Hénin à Mme de Maillé, dame du palais* A.N. O[1] 1802 537 ; *cf.* 1077 366

CC 59A [2]

Mailly, Louise Julie de Mailly de Nesle, comtesse de (1710-1751). Maîtresse du roi ; dame du palais de la reine

19.10.1741 *On accommode actuellement un logement au-dessus de la petite galerie du roi que l'on dit être pour M. de Meuse.* L* IV 4

21.10.1741 *J'appris hier le détail de ce qui s'est passé par rapport à l'appartement dont j'ai déjà parlé, que l'on fait au-dessus de la Petite Galerie. Cet appartement est presque fini et le roi doit y souper dans la semaine prochaine. Il y a quelque temps que le roi, étant avec M. de Meuse et Mme de Mailly, demanda à M. de Meuse s'il était content de son logement* **[AP 115]**, *et s'il ne lui ferait point plaisir en lui en donnant un autre, ajoutant que la chambre qu'il avait actuellement était triste et n'avait pas beaucoup de jour. M. de Meuse répondit qu'il recevait toujours avec reconnaissance les bienfaits du roi. Le roi lui dit : « Je veux vous en donner un au-dessus de ma petite galerie. » M. de Meuse se confondit en remerciements et dit que sa reconnaissance était d'autant plus grande qu'il serait bien près des cabinets de Sa Majesté. Le roi dit : « Mais je ferai fermer la communication. » Il ajouta : « De quoi voulez-vous que votre logement soit composé ? » Sur cela on raisonna sur la distribution du logement ; il est composé d'une petite antichambre, d'une seconde antichambre assez grande pour y manger, d'une jolie chambre, d'un cabinet et dans le double un office, une cuisine, une garde-robe de commodité, et une garde-robe pour coucher. Le roi continuant la conversation sur le logement dit à M. de Meuse : « Votre chambre sera meublée ; vous y aurez un lit mais vous n'y coucherez point, vous aurez*

1. **CC 59** était combiné avec une pièce à cheminée et un entresol à cheminée de **CC 58** à cette époque..
2. **CC 59A** fut créé dans les attiques au-dessus de la Petite Galerie des cabinets intérieurs du roi pour Mme de Mailly. Il jouxtait les Petits Appartements, **CC 45**, et on y accédait par le même escalier. En 1770, les deux espaces furent combinés pour Mme du Barry. Après l'exil de celle-ci, **CC 59A** fut de nouveau numéroté **CC 45A**. Voir plus haut.

une chaise percée mais vous n'en ferez point d'usage ; vous aurez la clef dans votre poche et vous pourrez y faire entrer M. de Luxembourg et M. de Coigny quand ils seront revenus de l'armée ; mais il faudra que vous y dîniez. Qu'est-ce vous voulez avoir pour votre dîner ? M. de Meuse qui n'avait été au fait à la première question, mais qui voit de quoi il s'agissait dit qu'il aimait assez à faire bonne chère ; qu'il ne serait pas fâché d'avoir un bon potage, une pièce de bœuf, deux entrées, un plat rôti, deux entremets. » Le roi lui dit : « Mais j'irai souper quelquefois. » M. de Meuse répondit qu'il tâcherait alors de faire faire bonne chère à Sa Majesté. « Combien demandez-vous, dit le roi, pour faire cette dépense ? » À cette question, M. de Meuse, fort embarrassé, craignant de dire trop ou trop peu, dit à Mme de Mailly : « Madame la comtesse, aidez-moi donc. » On examina ce qu'il fallait d'officiers pour servir cette table, et M. de Meuse, pressé vivement par le roi de dire une somme, dit qu'il imaginait pouvoir faire cette dépense pour 1 200 ou 1 500 francs par mois. L* IV 7

25.10.1741 *On va travailler à un bel appartement pour Mme de Mailly, appartement vraiment digne de la maîtresse déclarée d'un monarque ; on supprime le grand escalier des Ambassadeurs, et on va en faire un autre un peu avant la Chapelle. Au moyen de cet ancien escalier on augmente, je ne sais comment, l'appartement de la maîtresse.* D'ARGENSON III 405

29.10.1741 *Quand le roi s'arrangea pour donner à Mme de Mailly un petit appartement où elle se tient tout le jour avec sa petite société, et, pour elle, un petit cuisinier qui lui fait un petit dîner et un petit souper, le roi demanda pour chacun de ces articles combien cela coûterait : autre critique ; mais on lui prêche chaque jour l'économie et il se la prêche à lui-même.* D'ARGENSON III 410

2.1742 *Mme de Mailly a toujours resté jusqu'aujourd'hui dans le petit appartement dont j'ai parlé... On y monte par un petit escalier qui monte de la cour de Mme la comtesse de Toulouse chez Mme d'Antin. Il y a d'abord un passage, à la droite duquel est la salle à manger, laquelle joint les petits cabinets du roi ; ensuite un petit corridor assez étroit ; à gauche une garde-robe de femme de chambre et une garde-robe de commodité ; ensuite la chambre, qui est jolie mais fort petite, éclairée par une seule fenêtre et où il y a un lit en niche ; ensuite le cabinet où il y a deux fenêtres et qui est joli et à peu près comme la chambre. C'est là où le roi travaille à ses plans, les après-dîners et quelquefois écrit.* L* IV 91

4.1742 *On a fait quelque augmentation au petit appartement de Mme de Mailly ; on a pris une partie de la petite cour qui mène chez la comtesse de Toulouse et on y a bâti un escalier qui vient d'être achevé ; cela donne une antichambre de plus par où l'on arrive, et un passage qui conduit à un petit cabinet ; à droite est la salle à manger, qui était déjà, vis-à-vis laquelle est le passage qui mène au petit appartement ; au fond de ce cabinet est une porte qui conduit dans un petit passage, et de là dans un des petits cabinets, qui est peint en vert et où il y avait des lanternes dans le toit que l'on a bouchées ; cette pièce fait un salon d'assemblée pour le petit appartement de Mme de Mailly. Du reste il n'y a rien de changé à l'appartement. Mme de Mailly y a fait faire une niche de toile, découpée par un tapissier de Paris, et le roi a voulu se charger d'en payer la façon. Mme de Mailly couche tous les jours dans ce petit appartement et va de temps en temps le matin, même tous les jours quand elle est de service, dans son ancien appartement dans l'aile Neuve* [**AN 33 et 34**]. L* IV 152*sq.*

1742 La marquise de La Tournelle au duc de Richelieu : *Personne ne logera dans l'appartement de Mme de Mailly...* Marie Angélique Fremyn de Moras, duchesse de BRANCAS, *Mémoires de la duchesse de Brancas*, E. Assé, éd., Paris, 1890, p. 89

6.12.1742 *On a démeublé entièrement les appartements de Mme de Mailly ; le petit des cabinets est même condamné ; on y a mis une porte avec une barre.* L* IV 291

Beauvillier, Marie Françoise Suzanne de Creil de Bournezeau, *dite* duchesse douairière de (1716-?). Dame d'honneur de Madame Adélaïde 1750

Duras, Louise Françoise Maclovie Céleste de Coëtquen, duchesse de (1724-1802)

4.10.1757 E à M : *L'appartement de Mme la maréchale de Duras* [**VA 51 et 52**] *sera entièrement achevé le 20 ou 22, ce que j'espère, au moyen de quoi elle pourra remettre à la dame d'honneur de Madame celui qu'on lui avait prêté en attendant.* A.N. O[1] 1796 480

30.12.1761 GG-B 2764 « Plan d'une pièce voisine du logement de la duchesse de Beauvillier et demandée par elle, dans le corps central du château, dans les combles au-dessus de l'ancien cabinet des Médailles »

28.2.1762 M au roi : *Je supplie très humblement Votre Majesté de me permettre de lui prendre le plan de la pièce au-dessus de la première antichambre de Mme la duchesse de Beauvillier, dont les planches ont été refaites à neuf en reconstruisant l'arcade au-dessous. Cette pièce étant dépendante de son logement, elle demande la distribution marquée en marge en rouge sur le plan ci-joint pour laquelle il faut faire plusieurs armoires ainsi que dans la partie qui est au-dessus pour serrer les meubles et les effets de Madame. Ce arrangement coûtera environ 3 500 livres.* Bon du roi : A.N. O[1] 1071 49 ; *cf.* 1812 I 27

10.3.1762 M à E : *Vous auriez agréable de faire faire les arrangements et distributions que Mme la duchesse de Beauvillier a demandés dans la pièce de son logement qui est au-dessus de l'arcade reconstruite [entre le corps central et l'aile du Gouvernement]... C'est une dépense de 3 500 livres.* A.N. O[1] 1797 217 ; *cf.* 218

21.4.1763 E à M : *M. L'Écuyer supplie très humblement M. le marquis de Marigny de vouloir bien donner ses ordres pour faire délivrer des magasins la glace... destinée pour la nouvelle chambre de Mme la duchesse de Beauvillier au-dessus de l'arcade près de la Chapelle dont le parquet de l'attique, et la cheminée ont été faits sur les mesures de la dite glace.* A.N. O[1] 1797 322

6.11.1765 La duchesse de Beauvillier à M : *Vous m'avez promis, Monsieur, que vous voudriez bien envoyer à M. L'Écuyer l'ordre de faire blanchir mon appartement à Versailles. J'espère que vous le lui ferez*

passer promptement. J'ai un homme qui attend que cela soit fait pour le remeubler. Je vous aurais une vraie obligation de la diligence qu'on apportera à cet ouvrage qui est indispensable. A.N. O[1] 1797 585
3.4.1766 M à E : *Mme la duchesse de Beauvillier vient de m'écrire au sujet de quelques réparations et changements qui sont à faire à son appartement. Ils consistent dans un changement de cloison qui n'est que du bois et qu'elle désirerait qui fût en plâtre et boisée des deux côtés comme l'est la cloison actuelle. Il est aussi question d'ôter un bout de cloison qui rétrécit l'antichambre et qu'on en recule une autre, enfin, qu'on mette des persiennes à deux fenêtres d'une petite chambre. Vous vous transporterez en conséquence à son appartement et vous m'adresserez un devis estimatif de ces réparations.* A.N. O[1] 798 4
3.4.1766 M à la duchesse de Beauvillier : *J'ai reçu la lettre que vous m'avez fait l'honneur de m'écrire concernant les réparations à faire à votre appartement. J'ai écrit à M. L'Écuyer pour qu'il en dresse le devis estimatif. J'aurai soin, au premier travail que Sa Majesté voudra bien m'accorder, de lui mettre votre demande sous les yeux et de prendre ses ordres.* A.N. O[1] 1798 35 ; *cf.* 38
12.7.1766 E à M : *Vous m'avez ordonné... le 3 avril dernier de vous envoyer un devis estimatif des réparations et changements que Mme la duchesse de Beauvillier, dame d'honneur de Madame Adélaïde, vous a demandés, ce que j'ai fait dans le temps et n'ayant point reçu vos ordres à ce sujet, je vous supplie de vouloir bien me les donner pour y faire travailler. [Il s'agit de] 787 livres.* A.N. O[1] 1071 172
24.7.1766 E à M : *Je vous supplie de vouloir bien me donner vos ordres touchant le changement... de Mme la duchesse de Beauvillier de 787 livres...* A.N. O[1] 1798 81
18.9.1766 M au roi : *Le logement de Mme la duchesse de Beauvillier, dame d'honneur de Madame Adélaïde, a besoin de quelques réparations et changements dont la dépense pourra monter à 700 ou 800 livres.* Bon du roi : A.N. O[1] 1071 185 ; *cf.* 1812 III 144
Montmorency, Louis René Gabriel de Montmorency-Lagny, *dit* prince de (1735-?). Menin du dauphin 1770
Cossé, François Arius Timoléon, vicomte de (1749-1803). Premier gentilhomme de la chambre du duc de Provence
1770 *État* A « M. le prince de Montmorency puis le comte de Cossé [1] »

CC 60

Froulay, Louis Gabriel, *dit* bailli de (1694-1766). Ambassadeur de l'ordre de Malte en France 1741
2.5.1748 *Le logement de M. le duc de Lauraguais à M. le bailli de Froulay...* Disposition : A.N. O[1] 1076 201, 205
5.5.1748 *M. et Mme de Lauraguais logent depuis plusieurs années dans un appartement qui est auprès de celui de Mme de Pompadour et auquel on monte par un petit escalier qui donne auprès de la petite cour de Mme la comtesse de Toulouse ; le roi donne l'appartement de Mme de Lauraguais à Mme d'Estrades et celui de M. de Lauraguais au bailli de Froulay.* L* IX 30 *sq.*

CC 61

Huxelles, Nicolas de Laye du Blé, marquis d' (1752-1730). Maréchal de France ; ministre d'État 1726-1729
Mlle du Maine, Louise Françoise de Bourbon, *dite* (1707-1743)
Coigny, François de Franquetot, duc de (1670-1759). Maréchal de France
Coigny, Jean Antoine François de Franquetot, comte de (1702-1748)
25.5.1736 *Le roi a donné à M. le maréchal de Coigny celui de Mademoiselle du Maine, qui était autrefois celui qu'avait M. le maréchal d'Huxelles ; celui de M. le maréchal de Coigny au comte de Coigny, son fils, au Grand Commun.* L* I 82
1741 *État* « Sous-gouvernante des Enfants de France Mme de Lalande » « M. le maréchal de Coigny puis Mme la duchesse de Châteauroux » "5 pièces, 3 à cheminée"
GG-B 578 « Plan... à l'étage de l'attique... entre le parc du côté du nord et la cour des Cerfs... appartement... du maréchal et du marquis de Coigny » **[CC 61 et 62]**

CC 62

Lalande, Jeanne Françoise de Biaudos de Castéja, marquise de (1671-1761). Sous-gouvernante des Enfants de France
Coigny, Jean Antoine François de Franquetot, comte de (1702-1748)
1741 *État* « Sous-gouvernante des Enfants de France Mme de Lalande, puis M. le comte de Coigny puis Mme la duchesse de Châteauroux » "5 pièces 2 à cheminée ; 2 entresols, 1 à cheminée"

CC 61 et 62 sont combinés [2].

Châteauroux, Marie Anne de Mailly-Nesle, marquise de La Tournelle, puis en 1744 duchesse de (1717-1744). Dame du palais de la reine 1742 ; maîtresse du roi
GG-B 755 « Plan de l'appartement du comte de Coigny : appartement **[CC 61 et 62]** dans l'attique au nord au-dessus du grand appartement, ancien appartement de Mme de Lalande, sous-gouvernante des Enfants de

1. **CC 59A** fut divisé en 1769. Une partie de cet appartement, restée quelque temps indépendante, fut combinée avec **CC 45** de 1772 à 1774. Ensuite, un nouveau numéro lui fut affecté, **AN 45.** Voir plus haut.

2. Dans le maître plan de l'attique, GG-B 5, (vers 1753), **CC 61** incluait les croisées 11 à 12, sur le parterre du Nord et **CC 62** incluait les croisées 13 et 14. Ces deux appartements à l'extrémité ouest de l'attique étaient habituellement réunis ; ils le furent d'abord pour Mme de Lalande et Mlle du Maine, ensuite pour le maréchal de Coigny et son fils, puis pour Mme de Châteauroux, enfin pour Mme de Pompadour. Dans l'intervalle, les deux appartements en question étaient dissociés. Finalement, les Noailles les réunirent et annexèrent **CC 60** pour former l'appartement spacieux qui fut désormais le leur.

France, du maréchal de Coigny, puis de la duchesse de Châteauroux »
23.12.1742 *Mme de La Tournelle alla loger hier dans son nouvel appartement qui est composé de celui de M. le maréchal de Coigny.* L* IV 305
2.2.1743 *Le roi a été aujourd'hui à la chasse pour la première fois depuis quinze jours, à cause de la gelée. Pendant tout ce temps, il a toujours dîné, comme à l'ordinaire, tête à tête avec M. de Meuse. Pendant ce temps-là Mme de La Tournelle, qui est établie dans son nouvel appartement... dînait seule ; elle n'a point voulu jusqu'à présent descendre dans les cabinets pour y dîner, ni que le roi fît porter son dîner chez elle ; mais immédiatement après le dîner le roi monte chez elle avec M. de Meuse. Au bout d'une demi-heure, M de Meuse s'en va.* L* IV 377
20.3.1743 *... depuis le carême le roi a fait porter souvent sa collation, qui est ordinairement du lait, chez Mme de La Tournelle. D'ailleurs le même usage... subsiste toujours ; il n'y a de grand couvert que le dimanche ; outre cela, le roi soupe à son petit couvert, dans sa chambre, deux fois la semaine ; les autre jours, quand même il n'aurait pas été à la chasse, il soupe dans ses cabinets ; Mmes de La Tournelle et de Lauraguais y sont toujours ; Mme de Flavacourt y est souvent...* L* IV 444
20.4.1743 *Mmes de La Tournelle et de Lauraguais ne sortent presque point tout le jour de leur chambre. Mme de La Tournelle persiste toujours à ne vouloir point que le roi fasse porter son dîner chez elle ; elle dit qu'elle ne demanderait pas mieux que de dîner avec lui quand il l'aura mise en état qu'elle lui en donne. Il faut convenir que l'arrangement présent ne ressemble point à ce qui avait été annoncé dans le commencement de la faveur de Mme de La Tournelle... Mme de La Tournelle ne voulait point prendre d'engagement, disait-on, qu'elle ne fût assurée d'avoir une maison à elle, donner à manger, avoir du monde chez elle, et avoir un carrosse pour aller se promener... elle ne sort jamais, quoiqu'elle aime les spectacles. Quand elle soupe hors des cabinets, elle quitte le jeu et la compagnie tous les jours à minuit, lorsqu'elle sait que le coucher du roi est fini...* L* IV 469 *sq.*
12.5.1743 *Comme Mmes de La Tournelle et de Lauraguais ne sortent presque jamais les jours que le roi soupe au grand couvert, elles envoient quérir leur souper chez le traiteur, n'ayant ni l'une, ni l'autre de cuisine que le potage que leurs femmes font dans leur garde-robes.* L* V 11
18.5.1743 [Le roi] *fit médianoche avec Mmes de La Tournelle et de Lauraguais. Ces deux sœurs continuent toujours à souper chez elles les jours que le roi soupe au grand couvert, et envoient quérir leur souper chez le traiteur... Le roi monte chez elles au sortir du grand couvert.* L* V 18*sq.*
30.6.1743 *Le roi est avec Mme de La Tournelle et Mme de Lauraguais tout le plus souvent qu'il peut ; elles passent l'une et l'autre presque toute la journée dans leur chambre ; il ne paraît pas qu'il soit jamais question entre eux trois d'aucune affaire importante... celles qu'on traite dans le particulier des cabinets depuis quinze jours, c'est pour savoir si Mme de La Tournelle aura quatre chevaux ou si elle en aura six...* L* V 57*sq.*
26.7.1743 *Ses deux sœurs, Mmes de La Tournelle et de Lauraguais, sont d'un caractère fort différent. Mme de La Tournelle s'est laissé séduire par la grandeur de la place qu'on lui offrait, sans avoir aucun goût pour le roi personnellement... Elle a peu d'esprit ; et comme on lui a fait sentir les conséquences de ce qu'elle pourrait dire dans les circonstances présentes, elle parle extrêmement peu. Elle et sa sœur passent la journée dans un fauteuil ; et hors sa semaine, quand Mme de Lauraguais sort, c'est souvent pour la première fois à huit ou neuf heures. Mme de La Tournelle sort encore moins ; elle dîne tous les jours chez elle. Dans les commencements, elle soupait quelquefois dehors, quand il n'y avait point de cabinets ; présentement elle soupe toujours seule avec sa sœur ; et hors quelques jours de grand couvert, où le roi descend après souper un quart d'heure ou une demi-heure chez la comtesse de Toulouse, qui vient ici exprès pour cela, le roi remonte dans les cabinets et de là chez Mme de La Tournelle tout le plus tôt qu'il lui est possible. Mme de La Tournelle a peu ou point d'humeur ; son caractère naturel serait assez tourné à la raillerie, mais elle parle si peu présentement que l'on s'en aperçoit moins. Pour Mme de Lauraguais, elle est brusque et parle beaucoup, mais elle ne cherche qu'à se divertir ; il y a peu d'événements qui l'affectent, hors certaines gens à qui elle prend un intérêt particulier... Beaucoup de paresse, un bon fauteuil, se réjouir de tout, même aux dépens des autres, sans être méchante, c'est à peu près son portrait.* L* V 96 *sq.*
13.10.1743 *Il est fort question de faire une maison à Mme de La Tournelle, et elle en a même déjà un commencement ; elle a pris le meilleur cuisinier qu'on a pu trouver ; elle a un écuyer, six chevaux de carrosse, et on lui fit un berline...* L* V 155
1.2.1744 *Le roi, en arrivant hier ici, soupa chez Mme de Châteauroux ; il n'y avait point d'autre dames que Mme de Lauraguais ; Mme de Flavacourt soupa ce jour-là chez elle. Ses deux sœurs ne l'aiment pas beaucoup. Mme de Châteauroux a déjà donné deux ou trois fois à souper au roi, et outre cela quelques médianoches.* L* V 317
10.2.1744 *Le roi soupa chez Mme de Châteauroux avec Mme de Lauraguais seulement et quelques hommes.* L* V 322

Pompadour, Jeanne Antoinette Poisson, Mme Le Normant d'Étioles, en 1745 marquise de (1721-1764). Maîtresse du roi ; dame du palais surnuméraire 1756
19.6.1745 *On travaille toujours ici à l'appartement de Mme de Châteauroux pour Mme d'Étioles, l'on change presque entièrement cet appartement.* L* VI 492
6.12.1745 *Mme de Pompadour sera présentée aujourd'hui par Mme la princesse de Conti... Mme de Pompadour loge dans l'appartement de Mme de Châteauroux où l'on a fait quelque changement, mais on a laissé le meuble.* L* VII 60

26.11.1746 *[Mme de Pompadour] occupait déjà longtemps l'appartement d'en haut de la maîtresse que l'on avait encore embelli.* C* I 63

CC 60, 61 et 62 sont combinés.

Noailles, Louis de Noailles, en 1737 duc d'Ayen, puis en 1766 duc de (1713-1793). Capitaine des gardes du corps en survivance, 1731 ; maréchal de France 1755
Noailles, Catherine Françoise Charlotte de Cossé-Brissac, duchesse d'Ayen, puis de (1724-1794)
GG-B 574 « Plan de l'appartement du duc et de la duchesse d'Ayen dans l'attique du corps du château, du côté nord... deux retombes dont une au-dessus du salon de la Guerre »
29.12.1749 *L'appartement que Mme de Pompadour occupe au haut du château, près des cabinets, est destiné à M. le duc et à Mme la duchesse d'Ayen.* L* X 173
24.5.1750 *M. et Mme la duchesse d'Ayen chez Mme la marquise de Pompadour...* Disposition : A.N. O[1] 1076 250
8.12.1759 Le duc d'Ayen à M : *Vous auriez agréable, Monsieur, d'ordonner qu'il soit posé une glace à une porte qui est à côté de l'alcôve de M. le duc d'Ayen.* Réponse : *Cette lettre n'a point eu lieu. Il y était posé un panneau à la porte de l'alcôve de l'appartement de M. le duc d'Ayen au lieu de la glace.* A.N. O[1] 1797 82
1770 *État* A « M. le duc de Noailles »
Ayen, Jean Louis François Paul de Noailles, duc d' (1739-1824)
Ayen, Henriette Anne Louise d'Aguesseau, duchesse d' (vers 1736-1794)
14.8.1788 Le duc d'Ayen à A : *Je désirerais faire blanchir l'appartement que j'ai à Versailles.* Réponse : *Répondu très poliment.* A.N. O[1] 1801 523
1787 *État* E « M. le maréchal de Noailles, capitaine des gardes » "11 pièces, 5 à cheminée ; 6 entresols, 4 à cheminée" **[CC 60, 61 et 62]**

CC 63

Tour du roi
1741 *État* « Laboratoire du roi » "2 pièces à cheminée"
1770 *État* A « Tour du roi »
1777 *État* B « Tour du roi »

CC 64[1]
Décharge du garde-meuble
Lazur, Louis Joseph (?-?). Pâtissier et cuisinier du roi 1748
1741 *État* « Décharge du garde-meuble, puis cabinet Lazur » "1 pièce à cheminée au-dessus du salon au bout de la galerie"
Cuisine et office du roi
18.5.1740 *J'ai déjà parlé d'une nouvelle invention d'une cuisine portative que l'on croit pouvoir être utile, surtout pour les vaisseaux, parce qu'on consume fort peu de bois. Le roi en a fait faire une depuis peu que l'on m'a dit peser 2 500* [livres ?] *; elle est dans ses petits appartements à Versailles ; elle a environ quatre pieds de haut, sans compter les chapiteaux, un peu plus de deux pieds de large, non compris les tambours des broches, trois pieds de long et quelque chose de plus. Il y a de quoi faire sept entrées et le reste à la proportion.* L* III 187
1770 *État* A « Cuisine et offices du roi »
1787 *État* E « Petits Appartements du roi »

ATTIQUE AU-DESSUS DU GRAND APPARTEMENT DE LA REINE[2]

CC 65
Magasin des Bâtiments
Loysel[3], Mlle (?-?). Femme de chambre de la duchesse de Bourgogne
1741 *État* « Magasin des Bâtiments puis Mlle Loysel » "1 pièce à cheminée au-dessus du salon"
GG-B 657 « Garde de la reine au-dessus du salon de la Paix »
28.11.1754 N au roi : *La reine désire conserver à sa disposition le logement de Mlle Loysel* A.N. O[1] 1076 384

CC 65A
Gabriel, Ange Jacques (1698-1782). Contrôleur

1. C'est l'espace situé autour de la voûte du salon de la Guerre. Plus tard, ce numéro désigna les cuisines situées sur la terrasse au-dessus de l'antichambre et de la salle à manger des petits appartements.

2. Avant le premier état des logements, plusieurs listes d'occupants successifs de ces appartements ont pu être établies. L'attribution des appartements numérotés est encore matière à conjectures. Les plus anciens occupants furent la première femme de chambre de la dauphine de Bavière, qui vivait au-dessus de sa maîtresse, et la gouvernante et les femmes de chambre des filles d'honneur de la dauphine, qui habitaient l'espace mitoyen. Dans la série proposée d'occupants successifs qui suit, ces appartements étaient donnés aux familiers de celle qui succéda à la dauphine de Bavière, la duchesse de Bourgogne, quand sa maison fut établie en 1696. D'autres espaces ont été identifiés et mis en rapport avec les numéros des appartements en usage au XVIIIe siècle. Parmi leurs premiers occupants figuraient : la princesse de Soubise, qui fut pour peu de temps la maîtresse de Louis XIV, le vieux duc de Gesvres, premier gentilhomme de la chambre du roi, et Denis Moreau, le premier valet de chambre du duc de Bourgogne. Nyert, fils, un autre premier valet de chambre du roi, hérita la fortune et l'appartement de Moreau. Au XVIIIe siècle, les appartements furent occupés soit par les dames du palais de la reine soit par les ecclésiastiques de sa maison. Bref, cet espace fut réservé à des personnes de confiance, des intimes, d'une moralité irréprochable.
3. La *Gazette d'Amsterdam* sous son n° LXXIII [1696] cite Mme Louiste ou Loys comme l'une des quatre femmes de chambre désignées pour servir la duchesse de Bourgogne. SS III 159 note 7

général des Bâtiments du roi ; premier architecte du roi 1742-1775 ; intendant des Bâtiments 1745
1734 GG-B 658 « Plan légendé de deux petits appartements à faire au-dessus du salon de la Paix, l'un pour la garde de la reine (A) [Mlle Loysel], l'autre pour Gabriel fils comme contrôleur (B) »
1741 *État* « M. Gabriel[1] »
20.5.1745 *Les grands contrôles, comme Paris, Versailles, Fontainebleau, Marly, sont tous égaux pour les appointements ; ils valent 2 000 écus. Dans presque tous, il y a quelques bénéfices. Dans celui de Versailles, il n'y a rien que le logement*[2]. L* IV 14
Castries[3], Charles Eugène Gabriel de la Croix, marquis de (1727-1801). Maréchal de France 1783 ; ministre de la Marine 1780-1787
s.d. N au roi : *M. Gabriel cède un petit logement qu'il a au château à M. le marquis de Castries pour en avoir un grand qu'il a à l'ancien hôtel du gouvernement... Votre Majesté veut-Elle bien consentir à cet arrangement et assurer à M. le marquis de Castries ce petit logement au château avec un pièce à côté qui en était autrefois* [**CC 66A**] ? A.N. O[1] 1077 391

CC 66
Bezzola, Mlle (?-?). Première femme de chambre de la dauphine de Bavière
Bezzola, que Madame la dauphine avait amenée avec elle, devint bientôt toute sa consolation ; et une très longue maladie de Bezzola, qui ne fut sans soupçon de poison, aigrit encore Madame la dauphine, qui, accoutumée à passer la plupart de ses journées tête à tête avec elle, ne put s'en passer longtemps, et les alla passer dans sa chambre tant que la santé de Bezzola l'empêcha d'en sortir. Elle n'était pourtant que femme de chambre, et quoique fille d'esprit, de mérite et qui eût bien voulu pouvoir amener sa maîtresse à une conduite plus complaisante, sa faveur si marquée aliéna fort les esprits et donna un champ libre à Mme de Maintenon et à Madame la princesse de Conti, tellement que Madame la dauphine était souvent accusée de faire la malade, pour préférer le tête-à-tête avec Bezzola à tous les devoirs et aux plaisirs même de son état. SS *Additions* à D III 103[4].
[169...] *On put ajouter à ces sortes de préjugés d'une partie de la Cour touchant l'humeur ou la conduite de cette princesse, la confidence particulière et la manière qu'elle prit et qu'elle garde jusqu'ici avec une des ses filles, nommée Mlle Bezzola. C'est une fille piémontaise, dont le père, en qualité de médecin, suivit l'électrice de Bavière, mère de Madame la dauphine, et laquelle, lui ayant servi de femme de chambre dès le bas âge de sa maîtresse, est aussi la seule qui lui est restée des femmes qu'elle avait amenées avec elle de Munich en France... Cependant il n'a pas laissé d'attirer de la considération pour cette fille, de faire rechercher son amitié aux personnes qui ont envie de plaire à Madame la dauphine, de la distinguer d'ailleurs du rang des ses femmes de chambre, et dont elle ne faisait plus les fonctions... Aussi a-t-elle un train et un appartement séparé à Versailles, au-dessus de sa maîtresse où on peut la voir, mais où elle évite la cour de l'un et de l'autre sexe pour ne laisser aucune prise sur elle et pour se donner tout entière à sa maîtresse.* SPANHEIM, *Relation de la cour de France*, p. 67
22.4.1690 [Madame la dauphine] *avait prié le roi, avant que de mourir, d'avoir soin de Mlle Bezzola, et lui avait laissé son prie-dieu et son bureau.* D III 104
23.4.1690 *Le roi a donné à Mlle Bezzola 4 000 livres de pension ; elle se retira dans un couvent en France.* D III 104
10.10.1690 *M. l'électeur de Bavière donne une pension de 1 000 écus à Mlle Bezzola...* D III 232
Chamillart, Michel (1652-1721). Intendant des finances 1690
Seignelay, Catherine Thérèse de Matignon-Torigny, veuve en 1690 du marquis de, puis comtesse de Marsan (1661-1699)
13.11.1691 *On a donné celui de l'aile neuve* [**AN 39**], *qu'on a prêté à Mme de Seignelay à Mademoiselle, et on donna à Mme de Seignelay celui qu'avait Mlle Bezzola. On a ôté M. de Chamillart et on l'a remis à son ancien appartement auprès de M. le comte de Toulouse.* D III 430
Marsan, Charles de Lorraine-Armagnac, comte de (1648-1708)
21.2.1696 *M. de Marsan épousa à Paris Mme de Seignelay... ils allèrent coucher chez la mariée.* D V 369 ; *cf.* SS III 8-15
Nogaret, Marie Madeleine Agnès de Gontaut-Biron, marquise de (1653-1724). Fille d'honneur de la dauphine 1679 ; dame du palais de la duchesse de Bourgogne 1696
26.9.1696 *On a donné à M. et Mme de Marsan l'appartement qu'avait Mademoiselle avant la mort de Mme de Guise,* [**AN 39**] *et que l'on avait prêté au cardinal de Bonzi, qui s'en est retourné en Languedoc... le logement de Mme de Marsan est donné à Mme de Nogaret...* D V 476
15.1.1700 M. de Nogaret à [d'Antin] : *Le roi donne à Madame la dauphine... l'appartement qu'occupait ci-devant mon mari...* A.N. O[1] 1798 1
Pezé, Hubert de Courtarvel, marquis de (1680-1734). Page de la duchesse de Bourgogne ; gentilhomme de la manche du roi 1716
1731 GG-B 659 « Plan légendé de l'ensemble des appartements de la reine... avec projets... plan de l'attique avec les appartements de M. de Pezé... ». *Cf.* GG-B 661
Nangis, Louis Armand de Brichanteau, marquis de (1682-1742). Chevalier d'honneur de l'infante 1724 puis de la reine 1725 ; maréchal de France 1741

1. Pas d'indication sur le nombre des pièces.
2. En devenant premier architecte, en 1742, Gabriel reçut le logement de fonction situé au premier étage de l'hôtel de Mademoiselle (sur l'actuelle rue Colbert) ; il semble cependant qu'il ait longtemps conservé ce logement comme pied-à-terre.
3. Le marquis de Castries occupait aussi **CC 66 A**.
4. Dangeau mentionne régulièrement ces visites. Voir I 268, 325-335, 342, 344, 346, 348, 351 ; II 64, 203.

12.12.1742 *La reine est presque toujours dans le même degré d'affliction du maréchal de Nangis ; tout lui en rappelle le souvenir ; elle pleure continuellement avec ceux qu'elle voit en particulier ; elle ne veut presque plus habiter ses petits appartements* **[CC 32]** *parce que de là on voit les fenêtres du maréchal et présentement elle fait presque toujours usage de ses entresols dont elle ne se servait point auparavant.* L* IV 297

Saulx-Tavannes, Charles Nicolas, cardinal de (1690-1759). Archevêque de Rouen 1734-1759 ; grand aumônier de la reine ; cardinal 1736

1741 *État* « M. de Pezé, puis M. le marquis de Nangis, puis M. l'archevêque de Rouen » "4 pièces, 2 à cheminée ; 3 entresols, 1 à cheminée"

18.10.1742 *On a donné hier à M. l'archevêque de Rouen l'appartement de feu M. le maréchal de Nangis, au-dessus de la reine.* L* IV 245

CC 65 et 66

Rochechouart-Faudoas, Jean François Joseph de Rochechouart-Faudoas, évêque de Laon, puis cardinal de (1708-1777). Évêque de Laon 1741-1777 ; ambassadeur auprès du Saint-Siège 1757 ; grand aumônier de la reine 1757 ; cardinal 1761

Rennes, Louis Guy Guérapin de Vauréal, évêque de (1690-1760). Maître de la Chapelle et évêque de Rennes 1732-1758

16.7.1757 *Le logement de M. l'évêque de Laon prêté à M. l'évêque de Rennes jusqu'à ce qu'il ait celui de Mme de Civrac qui lui est promis...* Disposition : A.N. O1 1076 486

1.4.1759 *Le logement de M. l'évêque de Laon à M. Boucheman* [concierge du château] *pour garder en réserve...* Disposition : A.N. O1 1076 558

13.4.1759 *Le logement de M. l'évêque de Laon... remettant les clefs à M. Boucheman...* Disposition : A.N. O1 1076 563

Meaux, Jean Louis Marthonie de Caussade, évêque de (1712-1779). Évêque de Poitiers puis de Meaux 1759-1779 ; premier aumônier de Madame Adélaïde 1751

1.4.1759 *Le logement de M. l'évêque de Laon prêté à M. l'évêque de Meaux...* Disposition : A.N. O1 1076 599

1770 *État* A « M. l'évêque de Laon »

Soulanges, N... de Saint-Georges (?-?). Dame de Mesdames les cadettes 1755

Fronsac, Louis Antoine Sophie de Vignerot du Plessis de Richelieu, duc de (1736-1791). Premier gentilhomme de la chambre du roi en survivance 1756

1760 *Le logement de M. le grand aumônier de la reine, qu'occupait Mme la marquise de Soulanges, à M. le duc de Fronsac pendant l'année 1761...* Disposition : A.N. O1 1077 356

Narbonne, Françoise de Châlus-Sanssat, comtesse de (1734-1821). Dame pour accompagner Madame Adélaïde 1760

17.3.1761 N au roi : *Madame désire que Mme la comtesse de Narbonne sorte de son logement* **[AN 62A]**, *beaucoup trop voisin du privé ; en attendant qu'elle en puisse avoir un autre, Votre Majesté est suppliée de permettre qu'elle occupe celui de l'évêque de Laon jusqu'au retour de M. le duc de Fronsac.* A.N. O1 1076 643

18.10.1761 N au roi : *Mme la comtesse de Narbonne est dans le logement de M. l'évêque de Laon. M. le duc de Fronsac arrivera selon les apparences dans le mois de novembre...* A.N. O1 1076 654

[1765] N au roi : *Le cardinal de Rochechouart demande à conserver son logement quoiqu'il n'ait plus de droit, sa charge étant éteinte.* Bon du roi A.N. O1 1076 789

Clermont-Tonnerre, Marie Anne Julie Le Tonnelier de Breteuil, duchesse de (?-?). Dame du palais 1757-1782

Clermont-Tonnerre, Charles Henri Juste, duc de (1720-1794)

18.12.1776 *Le logement que M. le cardinal de Rochechouart a remis au roi, à Mme la marquise de Tonnerre...* Arrangements : A.N. O1 1799 635 ; *cf* 1077 355

s.d. GG-B 657 « Plan des logements dans l'attique au-dessus de l'appartement de la reine... Mme de Tonnerre au-dessus de la chambre »

19.12.1776 H à A : *J'ai vu Mme de Tonnerre qui vous prie en grâce... de vouloir bien lui accorder une alcôve dans sa principale pièce pour faire servir un lit qu'elle a qui ne peut aller que dans une alcôve. Elle confesse qu'elle n'a pas le moyen d'en acheter un autre...* A.N. O1 1799 638

1777 *État* B « Mme de Tonnerre »

Berghes, Marie Thérèse Josèphe de Castellane, comtesse de († 1814). Dame du palais de la reine 1781

3.7.1781 H à A : *Le double châssis qui a été posé chez Mme de Berghes était en remplacement d'un ancien qui était absolument hors de service par sa vétusté... Ce double châssis a empêché un store, qui était à la croisée, de jouer et... c'est le motif qui a donné lieu à la demande d'une persienne par Mme de Berghes... Cette demande... sera très peu conséquente parce que le chambranle du double châssis qui est posé recevra les deux volets de persiennes qui seront à faire.* A.N. O1 1801 125

3.10.1781 GG-B 170

1787 *État* E : « Mme la comtesse de Berghes, dame du palais de la reine » "7 pièces, 2 à cheminée, 3 entresols, 1 à cheminée, 1 bûcher"

22.4.1787 La comtesse de Berghes à A : *Je vous prie... de faire donner des ordres pour qu'on vienne poser un châssis neuf à la fenêtre de mon antichambre où il ne reste plus qu'un morceau de l'ancien, le vent l'ayant brisé il y a trois semaines. Le temps est assez froid pour désirer d'être enfermé. Je suis fâchée de vous importuner pour si peu de chose, mais il est nécessaire de recourir au chef quand on ne peut avoir raison des employés. Il y a plus de six mois qu'ils ont fait la visite et constaté que le vieux châssis ne pouvait plus être raccommodé ; les mesures ont été prises pour en faire un autre. Je l'ai fait demander à chaque voyage que j'ai fait ici, sans pouvoir l'obtenir, et c'est ce qui m'oblige à vous importuner.* A.N. O[1] 1802 337

CC 66A

Castries[1], Charles Eugène Gabriel de la Croix, marquis de (1727-1801). Ministre de la Marine 1780-1787

Castries, Gabrielle Isabeau Thérèse de Rosset de Fleury, marquise de (1728-?). Dame pour accompagner Madame Adélaïde 1751

1770 *État* A « M. le marquis de Castries »

1777 *État* B « M. de Castries »

24.6.1780 *Lettre de M. le marquis de Castries sur un logement qu'il avait à Versailles où il dit avoir dépensé 1 000 à 1 200 livres et qu'il a cédé pour la garde de la reine.* Mémoire sommaire : A.N. O[1] 1800 583

8.7.1780 H à A : *C'est peut-être à cause de ce déplacement que M. de Castries a fait faire dans le nouveau logement, qui lui a été donné en échange par M. le prince de Poix, tous les arrangements dont il réclame aujourd'hui le payement par l'administration des bâtiments et pour lequel payement M. le prince de Poix m'a chargé de dire à M. le directeur général qu'il prendrait le plus vif intérêt.* A.N. O[1] 1800 589

Garde de la reine

1787 *État* E « La garde de la reine » "6 pièces, 3 à cheminée"

CC 67

Montchevreuil, Marguerite Boucher d'Orsay, marquise de († 1699). Gouvernante des filles d'honneur de la dauphine 1679-1687

25.10.1687 *Le roi a permis à Mme de Montchevreuil de quitter la charge de gouvernante des filles et l'on croit que l'on ne mettra personne à sa place. On a malheureusement trouvé un mauvais livre derrière le lit de Mlle de Montmorency ; elle a avoué que M. le Duc le lui avait donné, mais elle prétend qu'il lui a donné pour une de ses compagnes qui le nie fort ; la chambre est dans une grande désolation. Le roi a déclaré qu'il ne s'en voulait plus mêler. Madame la dauphine fait des merveilles, et, quoiqu'elle crût n'avoir point sujet de se louer de ses demoiselles, elle leur a promis sa protection, si elles faisaient mieux à l'avenir.* D II 55 *sq.*

26.10.1687 *Madame la dauphine a déclaré qu'elle ne reprendrait plus de nouvelles filles, mais qu'elle tâcherait à établir celles qui demeurent.* D II 57

11.11.1687 *Mme de Montchevreuil, qui est retournée à Versailles avec Madame la dauphine, est présentement dans le nouvel appartement que le roi lui a donné. Elle a pris congé des filles. La place de gouvernante ne sera point remplie.* D II 65[2]

1. Le marquis de Castries occupait aussi **CC 65**.

2. Pour le dessous des cartes, voir S II 97. L'amitié de Monseigneur pour Mlle de La Force semble avoir soulevé la colère de la dauphine.

Les filles d'honneur de la dauphine

La Force, Louise Victoire de Caumont La Force, *dite* Mlle de, plus tard marquise du Roure (?-?). Fille d'honneur 1686

7.3.1688 *M. le marquis du Roure épousa Mlle... de La Force...* D II 117 ; *cf.* SS *Additions* : *Monseigneur était fort amoureux de Mlle de La Force : c'était la première fille du duc qui eût été fille d'honneur, et le roi l'avait voulu ; il n'y eut pas moyen de l'ôter, et, quand il cassa la chambre des filles, il la mit chez Mme d'Arpajon, dame d'honneur, et elle ou sa fille la menait aux fêtes de Marly et Trianon. Le roi la maria le mieux qu'il put...*

Bellefonds, Suzanne Gigault de Bellefonds, *dite* Mlle de, plus tard marquise du Châtelet (1667-1733). Fille d'honneur 1686

Biron, Marie Madeleine Agnès de Gontaut-Biron, *dite* Mlle de, plus tard marquise de Nogaret (1653-1724). Fille d'honneur 1679

17.1.1688 *Pour Mlle de Biron, elle se retira avec Mme d'Urfé, sa sœur, et ainsi elle ne quitta pas la Cour entièrement.* S II 128

Gramont, Claude Charlotte de Gramont, *dite* Mlle de, plus tard comtesse de Stafford (1662-1739). Fille d'honneur

Semear, Marie Élisabeth de Gramont, *dite* Mlle de, plus tard abbesse de Poussay (1667-1706). Fille d'honneur

17.1.1688 *Mlle de Gramont et Mlle de Semear... se retirèrent à Paris chez Mlle de Saint-Chaumont, leur tante...* S II 218

Montmorency, N..., *dite* Mlle de (?-?)

17.1.1688 *... l'on dit que Madame la princesse prenait auprès d'elle Mlle de Montmorency.* S II 128 ; *cf.* note 1 : *Elle était parente de M. le prince et entrait auprès de Madame la princesse sur le pied de parenté.*

Rambures, Marie Armande de Rambures, *dite* Mlle de, plus tard marquise de Polignac († 1706). Fille d'honneur

Levenstein, Sophie Marie de Bavière, comtesse de Levenstein-Rochefort-Montaigu, *dite* Mlle de, plus tard marquise de Dangeau (1664-1736). Fille d'honneur 1684

CC 67 est divisé.

1.12.1688 *L'appartement des filles a été donné à deux nièces de Mme de Maintenon, Mme de Mailly et Mme de Caylus.* D II 98

CC 67

Caylus, Marthe Marguerite de Valois de Villette de Mursay, marquise de (1673-1729)

Châtelet, Suzanne Gigault de Bellefonds, marquise du (1667-1733). Dame du palais de la duchesse de Bourgogne 1696

27.9.1696 *... le logement qu'avait Mme de Caylus est donné à Mme la marquise du Châtelet.* D V 476

CC 67 bis
Mailly, Marie Anne Françoise de Sainte-Hermine, comtesse de (1667-1734). Dame d'atour de la duchesse de Chartres 1692 ; dame d'atour de la duchesse de Bourgogne 1696
Brancas, Marie de Brancas, duchesse de Villars (1651-1731). Dame d'atour de Madame 1703
21.3.1704 *Le roi a donné à Mme de Mailly l'appartement qu'avait le duc d'Aumont, et à la duchesse de Brancas, l'appartement qu'avait Mme de Mailly*. D IX 464

CC 67 et 67 bis sont réunis.

Talmond, Frédéric Guillaume de La Trémoille, prince de (1658-1739)
1731 GG-B 659 « Plan légendé de l'ensemble des appartements de la reine... avec projets... plans de l'attique avec les appartements... du prince de Talmond et M. de Nyert 1731 »
[1731] GG-B 660 « Plan de l'appartement du prince de Talmond dans l'attique au-dessus de l'appartement de la reine 1731 » ; *cf.* GG-B 661
Nyert, Louis de, marquis de Gambais (1687-1736). Premier valet de chambre du roi en succession de son père 1719-1736
1741 *État* « M. le prince de Talmond, puis M. de Nyert » 5 pièces, 2 à cheminée ; 4 entresols, 1 à cheminée
Beauvillier, Marie Madeleine de Rousset de Fleury, duchesse de (1744-?). Dame du palais de la reine 1770
GG-B 170 657 « Plan des logements dans l'attique au-dessus de l'appartement de la reine... Mme de Beauvillier au-dessus du salon des Nobles... »
1770 *État* A « Mme de Beauvillier, dame du palais de Madame la dauphine »
1787 *État* E « Mme la duchesse de Beauvillier » "5 pièces, 3 à cheminée ; 3 entresols, 1 à cheminée et 1 grenier"

CC 68
Soubise, Anne de Rohan-Chabot, princesse de (1648-1709). Dame du palais de la reine Marie-Thérèse
Gesvres, Léon Potier, comte de Sceaux, puis marquis et enfin duc de (1620-1704). Capitaine des gardes du corps en succession de son père 1646-1669 ; premier gentilhomme de la chambre du roi 1669
3.6.1695 *Le roi a donné au duc de Gesvres l'appartement que Mme de Soubise avait à Versailles...* D V 25
Moreau, Denis, sieur († 1707). Premier valet de la garde-robe du roi 1683-1689 ; premier valet de chambre du duc de Bourgogne 1689
17.11.1701 *Le duc de Gesvres, dont la santé ne lui permit guère de venir ici et encore moins quand il y est de monter à son appartement qui est fort haut, le rendit au roi... et le roi l'a donné à Moreau, premier valet de chambre de Mgr le duc de Bourgogne.* D VIII 240
20.11.1701 *Sa Majesté a ordonné de faire les changements que M. Moreau, premier valet de chambre de Mgr le duc de Bourgogne, demandait pour le nouvel appartement qu'elle lui a donné joignant celui de M. de Nyert et de l'orner de cheminées de marbre et menuiserie propres.* A.N. O[1] 1809 [82]
21.2.1702 *Mgr le duc de Bourgogne dîna chez Mme la duchesse de Bourgogne et après leur dîner ils montèrent à l'appartement de Moreau qui est meublé le plus agréablement du monde.* D VIII 330
23.3.1702 *Hier j'ai eu la curiosité d'aller voir l'appartement de M. Moreau, premier valet de chambre du duc de Bourgogne. Il l'a arrangé lui-même, et j'en avais beaucoup parlé. J'y suis donc allée au lieu de me rendre au prône. C'est petit, mais très propre et très curieux. Il a quatre petites chambres ornées de portraits et de tableaux. D'abord de magnifiques toiles de Poussin ; le roi n'en a pas de plus belles. Il y en a trois grandes. L'une représente la mort de Phocion ; dans l'autre, on recueille ses cendres, et la troisième nous montre Moïse sauvé des eaux par la fille du roi d'Égypte. Il y a aussi un Carrache, un Mignard, un Van Dyke* [sic], *un Bassan et d'autres tableaux de deux peintres dont j'ai oublié les noms. Ils ont tous des cadres dorés et façonnés, et autour des grands tableaux, il y en a de petits qui représentent tous les rois de France depuis François I*[er] *jusqu'à notre roi. Au-dessous de chaque roi, l'on voit tous les grands hommes, savants et guerriers, qui ont vécu de son temps. Moreau a les portraits de tous les poètes depuis la même époque jusqu'à nos jours. Malherbe a une affreuse barbe. Il a également les maîtresses de tous les rois et toutes les reines. Dans un cabinet à part se trouvent Mme de Montespan, Mme de La Vallière, Mme de Fontange, Mme de Ludres. Il a aussi Mme de Maintenon, habillée comme une sainte, et toute la famille royale ainsi que tous ceux qui ont gagné des batailles, rangés par ordre chronologique ; on voit parmis eux Monsieur le Prince, le duc d'Harcourt, M. de Turenne et M. de Luxembourg. Il a placé sous le cardinal de Richelieu tous ceux qu'il a fait mourir, tels que M. de Montmorency, le maréchal d'Ancre, M. de Cinq-Mars, le maréchal de Marillac et M. de Bassompierre. Sous le portrait de Henri III sont tous les guillards, et tout ce qui a joué un rôle du temps de la Ligue. Mais ce serait trop long de vous raconter tout ce que j'ai vu. Moreau a encore de belles porcelaines de prix et des figures de bronze, les portraits de M. Le Brun, de Mignard, de M. Le Nostre* [sic], *très ressemblant, de Racine, de Corneille, de La Fontaine, très ressemblant aussi, enfin tous les jansénistes et Mme Guyon. Je lui conseillai de placer cette dame entre M. de Cambray et M. de Meaux. Il me dit qu'il y avait bien songé , mais qu'il n'avait pas osé le faire. Il a aussi le portrait de Rabelais, qui a une physionomie très comique. Tout cela est très joli à voir ; je*

suis restée une heure entière à tout examiner. Comme les temps sont changés. Excepté Mme de Maintenon, qui est habillée comme une sainte Françoise, tous les autres sont dans leur costume naturel et ces costumes ne ressemblent guère aux nôtres. Le brave Chivry est singulièrement accoutré ; il a un pourpoint gris de lin tout tailladé et doublé de bleu... Lettres de Madame la duchesse d'Orléans, née princesse Palatine, Paris, 1981, p. 214

Nyert, Louis de, marquis de Cambais (1687-1736). Premier valet de chambre du roi en succession de son père 1719-1736

7.12.1707 *Moreau mourut... Il avait un fort bel appartement dans le château qui touche à celui de M. Nyert et que le roi donne à Nyert le fils.* D XII 25

1731 GG-B 659 « Plan légendé de l'ensemble des appartements de la reine... avec projets... plans de l'attique avec les appartements... du prince de Talmond et M. de Nyert 1731 »

Mirepoix, Jean François Boyer, évêque de (1674-1755). Évêque de Mirepoix, 1731-1736 ; précepteur du dauphin 1735 ; premier aumônier de la dauphine ; chargé de la feuille des bénéfices 1743

25.5.1736 ... *plusieurs changements faits pour des appartements... à Mirepoix celui de feu M. de Nyert, au-dessus de l'antichambre de la reine.* L* I 82

1741 *État* « Premier valet de chambre du roi, M. de Nyert, puis M. l'évêque de Mirepoix » "4 pièces, 2 à cheminée ; 10 entresols, 2 à cheminée"

15.5.1744 ... *le roi a donné un autre logement à M. l'évêque de Mirepoix* [**S 21 et 31**]. *Il logeait depuis quelques années presque au-dessus de la reine, entre le logement qu'avait feu M. le maréchal de Nangis* [**CC 66**] *et qu'occupe présentement M. l'archevêque de Rouen, et celui de M. le duc de Fleury* [**CC 69**]. *L'escalier est fort haut et fort incommode.* L* V 436

Champagne, Françoise Judith Lopriac de Douges, comtesse de (1721-1748). Dame de la dauphine

16.6.1748 *Mme de Champagne mourut avant-hier... à Paris, après une très longue maladie. Elle était fille de Mme de Douges et avait été nommée dame de Madame la dauphine à la création de la maison ; elle avait environ trente ans.* L* IX 51

Civrac, Marie Françoise de Pardaillan de Gondrin d'Antin, marquise de (1728-1764). Dame pour accompagner Mesdames 1747, puis dame pour accompagner Madame Adélaïde 1753, puis sa dame d'atour 1755

Civrac, François Aymery de Durfort de Civrac, marquis de († 1786). Menin surnuméraire du dauphin 1752

27.6.1748 *Le logement de Mme de Champagne à Mme la marquise de Civrac...* Disposition : A.N. O[1] 1076 205

3.7.1748 *L'appartement que Mme de Champagne avait au-dessus de la reine, entre M. l'archevêque de Rouen (Tavannes) et M. l'évêque de Chartres (Fleury) a été donné à Mme de Civrac, ce qui la met plus à portée de Mme la duchesse d'Antin, sa mère, qui loge dans l'aile des princes* [**AP 60**]. L* IX 58

Rennes, Louis Guy Guérapin de Vauréal, évêque de (1690-1760). Maître de la Chapelle et évêque de Rennes 1732-1758

9.11.1755 *Le logement de Mme la marquise de Civrac à M. l'évêque de Rennes...* Disposition : A.N. O[1] 1076 408

Broglie, Louise Augustine Salbigothon de Crozat de Thiers, comtesse, puis duchesse de (1733-1813)

13.4.1759 *Permission à Mme la duchesse de Broglie de troquer son logement contre celui de M. l'évêque de Rennes.* A.N. O[1] 1076 563

1.5.1759 *Le logement de Mme la comtesse de Civrac à l'ancien évêque de Rennes qui avait eu le bon depuis trois ans...* Disposition : A.N. O[1] 1076 558

Chevreuse, Henriette Nicole Pignatelli d'Egmont, duchesse de (1719-?). Dame d'honneur de la reine en survivance de sa belle-mère 1765-1761

19.4.1761 *Le logement de M. le comte et Mme la comtesse de Civrac en réserve pour la dame d'honneur de la reine en survivance ; s'il y en a une on pourra le prêter en attendant.* A.N. O[1] 1076 642

Tingry, Charles François Chrétien de Montmorency-Luxembourg, prince de (1713-1787). Capitaine des gardes du corps du roi 1764

[1761] N au roi : *Le logement de Mme la comtesse de Civrac est à donner. Le comte de Noailles propose à Votre Majesté de le garder pour le survivancier de Mme la duchesse de Luynes, mais comme il paraît certain qu'il n'y en aura pas, le comte de Noailles propose à Votre Majesté de l'accorder à M. le prince de Tingry qui n'a point de charge mais qui paraît mériter cette distinction par son assiduité à faire sa cour à Votre Majesté. Sa santé n'est pas très bonne et sa première jeunesse, qui commence à passer, le mettant dans le cas de désirer cette grâce...* A.N. O[1] 1076 663

17.1.1762 *Le logement de Mme la comtesse de Civrac à M. le prince de Tingry...* Disposition : A.N. O[1] 1076 667

Beauvillier, Marie Madeleine de Rousset de Fleury, duchesse de (1744-?). Dame du palais 1770

[1765] *Le logement de M. le prince de Tingry à Mme la duchesse de Beauvillier, dame du palais de la reine...* Disposition : A.N. O[1] 1076 759

Chartres, Pierre Augustin Bernardin de Rosset de Rocozel de Fleury, évêque de (1717-1780). Premier aumônier de la reine 1743

1770 *État* A « M. l'évêque de Chartres »

Laon, Louis Hector Honoré Maximillien de Sabran, évêque de (1736-1811). Grand aumônier de la reine 1780

1777 *État* B « M. l'évêque de Chartres, puis de Laon »

GG-B 657 « Plan des logements dans l'attique au

dessous de l'appartement de la reine... l'évêque de Laon au-dessus du Grand Couvert »
14.3.1780 H à A : *J'ai l'honneur de rendre compte à M. le directeur général relativement à quelques demandes qui lui ont été faites par M. l'évêque de Laon. J'ai examiné son logement qu'ayant été occupé par M. l'évêque de Chartres environ 30 ans sans qu'il y ait été fait aucunes réparations, les parquets, lambris et croisées sont dans un état de dépérissement et de vétusté qui ne permet pas de les rétablir et que pour mettre ce logement en état d'être occupé il faudra y dépenser au moins 3 000 livres.* A.N. O[1] 1800 522
1787 *État* E « Grand aumônier de la reine » "3 pièces, 2 à cheminée, 3 entresols, 1 à cheminée"

CC 69 [1]
La Trémoille, Charles Louis Bretagne, prince de Tarente, puis duc de (1685-1719). Premier gentilhomme de la chambre du roi en survivance de son père 1709
9.2.1712 *M. de La Trémoille, qui est dans son appartement ici, a la rougeole aussi ; le roi a eu assez de considération pour lui ordonner qu'on ne le transportât point. La précaution qu'on a prise est de condamner la porte qui est au bas de son degré et qui entrait dans la salle des gardes.* D XIV 82
1.9.1715 *J'appris la mort du roi a mon réveil. J'allai aussitôt faire ma révérence au nouveau monarque... Je fus de là chez M. le duc d'Orléans... Je montai de là chez le duc de La Trémoille... M. de La Trémoille était l'ancien de tous ceux qui avaient un appartement au château.* SS XXIX 5
La Trémoille, Charles Armand René, prince de Tarente, puis en 1719 duc de (1708-1741). Premier gentilhomme de la chambre du roi en survivance de son père 1719
Bouillon, Charles Godefroy de La Tour d'Auvergne, duc de (1706-1771). Grand chambellan de France 1728-1754
[1746] GG-B 759 « Plan... de l'appartement du duc de Bouillon au-dessus de la salle des gardes de la reine »
Fleury, André Hercule de Rosset, duc de (1715-1788). Premier gentilhomme de la chambre du roi 1741
Fleury, Anne Madeleine Françoise d'Auxy de Monceaux, duchesse de (1721-?). Dame du palais de la reine 1739
20.7.1741 *Celui que M. de Bouillon avait en dernier lieu, et qui est au-dessus de l'appartement de la reine auprès de celui de M. l'évêque de Mirepoix* **[CC 68]**, *vient d'être donné à M. et à Mme de Fleury ; c'était l'ancien appartement de M. de La Trémoille.* L* III 440
1741 *État* « Premier gentilhomme de la chambre du roi, M. le duc de La Trémoille, puis M. le duc de Fleury » "16 pièces ; 8 à cheminée ; 1 entresol à cheminée"
GG-B 664
3.5.1746 *M. le duc de Fleury par son mémoire prie M. le directeur général de lui accorder les réparations qui sont nécessaires à son logement au château de Versailles, n° 69, dont le détail est ci-après, montant à 1 114 livres...* Réponse : *En conséquence de la décision de M. L'Écuyer, ferez faire les réparations et changements.* A.N. O[1] 1810 I 89
10.10.1747 *M. le duc et Mme la duchesse de Fleury, pour rendre l'appartement qu'ils occupent au château de Versailles plus habitable, ont été obligés d'y faire faire plusieurs réparations et changements qui montent à plus de 4 500 livres, ainsi qu'il résulte des mémoires des ouvriers, savoir 5 266 livres... Des réparations et des changements faits dans leur appartement, il paraît qu'il n'en a été sur le compte du roi que 1 114 livres. Ils espèrent que M. le directeur général voudra bien faire mettre sur le compte du roi une partie de cette somme, au moins ce qui regarde la maçonnerie et la partie de menuiserie, de serrurerie et de sculpture qui sont faites pour rester dans l'appartement.* Réponse : *À M. L'Écuyer pour me rendre compte.* A.N. O[1] 1810 I 243
10.7.1755 M à E : *Vous pouvez faire faire dans le logement de M. le duc de Fleury l'abat-jour qu'il m'a demandé et qui suivant votre devis montera à 80 livres.* A.N. O[1] 1796 161
31.5.1761 M à E : *M. le duc de Fleury me demande de faire la lessive de sa chambre à lui, dessous de laquelle on travaille, et qui est peinte en vernis. Si c'est un fort petit objet, mettez les ouvriers.* A.N. O[1] 1797 159
1770 *État* A « M. de Fleury, premier gentilhomme de la chambre »
4.6.1778 La duchesse de Fleury à A : *Vous m'avez demandé... d'avoir l'honneur de vous écrire afin de vous rappeler la promesse que vous avez bien voulu me faire que mon cabinet à Versailles serait boisé. C'est presque le seul du château que ne le soit pas, ainsi vous jugerez que je n'ai pas coûté beaucoup d'argent aux bâtiments...* A.N. O[1] 1800 201
14.3.1779 Le duc de Fleury à A : *Le duc de Fleury a l'honneur d'assurer M. le comte d'Angiviller de son inviolable attachement et de le prier de vouloir donner des ordres pour que l'on s'occupe de la boiserie de son cabinet de compagnie et de la niche de sa salle à manger.* A.N. O[1] 1800 369
7.8.1779 La duchesse de Fleury à A : *Je vous rends mille grâces de ce que vous avez bien voulu ordonner qu'on boisât mon cabinet à Versailles. Vous trouverez peut-être qu'il y a de l'inconvénient à m'obliger puis-*

1. À l'origine, cet appartement était situé au-dessus de la seule salle des Gardes. Il fut ultérieurement agrandi pour inclure l'espace de l'attique au-dessus de l'escalier de la Reine.

que cela m'engage à vous faire de nouvelles demandes. Ce serait d'une glace pour la même pièce. J'ai besoin qu'elle soit un peu grande pour me dédommager de mon vilain degré et de l'odeur qui m'infecte... Réponse : *il y aura ordres dès que les mesures seront convenues...* A.N. O[1] 1800 443
3.10.1781 GG-B 170
19.5.1783 Le duc de Fleury à A : *Le duc de Fleury a l'honneur de prier M. le comte d'Angiviller de vouloir bien donner des ordres pour qu'on remette de nouveaux parquets dans sa chambre à coucher à Versailles et les deux très petits cabinets. Ceux qui y sont étant très vieux et très désuets, lui donnent d'autant plus de froid que son logement, qui est absolument sous les plombs, y est très sujet. Ces trois pièces, peintes depuis très longtemps, sont extrêmement noires ; le duc de Fleury prie aussi M. le comte d'Angiviller d'ordonner que les boiseries soient mises en blanc de dorure.* A.N. O[1] 1801 450
21.4.1783 H à A : *J'ai examiné... la demande de M. le duc de Fleury... Le parquet de sa chambre et des deux petits cabinets qui l'avoisinent est très disjoint et hors de niveau... Le parquet neuf que M. le duc de Fleury désire qu'on substitue, occasionnera, y compris le blanchissement... une dépense d'environ 500 à 600 livres.* A.N. O[1] 1801 456
1787 *État* E « M. de Fleury » "15 pièces, 8 à cheminée, 2 bûchers"

L'aile des Princes

Au sud du corps central se dresse une longue aile achevée en 1682 et dénommée l'aile du Midi ou, de façon plus imagée, l'aile des Princes, parce qu'elle fut construite par Louis XIV pour loger sa famille directe. Du point de vue architectural, elle présente, comme la partie centrale du château, un aspect composite : façade rectiligne en pierre de taille sur les jardins et arrière de brique rouge, avec un toit d'ardoises, sur la rue. Vue du ciel, elle revêtait la forme d'une grille, ses deux façades opposées étant reliées par quatre courtes ailes.

Une structure simple, le pavillon du Roi, entreprise en 1667 [1] dans l'alignement du pavillon terminal de la Vieille Aile, présentait comme celui-ci un ordre colossal – mais de pilastres et non de colonnes – unissant rez-de-chaussée et premier étage. Elle comprenait de plus un deuxième étage scandé de pilastres sous un comble brisé. Le sol descendant régulièrement à partir de la Cour royale, les fenêtres du rez-de-chaussée étaient de niveau avec la cour des Princes entre le pavillon et la Vieille Aile, mais ouvraient au sud sur une cour en contrebas.

Bientôt, une aile de même style fut édifiée à l'ouest. Lorsque les cuisines du château durent quitter l'aile du Gouvernement, un groupe de bâtiments en fer à cheval, le bâtiment des offices, la cuisine-bouche et le Gobelet du roi [2], vint avoisiner le pavillon du Roi pour abriter le personnel nombreux des cuisines et des services. La cour qu'il délimitait en tira son nom de cour de la Bouche. Autour de cette cour pavée, des œils-de-bœuf dispensaient une faible lumière dans les celliers, tandis que les offices étaient installés au niveau du sol, avec de vastes entresols. Au-dessus se trouvaient le rez-de-chaussée (approximativement au niveau de la cour des Princes), le premier étage et un attique.

À l'origine, ce groupe de bâtiments devait être accolé à une salle de spectacle bordant le parterre du Midi, mais ce projet fut bientôt abandonné. À la place, on construisit l'aile des Princes. Les appartements des princes étaient éclairés par des croisées ouvrant sur les jardins et on y accédait par deux galeries à arcades à ciel ouvert, dont la seconde portait le nom de galerie de Pierre. Cette longue loggia fut construite sur l'emplace-

1. MARIE, *Naissance de Versailles*, vol. II, p. 232.
2. GG-B 81-83, 1291, 1306-1309, 2226 et 2979.

ment du premier bâtiment des Offices. Pour des raisons de symétrie, un second pavillon de brique fut construit à l'angle sud-est et relié par une courte aile à la structure de pierre sur les jardins. Comme l'ancien pavillon du Roi, le nouveau pavillon possédait trois étages et un attique, mais deux niveaux de sous-sols apparaissaient au niveau de la rue à l'extrémité de l'aile. Colbert y ayant logé durant la construction de l'aile du Midi, ce bâtiment fut d'abord connu sous le nom de Surintendance, puis de pavillon de la Surintendance. La symétrie voulait que le pavillon de la Surintendance donnât sur une cour de mêmes dimensions que la cour de la Bouche. C'est pourquoi, de même que l'ancien bâtiment des Offices jouxtait le pavillon du Roi, une construction similaire vint s'appuyer sur le pavillon de la Surintendance. La cour qui en résulta porta le nom de cour de l'Apothicairerie. Le long de la rue, une longue aile fut construite entre les deux pavillons pour fermer l'enceinte, ce qui donna naissance à une cour entre la cour de la Bouche et la cour de l'Apothicairerie. Un peu plus étroite, elle abritait un large escalier qui montait vers la galerie. Cet escalier peut avoir été conçu pour servir d'entrée aux courtisans, mais la plupart d'entre eux n'aimaient guère descendre dans la rue et préféraient au contraire arriver en carrosse dans la cour des Princes. En conséquence, la cour du Grand Escalier fut surtout utilisée par les domestiques. C'est sur l'emplacement de cette cour qu'a été édifié au début de la IIIe République le grand hémicycle qui sert toujours aux réunions du Congrès des Assemblées.

Ces cours étaient bordées de vastes offices et d'appartements pour le personnel de service. Les plans conservés du XVIIIe siècle, quoique assez tardifs, donnent quelque idée de la distribution de l'espace à ces niveaux inférieurs [1]. Sous la façade sur les jardins et sous la galerie se cachaient toute une série de magasins, dont certains étaient affectés aux appartements supérieurs [2].

Sous le pavillon de la Surintendance se trouvaient plusieurs appartements où, au début du XVIIIe siècle, étaient logés les gens que ne pouvaient abriter les ailes des Ministres [3]. Ces appartements avaient été annexés par le cardinal Dubois durant son bref exercice des fonctions de Premier ministre pour héberger son personnel. Lui-même résidait dans un hôtel séparé juste en face de la cour à partir du pavillon de la Surintendance. Cette construction prit le nom d'hôtel de la Surintendance. En utilisant les appartements donnant sur la cour située entre le pavillon et l'hôtel de la Surintendance, on créa une enclave de logements et de bureaux pour les fonctionnaires ministériels.

À la jonction du pavillon de la Surintendance et de l'aile du côté de la rue du même nom, un épais mur porteur s'élevait des fondations jusqu'à l'attique, aveugle sur tous les plans conservés. Il servait à séparer les logements sur rue des appartements plus prestigieux du pavillon. La cour de l'Apothicairerie avait l'espect d'un puits sombre. L'appartement de l'apothicaire royal comprenait deux niveaux d'entresols et une salle de travail longue et étroite coupant la cour en deux.

C'est là qu'étaient préparés les laxatifs, purges, émétiques et médecines diverses destinés à la famille royale. Un laboratoire fut donc installé, l'apothicaire étant marchand d'épices autant que chimiste. Sous Louis XIV, cette fonction était partagée entre Isaac Riqueur, l'apothicaire du corps de la reine, et Gilles François Boulduc,

1. GG-B 1269 et 2848.
2. AP 1 à 20.
3. AP 21 à 26.

l'apothicaire du roi. L'appartement de ce dernier se trouvait sur la cour [1], et Riqueur occupait un entresol tout près de là [2]. Dans les premières années du XVIIIe siècle, alors que Louis XV s'intéressait à la distillation, il y eut même un endroit consacré à la fabrication de l'eau de fleur d'oranger par le distillateur et l'herboriste [3]. Malheureusement pour Louis XIV, les potions de l'apothicaire n'étaient pas aussi agréables que le parfum des plantes ! La préparation la plus fréquente était celle des lavements. Le premier médecin Fagon croyait à l'usage fréquent de cette thérapie pour son royal patient, gros mangeur.

Le domaine de l'apothicaire s'achevait à l'angle nord-est, où un passage menait à la cour du Grand Escalier. Là s'ouvraient les services dévolus à l'alimentation de la famille royale. Le roi, la reine, le dauphin et la dauphine disposaient chacun d'une domesticité séparée pour la préparation de leurs repas, et à chacun de ces services était affecté un espace autour de la cour du Grand Escalier et de la cour de la Bouche.

Avoir le privilège de « bouche à la Cour » signifiait que l'on bénéficiait du droit de prendre ses repas aux frais du roi. La majorité des serviteurs et des officiers subalternes le faisaient au Grand Commun : un vaste quadrilatère situé de l'autre côté de la rue de la Surintendance, dont les sous-sols et les étages inférieurs étaient consacrés à l'alimentation de la Cour. Pour la famille royale, la Maison-bouche comprenait sept offices, dont deux qui formaient la Bouche du roi : la cuisine-bouche, qui assurait la nourriture, et le Gobelet, qui préparait la table et servait la boisson.

Ce dernier était lui-même divisé en deux sections. La première était la Paneterie-bouche, chargée du pain, du sel, des fruits ainsi que de la disposition de la table. Au XVIIIe siècle, le service du roi comptait six salles, plus onze entresols et un cellier situé dans l'aile latérale qui reliait la cour du Grand Escalier à la cour de la Bouche [4]. Il existait un établissement similaire pour la reine dans l'aile qui, du côté de la rue, s'appuyait sur le pavillon du Roi [5]. Le devoir principal des officiers de bouche était d'assurer le service des repas royaux. Sous Louis XIV, le dîner (pris pendant l'après-midi) était un événement solitaire mais néanmoins d'importance majeure.

Ainsi que le décrit une publication officielle de 1712, le cérémonial commençait quand l'huissier de la salle, accompagné d'un des gardes du Corps, se rendait à l'office du Gobelet pour escorter le chef de la paneterie-bouche qui portait la « nef » [6]. Cette pièce d'orfèvrerie en forme de navire, comme son nom l'indique, contenait les serviettes du roi, la salière et les couteaux à découper. Formant cortège, les officiers montaient l'escalier des Princes, et empruntaient la salle des Gardes jusqu'à la première antichambre, dite du Grand Couvert [7]. Une table était mise pour le « prêts », ou prégustation, un rite conçu à l'origine pour empêcher tout empoisonnement. Le gentilhomme servant et l'officier du Gobelet goûtaient chacun le pain et le sel et touchaient les serviettes, le couteau à découper, la fourchette et les cure-dents. Après cela, les officiers du Gobelet s'avançaient pour préparer la table royale, laissant le gentilhomme servant surveiller la table du prêts et la nef, qui était considérée comme

1. AP 27 et 27 A.
2. AP 42.
3. AP 30.
4. AP 33 et 12 [cave].
5. AP 36 et 13 [cave].
6. *État de France*, 1712 ; Alfred FRANKLIN, *La Vie privée d'autrefois : la cuisine*, Paris, 1888, p. 176 *sq.*
7. BLONDEL, planche 3, « h3 ».

si symbolique que les princesses du sang elles-mêmes devaient s'incliner devant elle [1]. Une nappe était étendue sur la table. Devant l'assiette du roi se trouvait une autre pièce d'orfèvrerie remarquable, le cadenas, un coffret fermé à clé qui contenait son couteau et sa fourchette. Une fois la table mise, les coins de la serviette sur laquelle était posé le couvert du roi étaient rabattus sur celui-ci comme précaution supplémentaire. Alors seulement, l'huissier pouvait donner l'ordre aux gardes d'aller chercher le dîner du monarque : « À la viande du roi ! » Après un lavage de mains dans les offices, une seconde procession se formait. En tête venaient deux gardes avec leur mousquet, suivis de l'huissier, du maître d'hôtel du roi portant un bâton cérémoniel, des gentilshommes servants, des écuyers (qui en fait portaient les plats), d'un garde-vaisselle qui était en charge de l'assiette et enfin de deux autres gardes armés. Ils suivaient le même itinéraire vers la table du roi.

Le second service du Gobelet, fréquemment appelé Gobelet-vin, était l'échansonnerie-bouche, chargée du service des boissons et des rafraîchissements. Les officiers du roi affectés à cette section disposaient de quatre pièces à l'angle sud-est de la cour de la Bouche [2]. Le service de la reine était tout proche, dans l'angle sud-ouest [3]. Bien que ces services de la boisson demandassent moins de place, leur cérémonial n'en était pas moins compliqué. Il n'y avait pas de procession, mais la prégustation rituelle était répétée. Quand le roi désirait boire, le cri se faisait entendre : « À boire pour le roi ! » Un gentilhomme servant allait alors s'incliner devant le roi et traversait la salle vers le chef de l'Échansonnerie-bouche. Puis, accompagnés d'un aide, les trois officiers revenaient porteurs de carafes de vin et d'eau et de deux tasses pour la prégustation. Le chef goûtait le premier, versant la moitié du breuvage dans la seconde coupe pour la faire goûter au gentilhomme servant. Alors seulement les carafes étaient posées sur la table. Le roi mêlait l'eau et le vin selon son goût et buvait. Louis XIV avait la chance d'être un homme sobre, ne consommant que du champagne jusqu'en 1694, quand son médecin le fit passer au vin de Bourgogne. La complexité de son ordonnancement explique pourquoi ce repas public tomba en désuétude au XVIIIe siècle. Louis XV dînait rarement en public dans son antichambre, préférant dîner au grand couvert avec la reine dans les appartements de celle-ci, où le service était assuré par les officiers féminins de sa maison. Et même ces occasions se raréfièrent quand le roi commença à dîner dans les Petits Appartements.

La nourriture était préparée dans les cuisines et offices de la Bouche du roi et de celle de la reine. La Bouche de la reine se trouvait dans l'aile latérale, du côté sud de la cour de la Bouche [4]. La Bouche du roi était logée dans le sous-sol de l'ancien pavillon du Roi [5]. Il existait en outre une cuisine séparée pour les desserts, le pâtissier-bouche [6]. Sous Louis XIV, le chef de la Cuisine-bouche du roi était un écuyer qui supervisait trois équipes : les potagers préparaient soupes et potages, les maîtres-queux cuisinaient les entrées, les hâteurs étaient chargé des rôtis. Ils étaient tous nécessaires pour satisfaire le prodigieux appétit de Louis XIV. Après dix-neuf ans à la Cour, Saint-Simon était toujours surpris par le régime du roi : « Il mangeait avec tant d'abondance et de cœur

1. L* II 321.
2. **AP 35**.
3. **AP 34**.
4. **AP 31** et **13** [cave].
5. **AP 37**.
6. **AP 38**, puis **AP 41**.

matin et soir qu'on ne s'habituait pas à voir cela [1]. » Cependant, il y avait assez de restes pour servir généreusement les gentilshommes servants et permettre au personnel d'en vendre encore près de la porte du palais.

En 1712, le registre officiel de la maison-bouche établissait que pas moins de trois cent vingt-quatre personnes y travaillaient. Elles allaient des tourneurs de broche et des blanchisseuses aux cuisiniers et aux comptables. De plus, le nombre des offices honorifiques se multiplia à la faveur d'un système dans lequel chaque poste était partagé entre quatre titulaires servant par roulement trois mois par an. Certes, les gages pour les services et les marchés passés pour la nourriture étaient excessivement onéreux, et certains courtisans comme le duc de Croÿ s'en plaignaient, mais les coûts étaient dûment enregistrés et les profits considérés comme l'effet normal de l'usage qui voulait que les offices fussent la propriété de leur titulaire. Le Bureau d'administration archivait les comptes des dépenses. Il était dirigé par un contrôleur général qui vérifiait, dans un grand bureau du Grand Commun, les fournitures entrant et sortant. Le premier maître d'hôtel du roi et celui de la reine supervisaient chaque établissement. Le premier maître d'hôtel de la reine résidait traditionnellement près de là, au rez-de-chaussée du pavillon tout proche de l'aile des Ministres [2]. Mais celui du roi habitait, dans les entresols au-dessus de la cuisine à pâtisserie, un vaste appartement triple situé juste à l'entrée de la galerie de Pierre [3].

REZ-DE-CHAUSSÉE

Sur le parterre du Midi

Les moyens d'accès aux appartements du rez-de-chaussée de l'aile des Princes divisaient pratiquement l'aile en quatre quartiers séparés : les appartements princiers sur les jardins, le pavillon de la Surintendance, les appartements des courtisans du côté de la rue et dans les ailes latérales, et les appartements de l'ancien pavillon du Roi. La principale voie d'accès était la galerie. Elle commençait à la cour des Princes par un vestibule introduisant à l'escalier qui conduisait au premier étage. Cette longue galerie ouverte longeait la façade sur les jardins. Portes et fenêtres en face de chaque arcade ouvraient sur les vestibules des appartements princiers. Ces espaces étaient petits et plutôt bas de plafond à cause des entresols placés au-dessous. Certains servaient de salles d'attente pour les serviteurs en livrée, d'autres de retraites ou de cabinets intimes. Au-delà se trouvaient les pièces principales des appartements sur les jardins, avec de hautes fenêtres à châssis qui ouvraient sur la terrasse. Ces fenêtres, appelées croisées, identifiaient les pièces principales, dont chacune en possédait deux. La rivalité qui opposait les princes au sujet de l'attribution de l'espace se nommait généralement la chasse aux croisées.

Trois appartements bordaient la galerie des Princes sur le parterre du Midi entre l'escalier de Princes et le Grand Salon central [4]. Le plus au nord possédait les croisées 3 à 6, le deuxième les croisées 7 à 10. Ce dernier fut souvent agrandi par l'adjonction

1. SS XXVII 188.
2. AMG 11 et 11 A.
3. AP 46, 47, 48, 63 et 64.
4. AP 49, 50 et 51 : BLONDEL, planche 4, « c, d et e ».

de deux autres pièces principales, afin de satisfaire aux exigences du statut de l'occupant ou de la taille de sa famille ; il incluait alors les quatre croisées suivantes, qui appartenaient habituellement au troisième logement. Cet espace était éclairé par les croisées 11 et 14 [1].

À l'origine, la façade sur les jardins présentait un grand salon ouvert sur les jardins en son centre, dans l'axe du grand escalier. Mais, avec l'accentuation de la compétition pour l'espace, ce lieu fut réparti entre les appartements attenants, des cloisons ayant été dressées entre les quatre groupes de colonnes de soutènement. En 1755, près d'un tiers avait été annexé par le logement situé au nord ; le reste fut réuni à celui du sud [2].

Le salon central et l'appartement placé à côté au sud sur les jardins encadraient un vaste appartement double attribué à une fille légitimée de Louis XIV, Mlle de Blois, peu après son mariage avec le prince de Conti [3]. La série de vastes entresols destinés à loger les dames d'honneur de la princesse en multipliait l'espace.

À l'extrémité de la même façade se trouvait l'un des logements les plus recherchés du palais [4]. Tandis qu'on entrait dans les autres appartements princiers par des antichambres basses, la galerie semblait mener directement à la première grande salle de réception de cet espace. Ses principales pièces étaient éclairées par des croisées donnant au sud, et quatre autres fenêtres ouvraient sur le parterre du Midi.

Le pavillon de la Surintendance

Au bout de la galerie se trouvaient deux escaliers. À droite, le premier menait aux étages supérieurs. À gauche, une arcade ouvrait sur un palier d'où plusieurs marches descendaient vers le pavillon de la Surintendance qui, comme les ailes latérales et les logements du côté de la rue, était légèrement plus bas que la galerie desservant les appartements sur les jardins. De ce palier, un autre grand escalier menait aux étages supérieurs du pavillon de la Surintendance.

Le pavillon de brique et l'aile qui l'unissait à la façade de pierre sur les jardins formaient un appartement spacieux avec des pièces ensoleillées exposées au sud et plusieurs autres qui regardaient la rue de la Surintendance [5]. À l'extérieur, il était inspiré du pavillon du Roi. Pourtant, sur la cour de l'Apothicairerie, l'aile n'était pas aussi profonde que son pendant du bâtiment des offices. L'espace étroit qui en résultait était une simple annexe, une série de petites pièces entourant l'angle sud-est de la cour de l'Apothicairerie, auxquelles on accédait par un long et étroit couloir entre deux appartements [6]. À l'origine, les Colbert occupaient l'étage entier ; plus tard, bien qu'il eût emménagé dans l'hôtel de la Surintendance, Louvois garda cet espace pour sa famille, et son successeur, le puissant Michel Chamillart, fit de même. Peu après le retour de la Cour à Versailles, l'appartement principal fut donné à Mlle de Clermont en 1728. Elle logea sa fille d'honneur dans l'espace sur cour qui servait d'annexe [7]. Un arrangement similaire fut conclu pour le maréchal-duc de Noailles, qui installa sa bru dans la même annexe. Quand la princesse de Lamballe devint surintendante de

1. AP 51 : *ibid.*, planche 2, « c ».
2. AP 52 : *ibid.*, planche 2, « b ».
3. AP 52 : *ibid.*, planche 4, « b » ; croisées 18 à 25.
4. AP 53 : *ibid.*, planche 4, « a » ; croisées 26 à 31.
5. AP 54 : *ibid.*, planches 4, « f » et 2, « f ».
6. AP 54 et 54 A.
7. AP 54 A.

la maison de Marie-Antoinette, cet espace lui fut attribué et fut inclus dans la réorganisation du pavillon tout entier. Par la suite, l'appartement et son annexe, avec les petits logements situés au-dessous [1], furent combinés avec l'appartement du dessus [2] pour former un « triplex » à l'usage de Mme de Lamballe et son beau-père, le duc de Penthièvre. Elle logea en haut jusqu'en 1780, et en bas jusqu'en 1787, quand le dauphin fut en âge d'occuper son appartement traditionnel dans le corps central, délogeant ainsi le comte et la comtesse de Provence. Le frère du roi et sa belle-sœur s'installèrent alors dans le « triplex » Lamballe-Penthièvre, et la Surintendance prit le nom de pavillon de Provence. D'importantes restaurations furent envisagées, mais elles n'étaient pas achevées à la Révolution [3].

Les logements du côté de la rue

Les logements des courtisans situés dans les ailes latérales le long de la cour du Grand Escalier et de la rue de la Surintendance étaient très modestes [4]. La plupart se composaient d'une antichambre, d'une chambre et d'un cabinet alignés sur un côté de l'aile, avec des fenêtres donnant sur la cour ou sur la rue. La plupart des pièces principales étaient « doublées », c'est-à-dire divisées en hauteur pour former des entresols, et en largeur pour créer des pièces intérieures sans fenêtres. On y parvenait par de longs couloirs qui, pour les ailes latérales, partaient de la jonction de la galerie. Les ailes de brique étant plus basses que la façade sur les jardins, huit marches donnaient accès aux paliers des escaliers qui desservaient les étages supérieurs. De là, les couloirs menaient à l'aile du côté de la rue, même s'il arriva parfois qu'un courtisan en faveur réussît à incorporer un de ces passages dans un des appartements doubles en forme de L situés aux quatre coins de la cour [5]. Cette disposition en angle plaisait, peut-être parce que les fenêtres, bénéficiant de deux expositions, dispensaient de la lumière plus longtemps pendant la journée. Le plus vaste de ces logements, à l'angle nord-est de la cour de la Bouche, avec ses pièces principales donnant sur la rue et un espace supplémentaire dans l'ancien bâtiment des offices, fut sous les règnes successifs l'appartement de fonction du premier médecin du roi [6]. Il présentait l'avantage de posséder une cuisine, chose aussi rare qu'appréciée.

Le pavillon du roi

Entre la cour de la Bouche et la cour des Princes étaient répartis une série de vastes appartements qui, en raison de leur proximité par rapport à ceux du roi et de la reine dans le corps central, étaient en général réservés à des dignitaires importants des maisons royales. Le pavillon du Roi résultait de la combinaison de trois éléments : l'ancien pavillon du Roi, l'aile qui s'étendait vers la galerie de Pierre, et l'ancien bâtiment des offices, qui bordait le côté nord de la cour de la Bouche.

1. **AP** 25 et 26.
2. **AP** 70.
3. GG-B 1312 à 1422, 2120, 2212.
4. **AP 55** : BLONDEL, planches 4, « g » et 2, « h » ; **AP 56** : *id.*, planches 4, « h » et 2, « i » ; **AP 57** : *id.*, planches 4, « 1 » et 2, « 1 et m » ; **AP 59** : *id.*, planche 4, « n » ; **AP 60** : *id.*, planches 4, « m » et 2, « o » ; et **AP 62**, *id.*, planches 4 et 2, « p » sur la rue de la Surintendance : **AN 58** : *id.*, planches 4, « i » et 6, « k » ; **AP 61** : *id.*, planches 4, « o » et 2, « n » dans les ailes latérales.
5. GG-B 1332 **AP 60** à l'angle nord-est de la cour de l'Apothicairerie et **AP 61** à l'angle sud-est de la cour de la Bouche ; *cf.* GG-B 372.
6. **AP 62**.

Le pavillon du Roi constituait une unité indépendante [1]. Ses murs épais ne permettaient aucune communication avec les structures adjacentes du rez-de-chaussée ; on y accédait par une entrée séparée sur la cour des Princes et l'escalier intérieur corrrespondant. Outre cet escalier privé, il y avait dans le bâtiment de jonction avec la cour des Princes un accès particulier et un escalier traversait le bâtiment jusqu'à la cour de la Bouche. Au-delà du pavillon du Roi, à gauche, commençait le domaine du premier médecin [2]. À droite, sur la cour des Princes, se trouvait un appartement [3] à cheval sur deux éléments – le corps de bâtiment situé entre le pavillon et la galerie, et l'extrémité sud de l'ancien bâtiment des offices – séparés par une petite cour qui faisait partie de la structure d'origine avant la construction de la galerie. Ce vaste appartement [4] fut attribué, avec les entresols des pièces au niveau de la cour de la Bouche, au premier maître d'hôtel du roi, le marquis de Livry ; c'est pour cette raison que la cour intérieure – puits de lumière plutôt que véritable cour – est souvent mentionnée sous le nom de « cour de M. de Livry ». Les murs porteurs de la galerie empêchaient toute communication directe avec la façade sur les jardins.

PREMIER ÉTAGE

Le premier étage de l'aile des Princes, comme l'étage inférieur, était divisé en quatre quartiers : les appartements princiers entre la galerie et la façade sur les jardins, les appartements du pavillon de la Surintendance, ceux sur la rue et le pavillon du Roi. Parce qu'ils étaient situés à l'étage noble, au même niveau que les appartements royaux, ces logements étaient très recherchés. En outre, ils étaient plus lumineux et moins bruyants quand ils donnaient sur les cours intérieures.

Le long de la façade sur les jardins, les premiers plans envisageaient la création pour le dauphin et la dauphine de deux vastes appartements d'apparat séparés par un salon commun au centre de l'aile. Mais la construction était à peine achevée que les héritiers du trône allèrent s'installer dans le corps central. À partir de 1684 et jusqu'à la fin du règne de Louis XIV, les d'Orléans, en leur qualité de branche collatérale la plus proche de la famille royale, disposèrent de presque tout l'étage avec leurs enfants : Madame occupait les appartements voisins du corps central, et Monsieur le reste de l'aile. Dans la hiérarchie des appartements disponibles dans l'ensemble du château, c'était là la place d'honneur. Les générations suivantes de cette famille tentèrent de la récupérer sous Louis XV, pour la perdre finalement au profit des enfants de Louis XVI.

Pendant les premières années du règne de Louis XV, la plus grande partie de l'aile fut occupée par les Enfants de France et par leur gouvernante. De vastes entresols furent créés, et des chambres furent ajoutées afin de loger le nombreux personnel requis pour servir les enfants royaux. La duchesse douairière d'Orléans, qui était rarement présente à la Cour, dut se contenter d'un appartement près du corps central [5],

1. **AP 65** : BLONDEL, planches 4, « 4 » et 2 « p ».
2. *Ibid.*, planche 2, « p ».
3. **AP 63 et 64** : *ibid.*, planches 4 et 2, « q ».
4. **AP 47 et 48.**
5. **AP 66** : BLONDEL, planche 7, « c ».

le reste de la façade sur les jardins étant accordé aux Enfants de France [1]. Plus tard, l'idée initiale de donner un double appartement au dauphin et à la dauphine refit surface quand le fils de Louis XV épousa l'infante Marie-Thérèse d'Espagne. Le couple occupa la plus grande partie de l'aile des Princes du côté du parterre du Midi, le reste étant affecté à la dame d'honneur de la dauphine [2]. Cet appartement de service fut ensuite divisé et subdivisé à plusieurs reprises ; il arriva que la meilleure partie de l'espace fût réunie à l'appartement de l'extrémité de l'aile mais aussi que l'ensemble fût alloué aux serviteurs de l'occupant des appartements princiers.

Sauf sur les divers *États des logements*, ces appartements princiers sont désignés non par un numéro, mais par le seul nom de l'occupant. Ici, pour des raisons de clarté, nous avons retenu le système de numérotage. Cependant, la nature de cette partie du château, dont toutes les pièces sur la façade étaient reliées entre elles, signifiait que celles qui appartenaient nominalement à un logement particulier pouvaient facilement être combinées avec les pièces attenantes, d'un côté comme de l'autre. Dans ces conditions, pour prendre la mesure de ces espaces il ne faut pas tenir compte du numérotage imposé par les Bâtiments du roi, mais du nombre des croisées assignées à l'occupant.

Celles-ci éclairaient les principales salles qui s'étendaient à l'est vers la galerie. Là, une série de petites pièces bordaient l'intérieur de l'appartement. Elles avaient toutes été divisées horizontalement pour créer des entresols. La plupart faisaient fonction d'antichambres, de salles de service et de logements pour les domestiques. Quelques-unes servaient de retraite à l'écart de l'agitation des salons officiels sur la façade. Avec la demande croissante d'intimité, elles prirent de l'importance et ces entresols furent souvent étendus sur des pièces principales de la façade. C'était là le moyen d'agrandir un appartement disposant d'assez peu de croisées.

Les appartements du premier étage du pavillon de la Surintendance étaient légèrement plus bas de plafond que la galerie desservant les appartements princiers. Comme au rez-de-chaussée, on trouvait là un vaste espace qui s'étendait de la jonction de la façade sur les jardins, autour de l'angle de l'aile, jusqu'aux logements donnant sur la rue [3] ; sur les cours intérieures ouvrait une étroite annexe [4]. Seules quelques-unes de ces pièces étaient pourvues d'entresols, car les colonnes d'ordre colossal qui s'élevaient en façade, du rez-de-chaussée jusqu'à l'entablement sous le toit ne permettaient que deux niveaux ; de même, entre le premier étage et l'attique, on comptait un étage divisé en quatre appartements [5]. On accédait à ces logements par un escalier situé entre le pavillon de la Surintendance et la façade sur les jardins.

Les logements donnant sur la rue de la Surintendance et ceux des ailes latérales de la cour intérieure étaient disposés comme ceux de l'étage inférieur [6]. Leur prestige

1. **AP 67, 68 et 69** : *ibid.*, planche 7, « a et b ».
2. **AP 68** : *id.*, planche 3, « d ».
3. **AP 70** : *id.*, planche 7, « d ».
4. **AP 70 A** : *id.*, planche 7, « e ».
5. **AP 71, 72, 73 et 74.** Au centre de l'aile, un long couloir étroit livrait accès à ces appartements. **AP 71** se trouvait dans l'aile entre le pavillon et la façade sur les jardins. **AP 72** était à l'angle sud-ouest du pavillon. **AP 73** comprenait l'angle sud-est du pavillon et une extension le long de la rue. **AP 74** donnait sur la cour intérieure.
6. **AP 75** : BLONDEL, planches 7, « f » et 3, « h » ; **AP 76** : *id.*, planches 7, « g » et 3, « i » ; **AP 77** : *id.*, planches 7, « i » et 3, « l » ; **AP 82** : *id.*, planches 7, « n » et 3, « n » ; **AP 83** : *id.*, planches 7 et 3, « o » sur la rue de la Surintendance ; **AP 78 et 79** : *id.*, planches 7, « h » et 3, « k » ; **AP 80** : *id.*, planches 7, « l » et 3, « n » ; et **AP 81** : *id.*, planches 7, « m » et 3, « n » dans les ailes latérales.

variait suivant leur localisation et l'importance des services de maison des courtisans qui y vivaient. Un jour Louis XV jugea convenable de proposer deux de ces logements [1] pour loger la duchesse de Modène, fille de feu le Régent, en visite ; mais, en tant que membre de la famille d'Orléans, celle-ci rejeta l'offre et préféra emprunter à plusieurs reprises des appartements princiers donnant sur le parterre du Midi.

Au premier étage du pavillon du Roi, l'appartement d'angle demeura une unité séparée pourvue de son propre escalier [2]. Dans l'aile située entre le pavillon et les appartements sur les jardins, dans un appartement double possédant un accès direct aux galeries, logeait la dame d'honneur de la reine [3]. C'était une spacieuse suite de douze pièces principales disposées autour d'une petite cour intérieure et dotée de sa propre cuisine. Quand la duchesse de Luynes occupa ces fonctions, ce devint le lieu favori de rendez-vous de la reine le soir. En 1747, elle y dîna quatre-vingt-dix-huit fois, sans compter les multiples parties de cartes après dîner [4]. Plus tard, l'ensemble de ces appartements furent donnés au duc de Chartres, si bien qu'à la fin du XVIIIe siècle le pavillon se vit rebaptisé pavillon d'Orléans [5].

ATTIQUES

Les attiques de l'aile des Princes contenaient une série d'appartements de courtisans groupés autour des paliers des escaliers desservant les étages inférieurs. Une famille dispersée parvenait, en obtenant des logements attenants, à créer une véritable agglomération autour d'un palier commun. Ce niveau se prêtait mieux à de tels regroupements, parce que les murs de soutènement juste sous le toit pouvaient plus facilement être percés pour donner accès à l'espace adjacent sans endommager le bâtiment.

La configuration des quatre quartiers principaux suivait celle des étages inférieurs : les attiques de la façade sur les jardins et le pavillon de la Surintendance, les logements des ailes latérales et sur le côté de la rue, et enfin ceux du pavillon du Roi. Cependant, la pente des toits rendait les chambres beaucoup plus basses de plafond, surtout là où il y avait des entresols, et par conséquent plus petites. Les meilleurs appartements de l'attique donnaient sur le parterre du Midi.

Chacun des quatre escaliers livrait accès à plusieurs appartements, ceux qui regardaient les jardins et ceux qui donnaient sur les cours intérieures [6]. Les espaces intérieurs servaient d'offices que reliaient d'étroits couloirs utilisés par les serviteurs. Parce que la hauteur du toit était maximale au-dessus de ces pièces intérieures, il y avait davantage de place pour des entresols, qui étaient éclairés par des lucarnes donnant accès facilement aux toits. Dans sa jeunesse, Louis XV aimait entraîner un groupe d'intimes

1. **AP 80** et **81**.
2. **AP 85** : BLONDEL, planches 3 et 7, « p ».
3. **AP 84** et **86** : *id.*, planches 3 et 7, « q ».
4. L* IX 173.
5. **AP 84, 85** et **86**.
6. Sur le palier du premier escalier **AP 87** et **89** [croisées 3 et 4, et 5 à 8 sur le parterre du Midi] et **AP 88** regardant l'angle nord-ouest de la cour de la Bouche ; sur le palier du second escalier **AP 91** et **92** [croisées 9 à 11 et 12 à 17 sur le Parterre du Midi] et **AP 90** regardant l'angle sud-ouest de la cour de la Bouche et **AP 93** regardant l'angle nord-ouest de la cour du Grand Escalier ; sur le palier du troisième escalier **AP 94** et **96** [croisées 18 à 21 et 22 à 25 sur le parterre du Midi] et **AP 95** regardant l'angle nord-ouest de la cour de l'Apothicairerie ; et sur le palier du quatrième escalier **AP 97** et **99** [croisées 26 à 29 et 30 et 31 sur le parterre du Midi] et **AP 98** sur la cour de l'Apothicairerie.

pour des promenades sur les toits de l'aile Neuve et de l'aile des Princes, et une fois il effraya la sous-gouvernante des Enfants de France en criant dans le tuyau de sa cheminée, laissant un courtisan poursuivre la ruse, tandis qu'il se glissait à travers la lucarne et au bas des escaliers pour contempler la dame ébahie. Le lendemain, une grille fut placée sur l'accès [1].

Les attiques du pavillon de la Surintendance comprenaient deux niveaux. Dans l'aile assurant la jonction entre le pavillon sur la rue et le bâtiment de pierre de taille sur la façade sur les jardins, se trouvaient deux appartements qu'on atteignait par la dernière volée de l'escalier : l'un donnait au sud, au-dessus de l'hôtel de la Surintendance [2], et l'autre regardait la cour intérieure [3]. L'attique du pavillon incluait un troisième logement, dont les fenêtres ouvraient sur la rue de la Surintendance [4]. Au-dessus, le comble abritait trois soupentes [5], habituellement combinées avec les espaces du dessous.

Les logements sur la rue étaient divisés en deux groupes par un attique surélevé en son milieu, d'où un étage supplémentaire destiné à briser la façade et à constituer un pendant au pavillon de la Surintendance et au pavillon du Roi. Deux petits logements [6] donnaient sur la cour de l'Apothicairerie, et deux autres [7] sur celle de la Bouche. Ces pièces en attique étaient minuscules et fréquemment emplies de la fumée émanant des cheminées. Dans les ailes latérales se trouvaient un galetas sur la cour de l'Apothicairerie [8] et deux autres sur la cour de la Bouche [9]. Ces logements étaient eux aussi exigus et peu attrayants. Leur superficie diminua encore lorsqu'on inclut certaines de leurs pièces dans l'appartement compris entre la cour du Grand Escalier et la rue [10]. Celui-ci était un peu plus vaste et fut fréquemment agrandi par l'adjonction de pièces de l'attique situé au-dessus [11].

Le pavillon du Roi abritait deux appartements assez vastes : l'un au niveau des attiques [12] et l'autre dans le comble au-dessus [13]. Le reste de l'attique de l'ancien bâtiment des offices, était un labyrinthe composé d'une série de pièces minuscules, simples chambres de bonne [14]. Ces pièces étaient bien situées mais si petites que seuls des célibataires, des veuves et de jeunes enfants pouvaient y séjourner.

1. L* I 288.
2. AP 100.
3. AP 102.
4. AP 101.
5. AP 103, 104 et 105.
6. AP 106 et 107.
7. AP 111 et 114.
8. AP 108.
9. AP 110 et 112.
10. AP 109.
11. AP 113.
12. AP 117.
13. AP 120.
14. AP 115, 116 et 118.

REZ-DE-CHAUSSÉE DES OFFICES

AP 1
Bûcher du château
1741 *État* « Bûcher du château » "1 pièce, sans cheminée, sous le degré"
Domaine
1787 *État* E « Du Domaine »

AP 2
Fourrier de la reine
1741 *État* « Fourrier de la reine » "1 pièce sans cheminée"
1787 *État* E « À la reine » "1 pièce"

AP 3
Magasin des Bâtiments
1741 *État* « Magasin des Bâtiments » "1 pièce sans cheminée"
Vitrier du châtau
1787 *État* E « Vitrier du château » "1 pièce"

AP 4
Bourbon, Louis III Henri de Bourbon-Condé, *dit* Monsieur le Duc, duc de (1692-1740)
Montauban, Catherine Éléonore Eugénie de Bethisy, princesse de (1707-1757). Dame du palais de la reine 1733-1757
1741 *État* « Dame du palais, Mme la princesse de Montauban, par échange avec Monsieur le Duc » "1 pièce à cheminée"
Bouillon, Charles Godefroy de La Tour d'Auvergne, duc de (1706-1771). Grand chambellan de France 1728-1754
Avant 1768 *N° 4, le duc de Bouillon et Mme de Rohan* A.N. O[1] 1802 722
Bouche du roi
1787 *État* E « Bouche du roi » "1 pièce"

AP 4A
Orléans, Louis Philippe Joseph, duc d' (1747-1793)
1787 *État* E « M. le duc d'Orléans » "1 pièce"

AP 5
Conti, Marie Anne de Bourbon, légitimée de France, *dite* Mlle de Blois, puis première princesse douairière de (1666-1739)
Maine, Anne Louise Bénédicte de Bourbon-Condé, duchesse du (1676-1753)
1741 *État* « Mme la princesse de Conti, première douairière, puis Mme la duchesse du Maine » "2 pièces, 1 à cheminée"
Brancas, Louise Diane de Clermont-Gallerande, duchesse de Villars (1711-1784). Dame d'honneur de la dauphine 1762-1767
Avant 1768 *N° 5, à Mme de Brancas douairière ; je ne sais point à qui elle est.* A.N. O[1] 1802 722
Polignac, Gabriel Yolande Martine de Polastron, comtesse, puis duchesse de (1749-1793). Gouvernante des Enfants de France 1782-1789
1787 *État* E « de Mme la duchesse de Polignac » "3 pièces"

AP 6
Fourrier du roi
1741 *État* « Fourrier du roi » "1 pièce sans cheminée"
Bouche du roi
1787 *État* E « de la Bouche du roi » "1 pièce"

AP 7
Mareschal, Georges (1658-1736). Premier chirurgien du roi 1702-1723 ; maître d'hôtel du roi 1706
La Peyronie, François Gigot de (1678-1747). Premier chirurgien du roi 1733-1747
1741 *État* « Premier chirurgien du roi M. Mareschal, puis M. de La Peyronie » "1 pièce sans cheminée ; 1 entresol"
Premier chirurgien
1787 *État* E « du premier chirurgien » "1 pièce ; 1 entresol"

AP 8
Fourrier du château
1741 *État* « Fourrier du château » "1 pièce sans cheminée"
Fourrier du Domaine
1787 *État* E « Fourrier du Domaine » "1 pièce"

AP 8A
Choiseul, Renauld César Louis, vicomte de (1735-1791)
s.d. N au roi : *M. le duc de Praslin à obtenu de Votre Majesté la promesse de laisser le logement de Mme la vicomtesse de Choiseul, sa belle-fille, à condition de rendre celui qu'il avait eu pour augmenter sa salle à manger. Il s'y est déterminé. Il demande seulement qu'il soit accordé à Mme sa fille une petite cuisine quand il en vaquera dans cette aile. Votre Majesté veut-elle bien lui promettre ?* Réponse : *Oui.* A.N. O[1] 1077 62
1787 *État* E « Fourrier de M. le vicomte de Choiseul » "2 pièces"

AP 9
Conti, Marie Anne de Bourbon, légitimée de France, *dite* Mlle de Blois, puis première princesse douairière de (1666-1739)
Dauphin, Louis de France, *dit* le (1729-1765)
1741 *État* « Mme la princesse de Conti, première douairière, puis M. le dauphin » "1 pièce sans cheminée"
Provence, Marie Josèphe de Savoie, *dite* Madame, comtesse de (1753-1810)
1787 *État* E « F[ourrier] de Madame » "1 pièce"

AP 10
Orléans, Louis Ier d'Orléans, duc d' (1703-1752)
1741 *État* « M. le duc d'Orléans » "1 pièce sans cheminée"
Madame Adélaïde, Marie Adélaïde de France, *dite* (1732-1800)
Madame Victoire, Victoire Louise Marie Thérèse de France, *dite* (1733-1799)

1787 *État* E « F[ourrier] de Mesdames » "2 pièces"

AP 11
Mlle de Montpensier, Louise Élisabeth d'Orléans, *dite* (1709-1742)
Mlle de Beaujolais, Philippine Élisabeth d'Orléans, *dite* (1714-1734)
Mlle de Chartres, Louise Diane d'Orléans, *dite* (1716-1736)
Villeroy, Louis François Anne de Neufville, duc de (1695-1766). Capitaine des gardes du corps 1734
1741 *État* « Les princesses d'Orléans, puis M. le duc de Villeroy » "1 pièce sans cheminée"
Fourrier du Domaine
1787 *État* E « Fourrier du Domaine » "1 pièce"

AP 12
Fleury, André Hercule, cardinal de (1653-1743). Grand aumônier de la reine ; ministre d'État
1741 *État* « Fourrier de M. le cardinal de Fleury » "1 pièce sans cheminée"
Apothicairerie
1787 *État* E « Fourrier de l'Apothicairerie » "1 pièce, partagée"

AP 12A
Argentier de la Bouche de la reine
1741 *État* « Argentier de la Bouche de la reine » "1 pièce, très petite, sans cheminée ; 1 soupente"
1787 *État* E « À la reine » "1 pièce"

AP 12B
Linger de la reine
1741 *État* « Linger de la reine » "1 pièce sans cheminée ; 1 soupente"
1787 *État* E « À la reine » "1 pièce et 1 soupente"

AP 13
Montauban, Catherine Éléonore Eugénie de Bethisy, princesse de (1707-1757). Dame du palais de la reine 1733-1757
Bourbon, Louis III Henri de Bourbon-Condé, *dit* Monsieur le Duc, duc de (1692-1740)
1741 *État* « M. le Duc par échange avec Mme la princesse de Montauban, dame du palais » "1 pièce sans cheminée, partagée en deux"
Apothicairerie
1787 *État* E « Fourrier de l'Apothicairerie » "1 pièce"

AP 14
Orléans, Louis Philippe Joseph, duc d' (1747-1793)
1741 *État* « Son altesse royale » "1 pièce sans cheminée"
1787 *État* E « M. le duc d'Orléans » "1 pièce"

AP 14A
Adhémar de Montfalcon, Gabrielle Pauline de Bouthillier de Chavigny, marquise de Valbelle, puis comtesse d' († après 1810). Dame du palais 1763
1787 *État* E « Mme la comtesse d'Adhémar » "1 pièce, bûcher"

AP 15
Roquelaure, Gaston Jean-Baptiste Antoine, comte de Biran, puis en 1683 duc de (1656-1738). Maréchal de France 1724
[1722] GG-B 354
1741 *État* « M. le maréchal de Roquelaure » "1 pièce à cheminée"
Clermont, Louis de Bourbon-Condé, comte de (1709-1771)
Après 1768 *N° 15, cuisine de M. le comte de Clermont.* A.N. O^1 1802 722
Duras, Emmanuel Félicité de Durfort, duc de (1715-1789). Premier gentilhomme de la Chambre 1757
1787 *État* E « M. le duc de Duras » "1 pièce"

AP 16
Harcourt, François IV d'Harcourt, marquis, puis duc d' (1689-1750). Capitaine des gardes du corps en survivance de son père 1715
GG-B 354 [1722]
1741 *État* « Capitaine des gardes du corps, M. le duc d'Harcourt » "1 pièce à cheminée"
25.3.1746 *M. L'Écuyer a présenté aujourd'hui à M. le directeur général un plan sur lequel est le devis des ouvrages à faire pour construire une soupente à M. le duc d'Harcourt à qui on a pris une partie de sa cuisine pour faire un bûcher à M. le duc de Villeroy auquel on a ôté pour faire le fourrier de Mme la dauphine. Devis = 179 livres.* A.N. O^1 1810 I 81
GG-B 119
Chevreuse, Henriette Nicole Pignatelli d'Egmont, duchesse de (1719-?). Dame d'honneur de la reine en survivance 1751
Après 1768 *Cuisine, jadis à Mme de Chevreuse ; je ne sais à qui elle est actuellement.* A.N. O^1 1802 722
Fourrier du roi
1787 *État* E « Fourrier du roi » "1 pièce à cheminée ; 1 soupente"

AP 16A
La Vauguyon, Antoinette Rosalie de Pons, duchesse de (1751-1824). Dame d'atour puis dame d'honneur de la comtesse de Provence 1774
1787 *État* E « Mme la duchesse de La Vauguyon » "1 bûcher"

AP 17
Ventadour, Charlotte Éléonore Madeleine de La Motte-Houdancourt, duchesse de (1651-1744). Gouvernante des Enfants de France
1741 *État* « Gouvernante des Enfants de France, Mme la duchesse de Ventadour » "1 pièce sans cheminée"
Dauphin, Louis Joseph Xavier de France, *dit* le (1781-1789)
1787 *État* E « Fourrier de Monseigneur le dauphin » "3 pièces"

AP 18
Chicoyneaux, François (1672-1752). Premier médecin du roi 1732-1757
Fourrier de la dauphine
1741 *État* « Premier médecin du roi, M. Chicoyneaux,

puis fourrier de Madame la dauphine » "2 pièces sans cheminée"
Artois, Charles Philippe de France, *dit* comte d' (1757-1836)
1787 *État* E « à M. le comte d'Artois » "1 pièce"

AP 18A
Polignac, Gabrielle Yolande Martine de Polastron, comtesse, puis duchesse de (1749-1793). Gouvernante des Enfants de France 1782-1789
1787 *État* E « Suisse de Mme la duchesse de Polignac » "1 entresol"

AP 19
Bourbon, Louise Françoise de Bourbon, légitimée de France, *dite* Mlle de Nantes puis Madame la Duchesse, duchesse de (1673-1743)
1741 *État* « Madame la duchesse douairière » "3 pièces au-dessous du degré, dont 1 à Mlle de Charolais sous la rampe"
Vitrier du château
1787 *État* E « Vitrier du château » "2 pièces"

AP 19A
Polignac, Gabrielle Yolande Martine de Polastron, comtesse, puis duchesse de (1749-1793). Gouvernante des Enfants de France 1782-1789
1787 *État* E « Mme la duchesse de Polignac » "1 entresol"

AP 20
Maître du vin du roi
1741 *État* « Maître de vin du roi » "3 pièces sans cheminée"
Charbon
1787 *État* E « Pour le charbon » "3 pièces sans cheminée"

REZ-DE-CHAUSSÉE DU PAVILLON DE LA SURINTENDANCE

AP 21
Hérault, René (1691-1740). Lieutenant général de la police de Paris 1725 ; intendant de Paris et conseiller d'État 1739
Argenson, Pierre Marc de Voyer de Paulmy, comte d' (1696-1764). Intendant de Paris 1740
1741 *État* « Lieutenant général de police M. Hérault, puis M. d'Argenson » "2 pièces à cheminée ; 2 entresols, 1 à cheminée"
Feydeau de Brou, Paul Esprit (1682-1767). Conseiller d'État 1737 ; intendant de Paris 1742-1744 ; membre du Conseil des finances 1744 ; doyen du Conseil d'État
22.10.1742 ... *celui [de M. d'Argenson] à M. de Brou.* L* IV 256
GG-B 2106
Bertier de Sauvigny, Louis Jean (1709-1788). Intendant de Paris 1744-1776
12.3.1745 N au roi : *Le comte de Noailles... propose à Votre Majesté le logement... de M. de Brou, qui est celui des intendants de Paris à M. de Sauvigny, intendant de Paris pour qui M. le contrôleur général le désire.* Bon du roi : A.N. O[1] 1076 94
11.5.1749 ... *M. l'intendant de Paris, dont M. de Brou a gardé le logement...* Disposition : A.N. O[1] 1076 236

AP 22
Du Parc, Charles François Lavechef (1701-1751). Secrétaire du cardinal de Fleury ; fermier général des postes 1748
GG-B 355 [1722] ; 2221 [1740]
1741 *État* « Bureau de M. Du Parc et M. le cardinal de Fleury » "1 pièce à cheminée ; 1 entresol sans cheminée"
Brancas, Marie Angélique Fremyn de Moras, duchesse de (1676-1763). Dame d'honneur de la dauphine 1744-1762

AP 22 est combiné avec **AP 23 et 24** entre 1742 et 1747.

Bontemps, Charlotte Vasseur, Mme (?-?)
5.5.1742 Le roi à N : *Le logement* **[AP 23]** *pour Mme Bontemps, la cuisine de M. Bontemps* **[AP 23A]** *pour Mme de Brancas et la cuisine de Mme de Brancas pour Mme Bontemps.* A.N. O[1] 1076 154

AP 22 est séparé de **AP 23 et 24** vers 1747.

Saint-Sauveur, Madeleine Suzanne de Goulet de Rugy, marquise de (1723-1777). Sous-gouvernante des Enfants de France 1751
19.6.1752 N au roi : *Mme de Saint-Sauveur, sous-gouvernante, n'est plus logée à la Petite Écurie. Elle n'a pour elle, sa femme de chambre, et faire sa cuisine que la chambre de feu M. Du Parc qui est très petite. Elle ne peut faire son service dans cette triste situation. Votre Majesté a eu la bonté de lui accorder le logement de Mme de Maulde* **[AP 102]** *qui tombe et ne peut être logeable qu'en faisant des réparations assez considérables, mais essentielles. Le comte de Noailles demande à Votre Majesté la permission de demander de sa part à M. de Vandières de donner ses ordres pour rendre ce logement habitable* [aussitôt que] *Mme Rousseau sera dans le sien.***[AP 47]** A.N. O[1] 1811 I 14

AP 21 et 22 sont combinés en 1752.

Saint-Sauveur, Madeleine Suzanne de Goulet de Rugy, marquise de (1723-1777). Sous-gouvernante des Enfants de France 1751
17.10.1752 *Le logement de Mme Butler* **[S 28]** *qui ne consiste qu'en une chambre et une garde-robe à M. de Brou* **[AP 21]** *jusqu'à ce que le sien* **[AP 102]** *soit accommodé et il remettra le sien tout de suite à M. et Mme de Saint-Sauveur, ainsi il n'y aura plus de sous-gouvernante à loger...* Disposition : A.N. O[1] 1076 314
10.1752 *Le logement de M. de Brou avec la chambre de M. Du Parc à Mme de Saint-Sauveur...* Distribution : A.N. O[1] 1077 415
6.9.1753 *Votre Majesté a accordé à Mme de Saint-Sau-*

veur le logement de M. de Brou, avec celui de M. Du Parc [**AP 22**], *le tout consistant en deux chambres assez humides mais auprès l'une et l'autre, Votre Majesté a accordé à M de Brou en échange le logement qu'avait Mme Butler* [**S 28**], *consistant aussi en une chambre mais point humide, Mme de Saint-Sauveur ne pouvant pas coucher en bas à cause de l'humidité, désire coucher dans la chambre ci-devant à Mme Butler et que M. Brou reste dans son ancien logement.* A.N. O[1] 1076 346

AP 21 et 22 sont séparés.

AP 21

Feydeau de Brou, Paul Esprit (1682-1767). Conseiller d'État 1737 ; intendant de Paris 1742-1744 ; Membre du Conseil des finances 1744 ; doyen du Conseil d'État

La Vauguyon, Antoine Paul Jacques de Quélen d'Esteur de Caussade, marquis de Saint-Maigrin, puis duc de (1706-1772). Menin 1745 ; gouverneur du duc de Bourgogne 1758 puis des Enfants de France

5.1758 *M. le comte de La Vauguyon se trouve sans cuisine à portée de Monseigneur le duc de Bourgogne où il loge, et tout étant plein de ce côté, il propose d'ôter à M. de Brou son logement pour en faire une cuisine suivant le plan ci-joint.* A.N. O[1] 1796 537

Maupeou, René Charles de (1688-1775). Premier président au parlement de Paris 1743-1757 ; vice-chancelier et garde des Sceaux 1763-1768

1762 *Le logement de M. de Brou, ancien garde des Sceaux, à M. de Maupeou, vice-chancelier...* Disposition : A.N. O[1] 1076 729

Aguesseau de Fresnes, Jean Baptiste Paulin d' (1701-1784). Conseiller d'État au Conseil des dépêches 1762 et du commerce 1768 ; prévôt et maître des cérémonies des ordres du roi 1772

7.12.1762 M à d'Aguesseau : *Je viens de donner ordre, Monsieur, à M. L'Écuyer de faire toutes les réparations nécessaires dans le logement qu'occupait M. de Brou que le roi vous a accordé en vous donnant la place au Conseil des dépêches de M. le garde des Sceaux. Je mande à M. L'Écuyer en même temps d'y faire mettre les ouvriers le plus tôt qu'il sera possible et de faire poser la glace de 1 pied ou 2 que vous me faites l'honneur de me demander.* A.N. O[1] 1797 294 ; *cf.* 1812 I 61

18.5.1777 H à A : *M. d'Aguesseau a un logement à Versailles au rez-de-chaussée au-dessous de Mme la comtesse de Brionne* [**AP 54**], *dont les deux croisées donnent sur cette cour dans la longeur de 22 pieds 1/2. Il y a à côté de la croisée de sa chambre un pavillon qui avance de trois pieds et demi sur la dite cour et qui produit un enfoncement dans lequel se portent les immondices de cette cour et dans lequel les passants et les petits garçons des cuisines voisines viennent faire leurs nécessités au-dessous des fenêtres de M. d'Aguesseau et en cassent souvent les vitres... Il voudrait bien faire mettre le long des deux croisées de son appartement une petite barrière qui prendrait de l'encoignure du dit pavillon jusqu'à la porte du château, c'est-à-dire dans la longeur de 22 pieds sur les 3 pieds 1/2, dont le pavillon avance sur la cour.* Réponse de A : *Cette barrière serait inutile...* A.N. O[1] 1800 58 et 59

Aguesseau, Henri Cardin Jean Baptiste, marquis d' (1752-1826). Conseiller d'État, grand prévôt et maître des cérémonies des ordres du roi 1783

Aguesseau, Marie Catherine de Lamoignon de Basville, marquise d' (1759-?)

3.6.1786 L** à A : *Le marquis d'Aguesseau... prie... un abat-jour au-dessus d'un petit cabinet de garde-robe à chaise de Mme la marquise d'Aguesseau pour donner plus de jour et d'air dans ses deux petites pièces, et la pose de quelques tablettes dans un cabinet d'alcôve et le recoupement d'une armoire.* Réponse de H : *Exécution facile et de peu de dépense.* A.N. O[1] 1802 354

1787 *État* E « M. de Fresnes » "2 pièces à cheminée ; 2 entresols à cheminée"

23.5.1787 L** à A : *M. le marquis d'Aguesseau... prie la suppression d'un bout de cloison de 6 pieds de long sur 6 pieds de haut pour agrandir une pièce d'entresol servant de bureau et la dépose d'une armoire du dit bureau pour la reposer dans le passage à côté et l'ouverture d'un côté d'abat-jour pour donner plus de jour.* A.N. O[1] 1802 376

2.9.1787 L** à A : *M. le marquis d'Aguesseau... prie de lui accorder le blanchi à une couche de son antichambre et de son salon et d'un petit escalier montant à la chambre de Mme d'Aguesseau et des raccords de blancs sur les portes de sa chambre.* A.N. O[1] 1802 388

AP 22

Saint-Séverin [1], Alphonse Marie Louis de Sanseverino d'Aragona, *dit* comte de (1705-1757). Ministre plénipotentiaire à la conférence de Breda 1748

Civrac, Anne Marie de La Faurie de Monbadon, marquise de (1720-1786). Dame d'atour de Mesdames 1766

Avant 1769 *N° 22 sur la grand-cour de la Surintendance, autrefois logement, aujourd'hui cuisine à Mme de Durfort* [-Civrac]. A.N. O[1] 1802 722

Bourbon-Busset, François Louis Antoine, comte de (1722-1793). Premier gentilhomme de la chambre du comte d'Artois 1763

1787 *État* E « M. le comte de Bourbon-Busset » "2 pièces, 1 à cheminée ; 1 entresol à cheminée"

AP 23 et 24 sont combinés.

Enfossy, N... (?-?)

Du Parc, Charles François Lavechef (1701-1751). Secrétaire du cardinal de Fleury ; fermier général des postes 1748

1741 *État* « M. Enfossy et M. le cardinal de Fleury, M. du Parc, M. Bontemps »

AP 23, 23A et 24 sont combinés avant 1741.

Bontemps, Louis Alexandre (1669-1742). Premier valet de chambre du roi en survivance 1677, en titre 1701 ; intendant et contrôleur général des batiments et jardins de la reine 1726

1. Le comte de Saint-Séverin occupait **AP 75** et **106** vers 1752.

GG-B 355 « M. Enfossy et cardinal de Fleury, puis M. Bontemps et M. Du Parc » ; 356 « M. Du Parc »
1741 *État* « M. Enfossy et M. le cardinal de Fleury, puis M. Du Parc et Bontemps » "3 pièces à cheminée ; 1 entresol sans cheminée [**AP 22**] ; 3 pièces, 1 à cheminée [**AP 24**]"
Bontemps, Charlotte Vasseur, Mme (?-?)
Bontemps, Louis Alexandre II (1703-1747). Premier valet de chambre du roi en survivance de son père 1742

AP 23 et 24 sont combinés avec **AP 22** vers 1742-1747 et 1755-1766.

Bontemps, Louis Dominique (1738-1766). Premier valet de chambre du roi en survivance de son père
Bontemps, Jeanne Thérèse Tissier, Mme (?-?)
5.5.1742 N au roi : *Mme Bontemps demande pour elle et son fils le logement de feu son mari ; elle ne peut se passer de la cuisine que Mme la duchesse de Brancas* [**AN 22**] *a demandée à Votre Majesté, parce qu'elle couche ses filles dans un entresol qui est au-dessus. Elle espère cette nouvelle grâce des bontés de Votre Majesté.* Réponse autographe de Louis XV : *Le logement* [**AP 23**] *pour Mme Bontemps, la cuisine de M. Bontemps* [**AP 23A**] *pour Mme de Brancas et la cuisine de Mme Brancas* [**AP 22**] *pour Mme Bontemps.* A.N. O[1] 1076 154
2.10.1746 *M. de Bontemps, premier valet de chambre du roi, prie M. de Tournehem de vouloir bien lui accorder une petite réparation à son appartement au château. M. L'Écuyer sait que c'est l'humidité qui a fait écailler tout le vernis qui était sur la boiserie.* Réponse de E : *La demande de M. Bontemps est une bagatelle, n'étant question que de lui laver le vernis de quelques pièces de son appartement et ensuite y en mettre une ou deux couches.* A.N. O[1] 1810 I 121
21.10.1753 *Notes pour M. le directeur général : L'escalier du logement de Mme la comtesse de Châteaurenault* [**AP 54A**], *qu'on a supprimé, laisse un vide chez M. de Bontemps, dont il voudrait profiter pour y coucher une femme de chambre par le moyen d'un entresol, étant logé fort à l'étroit. Pour ce, 200 livres.* Réponse : *Bon.* A.N. O[1] 1795 438. *cf.* 1811 I 81 : M à E : *Vous aurez agréable de faire faire dans le logement de M. de Bontemps l'entresol qu'il demande dont la dépense est 200 livres.*
1755 E à M : *M. Bontemps ayant sa cuisine* [**AP 22**] *que M. de Saint-Séverin vient de lui rendre, il s'agit de remettre une de ses chambres où il se faisait aménager dans le même état qu'elle était ci-devant... 100 livres* Bon du roi : A.N. O[1] 1796 208 ; *cf.* 1811 II 56
6.4.1756 M au roi : *Le sieur Bontemps supplie très humblement Votre Majesté de vouloir bien lui faire la grâce de lui accorder les changements à faire à son logement.* Bon du roi : A.N. O[1] 1070 495 et 494 : *Devis : Logement de M. Bontemps, une cloison à percer pour le posage d'une alcôve en dehors afin de pouvoir coucher dans le cabinet de compagnie sans que le lit y soit placé... 823 livres. cf.* 1811 II 75
12.11.1762 M au roi : *M. Bontemps, valet de chambre de Votre Majesté, la supplie très humblement de lui accorder les réparations à faire à son logement... estimés, suivant le devis 1 500 livres.* Bon du roi : A.N. O[1] 1071 61 ; *cf.* 1812 I 54
Chamilly, Claude Christophe Lorimier, sieur de (1732-1794). Premier valet de chambre du roi en titre 1764, en exercice 1771
1765 *M. de Chamilly, premier valet de chambre à la place de M. Bontemps, a son logement.* A.C.V. citant A.N. O[1] 3451 folio 252
19.2.1766 N au roi : *M. de Chamilly, premier valet de chambre de Votre Majesté, désire le logement de M. Bontemps s'il vient à vaquer. Cela est possible, et même juste, s'il n'y a pas de titulaire qui fasse fonction de premier valet de chambre à la place de M. Bontemps. C'est un mystère dans lequel le comte de Noailles ne peut ni ne doit entrer mais qui peut déterminer Votre Majesté pour le oui ou non sur cette demande. Le comte de Noailles ne veut pas s'écarter de la règle et n'est pas moins persécuté et accablé de tracasseries sur l'article des logements.* Bon du roi : A.N. O[1] 1067 794
1770 *État* A « M. de Chamilly »
1777 *État* B « M. de Chamilly »

AP 23A
Brancas, Marie Angélique Fremyn de Moras, duchesse de (1676-1763). Dame d'honneur de la dauphine 1744-1762
5.5.1742 Le roi à N : *Le logement* [**AP 23**] *pour Mme Bontemps, la cuisine de M. Bontemps* [**AP 23A**] *pour Mme de Brancas et la cuisine de Mme Brancas* [**AP 22**] *pour Mme Bontemps.* A.N. O[1] 1076 154
6.6.1747 GG-B 118
Bélestat, Marie Charlotte Rousselet de Châteaurenault, comtesse de (1728-1765). Dame de Mesdames les cadettes en survivance de sa mère 1752
26.10.1755 *La cuisine de la duchesse de Brancas pour faire un logement à Mme la comtesse de Bélestat...* Distribution : A.N. O[1] 1076 398
9.11.1755 *La cuisine de Mme de Saint-Sauveur* [**AP 22**] *près M. de Brou qui faisait autrefois le logement de M. Du Parc à Mme la comtesse de Bélestat pour y faire un logement...* Disposition : A.N. O[1] 1076 408
9.12.1755 M au roi : *Mme la comtesse de Bélestat supplie très humblement Votre Majesté de vouloir bien lui accorder les réparations et ajustements qu'elle demande dans le nouveau logement que Votre Majesté lui a accordé, qui suivant le plan et devis ci-joint, monteront à 1 600 livres* Bon du roi : A.N. O[1] 1070 434 ; *cf.* 1811 II 61
10.12.1755 M à E : *Vous auriez agréable, Monsieur, de faire faire les réparations nécessaires au nouveau logement que le roi a accordé à Mme la comtesse de Bélestat qui... monteront à 1 600 livres.* A.N. O[1] 1796 221
9.1756 E à M : *Mme la comtesse de Bélestat supplie très humblement Votre Majesté de vouloir bien lui accorder une glace de 46 pouces de haut sur 35 1/2 de large pour être posée sur la cheminée du logement qu'elle occupe au château ; il s'en trouve une dans ces dimensions au magasin.* A.N. O[1] 1796 305 ; *cf.* 306. Réponse : *Bon.*
1760 La comtesse de Bélestat à M : *J'avais espéré, Monsieur, avoir l'honneur de vous voir l'autre jour à Verailles. Comme cela fut impossible, j'ai celui de vous écrire pour vous proposer de trouver bon que je fasse faire des cloisons dans mon logement. Et comme*

lorsqu'il est question de dépense, M. L'Écuyer est un homme très intraitable sur les articles, je lui ai demandé quelques feuilles de parquet. Néant a été sa réponse. Je vous prie, Monsieur, si cela est possible de vouloir bien m'en faire donner. A.N. O[1] 1797 117 ; *cf.* 1811 III 126
8.9.1760 M à la comtesse de Bélestat : *Il est absolument impossible dans la situation où sont les fonds des bâtiments de vous accorder les cloisons et le parquet que vous me demandez.* A.N. O[1] 1797 118
Lastic, Anne Charon de Ménars, comtesse de (1733-?). Dame pour accompagner Mesdames les cadettes 1762, puis Madame Sophie
6.3.1765 *Mme de Lastic dans le logement qu'occupait feue Mme de Bélestat...* D.C.V. citant A.S.A folio 49
Ferrière, Charles de Masso, marquis de la († 1773). Sous-gouverneur du dauphin et les comtes d'Artois et de Provence 1758
[après 1769] *Aile du Midi, rez-de-chaussée sous le gros pavillon et tenant à la cour des Apothicaires, 23A, jadis à M. Bontemps, ci-devant à Mme de Brancas, à M. de Ferrière.* A.N. O[1] 1802 722

AP 23 et 24 sont séparés.

AP 23
Chastellux, Angélique Victoire de Durfort-Civrac, comtesse de (1752-1816). Dame pour accompagner Madame Victoire en survivance de sa mère 1773, puis sa dame d'honneur 1786
Chastellux, Henri Georges César, comte de (1746-1814). Gentilhomme d'honneur de Madame Victoire en survivance 1787
18.1.1779 La comtesse de Chastellux à A : *J'ai l'honneur de vous envoyer... le plan des changements que je désirais dans l'appartement qu'on m'a donné. Il m'est indispensable d'en changer l'entrée parce qu'elle est vis-à-vis la porte de la cuisine de M. Chamilly* [**AP 24**], *ce qui la rendait fort sale et fort désagréable. La baie existe, ainsi la nouvelle porte que je propose n'entraîne ni une dépense ni risque pour la solidité. La cheminée que vous verrez sur le plan existe ainsi que le tuyau. Ainsi j'espère que ces changements ne peuvent point être d'une grande conséquence. Si par hasard ils passaient les bornes que vous vous prescrivez sur les dépenses de ce genre, j'en supporterai la quantité que vous jugez à propos.* A.N. O[1] 1800 339
14.3.1779 H à A : ... *M. de Chastellux n'occupe que transitoirement le logement de M. de Chamilly et M. de Chamilly demande avec insistance que le logement soit remis tel qu'il était lorsqu'il lui reviendra, ce qui peut arriver dans peu de temps. J'ai toujours regardé les dépenses, dont l'objet ne conviendra pas à M. de Chamilly comme devant être faites au compte de M. de Chastellux. M.* [Darnaudin], *architecte de M. de Chastellux, a arrangé, de concert avec lui, toutes ses petites distributions et les a ordonnées aux ouvriers. Je ne me suis occupé que du soin de veiller à ce que rien ne puisse nuire à la solidité de l'appartement. J'ai demandé à M.* [Darnaudin] *communication de tous les mémoires et j'estime qu'ils monteront à plus de 1 000 livres...* A.N. O[1] 1800 351 *bis*
14.3.1779 H à A : *Comme M. de Chastellux occupe présentement le logement de M. Chamilly, M. Chamilly est réduit à ce petit logement* [**AP 24**] *qui servait ci-devant à une de ses domestiques, peu distant du premier. Il m'a prié de demander... une petite glace pour mettre sur sa cheminée...* A.N. O[1] 1800 354
19.6.1779 H à A : ... *M. de Chastellux m'a dit plusieurs fois que M. le directeur général avait accédé à ce que la totalité de leurs dépenses fût payée par l'administration.* Réponse : *Renvoyer trois mémoires, dont ceux du vitrier et du poseur des fenêtres seront à la charge de M. de Chastellux, celui du serrurier étant réservé pour les bâtiments.* A.N. O[1] 1800 401
6.9.1779 La comtesse de Chastellux à A : *M. Mique m'a dit... que vous avez eu la bonté de promettre votre décision sur le changement que je désire dans mon appartement... Devant faire mes couches dans cet appartement, il m'est infiniment intéressant qu'il ne soit pas comme une cave...* A.N. O[1] 1800 478
9.1779 Le sieur Mique à A : *Mme la comtesse de Chastellux a prié le sieur Mique de présenter à M. le comte d'Angiviller la demande que fait cette dame de baisser les deux appuis de croisées de son salon et celui d'une petite pièce ajointe, comme l'ont été celles de sa chambre et d'un appartement contigu au sien, donnant sur le bout de la rue Saint-Julien en face des Récollets. Du salon de Mme la comtesse on ne peut voir dans la rue parce que les appuis sont extrêmement hauts. Les croisées par conséquent procurent peu de jour. Ci-joint est la façade pour l'intelligence de la demande à laquelle Madame Victoire s'intéresse. Le sieur Mique ne voit aucun inconvénient que M. le comte l'accorde...* Réponse : *M. le directeur général a écrit de sa main à Mme de Chastellux un refus qui était vraiment inévitable, malgré les sentiments énoncés par M. Mique.* A.N. O[1] 1800 479 et 480 [plan] annoté A = 3 *croisées demandé de baisser dans le pavillon* et B = 5 *croisées qui ont été baissées dans l'aile sur la rue* avec la note : *Le 17 novembre d'après adressant à Mme de Chastellux un refus par sa réponse du 11 novembre, lettre à M. Heurtier pour faire baisser seulement une fenêtre ouverte sur le mur en retrait de l'avant-corps.*
11.11.1779 La comtesse de Chastellux à A : *Malgré le désir que j'avais... que mes fenêtres fussent baissées, je ne peux qu'être très sensible à la manière obligeante dont vous me refusez et craindre de vous avoir fait une demande indiscrète. Les changements que ce côté du château a déjà soufferts dans la décoration extérieure et dont il en reste une preuve dans mon appartement, et l'éloignement de ce pavillon, m'avaient fait espérer que la grâce que je demandais était sans inconvénient, mais puisque vous en trouvez, Monsieur, j'abandonne mes prétentions à cet égard et profite seulement de la bonté que vous avez de me proposer de faire baisser la fenêtre qui précède le pavillon.* A.N. O[1] 1800 477
12.7.1781 LR et L** à A : *Appartement de Mme la marquise de Chastellux : le blanchi de cet appartement est fait.* A.N. O[1] 1801 8
Fitz-James, Marie Claudine Sylvie de Thiard de Bissy, duchesse de (?-?). Dame du palais
1.4.1782 LR et L** : *L'appartement de Mme de Fitz-James : commencé.* A.N. O[1] 1802 221
16.4.1782 H à A : *Je n'ai pu voir qu'hier Mme la*

duchesse de Fitz-James... Elle demande de légères réparations et un blanchissement général que j'ai ordonné sur-le-champ, une cheminée de marbre de Flandre que je lui ai promis de demander pour elle à M. le directeur général et qui peut lui être accordée sans beaucoup de frais s'il approuve ma proposition de faire délier des marbres du magasin de Paris par sieur Drapsy [sic] *pour en faire des cheminées et les baissements des croisées de son appartement. J'ai dit à Mme de Fitz-James que cette demande était inadmissible et elle s'est enfin rendue à mes raisons.* A.N. O[1] 1801 283
1.5.1782 LR et L** : *L'appartement de Mme de Fitz-James : fini.* A.N. O[1] 1801 222
6.7.1782 H à A : *Mme la duchesse de Fitz-James insiste sur la demande d'une glace au teint... et... que les sonnettes de son appartement soient posées aux frais du roi et elle fonde sa demande sur ce que l'appartement qu'elle quitte* [**AN 43A**] *en était pourvu et sur ce qu'elle n'a pas cru en troquant avec M. de Chastellux être dans le cas de payer celles dont elle aurait besoin dans son nouvel appartement.* A.N. O[1] 1801 323
7.12.1782 H à A : *Le prince de Poix a donné à Mme la duchesse de Fitz-James un petit endroit dans la cour des cuisines de Mesdames servant ci-devant à mettre le poisson à Mme la princesse de Guémené. Mme de Fitz-James prie de permettre qu'elle y fasse établir deux fourneaux pour lui servir de réchauffoirs... Cet établissement est sans inconvénient.* A.N. O[1] 1801 405
9.10.1786 H à A : *Mme de Fitz-James prie M. le directeur général de lui accorder le blanchi de son appartement, un chambranle de marbre à la place d'un de pierre pour la cheminée de sa chambre et une petite glace sur la cheminée de son salon.* A.N. O[1] 1802 244
1787 *État* E « Vacant » "6 pièces, 2 à cheminée ; 5 entresols, 2 à cheminée"
Châlons, Anne Jeanne Françoise Aglaé d'Andlau, comtesse de (1746-1826). Dame de la comtesse d'Artois
1788 La comtesse de Châlons à A : *Le roi a bien voulu... me donner le logement qu'occupait Mme la duchesse de Fitz-James, il est absolument nécessaire de le blanchir, d'y faire des fenêtres et faire quelques réparations dont... je ne veux pas vous ennuyer.* Réponse : *Il sera pourvu.* A.N. O[1] 1802 551

AP 24
Chamilly, Claude Christophe Lorimier, sieur de (1732-1794). Premier valet de chambre du roi en titre 1764, en exercice 1771
Champlost, Charles Jean Marie Quentin, baron de (1742-1793). Premier valet de chambre du roi 1761
1787 *État* E « Cuisine de MM. de Chamilly et de Champlot » "1 pièce à cheminée ; 2 soupentes"

AP 25
Monglas, N... († avant 1751). Copiste du roi ; secrétaire du cardinal de Fleury
1741 *État* « B[ure]au de M. Monglas et M. le cardinal de Fleury et porte-écritoire du roi » "2 pièces, 1 à cheminée ; 2 entresols sans cheminée"

AP 26
Lambert, N... de (?-?)
Joyeuse, Jean Gédéon André, comte de Grandpré, seigneur de (?-?). Lieutenant général au gouvernement de Champagne et Brie
1740 *M. de Lambert, Surintendance, rez-de-chaussée, n° 26, 1 pièce à cheminée et 1 entresol sans cheminée donné au chef de brigade du service auprès Monsieur le dauphin.* Logements donné par le roi : A.N. O[1] 1076 133
1741 *État* « M de Lambert, puis de Joyeuse » "1 pièce à cheminée et 1 entresol sans cheminée"
Champcenetz, Jean Louis Quentin de Richebourg, marquis de († 1813). Premier valet de chambre du roi 1740-1757
29.5.1750 *M. de Champcenetz, fils, chez M. le marquis de Joyeuse...* Disposition : A.N. O[1] 1076 250

AP 25 et 26
Penthièvre, Louis Jean Marie de Bourbon, *dit* duc de (1725-1793). Grand veneur 1737
[après 1768] *N° 25, cuisine et office de M. de Penthièvre* A.N. O[1] 1802 722
1770 *État* E « M. le duc de Penthièvre »
Lamballe, Marie Louise Thérèse de Savoie-Carignan, princesse de (1749-1792). Surintendante de la maison de la reine 1775
1787 *État* E « Mme de Lamballe » "4 pièces, 2 à cheminée ; 4 entresols"

AP 27
Apothicaire du roi et offices
1722 GG-B 357
1741 *État* « Apothicaire du roi et offices » "7 pièces, 4 à cheminée ; 9 entresols, 2 à cheminée et 2 caves dans la cour"
Le Serre, N... de (?-?). Apothicaire du roi vers 1715
23.3.1749 *M. de La Serre, apothicaire du roi, prie M. de Tournehem de lui faire plancher une chambre qui est attenant à l'office où un garçon apothicaire couche, l'humidité y étant extrêmement forte.* Réponse : *M. L'Écuyer fera faire les réparations nécessaires, lesquelles pourront monter à la somme de 104 livres.* A.N. O[1] 1810 II 146
Boulduc [1], N... le fils (?-?). Apothicaire du roi
9.5.1751 N au roi : *Le sieur Bolduc, apothicaire en titre de Votre Majesté depuis dix ans, demande à Votre Majesté le logement du sieur La Serre, père.* Bon du roi : A.N. O[1] 1076 278
Châtre d'Imbert, N... (?-?). Apothicaire du roi
14.1.1752 N au roi : *Il est d'usage que Votre Majesté ait la bonté d'accorder à ses apothicaires le logement par ancienneté. Le sieur de La Serre, qui a le meilleur, vient de quitter. Le comte de Noailles propose à Votre Majesté en conséquence de l'ancienneté : au sieur Imbert, le logement de sieur de La Serre ; au*

1. En 1748, Boulduc fils disposait d'un logement de deux pièces dans l'hôtel des Louis, un immeuble de la rue de l'Orangerie appartenant au roi. Il l'abandonna comme trop petit et a reçut 300 livres comme pour se loger. Voir A.N. O[1] 1077 181. Malgré la plus grande ancienneté de Châtre d'Imbert, il semble que le logement de l'apothicairerie au château fut donné à Boulduc en 1751.

sieur Martin, le logement de sieur Imbert. Il est reçu en survivance du sieur La Serre, père, en mai 1740 et le sieur Bolduc n'a la survivance de son père qu'en juillet 1740. Les 300 livres de logement qu'avait le sieur Martin à celui qui achètera la charge du sieur La Serre. Bon du roi : A.N. O[1] 1076 297

[1752] N au roi : ... *Au sieur Imbert, apothicaire le logement du sieur La Serre...* Note : *Il est reçu en survivance du sieur La Serre en mai 1740, et le sieur Bolduc n'a la survivance de son père qu'en juillet 1741.* A.N. O[1] 1076 299

Forgeot, Claude Étienne (1729-1788). Apothicaire du roi

5.10.1769 N au roi : *Le sieur Boulduc avait un petit logement dans le château auprès de l'apothicairerie de Votre Majesté* [**AP 42**]. *Le sieur Imbert le demande et il serait très juste de lui accorder s'il voulait rendre celui qu'il a au Grand Commun, mais sa prétention de garder les deux paraît des plus déraisonnables. Le comte de Noailles demande la permission à Votre Majesté de lui donner l'option seulement et d'accorder l'autre au sieur Forgeot, successeur de sieur Bolduc.* A.N. O[1] 1077 51

1778 *M. Forgeot à l'apothicairerie : 7 pièces, dont 4 à cheminée et 10 entresols, dont 2 à cheminée...* Disposition : A.N. O[1] 1077 246

15.6.1770 N au roi : *Le sieur Imbert, apothicaire de quartier de Votre Majesté se plaint amèrement de l'injustice du comte de Noailles de ce qu'il a proposé de loger le sieur Forgeot à l'Apothicairerie dans un logement que feu M. Bolduc occupait et qu'il désirait pour lui quoiqu'il en ait un au Grand Commun* [**GC 25 à droite**] *et que la dame Imbert [sa mère] ait 300 livres de logement. Le comte de Noailles ne pouvant tenir à cette persécution journalière supplie Votre Majesté de lui renouveler l'ordre de ne jamais donner un logement double quoiqu'on ait plusieurs places et le logement que le sieur Martin occupe seul abusivement* [**AP 42**] *à l'apothicairie de Votre Majesté quoiqu'il en ait un au Grand Commun à l'apothicairerie du quartier pendant son quartier* [sic]. *Le comte de Noailles croit que c'est la règle qui doit être suivie et qui peut-être le débarrassera du sieur Imbert.* Bon du roi : A.N. O[1] 1077 82

8.2.1778 P au roi : *Le prince de Poix propose à Votre Majesté de destiner le logement du sieur Forgeot à être celui des apothicaires de quartier et prendre ceux des sieurs Habert* [**AN 22**] *et Martin* [**AP 42**] *au château... M. Forgeot à l'Apothicairerie, 7 pièces, dont 4 à cheminée, et 10 entresols, dont 2 à cheminée... Votre Majesté veut-Elle bien accorder 400 livres à chacun des trois apothicaires pour les dédommager de la perte de leurs logements. Le sieur Imbert est logé au Grand Commun.* A.N. O[1] 1088 244

17.4.1778 P au roi : *Le sieur Forgeot reste dans le logement de l'Apothicairerie, en conséquence les 400 livres qui lui avaient été accordées ne lui seront pas payées...* Bon du roi : A.N. O[1] 1077 247

13.1.1780 H à A : *J'ai l'honneur d'adresser à M. le directeur général l'état des personnes qui le supplient de vouloir bien permettre dans leur logement l'établissement à leur frais de cheminées à l'usage du charbon économique et j'ai l'honneur de lui observer qu'elles ne peuvent entraîner d'inconvénient... M. Forgeot, apothicaire du roi* A.N. O[1] 1800 511 et 512

1787 *État* E « Apothicairerie du roi » "2 pièces à cheminée ; 3 entresols, 1 à cheminée ; 2 caves sous l'office"

8.7.1789 MM. les premiers apothicaires du roi à A : *Les premiers apothicaires du roi... ont sollicité et obtenu la jouissance du logement de quartier qui leur est affecté, et qui par des circonstances particulières a été occupé par le sieur Forgeot. Une maladie longue et un long abandon de ce logement l'ont absolument rendu inhabitable et malsain ; ils vous supplient de bien vouloir ordonner les réparations.* A.N. O[1] 1802 616

AP 27A

Premier apothicaire du roi de quartier

1787 *État* E « Premier apothicaire du roi de quartier » "2 pièces à cheminée ; 9 entresols, 2 à cheminée"

AP 28

Fleury, André Hercule, évêque de Fréjus, cardinal de (1653-1743). Grand aumônier de la reine 1726 ; ministre d'État

Antin, Françoise Gilonne de Montmorency-Luxembourg, duchesse d'Épernon, puis en 1736 d' (1704-1768). Dame du palais de la reine 1726-1757

1741 *État* « Cuisine et offices de M. le cardinal de Fleury, dont une partie à Mme la duchesse d'Antin » "3 pièces à cheminée ; 2 entresols à cheminée"

Gobelet de la dauphine

4.2.1747 *Les officiers du Gobelet de Madame la dauphine supplient M. de Tournehem de leur accorder un entresol sur le passage adjacent de leur office en perçant une porte de communication, avec quelques devants d'armoire et tablettes. Les trois Gobelets étant réunis dans le même office, il leur est impossible de faire le service.* A.N. O[1] 1810 I 180

1770 *État* A « Gobelet de Madame la dauphine, puis de la reine » "3 pièces"

AP 28 et 28A sont séparés [1].

AP 28

Gobelet de Monsieur

1777 *État* B « Gobelet de Monsieur »

Gobelet de Madame

1781 *La bouche et Gobelet de feu de Mme la dauphine* [de Saxe] *étaient composés de tout ce qui comprend aujourd'hui la Bouche et Gobelet de Madame* [**AP 28 et 30**] *ainsi que la bouche et Gobelet de Mme la comtesse d'Artois* [**AP 28A**] *de sorte que le service de Madame qui est absolument le même que celui de feu Madame la dauphine se trouve aujourd'hui resserré et*

1. **AP 28** fut divisé pour créer des offices : **AP 28** pour le comte de Provence *dit* Monsieur, puis la comtesse de Provence *dite* Madame et **AP 28A** pour le comte d'Artois. Les entresols au-dessus de **AP 28, 29 et 30** sont numérotés **AP 42 et 44** ; chacun d'eux est mentionné séparément dans la séquence numérique *infra*.

même très gêné. Il convient, donc, de profiter de tous les moyens de rendre le local actuel le plus commode possible. Un moyen serait de construire à l'extérieur dans le coin de la cour de la Bouche de Madame un lavoir dans les mêmes proportions de hauteur et largeur que celui de l'intérieur, lequel répand dans la cuisine une odeur très désagréable causée par les chaudières. Alors en abattant la cloison qui sépare le lavoir intérieur du garde-manger on pourrait y placer un tour à pâte et un timbre à glace plus grand que celui qui y est. Cet arrangement, qui ne serait pas dispendieux, procurerait une très grande aisance au service de Madame. A.N. O[1] 1801 18

9.4.1781 Le marquis de Créqui à A : *Le bien du service de Madame exigerait... que l'on ôte une odeur désagréable susceptible d'influer sur les mets qu'on y prépare... J'ai reconnu par moi-même la possibilité d'établir à l'extérieur dans un coin de la cour de la Bouche un lavoir qui n'en gênerait nullement les issues et qui ne contraindrait en rien l'ordonnance du bâtiment. J'ai cru d'ailleurs devoir faire envisager à cette princesse que vous lui feriez certainement un plaisir d'approuver cette aisance à son service, puisque pareille faveur a été accordée dans l'intérieur même du château à une infinité des personnes de la Cour, principalement dans les galeries, où toutes les embrasures des croisées sont occupées par des lavoirs.* A.N. O[1] 1801 76

1787 *État* E « Gobelet de Madame » "2 pièces à cheminée ; 2 entresols"

AP 28A

Gobelet de Monsieur le comte d'Artois

21.8.1775 Officiers de la bouche du comte d'Artois à A : *Les officiers de la bouche de Monseigneur le comte d'Artois vous prient de vouloir bien leur accorder les réparations d'une chambre située au-dessus de la bouche qu'occupait ci-devant Mme de Valentinois que M. le maréchal de Mouchy a donnée pour l'utilité du service du prince. Ces petits arrangements, peu conséquents, consistent en deux cloisons, l'une pour faire séparation avec la bouche de Monsieur* [**AP 30**], *l'autre pour former un cabinet ; une porte à changer, une croisée neuve, une grille de fer pour sûreté, deux armoires, des carreaux à relever et le plafond à rétablir.* A.N. O[1] 1799 401

22.5.1778 Officiers de la bouche du comte d'Artois à A : *Il serait nécessaire : de carreler les fourneaux des potagers ; de carreler le four ; de boucher les trous que les rats ont fait tant dans les cuisines que dans le garde-manger ; de blanchir l'office et le garde-manger ; dans la chambre des officiers de jeter bas une cloison qui procurerait plus de jour pour y arriver ; de percer la porte et d'y mettre un carreau, afin de donner plus de clarté dans le corridor qui est très noir ; de faire une cloison vitrée en place de celle qu'on aura abattue ; de faire porter la dite cloison un peu plus loin, pour donner au officiers la facilité d'y coucher lorsqu'ils servent de gardes pour le service de Monseigneur ou des jeunes princes ; et enfin d'y faire une armoire...* A.N. O[1] 1800 196

1777 *État* B « Gobelet de Monsieur le comte d'Artois »

Gobelet de Madame la comtesse d'Artois

1787 *État* E « Gobelet de Mme la comtesse d'Artois » "1 pièce à cheminée ; 2 entresols, 1 à cheminée"

AP 29

Garde de la reine

Berwick, Anne Bulkeley, maréchale de (1673-1751)

1741 *État* « La garde de la reine, puis cuisine de Mme la maréchale de Berwick » "2 pièces à cheminée, y compris 1 entresol à cheminée"

Fronsac, Louis Antoine Sophie de Vignerot du Plessis de Richelieu, duc de (1736-1791). Premier gentilhomme de la chambre du roi en survivance 1756

Civrac, Anne Marie de la Faurie de Monbadon, marquise de Durfort, puis duchesse de (1720-1786). Dame pour accompagner Mesdames les cadettes

Châteaurenault, Anne Julie de Montmorency-Fosseuse, comtesse de (1704-1778). Dame pour accompagner Mesdames 1750, puis Madame Victoire

1764 *La cuisine de M. le duc de Fronsac à Mme la marquise de Durfort et le tiers à Mme la comtesse de Châteaurenault...* Disposition : A.N. O[1] 1076 759

1764 *La cuisine de M. le comte et Mme la comtesse de Civrac à M. le duc de Fronsac qui cédera un petit réchauffoir à Mme la comtesse de Châteaurenault qui en fera faire la séparation à ses dépens...* Disposition : A.N. O[1] 1076 765

15.10.1784 L** à A : *M. le duc de Fronsac prie de lui accorder... la réfection des plafonds de sa cuisine et office et le blanchi des deux dites pièces.* Réponse : *Ces demandes sont motivées sur le plus grand besoin.* A.N. O[1] 1801 666

1787 *État* E « M le duc de Fronsac » "1 pièce à cheminée ; 1 entresol"

12.10.1788 L** à A : *M. le duc de Richelieu prie... la réparation des fourneaux en fer de la cuisine et office.* Réponse de H : *De peu d'importance... accordé sans inconvénient.* A.N. O[1] 1802 533

AP 30

Distillation des fleurs d'oranger

Gobelet de Monsieur le dauphin

1741 *État* « Pour distiller la fleur d'orange, puis Gobelet de M. le Dauphin » "2 pièces à cheminée, 1 entresol sans cheminée"

Bouche de Monsieur et Madame

12.9.1774 Le marquis de Muy à A : *Le marquis de Muy demande pour le service de Monsieur et Madame que M. le comte d'Angiviller ordonne que dans la pièce du Gobelet du dauphin, n° 30, située près l'escalier qui conduit de la galerie des Princes au Grand Commun, on commence par relever les deux fourneaux d'office et qu'on en mette quatre autres de cuisine, deux de 8 à 9, et deux autres de 6 à 7 pouces en laissant subsister celui de cuisine qui y était et qu'il sera aisé de reconnaître. On demande encore de faire écailler et blanchir toute la soupente, de faire réparer et nettoyer la fenêtre qui est auprès de la porte d'entrée et celle qui est vis-à-vis à l'autre bout de la pièce. On demande encore une table portant 8 pieds de long sur 2 pieds et 1/2 de large en bois de chêne épais de 2 pouces au moins et qui sera établie sur des corbeaux de fer et qui laissera la jouissance du dessous de la table, la dite table prendra depuis le four jusqu'à côté de la fenêtre voisine de la porte d'entrée.* A.N. O[1] 1799 236

5.7.1777 Le marquis de Muy à A : *Je vous serai très*

obligé si vous voulez bien vous faire rendre compte de l'état de la bouche de Monsieur, la même qui servait à feu Madame la dauphine. Il me semble qu'il y a des réparations urgentes à faire soit à l'escalier au four et vitrages, de même qu'aux portes qui sont dans le plus mauvais état... A.N. O^1 1800 74 ; *cf.* 75 et 77
16.5.1778 Le marquis de Créqui-Hémont à A : *La porte de la bouche de Monseigneur est dans le plus mauvais état possible et il est absolument indispensable de la refaire entièrement pour la sûreté des effets du prince.* A.N. O^1 1800 187
16.12.1783 Jumbert à A : *M. L'Échevin... vous a rendu compte... des inconvénients qu'éprouve le service local de la bouche de Madame. Ce local est si serré et si mal distribué que le garde-manger se trouve mitoyen et presque comme envers dans le lavoir de sorte que tout le temps il y a des viandes gâtées par communication l'un de l'autre. Pour remédier à ce défaut, on a demandé aux Bâtiments de faire construire un espèce de tambour dans la cour pour y placer le lavoir.* A.N. O^1 1801 551 ; *cf.* 520
Coigny, Marie François Henri de Franquetot, duc de (1737-1821). Premier écuyer du roi 1774
1787 *État* E « M. le duc de Coigny » "1 pièce à cheminée, 1 soupente"

AP 30A
Lesparre [1], Philippine Louise Catherine de Noailles, comtesse de Guiche, puis duchesse de (1745-1791). Dame d'atour de la comtesse de Provence 1774
Marsan [2], Marie Louise de Rohan-Soubise, comtesse de (1720-1803). Gouvernante des Enfants de France 1754-1774, puis de Madame Élisabeth
1777 *État* B « Mme de L'Espart *[sic]*, puis Mme de Marsan »
Polignac, Gabrielle Yolande Martine de Polastron, comtesse, puis duchesse de (1749-1793). Gouvernante des Enfants de France 1782-1789
1787 *État* E « Mme la duchesse de Polignac » "un dessous d'escalier"

AP 31
Bouche de la reine
[1722] GG-B 358
1741 *État* « Bouche de la reine » "3 pièces à cheminée ; 8 entresols, 1 à cheminée"
16.3.1758 *Lavoir à faire pour la Bouche de la reine, demandé par M. de Chalmazel : Ce lavoir de 26 pieds de long sur 6 pieds de largeur à séparer en deux dont une moitié pour serrer la vaisselle. Le dit lavoir construit d'un mur de 15 pouces d'épaisseur pavé en dalles et couvert de plomb, il n'y pas assez de hauteur pour y pouvoir mettre un comble de charpente à cause des croisées...* A.N. O^1 1811 III 6
1787 *État* « Bouche de la reine » "3 pièces, 1 à cheminée ; 6 entresols, 1 à cheminée"
24.8.1787 H à A : *Nous allons profiter de l'absence de la reine pour faire dans ses cuisines toutes les réparations urgentes qui devraient y être faites pendant Fontainebleau...Un tuyau des latrines du château passe dans la principale pièce de la Bouche de la reine... Ce tuyau, qui est souvent engorgé, est rempli de fautes, lesquelles laissent passer les matières qui coulent et empoisonnent tout dans la Bouche de la reine. J'ai conseillé à M. Loiseleur de faire supprimer sur-le-champ le siège de cette latrine et je pense qu'à l'avenir ce siège peut rester supprimé au moyen des voûtes de décharge que nous avons faites l'année dernière aux latrines des cours basses.* A.N. O^1 1802 377

AP 32
Suisse du château à la grille qui va au Grand Commun
[1722] GG-B 359
1741 *État* « Suisse du château à la grille qui va au Grand Commun » "1 pièce à cheminée ; 2 entresols, 1 à cheminée"
17.12.1781 P à A : *Vous savez... qu'à chaque mutation ce sont toujours de nouvelles demandes. Le suisse de l'escalier vis-à-vis le Grand Commun est mort. Il était garçon et son logement, tout petit qu'il est, était suffisant ; mais celui qui le remplace a femme et enfants ; il m'a représenté que ce logement est tel qu'il a toujours été depuis la création du château, c'est-à-dire en fort mauvais état pour la malpropreté. Je vous prie... de vouloir bien donner vos ordres tant pour le faire blanchir que pour les légères réparations dont il peut être susceptible.* Réponse : *Répondu d'adhésion.* A.N. O^1 1801 217 ; *cf.* 260
1787 *État* E « Suisse vis-à-vis le Grand Commun » "1 pièce à cheminée ; 1 entresol à cheminée"

AP 33
Gobelet-pain du roi
[1722] GG-B 359
1741 *État* « Gobelet-pain du roi » "6 pièces, 3 à cheminée ; 11 entresols, 4 à cheminée"
8.6.1746 *Les chefs de la Paneterie-bouche du roi représentent à M. le directeur général des bâtiments qu'il n'est point d'office où l'eau soit plus nécessaire qu'au Gobelet-pain du roi et que c'est la seule qui manque de fontaine, quoiqu'il y ait un tuyau qui n'est pas à deux toises dans la cour du Gobelet, ce qui n'occasionnerait qu'une très petite dépense.* Bon du roi : A.N. O^1 1810 I 96
Muy [3], Joseph Gabriel Tancrède de Félix, marquis de († 1777). Premier maître d'hôtel de la dauphine 1745, puis de la comtesse et du comte de Provence, exerçant par commission
Radonvilliers, Claude François Lysarde de (1709-1789). Sous-précepteur des Enfants de France 1758
1758 *Le logement de M. le marquis de Muy à M. le sous-précepteur...* Disposition des logements...pour le service de Monseigneur le duc de Bourgogne : A.N. O^1 1076 506

1. La duchesse de Lesparre occupait aussi **AP 44 et 58** à l'étage au-dessus.
2. La comtesse de Marsan occupait aussi **AP 44** à l'étage au-dessus.
3. Le marquis de Muy et l'abbé de Radonvilliers semblent avoir été logés dans un entresol du Gobelet-pain du roi.

26.5.1758 Le marquis de Muy à M : *J'ai eu l'honneur de vous exposer avant-hier que le roi avait jugé à propos de disposer en faveur de M. l'abbé de Radonvilliers du logement qu'il m'avait accordé dans la cour de la Bouche de Mme la dauphine, n° 33, et qu'il me faisait passer dans celui qui donne dans la cour de la Chapelle, au n° 29, et qui était l'ancien appartement de M. le comte de Noailles* [**AG 29**]. A.N. O[1] 1811 III 23 ; *cf.* 1796 570

Paris, Christophe de Beaumont du Repaire, archevêque de (1703-1781)

Montesquiou d'Artagnan, Anne Pierre, marquis de (1739-1798). Gentilhomme de la manche du duc de Bourgogne 1758

20.2.1761 *Le logement de l'abbé de Radonvilliers, qui avait été donné à M. l'archevêque de Paris à M. le marquis de Montesquiou qui sert depuis deux ans sans en avoir...* Disposition : A.N. O[1] 1076 641

19.5.1761 *Le logement de l'abbé de Radonvilliers à M. le marquis de Montesquiou...* Disposition : A.N. O[1] 1796 642

12.6.1762 *Les officiers du Gobelet du pain du roi ont l'honneur de vous représenter le besoin indispensable qu'ils ont d'avoir l'eau dans leurs offices. Les dimensions en ont été prises, l'auge de pierre est posée pour les recevoir, il ne manque que la saignée d'un tuyau qui est environ à une toise de l'endroit où est posée la dite pierrre. Ils osent vous supplier, Monsieur, de vouloir bien leur procurer cette commodité pour le bien du service de Sa Majesté.* Note de L'Écuyer : *Ci-devant MM. du Gobelet du vin du roi avaient une fontaine d'eau bonne à boire ; ils demandèrent qu'on leur en bouche le tuyau, ce qui fut fait sur-le-champ. Depuis quelque temps, reconnaissant que leurs anciens confrères avaient eu tort, ils m'ont prié de leur redonner l'eau qu'il avaient... il y environ un mois ; sur cet exemple, MM. du Gobelet-pain qui n'en ont jamais eu, en demandent. M. Denis fait ses représentations sur ce qu'il n'y a déjà que trop de fontaines dans le château pour le peu d'eau qu'il y a à y distribuer et qu'en les multipliant on courrait le risque de faire manquer le service.* A.N. O[1] 1797 253 ; *cf.* 1812 I 41

5.7.1762 M à MM. du Gobelet-pain : *Ceux qui sont chargés... des eaux m'ont représenté vivement qu'il y a déjà trop de fontaines dans le château... J'ai cédé à ces représentations, fort mortifié de ne pouvoir vous donner dans cette occasion un témoignage de l'estime avec lequel j'ai l'honneur...* A.N. O[1] 1797 251

1787 *État* « Gobelet-pain du roi »

AP 34

Gobelet-vin de la reine

[1722] GG-B 360

1741 *État* « Gobelet-vin de la reine » "3 pièces, 2 à cheminée ; 4 entresols, 1 à cheminée"

Gobelet-pain de la reine

17.4.1782 Officiers du Gobelet à A : *Les officiers du Gobelet de la reine ont l'honneur d'exposer à M. le directeur général... que depuis douze ans leurs offices n'on point été blanchis en sorte qu'ils sont actuellement si noirs et si sales que cela nuit à la clarté pour le travail et à la propreté du service ; que les ouvriers ayant été obligés d'ouvrir une de leurs chambres et s'étant établis pour faciliter les travaux dans l'appartement de M. de Lassonne* [**AP 62**], *le manteau de la cheminée en a été cassé ; que dans l'autre une armoire des provisions est tout ouverte et vétuste.* A.N. O[1] 1801 284

1787 *État* « Gobelet de la reine » "3 pièces, 1 à cheminée ; 4 entresols, 1 à cheminée"

AP 35

Gobelet-vin du roi

[1722] GG-B 361

1741 *État* « Gobelet-vin du roi » "4 pièces, 3 à cheminée ; 4 entresols, 1 à cheminée"

10.5.1779 Les officiers du Gobelet à A : *Les officiers du Gobelet-vin du roi supplient M. le comte d'Angiviller de vouloir donner des ordres pour qu'il soit fait au Gobelet-vin de Sa Majesté deux armoires de sûreté pour renfermer l'argenterie et les porcelaines du roi, celles qui existent présentement étant hors d'état de pouvoir servir.* A.N. O[1] 1800 388

1787 *État* E « Gobelet-vin du roi »

AP 35A

Vaisselle de la Bouche

1763 *Mémoire : L'office du roi dans la cour de la Bouche renfermant la vaisselle d'or et vermeil et d'argent blanc est composé d'une pièce basse entourée d'armoires qui demandent d'être changées de place en partie à cause de l'humidité, et le plafond est absolument à refaire. L'entresol au-dessus qui sert de logement au sieur Bocquet, garde-vaisselle, a une cheminée qui est aussi à refaire à laquelle il convient de substituer un chambranle de pierre au lieu de celui de bois qui y est. On désire changer cette cheminée de place ainsi que celle qui est au-dessus, ce qui est si praticable que les languettes en sont faites sans préjudice au bâtiment. Le plafond tombe en morceaux et est par conséquent à refaire. Enduire en plâtre le pourtour de l'entresol, faire une cloison entre deux lits, refaire et changer l'escalier rompu qui y conduit, deux portes neuves, les anciennes étant usées ainsi que les serrures et ferrures qui ne sont plus réparables... pour toutes lesquelles réparations au plus solide, on ne demande que 500 livres.* Réponse de E : *Les ouvrages demandés sont fort nécessaires pour le service du roi et l'estimation portée à 500 livres en est juste.* Note de M : *Bon.* A.N. O[1] 1797 401

26.3.1778 M. de La Source à A : *La vaisselle d'or du roi ainsi que celle de vermeil méritant la plus grande attention pour l'entretenir dans l'état où elle doit être, je n'ai trouvé jusqu'à présent qu'un moyen. Il serait de fermer une des arcades en face du logement du garde-vaisselle dans la cour de la Bouche... Cela évitera bien des frais qu'occasionnent les différentes pièces de cette vaisselle pour la transporter à Paris. La personne chargée de ce soin y veillerait avec plus de sûreté.* A.N. O[1] 1800 213

10.8.1778 Le vicomte de Talaru à A : *Le vicomte de Talaru a eu l'honneur de passer chez M. le comte d'Angiviller pour lui faire ses représentations sur le projet de fermer une des arcades de la cour des Gobelets de la reine et sous laquelle le service de Sa Majesté*

passe journellement avec des gardes du corps qui l'accompagnent. Le vicomte de Talaru a reconnu les inconvénients qui résulteront de cette fermeture d'arcade... Ier. Le service sera obligé de passer sous une arcade auprès de laquelle il y a deux gouttières où le public lance de l'eau continuellement, ce qui exposera tous les jours le service de la reine à être gâté ainsi que les gardes du corps et les officiers qui l'accompagnent, qui seraient dans le cas de recevoir ces eaux. IIe. L'arcade qu'on projette de fermer, destinée de tous les temps au passage du service, privera essentiellement du jour le fourrier de la reine [**AP 2**], *qui est déjà très sombre par sa position, ainsi que le magasin du vitrier* [**AP 3**] *qui est à côté, ainsi le service du roi et de la reine en seraient également gênés...* A.N. O^1 1800 214
1787 *État* E « Vaisselle de la Bouche » "1 pièce sans cheminée ; 1 entresol à cheminée"

AP 36
Gobelet-pain de la reine
1741 *État* « Gobelet-pain de la reine » "4 pièces, 1 à cheminée ; 7 entresols, 1 à cheminée et 1 entresols sur la grande porte"
1787 *État* E « Gobelet-pain de la reine" "4 pièces, 1 à cheminée ; 7 entresols, 1 à cheminée"

AP 36A
Pour le poisson des Petits Appartements
1777 *État* B "pour le poisson des Petits Appartements"
Suisse du château
1787 *État* E "Suisse vis-à-vis le Grand Commun" "1 bûcher sous le Grand Escalier"

AP 37
Bouche du roi
[1722] GG-B 362
1741 *État* « Bouche du roi » "5 pièces, 4 à cheminée ; 9 entresols, 3 à cheminée"
14.3.1749 *Le défaut d'un endroit pour renfermer la batterie de la Bouche du roi occasionnant journellement des pertes considérables, M. de Tournehem est prié d'ordonner qu'il soit fait dans la cour de la Bouche un appentis où l'on puisse la serrer de manière que les officiers qui en sont chargés en puissent répondre.* Réponse : *Bon* A.N. O^1 1810 II 144
5.10.1776 Officiers de bouche à A : *Les officiers de la Bouche du roi... pour le bien du service* [demandent] *1. un four neuf de 4 pieds... dans la grande pièce... vis-à-vis le grand four qui y est ; 2. refaire à neuf le cabinet de la batterie, défaire le comble entièrement, qui est hors d'état de servir et qu'on est obligé de rétablir tous les ans, ce qu'on pourrait éviter en garnissant la rampe* [entre la cour des Princes et la rue de la Surintendance] *d'une grille de fer en chardons pour empêcher que l'on ne monte plus ; 3. de relever les planches du dit cabinet à 8 pouces du pavé pour empêcher l'humidité qui est très contraire à la batterie de cuivre et de fer ; 4. de faire paver en dalles de pierres taillées toute la Bouche...* A.N. O^1 1799 605
16.10.1776 H à A : *Je crois qu'il est nécessaire de mettre en dalles de pierre toute la superficie de la dite Bouche parce qu'on est accablé de rats dans cette partie. Je ne peux juger si le four qu'ils demandent par augmentation leur est absolument nécessaire. En tout cas ces deux objets, le four et les dalles, pourraient faire une dépense de 1 200 à 1 500 livres...* A.N. O^1 1799 604
20.10.1776 A à H : *Je consens que vous fassiez couvrir en dalles de pierre la superficie du local et que vous ordonniez même la reconstruction du four si un dernier examen en prouve la nécessité. Des parties de ce genre, tenant au service actif du roi, ne comportent pas autant de sévérité que le surplus des demandes ; cependant, je vois qu'on ne peut être trop en garde contre tous ces corps de service de bouche, Gobelet et autres qui ne suivent communément que les idées peu réfléchies de leurs sous-ordres...* A.N. O^1 1799 606
1787 *État* « Bouche du roi » "9 pièces, 3 à cheminée ; 8 entresols ; 3 à cheminée ; 3 soupentes, compris le logement de l'écuyer de quartier"

AP 38 [1]
Pâtissier-bouche
1741 *État* « Pâtissier-bouche » "2 pièces, 1 à cheminée ; 1 entresol à cheminée"
30.5.1757 E à M : *Pour détourner les saletés et mauvaises odeurs de la pâtisserie du roi qu'y communiquent les eaux des cuisines voisines qui n'a d'autre passage est un objet de 8 à 900 livres.* Bon du roi : A.N. O^1 1072 73
Aumont, Louis Marie Victor Augustin, duc d' (1709-1782). Premier gentilhomme de la chambre du roi 1723
Villequier, Louis Alexandre Céleste d'Aumont, duc de (1736-1814). Premier gentilhomme de la chambre du roi 1762
1774 *Mémoire d'ouvrage de maçonnerie fait pour le service de M. le duc de Villequier pour l'établissement de sa cuisine... 509 livres.* A.N. O^1 1764A dossier 2
1777 *État* B « Prêté à M. le duc d'Aumont »
Provence, Louis Stanislas Xavier de France, comte de (1755-1824)
8.4.1781 Le duc de Villequier à A : *M. Boze a écrit... pour vous demander de ma part le remboursement des dépenses que j'ai faites dans la cuisine qui m'avait été donnée au château et qui a été prise pour le service de Monsieur. Vous savez mieux qu'un autre que tout ce qui a été fait était de la première nécessité et que les Bâtiments du roi auraient été dans le cas de le faire faire pour Monsieur. Vous savez aussi que je n'en ai pas joui du tout. D'après cela, il me paraîtrait juste de me rendre la somme que je réclame...* A.N. O^1 1801 72
8.4.1781 H à A : *J'ai l'honneur d'adresser à M. le directeur général quatre mémoires pour différents ouvrages faits en 1774 dans la cuisine de M. le duc de Villequier et j'ai celui de lui rendre compte que ces mémoires ont été payés par M. de Villequier, qu'il n'a pas joui du fruit de ses dépenses parce que sa cuisine a été prise pour le service de Monsieur. M. le duc de Villequier avait plusieurs fois demandé le remboursement de ses dépenses ainsi que j'ai eu l'honneur d'en informer M. le directeur général et la difficulté de la faire passer au compte du*

1. Les entresols situés au-dessus de **AP 38** sont **AP 46, 47, et 48**. Ils sont évoqués en détail dans la séquence numérique *infra*.

roi avait empêché d'y répondre. Je croyais que M. le duc de Villequier avait abandonné ses prétentions lorsque hier j'ai reçu la lettre que j'ai l'honneur de joindre aux mémoires. Elle contient une nouvelle demande que je n'ai pas cru devoir différer de soumettre à la décision de Monsieur le directeur général, en conséquence j'ai l'honneur de le supplier de vouloir bien me donner ses ordres. Note : *Cette affaire a été consommée par le payement d'une somme de 1 200 livres ordonné à M. le duc de Villequier 19 mars 1782 sur l'exercice 1781 au chapitre des dépenses imprévues.* A.N. O[1] 1801 73 ; *cf.* 109 et 153
1781 *État* D « Prêté à Monsieur pour ses extraordinaires »
1787 *État* E « Petits appartements de Monsieur » "4 pièces, 1 à cheminée ; 2 entresols, 1 à cheminée"

AP 39
Officiers du chambellan
1741 *État* « Officiers du chambellan » "2 pièces, 1 à cheminée ; 3 entresols sans cheminée"
Cars, Louis François Nicolas René de Pérusse, comte des (11.1737-31.3.1814). Premier maître d'hôtel du roi 1769
1787 *État* E « M. le comte des Cars, premier maître d'hôtel du roi » "3 pièces, 1 à cheminée ; 1 entresol sans cheminée"

AP 40
La Billarderie, Jérôme François Flahaut, chevalier, puis comte de (1672-1761). Major des gardes du corps 1729
1741 *État* « Major des gardes du corps, M. de La Billarderie » "1 pièce à cheminée obscure"
Avant 1768 *N° 40, sur la cour des Princes, petite cuisine au major des gardes* A.N. O[1] 1802 722
Pontécoulan, Léon Armand Le Doulcet, seigneur de (1726-?). Major des gardes du corps 1771
1777 *État* « M. de Pontécoulant »
Major des gardes du corps
1787 *État* E « M. le major des gardes du roi » "1 pièce à cheminée"

AP 41
Beringhen, Henri Camille, chevalier puis marquis de (1693-1770). Premier écuyer en succession de son père 1714
Pâtissier-bouche
1741 *État* « Offices de Monsieur le Premier, M. le marquis de Beringhen, puis pâtissier-Bouche du roi » "2 pièces, 1 à cheminée ; 2 entresols, 1 à cheminée"
1787 *État* E « Pâtisserie du roi » "2 pièces, 1 à cheminée ; 2 entresols, 1 à cheminée"

AP 42 [1]
Riqueux, Isaac, (?-?). Apothicaire du corps de la reine 1725
Boulduc, Gilles François (1672-1742). Apothicaire du corps de la reine
1741 *État* « Apothicaire de la reine, M. Riqueux, puis M. Bolduc, puis M. Martin » "6 pièces, 4 à cheminée"
1742 N au roi : *Le sieur Martin père étant mort, le sieur Bolduc, le plus ancien apothicaire de Votre Majesté, demande son logement et le sieur Martin fils celui de M. Bolduc.* Bon du roi : A.N. O[1] 1077 388
Martin, Pierre (?-?). Apothicaire du roi en survivance 1740 ; apothicaire du corps de la reine
4.1.1747 *M. Martin, apothicaire du corps de la reine, expose à M. de Tournehem qu'une pièce qu'on lui avait jointe à son office situé dans le château de Versailles lui ayant été ôtée, il se trouve dans l'impossibilité de faire son service. [Il demande à] M. le directeur général la bonté d'ordonner qu'on lui fasse quelques tiroirs d'augmentation dans son office et des tablettes.* Réponse de E : *12 tiroirs de 2 pieds de profondeur de 8 pouces carrés par le devant et 2 devantures d'armoires... 60 livres.* A.N. O[1] 1810 I 173
1777 *État* B « M. Martin, premier apothicaire de la reine »
8.2.1778 P au roi : *Le prince de Poix propose à Votre Majesté de destiner le logement du sieur Forgeot* [**AP 27**] *à être celui des apothicaires du quartier et prendre celui des sieurs Habert* [**AN 22**] *et Martin au château. État : M. Martin, premier apothicaire du roi et de la reine, aile du Midi, entresol 5 à cheminée... Votre Majesté veut-Elle bien accorder 400 livres à chacun des trois apothicaires pour les dédommager de la perte de leurs logements ?* A.N. O[1] 1077 244 et 245
Premier apothicaire de la reine
1787 *État* E « Premier apothicaire de la reine » "5 pièces, 4 à cheminée ; 1 soupente dans l'escalier"

AP 43 [2]
Roze, N... (?-?). Distillateur
Gobelet de Monsieur le dauphin
1741 *État* « Pour la distillation, M. Rose, puis Gobelet de M. le dauphin » "2 pièces, 1 à cheminée"
Montmorin Saint-Hérem, Catherine Marguerite Morin, marquise de (?-?). Dame pour accompagner la comtesse d'Artois 1774
Montmorin Saint-Hérem, Jean Baptiste Calixte, marquis de (1727-1781)
1777 *État* B « prêté à Mme de Montmorin »
Castries, Charles Eugène Gabriel de la Croix, marquis de (1727-1801). Ministre de la Marine 1780-1787
1787 *État* E « M. le maréchal de Castries » "2 pièces, 1 à cheminée"

AP 44 [3]
Peyrand, N... (?-?). Accoucheur de la reine
Polastron [4], Jean-Baptiste, comte de (1686-1742). Sous-gouverneur du dauphin

1. **AP 42** est le second niveau des entresols, au-dessus de **AP 28** et du passage de la rue de la Surintendance à la cour de l'Apothicairerie.

2. **AP 43** est l'entresol situé au-dessus du passage entre la cour de l'Apothicairerie et la cour du Grand Escalier.

3. **AP 44** est le second niveau des entresols situés au-dessus de **AP 30** et du passage entre la rue de la Surintendance et la cour du Grand Escalier.

4. Le comte de Polastron occupait aussi **AP 78**, au-dessus.

1741 *État* « Accoucheur de la reine, puis de l'appartement de M. de Polastron » "3 pièces, 1 à cheminée"
Lesparre[1], Philippine Louise Catherine de Noailles, comtesse de Guiche, puis duchesse de (1745-1791). Dame d'atour de la comtesse de Provence
Marsan[2], Marie Louise de Rohan-Soubise, comtesse de (1720-1803). Gouvernante des Enfants de France 1754-1774
1777 *État* B « Mme de Lesparre, puis Mme de Marsan »
1787 *État* E « Mme la comtesse de Marsan » "1 cuisine à cheminée"

AP 45[3]
Première femme de la reine pour le linge
1741 *État* « Mme la nourrice du roi, première femme de la reine pour le linge » " 1 pièce à cheminée"
La Source, Simon Mercier de (?-?). Contrôleur général de la maison de la reine
1777 *État* B « M. de La Source »
Officiers des gardes du corps
1787 *État* E « Officiers des gardes du corps » "2 pièces, 1 à cheminée"

AP 45A
Fitz-James, Marie Claudine Sylvie de Thiard de Bissy, duchesse de (?-?)
1787 *État* E « Cuisine de Mme la duchesse de Fitz-James » "1 pièce" à cheminée"

AP 46, 47, et 48 [les entresols situés au-dessus de AP 38]
Livry, Louis Sanguin de Roquencourt, comte de (1678-1741). Premier maître d'hôtel du roi en survivance 1715
1741 *État* « Premier maître d'hôtel du roi, M. le marquis de Livry » "2 pièces, 1 à cheminée [**AP 46**] ; 1 pièce sans cheminée [**AP 47**] ; 2 pièces sans cheminée [**AP 48**]"
Livry, Paul Sanguin de Roquencourt, marquis de (1709-1758). Premier maître d'hôtel du roi en survivance
Livry, Marie Christine de Maniban, marquise de (?-?)
Cars, Louis François Nicolas René de Pérusse, comte des (1737-1814). Premier maître d'hôtel du roi 1769
1787 *État* E « M. le comte des Cars, premier maître d'hôtel du roi » "5 pièces, 1 à cheminée"

REZ DE-CHAUSSÉE SUR LE PARTERRE DU MIDI

AP 49 et 50
Condé, Louis II de Bourbon-Condé, prince du sang, *dit* Monsieur le Prince, prince de (1621-1686)
Condé, Claire Clémence de Maillé-Brézé, *dite* Madame la Princesse, princesse de (1628-1694)
Condé, Henri Jules de Bourbon-Condé, prince du sang, *dit* Monsieur le Prince, prince de (1643-1709)
Condé, Anne Henriette palatine de Bavière, *dite* Madame la Princesse, princesse de (1648-1723)
12.8.1682 Colbert à Hardouin-Mansart : *Dans le dit escalier de Monseigneur, il faut rabaisser les quatre retraits au-devant des deux croisées par où l'on sort sur le parterre d'amour et les mettre de niveau suivant celles qui sont à côté des portes de la salle des comédies et l'appartement de Monsieur le Prince* A.N. O^1 1762A dossier 2
17.12.1684 *Le bruit se répandit qu'on avait fait le soir du samedi une cruelle insulte à M. de Termes dans la galerie basse.* D I 81 ; *cf.* Additions, ibid. *Monsieur le Duc et Mme de Conti le soupçonnèrent d'avoir fait quelque rapport sur leur compte, et dans leur colère firent coucher des Suisses dans l'antichambre de Monsieur le Prince, qui n'y était pas et qui donnait sur la galerie auprès de la cour des Princes.*
GG-B 1304[4]
12.2.1700 *Monsieur le Prince, dans son appartement composé de peu de pièces, et petites, trouva moyen de surprendre la Cour par la fête du monde la plus galante...* SS VII 53. *Cf.* D VII 252 ; S VI 230 et *Le Mercure de France*, p. 191-213, cité par DANGEAU
2.4.1709 Le duc de Maine à Mme de Maintenon : *Je vous dis aussi hier un mot touchant l'appartement de Monsieur le Prince afin que Mlle d'Enghien puisse être logée auprès de Madame la Princesse et ne pas loger à la ville comme des écuyers.* SS XVII 584
Bourbon, Louis III Henri de Bourbon-Condé, *dit* Monsieur le Duc, duc de (1692-1740)
Bourbon, Marie Anne de Bourbon-Conti, *dite* Mlle de Conti, puis Madame la Duchesse, duchesse de (1689-1720)
GG-B 364 « S.A.S. Madame la Duchesse la jeune »
GG-B 363 « S.A.S. Monsieur le Duc »
 Orléans, Louis d'Orléans, duc de Chartres, puis d' (1703-1752)
 29.2.1728 *Le roi donne à M. le duc d'Orléans l'appartement qu'avait Monsieur le Duc ; il le fit préparer pour y loger la femme qu'il épouserait, et celui qu'il quitterait* [**AP 66 et 66A**] *fut destiné à l'enfant dont la reine était grosse.* VILLARS V 124
Bourbon, Charlotte de Hesse-Rheinfels, *dite* Madame la Duchesse, duchesse de (1714-1741)
1735 BLONDEL, planche 4, "e" « Madame la Duchesse[5] » "d" « Monsieur le Duc[6] »
1741 *État* « Monsieur le Duc, Madame la Duchesse la jeune » "5 pièces à cheminée ; 3 entresols, 1 à cheminée"

1. La duchesse de Lesparre occupait aussi **AP 30A**, au-dessous, et **AP 58**, au-dessus.
2. La comtesse de Marsan occupait aussi **AP 30A**, au-dessus, et **AP 84 et 86**, au-dessus.
3. Cet appartement était situé au-dessus de **AP 35**.
4. Ce plan est reproduit dans MARIE, *Versailles... Louis XV*, p. 246. Il montre que l'espace alloué à Madame la princesse incluait les trois grandes pièces allant des croisées 3 à 8, comprenant ainsi deux croisées attribuées plus tard à **AP 50**. Monsieur le prince occupait deux pièces supplémentaires de **AP 50**, les croisées 9 à 12.
5. Croisées 3 à 6.
6. Croisées 7 à 10.

AP 49 et 50 sont séparés.

AP 49

Charolais [1], Charles de Bourbon-Condé, comte de (1700-1760)
1.7.1741 ... *on a seulement donné à M. de Charolais l'appartement de Monsieur le Duc.* L* III 432
GG-B 725, 770, 1342

AP 50
Condé, Louis Joseph de Bourbon-Condé, prince de (1736-1818)
1741 *État* « M. le comte de Charolais, puis M. le prince de Condé » "8 pièces, 6 à cheminée ; 6 entresols, 3 à cheminée"

AP 49 et 50 sont combinés.

Condé, Louis Joseph de Bourbon, prince de (1736-1818)
Condé, Charlotte Godefride Élisabeth de Rohan-Soubise, princesse de (1737-1760)
Bourgogne, Louis de France, duc de (1751-1761)
Madame, Marie Zéphirine de France, *dite* (1750-1755)
Marsan, Marie Louise de Rohan-Soubise, comtesse de (1720-1803). Gouvernante des Enfants de France 1754-1775
2.8.1753 M au roi : *Les réparations qui sont très nécessaires au logement des Enfants de France sont un objet de 4 à 5 mois pour le temps et 5 000 livres pour la dépense...* A.N. O[1] 1795 382
25.7.1754 *Il y a trois mois que M. le duc de Bourgogne et Madame sont entrés dans leurs nouveaux appartements* [**AP 53**]... *Ceux desquels ils sortent étaient anciennement à Monsieur le duc et Madame la duchesse et depuis à M. le prince de Condé et M. le comte de Charolais, et en dernier lieu à M. et Mme la princesse de Condé. Ce changement des Enfants de France d'une part et de l'autre les ouvrages nécessaires à faire dans le nouvel appartement du prince de Condé* [**AP 69**] *obligent Mme la duchesse de Villars à déloger à cause de la construction des deux cheminées qui passent dans son logement* [**AP 92**]. L* XIII 287.
11.1755 BLONDEL, planche 2, "e" « vacante [2] »

AP 49 et 50 sont séparés.

AP 49
Villars, Amable Gabrielle de Noailles, duchesse de (1706-1771). Dame du palais de la reine en survivance 1727, puis sa dame d'atour 1742
23.6.1754 N au roi : *Votre Majesté a restitué le logement de M. le comte de Charolais* [**AP 50**]... *et prêté le logement à côté à Mme la duchesse de Villars jusqu'à [ce] qu'elle puisse habiter le sien...* A.N. O[1] 1076 372
Chimay, Madeleine Charlotte Le Peletier de Saint-Fargeau, princesse de (?-?). Dame de Mesdames les cadettes 1754, puis de Madame Victoire
9.11.1755 *Le logement de M. le prince de Condé, occupé par Mme la comtesse de Marsan, en passant par la galerie et non par l'antichambre de M. le comte de Charolais, à Mme la princesse de Chimay...* Disposition : A.N. O[1] 1076 408
Modène, Charlotte Aglaé d'Orléans, duchesse de (1700-1761)
18.3.1757 *Le logement autrefois à M. le prince de Condé avec l'antichambre de M. le comte de Charolais à Mme la duchesse de Modène.* Projet d'arrangements : A.N. O[1] 1076 476
29.3.1757 *Le logement qu'avait autrefois M. le prince de Condé avec l'antichambre commune avec M. le comte de Charolais à Mme la duchesse de Modène.* L* XV 497
Paris, Christophe de Beaumont du Repaire (1703-1781). Archevêque de Paris 1746
Clermont, Louis de Bourbon-Condé, prince du sang, comte de (1709-1771)
5.10.1760 N au roi : *Mme la marquise de Durfort a persécuté le comte de Noailles pour emprunter le logement de M. l'archevêque* [**AP 78A**], *pour faire opérer son époux avec promesse de le rendre quand il serait guéri. M. l'archevêque l'a prêté de très bonne grâce. Le comte de Noailles demande permission de prêter le logement de Mme la duchesse de Modène à M. l'archevêque jusqu'à la guérison de M. de Durfort et après à M. le comte de Clermont quand M. le comte de Lusace arrivera.* A.N. O[1] 1076 618
Marsan, Marie Louise de Rohan-Soubise, comtesse de (1720-1803). Gouvernante des Enfants de France 1754-1775
Guémené, Victoire Armande Josèphe de Rohan-Soubise, princesse de (1743-1807). Gouvernante des Enfants de France 1775-1782
19.4.1761 *Le logement ci-devant à M. le prince de Condé à Mme la comtesse de Marsan pour loger M. le prince et Mme la princesse de Guémené...* Disposition : A.N. O[1] 1076 642
22.10.1762 M à E : *Mme la comtesse de Marsan me demande de faire faire la cloison de séparation dans l'antichambre commune à Mme de Guémené et Mme de Lauraguais* [**AP 50**]. *Cette cloison doit être fixée par le gouverneur. Dès que M. le comte de Noailles aura décidé où elle doit être placée, vous y ferez mettre les ouvriers.* A.N. O[1] 1812 I 45
1770 *État* A « Mme la comtesse de Marsan, puis Mme de Guémené » "4 pièces"

AP 50
Charolais, Charles de Bourbon-Condé, comte de (1700-1760)
23.6.1754 N au roi : *Votre Majesté a restitué le logement de M. le comte de Charolais...* A.N. O[1] 1076 372

1. Monsieur le Duc se maria en secondes noces en 1728, mais il ne retourna jamais au ministère, et rarement à Versailles. En 1739, il se querella avec sa femme dont il doutait de la fidélité et menaça de la renvoyer en Allemagne ou au couvent. Quand il mourut, suivi de près par Madame la Duchesse, le comte de Charolais fut subrogé tuteur de son neveu, et reçut l'appartement de Monsieur le Duc. Le jeune prince hérita **AP 50**, dont sa mère avait joui peu de temps, contigu à celui de son tuteur. Voir BARBIER III 187 et 294.
2. Croisées 3 et 4.

25.7.1754 *Le logement qu'occupait Madame [Zéphirine], ci-devant M. le comte de Charolais, rendu à M. le comte de Charolais.* L* XIII 286
11.1755 BLONDEL, planche 2, "d" « M. le comte de Charolais [1] »

AP 51
Armagnac, Louis de Lorraine, comte d'Armagnac et de Brionne, vicomte de Marsan, *dit* Monsieur le Grand (1641-1718). Grand écuyer de France 1658
GG-B 1304 « M. le Grand »
22.5.1711 *La princesse de Lambesq, qui était grosse de quatre mois, avait la fièvre à Versailles dans la Grande Écurie du roi... le comte de Brionne son beau-père qui y prenait des eaux de Vichy, de peur que ce ne fût encore quelque chose de pire, s'était retiré au château à l'appartement du comte d'Armagnac, son père.* S XIII 112
Charolais, Louise Anne de Bourbon-Condé, *dite* Mlle de Sens, puis de (1695-1758)
1741 *État* « Mlle de Charolais » "8 pièces, 5 à cheminée ; 6 entresols, 3 à cheminée"
30.5.1737 GG-B 1359 « Plan d'un projet pour le salon commun qui sert d'antichambre à la duchesse du Maine et à Mlle de Charolais... ce qui est en rouge marqué [est] ce qui est demandé pour Mademoiselle. » *Cf.* 365, 407, 1337 et 1358
BLONDEL, planche 4, "c" [2]
16.6.1744 *Mademoiselle... venait de Madrid exprès... et... ne peut coucher ici, son appartement, qui est au-dessous de celui de Madame la dauphine, étant absolument rompu et hors d'état qu'on y habite.* L* V 473
11.1755 BLONDEL, planche 2, "c", « Mlle de Charolais [3] »

Bouillon, Charles Godefroy de La Tour d'Auvergne, prince de Turenne, puis duc de (1706-1771). Grand chambellan de France 1728-1754
Brionne, Charles Louis de Lorraine, comte de (1711-1761). Grand écuyer de France 1751
Civrac, François Aimery de Durfort de Civrac, marquis de († 1786). Menin surnuméraire du dauphin 1752
Civrac, Marie Françoise de Pardaillan de Gondrin d'Antin, marquise de (1728-1764). Dame pour accompagner Madame Adélaïde 1753
1758 *Demandes pour le logement de Mademoiselle de Charolais : le duc de Bouillon a pour lui seul le même logement* **[AN 45 A et 45B]** *que le comte de Noailles et une pièce de plus qui est l'escalier qui est du côté du gouvernement ; M. le comte de Brionne le demande et a pour raison... que le sien* **[AP 99]** *est trop haut, qu'il donne à manger tous les jours et que l'incommodité qu'il éprouve est pour toutes les personnes qui viennent chez lui ; Mme la duchesse de Lauraguais le désire à cause de la proximité de son service, s'offrant de le rendre quand on aura besoin ; M. le comte et* [Mme la] *comtesse de Civrac le demandent. Ils ont beaucoup de raisons, ayant chacun une charge et étant très étroitement logés depuis longtemps* [au **CC 68**] *; mais ils ont refusé le logement de M. et Mme de Rouillé* **[AN 55]** *qui leur avait été donné et qui est sûrement le plus beau quoique le moins orné du château.* A.N. O[1] 1077 421

AP 50 et 51 sont combinés.

Lauraguais, Diane Adélaïde de Mailly-Nesle, duchesse de (1714-1769). Dame d'atour de la dauphine 1744
1758 *Le logement de Mademoiselle de Charolais à Madame la duchesse de Lauraguais* A.N. O[1] 1077 434
Lauraguais [4], Louis Léon Félicité de Brancas, comte, puis duc de (1733-1784)
27.5.1758 Le comte de Lauraguais à M : *Je suis honteux de vous importuner encore après toutes les bontés et politesses dont vous et ceux qui sont sous vos ordres m'on comblé, cependant, je suis forcé de vous supplier d'y ajouter la faveur de vouloir bien ordonner qu'il soit fait dans deux travées vis-à-vis mon appartement ce qui a été expliqué à M. L'Écuyer et dont je ne puis me passer, la cuisine qui m'a été donnée étant dans le Grand Commun et par conséquent fort loin de moi. Je vous prie aussi de trouver bon qu'il soit fait une persienne pour mon entresol qui est le seul lieu où je puisse me retirer. On n'y peut point mettre de rideau et le soleil couchant y donne à plomb...* Réponse de M à E : *Vous aurez agréable de faire faire la persienne... à l'égard de ce qu'il me demande dans les deux travées vis-à-vis de ce même appartement, il ne m'est pas possible de les lui accorder ayant des ordres précis du roi de ne pas permettre qu'il soit fait aucune espèce d'ouvrage dans les arcades du château, la décoration souffrant trop.* A.N. O[1] 1811 III 2
2.1759 *Je, architecte ordinaire et contrôleur des bâtiments... certifie que les glaces mentionnées ci-dessous ne sont point du roi, qu'elles appartiennent à Mme la duchesse de Lauraguais : dans la chambre à coucher dans le renfoncement de porte quatre glaces plus quatre autres, plus quatre tableaux au-dessus des glaces.* A.N. O[1] 1796 640
30.5.1762 La duchesse de Lauraguais à M : *Mme la duchesse de Lauraguais prie M. le marquis de Marigny de vouloir bien avoir la bonté de lui faire poser un trumeau de glace vis-à-vis la cheminée dans la chambre à coucher de son nouvel appartement.* A.N. O[1] 1797 237
15.5.1762 La duchesse de Lauraguais à M : *Mme la duchesse de Lauraguais prie M. le marquis de Marigny de permettre au sieur Galant de prendre connaissance des ouvriers qui vont travailler à ses dépens à son appartement au château de Versailles. En instruisant M. L'Écuyer des différentes malintentions d'ouvrages, le dit sieur Galant s'étant défendu de ne pouvoir faire*

1. Croisées 5 à 10.
2. Croisées 11 à 14.
3. Croisées 11 à 14. Le plan de BLONDEL de 1755 montre le grand salon divisé en trois parties dont chacune a une croisée et est divisée par moitié pour créer des pièces sur la galerie et d'autres donnant sur les jardins. Mlle de Charolais paraît disposer du tiers du grand salon sur la galerie, près des autres pièces intérieures de **AP 51**.
4. Le comte de Lauraguais semble avoir temporairement utilisé l'appartement de sa mère.

sans l'ordre de son supérieur, auquel je m'adresse pour en obtenir la permission. Mme la duchesse de Lauraguais demande également à M. le marquis de Marigny la suppression du petit escalier dépendant des entresols dans son cabinet, le tout à ses dépenses, et le prie de bien ordonner des croisées neuves aux endroits nécessaires de son appartement. Celles qui sont en place y étant de la création de la maison et tombant de vétusté. Réponse M à E (datée 24.5.1762) : *Je ne veux point que ce soit M. Galant. J'entends que ce soit sous vos ordres que cela se passe, et que vous chargiez l'inspecteur du château et le piqueur de veiller à la conduite de ces ouvrages... Je consens à cette suppression du petit escalier si la solidité et la décoration n'en souffrent point et à la charge qu'elle le fera à ses dépens. Quant aux croisées neuves, les circonstances du temps ne permettent que cela se fasse.* A.N. O[1] 1797 245 et 246 ; *cf.* 1812 I 37 et 38

24.8.1762 M au roi : *Mme la duchesse de Lauraguais a orné considérablement son appartement au château de Versailles à ses dépens. Elle supplie très humblement Votre Majesté de vouloir bien lui accorder un trumeau en trois glaces...* Bon du roi : A.N. O[1] 1071 55 ; *cf.* 56, 57 et 1812 I 45

10.9.1762 M à E : *Je viens d'envoyer ordre des 3 glaces dans les dimensions que Mme la duchesse de Lauraguais me demande. Mme la comtesse de Marsan me demande de faire faire la cloison de séparation dans l'antichambre commune à Mme de Guémené et Mme de Lauraguais. Cette cloison doit être fixée par le gouverneur dès que M. le comte de Noailles aura décidé où elle doit être placée. Vous y ferez mettre les ouvriers.* A.N. O[1] 1797 269

7.12.1762 M à E : *M. de Valmy va vous écrire de ma part que Mme la duchesse de Lauraguais m'a demandé de faire changer une glace dans son cabinet qui ne cadre point avec les autres. Je confirmerai à mon premier voyage à Versailles.* A.N. O[1] 1797 297

23.9.1763 La duchesse de Lauraguais à M : *Mme la duchesse de Lauraguais que l'on a changée plusieurs fois de logement au château de Versailles, lui ayant occasionné beaucoup de dépense pour s'y arranger, serait sensiblement obligée à M. le marquis de Marigny de vouloir bien lui passer sur le compte du roi les réparations indispensables qu'elle vient de faire dans celui qu'elle occupe actuellement, se réservant de payer toutes la peinture et dorure comme choses d'embellissement et de propreté qui ne doivent point regarder Sa Majesté, quoiqu'il lui en coûtera beaucoup.* Note de E : *Je certifie que les ouvrages du logement de Mme la duchesse de Lauraguais montent suivant le règlement à la somme de 3 382 livres.* Bon du roi : A.N. O[1] 1070 84 ; *cf.* 96 et 1812 II 45

1768 N au roi : *Maison de la feue dauphine logée au château de Versailles : Mme la duchesse de Lauraguais, dame d'atour. L'on peut lui ôter son logement, mais il paraît nécessaire de le lui rendre, étant destiné en entier à Madame la dauphine si Mme la duchesse de Villars quitte la place, ce qui n'est pas vraisemblable.* A.N. O[1] 1077 445

AP 50 et 51 sont séparés.

AP 50

Beauvillier, Marie Françoise Suzanne de Creil de Bournezeau, duchesse de (1716-?). Dame d'honneur de Madame Adélaïde 1750-1782

5.12.1769 N au roi : *Demandes qui ont été faites du logement de feu Mme la duchesse de Lauraguais* [**AP 51**] *: Madame le demande en restitution pour Mme la duchesse de Beauvillier, qui remettra le sien* [**AN 39**] *à Mme la marquise de Durfort à qui Votre Majesté a eu le bonté de l'accorder.* Bon du roi : A.N. O[1] 1077 54

1769 *Le logement de feu Mme la duchesse de Lauraguais à Mme la duchesse de Beauvillier, dame d'honneur de Madame...* Disposition : A.N. O[1] 1798 495

10.12.1769 M à E : *Faites mettre de tout à l'heure les ouvriers au nouvel appartement de Mme la duchesse de Beauvillier. Madame s'y intéresse particulièrement. Je voudrais qu'on commence dès demain. M. Gillet vous rendra compte de l'ouvrage. Je ménagerai un secours particulier pour cet objet...* A.N. O[1] 1798 431

1.6.1770 E à M : *D'après vos ordres... j'ai pris connaissance des ouvrages que Mme la duchesse de Beauvillier vous a demandés pour son logement montant en total à 3 450 livres, dont Thomas que j'ai chargé de la menuiserie qui monte à 1 500 livres n'est plus en état de la faire...* A.N. O[1] 1798 450

1770 *État* A « Mme de Beauvillier, dame d'honneur » "4 pièces"

AP 51

La Vauguyon, Antoine Paul Jacques de Quélen d'Esteur de Caussade, marquis de, puis duc de (1706-1772). Gouverneur du duc de Bourgogne 1758

1772 GG-B 1324 « Plan de l'appartement occupé par Mlle de Charolais, puis par le duc de La Vauguyon »

Cossé, Louis Hercule Timoléon de Cossé-Brissac, marquis de, puis duc de Brissac (1734-1792). Menin du dauphin 1770 ; capitaine-colonel des cent-suisses en survivance 1770

GG-B 1325

Cossé, Adélaïde Diane Hortense Délie Mancini de Nivernais, duchesse de (1742-après 1800). Dame d'atour de la dauphine 1772-1775

1770 *État* A « le duc de La Vauguyon puis M. le duc de Cossé » "4 pièces"

16.2.1772 *Le logement de feu M. le duc de La Vauguyon, comme l'avait feu Mademoiselle de Charolais, à M. le duc de Cossé, capitaine des cent-suisses et à Mme la duchesse de Cossé, dame d'atour de Mme la dauphine...* Disposition : A.N. O[1] 1799 8

17.4.1772 *Le logement de M. le duc de La Vauguyon, comme l'avait feu Mademoiselle de Charolais, à M. le duc de Cossé, capitaine des cent-suisses et Mme la duchesse de Cossé, dame d'atour de Mme la dauphine* ... Disposition : A.N. O[1] 1077 153

Lorge et de Quintin, Adélaïde Philippine de Durfort, comtesse de Lorge, puis duchesse de (1744-1819). Dame d'honneur de la comtesse d'Artois 1774

14.10.1775 H à A : *J'ai l'honneur de vous envoyer un état de menuiserie qui m'a été remis de votre part que je vous rendisse compte de la valeur des objets qui ont été faits aux dépens de Mme la duchesse de Cossé dans l'appartement qu'elle vient de quitter et où Mme la duchesse de Quintin lui a succédé. Mme la duchesse de Quintin demande, je crois, si tous ces objets seraient repris aux frais de l'administration des bâtiments ou si elle les payera, ce qu'elle ne demande pas mieux de faire, à ce que je crois.* Réponse : ... *En 1770 et 1771, il a été fait dans l'appartement qu'avaient alors M. et Mme de Cossé pour environ 25 000 livres d'ouvrages qui devaient être à leurs frais, mais dont il a été décidé ensuite que l'administration des Bâtiments demeurerait chargée, décision en conséquence de laquelle il y a déjà eu un acompte. Or il est possible que Mme de Cossé qui aura ignoré les suites qu'a eues l'arrangement originaire, se croie aujourd'hui propriétaire d'objets qui devaient demeurer à l'administration puisqu'elle les a payés... Il me répugne de laisser acquérir par Mme de Quintin une propriété qui sera quelque jour un moyen d'abus parce qu'il n'en est pas des menuiseries comme des glaces. État de la menuiserie appartenant à Mme la duchesse de Cossé dans l'appartement qu'elle occupe à Versailles au château, aile du Midi : 1. un bureau fermant à quatre portes de 9 pieds de long sur 3 de profond, 58 livres y compris la serrurerie ; 2. un coffre à bois de 7 pieds sur 6 de profond, 28 livres ; 3. un vaisselier de 9 pieds de long sur 5 de profond, 36 livres ; 4. une armoire de 3 pieds sur 2 de profond, 18 livres. Seconde pièce : 5. à côté une chambre de valet de chambre, la cloison de 9 pieds de haut sur 7 de large faite à rainures et languettes, 15 livres ; 6. un bas d'armoire de 3 pieds de large sur 2 de profond ouvrant à un vantail, 15 livres ; tablettes dans la dite pièce et portemanteau, 3 livres. Office : 7. une étuve grillée en fer ouvrant à un vantail, 24 livres ; 8. une petite armoire ouvrant à un vantail, 12 livres ; 9. la porte qui ferme le dit office qui donne à l'appartement, 15 livres ; 10. une petite armoire qui est posée au bas de l'escalier qui conduit aux entresols, fermant à un vantail, 11 livres. Chambre au rez-de-chaussée donnant sur la galerie : 11. une porte fermant à un vantail qui sert d'armoire avec tablettes dans la dite armoire, 18 livres. Passage d'une petite chambre au bout du corridor : 12. une armoire à porte-manteau ouvrant à deux battants avec trois tablettes dedans, 30 livres. Entresol où loge Mme la duchesse : 13. au pied de l'alcôve une armoire à porte-manteau de 6 pieds de large, ouvrant à deux battants, sur 7 de haut, 30 livres. Chambre où couche une femme de chambre : 14. une armoire à deux vantaux de 4 pieds de large sur 7 de haut et les tablettes dedans, le tout en sapin, 24 livres. Chambre tenant des entresols faite en cloison à rainure et languettes de 18 pieds de pourtour sur 9 de haut, une porte vitrée dans la dite chambre, 36 livres ; une armoire à un vantail de 4 pieds de large et 5 tablettes dedans, 27 livres. Corridor qui conduit à une chambre aux entresols donnant sur la galerie : [...] 17. une porte aux vantaux de 4 pieds, 6 pouces de large sur 6 d'haut, 18 livres : au bout du dit corridor, une armoire à deux vantaux de 4 pieds, 6 pouces de large sur 7 de haut, 30 livres ; deux petites portes tenant à l'entresol fermant deux garde-robes de 20 pouces de large sur 5 pieds, 6 pouces de haut, chacune 18 livres. Le tout 476 livres*[1]. A.N. O[1] 1799 426 et 427.

AP 49, 50 et 51 sont combinés.

Les enfants de Mgr le comte d'Artois et la gouvernante

Mademoiselle, Sophie de France, *dite* (1776-1783)
Berry, Charles Ferdinand de France, duc de (1778-1780)
Mlle d'Angoulême, N... d'Artois, *dite* (née et † 1783)
Caumont, Adélaïde Lucie de Galard de Brassic de Béarn, marquise de, puis duchesse de La Force (1739-1825). Dame pour accompagner la comtesse de Provence, 1771-1772 ; gouvernante des enfants du comte d'Artois 1773
1777 *État* B « Les enfants de Mgr. le comte d'Artois et la gouvernante »
9.5.1778 H à A : *Demandes... par Mme la marquise de Caumont pour le service de Monseigneur le duc d'Angoulême... consistent en un coffre à linge et la pose d'une porte pour fermer le corridor des sous-gouvernantes, en la suppression d'une cloison des planches pour agrandir une garde-robe et une couche de blanc dans la petite pièce des sous-gouvernantes.* A.N. O[1] 1800 183
1783 H à A : *Mme la marquise de Caumont demande un blanchissement général...* A.N. O[1] 1801 479

AP 49, 50 et 51 sont séparés.

AN 49 et 50
Bourbon, Louise Marie Thérèse Bathilde d'Orléans, duchesse de (1750-1822)
Condé, Louise Adélaïde de Bourbon-Condé, *dite* Mlle de (1757-1824)
23.7.1780 *Les deux pièces qui seront vaquantes quand M. le duc d'Angoulême passera aux hommes à Mademoiselle de Condé...* Distribution autographe de Louis XVI : A.N. O[1] 1800 593 ; *cf.* 1077 262
7.3.1781 H à A : *Mme de Bourbon demande que son appartement soit reblanchi et qu'il y soit fait quelques légères réparations. Cet appartement est une portion de celui qu'occupait ci-devant M. le comte d'Angoulême.* A.N. O[1] 1801 51
4.5.1782 A à L** : *Vous pouvez... faire exécuter les petites opérations indiquées par vos deux notes du 29 avril dernier relatives... à l'appartement de Mme de Bourbon qu'il faut approprier pour recevoir l'archiduc...* A.N. O[1] 1798 345
Nord, Paul Romanov, grand-duc de Russie, en voyage incognito en France sous le nom de comte du, plus tard tsar Paul Ier de Russie (1754-1801)
Nord, Sophie Dorothée de Wurtemberg-Montbéliard, grande-duchesse puis tsarine de Russie, *dite* comtesse du (1759-1828)
1.10.1784 L** à A : *Mme la duchesse de Bourbon demande que son appartement soit remis comme il était avant qu'il fût destiné pour le roi de Suède... Cet arran-*

1. L'*État* continue avec l'inventaire du contenu d'une cuisine dans le Grand Commun qui était rattaché à l'appartement.

gement consiste dans le bouchement d'une porte et dans la dépose des deux cloisons de lambris et la pose d'un poêle. A.N. O[1] 1801 665

Madame Royale, Marie Thérèse de France, *dite* (1778-1851)

9.1783 *Différents arrangements à faire pour loger Madame, fille du roi, à la suite de Monseigneur le dauphin en prenant le logement de Mme la duchesse de Bourbon.* A.N. O[1] 1801 519 cité par LE GUILLOU, « L'appartement de Madame Sophie », p. 213

1787 *État* E « Mme la duchesse de Bourbon et Mademoiselle » "3 pièces, 2 à cheminée, 5 entresols, 1 à cheminée"

AP 51

Lamballe, Marie Louise Thérèse de Savoie-Carignan, princesse de (1749-1792). Surintendante de la maison de la reine 1775

28.10.1786 *[Le logement de] la duchesse de Bourbon, avec celui qui était réservé comme l'a occupé Mme l'archiduchesse à Mme la princesse de Lamballe.* A.N. O[1] 1802 242 et 243 ; *cf.* 1077 437

22.11.1786 L** à A : *La reine a été voir hier le nouvel appartement de Mme la princesse de Lamballe... Les changements demandés par cette princesse consistent dans la démolition d'une cloison pour former une grande salle à manger, dans la démolition et la reconstruction d'un petit escalier (dans la cage actuelle sera une garde-robe à chaise), dans le changement d'un plancher dont partie est portée par la cloison qu'on doit démolir et dans des raccommodements de lambris dans le salon et la salle à manger et le parquet des deux dites pièces à faire, et la pose de trois glaces.* Réponse de A : *Écrire à M. Heurtier pour autorisation.* Réponse de H : *Les changements... sont absolument nécessaires pour que l'appartement destiné à cette princesse soit distribué convenablement à ses besoins. D'après l'empressement de la princesse et les ordres de la reine, j'ai cru prévenir les intentions de M. le directeur général en recommandant à M. Loiseleur la plus grande célérité.* A.N. O[1] 1802 264 et 265

16.3.1787 L** à A : *Mme la princesse de Lamballe... prie de lui accorder la construction d'une chaudière et d'un petit réservoir dans une pièce d'entresol de son appartement pour donner de l'eau à la baignoire que l'on pose dans son cabinet.* Réponse de H : *L'objet de sa demande... n'entraîne... aucun inconvénient.* A.N. O[1] 1802 304

29.3.1788 L** à A : *Mme la princesse de Lamballe... prie de lui accorder la construction de trois armoires à faire dans son cabinet, de chacune 4 pieds de large sur 6 pieds de haut garni en tête... pour former une bibliothèque* Réponse : *Ordre pour exécution à M. Loiseleur.* A.N. O[1] 1802 439

AP 52

Conti, Louis Armand Ier de Bourbon-Conti, prince du sang, prince de (1661-1685)

Conti, Marie Anne de Bourbon, légitimée de France, *dite* Mlle de Blois, puis première princesse douairière de (1666-1739)

3.8.1706 *Le roi... alla se promener dans les jardins, et avant que de remonter chez lui, entra chez Mme la princesse de Conti, qui a fait accommoder beaucoup de choses dans son appartement qu'il n'avait point vues et qu'il trouva fort bien.* D XI 170

GG-B 99, 100 « le cabinet des miroirs de la princesse de Conti », 366, 407

MARIE, *Versailles... Louis XIV*, p. 247, croisées 18 à 25

Maine, Anne Louise Bénédicte de Bourbon-Condé, duchesse du (1676-1753)

Maine, Louise Françoise de Bourbon, *dite* Mlle du (1707-1743)

BLONDEL, planche 4 "b" « Mme et Mlle du Maine »

1741 *État* « Mme la princesse de Conti, première douairière, puis Mme et Mlle du Maine » "10 pièces, 8 à cheminée ; 10 entresols, 7 à cheminée"

30.5.1736 1359 ; *cf.* 366, 769, 1323, 1337, 1346

14.11.1743 E à [?] : *Mme la duchesse du Maine ayant reçu une lettre de la part du roi au sujet de l'antichambre qu'il lui retranche de son appartement de Versailles, en échange des deux pièces qu'avait Mlle du Maine, dont il ne dispose point, Son Altesse Sérénissime m'a chargé, Monseigneur, d'avoir l'honneur de vous écrire de sa part pour vous demander un plancher d'entresol au-dessus de la pièce qui devient aujourd'hui son antichambre avec quelques changements de cloisons indispensables pour remplacer la pièce des bains. Cette demande... est un très petit objet n'étant point question d'aucune menuiserie, ni de peinture.* A.N. O[1] 1795 77

Ventadour, Charlotte Éléonore Madeleine de La Motte-Houdancourt, duchesse de (1651-1744). Gouvernante des Enfants de France 1704-1732

26.9.1743 *Hier le roi donna à Mme la duchesse de Ventadour l'appartement de feu Mlle du Maine, qui tient à celui de Mme la duchesse du Maine ; il joint celui de feu Madame la duchesse, présentement celui de Mademoiselle de La Roche-sur-Yon* [**AP 53**] *; il est dans la galerie des Princes en bas, au-dessous de celui de Mesdames. Mme de Ventadour, depuis qu'elle a remis les fonctions de gouvernante à Mme de Tallard, loge dans les entresols au-dessus de l'antichambre de Mesdames* [entresols de **AP 68**]. L* V 134

Orléans, Louis Ier d'Orléans, premier prince du sang, duc de Chartres, puis d' (1703-1752)

Orléans, Louis Philippe Ier d'Orléans, duc de Chartres, puis en 1752 duc d' (1725-1785)

Orléans, Louise Henriette de Bourbon, duchesse de Chartres, puis d' (1726-1759)

4.1.1744 *M. le duc d'Orléans a cédé à M. le duc de Chartres son logement* [**AN 28**] *à l'occasion de son mariage ; le roi lui a donné celui qu'avait Mlle du Maine dans l'aile des Princes ; il avait été donné à Mme de Ventadour, et elle n'a pas voulu en faire usage. On a joint à ce logement un petit logement qui avait été fait dans des parties de celui de Mme la duchesse.* L* V 293

27.4.1744 *M. et Mme la duchesse de Chartres logeaient dans l'appartement qu'avaient occupé M. et Mme du Maine, dans l'aile Neuve. M. le duc de Chartres ayant demandé quelques changements dans cet appartement pour y avoir plus de commodité, le roi lui a proposé de* *changer avec Mme la duchesse du Maine. Ce changement s'est fait de concert avec M. le duc d'Orléans, qui logeait dans l'aile des Princes dans ce qui faisait l'appartement de M. le duc du Maine. Mme la duchesse du Maine reprend son ancien appartement... Mlle de La Roche-sur-Yon aura le premier logement vacant.* L* V 401

31.5.1747 T au roi : *Le duc de Chartres a dit... qu'il ne se trouverait pas assez de logement dans l'appartement du prince de Condé et du comte de Charolais* [**AP 49 et 50**], *qu'il désirerait plustôt occuper celui du dauphin dessus, en y joignant la chambre à coucher de Mme la dauphine* [**AP 66, 66A et Grand Salon**]... *Le duc de Chartres a dit que si Votre Majesté n'était pas dans l'intention de lui accorder l'appartement du dauphin avec la chambre de Mme la dauphine, il aimait mieux rester dans le sien... moyennant un entresol sur la chambre de Mme la duchesse de Chartres et le remplacement de son antichambre que l'on prendra pour les Enfants de France par celle qui est commune avec* [*Mlle de Charolais* **AP 51**]. A.N. O[1] 1810 I 222

AP 52 est divisé[1].

La Roche-sur-Yon, Louise Adélaïde de Bourbon-Conti, *dite* Mlle de (1696-1750)

29.7.1747 *Mlle de La Roche-sur-Yon, pour se procurer un cabinet à côté de son appartement, prie M. de Tournehem de faire changer les lieux à l'anglais et l'escalier et de faire faire comme ils sont marqués sur le plan ajouté en rouge en observant seulement de ne pas arrondir les angles du cabinet en face de la cheminée afin d'y pouvoir placer un canapé. Elle demande aussi que la petite pièce où seront les lieux à l'anglais soit boisée et vernie et de faire faire une armoire dans le petit cabinet à côté de la cheminée et à l'endroit où sont à présent les lieux à l'anglais. À l'égard des entresols, Son Altesse Sérénissime demande une cloison pour partager la grande pièce en deux et qu'elle soit placée à l'endroit qu'elle a crayonné et que cette cloison soit faite avec des planches à revers.* A.N. O[1] 1810 I 233

22.10.1747 E à T : *Mlle de La Roche-sur-Yon, occupait l'appartement qu'avait ci-devant Madame la Duchesse* [**AP 53**], *dans dequel il y avait des bains. Sa Majesté a ordonné de prendre cet appartement pour Madame. Mlle de La Roche-sur-Yon demande qu'on fasse des bains dans celui qu'elle occupe présentement.* Réponse : *Le roi n'a point voulu accorder la demande.* A.N. O[1] 1795 103

9.5.1748 *Mlle de La Roche-sur-Yon, par sa lettre du 5 du mois, prie M. de Tournehem de passer à son appartement pour lui monter une place où elle voudrait avoir un enfoncement de 3 pieds de profondeur sur 6 de large pour y mettre un lit en niche dans la pièce qui faisait l'antichambre de Mme la duchesse de Chartres et qui sera son cabinet. Ce lit se pouvant mettre à la place d'un vitrage qui est vis-à-vis le trumeau de la cheminée, il serait nécessaire que l'ouvrier prenne la mesure du lit qui est fait. Elle demande aussi une porte dans la chambre à coucher vis-à-vis celle qu'on vient de percer, laquelle fait actuellement une armoire, afin d'entrer de sa chambre dans sa chaise percée.* Réponse : *À M. L'Écuyer.* A.N. O[1] 1810 II 56

Brancas, Marie Angélique Fremyn de Moras, duchesse de (1676-1763). Dame d'honneur de la dauphine 1744-1762

Beauvillier, Marie Françoise Suzanne de Creil de Bournezeau, duchesse de (1716-?). Dame d'honneur de Madame Adélaïde 1750

1750 *Le logement de Mlle de La Roche-sur-Yon, hors l'entresol qui est au-dessus de Mme la duchesse de Tallard, à Mme la duchesse de Beauvillier, dame d'honneur de Madame...* Distribution : A.N. O[1] 1077 420

25.11.1750 *L'appartement de Mlle de La Roche-sur-Yon dans l'aile des Princes a été donné à Mme de Brancas, dame d'honneur de Madame la dauphine ; mais Mme de Tallard a demandé en même temps un entresol de cet appartement, ce qui a déterminé Mme la duchesse de Brancas à garder le sien* [**AP 58**], *d'autant plus que l'appartement de Mlle de La Roche-sur-Yon ne peut jamais être regardé comme donné à demeure, étant destiné aux enfants de Monsieur le dauphin. Celui qu'occupe actuellement Mme de Brancas devait par cet arrangement être donné à Mme de Beauvillier, dame d'honneur ; Mme de Brancas ayant pris le parti d'y demeurer, on a donné à Mme de Beauvillier celui de Mlle de La Roche-sur-Yon avec l'entresol de moins.* L* X 379

22.1.1751 T au roi : *Mme la duchesse de Beauvillier, à qui Sa Majesté a donné le logement qu'occupait Mademoiselle de La Roche-sur-Yon au château de Versailles, y demande plusieurs changements et ajustements qui se monteront, suivant l'estimation, à la somme de 1 315 livres.* Réponse : *Envoyer l'ordre à M. L'Écuyer... Il est à observer que comme cet appartement pourra bien être donné par la suite à Mme de Tallard attendu la maison des Enfants de France, il faut que ce qui sera fait ne nuise point à ce qui par la suite pourrait être nécessaire lorsque l'appartement sera donné à Mme la duchesse de Tallard.* Bon du roi : A.N. O[1] 1070 ; *cf.* 1810 III 81 et 83

Tallard[2], Marie Isabeau Gabrielle de Rohan-Soubise, duchesse de (1699-1754). Gouvernante des Enfants de France

26.5.1747 GG-B 2737 « Plan légendé de la moitié de l'aile du Midi... destinée aux Enfants de France, à la duchesse de Tallard, à Mlle de La Roche-sur-Yon, au duc et à la duchesse de Chartres[3] ».

7.6.1747 N au roi : *À Bruxelles : ... une antichambre de M. le duc de Chartres pour les Enfants de France et leur suite. Une chambre de M. le duc de Chartres et la chambre de glace de Mme la duchesse de Chartres pour Mme la duchesse de Tallard. Les trois pièces restant du logement de Mme la duchesse de Chartres pour Mlle de*

1. Croisées 17 à 20.

2. Croisées 20 à 24.

3. Ce plan inclut une addition manuscrite de Louis XV à la légende originale où "A" est l'« antichambre de Mademoiselle » [croisée 16] et "B" est l'« appartement de M. [le duc] et Mme la duchesse de Chartres » [croisées 17 à 24]. Le roi a inscrit : « Ce qui est jaune est pour Mademoiselle de La Roche-sur-Yon » [croisées 17 à 20].

La Roche-sur-Yon... Disposition : A.N. O[1] 1076 137 ; *cf.* 1810 I 231
15.6.1747 *L'appartement de M. et de Mme de Chartres et celui de Mlle de La Roche-sur-Yon sont destinés pour la petite Madame et Mme de Tallard.* L* VIII 243
13.6.1747 T, à d'Étioles, au roi : ... *J'ai vu à Versailles Mme la duchesse de Tallard. Elle désirait que Votre Majesté voulût bien lui accorder l'entresol qui est au-dessus de l'antichambre du logement de Madame. J'ai examiné sur les lieux ce qui pourrait être nécessaire pour le service de Madame et il m'a paru qu'il y en aurait suffisamment sans cet entresol, sans lequel il est vrai qu'elle serait un peu à l'étroit. Votre Majesté aura la bonté d'en décider.* Réponse : *J'ai mandé à Mme de Tallard qu'elle pouvait prendre l'entresol et même les pièces d'en bas quand le côté qu'on accommode sera fait et qu'elle trouve que cette pièce n'est pas nécessaire pour ses petits enfants.* A.N. O[1] 1070 324 ; *cf.* 1810 I 239
23.7.1753 M à E : *Vous ferez faire les bains pour Mme la duchesse de Tallard dans l'entresol de l'appartement des Enfants de France suivant le plan que je vous envoye et vous y ferez mettre la chaudière, la baignoire, les robinets de cuivre dorés et les tuyaux nécessaires à ces bains.* A.N. O[1] 1811 I 71 ; *cf.* 1795 384
Leyde, Anne Marie de Croÿ, marquise de (1706-?). *Camarera mayor* de Madame Infante, fille aînée de Louis XV
25.1.1754 *Mme de Marsan ne loge point où logeait Mme de Tallard... C'est en dernier lieu ce qu'on avait prêté en partie à Mme de Leyde ; auparavant Mlle de La Roche-sur-Yon y a logé, et anciennement c'était l'appartement de la grande princesse de Conti, fille du roi. Il y avait une pièce fort bien dorée dont on a défait les dorures et on l'a blanchie et retranchée.* L* XIII 141

AP 52 et 53 sont combinés [1].

AP 53
Vermandois, Louis de Bourbon, légitimé de France, duc de (1667-1683)
12.8.1682 *Copie des remarques faites par l'ordre de M. Colbert sur les ouvrages de maçonnerie de la grande aile du château de Versailles... Retraites de la seconde galerie : Depuis le grand escalier de Monseigneur jusqu'à l'appartement de M. de Vermandois, les retraites au-devant des piliers... ne sont point de niveau entre elles...* A.N. O[1] 1762A dossier 2
Bourbon, Louis II de Bourbon-Condé, *dit* Monsieur le Duc, duc de (1668-1710)
Bourbon, Louise Françoise de Bourbon, légitimée de France, *dite* Mlle de Nantes, puis Madame la Duchesse, duchesse de (1673-1743)
5.3.1691 *M. de Villayer mourut à Paris.* D II 295. *Cf.* SS Additions. *C'est lui qui a inventé ces chaises volantes, qui par des contrepoids montent et descendent seules entre deux murs à l'étage qu'on veut, en s'asseyant dedans par le seul poids du corps et s'arrêtant où l'on veut. M. le Prince s'en est fort servi à Paris et à Chantilly. Madame la Duchesse, sa belle-fille et fille du roi, en voulut avoir une de même pour son entresol à Versailles, et voulant y monter un soir, la machine manqua et s'arrêta à mi-chemin, en sorte qu'avant qu'on pût l'entendre et la secourir en rompant le mur, elle y demeura bien trois bonnes heures engagée. Cette aventure la corrigea de la voiture, et en a fait passer la mode.*
GG-B 1258 « à l'angle du parterre de l'orangerie », 1259, 1260, 1295, BLONDEL, planche 4, "b"
1741 *État* [2] « Madame la duchesse douairière, puis Mlle de La Roche-sur-Yon » "7 pièces, 5 à cheminée ; 10 entresols, 4 à cheminée"
Châteauroux, Marie Anne de Mailly-Nesle, marquise de La Tournelle, puis en 1744 duchesse de, (1717-1744). Dame du palais de la reine 1742 ; maîtresse du roi
21.11.1743 ... *le roi a déclaré à Fontainebleau, Mme la marquise de La Tournelle duchesse de Châteauroux... on parle pour elle de l'appartement qu'avait feu Madame la Duchesse et que le roi lui donne des meubles superbes...* BARBIER III 474 *sq.*
La Roche-sur-Yon, Louise Adélaïde de Bourbon-Conti, *dite* Mlle de (1696-1750)
GG-B 1258, 1331
28.6.1743 *Le roi a donné l'appartement de feu Madame la duchesse à Mlle de La Roche-sur-Yon. Il l'a offert auparavant à Mademoiselle [de Charolais] qui a mieux aimé garder le sien. Cet appartement est en bas, dans la galerie des Princes, au-dessous de Mesdames... M. le duc, père du dernier mort* [sic], *avait une partie de ce même logement. Le roi, en le donnant à Mlle de La Roche-sur-Yon, en a retranché la première pièce d'entrée et l'antichambre des laquais ; il compte en faire un petit appartement.* L* V 54 *sq.*
Petite Madame [3], Marie Thérèse de France, *dite* la (1746-1748)
21.9.1746 ... *le roi a décidé qu'elle habitera le logement de Mlle de La Roche-sur-Yon, en bas dans la galerie des Princes du côté de l'Orangerie. Ce logement, à l'exception d'une pièce qu'on a retranchée, est le même... qu'avait feu Madame la duchesse, fille du roi...* L* VII 415 *sq.*
26.5.1747 GG-B 2737 « Plan légendé de la moitié de l'aile du Midi... destiné aux Enfants de France, à la duchesse de Tallard, à Mlle de La Roche-sur-Yon, au duc et à la duchesse de Chartres [4] »
7.6.1747 N au roi : *À Bruxelles : l'appartement de Mlle de La Roche-sur-Yon et une antichambre de M. le duc de Chartres pour les Enfants de France et leur suite...* Disposition : A.N. O[1] 1076 137 ; *cf.* 1810 I 231
8.6.1747 T à E : *Je viens de recevoir un ordre du roi pour faire travailler à l'entresol à faire au-dessus de la*

1. Voir plus loin.

2. Entre **AP 53 et 54**, l'état de 1741 insère **AP 53A** mais il est marqué « vacant » et aucune pièce ne lui est attribuée.
3. Bien que cet appartement eût été attribué à la Petite Madame, elle occupa **AN 29** jusqu'en décembre 1747.
4. Ce plan porte une annotation de Louis XV à la légende originale « L'appartement pour les Enfants de France » [croisées 25 à 31]. Le roi a inscrit : « ce qui est blanc pour la duchesse de Tallard » [croisées 21 à 24] et « ce qui est rouge pour les Enfants de France » [croisées 25 à 31].

chambre de Mlle de La Roche-sur-Yon... ainsi, je vous prie d'y faire travailler sans perdre de temps... En cas que Mlle de La Roche-sur-Yon n'eût point encore envoyé d'ordre pour démeubler son appartement, ne manquez pas de me faire savoir afin que je puisse lui écrire à ce sujet. A.N. O[1] 1810 I 158

11.6.1747 T à Mlle de La Roche-sur-Yon : *Le roi me mande que M. le comte de Noailles a eu l'honneur d'écrire à Votre Altesse Sérénissime pour l'informer de la destination que Sa Majesté avait faite de son logement. Il m'ordonne en même temps de faire travailler sans perdre un moment aux changements qui sont à y faire, mais ne le pouvant que Votre Altesse Sérénissime n'ait donné ses ordres pour son déménagement, je la supplie très humblement de vouloir bien me mettre en état d'y satisfaire...* A.N. O[1] 1810 I 160

15.6.1747 *L'appartement de M. et Mme de Chartres et celui de Mlle de La Roche-sur-Yon sont destinés pour la petite Madame et Mme de Tallard. Dans ces trois appartements on en arrangera un pour Mlle de La Roche-sur-Yon.* L* VIII 243

12.12.1747 *Madame, depuis quatre ou cinq jours, est sortie de l'appartement de M. le prince de Conti* **[AN 29]** *dans l'aile Neuve où elle logeait ; elle est entrée dans l'appartement qui lui était destiné au bout de l'aile des Princes.* L* VIII 348

Penthièvre, Louis Jean Marie de Bourbon, *dit* duc de (1725-1793). Grand veneur 1737

Penthièvre, Marie Thérèse d'Este, duchesse de (1726-1754)

21.10.1748 *Madame l'Infante logera à Versailles dans l'appartement de Mme la comtesse de Toulouse* **[CC 23]**, *et Mme sa fille dans celui de M. et Mme de Penthièvre* **[CC 22]** *à qui on donne celui de feu Madame Marie-Thérèse, fille de M. le dauphin, dans l'aile des Princes.* L* IX 107

AP 52 et 53 sont combinés.

Marsan, Marie Louise de Rohan-Soubise, comtesse de (1720-1803). Gouvernante des Enfants de France 1754-1775

Bourgogne, Louis Joseph Xavier de France, duc de (1751-1761)

Berry, Louis Auguste de France, duc de, futur Louis XVI (1754-1793)

Provence, Louis Stanislas Xavier de France, comte de (1755-1824)

25.1.1754 *Mme de Marsan ne loge point où logeait Mme de Tallard mais dans l'appartement où Mme de Tallard devait passer lorsque ceux des Enfants de France seraient accommodés, car ils sont actuellement dans ceux de M. et de Mme la princesse de Condé* **[AP 49 et 50]**. *Mme de Marsan occupe les quatre pièces qui sont depuis le milieu de la galerie d'en bas en allant vers le bout de cette galerie... C'est en dernier lieu ce qu'on avait prêté en partie à Mme de Leyde ; auparavant Mlle de La Roche-sur-Yon y a logé, et anciennement c'était l'appartement de la grande princesse de Conti, fille du roi. Il y avait une pièce fort bien dorée dont on a défait les dorures et on l'a blanchie et retranchée.* L* XIII 141

25.7.1754 *Il y a deux ou trois mois que M. le duc de Bourgogne et Madame sont entrés dans leurs nouveaux appartements, qui n'étaient pas encore en état de les recevoir à la mort de Mme de Tallard. Ces appartements, que l'on pourrait plutôt appeler anciens que nouveaux, sont au bout de la galerie des Princes en bas.* L* XIII 286

26.6.1755 E à M : *En conséquence de vos ordres, j'ai été trouver de votre part Mme la comtesse de Marsan laquelle est très sensible à toutes vos attentions pour le service des Enfants de France qui est tout ce qui l'intéresse le plus. Quant à ce qui la regarde, elle ne demanderait à être logée au bout de l'aile du petit jardin que pour y être à demeure et n'être plus à l'avenir à demander de changer les distributions des appartements à chaque naissance, ainsi que cela est arrivé plusieurs fois, ce qui dérange beaucoup le service pendant qu'on travaille et occasionne des dépenses considérables.* A.N. O[1] 1070 476 ; *cf.* 475, 477 [devis pour 16 437 livres et bon du roi] et 1811 II 41

7.7.1755 M à E : *J'ai reçu avec votre lettre du 25 du mois passé... le devis des ouvrages à faire dans les appartements et entresols des Enfants de France pour y pouvoir loger celui à naître et établir une demeure pour Mme la comtesse de Marsan au bout de l'aile au côté du petit jardin, le dit devis montant à 1 643 livres.* A.N. O[1] 1796 138 ; *cf.* 130

8.8.1755 E à M : *J'ai l'honneur de vous envoyer ci-joint le plan des appartements des Enfants de France sur lequel est marquée la proposition de Mme la comtesse de Marsan de donner sa chambre à coucher à M. le duc de Bourgogne moyennant qu'on veuille bien la lui remplacer par un entresol au-dessus de son cabinet de compagnie.* A.N. O[1] 1796 175

20.12.1755 GG-B 1263 et 1264 « Plan de l'entresol avec projets de changements »

11.1755 BLONDEL, planche 2, "a" « Mme de Marsan, première gouvernante des Enfants de France [1] »

22.10.1762 E à M : *Mme la comtesse de Marsan demande à faire passer un poêle à travers la galerie basse des princes pour le garde du roi en sentinelle chez les Enfants de France, lequel il a fallu changer du poste où il était ci-devant à cause du logement pour la sœur de Madame la dauphine. Je lui ai représenté que cela n'avait jamais été permis vu l'inconvénient de la décoration du dedans de cet escalier que cela gâterait, celui des gouttes d'eau de suie qui tomberaient sur les passants et les conséquences de l'exemple dont on ne manquerait pas de profiter. Sa réponse ayant été que ce qui était fait pour les Enfants de France ne pouvait autoriser d'ailleurs le passage du poêle en question n'étant que pendant l'hiver seulement, sur cela je lui ai assuré d'avoir l'honneur de prendre vos ordres, ce qu'elle attend avec empressement, étant très déterminée à vouloir absolument le passage de ce tuyau de poêle. Vu qu'il n'y a pas d'autre endroit, si c'était votre volonté, Monsieur, d'en parler au roi, sa décision empêcherait toutes les répétitions qu'elle pourrait faire à ce sujet. De plus, la sentinelle pour Madame la dauphine étant bien dans son antichambre, pourquoi ne serait-elle pas*

1. Croisées 30 et 31 et les trois fenêtres du pavillon d'angle en retour vers le sud.

dans celle des enfants, ce que je n'ai pas osé dire à Mme de Marsan dans la crainte de la fâcher. A.N. O[1] 1797 281 ; *cf.* 1812 I 50 et 57

24.10.1762 E à M : *Vous avez très sagement fait... Le roi, après avoir vu le plan, m'a ordonné de ne point permettre qu'on établisse un poêle dont le tuyau traverserait cette galerie.* A.N. O[1] 1797 282 ; *cf.* 289

28.10.1765 E à M : *Mme la comtesse de Marsan revenait cette année à la même demande qu'elle fit en 1762 pour faire passer un tuyau de poêle à travers la galerie des Princes, ce que le roi a refusé ainsi que vous le verrez par la lettre ci-jointe que vous me fîtes l'honneur de m'adresser. Si vous le faites poser... elle ne manquera pas de dire et d'attribuer à mauvaise volonté de votre part le refus qui lui en a été fait et en vous y opposant cette année, sur ce qu'elle a dit à M. Gillet, elle fera parler Madame la dauphine, ce qui est fort désagréable pour vous, Monsieur. Il est certain qu'anciennement les gardes du roi en sentinelle étaient aux portes en dehors, quelque froid qu'il fît, et que ce fut Mme la duchesse de Ventadour pendant la jeunesse de Monseigneur le dauphin et Mesdames [qui] un jour qu'il fit un grand froid fit entrer le garde en dedans de leurs appartements ; depuis ce temps ils ont toujours continué.* A.N. O[1] 1071 135 *Cf.* 134 et 1812 III 97

8.1.1766 E à M : *M. Gillet m'avait dit de votre part de ne point faire poser le tuyau de poêle de Mme la comtesse de Marsan à travers la galerie basse des princes et de tâcher de trouver un autre passage.* A.N. O[1] 1798 5

9.1.1766 M à E : *J'ai rendu compte au roi de la demande que fait Mme la comtesse de Marsan... Sa Majesté a promis... de défendre absolument tout passage des tuyaux dans la galerie. Il faudra se contenter d'en mettre un roulant dans lequel il n'y aura que de la braise, s'il n'est point d'autre moyen de faire passer le tuyau que par la galerie.* A.N. O[1] 1798 10

1770 *État* A « Enfants de France et Mme de Marsan »

8.8.1770 E à M : *Ci-joint est le plan de la face des appartements des jeunes princes au sujet d'une légère barrière de fer que Mme la comtesse de Marsan demande pour empêcher, comme chez Mesdames, que le peuple ne les puisse voir, ni entrer chez elle par les croisées qui ouvrent jusqu'en bas. Cette barrière pouvant être faite aux vieux fers, et prévoyant que vous l'approuverez, j'ai cru devoir la faire commencer...* A.N. O[1] 1798 521

GG-B 2113

Madame Clotilde, Marie Adélaïde Clotilde Xavière de France, *dite* (1759-1802)

Madame Élisabeth, Élisabeth Philippine Marie Hélène de France, *dite* (1764-1794)

1770 *État* A « Enfants de France et Mme de Marsan »

AP 52 et 53 sont séparés.

AP 52

Madame Royale, Marie Thérèse Charlotte de France, *dite* (1778-1851)

Dauphin, Louis Joseph Xavier de France, *dit* le (1781-1789)

Dauphin, Louis Charles de France, duc de Normandie, *dit* le, puis Louis XVII (1785-1795)

25.6.1785 L** à A : *Mme la duchesse de Polignac demande pour le service de Monseigneur le dauphin la pose d'un conduit dans la longeur de 12 pieds pour donner de l'eau au résevoir des bains. Cette conduite sera branchée sur celle qui donne de l'eau aux bains de Mme Élisabeth sur la galerie basse en face de la Bouche de la reine.* Réponse de H : *J'ai l'honneur de rendre compte à M. le directeur général que j'ai prévenu ses intentions en autorisant M. Loiseleur d'aller en avant de la demande de Mme la duchesse de Polignac.* A.N. O[1] 1802 74

23.5.1786 L** à A : *La chambre de M. le duc de Normandie est destinée pour l'enfant à naître et le cabinet de Monseigneur le dauphin pour former le cabinet de M. le duc de Normandie et la pièce en suite pour faire le cabinet de Monseigneur le dauphin. Cet arrangement obligera le blanchi des dites pièces...* A.N. O[1] 1802 189

AP 53

Bouillon, Godefroy Charles Henri de La Tour d'Auvergne, duc de (1728-1792). Grand chambellan de France en survivance 1747, en titre 1754-1771

Bouillon, Jacques Léonard Charles Godefroy, duc de (1746-1802). Grand chambellan de France 1771

12.1775 *Le logement de Mme la comtesse de Marsan à M. de prince de Bouillon, grand chambellan de France, et M. le duc de Bouillon, son survivancier...* Disposition : A.N. O[1] 1799 463

Guémené, Victoire Armande Josèphe de Rohan-Soubise, princesse de (1743-1807). Gouvernante des Enfants de France 1775-1782

12.1775 *Le logement de Mme Clotilde à Mme la princesse de Guémené, gouvernante des Enfants de France ...* Disposition : A.N. O[1] 1799 463

1777 *État* B « Mme Élisabeth et Mme de Guémené »

12.6.1778 Marie-Antoinette à Marie-Thérèse : *À la manière dont on les élève à cette heure [les enfants], ils sont bien moins gênés ; on ne les emmaillote pas... et du moment qu'ils peuvent être à l'air, on les y accoutume petit à petit et ils finissent par y être presque toujours. Je crois que c'est la manière la plus saine et la meilleure de les élever. Le mien logera en bas avec une petite grille qui le séparera du reste de la terrasse, ce qui même pourra lui apprendre plus tôt à marcher que sur les parquets.* GEFFROY et ARNETH III 213

17.1.1780 H à A : *Mme la princesse de Guémené prie M. le directeur général d'ordonner qu'il soit fait dans une pièce de son appartement une armoire de 15 pieds de long sur 6 pieds de haut avec tablettes.* A.N. O[1] 1800 513

15.8.1780 H à A : *Mme la princesse de Guémené prie M. le directeur de lui accorder quelques légers changements et un blanchi dans un entresol qu'elle destine à l'usage de Madame la princesse.* A.N. O[1] 1800 604

1780 GG-B 1268 « Plan d'ensemble de l'aile du midi... Indication des appartements de Madame Royale (A), de la princesse de Guémené (B) et de la duchesse de Polignac »

1.6.1782 LR et L** à A : *L'appartement de Mme la princesse de Guémené : la pièce en augmentation sur*

la petite terrasse est commencée et élevée à hauteur du plancher. A.N. O[1] 1801 223
17.7.1782 LR et L** à A : *Les ouvrages de maçonnerie, de charpente et couverture sont faits ; le carrelage est presque fait ; les croisées sont prêtes et il sera fini dans peu.* A.N. O[1] 1801 224
16.9.1782 LR et L** à A : *L'appartement de Mme de Guémené est fini.* A.N. O[1] 1801 225
1783 *État* D « Monseigneur le dauphin, Madame, fille du roi »
Polignac, Gabrielle Yolande Claude Martine de Polastron, comtesse, puis duchesse de (1749-1793). Gouvernante des Enfants de France 1782-1789
Polignac, Armand Jules François, comte, puis en 1780 duc de (1745-1817). Premier écuyer de la reine en survivance 1776
1783 [1] *État* D « Monseigneur le dauphin, Madame, fille du Roy, Mme la gouvernante »
21.3.1784 Le duc de Polignac à A : *Je n'ai... qu'un seul office très petit qui est placé dans une travée de la galerie auprès l'appartement de Mme de Polignac. Il est absolument insuffisant pour mon service et si étroit que mes gens ne peuvent y tenir et y éprouvent des accidents graves par la vapeur du charbon. Vous venez d'ordonner une augmentation de l'office de M. de Sérent. Permettez-moi... de vous en demander une pareille pour le mien.* Réponse de H : *J'ai l'honneur de répéter... les raisons... pour empêcher l'extension du réchauffoir de M. le marquis de Sérent ; les mêmes raisons s'opposent à la demande de M. le duc de Polignac, mais plus fortement encore par la nécessité de boucher une arcade entière.* A.N. O[1] 1801 578
1785 L** à H : *Mme la duchesse de Polignac demande que les quatre coffres de bois qui sont dépendants de l'appartement des Enfants de France soient augmentés de hauteur, n'étant pas assez grands pour le service et qu'il soient faits comme l'un qui les précède dans les arcades de la galerie.* Réponse : *Il n'est pas d'inconvénient à accorder à Mme la duchesse de Polignac l'objet de sa demande qui pourra coûter 600 livres.* A.N. O[1] 1802 59
1787 *État* E : « Aux Enfants de France et la gouvernante. » "14 pièces, 13 à cheminée, 17 entresols, 9 à cheminée"
8.4.1787 La duchesse de Polignac à A : *Mon désir... [est] de faire ajouter au boudoir de mon appartement au château une petite bibliothèque dont l'emplacement se trouve formé par une pièce qui y est attenante...* Réponse : *Le même jour répondu d'adhésion.* A.N. O[1] 1802 333
24.4.1787 L** à A : *Mme la duchesse de Polignac demande la suppression d'une cloison de planches pour agrandir une pièce qui doit former une nouvelle garde-robe à chaise pour Madame, fille du roi.* Réponse de H : *J'ai cru remplir les instructions de M. le directeur général en autorisant M. Loiseleur à faire la suppression demandée.* A.N. O[1] 1802 339

1. La comtesse de Polignac devint gouvernante des enfants royaux en novembre 1782 et emménagea aussitôt dans l'aile du Midi. L'année suivante Madame Royale fut transférée dans les petits appartements de la reine (**CC 25**).

15.6.1787 H à A : *Je supplie M. le directeur général de vouloir bien ordonner à la manufacture la livraison des glaces... pour la bibliothèque de Mme la duchesse de Polignac : deux glaces blanches de 39 pouces sur 28 pouces.* A.N. O[1] 1802 359
Broglie [2], Victor François de, comte, puis duc de (1718-1804). Maréchal de France 1762
4.7.1789 H à A : *Mme la duchesse de Polignac a dit ce matin que l'intention de la reine était que lundi prochain tous les travaux relatifs à l'établissement de Monsieur le dauphin et Madame, fille du roi, dans leurs nouveaux appartements fussent commencés malgré la présence du prince et de la princesse... M. le maréchal de Broglie a pris possession hier de l'appartement que viennent de quitter Monseigneur le dauphin et Madame, fille du roi, dans l'aile du Midi et doit coucher dans cet appartement où il n'a rien à faire qu'un déplacement de cloison légère.* A.N. O[1] 1802 614
Nivernais, Louis Jules Mancini de Mazarin, duc de, prince de Vergagne (1716-1798). Ministre d'État 1787
26.9.1789 *M. le maréchal de Mouchy propose à Votre Majesté de prêter à M. le duc de Nivernais la moitié du logement qui a été occupé par M. le maréchal de Broglie avec le réchauffoir ; on pourra remettre les meubles qui y étaient.* A.N. O[1] 1077 329

REZ-DE-CHAUSSÉE SUR LA RUE DE LA SURINTENDANCE PAVILLON DE LA SURINTENDANCE

AP 54 et 54A
Colbert [3], Jean-Baptiste (1619-1683). Surintendant des Bâtiments, Arts et Manufactures 1664 ; contrôleur général des finances 1665 ; secrétaire d'État à la Marine et à la Maison du roi 1669
Colbert, Marie Charron de Ménars, Mme (1630-1687)
6.5.1682 *Le sixième de mai, le roi quitta Saint-Cloud pour venir à Versailles, où il souhaitait d'être depuis longtemps, quoiqu'il fût encore rempli de maçons, dans le dessein d'y demeurer jusqu'après les couches de Madame la dauphine, qui fut obligée de changer d'appartement le second jour qu'elle y fut arrivée parce que le bruit l'empêchait de dormir.* S I 101. *Cf. ibid.* 133 note 2 : *C'était l'appartement de M. de Colbert, surintendant des Bâtiments, dans lequel Madame la dauphine avait voulu loger, parce que le grand appartement qu'elle devait occuper était encore trop neuf et que celui qu'on lui avait donné en attendant était trop exposé au bruit : ainsi elle s'était mise dans l'appartement de Mme Colbert, qui était assez vaste pour une si grande princesse.*

2. Louis XVI appela à ses côtés cet illustre soldat ; le maréchal arriva à Versailles le 21 juin 1789. Il fut nommé ministre de la Guerre le 13 juillet 1789 après la chute de Necker.
3. Colbert, Louvois et Chamillart occupaient aussi l'hôtel de la Surintendance, qui servait à la fois de résidence et bureaux. L'usage primitif semble avoir été d'allouer **AP 54** à l'épouse du ministre et **AP 70** à leurs enfants. Chamillart préféra donner les deux appartements à ses enfants.

5.8.1682 *La nuit du 4 au 5, les douleurs de l'accouchement commencèrent à Madame la dauphine et mirent tout la Cour en mouvement. On n'a jamais vu un concours pareil à celui qui se fit à son appartement par toutes sortes de gens qui y passaient le jour et la nuit. Le roi croyant qu'elle accoucherait la nuit du 5 au 6, se fit porter un matelas dans sa chambre où il passa la nuit avec la reine, tous les princes et les princesses du sang.* S I 132

6.8.1682 *Le 6 vers le midi, les douleurs commencerent à presser Madame la dauphine... le roi, avec toute la famille royale, étant revenu dans sa chambre, toute la cour ne quitta pas son appartement... Sitôt qu'on eût ouvert la porte de la chambre de Madame la dauphine et qu'on eût déclaré qu'elle était accouchée d'un prince, il s'éleva un si grand cri de joie dans le château qu'en un moment la nouvelle en alla jusqu'au bout de la ville. Les témoignages de joie allaient jusqu'à l'emportement ; et quand le roi sortit de la chambre de Madame la dauphine pour aller souper, tant de gens se jetèrent à ses pieds, qu'il fut assez longtemps sans pouvoir passer. On s'étouffait dans les galeries et dans les appartements pour se montrer à lui et la canaille, ne voulant pas témoigner moins de joie que les honnêtes gens, cassa par une espèce de fureur toutes les vitres de la Surintendance, où Madame la dauphine était accouchée ; les uns frappaient des mains pendant que le roi passait, les autres allumaient des feux dans lesquels ils jetaient tout ce qu'ils rencontraient : ils brûlèrent les grues et les échafauds qui servaient aux bâtiments ; il y en eut qui jetèrent leur propres habits dans le feu ; enfin, si on ne les eût empêchés, ils eussent brûlé tout le bois qui était dans les chantiers des marchands de Versailles.* S I 133

Louvois, François Le Tellier, marquis de (1641-1691). Secrétaire d'État à la Guerre, en survivance 1655, associé à son père 1662, puis en exercice 1677 ; ministre d'État 1672 ; surintendant des Bâtiments 1683

Louvois, Anne de Souvre, marquise de (1646-1715)

Barbezieux, Louis François Marie Le Tellier, marquis de (1668-1701). Secrétaire d'État à la Guerre en survivance 1685, puis en exercice 1691

Barbezieux, Catherine Louise Marie de Crussol d'Uzès, marquise de (1674-1694)

17.7.1691 *M. de Barbezieux avait la survivance de la charge de secrétaire d'État de son père...* [le 22] *Le roi laisse à M. de Barbezieux tous les logements qu'avait Mme de Louvois ; M. le duc de La Rocheguyon aura le logement qu'avait M. de Barbezieux* **[AP 70]**. D III 270 ; *cf.* S III 441

21.5.1695 *... l'appartement de feu Madame Barbezieux, au bout de la galerie de Monsieur...* RACINE, *Œuvres*, éd. A. D. Genier, Paris, 1888, VII 149

Barbezieux, Marie Thérèse Delphine Eustachie d'Alègre, marquise de (1680-1706)

Alègre, Yves, marquis, puis maréchal d' (1653-1733)

9.12.1698 *L'affaire de Mme de Barbezieux fut entièrement réglée ; elle demeurera chez sa mère jusqu'à la fin de sa maladie, et si elle en réchappe, M. d'Alègre, son père, la mènera, quand elle se portera bien, dans un couvent, en Auvergne où il a des sœurs. À l'égard du bien, M. de Barbezieux n'en demande rien... M. le marquis d'Alègre, à qui M. de Barbezieux avait donné ici un logement dans son appartement du château, en a fait emporter ses meubles sans lui en parler.* D VI 473

Chamillart, Michel (1652-1721). Contrôleur général des finances 1699-1708 ; secrétaire d'État à la Guerre 1701-1709

8.1.1701 [1] *M. de Chamillart vint au lever du roi comme il en avait reçu l'ordre. S. M. lui donne la charge de secrétaire d'État comme M. de Barbezieux l'avait, et veut qu'il demeure contrôleur général ; ainsi, le voilà chargé de la Guerre et des finances, ce que l'on n'avait point encore vu à personne.* D VIII 8

La Feuillade, Louis Victor d'Aubusson, comte, puis en 1691 duc de (1673-1725)

La Feuillade, Marie Thérèse Chamillart, duchesse de (1684-1716)

17.10.1701 *Le mariage de La Feuillade se fera jeudi chez M. Chamillart à sa maison de l'Étang ; il logera son gendre à Paris et lui donne ici un appartement pour lui et pour sa femme à la Surintendance.* D VIII 240

Le Peletier des Forts, Michel Robert, comte de Saint-Fargeau (1675-1740). Intendant des finances en survivance de son père 1700, puis en exercice 1701

10.6.1709 *Le roi a disposé des appartements que M. de Chamillart donnait dans la Surintendance à M. et à Mme de La Feuillade... Il y a logé M. Le Peletier et M. des Forts.* D XII 442

Clermont, Marie Anne de Bourbon-Condé, *dite* Mlle de (1697-1741). Surintendante de la maison de la reine 1725

1724 *Mémoires des réparations... 1724 : dans l'aile du château a été fait dans l'appartement de Son Altesse Mademoiselle de Clermont les ornements d'une grande corniche de dix à onze pouces de profil, ornée de plusieurs grotesques jouant de plusieurs instruments, et dans l'intervalle les figures sont faites de rinceaux, le tout entreillissé artistiquement par des bandes et filets en sorte que le tout ensemble soit un arrangement très riche et tout a été modelé et moulé exprès. La dite corniche contient neuf toises trois pieds à 15 livres la toise... total 142 livres. Plus dans le cabinet du même appartement ont été faits les ornements d'une autre corniche de neuf toises de pourtour et six pouces de profil ornée de différents oiseaux et autres animaux, entreillissée avec des rinceaux de feuillage et des fils, le tout fait exprès... 232 livres.* A.N. O^1 1763A

GG-B 368 « à l'angle de la rue de la Surintendance et de l'Orangerie » ; BLONDEL, planche 4, "f"

19.8.1741... *l'appartement de Mlle de Clermont dans la Surintendance comprendra celui* **[54 A]** *qu'avait Mme de Ribérac, sa dame d'honneur...* L* III 455

Noailles, Adrien Maurice, duc de (1678-1766). Capitaine des gardes du corps 1707 ; maréchal de France 1734 ; ministre d'État 1743 ; ambassadeur à Madrid 1746

Noailles, Louis de Noailles, comte puis en 1737 duc d'Ayen, puis duc de (1713-1793). Capitaine des gardes du corps en survivance 1731

Noailles, Catherine Françoise Charlotte de Cossé-Bris-

1. Chamillart semble s'être servi de l'hôtel de la Surintendance comme résidence et comme bureau, distribuant les appartements du pavillon de la Surintendance à ses filles et à leurs maris.

sac, comtesse, puis duchesse d'Ayen, puis duchesse de (1724-1794)
19.8.1741 *L'appartement de Mlle de Clermont dans la Surintendance qui est fort beau et fort grand... a été donné à M. le maréchal de Noailles pour lui et Mme d'Ayen.* L* III 455
1741 *État* « Mademoiselle de Clermont, puis le duc d'Ayen » "11 pièces, 9 à cheminée ; 7 entresols, 3 à cheminée"

Tallard, Marie Isabeau Gabrielle de Rohan-Soubise, duchesse de (1699-1754). Gouvernante des Enfants de France en survivance 1729, puis en exercice 1732
27.5.1747 GG-B 2737 « Plan légendé de la moitié de l'aile du Midi... destiné aux Enfants de France, à la duchesse de Tallard, à Mlle de La Roche-sur-Yon, au duc et à la duchesse de Chartres, Versailles... [1] »
21.9.1746 *L'on donne à Mme la duchesse de Tallard le logement de M. le maréchal de Noailles pour qu'elle soit à portée de Madame. Ce logement est dans le pavillon de la Surintendance au premier étage. M. le maréchal de Noailles logera, en attendant, à l'appartement de quartier* **[CC 8]**. L* VII 415 *sq.*
GG-B 2737
4.11.1747 *M. le maréchal de Noailles a actuellement un appartement dans ce qu'on appelle la Surintendance, au bout de l'aile des Princes ; M. et Mme d'Ayen logent dans le double de cet appartement.* L* VIII 318
25.5.1751 T à E : *Comme M. le maréchal de Noailles avait deux cuisines, il faut que vous demandiez dans laquelle des deux doit être établie celle de Mme la duchesse de Tallard.* A.N. O[1] 1795 198
2.7.1751 E à T : *Je n'ai pas manqué de parler à M. le comte de Noailles... sur ce qu'il convenait qu'il fasse prévenir Mme la duchesse de Tallard que le roi vient de disposer de sa cuisine pour le service de Mesdames. Il m'a prié d'écrire à M. le maréchal son père pour savoir laquelle de ses deux cuisines il remettrait à cette duchesse, ce que j'ai fait sur-le-champ.* Réponse : *Aussitôt que vous avez cette réponse, ne perdez pas de temps à faire faire cet établissement, le roi voulant que cela soit fait à son retour de Compiègne.* A.N. O[1] 1795 200

Luxembourg, Charles François II de Montmorency-Luxembourg, duc de Piney, puis de (1702-1764). Capitaine des gardes du corps 1750 ; maréchal de France 1757
1753 *Le logement de M. le maréchal de Noailles, avec la cuisine, dont la moitié à Mme Tallard, à M. le duc de Luxembourg...* Distribution : A.N. O[1] 1077 420
29.6.1753 *Le logement de M. le maréchal de Noailles à M. le maréchal de Noailles* [sic], *en lui faisant un entresol et lui ôtant un logement de veuve* **[AP 54A]**... Disposition : A.N. O[1] 1076 337 ; *cf.* 1795 353
1753 N au roi : *M. le maréchal de Noailles désire avoir Mme la comtesse de Châteaurenault dans son logement qu'il cède pour une veuve suivant les ordres de Votre Majesté. Mme la comtesse de Châteaurenault se prête à cet arrangement qui est très commode pour lui et M. le duc de Luxembourg. Mais M. le maréchal de Noailles supplie très humblement Votre Majesté d'ordonner que l'on lui fasse un entresol sur une chambre où il compte coucher afin de retrouver des logements de domestiques qu'il perd en cédant les entresols à Mme la comtesse de Châteaurenault.* Réponse : *Bon.* A.N. O[1] 1076 91 et 93 [plan] avec cette note : *Les pièces en jaune* **[AP 54A** sur la cour de l'Apothicairerie] *désignent ce qu'il propose de retrancher de son appartement en leur faisant les entresols sur les pièces où les cloisons sont marquées en rouge* **[AN 54** sur la rue de la Surintendance].
1753 N à M : *Dans le temps que M. le maréchal de Noailles devait loger dans l'aile faite à neuf près la salle des ballets* **[AN 33A]**, *M. le duc de Luxembourg obtint de Sa Majesté le logement que devait quitter M. le maréchal de Noailles et le roi fit faire le projet ci-joint pour l'usage de M. le duc de Luxembourg, en retranchant les pièces « A » pour y former un appartement particulier à donner. L'entresol que demande M. le maréchal de Noailles ne cadre pas avec celui du projet et n'y aurait pas les mêmes commodités, cet entresol est de peu de conséquence, quand même il devrait être démoli dans quelque jours. Si M. de Vandrières prend de nouveaux ordres du roi et que Sa Majesté laisse les choses comme elles sont proposées, il faudra envoyer le plan de M. le maréchal à M. L'Écuyer avec ordre de faire l'entresol et supprimer toute communication avec Mme la comtesse de Châteaurenault, et lui enjoindre de faire un plan de ce que demandera Mme de Châteaurenault, en tâchant de laisser subsister la chambre « B » qui est accommodée et qu'il serait fâcheux de détruire.* A.N. O[1] 1795 351
1753 E à M : *La séparation du logement de M. le maréchal de Noailles est faite, mais le plâtre neuf des tuyaux de cheminées et autre parties qu'il a fallu refaire indispensables dans ce que Mme la comtesse de Châteaurenault occupera, rend fort douteux qu'elle puisse y loger pour le retour.* A.N. O[1] 1795 364
3.8.1753 E à M : *Le reprise de plusieurs parties du mur du logement de M. le maréchal de Noailles sont faites, ainsi que le petit escalier pour monter à ses entresols et l'on repose actuellement les menuiseries qui en avaient été levées.* A.N. O[1] 1795 428
4.7.1755 E à M : *M. le maréchal de Noailles demande du parquet neuf dans son grand cabinet pour remplacer le vieux qui ne valait plus rien et d'en choisir le moins mauvais pour le faire servir dans le cabinet où il travaille, dont le parquet ne vaut pas mieux dans l'autre pièce. C'est un objet de 893 livres.* Bon du roi : A.N. O[1] 1070 474 ; *cf.* 473 et 1811 II 42
31.7.1755 M à E : *Vous auriez agréable de faire faire dans le grand cabinet de M. le maréchal de Noailles le parquet neuf qu'il demande et faire employer le meilleur de celui qu'on en ôtera à réparer le parquet de son cabinet de travail. C'est une dépense de 893 livres.* A.N. O[1] 1796 172
08.08.1755 E à M : *Le peu de temps qui nous reste jusqu'au retour de la cour ne nous permettant pas de pouvoir entreprendre la pose de parquet des deux pièces de M. le maréchal de Noailles... je crois devoir remettre cette réparation pendant Fontainebleau et l'en prévenir.* A.N. O[1] 1796 175
11.1755 BLONDEL, planche 2, "f" « M. le maréchal de Noailles »

1. Ce plan porte une annotation de Louis XV relative à la légende originale, où "D" est l'« appartement de la gouvernante ».

Bernis, François Joachim de Pierre, abbé, puis cardinal de (1715-1794). Secrétaire d'État aux Affaires étrangères 1757-1758
29.9.1758 *Le logement que M. le maréchal de Noailles a rendu à M. le cardinal de Bernis*. Projet : A.N. O[1] 1076 529
Estrées, Louis Charles César Le Tellier, chevalier de, marquis de Courtenvaux en 1739, puis comte d' (1695-1771). Capitaine des cent-suisses 1722-1734 ; maréchal de France 1757
Estrées, Adélaïde Félicité Brûlart de Puysieulx, maréchale d' (1725-1786)
17.12.1758 N au roi : *Mme la comtesse de Châteaurenault est contente de son logement mais il y a un entresol au-dessus de sa tête qui lui ôte la possibilité de dormir. Elle demande qu'il soit bouché. Le logement de M. le cardinal de Bernis est incommode pour mari et femme sans cet entresol... S'il reste avec l'entresol, il est demandé* [par] *M. et Mme la maréchale d'Estrées ; M.* [le comte] *et Mme la comtesse de Brionne, et Mme de Civrac*. Réponse : *Bon pour le maréchal d'Estrées*. A.N. O[1] 1076 530
Brionne, Louise Julie Constance de Rohan-Guéméné, comtesse de (1734-1807)
5.10.1769 N au roi : *Votre Majesté a eu la bonté de promettre à Mme la comtesse de Brionne le premier appartement qui vaquera à Versailles. Celui de M. le maréchal d'Estrées ne sera vacant que quand il en aura un autre, mais Mme la comtesse de Brionne sera très contente de l'assurance si Votre Majesté veut lui accorder sous la condition de le prêter pour 1770 à M. le duc de Villequier ou celui de M. le grand écuyer en haut* [**AP 99**]. A.N. O[1] 1077 53
5.10.1769 N au roi : *Votre Majesté a promis les deux premiers logements à M. le maréchal d'Estrées et à M. le duc de Villequier... le comte de Noailles demande permission... de laisser M. le duc d'Estrées dans le sien jusqu'à ce qu'ils en aient chacun un moins grand ailleurs*. A.N. O[1] 1077 56
27.10.1769 N au roi : ... *Votre Majesté veut-Elle bien avoir la bonté d'... accorder... à M. le maréchal d'Estrées celui de M. de Chauvelin* [**AP 56**], *ce qui donnera la facilité à Mme la comtesse de Brionne de marier M. le grand écuyer à son retour au mois de mai et de lui céder son logement* [**AP 99**]. A.N. O[1] 1077 59
1769 *Le logement de M. le maréchal d'Estrées à Mme la comtesse de Brionne* ... Disposition : A.N. O[1] 1798 495
1770 [1] *État* A « Mme de Brionne »

AP 54A
Villeneuve, Marguerite, *dite* Mlle de (?-?). Fille d'honneur de Mlle de Clermont
Châteaurenault, Anne Julie de Montmorency-Fosseux, comtesse de (1704-1778). Dame de Mesdames Henriette et Adélaïde 1750-1752, puis de Mesdames les cadettes
1741 *État* « Mlle de Villeneuve, puis Mme de Châteaurenault »
19.8.1741 *Le logement de Mlle de Villeneuve, fille d'honneur de Mlle de Clermont, a été donné à Mme de Châteaurenault*... L* III 455
Feydeau de Brou, Paul Esprit (1682-1767). Intendant de Paris 1742-1744 ; membre du Conseil des finances 1744, puis doyen du Conseil d'État
11.2.1746 *M. de Brou chez Mme de Châteaurenault*... Disposition : A.N. O[1] 1076 104
Butler, Louise Sophie Cooke, Mme (?-?). Sous-gouvernante des Enfants de France 1746
1748 *Le logement de Mme de Châteaurenault à Mme Butler*... Disposition : A.N. O[1] 1076 226
Boufflers-Remiencourt, Marie Françoise Catherine de Beauvau-Craon, marquise de (1711-1786). Dame pour accompagner Mesdames 1748
30.8.1750 *Le logement de M. le duc d'Ayen après qu'il sera établi dans celui qui lui est destiné* [**CC 60 et 61**] *à Mme la marquise de Boufflers, dame de Mesdames* ... Disposition : A.N. O[1] 1076 257
6.1753 GG-B 1357 « Plan des appartements du maréchal de Noailles, et de Mme de Châteaurenault [**AP 54A**]... »
29.6.1753 *Le logement de veuve sur celui de M. le maréchal de Noailles à Mme la comtesse de Châteaurenault*... Disposition : A.N. O[1] 1076 337 ; *cf.* 1795 353
3.8.1753 E à M : *Quant au logement de Mme la comtesse de Châteaurenault, les plâtres en sont achevés, mais il est de toute impossibilité qu'elle puisse l'occuper au retour*. A.N. O[1] 1795 428
6.9.1753 N à MM. des Bâtiments : *Vous avez bien du monde qui attend avec impatience, Messieurs, la fin du logement de Mme la comtesse de Châteaurenault et autrement, ce ne sont pas des personnes du second ordre, car M. le duc et Mme la duchesse de Luxembourg, Mme la duchesse de Mirepoix, et sept ou huit autres soupirent après*. A.N. O[1] 1795 399
13.9.1753 E à M : *L'on travaille aussi à la séparation du logement de M. le maréchal de Noailles pour y loger Mme la comtesse de Châteaurenault et à leur faire les choses indispensables*. A.N. O[1] 1795 304
27.10.1753 E à M : *L'on continue toujours de travailler au logement de M. le maréchal de Noailles et celui de Mme la comtesse de Châteaurenault, mais les plâtres n'en pourront être faits que lundi, s'étant trouvées plusieurs mauvaises parties de mur qu'il a fallu indispensablement reprendre*. A.N. O[1] 1795 424
13.10.1754 E à M : *Mme de Châteaurenault... demande de faire lever le double châssis de sa salle à manger pour le mettre en deux et les poser aux deux petites croisées de sa garde-robe où il manque des doubles châssis ; il est à observer qu'elle n'a point de droit d'avoir des doubles châssis et que celui de sa salle à manger n'est au roi que parce que ci-devant cette partie du logement était occupée par M. le maréchal de Noailles, auquel on donne des doubles châssis comme ministre*. A.N. O[1] 1796 85
11.1755 BLONDEL, planche 2, "g" « Madame la

1. Conformément à la tradition, son mari, le prince Charles Louis de Lorraine, occupait en tant que grand écuyer à la fois un appartement dans le château et un large établissement à la Grande Écurie. À sa mort, cet office fut donné à son fils, Charles de Lorraine, prince de Lambesq (né le 28.9.1751), qui habita la Grande Écurie jusqu'à son mariage.

duchesse *[sic]* de Châteaurenault, dame de compagnie de Mesdames de France »
17.12.1758 *Mme la comtesse de Châteaurenault est contente de son logement, mais il y a un entresol au-dessus de sa tête qui lui ôte la possibilité de dormir. Elle demande qu'il soit bouché.* A.N. O[1] 1076 530
1770 *État* A « Mme de Châteaurenault »
1777 *État* B « Mme de Châteaurenault, puis Mme de Lamballe »

AP 54 et 54A sont proposés pour Madame Élisabeth et sa gouvernante [1].

Madame Élisabeth, Élisabeth Philippine Marie Hélène de France, *dite* (1764-1794)
Polignac, Diane Françoise Zéphirine de (1746-1818). Dame d'honneur de Madame Élisabeth 1778
16.6.1778 H à A : *Demandes faites à M. le directeur général... Mme de Châteaurenault : la suppression de l'entresol au-dessous* [*sic*] *de Madame Élisabeth dans la pièce destinée à faire son cabinet ; l'établissement d'un faux plancher dans une partie de sa chambre à coucher ; la suppression de plusieurs cloisons et d'un entresol au-dessous* [*sic*] *de sa garde-robe à chaise ; la pose d'une glace dans son cabinet et le blanchi de tout l'appartement.* A.N. O[1] 1800 204

AP 54A
Chastellux, Angélique Victoire de Durfort-Civrac, comtesse de (1752-1816). Dame pour accompagner Madame Victoire en survivance de sa mère 1773
Chastellux, Henri Georges César, comte de (1746-1814). Gentilhomme d'honneur de Madame Victoire en survivance 1787
3.1.1779 Le comte de Chastellux à A : *J'ai l'honneur de vous prier... de vouloir bien vous faire rendre compte de quelques réparations qui se trouvaient à faire dans le logement de Mme la comtesse de Châteaurenault qui vient de m'être donné. Elles sont de peu de conséquence. Il n'y a point de chambranle de marbre sur la cheminée de la chambre à coucher en bas ; il y a aussi quelques légers changements que j'expliquerai à celui que vous chargerez de cet examen.* A.N. O[1] 1800 335

AP 54 et 54A sont combinés.

Lamballe, Marie Louise Thérèse de Savoie-Carignan princesse de (1749-1792). Surintendante de la maison de la reine 1775
23.7.1780 *... l'appartement de Madame Élisabeth et de la comtesse Diane à Mme de Lamballe...* Distribution autographe de Louis XIV : A.N. O[1] 1800 583 ; *cf.* 1077 262
28.1.1782 H à A : *Mme la princesse de Lamballe prie M. le directeur général de permettre le percement d'une porte dans une cloison très légère pour communiquer d'un entresol dans un autre entresol qu'elle destine à Mlle Delage de Volune, fille de Mme d'Autremont, l'une de ses dames. Mme Delage prie le directeur général de lui accorder une petite glace pour être posée sur la cheminée de cet entresol.* Réponse : *M. le directeur général avait approuvé verbalement.* A.N. O[1] 1801 236
1783 *État* D « Mme de Lamballe »
26.1.1783 A au roi : *Le directeur général des Bâtiments présente à l'examen de Votre Majesté douze feuilles des plans fournis pour expliquer et mettre précisément sous l'œil une demande que fait Mme la princesse de Lamballe. Son objet d'obtenir la construction d'un pavillon ou plutôt d'une galerie, qui, prenant naissance à son appartement faisant l'angle du pavillon qui termine les bâtiments du château sur la cour de la Bouche de Mesdames, serait prolongée en passant sur la porte de la cour jusqu'à l'autre pavillon, sur une longueur de dix toises. Le plus simple aperçu fait sentir combien cet établissement blesserait l'ordonnance générale du château tant extérieurement sur la rue de la Surintendance qu'intérieurement sur la cour de la Bouche de Mesdames, et quant à ce second point, il ne faut pas omettre que la construction demandée supprimerait trois croisées de Mmes de Fitz-James et de Fresnes* [**AP 23 et 21**] *et enlèverait également plusieurs au service de la bouche* [**S 2**]. *La dépense coûterait au moins 40 000 livres et le sacrifice en serait d'autant plus à regretter qu'en même temps l'objet ne présente rien que de contraire aux véritables intérêts de Votre Majesté.* Note : *Sa Majesté a décidé que cet arrangement ne pouvait pas se faire.* A.N. O[1] 1801 419
Provence, Marie Josèphe de Savoie, *dite* Madame, comtesse de (1753-1810)
GG-B 1412
28.10.1786 *Le logement de la princesse de Lamballe à Madame* A.N. O[1] 1802 242 et 243 ; *cf.* 1077 437
17.2.1787 H à A : *Madame sera lundi dans son nouvel appartement...* A.N. O[1] 1802 293
24.2.1787 L** à A : *Madame demande la suppression d'un petit cabinet dans le vestibule du grand escalier de son appartement dépendant du Gobelet de Mesdames, comme cette pièce est nécessaire au service, on pourrait la replacer dans un récolement de la galerie.* Réponse de H : *Pas d'inconvénient.* A.N. O[1] 1802 295
1787 *État* E « Madame » "12 pièces, 9 à cheminée, 7 entresols, 2 à cheminée, 2 bûchers"
7.1788 H à A : *La demande de Madame a pour objet essentiel la santé de la reine qui a été très incommodée l'hiver dernier du poêle qui chauffait la petite salle à manger où toute la famille royale se réunit chez Madame. D'après cette considération et la facilité de l'exécution qui n'a d'autre inconvénient que celui de faire passer un tuyau à l'extérieur dans la petite cour noire que M. le directeur général connaît, je pense qu'il n'y a aucune objection à faire à la demande de Madame.* A.N. O[1] 1802 497

LOGEMENTS SUR LA RUE DE LA SURINTENDANCE

AP 55
Lorraine, Philippe de Lorraine-Armagnac, chevalier de (1643-1702)

1. Il n'est pas certain que cet appartement fut effectivement donné à Madame Élisabeth.

Harcourt, Henri d'Harcourt, marquis de Beuvron, puis en 1700 duc d' (1654-1718). Maréchal de France et capitaine des gardes du corps 1703

8.12.1702 *M. le chevalier de Lorraine mourut l'après-midi à Paris... Le roi a donné à M. le duc d'Harcourt le logement que M. le chevalier de Lorraine avait... dans le château.* D XI 59

Harcourt, François d'Harcourt, marquis puis duc d' (1689-1750). Capitaine des gardes du corps en survivance 1718 ; maréchal de France 1746

1741 *État* « Capitaine des gardes du corps, M. le duc d'Harcourt » "6 pièces, 4 à cheminée ; 5 entresols, 3 à cheminée"

GG-B 369, 1290 ; BLONDEL, planche 4, "g"

22.12.1746 *M. le maréchal d'Harcourt prie M. de Tournehem de vouloir bien donner ses ordres pour qu'on visite les châssis de son appartement au château de Versailles qui sont en fort mauvais état.* A.N. O[1] 1810 I 131

21.1.1748 *État des ajustements demandés... à l'appartement de M. le maréchal d'Harcourt : les ajustements montent à la somme de 4 757 livres, sur lesquelles on ne peut passer que 2 600 livres ; réparations occasionnées à ce sujet, 1 160 livres. Total 3 760 livres.* Réponse : *Comme il y a très longtemps qu'il n'a été fait des réparations, le roi trouve bon qu'on [les] fasse dans celui de M. d'Harcourt, mais il paraît que cette dépense monte trop haut. M. L'Écuyer me mettra en état d'y faire travailler en diminuant la dépense au nécessaire et solide.* A.N. O[1] 1810 II 38

Saulx-Tavannes, Charles Marie Gaspard, comte de (1713-1784). Menin du dauphin 1747 ; chevalier d'honneur de la reine 1755

Saulx-Tavannes, Marie Françoise Casimire de Froulay de Tessé, comtesse de (1714-1753). Dame du palais 1747

7.8.1750 N au roi : *Le logement de M. le maréchal d'Harcourt à M. le comte de Saulx, menin de Monseigneur le dauphin et à Mme la comtesse de Saulx, dame du palais.* Réponse autographe de Louis XV : *Bon sans la cuisine.* A.N. O[1] 1076 255

6.9.1750 M au roi : *M. le comte de Saulx expose qu'il y a plusieurs changements et réparations à faire à son logement au château de Versailles, lesquels se monteront suivant le plan et l'estimation ci-joints à la somme de 2 029 livres.* Bon du roi : A.N. O[1] 1070 373. *Cf.* 1810 III 55

9.1753 *État de ce qu'il a coûté à M. le comte de Saulx pour deux doubles châssis posés dans l'appartement qu'il avait au château de Versailles qui vient d'être donné à Mme la duchesse de Chevreuse : menuiserie 413 livres ; ferrure 184 livres ; vitrage 148 livres ; peinture 30 livres. Total 770 livres.* A.N. O[1] 1795 408 ; *cf.* 1763B

Gramont, Antoine Adrien Charles, comte de (1726-1762). Menin surnuméraire du dauphin en exercice 1752

Gramont, Marie Louise de Fauq, comtesse de (1732-1798). Dame du palais de la reine 1751

8.9.1753 *Il y a trois jours que M. le comte de Noailles manda à Mme de Chevreuse que le roi lui avait donné le logement de Mme de Saulx qui est dans l'aile des Princes ; ce logement est assez grand, commode et accommodé nouvellement ; il y a une cave et une cuisine qui en dépendent. La difficulté de cette décision était par rapport aux autres personnes qu'il était nécessaire d'y loger... tout a été accommodé. M. et Mme de Chevreuse avaient le logement qu'occupent aujourd'hui M. et Mme de Sassenage dans cette même aile des Princes* **[AP 61]** *; on donne ce logement à M. et Mme de Gramont...* L* XIII 49

Ossolinski, François Maximilien, duc de Tenczin (1676-1756). Grand maître de la maison du roi de Pologne

Chevreuse, Marie Charles Louis d'Albert de Luynes, duc de (1717-1771). Gouverneur de Paris 1757

Chevreuse, Henriette Nicole Pignatelli d'Egmont (1719-?). Dame d'honneur de la reine en survivance de sa belle-mère 1751

1753 *Le logement de Mme la comtesse de Saulx, en le prêtant à M. le duc d'Ossolinski pendant le séjour du roi de Pologne et à M. de Saulx, jusqu'à ce qu'il soit dans le sien, à Mme la duchesse de Chevreuse ...* Disposition : A.N. O[1] 1077 412

15.9.1753 M à la duchesse de Chevreuse : *J'ai reçu la lettre que vous m'avez fait l'honneur de m'écrire, et le mémoire des réparations que vous désirez dans votre logement au château de Versailles... Je présenterai votre demande au roi dans mon prochain travail.* A.N. O[1] 1795 407

15.9.1753 M au roi : *Mme la duchesse de Chevreuse supplie très humblement Votre Majesté de vouloir bien lui accorder les réparations nécessaires au logement qu'elle occupe, dont la dépense suivant le devis ci-joint montera à 585 livres. M. le duc de Chevreuse se chargera de faire celle du vernis à ses dépenses.* Bon du roi : A.N. O[1] 1070 415 ; *cf.* 1811 I 84

5.1754 M à E : *Vous ferez travailler incessamment aux réparations de l'appartement de Mme la duchesse de Chevreuse...* A.N. O[1] 1796 18

10.1754 N à M : *À présent, l'on veut avoir tous ses gens et sa cuisine comme à une maison de ville, ce qui occasionne une malpropreté et une puanteur très indécentes, et l'on jette de nouveau tout par les fenêtres. Mesdames les duchesses de Chevreuse et Brancas* **[AP 58]** *sont prêtes à déserter leurs logements qui réellement ne sont pas soutenables à cause de la mauvaise odeur.* A.N. O[1] 1796 89

11.1755 BLONDEL, planche 2, "h"

4.11.1763 E à M : *Venant de faire découvrir les solives du plancher de M. le duc de Chevreuse, ainsi que vous m'avez ordonné, Monsieur, elles se trouvent entièrement pourries et non seulement ils les faut remplacer mais même déposer et reposer toutes les cloisons et menuiserie des chambres au-dessus ce qui n'est pas un petit ouvrage. Mme la duchesse de Chevreuse en étant informée vient de m'écrire pour faire diligence. J'y ferai tout ce qui sera possible, Monsieur, mais approchant du retour du roi, les ouvriers sont fort occupés et en petit nombre par le défaut de payment.* A.N. O[1] 1797 387

22.11.1763 La duchesse de Chevreuse à M : *Mme la duchesse de Chevreuse supplie M. le marquis de Marigny de vouloir bien ordonner qu'on mette quelques poi-*

gnées de plâtre au plafond de son appartement à Versailles. Il y a plus de huit jours que la charpente était déposée, mais les maçons n'y étaient encore venus. A.N. O[1] 1797 398
5.12.1763 E à M : *Tous les plâtres du logement de Mme la duchesse de Chevreuse seront achevés aujourd'hui ou demain au plus tard et le menuisier va commencer à poser les cloisons de l'entresol. M. le duc de Chevreuse est convenu, hier, d'y faire faire grand feu partout pour sécher les plâtres et pouvoir ensuite poser la menuiserie sans danger. Je lui ai offert de lui prêter un vieux poêle de fer pendant quelques jours pour augmenter la chaleur.* A.N. O[1] 1797 404
1770 *État* A « M. et Mme de Chevreuse »
Montmorin, Armand Marc, comte de (1746-1792). Menin du dauphin 1770 ; ambassadeur à Madrid 1774
Montmorin, Françoise Gabrielle de Tana de Chadieu, comtesse de (1742-1794). Dame pour accompagner Mesdames les cadettes 1767, puis dame d'atour de Madame Sophie 1775
29.9.1771 *Le logement de Mme la duchesse de Chevreuse, n° 55, premier étage, à M. le comte de Montmorin, menin du dauphin et Mme la comtesse de Montmorin, dame de Mesdames* A.N. O[1] 1077 139 ; *cf.* 146 et 1798 146
Caumont, Bertrand Nompar de Caumont, marquis de La Force et de (1725-1773). Premier gentilhomme de la chambre du comte de Provence
Caumont, Adélaïde Lucie de Galard de Brassic de Béarn, duchesse de, puis duchesse de La Force (1739-1825). Dame pour accompagner la comtesse de Provence 1771-1772
5.1.1772 *Le logement de Mme la duchesse de Chevreuse, n° 55 aile du Midi, à M. le marquis de Caumont, premier gentilhomme de la chambre de Monseigneur le comte de Provence...* Disposition : A.N. O[1] 1077 146
15.3.1772 M au roi : *M. le marquis de Caumont supplie très humblement Votre Majesté de lui accorder pour environ 600 livres de réparations dont son logement a un besoin indispensable.* Bon du roi : A.N. O[1] 1071 277 et 275
16.3.1772 M à E : *J'ai mis sous les yeux du roi... le détail que vous m'avez adressé des ouvrages à faire dans le logement de M. le marquis de Caumont. Sa Majesté a donné son agrément, ainsi je vous autorise à les faire exécuter en vous recommandant néanmoins de ne point excéder la somme de 600 livres...* A.N. O[1] 1799 21
Laval, Guy André Pierre de Montmorency-Laval, duc de (1723-1798). Gentilhomme de la chambre du comte de Provence 1771 ; maréchal de France 1782
Laval, Jacqueline Hortense de Bullion-Fervaques, duchesse de (?-?). Dame pour accompagner la comtesse de Provence
2.3.1773 *Le logement de feu M. le marquis de Caumont avec la cuisine à M. le duc de Laval...* Distribution : A.N. O[1] 1799 116
5.3.1773 N au roi : *M. le duc de Laval supplie Votre Majesté de lui accorder le logement de M. le marquis de Caumont dont il a d'autant plus de besoin qu'il se trouve dans le cas de servir pour M. le marquis de Noailles à qui Monseigneur le comte de Provence a permis de suivre ses ambassades encore quelques années.* A.N. O[1] 1077 172
1777 *État* B « M. le duc de Laval »
Noailles, Emmanuel Marie Louis, marquis de (1743-1822). Premier gentilhomme de la chambre du comte de Provence 1773
23.12.1779 N à A : *Ce n'est pas sans quelques regrets que je me vois dans le cas de vous parler du nouveau logement que je vais occuper à Versailles, qui est celui de M. le duc de Laval. Comme il m'a dit que dans son appartement il se trouvait pour 1 800 francs de glaces à lui, je n'ai voulu prendre aucun arrangement avant de savoir si... il n'avait point eu, dans le temps, son logement de charge garni des glaces qui étaient nécessaires ?* A.N. O[1] 1800 493
9.1.1780 P au roi : *Le prince de Poix propose à Votre Majesté de donner à M. le marquis de Noailles le logement de M. le duc de Laval...* A.N. O[1] 1077 257
Sérent, Armand Louis de Sérent de Kerfily, baron de Maletrois, marquis de (1736-1822). Gouverneur des enfants du comte d'Artois 1776
Sérent, Bonne Marie Félicité de Montmorency-Luxembourg, marquise de, plus tard comtesse de Vertus, puis baronne de Montmorency (1739-1823). Dame d'atour de Madame Élisabeth 1778
6.8.1783 *Le roi m'a ordonné de donner le logement de M. le marquis de Noailles pour M. et Mme la marquise de Sérent...* A.N. O[1] 1077 280
Beauvau-Craon, Charles Juste, *dit* prince de (1720-1793). Capitaine des gardes du corps 1757 ; maréchal de France 1783
Soubise, Charles de Rohan-Soubise, prince de (1715-1787). Capitaine des gendarmes de la garde du corps 1737 ; maréchal de France 1758
28.10.1783 *Le logement du marquis de Sérent à M. le maréchal de Soubise et M. le maréchal de Beauvau* A.N. O[1] 1802 242 et 243 ; *cf.* 1077 437
Lorge et de Quintin, Adélaïde Philippine de Durfort, comtesse de Lorge, puis duchesse de (1744-1819). Dame d'honneur de la comtesse d'Artois 1774
Lorge et de Quintin, Jean Laurent de Durfort-Civrac, comte de Lorge 1762, puis par sa femme duc de (1746-1826)
28.10.1786 *Mme la duchesse de Lorge ne peut tenir dans celui de Mme la comtesse de Brionne* [**AP 99**] *avec son mari, ancien menin ; lui donne celui de M. et Mme de Sérent ?* Bon du roi : A.N. O[1] 1077 436
18.11.1786 Le duc de Lorge à A : *Le duc de Lorge a l'honneur de prier M. le comte d'Angiviller de vouloir bien donner des ordres pour qu'on enlève quelques cloisons et les replacer ailleurs dans l'appartement que vient de quitter Mme de Sérent et blanchir l'antichambre et la salle à manger.* A.N. O[1] 1802 280
1787 *État* E « Mme la comtesse de Sérent » "4 pièces, 3 à cheminée : 4 entresols, 3 à cheminée"

AP 56
Brancas, Louis de Brancas, duc de Villars- (1663-1739)
Brancas, Diane de Clermont-Gallerande, duchesse de Villars-, *dite* duchesse douairière de (1711-1784).

Dame pour accompagner Mesdames 1747-1762 ; dame d'honneur de la dauphine en survivance de sa belle-fille 1762-1767
1741 *État* « Mme de Villars-Brancas » "3 pièces, 2 à cheminée ; 6 entresols, 3 à cheminée"
GG-B 370 ; BLONDEL, planche 4, "h"
Bellefonds, Marie Suzanne Armande du Châtelet, marquise de (1664-1754). Dame de la dauphine 1744-1753
1.12.1744 *Celui qu'avaient M. et Mme de Brancas, qui est fort petit et qui est dans l'aile des Princes, fut donné il y a quelque jours à Mme de Bellefonds, dame de Madame la dauphine.* L* VI 171
Gouye, Anne Yvonnette Marguerite d'Esther de La Rivière de Saint-Georges de Vérac, marquise de (?-?). Dame pour accompagner Mesdames 1749
25.3.1753 *Le logement de Mme la marquise de Bellefonds à Mme la marquise de Gouye...* Disposition : A.N. O^1 1076 332 ; *cf.* 1795 302
Lostanges, Armand Louis Marie Stanislas, marquis de (1722-1769). Premier écuyer de Madame Adélaïde 1760
Lostanges, Marie Élisabeth Charlotte Pauline de Galluci de L'Hôpital, marquise de (1736-?). Dame pour accompagner Madame Adélaïde 1754
27.1.1760 N au roi : *Madame a dit au comte de Noailles que Mme de Gouye quittait sa place. Madame a demandé en même temps le logement pour M. et Mme de Lostanges, l'un survivancier, l'autre surnuméraire. Le comte de Noailles a représenté à Madame qu'il ne pouvait proposer de loger ses survivanciers quand ceux de Votre Majesté étaient sur le pavé. Le comte de Noailles a fait un arrangement qui conviendra, à ce qu'il espère, à Madame en logeant un de ses maîtres de la garde-robe.* A.N. O^1 1076 583
Chauvelin, François Claude, marquis de (1711-1773). Maître de la garde-robe du roi 1759
27.1.1760 *Le logement de Mme la marquise de Gouye à M. le marquis de Chauvelin, maître de la garde-robe, et en son absence à M. le marquis et Mme la marquise de Lostanges...* Disposition : A.N. O^1 1076 585

> **Carignan**, Christine Henriette de Hesse-Rheinfels-Rothenburg, princesse de Savoie (1717-1778)
> 28.10.1765 E à N : *Mme la comtesse de Narbonne, par le changement de Madame la dauphine, n'ayant plus de logement, le roi lui a donné le logement de Mme la princesse de Carignan* [**AG 29**], *pour le mettre à portée de Madame et à cette princesse celui de M. de Lostanges.* A.N. O^1 593

Montbarrey, Françoise Parfaite Thais de Mailly, princesse de (1737-1819). Dame pour accompagner Madame Adélaïde 1752
Montbarrey, Alexandre Marie Éléonor de Saint-Mauris, prince de (1732-1795). Capitaine-colonel des suisses de la garde 1771
1762] *Le logement de M. le marquis de Chauvelin à la comtesse de Montbarrey...* Disposition : A.N. O^1 1077 381
1770 *État* A « <u>M. de Chauvelin</u>, puis Mme la comtesse de Montbarrey »
4.7.1775 Le prince de Montbarrey à A ... *Je vous supplie... d'envoyer visiter mon appartement* Réponse : *Je ne peux douter... d'après le compte que vient de me rendre M. Heurtier de la visite de votre appartement qu'il sera nécessaire d'y faire les changements que vous désirez... La dépense des arrangements que vous désirez est un objet de 1 500 livres. Je vous propose... d'y contribuer pour 750 livres...* A.N. O^1 1799 409 et 410
1787 *État* E « M. le prince de Montbarrey » "3 pièces, 2 à cheminée ; 5 entresols, 3 à cheminée"

AP 57

Asfeld, Claude François Bidal, chevalier, puis en 1715 marquis d' (1665-1743). Maréchal de France 1734
GG-B 1332, 1333 ; BLONDEL, planche 4 "m"
Antin, Louis II de Pardaillan de Gondrin, duc d'Épernon, puis en 1736 d' (1707-1743)
Antin [1], Françoise Gilonne de Montmorency-Luxembourg, duchesse d'Épernon puis d' (1704-1768). Dame du palais 1726-1757
1741 *État* « <u>M. d'Asfeld</u>, puis M. d'Antin » "3 pièces, 2 à cheminée ; 4 entresols, 2 à cheminée"
GG-B 371 « Plan de l'appartement du maréchal d'Asfeld, puis de Mme d'Antin » ; 1339 « ... nouvel appartement de la duchesse d'Antin... indications des menues réparations et blanchissements à faire. Une pièce à peindre en petit jaune clair, et une en petit vert. Remploi d'une cheminée et de son dessus provenant de la petite pièce de la bibliothèque du roi »
8.10.1743 *Mme la duchesse d'Antin change d'appartement à Versailles ; elle était... logée en haut auprès de l'appartement de Mme de Lauraguais* [**CC 58**]... *Le roi... lui donnait pour elle seule l'appartement qu'avaient M. et Mme d'Aumont* [**CC 60**] *dans la galerie des Princes et outre cela pour M. d'Antin l'appartement joignant qui est celui qu'avait feu M. le maréchal d'Asfeld...* L* V 154
Dufort [2], Louise Françoise Gouye de (1705-1758). Nourrice du dauphin 1729 ; première femme de chambre de la dauphine
Dufort, Pierre (?-?). Maître d'hôtel de la reine ; contrôleur général de la maison de la dauphine ; maître d'hôtel du roi 1754
5.12.1744 *Le roi avait donné à Mme la duchesse d'Antin, dame du palais de la reine, et à M. d'Antin, son mari, un logement double ici dans la galerie des Princes. Celui de M. d'Antin était celui de feu M. le maréchal d'Asfeld ; le roi vient de donner cet appartement à Mme Dufour, nourrice de Monsieur le dauphin et première femme de chambre de Madame la dauphine.* L* VI 174
11.1755 BLONDEL, planche 2, "1"
4.2.1757 *Je, architecte ordinaire et contrôleur des bâtiments... certifie que les glaces mentionnées... ne sont point du roi, qu'elles appartiennent à M. Dufort. Dans le cabinet de compagnie le trumeau vis-à-vis les croisées deux glaces.* A.N. O^1 1796 355
Boisgiroult, Louis René de Binet, sieur de (1716-?). Premier valet du chambre du dauphin en survivance de son père

1. La duchesse d'Antin occupait aussi **AP 60** à cette époque.
2. BLONDEL indique que Mme Dufort occupait aussi **AP 56** en 1755.

Boisgiroult, Anne Hippolyte Dufour, dame de (?-?). Première femme de chambre de la dauphine
10.7.1758 E à M : *Logement de Mme de Boisgiroult. Changements et ajustements* [dans] *le logement ci-devant de M. et Mme Dufort... 587 livres.* A.N. O[1] 1796 603
29.9.1758 *Le logement de feu Mme Dufort à Mme Boisgiroult* Projet : A.N. O[1] 1076 529
1758 N au roi : *M. Binet a consenti, il y a deux ans, que son fils aîné reste dans son logement* [**CC 9A**] *à condition qu'il ait l'expectative de celui du cardinal de Luynes.* [**S 18 et 19**]. *M.* [Binet] *de Boisgiroult avait ses prétentions sur le dit logement et les soutient avec beaucoup d'esprit et désire avec vivacité que le logement de M. de Champcenetz donné à M. de Champlost* [**AP 117**], *son successeur, soit accordé à M. de Marchais, que la survivance de celui de M. Binet lui soit accordée, et que M. de Champlost se contente de celui que M. de Boisgiroult occupait aujourd'hui, qui est un petit logement qui avait été accordé à M. Marchais, étant garçon. M. le comte de Noailles a répondu qu'il supplierait Votre Majesté d'accorder le premier logement de mari et femme vacant à M. de Marchais et que pour lors M. Binet rentrerait dans le sien à condition de rendre le bon qu'il a pour celui de M. le cardinal de Luynes et le logement que Votre Majesté avait accordé à M. de Marchais, étant garçon* [**AP 115B**]. A.N. O[1] 1077 45
30.8.1758 Mme de Boisgiroult à M : *M. le marquis de Marigny est supplié par Mme de Boisgiroult de vouloir bien faire faire quelques changements dans son appartement dans la galerie des Princes : 1. faire une alcôve dans une cloison qui coupe une pièce en deux ; 2. replafonner la même pièce et mettre la cheminée dans l'angle si cela est possible ; 3. ôter une vieille boiserie et mettre du lambris d'appui s'il s'en trouve au magasin ; 4. dans l'antichambre, quelques planches pour augmenter des armoires ; 5. un coffre pour mettre de la glace ; 6. un petit coffre au bois dans la fenêtre qui est à la porte d'entrée. Mme de Boisgiroult demande aussi permission de faire peindre son cabinet à ses dépens.* Réponse de M à E : *Les temps sont trop malheureux pour que je puisse lui accorder les ajustements.* A.N. O[1] 1811 III 34
6.1761 *Il y a deux mois que Madame la dauphine a été volée et qu'elle a perdu un assez beau diamant en pendeloque de la valeur de 6 000 francs, ce qui a fait du bruit parmi les officiers de cette princesse, hommes et femmes ; il y a même, dit-on, longtemps qu'on s'est aperçu de différents vols dans l'appartement de cette princesse en argent ou nippes. On avait du soupçon sur deux valets de chambre ou de garde-robe qui avaient été chassés et dont l'un en est même devenu fou... Il se trouve par l'événement, que c'est cette Mme de Boisgiroult qui a volé le diamant en question, ainsi que les vols précédents dont elle n'était point soupçonnée... Monsieur le dauphin et Madame la dauphine étaient si furieux que dans le premier moment ils voulaient qu'elle fût pendue comme elle le méritait, mais, réflexion faite, cela n'était guère convenable et elle a été traitée ainsi que de raison... Elle est à Guingamp, couvent en Bretagne qui est une espèce de maison de force par lettre de cachet.* Barbier, VII 373 *sq.*
Premières femmes de la chambre de la dauphine
28.6.1761 N au roi : *Madame la dauphine désire une retraite au château pour ses deux premières femmes de chambre quand elles serviront leur mois. Elles n'ont besoin que d'une pièce et d'une cuisine. Comme il n'y en a pas dans le moment présent, Votre Majesté veut-elle bien leur accorder le logement de M. de Boisgiroult sous condition qu'elles le rendront d'abord qu'on leur aura trouvé à portée de leur service une pièce et une cuisine ?* Réponse : *Oui.* A.N. O[1] 1076 648
Artaize, Henri Hequenem, chevalier d' (1720-1780). Premier valet de chambre du dauphin
1763 *Le logement des premières femmes de chambre de Mme la dauphine à M. d'Artaize, premier valet de chambre de M. le dauphin...* Disposition : A.N. O[1] 1076 720
1763 N au roi : *Le comte de Noailles, pour l'exécution de ces ordres, propose de donner à Mesdames les premières femmes de chambre, d'abord après le départ du roi de Pologne, duc de Lorraine et de Bar, le logement qui avait été construit pour M. de Marchais qui est très propre, boisé et orné avec une petite cuisine à côté* [**AP 115A**] *et de placer, tout de suite, M d'Artaize dans le logement où avaient été autrefois M. et Mme Dufort.* A.N. O[1] 1076 721
4.8.1765 N au roi : *M. d'Artaize, premier valet de chambre de Monseigneur le dauphin, a un logement au château. Il est petit et il est obligé de louer en ville. Votre Majesté veut-elle qu'on lui donne 300 livres sur le Domaine pour qu'il ne lui en coûte rien pour loger ses domestiques ?* Réponse : *Bon pour le premier logement au Grand Commun.* A.N. O [1] 1076 780
Valbelle, Gabriel Pauline de Bouthillier de Chavigny, plus tard comtesse d'Adhémar de Montfalcon († après 1810). Dame du palais 1763
6.2.1766 *Le logement de M. d'Artaize à Madame la marquise de Valbelle, dame du palais de la reine ...* Disposition : A.N. O[1] 1076 792
14.12.1766 M au roi : *Mme de Valbelle supplie très humblement Votre Majesté de lui accorder quelques réparations et changements nécessaires à son logement au château. Ils consistent à refaire les plafonds de sa chambre et son antichambre, à faire un dégagement dans la garde-robe, à y pratiquer un jour pour l'éclairer et à reblanchir tout l'appartement. La dépense est un objet de 1 000 livres.* Bon du roi : A.N. O[1] 1071 189 et 190 ; *cf.* 1812 III 156
14.12.1766 M à E : *M. L'Écuyer, contrôleur des bâtiments du roi au département du château de Versailles fera travailler incessamment aux réparations et changements des logements de... Mme de Valbelle...* A.N. O[1] 1798 120

Beauvillier, Marie Françoise Suzanne de Creil de Bournezeau, duchesse de (1716-?). Dame d'honneur de Madame Adélaïde 1750
[176...] *Le logement des premières femmes de chambre de feu Madame la dauphine, ci-devant à Mme la marquise de Valbelle à Mme la duchesse de Beauvillier, dame de Madame...* Disposition : A.N. O[1] 1077 86

1770 *État* A « Mme de Valbelle, puis la comtesse d'Adhémar »
Adhémar de Montfalcon, Jean Balthazar, comte d' (1731-1791). Premier écuyer de Madame Élisabeth 1778 ; ambassadeur aux Provinces-Unies 1765-1778, en Angleterre 1783-1787
Castellane, Gabrielle Charlotte Éléonore de Saulx-Tavannes, vicomtesse de (1764-1827)
26.2.1786 Le comte de Saulx-Tavannes à A : *Recevez... mes remerciements de l'honnêteté avec laquelle vous avez bien voulu recevoir... le matin la demande que j'ai eu l'honneur de vous faire de quelques réparations dans l'appartement du château que la reine a eu la bonté de faire donner à la vicomtesse de Castellane, ma fille. C'est celui qu'occupait ci-devant Mme la comtesse d'Adhémar, galerie des Princes en face de l'appartement de M. le comte d'Artois, n° 57. Ma demande... consiste uniquement à vous prier de vouloir donner vos ordres pour que cet appartement soit reblanchi, étant inhabité depuis 10 à 12 ans et que les réparations qui pourraient se trouver à faire soient exécutées.* Réponse de H : *Cet appartement n'a besoin que d'un blanchi général...* A.N. O[1] 1802 170
4.3.1786 *Dépose des glaces... à l'appartement de Mme la comtesse d'Adhémar occupé par Mme la comtesse de Castellane.* D.C.V. citant A.S.A. 16
1787 *État* E « Mme la comtesse d'Adhémar, dame du palais de la reine » "4 pièces, 2 à cheminée, 4 entresols, 2 à cheminée"
25.11.1787 H à A : *Les demandes de Mme de Castellane... se bornent à si peu de chose que j'ai cru ne devoir lui faire aucune observation. Il s'agit de changer une petite porte légère derrière une alcôve et ce changement ne devrait pas coûter 40 livres.* A.N. O[1] 1802 399

AP 58
La Tour d'Auvergne, Henri Oswald de, évêque de Vienne, puis cardinal de (1671-1747). Premier aumônier du roi 1732-1742 ; cardinal 1737
Blondel, planche 4 "i"
Soissons, François, duc de Fitz-James, archevêque de (1709-1764). Premier aumônier du roi 1742
GG-B 372 « l'évêque de Vienne puis l'archevêque de Soissons »
1741 *État* « Premier aumônier du roi, puis l'évêque de Vienne, Soissons » "5 pièces, 3 à cheminée ; 5 entresols, 3 à cheminée"

> **Modène**, Charlotte Aglaé d'Orléans, duchesse de (1700-1761)
> 29.1.1746 *Propositions : de mettre... Mme de Modène chez M. de Soissons* A.N. O[1] 1076 102

Brancas, Marie Angélique Fremyn de Moras, duchesse de (1676-1763). Dame d'honneur de la dauphine 1744-1762
11.2.1746 *Mme la duchesse de Brancas chez M. de Soissons...* Disposition : A.N. O[1] 1076 104
13.2.1746 *On donné à Mme de Brancas le logement de M. l'évêque de Soissons dans la même aile.* L* VII 217
26.1.1746 *M. L'Écuyer... a proposé ce jour d'hui à M. le directeur général plusieurs changements... Dans l'appartement de Mme la duchesse de Brancas, occupé ci-devant par M. l'évêque de Soissons, au rez-de-chaussée des galerie, aile du Midi, 9 000 livres, tant pour réparations que pour changements et ajustements...* Réponse : *Le roi trouve bon que l'on exécute la présente.* A.N. O[1] 1810 I 73
10.7.1748 *M. L'Écuyer fera chez Mme la duchesse de Brancas ce qui est demandé, savoir : mettre la niche du lit à 6 pieds, 9 pouces sur 5 pieds, 2 pouces de largeur [et] les tablettes pour mettre des livres dans la garde-robe à côté de la dite niche, le raccordement du vernis... déposer et reposer une face de lambris dans cette chambre, sujet de la languette des lieux qui donne une mauvaise odeur... 130 livres.* A.N. O[1] 1810 II 73
10.1754 N à M : *À présent, l'on veut avoir tous ses gens et sa cuisine comme à une maison de ville, ce qui occasionne une malpropreté et une puanteur très indécentes, et l'on jette de nouveau tout par les fenêtres. Mesdames les duchesses de Chevreuse* **[AP 55]** *et Brancas sont prêtes à déserter leurs logements qui réellement ne sont pas soutenables à cause de la mauvaise odeur.* A.N. O[1] 1796 89
11.1755 Blondel, planche 2, "k" « Madame la duchesse de Brancas »

> **Estissac**, Louis François Armand de La Rochefoucauld de Roye, duc d' (1695-1783). Grand maître de la garde-robe après la démission du duc de La Rochefoucauld 1758
> 16.4.1758 N au roi : *M. le duc d'Estissac désire d'avoir un logement convenable pour sa charge, mais ce qu'il désire plus que tout est de ne point importuner Votre Majesté, ni ne faire aucune demande indiscrète, et d'éviter autant qu'il sera possible toute dépense à l'appartement qui lui sera donné. En les parcourant tous avec M. le comte de Noailles, il pense que celui de Mme la duchesse de Brancas la vieille pourrait lui convenir quand il viendra à vaquer.* Bon du roi : A.N. O[1] 1076 514

Clermont, Louis de Bourbon-Condé, comte de (1700-1760)
22.1.1759 *Le logement de M. le duc de Brancas... prêté pour pied-à-terre à M. le comte de Clermont...* Disposition : A.N. O[1] 1076 540
Caumont, Marie Louise de Noailles, marquise de La Force, duchesse de (1710-?). Dame de la dauphine 1745
13.7.1763 La duchesse de Caumont à M : *Recevez... tous mes remerciements d'avoir ordonné qu'on mette mon appartement à Versailles en état que j'y puisse loger. Je vous supplie de faire diligenter les ouvriers le plus qui sera possible. L'on me presse pour celui que j'occupe* **[AP 59]** *présentement et Madame la dauphine veut que je fasse ma semaine auprès d'elle au retour de Compiègne* A.N. O[1] 1797 351
1763] *Devis. Logement de Mme la duchesse de Caumont : maçonnerie, ferrures et autres, lessivage, blanchissage et réparations... 514 livres.* Bon du roi : A.N. O[1] 1070 75 et 78 ; *cf.* 79 et 1812 II 22
1768 *La maison de feu Madame la dauphine logée au château de Versailles : Mme la duchesse de Caumont : à ôter pour l'exemple et pour la règle générale* A.N. O[1] 1077 445
s.d. [1769] N au roi : *Mme la duchesse de Caumont tient infiniment à l'honneur d'appartenir à Madame la*

comtesse de Provence. Comme elle se trouve l'ancienne des dames de feu Mesdames les dauphines, elle supplie Votre Majesté avec la plus grande instance de lui accorder la même grâce qu'a Mme la comtesse du Roure, douairière, d'une retraite au château. Bon du roi : A.N. O^1 1077 65

1.5.1772 N au roi : *Mme la duchesse de Caumont ayant repris amitié et confiance en son frère, le comte de Noailles lui a conseillé de rendre son logement, qui est de mari et femme, et d'en prendre un plus petit. Elle y consent, si Votre Majesté veut bien lui accorder celui de M. de Montbel qui consiste en une chambre et une antichambre* [**AP 116**], *elle en sera contente. Le comte de Noailles soupçonne que sa sœur ne gardera pas sa place beaucoup d'années.* A.N. O^1 1077 160

Valentinois, Marie Christine Chrétienne de Saint-Simon, comtesse de (1728-1774). Dame d'atour de Mesdames 1762 ; dame d'atour de la comtesse de Provence

1770 *État* A « Mme la duchesse de Caumont, puis comtesse de Valentinois »

2.3.1773 *Le logement de Mme la duchesse de Caumont à Mme la comtesse de Valentinois, qui conservera la cuisine qu'elle a fait bâtir...* Disposition : A.N. O^1 1799 116

Lesparre, Philippine Louise Catherine de Noailles, comtesse de Guiche, puis duchesse de (1745-1791). Dame d'atour de la comtesse de Provence 1774

28.9.1779 La duchesse de Lesparre à A : *Mme la duchesse de Lesparre a l'honneur de prier M. le comte d'Angiviller de vouloir bien ordonner les réparations... à faire à son appartement. Elle craint la solidité du plafond. Raccommoder les cheminées du dit appartement et particulièrement celles des entresols... et... de faire blanchir à la fois l'antichambre, la chambre à coucher et le cabinet...* A.N. O^1 1800 466

30.9.1779 H à A : ... *J'avais été en avance sur l'examen de la demande de Mme la duchesse de Lesparre et j'ai l'honneur d'observer qu'elle sera suivie avec célérité.* A.N. O^1 1800 468

1777 *État* B « Mme la duchesse de Lesparre »

Marsan [1], Marie Louise de Rohan-Soubise, comtesse de (1720-1803). Gouvernante des Enfants de France 1754-1775

23.7.1780 *L'appartement de Lesparre à Mme de Marsan...* Distribution autographe de Louis XVI : A.N. O^1 1800 593 ; *cf.* 1077 262

28.7.1780 La comtesse Marsan à A : ... *En conséquence des ordres de Sa Majesté, on m'a remis les clefs de l'appartement de Mme de Lesparre, et mes meubles doivent y être actuellement portés, ayant prévu qu'il serait nécessaire de travailler promptement à celui que je remets. Je désirerais seulement y faire enlever une cloison et réparer un cabinet de la chambre en entresol où je compte coucher et s'il n'y aurait point d'indiscrétion je demanderais que l'on remette la glace et la table de marbre qui en été ôtée ailleurs. Je m'arrangerai aisément avec Mme de Lesparre sur ce qui peut lui appartenir, comme poêles, coffres...* A.N. O^1 1800 594

1787 *État* E : « Mme la comtesse de Marsan » "5 pièces, 2 à cheminée ; 6 entresols, 4 à cheminée"

AP 59

Laval, Claude Charles de Montmorency-Laval-Tartigny, *dit* marquis de († 1743). Exempt des gardes du corps de la duchesse de Berry 1719 ; chevalier d'honneur de la duchesse douairière d'Orléans 1728

Laval, Marie Thérèse de Hautefort, marquise de (1673-1753). Dame du palais de la duchesse de Berry 1717

Mirepoix, Jean François Boyer, évêque de (1674-1755). Précepteur du dauphin 1735 ; chargé de la feuille des bénéfices ; premier aumônier de la dauphine 1745 ; évêque de Mirepoix 1731-1736

Alincourt [2], Marie Josèphe de Boufflers, duchesse d' (1704-1738). Dame du palais 1726-1734

GG-B 373, 421

25.5.1736 *Le roi a donné... à Mme d'Alincourt celui de M. l'évêque de Mirepoix, précepteur de Monsieur le dauphin, et à Mirepoix celui de feu M. de Nyert, au-dessus de l'antichambre de la reine* [**CC 68**]. L* I 82

Soubise, Charles de Rohan-Soubise, prince de (1715-1787). Capitaine des gendarmes de la garde 1734 ; maréchal de France 1758 ; ministre d'État 1759

3.11.1739 *Le roi donne à Versailles le logement de Mme d'Alincourt à M. de Soubise ; ce logement était vacant depuis longtemps.* L* III 69

Caumont, Marie Louise de Noailles, marquise de La Force, duchesse de (1710-?). Dame de la dauphine 1745

GG-B 1332

1741 *État* « Chevalier d'honneur de S.A.R., M. de Laval, puis M. d'Alincourt, puis M. le prince de Soubise, puis Mme de Caumont » "3 pièces, 2 à cheminée ; 5 entresols, 2 à cheminée"

11.1755 BLONDEL, planche 2, "n" « Mme la duchesse de Caumont, dame de compagnie de la reine »

18.10.1761 N au roi : ... *Votre Majesté permet-Elle au comte de Noailles d'emprunter le logement de M. le maréchal de Maillebois* [**S 2A et B**] *pour le marquis de Fosseux en attendant qu'il puisse avoir celui de Mme la duchesse de Caumont ?* A.N. O^1 1076 654

> **Lamballe**, Louis Alexandre Joseph Stanislas de Bourbon, prince de (1747-1768)
>
> 1763 N au roi : *M. le duc de Penthièvre demande le logement de Mme la duchesse de Caumont, faute de mieux, pour M. le prince de Lamballe.* A.N. O^1 1076 714

Montmorency-Fosseux, Anne Léon II, marquis de (1731-1799)

1763 *Le logement de Mme la duchesse de Caumont à*

1. Mme de Marsan a occupé ce logement, après [**AP 84 et 86**] en la même aile, où on l'avait installée en 1775. C'est à celui-ci que fait allusion Marie-Antoinette quand elle écrit à sa mère, le 15 septembre : *Nous sommes à peu près débarrassés de cette fameuse gouvernante ; je dis à peu près, car elle conserve son logement, quoiqu'elle ait abandonné ses fonctions* (P. DE NOLHAC, *Versailles... Marie-Antoinette*, citant GEFFROY, *Correspondance*, II 374.

2. BLONDEL, planche 4 "o", attribue faussement cet espace au duc de Fleury au lieu du duc d'Alincourt, à qui est assigné "n", lequel correspond à **AP 61**.

M. le marquis de Fosseux... Disposition : A.N. O^1 1076 715

30.6.1763 N à M : *Le roi a bien voulu accorder à M. le marquis de Fosseux le logement de Mme la duchesse de Caumont... Comme il n'y a été fait aucune réparation depuis tout le temps qu'elle l'occupe, 19 ans, il s'y en trouvera d'absolument indispensables à faire.* A.N. O^1 1797 361 ; *cf.* 1812 II 25

2.7.1763 Le marquis de Fosseux à M : *Le logement de Mme la duchesse de Caumont à Versailles vient de m'être donné. Je vous prie de vouloir bien donner des ordres pour qu'il soit visité... n'ayant pas un clou ni une cheville de posés depuis plus de 20 ans qu'elle l'occupe. Les portes, fenêtres, cheminées, et parquets sont dans le plus pitoyable état. La boiserie est très mauvaise... Je sais à cet égard combien vous êtes gêné actuellement... d'ailleurs le local est si petit qu'il ne peut engager qu'à bien petite dépense. J'imagine qu'elle en sortira pendant Compiègne. Je suis bien fâché, Monsieur, que mon absence m'empêche de solliciter moi-même auprès de vous ce que j'ai l'honneur de vous demander.* A.N. O^1 1797 358

17.7.1763 M à E : *Vous aurez agréable de vous transporter dans le logement qu'occupait Mme la duchesse de Caumont, que le roi a accordé à M. le marquis de Fosseux, et de me rendre compte de son état actuel et des réparations indispensables à y faire.* A.N. O^1 1796 357

17.7.1763 M à E : *Vous aurez agréable de faire travailler aux réparations de propriété du logement de Mme la duchesse de Caumont qui suivant votre devis monteront à 514 livres.* A.N. O^1 1797 351

19.10.1763 E à M : *M. le marquis de Fosseux auquel vous venez de passer 1 600 livres pour les réparations de son nouveau logement qui sont fort nécessaires vu qu'on y a rien fait depuis un temps considérable désirait, pendant que les ouvriers y travaillent, qu'on y change quelques choses pour en rendre la distribution beaucoup plus commode et m'ayant communiqué ses réflexions sur cela, qui sont justes, je n'ai pu que les approuver, mais en lui représentant que ce serait un objet de 500 livres d'augmentations que je ne pouvais faire de mon chef, il doit, Monsieur, vous en écrire. En attendant vos ordres j'ai cru devoir faire suspendre les ouvrages.* Note : *Demande du roi 2 100 livres au lieu de 500 livres.* A.N. O^1 1071 81. *Cf.* 83 : *État des réparations à faire au logement qui vient d'être donné à M. le marquis de Fosseux : maçonnerie 150 livres... le lambris de l'antichambre à déposer et reposer pour les réparations ; dans la chambre à coucher, le renouvellement du parquet à neuf, le vieux étant usé, la cloison du pourtour de la niche à renouveler, le lambris de la chambre à refaire à neuf n'étant que des pièces et des morceaux en très mauvais état, la croisée neuve de la chambre à renouveler ; dans la cuisine, une pareille croisée plus haut à cause de la pièce de l'entresol... le blanchissage et grattage, la dépose et répose des glaces... 1 645 livres.*

28.10.1763 M au roi : *le nouveau logement de Monsieur le marquis de Fosseux n'ayant pu être habité sans des réparations en tout genre, je supplie très humblement Votre Majesté d'autoriser les ordres que j'ai donnés de faire les réparations qui monteront... à 2 100 livres.* Bon du roi : A.N. O^1 1071 82 ; *cf.* 1812 II 47

4.11.1763 M à E : *M. le marquis de Fosseux auquel, Monsieur, vous avez passé 1 600 livres de réparations de son logement, vous a proposé ensuite un changement de distribution pendant qu'on y était qui est fondé de raison, étant une augmentation de 500 livres. J'ai... fait suspendre cet ouvrage jusqu'à nouvel ordre. Comme ce seigneur vous en a écrit aussi et qu'il n'est pas logé et il en parle continuellement, je vous supplierais de vouloir bien m'ordonner ce que j'ai à faire sur cela.* Réponse : *Qu'il aille en avance, le roi ayant approuvé.* A.N. O^1 1797 387

Paris, Christophe de Beaumont du Repaire, archevêque de (1703-1781). Évêque de Bayonne, puis de Vienne, enfin archevêque de Paris 1746-1781

1766 *Le logement de M. le marquis de Fosseux à l'archevêque de Paris*... Distribution : A.N. O^1 1077 373

Guistelle, Louise Élisabeth de Melun, grande d'Espagne, princesse de (1738-?). Dame pour accompagner Mesdames les cadettes 1768, puis de Madame Victoire

Guémené, Victoire Armande Josèphe de Rohan-Soubise, princesse de (1743-1807). Gouvernante des Enfants de France 1775-1782

[1768] *Le logement prêté à M. l'archevêque de Paris est vaquant... Mme la comtesse de Marsan gouvernante des Enfants de France prétend que Monseigneur le dauphin n'est pas édifié de ses entresols* **[AP 52 et 53]** *où il lui est presque impossible d'entretenir son petit ménage, qu'il veut avoir sous ses yeux. La dame gouvernante demande le dit logement pour M. et Mme de Guémené.* A.N. O^1 1077 478

1770 *État* A « <u>Mme de Guistelle</u>, puis M. l'archevêque de Paris [1] »

Beaumont, Marie Jacquette de Blaise de Biran de Göas, comtesse de (?-?). Dame de Madame Victoire 1781

8.10.1781 *J'habite à Versailles l'appartement de M. l'archevêque de Paris qui me tient lieu de celui que je devais avoir comme étant attachée à Madame et ayant d'ailleurs des droits bien entiers pour en obtenir ceci. Celui de mon oncle consiste en une très petite chambre et un petit cabinet de toilette qui est si horriblement malpropre que j'ose espérer que je puis sans indiscrétion vous demander de m'accorder la grâce de donner vos ordres pour faire repeindre en effaçant la veille peinture. Ce qui est le seul moyen de l'approprier.* A.N. O^1 1801 168 ; *cf.* 171

11.9.1781 H à A : *La demande de Mme de Beaumont consiste en un changement de cloison de planches et un percement de porte dans une autre cloison. Elle demandera vraisemblablement un blanchi de son appartement. Cette dépense pourra coûter en total 300 livres* A.N. O^1 1804 30

1. L'attribution de l'appartement de l'archevêque de Paris à la princesse de Guistelle dans l'état préparé en 1770 pourrait être due à la confusion d'un clerc. Le prélat paraît avoit utilisé **AP 59** jusqu'à sa mort, le prêtant à sa nièce par alliance, la comtesse de Beaumont. Après quoi cet appartement fut attribué à son successeur.

24.3.1782 *Le logement de M. l'archevêque de Paris à Mme la comtesse de Beaumont, la plus ancienne des dames de Madame...* Distribution : A.N. O[1] 1801 263
30.8.1786 L** à A : *La demande de Mme la comtesse de Beaumont... consiste dans deux petits pièces à recarreler à neuf, dans deux faces d'armoires à faire d'environ quatre pieds sur six pieds de haut, dans le raccommodage des parquets et chambranles des cheminées, réparations d'un mur en plâtre sur les cloisons et l'escalier, et dans le blanchissement de l'appartement qui est dans le plus mauvais état. Tous ces objets pourront coûter environ 800 livres* A.N. O[1] 1802 208 ; *cf.* 207
9.10.1786 H à A : *État des ouvrages à faire : chez Mme de Beaumont, réparations à son appartement.* A.N. O[1] 1802 244
16.11.1786 La comtesse de Beaumont à A : *Je me trouve déterminée à commettre une indiscrétion peut-être en vous demandant, vu le peu d'importance de l'objet, deux croisées en verre de Bohême pour éclairer ma chambre, qui n'a pour vue qu'un mur atteignant au ciel et un escalier, et comme il fait un froid glacial dans ma chambre, j'ose vous demander aussi des doubles châssis dont j'*[aurais] *le plus grand besoin...* Réponse : *Refusé.* A.N. O[1] 1802 269 et 272
Paris, Antoine Léonard Léon Leclerc de Juigné, archevêque de (1728-1811). Évêque de Châlons-sur-Marne 1764 ; archevêque de Paris 1781
1787 *État* E « M. l'archevêque de Paris » "2 pièces à cheminée ; 5 entresols, 2 à cheminée"
4.6.1789 H à Montucla, premier commis des Bâtiments : *L'archevêque de Paris n'est pas sorti de ma mémoire. Ses persécutions au sujet de la glace l'y ont trop bien gravé. Je n'ai pu échapper à ses poursuites qu'en lui accordant à peu près tout ce qu'il demande. Il ne se rend à aucunes raisons. C'est un des plus dignes prélats que nous avons en France...* A.N. O[1] 1802 602

AP 60
Lude, Marguerite Louise de Béthune, comtesse de Guiche, puis duchesse du (1645-1726). Dame du palais ; dame d'honneur de la duchesse de Bourgogne
Lude, Henri de Daillon, comte, puis duc du († 1685). Premier gentilhomme de la chambre du roi 1653
Nesle, Armande Félicité de La Porte de La Meilleraye-Mazarin, marquise de (1691-1729). Dame du palais de la reine 1725
Clermont, Marie Anne de Bourbon-Condé, *dite* Mlle de (1697-1741). Surintendante de la maison de la reine 1725
Aumont, Louis Marie Victor Augustin, duc d' (1709-1782). Premier gentilhomme de la Chambre 1723
Aumont, Louise Victoire Félicité de Durfort-Duras, duchesse de Fitz-James, puis d' (1706-1753)
GG-B 373, 374, 421, 1332, 1333 ; BLONDEL, planche 4, "1"
26.2.1743 *Le roi donna à M. et Mme d'Aumont l'appartement de feu M. le cardinal de Fleury* [**VA 36**]. *Ils ont actuellement l'appartement qu'avait feu Mme la duchesse du Lude, et depuis Mme de Nesle et Mademoiselle de Clermont.* L* IV 444 ; *cet appartement... est celui qu'avaient feu M. et Mme du Lude.* L* V 154
Antin [1], Françoise Gilonne de Montmorency-Luxembourg, duchesse d'Épernon, puis d' (1704-1768). Dame du palais 1726-1757
8.10.1743 *Mme la duchesse d'Antin change d'appartement à Versailles ; elle était... logée en haut* [**CC 57**] *auprès de l'appartement de Mme de Lauraguais* [**CC 59 et 60**]... *Le roi... lui donnait pour elle seule l'appartement qu'avaient M. et Mme d'Aumont dans la galerie des Princes et outre cela pour M. d'Antin l'appartement joignant qui est celui qu'avait feu M. le maréchal d'Asfeld* [**AP 57**]. L* V 154
GG-B 1339 « Plan légendé du nouvel appartement de la duchesse d'Antin... Indications de menues réparations... Une pièce à peindre en petit jaune clair une en petit vert. Remploi d'une cheminée et de son dessus provenant de la petite pièce de la bibliothèque du roi »
1741 *État* « Premier gentilhomme de la Chambre, M. d'Aumont, puis Mme d'Antin » "5 pièces à cheminée ; 6 entresols, 3 à cheminée"
20.11.1746 E à T : *Mme la duchesse d'Antin demande la réparation du parquet de sa chambre.* Bon du roi : A.N. O[1] 1810 I 114
11.1755 BLONDEL, planche 2, "m"
Aiguillon, Emmanuel Armand de Vignerot du Plessis de Richelieu, comte, puis en 1740 duc d'Agenois, puis en 1750 duc d' (1720-1788)
Aiguillon, Louise Félicité de Bréhant de Plélo, duchesse d' (1726-1796). Dame du palais 1748
10.12.1757 *L'appartement de Mme la duchesse d'Antin à Mme la duchesse d'Aiguillon...* Distribution autographe de Louis XV : A.N O[1] 1076 487
19.1.1758 M à E : *Je vous envoie l'état des réparations que M. et Mme la duchesse d'Aiguillon me demandent dans leur nouveau logement. Aurez agréable d'examiner les réparations purement nécessaires.* A.N. O[1] 1796 506
2.2.1758 *Devis : logement de M. le duc et Mme la duchesse d'Aiguillon... l'antichambre de M. le duc, lambrisser la dite antichambre et la blanchir ensuite, le carreau à renouveler, une cheminée de liais avec la réparation des plâtres ; cuisine, le plafond à refaire ainsi que le carreau du plancher, le pourtour des murs à enduire de plâtre et fourneau à rétablir, la croisée à refaire à neuf ; office, le plafond à faire ainsi que la recherche des carreaux du plancher, enduire le pourtour des murs et rétablir les fourneaux... total 503 livres.* Bon du roi : A.N. O[1] 1071 3 et 4 ; *cf.* 1811 III 1 et 8
15.3.1758 M à E : *Vous auriez agréable de faire faire les réparations nécessaires au logement de Mme la duchesse d'Aiguillon qui monteront à 323 livres.* A.N. O[1] 1796 548
24.3.1758 *Le logement de Mme la duchesse d'Antin à Mme la duchesse d'Aiguillon...* Disposition : A.N. O[1] 1076 511
Brancas, Louise Diane de Clermont-Gallerande, *dite* duchesse de Villars, douairière de (1711-1784). Dame d'honneur de la comtesse de Provence 1770-1772
8.6.1771 *Le logement de M. le duc d'Aiguillon à Mme la duchesse de Brancas, dame d'honneur de Mme la comtesse de Provence* A.N. O[1] 1798 627
1771 E à M : ... *les armoires de Mme la duchesse de*

1. La duchesse d'Antin occupait aussi **AP 57** à cette époque.

Brancas dans son nouveau logement n'y en ayant aucunes à pouvoir serrer ses habits... 1 000 livres. A.N. O^1 1798 618

Laval, Guy André Pierre de Montmorency-Laval, duc de (1723-1798). Premier gentilhomme du comte de Provence 1771

8.6.1771 *Le logement de Mme la duchesse de Brancas à M. le duc de Laval, premier gentilhomme de la chambre de M. le comte de Provence ...* Disposition : A.N. O^1 1798 627

La Vauguyon, Paul François de Quélen d'Esteur de Caussade, duc de Saint-Maigrin, puis de (1746-1828). Menin du dauphin ; ambassadeur aux Provinces-Unies 1776

La Vauguyon, Antoinette Rosalie de Pons, duchesse de (1751-1824). Dame d'atour puis dame d'honneur de la comtesse de Provence 1774

29.11.1771 N au roi : *Mme la comtesse de Valentinois préfère de garder son logement* **[AP 67A]** *à prendre celui de Mme la duchesse de Brancas. Votre Majesté veut-Elle bien avoir la bonté de l'accorder à M. le duc et Mme la duchesse de Saint-Maigrin en remboursant à Mme la duchesse de Brancas ce qui est à elle et qu'elle vient de faire à ses dépens ?* Bon du roi : A.N. O^1 1077 141

1770 *État* A « M. et Mme d'Aiguillon, puis Mme de Brancas, puis M. le duc de La Vauguyon »

11.2.1778 H à A : *Mme La duchesse de La Vauguyon... demande des plombs pour descendre les eaux de son appartement.* A.N. O^1 1800 131

20.2.1778 H à A : *J'ai examiné suivant l'intention de M. le directeur général l'emplacement de la cuvette demandée par Mme la duchesse de La Vauguyon. Cet établissement sera peu conséquent, la croisée où elle sera posée étant près d'un tuyau de descente. Il y a une foule d'exemples de ces sortes de cuvettes posées dans le château depuis l'administration de M. le directeur général.* A.N. O^1 1800 135

8.6.1779 La duchesse de La Vauguyon à A : *Mme la duchesse de La Vauguyon prie M. le comte d'Angiviller d'avoir la bonté de faire visiter dans son appartement au château : 1. le parquet de sa chambre, qui est dans le plus mauvais état et ordonner les réparations nécessaires ; 2. de faire transporter dans l'antichambre une armoire qui est dans la salle à manger, qui la resserre considérablement et qui au moyen de cette transportation sera plus commode et pourra contenir plus de monde, et de faire en sorte que le poêle de l'antichambre puisse chauffer les deux pièces.* A.N. O^1 1800 398

14.6.1779 H à A : *J'ai reconnu que le parquet de sa chambre à coucher est en très mauvais état, qu'il sera nécessaire de reparqueter environ la moitié du vieux parquet et que l'autre moitié sera à faire à neuf. Je n'ai reconnu aucun inconvénient à ce que l'armoire qui est dans la salle à manger soit déposée et reposée. Quant à la demande du poêle qui devait chauffer l'antichambre et la salle à manger, elle ne peut avoir lieu, ces deux pièces étant séparées par un gros mur dans lequel il passe des tuyaux des cheminées... Je crois qu'il sera nécessaire de reblanchir la salle à manger, parce que l'armoire une fois déposée fera tache et que Mme la duchesse de La Vauguyon ne manquera pas de faire la demande de ce blanchissage.* A.N. O^1 1800 399

27.7.1779 La duchesse de La Vauguyon à A : *Mme la duchesse de La Vauguyon prie M. le comte d'Angiviller de vouloir bien faire donner ses ordres pour faire blanchir à l'entresol dans l'appartement de M. le duc de La Vauguyon 1. son antichambre ; 2. le plafond de la chambre ; 3. une pompe pour jeter les eaux.* A.N. O^1 1800 431

1.8.1779 H à A : *J'ai examiné en conséquence des ordres de M. le directeur général la demande d'un plomb et sa cuvette posée par Mme la duchesse de La Vauguyon pour jeter les eaux d'un entresol et j'ai l'honneur de lui rendre compte que je ne vois aucun inconvénient à ce qu'elle soit posée près la croisée de l'entresol au-dessus de son appartement et que le tuyau en plomb d'un pouce de diamètre aura environ 24 pieds de longueur et que le tout pourra coûter 100 livres... Le blanchi demandé sera fait incessamment.* A.N. O^1 1800 441

30.6.1781 La duchesse de La Vauguyon à A : *État des réparations : 1. percer le mur de l'antichambre à la salle à manger pour y placer un poêle qui donne de la chaleur aux deux pièces ; 2. faire dans le bas de la cheminée de la salle à manger une petite armoire ; 3. faire un placard dans l'antichambre pour y serrer les habits et redingotes des gens ; 4. abattre la cloison du petit escalier qui va de la chambre de Madame dans celle de ses femmes à fin de lui donner du jour ; 5. blanchir la chambre de M. le duc.* Réponse de H à A : *Le percement du mur de l'antichambre à la salle à manger pour y placer un poêle qui échauffe ces deux pièces est impossible parce qu'il passe les tuyaux de cheminée dans l'épais du mur... la suppression de la cloison du petit escalier qui communique de sa chambre à celle de ses femmes ne peut avoir lieu parce que cette cloison porte plancher... Je ne vois rien que de peu dispendieux et sans inconvénient dans l'établissement d'un placard dans l'antichambre et dans le blanchi de la chambre de M. de duc de La Vauguyon.* A.N. O^1 1801 121 et 122

1787 *État* E [1] « Mme la duchesse de La Vauguyon » "5 pièces, 4 à cheminée ; 6 entresols, 4 à cheminée"

16.7.1788 *Mme la duchesse de La Vauguyon demande une petite ouverture en barbacane pour éclairer un petit escalier qui conduit aux entresols de son appartement. Une des femmes de Mme de La Vauguyon est tombée avant-hier du haut en bas de cet escalier et s'est blessée.* A.N. O^1 1802 496

15.12.1788 P au roi : *La reine a demandé au prince de Poix que M. de La Vauguyon troque son logement contre celui du premier médecin.* **[AP 62]**. A.N. O^1 1077 320

Hénin, Charles Alexandre d'Alsace-Hénin-Liétard, marquis de La Verre, puis prince de (1744-1794). Capitaine des gardes du corps du comte d'Artois

Hénin, Adélaïde Félicité Étiennette de Montconseil, princesse de (1750-1823). Dame du palais 1778

15.12.1788 *M. de Hénin, capitaine des gardes de M. le comte d'Artois et Mme de Hénin, dame du*

1. Dans l'*État* E, la duchesse de La Vauguyon est aussi mentionnée comme occupant **AP 60A** « 2 pièces à cheminée, 3 entresols ».

palais, sont demeurant ensemble dans le logement de M. de Liancourt [**AP 87**] *; s'ils voulaient prendre celui de M. de La Vauguyon, celui de M. de Liancourt serait très suffisant pour le premier médecin.* A.N. O[1] 1077 320

Saint-Priest, François Emmanuel de Guignard, comte de (1735-1821). Ministre sans portefeuille 1788 ; secrétaire d'État pour Paris et à la Maison du roi 1789-1790

15.1.1789 *Le logement de Mme de La Vauguyon à M. le comte de Saint-Priest...* Disposition : A.N. O[1] 1802 562 et 563

1.2.1789 H à A : *M. de Saint-Priest demande pour le logement qui lui est destiné l'établissement de quelques fourneaux dans un entresol, la pose d'une armoire dans l'antichambre, et le blanchi général de tout l'appartement. M. de Saint-Priest demande aussi de grands carreaux aux deux croisées de son salon et à la croisée du cabinet destiné pour Mme de Saint-Priest. Je pense que toutes les demandes de M. de Saint-Priest sont dans le cas d'être accordées... M. Loiseleur qui les a appréciées en fait monter la dépense à environ 630 livres.* A.N. O[1] 1802 573

9.7.1789 H à A : *J'ai examiné suivant l'ordre de M. le directeur général... si il y aurait de l'inconvénient à établir un réchauffoir dans l'arcade de la galerie des Princes qui appartient à M. de Saint-Priest et j'ai reconnu que cette arcade étant déjà fermée par les prédécesseurs de M. de Saint-Priest. M. le directeur général peut accorder à ce ministre ce qu'il a accordé à beaucoup de ses voisins... Il faut seulement avoir soin de rendre ce réchauffoir incombustible par les mêmes précautions qui ont été prises en reconstruisant celui de M. le marquis de Sérent.* A.N. O[1] 1802 617

Lemonnier, Louis Guillaume (1717-1799). Premier médecin du roi 1770

24.7.1789 *Donne à demeurer au premier médecin le logement de M. le duc et Mme la duchesse de La Vauguyon.* A.N. O[1] 1077 326

8.8.1789 « ... l'ancien appartement de Mme la duchesse de La Vauguyon donné du dit [jour] à M. Lemonnier, premier médecin du roi ». *Les Registres des magasins* cités par P. DE NOLHAC, dans *Versailles... Marie-Antoinette*.

AP 61

Tresmes, Bernard François Potier, marquis de Gesvres, puis en 1703 duc de, *dit* duc de Gesvres en 1719 (1655-1739). Premier gentilhomme de la Chambre en succession de son père 1670

1740 GG-B 404 « successivement celui du duc de Tresmes *[de]* M. de Roquelaure, et en 1740 du duc de Fleury » ; *cf.* 373, 374 et 375

Roquelaure, Gaston Jean-Baptiste Antoine, comte de Biran, en 1683 duc de (1656-1738). Maréchal de France 1724

Roquelaure, Marie Louise de Montmorency-Laval, duchesse de (1657-1735). Fille d'honneur de la dauphine de Bavière

Léon, Louis Bretagne de Rohan-Chabot, prince de (1679-1738)

Fleury [1], André Hercule de Rosset, duc de (1715-1788). Premier gentilhomme de la chambre du roi 1741

GG-B 1294

10.8.1738 *M. le prince de Léon... mourut à Paris étant né en 1679... L'appartement qu'avait ici M. de Léon dans la galerie des Princes fut donné le même jour à M. et Mme de Fleury.* L* II 209

26.8.1738 Gabriel au [cardinal de Fleury ?] : *M. le duc de Fleury demande à Monseigneur d'avoir la bonté de lui faire boiser la petite chambre et petit cabinet de son entresol, qu'il lui soit fait des armoires où il sera nécessaire, d'ordonner que l'on change les menuiseries de la chambre de Mme la duchesse de Fleury qui sont affreuses, de boiser le petit cabinet qu'il lui servira pour chaise percée, de faire peindre les dites menuiseries de vernis sur couleurs, de faire toutes les réparations locatives de maçonnerie, menuiserie, etc. dans le dit appartement. Toutes les dites demandes pourront coûter par l'estimation environ 4 000 livres.* Réponse : *Bon.* A.N. O[1] 1795 35

16.7.1741 ... *celui de M. et Mme de Fleury qui est fort joli et bien accommodé...* L* III 440

GG-B 1294 « Plan de l'appartement de M. le duc de Fleury »

Vintimille, Jean-Baptiste Hubert, marquis de (1720-1775)

Vintimille, Pauline Félicité de Mailly de Nesle, marquise (1712-1741). Dame de la dauphine 1739

17.8.1741 ... *le roi lui [Mme de Vintimille] a donné le logement de M. et de Mme de Fleury.* L* III 452

Soubise, Charles de Rohan-Soubise, prince de (1715-1787). Capitaine des gendarmes de la garde 1734

Soubise, Anne Thérèse de Savoie-Carignan, princesse de (1717-1745)

1741 *État* « M. le maréchal de Roquelaure, puis M. le duc de Fleury, puis M. de Vintimille, puis M. et Mme de Soubise sans cuisine » "3 pièces à cheminée ; 6 entresols, 3 à cheminée"

1740 GG-B 752 « ancien appartement du maréchal de Roquelaure plus tard de Mme de Vintimille et des Soubise »

Saint-Séverin, Alphonse Marie Louis de Sanseverino d'Aragona, *dit* comte de (1705-1757). Gentilhomme de la chambre du duc de Parme ; Ministre plénipotentiaire à la conférence de Breda 1744-1745

Saint-Séverin, Marie Louise Fillon, comtesse de Houdetot, puis de (1707-?)

28.2.1748 *Le logement de M. le prince de Soubise à M. le comte de Saint-Séverin...* Disposition : A.N. O[1] 1076 228

Béthune, Paul François de Béthune, marquis d'Ancenis, puis duc de (1682-1759). Capitaine des gardes du corps en survivance 1715

1.9.1752 Le duc de Béthune à N : *Ce que vous me faites l'honneur de me mander, Monsieur, sur l'appartement de M. de Saint-Séverin m'aurait fait plaisir si je n'étais pas tombé dans les cruelles insomnies que j'éprouve actuellement. Comme le bruit d'une rue* [sic] *et d'une cour, je suis comme sûr de n'y pouvoir*

1. BLONDEL, planche 4, "n", assigne à tort cet espace au duc d'Alincourt au lieu du duc de Fleury, à qui il attribue "o", qui correspond en fait à **AN 59**.

jamais dormir. Dans cette considération je me détermine absolument à vous supplier de vouloir bien demander au roi qu'il... me laisse loger dans celui que j'occupe actuellement. A.N. O[1] 1076 309

Sassenage, Charles François, marquis de (1704-1762). Menin du dauphin 1745, chevalier d'honneur de la reine 1755

29.10.1752 N au roi : *M le duc de Béthune désirant de garder son logement, le comte de Noailles propose au roi de donner à M. le marquis de Sassenage celui qu'occupe aujourd'hui M le comte de Saint-Séverin où ont logé précédemment M.* [le prince] *et Mme la princesse de Léon.* A.N. O[1] 1076 308

31.10.1752 *L'on donne à M. et Mme de Sassenage l'appartement de M. le duc de Béthune ; à M. de Béthune celui de M. de Saint-Séverin.* L* XII 178

Chevreuse, Marie Charles Louis d'Albert de Luynes, duc de (1717-1771). Gouverneur de Paris 1757

Chevreuse, Henriette Nicole Pignatelli d'Egmont, duchesse de (1719-?). Dame d'honneur de la reine en survivance de sa belle-mère 1751

17.12.1752 *Le logement de M. le marquis de Sassenage, ci-devant à M. le comte de Saint-Séverin à Mme la duchesse de Chevreuse...* Disposition : A.N. O[1] 1076 314

1752 *Il y a eu du changement depuis sur le logement. Celui de M. de Saint-Séverin dans l'aile des Princes a éte donné à M. et Mme de Chevreuse.* L* XII 178

Gramont, Antoine Adrien Charles, comte de (1726-1762). Menin surnuméraire en exercice 1752

Gramont, Marie Louise Sophie de Fauq, comtesse de (1732-1798). Dame du palais de la reine 1751

1753 *Le logement de Mme la duchesse de Chevreuse à M. le comte et Mme la comtesse de Gramont...* Disposition : A.N. O[1] 1077 412

19.10.1753 E à M : *M. le comte de Gramont m'est venu trouver au sujet du petit réchauffoir qu'il vous a demandé, ne voulant point reprendre celui dépendant de son logement dont Mme la comtesse de Pons* [**AP 80 et 81**] *est en possession depuis plusieurs années. Il vous prie de vouloir bien me donner vos ordres en conséquence et consent de donner peu de hauteur au réchauffoir pour ne pas ôter le jour de la galerie sous les voûtes au moyen de quoi, plus de difficultés.* A.N. O[1] 1795 454

7.9.1754 Le comte de Gramont à M : *Voici, Monsieur, l'instant où vous pouvez me donner des marques de l'amitié que je me flatte que vous avez pour moi. Il y a deux ans que j'attends un logement dans le château. J'en suis enfin possesseur depuis quelques jours. Je vous ai parlé plusieurs fois par avance de quelques accommodements que j'y désirais. Vous m'avez donné de l'espérance ; ce que je me flatte que vous me l'accorderez. Je vais vous en faire les détails : premièrement, deux glaces ; il y en a une dans le salon de compagnie, l'autre dans la chambre à coucher. Elles sont toutes les deux fort petites et les places prêtes à les recevoir. Secondement, reblanchir l'appartement qui est d'une saleté abominable et raccommoder les plafonds qui s'en vont tomber par écailles. Je désirerais bien aussi que vous voulussiez bien faire nettoyer les vernis du salon de compagnie et de la chambre à coucher, et y mettre une simple couche par-dessus celle qu'y est. Cela diminuerait la tristesse de cet appartement et par là me serait fort agréable. Ce n'est pas le comte de Gramont qui vous demande ces choses, c'est votre ami qui vous les demande.* Réponse : *Je vais donner mes ordres qu'on y travaille sans délai.* A.N. O[1] 1796 69 et 1811 I 133 ; *cf.* 135

16.10.1754 M à E : *À votre lettre était joint le devis de celles qui sont à faire au logement de M. le comte de Gramont montant à 530 livres. Vous pouvez aussi y mettre des dits ouvriers.* A.N. O[1] 1796 71 ; *cf.* 70

11.11.1754 M à E : *J'ai reçu votre lettre du 11 de ce mois et l'état des glaces que M. le comte de Gramont demande pour son logement. C'est avec bien du regret que je me vois obligé de le refuser, mais la décision du roi de ne fournir des glaces à personne est si précise qu'il ne m'est pas possible de m'en écarter.* A.N. O[1] 1796 103. *Cf.* 102.

1755 BLONDEL, planche 2, "o"

1.1762 N au roi : *La reine et Monseigneur le dauphin demandent que Mme la comtesse de Gramont conserve seule le logement qu'elle occupait avec sa mère.* Bon du roi : A.N. O[1] 1076 698

7.3.1768 M à la comtesse de Gramont : *Lorsque je reçus... la lettre que vous m'avez fait l'honneur de m'écrire mercredi dernier, je ne perdis point de temps à donner les ordres que vous me demandez pour pouvoir jouir de quelque repos dans votre logement...* A.N. O[1] 1798 251

1770 *État* A « Mme la comtesse de Gramont »

10.10.1774 E à A : *La comtesse de Gramont demande qu'on finisse le blanchissage de son appartement qui n'a été fait qu'à moitié à cause de son exil.* A.N. O[1] 1799 275

20.12.1783 LR à A : *Mme la duchesse de Gramont réclame des doubles châssis qui... avaient été accordés l'année dernière par M. le comte et qu'elle n'a pas redemandés depuis parce qu'alors la saison ne l'exigeait pas... Elle demande en outre qu'ils soient faits à grands carreaux et propose de les faire mettre à son compte.* A.N. O[1] 1801 553

11.4.1784 H à A : *Les demandes de Mme la comtesse de Gramont consistent dans la réparation du parquet et du lambris de son appartement et dans les deux doubles croisées par rapport auxquelles M. Loiseleur a rendu compte à M. le directeur général... Cette dame assure qu'elles lui ont été accordées il y a trois ou quatre ans et que l'exécution des ordres de M. le directeur général n'a pas eu lieu par la difficulté où elle s'est trouvée de faire garder son appartement pendant le temps des travaux... Je crois que cette dame est dans le cas de toutes les dames du palais qui jouissent de cet avantage. J'ai l'honneur d'observer seulement à M. le directeur général que celles des dames du palais de la reine qui ont obtenu des grands carreaux à leur doubles croisées, les ont payés.* A.N. O[1] 1801 594

1787 *État* E « Mme la comtesse de Gramont, dame du palais de la reine » "4 pièces à cheminée ; 6 entresols, 3 à cheminée"

AP 62

Aquin, Antoine d' (1620-1696). Premier médecin du roi 1672-1693

Dodart, Claude Jean Baptiste (1664-1730). Premier médecin du roi 1718-1730
Chicoyneaux, François (1672-1752). Premier médecin du roi 1732-1752
1741 *État* « Premier médecin du roi, M. Chicoyneaux » “7 pièces, 5 à cheminée ; 8 entresols, 2 à cheminée”
GG-B 376 « M. Chicoyneaux, premier médecin du roi » ; 1288 « occupé successivement par [le] Sr. d'Aquin, le Sr. Dodart et en 1740 [le] Sr. Chicoyneaux » ; BLONDEL, planche 4, “p”
Sénac, Jean-Baptiste (1693-1770). Premier médecin du roi 1752-1770
1752 N au roi : *L'on avait pris sur les entresols de feu Mme la duchesse de Mazarin* **[AP 64 et 65]** *où est à présent la garde-robe de Madame la dauphine, deux pièces pour en augmenter le logement de feu M. Chicoyneaux. M. de Sénac, son successeur, a une femme et trois enfants. Mme la duchesse de Lauraguais désirait faire la conquête de ces deux entresols pour en augmenter la garde-robe de Mme la dauphine qui est petite et incommode. Si on les ôte, l'appartement de M. le premier médecin sera incommode. C'est à Votre Majesté à décider... si il faut partager la différence par moitié en donnant une pièce à Mme la duchesse de Lauraguais et en laissant une à M. le premier médecin.* Réponse : *Oui.* A.N. O[1] 1077 419
24.5.1753 E à M : *Mme de Sénac s'est adressée à M. L'Écuyer pour prier de lui faire couper une cloison qui est dans sa chambre où il y a une profondeur suffisante pour pouvoir y pratiquer une armoire où elle puisse serrer ses hardes, n'ayant pas de commodité pour cela, mais il lui a répondu qu'il ne pouvait faire ce qu'elle demandait sans vos ordres. Madame vous prie donc de vouloir bien les donner afin qu'on lui fasse cette commodité dont elle a un extrême besoin. Madame vous prie aussi, Monsieur, de vous souvenir que vous avez eu la bonté de promettre à M. de Sénac de faire poser une glace sur sa cheminée.* A.N. O[1] 1795 392
27.12.1753 E à M : *Le logement de M. de Sénac dont les dedans tombaient de vétusté, n'ayant rien été fait depuis le feu roi, a été remis en état et il n'y manque rien actuellement. Cet ouvrage ayant été regardé comme réparations et non changements, il n'en a été fait aucun détail. Quant à la nouvelle demande que viennent de vous faire M. et Mme de Sénac... c'est un ajustement consistant en un percement dans une cloison pour y placer une armoire neuve, dont la dépense montera à 176 livres. À l'égard, Monsieur, de la glace pour le dessus de la cheminée de sa chambre à coucher de 63 pouces hauteur sur 24 de largeur, elle est marquée sur la note que j'ai eu l'honneur de vous remettre... Pour ce qui est du vernis... j'ai cru devoir vous en demander l'ordre, telle assurance que m'ait pu donner M. de Sénac que vous en aviez promis.* A.N. O[1] 1795 380
11.1755 BLONDEL, planche 2, “p” « M. Sénac, premier médecin du roi »
1770 *État* A « Premier médecin »
Roure, Françoise Sophie Scolastique de Baglion de La Salle, comtesse du (?-?). Dame de la dauphine ; dame pour accompagner la comtesse de Provence 1783
Roure, Denis Auguste de Grimoard de Beauvau du, comte du (1735-1814). Menin du dauphin
30.3.1771 N au roi : *Mme la comtesse du Roure, dame de Madame la comtesse de Provence, demande la permission d'occuper jusqu'au voyage de Compiègne le logement de M. le premier médecin, s'il n'est pas nommé plutôt. Votre Majesté veut-Elle l'approuver ?* Réponse : *Promis.* A.N. O[1] 1077 131
28.3.1773 La comtesse du Roure à M : *J'ai* [eu] *l'honneur de vous écrire il y a quinze jours pour vous demander la permission de faire un petit changement dans un appartement que j'ai à Versailles et qui m'est seulement prêté. Il s'agit de placer une glace qui appartient au roi et qui est actuellement très mal placée sur ma cheminée, le tout à mes frais, non seulement pour le placement actuel mais encore de le faire remettre lors que je sortirai de l'appartement. Cette glace ne devrait point coûter et ne soutiendra aucun dommage.* A.N. O[1] 1799 121
4.5.1773 M, à Ménars, à la comtesse du Roure : *Ce que vous demandez est trop simple pour que vous n'ayez pas toute liberté à cet égard...* A.N. O[1] 1799 122
5.5.1773 E à M : *Le logement du premier médecin que Mme la comtesse du Roure occupe actuellement n'étant qu'en attendant, je n'ai pas cru devoir lui permettre les changements qu'elle vous demande... quoique promettant de faire remettre les lieux tels qu'ils étaient avant elle, ayant vu jusqu'à présent que pareilles promesses n'ont jamais eu lieu et que la dépense en a toujours été payée sur le compte du roi, en conséquence de quoi, je vous supplie... de vouloir bien me donner vos ordres.* Réponse : *Ce que vous me marquez n'est que trop vrai. Il y a néanmoins un moyen de prévenir l'inconvénient que vous observez. C'est de lui demander une soumission par avant...* A.N. O[1] 1799 127
14.5.1773 M, à Ménars, à la comtesse du Roure : *Quant au blanchissage que vous désirez aussi y faire faire... M. L'Écuyer a également mes ordres pour vous laisser toute liberté là-dessus.* A.N. O[1] 1799 126
Lemonnier, Louis Guillaume (1717-1799). Premier médecin du roi 1770
20.9.1773 N au roi : *M. Lemonnier a prié le comte de Noailles de demander un logement à Votre Majesté... Celui de feu M. Sénac, fort diminué par la table de Mme la comtesse de Provence et par Mme la princesse de Conti, a été prêté à M. et Mme la comtesse du Roure jusqu'à nouvel ordre. Il pourrait l'être à M. Lemonnier.* Réponse : *Approuvé.* A.N. O[1] 1077 183
3.10.1773 N au roi : *M. et Mme la comtesse du Roure demandent à rester dans le logement qui lui a été prêté jusqu'au mariage ; ils en remetteront les clefs le 5 décembre sans plus tarder.* A.N. O[1] 1077 187
1.2.1774 N au roi : *On a diminué sur le logement de M. Lemonnier une pièce pour Mme la princesse de Conti* **[AP 63 et 64]** *et une cuisine pour Mme la princesse de Conti qui le rend assez incommode.* A.N. O[1] 1077 195
Lieutaud, Joseph, sieur (1703-1780). Premier médecin du roi 1770, de Monsieur et du comte d'Artois
3.7.1774 N au roi : *M. Lieutaud, premier médecin, doit avoir le logement de sa charge qu'occupait M. Lemonnier avec sa femme. Quoique M. Lieutaud n'ait pas de femme, il trouve le logement trop petit à cause de sa bibliothèque et voulait qu'on reprît une cuisine donnée par le feu roi à Mme la comtesse de Provence. Quoique*

le comte de Noailles fasse grand cas de M. Lieutaud qu'il a amené de Provence pour le placer à l'infirmerie royale, ce qui a été la cause de sa fortune, il ne peut trouver sa demande raisonnable. Il paraît de la justice et de la bonté de Votre Majesté d'accorder à M. et Mme Lemonnier, accablés de malheurs, le logement de M. Lieutaud au Grand Commun, en attendant la mort de M. Quesnay, médecin ordinaire, dont M. Lemonnier a la survivance. Bon du roi : A.N. O[1] 1077 200

11.9.1774 N au roi : *M. le comte de Noailles espère que M. Lieutaud ne fatiguera plus Votre Majesté de sa cuisine. M. le marquis de Muy ayant bien voulu prendre après Fontainebleau une petite pièce du Gobelet du dauphin pour Madame* [**AP 30**] *à la place de cette cuisine tant désirée par M. le premier médecin.* A.N. O[1] 1077 209

1777 *État* B « M. Lieutaud »

1777 M. Lieutaud à A : *M. Lieutaud prie M. le directeur général de vouloir bien permettre le dérangement d'une petite cloison en planches dans l'entresol de son appartement.* Réponse de H : *3 livres* A.N. O[1] 1800 26

Lassonne, Joseph Marie François de (1717-1788). Premier médecin de la reine en survivance 1778

11.2.1781 LR et L** à A : ... *Les changements de l'appartement de M. de Lassonne sont commencés ; toutes les démolitions nécessaires au changement sont faites... Le plafond de la salle à manger est refait. On va poser le plancher du salon ainsi que l'escalier des entresols. On fait les cloisons de distribution.* Réponse : *Presque fait.* A.N. O[1] 1801 3 et 7

1783 *État* D « M. de la Saonne »

1787 *État* E « Premier médecin de la reine » "4 pièces à cheminée ; 6 entresols, 3 à cheminée"

La Vauguyon, Antoinette Rosalie de Pons, marquise de Saint-Maigrin, puis duchesse de (1751-1824). Dame d'honneur de la comtesse d'Artois

31.1.1789 La duchesse de La Vauguyon à A : *Il manque deux glaces dans le salon du nouvel appartement de Mme de La Vauguyon ; elle demande si les Bâtiments les feront mettre.* A.N. O[1] 1802 572

4.3.1789 L** à A : *Les changements à faire dans le nouvel appartement de Mme la duchesse de La Vauguyon... consistent dans la démolition des cloisons dans la cuisine pour supprimer le corridor, dans la démolition d'un four à tourneau de la dite pièce pour en former une antichambre, dans la construction d'une cloison pour faire des garde-robes, dans trois parts de lambris à faire dans le salon, dans la démolition de l'alcôve de la chambre à coucher et dans une porte de lambris à faire en place de la dite alcôve, dans la démolition et reconstruction des cloisons dans les pièces d'entresol pour remettre les corridors du côté de la cour et le blanchissage total de l'appartement. Le tout pourra monter à 1 200 livres.* Note de H : *La note ci-contre de M. Loiseleur relativement aux travaux demandés par Mme de La Vauguyon pour la mise en état du nouvel appartement qu'elle va occuper où demeurait ci-devant feu M. de Lassonne... étant précisément les mêmes que celles dont M. le directeur général a été d'abord instruit, et qu'il a autorisé verbalement, j'ai cru ne devoir perdre de temps pour presser M. Loiseleur de hâter les travaux.* A.N. O[1] 1802 579 et 80

AP 63 et 64 [1]

Livry, Louis Sanguin de Roquencourt, comte de (1678-1741). Premier maître d'hôtel du roi en survivance 1716

1741 *État* « Premier maître d'hôtel du roi et le chambellan, M. de Livry » "8 pièces, 4 à cheminée 4 entresols, 2 à cheminée"

GG-B 377 « Aile du Midi, premier étage, n° 63. Premier maître d'hôtel du roi »

BLONDEL, planche 4, "q"

Livry, Paul Sanguin de Roquencourt, marquis de (1709-1758)

Livry, Marie Christine de Maniban, marquise de (?-?)

2.10.1746 *M. de Livry prie instamment M. de Tournehem de vouloir bien pendant l'absence du roi lui faire accommoder sa salle à manger avec le cabinet à côté, ne lui demandant point d'entresol au-dessus de la salle à manger, s'en rapportant au reste à son goût et à son milieu.* Réponse de E : *La demande de M. le marquis de Livry... consiste en 2 pièces dont le parquet est entièrement pourri, ainsi que le lambris d'appui, et comme les magasins sont bien garnis présentement il serait facile de faire ces ouvrages en vieux.* A.N. O[1] 1810 I 121

[175...] *Un jour après souper, j'entrai chez le marquis de Livry où le gros jeu était établi. On marchait sur les tas de cartes ; on ne jouait que le trente-et-quarante, ce qui faisait des sommes immenses ; car les fiches étaient comptées pour cents louis et quelquefois plus. Je me rapelle avoir vu M. le comte de Belzunce, mort depuis, gouverneur de Saint-Domingue, caché derrière une porte dans un coin de la chambre et déchirant des cartes à belles dents, les yeux hors de la tête et avec un air farouche qui présageait quelque chose de sinistre. Il se rapprocha insensiblement de la table ; la chance changea et je quittai la salle à trois heures du matin, le laissant avec le visage radieux tandis que le baron de Besenval faisait des jurements qui auraient effrayé une douzaine de corps de garde.* DUFORT I 173

21.4.1750 GG-B 2741 « Logement de Mme la marquise de Livry »

26.4.1750 T au roi : *Mme la marquise de Livry supplie Sa Majesté de lui accorder qu'il soit fait un entresol et quelques changements à son appartement au château de Versailles, lesquels sont lavés en rouge sur le plan ci-joint et qui coûteront, suivant le devis 2 112 livres* Réponse : *Arrêtez l'ordre à M. L'Écuyer en conséquence de la décision du roi de 26 avril 1750.* A.N. O[1] 1070 361 ; *cf.* 1810 III 17

[1752] *M. le marquis de Livry... tenait table ouverte comme premier maître d'hôtel du roi. L'étiquette, dans ce temps-là, était que le mardi, jour des ambassadeurs, l'introducteur s'y trouvât pour faire les honneurs aux étrangers présentés, et l'usage était de ne pas faire servir avant qu'on eût demandé à l'introducteur s'il n'attendait personne... Aimable et pleine d'esprit, Mme la marquise de Livry était de la société intime du roi, c'est-à-dire des Petits Appartements. Leur goût dominant à tous deux était le jeu ; la femme faisait la*

1. C'était le logement de fonction du premier maître d'hôtel du roi. Il était combiné avec les entresols situés au-dessous, **AP 39 [office], 46, 47 et 48**.

partie du roi, le mari courait et tenait les maisons où l'on jouait le plus fort. DUFORT I 65
30.[7.]1752 M au roi : *Mme la comtesse de Livry supplie très humblement Votre Majesté de vouloir bien lui faire la grâce de lui accorder un entresol dans son logement, dont le devis monte à 2 111 livres.* Bon du roi : A.N. O[1] 1811 I 26
7.[11.]1752 M à E : *Sa Majesté a aussi accordé à Mme la marquise de Livry l'entresol dans son logement... le devis montant à 2 111 livres.* A.N. O[1] 1795 260
14.6.1753 M au roi : *M. et Mme le marquis de Livry supplient très humblement Votre Majesté de vouloir bien leur accorder les réparations à faire dans le logement qu'ils occupent à Versailles, suivant le plan ci-joint dont le devis monte à 6 000 livres autant qu'il est possible de juger. Votre Majesté a déjà accordé un bon du premier novembre dernier pour 2 111 livres pour l'entresol de Mme de Livry qui n'a pas encore été fait. Ce serait une addition de dépense de 3 888 livres. Mais on s'est aperçu depuis d'une poutre cassée qu'il est nécessaire de changer et ils souhaiteraient supprimer une cloison au-dessous, de laquelle il faudra une poutre pour porter les planches.* Bon du roi : A.N. O[1] 1811 I 57
14.6.1753 M à E : *Vous ferez travailler, Monsieur... aux partitions du logement de M. et Mme la marquise de Livry suivant le plan que vous m'avez envoyé... et dont le devis monte à 6 000 livres, y compris 2 111 livres que je vous avais ordonné d'employer à l'entresol de Mme la marquise de Livry qui n'a pas encore été fait.* A.N. O[1] 1795 330 ; *cf.* 419
19.10.1753 E à M : *Je suis débarrassé... par l'entreprise de Mme la duchesse de Tallard sur ce que le bruit qu'on fera... l'empêcherait* [le duc de Bourgogne] *de pouvoir reposer... Quant à l'ouvrage de M. le marquis et Mme la marquise de Livry, le même inconvénient de bruit pourrait bien s'y trouver, son logement étant fort près.* A.N. O[1] 1795 453
11.1755 BLONDEL, planche 2, "r" « M. le marquis de Livry »
Cars, Louis François Nicolas René de Pérusse, comte des (1737-1814). Premier maître d'hôtel du roi 1769 [1]
1770 *État* A « Premier maître d'hôtel du roi »
5.12.1769 N au roi : *Votre Majesté permet-Elle que M. le comte des Cars entre en pleine jouissance du logement du premier maître d'hôtel de Votre Majesté ?* Réponse : *Oui.* A.N. O[1] 1077 62
1769 *Le logement du premier maître d'hôtel du roi à M. le comte des Cars* ... Disposition : A.N. O[1] 1798 495
5.6.1779 H à A : *D'après l'examen fait... de l'appartement de M. le comte des Cars, il apparaît que les demandes qu'il fait et qui n'entraîneraient après elles aucune difficulté de construction pourraient coûter 2 000 à 2 800 livres. État des susdites demandes : construction d'une niche à porte dans l'antichambre ; le bouchement d'une porte et réouvrir une autre dans une ancienne baie ; deux portes neuves en menuiserie à placards et deux vantaux ; dépose et repose de plusieurs morceaux de menuiserie ; tout l'appartement à reblanchir, plus des grand carreaux, lesquels seraient aux dépens du demandeur.* A.N. O[1] 1800 397
12.7.1781 LR et L** à A : *Appartement de M. le marquis des Cars : on continue les réparations de cet appartement ; le plancher d'entresol est refait ; le parquet est posé, ainsi que les cloisons de distribution ; on repose les lambris ; toutes les croisées neuves sont refaites ; on refait la cheminée du salon.* A.N. O[1] 1801 8
7.8.1781 LR et L** à A : *La cheminée du salon est refaite, ainsi que le plafond ; les croisées sont presque posées ; on va reposer la menuiserie dans les entresols au-dessous ; les cloisons sont finies et la menuiserie presque posée.* A.N. O[1] 1801 10
13.9.1781 LR et L** à A : *On repose le lambris d'appui de l'antichambre ; le lambris du salon est reposé ; on va commencer le blanchi ; on pose la menuiserie de la chambre à coucher ; toutes les menuiseries des entresols au-dessous sont reposées et le blanchi presque fait.* A.N. O[1] 1801 12 ; *cf.* 13
14.10.1781 LR et L** à A : *Les changements de cet appartement sont commencés ; la cheminée de la chambre et l'arrangement du poêle de la salle à manger au-dessus sont faits ; le plancher de la garde-robe à chaise est posé... le changement du petit cabinet près le salon est commencé.* A.N. O[1] 1801 15
10.12.1781 LR et L** à A : *La garde-robe à chaise est faite et il ne reste que les croisées à poser ; le changement du cabinet près du salon est fait ; les menuiseries sont posées ; on commence à blanchir.* A.N. O[1] 1801 17
18.4.1783 LR à A : *La soupente près l'appartement de M. le comte des Cars pour la dépose des tables est faite.* A.N. O[1] 1801 557
1787 *État* E « M. le comte des Cars » "8 pièces, 7 à cheminée ; 5 entresols, 3 à cheminée"
13.4.1789 L** à A : *La demande de M. le baron des Cars consiste dans le percement d'une porte dans une cloison, dans une porte de cloison de planche à faire pour former un passage, dans une croisée à faire dans une cloison et dans une autre porte de cloison...* Réponse : *Les demandes de M. le baron des Cars... sont généralement pour l'objet d'agrément ou l'utilité personnelle...* A.N. O[1] 1802 596 et 597
12.7.1789 *À la cour des Princes, j'étais sur le marchepied de ma voiture pour en descendre lorsque dix voix parties des fenêtres du salon de mon frère me crièrent : « Eh bien ! qu'est-ce donc que les coups de fusil qu'on tire à Paris ?... »* L.F. DES CARS, *Mémoires* II 71 [2]
16.7.1789 *Dans la nuit du 15 au 16 juillet, vers les trois et quatre heures du matin, mon valet de chambre entra tout d'un coup dans ma chambre, me disant qu'on frap-*

1. À la mort du marquis de Livry, Armand Louis Joseph Pâris de Montmartel, marquis de Brunoy, devint premier maître d'hôtel du roi. Mais parce qu'il était mineur, la table du Chambellan que les Livry tenaient fut rompue. Le jeune homme épousa Jeanne Françoise Émilie de Pérusse des Cars en 1767, et démissionna de sa charge de premier maître d'hôtel en faveur de son beau-frère le comte des Cars en 1769, qui n'avait jamais servi. En 1777, le marquis de Brunoy se vit refuser le statut de prodigue.

2. Le jeune baron des Cars, militaire, en tant que survivancier du chevalier de Crussol, capitaine des gardes du comte d'Artois, n'avait pas droit à un logement au château. Mais il était aussi survivancier de son frère, premier maître d'hôtel du roi ; on lui prêta donc un logement dans le vaste appartement de fonction créé pour les Livry.

pait violemment à la porte d'en bas de l'appartement ; j'entendais même frapper à une porte dérobée de mon cabinet. Mon valet de chambre fut ouvrir celle-là et je vis entrer le prince de Cœncy que son père le duc de La Vauguyon m'envoyait me dire de me lever, de descendre sur-le-champ chez lui, où le baron de Breteuil et lui voulaient me parler. Je n'avais que peu de degrés à franchir ; je trouvai ces deux malheureux ministres consternés et morts de fatigue comme de chagrin. Ibid. *II 80*
16.7.1789 *Ma femme me conjurait de ne pas la quitter ; elle était surtout inquiète d'être logée dans un appartement aussi noté en aristocratie que celui que nous occupions mon frère et moi.* Ibid. II 84

PAVILLON DU ROI

AP 65
Aumont, Louis Marie Victor, duc d' (1632-1704). Capitaine des gardes de corps, puis en 1669 premier gentilhomme de la Chambre
Mailly, Marie Anne Françoise de Saint-Hermine, comtesse de (1667-1734). Dame d'atour de la duchesse de Chartres 1692 ; dame d'atour de la duchesse de Bourgogne 1696-1712 ; dame d'atour de la reine 1725-1731
21.3.1704 *Le roi a donné à Mme de Mailly l'appartement qu'avait le duc d'Aumont...* D IX 464
Mazarin, Paul Jules de La Porte-Mazarine de La Meilleraye, duc de La Meilleraye, puis en 1713 duc de (1666-1731)
Mazarin, Françoise de Mailly-Rubempré, veuve de Louis Phélypeaux, marquise de La Vrillière, puis duchesse de (1688-1742). Dame d'atour de la reine 1731-1742
GG-B 378 ; Blondel, planche 4, "r" « Mme la duchesse de Mazarin, dame d'honneur de la reine »
Châteauroux, Marie Anne de Mailly-Nesle, marquise de La Tournelle, puis duchesse de (1717-1744). Dame du palais 1742 ; maîtresse du roi
24.10.1742 *Les logements sont donnés : celui de Mme de Mazarin à Mme de La Tournelle.* L* IV 256
Estrées, Lucie Félicité de Noailles, comtesse, puis maréchale d' (1683-1745)
6.12.1742 *M. de Richelieu a écrit de la part du roi à Mme la maréchale d'Estrées, à Nanteuil, de céder son logement* [**AN 38**] *et de prendre en échange celui de Mme de Mazarin. La maréchale a répondu qu'elle se trouverait toujours heureuse d'avoir quelque chose à offrir au roi, qui pût lui être agréable. Cependant, j'ai appris aujourd'hui que Mme de Mouchy, intime amie de Mme la maréchale, a été à Issy dire à M. le cardinal* [de Fleury] *que le roi ôtait à Mme la maréchale son logement, qu'elle en était fort fâchée.* L* IV 291 *sq.*
1741 [1] *État* « Dame d'atour de la reine, Mmes de Mazarin, puis de Mailly, puis de La Tournelle, puis Mme la maréchale d'Estrées » "5 pièces, 3 à cheminée ; 7 entresols, 2 à cheminée et 1 dessous l'escalier"
Rubempré, Louis V, comte de Mailly- (1696-1767). Premier écuyer de la dauphine 1744
Rubempré, Anne Françoise Élisabeth de l'Arbaleste de Melun, comtesse de Mailly- (1707-1775). Dame de la dauphine 1747
6.3.1745 *J'ai marqué ci-dessus que M. et Mme de Rubempré avaient un logement neuf dans l'aile Neuve* [**AN 34**] *; cet arrangement est changé. On leur a donné le logement qu'avait feu Mme de Mailly (depuis Mme de Mazarin) et en dernier lieu Mme la maréchale d'Estrées ; il donne d'un côté sur la cour des Princes et de l'autre sur la rampe.* L* VI 346
Lauraguais, Diane Adélaïde de Mailly-Nesle, duchesse de (1714-1769). Dame d'atour de la dauphine 1744
Lauraguais, Louis de Brancas, duc de (1714-1793)
5.5.1748 *M. et Mme de Lauraguais... auront celui de M. et Mme de Rubempré qui est auprès de celui de M. de Livry* [**AP 63 et 64**] *et fort près aussi de celui de Mme de Luynes* [**AP 84 et 86**]. L* IX 30
14.5.1748 *M. de Rubempré étant fort attaché à son logement, tant parce qu'il l'a fait accommoder que par la commodité de sa position pour son service, a demandé et obtenu de le conserver ; cela s'est fait de concert avec Mme de Lauraguais...* L* IX 36
27.6.1748 *Le logement de M. et Mme de Rubempré à Mme la duchesse de Lauraguais ...* Disposition : A.N. O[1] 1076 201
7.5.1749 *M. le comte de Mailly prie M. de Tournehem de vouloir bien faire blanchir l'antichambre de son appartement au château de Versailles, passer une ou deux* [couches] *de lait de chaux et un*[e] *blanc*[he] *dans son réchauffoir, de changer l'entrée d'un petit réduit sous un escalier avec deux ou trois marches pour y monter et de mettre un châssis à la croisée d'environ 3 pieds carré.* Réponse : *M. L'Écuyer fera faire les réparations... montant à 166 livres.* A.N. O[1] 1810 II 149
11.1755 Blondel, planche 2, "q" « Comte et comtesse de Mailly, l'un premier écuyer de Madame la dauphine, l'autre dame de compagnie de cette princesse »
19.6.1764 E à M : *État des ouvrages demandés à faire : M. le comte de Mailly, le blanchissage de sa salle à manger, étant fort sale.* A.N. O[1] 1797 452
7.8.1764 M au roi : *M. le comte de Mailly supplie très humblement Votre Majesté de permettre que la salle à manger de son appartement soit reblanchie. L'objet de cette dépense est de 60 livres.* Bon du roi : A.N. O[1] 1812 III 29
Nesle, Louis Joseph, comte de Mailly-Rubempré, marquis de (1744-1810). Premier écuyer de la dauphine 1765, puis de la comtesse de Provence
Nesle, Camille Françoise Gabrielle de Hautefort, marquise de (1739-?)
Bérenger, Raymond Pierre, comte de Gua, marquis de (1732-1792). Chevalier d'honneur de la dauphine en survivance 1753, et en exercice 1762, puis de la comtesse de Provence 1771
1768 N au roi : *Le comte de Noailles a proposé à Votre Majesté de prêter à MM. de Bérenger et de Mailly le logement de M. le marquis de Nesle jusqu'à ce qu'Elle en eût disposé. Mme de Mailly demande la permission d'y rester sans M. le marquis de Bérenger au moins pendant le temps qu'elle accouchera. Votre Majesté permet-Elle au comte de Noailles de le mander de sa part à M. le marquis de Bérenger, on lui prêtera à Pâques*

1. Cet *État* mentionne **AP 65** séparément comme « Garde-robe de S.A.R., puis Mme de Mazarin, puis garde-robe de la reine » "1 pièce à cheminée." En plus, il mentionne **AP 65A** « Garde-robe de la reine » "3 pièces, 1 à cheminée ; 1 entresol sans cheminée."

le logement du prédicateur [**AN 36**] ? Réponse : *Oui.* A.N. O^1 1077 384
1.8.1768 *Le logement de feu M. le marquis de Nesle prêté à M. le marquis et Mme la marquise de Nesle jusqu'à ce que le roi en ait disposé...* Disposition : A.N. O^1 1077 24
Conti, Louise Élisabeth de Bourbon-Condé, princesse de (1693-1775)
1768 *Le logement de feu M. le marquis de Nesle avec la garde-robe de Madame la dauphine à Mme la princesse de Conti* A.N. O^1 1077 403
1768 *La maison de feu Mme la dauphine logée au château de Versailles : M. le comte de Mailly, premier écuyer. Proposé à ôter pour le donner avec la garde-robe de Madame la dauphine à Mme la princesse de Conti.* A.N. O^1 1077 445 ; *cf.* 1798 202
16.11.1768 E à M : *Mme la princesse de Conti demanda il y a environ un mois qu'on lui blanchisse son nouveau logement, qui est un des plus sales du château. C'est la vérité. Mais le sieur Brancour, le peintre, était forcé de renvoyer ses ouvriers faute d'argent et de n'en réserver qu'un très petit nombre pour l'indispensable, dans l'intention de les mettre au retour de la Cour au logement en question. Je ne puis trouver mauvais cet arrangement, mais cette princesse voyant qu'on n'avait pas encore commencé chez elle en est très mécontente. Vous pouvez imaginer par sa lettre, ci-jointe, qu'elle vient de m'écrire dont ma réponse a été de lui montrer les choses telles qu'elles sont et de l'assurer que lundi prochain les ouvriers y travailleraient et qu'ils en auraient pour un mois, y ayant beaucoup de grattages à faire sans lesquels le blanc ne tiendrait pas...* A.N. O^1 1798 300
1770 *État* A « Mme la princesse de Conti »
[1771] E à M : *Le roi ayant donné à Mme la princesse de Conti depuis peu des jours une pièce pour lui faire un petit cabinet et y mettre une de ses femmes, c'est un objet de 600 livres.* A.N. O^1 1798 603
Valentinois, Marie Christine Chrétienne de Saint-Simon, comtesse de (1728-1774). Dame d'atour puis dame d'honneur de la comtesse de Provence 1772
7.5.1772 N au roi : *Mme la comtesse de Valentinois est très difficile en logements. Il est vrai que les dames d'honneur sont un peu gâtées, en ayant eu de très beaux pendant le temps que le besoin n'était pas si urgent. Mme de Valentinois, prévoyant ne pas garder le beau qu'elle occupe* [**AP 67A**], *désirait la survivance de celui de Mme la princesse de Conti. Ce sera un grand repos pour le comte de Noailles.* Réponse : *Oui.* A.N. O^1 1077 162
19.7.1772 M au roi : *Mme la comtesse de Valentinois a fait des avances considérables pour la formation de son logement, mais n'ayant pu achever de le mettre entièrement en état au moyen de la somme qu'elle y avait destiné, il se trouve deux mémoires d'entrepreneurs, montant ensemble à 2 310 livres suivant le règlement provisoire qui en a été fait qu'elle n'a pas payés et qu'elle demande qui le soient par les bâtiments de Votre Majesté. Cette demande me paraît d'autant plus susceptible d'être accordée à Mme de Valentinois qu'elle a avancé une somme de 10 000 livres pour son logement et divers arrangements relatifs à la commodité de Mme la comtesse de Provence et que dans ces derniers mémoires il y a divers objets qui intéressent le service de cette princesse.* Bon du roi : A.N. O^1 1070 236
28.7.1772 M à la comtesse de Valentinois : *J'ai l'honneur de vous annoncer que Sa Majesté m'a autorisé à faire payer sur les fonds des bâtiments le montant des deux mémoires... présentés pour les ouvrages... achevés tant chez vous que dans la garde-robe de Mme la comtesse de Provence...* Note à E : *L'un à 1 810 livres et l'autre à 500 livres.* A.N. O^1 1799 41 ; *cf.* 10 et 43
Guiche, Philippine Louise Catherine de Noailles, comtesse de (1745-1791). Dame d'atour de la comtesse de Provence
1774 *Le logement de la comtesse de Valentinois à la comtesse de Guiche, dame d'atour de Madame...* A.N. O^1 1077 203 ; *cf.* 1799 224
Lorge et de Quintin, Adélaïde Philippine de Durfort, comtesse de Lorge, puis duchesse de (1744-1819). Dame d'honneur de la comtesse d'Artois 1774
2.2.1775 *La survivance du logement de Mme la princesse de Conti à Mme la duchesse de Quintin, dame d'honneur de Mme la comtesse d'Artois...* Distribution : A.N. O^1 077 218
1775 *Mme la duchesse de Quintin, dame d'honneur de Mme la comtesse d'Artois, avait la promesse du logement de feu princesse de Conti, elle demande celui de Mme la duchesse de Cossé* [**AP 92**], *que Mme la princesse de Chimay ne demande pas.* A.N. O^1 1077 232
Coigny, Marie François Henri de Franquetot, duc de (1737-1821). Premier écuyer du roi 1774-1787
13.7.1775 *Détail pour la peinture à faire à l'appartement destiné à M. le duc de Coigny au château... pour les principales pièces... blanc de dorure à deux couches, les plafonds en blanc de détrempe, les plâtres en marbre verni... 485 livres.* A.N. O^1 1799 381
1777 *État* B « M. le duc de Coigny (et 1 pièce à M. de Créqui [**AP 84**]) »
12.5.1781 LR et L** à A : *L'appartement de M. le duc de Coigny : les ouvrages de charpente et maçonnerie sont presque faits ; on pose le parquet et cet appartement sera fait dans peu.* A.N. O^1 1801 6
14.6.1781 LR et L** à A : *Les parquets sont posés, le salon et la chambre sont blanchis ; il ne reste que la menuiserie de la deuxième antichambre à poser.* A.N. O^1 1801 7
12.7.1781 LR et L** à A : *La menuiserie de la deuxième antichambre est posée et le blanchi commencé ainsi que dans les entresols* A.N. O^1 1801 8 ; *cf.* 10 *fini*
12.8.1787 « L'appartement de M. le duc de Coigny, cour des Princes », Registres cités dans P. DE NOLHAC *Versailles... Marie-Antoinette*
1787 *État* E « M. le duc de Coigny » "5 pièces, 3 à cheminée ; 11 entresols, 4 à cheminée"

PREMIER ÉTAGE SUR LE PARTERRE DU MIDI

AP 66 et 66A
Dauphin [1], Louis de France, *dit* Monseigneur ou le Grand Dauphin (1661-1711)

1. Le dauphin reçut l'appartement entier de l'escalier des Princes jusqu'au **Grand Salon**.

6.5.1682 ... *le roi quitta Saint-Cloud pour s'établir à Versailles.* S I 99

AP 66

Bouillon[1], Emmanuel Théodose de La Tour d'Auvergne, cardinal de (1643-1745). Grand aumônier de France 1671-1701

27.5.1684 Hardouin-Mansart à Colbert : *À l'égard de l'appartement de M. le cardinal de Bouillon, la menuiserie n'en peut être prête avant le 15 du dit mois.* A.N. O[1] 1762A dossier 2

Bourbon, Louise Françoise de Bourbon, légitimée de France, *dite* Mlle de Nantes, duchesse de (1673-1743)

8.1685 *Le roi ordonna à M. le cardinal de Bouillon d'aller à son abbaye à Cluny. Le logement du cardinal fut donné à madame la duchesse de Bourbon ; on l'avait logée auparavant dans l'appartement qui touche à celui de Monsieur* [**AP 66A**] *; mais comme Monsieur n'avait pas trouvé bon que le salon fût commun, cela rendait l'appartement de Mme de Bourbon trop incommode... il y eut même quelques petites affaires sur cela...* D I 202

Orléans, Philippe d'Orléans, duc de Chartres, puis d', petit-fils de France, (1674-1723). Régent de France 1715

13.2.1686 *On a mis le duc de Chartres dans l'appartement de M. le cardinal de Bouillon...* D I 295

9.1.1692 *Une après-dînée... que je passais dans la galerie haute, je vis sortir M. le duc de Chartres d'une porte arrière de son appartement.* SS I 69

AP 66A

Bourbon, Louise Françoise de Bourbon, légitimée de France, *dite* Mlle de Nantes, puis duchesse de (1673-1743)

8.1685 *Le roi ordonna à M. le cardinal de Bouillon d'aller à son abbaye à Cluny. Le logement du cardinal* [**AP 66**] *fut donné à madame la duchesse de Bourbon ; on l'avait logée auparavant dans l'appartement qui touche à celui de Monsieur ; mais comme Monsieur n'avait pas trouvé bon que le salon fût commun, cela rendait l'appartement de Mme de Bourbon trop incommode... il y eut même quelques petites affaires sur cela...* D I 202

AP 66 et 66A sont combinés.

Orléans, Marie Françoise de Bourbon, *dite* Mlle de Blois, duchesse d' (1677-1749)

[1700] *L'aile du Midi... est habitée... au premier étage par Monsieur, frère du roi* [**AP 69**], *Madame* [**AP 68**], *M. le duc de Chartres et Mme la duchesse fille du roi.* André Félibien, *Description de Versailles, ancienne et nouvelle*, cité par P. de NOLHAC, *Histoire du château de Versailles*, II 74

12.9.1700 *Sa Majesté a ordonné de lambrisser la petite chambre de Mme la duchesse de Chartres et d'y faire une nouvelle cheminée avec des glaces.* A.N. O[1] 1809 48

[1701] *Le roi a ordonné de mettre un nouveau chambranle de marbre à la cheminée de Mme la duchesse de Chartres.* A.N. O[1] 1809 63

1707 *Mémoire général des ouvrages qui ont été faits par augmentation dans les bâtiments du roi pendant la présente année 1707 : Les changements faits à la petite chambre de Mme la duchesse d'Orléans pour une nouvelle cheminée et une alcôve ont coûté 600 livres.* A.N. O[1] 1762B dossier 1

25.4.1715 *Mme la duchesse d'Orléans... non contente d'un magnifique appartement et très complet à Versailles, s'avisa de se faire un cabinet d'un bouge cul-de-sac à la ruelle de son lit, qui lui servait de garde-robe, où on ne voyait clair que par le haut d'un vitrage qui donnait sur la galerie. Il y était si petit qu'il contenait à peine cinq ou six personnes, encore à la faveur d'un grand enfoncement qu'elle fit faire en grattant et cavant un gros mur vis-à-vis la cheminée, où elle pratiqua une niche à se coucher tout de son long. Il la fallut enduire de plâtre pour unir ce qui était rompu et raboteux partout ; la boiser aurait trop étréci. Elle la meubla donc par-dessus ce plâtre qu'on ne faisait que mettre et tout aussitôt elle y passa ses journées...* SS XXVI 213 *sq.*

15.6.1722 *On résolut enfin que... la Cour se tiendrait à Versailles... M. le duc d'Orléans prit l'appartement de feu Monseigneur en bas* [**CC 26**], *et Mme la duchesse d'Orléans demeura dans celui qu'elle avait en haut auprès du sien* [**AP 66A**] *qui resta vide.* SS XL 264

2.8.1722 *Mme la duchesse d'Orléans, régente, tient souvent appartement chez elle ; le roi y a joué le 2 août. Le Mercure de France*, août 1722

Orléans, Louis Ier d'Orléans, duc de Chartres puis d' (1703-1752)

3.12.1723 ... *je m'en allai chez M. de Chartres, logé dans l'appartement qu'occupait Monsieur son père avant qu'il fut Régent.* SS XLI 302

1724 *M. le duc d'Orléans n'avait pas répondu à l'honnêteté que Monsieur le Duc avait eue pour lui. Il avait envoyé Blouin pour savoir ce qu'il désirait sur les logements. Sa réponse fut qu'il y ferait réflexion ; après quoi il alla demander au roi ceux qui lui convenaient. Le roi ne lui répondit rien, mais il fit part à Monsieur le Duc de ce que lui avait demandé M. le duc d'Orléans et les changements furent ordonnés.* VILLARS IV 279

29.2.1728 *Le roi donne à M. le duc d'Orléans l'appartement qu'avait Monsieur le Duc* [**AP 50**] *; il le fit préparer pour y loger la femme qu'il épousera, et celui qu'il quittera fut destiné à l'enfant dont la reine était grosse.* VILLARS V 124

1734 GG-B 403 ; BLONDEL, planche 7, "c"

Infante[2], Marie Louise Élisabeth de France, *dite* Madame Élisabeth, puis Madame (1727-1759)

1. Cette attribution reste sujette à caution. Dans ces premières années, les légitimées n'avaient pas encore pris possession du rez-de-chaussée de l'aile des Princes, et le cardinal de Bouillon jouissait de la faveur du roi. Mais sa prétention d'être invité au festin donné à l'occasion des noces de Madame la Duchesse et son refus de célébrer la messe de mariage lui valurent l'exil. Ironiquement, son appartement fut donné à la jeune mariée. Bientôt, la duchesse de Bourbon s'installa dans **AP 53**, à côté de sa demi-sœur la princesse de Conti. Voir SS I 96 ; D I 201.

2. En avril 1737, cet appartement fut prêté à Madame Élisabeth entre ses fiançailles avec Philippe de Bourbon, infant d'Espagne, et son départ pour l'Espagne. Voir MARIE, *Versailles... Louis XV*, p. 387.

1741 *État* « S.A.R., puis M. le duc d'Orléans, puis Mme de Modène » "16 pièces, 12 à cheminée ; 15 entresols, 3 à cheminée, compris un au-dessous du degré public"

AP 66 et 66A sont séparés.

AP 66

Tencin, Pierre Guérin, abbé, puis cardinal de (1679-1758). Cardinal 1740 ; ministre d'État 1742
10.9.1742 ... *le roi, n'ayant point de logement vacant présentement, et voulant loger en attendant M. le cardinal de Tencin, lui donne trois pièces du logement qui est dans l'aile des Princes, vis-à-vis de celui-ci et qu'occupait autrefois S.A.R. Mme la duchesse d'Orléans ; il n'y a que le cabinet Ovale, qui donne sur l'escalier, qui n'est point compris dans le dit logement ; on prend même un petit cabinet qui donne sur la galerie dont on avait laissé la jouissance à Mme de Tallard depuis plusieurs années.* L* II 222
Modène, Charlotte Aglaé d'Orléans, duchesse de (1700-1761)
26.7.1743 *Mme de Modène vint ici pour le jeu de la reine... Elle lui fit son remerciement de l'appartement qu'on vient de lui donner. C'est celui de M. le cardinal de Tencin qu'il quitte... pour aller occuper celui de Mlle de La Roche-sur-Yon.* L* V 98

AP 66A

Argenson, Pierre Marc de Voyer de Paulmy, comte d' (1696-1764). Intendant de Paris 1740
19.9.1742 *L'on meubla hier l'appartement que j'ai marqué ci-dessus pour M. le cardinal Tencin* [**AP 66**] *; ce sont des meubles du garde-meuble qu'on lui a prêtés. Celui qui est auprès, destiné pour M. d'Argenson, n'est point encore meublé ; on ne croit pas même qu'il en fasse usage.* L* IV 231
GG-B 1361 [1]

AP 66 et 66A sont combinés.

La Motte-Houdancourt, Louis Charles, comte de (1687-1755). Chevalier d'honneur de la reine 1743 ; maréchal de France 1747
La Motte-Houdancourt, Estelle Thérèse de Courbon, *dite* Mlle de La Roche-Courbon, puis maréchale de († 1773)
22.10.1742 ... *celui auprès de M. le cardinal de Tencin, à Mme de La Motte en attendant...* L* IV 256
26.10.1742 ... *celui qu'on avait destiné d'abord à M. d'Argenson, en attendant, et qui est auprès de celui de M. le cardinal de Tencin dans la galerie des Princes, est donné aussi en attendant à M. de La Motte-Houdancourt.* L* IV 257 ; *cf. ibid.* 256
28.12.1743 *M. le comte de Noailles a été ce matin dire à M. de La Motte de la part du roi que S. M. lui donnait l'appartement de feu M. le duc de Rochechouart* [**AN 55**], *et que comme le roi avait besoin de l'appartement qu'il occupe présentement, il serait bien aisé qu'il s'arrangeât au plus tôt dans celui qu'il lui donne.* L* V 226
Dauphin, Louis de France, *dit* le (1729-1765)
1.12.1744 *Monsieur le dauphin doit venir loger cette semaine dans son nouvel appartement ; on travailla dimanche et hier, jour de Saint-André. Il est nécessaire qu'il quitte son ancien appartement* [**CC 9 et 26**] *pour qu'on puisse l'accommoder pour Mesdames et finir les arrangements nécessaires dans celui que Mesdames occupent aujourd'hui.* L* IV 171
5.12.1744 *[Le roi] est venu ce matin voir le nouvel appartement de Monsieur le dauphin. Monsieur le dauphin doit y venir loger lundi.* L* VI 173
8.11.1744 *Monsieur le dauphin et Madame la dauphine logeront dans la galerie des Princes ; ils l'occuperont presque tout entière à la réserve du logement de M. et Mme de Châtillon* [**AP 69**]. L* VI 129
GG-B 1265 [2]
9.8.1745 *Il y a quelques jours que l'on s'est aperçu que les poutres du salon qui fait le fond de la cour des Princes... sont pourries... on a pris le parti d'en remettre d'autres. Comme il interrompt toute communication de plain-pied de l'appartement de la reine avec l'aile des Princes, où loge Mme de Villars* [**AP 92**] *chez laquelle elle va tous les soirs, hors quelques-uns qu'elle vient chez Mme de Luynes* [**AP 84 et 86**], *la reine pour éviter le désagrément de descendre et de traverser la cour ou le jardin, a pris le parti de venir s'établir aujourd'hui dans l'appartement du dauphin.* L* VII 25

> 31.5.1747 T au roi : *Le duc de Chartres a dit... qu'il ne se trouverait pas assez de logement dans l'appartement du prince de Condé et du comte de Charolais* [**AP 49 et 50**] *; qu'il désirait plutôt occuper celui du dauphin au-dessus,* [**AP 66 et 66A**] *en y joignant la chambre à coucher de Madame la dauphine... il ne resterait plus de l'appartement de Madame la dauphine que son grand et beau cabinet, qu'il serait dommage de changer, et les deux antichambres qui le précèdent. Le duc de Chartres a dit... que si V. M. n'était pas dans l'intention de lui accorder l'appartement du dauphin avec la chambre de Madame la dauphine, il aimait mieux rester dans le sien* [**AP 52**]... *moyennant un entresol sur la chambre de glace de Mme la duchesse de Chartres et le rem-*

1. Ce plan est reproduit dans MARIE, *Versailles... Louis XV*, p. 529. Les espaces alloués à Tencin et d'Argenson sont annotés "C" (**AP 66**) « Appartement nouveau », (croisées 3 à 7) et "B" (**AP 66A**) « Appartement nouveau » (croisées 8 à 11). L'espace appelé "A" (croisées 12 et 13 de **AP 66A**) est qualifié de « pièces occupées par Mme de Tallard et par ses domestiques ». BLONDEL, planche VII "b", attribue aussi ce petit espace aux « dames de France ». Voir plus loin.

2. Ce plan est reproduit dans MARIE, *Versailles... Louis XV*, fig. 203 : là, dans l'espace désigné auparavant par **AP 66** "A", se trouve la « salle des gardes de Monsieur le dauphin », (croisées 3 et 4) ; "B" est la « première antichambre de Monsieur le dauphin », (croisées 4 et 6) ; et "C" est la « seconde antichambre de Monsieur le dauphin », (croisées 7 et 8). Dans l'espace auparavant appelé **AP 66A**, "D" se trouve être la « chambre de Monsieur le dauphin », (croisées 9 et 10) ; et "E" est le « grand cabinet de Monsieur le dauphin », (croisées 11 et 12). Dans l'espace précédemment baptisé **AP 67**, "F" est la « chambre de Madame la dauphine », (croisées 13 et 14). L'ancien **Grand Salon** est le « grand cabinet de Madame la dauphine ».

placement de son antichambre que l'on prendra pour les Enfants de France, par celle qui est commune avec [Mlle de Charolais] **[AP 51]**. A.N. O[1] 1070 322

Grand Salon

AP 67
Guise, Élisabeth d'Orléans, *dite* Mlle d'Alençon, duchesse de († 1696)
Mademoiselle, Élisabeth Charlotte d'Orléans, *dite* plus tard duchesse de Lorraine (1676-1744)
27.3.1696 *Le roi a donné l'appartement qu'avait feu Mme de Guise à Mademoiselle, qui sera bien mieux logée qu'elle n'était et qui sera tout auprès de Madame.* D V 385
Fürstemberg, Guillaume Égon von, cardinal de (1629-1704). Cardinal 1686
25.1.1698 *Le roi fait des changements dans les logements de Versailles ; il prendra l'appartement de M. le cardinal de Fürstemberg* **[VA 36]** *pour le joindre à celui de Mme de Maintenon* **[CC 34]**, *qui était trop étroitement logée ; le roi destine à M. le cardinal de Fürstemberg l'appartement de Mademoiselle et jusqu'à ce qu'elle parte il aura celui de Mme d'Arpajon* **[AP 84 et 86]**. D VI 283

AP 67 et 68 sont combinés.

Les Enfants de France
Bretagne, Louis de France, duc de (1704-1705)
Bretagne, Louis de France, duc de (1707-1712)
La Motte-Houdancourt, Louise de Prie, maréchale de (1624-1709). Gouvernante des Enfants de France
26.3.1704 *Le roi pria Madame de vouloir bien loger dans l'appartement de feu Monsieur* **[AP 69]** *qui a toujours été vide depuis sa mort, et l'on mettra dans l'appartement que quitte Madame l'enfant dont Mme la duchesse de Bourgogne accouchera. Le roi prend le logement de M. le cardinal de Fürstemberg* **[AP 67]**, *qui touche à celui de Madame pour y mettre Mme la maréchale de La Motte, et on ouvrira une porte de communication entre ces deux appartements. On donne le logement qu'avait la maréchale de La Motte dans l'autre aile* **[AP 40 et 41]** *à M. le cardinal de Fürstemberg, qui l'a déjà eu autrefois.* D IX 470
1707 *Mémoire générale des ouvrages qui ont été faits par augmentation dans les bâtiments du roi pendant la présente année 1707 : Les entresols faits dans l'appartement de Mgr le duc de Bretagne et l'escalier pour y monter... 2 800 livres.* A.N. O[1] 1762B dossier 1
Ventadour, Charlotte Éléonore Madeleine de la Motte-Houdancourt, duchesse de (1651-1744). Gouvernante des Enfants de France en survivance 1704, puis en titre 1709
Louis XV, Louis de France, duc d'Anjou, puis roi de France (1710-1774)
Madame Élisabeth, Louise Élisabeth de France, *dite*, duchesse de Parme, *dite* Madame l'Infante (1727-1759)
Madame Henriette, Anne Henriette de France, *dite* Madame Seconde puis (1727-1752)
Madame Troisième, Marie Louise de France, *dite* (1728-1733)
Dauphin, Louis de France, *dit* le (1729-1765)
Madame Adélaïde, Marie Adélaïde de France, *dite* Madame Quatrième, puis en 1737 (1732-1800)
Madame Victoire, Victoire Louise Marie Thérèse de France, *dite* Madame Cinquième, puis en 1745 (1733-1799)
Madame Sophie, Sophie Philippine Élisabeth Justine de France, *dite* Madame Sixième, puis en 1745 (1734-1782)
Madame Septième, Thérèse Félicité de France *dite* (1736-1744)
Madame Louise, Marie Louise de France, *dite* (1737-1787)
GG-B 401 ; BLONDEL, planche 7 "b", « Les dames de France [1] »
1741 *État* « Enfants de France » "8 pièces, 6 à cheminée ; 6 entresols, 2 à cheminée"

AP 67 et 68 sont combinés avec le **Grand Salon** et deux croisées de **AP 66A** en 1744.

Dauphine, Marie-Thérèse de Bourbon, infante d'Espagne, *dite* la (1726-1746)
GG-B 1265 [2]
8.11.1744 *Monsieur le dauphin et Madame la dauphine logeront dans la galerie des Princes ; ils l'occuperont presque tout entière à la réserve du logement de M. et Mme de Châtillon* **[AP 69]**... *D'abord l'appartement de Madame la dauphine devait être du côté de l'escalier, et en conséquence dans la pièce qui est au milieu de la galerie* **[Le Grand Salon]** *et dans laquelle étaient beaucoup de colonnes de pierre. Comme l'on voulait y faire un cabinet pour Monsieur le dauphin, on avait entouré de menuiserie les dites colonnes, ce qui faisait un fort mauvais effet et rendait l'ouverture des croisées plus étroite. Monsieur le dauphin y fut à son retour de Metz, et fut choqué de cet arrangement ; en conséquence il a été résolu de mettre l'appartement de Madame la dauphine de ce côté-là ; et pour lui faire un grand cabinet d'assemblée, il a fallu un petit cabinet particulier pour Madame la dauphine qui donne sur la galerie...* L* VI 129 *sq.*
2.3.1745 *Je n'ai point parlé du meuble de Madame la dauphine. La tapisserie qui est dans la chambre est une ancienne tapisserie du garde-meuble ; celle qui est dans le grand cabinet avant la chambre est faite ici depuis peu et représente l'histoire d'Esther [3] ; elle a été tendue à Paris dans la pièce du trône pour la première fois ;*

1. Croisées 13 à 27.
2. Ce plan est reproduit dans MARIE, *Versailles... Louis XV*, fig. 203. À l'extrémité sud de l'espace dénoté précédemment **AP 66A** "F" est la « chambre de Madame la dauphine » (croisées 13 et 14). L'espace précédemment appelé **Grand Salon** "G" est le « grand cabinet de Madame la dauphine » (croisées 15, 16 et 17). Dans l'espace antérieurement baptisé **AP 67**, "H" est la « seconde antichambre de Madame la dauphine » (croisées 18 et 19) et "I" est la « première antichambre de Madame la dauphine » (croisées 20 et 21).
3. Note de Luynes à son texte : *M. le contrôleur général m'a dit que comme cette tapisserie est unique, il avait résolu d'en faire faire une copie, et qu'il l'allait faire faire sur les mesures du grand cabinet de Madame la dauphine, parce qu'à celle-ci la pièce étant trop grande, il a fallu la remplir considérablement.*

elle est très belle. Le lit de la chambre de Madame la dauphine est une étoffe cramoisie avec beaucoup de fleurs d'or ; elle est faite à Lyon comme celle du meuble de la reine ; mais comme il n'y en avait pas assez pour faire le lit, on y a suppléé pour les pentes et les soubassements avec une étoffe à peu près pareille qui s'est trouvée dans le garde-meuble. Cette étoffe avait été faite du temps de M. de Colbert pour le tendelet d'un bâtiment du canal de Versailles ; il y avait des fleurs de lis brodées dans cette étoffe ; on les a ôtées, on a mis à la place des dauphins brodés en argent. Tous les fauteuils, tabourets, chaises et écrans de la chambre et du grand cabinet sont pareils. M. de Fontanieu, intendant du garde-meuble, m'a dit que ce meuble de la chambre et du cabinet irait à environ 45 000 livres. Ce n'est que pour les bois, la broderie, et les façons, puisque l'étoffe était au garde-meuble. Dans le petit cabinet particulier de Madame la dauphine, qui donne sur la galerie, il y a un meuble fort riche, composé d'un canapé, de fauteuils et tabourets ; ce meuble est d'étoffe de Constantinople, avec beaucoup de broderie. M. de Fontanieu compte qu'il pourra coûter 15 000 livres. L* VI 341 *sq.*
11.7.1747 *On a mis depuis environ un mois un meuble neuf dans la chambre et le grand cabinet de Madame la dauphine ; il est gros de Tours. Monsieur le dauphin prétendait et avait dit qu'il coûtait 50 000 écus ; M. de Fontanieu, qui l'a fait faire, a été très peiné de ce que Monsieur le dauphin a dit publiquement ; il assure qu'il ne coûte que 50 000 livres. Il y a 800 aunes d'étoffe à 33 livres outre la façon, qui est un objet considérable.* L* VIII 243

AP 66, 66A, le Grand Salon et 67 sont combinés en 1747.

Madame Henriette, Anne Henriette de France, *dite* (1727-1752)
Madame Adélaïde, Marie Adélaïde de France, *dite* (1732-1800)
GG-B 1265[1]
2.10.1746 *État des glaces à fournir par la manufacture pour les appartements de Mesdames de France et Mme la duchesse de Brancas* [**AP 68**] *au château de Versailles... Total = 55 livres.* A.N. O[1] 1810 I 121
15.6.1747 *Lorsque Monsieur le dauphin et Madame la dauphine entreront dans leur appartement en bas* [**CC 26**]... *Mesdames entreront en même temps dans l'appartement de Monsieur le dauphin et Madame la dauphine.* L* VIII 243
13.6.1747 T, à d'Étioles, au roi : ... *Votre Majesté m'avait ordonné de lui envoyer le plan des appartements de Monsieur et Madame la dauphine et de Mesdames. Votre Majesté se souviendra sans doute que l'année dernière lorsque feu Madame la dauphine vivait, Monsieur le dauphin avait désiré un entresol au-dessus de son cabinet, attendu qu'il n'était pas content de ceux qui donnaient sur la galerie. Je joins au plan de l'appartement de Monsieur le dauphin, le projet de cet entresol. Je viens de recevoir de M. le comte de Noailles l'état de la disposition que Votre Majesté a fait de l'appartement de Monsieur et Madame la dauphine par lequel il paraît qu'Elle destinait à Mesdames cet appartement. Peut-être Votre Majesté voudrait-Elle suivre pour Mesdames le projet de l'entresol sur le cabinet de Monsieur le dauphin et destiner pour le service de Mesdames ceux qui sont sur la galerie...* Réponse : *Si mes filles désiraient qu'on fasse l'entresol sur leur cabinet, j'en suis très consentant et j'en approuve le projet.* A.N. O[1] 1070 324
11.7.1747 *On a mis aussi depuis deux jours dans les deux chambres de Mesdames deux meubles pareils, qui sont de taffetas flambé et qui sont fort beaux.* L* VIII 243
27.11.1750 *Depuis que la maison de Madame* [Henriette] *et Madame Adélaïde est formée il y n'a plus que leur lit dans chacune de leurs chambres ; jusqu'à présent, il y avait eu deux lits dans chaque chambre. On apporte le soir un lit de veille pour la première femme de chambre.* L* X 384
27.2.1752[2] *De chez Madame la dauphine, on a monté chez Madame Adélaïde, qui loge au bout de la galerie d'en haut. On est entré par le bout de cette galerie, et traversant les deux antichambres et le cabinet long on a fait les révérences dans la chambre à coucher de Madame Adélaïde, ou elle était seule, debout, en mante, et par conséquent toutes ses dames. De là, on a passé à la seconde pièce, et de là par un corridor, pour entrer dans l'appartement de Mesdames les cadettes* [**AP 67**]... L* XI 426

AP 66, 66A, le Grand Salon et 67 sont divisés.

AP 66 et 66A
Orléans, Louis Philippe Ier d'Orléans, duc d' (1725-1785)
5.3.1752 *Madame Adélaïde prit le 5... possession de son nouvel appartement* [**CC 23**]... *M. le duc et Mme la duchesse d'Orléans reprennent l'appartement qu'ils avaient et le roi a donné à M. et Mme de Penthièvre celui de feu Madame Henriette et celui de Madame Adélaïde... C'était là le premier arrangement, mais depuis M. le duc et Mme la duchesse d'Orléans ont mieux aimé prendre l'appartement de feu Madame et celui de Madame Adélaïde.* L* XI 448 *sq.*
8.101.1754 E à M : *Quant à l'entresol de Mgr le duc d'Orléans... où il faut un chambranle de marbre, je lui destine celui qu'on vient d'ôter des bains du logement*

1. Ce plan, avec la distribution révisée de l'espace destiné à Mesdames, est reproduit dans MARIE, *Versailles... Louis XV*, fig. 203. L'espace précédemment appelé **AP 66** contient "A" « première antichambre de Mesdames » (croisées 3 et 4), "B" « deuxième antichambre de Mesdames » (croisées 5 et 6) ; et "C" « cabinet de Madame [Henriette] précédant la chambre » (croisées 7 et 8). L'espace précédemment dénoté **AP 66A** contient "D" « chambre de Madame [Henriette] » (croisées 9 et 10) ; "E" « cabinet commun » (croisées 11 et 12) ; et "F" « chambre de Madame Adélaïde » (croisées 13 et 14). L'espace précédemment dénoté « grand cabinet » reste sans changement. L'espace précédemment baptisé AN 67 est "H" « antichambre dernière » (croisées 18 et 19). L'espace restant dans **AP 68**, éclairé par croisées 20 et 21, est attribué à la maréchale de Duras.

2. À la mort de Madame Henriette, Madame Adélaïde fut temporairement installée dans l'appartement du duc d'Orléans, qui était absent à cause de la mort récente de son père.

de M. le marquis de Puysieulx, inutile aujourd'hui à M. Rouillé par les changements qu'il vous a demandés. A.N. O[1] 1796 91

11.1755 BLONDEL, planche 3, "b" « Appartement de M. le duc et de Mme la duchesse d'Orléans, anciennement celui de Monsieur le dauphin... [1] »

Bourgogne, Louis Joseph Xavier de France, duc de (1751-1761)

La Vauguyon, Antoine Paul Jacques de Quélen d'Esteur de Caussade, duc de (1706-1772). Menin du dauphin 1745 ; gouverneur du duc de Bourgogne 1758

18.3.1757 *Le logement de M. le duc et Mme la duchesse d'Orléans et une pièce de celui que M. le duc de Penthièvre quitte à M. le duc de Bourgogne* Projet d'arrangements : A.N. O[1] 1076 476

29.3.1757 *Celui de M. le duc et de Mme la duchesse d'Orléans et une pièce de celui que M. le duc de Penthièvre quitte à Mgr le duc de Bourgogne et son gouverneur.* L* XV 497

[4.1758] E à M : *L'appartement de Mgr le duc de Bourgogne s'achève ; on le meuble et il y sera logé au premier mai.* A.N. O[1] 1071 10

2.5.1758 *Mgr le duc de Bourgogne fut remis entre les mains de M. de La Vauguyon. Mgr le duc de Bourgogne prit possession hier de son appartement ; c'est celui qu'avait M. le duc d'Orléans en dernier lieu ; c'est le premier étage de la galerie des Princes du côté de l'escalier.* L* XVI 432

1758 *Le logement du gouverneur de Mgr le duc de Bourgogne à M. le comte de La Vauguyon...* Disposition des logements... pour le service de Mgr le duc de Bourgogne : A.N. O[1] 1076 506

7.6.1758 M à E : *Vous auriez agréable de faire faire la persienne que M. le comte de La Vauguyon me demande pour l'entresol de son appartement. À l'égard de ce qu'il me demande dans les deux travées, qu'il a vu de ce même appartement, il ne m'est pas possible de lui accorder, ayant ordres précis du roi de ne pas permettre qu'il soit fait aucune espèce d'ouvrage dans les arcades du château, la décoration en souffrant trop.* A.N. O[1] 1796 588

Berry, Louis Auguste de France, duc de, plus tard Louis XVI (1745-1793)

Provence, Louis Stanislas Xavier de France, comte de (1755-1824)

Artois, Charles Philippe de France, *dit* comte d' (1757-1836)

22.10.1764 GG-B 2882 « Plan légendé de l'appartement des Enfants de France au premier étage de l'aile du Midi... »

26.7.1764 E à M : *L'appartement de Mgr le comte d'Artois avance très fort et il le pourra occuper en entrant aux hommes qu'on assure être à la Saint-Louis.* A.N. O[1] 1797 476

4.11.1764 E à M : *Tous les changements et ajustements convenables dans l'appartement de Mgr le comte d'Artois ont été faits pour qu'il le puisse occuper lorsqu'il passera aux hommes. Relativement aux pièces qu'il aurait en augmentation après la mort de Mme la maréchale de Duras* [**AP 67 et 68**], *afin d'éviter de rien démolir (ce qui y aurait été fait précédement, cependant quoi que par le nouveau plan... il s'agisse de plusieurs changements), je n'ai pas cru devoir y faire commencer vu le prochain retour de ce prince et l'impossiblité qu'il y aurait de travailler chez lui quand il serait à Versailles. M. le duc de La Vauguyon en partant pour Fontainebleau m'ayant demandé une cheminée dans la garderobe à chaise de Mgr le comte d'Artois, absolument indispensable pour l'empêcher de s'enrhumer, ainsi qu'en ont Mgrs le duc de Berry et le comte de Provence. L'on vient d'en faire un au moyen de celle de la garderobe de Mme la maréchale de Duras, regardée comme inutile. Par conséquence n'ayant plus à y compter pour l'antichambre de Mme la duchesse de Villequier, il faudra y mettre un poêle. Dans ce même nouveau plan, la garde-robe à cheminée qui vient d'être faite à M. le comte d'Artois lui est ôtée pour la donner à Mme la duchesse de La Vauguyon et l'on remplace celle de ce prince dans la cage de l'escalier à côté qui est à démolir et où il n'est pas possible d'y pratiquer une cheminée. De plus cet escalier étant nécessaire pour communiquer dans l'entresol au-dessus, il en est marqué un autre à construire dans la pièce du premier valet de chambre de ce prince, laquelle étant déjà très petite ne pourrait être à son usage en la réduisant.* A.N. O[1] 1797 502

1764 *La chambre à coucher, le cabinet de travail et le salon sont étayés. Les étais et les boiseries tout autour sont matelassés à hauteur d'homme, afin qu'en jouant ils ne puissent se blesser. Ces appartements, garnis de tapis de la Savonnerie ou des Gobelins très épais, les préservent de tout danger de ce côté-là. Le gouverneur les quitte peu et laisse le gouvernement, si cela lui arrive, aux sous-gouverneurs. Quand tous les deux manquent, le gentilhomme de la manche, le premier de garde, les remplace.* DUFORT I 309

1770 *État A* « Les princes » "18 pièces"

Artois, Marie Thérèse de Savoie, comtesse d' (1756-1805)

1772 GG-B 1321 « Plan côté d'un projet d'aménagement d'appartement pour le comte et la comtesse d'Artois au premier étage de l'aile du Midi sur le jardin... »

10.10.1773 *État général des différents travaux : Les appartements de Mgr et Mme la comtesse d'Artois, y compris les bains, la bibliothèque et les changements demandés par ce prince depuis le premier devis... 90 000 livres.* Note : *Il a été donné sur cet appartement 30 000 en deux fois.* A.N. O[1] 1799 184

1770 *État A* « Mgr le comte d'Artois » "12 pièces, 7 à cheminée ; 6 entresols, 3 à cheminée"

2.1.1775 *Labault, garde-meuble et concierge de Mgr le comte d'Artois a l'honneur de supplier M. le comte d'Angiviller de vouloir bien donner ses ordres pour qu'il soit pratiqué un cabinet dans les entrecroisées de la galerie vis-à-vis l'appartement pour servir d'entrepôt à divers objets nécessaires au service journalier du prince qu'on ne parvient trouver place* [sic] *dans la distribution du dit appartement.* A.N. O[1] 1799 288

16.6.1778 H à A : *Demandes faites à M. le directeur général par Mme la comtesse d'Artois : la suppression du poêle et de son récipient qui sont au pied de l'escalier de sa bibliothèque et la pose d'une armoire en rempla-*

1. Croisées 3 à 14.

cement ; un trophée en sculpture dans le panneau au-dessus de la niche de son cabinet. A.N. O[1] 1800 204
6.11.1781 N... [Gelangue], à Paris, à A : *J'ai l'honneur de vous informer que Mgr [le] comte d'Artois m'ayant demandé de faire pratiquer dans la cheminée de son nouveau cabinet à Versailles un* modérateur *qu'a imaginé Mr Franklin pour empêcher la fumée, je n'ai voulu prendre sur moi d'y rien faire faire sans avoir auparavant votre agrément. Ce moyen qui vous est sûrement connu puisqu'il est fondé sur des principes physiques consiste à mettre toujours en équilibre l'air intérieur de la chambre avec la capacité du tuyau de cheminée au moyen d'une trappe de tôle, qu'il nomme* régulateur *et qu'on fait mouvoir à discrétion, de manière que quand le volume d'air vient à augmenter, on puisse diminuer l'ouverture de la cheminée. Cet expédient n'est sujet ni au danger du feu, ni à aucune construction considérable en plâtre. Si cependant, Monsieur le comte, vous n'approuviez pas que cela fût fait par le sieur Meler, fumiste de Monseigneur. qui connaît cette construction, ou que le fumiste des Bâtiments du roi eût connaissance de ce nouveau principe, vous voudriez bien faire passer vos ordres à M. Moyreau, contrôleur des bâtiments de Monseigneur le comte d'Artois, qui sera demain matin mercredi dans l'appartement du prince à Versailles.* Réponse : *Même jour répondu d'adhésion au travail par M. Meler, mais sous l'inspection des préposés des Bâtiments. Donné avis au sieur Heurtier par d[it] Saunier d'une des lettres à lui écrites le 6 novembre.* A.N. O[1] 1801 187
1787 *État* E « Mme la comtesse d'Artois » "10 pièces, 9 à cheminée ; 9 entresols, 6 à cheminée"
M. [le comte] *et Mme la comtesse d'Artois occupaient... avec Madame Élisabeth, tout le premier étage de l'aile droite du château qui donnait sur l'orangerie, dans la galerie appelée galerie des Princes. Ces appartements, quoique vastes, ne l'étaient pas tant que plusieurs cabinets ne tirassent leur jour de la galerie et ne fussent très obscurs.* D'HÉZECQUES 63

Grand Salon et AP 67
Madame Victoire, Victoire Louise Marie Thérèse de France, *dite* (1733-1799)
25.3.1748 *Le roi... trouva Madame Victoire qui sortait du village de Sceaux... L'appartement de Madame Victoire n'est jusqu'à présent qu'une chambre à coucher. Cette pièce faisait la seconde antichambre de Madame la dauphine ; d'un côté est le grand cabinet de Mme la maréchale de Duras qui faisait la première antichambre de Madame la dauphine, et de l'autre côté le grand salon de Madame la dauphine, qui subsiste encore et qui fait l'extrémité de l'appartement de Mesdames. Ainsi, on ne peut arriver chez Madame Victoire qu'en traversant l'appartement de Mesdames en entier ou en passant par le cabinet de Mme la maréchale de Duras.* L* VIII 482
20.5.1748 *Mme de Lalande demande de M. de Tournehem de faire hausser une croisée sur la galerie pour se servir de la garde-robe de Mesdames à laquelle il n'y a pas beaucoup de difficulté par rapport à un enfoncement qui se trouve en dedans, ce qui sera d'une grande utilité pour pouvoir être éclairé à arranger les diamants sur les habits.* Réponse : *À M. L'Écuyer pour m'en parler.* A.N. O[1] 1810 II 52
Madame Sophie[1], Sophie Philippine Élisabeth Justine de France, *dite* (1734-1782)
Madame Louise, Louise Marie de France, *dite* (1737-1787)
Condé, Louis Joseph de Bourbon-Condé, prince de (1736-1818)
23.6.1754 N au roi : *L'intention de Votre Majesté est toujours que le logement de Mesdames soit donné quand Madame Louise en sera sortie à M. le prince et Mme la princesse de Condé ?* Réponse : *Oui.* A.N. O[1] 1076 372
25.7.1754 *Le logement de Madame Victoire, de Madame Sophie, et de Madame Louise à M. le prince de Condé.* L* XIII 286
16.7.1754 Le prince de Condé à M : *L'appartement que Sa Majesté vient de me donner à Versailles est disposé de façon que n'ayant qu'une entrée à bout, les pièces se trouvent d'enfilade et il est difficile de l'arranger pour Mme la princesse de Condé et pour moi sans y faire un petit changement qui consiste comme vous le verrez par le plan que je vous envoie à faire l'entrée par une des pièces du milieu pour distribuer à droite et à gauche et à rendre un logement à l'entresol plus commode qu'il n'est parce que je serai obligé de m'y loger, ne pouvant avoir en bas qu'un cabinet de jour.* A.N. O[1] 1796 28
25.7.1754 M à E : *Vous verrez, Monsieur, par le plan ci-inclus que M. le prince de Condé m'a envoyé des changements que Son Altesse Sérénissime me demande dans l'appartement que le roi vient de lui donner à Versailles.* A.N. O[1] 1811 I 119
11.8.1754 M à E : *J'apprends... que le roi vient d'accorder à M. le prince de Condé et à Mme la princesse de Condé l'appartement qu'occupait M. le duc et Mme la duchesse de Penthièvre au château de Versailles, ainsi vous ne ferez point travailler aux changements que Son Altesse Sérénissime le prince de Condé m'avait demandés...* A.N. O[1] 1811 I 119
Penthièvre, Louis Jean Marie de Bourbon, *dit* duc de (1725-1793). Grand Veneur 1737
9.8.1754 *On donne à M. de Penthièvre le logement qu'avaient Mesdames au milieu de cette galerie... qui était destiné à M. et Mme la princesse de Condé.* L* XIII 310
15.8.1754 *Le logement de Mesdames qui était destiné à M. le prince et Mme la princesse de Condé à M. le duc de Penthièvre...* Distribution : A.N. O[1] 1076 374
11.1755 BLONDEL, planche III "c" « Appartement de M. le duc de Penthièvre[2] »
27.6.1756 *Le logement de M. le duc de Penthièvre en réserve pour Monseigneur le duc de Bourgogne.* Changements : A.N. O[1] 1076 444
Clermont-Tonnerre, Marie Anne de Lentilhac de Gimel, marquise de († 1776). Dame d'atour de Mesdames

1. Mesdames Sophie et Louise revinrent de Fontevrault le 18 septembre 1750.
2. Croisées 15 à 21.

18.3.1757 *L'ancien logement de M. le duc de Penthièvre en ôtant une pièce pour Mme la maréchale de Duras qui en cède une pour loger M. le duc d'Orléans à Mme la marquise de Clermont.* Projet d'arrangements : A.N. O[1] 1076 476

AP 67 est divisé en **AP 67A et 67B** [1].

AP 67A

La Vauguyon, Paul François de Quélen d'Esteur de Caussade, marquis de Saint-Maigrin, puis duc de (1746-1828). Menin 1770

La Vauguyon, Antoinette Rosalie de Pons, marquise de Saint-Maigrin, puis duchesse de (1751-1824). Dame d'atour puis dame d'honneur de la comtesse de Provence 1774

1.8.1770 *Monseigneur le dauphin demande que la partie du logement de Monseigneur le comte de Provence qui ne sera pas occupée par Monseigneur le comte d'Artois soit prêtée à M. le duc de La Vauguyon pour y loger M. le duc et Mme la duchesse de Saint-Maigrin jusqu'à ce qu'ils aient un logement d'ailleurs et le rendant comme de raison au mariage de Mgr le comte d'Artois et rendant la partie de l'antichambre de l'ancien logement de Mgr le comte d'Artois sur laquelle on a fait un retranchement et qui deviendra inutile au service de Mgr le comte de Provence à son mariage.* A.N. O[1] 1077 89

Valentinois, Marie Christine Chrétienne de Saint-Simon, comtesse de (1728-1774). Dame pour accompagner Mesdames 1762 ; dame d'atour de la comtesse de Provence 1772

1770 *État* A « Mme de Valentinois, M. de Saint-Maigrin (à examiner) »

6.1.1771 N au roi : *Mme la duchesse de Brancas ne voulant pas du logement de Mgr le comte d'Artois, Mme la comtesse de Valentinois ne voulant pas déplaire à Votre Majesté en demandant celui de MM. de Champlot et de Champcenetz* [**AP 117 et 118**], *demande le dit logement avec antichambre entière et l'entresol de M. Tortillier, au mariage de Mgr le comte de Provence. La cuisine qui a été faite pour elle lui restera quoiqu'elle change de logement.* A.N. O[1] 1077 103

1.1771 N au roi : *Il y a une grande discussion entre Mme la comtesse de Valentinois et M. le duc de Saint-Maigrin au sujet d'une antichambre. Le comte de Noailles ne veut pas ennuyer Votre Majesté d'un plaidoyer, mais quand même, M. le duc de Saint-Maigrin* [n']*aurait raison ; son logement étant de grâce et celui de Mme la comtesse de Valentinois de justice, il paraît qu'il doit passer la communication. Le comte de Noailles supplie que... Mme la comtesse de Valentinois ait l'antichambre où est le garde du corps aujourd'hui et que la porte soit bouchée en conséquence le jour du mariage. M. le duc de La Vauguyon a assez de pièces dans son intérieur pour aider M. le duc de Saint-Maigrin qui ne sera pas bien malade d'entrer par une très petite antichambre dans la galerie.* A.N. O[1] 1077 105

3.1771 GG-B 2101 « Appartement ci-devant à Mgr le comte d'Artois, destiné à Mme la duchesse de Valentinois [2] »

3.1771 *Extrait du détail de la dépense à faire à l'appartement de Mme la duchesse de Valentinois au château de Versailles... 8 374 livres.* A.N. O[1] 1763B

7.3.1773 N à M : *J'ai l'honneur de vous envoyer... l'arrangement que le roi a jugé à propos de faire pour ôter Mme la comtesse de Valentinois du logement de la future Mme la comtesse d'Artois...* A.N. O[1] 1800 283

14.3.1771 N au roi : *Mme la comtesse de Valentinois est très contente... de son logement, mais elle voudrait bien être débarrassée de la garde-robe de Mgr le comte d'Artois qui est restée sous la même clef que les entresols et par le même escalier. Le comte de Noailles... lui a répondu... que le dit entresol ne pouvait lui être donné comme de raison que dans le cas où M. le duc de la Vauguyon placera la garde-robe ailleurs.* A.N. O[1] 1077 109

29.3.1771 *L'ancien logement de Mgr le comte d'Artois au premier étage à Mme la comtesse de Valentinois, dame d'atour de la comtesse de Provence* A.N. O[1] 1077 123 ; *cf.* 1798 614

30.3.1771 *Deux pièces du logement de M. le comte de Provence, aile du Midi, principal étage à M. le duc de Saint-Maigrin, menin de Mgr le dauphin...* Disposition : A.N. O[1] 1798 614

29.11.1771 *Mme la comtesse de Valentinois demande d'avoir la garde-robe de Mgr le comte d'Artois et qu'on la place dans les entresols du logement de M. le duc de Saint-Maigrin.* A.N. O[1] 1077 144

AP 67B

Mlle de Condé, Louise Adélaïde de Bourbon-Condé, *dite* (1752-1824)

1777 *État* B « Mlle de Bourbon-Condé »

AP 67 A et B sont combinés en **AP 67A**

Orléans, Louis Philippe Ier d'Orléans, duc d' (1725-1785)

Orléans, Louis Philippe Joseph, duc d' (1747-1793)

23.7.1780 *La chambre de Mlle de Condé à M. le duc d'Orléans...* Distribution autographe de Louis XVI : A.N. O[1] 1800 593 ; *cf.* 1077 262

8.1780 *M. le duc d'Orléans aura son antichambre actuelle, la chambre de Mlle de Condé, deux petites pièces sur la galerie et les entresols au-dessus de ces quatre pièces.* Ordre du roi pour la distribution : A.N. O[1] 1800 600

Balby, Anne de Caumont La Force, comtesse de (1758-1842). Dame pour accompagner la comtesse de Provence, puis sa dame d'atour 1780

27.11.1785 *Le logement de M. le duc d'Orléans, en retranchant un entresol à la comtesse de Balby.* Bon du roi : A.N. O[1] 1802 141 ; *cf.* 1077 306

1787 *État* E « M. le duc d'Orléans » "3 pièces, 2 à cheminée ; 1 entresol à cheminée, 2 soupentes"

1. Ces deux désignations paraissent avoir été attribuées à des petits appartements tirés du **Grand Salon**.

2. L'appartement inclut le **Grand Salon** et deux croisées supplémentaires vers le sud.

Entresols au-dessus de AP 67A
Damas d'Antigny, Jacques François, comte, puis marquis de (1732-1811). Menin du dauphin 1770
Damas d'Antigny, Zéphyrine Félicité de Rochechouart-Faudoas, comtesse, puis marquise de (1733-1776). Dame de la dauphine 1762-1767, puis de la comtesse de Provence 1772
17.4.1772 N au roi : *M. le dauphin ayant donné au comte de Noailles la liste de ses menins suivant le rang qu'il désirait qu'ils fussent logés a mis M. le comte de Damas le premier. Votre Majesté veut-Elle bien lui accorder l'entresol de M. le duc de La Vauguyon en attendant mieux ?* Réponse : *Oui.* A.N. O^1 1077 155
Gontaut, Charles Antoine Arnauld, duc de (1708-1800)
27.11.1785 *L'entresol détaché du logement de M. le duc d'Orléans à M. le duc de Gontaut.* Bon du roi : A.N. O^1 1802 141 ; *cf.* 1077 306
29.11.1785 P à A : *M. le duc d'Orléans préférant de garder le sien, je vous prie de vouloir bien donner vos ordres pour que les communications du logement avec l'entresol soient fermées.* A.N. O^1 1802 140

AP 68 et 69
Dauphine, Marie Anne Christine Victoire de Bavière, *dite* la (1660-1690)
6.5.1682 ... *le roi quitta Saint-Cloud pour venir s'établir à Versailles... Madame la dauphine... fut obligée de changer d'appartement le second jour qu'elle y fut arrivée parce que le bruit l'empêchait de dormir.* S I 99 *sq.*
Orléans, Philippe de France, *dit* Monsieur, duc d' (1640-1701)
Orléans, Élisabeth Charlotte von der Pfalz, *dite* Madame, duchesse d' (1652-1722)
1701 *[Madame] garda à Versailles l'appartement de Monsieur avec le sien.* SS VIII 363

AP 68 est combiné avec **AP 67** pour créer l'appartement des Enfants de France de 1723-1744 [1].

AP 68 et 69
Châtillon, Alexis Madeleine Rosalie, comte, puis en 1736 duc de (1690-1754). Gouverneur du dauphin, fils de Louis XV, premier gentilhomme de sa chambre et maître de sa garde-robe 1735-1744
Châtillon, Anne Gabrielle Le Veneur de Tillières, duchesse de (1699-?). Dame d'honneur désignée de la dauphine 1744
8.11.1744 *Monsieur le dauphin et Madame la dauphine logeront dans la galerie des Princes* [**AP 66, 66A, Grand Salon et 67**] *; ils l'occuperont presque tout entière à la réserve du logement de M. et Mme de Châtillon.* L* VI 129
1.12.1744 *Le roi... avait donné cet appartement de Mesdames* [**AP 69**] *à M. et Mme de Châtillon ; il l'a donné il y a quelques jours à M. et Mme de Brancas...* L* VI 171

AP 68
Brancas, Marie Angélique Fremyn de Moras, duchesse de (1676-1763). Dame d'honneur de la dauphine 1744-1762
Brancas, Louis Antoine de Brancas, duc de à la renonciation au titre de son père en 1708 (1682-1760)
7.1.1746 *On ne sait point encore la distinction des logements que l'on doit faire à l'occasion de l'accouchement de Madame la dauphine ; il paraît seulement décidé que l'on reprendra l'appartement de M. et Mme de Brancas et celui de Mme de Modène.* [**AP 69**]. L VII 195
Duras [2], Angélique Victoire de Bournonville, maréchale de (1686-1764). Dame d'honneur de Mesdames 1746
11.2.1746 *Mme la maréchale de Duras chez Mme de Brancas...* Disposition : A.N. O1 1076 104
13.2.1746 *Mme la maréchale de Duras aura le reste du logement de Mme de Brancas* [**AP 68**] *et M. le maréchal de Duras celui des entresols qu'occupe actuellement M. de Brancas.* L* VII 216
13.2.1746 *Mesdames reviennent loger dans cette galerie des Princes. Mme la maréchale de Duras, leur dame d'honneur, y sera aussi logée ; ainsi ces trois logements* [**AP 67 68 et 69**] *feront toute la partie de la galerie qui est depuis Madame la dauphine jusqu'au bout. Par cet arrangement Mme de Modène et Mme la duchesse de Brancas se trouveraient sans logement.* L* VII 217
24.2.1746 *On ne travaille point encore aux changements à faire pour l'établissement de l'appartement de Mesdames et Mme de Duras ; les derniers ordres du roi ne sont pas encore donnés.* L* VII 231
20.5.1746 *Les différents changements que l'on fait dans les appartements à côté de Madame la dauphine* [**AP 67 et Grand Salon**], *qui étaient occupés par Mme de Brancas* [**AP 68**] *et Mme de Modène* [**AP 69**], *et qui sont destinés à Mesdames et à Mme de Duras, ne sont point encore finis ; et ces appartements ne seront pas en état d'être habités à l'accouchement de Madame la dauphine.* L* VII 317
GG-B 1265 [3]
20.11.1746 E à T : *Mme la duchesse de Duras désire qu'on vernisse sa pièce de compagnie.* A.N. O^1 1810 I 114
7.6.1747 *À Bruxelles :... Les pièces restant de l'appartement de Mme la maréchale de Duras, l'entresol de M. le maréchal de Duras, et une pièce prise sur l'appartement de Madame la dauphine pour Mme la maréchale de Duras...* Disposition : A.N. O^1 1076 137 ; *cf.* 1810 I 231
15.6.1747 ... *lorsque Monsieur le dauphin et Madame*

1. Voir plus haut.

2. Pour l'espace alloué à Mme de Duras, voir BLONDEL, planche 3, "d" (croisées 22 à 25). Les cabinets de Mme de Duras et de Madame Adélaïde situés derrière les croisées 26 et 27 dans les plans de 1747 paraissent avoir été incorporés dans l'appartement du duc de Chartres.
3. Ce plan est reproduit dans MARIE, *Versailles... Louis XV*, fig. 203. Là "H" est l'« antichambre » (croisées 18 et 19) et "I" est le « cabinet de compagnie de Mme de Duras » (croisées 20 et 21). Dans la distribution révisée, les croisées 22 et 23 sont celles de « l'antichambre de Mme la duchesse de Duras servant de salle à manger ». Au niveau des entresols, il y a deux chambres au-dessus et un cabinet au-dessus de la salle adjacente dans l'appartement du duc de Chartres qui était éclairé par la croisée 24.

la dauphine entreront dans leur appartement en bas **[CC 26]**, *ce qui ne doit être qu'au retour de Fontainebleau, Mesdames entreront en même temps dans l'appartement de Monsieur le dauphin et de Madame la dauphine* **[AP 66, 66A, Grand Salon et 67]**... *l'on bouchera l'entrée qui est actuellement du côté de Madame la dauphine et cette entrée, qui est la première antichambre, deviendra un cabinet de compagnie pour Mme la maréchale de Duras*... L* VIII 243

4.7.1750 E à T : *Mme la maréchale de Duras* [qui], *par les changements de Mesdames, se propose, Monsieur, de faire son cabinet de compagnie de son antichambre, où sont deux petits réduits devenant inutiles actuellement, demanderait qu'on les lui ôte pour agrandir son cabinet. Elle souhaiterait aussi qu'on lui fasse un petit bout de cloison pour pouvoir loger son suisse.* A.N. O[1] 1795 170 ; *cf.* 1810 III 43

11.1755 Blondel, planche 3, "e" « Appartement de Madame la duchesse de Duras [1] »

Villequier, Félicité Louise Le Tellier de Courtenvaux, duchesse de (1736-1768). Dame pour accompagner Madame 1760 ; dame d'honneur de Mesdames, en survivance 1762, en titre 1764

1764 *Le logement de feu Mme la maréchale de Duras, en retranchant la pièce du valet de chambre et ce qui est sur la chambre de M. le comte d'Artois, à Mme la duchesse de Villequier. La pièce des valets de chambre de Mme la maréchale de Duras à ajouter à l'appartement de M. le duc d'Orléans* **[AP 69]** *à l'occasion du mariage de M. le duc de Chartres*... Disposition : A.N. O[1] 1076 759

Lostanges, Marie Élisabeth Charlotte Pauline Gallucci de L'Hôpital, marquise de (1737-?). Dame pour accompagner Madame Adélaïde 1760

Lostanges, Armand Louis Marie Stanislas, marquis de (1722-1769). Premier écuyer de Madame Adélaïde en survivance de son beau-père 1754

6.12.1765 Le marquis de Lostanges à M : *M. le marquis de Lostanges... prie M. le directeur général d'ordonner les ouvrages en changements à faire dans la portion de l'appartement de Mme la duchesse de Duras à Versailles que Madame lui a obtenu du roi pour lui et son épouse*... Réponse : *Le roi m'a donné ses ordres en me remettant les deux petits plans et des nouvelles distributions à faire dans votre appartement que Madame avait remis à Sa Majesté. Cette princesse m'a aussi donné ses ordres pour la plus prompte exécution possible des distributions de ces deux plans. En conséquence, j'ai envoyé tout de suite les miens à M. L'Écuyer pour qu'il mette les entrepreneurs à cet ouvrage afin de contribuer en ce qui dépend de moi à vous procurer la plus prompte jouissance de la grâce que le roi vous a accordée.* A.N. O[1] 1812 II 74

12.1765 M à E : *Vous pouvez faire travailler aux changements et ajustements du logement de M. de Lostanges dont vous estimez la dépense à 2 996 livres.* A.N. O[1] 1797 608

GG-B 2112

15.12.1765 E à M : *Ci-joint... les changements et ajustements à faire dans le logement de Mme de Lostanges... L'escalier ne se peut faire dans la place proposée, vu qu'il faudrait trancher le mur par où il passerait, ce qui ôterait toute la solidité dans cette partie, ainsi que M. de Lostanges, qui s'est trouvé sur les lieux, n'a pu en disconvenir.* A.N. O[1] 1797 593

14.1.1766 E à M : *Par les derniers arrangements pour les logements du château, M. de Lostanges restant dans le sien, je vais faire travailler incessamment aux changements que vous lui avez accordés.* A.N. O[1] 1798 13

6.2.1766 E à M : *Quant à celui de M. de Lostanges où je devais faire travailler suivant vos ordres du 19 décembre dernier, j'ai été obligé d'attendre, ayant été question pendant plusieurs jours de le donner à Mme la princesse de Carignan ou Mme de Narbonne. Ensuite est venu l'ouvrage pour Mme la dauphine, et ceux des princes, à l'occasion de Monseigneur le dauphin, qu'il fallut achever, cela m'a obligé à différer celui de M. le Lostanges auquel on a commencé depuis quelques jours sans interuption. Il vous demande deux petites soupentes pour y loger ses gens ; c'est un objet de 400 livres en sus de 2 996 livres que vous lui avez passé, auquel je ne ferai point commencer avant d'en recevoir vos ordres.* A.N. O[1] 1798 21

24.2.1767 Le marquis de Lostanges à M : *Ma femme qui est en couches... me charge d'avoir l'honneur de vous faire les remerciements qu'elle vous doit. La distribution de l'appartement de Mme la maréchale de Duras que Madame a eu la bonté de demander pour elle est achevée, et elle y est fort bien et commodément logée. Pour moi, j'ai une grande chambre où il n'y a pas une seule armoire. Il est fort aisé d'en pratiquer dans un espace qui semble avoir été destiné à cela. Je vous supplie de vouloir bien ordonner qu'on vienne l'examiner pour vous rendre comte de la dépense, qui ne serait pas considérable.* A.N. O[1] 1798 159

27.2.1767 M à E : *Vous pouvez faire travailler... aux soupentes que désire M. de Lostanges pour loger ses domestiques et y en augmenter de 400 livres la dépense que vous avez portée par-devant à 2 996 livres.* A.N. O[1] 1798 24

7.4.1767 M au roi : *M. de Lostanges supplie très humblement Votre Majesté de lui accorder la dépense nécessaire pour pratiquer quelques armoires dans une chambre à coucher en quoi consiste tout son logement depuis qu'on lui a ôté un cabinet et une garde-robe pour en faire une garde-robe à habits à l'usage de Monseigneur le comte d'Artois. Il désirait aussi quelques changements de cloison qui lui procureraient la commodité d'un cabinet à travailler et d'une bibliothèque.* Bon du roi : A.N. O[1] 1812 IV 5

19.4.1767 M au marquis de Lostanges : *Le roi, sous les yeux de qui j'ai mis la demande que vous faites de quelques arrangements nécessaires au château de Versailles, a bien voulu les agréer. C'est avec un vrai plaisir que j'ai l'honneur de vous en informer. Je viens de donner à M. L'Écuyer les ordres de les mettre en exécution.* A.N. O[1] 1798 159

19.4.1767 M à E : *Vous pouvez mettre à exécution les petites réparations et arrangements demandés par M. de Lostanges pour le logement qu'il occupe à Versailles. Je vous recommande de ne point excéder la*

1. Croisées 22 à 25.

somme à laquelle vous les avez estimés. A.N. O[1] 1798 158

AP 68 et 69 sont combinés [1].

Entresols de AP 68

Ventadour, Charlotte Éléonore Madeleine de La Motte-Houdancourt, duchesse de (1651-1744). Gouvernante des Enfants de France

26.9.1743 *Mme de Ventadour, depuis qu'elle a remis les fonctions de gouvernante à Mme de Tallard, loge dans les entresols au-dessus de l'antichambre de Mesdames.* L* V 134

Roure, Marie Antoinette Victoire de Gontaut, comtesse du (1719-1770). Dame de la dauphine

5.12.1744 *J'ai marqué ci-dessus que le roi avait donné à Mme de Roure l'appartement de M. de La Rochefoucauld, vis-à-vis celui de Mme de Luynes au-dessus de M. le duc de Gramont ; c'est celui qu'avait feu M. le duc d'Antin* [**VA 37**]. *J'ai appris que cet arrangement est changé ; le roi laisse à M. de La Rochefoucauld son appartement et donne à Mme de Roure les entresols qu'avait Mme de Ventadour* [**AP 68**]. L* VI 174

31.12.1744 *J'ai marqué ci-dessus le détail des appartements donnés et entre autres les entresols de Mme de Ventadour à Mme de Roure. Depuis la mort de Mme de Ventadour cet arrangement est changé. On rend à M. de La Rochefoucauld son ancien logement,* [**CC 9**] *que devait occuper Mme de Ventadour et on donne à Mme du Roure celui de M. de La Rochefoucauld, qui est celui de feu M. d'Antin* [**VA 37**]. L* VI 202

Rochechouart-Faudoas, Marie Françoise de Conflans d'Armentières, *dite* comtesse de (1713-1764). Dame pour accompagner puis dame d'atour de la dauphine 1745

6.3.1745 *Les entresols de feu Mme de Ventadour ont été donnés à M. et Mme de Rochechouart-Faudoas. Mme de Rochechouart-Faudoas l'avait eu par emprunt.* D VI 346

13.2.1746 *Les entresols de Mme de Ventadour, qui avaient été donnés à Mme de Rochechouart-Faudoas, vont être changés et accommodés pour servir de cabinets à Mesdames. Les larmes en vinrent aux yeux à Madame lorsque le roi lui en fit la proposition, parce qu'elle aimait beaucoup Mme de Ventadour. Le roi le remarqua et dit à Madame qu'on ferait de si grands changements dans ce logement qu'elle ne le reconnaîtrait plus.* L* VII 218

Brancas, Louis Antoine de Brancas, duc de à la renonciation au titre de son père en 1708 (1682-1760)

Duras, Jean-Baptiste, duc de (1684-1770). Maréchal de France 1741

13.2.1746 *Mme la maréchale de Duras aura le reste du logement de Mme de Brancas* [**AP 68**] *et M. le maréchal de Duras celui des entresols qu'occupe actuellement M. de Brancas.* L* VII 216

Montmorency-Fosseux, Anne Léon Ier, baron de (1705-1785). Chevalier d'honneur de Madame Adélaïde 1750

11.9.1750 *M. le chevalier d'honneur chez M. le duc de Duras...* Distribution : A.N. O[1] 1076 260, 265

12.2.1758 N au roi : *Le comte de Noailles demande la permission de Votre Majesté d'écrire de sa part à M. le duc de Duras qu'il tâche de s'arranger pour rendre son logement parce que de là dépend le logement du sous-précepteur.* Bon du roi : A.N. O[1] 1076 508

AP 69

Ventadour [2], Charlotte Éléonore de La Motte-Houdancourt, duchesse de (1751-1744). Gouvernante des Enfants de France

Tallard, Marie Isabeau Gabrielle de Rohan-Soubise, duchesse de (1699-1754). Gouvernante des Enfants de France en survivance 1729, en titre en 1732

BLONDEL, planche 7, "a"

1741 *État* « Gouvernante des Enfants de France Mme la duchesse de Ventatour, puis Tallard » "5 pièces, 4 à cheminée ; 10 entresols, 3 à cheminée"

Modène, Charlotte Aglaé d'Orléans, duchesse de (1700-1761)

27.1.1745 *Mme la duchesse de Modène... habite présentement presque toujours ici dans l'appartement qu'avait Mme de Tallard, au bout de la galerie des Princes.* L* VI 279

Madame Henriette, Anne Henriette de France, *dite* (1727-1752)

Madame Adélaïde, Marie Adélaïde de France, *dite* (1732-1800)

11.2.1746 *Mesdames chez Mme de Modène...* Disposition : A.N. O1 1076 104

13.2.1746 *Mesdames reviennent loger dans cette galerie des Princes... Le roi donne le logement de Mme de Modène à Madame...* L* VII 217

GG-B 1265 [3]

7.1.1746 *On ne sait point encore la distinction des logements que l'on doit faire à l'occasion de l'accouchement de Madame la dauphine ; il paraît seulement décidé que l'on reprendra l'appartement de M. et Mme de Brancas et celui de Mme de Modène.* L* VII 195

1747 GG-B 402 « Plan du cabinet de Mesdames... »

Orléans, Louis Philippe Ier d'Orléans, duc de Chartres, puis d' (1725-1785)

Orléans, Louise Henriette de Bourbon, *dite* Mlle de Conti, duchesse d' (1726-1759)

7.6.1747 *À Bruxelles : Le logement de Mesdames avec une pièce du logement de Mme la maréchale de Duras pour M. et Mme la duchesse de Chartres...* Disposition : A.N. O[1] 1076 137 ; *cf.* 1810 I 231

1. Voir plus loin.

2. Mme de Ventadour occupa **AP 69** jusqu'en 1732, lorsqu'elle se retira dans les entresols au-dessus de **AP 68**.

3. Ce plan est reproduit dans MARIE, *Versailles... Louis XV*, fig. 203. Le plan fut annoté en 1747 par Louis XV au moyen d'encres colorées, pour redistribuer l'espace. Les croisées 24 à 31 indiquées en rouge sont affectées au duc de Chartres. **AP 68** inclut le « cabinet » de la maréchale de Duras (croisées 24 et 25) et **AP 69** la « chambre de Madame Adélaïde » (croisées 26 et 27), le « cabinet de Madame Adélaïde » (croisée 27), et le « cabinet de Madame [Henriette] » (croisées 28 et 29). Au niveau des entresols, le duc de Chartres reçoit l'espace situé au-dessus du cabinet de Madame Adélaïde, mais non celui au-dessus du cabinet de Mme de Duras.

15.6.1747 ... *l'appartement de Mesdames à M. le duc et Mme la duchesse de Chartres... lorsque Monsieur le dauphin et Madame la dauphine entreront dans leur appartement en bas* [**CC 26**]... *Mesdames entreront en même temps dans l'appartement de Monsieur le dauphin et de Madame la dauphine* [**AP 66, 66A et 67**]... *Comme la règle et l'usage est qu'il n'y ait qu'une entrée à l'appartement de Mesdames, on bouchera l'entrée qui est actuellement du côté de Madame la dauphine et cette entrée, qui est la première antichambre, deviendra un cabinet de compagnie pour Mme la maréchale de Duras* [**AP 68**], *à qui l'on ôte le cabinet qu'elle a de l'autre côté pour le donner avec l'appartement de Mesdames à M. le duc et Mme la duchesse de Chartres*...26.4.1748 GG-B 2740 « Plan de l'appartement du duc de Chartres à l'extrémité de l'aile du Midi sur le jardin... »
12.12.1748 *M. le duc de Chartres prie M. de Tournehem de faire faire à son appartement les réparations détaillées dans l'état qui suit : Reblanchir un cabinet en beau blanc verni et les moulures et sculptures en gris de lin ou autre couleur ; dans l'entresol, une porte en vert d'écru, les filets d'or et pareillement à la pièce... y mettre deux glaces au tain ; dans l'entresol à côté faire sauter une petite partie de cloison pour former une niche où [on] peut mettre un lit ; mettre une glace au tain et la placer dans le fond de la niche... mentionné ci-dessus ; placer une porte qui ouvre en dedans pour faire ouvrir en dehors ; percer une porte de dégagement dans une garde-robe adhérant à la niche ; faire reblanchir la salle à manger ; faire un tambour de menuiserie dans un passage d'un entresol pour être communication d'un entresol à l'autre.* Réponse : *Estimation... 1 417 livres ; M. L'Écuyer fera exécuter les ouvrages.* A.N. O[1] 1810 II 105
19.6.1750 E à T : *On commence à démolir la partie du logement de Monseigneur le duc de Chartres où il y a des changements à faire.* A.N. O[1] 1795 168
1750 GG-B 2877 « Plan légendé de l'appartement du duc et de la duchesse de Chartres au premier étage de l'aile du Midi tel qu'il existe et qui pourrait rester comme il est si Monseigneur voulait occuper les entresols... » *Cf.* GG-B 2878 « Plan légendé de l'appartement de Mesdames... avec une partie de l'appartement du duc et duchesse de Chartres »
Penthièvre, Louis Jean Marie de Bourbon, duc de (1725-1793). Grand veneur 1737
Penthièvre Marie Félicité d'Este, duchesse de (1726-1754)
22.2.1752 *Madame Adélaïde ne voulut pas rester du côté où était morte sa sœur, le roi dit à M. le duc de Penthièvre qu'il lui empruntait son appartement* [**CC 23**] ... *M. et Mme de Penthièvre allèrent la remplacer dans celui du duc d'Orléans.* C* I 171
Condé, Louis Joseph de Bourbon-Condé, prince de (1736-1818)
Condé, Charlotte Godefride Élisabeth de Rohan-Soubise, princesse de (1737-1760)
9.8.1754 *M. le duc de Penthièvre ayant demandé de ne plus loger dans l'appartement qu'il avait pour Mme de Penthièvre et lui, au bout de la galerie des Princes, et qui est fort beau, et d'autant plus commode qu'il avait des entresols faits pour Mesdames, on a donné cet appartement à M. le prince et à Mme la princesse de Condé et on a donné à M. de Penthièvre le logement qu'avaient Mesdames au milieu de cette galerie* [**AP 67 et Grand Salon**], *et qui était destiné à M. et Mme la princesse de Condé.* L* XIII 310
15.8.1754 *Le logement de M. le duc et de feu Mme la duchesse de Penthièvre à M. [le prince] et Mme la princesse de Condé* A.N. O[1] 1076 374
13.4.1755 M à E : *Vous auriez agréable, Monsieur, de faire faire au logement de Mme la princesse de Condé les réparations portées dans l'état que vous m'avez remis le 5 du mois passé et suivant votre devis tant pour ce qui est à faire dans la chambre à coucher que dans la garde-robe aux habits qui monteront à 1 602 livres.* A.N. O[1] 1796 120 ; *cf.* 121
11.1755 BLONDEL, planche 3, "e" « Apppartement de M. le prince et Mme la princesse de Condé [1] »
Orléans, Louis Philippe Ier, duc d' (12.5.1725-18.11.1785)
Orléans, Louise Henriette de Bourbon-Conti, *dite* Mlle de Conti, puis duchesse d' (1726-1759)
Orléans, Louis Philippe Joseph d'Orléans, duc d' (1747-1793)
18.3.1757 *Le logement de M. et le prince et Mme la princesse de Condé avec une pièce de Mme la maréchale de Duras* [**AP 68**] *à M. le duc d'Orléans, Mme la duchesse d'Orléans et M. le duc de Chartres.* Projet d'arrangements : A.N. O[1] 1076 476
29.3.1757 *Le logement de M. le prince et de Mme la princesse de Condé, avec une pièce de Mme la maréchale de Duras, à M. le duc et Mme la duchesse d'Orléans et M. le duc de Chartres.* L* XV 497
26.2.1759 *État des changements et commodités demandés au logement de M. le duc d'Orléans à l'occasion de la mort de Mme la duchesse. Deux vantaux de portes à la place d'une armoire qui avait été faite dans l'épaisseur d'un mur pour remettre le passage comme il était ci-devant. La suppression d'une languette de brique dans une... porte pour l'ouvrir comme elle était ci-devant. Faire un coffre en armoire pour serrer du bois.* A.N. O[1] 1797 11

AP 69 et 68 sont combinés.

Mademoiselle, Louise Marie Bathilde d'Orléans, *dite*, plus tard duchesse de Bourbon (1750-1822)
1768 *Le logement de M.* [le marquis] *et Mme la marquise de Lostanges* [**AP 68**] *et M. de Pommery* [**AG 42A**] *pour loger Mademoiselle et M. le comte de Pons...* Disposition : A.N. O[1] 1077 34 ; *cf.* 1802 733
3.1.1769 *Le logement de M. le marquis et Mme la marquise de Lostanges à M. le duc d'Orléans pour Mademoiselle* A.N. O[1] 1077 42

AP 68 et 69 sont temporairement séparés.

1. Croisées 26 à 31.

AP 68

Condé, Louis Joseph de Bourbon-Condé, prince de (1736-1718)

1770 *État* A « M. le duc d'Orléans, puis MM. les ducs d'Orléans et de Chartres, puis M. le prince de Condé » [**AP 68**] "4 pièces" « M. le duc d'Orléans » [**AP 69**] "9 pièces"

14.3.1771 N au roi : *M. le prince de Condé demande à céder son logement* [**AN 27**] *à Mme la duchessse de Bourbon quand elle sera dans le cas d'accomplir le devoir conjugal et en demande un autre. Le comte de Noailles lui a dit que l'intention de Votre Majesté était qu'il prît celui qui avait été donné à M. le duc d'Orléans pour Mme la duchesse de Bourbon avant son mariage en attendant qu'il en eût un autre. Le comte de Noailles apprend que M. le duc d'Orléans désire le garder en augmentation, quoique assurément il fasse peu usage et d'habitation à Versailles. Votre Majesté n'approuve-t-Elle pas que le comte de Noailles mande de sa part à M. le duc d'Orléans que son intention est que le logement de Mme la duchesse d'Orléans soit donné à M. le prince de Condé. La disette des logements rend cet arrangement très essentiel.* A.N. O[1] 1077 108

20.7.1771 *Le logement de Mme la duchesse de Bourbon tel que Son Altesse Sérénissime l'occupait* [comme fille du duc d'Orléans], *en fermant la communication avec M. le duc d'Orléans à M. le prince de Condé, jusqu'à ce qu'il en ait un autre...* Distribution : A.N. O[1] 1798 644

AP 68 et 69 sont combinés.

Orléans, Louis Philippe Ier d'Orléans, duc d' (1725-1785)

Orléans, Louis Philippe Joseph d'Orléans, duc d' (1747-1793)

Orléans, Marie Adélaïde de Bourbon, *dite* Mlle de Penthièvre, duchesse de Chartres, puis d'Orléans (1753-1821)

> 1776 *L'on dit que Mme la comtesse d'Artois accouche au mois d'août. Il n'a pas été possible de faire les entresols destinés pour loger le second enfant, il n'y a de vacant qu'un logement de lieutenant des gardes du corps. Il paraît qu'il n'y a de ressources que d'emprunter le logement de M. le duc et Mme la duchesse de Chartres.* [**AP 68**]. A.N. O[1] 1077 369

Madame Élisabeth, Élisabeth Philippine Marie Hélène de France, *dite* (1764-1794)

GG-B 1395 et 2880

Polignac, Diane Françoise Zéphirine, comtesse de (1746-1818). Dame d'honneur de Madame Élisabeth 1778

23.7.1780 *Le logement de M. le duc et Mme la duchesse de Chartres à Madame Élisabeth et la comtesse Diane...* Distribution autographe de Louis XVI : A.N. O[1] 1800 593 ; *cf.* 1077 262

8.1780 *L'intention du roi est que l'entrée de l'appartement de Madame Élisabeth soit en deçà de l'escalier. Le cabinet de Mme la duchesse de Chartres sera son antichambre et l'antichambre de Mme la duchesse de Chartres lui servira de cabinet particulier, et les entresols au-dessus de son grand cabinet et sa chambre serviraient pour ses gens. Mme la comtesse Diane aura ce qui fait la chambre à coucher et le cabinet particulier de M. le duc d'Orléans et deux petites pièces sur la galerie en entresols.* Ordre du roi pour la distribution : A.N. O[1] 1800 600

1.6.1780 LR et L** à A : *L'appartement de la comtesse de Polignac : le petit changement de la garde-robe à chaise est très avancé.* A.N. O[1] 1801 223

20.8.1780 GG-B 1399

17.7.1782 LR et L** à A : *L'appartement de Mme de Polignac : l'arrangement de la garde-robe à chaise est fait.* A.N. O[1] 1801 224

15.7.1787 H à A : *Mme la comtesse Diane de Polignac m'a invité à passer chez elle avant-hier pour me faire voir les chambres de ses femmes inondées d'urine et matières fécales qui filtrent à travers le plancher des latrines publiques qui sont au-dessus de son appartement. Comme Mme la comtesse Diane n'est pas seule à souffrir du voisinage de ces latrines dont le tuyau de descente passe tout à côté de la chambre de M. le duc de Normandie et empeste souvent son appartement, j'ai fait provisoirement fermer les latrines dont la suppression est nécessaire à bien des égards.* A.N. O[1] 1802 364

5.7.1783 GG-B 2116 « Plan de l'entresol au-dessus du grand cabinet de Madame Élisabeth, avec changements de distribution demandés par elle »

1787 *État* E « Madame Élisabeth et Mme Diane de Polignac » "12 pièces, 8 à cheminée ; 15 entresols, 10 à cheminée"

PAVILLON DE LA SURINTENDANCE

AP 70 et 70A

Blainville[1], Jules Armand Colbert, marquis d'Ormoy, puis en 1682 marquis de (1663-1704). Surintendant des Bâtiments en survivance de son père 1674-1683

Barbezieux, François Marie Le Tellier, marquis de (1668-1701). Secrétaire d'État à la Guerre en survivance de son père 1685, en exercice 1691

Barbezieux, Catherine Louise Marie de Crussol d'Uzès, marquise de (1674-1694)

9.8.1683 GG-B 2214 Plan de la Surintendance à tous les étages. Au premier étage, "f" et "g" dans **AP 70A** sont marqués (de la main de Louvois ?) « garde-robe de mon fils »

La Rochefoucauld, François VIII de La Rochefoucauld, duc de La Rocheguyon, puis de (1663-1728). Grand maître de la garde-robe du roi et grand veneur en survivance de son père 1679

La Rochefoucauld, Madeleine Charlotte Le Tellier, duchesse de La Rocheguyon, puis de (1665-1735)

22.7.1691 *Le roi laisse à M. de Barbezieux tous les logements qu'avait Madame de Louvois* [**AP 54**] *; M. le*

1. Pour l'histoire de son apprentissage sous la direction de son père, voir Pierre MARGRY, *Un fils de Colbert : étude suivie de la correspondance du marquis d'Ormoy avec son père concernant les bâtiments du palais de Versailles et les travaux faits dans les environs 1663-1704*, Paris, 1873. Après que Louvois eut reçu l'office de surintendant, Bainville devint introducteur des ambassadeurs en 1695. Il occupait un appartement dans le Grand Commun, à sa mort. Voir D X 170.

duc de La Roche-Guyon aura le logement qu'avait M. de Barbezieux. D III 370 ; *cf.* S III 441
Lorge et de Quintin, Guy de Durfort, comte, puis duc de Quintin, puis en 1702 duc de (1683-1758)
Lorge et de Quintin, Élisabeth Geneviève Thérèse Chamillart, duchesse de (1685-1714)
Seignelay, Marie Jean Baptiste Colbert, marquis de (1683-1712). Maître de la garde-robe du roi en survivance 1690
Seignelay, Marie Louise Maurice de Fürstemberg, marquise de (1689-1749)
10.6.1709 *Le roi a disposé des appartements que M. de Chamillart donnait dans la Surintendance... à M. et Mme de Lorge et à M. et Mme de Cany... Il y loge M. et Mme de Seignelay et donna à M. de Cany un appartement au Grand Commun qu'avait M. de Seignelay, mais qu'il n'habitait point, tant il le trouvait petit et incommode.* D XII 442

AP 70 et 70A sont séparés.

AP 70
Berwick, Jacques Fitz-James, fils naturel de Jacques II, roi d'Angleterre, (1670-1734).
La Roche-sur-Yon, Louise Adélaïde de Bourbon-Conti, *dite* Mlle de (1696-1750)
GG-B 379 ; BLONDEL, planche 7, "d"
Tencin, Pierre Guérin, cardinal de (1679-1758). Cardinal 1740 ; ministre d'État 1742
6.1743 *L'appartement de Mlle de La Roche-sur-Yon a été donné à M. le cardinal de Tencin... Cet appartement est dans le pavillon qu'on appelle la Surintendance ; c'est celui qu'avait M. de Berwick, au-dessus de feu Mlle de Clermont, et qui est présentement à M. le maréchal de Noailles et à M. d'Ayen* [**AP 54 et 54A**]. L* V 54
1741 *État* « M. le maréchal de Berwick, puis Mlle de La Roche-sur-Yon, puis M. le cardinal de Tencin » "15 pièces, 9 à cheminée ; 6 entresols, 2 à cheminée"
2.7.1751 E à T : *Le cardinal de Tencin a fait déménager les meubles de son appartement... par conséquence je compte pouvoir faire commencer à y démolir lundi matin.* A.N. O[1] 1795 200
Puysieulx, Louis Philogène Brûlart, comte de Sillery, marquis de (1701-1770). Ministre d'État 1751-1756
Puysieulx, Charlotte Félicité Le Tellier de Louvois de Rebenac, marquise de (?-?)
16.9.1751 *... l'appartement qu'occupait M. le cardinal de Tencin, au bout de la galerie des Princes sur la cour de la Surintendance, a été donné à M. et Mme de Puysieulx ; on y a fait plusieurs changements, on en a même retranché une pièce pour faire un autre logement ; et ces changements n'étant pas faits, M. le prince Charles, ou plutôt M. le comte de Brionne, leur a prêté son appartement à la Grande Écurie, qui est fort grand et fort beau...* L* XI 229
12.9.1751 *Le roi ne s'est rendu qu'avec peine aux instances du marquis de Puyzieulx, et Sa Majesté déterminée à ne pas se priver d'un ministre qui l'a servie toujours avec autant de succès que de zèle et de désintéressement, lui a ordonné de ne point cesser d'assister au Conseil. Comme le logement que ce marquis occupe est affecté aux secrétaires d'État chargés du département qui lui était confié, Sa Majesté, pour l'avoir près de sa personne, lui a donné l'appartement vacant dans le château par la retraite du cardinal de Tencin. Le Mercure de France*, octobre 1751, p. 205
18.9.1751 *M. le marquis de Puyzieulx, lieutenant général des armées du roi, cordon bleu, et ministre des Affaires étrangères, demandait depuis longtemps au roi permission de se retirer à cause de ses indispositions. Le roi le lui a enfin accordé, à la charge néanmoins d'assister toujours au Conseil, et il lui a donné en conséquence à Versailles l'appartement qu'avait le cardinal de Tencin.* BARBIER V 105
15.10.1751 E à T : *L'on continue à faire les changements dans le logement de M. et Mme de Puyzieulx.* A.N. O[1] 1795 209
11.1755 BLONDEL, planche 3, "g" « Appartement de M. le marquis de Puyzieulx"
6.1756 *M. le marquis de Puyzieulx, ministre d'État, est retiré du conseil d'État. Le roi lui a cependant conservé sa pension et son logement en cour.* BARBIER VI 327

AP 70A
Évreux [1], Henri Louis de La Tour d'Auvergne, comte d' (1679-1753)
1741 *État* « M. le comte d'Évreux » "aux entresols"
GG-B 379 ; BLONDEL, planche 7 "e"

AP 70 bis [2]
La Trémoille, Marie Geneviève de Durfort, duchesse de (1735-1762)
2.7.1751 E à T : *Mme la duchesse de La Trémoille fait entrer ses [meubles]...* A.N. O[1] 1795 200 ; *cf.* 1810 III 107
11.1755 BLONDEL, planche 3, "f" « Appartement de Madame la duchesse de Trémoille »

AP 70, 70bis et 70A sont combinés.

Penthièvre, Louis Jean Marie de Bourbon, *dit* duc de (1725-1793). Grand veneur 1737
27.6.1756 *Le logement de M. le marquis de Puyzieulx et tout ce qui en dépend à M. le duc de Penthièvre* Changements : A.N. O[1] 1076 444
29.6.1756 *Je n'ai point encore parlé de la retraite de M. de Puyzieulx... M. de Puyzieulx rend son logement, qui est grand et commode, et le roi le donne à M. de Penthièvre...* L* XV 135
9.7.1756 GG-B 2772 « Plan de l'appartement du duc

1. La planche 7 de BLONDEL, dressée vers 1735, montre que le comte d'Évreux occupait **AP 70A** ; l'*État* de 1741 identifie aussi l'espace comme **AP 70** « en entresols ». Le comte d'Évreux occupait également **AP 100 et 100A** à l'étage au-dessus.
2. Cet espace, avec ses croisées sur la cour de la Surintendance, fut retranché de l'appartement quand le marquis Puysieulx y succéda au cardinal de Tencin. Cette numérotation paraît avoir été utilisée pour le distinguer de **AP 70A** quand l'espace fut brièvement alloué à la duchesse de La Trémoille.

de Penthièvre et du prince de Lamballe à l'extrémité de l'aile du Midi au premier étage »
30.7.1756 GG-B 2756 « Plan du logement du duc de Penthièvre, à l'extrémité de l'aile du Midi, avec les changements à y faire »
13.8.1756 M au duc de Penthièvre : *J'ai l'honneur de rendre compte à Votre Altesse Sérénissime que les réparations qu'elle demande dans le nouvel appartement que le roi vous a accordé au château de Versailles monteront à 6 000 livres. Je supplie Votre Altesse Sérénissime de vouloir bien me faire savoir si elle veut que j'en fasse la demande au roi ?* A.N. O[1] 1796 304
18.8.1756 Le duc de Penthièvre à M : *J'ai reçu, Monsieur, la lettre que vous avez pris la peine de m'écrire du 13 de ce mois au sujet des réparations à faire au logement que le roi a eu la bonté de me donner en dernier lieu à Versailles. Je remets à vous parler sur cet article lorsque j'aurai le plaisir de vous voir.* A.N. O[1] 1796 300
28.9.1756 M à E : *Vous ferez faire les réparations et les changements que Son Altesse Sérénissime Mgr le duc de Penthièvre désire dans le logement qu'occupait M. le marquis de Puyzieulx. Ces réparations et changements monteront... à la somme de 6 000 livres.* A.N. O[1] 1796 301 ; *cf.* 1811 II 107
30.10.1756 *Devis : logement de Mgr le duc de Penthièvre, ci-devant à M. le marquis de Puyzieulx. Il s'agit de la démolition des entresols au-dessus de la première antichambre et de la salle à manger et de mettre du lambris neuf dans la hauteur des entresols avec des corniches en plâtre dans tout le pourtour, de quatre croisées neuves de hauteur dans les deux pièces à cause de la suppression des entresols, de plusieurs petits changements tant dans la chambre à coucher que dans le cabinet avec un petit escalier neuf pour remplacer celui des dits entresols, ces changements monteront... à 6 000 livres.* Bon du roi daté 13.9.1756 : A.N. O[1] 1070 521 et 522 ; *cf.* 1811 II 106
13.2.1764 M à E : *M. le duc de Penthièvre ayant besoin de plusieurs armoires dans son appartement au château, est convenu de les payer si vous ne les lui passiez pas sur le compte du roi, étant l'objet de 475 livres.* Réponse : *D'abord qu'il confesse à les payer, il faut le laisser faire. Ce sera aucune dépense pour le roi.* A.N. O[1] 1797 433
23.6.1766 M à E : *M. le duc de Penthièvre m'écrit qu'il vous a expliqué les détails des changements qu'il désire faire dans son appartement au château de Versailles. Vous voudrez bien, sans perdre de temps, m'envoyer l'état estimatif afin que je puisse à mon premier travail avec Sa Majesté le lui mettre sous les yeux et prendre ses ordres.* A.N. O[1] 1798 56
9.7.1766 GG-B 2772
12.7.1766 E à M : *J'ai l'honneur de vous envoyer ci-joint le plan de l'appartement de Mgr le duc de Penthièvre... Ce prince m'a chargé... de vous prévenir que le roi connaissait la nécessité de ce changement à cause du mariage de Mgr le prince de Lamballe et qu'il lui en avait parlé ; c'est pour quoi vous l'obligerez beaucoup, à ce qu'il m'a dit, de me donner vos ordres pour y faire travailler au plus tôt à fin que tout se trouve fait au retour de Compiègne. C'est un objet de 5 000 livres.* Bon du roi : A.N. O[1] 1071 171 et 172 ; *cf.* 1812 III 144
24.7.1766 E à M : *Je vous supplie de vouloir bien me donner vos ordres touchant M. le duc de Penthièvre, dont l'objet est de 5 000 livres...* A.N. O[1] 1798 81
24.7.1766 M à E : *J'ai reçu avec votre lettre du 12 de ce mois le plan de l'appartement de Mgr le duc de Penthièvre avec les changements qu'il désire y faire à l'occasion du mariage prochain de M. le prince de Lamballe. Vous me marquez en même temps que la dépense sera un objet d'environ 5 000 livres. Quoique, attendu l'épuisement des Bâtiments du roi, cette dépense soit considérable, il n'est pas possible de s'y refuser. Ainsi, en attendant que j'aie pris l'ordre du roi, ce que je compte faire à Compiègne, vous pouvez aller en avant sur cet objet afin qu'au retour du voyage, les changements demandés par Mgr le duc de Penthièvre soient achevés comme il le désire.* A.N. O[1] 1798 82
11.9.1766 *État des glaces qui sont à fournir de la manufacture pour le service du roi au château de Versailles : au logement de M. le duc de Penthièvre, quatre glaces au teint de chacune de 42 pouces de largeur sur 32 1/2 de hauteur pour servir de chanteaux sur d'anciens trumeaux.* A.N. O[1] 1798 108 ; *cf.* 109
20.9.1766 M à E : *Vous me demandez quatre trumeaux de glace pour le cabinet de compagnie de M. le duc de Penthièvre ; et vous me proposez de prendre pour cet effet les quatre glaces blanches qui sont sans destination dans le magasin... Il me semble qu'il y a là une grande profusion de glaces. On n'en mettrait pas tant dans une chambre du roi. Cependant, comme il n'est pas possible de rien refuser à M. le duc de Penthièvre, je consens que vous passiez quatre glaces en question que vous proposez et j'ordonne à la manufacture de fournir les quatre chanteaux portés dans votre état.* A.N. O[1] 1798 107
1770 *État* A « M. le duc de Penthièvre »

Lamballe, Marie Louise Thérèse de Savoie-Carignan, princesse de (1749-1792). Surintendante de la maison de la reine 1775
1776 [1] N au roi : *Le logement de Mme la princesse de Lamballe, surintendante de la maison de la reine, étant très incommode pour cette princesse et M. le duc de Penthièvre, M. le maréchal de Mouchy propose à Votre Majesté de donner à M. le duc de Penthièvre le logement de feu M. le prince de Conti* **[VA 37]** *et laisse à Mme la princesse de Lamballe celui de M. le duc pour ajouter à celui qu'elle occupe.* A.N. O[1] 1077 480
18.12.1776 H à A : *Mme la princesse de Lamballe vient d'envoyer à plusieurs reprises demander des tables en consoles et des bras de cheminée. J'ai... représenté que les bâtiments ne fournissent point ces sortes de meubles. Elle m'a fait réponse que les officiers du garde-meuble l'assuraient positivement que les fournitures regardaient les Bâtiments du roi puisque c'étaient eux qui

1. La princesse de Lamballe reçut l'appartement du duc de Penthièvre 16 septembre 1775 quand elle devint surintendante de la maison de la reine. Elle le garda jusqu'en 1780, année où le duc d'Angoulême y fut installé, et elle emménagea alors dans l'appartement situé au-dessus, **AP 54**, où elle demeura jusqu'à l'installation de Madame, la comtesse de Provence. Voir P. DE NOLHAC, *Autour de la reine*, p. 243.

fournissaient ceux de la famille royale, et que plusieurs officiers de la Couronne attestaient tenir ceux qui étaient dans leurs appartements des bâtiments, ce qui est vrai... La princesse m'a fait ordonner de vous écrire sur-le-champ par un exprès que vous lui avez promis tout ce dont elle aurait besoin et qu'elle y comptait. A.N. O1 1799 636

17.2.1777 H à A : *Je ne peux vous dissimuler en vous rendant compte de la demande du valet de chambre de Mme la princesse de Lamballe qu'à la rigueur on pourrait construire un fourneau avec un tuyau de poêle pour chauffer l'eau de la chaudière, mais le moyen possible à la rigueur est tout plein d'inconvénients. Il faut percer l'angle du mur de la porte B pour y placer un tuyau de poêle lequel monterait depuis les croisées du premier étage jusqu'au haut du comble du château, qui ferait un effet très désagréable et donnerait lieu à une foule de demandes de la même nature...* A.N. O[1] 1800 30 et 37 [plan]

17.2.1777 H à A : *On a pratiqué sous la chaudière au réservoir de l'eau chaude un petit emplacement avec une petite issue pour mettre du charbon ou de la braise.* A.N. O[1] 1800 31 ; *cf.* 34 et 35

19.2.1777 A à la princesse de Lamballe : *Lorsqu'il s'est agi d'arranger les bains de Votre Altesse Sérénissime j'en ai fait rendre compte des obstacles absolus qui s'opposeraient à l'exécution des premières idées. Votre Altesse Sérénissime elle-même en a été frappée ; elle a admis les arrangements pris pour y suppléer et elle a décidé que les gens de son service feraient chauffer l'eau à la cheminée d'une pièce ouvrant en face de celle du réservoir dans lequel cette eau serait versée. Quelques temps après, j'ai cru devoir assurer encore plus la commodité du service de Votre Altesse Sérénissime en faisant pratiquer sous le réservoir un petit foyer pour recevoir de la braise de charbon. Les gens du service de Votre Altesse Sérénissime s'appuyaient alors d'ordres qu'ils prétendaient avoir reçus pour demander des changements divers par Votre Altesse Sérénissime. Aujourd'hui, Madame, les officiers des Bâtiments se trouvent pressés de nouveau et très vivement, toujours à l'abri des ordres et des devis de Votre Altesse Sérénissime à laquelle je n'ai sans doute pas besoin de protester que mon premier soin sera toujours de la prévenir et que je ne peux jamais être arrêté que par les obstacles vraiment insurmontables. Le désir de les vaincre m'a fait étudier tous les moyens et je suis réduit à croire que il n'y en a point puisque le seul qui se présente n'offre que des inconvénients. Il consisterait dans une cheminée à laquelle, en perçant le mur du château, on adapterait un tuyau de poêle qu'il faudrait prolonger par toute la hauteur du mur du château pour le porter au-dessus des corniches. Cet expédient a été sévèrement proscrit à cause des dégradations et dangers qui en résultent.* A.N. O[1] 1800 32

20.2.1777 H à A : *J'ai trouvé moyen de satisfaire Mme la princesse de Lamballe par rapport à ses bains en pratiquant dans les réservoirs de l'eau chaude un cylindre pour échauffer l'eau. Je l'ai proposé à son valet de chambre qui est encore venu me persécuter de nouveau. Il trouve que ce moyen satisfera la princesse et son service au moyen d'un petit conduit de cuivre et de fer-blanc pour le passage de la vapeur du charbon.* A.N. O[1] 1800 9

8.3.1777 H à A : *Le tapissier de Mme la princesse de Lamballe qui avait trouvé qu'un cylindre pouvait convenir pour chauffer l'eau des bains de cette princesse à voulu séduire les ouvriers pour substituer un fourneau au cylindre convenable. J'ai été averti et j'ai arrêté la besogne. Je me hâte... de vous prévenir qu'il est impossible de pratiquer un fourneau sous la chaudière sans démolir tout ce qui est fait, même les cloisons de distribution pour opérer une construction nouvelle. Le fourneau ne réussira pas faute d'un tuyau à cheminée au poêle pour laisser passer la fumée. La princesse, en demandant que l'on agrandisse l'espèce de petit fourneau pratiqué sous la cuve pour y mettre seulement un poêle de charbon, fait une demande dont elle ne connaît pas le danger et le voici. Les domestiques feront du feu avec du bois et metteront infailliblement le feu. C'est pour éviter cet inconvénient de ce fourneau qu'un appareil a été fait de façon à ne pouvoir contenir que du charbon ou de la braise allumée dans un poêle.* A.N. O[1] 1800 33

29.12.1778 H à A : *Mme la princesse de Lamballe prie M. le directeur général de lui accorder deux glaces blanches chacune de 63 pouces six lignes sur 15 pouces neuf lignes pour être posées dans sa bibliothèque.* A.N. O[1] 1800 319

17.1.1780 H à A : *Mme la princesse de Lamballe demande à M. le directeur général qu'il soit posé dans une pièce de son appartement un lambris d'appui en sapin avec des bordures dorées, une table dorée en console à dessus de marbre, deux paires de bras de cheminée à deux branches et une glace au teint de 55 pouces sur 48.* A.N. O[1] 1800 513

18.1.1780 H à A : *Mme la princesse de Lamballe qui demande primitivement un lambris d'appui tout au pourtour de son salon se restreint aujourd'hui à un papier formant lambris et à des bordures dorées. J'ai l'honneur de vous observer, M. le comte, que quoique l'on soit dans l'usage de ne fournir des bordures que pour le service immédiat de la famille royale, il en a cependant été accordé à quelques personnes logées au château. Je crois la demande de la princesse d'autant plus admissible qu'elle tient aux vues de M. le comte d'Artois et qu'en la lui accordant, on épargnera le lambris d'appui qui serait d'une très grande dépense et parce que voulant en jouir elle se contentera d'un papier qui à ce que je pense devrait être fourni par le roi.* A.N. O[1] 1800 514

Angoulême, Louis Antoine de Bourbon, duc d' (1775-1844)

Berry, Charles Ferdinand d'Artois, duc de (1778-1780)

Sérent, Armand Louis de Sérent de Kerfily, baron de Maletrois, marquis de (1736-1822). Gouverneur des enfants du comte d'Artois 1776

1777 *État* B « Mme la princesse de Lamballe, puis M. le duc d'Angoulême »

7.1780 GG-B 1367 « Plan côté de l'appartement de la princesse de Lamballe, au bout de l'aile du Midi au

principal étage, à l'angle de la Surintendance, avec bibliothèque, bains, billards... » *Cf.* GG-B 1378, 1379 et 80
23.7.1780 *Le logement de Mme de Lamballe aux deux enfants mâles du comte d'Artois et à M. de Sérent...* Distribution autographe de Louis XVI : A.N. O[1] 1800 593 ; *cf.* 1077 262
8.1780 *Le salon de Mme la princesse de Lamballe servira de chambre à M. le duc d'Angoulême et la chambre de Mme de Lamballe sera pour M. le duc de Berry quand il passera aux hommes.* Ordre du roi pour la distribution : A.N. O[1] 1800 600
6.12.1780 Le marquis de Sérent à A : *J'ai encore recours à vous mon cher comte pour un objet qui tout minutieux qu'il est n'est pas moins d'une nécessité indispensable à mon établissement. Il est question d'un lavoir. Ma cuisine étant au Grand Commun, l'éloignement est trop grand pour pouvoir porter et rapporter continuellement les différents objets de service qui ont besoin d'être lavés pendant mon dîner. Mon antichambre est trop petite, trop encombrée pour le service de M. le duc d'Angoulême, pour pouvoir établir un lavoir qui d'ailleurs pourrait... détruire le plancher. Il y dans l'escalier une petite baraque que j'ai montrée à M. Heurtier et qui en l'agrandissant remplirait parfaitement l'objet.* A.N. O[1] 1800 645
11.12.1780 H à A : *J'ai examiné... la demande de M. le marquis de Sérent et j'ai l'honneur de lui rendre comte que je la crois sans inconvénient et indispensable au service de M. de Sérent et que la dépense pourra être un objet de 600 livres.* A.N. O[1] 1800 646
12.7.1782 Le marquis de Sérent à A : *Je prévois un embarras extrême lorsqu'il sera question de faire passer M. le duc de Berry à l'éducation des hommes. Il me paraît impossible, à moins d'une volonté absolue du roi, que les deux princes, leur gouverneur et les accessoires nécessaires de leur service puissent tenir dans l'emplacement actuel qu'occupe M. le duc d'Angoulême. Une seule antichambre pour les trois logements, aucun autre emplacement pour établir le garde du corps que dans cette antichambre commune à tous les genres des domestiques des princes comme aux miens, nulle habitation quelconque pour les deux premiers valets de chambre, pas une seule garde-robe pour serrer du linge et des habits, enfin moi-même extrêmement gêné par la petitesse des pièces qui composent actuellement mon appartement. Vous sentirez, mon cher comte, combien une pareille manière d'habiter serait pénible et si j'ose m'exprimer ainsi, impraticable. D'un côté, l'impossibilité qu'il y aurait presque d'y suppléer, en cherchant un autre emplacement plus étendu dans le château que l'étendue actuelle de la famille royale remplit et remplira encore plus à mesure que les enfants du roi augmenteraient, tout cela m'a fait naître l'idée que je vais vous communiquer. On m'a dit qu'il était question de faire dans le petit jardin qui est au bout de l'appartement de Mme de Guéméné* [**AP 53**] *un supplément d'appartement pour M. de Guéméné. Or au lieu de réduire cette construction à un simple rez-de-chaussée, je vous proposerais d'élever un étage au-dessus qui se trouverait au niveau de l'appartement de M. le duc d'Angoulême et qui joignant le pavillon occupé actuellement par l'évêque d'Autun* [**S 28**], *donnerait toute l'aisance suffisante pour former un appartement décent pour M. le duc de Berry avec des accessoires suffisants pour les besoins indispensables du service des princes.* Note : *Le même jour M. le directeur général a porté cette lettre sous les yeux du roi. Sa Majesté n'a point admis la proposition.* A.N. O[1] 1801 318
12.10.1783 Le marquis de Sérent à A : *J'ai recours à vous, mon cher comte. Il faut absolument que vous me fassiez construire quelque part que ce soit attenant l'appartement de M. le duc d'Angoulême, un petit endroit qui puisse servir de réchauffoir pour le service des princes et même pour le mien. L'arrivée de M. le duc de Berry dans cet appartement enlève absolument toutes les ressources que nous pouvions avoir auparavant. Mon antichambre devient également celle des princes ; outre les valets de pied, mes propres domestiques, ceux des différentes personnes qui peuvent venir chez M. le duc d'Angoulême et chez moi, il faudra trouver à placer encore dans cette même antichambre la sentinelle des gardes du corps, le service journalier du bois des appartements, l'armoire de la Chapelle, les lits de veille, et tous les détails quelconques du service. Vous sentirez, mon cher comte, qu'il est de toute impossibilité d'y ajouter encore le réchauffoir du dîner des princes et du mien, car je ne connais point d'autre emplacement pour le mettre et vous sentirez aisément que ma cuisine qui est à l'autre fond du Grand Commun, ne me permet pas de m'en passer. Toutes les travées des deux galeries d'en haut et d'en bas sont déjà prises pour le service de Madame Élisabeth et Monsieur le dauphin. Mme de Lamballe occupe tout le bas de l'escalier* [**AP 54**]. *Il ne me reste plus de ressource que de suspendre et d'attacher à quelque partie du bâtiment le petit emplacement dont il serait besoin. Il y a déjà plusieurs petites loges de cette espèce...* A.N. O[1] 1801 512
22.10.1783 H à A : *J'ai examiné la demande de M. le marquis de Sérent... Je crois qu'on pouvait élever le lavoir qu'il a déjà à portée de l'appartement des princes adossé au grand degré sur la petite cour de l'Apothicairerie du roi et lui pratiquer un petit réchauffoir de six à sept pieds au plus. Ce petit exhaussement ne lui procurera pas un grand local, mais il n'y a pas moyen de faire plus.* A.N. O[1] 1801 529
13.7.1785 L** à A : *M. le marquis de Sérent... prie le blanchi de sa salle à manger et deux cloisons en planches pour séparer une pièce d'entresol en deux.* A.N. O[1] 1802 92
Provence, Louis Stanislas Xavier de France, *dit* Monsieur, comte de (1755-1824)
1786 *Le logement des ducs de Berry et d'Anjou à Monsieur ...* Distribution : A.N. O[1] 1802 242 et 243 ; *cf.* 1077 437
1783 *État* D « le duc d'Angoulême, puis Monsieur »
1787 *État* E « Monsieur » "12 pièces 8 à cheminée, 11 entresols, 3 à cheminée"

AU-DESSUS DE L'APPARTEMENT AP 70[1]

AP 71

Humières, Louis IV de Crevant, marquis, puis en 1690 duc d' (1628-1694). Maréchal de France 1668 ; grand maître de l'artillerie 1685

Humières, Louise Antoinette Thérèse de La Châtre, maréchale d' (1635-1723)

Le roi donna une pension de 20 000 livres à la maréchale... Elle se retira dans une maison borgne au dehors des Carmélites du faubourg Saint-Jacques. SS II 181

Lauzun, Antonin Nompar de Caumont La Force, comte, puis en 1692 duc de (1632-1723). Capitaine d'une compagnie des gardes du corps 1669

Lauzun, Geneviève Marie de Durfort, duchesse de (1680-1740)

3.6.1695 *Le roi a aussi donné au duc de Lauzun l'appartement qu'avaient le maréchal et la maréchale d'Humières.* D V 215

> **Mérode**, Garcie Pétronille Josèphe de Salcedo, comtesse de (1676-1746). Dame du palais de la reine 1726
>
> GG-B 379, 391 « Plan de l'appartement de Mme de Lauzun dans l'attique de la Surintendance avec un projet pour y loger Mme de Mérode. Deux étages d'attiques légendés en retombes »

Tallard, Marie Joseph d'Hostun, comte, puis duc de (1684-1755)

1740 *Mme la duchesse de Lauzun, Surintendance sur l'appartement n° 70, son logement n° 71, 8 pièces, dont 5 à cheminée et un entresol sans cheminée donné à M. le duc de Tallard...* Logements donnés par le roi : A.N. O¹ 1076 133

19.6.1740 *Le roi a donné l'appartement de feu Mme la duchesse de Lauzun à M. le duc de Tallard, lequel avait toujours celui de M. le maréchal de Tallard dans l'aile neuve, tout en haut* [**AN 67 et 68 avec 73 et 74**], *de sorte que Mme de Tallard et lui étaient aux deux bouts du château. Celui de Mme de Lauzun est dans la Surintendance.* L* III 201

1741 *État* « Mme la duchesse de Lauzun, puis M. de Tallard » "8 pièces, 5 à cheminée ; 1 entresol, sans cheminée"

Civrac, Anne Marie de La Faurie de Monbadon, marquise de Durfort, puis en 1774 duchesse de (1720-1786). Dame pour accompagner Mesdames les cadettes 1751, puis leur dame d'atour en survivance 1756, en exercice 1766

14.9.1755 *Mme de Durfort... a eu le bel appartement qu'avait le duc de Tallard dans le pavillon qui est au bout de l'aile des Princes qu'on appelait anciennement la Surintendance.* L* XIV 261

26.10.1755 *Le logement de M. le duc de Tallard à Mme la marquise de Durfort...* Distribution : A.N. O¹ 1076 398

15.9.1763 La marquise de Durfort à M : *Ma chambre étant inhabitable il y a deux ans... j'ai fait rétablir à mes dépens le désordre causé par la pluie ; ne rétablissant pas la cause, ce serait toujours à recommencer. Il pleut moins dans ma chambre depuis quelque temps mais dans l'autre c'est affreux. Je ne pense habiter mon cabinet dans le mauvais temps, ni le regarder quand il fait beau. Il y a une partie du plafond qui fait horreur.* A.N. O¹ 1797 372

22.9.1763 M à E : *Mme la marquise de Durfort m'expose qu'il est nécessaire de faire des réparations dans son logement et qu'elle désire qu'on y mettre les ouvriers pendant le voyage de Fontainebleau : 1. rétablissement de la boiserie d'un lambris qui a 9 pieds de large sur 10 à 11 pieds de long qui tombe de tous côtés en sorte qu'on n'est point en sûreté quand on ferme les portes et qu'on court risque de se faire écraser par ces dernières ; 2. en quelques crevasses à réparer au plafond et dans un petit passage qui précède la chambre dont la boiserie est belle, elle désire qu'on la blanchisse ; 3. dans le rétablissement de la corniche de son cabinet au côté seulement des fenêtres. Elle a souvent d'icelle fait avertir les officiers des bâtiments qui y ont donné des soins mais inutilement. Les plombs qui règnent tout le long de son logement étant gâtés aussi, se plaint-elle qu'il pleut chez elle comme dans la rue...* A.N. O¹ 1797 370 ; *cf.* 1812 II 47

1.10.1763 E à M : *Réparations très urgentes au logement de Mme la marquise de Durfort, dont les plombs de la couverture en mauvais état, qu'il faut relever, causent de l'humidité aux plafonds et corniches ; le lambris d'une pièce prêt à tomber s'il n'est raccommodé, d'une autre à refaire à neuf ainsi que le parquet des planchers... 1 650 livres.* Bon du roi : A.N. O¹ 1071 86 et 87 ; *cf.* 1812 II 44

16.10.1763 E à la marquise de Durfort : *Comme les couvertures ne peuvent attendre et que celle de votre logement est urgente, vous pouvez être assurée, Madame, que je ferai changer les vieux plombs qui sont dessus aussitôt que nos plombiers auront achevé les bains du roi. À l'égard des ouvrages intérieurs, quand les ordres me viendraient, je ne pourrais me dispenser de représenter qu'il n'aurait pas assez de temps jusqu'au retour, vu que tous nos ouvriers sont employés à finir les ouvrages des appartements du roi et ceux de la famille royale. C'est pourquoi ce ne pourra être qu'au prochain Compiègne.* A.N. O¹ 1797 407

19.6.1764 E à M : *État des ouvrages demandés à faire : Mme la marquise de Durfort pour achever ce qui avait été commencé pendant le dernier Fontainebleau, les pluies continuelles ayant retardé les réparations, celles du dedans n'ont pu se faire... 600 livres.* A.N. O¹ 1797 452

7.8.1764 M au roi : *Madame la marquise de Durfort supplie très humblement Votre Majesté d'ordonner la continuation des réparations qui avait été commencées à son logement à Versailles... La nouvelle dépense est*

1. Dans le pavillon de la Surintendance, **AP 71, 72, 73 et 74** étaient au même niveau que **AP 75 à 86** le long de la rue de la Surintendance, quoiqu'un solide mur les séparât. On atteignait les logements par l'escalier placé à l'extrémité de la galerie, puis par un long corridor. **AP 71** était dans l'aile et disposait de cinq fenêtres donnant sur l'Orangerie. Plus loin le long du corridor, avec deux fenêtres dans le pavillon regardant l'hôtel de la Surintendance, se trouvait **AP 72**. Dans ce même pavillon, **AP 73** possédait une fenêtre regardant vers le sud, trois fenêtres exposées à l'est, sans compter deux fenêtres supplémentaires dans l'aile le long de la rue. Finalement, **AP 74** était constitué d'une succession de pièces étroites formant l'angle sud-est de la cour de l'Apothicairerie. Voir GG-B 379.

600 livres. Bon du roi : A.N. O[1] 1071 104 ; *cf.* 1812 III 20, 21 et 25

1765 M à E : *Vous ne vous empressez guère, Monsieur, à me rendre compte des dégâts que le dernier orage a occasionnés tant à Versailles qu'à Trianon. Le roi m'a déjà demandé plusieurs fois si vous m'en avez écrit. Voici une manière de plan du logement de Mme de Durfort. Il est impossible qu'elle couche cet hiver dans les pièces numérotées 5 et 6 [5 = cabinet de compagnie ; 6 = chambre à coucher de Mme de Durfort] attendu que vous venez d'en faire refaire les plafonds, faites transporter la cloison A de la pièce 3 [3 = cuisine] au point B de la pièce 4 [4 = antichambre] ; supprimez ce qui y est déjà dans la dite pièce 4, faites faire les raccommodements et disposez le tout de façon que la comtesse de Durfort en puisse jouir à son retour.* A.N. O[1] 1797 552 et 553 [plan]

25.7.1765 E à M : *Mme la marquise de Durfort... vient de me faire dire de la Muette par un garçon de chambre de Madame Victoire de lui faire des bains chez elle sans m'en écrire ni autre explication. Vous savez... toute la dépense qu'on a faite dans son appartement qui est considérable. Aujourd'hui il lui faut des bains, en supposant la possibilité de les faire avec le réservoir et tuyaux nécessaires, ce qui est douteux.* A.N. O[1] 1071 129 ; *cf.* 1812 III 69

14.9.1765 M au roi : *Le sieur L'Écuyer, contrôleur des Bâtiments à Versailles m'écrit que Mme la marquise de Durfort lui a fait dire de lui faire faire des bains dans son logement au château. Je prends la liberté de représenter très humblement à Votre Majesté que les princesses du sang n'ont point de bains à Versailles et que si Elle a la bonté d'accorder à Mme la marquise de Durfort ceux qu'elle demande, la Cour voudrait en avoir, ce qui perpétuerait les dépenses à l'infini.* A.N. O[1] 1071 128 ; *cf.* 1812 III 70

AP 72 [1]

Effiat, Antoine II Coëffier de Ruzé, marquis d' (1638-1719). Premier écuyer et premier veneur de Monsieur ; premier écuyer du duc d'Orléans

Bontemps, Louis Alexandre (1669-1742). Premier valet de chambre du roi en survivance 1677, en titre 1701 ; intendant et contrôleur général des bâtiments et jardins de la reine 1726

23.2.1708 *Sa Majesté avait donné à Bontemps le Cadet un petit appartement au-dessus du ministre d'État Chamillart* [**AP 70**]. S XI 30

23.2.1708 *Le roi a redonné des logements à tous ceux à qui il les avait ôtés pour donner à M. Desmarets tout ce qu'avait M. Le Peletier le ministre* [**AMG 9 et 10**]... *Le roi avait donné par prêt à Bontemps l'Aîné l'appartement du marquis d'Effiat, qui ne venait que très rarement à Versailles ; mais il était beaucoup trop petit pour lui et il avait bien du regret de quitter le sien* [**AMG 22**], *où il avait fait mille pistoles de dépenses.* S XI 30

Saint-Simon, Louis de Rouvroy, duc de (1675-1755)

1709 *M. le duc d'Orléans... cherchant les moyens de me ramener, jusqu'à me faire presser... de prendre le petit logement au château qu'avait d'Effiat comme étant son premier écuyer, et dont il pouvait disposer à ce titre, d'Effiat surtout n'y venant presque jamais.* SS XVIII 297

GG-B 379

Tessé, René Mans de Froulay, comte de (1681-1746). Premier écuyer de l'infante en survivance de son père 1724 et de la reine 1725-1735 ; avec exercice pour son petit-fils mineur 1742-1746

18.10.1742 *Le roi a donné aussi à M. de Tessé un appartement qu'avait feu Bontemps dans le haut de la Surintendance et qui faisait partie de celui de feu Mme de Lauzun.* L* IV 254

Brancas [2], Louis de Brancas-Céreste, marquis de (1672-1750). Grand d'Espagne ; maréchal de France 1741

1741 *État* « Premier valet de chambre du roi, M. Bontemps, puis M. le marquis de Brancas » "5 pièces, 2 à cheminée"

Montmorency-Fosseux, Anne Léon Ier, baron de Montmorency-Fosseux (1705-1785). Menin du dauphin 1746

11.2.1746 *M. de Montmorency chez M. le maréchal de Brancas...* Disposition : A.N. O[1] 1076 104

Anville, Jean Baptiste Louis Frédéric de La Rochefoucauld de Roye, marquis de Roucy, en 1732 duc d' (1709-1746)

16.2.1746 N au roi : *M. le prince de Chalais demande de Votre Majesté la moitié de l'appartement qu'occupait ci-devant Mme de Mailly* [**AN 33**], *que Mme de Périgord aime beaucoup mieux que celui de M. de Montmorin* [**AN 68**]. *Si Votre Majesté voulait bien sans déranger M. de Montmorin donner à M. le duc d'Anville le logement que Votre Majesté a ôté au maréchal de Brancas, M. d'Anville serait content et M. de Montmorin serait au désespoir si on le changeait.* Bon du roi : A.N. O[1] 1076 108

24.1.1747 *M. le comte de Montmorency demande à M. de Tournehem une niche dans sa chambre à coucher avec plusieurs réparations nécessaires.* Réponse de E : *Bon pourvu que cela ne coûte pas plus de 200 livres.* A.N. O[1] 1810 I 178

Cossé-Brissac, René Hugues Timoléon de Cossé, comte de (1702-1754). Menin du dauphin 1750

30.10.1750 *M. le comte de Cossé, menin de Monseigneur le dauphin, chez M. le baron de Montmorency* A.N. O[1] 1076 265

2.7.1751 *M. le comte de Cossé-Brissac prie M. de Tournehem de vouloir bien lui accorder une réparation nécessaire à son logement à Versailles qui est de blanchir ses plafonds et de raccommoder la peinture de la boiserie de sa chambre et de sa cuisine, en y faisant mettre un vernis dont la dite boiserie a besoin.* Réponse : *À M. L'Écuyer pour m'en rendre compte.* A.N. O[1] 1810 III 106 ; *cf.* 126

Talaru, César Marie Talaru, *dit* marquis de (1725-1794). Premier maître d'hôtel de la reine en survivance 1746

1. **AP 72** était généralement combiné avec **AP 104** situé au-dessus.

2. Le marquis de Brancas et le baron de Montmorency occupaient aussi **AP 104 et 105** à l'étage au-dessus.

Talaru-Chalmazel, Marie Justine de Sassenage, marquise de (?-?). Dame surnuméraire de la dauphine 1750

27.8.1754 *Le logement de M. le comte de Cossé à M. et Mme de Talaru.* L* XIII 328

Jumilhac, Pierre Joseph de la Chapelle, marquis de (1692-1783). Capitaine de la première compagnie des mousquetaires 1738

29.8.1754 *Il y a eu quelques changements dans les logements ici. C'est à M. et Mme de Jumilhac qu'a été donné celui de M. et Mme de Cossé...* L* XIII 331

Saulx-Tavannes, Charles Marie Gaspard, comte de (1713-1784). Chevalier d'honneur de la reine 1755

9.11.1755 *Le logement de M. le marquis de Jumilhac à M. le comte de Saulx, chevalier d'honneur ...* Disposition : A.N. O[1] 1076 408

9.11.1755 N au roi : *M. le prince Camille et Mme de Marsan demandent le logement de M. le prince de Pons* [**AMG 7**]. *Il ne paraît pas aisé de leur accorder leur demande dans la détresse où l'on est pour les logements. Une chambre, si Votre Majesté le veut, se trouverait vacante dans le changement proposé par l'État suivant : M. le comte de Saulx désire le logement de M. de Jumilhac, ne pouvant tenir dans celui de M. et Mme de Civrac* [**AP 100 et 100A**]. *Il n'y a pas grand inconvénient. M. de Jumilhac sera mieux pour sa place dans l'avant cour, son camarade M. de La Rivière étant au Grand Commun, et si Votre Majesté approuve, le logement de M. le prince de Pons restera attaché à la place de capitaine des mousquetaires gris.* A.N. O[1] 1076 409

24.11.1755 Le comte de Saulx à M : *Vous avez bien voulu me faire espérer... que lorsque le logement que je vais occuper ici serait vide et que j'aurais pu voir les réparations ou changements que j'aurais à y demander, vous auriez la bonté de donner des ordres pour les faire examiner et en dresser un état. M. de Jumilhac a retiré ses meubles ; je suis en possession du logement ; et je viens de le voir. Les réparations et changements que j'y désirerais sont de très petits objets et ne seront presque d'aucune dépense. La plus considérable sera des doubles châssis à trois fenêtres. Vous savez, Monsieur, que le roi est dans l'usage d'en faire donner aux personnes qui ont l'honneur de remplir les premières charges auprès de Leurs Majestés. La saison exige que je réclame ce privilège.* A.N. O[1] 1811 II 60

4.12.1755 M au comte de Saulx : *Je viens de donner ordre à M. L'Écuyer de faire faire incessamment aux croisées de votre nouveau logement au château de Versailles les doubles châssis que vous m'avez fait l'honneur de me demander. J'en verrai en même temps quelles peuvent être les réparations que ce logement exige.* A.N. O[1] 1796 220

9.12.1755 M au roi : *M. le comte de Saulx supplie très humblement Votre Majesté de vouloir bien lui accorder les réparations nécessaires à son nouveau logement qui, suivant le devis ci-joint, monteront à la somme de 621 livres.* Bon du roi : A.N. O[1] 1070 487

15.12.1755 M à E : *Vous auriez agréable de faire faire les réparations nécessaires au nouveau logement de M. le comte de Saulx qui... monteront à 621 livres.* A.N. O[1] 1796 223

AP 71 et 72 sont combinés.

Chauvelin, François Claude, marquis de (1711-1773). Maître de la garde-robe du roi 1759

1768 *Le logement de Mme la marquise de Durfort* [**AP 71**] *à M. le marquis de Chauvelin, maître de la garde-robe du roi.* A.N. O[1] 1798 495

27.10.1769 N au roi : *Mme la marquise de Durfort a fait pour près de 12 000 francs de dépense à son logement. M. le marquis de Chauvelin offre de lui en rembourser la moitié pour que le logement reste dans toute sa parure. Votre Majesté veut-Elle bien avoir la bonté de lui accorder et à M. le maréchal d'Estrées celui de M. de Chauvelin* [**AP 96**], *ce qui donnera la facilité à Mme la comtesse de Brionne de marier M. le grand écuyer à son retour au mois de mai et de lui céder son logement* [**AP 99**]. A.N. O[1] 1077 59

Bourbon-Busset, François Louis Antoine, comte de (1722-1793). Premier gentilhomme de la chambre du comte d'Artois 1773

Bourbon-Busset, Jeanne de Guigues de Moreton, comtesse de (1733-1812). Dame d'atour de la comtesse d'Artois 1772

1770 *État* A « M. de Chauvelin, puis M. de Bourbon-Busset »

1774 *Le logement de feu M. le marquis de Chauvelin à M. le comte de Bourbon-Busset, premier gentilhomme de la chambre de Mgr le comte d'Artois, et Mme la comtesse de Bourbon-Busset, dame d'atour de Mme la comtesse d'Artois...* Disposition : A.N. O[1] 1077 191

28.11.1786 Le comte de Bourbon-Busset à A : *Je ne sais qui d'apprendre... que les ouvriers des bâtiments du roi étaient occupés depuis huit jours aux réparations nécessaires pour mettre en état l'appartement destiné à Monsieur* [**AP 70**], *au-dessus duquel j'en occupe un dont on a été obligé de lever les parquets et débrancher les cloisons. Comme il a été démeublé à la hâte et qu'il aurait grand besoin d'être reblanchi, je vous prie instamment... de donner vos ordres.* Réponse : *Il sera pourvu.* A.N. O[1] 1802 273

1787 *État* E « M. le comte et Mme la comtesse de Bourbon-Busset » "9 pièces, 5 à cheminée, 1 réchauffoir"

GG-B 1415-22 « Coupes et plans de l'escalier de Provence » surtout 1416 « ... plans cotés de tous les étages avec de bas en haut l'indication des appartements de Madame, Monsieur, de la comtesse de Bourbon-Busset, de Mme de Rousseau, du marquis d'Avaray »

AP 73

Lorge et de Quintin, Guy Nicolas de Durfort, comte de Lorge, puis duc de (1683-1758)

1741 *État* « Le duc de Lorge » "5 pièces, 3 à cheminée et 1 soupente"

Lorge et de Quintin, Marie Anne Antoinette de Mesmes, duchesse de (1696-1767). Dame d'honneur de la duchesse d'Orléans 1738

Montmorin, Armand Gabriel de Montmorin de Chassaigne, comte de, *dit* M. de Saint-Hérem (1696-1752). Menin du dauphin 1745

Montmorin, Marie Catherine Le Gendre de Collande, comtesse de (1720-?)

18.12.1745 N au roi : *Votre Majesté pourrait aussi donner le logement de Mme la duchesse de Lorge à M. de Saint-Hérem qui en serait très content pour lui,*

Madame sa femme et M. l'évêque de Langres, et M. le comte de Noailles manderait à Mme la duchesse de Lorge de la part de Votre Majesté si elle le jugeait à propos qu'étant pressée de ce logement, elle se trouvait obligée de lui ôter le sien, mais qu'elle a donné une augmentation **[AP 113]** *à M. le comte de Lorge afin qu'il puisse la loger et M. le duc de Lorge quand ils viendraient faire leur cour à Votre Majesté.* Bon du roi : A.N. O^1 1076 98

30.[7].1752 M au roi : *M. le comte de Saint-Hérem demande la réparation d'une soupente au-dessus d'un petit réchauffoir dans son appartement au château de Versailles et une séparation dans la chambre de Mme de Saint-Hérem, dont la dépense en réparations et ajustements montera à 588 livres.* Bon du roi : A.N. O^1 1811 I 25

Civrac, François Aymery de Durfort, marquis de († 1786). Menin surnuméraire du dauphin 1752

Civrac, Marie Françoise de Pardaillan de Gondrin d'Antin, marquise de (1728-1764). Dame pour accompagner Madame Adélaïde 1753

Châtelet, Florent Louis Marie du Châtelet-Lomon, comte, marquis, puis en 1777 duc du (1727-1793). Menin du dauphin 1752

Châtelet, Diane Adélaïde de Rochechouart-Faudoas, comtesse, marquise puis duchesse du († 1794). Dame de la dauphine 1752

1752 *Le logement de M. le marquis* [sic] *de Saint-Hérem à M. et Mme la marquise de Civrac*, puis *Le logement de M. et Mme la marquise de Civrac à M. et Mme le marquis du Châtelet.* A.N. O^1 1077 414 [1]

23.1.1753 Le comte du Châtelet à M : *J'ai passé ce matin chez vous, Monsieur, pour avoir l'honneur de vous voir et vous parler du petit mémoire que je joins à cette lettre. Il concerne l'appartement que le roi a donné pour Mme du Châtelet et pour moi. La boiserie de la chambre, que je vous prie de vouloir bien donner l'ordre qu'on accommode, a été toute déposée et bouleversée par les cheminées de l'appartement de M. de Puyzieulx* **[AP 70]** *qu'on a fait passer qui ont même rétréci cette chambre de plus 3 pieds et ce n'en coûtera pas davantage au roi de la faire accommoder comme j'ai l'honneur de vous le proposer en faisant raccommoder ce que les cheminées y ont dérangé. J'espère que vous voudrez bien vous prêter à nos désirs là-dessus.* Note : *M. le comte du Châtelet par son mémoire à M. de Vandières le prie de vouloir bien donner ses ordres pour qu'on fasse ce qu'il faut pour mettre en état l'appartement que le roi lui a donné au château de Versailles, savoir : dans la chambre à coucher une alcôve avec quelques parties de menuiseries en armoires et quelques plâtres aux plafonds et autres endroits nécessaires pour la distribution et faire blanchir le tout.* Réponse : *À M. L'Écuyer pour m'en rendre compte et m'envoyer un devis.* Réponse de E : *Réparations 298 livres ; ajustements 595 livres. Il est à observer que les réparations ci-dessus ont déjà été accordées à feu M. le comte de Saint-Hérem, que sa maladie et sa mort les ont fait déférer jusqu'à présent ; par conséquent il ne s'agit plus que de l'ordre pour les ajustements.* A.N. O^1 1811 I 51

Cucé-Boisgelin, Louis Bruno, comte de (1734-1794). Maître de la garde-robe du roi 1760

Cucé-Boisgelin, Marie Catherine Stanislas de Boufflers, comtesse de (1741-1794). Dame pour accompagner Mesdames les cadettes 1760

31.3.1760 Le comte de Cucé à M : *Je loge dans l'appartement de Mme du Châtelet. J'y ai trouvé quelques réparations qui sont en vérité nécessaires. Je ne vous ferai point de demandes indiscrètes.* Réponse de M 9.4.1760 *Quoique les temps soient bien malheureux et que la caisse des Bâtiments soit absolument sans fonds, je chargerai M. L'Écuyer de m'en envoyer le devis, et s'il est possible, de faire ce que vous désirez.* A.N. O^1 1797 98 et 99 ; *cf.* 1811 III 109

4.4.1760 *Le logement de M. le comte et Mme la comtesse du Châtelet, n° 73, aile du Midi, à M. le marquis de Cucé...* Disposition : A.N. O^1 1076 593

Bérenger, Raymond Pierre, comte de Gua, marquis de (1732-1792). Chevalier d'honneur de la dauphine en survivance 1762, puis de la comtesse de Provence

16.1.1763 *Le logement de M. le comte et Mme la comtesse de Cucé à M. le comte de Bérenger, chevalier d'honneur de Madame la dauphine...* Disposition : A.N. O^1 1076 699

1770 *État* A « M. de Cucé, puis de Boisgelin »

Montmorency, Louis René Gabriel de Montmorency, comte de Logny, *dit* prince de (1735-?). Menin du dauphin 1770

Montmorency, Louise Françoise Pauline de Montmorency de Tingry, princesse de Montmorency par son premier mariage, puis princesse de Montmorency-Logny (1734-1818)

1777 *État* B « M. le prince de Montmorency »

Guémené, Henri Louis Marie de Rohan, *dit* prince de (1745-1808). Grand chambellan 1775

20.3.1781 *Le logement de Mme la princesse de Montmorency à M. le prince de Guémené.* Changements : A.N. O^1 1801 20

7.12.1781 H à A : *Mme la princesse de Guémené m'a chargé de prier de sa part... de lui accorder le blanchi de l'appartement qu'occupait ci-devant le duc de Montmorency qui vient d'être donné à M. le prince de Guémené et qui a le plus grand besoin de cette réparation...* A.N. O^1 1801 211

Chabrillan, Jacques Aimar Henri de Moreton, comte de (1729-1802). Capitaine de la garde du corps du comte de Provence 1771

1782 ... *Celui de M. le prince de Guémené, qui n'est qu'un logement de garçon, à M. de Chabrillan, capitaine des gardes de Monsieur* A.N. O^1 1077 439 ; *cf.* 1801 328

16.10.1782 H à A : *M. le marquis de Chabrillan qui succède à l'appartement de M. le prince de Guémené demande le remplacement des doubles châssis de cet appartement qui sont absolument hors de service.* A.N. O^1 1801 398

Bouillon, Godefroy Charles Henri de La Tour d'Auvergne, *dit* prince de Turenne, puis duc de (1728-1792). Grand chambellan de France 1754-1775

1787 *État* E « M. le grand chambellan » "4 pièces, 3 à cheminée, 1 soupente"

1. Cette distribution est biffée avec vigueur. Il semble que Mme de Civrac resta dans **CC 68** de 1748 à 1759.

AP 74

Villefort, Marie Suzanne de Valicourt de, dame de (1667-?). Sous-gouvernante des Enfants de France 1709-1744

11.3.1711 *Le mariage de Mlle Pincre avec M. de Villefort se fit le soir dans la Chapelle. Le souper fut chez Mme Voisin, et les mariés couchèrent chez Mme de Villefort, la mère, qui leur cède son appartement.* D XI 360

GG-B 379

1741 *État* « Sous-gouvernante des Enfants de France Mme de Villefort » "7 pièces, 3 à cheminée ; 1 entresol sans cheminée"

Aymard, N..., *dite* Mme d' (?-?). Remueuse des Enfants de France

1.29.1746 *Propositions... de mettre... la remueuse chez Mme de Villefort...* Bon du roi : A.N. O[1] 1076 102

1.2.1746 *Mme de Villefort, ancienne sous-gouvernante des Enfants de France, avait un petit logement qu'on lui ôte, et on le donne à la remueuse des Enfants de France qu'on appelle Mme* [d']*Aymard.* L* VII 210

Desmarets, Marie Thèrese Despériers, Mme (?-?). Remueuse des Enfants de France en survivance de sa mère

Rousseau, N... Genêt, dame (?-?). Remueuse des Enfants de France

9.4.1747 N au roi : *Votre Majesté ayant accordé à Dame Rousseau la place de remueuse des Enfants de France, qu'avait dame Desmarets, elle supplie Votre Majesté de vouloir bien lui accorder le logement attaché à cette place et lequel logement la dite dame Desmarets occupait.* Bon du roi : A.N. O[1] 1076 160

20.7.1751 E à T : *Je viens de prévenir Mme la duchesse de Tallard pour le déménagement de Mme Rousseau la remueuse qui loge au-dessus de l'appartement de M. le cardinal de Tencin* [**AP 54**] *afin d'y pouvoir changer des poutres et les planchers... Mme de Tallard m'a répondu que pour qu'elle puisse donner des ordres à Mme Rousseau de déloger, il fallait auparavant un autre logement à cette remueuse, dont le service actuel et celui à venir exigeaient qu'elle en eût un à portée des Enfants de France, par conséquence, Monsieur, cela m'arrête dans cette démolition dont il paraît que le roi demande la diligence.* Réponse : *Comme ce n'est pas moi qui dispose des logements, je n'ai rien autre chose à répondre que de vous dire et de faire en sorte que ce que le roi a ordonné soit exécuté.* A.N. O[1] 1795 200

20.7.1751 E à T : *M. le comte de Noailles ayant reçu des ordres du roi pour faire déloger Mme Rousseau la remueuse, vient d'informer Mme la duchesse de Tallard, que la difficulté est de trouver un autre logement à lui donner ; c'est leur affaire. Je vais le presser, Monsieur, autant qu'il me sera possible.* A.N. O[1] 1795 205

Saint-Sauveur, Madeleine Susanne de Goulet de Rugy, marquise de (1723-1777). Sous-gouvernante des Enfants de France 1751

25.5.1752 N à M : *J'ai l'honneur de vous envoyer ci-joint... un bon du roi pour faire accommoder le logement de Mme de Saint-Sauveur où est à présent Mme Rousseau. Il est très sûr qu'il en coûtera bien moins à Sa Majesté de rendre ce logement habitable que d'en bâtir un nouveau, ce qui deviendra absolument nécessaire, n'y ayant pas, à beaucoup près, le logement nécessaire pour le service...* A.N. O[1] 1811 I 14

22.7.1782 Mme Rousseau, à Trianon, à A : *Depuis longtemps le parquet de mon appartement est dans le plus mauvais état et il est impossible de marcher sans courir des risques. Je désirerais bien profiter du temps où mon service me tient à Trianon pour cette réparation. J'ose espérer... que vous vouliez bien donner des ordres et me permettre de profiter de cette occasion pour faire faire quelques changements peu conséquents, mais qui me donneraient la facilité d'avoir ma fille aînée chez moi.* A.N. O[1] 1801 336

5.8.1782 H à A : *Les demandes de Mme Rousseau consistent dans le reparquetage de la chambre, le reculement de l'alcôve pour y pratiquer une petite garde-robe et le bouchement et percement d'une porte dans la cloison, dans le rétablissement du parquet du salon, dans la suppression d'une soupente en bois et dans le blanchi de tout le logement consistant en trois pièces... Le parquet est dans le plus mauvais état... Il ne peut absolument rester... Les arrangements désirés par Mme Rousseau sont sans inconvénient. La dépense à cause du parquet pourra monter de 6 à 700 livres.* A.N. O[1] 1801 346

9.1782 *État des travaux : Blanchissement à l'appartement de... Mme Rousseau.* A.N. O[1] 1802 367

1.10.1782 Mme Rousseau, à Trianon, à A : *Vous mettriez le comble à vos bontés si vous vouliez bien permettre qu'on coupe les petits bois des deux croisées de ma salle à manger pour y mettre des grands carreaux. C'est une dépense peu conséquente et qui donnera une clarté à mon appartement qui lui est nécessaire par sa position.* A.N. O[1] 1801 376

16.10.1782 H à A : *La seule grâce que M. le directeur général puisse accorder à cette dame, c'est de lui permettre de faire mettre les grands carreaux à ses frais. Comme ces croisées ne donnent pas sur la rue, la décoration régulière au château ne sera pas interrompue par ce changement et l'administration ne supportera pas une dépense superflue et jusqu'alors sans exemple.* A.N. O[1] 1801 381

5.10.1786 Mme Rousseau à A : *Mme Rousseau, remueuse des Enfants de France, a l'honneur de supplier M. le comte d'Angiviller de vouloir bien ordonner que... sa chambre à coucher et un cabinet où couchent ses enfants soient vernis. La quantité énorme de punaises dont il est infecté jour et nuit la met dans le cas de supplier M. le comte d'Angiviller de vouloir bien ne pas le refuser.* Réponse : *Appartement blanchi.* A.N. O[1] 1802 221

1787 *État* E « Mme Rousseau » "4 pièces, 3 à cheminée, 1 soupente"

GG-B 1416

LOGEMENTS SUR LA RUE DE LA SURINTENDANCE

AP 75

Orléans, Jean Philippe d'Orléans, fils légitimé du Régent, *dit* Monsieur le grand prieur (1702-1748). Grand prieur de l'ordre de Malte en France 1719

1741 *État* « M. le grand prieur, chevalier d'Orléans » "6 pièces, 4 à cheminée ; 1 soupente"
GG-B 380 ; BLONDEL, planche 7 "f"
La Fare, Philippe Charles, marquis de (1687-1752). Chevalier d'honneur de la dauphine d'Espagne 1744, puis de la dauphine de Saxe 1747 ; maréchal de France
29.1.1746 N au roi : *M. de La Fare étant obligé d'aller très souvent à M. et Madame la dauphine est logé très incommodément ; il serait content de celui de M. le grand prieur, si Votre Majesté voulait le changement, conservant à M. et Mme d'Orléans celui de M. de La Fare.* Bon du roi : A.N. O^1 1076 103
13.2.1746 *Il y a eu... un changement de logement entre M. de La Fare et M. le grand prieur ; celui de M. le grand prieur, qui est dans l'aile des Princes, était trop grand pour lui ; et celui de M. de La Fare, qu'il trouvait trop petit, est dans la Surintendance* [**S 22 avec 16**] *; ils ont troqué.* L* VII 217

Montaigu, Louis Christophe Gabriel, chevalier puis comte de (1698-1753). Capitaine des gardes ; gentilhomme de la manche 1741, puis menin du dauphin 1745
27.6.1748 *Le logement de M. le grand prieur à M. le chevalier de Montaigu. Monseigneur le dauphin désire ce changement.* Réponse : *Hors l'entresol est réservé du logement qu'avait le grand prieur* ... Disposition : A.N. O^1 1076 205
3.7.1748 *L'appartement dans la galerie des Princes vacant par la mort de M. le grand prieur a été donné à M. le chevalier de Montaigu, menin de Monsieur le dauphin. Il avait un appartement en entresol donnant sur la seconde cour de la Surintendance en allant chez M. le contrôleur général* [**S 19**] *; cet appartement a été donné à mon frère...* L* IX 58

6.9.1750 T au roi : *M. le maréchal de La Fare demande quelques petits changements et réparations à son logement au château de Versailles qui se monteront, suivant le plan et l'estimation ci-joints, à 383 livres.* Bon du roi : A.N. O^1 1070 374 ; *cf.* 1810 III 55
Saint-Séverin, Alphonse Marie Louis de Sanseverino d'Aragona, *dit* comte de (1705-1757). Ministre plénipotentiaire à la conférence de Breda 1744-1745 ; ministre d'État 1749
Saint-Séverin, Marie Louise Fillon de Villemur, comtesse de Houdetot, puis comtesse de (1707-?)
1752 *Le logement de M. le maréchal de La Fare avec cuisine à Mme la comtesse de Saint-Séverin...* Distribution : A.N. O^1 1077 415
31.10.1752 *On donne... à M. de Saint-Séverin celui de M. de La Fare, auquel on joint celui de M. de Sassenage, qui est au-dessus* [**AP 106**] *par un petit degré intérieur.* L* XII 178
14.6.1753 M au roi : *M. le comte de Saint-Séverin supplie très humblement Votre Majesté de vouloir bien lui accorder quelques changements dans son appartement de Versailles qui ne seront point un objet considérable de dépense et dont il me donne le plan et le devis que je présente à Votre Majesté.* Bon du roi : A.N. O^1 I 57
9.7.1753 M au comte de Saint-Séverin : *J'ai prévenu Sa Majesté sur la dépense qu'exigeraient les changements que vous désirez faire dans votre logement à Versailles. Le roi vous l'a accordé... Il est question présentement de bien constater votre plan avant de le mettre à exécution.* A.N. O^1 1795 356
2.8.1753 E à M : *M. le comte de Saint-Séverin, par une lettre qu'il vient de m'écrire, consentant de payer pour les ajustements de son logement... l'excédent 4 000 livres qui lui sont passés, je vais aller en avance sur cet ouvrage.* A.N. O^1 1795 383
Brancas, Diane de Clermont-Gallerande, duchesse de Villars, *dite* duchesse douairière de (1711-1784). Dame pour accompagner Mesdames 1747-1762
26.10.1755 *Le logement de Mme la comtesse de Saint-Séverin à Mme la duchesse de Brancas douairière et à M. le comte de Saint-Séverin...* Distribution : A.N. O^1 1076 398
28.10.1755 E à M : *Mme la duchesse de Brancas, douairière, à laquelle le roi vient de donner en partie le logement de M. de Saint-Séverin, ne pouvant y loger toutes ses femmes sans reculer une cloison et en poser une neuve de planches ou en vieux lambris, Mme de Pompadour vient de m'envoyer quérir pour me donner l'ordre d'y mettre des ouvriers dès demain matin sans manquer pour que cette duchesse puisse remettre au plus tôt son logement* [**AN 45B**] *à M. le duc de Penthièvre.* A.N. O^1 1796 206 ; *cf.* 207
11.1755 BLONDEL, planche 3, "h"

AP 75 est combiné avec **AP 106**

9.1759 N au roi : *Mme la duchesse douairière de Brancas demande le logement de l'accoucheur qui était occupé par Mme la marquise de Malaspina* [**AP 106**] *parce qu'elle ne peut faire de feu dans sa chambre à coucher.* A.N. O^1 1076 567
Civrac, François Aymery de Durfort, marquis de († 1786). Menin surnuméraire du dauphin 1752
Civrac, Marie Françoise de Pardaillan de Gondrin d'Antin, marquise de (1728-1764). Dame pour accompagner Madame Adélaïde 1753, puis sa dame d'atour 1755
1760 *Le logement de Mme la duchesse de Brancas, première douairière, avec le logement de l'accoucheur de Madame la dauphine* [**AP 106**] *à M. le comte de Civrac, menin de Monseigneur le dauphin, et à Mme de Civrac, dame d'atour de Madame* ... Disposition : A.N. O^1 1077 35
29.10.1760 N au roi : *Mme la comtesse de Toulouse supplie Votre Majesté d'avoir la bonté d'accorder à M. et Mme de Civrac le logement de la duchesse de Brancas douairière si elle prend celui de feu M. le duc de Béthune* [**AN 44**] *et d'y ajouter celui de l'accoucheur* [**AP 106**] *quand on lui en aura trouvé un autre.* A.N. O^1 1076 621
25.8.1761 E à M : *M. L'Écuyer a cru devoir ne pas permettre le transport des armoires de l'ancien logement de Mme la duchesse de Brancas dans celui qui vient de lui être donné* [**AN 44**] *pour éviter les plaintes que M. le comte et Mme la comtesse de Civrac n'auraient pas manqué de faire à juste raison devant occuper cet ancien logement. Si M. de Marigny ordonne de donner des armoires à Mme de Brancas, il y en a une au magasin qui pourrait convenir dans son nou-*

veau logement. Réponse : *Vous auriez agréable de lui en faire délivrer une.* A.N. O[1] 1797 181 et 186
17.1.1762 *Le logement de la duchesse de Brancas, première douairière, à M. le comte et Mme la comtesse de Civrac...* Disposition : A.N. O[1] 1076 667
Fronsac, Louis Antoine Sophie de Vignerot du Plessis de Richelieu, duc de (1736-1791). Premier gentilhomme de la chambre du roi en survivance 1756
1764 *Le logement de M. le comte et Mme la comtesse de Civrac à M. le duc de Fronsac pour logement de premier gentilhomme de la chambre...* Disposition : A.N. O[1] 1076 765
11.1764 E à M : *J'ai fait expédier l'ordre... sur M. Pillet pour qu'il délivre au magasin les deux glaces et deux chanteaux que vous m'avez demandés pour le cabinet de M. le duc de Fronsac.* A.N. O[1] 1797 508
15.10.1784 L** à A : *M. le duc de Fronsac... prie de lui accorder le blanchi de son antichambre...* A.N. O[1] 1801 666
1787 *État* E « M. le duc de Fronsac » "4 pièces, 3 à cheminée"
12.10.1788 L** à A : *M. le duc de Richelieu prie... la dépose d'une cloison de lambris dans sa chambre pour l'agrandir et faire en place une alcôve et la démolition d'un petit escalier...* Réponse de H : *De peu d'importance... accordé sans inconvénient.* A.N. O[1] 1802 533

AP 76
Tresmes, Louis Léon Potier, comte de Gandelus, puis en 1757 duc de (1695-1774). Gouverneur de Paris et de l'Île-de-France 1757
GG-B 381 ; BLONDEL, planche 7, "g"
Helvétius, Jean Claude Adrien (1685-1755). Premier médecin du roi 1713-1755
1741 *État* « <u>M. le duc de Gesvres</u>, puis <u>M. le comte de Tresmes</u>, puis Helvétius » "3 pièces à cheminée et la garde-robe"
La Vigne de Frécherille, Claude de (1695-1758). Premier médecin de la reine ; médecin ordinaire de la dauphine 1755
10.8.1755 *La mort de M. Helvétius laisse un logement à l'hôtel de Duras... Le logement de feu M. Helvétius au château est très petit,* [on propose qu'il] *soit donné à M. de La Vigne et qu'il conserve celui du Grand Commun qu'il préfère à celui de l'hôtel de Duras.* A.N. O[1] 1076 395
29.8.1755 ... *Celui de M. Helvétius au château à M. de La Vigne, qui conserve le sien au Grand Commun pour sa famille.* L* XIV 249
15.9.1755 M à E : *Vous auriez agréable de faire réparer le logement que feu M. Helvétius occupait au château et qui est accordé à M. de la Vigne... Ce sera un objet de dépense au total de 150 livres.* A.N. O[1] 1796 182 ; *cf.* 1811 II 52
11.1755 BLONDEL, planche 3, "i" « Logement du premier médecin de la reine »
28.1.1756 M au roi : *M. de La Vigne, premier médecin de la reine supplie très humblement Votre Majesté de vouloir bien lui accorder les réparations nécessaires à son logement qui... monteront à 2 400 livres.* Bon du roi : A.N. O[1] 1072 1
Lassonne, Joseph Marie François, sieur de (1717-1788). Médecin ordinaire de la reine 1755 ; premier médecin 1758 ; premier médecin du roi en survivance 1774
29.9.1758 *Le logement de feu M. de La Vigne au château, outre celui qu'il occupait au Grand Commun, sans rien retrancher à M. de Lassonne, premier médecin de la reine...* Distribution : A.N. O[1] 1076 529
Villequier, Louis Alexandre Céleste d'Aumont, duc de (1736-1814). Premier gentilhomme de la Chambre 1762
1768 *Le logement de M. de Lassonne au château qui a été autrefois occupé par M. le duc de Gesvres à M. le duc de Villequier...* Disposition : A.N. O[1] 1077 403 ; *cf.* 1798 202
6.9.1768 N au roi : *M. le duc d'Aumont est très mécontent du logement de M. le duc de Villequier que Votre Majesté a mis chez M. Lassonne, logement qu'a occupé feu M. le duc de Gesvres, étant survivancier. M. le comte de Noailles lui a répondu que MM. d'Ayen et de Luxembourg, survivanciers, n'en ont pas et que c'est une grâce et non une justice, et que s'il le désire, Votre Majesté aura la bonté de lui rendre pour M. le duc de Villequier la partie de son logement occupée par Mme la marquise de Rochechouart-Faudoas* [**VA 36A**]. A.N. O[1] 1077 33
La Salle, Pierre François de Baglion, comte de (?-?). Gentilhomme de la manche du dauphin et des comtes de Provence et d'Artois 1770
1770 *État* A « M. de Baglion »
8.1.1769 N au roi : *M. le comte de Baglion, gentilhomme de la manche représente que depuis cinq ans il loue un logement 800 livres et que sa santé est trop mauvaise pour pouvoir faire son service logeant au Grand Commun. Il demande qu'on lui paye son logement de 6 ou 800 livres sur le Domaine, grâce qu'il ne demanderait même pas si le défaut de payement de ses pensions ne le mettait pas mal à son aise. M. de Baglion demande, faute de cette première grâce, qu'on lui prête un logement au château qu'il rendra au mariage de Monseigneur le dauphin ou au premier ordre que Votre Majesté jugera à propos de donner à ce sujet.* Réponse à la demande d'argent : *Ne se peut, à moins de trop.* à la demande d'un logement : *À revoir.* A.N. O[1] 1077 45
[1769] *Le logement de M. Lassonne qui avait été donné à M. le duc de Villequier prêté à M. le comte de Baglion jusqu'au mariage de Monseigneur le dauphin...* Disposition : A.N. O[1] 1077 34 ; *cf.* 1802 733
Lévis, François Gaston, marquis, puis duc de (1720-1787). Capitaine des gardes du comte de Provence 1771
29.3.1771 N au roi : *M. le comte de Noailles ne peut tenir à la persécution pour les logements... Il l'a supplié de fixer les rangs et de décider que MM. les premiers gentilshommes de la chambre de Monseigneur le comte de Provence seraient logés de préférence à MM. les capitaines des gardes, en conséquence, le comte de Noailles a cru faire merveille de proposer à Votre Majesté le logement de M. le maréchal d'Estrées* [**AP 56**] *pour M. le marquis de Caumont et celui de M. le marquis de Caumont* [**AMG 24**] *pour logement de quartier jusqu'à ce qu'on puisse en donner un second. M. de Lévis s'est fâché et voulait donner un mémoire à Votre Majesté contre M. le comte de Noailles qui a voulu épargner cette importunité à Votre*

Majesté. Pour donc satisfaire la gloriole de M. le marquis de Lévis, si Votre Majesté approuve, on donnera à M. de Baglion, qui est dans le château, aile du Midi, n° 76, le logement de l'avant-cour pour le temps qu'il restera gentilhomme de la manche et M. le capitaine des gardes de Monseigneur le comte de Provence entrera à sa place dans le château. A.N. O[1] 1077 118

2.1.1774 *Mme la comtesse du Roure, dame de Mme la comtesse de Provence, après l'avoir été de Madame la dauphine, n'ayant plus le logement de feu M. de Senac supplie Votre Majesté de conserver à M. de Baglion, son père, la chambre qu'il occupe au château à condition qu'il la lui prête pour ses semaines.* A.N. O[1] 1077 190

Lassonne, Joseph Marie François de (1717-1788). Médecin ordinaire de la reine 1755 ; premier médecin 1758 ; premier médecin du roi en survivance 1774

1777 *État* B « M. de Lassonne »

Vaudreuil, Joseph François-de-Paule, comte de (1740-1817). Grand fauconnier 1780

9.1780 *Le logement de M. de Lassonne au château, à M. de comte de Vaudrieul, grand fauconnier* A.N. O[1] 1077 267

Fitz-James, Marie Claudine Sylvie de Thiard de Bissy, duchesse de (?-?). Dame du palais

20.6.1781 *Celui de M. le comte de Vaudrieul à Mme la duchesse de Fitz-James, dame du palais, en attendant qu'elle puisse en avoir un meilleur.* Bon du roi : A.N. O[1] 1077 269

Meaux, Camille Louis Apollinaire de Polignac, évêque de (1745-1821). Évêque de Meaux 1779 ; premier aumônier de la reine 1780

1782 *Le logement de M de Vaudrieul à M. l'évêque de Meaux, premier aumônier de la reine...* Distribution : A.N. O[1] 1077 439 ; *cf.* 1801 328

19.3.1783 LR à A : *L'appartement de M. l'évêque de Meaux : le blanchi de cet appartement est fait.* A.N. O[1] 1801 432

1787 *État* E « M. l'évêque de Meaux » "2 pièces à cheminée, 1 soupente"

AP 77

Montauban, Catherine Élénore Eugénie de Bethisy, princesse de (1707-1757). Dame du palais 1730-1757

Berwick, Anne Bulkeley, maréchale de (1673-1751) GG-B 382 ; BLONDEL, planche 7, "i"

1741 *État* « Dame du palais, Mme la princesse de Montauban, puis Mme la maréchale de Berwick » "5 pièces, 4 à cheminée ; 1 entresol sans cheminée."

Fitz-James, Victoire Louise de Goyon de Matignon, marquise, puis duchesse de (1722-1777). Dame du palais à la résignation de sa mère 1741

Fitz-James, Charles, marquis, puis duc de (1712-1787). Maréchal de France 1775

Soissons [1], François, duc de Fitz-James, évêque de (1709-1764). Premier aumônier du roi 1742

29.1.1746 *M. de Soissons chez M. et Mme de Fitz-James.* Propositions : A.N. O[1] 1076 102

3.5.1746 *M. de Fitz-James loge à l'aile du Midi du château de Versailles au grand étage donnant sur la rue de la Surintendance...* [il] *demande que les réparations détaillées au dos du plan remis par M. L'Écuyer à M. le directeur général soient faites à son appartement, lesquelles monteront à 643 livres.* Réponse : *M. L'Écuyer fera faire les ajustements demandés.* A.N. O[1] 1810 I 91

20.5.1746 *Mme la maréchale de Berwick a remis le sien, qui est dans la galerie des Princes. Il a été donné à M. le duc de Fitz-James, qui en avait un autre, lequel est vacant* [**AP 106**]. *Mme la maréchale de Berwick avait une cuisine attendant ce logement* [**AP 29**] ; *elle lui a été ôtée pour être donnée à Mme la maréchale de Duras. Cette circonstance a déterminé Mme de Berwick à rendre son logement. Mme de Duras dit qu'elle n'a point demandé nommément la cuisine de Mme la maréchale de Berwick, mais qu'elle a prié le roi de vouloir bien lui en faire une, ne pouvant s'en passer.* L* VII 317

AP 77 est divisé.

AP 77 [les pièces vers le nord]

Aiguillon, Louise Félicité de Bréhan de Plélo, duchesse d' (1726-1796). Dame du palais 1748

Aiguillon, Emmanuel Armand de Vignerot du Plessis de Richelieu, comte puis en 1740 duc d'Agenois, puis en 1750 duc d' (1720-1788)

1748 *Le logement de Mme la duchesse de Fitz-James à Mme la duchesse d'Agenois...* Disposition : A.N. O[1] 1076 226

24.11.1750 *M. le duc d'Aiguillon par sa lettre... prie M. de Tournehem de vouloir bien donner son agrément pour qu'il puisse faire accommoder un petit réchauffoir dans l'appartement de Mme d'Aiguillon à Versailles, ce qui est un objet peu important et qui n'intéresse en rien la commodité ni la décoration du château. Il espère que M. de Tournehem voudra bien lui accorder la permission pour faire ce petit arrangement ainsi que pour l'agrandissement de l'antichambre qui ne peut contenir que deux ou trois personnes au plus et qui sera plus honnête en ôtant la cloison qui la sépare d'une petite cuisine dont on ne peut absolument se servir à cause de la fumée horrible qui vient dans l'appartement quand il y a du charbon. Et comme il désirait que toutes ces petites réparations fussent finies quand Mme d'Aiguillon ira faire sa semaine, il supplie M. de Tournehem de vouloir bien lui envoyer les ordres nécessaires pour qu'on laisse travailler les ouvriers.* Réponse de T au duc d'Aiguillon : *Je suis bien fâché de la peine que vous avez prise à l'égard de la permission de faire faire le réchauffoir. Il est vrai que sur les représentations qui avaient été faites de l'incommodité qu'il pouvait causer au voisinage de Mesdames, on l'avait empêché sur le compte qui m'en avait été rendu par M. L'Écuyer, que d'ailleurs il paraisse que M. le comte de Noailles, de qui dépendent les logements, s'y opposait et quant à la cloison que vous demandez à reculer, j'ordonne à M. L'Écuyer de m'en rendre compte pour que je puisse donner les ordres en connaissant le coût.* A.N. O[1] 1810 III 71

Flavacourt, Hortense Félicité de Mailly-Nesle, marquise de (1715-1799). Dame du palais 1742-1767

1. M. de Soissons reçut l'ordre de retourner dans son diocèse au début de 1745 après avoir été disgracié pour son rôle dans l'affaire de Metz. Voir L* XV 308.

10.12.1757 *L'appartement de Mme d'Aiguillon à Mme de Flavacourt...* Distribution autographe de Louis XV : A.N. O^1 1076 487

14.3.1758 *Devis : Changements et ajustements au logement de Mme de Flavacourt : pratiquer un réchauffoir en changeant de place une cloison, y faire une cheminée [aliotte ?], un fourneau, pierre à laver, et arrangements nécessaires ; une croisée à faire avec son percement dans une cloison ; une soupente à faire au-dessus de la garde-robe à chaise pour serrer du linge ; une porte avec son ouverture pour entrer dans la dite garde-robe par le cabinet de toilette, y faire une ouverture pour le dégagement du bassin et poser quelques tablettes, plusieurs parties à blanchir... total 395 livres.* Bon du roi : A.N. O^1 1071 5 et 6 ; *cf.* 1811 III 9

15.3.1758 M à E : *Vous auriez agréable de faire faire les réparations au logement de Mme la marquise de Flavacourt... qui monteront à 395 livres.* A.N. O^1 1796 548

24.3.1758 *Le logement de Mme la duchesse d'Aiguillon à Mme la marquise de Flavacourt...* Disposition : A.N. O^1 1076 511

7.6.1759 M à E : *Mme de Flavacourt me demande trois vieilles portes du magasin pour son logement de Versailles. Ayez agréable de vous faire informer s'il y en a aucunes et dans ce cas vous ordonnerez qu'elles soient mises dans le lieu qu'elle leur destine.* A.N. O^1 1797 59

4.8.1759 *Je, architecte ordinaire et contrôleur des bâtiments... certifie que les glaces mentionnées ci-dessus ne sont point du roi, qu'elle appartiennent à Mme la marquise de Flavacourt : dans le cabinet de compagnie la glace au milieu du trumeau au-dessus de la cheminée.* A.N. O^1 1797 65

26.8.1759 M au roi : *La marquise de Flavacourt supplie très humblement Votre Majesté de vouloir bien lui accorder les réparations nécessaires à son logement dont le devis ci-joint montera à 200 livres.* Bon du roi : A.N. O^1 1071 27 et 28 ; *cf.* 1811 III 84

2.12.1761 M à E : *Mme de Flavacourt me demande qu'on profite du temps de son absence pendant cette quinzaine pour le percement d'une porte dont elle dit que vous avez mis à faux. Cette porte ou ce percement n'altère en rien la solidité et la décoration ; dans ce cas allez y mettre les ouvriers et si ce n'est objet seulement de 40 ou 50 livres, ce sera sur le compte du roi ; mais si la dépense passe cette somme, elle sera sur le compte de Mme de Flavacourt.* A.N. O^1 1797 205

Cars, Émilie Sophie de Fitz-James, marquise des (1716-1770). Dame du palais 1758

29.9.1758 *Le logement de Mme la marquise de Flavacourt à Mme la marquise des Cars...* Projet : A.N. O^1 1076 529

AP 77 [les pièces vers le sud].

Montaigu de Bouzols, Laure Anne de Fitz-James, marquise de (1710-?). Dame du palais de la reine 1737

11.1755 BLONDEL, planche 3, "l" « Appartement de Mme la marquise de Bouzols, dame du palais de la reine"

Beaune de Bouzols, Marie Hélène Charlotte de La Salle, vicomtesse de (1739-1766). Dame du palais 1763

Beaune de Bouzols, Charles Laure de Montaigu, vicomte de (1734-1818)

27.9.1763 La vicomtesse de Beaune à N : *À Paris, mardi. Comme Mme de Flavacourt est actuellement seule, M. le comte, elle veut bien s'exécuter en notre faveur et troquer de logement avec nous. Elle en est convenue avec M. de Bouzols qui vous prie ainsi que moi de vouloir bien ratifier cet arrangement et de le faire agréer par le roi s'il est nécessaire. Vous voilà par là délivré de toutes nos importunités. Il ne nous restera plus qu'à cultiver vos bonnes grâces et celle de Mme la comtesse. Soyez bien persuadé que c'est tout mon désir...* A.N. O^1 1076 723

AP 77 est réuni.

1763 *Le logement de Mme la marquise de Flavacourt à Mme la vicomtesse de Beaune, dame du palais de la reine, qui y logera Mme de Bouzols...* Disposition : A.N. O^1 1077 722

Chaulnes, Marie Paule Angélique d'Albert de Luynes, duchesse de Picquigny, puis en 1769 de (1744-?). Dame du palais 1766 et 1770

Chaulnes, Marie Joseph Louis d'Albert d'Ailly, duc de Picquigny, puis en 1769 de (1741-1793)

1766 N au roi : *La reine demande le logement de feu Mme de Beaune pour Mme la duchesse de Pecquigny, en réservant une chambre que Mme la marquise de Bouzols y avait conservée.* Bon du roi : A.N. O^1 1077 379

6.1766 *Le logement de Mme la vicomtesse de Beaune à Mme la duchesse de Pecquigny, en y réservant une chambre pour Mme la marquise de Bouzols jusqu'à l'arrivée de M. le duc de Pecquigny...* Disposition : A.N. O^1 1077 376

[6.1766] E à M : *État des ajustements demandés par Mme la duchesse de Pecquigny pour son logement, savoir : Dans l'antichambre, le rétablissement des portes, lambris et parquets ; dans le cabinet ensuite, les parties de lambris de hauteur à suppléer, le rétablissement des vieux lambris, portes parquets et autres ; dans la chambre à coucher à côté les lambris de hauteur à grands cadres, les tablettes et fonds des armoires, le rétablissement des vieux lambris et parquets ; dans la chambre de l'entresol au derrière un châssis pour l'abat-jour ; une double porte à mettre... sur le corridor...Total 2 222.* Bon du roi : A.N. O^1 1071 157 et 158 ; *cf.* 1812 III 131

29.6.1766 M à E : *Vous pouvez faire travailler... aux réparations et ajustements demandés par Mme la duchesse de Pecquigny. Vous auriez agréable de veiller à ce que les dépenses n'excèdent pas l'estimation que vous en avez faite.* A.N. O^1 1798 76

24.7.1766 E à M : ... *Mme la duchesse de Pecquigny... ne devait revenir ici que la semaine prochaine ; je ne puis faire commencer à faire travailler au logement... qu'après son retour.* A.N. O^1 1798 81

13.9.1766 E à M : ... *à l'égard du logement de Mme la duchesse de Pecquigny, l'on en pose actuellement la menuiserie, ce qui n'a pas été possible plus tôt à cause de l'humidité des plâtres, ayant été obligés de refaire un des plafonds avec la corniche au-dessous et de reconstruire à neuf deux des tuyaux des cheminées auxquels il y avait du danger pour le feu...* A.N. O^1 1798 101

22.2.1768 M à E : *Mme la duchesse de Pecquigny... me marque qu'ayant ajouté depuis peu à son logement au château de Versailles un cabinet qui a besoin de quelques réparations, elle souhaiterait que je fisse examiner par quelqu'un capable de juger si les demandes qu'elle a dessein de faire sont justes et susceptibles d'exécution. Vous voudriez bien prendre connaissance de l'état de ce cabinet et me rendre compte de ce qu'elle désire, ainsi que de la dépense qu'il en pourra coûter. Il est superflu de vous observer à cet égard combien les fonds des bâtiments sont courts...* A.N. O[1] 1798 228 et 229 ; *cf.* 1071 216, 215 [bon du roi] et 1812 IV 29
28.3.1768 *État des réparations à faire au château de Versailles :* [réparations] *nécessaires au cabinet de Mme la duchesse de Pecquigny... estimé à 391 livres.* A.N. O[1] 1763B
1770 *État* A « Mme de Pecquigny, puis de Flavacourt, puis la duchesse de Chaulnes »
Garde-robe de Mme la comtesse de Provence
1787 *État* E « Garde-robe de Madame » "5 pièces, 3 à cheminée, 1 soupente, 1 bûcher"

AP 78
Bellay, N... de Rochechouart, *dite* Mme du (1673-1747). Dame d'honneur de Madame la duchesse, fille du roi
GG-B 408
Coëtlogon, Marie Françoise de Verteris de Reveste, marquise de (?-?). Dame d'honneur de Madame la Duchesse mère
1741 *État* « Mme du Beslay, à Madame la duchesse, douairière, puis Mme de Coëtlogon, puis M. de Polastron » "4 pièces, 3 à cheminée"
GG-B 383 ; BLONDEL, planche 7, "h"

AP 79
Helvétius, Jean Claude Adrien (1685-1755). Médecin consultant du roi 1713-1755 ; premier médecin de la reine 1728-1755
GG-B 384 « M. de Polastron, suite, auparavant de M. Helvétius, premier médecin de la reine. » *Cf.* GG-B 408
1741 *État* « Premier médecin du roi, M. Helvétius, puis M. Polastron » "4 pièces, 2 à cheminée"

AP 78 et 79 sont combinés.

Polastron, Jean-Baptiste, comte de (1686-1742). Sous-gouverneur du dauphin 1735
Polastron, Françoise Jeanne de Mirande, comtesse de Pleyssan, puis de (?-?)
1741 *État* « Mme du Beslay, à Madame la duchesse douairière, puis Mme de Coëtlogon, puis M. de Polastron »
GG-B 383 ; BLONDEL, planche 7, "h"

AP 78 et 79 sont séparés.

AP 78
Brancas, Louis Antoine, duc de Villars- (1682-1763)
4.3.1746 *... l'on avait donné à M. le duc de Brancas un appartement ici dans l'aile des Princes. Cet appartement est la moitié de celui qu'avaient M. et Mme de Polastron, et qu'on avait laissé à Mme de Polastron la veuve ; elle y est toujours restée jusqu'à ce qu'on lui ait donné celui du feu chevalier de Créqui* [**VA 22A**]. *Comme il est pour mari et femme, on l'a séparé en deux et l'on donne une partie à M. l'archevêque de Paris pour remplacer celui qu'on lui a ôté pour donner à Mme de Modène* [**AP 81**]. L* VII 238
11.2.1746 *M. le duc de Brancas chez M. de Croissy...* Disposition : A.N. O[1] 1076 104
13.2.1746 *M. et Mme de Croissy avaient un logement dans l'aile des Princes qui vient d'être donné à M. le duc de Brancas.* L* VII 217
11.1755 BLONDEL, planche 3, "k"
Bassompierre, Charlotte de Beauvau-Craon, marquise de (1717-1787). Dame pour accompagner Mesdames Henriette et Adélaïde 1751
29.9.1758 *Le logement de M. le duc de Brancas, s'il vient à vaquer, à Mme la marquise de Bassompierre ...* Projet : A.N. O[1] 1076 529
Lauraguais, Louis de Brancas, duc de, après 1760 *dit* le duc de Brancas (1714-1793)
Lauraguais, Louis Léon Félicité de Brancas, comte, puis en 1755 duc de (1733-1784)
1.4.1759 *Le logement de M. le duc de Brancas à M. le duc de Brancas et M. le duc de Lauraguais...* Disposition : A.N. O[1] 1076 558
Soulanges, N... de Saint-Georges (?-?). Dame de Mesdames les cadettes 1755
1760 *L'appartement de M. le duc de Lauraguais par emprunt à Mme la marquise de Soulanges...* Disposition : A.N. O[1] 1077 356
Lamballe, Louis Alexandre Joseph Stanislas de Bourbon, prince de (1747-1768)
1763 *Le logement de M. le duc de Brancas à M. le duc de Penthièvre pour M. le prince de Lamballe avec permission de le troquer avec M. le chevalier de Beaujeu...* Disposition : A.N. O1 1076 715
Boufflers-Remiencourt, Marie Françoise Catherine de Beauvau-Craon, marquise de (1711-1786). Dame pour accompagner Mesdames 1757
1763 *Le logement de M. le duc de Brancas, qui avait été donné à M. le prince de Lamballe à Mme la marquise de Boufflers...* Distribution : A.N. O[1] 1076 716
Paris, Christophe de Beaumont du Repaire, archevêque de (1703-1781). Évêque de Bayonne, puis de Vienne ; archevêque de Paris 1746
[1763] N au roi : *M. l'archevêque de Paris ne couche jamais à Versailles. Votre Majesté lui a donné pour sa retraite le logement de M. le chevalier de Beaujeu* [**AP 112A**]. *Il redemande son ancien* [**AP 79**] *mais il n'est pas possible ayant une communication avec celui de Mme de Durfort. S'il veut celui de Mme la marquise de Boufflers en bas, en échange Votre Majesté voudrait-Elle bien l'approuver ?* Réponse : *Oui.* A.N. O[1] 1076 697

AP 79
Croissy, Jean-Baptiste Joachim Colbert de Torcy, marquis de (1703-1777). Capitaine des gardes de la porte 1723

Croissy, Charlotte Henriette Bibienne de Franquetot de Coigny, marquise de (1703-1772)
1.12.1744 *Le roi a donné à M. de Croissy l'appartement de feu M. de Polastron, qu'on avait laissé à sa veuve et qui est ici dans l'aile des Princes, et Mme de Polastron l'appartement du chevalier de Créqui* **[VA 22A]**. L* VI 172
Paris, Christophe de Beaumont du Repaire (1703-1781). Archevêque de
11.2.1746 *M. l'archevêque de Paris chez M. de Croissy...* Disposition : A.N. O^1 1076 104
Civrac, Anne Marie de La Faurie de Monbadon, marquise de Durfort, puis en 1774 duchesse de (1720-1786). Dame d'atour en survivance 1756, en exercice 1766
5.10.1760 N au roi : *Mme la marquise de Durfort a persécuté le comte de Noailles pour emprunter le logement de M. l'archevêque pour faire opérer son époux avec promesse de le rendre quand il serait guéri. M. l'archevêque l'a prêté de très bonne grâce. Le comte de Noailles demande permission de prêter le logement de Mme la duchesse de Modène* **[AP 49 et 50]** *à M. l'archevêque jusqu'à la guérison de M. de Durfort et après à M. le comte de Clermont quand M. le comte de Lusac arrivera.* A.N. O^1 1076 618
1762 L'archevêque de Paris à M : *Sur la demande de Monsieur qui m'en a été faite, j'ai consenti à prêter à Mme la marquise de Durfort le premier appartement que j'avais au château. On m'en avait donné un convenable à la place* **[AP 112A]** *mais on m'a demandé ensuite et je l'ai cédé. Si on ne m'en donne pas un aussi commode, je persisterai à prier qu'on me rende celui que j'avais. On pourrait ôter les communications qui ont été pratiquées. Je me trouve quelquefois fatigué lorsque je suis à Versailles et je pourrais y coucher si j'y avais un logement commode. D'ailleurs, il peut arriver que des affaires m'obligent d'y faire quelque séjour. Rendez-moi, je vous supplie, la justice d'être très convaincu du sincère respect.* A.N. O^1 1076 683

AP 79 bis est séparé de **AP 79**.

Butler, Louise Sophie Cooke, Mme (?-?). Sous-gouvernante des Enfants de France 1746
15.7.1746 *Le logement de M. de Sassenage* **[AMG 16]** *à M. l'archevêque de Paris, le reste de M. l'archevêque à Mme Butler ...* Disposition A.N. O1 1076 113
Rochechouart-Faudoas, Charlotte Françoise de Faulcon de Rys, *dite* Mlle de Charleval, puis *dite* en 1751 marquise de (1708-1789). Dame pour accompagner Mesdames les cadettes 1748-1758
1748 *Le logement de Mme Butler à Mlle de Charleval.* Bon du roi : A.N. O^1 1076 226
19.4.1748 *La demoiselle Charleval n'a pour tout logement dans le château de Versailles qu'une seule chambre dont la boiserie est fort vieille et dépérit en différents endroits. Elle supplie M. de Tournehem de lui accorder une menuiserie neuve, la chambre étant petite.* Bon du roi : A.N. O^1 1810 II 51 et 53 ; *cf.* 84
8.8.1748 *Les vernis de la chambre de Mlle de Charleval sont faits.* A.N. O^1 1795 117
Rohan, Louis Auguste, vicomte de, puis en 1755 de Chabot (1722-1757)
23.11.1749 *Le logement de Mlle de Charleval à M. le vicomte de Rohan...* Disposition : A.N. O^1 1076 241
24.11.1749 *Le roi vient de donner un logement à Mlle de Charleval, qui en avait un à portée de Madame Victoire, mais beaucoup plus petit... dans l'aile des Princes.* L* X 42
Charolais, Charles de Bourbon-Condé, comte de (1700-1760)
1752 *Le logement de M. le vicomte de Chabot dans l'aile du Midi près celui de M. le duc de Brancas par emprunt à M. le comte de Charolais...* Logements que le roi a empruntés depuis le retour de Compiègne jusqu'au départ de Fontainebleau : A.N. O^1 1795 326
Lauraguais, Louis de Brancas, *dit* duc de Brancas (1714-1793)
8.12.1753 *Le logement de M. le vicomte de Chabot à M. le duc de Lauraguais...* Disposition : A.N. O^1 1076 349
10.12.1753 *Le logement de M. le vicomte de Chabot donné à M. le duc de Lauraguais.* L* XIII 120
Lusac, Xavier Auguste de Saxe, *dit* incognito comte de (1730-1806)
29.9.1758 *Le logement de... M. le duc de Lauraguais, dont on a emprunté... pour M. le comte de Lusac* Projet : A.N. O^1 1076 529
Conti, Louis François de Bourbon-Conti, prince de (1717-1776)
22.1.1759 *Le logement de... M. le duc de Lauraguais prêté pour pied à terre... à M. le prince de Conti...* Disposition : A.N. O^1 1076 540
1.4.1759 *Le petit logement de M. le duc de Lauraguais à M. Boucheman* [concierge du château] *pour garder en réserve...* Disposition : A.N. O^1 1076 599

AP 78, 79 et 79 bis sont combinés.

Cucé-Boisgelin, Marie Catherine Stanislas de Boufflers, comtesse de (1744-1794). Dame pour accompagner Mesdames les cadettes 1760, puis Madame Victoire
Cucé-Boisgelin, Louis Bruno, comte de (1734-1794). Maître de la garde-robe du roi 1760
1766 [Le logement de] *Mme la marquise de Boufflers à M. de Boisgelin...* Disposition : A.N. O^1 1076 824
1766 N au roi : *M. le comte de Cucé, étant d'année et ne pouvant encore jouir du logement de M. le comte de Bérenger,* **[AN 46A]** *supplie très humblement Votre Majesté de lui accorder pour Mme sa femme le logement de Mme la marquise de Boufflers, sa belle-mère, qui était celui de M. le duc de Brancas.* Bon du roi : A.N. O^1 1076 726
2.4.1768 E à M : *L'Écuyer a l'honneur de demander de M. le marquis de Marigny ses ordres touchant les petits ajustements et propretés qui sont à faire dans le logement de Mme la comtesse de Cucé au château, qu'il lui a promis, à ce qu'elle assure. C'est un objet de 1 000 livres.* Réponse : *Réparations, oui ; ajustements, non.* A.N. O^1 1798 238
1770 *État A* « Mme de Boufflers » **[AP 78]** puis « de Boisgelin » « M. de Boisgelin » **[AP 79]**
Bouillon, Louise Henriette Gabrielle de Lorraine, duchesse de (1718-1788)

1771 *M. le vicomte de Boisgelin demande à garder son logement jusqu'au premier février 1772. Votre Majesté permet-Elle qu'après l'on propose à Mme la duchesse de Bouillon ? Ce n'est qu'une petite chambre.* Bon du roi : A.N. O[1] 1077 143

Caumont, Adélaïde Lucie de Galard de Brassac de Béarn, duchesse de (1739-1825). Gouvernante des enfants du comte d'Artois 1773-1781

28.4.1775 *Le logement de M. le comte de Boisgelin à Mme la marquise de Caumont, gouvernante de l'enfant à venir de Monseigneur le comte d'Artois ...* Distribution : A.N. O[1] 1799 338

8.5.1775 Le comte de Boigelin-Cucé à A : *Je quitte mon appartement et je vais habiter celui qui était occupé par feu M. de La Suze* [**AN 54**]. *J'ai fait faire dans le mien une bibliothèque. Il est destiné pour une des personnes qui seront attachées au service de l'enfant de Mgr le comte d'Artois. Si vous désirez que je laisse ma bibliothèque, je consens pourvu que vous ordonniez qu'on m'en fasse une autre dans l'appartement que je vais occuper... J'ai fait blanchir l'année dernière le logement que je quitte. Cette réparation vous empêchera de la faire faire aujourd'hui.* A.N. O[1] 1799 339

AP 78 et 79 sont séparés.

AP 78

Roure, Françoise Sophie Scolastique de Baglion de La Salle, marquise du (?-?). Dame de la dauphine, puis de la comtesse de Provence 1783

Roure, Denis Auguste de Grimoard de Beauvau, comte du (1735-1814). Menin du dauphin

1774 *Madame demande avec empressement le logement de M. de Boisgelin qui est vacant pour son service si Votre Majesté le permet. Si M. de Bérenger, chevalier d'honneur, n'en veut pas, il sera donné à Mme la comtesse de Roure, et celui de Mme la comtesse de Roure* [**AP 113**] *à Madame Sophie pour déposer sa garde-robe.* A.N. O[1] 1077 450

14.7.1775 A à la marquise du Roure : *Quelque peine que je puisse éprouver à contredire les vues vous avez pour changer la dispostion de votre logement, je m'y vois absolument forcé non seulement pour l'intérêt du roi mais encore pour le vôtre. Il est très essentiel dans les ordres que j'ai reçus de Sa Majesté de conserver désormais les appartements qu'Elle donne aux personnes de la Cour dans l'état où ils sont et de prévenir par là des dépenses trop multipliées jusqu'à présent à la charge de l'administration et d'autant plus onéreuses dans leurs suites que tout ce que j'appelle arrangements d'habitations. Étant subordonnés au goût particulier de chaque occupant, il suit toujours qu'un successeur a des idées ou des besoins différents. Les déviations* [sic] *dans les logements étant très fréquentes, il en résulte un motif de plus de subordonner... les changements renaissants qui ont le double inconvénient de consumer beaucoup d'argent et d'affaiblir la solidité des bâtiments.* A.N. O[1] 1799 385

19.7.1775 La marquise du Roure à A : *Le roi m'ayant donné... le logement qu'occupait M. de Boisgelin, il y a quelques petites réparations nécessaires à y faire pour le rendre habitable... Il ne s'agit que d'un déplacement de porte et d'agrandir une alcôve. L'appartement que j'occupais ci-devant* [**AP 113**] *vient d'être pris pour la garde-robe de Madame Sophie. J'avais fait blanchir la boiserie qui en avait un extrême besoin. Comme cette réparation qui est finie depuis peu tourne au profit du roi, je crois que il vous paraîtrait juste qu'elle soit sur son compte n'ayant joui de l'appartement qu'un moment...* Réponse : *Je viens d'autoriser M. Heurtier à faire exécuter les petits arrangements que vous désirez et dont il a reconnu la nécessité ; mais je vous prie de trouver bon quant à l'alcôve qu'on se borne à l'élargir par le simple reculement d'une cloison. Chaque jour fait preuve de la nécessité de ne point changer essentiellement la disposition des appartements...* A.N. O[1] 1799 384

1777 *État* B « Mme du Roure »

Balby, Anne de Caumont La Force, comtesse de (1758-1842). Dame d'atour de la comtesse de Provence ; maîtresse du comte de Provence

9.1780 P au roi : [Le logement] *de Mme la marquise du Roure à Mme la comtesse de Balby.* A.N. O[1] 1077 267

25.12.1780 *État des réparations que Mme de Balby désirait dans son appartement : 1. blanchir l'antichambre et la chambre à coucher et le petit cabinet ; 2. dans le salon qui fait chambre à coucher, une glace entre les deux fenêtres ; 3. dans le petit cabinet, reboiser une niche et avancer les cloisons pour agrandir un peu la garde-robe...* A.N. O[1] 1800 648

6.2.1781 H à A : *Les arrangements de l'appartement de Mme la comtesse de Balby sont faits ; il ne reste que les glaces à poser qu'on a été obligé de remettre à la fin.* A.N. O[1] 1801 1

7.1.1781 H à A : *Madame m'a demandé une glace en augmentation dans l'appartement de Mme de Balby... J'ai répondu à Madame que j'ignorais s'il s'en trouverait au magasin et que je la ferais chercher...* A.N. O[1] 1801 29

AP 79

Montmorency, Louis René Gabriel de Montmorency-Logny, *dit* prince de (1735-?). Menin du dauphin 1770

Montmorency, Louise Françoise Pauline de Montmorency de Tingry, princesse de (1734-1818)

15.7.1775 Le prince de Montmorency à A : *Je me suis présenté chez vous à Versailles pour... vous prier de faire faire quelques réparations indispensables dans l'appartement que vient de quitter Mme de Boisgelin que le roi m'a donné en me retirant celui que j'occupe pour le donner à M. de Courtenvaux* [**VA 54**]... A.N. O[1] 1779 386

18.7.1775 Le prince de Montmorency à A : ... *Je vais donner ordre... de faire remettre au trésorier des bâtiments les 750 livres que vous me précisez. J'espère que M. Heurtier aura bien voulu comprendre dans le compte qu'il vous a rendu les changements à faire dans l'entresol au-dessus de la pièce où je demande réparations. Ce changement d'entresol qui consiste seulement dans une alcôve simple avec une petite garde-robe pour coucher un domestique derrière devient indispensable, puisqu'en ôtant l'escalier de bois qui passe dans cette pièce, on la détruira. C'est l'objet du petit mémoire que je joins à ma lettre...* A.N. O[1] 1799 389

Pons Saint-Maurice, Emmanuel Louis Auguste, vicomte de (1712-1791). Premier gentilhomme de la chambre du duc d'Orléans ; gouverneur du duc de Chartres 1752
Pons Saint-Maurice, Anne Claude Mayneaud de La Tour, vicomtesse de (?-?)
1777 *État* B « M. le vicomte de Pons »
19.11.1780 *Lettre de Mme la marquise de Pons qui demande remède contre la fumée dont elle est obsédée parce que ses femmes ne peuvent employer qu'un poêle débouchant dans une cheminée dont le tuyau ne peut monter jusqu'en haut parce que ce tuyau en referme déjà un autre et que la cheminée ne pouvait plus être ramonée. Les employés ont dit qu'il y aurait danger de feu. Mme de Pons voit ressource dans le passage du tuyau de son poêle par la fenêtre et son ascension semblable à celle des poêles de Monseigneur le duc d'Angoulême.* Réponse : *Envoyer tout de suite cette lettre à M. Heurtier par ordre de M. le directeur général.* A.N. O[1] 1800 639
1.12.1780 H à A : *J'ai examiné la demande de Mme de Pons de faire passer par la fenêtre d'une des pièces de son appartement le tuyau du poêle qui chauffe ses femmes et j'ai l'honneur de lui observer que je crois cette demande absolument inadmissible tant à cause du décor du château qu'à cause de l'exemple dangereux qu'il entraînerait nécessairement. J'ai l'honneur de représenter à M. le directeur général que s'il désirait obliger Mme de Pons, il y aurait un moyen de remplir ses désirs qui serait de faire passer le tuyau de poêle à travers le mur dans l'angle et de le confondre en le prolongeant avec ceux de l'appartement ci-devant de Madame Élisabeth aujourd'hui occupé par Mme la princesse de Lamballe* [**AP 52**]. A.N. O[1] 1800 644

AP 78 combiné avec l'ensemble, moins une pièce, de **AP 79**.

Balby, Anne de Caumont La Force, comtesse de (1758-1842). Dame d'atour de la comtesse de Provence ; maîtresse du comte de Provence
24.3.1782 *M. le vicomte de Pons... rend le sien pour ajouter à celui de Mme la comtesse de Balby, suivant le bon qu'elle en a eu...* Distribution : A.N. O[1] 1801 263
8.1782 *État des travaux : blanchissement de l'appartement de Mme de Balby* A.N. O[1] 1801 365
16.9.1782 LR et L* à A : *L'appartement de Mme de Balby : toutes les démolitions de cet appartement sont faites ; les reconstructions commencent ; les tuyaux de cheminée sont refaits ; le parquet est posé, ainsi que partie des cloisons de distribution.* A.N. O[1] 1801 225
12.10.1782 LR et L* à A : *L'appartement de Mme de Balby : tous les ouvrages de maçonnerie de cet appartement sont faits, ainsi que les cloisons de distribution. Les lambris du salon sont posés ; partie des lambris de la chambre sont posés où il n'y a pas eu de plâtre neuf ; les lambris de la salle à manger ne sont pas posés vu l'humidité des plâtres.* A.N. O[1] 1801 227
12.11.1782 LR et L* à A : *L'appartement de Mme de Balby : tous les lambris sont posés et le blanchi très avancé et cet appartement sera terminé dans peu.* A.N. O[1] 1801 227

Chauvelin François Bernard, marquis de (1766-1836). Maître de la garde-robe du roi en succession de son père
27.11.1785 *Le logement de Mme la comtesse de Balby à M. le marquis de Chauvelin, maître de la garde-robe.* Bon du roi : A.N. O[1] 1802 141 ; *cf.* 1077 306
29.4.1786 H à A : *J'ai fait poser dans l'appartement de Mme de Balby la glace que cette dame a fait demander et qui était dans le magasin sans destination.* A.N. O[1] 1802 171
1787 *État* E « Mme la comtesse de Balby » "3 pièces, 2 à cheminée"
15.6.1787 H à A : *Je supplie M. le directeur général de vouloir bien ordonner à la manufacture la livraison des glaces... pour le salon de Mme la comtesse de Balby... glaces de teint : une de 50 pouces sur 23 pouces 6 lignes ; une de 67 pouces sur 60 pouces, une de 50 pouces de 26 pouces 6 lignes ; et une de 50 pouces sur 26 pouces 6 lignes, jointés de bandes.* A.N. O[1] 1802 359

AP 79

Pons Saint-Maurice [1], Emmanuel Louis Auguste, vicomte de (1712-1791). Premier gentilhomme de la chambre du duc d'Orléans ; gouverneur du duc de Chartres 1752
1787 *État* E « M. le vicomte de Pons » "1 pièce à cheminée"

AP 80

Belle-Isle, Charles Louis Auguste Fouquet, comte, puis duc de (1684-1761). Maréchal de France 1741
GG-B 409, 385 « ... appartement de Mme de Coëtlogon, auparavant du comte de Belle-Isle »
Coëtlogon, Marie Françoise de Verteris de Reveste, marquise de (?-?). Dame d'honneur de Madame la Duchesse mère
GG-B 385 ; BLONDEL, planche 7, "l"
1741 *État* « M. le comte de Belle-Isle, puis Mme de Coëtlogon » "3 pièces à cheminée"
L'Hôpital, Élisabeth Louise de Boulogne, marquise de (1720-1767). Dame de Mesdames Henriette et Adélaïde 1739
L'Hôpital, Paul François de Gallucci, marquis de (1697-1776). Premier écuyer de Mesdames Henriette et Adélaïde 1750
Feydeau de Brou, Paul Esprit (1682-1767). Membre du Conseil des finances 1744
29.1.1746 *Propositions...de mettre... M. de Brou chez Mme de L'Hôpital...* Disposition : A.N. O[1] 1076 102
Belzunce de Castelmoron, Charlotte Alexandrine Sublet d'Heudicourt, marquise de (1722-?). Dame pour accompagner Mesdames 1746
27.11.1746 ... *logement vacant de Mme de L'Hôpital à Mme de Belunce...* Disposition : A.N. O[1] 1076 117

1. Le vicomte de Pons occupait aussi **ADM 24** de 1782 à 1789. L'unique pièce restant de **AP 79** lui servait, sans doute, de pied-à-terre près de l'appartement du duc d'Orléans dont il était premier gentilhomme de la chambre.

AP 81

Hérault, René (1691-1740). Lieutenant général de la police de Paris 1725 ; intendant de Paris et conseiller d'État 1739

Blondel, planche 7, "m"

Paris, Charles Gaspard Guillaume de Vintimille du Luc, archevêque de (1655-1746). Archevêque de Paris 1729-1746

1741 *État* « M. l'archevêque de Paris » "5 pièces, 2 à cheminée"

GG-B 386, 409

11.2.1746 *Mme de Modène chez M. l'archevêque de Paris et Mme de L'Hôpital...* Disposition : A.N. O[1] 1076 104

AP 80 et 81 sont combinés.

Modène, Charlotte Aglaé d'Orléans, duchesse de (1700-1761)

11.2.1746 *Mme de Modène chez M. l'archevêque de Paris et Mme de L'Hôpital...* Disposition : A.N. O[1] 1076 104

13.2.1746 *Mesdames reviennent loger dans cette galerie des Princes... Par cet arrangement Madame de Modène et Mme la duchesse de Brancas se trouvaient sans logement : le roi a donné à Madame de Modène deux appartements qui se touchent et sont tous deux dans le corridor entre la cour des Princes et le Grand Commun, à huit marches plus haut que la galerie d'en haut. Le premier de ces logements est celui qu'on avait donné à Mme de L'Hôpital ; le second est celui de M. l'archevêque de Paris. Le reste de ce corridor est occupé par Mme de Flavacourt* [**AP 82**]. *Au-dessus de Mme de Flavacourt est l'appartement qu'occupait Mme la maréchale de Duras* [**AP 111**]. L* VII 217

Pons, Gabrielle Rosalie Le Tonnelier de Breteuil, comtesse de (1725-1792). Dame de la dauphine 1744-1767

Pons, Claude Armand, comte de Roquefort, comte de (1692-1770)

6.4.1746 *Mme la duchesse de Modène n'était pas contente de l'appartement que le roi lui avait donné ici. Cet appartement est composé de celui de Mme de L'Hôpital et de celui de M. l'archevêque de Paris : mais comme les pièces sont fort petites, Mme de Modène ne voulut point en faire usage... les deux appartements qui composaient celui de Mme de Modène ont été donnés à M. et Mme de Pons.* L* VII 268

30.6.1746 *Mme la comtesse de Pons a remis à M. le directeur général des Bâtiments le plan du logement que le roi lui a donné à l'aile du Midi du château de Versailles, n°s 80 et 81, sur lequel est le devis des ouvrages et réparations à y faire... de M. L'Écuyer, contrôleur du dit château... 1 312 livres.* Réponse : *À M. L'Écuyer pour faire les réparations à l'appartement de M. de Pons...* A.N.O[1] 1810 I 101

1747 N au roi : *M. le duc d'Orléans ayant accepté la proposition que Votre Majesté lui a faite de prêter son logement à Mme la duchesse de Modène, excepté les fêtes de la purification et de la pentecôte, Votre Majesté est suppliée d'accorder le logement de Mme la duchesse de Modène à M. et Mme la comtesse de Pons.* Bon du roi : A.N. O[1] 1076 129

11.1755 Blondel, planche 3, "n" « Appartement de Mme la comtesse de Pons, dame de compagnie de Madame la dauphine »

10.7.1758 *Mme la comtesse de Pons, dont la demande pour les changements et ajustements se monte à 383 livres au cas qu'elle la fasse à ses dépens, savoir si M. le marquis voudrait lui donner deux vieilles portes du magasin.* A.N. O[1] 1811 III 33

21.7.1758 M à E : *Ayez agréable de dire à Mme la comtesse de Pons que les temps sont trop malheureux pour que je puisse lui accorder les ajustements qu'elle demande dans son logement et qui suivant votre devis montent à 383 livres... Si Mme la comtesse de Pons veut se les donner à ses dépens, je consens qu'elle les fasse faire.* A.N. O[1] 1796 593 ; *cf.* 594

Choiseul, Guyonne Marguerite Philippine de Durfort de Lorge, *dite* Mlle de Quintin, vicomtesse de, puis duchesse de Praslin (1739-1806). Dame du palais de la reine 1770

Choiseul, Renauld César Louis, vicomte de, puis duc de Praslin (1735-1791)

[1767] N au roi : *M. le duc de Praslin à obtenu de Votre Majesté la promesse de laisser le logement de Mme la vicomtesse de Choiseul, sa* [belle-]*fille, à condition de rendre celui qu'il avait eu pour augmenter sa salle à manger* [**AMG 19**]. *Il s'y est déterminé. Il demande seulement qu'il soit accordé à Mme sa fille une petite cuisine quand il en vaquera dans cette aile* [**AP 8A**]. *Votre Majesté, veut-Elle bien lui promettre ?* Réponse : *Oui.* A.N. O[1] 1077 62

24.4.1774 La vicomtesse de Choiseul à l'abbé Terray : *La vicomtesse de Choiseul a eu l'honneur de passer chez M. le contrôleur général et comme elle imagine que la lettre qu'elle a eu l'honneur de lui écrire il y a trois semaines a été perdue... elle prend le parti de lui rappeler qu'il ne s'agissait que de savoir s'il voulait faire faire aux dépens du roi un petit réchauffoir dans le genre de celui de M. de Montbel en y ajoutant de plus une petite cheminée à la prussienne dont le tuyau n'est qu'un tuyau de poêle qui monterait jusqu'en haut et ne gênerait personne...* Réponse datée 7.5.1774 : *Je me suis rendu compte... du local sur lequel vous désirez établir un réchauffoir ; il ne m'en reste malheureusement que le regret de ne pouvoir me prêter à vos vues. L'exemple même que vous prenez la peine de me citer* [servira à] *fonder mon refus puisqu'il fait preuve de l'inconvénient de ces sortes d'établissements. Il n'aurait pas eu lieu si j'avais été plus exactement instruit.* A.N. O[1] 1799 231

24.4.1776 La vicomtesse de Choiseul à A : *La vicomtesse de Choiseul... demande s'il pouvait lui faire le plaisir de faire blanchir son appartement... Il en a un besoin extrême ayant éprouvé bien des accidents d'eau coulant de son plafond...* Réponse : *Avec tout la célérité possible.* A.N. O[1] 1799 517 et 518

1787 *État* E « M. vicomte et Mme la vicomtesse de Choiseul » "7 pièces, 4 à cheminée, 2 soupentes"

Fitz-James, Marie Claudine Sylvie de Thiard de Bissy, duchesse de (?-?). Dame du palais

3.9.1788 A à la duchesse de Praslin : *Je n'ai, Madame la duchesse, aucune difficulté à ce que vous fassiez retirer*

de l'apppartement que vous occupez au château les meubles que vous aviez. Les boiseries et parquets en sont exceptés par les ordres relatifs aux Bâtiments de Sa Majesté ; à l'égard des glaces, quoiqu'en général j'exige des titres plus formels à leur propriétaire, comme néanmoins vous m'assurez qu'elles vous appartenaient, je donne des ordres pour que l'on ne mette aucun obstacle à leur enlèvement. A.N. O[1] 1802 512 ; *cf.* 513 et 514
3.11.1788 *Le logement de Mme la duchesse de Praslin à Mme la duchesse de Fitz-James.* A.N. O[1] 1802 537 ; *cf.* 1077 366

AP 82
Duras, Angélique Victoire de Bournonville, duchesse, puis maréchale de (1686-1764). Dame d'honneur de Mesdames les aînées
Duras, Jean-Baptiste de Durfort, comte, puis en 1697, duc de (1684-1770). Maréchal de France 1741
GG-B 387 ; BLONDEL, planche 7, "n"
Croissy, Jean-Baptiste Joachim Colbert de Torcy, marquis de (1703-1777). Capitaine des gardes de la porte 1723
11.2.1746 *M. de Croissy chez M. le maréchal de Duras...* Disposition : A.N. O[1] 1076 104
Soubise, Charles de Rohan-Soubise, prince de (1715-1787). Capitaine-lieutenant des gendarmes de la garde 1734
20.7.1741 ... *celui de M. et Mme la maréchale de Duras dans la même aile à M. de Soubise...* L* III 441
Gramont, Louise Françoise d'Aumont d'Humières, duchesse de (1691-1742)
27.8.1741 ... *le roi a donné à Mme la duchesse de Gramont douairière l'appartement qu'avait M. de Soubise dans l'aile des Princes auprès de celui que M. et Mme de Fleury viennent de quitter* [**AP 61**], *il est un peu petit.* L* III 462
Argenson, Pierre Marc de Voyer d', comte d' (1696-1764). Secrétaire d'État à la Guerre 1743
26.10.1742 ... *les appartements étaient donnés ; celui de feu Mme la duchesse de Gramont, dans l'aile des Princes à M. d'Argenson.* L* IV 257
Flavacourt, Hortense Félicité de Mailly-Nesle, marquise de (1715-1799). Dame du palais 1742-1767
Flavacourt, François Marie de Fouilleuse, marquis de (1708-1763)
1741 *État* « Mme la duchesse de Duras, puis M. le prince de Soubise, puis M. d'Argenson, puis Mme de Flavacourt » "6 pièces, 4 à cheminée ; 3 entresols, 1 à cheminée"
10.1.1743 *Mme de La Tournelle a demandé au roi pour Mme de Flavacourt sa sœur l'appartement dans l'aile des Princes à M. d'Argenson.* L* IV 257
20.11.1746 E à T : *Mme de Flavacourt a deux glaces qu'il faut remettre au teint.* Bon du roi : A.N. O[1] 1810 I 114
6.3.1749 *Mme la marquise de Flavacourt demande qu'on lui fasse ouvrir une porte à son appartement sur le petit escalier...* Réponse : *À M. L'Écuyer à savoir si ce percement demandé est faisable.* [Si] *l'objet est peu, prompte réponse.* A.N. O[1] 1810 II 143
11.1755 BLONDEL, planche 7, "m" « Appartement de Mme la marquise de Flavacourt »

Clermont-Tonnerre, Marie Anne Julie Le Tonnelier de Breteuil, comtesse, puis duchesse de (?-?). Dame du palais 1757-1768
Clermont-Tonnerre, Charles Henri Juste, comte, puis duc de (1720-1794)
24.3.1758 *Le logement de Mme la duchesse* [sic] *de Flavacourt à Mme la comtesse de Clermont-Tonnerre...* Disposition : A.N. O[1] 1076 511
12.1.1759 *Je, architecte ordinaire et contrôleur des Bâtiments... certifie que les glaces mentionnées ci-dessus ne sont point du roi, qu'elles appartiennent à Mme la comtesse de Clermont-Tonnerre : dans le cabinet de compagnie un trumeau vis-à-vis la cheminée.* A.N. O[1] 1796 637
Fougières, François Marie, comte de (1721-1787). Sous-gouverneur des comtes de Provence et d'Artois ; premier maître d'hôtel du comte d'Artois
Fougières [1], Adélaïde Jeanne Marie Louise Jourda de Vaux, comtesse de († 1836). Dame pour accompagner la comtesse d'Artois 1773
1767 *Le logement de Mme la comtesse de Tonnerre à M. le comte de Fougières, sous-gouverneur...* Disposition : A.N. O[1] 1077 381
28.12.1767 Le comte de Fougières à M : *M. le comte de Fougières, sous-gouverneur de Monseigneur le dauphin et les princes, prie très instamment M. le marquis de Marigny de donner les ordres pour qu'on fasse la visite de l'appartement de Mme la comtesse de Tonnerre que le roi a bien voulu lui accorder et qu'il y soit fait les réparations nécessaires et qui sont très urgentes pour le mettre en état de jouir des bontés de Sa Majesté.* Réponse : *À M. L'Écuyer pour me rendre compte.* Bon du roi : A.N. O[1] 1071 210 et 212 ; *cf.* 1812 IV 13 et 38
30.1.1768 *État des ouvrages... 1 030 livres. Il est à observer que dans cette dépense il y en aura un tiers en ajustements et les deux tiers en réparations urgentes, ce logement étant dans le plus mauvais état.* A.N. O[1] 1071 211
1.2.1768 E à M : *M le comte de Fougières, sous-gouverneur de Monseigneur le dauphin, ayant donné une note à M. le marquis le 28 du mois dernier pour des réparations et ajustements à faire dans son nouveau logement, on attend qu'il soit à Versailles pour savoir ses intentions.* A.N. O[1] 1763B
10.2.1768 Le comte de Fougières à M : ... *J'occupe un appartement où on n'a pas mis un clou depuis vingt-cinq ou trente ans peut-être et qui est en si mauvais état que je suis obligé de faire faire mon bouillon dans la chambre à coucher. J'ose me flatter que vous ne m'avez pas trouvé indiscret dans les réparations nécessaires que j'ai demandées pour tout l'appartement... Vous me feriez la grâce de donner des ordres de mettre cette même chambre à coucher où je fais mon bouillon en état de me recevoir et de me réfugier, aussi le petit réduit qui est à côté pour y coucher un domestique, en en même temps... de remettre en cuisine le petit lieu qui en a déjà servi autrefois et que je destine au même usage. Je n'aurais pu penser que ces trois premiers objets puissent constituer des frais à en juger par ceux qu'il faudra faire dans l'appartement entier, qui sont plus de nécessité...* A.N. O[1] 1798 219

1. Dans l'État E, la comtesse de Fougières occupait **AP 83**.

14.2.1768 M au comte de Fougières : *J'ai reçu... la lettre par laquelle vous me faites l'honneur de m'exposer les circonstances qui exigent de la célérité dans les réparations à faire dans votre logement. Persuadé de leur nécessité, je compte incessamment prendre l'ordre du roi sur cet objet et les ordonner ensuite...* Note de M à E : *Vous m'avez envoyé il y a quelques temps... le devis estimatif des réparations à faire dans le logement de M. le comte de Fougières. Comme elles sont tellement pressantes qu'à peine M. de Fougières peut occuper une petite partie de ce logement, je vous autorise à aller en avant. Vous aurez au reste à vous borner strictement aux réparations...* A.N. O[1] 1798 219 *bis*
22.3.1768 M au roi : *Le comte de Fougières ayant obtenu le logement qui était ci-devant à Mme la comtesse de Tonnerre me voulut prier des bontés de Votre Majesté pour quelques réparations.* Bon du roi : A.N. O[1] 1071 212 ; *cf.* 1812 IV 39
28.3.1768 *État des réparations à faire au château de Versailles : réparations les plus nécessaires au logement de M. le comte de Fougières... 670 livres.* A.N. O[1] 1763B
16.9.1768 Le comte de Fougières à M : *J'ai eu l'honneur de vous parler... d'une glace qui manque sur la cheminée de ma chambre à coucher dans l'appartement que Mme de Fougières et moi occupons dans le château. J'ai eu, en même temps, celui de vous représenter que j'en avait fait mettre une à mes frais dans la chambre de Mme de Fougières, que j'étais le seul de l'éducation* [du dauphin] *dans le cas de cette dépense, et que toutes les glaces de leurs logements appartenaient au roi. Vous avez reçu... ma demande avec bonté et amitié et je crois que vous ne trouverez pas mauvais que je vous en rappelle le souvenir.* A.N. O[1] 1798 286
27.9.1768 M au comte de Fougières : *Je voudrais... pouvoir condescendre à la demande que vous me faites de faire placer une troisième glace dans votre logement. Je le ferais avec un vrai plaisir, mais le roi n'est point dans l'usage d'en faire mettre à ses frais de ce nombre dans les logements du château. Les circonstances d'ailleurs exigent la plus grande économie dans ce genre, les bâtiments étant énormément endettés envers la manufacture des glaces, et celles qui se trouvent en magasin ont chaque jour leur application dans les ouvrages que le roi ordonne...* A.N. O[1] 1798 288

Aiguillon, Emmanuel Armand de Vignerot du Plessis de Richelieu, comte, puis en 1740 duc de (1720-1788). Capitaine commandant de chevau-légers de la garde du roi ; ministre des Affaires étrangères 1771-1774
10.1774 *Le logement de M. le duc de Tresmes* [**VA 49**] *est petit et vilain. Votre Majesté veut-Elle bien le donner au capitaine des chevau-légers en attendant mieux ? Si M. de Fougières l'aimait mieux que sien, si Votre Majesté l'approuve, on donnerait celui de M. Fougières à M. le duc d'Aiguillon.* A.N. O[1] 1077 217

28.1.1777 A à H : *Mme la duchesse de Luxembourg et Mme de Fougières me demandent quelques blanchissages dans leurs appartements et la dernière me parle aussi d'une porte à changer de place. Le blanchissage ne présente point de difficulté... quant au changement des portes chez M. de Fougières, c'est peut-être fort peu de chose, mais peut être aussi y a-t-il de quoi entraîner beaucoup d'autres opérations...* A.N. O[1] 1800 18 ; *cf.* 19
28.2.1777 A à la comtesse de Fougières : *Je viens d'adresser des ordres à M. Heurtier pour qu'il fasse faire exécuter dans votre appartement le blanchissage que vous y désirez. Je le charge en même temps d'examiner le changement de porte que vous projetez. Je souhaite qu'il soit simple et n'exige pas d'opération plus étendue, car alors il me deviendrait peut-être bien difficile de me prêter à vos vues...* A.N. O[1] 1800 20

AP 83

Uzès, Emmanuel II, comte de Crussol, duc d' (1642-1692)
Uzès, Julie Françoise de Sainte-Maure de Montausier, duchesse d' (1647-1695)
Soubise, Anne de Rohan-Chabot, princesse de (1648-1709). Dame du palais 1673
Rohan, Anne Geneviève de Lévis-Ventadour, princesse de Turenne, puis en 1694 princesse de (1673-1727)
Rohan, Hercule Mériadec de Rohan-Soubise, duc de Rohan-Rohan en 1714, *dit* prince de (1669-1749). Capitaine-lieutenant des gendarmes de la garde 1703
2.6.1695 *Le roi donne à Mme de Soubise et à la princesse de Rohan sa belle-fille l'appartement qu'avaient M. et Mme d'Uzès.* D V 214
6.1695 GG-B 1289 « Plan de l'appartement de Mme de Soubise... changé ensuite pour le prince de Rohan... »
Soubise, Marie Sophie de Courcillon, duchesse de Picquigny, puis princesse de Rohan, en 1749 *dite* la princesse douairière de (1713-1756)
1741 *État* « Commandant des gendarmes, M. le prince de Rohan » "9 pièces, 6 à cheminée"
GG-B 388 ; BLONDEL, planche 7, "o"
Carpentero, N... (?-?). Ministre de l'Infant don Philippe
21.3.1749 *M. de Carpentero, ministre de l'infant don Philippe, dont j'ai parlé dans le temps de l'arrivée de l'Infante, a fait à peu près comme M. de Montelliano ; logeait ici à ma porte* [**AP 84 et 86**], *dans l'appartement de feu M. le prince de Rohan, qui est aujourd'hui à M. le prince de Soubise. Il n'a vu personne, et est parti pour aller joindre l'Infant.* L* IX 363
Soubise, Charles de Rohan-Soubise, prince de (1715-1787). Capitaine-lieutenant des gendarmes de la garde 1734 ; maréchal de France 1758 ; ministre d'État 1759
GG-B 1328, 1369
28.3.1749 *Le logement de M. le prince de Rohan à M. le prince de Soubise...* Disposition : A.N. O[1] 1076 228
11.1755 BLONDEL, planche 3 "o" « Appartement de M. le prince de Soubise »

Bouillon, Godefroy Charles Henri de La Tour d'Auvergne, *dit* prince de Turenne, puis duc de (1728-1792). Grand chambellan en survivance 1748, en titre 1754
1.4.1759 *Le logement de M. le maréchal de Soubise à M. le grand chambellan...* Disposition : A.N. O[1] 1076 558

1770 *État* A « M. le maréchal de Soubise »
1777 *État* B « M. le maréchal de Soubise »

AP 82 et 83 sont combinés.

Fougières, François Marie, comte de (1721-1787). Sous-gouverneur des comtes de Provence et d'Artois ; premier maître d'hôtel du comte d'Artois

Fougières, Adélaïde Jeanne Marie Louise Jourda de Vaux, comtesse de († 1836). Dame pour accompagner la comtesse d'Artois 1773

19.5.1785 L à A : *Les réparations à faire dans l'appartement de M. le comte de Fougières... consistent dans le blanchi de la chambre de Mme la comtesse de Fougières et dans l'antichambre...* A.N. O1 1802 93

Bourbon, Louise Marie Thérèse Bathilde d'Orléans, duchesse de (1750-1822)

28.10.1786 *Le logement de M. le maréchal de Soubise* [**AP 83**] *à Mme la duchesse de Bourbon...* Distribution : A.N. O[1] 1802 242 et 243 ; *cf.* 1077 437

1787 *État* E « M. le comte de Fougières » [**AP 82**] "6 pièces, 3 à cheminée, 2 soupentes, 1 bûcher"

AP 82 et 83 sont séparés.

AP 82

Allonville, Antoine Charles, chevalier d' (1735-1792). Sous-gouverneur du dauphin

Pugey, N... (?-?). Sous-gouverneur du dauphin

28.5.1787 *Le logement de M. de Fougières à MM. d'Allonville et de Pugey, s'ils le préfèrent aux leurs* [**AP 104 et 105**]. *Et ils conservent celui qu'ils ont aujourd'hui à MM. les abbés de Corbin et Monteron.* Note : *Ils le prennent.* État des changements : A.N. O[1] 1802 351 et 352 ; *cf.* 1077 314 et 444

Corbin, N... de, abbé (?-?). Instituteur du dauphin

Monteron, N..., abbé (?-?). Instituteur du dauphin

21.5.1787 Le sieur d'Allonville à A : *Le sieur d'Allonville a l'honneur de faire ses compliments à M. le comte d'Angiviller et de le prier de donner ses ordres pour que M. Loiseleur puisse visiter l'appartement de M. de Fougières que M. le prince de Poix destine aux deux sous-gouverneurs de Monseigneur le dauphin et voir si il n'y aurait pas moyen de le rendre logeable pour deux en y faisant quelques changements.* Réponse de L** : *La demande de M. le chevalier d'Allonville consiste dans le reculement d'une cloison de planches sur la largeur de 4 pieds et de 6 pieds de haut pour agrandir une garde-robe à chaise, dans la dépose de deux armoires pour communiquer d'une pièce dans une autre, dans le recouchement... des carreaux dans une petite cuisine et dans le blanchissement de trois pièces de la dite cuisine.* Réponse de H : *J'ai cru prévenir les intentions de M. le directeur général en autorisant... M. Loiseleur à faire arranger le petit logement de M. le chevalier d'Allonville.* A.N. O[1] 1802 345

AP 83

Fougières, Adélaïde Jeanne Marie Louise Jourda de Vaux, comtesse de († 1836). Dame pour accompagner la comtesse d'Artois 1773

1787 *État* E « Mme la comtesse de Fougières » "8 pièces 6 à cheminée, 2 soupentes"

AP 84 et 86

Arpajon, Catherine Henriette d'Harcourt de Beuvron, duchesse d' (1631-1701). Dame d'honneur de la dauphine 1684

4.1695 [La nouvelle duchesse de Saint-Simon] *reçut les visites de tous les princes et princesses, seigneurs et dames de la Cour dans l'appartement de Mme la duchesse d'Arpajon, que l'on avait emprunté à cause qu'il est de plain-pied à la galerie...* D V 183

2.9.1696 *Le maison* [de la duchesse de Bourgogne] *fut déclarée....* L* III 158. *Mme de Richelieu mourut fort tôt après son arrivée* [en 1684] *et la surprise fut extrême de voir la duchesse d'Arpajon tout à coup nommée dame d'honneur de Madame la dauphine en sa place... il est impossible de faire mieux sa charge qu'elle la fit... Elle espéra donc être choisie* [comme dame d'honneur de la duchesse de Bourgogne] *; mais les 20 000 écus que Mme Barvisi, la vieille amie de la duchesse de Lude, fit accepter à la vieille servante de Mme de Maintenon, décidèrent contre Mme d'Arpajon. Le roi voulut la consoler, et Mme de Maintenon aussi, et firent la comtesse de Roucy, sa fille, dame du palais. La mère ne prit point le change : elle demeura outrée. Le transport de joie de sa fille l'affligea encore plus, et leur séparation entière, qu'elle envisagait, l'accabla. Elle aimait fort sa fille, que cette place attachait en un lieu où la mère ne pouvait plus paraître que fort rarement avec bienséance, et elle se voyait tomber en solitude.* SS III 179

Fürstemberg, Guillaume Égon von, cardinal de (1629-1704). Cardinal 1686 ; abbé de Saint-Germain-des-Prés 1688

25.1.1698 *Le roi fait des changements dans les logements de Versailles ; il prend l'appartement de M. le cardinal de Fürstemberg* [**VA 36**] *pour le joindre à celui de Mme de Maintenon* [**CC 34**] *qui était trop étroitement logée ; le roi destine à M. le cardinal de Fürstemberg l'appartement de Mademoiselle* [**AP 67**] *et jusqu'à ce qu'elle parte il aura celui de Mme d'Arpajon.* D VI 283

Roucy, Catherine François d'Arpajon, comtesse de (1661-1716). Dame du palais de la duchesse de Bourgogne 1696

7.7.1698 *Le roi donna à la comtesse de Roucy, dame du palais, l'appartement qu'avait la duchesse d'Arpajon, sa mère pendant qu'elle était dame d'honneur de Madame la dauphine et que le roi lui a toujours conservé.* D VI 378

11.12.1708 *Le jeune prince* [le duc de Bourgogne] *arriva... il vint descendre dans la cour des Princes... j'étais en ce moment-là chez la comtesse de Roucy, dont les fenêtres donnaient dessus. Je sortis aussitôt et arrivant au haut du grand degré au bout de la galerie, j'aperçus le prince qui le montait.* SS XVI 468

Boufflers, Catherine Charlotte de Gramont, duchesse et maréchale de (1670-1739). Dame d'honneur de la reine 1725-1735

1723 GG-B 749 « Plan de l'appartement de la maréchale de Boufflers au principal étage de l'aile du Midi entre la cour des Princes et la cour de la Bouche"

GG-B 390 ; Blondel, planche 8, "q" « la première dame du palais *[sic]* »

Luynes, Marie Brûlart, marquise de Charost, puis duchesse de (1684-1763). Dame d'honneur de la reine 1735

Luynes, Charles Philippe d'Albert de, duc de Montfort, puis de (1695-1758)

1741 *État* « Mme la duchesse de Boufflers, puis M. le duc de Luynes » "6 pièces, 3 à cheminée" [**AP 84**] et « Dame d'honneur de la reine, Mme la maréchale de Boufflers, puis Mme la duchesse de Luynes » "6 pièces, 4 à cheminée et 6 entresols, 3 à cheminée dans l'étage au galetas' [**AP 86**]

GG-B 389 ; 761 « sur le palier de l'escalier des Princes, entrée dans le mur vis-à-vis des fenêtres » ; 1367

24.6.1748 *Mme la duchesse de Luynes prie M. de Tournehem de faire faire des réparations ci-après dans son appartement : peindre et vernir, compris les réparages sur la sculpture, montera à 1 770 livres, vitrerie 57 livres.* Bon du roi : A.N. O[1] 1810 II 67

8.8.1748 E à T : *Les vernis de l'appartement de Mme la duchesse de Luynes sont faits.* A.N. O[1] 1795 117

1751 *À Versailles, j'allais chez Mme la duchesse de Luynes, dame d'honneur de la reine et son amie, chez qui les vieux courtisans allaient régulièrement. La reine, quand elle vient, défendait toute étiquette, et elle causait en jouant. Le président Hénault, Moncrif l'auteur, M. le comte d'Affry, revenu d'ambassade, y étaient tous les jours, ainsi que le fameux joueur de piquet M. le marquis de Rasilly, capitaine aux gardes ; enfin presque toutes les vieilles dames du palais. C'était fort triste, mais c'était le moyen de se faire connaître.* DUFORT I 64

17.7.1753 M à E : *Vous ferez blanchir, Monsieur, la petite antichambre de Mme la duchesse de Luynes.* A.N. O[1] 1795 370

1754 *La coterie de la reine était chez Mme de Luynes ; c'étaient le président Hénault, Moncrif, beaucoup de dévots et toutes les dames valides de la Cour ; on y jouait les jeux de commerce, et la reine tenait son cavagnon depuis sept heures jusqu'à neuf heures. Le dauphin, la dauphine, Mesdames venaient régulièrement y faire une ou deux mises. On était admis à voir ce spectacle assez triste, mais excepté quelques vieux courtisans, quelques officiers des gardes du corps et quelques capitaines aux gardes, personnes ne se souciait d'y venir.* DUFORT I 101

11.1755 BLONDEL, planche 3, "q" « Appartement de Madame la duchesse de Luynes »

10.7.1756 E à M : *Mme la duchesse de Luynes aurait bien le désir que l'on lui blanchît pendant l'absence le plafond de sa pièce de compagnie et celui du petit cabinet où elle reçoit la reine. Son étage étant fort bas, la fumée des bougies le noircit. Ce blanchissage est à 8 livres la toise et n'est qu'une bagatelle.* A.N. O[1] 1796 286

15.7.1756 M à E : *Faites blanchir le plus tôt qu'il vous sera possible le plafond de la pièce de compagnie de Mme la duchesse de Luynes ainsi que celui de son petit cabinet afin que le tout soit fait à l'arrivée de la Cour à Versailles.* A.N. O[1] 1796 281

Bouillon, Charles Godefroy de La Tour d'Auvergne, duc de (1706-1771). Grand chambellan 1728-1754

31.12.1763 M au roi : *M. le duc de Bouillon supplie très humblement Votre Majesté de vouloir bien lui accorder quelques ajustements dans son logement au château qui, suivant le devis ci-joint, monteront à la somme de 1 461 livres.* Bon du roi : A.N. O[1] 1071 93 ; *cf.* 94 et 1812 II 57

Rohan, Marie Louise Henriette Jeanne de La Tour d'Auvergne-Bouillon, princesse de (1715-1800)

2.2.1765 E à M : *État des demandes faites par Mme la princesse de Rohan pour le logement qu'elle occupe chez M. le duc de Bouillon au château : plusieurs parties de lambris à achever dans sa chambre à coucher, compris le blanchissage ; une glace sur la cheminée de cette chambre... une autre glace sur la cheminée du cabinet.* A.N. O[1] 1763B

1770 *État* A « M. le duc de Bouillon »

15.8.1771 M à E : *Mme la princesse de Rohan me demande de lui faire mettre son logement en état d'être habité cet hiver, ce qui ne tient qu'à la réparation de la couverture. Je souhaite fort lui donner cette satisfaction. Ainsi, voyez en quoi consiste cet ouvrage et faites vos efforts pour faire faire cette réparation qui ne saurait être, à ce que je présume... un objet considérable.* A.N. O[1] 1798 653

Bouillon, Godefroy Charles Henri de La Tour d'Auvergne, *dit* prince de Turenne, puis en 1771 duc de (1728-1792). Grand chambellan de France 1754-1774

29.9.1771 *Le logement de feu M. le duc de Bouillon conservé à perpétuité à la charge de grand chambellan...* Disposition : A.N. O[1] 1077 139

16.11.1771 *Le logement de feu M. le duc de Bouillon, n° 84, aile du Midi, premier étage, pour le logement du grand chambellan...* Disposition : A.N. O[1] 1798 700

Marsan, Marie Louise de Rohan-Soubise, comtesse de (1720-1803). Gouvernante des Enfants de France 1754-1775

GG-B 1328

12.1775 *Le logement de M. le duc de Bouillon à Mme la comtesse de Marsan...* Disposition : A.N. O[1] 1799 463

1777 *État* B « Mme de Marsan »

16.1.1779 La comtesse de Marsan à A : *N'y aurait-il point d'indiscrétion... à vous demander la permission de faire poser à mon appartement de Versailles des contrevents rembourrés pour rompre le bruit de la cour des Princes qui est quelquefois insoutenable et presque toujours très importunant ?* A.N. O[1] 1800 343

Orléans, Louis Philippe Joseph d'Orléans, duc de Chartres puis d' (1747-1793)

23.7.1780 *L'appartement de Mme de Marsan à M. le duc et Mme la duchesse de Chartres...* Distribution autographe de Louis XIV : A.N. O[1] 1800 593 ; *cf.* 1077 262

1783 *État* D « M. de duc de Chartres »

AP 84 [1]

Chabrillan, Jacques Aimar Henri de Moreton, comte de (1729-1802). Capitaine des gardes du corps du comte de Provence 1771

1787 *État* E « M. le comte de Chabrillan » "7 pièces, 3 à cheminée"

1. **AP 84** fut détaché de **AP 86** et donné au comte de Chabrillan ; **AP 85 et 86** furent ensuite combinés pour le duc d'Orléans.

PAVILLON DU ROI

AP 85

Montausier, Charles de Sainte-Maure, marquis, puis duc de (1610-1690). Gouverneur du Grand Dauphin

Gramont, Elizabeth Hamilton, comtesse de (1641-1708). Dame du palais 1667

21.5.1690 ... *le roi a donné l'appartement qu'avait M. de Montausier à Madame la comtesse de Gramont.* D III 129

Villeroy, Louis Nicolas de Neufville, duc de (1663-1734). Capitaine des gardes du roi 1708

Villeroy, Marguerite Le Tellier, duchesse de (1678-1711)

5.6.1708 *Le roi donna... au duc de Villeroy l'appartement de cette même comtesse dans le château de Versailles.* S XI 93

1709 *L'hiver... avait été terrible, et tel que, de mémoire d'homme, on ne se souvenait d'aucun qui en eût approché... La violence... fut telle que l'eau de la reine d'Hongrie, les élixirs les plus forts et les liqueurs les plus spiritueuses cassèrent leur bouteilles dans les armoires des chambres à feu et environnées de tuyaux de cheminées, dans plusieurs appartements du château de Versailles, où j'en vis plusieurs ; et, soupant chez le duc de Villeroy, dans sa petite chambre à coucher, les bouteilles sur le manteau de la cheminée, sortant de sa très petite cuisine, où il y avait grand feu, et qui était de plain-pied à sa chambre, une très petite antichambre entre-deux, les glaçons tombaient dans nos verres. C'est le même appartement qu'a aujourd'hui son fils.* SS XVII 195 *sq*

Villeroy, Louis François Anne de Neufville, duc de (1695-1766). Capitaine des gardes du corps 1734

1741 *État* « Capitaine des gardes du corps, M. le duc de Villeroy » "5 pièces à cheminée"

BLONDEL, planche 8 "p"

GG-B 390, 1329 « Plan légendé de l'appartement du prince de Rohan dans l'aile du Midi, au principal étage au bout de la cour des Princes avec projets de changement pour le duc de Villeroy »

8.1742 *Le reine fut hier chez Mme de Courcillon, qui loge dans l'appartement de M. le duc de Villeroy. Mme de Courcillon n'est ici qu'à l'occasion de la maladie de Mme de Rohan et de celle de M. de Rohan.* L* IV 215 avec la note de Luynes : *Cet appartement est au-dessus de celui de Mme de Mazarin* [**AP 65**]. *Comme la reine va tous les jours chez Mme de Mazarin, elle entre souvent chez Mme de Courcillon, où elle trouve aussi quelquefois Mme de Tonnerre que la reine aime beaucoup, parce qu'elle est* [la demi-] *sœur de M. de Nangis...* L* IV 215

11.1755 BLONDEL, planche 3, "p" « Appartement de M. le duc de Villeroy, Capitaine des gardes »

9.4.1756 *M. le duc de Villeroy... ne vient assidûment à la Cour que par exactitude à faire son devoir de capitaine des gardes ; il paraît n'avoir d'autre ambition que de faire tomber cette charge à son neveu, M. le marquis de Villeroy, et aimerait certainement mieux sa liberté.* L* XV 337

Cucé-Boisgelin, Louis Bruno, comte de (1734-1794). Maître de la garde-robe du roi 1760 ; exilé 1788

Cucé-Boisgelin, Marie Catherine Stanislas de Boufflers, comtesse de (1744-1794). Dame pour accompagner Mesdames les cadettes 1760, puis Madame Victoire

27.1.1760 *Le logement de M. le duc de Villeroy à M. le marquis de Cucé...* Disposition : A.N. O[1] 1076 585

Tessé, Marie Charlotte de Béthune-Charost, comtesse de (1713-1783). Dame de la dauphine 1744

3.3.1760 *Je, architecte ordinaire et contrôleur des Bâtiments... certifie que les glaces mentionnées ci-dessus ne sont point du roi qu'elles appartiennent à Mme la comtesse de Tessé : dans le cabinet de compagnie au-dessus de la cheminée un trumeau en 2 glaces ; dans la chambre à coucher au-dessus de la cheminée un trumeau en 2 glaces.* A.N. O[1] 1797 87

4.4.1760 *Le logement de M. le duc de Villeroy, n°s 85 et 16A avec la cuisine qui en dépend, qui avait été donné à M. le marquis de Cucé, maître de la garde-robe à Mme la comtesse de Tessé, douairière ...* Disposition : A.N. O[1] 1076 593

Eu, Louis Charles de Bourbon, comte d' (1701-1775)

[1768] N au roi : *La maison de feu Mme la dauphine logée au château de Versailles : Mme la comtesse de Tessé, douairière. L'ôte pour donner à M. le comte d'Eu.* A.N. O[1] 1077 445

1768 *Le logement de Mme la comtesse de Tessé, douairière, prêté à M. le comte d'Eu jusqu'à ce qu'il rentre dans le sien...* Disposition : A.N. O[1] 1077 403 ; 1798 202

1768] N au roi : *C'est avec beaucoup de peine que le comte de Noailles se croit dans la nécessité de rendre compte à Votre Majesté que Mme la comtesse de Tessé, douairière, est la seule qui n'ait pas daigné lui répondre aux deux lettres qu'il lui a écrites pour lui envoyer les ordres de Votre Majesté au sujet de son logement... Il n'a paru pas convenable que M. le comte d'Eu reste sans logement pour la fantaisie de Mme la comtesse de Tessé, ainsi, comme elle l'a fait démeubler, si elle n'envoie pas ses clefs, le comte de Noailles demande à Votre Majesté de charger M. de Boucheman de faire ouvrir les portes, changer les gardes des serrures et en remettre les clefs à M. le comte d'Eu.* A.N. O[1] 1077 348

Valentinois, Marie Christine Chrétienne de Saint-Simon, comtesse de (1728-1774). Dame d'atour de Mesdames, 1762 ; dame d'atour de la comtesse de Provence

[1768] [1] *Le logement de Mme la comtesse de Tessé, douairière, qui avait été prêté à M. le comte d'Eu, à Mme la comtesse de Valentinois...* Disposition : A.N. O[1] 1077 34 ; *cf.* 1802 733

13.3.1769 M à E : *J'ai reçu... l'état que vous m'avez adressé des réparations et petits changements à faire dans le logement de Mme la duchesse de Valentinois. Vous pouvez aller en avant sur cet objet en vous restreignant néanmoins à ne point excéder 900 livres à quoi monte votre estimation...* A.N. O[1] 1798 333

22.7.1769 M au roi : *Mme la comtesse de Valentinois supplie très humblement Votre Majesté de lui accorder*

1. L'été de 1768, Mme de Valentinois tomba malade. À Paris, le monde crut qu'elle allait mourir. Voir W.S. LEWIS et Warren Hunting SMITH, éd., *Horace Walpole's Correspondence with Madame du Deffand*, New Haven, 1937-1983, 4 vol., t. II, p. 104, 106,108, 119 et 121.

les réparations indispensables au logement qu'elle occupe au château de Versailles qui sont estimés... à 900 livres. Bon du roi : A.N. O[1] 1071 244 ; *cf.* 243, 1812 IV 72
30.10.1769 [1] E à M : *La cuisine de Mme la comtesse de Tessé, douairière, reprise aujourd'hui par Mme la comtesse de Valentinois, étant tombée en ruine, il y a plusieurs années, fut démolie après qu'on avait prévenu M. le comte de Noailles, vu qu'elle infectait le voisinage par les vidanges des bassins et ordures croupies qu'on y jettait dessus continuellement, s'étant trouvée au-dessous de la balastrade des galeries des princes, ce qui obligea de couvrir cette cuisine en plomb sur laquelle s'amassaient des matières si épaisses et si puantes qu'on était obligé de les faire ôter par les vidangeurs, les couvreurs ayant refusé de s'en charger. Cette cuisine ne fut faite que comme un réchauffoir pour M. le duc de Villeroy, que le roi ne voulut pas lui refuser à cause de l'éloignement de son hôtel de la ville, car avant lui il n'en avait jamais été question. Pour reconstruire cette cuisine à neuf, ce serait un objet de 7 000 à 8 000 livres, vu la couverture en plomb qu'il faudrait indispensablement et non en ardoise...* A.N. O[1] 1798 447
6.1.1770 E à M : ... *Je crois devoir vous rappeler...* [à propos de] *cette cuisine, qu'en la rétablissant où elle était, ce serait remettre la même puanteur qui y était ci-devant, laquelle infectait tous les voisins qui ne cessaient de s'en plaindre...* A.N. O[1] 1798 450
2.2.1770 M à E : *J'ai reçu... la lettre par laquelle vous me rendez compte des motifs de la destruction de la cuisine dépendante du logement ci-devant de Mme la comtesse de Tessé qui vient de passer à Mme la comtesse de Valentinois... ainsi que de ce qu'il en coûterait pour la refaire. Néanmoins, attendu que Mme de Valentinois a une pareille cuisine ou réchauffoir à la porte de son logement, voyez s'il n'y aurait pas moyen d'en diminuer la dépense... qu'elle n'excède pas 1 000 écus à 4 000 livres...* A.N. O[1] 1798 448
20.7.1770 E à M : *M. le contrôleur général n'ayant point encore fait donner les 6 000 livres qu'il avait promis de nous faire remettre incessamment pour la cuisine de Mme la comtesse de Valentinois, les ouvriers ont quitté...* A.N. O[1] 1798 510

Table de Mme la comtesse de Provence avec la cuisine du premier médecin

Muy, Joseph Gabriel Tancrède de Félix, marquis de († 1771). Premier maître d'hôtel de la comtesse de Provence
1770 *État* A « <u>Mme de Valentinois</u>, puis Table de Mme la comtesse de Provence avec la cuisine du premier médecin ».
14.3.1771 N au roi : *Après avoir bien cherché en conséquence des ordres de Votre Majesté pour placer la table de Mme la comtesse de Provence, le comte de Noailles n'a pu trouver rien de mieux que le logement de Mme la comtesse de Valentinois. Votre Majesté l'approuve-t-Elle et ordonne-t-Elle au comte de Noailles de mander de sa part à M. le marquis de Muy de s'en contenter faute de possibilité de mieux ? Il lui faut de nécessité absolue un réchauffoir. Mme la princesse de Conti redemande une pièce sans cheminée qui avait été ôtée de son appartement* [**AP 63 et 64**] *pour M. de Sénac* [**AP 62**], *ce qui paraît juste. L'on pourrait aussi prendre en même temps sur l'appartement du premier médecin, qui est grand, un réchauffoir pour la table de Mme la comtesse de Provence. Il restera encore un appartement assez complet pour M. le premier médecin futur.* Réponse : *Approuvé.* A.N. O[1] 1077 111
29.3.1771 *Le logement de Mme la comtesse de Valentinois, avec la cuisine du premier médecin, pour la table de Mme la comtesse de Provence* ... Disposition : A.N. O[1] 1077 123 ; *cf.* 1798 614
12.9.1774 Le marquis de Muy à A : *Vous connaissez le logement qu'il plut au roi de m'accorder lorsqu'il forma la maison qui devait être auprès de Madame. Comme il n'y avait ni cuisine, ni réchauffoir attaché à cet appartement, il ordonna d'en former un de deux petites pièces qui se trouvaient dans la petite allée qui conduisait à l'appartement de M. de Sénac* [**AP 62**], *et qu'on établît un lavoir servant à la table que je devais tenir, en dehors de la cour de la Bouche du roi. M. Lieutard a réclamé ce qu'on avait détaché pour le service de Madame et pour la table que je tiens du logement du premier médecin* [**AP 62**]*... pour me mettre en état de lui rendre..., le comte de Noailles m'a fait remettre les clefs de la pièce du Gobelet du dauphin, n°* [**AP 30**], *où on fait pour le service de Madame tout ce qui sera nécessaire. Pendant le voyage de Fontainebleau, je vous prierai encore de faire établir des fourneaux et des plombs dans une pièce du n° 85 qui fait partie de mon appartement et qui donne dans le corridor qui mène à celui de M. de Soubise* [**AP 83**] *pour y dresser le service de la table de Madame et celle que j'ai l'honneur de tenir pour elle... Quand vous pensez que les offices de Madame sont placés dans le milieu de la rue des Bons-Enfants, les demandes que je vous fais cesseront de vous surprendre.* Réponse de l'abbé Terray à E : ... *Vous voudrez bien donner les ordres nécessaires pour qu'il soit pourvu aux objets dont il s'agit avec toute la célérité et l'économie possibles.* A.N. O[1] 1799 237

Créqui d'Hémont, Charles Marie, marquis de (1738-1801). Premier maître d'hôtel du comte de Provence 1777 exerçant par commission ; premier maître d'hôtel de Madame en survivance 1777
1777 *État* B « M. de Créqui »
12.5.1781 LR et L** à A : *L'appartement de M. le marquis de Créqui : les ouvrages de maçonnerie sont très avancés et le rétablissement des menuiseries est commencé.* A.N. O[1] 1801 6
12.7.1781 LR et L** à A : *Tous les ouvrages de menuiserie sont faits et le blanchi commencé ; la première couche est donnée dans tout l'appartement.* A.N. O[1] 1801 8 ; *cf.* 10 *fait*

AP 85 et 86 sont combinés.

Orléans, Louis Philippe Joseph, duc de Chartres puis d' (1747-1793)
Orléans, Marie Adélaïde de Bourbon, *dite* Mlle de Penthièvre, duchesse de Chartres, puis d'Orléans (1753-1821)

1. Cette cuisine n'est pas un espace coté. Elle était probablement située sur la cour de la Bouche.

9.1780 P au roi : *Le prince de Poix propose à Votre Majesté le logement de M. le marquis de Créqui à M. le duc de Chartres* A.N. O[1] 1077 267

29.7.1780 LR et L** à A : *En conséquence d'une lettre que nous avons reçue de M. Heurtier en date du 27 du courant qui nous enjoint d'après vos ordres d'examiner les changements ordonnés par le roi à l'appartement occupé ci-devant par Mme de Marsan et destiné pour M. le duc et Mme la duchesse de Chartres, nous avons l'honneur de vous rendre compte qu'après nous étions transportés dans les différentes pièces de cet appartement, nous les avons trouvées tout à réparer tant pour les plafonds que pour les menuiseries, parquets, etc. À l'égard de celle où l'on doit supprimer les cloisons de distribution en total pour ne faire qu'une seule pièce servant de deuxième antichambre, l'on ne pourra se dispenser de casser le plafond et entr'ouvrir pour connaître la situation des bois, mais il est à présumer par une poutre qui annonce d'avoir faute que l'on sera forcé de refaire le dit plancher qui est de la création du château. Quant à la porte aussi projetée et qui doit être percée dans le mur de refend pour la communication du corridor public, nous ne voyons pas de difficulté parce qu'elle prendra la place d'un tuyau de cheminée réformé.* A.N. O[1] 1800 595

10.5.1781 LR et L** à A : *Les ouvrages de maçonnerie et de menusierie de l'appartement de Mgr le duc de Chartres sont presque faits ; les ouvrages de peinture sont commencés et l'appartement sera fait dans le peu.*

12.5.1781 LR et L** à A : *L'appartement de Mgr le duc de Chartres : tous les ouvrages de cet appartement sont faits en totalité ; l'appartement de Mme la duchesse de Chartres : toutes les démolitions nécessaires à la réparation de l'appartement sont très avancées ; plusieurs tuyaux de cheminée qui sont trouvés dans le plus mauvais état sont refaits.* A.N. O[1] 1801 6

14.6.1781 LR et L** à A : *Le plancher du salon s'est trouvé dans le plus mauvais état, la part des poutres étant absolument pourrie, ce qui oblige à refaire le dit plancher ainsi que la part du comble dont les jambes de force portent sur les poutres. On taille le bois nécessaire à cette reconstruction. On continue les autres réparations de cet appartement. Le plafond de la deuxième antichambre est refait ; on pose les escaliers ; les tuyaux de cheminées des pièces d'en haut sont faits.* A.N. O[1] 1801 7

7.8.1781 LR et L** à A : *Les ouvrages de charpente et de couverture sont faits ; les ouvrages de maçonnerie presque faits ; on pose les parquets ; on va reposer les menuiseries.* A.N. O[1] 1801 10

12.10.1781 LR et L** à A : *Tous les ouvrages de cet appartement sont presque faits ; il ne reste que des raccords de menuiserie et de peinture.* A.N. O[1] 1801 14 ; *cf.* 15 *fait en totalité*

13.9.1781 LR et L** à A : *Les menuiseries sont posées dans l'antichambre, le salon et dans le cabinet du haut ; le blanchi est commencé dans la chambre et dans le salon.* A.N. O[1] 1801 12

11.2.1781 H à A : *M. le duc de Chartres m'a expliqué ce matin ses sentiments relativement à l'arrangement de l'appartement de Mme la duchesse et que cet arrangement consiste en quelques débouchements des portes indiqués par le projet du roi... et en plusieurs déplacements de cloisons légères. M. le duc de Chartres ayant désiré des changements de très peu de conséquence dans l'appartement de M. de Créqui* [**AP 85**], *j'ai cru qu'en regard de leur peu d'importance, je pouvais en attendant vos ordres autoriser les inspecteurs à aller en avant à mon retour de Paris.* A.N. O[1] 1801 41

1787 *État* E « M. le duc d'Orléans » "5 pièces 4 à cheminée" [**AP 85**] et "4 pièces, 3 à cheminée ; 5 entresols, 4 à cheminée, 1 bûcher" [**AP 86**]

ATTIQUES SUR LE PARTERRE DU MIDI

AP 87

Vieuville, Anne Lucie de La Motte-Houdancourt, marquise, puis duchesse de la († 1689). Fille d'honneur de la reine Marie-Thérèse

Vieuville, Charles II, marquis, puis duc de la (1616-1689). Chevalier d'honneur de la reine 1670 ; gouverneur du duc de Chartres 1686

Dangeau, Philippe de Courcillon, marquis de (1638-1720). Menin du dauphin 1680 ; chevalier d'honneur de la dauphine de Bavière 1685, puis de la duchesse de Bourgogne 1696

Dangeau, Sophie Marie de Bavière, comtesse de Levenstein-Rochefort-Montaigu, marquise de (1664-1736). Fille d'honneur de la dauphine de Bavière 1684 ; dame du palais de la duchesse de Bourgogne 1696

22.1.1689... *le roi donna à M. de Dangeau l'appartement que défunte Mme de la Vieuville avait occupé dans son château de Versailles, et celui de M. de Dangeau à M. de Lauzun : ce qui parut fort extraordinaire, car comme Mme de la Vieuville ne l'avait eu qu'à cause que son mari était chevalier d'honneur de la reine et son mari étant encore vivant, il semblait qu'il y avait de la dureté à lui ôter son appartement ; d'un autre côté, on disait qu'il appartenait naturellement à M. de Dangeau, parce qu'il était chevalier d'honneur de Madame la dauphine laquelle tenait la place de la reine ; mais il est bien certain que si Mme de la Vieuville eût vécu, on ne l'aurait jamais dépouillée car elle avait trop d'esprit et trop d'intrigues à la Cour pour qu'on lui eût fait un tour si désagréable.* S III 42 ; *cf. ibid.* 30

Biron, Charles Armand de Gontaut, marquis, puis en 1723 duc de (1663-1756). Premier écuyer du Régent 1719 ; maréchal de France 1734

1741 *État* "M le duc de Biron" "8 pièces, 5 à cheminée ; 4 entresols sans cheminée"

Polastron, Françoise Jeanne de Mirande, comtesse de Pleyssan, puis de (?-?)

Andlau, Léonor François, comte d' (1710-1763)

Andlau [1], Marie Henriette de Polastron, comtesse d' († 1792). Sous-gouvernante de Madame Adélaïde
29.1.1746 N au roi : *Propositions... de mettre... Mme de Polastron, M. et Mme d'Andlau chez M. le maréchal de Biron*. Bon du roi : A.N. O[1] 1076 102
29.1.1746 N au roi : *Si le roi change M. le maréchal de Biron, le logement qui pourrait être le plus convenable pour lui est celui de Mme de Polastron* [**VA 22A**] ; *mais comme Votre Majesté a des bontés pour les veuves de ceux qui sont morts à son service, il propose de donner à Mme de Polastron et M. et Mme d'Andlau le logement de M. le maréchal de Biron, ils y seront à l'état [des logements à] tous trois, mais ils vivent ensemble, ainsi ils pourraient s'y arranger*. Bon du roi : A.N. O[1] 1076 103
7.1.1746 *Le maréchal de Biron, qui loge depuis longtemps ici au-dessus de Mme de Luynes* [**AP 84 et 86**], *dans l'appartement qu'occupait autrefois feu M. de Dangeau, a remis cet appartement, en échange duquel on lui donne celui de Mme de Polastron* [**VA 22A**], *au-dessus de la salle des Ambassadeurs. Ce logement n'est qu'en entresols ; mais il est beaucoup plus proche de celui de M. le duc de Biron qui loge dans celui de feu M. le duc de Gramont* [**VA 37**]. *Le roi a donné l'appartement de M. le maréchal de Biron à Mme de Polastron, à M. et Mme d'Andlau*. L* VII 197. *Cf. ibid.* 210
26.2.1746 *M. de Tournehem a remis aujourd'hui à la direction générale un mémoire de sa main par lequel il paraît que M. le comte d'Andlau demande quelques réparations à l'appartement du maréchal de Biron accordées à Mmes d'Andlau et [de] Polastron, au bas du quel mémoire, il a écrit : Je prie M. L'Écuyer de me rendre compte de ce que ces dames demandent...* Réponse : *Devis... de 1 846 livres*. A.N. O[1] 1810 67
Maillebois, Jean Baptiste François Desmarets, *dit* marquis de (1682-1762). Maître de la garde-robe du roi 1712 ; maréchal de France 1741
Maillebois, Marie Emmanuelle d'Alègre, maréchale de (1692-1756). Dame pour accompagner Mesdames Henriette et Adélaïde
15.7.1746 *Le logement de M. et Mme d'Andlau avec les quatre petites pièces au dehors à M.* [le maréchal] *et Mme la maréchale de Maillebois...* Disposition : A.N. O[1] 1076 113
16.7.1746 ... *le roi a donné à M. et Mme de Maillebois le logement qui était anciennement à M. de Dangeau, qui a été depuis à M. le maréchal de Biron et qui venait d'être donné à M. et Mme d'Andlau. Ce logement est dans l'aile des Princes, au-dessus de la galerie ; d'un côté les fenêtres donnent sur le jardin ; de l'autre sur la petite cour de M. de Livry*. L* VII 343
3.8.1746 *Mme la maréchale de Maillebois prie M. de Tournehem... de faire faire un entresol sur ses deux garde-robes et le dégagement dernière la niche, côté A, avec une porte vitrée pour communiquer d'une partie à l'autre ; une armoire dans la garde-robe à cheminée derrière la dite niche depuis la cheminée jusqu'à la cloison ; deux armoires dans l'entresol au-dessus, savoir, une derrière l'escalier et l'autre en coulisse près le fourneau ; ôter le vitrage et le remplacer par une cloison et couper l'angle du pan ; mettre des planches en quelques endroits de son appartement (on en avait déjà fait mettre à ses dépens dans l'appartement qu'elle vient de quitter qu'on a emporté de chez Mme d'Andlau) ; mettre une cheminée de marbre dans son cabinet et un parquet de trumeau pour recevoir une grande glace qu'elle fera mettre à ses dépens.* [Elle] *demande aussi qu'on fasse fermer plusieurs fenêtres ; qu'on mette des espagnolettes à celles de la chambre à niche et qu'on lui donne la permisssion de faire faire des jalousies à ses dépens à cause du soleil couchant... À l'égard de ce qu'elle avait demandé pour la chambre de M. le maréchal, on le fera quand on pourra mais* [elle] *prie M. le directeur général de faire faire présentement ce qu'elle demande, étant obligée de rendre son logement* [**AP 90**] *à M. le duc de Rohan et M. le marquis de Gontaut*. Réponse : *Le roi ne fournit point d'armoires. Bon pour la cloison. On vient d'en poser une [cheminée] de pierre de liais ; on ne peut rien changer. Bon pour le parquet de trumeau, sans bordure et un parquet aussi à la cheminée. Bon pour une croisée neuve et une espagnolette, étant réparations nécessaires. Total = 830 livres*. A.N. O[1] 1810 I 108 ; *cf.* 113
6.10.1747 *M. et Mme de Maillebois prient M. de Tournehem de faire placer dans l'antichambre de leur logement de Versailles pendant le voyage de Fontainebleau la boiserie qu'il leur a promise ainsi que les trois glaces sur les cheminées de leurs chambres à coucher*. A.N. O[1] 1810 I 242
20.7.1753 E à M : *Mme la maréchale de Maillebois, pour laquelle vous m'avez ordonné de vous rendre compte touchant un abat-jour à faire dans son antichambre, m'en ayant écrit, je lui ai fait réponse que j'allais avoir l'honneur de vous envoyer le détail et qu'après avoir reçu votre ordre, l'on y commencera, mais tout bien considéré, ne voyant point l'impossibilité à penser actuellement à cet ouvrage... je croyais, Monsieur, qu'il vaudrait mieux le remettre à une autre absence*. A.N. O[1] 1795 368
19.10.1753 E à M : *Je suis débarrassé de l'abat-jour* [de] *Mme la maréchale de Maillebois fort heureusement par l'entreprise de Mme la duchesse de Tallard, sur ce que le bruit qu'on ferait au-dessus de Mgr le duc de Bourgogne, l'empêcherait de pouvoir reposer...* A.N. O[1] 1795 453
Maillebois [2], Marie Yves Desmarets, comte de (1715-1791). Maître de la garde-robe en survivance 1736
Maillebois, Marie Magdeleine Catherine de Voyer de Paulmy d'Argenson, comtesse de (1724-?)
1.8.1756 *M. le comte de Maillebois désire avoir le logement de M. le maréchal et Mme la maréchale de Maillebois pour le logement de fonction ; il demande en*

1. Mme d'Andlau fut exilée le 24 juin 1746 parce qu'elle avait permis qu'un livre scandaleux vînt entre les mains de Madame Adélaïde, et sa belle-mère, Mme de Polastron, l'accompagna. Voir L* VII 332 et 335.

2. Le comte de Maillebois fut d'abord exilé le 21 mars 1752 pour avoir accepté de l'argent illicite et ensuite disgracié de façon permanente le 20 mai 1758 pour avoir porté atteinte à l'honneur du maréchal d'Estrées, après la bataille de Hastenbeck. Voir BARBIER V 175 et VII 49 *sq.*

même temps un autre petit logement où il n'y ait pas beaucoup à monter pour M. son père. A.N. O[1] 1076 454
1.8.1756 *Le logement de M. le maréchal et de Mme la maréchale de Maillebois à M. le comte de Maillebois pour logement de la charge de maître de la garde-robe...* Changements : A.N. O[1] 1076 452
29.8.1756 *Le roi vient de donner... celui de M. le maréchal et Mme la maréchale de Maillebois à M. le comte de Maillebois, pour son logement de charge, à condition de loger M. le maréchal son père jusqu'à ce qu'il ait un logement de garçon.* L* XV 209
Montbarrey, Françoise Parfaite Thais de Mailly, princesse de (1737-1819). Dame pour accompagner Madame Adélaïde 1752
Montbarrey, Alexandre Marie Éléonor de Saint-Mauris, prince de (1732-1795). Capitaine-colonel des suisses de la garde de Monsieur
Estissac, Louis François Armand de La Rochefoucauld de Roye, duc d' (1695-1783). Grand maître de la garde-robe du roi 1758
1.4.1759 *Le logement de M. le comte de Maillebois à M. le grand maître de la garde-robe...* Disposition : A.N. O[1] 1076 558
30.4.1759 Le duc d'Estissac à M : *J'ai l'honneur, Monsieur, de vous envoyer l'état des réparations que je désirerais qui fussent faites dans l'appartement que le roi vient de me donner et qu'il a décidé être pour toujours appartement de ma charge.* A.N. O[1] 1797 23
30.4.1759 M au duc d'Estissac : *Je serais très ravi si malgré la dure situation des temps, Sa Majesté m'autorise à faire ce que vous désirez.* A.N. O[1] 1797 25
28.6.1759 Le duc d'Estissac à M : *Vous avez oublié de donner vos ordres pour les réparations de l'appartement que le roi m'a donné à Versailles, du moins M. L'Écuyer m'a dit n'en avoir point reçu de vous. Comme... M. le maréchal de Maillebois me presse de lui rendre le mien* **[S 2A et B]** *je vous prie, Monsieur, de vouloir bien informer M. L'Écuyer de son intention.* A.N. O[1] 1811 III 88 ; *cf.* 1797 37
10.7.1759 M au duc d'Estissac : *N'attribuez, je vous prie, le retardement des réparations nécessaires à votre appartement qu'à la triste situation et la disette des fonds des Bâtiments. Les entrepreneurs d'un autre côté sont dans de si prodigieuses avances qu'ils ne peuvent faire de nouvelle fournitures si on ne les aide. Cependant, malgré ces difficultés, je viens de donner ordre qu'on fasse faire les réparations nécessaires sans délai.* A.N. O[1] 1797 38
26.7.1759 M au roi : *M. le duc d'Estissac supplie très humblement Votre Majesté de lui accorder les réparations nécessaires au nouveau logement de la charge de grand maître de la garde-robe de Votre Majesté qui, suivant le devis, monteront à 815 livres.* Bon du roi : A.N. O[1] 1072 138 ; *cf.* 139 et 140
1763 N au roi : *Le comte de Noailles désire depuis longtemps que les logements de charges auprès de Sa Majesté à Versailles soient fixés stables sans pouvoir jamais changer. L'on ne peut dans ce moment faire cet arrangement pour toutes les charges... pour la charge de grand maître de la garde-robe... que sur l'état des logements, le nom de M. le duc d'Estissac n'y soit pas mais celui de sa charge qui passera à ses successeurs à perpétuité.* A.N. O[1] 1076 713
1770 *État* A « Mme de Montbarrey, puis le grand maître de la garde-robe [1] »
1777 *État* B "M. d'Estissac"
1.12.1780 H à A : *J'ai fait examiner l'appartement de M. le duc d'Estissac dont j'ai fait déposer le lambris... Je n'ai rien découvert qui m'aît fait connaître la cause de la fumée qui régnait derrière ce lambris.* A.N. O[1] 1800 640
Liancourt, François Alexandre Frédéric de La Rochefoucauld (1747-1827). Grand maître de la garde-robe du roi en survivance 1768
1784 L* à A : *La demande de M. le duc de Liancourt consiste dans l'établissement d'un plancher dans une pièce de cinq pieds de large pour former un entresol... Cet arrangement nécessitera la dépose et la retraite des lambris de la dite pièce et le blanchi. Le tout pourra coûter environ 500 livres.* A.N. O[1] 1801 580
16.9.1784 H à A : *Lorsqu'on a pratiqué un entresol dans la chambre de M. le duc de Liancourt, il y avait sur la cheminée une glace laquelle s'étant trouvée trop grande depuis cet établissement a été reportée au magasin. En conséquence j'ai l'honneur de supplier M. le directeur général de vouloir bien donner l'ordre à la manufacture pour la livraison d'une du teint de 38 pouces sur 28 pouces pour remplacer celle qui a été reportée au magasin.* A.N. O[1] 1801 662
Hénin, Charles Alexandre d'Alsace-Hénin-Liétard, prince de (1744-1794). Capitaine des gardes des corps du comte d'Artois
Hénin, Adélaïde Félicité Étiennette de Montconseil, princesse de (1750-1823). Dame du palais 1778

> **Lemonnier**, Louis Guillaume (1717-1799). Premier médecin du roi 1770
> 15.12.1788 *M. de Hénin, capitaine des gardes de M. le comte d'Artois et Mme de Hénin, dame du palais, sont demeurant ensemble dans le logement de M. de Liancourt ; s'ils voulaient prendre celui de M. de La Vauguyon* **[AP 60]**, *celui de M. de Liancourt serait très suffisant pour le premier médecin.* A.N. O[1] 1077 320

1787 *État* E « M. le duc de Liancourt, grand maître de la garde-robe du roi » "7 pièces, 5 à cheminée, 3 entresols, 3 soupentes, 1 bûcher"

AP 88

Beringhen, Jacques Louis, marquis de, *dit* Monsieur

1. En 1757, Mme de Montbarrey reçut le logement de mari **AP 111A** qui était auparavant occupé par le comte de Maillebois. Peut-être le clerc chargé de tenir à jour l'état fit-il une confusion dans cette attribution. Probablement M. et Mme de Montbarrey occupèrent-ils **AP 87** à titre temporaire jusqu'à ce qu'il fût prêt pour devenir l'appartement officiel du grand-maître de la garde-robe du roi. Dans l'intervalle, *ex officio*, le duc d'Estissac bénéficiait par grâce et faveur royale d'une logement en ville. Voir A.N. O[1] 1072 252 : sieur Pluyette, inspecteur du départment de Versailles « dehors » à M : *L'hôtel des Louis est divisé en trois parties distinctes et séparées qui ont chacune leur entrée particulière. Les deux premières parties sont occupées par différents officiers du roi ; la troisième est occupée par M. le duc d'Estissac. Cf.* 252 et l'*État* de 1741.

le Premier (1651-1723). Premier écuyer de la Petite Écurie 1692

Beringhen, Henri Camille, *dit* Monsieur le Premier, chevalier, puis marquis de (1693-1770). Premier écuyer de la Petite Écurie

GG-B 394, GG-B 393 « Monsieur le Premier, M. de Beringhen puis M. de Maillebois, fils », GG-B 763 « au-dessus des trois premières travées de la galerie haute de l'aile du Midi »

Maillebois, Marie Yves Desmarets, comte de (1715-1791). Maître de la garde-robe en survivance 1736

GG-B 393

1741 *État* « M. le Premier, M de Beringhen, puis M. de Maillebois, fils » "4 pièces, 2 à cheminée ; 4 entresols, 3 à cheminée"

19.8.1741 *Le roi disposa hier de plusieurs appartements. Celui de M. le Premier a été donné à M. de Maillebois le fils.* L* III 455

Maillebois, Jean-Baptiste François Desmarets, *dit* marquis de (1682-1762). Maître de la garde-robe 1712 ; maréchal de France 1741

2.9.1741 *J'appris hier que Mme la maréchale de Maillebois avait obtenu pour M. le maréchal de Maillebois l'ancien logement qu'avait Monsieur le Premier, quoique il ne soit point à la proximité de celui de Mme de Maillebois ; elle donne un logement dans le sien à M. son fils. Sur l'état du roi, le logement de Monsieur le Premier est donné à M. de Maillebois le fils, et Mme de Maillebois, pour sa plus grande commodité a donné le dit logement à M. le maréchal de Maillebois et s'est chargée de loger M. son fils chez elle.* L* III 467

Gontaut, Charles Antoine Arnauld, marquis de Monferrant et de Gontaut, puis en 1758 duc de (1708-1800). Maréchal de France 1745

Gontaut, Antoinette Eustachie Crozat du Châtel, marquise de (1728-1747)

15.7.1746 *Le logement de M. le maréchal de Maillebois, tel qu'il était autrefois à M. le Premier, n° 88 à M. le maréchal de Gontaut...* Disposition : A.N. O[1] 1076 113

16.7.1746 ... *le roi a donné à M. et Mme de Maillebois le logement qui était anciennement à M. de Dangeau* [**AP 87**]... *Par cet arrangement, il y avait de vacant un logement considérable que M.* [le maréchal] *et Mme la maréchale de Maillebois occupaient et qui comprend depuis l'escalier qui mène chez M. le prince de Rohan* [**AP 83**] *et chez moi* [**AP 84 et 86**] *jusqu'à celui qui mène chez Mme de Villars* [**AP 92**] *et Mme de Tessé* [**AP 93**]. *Ce logement a été donné, savoir celui de M. le maréchal de Maillebois à M. et Mme de Gontaut, et celui de Mme la maréchale de Maillebois à M. et Mme la duchesse de Rohan* [**AP 90**]... L* VII 343 *sq.*

18.8.1746 *M. le marquis de Gontaut par son mémoire prie M. le directeur général de vouloir bien donner ses ordres pour que son appartement soit accommodé.* [Il] *demande des glaces sur les cheminées des deux chambres, que le parquet de la première soit raccommodé, que l'on blanchisse l'appartement et les entresols, l'ouverture d'une porte de communication dans la chambre à coucher.* [Il] *demande aussi une cheminée dans l'entresol s'il était possible.* Réponse de E : *Plusieurs petites propretés et réparations 200 livres ; une cheminée à faire à neuf dans l'entresol au-dessus de l'entresol 300 livres. Le lambris avec une cheminée de marbre, vernis ordinaire dans le dit entresol 500 livres. Quand Mme la marquise en sera sortie en prendre les grandeurs des glaces.* Bon du roi pour 500 livres avec la réponse : *En blanc seulement et de trempe comme le demande M. de Gontaut.* A.N. O[1] 1810 I 106

1770 *État* A "M. le duc de Gontaut"

18.8.1779 Le duc de Gontaut à A : *M. le comte d'Angiviller est prié de vouloir bien se souvenir de l'appartement de M. le duc de Gontaut à Versailles où les croisées sont tout à fait pourries et demandent les réparations les plus pressantes.* A.N. O[1] 1800 425

1.8.1779 H à A : *J'ai examiné la demande de M. le duc de Gontaut laquelle consiste en deux doubles châssis en remplacement de ceux qui existent et qui sont hors d'état de servir par leur vétusté et leur dépérissement... Le logement qu'occupe M. de Gontaut a toujours eu les doubles châssis... il n'est point logement de service... il il n'en jouit qu'à titre de grâce.* A.N. O[1] 1800 442

Laval, Marie Louise Mauricette de Montmorency-Luxembourg, marquise, puis en 1783 duchesse de (1750-1829). Dame pour accompagner Madame Adélaïde 1770, puis sa dame d'atour 1780

1781 P au roi : *Le logement de M. le duc de Gontaut, quand il en vaquera un de garçon, à Mme la marquise de Laval* A.N. O[1] 1077 344

Choiseul, Étienne François, duc de (1719-1785). Secrétaire d'État aux Affaires étrangères 1761-1770

20.6.1781 P au roi : *Le prince de Poix propose à... rendre celui de Mme de Laval à M. le duc de Gontaut, ne pouvant convenir qu'à une seule personne ; il y loge mal M. le duc de Choiseul* A.N. O[1] 1077 269 ; *cf.* 1801 118

Haussonville, Joseph Louis Bernard de Cléron, comte d' (1739-1806). Grand louvetier de France 1780

5.7.1785 *Lettre de M. le comte d'Haussonville qui demande des réparations dans l'appartement qu'il prend de M. le duc de Gontaut.* Mémoire sommaire : A.N. O[1] 1802 81

22.8.1785 *Galerie haute des princes* [sic], *à M. d'Haussonville : dans le salon, rétablir un chambranle neuf de cheminée en marbre de Languedoc ; au-dessus de l'antichambre, dans une pièce d'entresol une chambre, retablir les alcôves.* D.C.V. citant A.N. O[1] 2087 dossier 3

Thiroux de Crosne, Louis (1736-1794). Lieutenant général de police 1785

27.11.1785 *Le logement, très petit, de M. le duc de Gontaut qu'il a troqué contre M. d'Haussonville* [**S 20**] *à M. le lieutenant de police.* Bon du roi : A.N. O[1] 1802 141 ; *cf.* 1077 306

Soubise, Charles de Rohan-Soubise, prince de (1715-1787). Capitaine des gendarmes de la garde du corps 1737 ; maréchal de France 1758

2.11.1786 P au roi : *Je propose à Votre Majesté de faire des changements ci-après par la mort de Mme de Civrac... celui de M. le duc de Gontaut qu'il a rendu à M. le maréchal de Soubise.* Bon du roi : A.N. O[1] 1802 253 ; *cf.* 1077 436

1787 *État* E « M. le duc de Gontaut » "3 pièces, 2 à cheminée : 3 entresols, 1 à cheminée"

AP 89

Rochefort, Madeleine de Montmorency-Laval, maré-

chale de (1646-1729). Dame du palais 1674 ; première dame d'atour de la dauphine de Bavière 1680 ; dame d'honneur de la duchesse de Chartres 1692
Elle demeura ainsi à Mme de Chartres, toujours baissant de considération de plus en plus, toujours disant qu'elle voulait quitter sa place, et l'ayant toutefois conservée jusqu'à la dernière vieillesse dans laquelle elle mourut en 1729. SS I 353
Nevers, Marie Anne Spinola, duchesse de (1672-1738). Dame d'honneur de la duchesse d'Orléans
Puyguyon, Charles François de Granges de Surgères, marquis de (1707-1746). Gentilhomme de la manche du dauphin 1735, puis son menin 1745
Créqui, Robert de Créqui d'Hémont, chevalier de (1705-1745). Gentilhomme de la manche du dauphin 1735, puis son sous-gouverneur 1741
5.1741 *Le roi ôte à MM. des deux gentilshommes de la manche les deux logements qu'ils ont presque au-dessus de celui-ci* [**AP 84 et 86**]. L* III 405
GG-B 1299 « Appartement de M. de Puyguyon et M. de Créqui dans l'attique de l'aile du Midi sur la rue de la Surintendance au niveau de la cour de l'Apothicairerie [1] »
Mérode, Garcie Pétronille Josèphe de Salcedo, comtesse de (1676-1746). Dame du palais 1726
Mérode, Charles Florent Gand, comte de († 1749)
16.7.1741 *... celui de M. de Puyguyon et celui de M. le chevalier de Créqui à M. et Mme de Maillebois ; c'est l'ancien appartement de Mme la maréchale de Rochefort... Mme de Maillebois n'ayant pas voulu quitter son appartement, celui de MM. les gentilshommes de la manche a été donné à M. et à Mme de Mérode.* L* III 440
1741 *État* « Mme la duchesse de Nevers, puis gentilshommes de la manche, puis Mme de Mérode » "6 pièces, 4 à cheminée ; 3 entresols à cheminée"
Nivernais, Hélène Angélique Françoise Phélypeaux de Pontchartrain, duchesse de (1715-1782). Dame du palais 1745-1748
4.1.1747 *Mme la comtesse de Mérode à Mme la duchesse de Nivernais.* Bon du roi : A.N. O^1 1076 143 ; *cf.* 1810 I 173
8.1.1747 *L'appartement de feu Mme de Mérode, qui est dans l'aile des Princes, auprès de celui qu'a présentement Mme la maréchale de Maillebois* [**AP 87**], *a été donné à M. et Mme de Nivernais.* L* VIII 77
Fitz-James, Victoire Louise de Goyon de Matignon, duchesse de (1722-1777). Dame du palais à la résignation de sa mère 1741
Fitz-James, Charles, duc de (1712-1787). Maréchal de France 1775
1748 *Le logement de Mme la duchesse de Nivernais à Mme la duchesse de Fitz-James...* Disposition : A.N. O^1 1076 226
26.5.1752 *Mme la duchesse de Fitz-James prie M. le marquis de Vandières de vouloir bien avoir la bonté de faire examiner un abat-jour qui est dans un petit réchauffoir qui lui sert de cuisine pour faire ouvrir afin de donner du jour davantage, attendu que l'on est obligé d'avoir de la lumière tout le jour [et] qu'on n'y peut rester à cause de la chaleur... Devis = 502.* Réponse : *À M. L'Écuyer pour m'en rendre compte.* A.N. O^1 1811 I 12 et 25
7.9.1752 M à E : *Le roi vient d'accorder à Mme la duchesse de Fitz-James l'abat-jour à faire dans sa cuisine, le devis montant à 502 livres.* A.N. O^1 1795 210
Flavacourt, Hortense Félicité de Mailly-Nesle (1715-1799). Dame du palais 1743-1768
29.9.1758 *Le logement de Mme la duchesse de Fitz-James à Mme la marquise de Flavacourt...* Projet : A.N. O^1 1076 529
4.12.1759 E à M : *Le feu ayant pris au château la nuit de 16 du dernier mois au logement de M. le duc de Fitz-James, on était obligé de faire rassembler au plus tôt tous les ouvriers qu'on pût pour y apporter les services.* A.N. O^1 1797 83
Chaulnes, Marie Paule Angélique d'Albert de Luynes, duchesse de (1744-?). Dame du palais de la reine 1766, puis de la dauphine 1770
Chaulnes, Marie Joseph Louis d'Albert d'Ailly, duc de Picquigny, puis en 1769 de (1741-1793)
Chimay, Laure de Fitz-James, princesse de (1744-1814). Dame de la dauphine 1770, puis dame d'atour 1775
22.9.1770 E à M : *Mme la dauphine prenant un vif intérêt à Mme de Chimay, m'a demandé de lui faire mettre en état son logement pour son retour de Fontainebleau et demandé pourquoi on avait tardé. Lui ayant répondu que les fonds n'avaient pas répondu à vos intentions, Monsieur, sur cela elle m'a dit qu'elle payerait et ne m'ayant pas donné assez de temps pour lui répondre, j'ai été trouver sur-le-champ Mme la comtesse de Noailles pour la prier d'assurer cette princesse que vous ne le souffrirez pas et que lundi matin sans manquer, il y aurait des ouvriers. C'est un objet de 1 200 livres.* A.N. O^1 1798 544
1770 *État* A « Mme de Fitz-James, puis de Chaulnes, puis princesse de Chimay »
1777 *État* B « Mme de Chaulnes »
La Roche-Aymon, Antoine Charles Guillaume, marquis de (1751-1831). Menin du dauphin 1770
La Roche-Aymon, Colette Marie Paule Hortense Bernardine de Beauvillier marquise de (1749-1830). Dame du palais 1775
30.11.1781 *Le logement de Mme la duchesse de Chaulnes à M.* [le marquis] *et Mme la marquise de La Roche-Aymon...* Changements : A.N. O^1 1801 20
2.12.1781 La comtesse de La Roche-Aymon à A : *Mme la duchesse* [sic] *de La Roche-Aymon a l'honneur de prier M. le comte d'Angiviller de bien vouloir donner ses ordres pour les réparations nécessaires dans l'appartement de Mme la duchesse de Chaulnes qu'elle vient d'avoir.* Réponse de H : *Mme la duchesse de Fitz-James obtient le logement de Mme de La Roche-Aymon* [**AN 43A**] *; et M. le directeur général a dit de rendre commune la visite des deux appartements... J'ai autorisé les entrepreneurs d'aller en avant...* A.N. O^1 1801 200 ; *cf.* 202
7.12.1781 H à A : *Les demandes... de Mme de La Roche-Aymon* [consistent]*... dans le déplacement de quelques cloisons très légères, dans la réfection de plusieurs croisées absolument usées, et dans le blanchissement de tout son appartement...* A.N. O^1 1801 211

1. Cette légende du plan est inexacte.

26.2.1782 La marquise de La Roche-Aymon à A : *Mme de La Roche-Aymon* [demande] *de faire mettre une glace sur la cheminée de la chambre de M. de la Roche-Aymon...* A.N. O[1] 1801 251
3.3.1782 H à A : *Le magasin peut fournir une glace pour la cheminée de M. le marquis de La Roche-Aymon... Cette glace est en remplacement d'une très petite qu'y avait fait mettre à ses frais de Mme la duchesse de Chaulnes et qui a été enlevée.* A.N. O[1] 1801 257
1.2.1782 LR et L** : *L'appartement de Mme la marquise de La Roche-Aymon... est fait ; il ne reste que le parquet et une glace à poser sur la cheminée.* A.N. O[1] 1801 219
8.3.1785 L** à A : *Les demandes de Mme la marquise de La Roche-Aymon consistent dans le relèvement d'une cloison de planche pour diminuer la longueur d'une alcôve et agrandir la garde-robe à côté, dans la repose du chambranle de la dite alcôve, et dans la suppression d'une porte et pour un morceau de blanchi. Le tout pourra coûter 50 livres...* A.N. O[1] 1802 29
1787 *État* E « M. le marquis et Mme la marquise de La Roche-Aymon » "6 pièces, 5 à cheminée, 3 entresols, 2 à cheminée, 1 soupente et 1 bûcher"

AP 90
Maillebois, Jean-Baptiste François Desmarets, marquis de (1682-1762). Maître de la garde-robe 1712 ; maréchal de France 1741
Maillebois, Marie Emmanuelle d'Alègre, maréchale de (1692-1756). Dame pour accompagner Mesdames Henriette et Adélaïde 1751
1741 *État* « M. le Maillebois, maître de la garde-robe du roi » "8 pièces, 4 à cheminée ; 8 entresols, 4 à cheminée"
Maillebois, Marie Yves Desmarets, comte de (1715-1791). Maître de la garde-robe en survivance 1736
2.9.1741 *J'appris hier que Mme la maréchale de Maillebois avait obtenu pour M. le maréchal de Maillebois l'ancien logement qu'avait Monsieur le Premier* [**AP 88**], *quoiqu'il ne soit point à la proximité de celui de Mme de Maillebois ; elle donne un logement dans le sien à M. son fils. Sur l'état du roi, le logement de Monsieur le premier est donné à M. de Maillebois le fils, et Mme de Maillebois, pour sa plus grande commodité a donné le dit logement à M. le maréchal de Maillebois et s'est chargée de loger M. son fils chez elle.* L* III 467
Rohan, Louis Marie Bretagne Dominique de Rohan-Chabot, en 1738 duc de (1710-1801)
Rohan, Charlotte Rosalie de Châtillon, duchesse de (1719-1753). Dame de la dauphine 1744-1752
15.7.1746 *Le logement de M. le maréchal de Maillebois qui était autrefois à M. et Mme de Maillebois, n° 90 à* M. et Mme de Nivernais, puis *M. et Mme de Rohan...* Disposition : A.N. O[1] 1076 113
16.7.1746 ... *le roi a donné à M. et Mme de Maillebois le logement qui était anciennement à M. de Dangeau* [**AP 87**]... *Par cet arrangement, il y a vacant un logement considérable, que M. et Mme la maréchale de Maillebois occupaient et qui comprend depuis l'escalier qui mène chez M. le prince de Rohan* [**AP 83**] *et chez moi* [**AP 84 et 86**] *jusqu'à celui qui mène chez Mme de Villars* [**AP 92**] *et Mme de Tessé* [**AP 93**]. *Ce logement a été donné, savoir celui de M. le maréchal de Maillebois* [**AP 88**] *à M. et Mme la marquise de Gontaut, et celui de Mme la maréchale de Maillebois à M. [le duc] et Mme la duchesse de Rohan...* L* VII 343f
2.10.1746 Le duc de Rohan à T : *Le duc de Rohan prie M. de Tournehem de vouloir bien faire accommoder son nouvel appartement conformément à ses demandes : deux croisées avec des espagnolettes, à savoir une dans la pièce de compagnie, l'autre dans la chambre de Madame, les vieilles étant dans un très mauvais état ; rétablir le parquet à plusieurs endroits ; ajuster derrière la chambre une garde-robe pour mettre la chaise percée ; faire une cloison pour séparer une garde-robe du corridor et percer un abat-jour dans la plaque qui est faite dans les combles pour l'éclairer ; agrandir la petite chambre de M. le duc en entresol au-dessus de l'antichambre en mettant la cloison à plomb de celle qui est au-dessus, en observant deux portes, l'une d'entrée, l'autre pour aller au cabinet de chaise, et refaire le surplus du lambris qui sera nécessaire ; refaire plusieurs châssis aux abat-jour sur les combles où il sera nécessaire ; blanchir tout l'appartement, les garde-robes, et la cuisine.* Bon du roi : A.N. O[1] 1795 92 ; *cf.* 1810 I 112
Gramont, Antoine Adrien Charles, comte de (1726-1762). Menin surnuméraire du dauphin avec exercice 1752
Gramont, Marie Louise Sophie de Fauoq, comtesse de (1732-1798). Dame du palais 1751
1752 N au roi : *M. le comte et Mme la comtesse de Gramont sont sur le pavé et y seront selon les apparences encore 18 mois. Mme la duchesse de Rohan se meurt, si elle vient à manquer Monseigneur le dauphin et Madame la dauphine demanderont pour Mme la princesse d'Henrichemont. Quoique cette demande paraisse juste, il paraît plus simple de laisser M. et Mme d'Henrichemont les 18 mois à l'hôtel de Châtillon et loger tout de suite Mme la comtesse de Gramont, dame du palais de la reine, et M. de Gramont, menin de Monseigneur le dauphin, qui ont déjà fait leur service 18 mois logés à l'hôtel de Gramont, de plus la reine le désire. Le comte de Noailles propose : le logement de Mme la duchesse de Rohan à M. le comte et Mme la comtesse de Gramont.* A.N. O[1] 1076 315
Henrichemont, Maximillien Antoine Armand de Béthune, prince d', plus tard duc de Sully (1730-1784)
Henrichemont, Louise Gabrielle de Châtillon, princesse d', plus tard duchesse de Sully (1731-1826). Dame du palais de la reine 1753
1753 *Le logement le M. le comte et Mme la comtesse de Gramont, ci-devant à Mme la duchesse de Rohan, à Mme la princesse d'Henrichemont.* A.N. O[1] 1077 412
29.6.1753 *Le logement de Mme la duchesse de Rohan, occupé encore par Mme la princesse d'Henrichemont à M. [le comte] et Mme la comtesse de Gramont...* Disposition : A.N. O[1] 1076 337
8.9.1753 *On a donné aussi à M. et Mme d'Henrichemont l'appartement qu'occupaient M. le duc et feu Mme la*

duchesse de Rohan dans la galerie des Princes. L* XIII 50
25.9.1753 M à E : *Vous auriez agréable, Monsieur, de faire faire seulement dans le logement de Mme la princesse d'Henrichemont les légers ouvrages de maçonnerie nécessaires à la cuisine de ce logement... 88 livres.* A.N. O[1] 1795 440 ; *cf.* 1811 I 82
5.12.1753 M au roi : *Mme la princesse d'Henrichemont supplie très humblement Votre Majesté de vouloir bien lui accorder les réparations à faire dans son logement au château de Versailles, qui suivant le devis ci-joint monteront à 596 livres, savoir : la maçonnerie pour changements dans sa cuisine, le lambris au-dessus de celui d'appui de son cabinet de compagnie et quelques légères réparations aux croisées, 339 livres ; serrurerie 52 ; peinture des plafonds et autres 93 ; vitrerie 24 livres.* Bon du roi : A.N. O[1] 1811 I 101 ; *cf.* 1070 418
26.1.1754 Le prince d'Henrichemont à M : *Comme Mme d'Henrichemont, Monsieur, n'irait point à Versailles d'ici* [Paris] *ces trois semaines, je vous serais sensiblement obligé de vouloir bien donner vos ordres pour que pendant ce temps on travaille à son appartement.* A.N. O[1] 1796 2
31.1.1754 M à E : *Afin qu'il puisse être prêt lorsqu'elle y retournera, voyez s'il ne serait pas possible de faire ce qu'elle souhaite et si cela se peut, n'y perdre pas un instant.* A.N. O[1] 1796 3
Lostanges, Marie Élisabeth Charlotte Pauline de Gallucci de L'Hôpital, marquise de (1737-?). Dame pour accompagner Madame Adélaïde 1760
3.1.1769 *Le logement de Mme la duchesse de Sully prêté à M. [le marquis] et Mme la marquise de Lostanges jusqu'à ce qu'ils en aient un autre.* A.N. O[1] 1077 42
Saulx-Tavannes, Charles François Casimir de, comte, puis en 1786 duc de (1739-1792). Chevalier d'honneur de la reine en survivance 1771, en exercice 1779
Tavannes, Éléonore Eugénie de Lévis-Châteaumorand, comtesse, puis duchesse de (?-?). Dame du palais 1759
14.3.1771 N au roi : *Mme la marquise de Lostanges est logée trop grandement pour elle seule ; M. et Mme de Tavannes sont logés beaucoup trop petitement dans le logement de feu Mme la marquise des Cars* [**AP 97**]. *Si Votre Majesté permet, ils troqueront et tout sera en règle.* A.N. O[1] 1077 106
22.7.1771 *Le logement prêté à Mme la marquise de Lostanges à M. le comte et Mme la comtesse de Tavannes en remettant le leur à Mme la marquise de Lostanges...* Disposition : A.N. O[1] 1798 644
Montbel, René François. comte de (?-?). Sous-gouverneur des comtes de Provence et d'Artois 1770 ; gentilhomme d'honneur du comte de Provence ; premier maître d'hôtel de la comtesse d'Artois 1777
Montbel, N... de Bassi, comtesse de (?-?). Dame pour accompagner la comtesse d'Artois 1780
1770 *État* A « Prêté à Mme de Lostanges, puis M. et Mme la comtesse de Tavannes, puis M. le comte de Montbel »
17.4.1772 *Le logement de M. le comte et Mme la comtesse de Tavannes à M. le comte de Montbel, sous-gouverneur des Enfants de France...* Disposition : A.N. O[1] 1077 153 ; *cf.* 1799 8
9.3.1777 Le comte de Montbel à A : *Le comte de Montbel prie M. le directeur général de vouloir bien donner ses ordres pour que le serrurier du château fasse une forte serrure de sûreté avec deux clefs pour la porte arrière de son apppartement dont la serrure est vieille et hors de service, sa porte n'étant fermée depuis du temps que par un crochet.* Réponse de H : *Il ne sera posé de serrure de sécurité que chez le roi et la famille royale et leur service direct.* A.N. O[1] 1800 25
27.7.1777 Le comte de Montbel à A : *M. le comte de Montbel a l'honneur de représenter à M. le comte d'Angiviller que ses appartements n'ayant pas été blanchis depuis fort longtemps, ils sont dans un état de vétusté qui les rend presque impraticables et qu'il désirait que M. le comte veuille bien donner ses ordres pour les faire blanchir.* A.N. O[1] 1800 79
7.8.1781 LR et L** à A : *Appartement de Mme la marquise de Montbel : le blanchi de cet appartement est fait.* A.N. O[1] 1801 10
1782 H à A : *La demande de Mme de Montbel... se borne à une seule jalousie et une glace au teint pour être posée dans son cabinet, qui se trouve au magasin sans destination.* A.N. O[1] 1801 312
2.6.1783 Le comte de Montbel à A : *En vous faisant, Monsieur, tous mes remerciements sur les ordres que vous avez bien voulu donner pour qu'on fît dans mon appartement quelques réparations que j'avais demandées, j'ai l'honneur de vous prier en même temps... de permettre que le roi en fasse faire encore quelqu'unes comme une petite armoire dans le coin d'une cheminée pour rendre la chambre régulière et un raccommodage des fenêtres dans deux garde-robes pour lever les panneaux et donner de l'air...* A.N. O[1] 1462
11.6.1783 H à A : *La demande... faite par Mme de Montbel consiste dans l'établissement de deux devantures d'armoires, l'une dans sa chambre et l'autre dans une petite pièce à côté, dans un bas d'armoire dans la garde-robe à chaise et dans le blanchissement des dites pièces et l'escalier qui y conduit. La dépense de tous ces objets est très faible... Mme de Montbel demande que les petits carreaux qui sont à la croisée de sa chambre soient supprimés ainsi que les petits bois et qu'ils soient remplacés par de grands carreaux de verre de Bohême... Je ne vois aucun inconvénient à cette demande, la pose des carreaux étant faite aux frais de Mme de Montbel.* A.N. O[1] 1801 466
30.6.1785 La marquise de Montbel à A : *Étant dans un logement d'emprunt... jusqu'à ce que la promesse que j'ai d'en avoir un soit effectuée, je ne me serais pas permis de demander des jalousies, mais Madame la comtesse d'Artois, qui me fait souvent l'honneur de venir chez moi et qui y a, notamment aujourd'hui, éprouvé une chaleur excessive, a envoyé à l'instant chercher un inspecteur des Bâtiments pour vous en demander. J'ai tant de fois éprouvé votre honnêteté que si le logement eût été à moi j'eusse supplié Mme la comtesse d'Artois de me laisser le plaisir de vous avoir cette nouvelle obligation. Si même, je suis encore cet hiver dans ce même logement, j'aurai recours à vos bontés pour chercher les moyens de me procurer une cheminée dans la chambre de mes femmes, d'abord pour qu'elles aient du feu et en second lieu pour obvier*

autant qu'il sera possible au défaut de cuisine. Il existe encore quelques petits objets que je ferai voir à M. Loiseleur [qui] vous en rendra compte. A.N. O[1] 1802 79
30.6.1785 L** à A : *Mme la comtesse d'Artois m'a envoyé empresser aujourd'hui et m'ordonnner... d'accorder trois persiennes pour les croisées de l'appartement de Mme la marquise de Montbel.* Réponse de H : *Beaucoup des dames du rang de Mme de Montbel ont des doubles châssis et des persiennes au château de Versailles.* A.N. O[1] 1802 76
29.11.1785 Le comte de Montbel à A : *Le comte de Montbel s'est présenté pour l'honneur de voir M. le comte d'Angiviller et pour avoir celui de lui rappeler la promesse qu'il a bien voulu faire à M. le maréchal de Lévis* [**AP 91**] *de faire percer une porte dans l'appartement de M. le comte de Montbel, en faisant changer l'escalier qui y aboutit ; M. le prince de Poix consent qu'il cède un entresol au vicomte de Lévis.* A.N. O[1] 1802 138
1787 *État* E « M. le comte de Montbel » "8 pièces, 4 à cheminée ; 5 entresols, 3 à cheminée"

AP 91
Lassay, Léon de Madaillan de Lesparre, marquis de (1678-1750). Premier écuyer de Madame la duchesse, première douairière
1741 *État* « M. de Lassay » "5 pièces ; 4 à cheminée ; 3 entresols, 1 à cheminée"
Rochechouart-Faudoas, Marie Françoise de Conflans d'Armentières, *dite* comtesse de (1713-1764). Dame de la dauphine 1744
Rochechouart-Faudoas, François Charles de Rochechouart-Faudoas, *dit* comte de Rochechouart-Faudoas (1703-1784)
28.2.1746 *Le logement de M. le comte de Lassay, donné à Mme de Rochechouart-Faudoas, les réparations montent à 1 610 livres.* A.N. O[1] 1810 I 73
Fronsac, Louis Antoine Sophie de Vignerot du Plessis de Richelieu, duc de (1736-1791). Premier gentilhomme de la chambre du roi en survivance 1756
Damas d'Antigny, Zéphirine Félicité de Rochechouart-Faudoas, comtesse, puis marquise de (1733-1776). Dame de la dauphine 1762, puis de la comtesse de Provence 1772
Damas d'Antigny, Jacques François, comte, puis marquis de (1732-1811). Menin 1770
1764 *Le logement de M. le duc de Fronsac auprès de Mme la duchesse de Villars* [**AP 92**] *à Mme la marquise de Damas, dame de Madame la dauphine...* Disposition : A.N. O[1] 1076 765
12.6.1764 E à M : *Mme la comtesse de Damas demanderait un abat-jour dans sa salle à manger pour y voir et y procurer de l'air, il s'agissait d'examiner les construction de la charpente de ces deux logements* [**AP 91 et 93**] *qui sont dans les combles et d'en faire prendre les mesures par les charpentiers.* A.N. O[1] 1797 452
19.6.1764 E à M : *État des ouvrages demandés à faire : Mme la comtesse de Damas, au sujet de l'agrandissement des trois abat-jour de son logement, croisées neuves à faire, blanchissements, réparations de la menuiserie et serrurerie... 2 222 livres.* Réponse : *S'il y a moyen de supprimer les croisées neuves... cela [se] fera.* A.N. O[1] 1797 452
15.7.1764 E à M : *Par la lettre du 24 du mois dernier, Monsieur, que vous m'avez fait l'honneur de m'adresser, vous m'ordonnez de modérer la dépense du logement de Mme de Damas montant à 2 222 livres. Cela sera possible en ne lui faisant pas l'abat-jour qu'elle demande ce qui ne deviendrait plus alors qu'une dépense de 800 livres, mais ses premières pièces ne seraient point éclairées, ce dont elle serait bien fâchée.* O[1] 1797 470
7.8.1764 M au roi : *Mme la comtesse de Damas supplie très humblement Votre Majesté de lui accorder les réparations nécessaires à son logement dont la dépense... est un objet de 2 222 livres.* Bon du roi : A.N. O[1] 1071 108 ; *cf.* 1812 III 26
Luxembourg, Madeleine Angélique de Neufville-Villeroy, duchesse de Boufflers, puis de (1707-1787). Dame du palais 1734
Boufflers, Marie Anne Philippine Thérèse de Montmorency-Logny, duchesse de (1732-1797). Dame du palais en survivance de sa belle-mère 1747 ; dame de la dauphine 1770-1771
8.12.1768 *Appartement de feu* [sic] *M. le comte et Mme la comtesse de Rochechouart-Faudoas et depuis des comte et comtesse de Damas, n° 91 aile du Midi : une grande antichambre avec un retranchement pour mettre deux lits des domestiques ; au-dessus de la dite antichambre est une petite cuisine et un office en entresol avec une pièce pour mettre un lit ; en entrant à gauche, une jolie chambre à coucher avec une petite garde-robe ; à la suite, une autre très belle chambre à coucher avec deux garde-robes. On peut aller dans la grande chambre sans passer par la première ; il y a une seconde antichambre qui y conduit. De plus une pièce pour coucher une femme de chambre au-dessus est une pièce à cheminée. Les cheminées sont de marbre et garnies de glaces.* Réponse : *Bon pour Mmes de Luxembourg et de Boufflers.* A.N. O[1] 1077 36
3.1.1769 *Le logement de Mme la comtesse de Damas à Mme la maréchale de Luxembourg et à Mme la duchesse de Boufflers pour elles deux jusqu'à ce qu'on puisse leur dédoubler...* Disposition : A.N. O[1] 1077 42
1769 *Le logement de Mme la duchesse de Boufflers alternativement à elle et à Mme la maréchale de Luxembourg jusqu'au mariage de Monseigneur le dauphin...* Disposition : A.N. O[1] 1077 403

> **Caumont**, Bertrand Nompar de Caumont, marquis de La Force et de (1725-1773). Premier gentilhomme de la chambre du comte de Provence
> 29.9.1771 *Le logement de Mme la maréchale de Luxembourg et de Mme la duchesse de Boufflers, n° 91, aile du Midi, attique, à M. le marquis de Caumont, premier gentilhomme de la chambre du comte de Provence...* Disposition : A.N. O[1] 1077 139

Lévis, François Gaston, marquis, puis duc de (1720-1787). Capitaine des gardes du corps du comte de Provence 1771 ; maréchal de France 1783
Lévis, Gabrielle Augustine Michèle de Tharon, marquise, puis duchesse de (1744-1794)
1770 *État* A "Mesdames de Luxembourg et Boufflers, puis M. le marquis de Lévis"

5.1.1772 *Le logement de Mme la maréchale de Luxembourg et Mme la duchesse de Boufflers à M. le marquis de Lévis, capitaine des gardes de Monseigneur le comte de Provence ...* Disposition : A.N. O[1] 1077 146 ; *cf.* 1798 700

9.2.1772 M à E : *M. le marquis de Lévis m'a envoyé la note ci-jointe des ouvrages qu'il a fait faire dans son logement au château de Versailles par les ouvriers du roi. On me mandait d'en faire mettre au moins partie sur le compte des Bâtiments, la plupart de ces ouvrages étant réparations et arrangements nécessaires* A.N. O[1] 1799 111 ; *cf.* 115

2.3.1773 M au roi : *M. le marquis de Lévis, capitaine des gardes de Monseigneur le comte de Provence, a fait faire dans son logement pour être plutôt à portée de l'occuper, diverses réparations et arrangements dont l'état arrêté monte à 1 933 livres. Comme une partie de ces réparations et arrangements étaient, ou de nécessité ou de décence pour sa place, je pense que il est juste que la totalité ne soit pas à ses frais et je prends la liberté de proposer à Votre Majesté de lui en accorder environ la moitié, c'est-à-dire jusqu'à la concurrence de 900 livres.* Bon du roi : A.N. O[1] 1071 304 ; *cf.* 303

7.3.1772 M au marquis de Lévis : *D'après la lettre que vous m'avez fait l'honneur de m'écrire au sujet des ouvrages que vous avez fait faire dans votre logement, j'ai le devoir de prendre les ordres du roi qui a bien voulu agréer qu'il en fût passé sur le compte des Bâtiments pour la somme de 900 livres...* Note à E : *Sa Majesté a bien voulu... sur la totalité de la somme... environ la moitié...* A.N. O[1] 1799 14

25.3.1777 Le marquis de Lévis à A : *Le comte de Lévis demande la permission de faire construire à ses frais un petit fourneau dans son logement au-dessus duquel sera une espèce d'entonnoir renversé pour faciliter la sortie des vapeurs du charbon ; ce fourneau sera fait entièrement en fer de la manière la plus solide...* Réponse de H : *J'ai reconnu qu'il n'[y]a point inconvénient à laisser faire le fourneau mobile de M. le comte de Lévis en veillant toutefois à son exécution.* A.N. O[1] 1800 41

3.5.1772 Le marquis de Lévis à M : *J'ai l'honneur, Monsieur, de vous parler au sujet des réparations et changements à faire dans mon appartement à Versailles, le tout à mes frais...* A.N. O[1] 1799 32

20.5.1772 M. au marquis de Lévis : *Le parti que vous prendrez... dans les circonstances actuelles est le seul qui puisse vous mettre à portée de jouir de votre logement. Ainsi je donne avec grand plaisir les ordres nécessaires pour que vous puissez faire faire à vos frais dans ce logement les réparations et petits arrangements que vous désirez.* A.N. O[1] 1799 33

10.8.1782 Le marquis de Lévis à A : *Depuis dix ans que M. le marquis de Lévis occupe l'appartement qu'il a au château, il n'y a jamais eu des réparations faites au compte du roi, mais on vient d'être obligé de lever une partie de la boiserie pour réparer des tuyaux des cheminées qui passent dans le dit appartement. Ce travail a beaucoup dégradé la peinture et si l'on ne faisait que peindre la partie de la boiserie qui a été levée, un côté de l'appartement serait neuf et l'autre très vieux. M. le marquis de Lévis prie M. le comte d'Angiviller de donner ses ordres pour que cette réparation soit faite en totalité. Les doubles châssis des croisées de cet appartement sont si mauvais que l'on n'ose les lever et cependant ils sont si nécessaires que s'il n'en avait point il pleuvrait dans l'appartement, ce qui causerait beaucoup de dommage. M. le marquis de Lévis prie M. le comte d'Angiviller d'avoir la bonté d'ordonner qu'il soit remis trois doubles châssis.* A.N. O[1] 1801 348 ; *cf.* 347 et 358. Réponse de H : *Ces demandes sont nécessaires et peu dispendieuses.*

16.9.1782 LR et L* à A : *L'appartement de M. de Lévis : le blanchi est fait.* A.N. O[1] 1801 225

31.3.1783 Le marquis de Lévis à A : *Je vous aurai infiniment d'obligation de vouloir bien donner vos ordres pour qu'il soit mis des jalousies à la persienne aux croisées de l'appartement que j'occupe au château et qui est exposé au midi. Il est impossible... d'y rester sans jalousie pendant l'été.* Réponse : *Refusé entièrement, polie et motivée.* A.N. O[1] 1801 439

1787 *État* E « M. le maréchal de Lévis » "5 pièces, 4 à cheminée ; 3 entresols"

AP 92

La Tour d'Auvergne, Frédéric Maurice, comte de (1642-1707)

GG-B 1344 [vers 1682] "N"

Villars, Claude Louis Hector, marquis, puis duc de (1653-1734). Maréchal de France 1702

Villars, Jeanne Angélique Roque de Varengeville, duchesse et maréchale de (1675-1763). Dame du palais 1725-1727

23.11.1707 *Le roi donna à ce maréchal l'appartement qu'avait le comte d'Auvergne.* D XII 16 ; *cf.* SS XV 288 *Le comte d'Auvergne mourut enfin... le comte d'Évreux... n'eut point son logement à Versailles, qui fut donné au maréchal de Villars.*

21.12.1709 *Villars arriva triomphant. Le roi voulut qu'il vint et demeurât à Versailles pour que Mareschal ne perdit pas de vue sa blessure et lui prêta le bel appartement de M. le prince de Conti qui était dans la galerie basse de l'aile Neuve* [**AN 29**] *parce qu'il n'avait qu'un fort petit logement tout au haut du château où il eût été difficile de le porter.* SS XVIII 219

Villars, Amable Gabrielle de Noailles, duchesse de (1706-1771). Dame du palais 1727 ; dame d'atour de la reine 1747

Villars, Armand Honoré, marquis, puis duc de (1702-1770)

GG-B 410 « au centre... l'appartement du duc de Villars », 1360 « dans l'attique au-dessus du grand salon de l'aile du Midi, retombe de l'entresol avec une Chapelle dans une niche »

1741 *État* « Dame du palais, Mme la maréchale de Villars » "6 pièces ; 4 à cheminée ; 4 entresols, 2 à cheminée"

16.8.1747 *Les deux abat-jour que Mme la duchesse de Villars demande, l'un dans son réchauffoir et l'autre dans la chambre d'une des ses femmes, sont une affaire de 400 livres chacun.* Réponse : *M. L'Écuyer fera faire les deux abat-jour demandés.* A.N. O[1] 1810 I 235

20.1.1748 *État présenté à M. de Tournehem par M. L'Écuyer contenant les demandes de Mme la duchesse*

de Villars pour vernir sa chambre et mettre en face de la cheminée un tableau que la reine lui doit donner : 600 livres ; le changement d'attique de la cheminée pour en supprimer le tableau 200 livres. A.N. O[1] 1810 II 35
25.7.1754 ... *les ouvrages nécessaires à faire dans le nouvel appartement de M. le prince de Condé* **[AP 49 et 50]** *obligent Mme la duchesse de Villars à déloger, à cause de la construction de deux cheminées qui passent dans son logement...* L* XIII 287
29.8.1754 E à M : *La duchesse de Villars demande une armoire dans un renfoncement de son antichambre. C'est un objet de 100 livres environ.* Réponse : *À ses dépens.* A. N. O[1] 1796 50
25.5.1761 M au roi : *Mme la duchesse de Villars supplie très humblement Votre Majesté de lui accorder le lessivage de sa chambre à coucher pour en ôter l'ancien vernis et pour le peindre en couleur de bois, ainsi que le blanchissage de l'antichambre. Cette dépense montera à 164 livres.* Bon du roi : A.N. O[1] 1071 41 ; *cf.* 1812 I 7
31.5.1761 M à E : *Vous auriez agréable de faire faire le lessivage de la chambre à coucher de Mme la duchesse de Villars pour en ôter l'ancien vernis et pour la faire peindre en couleur de bois ainsi que le blanchissage de l'antichambre, une dépense qui montera à 164 livres.* A.N. O[1] 1797 159
Saulx-Tavannes, Charles François Casimir de, comte, puis en 1786 duc de (1739-1792). Chevalier d'honneur de la reine en survivance 1771, en exercice 1779
Tavannes, Éléonore Eugénie de Lévis-Châteaumorand, comtesse, puis duchesse de (?-?). Dame du palais 1759
7.1766 *M. le comte et Mme la comtesse de Tavannes*[1] *ne sont pas dans l'intimité conjugale qu'on pourrait désirer. Ils sont logés ensemble chez Mme la duchesse de Villars où ils ont mis un mur de séparation entre leurs deux appartements, ce qui les rend très incommodes... Mme la duchesse de Luynes demande le logement de M. et Mme de Tavannes...* A.N. O[1] 1076 812
1770 *État* A « Mme la duchesse de Villars, puis M. le comte et la comtesse de Tavannes »
Cossé, Louis Hercule Timoléon de Cossé-Brissac, marquis, puis en 1757 duc de Brissac (1734-1792). Capitaine-colonel des cent-suisses
Cossé, Adélaïde Diane Hortense Délie Mancini de Nivernais, duchesse de (1742-après 1800)
5.1.1772 *Le logement de feu Mme la duchesse de Villars, n° 92, aile du Midi, à M. le duc et Mme la duchesse de Cossé, en attendant un plus beau...* Disposition : A.N. O[1] 1077 146 ; *cf.* 1798 700
10.4.1773 N au roi : *Il y a une multitude innombrable de personnes qui demandent le logement de feu Mme la duchesse de Villars.* A.N. O[1] 1077 175
Lorge et de Quintin, Adélaïde Philippine de Durfort, comtesse de Lorge, puis duchesse de (1744-1819). Dame d'honneur de la comtesse d'Artois 1774
1775 *Mme la duchesse de Quintin, dame d'honneur de Madame la comtesse d'Artois, avait la promesse du logement de feu la princesse de Conti* **[AP 64 et 65]**, *elle demande celui de Mme la duchesse de Cossé que Mme la princesse de Chimay ne demande pas.* A.N. O[1] 1077 232
Saulx-Tavannes, Charles François Casimir de, comte, puis en 1786 duc de (1739-1792). Chevalier d'honneur de la reine en survivance 1771
Tavannes, Éléonore Eugénie de Lévis-Châteaumorand, comtesse, puis duchesse de (?-?). Dame du palais 1759
17.4.1772 *Le logement de M. le duc et Mme la duchesse de Cossé à M. le comte de Tavannes, chevalier d'honneur, et Mme la comtesse, dame de Madame la dauphine...* Disposition : A.N. O[1] 1077 153 ; *cf.* 1799 8
Luynes, Guyonne Élisabeth de Montmorency-Laval, duchesse de (1755-1830). Dame du palais 1775
31.12.1775 *Le logement de M. le comte et Mme la comtesse de Tavannes à Mme la duchesse de Luynes, dame du palais ...* Disposition : A.N. O[1] 1799 466
9.1.1776 H à A : *Mme la duchesse de Luynes va occuper l'appartement que quitte Mme de Tavannes à l'aile du midi au-dessus de Monseigneur le comte d'Artois. Elle demande quelques réparations... qui pourraient monter à 150 livres. Elles consistent en une porte à ouvrir qui a déjà existé, à rebâtir une cheminée qui avait été prise pour Monseigneur le comte d'Artois* **[AP 66 et 66A]**, *et quelques autres ouvrages.* Réponse : *Vous pouvez les ordonner.* A.N. O[1] 1799 487
1777 *État* B « Mme de Luynes »
12.7.1781 LR et L* à A : *Appartement de Mme la duchesse de Luynes : le plafond et le parquet de la deuxième antichambre sont faits ; la porte neuve de l'antichambre est posée.* A.N. O[1] 1801 8
31.5.1781 H à A : *La demande de Mme la duchesse de Luynes... consiste dans la réfection du plafond de la deuxième antichambre dans le renouvellement du parquet de la dite pièce et dans la fourniture d'une porte pleine en remplacement d'une à placard qui est hors de service.* A.N. O[1] 1801 109
1787 *État* E « Mme la duchesse de Luynes, dame du palais de la reine » "10 pièces, 7 à cheminée ; 3 entresols à cheminée, 1 soupente et 1 bûcher"

AP 92A
Garde-robe de Madame la dauphine
10.1.1758 *Madame la dauphine demande qu'il soit ordonné de faire à sa lingère à Versailles plusieurs réparations urgentes et indispensables. 1. L'égout qui passe par dessous est tellement dégradé que les eaux s'y arrêtent et par le séjour qu'elles y font exhalent une mauvaise odeur et causent une humidité très préjudiciable à la propreté dans laquelle le linge doit être tenu. Cela produit d'ailleurs une quantité des rats et de souris qui peuvent ronger ou endommager le linge et qui se répandent dans les offices où on est fort incommodé à cause de la proximité. 2. La couverture de la dite lingère est en très mauvais état et plusieurs solives du plafond sont pourries par la pluie qui pénètre à travers la dite couverture.*

1. La comtesse de Tavannes, dame du palais, la même dont le mari, chevalier d'honneur de la reine, et créé duc depuis, s'était séparé en lui disant ce peu de mots : « Vous devez bien fermer votre porte, Madame. » Elle était occupée à faire je ne sais quoi avec M. de Montmorency. Voilà du calme, voilà ce qui s'appelle savoir vivre ! C'était un petit homme tout blanc, assez sémillant, sans parler beaucoup, dans Alexandre TILLY, *Mémoires du comte Alexandre de Tilly*, Paris, 1986, p. 201.

Comme on ne pourra se dispenser de relever toute cette couverture et de réparer le plafond en entier, on demande pour le bien et la sûreté du service que la couverture soit exhaussée et le dit plafond [soit] baissé d'environ chacun un pied pour que cela puisse faire avec le vide, qui se trouve déjà entre les deux et qui est entièrement perdu, un endroit élevé d'environ 5 1/2 pieds et 6 pieds qui servira d'entrepôt pour le linge qui sera tenu plus sûr et au moyen d'un poêle, qui est dans la dite lingère, et beaucoup plus en sûreté que sous les voûtes où faute de place on est obligé de le laisser dans des coffres exposé à la malpropreté, à l'humidité, rongé des rats et des souris, et même à être volé. Réponse de M à E : *Vous aurez agréable de faire mettre les ouvriers le plus tôt qu'il se pourra... la dépense suivant le devis doit monter à 2 139 livres* A.N. O[1] 1811 II 174
1770 *État* A « Garde-robe de Madame la dauphine »
Garde-robe de la reine
1787 *État* E « Garde-robe de la reine » "5 pièces, 2 à cheminée ; 1 soupente"

AP 93 [1]
GG-B 1344 "G"
Tessé, René Marie de Froulay, marquis, puis comte de (1707-1742). Premier écuyer de la reine 1735
Tessé, Marie Charlotte de Béthune-Charost, comtesse de (1713-1783). Dame du palais de l'infant d'Espagne, puis de la dauphine
1740 GG-B 1292 « Plan coté de l'appartement du comte de Tessé dans l'attique de l'aile du Midi sur la cour du Grand Escalier » *Cf.* 1368
1741 *État* « Premier écuyer de la reine, M. le comte de Tessé » "6 pièces, 4 à cheminée ; 6 entresols, 2 à cheminée"
3.1.1747 *Mme la comtesse de Tessé prie M. de Tournehem de vouloir bien donner l'ordre de faire raccommoder un plancher de son logement pendant qu'elle sera en route pour Strasbourg. Ce plancher* [baissait] *beaucoup.* [Elle demande] *de même un abat-jour dans l'entresol où il est absolument nécessaire de supprimer 2 trous de cheminée qui sont à jour où il pleut continuellement et qui pourrissent les bois du plancher en question et détachent les plâtres au point qu'il y a risque dans l'antichambre.* Réponse de E : *Il s'agit de soutenir le plancher par un poteau et de faire un abat-jour dans le réchauffoir pour éviter que la pluie ne passe par les deux trous qu'on refait pour donner de l'air ; cet ouvrage presse à cause de la pluie ; on y travaille.* A.N. O[1] 1810 I 172

1. La moitié sud de l'attique de l'aile des Princes apparaît sur le plan GG-B 1344, reproduit dans MARIE, *Versailles... Marie-Antoinette*, p. 246. Il date de la première construction de l'aile vers 1682. L'espace sud de la voûte du salon central est divisé en cinq appartements, dont les pièces sont désignées par des lettres, trois des occupants étant identifiés nommément.
AP 93 = G
AP 94 = D
AP 95 = F
AP 96 = C
AP 97 = B = M. de Beauvilliers
AP 98 = E = M. de Chevreuse
AP 99 = A = M. de Vendôme

Châtelet, Florent Louis Marie du Châtelet-Lomon, comte, marquis, puis en 1777 duc du (1727-1793). Menin du dauphin, 1752
Châtelet, Diane Adélaïde de Rochechouart-Faudoas, comtesse, marquise, puis duchesse du († 1794). Dame de la dauphine 1752
4.4.1760 *Le logement de Mme la comtesse de Tessé, douairière, n° 93, aile du Midi, à M. le comte du Châtelet, menin de Monseigneur le dauphin, et Mme la comtesse du Châtelet, dame de Madame la dauphine ...* Disposition : A.N. O[1] 1076 593
12.6.1763 E à M : *Mme la comtesse du Châtelet voudrait qu'on trouve le moyen d'empêcher qu'on ne la vît dans son cabinet par la croisée des latrines publiques qui est à côté et qu'on lui en ôte la mauvaise odeur dont elle est infectée.* A.N. O[1] 1797 452
19.6.1764 E à M : *État des ouvrages demandés à faire : Mme la comtesse du Châtelet touchant une croisée à boucher dans les latrines publiques, et un abat-jour à faire au-dessus pour empêcher qu'elle ne soit infectée de la mauvaise odeur et d'être vue chez elle... 600 livres.* A.N. O[1] 1797 452
7.8.1764 M au roi : *Mme la comtesse du Châtelet supplie très humblement Votre Majesté de lui accorder quelques réparations au logement qu'elle occupe au château de Versailles, la dépense, suivant le devis, est de 600 livres.* Bon du roi : A.N. O[1] 1071 109 ; *cf.* 1812 III 26
1770 [2] *État* A « M. [le comte] et Mme la comtesse du Châtelet »
1787 *État* E « M. le duc du Châtelet » "6 pièces, 4 à cheminée ; 2 entresols à cheminée ; 3 bûchers"

AP 94
GG-B 1344 "D"
Beauvillier, Paul, duc de (1648-1714). Premier gentilhomme de la chambre du roi 1666 ; chef du Conseil des finances 1685
Harcourt, Marie Françoise de Brancas d'Oise, princesse d' († 1715). Dame du palais de Marie-Thérèse
16.8.1689 *Le roi a nommé M. le duc de Beauvillier gouverneur de M. le duc de Bourgogne... Le roi a donné l'appartement qu'avait M. de Beauvillier à M. le duc de Montmorency. Mme la princesse d'Harcourt en a eu un cabinet qui touchait au sien.* D II 448 *sq.*
16.8.1721 *Toutes les filles de Monsieur Gaston avaient la main prompte et étaient fort disposées à battre leur gens, hommes et femmes. Ce n'est pas sans exemple en France. La princesse d'Harcourt, sœur de la duchesse de Brancas, logeait au-dessus de moi* [**AP 68 et 69**] *à Versailles, et* [je l'] *entendais souvent battre ses domestiques : parfois le bâton dont elle se servait lui échappait des mains et roulait par terre. Elle voulait un jour maltraiter une femme de chambre qui lui dit de prendre garde, qu'elle n'était pas habituée à être frappée, et qu'elle saurait riposter. La princesse n'en voulut pas moins aller son train ; mais la femme de chambre était plus forte qu'elle. Elle lui arracha le bâton, et la frappa rudement. Depuis, la princesse n'osa plus battre un seul*

2. **AP 112A**, dans l'aile reliant les appartements sur le parterre et la rue de la Surintendance, était attribué à Mme du Châtelet à cette époque.

de ses gens. Cela divertit toute la Cour. Lettre de Madame Palatine *dans* BRUNET II 337 *sq.*

Soubise, Anne Julie Adélaïde de Melun, princesse de (1697-1724). Gouvernante des Enfants de France en survivance 1722

Soubise, Jules François Louis de Rohan-Soubise, prince de (1696-1724). Capitaine-lieutenant des gendarmes de la garde en survivance 1717

14.4.1715 *Le roi a donné le logement qu'avait ici Mme la princesse d'Harcourt à Mme de Soubise ; ce logement est fort proche de celui de Mme la princesse d'Espinoy* [**AP 96**], *sa mère, et le roi songe toujours aux commodités de ceux à qui il veut faire des grâces.* [1] D XV 401

GG-B 1344 "D"

Mazarin, Louise Françoise de Rohan-Soubise, duchesse de La Meilleraye, puis de (1695-1755)

Guémené, Louise Gabrielle Julie de Rohan-Soubise, princesse de Montbazon en 1717, puis en 1727 princesse de (1704-1780)

1741 *État* « Mesdames de La Meilleraye et de Guémené » "8 pièces, 7 à cheminée ; 5 entresols, 1 à cheminée"

L'Hôpital, Paul François de Gallucci, marquis de (1697-1776). Premier écuyer de Mesdames Henriette et Adélaïde 1750

L'Hôpital, Élisabeth Louise de Boulogne, marquise de (1720-1767). Dame de Mesdames Henriette et Adélaïde 1739

23.11.1749 *Le logement de Mesdames de Mazarin et de Guémené à M. et Mme de L'Hôpital...* Disposition : A.N. O[1] 1076 241

24.11.1749 *On a donné à Mme de L'Hôpital deux logements simples qui sont au-dessus de Mme la maréchale de Duras* [**AP 68**] *et qui étaient à Mmes de Mazarin et de Guémené ; tous ces logements sont dans l'aile des Princes.* L* X 42

12.1749 GG-B 1366 « Plan du nouvel appartement de Mme de L'Hôpital avec les changements projetés dans l'attique et le galetas de l'aile du Midi sur le parterre. Deux retombes d'entresols... »

21.4.1750 T au roi : *Mme la marquise de l'Hôpital supplie Sa Majesté de lui accorder plusieurs ajustements qui sont nécessaires à son logement au château de Versailles qui monteront suivant le plan et devis ci-joints à la somme de 3 751 livres, dont 728 livres de réparations et 3 013 des ajustements.* Bon du roi : A.N. O[1] 1070 360 ; *cf.* 1810 III 17

2.9.1757 La marquise de L'Hôpital à M : *Je profite... de cette occasion pour vous demander une petite grâce pour mon appartement de Versailles qui est de permettre que l'on supprime une lanterne qui existe, rabaisser d'un pied le plancher d'une petite chambre, 4 toises de vieux lambris, et un petit escalier d'environ 12 marches consistant en bois... C'est pour occuper utilement un petit terrain qui se trouve perdu dans mon logement par le moyen d'un petit escalier de bois et une cloison [où] je pourrais avoir un petit cabinet...* Réponse de M : *Je viens d'écrire à M. L'Écuyer de me rendre compte de l'objet de votre demande et s'il n'y voit aucune inconvénient d'y faire travailler sur-le-champ.* A.N. O[1] 1811 II 158 ; *cf.* 168

9.9.1757 M à E : *Mme la marquise de L'Hôpital demande d'ordonner que l'on supprime dans son logement une lanterne, que l'on abaisse d'un pied le plancher de sa petite chambre, plusieurs toises de vieux lambris, un escalier en bois d'environ douze marches... Vous pouvez y faire travailler dès à présent si vous ne trouvez aucun inconvénient à ce que Mme de L'Hôpital désire et si ce n'est pas un objet de plus de 300 livres.* A.N. O[1] 1796 449 ; *cf.* 448

Clermont-Tonnerre, Marie Anne Julie Le Tonnelier de Breteuil, comtesse puis duchesse de (?-?). Dame du palais 1757 ; dame pour accompagner Madame Élisabeth

Clermont-Tonnerre, Charles Henri Juste, comte, puis duc de (1720-1794). Commissionné pour accompagner Madame Clotilde 1775

1767 *Le logement de M. le marquis et Mme la marquise de L'Hôpital, aile du Midi, à Mme la comtesse de Tonnerre, dame du palais...* Disposition : A.N. O[1] 1077 381 et 386

1770 *État* A « Mme la comtesse de Tonnerre »

Luxembourg, Adélaïde Geneviève de Voyer de Paulmy d'Argenson, duchesse de (1752-1813). Dame du palais 1771

18.12.1776 *Le logement de Mme de Tonnerre à Mme la duchesse de Luxembourg, dame du palais de la reine, qui pourra y donner une chambre au chancelier de Sa Majesté* ... Arrangements : A.N. O[1] 1799 635 ; *cf.* 1077 355

20.2.1777 La duchesse de Luxembourg à A : *Voudriez-vous bien... avoir la bonté de faire donner des ordres pour que l'on blanchisse en détrempe l'entrée, l'antichambre, la cuisine et un ou deux cabinets de l'appartement que Mme la marquise de Tonnerre vient de quitter et que je vais occuper... Mme la princesse de Chimay est très pressée d'avoir le logement que je quitte.* [**AP 96**]. Réponse : *Je vais donner des ordres pour qu'on fasse blanchir les pièces que vous désirez.* A.N. O[1] 1800 14 et 15

11.8.1783 La duchesse de Luxembourg à A : *Mme la duchesse de Luxembourg prie M. le comte d'Angiviller d'avoir la bonté de donner des ordres pour que l'on vienne voir les croisées de son appartement qui sont dans le plus mauvais état.* A.N. O[1] 1801 504

24.9.1783 La duchesse de Luxembourg à A : *Mme la duchesse de Luxembourg a déjà eu l'honneur d'écrire au comte d'Angiviller pour prier d'envoyer visiter les croisées de son appartement qui sont dans le plus mauvais état... Personne n'est venu. Mme de Luxembourg lui renouvelle sa demande, étant impossible que ses fenêtres puissent passer l'hiver...* Note : *M. Heurtier à visiter.* Réponse de H : *Les croisées de Mme de Luxembourg donnant sur le jardin sont si dégradées qu'il est de toute nécessité de les renouveler. Ces croisées sont au nombre de trois. Mme de Luxembourg demande en outre qu'on substitue des grands carreaux aux petits à l'instar de ce qui fut fait chez la princesse de Chimay* [**AP 96 et 97**] *et prie M. le directeur général de lui donner des doubles châssis... Plusieurs dames du palais de la reine avaient ces doubles châssis ; la place de Mme la duchesse de Luxembourg ne lui donne pas le droit d'en avoir... Les*

1. Mme de Soubise était la belle-sœur de Mme de Guémené et de Mme de Mazarin.

personnes qui ont obtenu des grands carreaux ne les ont obtenus qu'en les payant. A.N. O[1] 1801 683 et 684
1787 *État* E « Mme la duchesse de Luxembourg » "8 pièces, 6 à cheminée ; 5 entresols, 1 à cheminée"

AP 95
GG-B 1344 "F"
Langallerie, Marie Anne de Pourroy de Vausserre, présidente de Simiane-Montbivos, puis marquise de († 1708). Gouvernante des filles d'honneur de Madame
Simiane, Marie Françoise de Simiane de Montbivos, *dite* Mlle de, plus tard Mme de La Tour (?-?). Fille d'honneur de Madame
Barrière, N..., *dite* Mlle de (?-?). Fille d'honneur de Madame
Séry, Marie Louise Madeleine Victoire Le Bel de La Boissière, *dite* Mlle de (1680-1748). Fille d'honneur de Madame
12.2.1702 *Le roi... entra chez Madame qui lui parla du changement qu'elle faisait dans sa maison en cassant la chambre des filles... Elle donne à Mme de Langalerie, gouvernante des filles, pour elle et Mlle de Simiane, sa fille, 5 000 livres de pension et M. le duc d'Orléans leur donne un logement dans le Palais-Royal à Paris. Mlles de Barrière et de Séry ont chacune 2 500 livres de pension et la sous-gouvernante 1 200 livres.* D VIII 320 *sq.*
Villequier, Louis d'Aumont, marquis, puis duc de (1667-1723). Premier gentilhomme de la chambre du roi en survivance 1683
13.3.1702 *Le roi a donné à M. de Villequier l'appartement qu'avait la gouvernante des filles de Madame ; la princesse d'Harcourt en avait prétendu une partie pour le prince de Montlaur, son fils, mais M. de Villequier l'a eu dans son entier et il prétend n'être entré dans aucun engagement avec Mme la princesse d'Harcourt là-dessus.* D VIII 350
Mérode, Charles Florent Gand, comte de († 1749)
Mérode, Garcie Pétronille Josèphe de Salcedo, comtesse de (1676-1746). Dame du palais de la reine 1725
GG-B 395 [1] « Aile du Midi. Attique, appartement de M. et Mme la comtesse de Mérode, qui peut se donner à Mme de Lauzun » *Cf.* GG-B 396 « An 1736 »
Lauzun, Geneviève Marie de Durfort, duchesse de (1680-1740)
Puyguyon, Charles François de Granges de Surgères, marquis de (1707-1746). Gentilhomme de la manche 1736 ; menin du dauphin 1745
16.7.1741 *Celui de M. et de Mme de Mérode, qui est ici dans l'aile des Princes, est donné à M. de Puyguyon.* L* III 440
1741 *État* « Dame du palais, Mme de Mérode, puis M. de Puyguyon » "5 pièces, 4 à cheminée ; 3 entresols, sans cheminée"

1. Un échange d'appartements entres les Mérode et la duchesse de Lauzun paraît avoir été envisagé mais non réalisé. Voir GG-B 391 « l'appartement de Mme de Lauzun dans l'attique de la Surintendance avec projet pour y loger M. de Mérode. Deux étages » et L* III 406 : *Le roi veut donner des appartements... on dit aussi un pour M. et Mme de Mérode qui sont absents depuis longtemps, mais qui sont extrêmement mal logés.*

Broglie, Louise Augustine Salbigothon de Crozat de Thiers, duchesse de (1733-1813). Dame pour accompagner Mesdames les cadettes 1754
Broglie [2], Victor François, comte, puis duc de (1718-1804). Maréchal de France 1759
29.9.1758 *L'assurance du premier logement vacant de M. le comte de Saulx* [**AN 56**], *M. le comte de Muy et Mme de Lalande* [**AP 98**] *à Mme la duchesse de Broglie...* Projet : A.N. O[1] 1076 529
13.4.1759 *Le logement de M. le comte de Muy aile du Midi, n° 96, à Mme la duchesse de Broglie en rendant le sien, aile du Midi, n° 95...* Disposition : A.N. O[1] 1076 563
Bassompierre, Charlotte de Beauvau-Craon, marquise de (1717-1787). Dame de Mesdames les aînées 1751
25.9.1759 *Le logement de Mme la duchesse de Broglie à Mme la marquise de Bassompierre après le départ de M. le comte de Lusac...* Distribution : A.N. O[1] 1076 571
28.12.1759 La marquise de Bassompierre à M : *J'ai eu l'honneur de passer chez vous de vous expliquer ma demande. Le roi a bien voulu m'accorder le logement que vient de quitter M. le maréchal de Broglie, il y a quelques petites réparations à faire comme blanchissements et autres choses.* A.N. O[1] 1795 5
12.1759 M à la marquise de Bassompierre : *Je vous prie de donner vos ordres à M. L'Écuyer pour tout ce que vous désirez que soit fait dans votre nouveau logement ; bien entendu que ce sera à vos dépens.* A.N. O[1] 1797 6
12.1.1760 *Mme la marquise de Bassompierre par sa lettre à M. le marquis de Marigny le prie de vouloir bien lui accorder quelques réparations dans le logement de Mme la maréchale de Broglie que le roi lui a accordé comme blanchissage et autres choses de cette nature.* Réponse de M à Mme de Bassompierre : *Je vous prie de donner vos ordres à M. L'Écuyer pour tout ce que vous désirez que soit fait dans votre nouveau logement, bien entendu que ce sera à vos dépens.* A.N. O[1] 1811 III 94
27.10.1765 E à M : *Les demandes de Mme la comtesse de Bassompierre consistant en un lambris neuf dans sa chambre à coucher avec une alcôve et un pareil lambris dans son cabinet, le tout blanchi et vernis, plus un abat-jour sur le comble pour donner de l'air à sa cuisine et empêcher que la mauvaise odeur n'entre dans son appartement. Cette dépense, compris les petits arrangements imprévus, pourra monter à près de 6 000 livres et s'il s'agissait que des légères réparations ordinaires, ce ne serait qu'un objet tout de plus de 300 livres. Il est à présumer que cette dame trouvera mon estimation de 6 000 livres trop forte, mais cette dépense la regardant, elle sera la maîtresse de la réduire comme elle voudra.* A.N. O[1] 1797 589
7.11.1765 La marquise de Bassompierre à M : *J'avais l'honneur de vous détailler moi-même les réparations nécessaires dans mon appartement. Elles ont été jugées telles par MM. L'Écuyer et Galant. Vous avez eu la bonté de m'accorder ma demande et il n'était pas possible que vous ayez pu penser qu'elles se feraient pour cent écus puisqu'il était question de boiserie et de parquet tombant en pourriture. Vous êtes trop juste pour*

2. Les de Broglie n'occupèrent ce logement que jusqu'en septembre 1759, le roi leur ayant attribué à ce moment-là **AP 96**.

me refuser les réparations qui sont d'une nécessité absolue et vous savez trop bien qu'elles ne doivent point être à ma charge, ainsi j'espère encore que vous voudrez bien donner vos ordres qu'elles se fassent. Il me semble qu'il n'[y] a que deux articles qui puissent faire des frais : c'est le déploiement de la niche, puisque c'est pour ma commodité que je la veux... et le petit abat-jour que je demande au-dessus d'un escalier puisque c'est pour éviter l'odeur du charbon. A.N. O[1] 1797 584

11.12.1765 E à M : *Les réparations du logement de Mme la marquise de Bassompierre... est un objet de 6 000 livres. Je n'ai pas cru devoir y faire travailler sans avoir, de nouvel ordre, d'autant qu'elle est partie pour Lunéville d'où elle ne reviendra qu'au printemps. Il est vrai qu'elle s'offre à payer la dépense du changement de sa niche, qui occasionnera de refaire à neuf toute la menuiserie de cette chambre, dont l'objet peut aller à 1 000 écus. Mais ordinairement ces sortes des promesses de la plupart des seigneurs et dames de la Cour n'étant que pour la forme et sans intention de payer ainsi qu'ils le font trop connaître aux entrepreneurs, je me trouve obligé de solliciter leurs paiements comme leur ayant ordonné les ouvrages, ce qui est fort désagréable. Mme la duchesse de Gramont, pour le logement de laquelle n'a été passé sur le compte du roi que 2 400 livres en 1763, d'après vos ordres, m'avait très assuré ainsi qu'aux entrepreneurs de leur tenir compte du surplus montant à 6 000 livres. Elle est encore à les payer. M. le marquis de Villeroy pour 1 300 livres même promesse et même manque de parole, et Mme la comtesse de Coigny depuis six ans pour une cuisine que vous lui avez permis de faire construire dans la cour de l'Opéra, la doit encore.* A.N. O[1] 1797 578

14.12.1765 M à E : *Je n'ai pas compris quand je vous ai mandé de faire faire les réparations désirées par Mme la marquise de Bassompierre qu'elle monteront à 6 000 livres... Vous avez très bien fait de différer à les donner.* A.N. O[1] 1797 593

31.12.1765 M au roi : *Ce devis contient deux articles. Le premier pour les ajustements et changements désirés par Mme la marquise de Bassompierre montant 5 170 livres, le second pour les réparations d'absolue nécessité. Je supplie très humblement Votre Majesté de m'autoriser à faire faire les réparations d'absolue nécessité montant à 978 livres.* Bon du roi : A.N. O[1] 1071 143

31.12.1765 M à E : *Je ne puis passer plus de 300 livres pour les réparations du logement de Mme la marquise de Bassompierre.* A.N. O[1] 1797 595

16.1.1766 M à E : *Le roi n'ayant passé que 978 livres pour les réparations de Mme la marquise de Bassompierre, vous tenez la main à ce qu'elles n'excèdent pas cette somme. Si cette dame veut faire à ses dépens les ajustements qu'elle demande, ce que vous estimez 590 livres, elle en sera la maîtresse ; mais pour que les entrepreneurs ne reviennent sur le roi, prévenez-les de prendre leurs précautions comme ils aviseront bon être pour leur paiement.* A.N. O[1] 1798 13

31.1.1766 E à M : *Demandes de Mme de Bassompierre : un abat-jour sur le petit escalier qui est entre la cuisine et une petite pièce noire pour exhaler l'odeur du charbon qui se répand dans le haut et le bas de son logement ; une boiserie neuve dans sa chambre à coucher et son cabinet pour remplacer la vieille et le vernis en blanc ; que la cloison où est la porte de la dite chambre à coucher soit repoussée jusqu'à l'escalier du haut en bas de manière que dans l'entresol où il y a un enfoncement, il n'y ait plus qu'une armoire de l'épaisseur de l'escalier, ce qui ferait que dans sa dite chambre la croisée se trouverait au milieu ; que la niche soit portée vis-à-vis, qu'elle ait neuf pieds et demi de hauteur sur quatre pieds et demi de largeur et sept pieds de longueur et y arranger une petite garde-robe de chaque côté. Dans celle du côté de l'antichambre y pratiquer une armoire de l'épaisseur qu'il faudrait pour que la niche se trouve au milieu, et dans celle du côté de la cheminée, ouvrir une porte qui est formée en armoire pour donner un dégagement ; réparer les plafonds et parquets. Mme de Bassompierre propose que si M. le marquis de Marigny ne veut pas lui accorder toutes ses demandes, lesquelles, à l'exception du changement de sa niche, [sont] nécessaires, elle fera faire le reste à ses dépens... Total 5 138 livres.* A.N. O[1] 1071 142 ; *cf.* 1812 III 96

1770 *État* A « Mme de Bassompierre »

Vintimille, Charles Emmanuel Marie Magdeleine de Vintimille du Luc, marquis de (1741-1814). Chevalier d'honneur de la comtesse d'Artois

8.2.1774 *Le logement de Mme la marquise de Bassompierre à M. le marquis de Vintimille, chevalier d'honneur de Mme la comtesse d'Artois et à Mme la marquise de Vintimille, dame de Mme Clotilde* A.N. O[1] 1077 209

10.11.1774 N au roi : *M. le marquis de Vintimille préfère le logement de M. le duc de Villequier* **[AN 52]** *si Votre Majesté l'approuve, à celui de Mme de Bassompierre. Cela est indifférent.* Bon du roi A.N. O[1] 1077 214

8.3.1777 La marquise de Bassompierre à A : *J'ai l'honneur de vour prier... de vouloir bien vous faire rendre compte du mauvais état de l'appartement que j'occupe à Versailles. Les parquets, les boiseries et les cloisons tombent... Il y a douze ans que ces réparations furent jugées nécessaires...* Réponse de A à H : *Mme la marquise de Bassompierre me fait la plus triste peinture de l'état de son logement à Versailles sans me dire dans quel corps de l'édifice il est placé. Je me le présume dans le château ou le Grand Commun. Chargez... un inspecteur d'aller reconnaître ce dont il s'agit.* A.N. O[1] 1800 52 et 53

28.4.1778 La marquise de Bassompierre à A : *J'ai fait ce que je peux... pour avoir l'honneur de vous voir et vous demander la grâce de vouloir bien faire réparer mon logement qui est ma seule habitation. Il est dans un état affreux...* A.N. O[1] 1800 176

7.8.1778 H à A : *Extrait des détails qui ont été faits pour les réparations ordonnées par M. le directeur général à l'appartement de Mme de Bassompierre... 3 018 livres.* A.N. O[1] 1800 225

13.1.1780 H à A : *J'ai l'honneur d'adresser à M. le directeur général l'état des personnes qui le supplient de vouloir bien permettre dans leur logement l'établissement à leurs frais de cheminées à l'usage de charbon économique et j'ai l'honneur de lui observer qu'elles ne peuvent entraîner d'inconvénients... Mme la marquise de Bassompierre.* A.N. O[1] 1800 511 et 512

Laval, Marie Louise Mauricette de Montmorency-Luxembourg de Lux, marquise, puis en 1783, *dite* duchesse de (1750-1829). Dame pour accompagner Madame Adélaïde 1770, puis sa dame d'atour 1780

11.6.1781 La duchesse de Laval à A : *Vous m'avez autorisé... de vous avertir du détail des réparations ou changements que je désirerais qu'il fût fait dans l'appartement qui vient de m'être donné et qui était ci-devant celui de Mme de Bassompierre... Je voudrais un reblanchissement général, des verres de Bohême aux trois croisées de mon appartement, des armoires pour une bibliothèque dans un petit entresol. Je voudrais que dans celui destiné au M. de Laval, qui jusqu'à présent n'a jamais été que la chambre de quelques domestiques, il fût fait les réparations propres à le rendre habitable, tel par exemple que de boiser les parties de murailles, ce qui permettra de peindre les autres à l'imitation de celles-là...* A.N. O[1] 1801 117

20.6.1781 *Le logement de Mme de Bassompierre à Mme la marquise de Laval.* A.N. O[1] 1077 269 ; *cf.* 1801 118

30.6.1781 H à A : *[Les demandes de Mme de Laval] sont toutes sans inconvénient et peu dispendieuses puisque la dépense n'excède pas la somme de 600 à 700 livres.* A.N. O[1] 1801 124

30.6.1783 LR à A : *C'est après la quatrième visite que je viens de faire à l'appartement de Mme la marquise de Laval que j'ai l'honneur d'informer M. le directeur général que je n'ai pu parvenir jusqu'à présent à faire supprimer deux baquets d'eau grasse qui sont continuellement dans le corridor donnant au-dessus de l'appartement de M. le duc d'Orléans* [**AP 67A**] *et qui non seulement en pourrissent les planchers mais encore qui mouillent et tachent les personnes qui l'habitent. Comme la concierge vient de me faire voir encore des marques nouvelles de cette négligence, j'ai cru devoir prendre sur moi de les faire enlever d'autorité et ils sont présentement à l'aile Neuve. Je pense qu'il serait bon que M. le directeur général en écrivît un mot à Mme de Laval tant pour le mauvais exemple que cela cause que pour éviter les faux frais qui par des raisons semblables ne sont que trop souvent répétés dans le château.* Réponse : *Écrit à Mme de Laval.* A.N. O[1] 1801 477

Crussol, Alexandre Charles Emmanuel de Crussol d'Uzès, chevalier puis bailli de (1743-1815). Capitaine des gardes du corps du comte d'Artois 1773

30.9.1783 *Le logement de Mme la duchesse de Laval à M. le chevalier de Crussol, capitaine des gardes de Mgr le comte d'Artois...* Distribution : A.N. O[1] 1077 283 ; *cf.* 1801 539

1783 *État* D « Mme la marquise de Laval, puis M. le chevalier de Crussol »

4.5.1786 A au bailli de Crussol : *Je viens de donner des ordres pour les deux persiennes que vous désirez aux fenêtres de votre appartement.* A.N. O[1] 1802 177

Bassompierre, Charlotte de Beauvau-Craon, marquise de (1717-1787). Dame pour accompagner Mesdames Henriette et Adélaïde 1751

1787 *État* E « Mme de Bassompierre » "5 pièces à cheminée ; 5 entresols, 2 à cheminée"

AP 96

Beauvillier, Paul, duc de (1648-1714). Premier gentilhomme de la chambre du roi 1666 ; chef du Conseil des finances 1685

Beauvillier, Henriette Louise Colbert, duchesse de (1657-1733). Dame du palais 1680

GG-B 1344 "C"

Luxembourg, Charles François Frédéric Ier de Montmorency-Luxembourg, prince de Tingry, puis duc de Beaufort-Montmorency, puis en 1695 *dit* duc de (1662-1726)

Montmorency, Marie d'Albert de Luynes, duchesse de (1671-1694)

16.8.1689 *Le roi a nommé M. le duc de Beauvillier gouverneur de M. le duc de Bourgogne... Le roi a donné l'appartement qu'avait M. de Beauvillier à M. le duc de Montmorency...* D II 448 *sq.*

Châtillon, Marie Rosalie de Brouilly de Piennes, marquise de (1665-1735). Dame d'atour de la duchesse d'Orléans 1689-1706

Châtillon, Alexis Henri, marquis de (1650-1737). Premier gentilhomme de la chambre de Monsieur 1673 ; capitaine de ses gardes 1674

20.11.1689 *... Mme de Montmorency pour suivre sa mère a troqué le sien contre Mme de Châtillon* [**AN 61**], *qui par là se trouve à portée de servir Madame très commodément.* D III 27

24.11.1693 *M. et Mme de Châtillon se séparent ; M. de Châtillon garde tout son bien et celui de sa femme ; elle ne jouira que de ce qu'elle touche de Monsieur et Madame pour sa charge de dame d'atour... Ils ont partagé leur appartement ici et même en ont fait murer la séparation.* D IV 401

23.11.1706 *Mme la comtesse de Châtillon... a prié Madame de trouver bon qu'elle se retirât... On conserve à Mme de Châtillon son logement ici et le logement qu'elle a au Palais-Royal à Paris qui est fort beau.* D XI 257

Espinoy, Élisabeth de Lorraine-Lillebonne, princesse d' (1664-1748)

26.2.1708 *Le roi a redonné des logements à tous ceux à qui il les avait ôtés pour donner à Desmarets tout ce qu'avait M.* [Le] *Peletier* [**AGM 9 et 10**], *le ministre quand il était Intendant des finances. Madame d'Espinoy a le logement qu'avait la comtesse de Châtillon et celui de M. de Châtillon, son mari.* D XII 85. *Cf.* S XI 27 : *Cela était bien fâcheux, car on le leur avait conservé depuis la retraite de Mme de Châtillon et il paraissait alors que c'était une exclusion formelle de retour.*

Muy, Jean-Baptiste II de Félix, marquis de (1676-1759). Sous-gouverneur du dauphin 1735 ; premier maître d'hôtel de la dauphine ; directeur général des économats

Muy, Marguerite Armande de Misson, marquise de (1682-1754). Sous-gouvernante des Enfants de France

10.3.1745 *... le roi a ôté à M. de Muy le père le logement qu'il avait ici près du côté de Monsieur de Gesvres et Monsieur le Premier* [**VA 50 et 70**]. *Il en avait un avec Mme de Muy au-dessus de feu Mme la duchesse de Ventadour* [**AP 68 aux entresols**] *et auprès de Mme la comtesse de Brionne* [**AP 99**] *et Mme de Montauban* [**AP 97**] ; *il retourne dans ce logement, ce qui doit lui* *être moins incommode présentement, son fils et sa belle-fille étant logés dans celui qui avait été fait pour feu M. le chevalier de Créqui* [**AG 4**]. L* VI 353

1741 *État* « Sous-gouvernante des Enfants de France, Mme de Muy » "7 pièces ; 5 à cheminée ; 4 entresols, 3 à cheminée"

Broglie, Victor François, comte, puis duc de (1718-1804). Maréchal de France 1759

Broglie, Louise Augustine Salbigothon Crozat de Thiers, duchesse de (1733-1813). Dame pour accompagner Mesdames les cadettes 1754

29.9.1758 *L'assurance du premier logement vacant de M. le comte de Saulx* [**AN 56**], *M. le comte de Muy et Mme de Lalande* [**AP 98**] *à Mme la duchesse de Broglie...* Projet : A.N. O[1] 1076 529

13.4.1759 *Le logement de M. le comte de Muy aile du Midi, n° 96, à Mme la duchesse de Broglie en rendant le sien, aile du Midi, n° 95...* Disposition : A.N. O[1] 1076 563

25.9.1759 *Le logement vacant par la mort de M. de comte de Muy à Mme la duchesse de Broglie...* Distribution : A.N. O[1] 1076 571

Chauvelin, François Claude, marquis de (1711-1773). Maître de la garde-robe du roi 1759

1762 *Le logement de M. le maréchal et Mme la maréchale de Broglie à M. le marquis de Chauvelin, maître de la garde-robe...* Disposition : A.N. O[1] 1077 381 et 386

Fougières, François Marie, comte de (1721-1787). Sous-gouverneur des comtes de Provence et d'Artois ; premier maître d'hôtel du comte d'Artois

[1768] *Le logement de M. le marquis de Chauvelin à M. le comte de Fougières, gouverneur des Enfants de France* A.N. O[1] 1077 386

Estrées, Louis Charles César Le Tellier, comte d' (1695-1771). Capitaine des cent-suisses 1722-1734 ; maréchal de France 1757

1768 *Le logement de M. le marquis de Chauvelin à M. le maréchal d'Estrées...* Disposition : A.N. O[1] 1798 495

27.10.1769 N au roi : ... *Votre Majesté veut-Elle avoir la bonté de... accorder... à M. le maréchal d'Estrées celui de M. de Chauvelin ?* A.N. O[1] 1077 59

Caumont, Bertrand Nompar de Caumont, marquis de La Force et de (1725-1773). Premier gentilhomme de la chambre du comte de Provence

29.1.1771 *Le logement de M. le maréchal d'Estrées, aile du Midi, attique n° 96, à M. le marquis de Caumont, premier gentilhomme de la chambre de Mgr le comte de Provence, entrant le premier service...* Disposition : A.N. O[1] 1077 123 ; *cf.* 1798 614

29.3.1771 ... *le logement de M. le maréchal d'Estrées pour M. le marquis de Caumont...* A.N. O[1] 1077 18

Luxembourg, Anne Charles Sigismond de Montmorency-Luxembourg d'Olonne, marquis de Royan puis en 1771 duc de (1737-1803)

Luxembourg, Adélaïde Geneviève de Voyer de Paulmy d'Argenson, duchesse de (1752-1813). Dame du palais de la dauphine 1771

29.9.1771 *Le logement de M. de marquis de Caumont, n° 96, aile du Midi, à Mme la duchesse de Luxembourg, dame de Madame la dauphine ...* Disposition : A.N. O[1] 1077 29

1770 *État* A « M. le maréchal d'Estrées, puis la marquise de Caumont, puis M. et Mme de Luxembourg »

AP 97

Chevreuse, Charles Honoré d'Albert de Luynes, duc de (1646-1712). Ministre d'État 1694

Chevreuse, Jeanne Marie Colbert, duchesse de (1650-1732). Dame du palais 1674

GG-B 1344 "B"

Reims, Charles Maurice Le Tellier, archevêque de (1642-1710). Conseiller d'État 1679

20.11.1689 *M. l'archevêque de Reims a troqué son appartement dans l'aile Neuve* [**AN 54**] *pour se rapprocher de M. de Louvois, contre M. et Mme de Chevreuse qui ont été bien aises de se rapprocher de M. de Beauvillier* [**AN 44**]. D III 27

Noailles, Adrien Maurice de Noailles, comte d'Ayen, puis en 1704 duc de (1678-1766). Capitaine des gardes du corps 1707

19.1.1705 *Le roi... donne au duc de Noailles... l'appartement de l'archevêque de Reims.* D X 235

Clermont-Gallerande[1], Pierre Gaspard, *dit* comte de Clermont d'Amboise, puis marquis de (1682-1756). Capitaine des gardes du duc de Berry 1711, puis du Régent 1719 ; premier écuyer du duc d'Orléans 1724-1742

Montauban, Catherine Éléonore Eugénie de Bethisy, princesse de (1707-1757). Dame du palais de la reine Marie Leszczyńska 1733-1757

1741 *État* « M. de comte de Clermont, puis la princesse de Montauban » "9 pièces, 6 à cheminée ; 6 entresols, 3 à cheminée"

GG-B 1319 « Plan côté de l'appartement de la princesse de Montauban dans l'attique du Midi sur le jardin » ; *cf.* 1365

15.6.1747 *Mme la princesse de Montauban demande la permission de faire faire à ses dépens un entresol dans une petite pièce de son appartement. Elle demande aussi de la vieille menuiserie qu'on a ôtée de l'appartement de Mesdames et qu'elle soit ajustée dans une pièce du sien. La façon coûtera au roi 128 livres.* Réponse : *À M. L'Écuyer pour m'en rendre compte.* A.N. O[1] 1810 I 225

24.1.1750 *Mme la princesse de Montauban prie M. de Tournehem de donner ses ordres de visiter sa chambre et son cabinet attendu qu'il sort des fentes de la boiserie une fumée prodigieuse toutes les fois que Mme de Duras fait du feu dans son cabinet...* Réponse : *À M. L'Écuyer. Je crois qu'il m'en a rendu compte par rapport à la fumée et non par rapport à la cheminée.* A.N. O[1] 1810 III 5

Cars, Émilie Sophie de Fitz-James, marquise des (1716-1770). Dame du palais 1758

24.3.1758 *Le logement de Mme la princesse de Montauban à Mme la marquise des Cars...* Disposition : A.N. O[1] 1076 511

Fitz-James, Victoire Louise de Goyon-Matignon, duchesse de (1722-1777). Dame du palais de la reine

1. Sa femme occupait **AP 98**.

à la résignation de sa mère 1741 ; dame du palais de la dauphine 1770

29.9.1758 *Le logement de M. le marquis et Mme la marquise des Cars, ci-devant à Mme la princesse de Montauban à Mme la duchesse de Fitz-James* ... Projet : A.N. O[1] 1076 529

Saulx-Tavannes, Charles François Casimir de, comte puis en 1786 duc de (1739-1792). Chevalier d'honneur de la reine en survivance 1771, en exercice 1779

Tavannes, Éléonore Eugénie de Lévis-Châteaumorand, comtesse, puis duchesse de (?-?). Dame du palais 1759

Lostanges, Marie Élisabeth Charlotte Pauline de Gallucci de L'Hôpital, marquise de (1737-?). Dame pour accompagner Madame Adélaïde 1760

1770 *État* A « Mme la marquise des Cars, puis comtesse de Tavannes, puis Mme de Lostanges »

1.1.1770 N au roi : *Mme la marquise des Cars, dame du palais de la feue reine, vient de mourir... Madame désire son logement pour M. l'évêque de Meaux. M. le duc de Saint-Aignan le demande pour Mme la marquise de Mailly, dame du palais de la future dauphine. Elle paraît mériter la préférence à condition cependant que Mme la comtesse de Tavannes qui est l'ancienne aura la permission de troquer avec le sien si elle désire.* A.N. O[1] 1077 69

14.3.1771 N au roi : *Mme la marquise de Lostanges est logée trop grandement pour elle seule ; M. et Mme de Tavannes sont logés beaucoup trop petitement dans le logement de feu Mme la marquise des Cars. Si Votre Majesté permet, ils troqueront et tout sera en règle.* A.N. O[1] 1077 106

22.7.1771 *Le logement prêté à Mme la marquise de Lostanges* [**AP 90**] *à M. le comte et Mme la comtesse de Tavannes qui remettra le leur à Mme la marquise de Lostanges* ... Disposition : A.N. O[1] 1798 644

15.10.1774 La comtesse de Lostanges à A : *J'espère... que vous voudrez bien m'accorder la grâce que j'ai l'honneur de vous demander. Il s'agit d'une réparation nécessaire dans mon appartement ; les fenêtres en sont absolument pourries. M. Heurtier, qui est venu les examiner, les a condamnées, mais il me faut votre permission... Je vous prie de m'accorder avec cela la permission de faire mettre aux croisées les grands carreaux. Cette dépense ira à 50 livres de plus pour les quatre fenêtres et mon appartement serait moins triste et plus clair...* Réponse : *Je viens d'autoriser à y faire travailler et à y employer du verre de Bohême comme vous le désirez et comme je le crois d'ailleurs convenable dans un appartement comme le vôtre.* A.N. O[1] 1779 253

AP 96 et 97 sont combinés.

Chimay, Laure de Fitz-James, princesse de (1744-1814). Dame d'atour de la dauphine 1770, puis dame d'honneur de la reine 1775

Chimay, Philippe Gabriel Maurice d'Alsace-Hénin-Liétard, prince de (1736-?)

18.12.1776 *Le logement de Mme la duchesse de Luxembourg* [**AP 96**] *donné en augmentation à Mme la princesse de Chimay, pour sa table...* Arrangements : A.N. O[1] 1799 635 ; *cf.* 1077 355

9.11.1777 *État des travaux : ... l'appartement de Mme la princesse de Chimay à reblanchir et quelques réparations à y faire presque fait et le sera dans quelques jours.* A.N. O[1] 1800 110

6.10.1783 La princesse de Chimay à A : *J'ai un grand désir... de faire blanchir mon appartement pendant le voyage de Fontainebleau. Comme ce n'est qu'en blanc de détrempe la dépense ne sera pas considérable.* A.N. O[1] 1801 517

31.1.1786 H à A : *Il existe dans l'appartement de Mme la princesse de Chimay une glace en deux parts à elle appartenant...[et] dans la chambre à coucher de M. le prince de Chimay, une glace en deux morceaux : la première de 40 pouces sur 39, la seconde de 19 pouces sur 39.* A.N. O[1] 1802 159

1787 *État* E « Mme la princesse de Chimay, dame d'honneur de la reine » "12 pièces, 6 à cheminée, 6 entresols, 4 à cheminée, 1 bûcher"

AP 98

GG-B 1344 "E"

Clermont-Gallerande[1], Gabrielle Françoise de Villers d'O (1699-1765). Dame de la duchesse d'Orléans 1719, puis sa dame d'atour 1727 ; dame d'atour de Mesdames les cadettes 1750-1765

Lalande, Jeanne Françoise de Biaudos de Castéja, marquise de (1671-1761). Sous-gouvernante des Enfants de France ; intendante de la garde-robe, puis dame d'atour de Mesdames les cadettes

1740 GG-B 405 « dans l'attique de l'aile du Midi » ; 2780 « N° 98 Mme de Lalande »

4.7.1737 *Depuis quelque temps* [le roi] *monte après souper sur les toits du château et se promène avec ceux qui ont eu l'honneur de souper avec lui jusqu'au bout de l'aile Neuve et de là jusqu'à celui de l'aile des Princes. Il a été plusieurs fois faire la conversation... chez Mme de Tallard par la cheminée... Le jour même de cette conversation ou le souper après, il descendit, avec tous ceux qui le suivaient, de dessus le toit par une fenêtre qui n'est point grillée et par une échelle... Lundi dernier, il retourna encore à la même cheminée de Mme de Tallard, et ayant voulu descendre par la même fenêtre, il trouva les barreaux mis... Mme de La Lande, dans l'appartement de laquelle donne cette fenêtre, n'avait pas été fâchée...* L* I 288

1741 *État* « Mme de Clermont d'O, dame de S.A.R, puis Mme de Lalande » "5 pièces, 4 à cheminée ; 5 entresols, 2 à cheminée"

21.7.1748 *Mme de Lalande supplie M. de Tournehem de donner ses ordres à M. L'Écuyer de faire blanchir son appartement de Versailles.* Réponse : *À M. L'Écuyer pour m'en rendre compte.* Note : *M. L'Écuyer a répondu que ce que demande Mme de Lalande coûtera 114 livres... L'ordre a été expédié.* A.N. O[1] 1810 II 74

Broglie, Victor François, comte, puis duc de (1718-1804). Maréchal de France 1759

Broglie, Louise Augustine Salbigothon de Crozat de Thiers, comtesse, puis duchesse de (1733-1813). Dame pour accompagner Mesdames les cadettes 1754

1758 *L'expectative du logement de Mme de Lalande*

1. Son mari occupait **AP 97**.

à Mme la duchesse de Broglie... Disposition : A.N. O[1] 1076 511

29.9.1758 *L'assurance du premier logement vacant de M. le comte de Saulx* **[AN 56]**, *M. le comte de Muy* **[AP 96]** *et Mme de Lalande à Mme la duchesse de Broglie...* Projet : A.N. O[1] 1076 529

Sinety, André Louis, marquis de (1712-1773). Sous-gouverneur des Enfants de France ; premier maître d'hôtel du comte de Provence

Sinety, Marie Anne de Ravenel, marquise de (?-?)

19.4.1761 *Le logement de Mme de La Lande, avec tout ce qui en dépend, hors ce qui est sur le palier de M. le comte de Brionne à M. de Sinety, sous-gouverneur de M. le duc de Berry...* Disposition : A. N. O[1] 1076 642

5.1761 Le marquis de Sinety à M : *Le marquis de Sinety sous-gouverneur de Mgr le duc de Berry, prie M. le marquis de Marigny de vouloir bien ordonner qu'on blanchisse les plafonds, les lambris et les portes de l'appartement de feu Mme de Lalande que le roi a eu la bonté de lui donner. Il n'y a pas de cuisine plus noire que sont ces appartements. M. L'Écuyer qui voyait Mme de Lalande peut lui en rendre compte. Il y a beaucoup d'autres réparations à faire à ce logement mais malgré la connaissance que le marquis de Sinety a du plaisir que M. le marquis de Marigny a lorsqu'il oblige, la situation des Bâtiments le réduit à lui faire cette seule demande qu'il croit de première nécessité. Il le prie seulement de permettre qu'il fasse tout le reste à ses dépens en se servant des ouvriers qu'il voudra. On lui a dit que quelques fois il y avait aux magasins des boiseries d'alcôve. Si cela était et que M. le marquis de Marigny voulût lui en faire donner une, il la ferait placer à ses dépens.* O[1] 1797 154

14.5.1761 M à E : *Vous auriez agréable d'ordonner qu'on blanchisse les plafonds, les lambris et les portes du logement de feu Mme de Lalande qui doit être occupé par M. le marquis de Sinety qui offre de faire faire à ses dépens les autres... en se servant des ouvriers qu'il voudrait employer. Vous le laisserez choisir tels qu'il jugera à propos... à condition qu'ils feront ces réparations sous vos ordres.* A.N. O[1] 1797 155 ; *cf.* 1812 I 6

Pons Saint-Maurice, Marie Charlotte de Lallement de Betz, marquise de (?-?). Dame de la dauphine 1744, plus tard sa dame d'honneur

1766 N au roi : *Celui du maître d'hôtel de Monsieur sera prêté à Mme la marquise de Pons si Votre Majesté l'approuve à moins que Madame Sophie ne le veuille pour Mme de Buzançois, sa dame d'honneur.* A.N. O[1] 1076 812

18.2.1770 Le marquis de Sinety à M : *Le roi m'ayant donné la charge de premier maître d'hôtel de Mgr le comte de Provence et étant obligé de garder mon logement au château parce que celui du premier maître d'hôtel de Mme la dauphine a été défait* **[AG 29]**, *il est nécessaire d'y faire quelques petits changements pour pouvoir tenir la table de ce prince. J'ai prié M. L'Écuyer de venir le voir. Il en a vu l'indispensable nécessité ainsi que le peu de dépense ; cependant, il n'en a pas voulu faire le devis avant d'avoir reçu vos ordres pour les fonds. Je vous supplie, donc, Monsieur, de vouloir bien les lui envoyer. Mon appartement comprend dix pièces. Il y avait quelques cloisons dans les deux premières qu'il faut abattre pour que ces pièces puissent tenir la table et la compagnie et encore ne seront-elles pas assez grandes. Il faut faire une niche en planche dans la troisième pour coucher Mme de Sinety et pour cela il faut y travailler pendant Fontainebleau pour que le plâtre puisse sécher.* A.N. O[1] 1798 470 ; *cf.* 471

Table du comte d'Artois

10.4.1773 N au roi : *M. le comte de Provence demande avec insistance que Votre Majesté ait la bonté de lui laisser le logement de feu M. de Sinety pour sa table. Il consent qu'on le prête pendant les trois ans qu'il juge à propos de suspendre la dite table.* A.N. O[1] 1077 176

Bourbon-Busset, François Louis Antoine de Bourbon, comte de (1722-1793). Premier gentilhomme de la chambre du comte d'Artois

Bourbon-Busset, Jeanne de Guigues de Moreton, comtesse de (1733-1812). Dame d'atour de la comtesse d'Artois 1773

Fougières, François Marie, comte de (1721-1787). Sous-gouverneur des comtes de Provence et d'Artois 1766 ; premier maître d'hôtel du comte d'Artois 1773

1774 *Le logement de feu M. de Sinety, conservé pour la table de Mgr le comte de Provence au premier janvier et prêté à M. le comte de Bourbon-Busset, prêté à M. le comte de Fougières pour la table de Mgr le comte d'Artois jusqu'à ce qu'on en ait trouvé un pour lui...* Disposition : A.N. O[1] 1077 191

Aiguillon, Emmanuel Armand de Vignerot du Plessis de Richelieu, comte, puis en 1740 duc d' (1720-1788). Capitaine commandant des chevau-légers de la garde du roi

10.1774 *Le logement de M. le duc de Tresmes* **[VA 49]** *est petit et vilain. Votre Majesté veut-Elle bien le donner au capitaine des chevau-légers en attendant mieux ? Si M. de Fougières l'aimait mieux que le sien, si Votre Majesté l'approuve, on donnerait celui de M. de Fougières à M. le duc d'Aiguillon.* A.N. O[1] 1077 217

Lorge et de Quintin, Adélaïde Philippine de Durfort, comtesse de Lorge, puis duchesse de (1744-1819). Dame d'honneur de la comtesse d'Artois 1774

Lorge et de Quintin, Jean Laurent de Durfort-Civrac, comte de Lorge puis en 1774 par sa femme, duc de (1746-1826)

Maillé, Charles René de Maillé de La Tour-Landry, baron, comte, puis en 1784 duc de (1732-1791). Premier gentilhomme de la chambre du comte d'Artois

1770 *État A* « M. le marquis de Sinety, hors ce qui est sur le palier à M. le prince de Lambesq, puis premier maître d'hôtel de Monsieur, et prêté à Mme la duchesse de Quintin »

20.1.1774 N au roi : *M. le comte de Fougières, premier maître d'hôtel de Mgr le comte d'Artois, a refusé le logement du premier maître d'hôtel de Mgr le comte de Provence. C'est un très honnête homme, mais il est un peu difficile en logement. Le comte de Noailles propose à Votre Majesté de le prêter à M. le comte de Maillé, premier gentilhomme de Mgr le comte d'Artois, jusqu'à ce qu'il en ait un autre... le logement prêté à M. de Quintin et le sien à M. de Maillé.* A.N. O[1] 1077 193

Vintimille, Charles Emmanuel Marie Madgeleine de Vintimille du Luc, marquis de (1741-1814). Chevalier d'honneur de la comtesse d'Artois

3.7.1774 *Le logement de M. le comte de Maillé à M. le marquis de Vintimille, chevalier d'honneur de Mme la comtesse d'Artois.* A.N. O[1] 1799 223 ; *cf.* 1077 203

Créqui d'Hémont, Charles Marie, marquis de (1738-1801). Premier maître d'hôtel du comte de Provence par commission

1774] P au roi : *M. le prince de Poix propose à Votre Majesté le logement de Mme la duchesse de Lorge à M. le marquis de Créqui.* A.N. O[1] 1077 344

Luynes, Guyonne Joséphine Élisabeth de Montmorency-Laval, duchesse de (1755-1830). Dame du palais 1775

8.7.1775 N au roi : *Mme la duchesse de Luynes, dame du palais, logera par emprunt dans le logement du premier maître d'hôtel de Monsieur, si Votre Majesté l'approuve.* Bon du roi : A.N. O[1] 1077 232

Major des gardes du corps

1776 N au roi : *M. le major et M. de Prisis ont été fâchés de leur changement de logement avec Mme la marquise de Mailly* [**VA 51 et 52** troqués contre **AN 73 et 74**], *prétendant qu'il est préjudiciable au service de Votre Majesté. Monsieur, sur la demande de Madame Sophie, pour sa dame d'honneur, veut bien céder le logement de sa table et de son premier maître d'hôtel, que M. le major occupera jusqu'à ce qu'il puisse entrer dans celui de l'aile* [Gabriel] *avec ses deux aides-majors généraux. Votre Majesté consent-Elle à ce nouveau changement ? On cherchera à loger M. de Prisis s'il ne peut tenir dans le logement.* Bon du roi : A.N. O[1] 1077 447

18.12.1776 *Le logement du premier maître d'hôtel de Monsieur prêté à M. le major des gardes du corps jusqu'à ce qu'il ait celui qui lui est destiné dans l'aile Neuve.* Arrangements : A.N. O[1] 1799 635

Pontécoulan, Léon Armand Le Doulcet de (1726-?)

1777 *État* B « prêté à M. de Pontécoulan »

Agoult, Jean Antoine, chevalier, puis comte d' (1753-1826). Lieutenant aide-major des gardes du corps du roi 1783

1.4.1784 L* à A : *La demande de M. le vicomte d'Agout... consiste dans une alcôve à faire dans sa chambre et le blanchi de la dite chambre et un petit cabinet et faire deux persiennes pour les croisées.* A.N. O[1] 1801 590

10.4.1784 H à A : ... *Par rapport aux persiennes, je crois que M. le vicomte d'Agoult est dans le cas de les obtenir à cause de son service, que d'ailleurs ces persiennes sont de peu de valeur vu leur petitesse et que comme les croisées sont dans les mansardes et à l'exposition du midi, M. le vicomte d'Agoult sera obligé de les faire faire à ses dépens si M. le directeur général ne les lui accorde pas.* A.N. O[1] 1801 595

3.6.1785 L* à A : *J'ai commencé les réparations... dans le petit appartement de M. le vicomte d'Agout... J'ai reconnu une pièce de bois d'une planche qui est jetée dans un tuyau de cheminée et du plus grand danger pour le feu. Cela obligera le changement du plancher.* A.N. O[1] 1802 77

9.8.1785 *Galerie haute des princes, chez M. le vicomte d'Agout dans la chambre à coucher, chambranle [usé] remplacé...* D.C.V. citant A.N. O[1] 2087 dossier 3

1787 *État* E « M. le major des gardes du corps » "5 pièces, 3 à cheminée ; 5 entresols, 1 à cheminée, 3 bûchers, et 1 réchauffoir"

AP 99

Vendôme, Louis Joseph de Bourbon, duc de Mercœur et de (1654-1712). Maréchal de France

GG-B 1344 "A"

Bonzi, Pierre, cardinal de (1631-1703). Grand aumônier de la reine 1670 ; cardinal 1672

17.05.1695 *M. le cardinal de Bonzi arrive ces jours ici de Languedoc. Le roi lui prête l'appartement de M. de Vendôme et le fait meubler pour lui.* D VI 119

Brancas, Marie de Brancas, duchesse de Villars-Brancas, *dite* duchesse de (1651-1731). Dame d'honneur de la duchesse d'Orléans 1703-1722

21.7.1703 *Mme de Brancas, dame d'honneur de Madame, n'ayant point encore de logement... Sa Majesté donne à la duchesse de Brancas, par prêt le logement de M. de Vendôme.* D IX 248

Noailles, Adrien Maurice de Noailles, comte d'Ayen, puis en 1704 duc de (1678-1766). Capitaine des gardes du corps 1707

18.12.1704 *Le duc de Noailles tomba dans une grande faiblesse et comme c'est à la suite d'une longue maladie, on crut la faiblesse très dangereuse ; il est à Versailles dans l'appartement de M. de Vendôme, que le roi lui a prêté parce qu'il est plus grand et plus commode que le sien.* D X 202. *Cf.* SS XI 115 : *Soit fantaisie de malade, soit raisons domestiques* [le comte d'Ayen] *se lassa d'être dans l'appartement de son père et de sa mère* [**AN 52, 53 et 53A**], *où lui et sa femme étaient très commodément logés* [1].

Montbazon, Louise Julie de La Tour d'Auvergne, princesse de (1681-1750)

9.5.1706 *M. de Vendôme prête le sien en son absence à la duchese de Montbazon.* D XI 51

4.1709 [M. de Vendôme] *arrivait à Versailles pour faire sa cour et logeait chez Blouin* [**VA 28 et 29**] *parce qu'il avait prêté son logement à Mme de Montbazon, sœur du comte d'Évreux.* SS XVII 322

Brionne, Charles Louis de Lorraine, comte de (1711-1761). Grand écuyer de France 1751

Brionne, Louise Julie Constance de Rohan-Guémené, comtesse de (1734-1807)

GG-B 2780 « N° 99 M. le comte de Brionne »

1741 *État* « Grand écuyer, M. le prince Charles » "7 pièces ; 4 à cheminée ; 3 entresols sans cheminée"

6.12.1746 *M. le comte de Brionne prie M. de Tournehem de vouloir bien se souvenir qu'il lui a fait espérer qu'il ordonnerait une glace pour le dessus de la cheminée de sa chambre, le parquet et la bordure étant en place.* Réponse : *À M. L'Écuyer... Je l'ai prié de voir chez M. le comte de Brionne au sujet des glaces qui me sont demandées par d'autres et que M. le comte de Brionne est du nombre.* A.N. O[1] 1810 I 129

1.6.1751 *M. le comte de Brionne a remis à M. de Tournehem un plan de l'entrée de son appartement au château de Versailles par lequel il demande des entresols neufs et plusieurs autres ouvrages.* Réponse : *M. L'Écuyer fera exécuter le plan... dont la dépense doit monter à 1 002 livres.* A.N. O[1] 1810 III 103

8.5.1753 Le comte de Brionne à M : *Le comte de*

1. Peu après, le duc de Noailles obtient l'appartement de l'archevêque de Reims, **AP 97**.

Brionne prie M. de Vandières de vouloir bien donner ses ordres pour qu'il soit construit un abat-jour dans la chambre d'une des femmes de Mme de Brionne au château de Versailles. A.N. O[1] 1795 329
30.10.1756 E à M : *Le comte de Brionne auquel on a été obligé de faire passer des tuyaux de cheminées de l'entresol de Mme de Marsan* [**AP 69**] *et d'y blanchir plusieurs portes demanderait qu'on lui redorât quatre bordures des glaces, mais l'étant l'objet de 297 livres, j'ai cru devoir le refuser et avoir l'honneur, Monsieur de vous en informer auparavant.* A.N. O[1] 1796 309
Lambesq, Charles Eugène de Lorraine, prince de, puis duc d'Elbeuf 1763 (1751-1825). Grand écuyer de France 1761
1777 *État* A « M. le grand écuyer »
[1769] *Le logement de Mme la comtesse de Brionne rendu à M. le grand écuyer...* Disposition : A.N. O[1] 1798 495
1.12.1783 *M. de Lambesq qui loge au-dessus de moi, m'impatiente ; je crois qu'il marche avec les bottes fortes et je les prends toujours pour des nouvelles.* Correspondance de Madame Élisabeth 52

Lorge et de Quintin, Adélaïde Philippine de Durfort, comtesse de Lorge, puis duchesse de (1744-1819). Dame d'honneur de la duchesse d'Artois 1774
Lorge et de Quintin, Jean Laurent de Durfort-Civrac, comte de Lorge, puis en 1774 par sa femme duc de (1746-1826)
28.8.1786 *Le logement de la comtesse de Brionne à la duchesse de Lorge...* Distribution A.N. O[1] 1802 242 et 243 ; *cf.* 1077 437
29.11.1786 *Mme la duchesse de Lorge ne peut tenir dans celui de Mme la comtesse de Brionne avec son mari, ancien menin ; lui donne celui de M. et Mme de Sérent* [**AP 55**]. Bon du roi : A.N. O[1] 1802 253 ; *cf.* 1077 436

Sérent, Armand Louis de Sérent de Kerfily, baron de Maletrois, marquis de (1736-1822). Gouverneur des enfants du comte d'Artois 1776
Condé, Louise Adélaïde de Bourbon-Condé, *dite* Mlle de (1752-1824)
2.11.1787 *Celui de la comtesse de Brionne prêté à M. et Mme de Sérent jusqu'à ce que l'appartement de la galerie de la Chapelle soit arrangé pour loger M. de Sérent, prêté après à Mme la princesse Louise de Bourbon...* Bon du roi : A.N. O[1] 1802 253 ; *cf.* 1077 436
1787 *État* E « M. le prince de Lambesq, grand écuyer » "11 pièces, 5 à cheminée ; 5 entresols, 2 à cheminée, et 1 bûcher"

ATTIQUE DE LA SURINTENDANCE

AP 100 et 101

Archives de Versailles
GG-B 2214 « ce qui est réservé par le roi pour mettre les titres et papiers de Versailles [1]"

AP 100 et 100 A

Beaurepaire, N... (?-?). Commis de Louvois
8.9.1691 *Mme d'Heudicourt a l'appartement qui est au-dessus de celui du maréchal d'Humières* [**AP 71**], *c'était un commis de M. de Louvois, nommé Beaurepaire, qui l'avait, qui est à présent attaché à M. de Pontchartrain.* D III 394
Heudicourt, Bonne de Pons, marquise d' (1644-1709)
Heudicourt, Michel III Sublet, marquis d' († 1718). Grand louvetier 1684-1718
21.5.1695 *Dites-lui qu'il aille ce soir de ma part chez Mme d'Heudicourt pour savoir des nouvelles de sa santé. Elle loge au-dessus de l'appartement de feu Mme de Barbezieux* [**AP 54**], *au bout de la galerie de Monsieur.* Racine, *Œuvres*, éd. A. D. Genier, Paris, 1888, VII, p. 149
24.1.1709 *La Cour fut délivrée d'une manière de démon domestique en la personne de Mme de Heudicourt, qui mourut sur les huit heures du matin à Versailles... Son appartement était un sanctuaire où n'était pas admis qui voulait...* SS XVII 64
11.6.1710 *Le roi prend les appartements de la duchesse de Sforza et de Mme de Gondrin* [**AN 45A et B**] *pour y loger la dame d'honneur de Mme de Berry... l'on donne à Mme de Gondrin l'appartement qu'avait Mme de Heudicourt et on donne à M. de Heudicourt, à qui on avait laissé jusqu'à ici l'appartement de sa femme, l'appartement qu'avait Mme de Pracomtal* [**AP 101**], *qui ne vient quasi plus ici.* D XIII 182
Gondrin, Marie Victoire Sophie de Noailles, marquise de, puis en 1723 comtesse de Toulouse (1688-1766). Dame du palais de la duchesse de Bourgogne 1707
Gondrin, Louis de Pardaillan d'Antin, marquis de (1688-1712). Menin 1711 en survivance de son père
GG-B 1345 « Plan de l'appartement de M. de Gondrin puis du duc de Richelieu »

AP 100 et 100 A sont séparés.

AP 100

Évreux [2], Henri Louis de La Tour d'Auvergne, comte d' (1679-1753). Gouverneur de l'Île-de-France 1719
1741 *État* « M. le comte d'Évreux" "4 pièces, 3 à cheminée ; 11 entresols, 4 à cheminée »

1. Ce plan primitif montre l'espace réservé aux archives dans ce qui deviendra **AP 100** (les pièces éclairées par cinq fenêtres entre l'aile sur les jardins et le pavillon de la Surintendance) et **AP 101** dans le pavillon au niveau des attiques. Le besoin d'appartements et la construction du nouvel hôtel de la Surintendance entre les rues de l'Orangerie et du Vieux-Versailles réduisirent rapidement l'espace réservé aux archives. Plus tard, **AP 100** fut divisé en deux appartements plus petits, **AP 100 et 100A**, en créant des pièces dans la vaste voûte de l'escalier qui donnait accès aux galeries situées au-dessous. Le plan montre aussi le « logement de M. Mansart », composé de l'espace éclairé par quatre fenêtres sur la cour de l'Apothicairie, plus tard appelé **AP 102**, et de l'espace en retour d'angle avec deux fenêtres sur la cour et deux fenêtres sur la rue, dit ultérieurement **AP 106**.
2. Le comte d'Évreux occupait **AP 70A** à l'étage au-dessous. Barbier affirme qu'il avait une liaison avec Mlle de La Roche-sur-Yon, qui, pour faciliter les choses, logeait juste au-dessus, dans **AP 70**. Voir Barbier II 169.

AP 100A
Estissac, Louis François Armand de La Rochefoucauld de Roye de Blanzac, comte de Roucy, puis par brevet en 1737 duc d' (1695-1783). Grand maître de la garde-robe du roi 1758
1741 *État* « M. le comte de Rouchy » "2 pièces à cheminée"
GG-B 2222 : « Plan de l'attique en mansardes et galetas dans l'aile du Midi au-dessus de la Surintendance entre la cour et la cour basse de la Surintendance. Appartements numérotés... [**AP 100 et 100A**], comte d'Évreux et comte de Roucy, puis M. de La Rochefoucauld »

AP 100 et 100A sont combinés.

La Rochefoucauld, Alexandre de La Rochefoucauld, duc de La Rocheguyon, puis de (1690-1763). Grand maître de la garde-robe du roi en survivance de son père 1718, en titre 1728
GG-B 411
Richelieu, Louis François Armand de Vignerot du Plessis de Richelieu, duc de (1696-1788). Premier gentilhomme de la chambre 1744
Richelieu, Marie Élisabeth Sophie de Lorraine-Harcourt, duchesse de (1711-1740)
1.1.1737 ... *le roi ayant donné à M. de La Rochefoucauld l'appartement de feu M. d'Antin, il a donné à M. et Mme de Richelieu celui de M. de La Rochefoucauld...* L* I 161
1741 *État* « M. le duc de La Rochefoucauld, puis M. le duc de Richelieu »
Bouillon, Godefroy Charles Henri de La Tour d'Auvergne, *dit* prince de Turenne, puis en 1771 duc de (1728-1792). Grand chambellan de France en survivance 1748, en titre 1754-1771
21.4.1750 M au roi : *M. le prince de Turenne demande quelques ajustements dans son logement au château de Versailles qui pourront monter, si Votre Majesté a la bonté de les lui accorder, à la somme de 314 livres.* Bon du roi : A.N. O^1 1070 366 ; *cf.* 1810 III 17

Civrac[1], François Aymery de Durfort, marquis de († 1786). Menin surnuméraire du dauphin 1752
Civrac, Marie Françoise de Pardaillan de Gondrin d'Antin, marquise de (1728-1764). Dame pour accompagner Mesdames 1747 ; dame pour accompagner Madame Adélaïde 1753, puis sa dame d'atour 1755
1.14.1759 *Le logement de M. le prince de Turenne à M. le comte de Civrac, menin, et Mme la comtesse, dame d'atour de Madame* A.N. O^1 1076 558

10.12.1763 E à M : *M. le prince de Turenne demande un petit châssis en fils de fer au bas des croisées de sa chambre pour empêcher ses chiens de tomber.* Réponse : *Bon.* A.N. O^1 1797 409
1770 *État* A « M. le prince de Turenne, puis comte et comtesse de Montmorin »
Montmorin, Armand Marc, comte de (1746-1792). Menin du dauphin 1770 ; ambassadeur à Madrid 1774
Montmorin, Françoise Gabrielle de Tana de Chadieu, comtesse de (1742-1794). Dame pour accompagner Mesdames les cadettes 1767 ; dame d'atour de Madame Sophie 1775
5.1.1772 *Le logement de M. le prince de Turenne, n° 110* [sic.], *attiques, aile du Midi, à M. le comte de Montmorin, menin, et Mme la comtesse de Montmorin, dame de Mesdames...* Disposition : A.N. O^1 1077 146 ; *cf.* 1798 700
1777 *État* B[2] « M. le comte de Montmorin »
Avaray, Antoine Louis François de Bésiade, comte d' (1759-1811). Maître de la garde-robe du comte de Provence
Avaray, Angélique Adélaïde Sophie de Mailly de Nesle, marquise d' (1738-1823). Dame de la comtesse d'Artois
24.3.1782 *Le logement de Mme la comtesse de Montmorin, dame d'atour de feu Madame Sophie à M. le marquis d'Avaray qui en avait un au Grand Commun* [**GC 57 à droite**] Distribution : A.N. O^1 1801 263
1.4.1782 LR et L** : *Appartement de M. le marquis d'Avaray : les réparations de maçonnerie sont faites ; la menuiserie très avancée ; la moitié de cet appartement est blanchie.* A.N. O^1 1801 221
14.4.1782 Le marquis d'Avaray à A : *M. le marquis d'Avaray a l'honneur de prier M. le comte d'Angiviller de vouloir bien donner des ordres pour qu'on vienne voir le plus tôt possible ce qu'il y a à faire dans l'appartement qu'occupait M. de Montmorin. Il désirait que ce puisse être pour cela un matin* [sic] *parce qu'il est vivement pressé par ceux qui le remplaceront au Grand Commun de leur remettre son logement.* A.N. O^1 1801 280
4.1782 H à A : *M.* [le marquis] *et Mme la marquise d'Avaray ont appris par Mme la marquise de Montmorin*[3] *qui va occuper l'appartement qu'ils avaient au Grand Commun qu'ils ne pouvaient emporter ni lui faire payer les armoires scellées dans le mur ni les doubles châssis qu'ils ont cependant eux-mêmes payés à M. Mique qui avait cet appartement avant eux. Ils demandent ce qu'ils doivent faire à cet égard et s'ils doivent effectivement laisser ces effets ou en demander le remboursement à Mme la marquise de Montmorin ou au roi. Ils demandent encore que le roi rembourse à Mme la comtesse de Montmorin les cinq persiennes qu'elle a fait faire et qui sont actuellement déposées dans les magasins du roi, ainsi que les armoires faites pour les placer et sceller dans le mur, les verres de Bohême du cabinet de toilette et les serrures qui ont été substituées aux autres.* A.N. O^1 1801 285
16.4.1782 H à A : *J'ai pris connaissance des demandes de M. le marquis d'Avaray, qui consistent dans la suppression des petits carreaux de cinq croisées et leur remplacement en verre de Bohême, dans la pose d'un balcon en fer sur les plombes tout le long des croisées en mansardes et dans l'établissement d'une cloison pour séparer la grande alcôve de sa chambre à coucher et faire du reste un salon, en observant de laisser une porte*

1. Le comte et comtesse de Civrac occupaient **AP 73** à l'étage au-dessous.

2. Une large partie de l'appartement fut adjointe à **AP 101** pour former l'appartement du comte et de la comtesse Dillon. Le comte de Montmorin ne garda qu'un petit logement, agrandi après 1783. Voir plus loin.
3. Il s'agit de Catherine Marguerite Morin, dame pour accompagner la comtesse d'Artois, deuxième épouse du chef de la branche Montmorin Saint-Hérem, gouverneur de Fontainebleau.

au milieu de la cloison pour sortir le lit et de reposer une niche qui communique au cabinet de toilette... Je ne vois pas d'inconvénient dans la suppression des petits carreaux des cinq croisées... la pose du balcon en fer est très nécessaire parce que les croisées étant au niveau du chemin, la plus petite négligence à les tenir fermées peut, lorsque les enfants en approchent, occasionner des accidents... l'établissement de la cloison est sans inconvénient mais il occasionnera une dépense d'environ 300 livres. A.N. O[1] 1801 286 ; *cf.* 289
1.5.1782 LR et L* à A : *L'appartement de M. d'Avaray fait en totalité.* A.N. O[1] 1801 222
6.1782 H à A : *État estimatif des effets que Mme la comtesse de Montmorin laisse dans son appartement au château et dont elle a fait la dépense : dans le cabinet de l'alcôve de M. le comte, une armoire et ses tablettes 20 livres ; dans la garde-robe de la chambre, les tablettes posées en retour... 30 livres ; dans l'antichambre, un buffet sans dessus avec ses tablettes 14 livres, à gauche de la cheminée, une armoire de la hauteur de l'appartement et ses tablettes 32 livres, à côté de la porte d'entrée, une grande armoire avec 15 tablettes 15 livres ; en haut dans le cabinet d'alcôve, plusieurs tablettes 6 livres ; dans une chambre de domestique, une devanture d'armoire avec tablettes 11 livres ; dans la chambre du valet de chambre, une devanture d'armoire en pente garnie de six tablettes à coulisses 23 livres, deux corps de tablettes 5 livres ; dans l'office, une face d'armoire 15 livres, dans la dite armoire, cinq tablettes 13 livres ; dans le garde-manger cinq tablettes 4 livres ; cinq persiennes de chacune sept pieds de haut avec leur serrure 252 livres ; une croisée pour le cabinet serré 160 livres ; trois excellentes serrures 72 livres ; une autre serrure inférieure et toutes celles des portes et armoires 24 livres ; barreaux des fenêtres 24 livres : total 759 livres.* A.N. O[1] 1801 310
GG-B 1416, 1422, 2120

AP 100A est temporairement séparé de **AP 100**.

Arbouville, Pierre, chevalier d' (1735-1794). Sous-gouverneur du duc d'Angoulême
7.1782 *Le logement de M. de Montmorin composé d'un seule chambre à M. le comte* [sic] *d'Arbouville, sous-gouverneur du duc d'Angoulême...* Distribution : A.N. O[1] 1077 439 ; *cf.* 1801 328
4.5.1783 H à A : *M. le marquis* [sic] *d'Arbouville ayant demandé pour les fenêtres de son logement deux persiennes, les doubles châssis étant pourris et les fenêtres au midi, on lui a fait observer que s'il faisait cette dépense, les doubles châssis ayant des dormants recouverts par les planches de couverture, les persiennes qu'on mettrait à la place appartiendraient au logement. C'est après cette observation que M. d'Arbouville supplie M. le comte d'Angiviller de faire payer au menuisier du château ces persiennes. Le menuisier du château dit que cette dépense pourrait se monter de 60 à 80 livres.* A.N. O[1] 1801 446

AP 100 et 100A sont combinés.

1787 *État* E « M. le marquis d'Avaray » "6 pièces, 4 à cheminée ; 10 entresols, 3 cheminées"

AP 101
Mornay, Léonor de Mornay-Montchevreuil, comte de († 1717). Gouverneur de Saint-Germain-en-Laye en succession de son père 1706
Pracomtal, Armand, marquis de († 1703)
Pracomtal, Catherine Françoise de Mornay-Montchevreuil, marquise de (1678-1729)
31.10.1699 *Sa Majesté donne à M. et à Mme de Mornay le logement qu'avait Mme de Montechevreuil et à M. et à Mme de Pracomtal le logement qu'avaient M. et Mme de Mornay ; ainsi, M. de Montechevreuil aura la consolation d'avoir toute sa famille ici auprès de lui.* D VII 179
Heudicourt, Michel III Sublet, marquis d' († 1718). Grand louvetier 1684-1718
11.6.1710 ... *on donne à M. de Heudicourt, à qui on avait laissé jusqu'ici l'appartement de sa femme, l'appartement qu'avait Mme de Pracomtal, qui ne vient guère plus ici.* D XIII 182
Heudicourt, Pons Auguste Sublet, marquis d' (1676-1742). Grand louvetier 1718
GG-B 2222 « Plan de l'attique en mansarde et galetas dans l'aile du Midi au-dessus de la Surintendance entre la cour et la cour basse de la Surintendance. Appartements numérotés... [**AP 101**] M. d'Heudicourt »
Flamarens, Agésilas Gaston de Grossolles, marquis de (1686-1762). Grand louvetier 1741
1741 *État* « Grand louvetier M. d'Heudicourt, puis M. le marquis de Flamarens » "7 pièces, 3 à cheminée ; 2 entresols sans cheminée"
GG-B 406 « l'appartement du marquis de Flamarens... ci-devant M. le marquis d'Heudicourt »
15.3.1742 *M. d'Heudicourt mourut hier ; il avait été grand louvetier et avait cédé cette place par le mariage de sa fille à feu M. de Belzunce ; il demeurait presque toujours ici ; on lui avait conservé son appartement dans un corridor au-dessus de Mlle de La Roche-sur-Yon* [**AP 70**] *dans un pavillon qu'on appelle la Surintendance... Il menait ici une vie assez singulière ; il allait chez le roi, chez la reine tous les jours ; d'ailleurs dans assez peu d'autres endroits ; se couchait dans son lit toutes les après-dînées, mangeait souvent et buvait encore, à ce qu'on dit. Comme il était dans l'usage d'aller toujours seul et apparemment de n'avoir pas d'autre garde-robe que les commodités publiques, c'est en descendant de ce lieu qu'il tomba sur l'escalier et se cassa la tête en plusieurs endroits. Un passant le releva ; on le ramena chez lui... Son appartement fut donné dès le soir à M. de Flamarens. C'est l'appartement de charge...* L* IV 108
Belzunce de Castelmoron, Charlotte Alexandrine Sublet d'Heudicourt, marquise de (1722-?). Dame pour accompagner Mesdames 1746
21.12.1746 *Le logement de M. le marquis de Flamarens à Mme la comtesse de Belzunce ...* Disposition : A.N. O[1] 1076 122 ; *cf.* 1810 I 133
30.12.1746 *M. de Flamarens avait un appartement de ce côté-ci, au bout de l'aile des Princes, dans la Surintendance ; cet appartement vient d'être donné à Mme de Belzunce, qui n'en avait point.* L* VIII 43
8.5.1747 *Devis : la comtesse de Belzunce, réparations 239 livres, ajustements 728 livres.* Bon du roi : A.N. O[1] 1763A ; *cf.* 1810 I 219

10.6.1747 *Mme la comtesse de Belzunce prie M. de Tournehem de vouloir bien lui faire mettre une glace sur sa cheminée, de faire ôter une cloison qui est dans sa chambre qui lui est fort incommode et de boiser la dite chambre.* Réponse : *À M. L'Écuyer pour me rendre compte.* A.N. O^1 1810 I 183
16.6.1753 M à E : *Vous ferez faire chez Mme la marquise de Belzunce la cloison qu'elle demande pour serrer son bois avec la nappe du plomb pour empêcher que l'eau de la glace ne perce le plancher, réparations que vous estimez, non compris le plomb, à 60 livres.* A.N. O^1 1811 I 70
22.8.1769 M à E : *Je joins ici un plan d'arrangement pour le logement de Mme de Belzunce au château de Versailles. Vous en estimerez à quoi pourrait en monter la dépense...* A.N. O^1 1798 377
GG-B 748
15.9.1769 M, à Ménars, à la marquise de Belzunce : *J'ai fait examiner... par le contrôleur du département le plan des changements et ajustements que vous souhaitez être faits dans votre logement au château de Versailles. Vous verrez par la note jointe à ce plan que j'ai l'honneur de vous renvoyer que la dépense qu'il exigerait irait au mois à 4 500 livres, sans qu'il soit possible d'en rien diminuer. Je suis extrêmement mortifié de ce que la situation des Bâtiments du roi met un obstacle invincible à leur exécution...* A.N. O^1 1798 389

Montmorin, Armand Marc, comte de (1746-1792). Menin du dauphin 1770

Montmorin, Françoise Gabrielle de Tana de Chadieu, comtesse de (1742-1794). Dame pour accompagner Mesdames les cadettes 1767

29.3.1771 *Le logement de Mme la comtesse de Belzunce qui quitte son logement avec l'espérance d'un petit dans le château, n° 101, attique aile du Midi, à M. le comte et Mme la comtesse de Montmorin...* Disposition : A.N. O^1 1077 123

L'Hôpital, Paul François Gallucci, marquis de (1697-1776). Premier écuyer de Mesdames les aînées 1750
1770 *État* A « Mme de Belzunce, puis M. le marquis de L'Hôpital »
29.3.1771 *Le logement de Mme de Belzunce, n° 101 attique à M. le marquis de L'Hôpital* Bon du roi : A.N. O^1 1077 124 ; *cf.* 1798 657 et 1802 733
27.10.1771 M à E : *Le roi vient de donner à M. le marquis de L'Hôpital le logement de Mme de Belzunce qu'il me marque d'être mal boisé, et il désirait qu'il fût rendu plus habitable. Examinez en conséquence dans quel état est ce logement et voyez ce qu'on pourrait y faire pour le rendre plus décent et plus agréable sans néanmoins y faire une grande dépense.* A.N. O^1 1798 702 *bis*
28.10.1771 E à M : *La demande que vous a faite M. le marquis de L'Hôpital qui consiste en légères réparations et propretés est un objet de 1 200 livres...* A.N. O^1 1798 702

Fleury, Claudine Anne Reine de Montmorency-Laval, marquise de (1750-?). Dame pour accompagner Madame Adélaïde 1768
25.2.1776 *Le logement de feu M. le marquis de L'Hôpital, premier écuyer de Madame Adélaïde, à Mme de Fleury, dame de Madame ...* Distribution : A.N. O^1 1799 497
10.3.1776 La marquise de Fleury à A : *Le roi m'ayant donné le logement de M. le marquis de L'Hôpital qui ne peut pas être habité dans l'état où il est, je vous demande la permission de faire changer quelques cloisons et parqueter la chambre.* Réponse : *Je viens de charger M. Hazon de visiter l'appartement de feu M. de L'Hôpital... et de me rendre compte...* A.N. O^1 1799 501
19.3.1776 Hazon à A : *Les ouvrages demandés... sont : 1er. le changement d'une cloison de trois pouces pour agrandir l'antichambre ; 2e. dans la chambre à coucher de mettre du parquet et la cloison de fond, reculer la dite cloison et la couvrir de lambris ; 3e. dans la pièce ensuite démolir la cheminée, une cloison, et une soupente pour former une garde-robe ; 4e. faire peindre le tout en blanc de détrempe. Les dits ouvrages sont évalués à 500 livres... Il n'y a point actuellement de parquet au magasin, ni lambris convenable.* A.N. O^1 1799 502
20.3.1776 A à la marquise de Fleury : *J'éprouve avec un vrai chagrin que j'avais eu raison de prévoir des difficultés, malgré la simplicité apparente des objets. Un mot vous expliquera... la nature de ces difficultés et vous convaincra qu'elles sont très indépendantes de ma volonté. Il entre essentiellement dans celle du roi de maintenir les lois et les principes de l'administration des Bâtiments et selon leur vœu de n'admettre dans tous les logements des personnes de la Cour que les changements dictés par la nécessité la plus absolue. Attendu que ces logements changent souvent de possesseurs, dont les besoins ou les commodités ne sont jamais les mêmes, on ne pourrait y satisfaire qu'en détruisant en reconstruisant à chaque mutation et se livrant à des dépenses que leur multiplication rend d'autant plus lourdes qu'elles sont presque toujours étrangères aux besoins réels de l'administration. C'est après ces vues... dont le roi m'a prescrit la plus sévère observation, que je suis forcé d'envisager vos demandes. Le parquet qui en fait un article, est un objet de peu...* [Il] *n'existe point dans beaucoup de logements et... je n'en peux faire placer dans le vôtre sans m'imposer à en faire autant pour ceux qui connaîtront cet exemple. Ce n'est qu'à titre de commodité personnelle que vous désirez la démolition d'une cheminée, d'une cloison, et d'une soupente pour en former une garde-robe... Celle-ci cessera un jour de convenir à un nouvel occupant qui redemandera tout ce qui aura été détruit pour vous... La seule chose que je puisse vous offrir aux dépens de l'administration, c'est la peinture en blanc de détrempe et si vous tenez absolument... à l'établissement du parquet, je donnerai l'ordre pour qu'il soit exécuté par les ouvriers de mon administration pourvu que vous vouliez bien en faire la dépense sans espoir de remboursement même dans le cas où vous quittez l'appartement...* A.N. O^1 1799 504
24.3.1776 La marquise de Fleury à A : *... Une garde-robe est une chose de nécessité absolue, quoiqu'il me paraisse que par le compte qui vous en a été rendu, on vous l'a fait regarder comme une commodité que ne rêverait personne. Je crois... que celui qui me succédera dans mon logement y touvera aussi sa commodité et que cela ne fera aucuns frais aux besoins réels de votre administration si vous vouliez bien permettre... que les ouvriers qui en dépendent fassent à mes dépens le petit changement que je désire...* A.N. O^1 1799 503

25.3.1776 A à la marquise de Fleury : *L'on s'était trompé et la cloison à supprimer ne porte rien... Les changements que vous désirez... ne soient plus considérables qu'ils ne le paraissent.. Je vous demande pardon, Madame, d'entrer dans les détails... Je vous avoue que mes travaux me forcent de mettre quelques oppositions à des choses qui devaient vous paraître des misères...* A.N. O[1] 1799 505 ; *cf.* 506
1777 *État* B « Mme la marquise de Fleury »

Saulx-Tavannes, Éléonore Eugénie de Lévis-Châteaumorand, comtesse, puis duchesse de (?-?). Dame du palais de la reine
24.7.1778 La comtesse de Tavannes à A : *J'espère que vous voudrez bien m'accorder un rendez-vous à Versailles... pour vous parler au sujet de l'appartement de Mme la marquise de Fleury que je ne me déciderai à accepter que lorsque j'aurai eu l'honneur de vous voir.* A.N. O[1] 1800 220

AP 101 combiné avec **AP 103, 104 et 105.**

Dillon, Louise Thérèse de Rothe, comtesse de (1750-1782). Dame du palais 1781-1782
Dillon, Arthur, comte de (1750-1794). Gentilhomme d'honneur du comte de Provence

AP 101 est séparé de **AP 103, 104 et 105.**

Pons Saint-Maurice, Emmanuelle Marie Anne de Cossé-Brissac, marquise de (1745-1791). Dame pour accompagner la comtesse de Provence
1782 *Le logement de Mme la comtesse de Dillon à Mme la marquise de Pons d'où on détache une chambre pour augmenter le sien qui est fort petit...* Distribution : A.N. O[1] 1077 439 ; *cf.* 1801 328
22.12.1783 LR à A : *Je viens de surprendre le nommé Bayolle, maçon demeurant rue Neuve-Notre-Dame, qui est à construire un fourneau chez Mme la marquise de Pons dans l'endroit même où M. le directeur nous a fait donner des ordres pour supprimer l'ancien qui était dans le cas de mettre le feu. J'ai cru devoir prendre sur moi de faire suspendre en attendant le nouvel ordre.* A.N. O[1] 1801 554 ; *cf.* 565
27.1.1784 La marquise de Pons à A : *Voilà le jugement du malheureux serrurier-fourrier rendu, Monsieur. Vous m'avez permis d'attendre de vous une indulgence pleine pour la partie de l'amende. Je vous demande la grâce de vouloir bien donner des ordres à cet effet... Mais permettez-moi de vous représenter que le jugement rendu, l'exemple est fait et qu'il serait bien nuisible à cet homme que les affiches fussent mises et faites pour le décréditer dans son commerce. Il en est au désespoir. S'il serait possible que votre bonté s'étende même sur ce point, vous serez assuré, Monsieur, de ma reconnaissance.* A.N. O[1] 1801 565
5.5.1784 A à Grebain, bailli de Versailles : *J'ai dû, Monsieur, solliciter pour l'exemple la condamnation du nommé Bayolle serrurier qui a été trouvé établissant des fourneaux dans un logement au château. Je vous serais obligé du jugement que vous avez prononcé contre lui... Il est même essentiel pour prévenir de nouvelles contraventions de ce genre que ce jugement soit affiché. À l'égard du paiement de l'amende, je ne peux pas refuser aux sollicitations de la dame de la Cour qui m'a avoué de lui faire grâce car elle se croyait obligée de l'indemniser. Je pense, donc... que le jugement porté contre cet ouvrier étant affiché suffira pour l'exemple et je crois d'ailleurs cet homme suffisamment puni de sa contravention par la procédure qui l'a effrayé et qui l'a même obligé de fuir ou de se cacher. Je vous prie donc de lui remettre l'amende... je vous serai fort obligé de cette modération.* A.N. O[1] 1801 566
1787 *État* E « Mme la marquise de Pons » "4 pièces, 2 à cheminée ; 2 entresols, 1 réchauffoir, 2 bûchers"

AP 102 et 106
Mansart, Jules Hardouin- (1646-1708). Inspecteur général des Bâtiments 1691 ; surintendant des Bâtiments 1699-1708
GG-B 2214 « Logement de M. Mansart »

AP 102
Poitiers, Marie Geneviève Henriette Gertrude de Bourbon-Malauze, marquise de Montpezat, puis comtesse de (1691-1778). Dame de la duchesse d'Orléans
GG-B 2222 « Plan de l'attique en mansarde et galetas dans l'aile du Midi au-dessus de la Surintendance entre la cour et la cour basse de la Surintendance. Appartements numérotés... [**AP 102**] comtesse de Poitiers »
Montbazon, Louise Julie de La Tour d'Auvergne, princesse de (1681-1750)
Armentières, Diane Gabrielle de Jussac, marquise douairière d' (1688-1777). Dame pour accompagner la duchesse de Berry 1715, la duchesse d'Orléans 1722
Armentières, Louis Conflans de Brienne, marquis d' (1711-1774). Premier gentilhomme de la chambre du Régent à la mort de son père 1719 ; maréchal de France 1768
1.1.1738 ... *on donne à Mme d'Armentières un logement qu'avait Mme de Montbazon et qu'elle a rendu, qui est au-dessus de Mlle de Clermont* [**AP 54**]. L* II 13
1741 *État* « Mme la comtesse de Poitiers, puis Mme la princesse de Montbazon, puis d'Armentières » "6 pièces, 3 à cheminée"
11.9.1750 *État des logements que le roi a ôtés dans son château de Versailles pour loger son service... M. le marquis d'Armentières* A.N. O[1] 1076 261
Maulde, Marguerite Félicité de Conflans, comtesse de († 1777). Dame pour accompagner Mesdames les cadettes 1750
11.9.1750 *Mme de Mauldes chez M. le maréchal d'Armentières...* Disposition : A.N. O[1] 1076 260

Saint-Sauveur, Magdeleine Susanne de Goulet de Rugy, marquise de (1723-1777). Sous-gouvernante des Enfants de France 1751
12.4.1751 *Le logement de Mme la comtesse de Maul-des à Mme de Saint-Sauveur quand le logement de Mme Rousseau sera raccommodé...* Disposition : A.N. O[1] 1076 279
20.6.1752 M à E : *Le logement de Mme de Maulde, Monsieur, ayant été accordé par le roi à Mme de Saint-Sauveur, investie d'un bon de Sa Majesté, le*

comte de Noailles m'a demandé pour elle des réparations assez considérables qu'exige ce logement... Sa Majesté ne voulait accorder que celles qui seraient absolument nécessaires et indispensables. A.N. O[1] 1795 233

Feydeau de Brou, Paul Esprit (1682-1767). Membre du Conseil des finances 1744

1752 *Le logement destiné à Mme de Saint-Sauveur en le faisant accommoder à M. de Brou, conseiller royal...* Distribution : A.N. O[1] 1077 415

1752 *Mémoire des changements et ajustements à faire au nouvel appartement de M. de Brou au château de Versailles... la chambre A est infectée du voisinage des lieux communs qui sont dans le corridor en retour, les crevasses des cloisonnages transpirent l'odeur dans cette chambre ce qui la rend inhabitable...* A.N. O[1] 1795 282

1752 GG-B 2102 « État des lieux de l'appartement nouveau de M. de Brou » et « Plan pour les changements »

17.7.1752 E à M : *J'ai l'honneur de vous envoyer ci-joint le plan du logement de Mme de Saint-Sauveur, tel qu'il est actuellement, avec le projet pour le rendre habitable, ne pouvant l'être sans y pratiquer les changements marqués dessus, autrement toutes les réparations qu'on y ferait seraient en pure perte, n'étant qu'un grenier dans lequel on a pratiqué des cloisons pour en former un fort mauvais logement, indépendamment de l'odeur des lieux près la chambre principale qui oblige indispensablement à la changer de place.* A.N. O[1] 1795 290

30.9.1752 M au roi : *Votre Majesté a accordé seulement les réparations nécessaires au logement de Mme de Saint-Sauveur. Le plan de ce logement est ci-joint avec le devis qui en a été fait. Il en reste que les seules réparations nécessaires,* [qui] *monteront de 5 000 à 6 000 livres, pour rendre ce logement habitable. Ce n'était autrefois qu'un grenier dans lequel on avait pratiqué des cloisons pour former un très mauvais logement. Cette dépense de 5 000 à 6 000 livres est un objet en égard à la situation actuelle des Bâtiments qui pourrait s'éviter si Votre Majesté voulait bien m'autoriser par un bon d'écrire à M. le comte de Noailles de proposer à Votre Majesté un autre logement pour Mme de Saint-Sauveur.* A.N. O[1] 1811 I 26

9.11.1752 Feydeau de Brou à M : *J'ai reçu une lettre de M. le comte de Noailles... par laquelle il me marque que le roi désire que je prenne un logement que Sa Majesté a ordonné de faire accommoder pour moi. Ces sont les termes de sa lettre. J'ai été voir ce logement qui en vérité, quant à présent, n'est pas habitable tant par rapport à la puanteur d'un privé public qui est adossé à la chambre et au mur duquel il paraît y avoir des fenêtres par lesquelles l'odeur se communique, que par l'état ou se trouvent les planchers, les cloisons, les fenêtres, indépendamment de la tournure du logement. Cela m'a fait penser à faire faire un état des lieux tels qu'ils sont et des changements et ajustements que je désirerais qui fussent fait pour me mettre en état d'habiter cet appartement. Je suis persuadé que ceux qui sont chargés de le visiter vous rapporteront qu'il est dans un état affreux. Je n'ai pas osé, pour ne point augmenter la dépense, proposer que l'on parquetât la principale chambre. Si cependant, comme je n'en doute pas, il y a de vieux parquets de reste dans les magasins, je vous serais obligé d'ordonner que l'on en fît dans cette chambre, qui si vous avez la bonté de le faire boiser, comme je vous en prie par l'état ci-joint, deviendra assez honnête. Je vous supplie d'observer... que ce n'est point moi qui ai demandé ce changement, que je me trouvais fort bien où j'étais* [**AP 22**]. *Ainsi j'espère que vous voudrez bien avoir la bonté de me procurer les petits ajustements que je demande, puisque je suis obligé de monter aux greniers, tandis que j'avais la commodité d'un rez-de-chaussée, dont je faisais grand cas...* A.N. O[1] 1795 278

17.11.1752 Feydeau à M : ... *pour ce logement qui avant qu'il vous ait été donné avait été accordé à Mme de Saint-Sauveur, l'intention de Sa Majesté est qu'il ne soit fait aucune autre dépense dans ce logement que celle qui sera seulement nécessaire pour le rendre habitable...* A.N. O[1] 1795 281

2.2.1753 M à E : *Vous ferez faire, Monsieur, dans le logement que le roi a accordé à M. de Brou au château de Versailles les réparations nécessaires seulement... c'est un objet, suivant le devis... montant à 1 490 livres.* A.N. O[1] 1795 300

AP 102 est séparé en **102A et 102B**.

25.3.1753 N à M : *M. de Brou demande à cause de ses jambes de demeurer dans la chambre qu'avait Mme Butler* [**S 28**]. *Le logement n° 102 dans l'attique au bout de l'aile du Midi ci-devant à Mme de Maulde, ensuite à Mme de Saint-Sauveur et qu'on accommode à présent pour M. de Brou pour loger deux garçons sans suite en le séparant par le milieu et leur servira à chacun une petite antichambre avec une chambre à coucher. L'un aurait n° 102A et l'autre 102B. M. l'intendant de Paris a perdu le logement* [**AP 21**] *qu'il avait qui a été donné à Mme de Saint-Sauveur, le comte de Noailles propose : n° 102A, qui sera le plus grand des deux à M. l'Intendant de Paris, et 102B, qui sera le plus petit à M. d'Armentières.* A.N. O[1] 1076 330 ; *cf.* 303

29.3.1753 M à N : *J'ai reçu, Monsieur, la lettre que vous m'avez fait l'honneur de m'écrire le 25 de ce mois sur les dispositions des logements que le roi a faites... Vous voyez, Monsieur, que j'ai bien fait de ne pas ordonner si vite les réparations que Mme de Saint-Sauveur a demandées lorsqu'elle avait le logement. Je vous suis très obligé de vouloir bien concerter avec moi à épargner aux Bâtiments du roi les dépenses superflues.* A.N. O[1] 1795 309

25.3.1753 *Le logement de Mme Butler à l'intendant de Paris et M. le marquis d'Armentières* ... Disposition : A.N. O[1] 1076 332

AP 102A

Bertier de Sauvigny, Louis Jean (1709-1788). Intendant de Paris 1744-1776

1770 *État* A « M. d'Armentières, puis M. l'intendant de Paris »

Tabooureau des Réaux, Louis Gabriel (1718-1782). Contrôleur général des finances 1776-1777
[177...] *Le logement de M. de Sauvigny à M. Taboureau, ancien conseiller au Conseil des dépêches et des finances...* Disposition : A.N. O[1] 1077 434

AP 102B
Armentières, Louis Conflans de Brienne, marquis d' (1711-1774). Maréchal de France 1768
Vintimille, Charles Emmanuel Marie Magdeleine de Vintimille du Luc, marquis de (1741-1814). Chevalier d'honneur de la comtesse d'Artois
16.2.1774 *M. le marquis de Vintimille, chevalier d'honneur de Mme la comtesse d'Artois, étant premier officier de cette princesse a droit d'être logé avant les menins de Monseigneur le dauphin. Votre Majesté veut-Elle lui accorder la chambre de feu M. le maréchal d'Armentières en attendant qu'il vaque un logement ?* A.N. O[1] 1077 196
Rochechouart, Jean François Joseph de Rochechouart-Faudoas, évêque de Laon, cardinal de (1708-1777). Évêque de Laon et premier aumônier de la reine 1741-1777 ; cardinal 1761
3.7.1774 *La chambre de M. le maréchal d'Armentières à M. le premier aumônier de la reine, M. le cardinal de Nancy.* Projet : A.N. O[1] 1077 203 ; *cf.* 1799 223
Pons Saint-Maurice, Emmanuel Louis Auguste, vicomte de (1712-1791). Premier gentilhomme de la chambre du duc d'Orléans ; gouverneur du duc de Chartres 1752
8.2.1775 *Le logement de M. le maréchal d'Armentières à M. le vicomte de Pons, ancien menin, comme ayant eu un logement...* Distribution : A.N. O[1] 1077 218
17.4.1775 N au roi : *Personne ne voulant du logement de feu M. le maréchal d'Armentières à cause de son obscurité et de sa puanteur, M. le maréchal de Mouchy le propose à Votre Majesté pour M. de Sauvigny qui le désire...* A.N. O[1] 1077 229
Galasière, Antoine Martin, marquis de Chaumont de (1697-1783). Membre du Conseil des finances 1776
1777 *État* B « MM. Taboureau et de La Galasière »
1776 N au roi : *Louis XIV et le feu roi n'avaient que deux conseillers d'État au Conseil royal, ils étaient logés au Grand Commun et avaient même une chambre au château. M. de La Galasière vient d'obtenir une de ces places qui ont fort augmenté et il demande avec insistance une chambre. Si Votre Majesté veut lui accorder celle de M. le maréchal d'Armentières, il y aura peu de personnes jalouses de cette faveur.* A.N. O[1] 1077 362

AP 102A et 102B sont combinés.

Boutin, Charles Robert (1722-1810). Membre du Conseil des finances 1777
30.11.1781 *Le logement de M. de La Galasière à M. Boutin.* Changements : A.N. O[1] 1801 20
Montyon, Antoine Jean-Baptiste Robert Auget, baron de (1733-1820). Chancelier du comte d'Artois 1780
24.10.1783 *Le logement de M. de La Galasière* **[S 20B]** *à M. Boutin ; celui de M. Boutin à M. Montyon, chancelier de M. le comte d'Artois* A.N. O[1] 1077 282 ; *cf.* 1801 530
17.4.1785 Le baron de Montyon à A : *M. le comte d'Angiviller a dit à M. de Montyon de lui remettre une nouvelle note sur quelques réparations à son appartement au château de Versailles, pavillon de Monsieur le duc d'Angoulême, n° 102. Ces réparations consistent : 1. à boucher une crevasse des lieux qui donne dans la chambre ; 2. crevasses au plafond ; 3. une croisée avec deux carreaux de verre de Bohême. Ces ouvrages ont été visités. Les deux premiers articles sont l'objet d'une demi-journée d'un maçon ; pour le troisième, si M. le directeur général ne croit pas pouvoir donner des carreaux de verre de Bohême, M. de Montynon les paierait.* A.N. O[1] 1802 54
1787 *État* E « M. de Montyon » "6 pièces 4 à cheminée, 1 soupente"

GALETAS DU PAVILLON DE LA SURINTENDANCE

AP 103, 104 et 105 [1]

AP 103
Archives de Versailles
GG-B 2222 « Plans de l'attique en mansarde et galetas dans l'aile du Midi au-dessus de la Surintendance, entre la cour et la cour basse de la Surintendance. Appartements numérotés...**[AP 103]** archives de Versailles »
1741 *État* « Pour les titres de Versailles » "1 pièce à cheminée"

AP 104 et 105 [2]
Effiat, Antoine II Coëffier de Ruzé, marquis d' (1638-1719). Premier écuyer et premier veneur de Monsieur ; premier écuyer du duc d'Orléans
Bontemps, Louis Alexandre II (1703-1747). Premier valet de chambre du roi en survivance
1741 *État* « M. Bontemps le fils » **[AP 104]** "3 pièces, 2 à cheminée" **[AP 105]** "3 pièces, 2 à cheminée ; 5 entresols sans cheminée"

1. **AP 103, 104 et 105** étaient situés dans l'attique et les combles du pavillon de la Surintendance. Le premier consistait en une seule pièce pour les archives. **AP 104 et 105** comprenaient cinq espaces supplémentaires dont plusieurs sans fenêtres dans le galetas sous les solives. Ils paraissent avoir été habituellement combinés et attachés à un appartement au-dessous servant de logement pour les domestiques. Tel fut le cas quand les lieux furent occupés par Binet, le premier valet de chambre du dauphin, par le duc et la duchesse de Brancas vers 1770 et par le comte de Montmorin en 1787. À d'autres époques, ils furent divisés en unités plus petites, composées des pièces requises pour satisfaire leurs occupants. Par exemple, une partie du logement que Binet avait assemblé fut attribuée à l'accoucheur de la dauphine, M. Jard, lorsqu'il succéda au jeune baron de Fosseux-Montmorency. Peu après, quand M. de Muy succéda à Jard, une pièce fut retranchée du regroupement réalisé pour M. Rouillé.
2. **AP 104 et 105** étaient généralement combinés avec **AP 72**, au-dessous.

AP 103, 104 et 105 combinés.

Binet, Gérard, seigneur de Sainte-Preuve (1688-1761). Premier valet de chambre du dauphin 1735 ; contrôleur de la maison de la dauphine 1744
GG-B 1320 « Esquisse de plan côté de l'appartement que doit occuper le lecteur du dauphin dans le galetas de l'aile du Midi au bout du pavillon sur la rue de la Surintendance au-dessus de M. Binet » **[AP 103, 104 et 105]**
11.1746 *L'appartement que l'on fait en bas pour Monsieur le dauphin et Madame la dauphine n'est pas encore près d'être achevé... Cela... donne occasion de demander pourquoi l'on fait un nouvel appartement pour Monsieur le dauphin et Madame la dauphine* **[CC 26 et 26A]**, *puisque celui qu'ils ont* **[AP 66, 66A et 67]** *est beau et convenable. Il y a des gens qui répondent à cette question que Binet, premier valet de chambre de Monsieur le dauphin, est la principale cause du grand ouvrage que l'on fait actuellement pour le nouvel appartement de Monsieur le dauphin, parce qu'il est actuellement fort mal logé et qu'il sera fort bien dans le nouveau.* L* VII 8

AP 103, 104 et 105 sont séparés.

AP 103
Rouillé, Antoine Louis, comte de Jouy (1689-1761). Conseiller d'État 1744, puis secrétaire d'État à la Marine 1749-1754
15.4.1747 *État des personnes qui logent à l'hôtel de Fürstemberg... avec remplacements faits par le roi : M. Rouillé, conseiller d'État au logement de M. de Forcalquier* [1] A.N. O[1] 1076 162
Bertier de Sauvigny [2], Louis Jean (1709-1788). Intendant de Paris 1744-1776
11.5.1749 *Le logement de M. Rouillé, consistant en une chambre, à M. l'intendant de Paris, dont M. de Brou a gardé le logement...* Disposition : A.N. O[1] 1076 236
3.6.1749 *Mémoire : Le roi ayant accordé à M. le prévôt des marchands le logement occupé par M. l'intendant de Paris auquel Sa Majesté a donné celui qu'occupait M. Rouillé...* A.N. O[1] 1810 II 152
1770 *État* A « M. l'Intendant de Paris »

AP 104 et 105
Biron, Louis Antoine, comte, puis en 1739 duc de (1700-1788). Premier écuyer du Régent 1719
GG-B 2222 « Plan de l'attique en mansarde et galetas dans l'aile du Midi au-dessus de la Surintendance entre la cour et la cour basse de la Surintendance. Appartements numérotés **[AP 104]** »
1741 *État* « M. le comte de Biron » "3 pièces, 2 à cheminée"
Clermont-Gallerande, Gabrielle Françoise de Villers d'O, comtesse de (1699-1765). Dame de la duchesse d'Orléans 1719, puis sa dame d'atour 1727 ; dame d'atour de Mesdames les cadettes 1750-1765
Clermont-Gallerande, Pierre Gaspard, *dit* comte de Clermont d'Amboise, puis marquis de (1682-1756). Premier écuyer du duc d'Orléans 1724-1742
18.12.1745 N au roi : *Comme, selon les apparences, Votre Majesté ne laisse pas le logement à Mme de Clermont, dame d'atour de Madame la duchesse d'Orléans* **[AN 31]**, *Votre Majesté est suppliée... d'accorder pour consolation à M. et Mme de Clermont la chambre de M. de Biron, qu'on ne peut réellement appeler un appartement.* A.N. O[1] 1076 98
Brancas [3], Louis de Brancas-Céreste, *dit* marquis de (1672-1750). Maréchal de France 1741
1741 *État* « M. le comte de Biron, puis M. Bontemps, fils, puis M. de Brancas » "3 pièces, 2 à cheminée"
Montmorency-Fosseux, Anne Léon Ier, baron de (1705-1785). Menin du dauphin 1746 ; chevalier d'honneur de Madame Adélaïde 1750
11.2.1746 *M. de Montmorency chez M. le maréchal de Brancas* ... Disposition : A.N. O[1] 1076 104
Anville, Jean-Baptiste Louis Frédéric de La Rochefoucauld de Roye, marquis de Roucy, en 1732 duc d' (1709-1746)
16.2.1746 N au roi : *M. le prince de Chalais demande de Votre Majesté la moitié de l'appartement qu'occupait ci-devant Mme de Mailly* **[AN 33]**, *que Mme de Périgord aime beaucoup mieux que celui de M. de Montmorin* **[AN 68]**. *Si Votre Majesté voulût bien sans déranger M. de Montmorin donner à M. le duc d'Anville le logement que Votre Majesté a ôté au maréchal de Brancas, M. d'Anville serait content et M. de Montmorin serait au désespoir si on le changeait.* Bon du roi : A.N. O[1] 1076 108
Jard, N... (?-?). Chirurgien, accoucheur de la dauphine
11.7.1747 ... *le logement de M. le baron de Montmorency à M. de Jard...* Disposition : A.N. O[1] 1076 168 ; *cf.* 1810 I 234
Marchais, George René Binet, baron de (1712-1780). Premier valet de chambre du roi en survivance de Bachelier 1747, en exercice 1754
2.5.1747 *Le roi a disposé du logement de feu La Peyronie* **[AP 114 et 115]**... *le surplus* **[AP 115A]** *est donné à Binet le fils... lequel troque aussitôt ce logement contre celui qui joint celui de son père et qui avait été donné à M. Jard, accoucheur de Madame la dauphine.* L* VIII 204
Muy, Louis Nicolas Victor de Félix, chevalier, puis comte de (1711-1775). Menin du dauphin 1743
2.1.1748 *Le logement de Jard, hors la petite pièce accordée à M. Rouillé* **[AP 103]** *à M. le chevalier de Muy en échange du sien...* Disposition : A.N. O[1] 1076 190
29.3.1748 *M. le chevalier de Muy, par sa lettre de ce jour, informe M. de Tournehem que le roi lui a donné l'appartement de M. de Jard, duquel il en a détaché une garde-robe pour M. Rouillé* **[AP 103]** *qui loge dans le même canton, que comme cette garde-robe n'a d'entrée que par l'antichambre de M. de Muy et que*

1. Louis Bufile de Brancas (1710-1753), comte de Forcalquier, était le fils du maréchal de Brancas-Céreste qui occupa **AP 104 et 105** jusqu'à 1746. Le duc de Luynes notait à la mort du maréchal qu'il « était presque en enfance depuis plusieurs années ». Sans doute cette pièce, à côté de son logement, fut-elle laissée brièvement à son fils. Voir L* X 306
2. Bertier de Sauvigny occupait aussi **AP 102B** vers cette date.

3. Le marquis de Brancas et le baron de Montmorency occupaient aussi **AP 72**, à l'étage au-dessous.

l'on ne peut en ouvrir une autre en dehors sans affaiblir le gros mur qui est étroit et où est déjà ouverte la porte de son antichambre, il demande un tambour dans cette pièce seulement de 3 pieds de large qui en laisserait en dehors l'entrée de la garde-robe en question [et] lui en procurera une nouvelle dans sa chambre. Réponse : *À M. L'Écuyer à voir ce que demande M. le chevalier de Muy et m'en rendre compte.* A.N. O[1] 1810 II 49
18.9.1748 *M. le chevalier de Muy prie M. de Tournehem de lui accorder un morceau de boiserie sous un rempart de son appartement où l'on ne peut point placer d'armoire.* Bon du roi : A.N. O[1] 1810 83 et 86
27.2.1751 *Le chevalier de Muy prie M. de Tournehem de lui faire faire boiser une fort petite chambre de son appartement située dans un comble dont les remparts et le peu d'élévation ne permettent pas qu'on y mettre une tapisserie.* A.N. O[1] 1810 III 87
6.8.1751 M au roi : *M. le chevalier de Muy supplie Sa Majesté de lui accorder quelques ajustements dans son logement au château de Versailles qui pourraient monter à la somme de 474 livres.* Bon du roi : A.N. O[1] 1070 385 ; *cf.* 1810 III 99

AP 103, 104 et 105 sont combinés.

Lauraguais, Louis de Brancas, duc de, puis en 1760, *dit* duc de Brancas (1714-1793)
1770 *État* A : [**AP 103**] « Mme la duchesse de Brancas [1] » ; [**AP 104**] « M. le chevalier de Muy, puis le duc de Brancas » ; [**AP 105**] « M. le chevalier de Muy, puis le duc de Brancas »
Rochechouart, Jean François Joseph de Rochechouart-Faudoas, évêque de (1708-1777). Premier aumônier de la reine 1741-1777 ; cardinal 1761
1777 *État* B « L'évêque de Laon, premier aumônier de la reine »

AP 103, 104 et 105 sont combinés avec **AP 101**.

Dillon, Louise Thérèse de Rothe, comtesse de (1750-1782). Dame du palais 1781-1782
Dillon, Arthur, comte de (1750-1794). Gentilhomme d'honneur du comte de Provence
4.9.1781 H à A : *Mme la comtesse de Dillon... m'a engagé à demander... le blanchi des deux petites pièces qu'elle vient d'obtenir au château au-dessus de l'appartement de Mme la marquise* [sic] *de Montmorin. J'ai l'honneur de rendre compte que ce blanchi est nécessaire et très peu conséquent, chacune des deux pièces ayant au plus sept à huit pieds carrés.* A.N. O[1] 1801 180

AP 103, 104 et 105 sont détachés de **AP 101**.

1. Cette attribution vient peut-être d'une erreur du premier clerc ou d'une transcription du XIXe siècle. Diane Adélaïde de Mailly de Nesle, duchesse de Lauraguais, mourut en 1769. Son mari était devenu duc de Brancas en 1760. En 1775, il épousa en secondes noces Catherine Wilhelmine Van Neukirchen Van Nyvenhem, qui paraît être la duchesse de Brancas dont il est fait mention ici. Son fils d'un premier mariage, Louis Léon Félicité de Brancas, officiellement duc de Lauraguais, continua à être connu sous le nom de comte de Lauraguais. Il se sépara de sa femme Élisabeth Pauline, née Gand d'Isengheim, en 1764 et fut exilé de 1767 à 1770.

Montmorin, Armand Marc, comte de (1746-1792). Menin du dauphin 1770
Montmorin, Françoise Gabrielle de Tana de Chadieu, comtesse de (1746-1794)
1782 *Le logement de Mme la comtesse de Dillon, très diminué, à M. le comte de Montmorin, comme ancien menin qui n'a qu'une très petite chambre et qui a le bon d'un meilleur...* Distribution : A.N. O[1] 1077 439 ; *cf.* 1801 328
10.6.1782 La comtesse de Montmorin à A : *Le roi a eu la bonté de me donner un petit appartement au château, mais il est si malpropre qu'il m'est impossible de l'habiter. Je vous supplie, Monsieur, d'avoir la bonté de donner vos ordres pour que l'on gratte la vieille peinture et qu'on le blanchisse. Les pièces sont si petites que vous n'aurez point à vous plaindre de la dépense.* A.N. O[1] 1801 317
17.7.1782 LR et L** à A : *L'appartement de Mme de Montmorin : presque fait.* A.N. O[1] 1801 224
12.9.1782 LR et L** à A : *L'appartement de Mme de Montmorin : fait en totalité.* A.N. O[1] 1801 227
10.11.1782 La comtesse de Montmorin à A : *Le roi ayant eu la bonté... de me donner le logement de Mme de Dillon, je vous prie d'avoir la bonté de donner des ordres pour qu'on le blanchisse très promptement. Mme Dillon est morte de la poitrine ; elle a habité ce logement mourante. Je vous avise... que je ne me pourrais l'habiter après elle sans le faire blanchir.* Réponse de H à A : *Conformément à vos ordres, j'ai ordonné le blanchissement demandé par Mme la comtesse de Montmorin.* A.N. O[1] 1801 394 et 395
1787 *État* E « M. le comte de Montmorin »
Allonville, Antoine Charles, chevalier d' (1735-1792). Sous-gouverneur du dauphin 1787-1788
Pugey, N... (?-?). Sous-gouverneur du dauphin
8.4.1787 *Le logement de M. le comte de Montmorin, n°s 104 et 105, aile du Midi, à MM. d'Allonville et de Pugey, sous-gouverneurs de M. le dauphin...* Disposition : A.N. O[1] 1802 334 et 335
Corbin, N... de, abbé (?-?). Instituteur du dauphin 1787-1789
Monteron, N... de, abbé (?-?). Instituteur du dauphin
28.5.1787 *Le logement de M. Fougières* [**AP 82**] *à MM. d'Allonville et de Pugey s'ils le préfèrent aux leurs, et s'ils conservent celui qu'ils ont aujourd'hui à MM. les abbés de Corbin et Monteron.* Note : *Ils le prennent.* État des changements : A.N. O[1] 1802 351 et 352 ; *cf.* 1077 314 et 444
7.1787 Abbés de Corbin et de Monteron à A : *MM. les abbés de Monteron et Corbin, instituteurs de Monseigneur le dauphin... représentent que le logement qu'ils vont occuper au-dessus du pavillon de Monsieur serait impossible pendant les chaleurs de l'été si M. le comte d'Angiviller n'avait pas la complaisance de donner ses ordres pour qu'il soit placé des jalousies aux fenêtres...* Réponse datée 12.7.1787 : *Réponse d'adhésion.* A.N. O[1] 1802 353

LOGEMENTS SUR LA RUE DE LA SURINTENDANCE

AP 106

Richelieu, Louis François Armand de Vignerot du

Plessis de Richelieu, duc de (1696-1788). Premier gentilhomme de la chambre du roi 1744
Richelieu, Marie Élisabeth Sophie de Lorraine-Harcourt, duchesse de (1711-1740)
GG-B 397 ; 412 « dans l'étage en mansarde sur la rue »
1.1.1737 ... *Le roi ayant donné à M. de La Rochefaucauld l'appartement de feu M. d'Antin* [**VA 37**], *il a donné à M. et à Mme de Richelieu celui de M. de La Rochefoucauld ; celui de M. de Richelieu trop petit pour deux, a été donné à M. le comte d'Ayen.* L* I 161
Ayen, Louis de Noailles, comte, puis duc d', duc de Noailles en 1766 (1713-1793). Capitaine des gardes du corps en survivance 1731
5.1741 *Le roi veut donner des appartements... à M. le duc d'Ayen, qui n'en a qu'un de garçon.* L* III 406
Fitz-James, Charles, duc de (1712-1787)
Fitz-James, Victoire Louise Sophie de Goyon de Matignon, duchesse de (1722-1777). Dame du palais, à la résignation de sa mère 1741 ; dame du palais de la dauphine 1770
19.8.1741 *Le roi disposa hier de plusieurs appartements... celui de M. d'Ayen, dans l'aile des Princes, à M. et à Mme de Fitz-James ; c'est un logement un peu petit pour mari et femme ; M. de Richelieu l'avait eu.* L* III 455
1741 *État* « M. le duc de Richelieu, puis M. le duc d'Ayen, puis M. *[le duc]* et Mme la duchesse de Fitz-James » "8 pièces, 4 à cheminée"
Sassenage, Charles François, marquis de (1704-1762). Menin du dauphin 1745 ; chevalier d'honneur de la dauphine en survivance 1749
Sassenage, Marie Françoise Casimire de Sassenage, marquise de (?-?)
15.7.1746 *Le logement de M.* [le duc] *et Mme la duchesse de Fitz-James à M.* [le marquis] *et Mme la marquise de Sassenage...* Disposition : A.N. O[1] 1076 113
17.7.1746 *Le logement de M. et Mme Fitz-James a été donné à M. et Mme de Sassenage.* L* VII 344
21.8.1746 *M. de Sassenage demande à M. le directeur général des Bâtiments du roi... les ajustements et réparations nécessaires à son appartement... savoir : une glace en deux morceaux sur la cheminée de Mme de Sassenage, celle qui y est appartenant à Mme la duchesse de Fitz-James, on pourrait lui en donner le prix ; une glace d'un seul morceau, qui n'est pas considérable, sur la cheminée de M. de Sassenage ; des croisées neuves à l'appartement, les vieilles paraissant hors d'état de résister au mauvais temps ; une armoire dans le réchauffoir de trois pieds de large sur deux pieds de profondeur, la hauteur est à peu près celle du réchauffoir... des tablettes à une armoire qui est faite... un coffre qui serrera les matelas du lit du domestique pour mettre dans l'antichambre.* Réponse : *Glace, néant ; croisées, bon ; armoire néant ; tablettes, bon ; coffre, néant.* A.N. O[1] 1810 I 107
Saint-Séverin, Alphonse Marie Louis, comte de Sanseverino d'Aragona, *dit* comte de (1705-1757). Ministre plénipotentiaire à la conférence de Breda 1748
31.10.1752 *On donne à M. et à Mme de Sassenage l'appartement de M. le duc de Béthune* [**AN 44**] ; *à M. de Béthune celui de M. de Saint-Séverin* [**AP 61**] ; *et à M. de Saint-Séverin celui de M. de La Fare* [**AP 75**] *auquel on joint celui de M. de Sassenage, qui est au-dessus, par un petit degré intérieur.* L* XII 178
Brancas, Louise Diane de Clermont-Gallerande, duchesse de Villars-, *dite* duchesse douairière de (1711-1784). Dame pour accompagner Mesdames 1747-1762

AP 106 est combiné avec **AP 75** au-dessous.

18.3.1757 *Le logement de M. le comte de Saint-Séverin prêté à Mme la duchesse de Brancas, douairière...* Projet d'arrangements : A.N. O[1] 1076 476
9.1757 *Le logement de M. de Saint-Séverin au-dessus de l'attique, n° 106, prêté à Mme la duchesse de Brancas douairière, 8 chambres, 4 à cheminée.* État des logements prêtés... pour le service de Madame l'Infante... jusqu'au 1er avril 1758 : A.N. O[1] 1076 491
Malaspina, N..., marquise de (?-?). Dame de Madame Infante
Montmorency-Fosseux, Anne Léon II, marquis de (1731-1799). Menin du dauphin 1757
24.3.1758 *Le logement que de M. le comte de Saint-Séverin occupait en dernier lieu et prêté à Mme la marquise de Malaspina à M. le marquis de Fosseux, menin, quand Mme de Malaspina le quittera...* Disposition : A.N. O[1] 1076 511
29.9.1758 *Le logement de Mme de Malaspina à M. le marquis de Fosseux, menin de Monseigneur le dauphin.* Projet : A.N. O[1] 1076 529
Jard, N... (?-?). Chirurgien, accoucheur de la dauphine
1.4.1759 *Le logement prêté à Mme de Malaspina, au-dessus de Mme la duchesse de Brancas douairière à l'accoucheur de Madame la dauphine...* Disposition : A.N. O[1] 1076 558
Civrac, François Aimery de Durfort, marquis de († 1786). Menin surnuméraire du dauphin 1752
Civrac, Marie Françoise de Pardaillan de Gondrin d'Antin, marquise de (1728-1764). Dame pour accompagner Madame Adélaïde 1753, puis sa dame d'atour 1755
1760 *Le logement de Mme la duchesse de Brancas, première douairière,* [**AP 75**] *avec le logement de l'accoucheur de Mme la dauphine à M. le comte de Civrac, menin de Monseigneur le dauphin, et à Mme de Civrac, dame d'atour de Madame ...* Disposition : A.N. O[1] 1077 356
Narbonne, Françoise de Charlus, marquise de (1734-1821). Dame pour accompagner Madame Adélaïde 1760
18.10.1761 N au roi : *Mme la comtesse de Narbonne est dans le logement de M. l'évêque de Laon.* [**CC 65 et 66**] *M. le duc de Fronsac arrivera selon les apparences dans le mois de novembre. Votre Majesté permet-Elle au comte de Noailles d'emprunter le logement de M. le maréchal de Maillebois* [**S 2A et 2B**] *pour le marquis de Fosseux en attendant qu'il puisse avoir celui de Mme la duchesse de Caumont* [**AP 58 et 59**] *et Mme la comtessse de Narbonne aura celui de M. le marquis de Fosseux à demeurer ?* A.N. O[1] 1076 654

AP 107 et 108
Despériers, Catherine Gobert, Mme (?-?). Remueuse de Louis XV et des Enfants de France

GG-B 397 "Plan de plusieurs appartements dans l'étage en mansarde sur la rue, de l'aile du Midi... **[AP 107 et 108]** « Mme Despériers » 1338
Andlau, Léonor François, comte d' (1710-1763)
Andlau, Marie Henriette de Polastron, comtesse d' († 1792). Sous-gouvernante des Enfants de France 1735 ; attachée à Mesdames les aînées 1739-1746
1741 *État* « Remueuse des Enfants de France, puis M. d'Andlau » **[AP 107]** "4 pièces, 3 à cheminée ; 2 entresols à cheminée" **[AP 108]** "1 pièce à cheminée"
L'Hôpital, Paul François de Gallucci, marquis de (1697-1776). Premier écuyer de Mesdames Henriette et Adélaïde 1750
L'Hôpital, Élisabeth Louise de Boulogne, marquise de (1720-1767). Dame de Mesdames Henriette et Adélaïde 1739
29.1.1746 *Proposition... de mettre... Mme la marquise de L'Hôpital chez Mme la comtesse d'Andlau...* Disposition : A.N. O[1] 1076 102
29.1.1746 N au roi : *Votre Majesté a promis à Mme de l'Hôpital un logement de mari et femme... l'on pouvait lui donner celui de M. d'Andlau.* Bon du roi : A.N. O[1] 1076 103
2.13.1746 *Mme de L'Hôpital a le logement de Mme d'Andlau, aussi dans la galerie des Princes.* L* VII 238
22.12.1746 *Mme la marquise de L'Hôpital dans le logement qu'elle occupe...* Arrangements : A.N. O[1] 1076 122 ; *cf.* 1810 I 132

AP 107 et 108 sont séparés.

AP 107
Brionne, Charles Louis de Lorraine, comte de (1711-1761). Grand écuyer, *dit* Monsieur le Grand
23.11.1749 *Le logement de M. de L'Hôpital à Monsieur le Grand...* Disposition : A.N. O[1] 1076 241

AP 108
Rochechouart-Faudoas, Charlotte Françoise de Faucon de Rys, *dite* Mlle de Charleval, en 1751 marquise de (1708-1789). Dame pour accompagner Mesdames les cadettes 1748-1758
23.11.1749 *Le logement de Mme de L'Hôpital à Mlle de Charleval...* Disposition : A.N. O[1] 1076 241
24.11.1749 *Le roi vient de donner un logement à Mlle de Charleval, qui en avait un à portée de Madame Victoire,* **[AP 79]** *mais beaucoup plus petit ; on lui a donné celui de Mme de L'Hôpital, qui est petit mais pour mari et femme. Le roi réserve celui de M. de L'Hôpital pour quelqu'un à qui il le destine.* L* X 42
Bracq, Anne Marguerite, *dite* Mlle de (1678-?). Dame de Mesdames les cadettes 1750
12.4.1754 *Le logement de Mme la marquise de Rochechouart-Faudoas à Mlle de Bracq ...* Disposition : A.N. O[1] 1076 279

AP 106 et 107 sont combinés.

Choiseul-Beaupré, Antoine Clériadus, cardinal de (1707-1774). Aumônier du roi Stanislas
1766 *Le logement de l'accoucheur et de la garde de Mme la dauphine prêté à M. le cardinal de Choiseul...* Disposition : AN O[1] 1077 376
1766 N au roi : *La reine conjointement avec le roi de Pologne demande le logement de l'accoucheur de Mme la dauphine pour M. le cardinal de Choiseul jusqu'à ce que l'on en ait besoin.* Bon du roi : A.N. O[1] 1077 379
28.6.1766 M au roi : *M. le cardinal de Choiseul supplie très humblement Votre Majesté de lui accorder le blanchissage de son logement au château de Versailles qui n'est qu'un objet de 200 livres.* Bon du roi : A.N. O[1] 1071 159 et 160 ; *cf.* 1812 III 132
16.5.1766 M à E : *M. le cardinal de Choiseul me demande à faire faire à son appartement qui lui a été donné au château de Versailles quelques réparations dont il me marque que vous avez connaissance et que vous avez jugées indispensables. Vous voudrez bien m'envoyer incessamment l'état estimatif.* A.N. O[1] 1798 57
29.6.1766 M à E : *Vous pouvez... faire travailler au blanchissage du logement de M. le cardinal de Choiseul...* A.N. O[1] 1798 76
22.10.1766 Le cardinal de Choiseul, à Besançon, à M : *M. le comte de Noailles m'a mandé... que pour rendre plus commode mon logement au château de Versailles, on y avait joint deux petites chambres... Comme il y aurait quelques réparations absolument nécessaires, je vous serais sensiblement obligé, Monsieur, de vouloir bien donner des ordres à ce sujet. J'entrerais même dans la dépense si vous le jugez à propos. Comme Mme de Sommièvre, ma nièce, n'a pu pas avoir de logement, en mon absence, je lui prêterai le mien...* A.N. O[1] 1798 114
9.11.1766 M à E : *M. le cardinal de Choiseul me marque... que pour rendre plus commode son logement au château, on a joint deux petites chambres qui en faisaient autrefois partie et où il y a quelques réparations à faire. Vous voudrez bien examiner en quoi elles consistent et m'en rendre compte.* Réponse de E : *M. le cardinal ayant donné à Mme sa nièce des deux petites chambres dont il fait mention au-dessus qui sont dans un brisis où logeait la garde-malade de Madame la dauphine, elles pouvaient rester comme elles étaient ; mais cette dame voulant y loger, elle demande d'en changer la forme, d'y mettre du parquet, du lambris, une cheminée peinte, une tablette de marbre, et de la peinture sur la menuiserie. C'est un objet de 1 500 livres.* Note de M : *Néant.* A.N. O[1] 1798 116
30.11.1766 M au cardinal de Choiseul : *Je viens de me faire rendre compte de la nature et de l'objet des réparations que Mme la comtesse de Sommièvre demande être faites dans les deux petites chambres qui viennent d'être ajoutées au logement de Votre Éminence. Je trouve que ce sont moins des réparations, comme elle me faisait l'honneur de me le marquer, qu'un arrangement complet qui coûterait une somme de 1 200 livres à exécuter. L'état des fonds des Bâtiments m'obligeant de me restreindre aux plus nécessaires, il ne me permet pas de mettre sur leur compte un pareil arrangement. Si Votre Éminence, comme elle y paraît disposée, veut faire exécuter à ses frais, je consens volontiers qu'on y travaille.* A.N. O[1] 1798 118

1.7.1767 Le cardinal de Choiseul à M : *Dans l'appartement... que le roi a eu la bonté de m'accorder à Versailles, il y a un petit escalier montant dans des entresols qui est fort mal placé. Il touche à une cheminée et il en est si près qu'il y a toute sorte de danger pour le feu. Le bas de la porte qui ferme cet escalier est même déjà brûlé. Jusqu'ici, j'ai défendu expressément qu'on y fît du feu, cependant, comme l'usage de cette cheminée m'est nécessaire, je désirais... que vous eussiez la bonté de donner des ordres pour que ce petit escalier, qui est de bois, fût transféré de l'autre côté de la chambre. Cela me donnerait plus de sûreté et un peu plus de commodité. Comme je ne demande aucun embellissement dans cet appartement, et puisque le transport de l'escalier n'occasionnera qu'une très petite dépense, j'espère qu'après vous être fait rendre compte, non seulement de l'utilité mais de la nécessité de ce changement, vous voudrez bien y faire travailler pendant le séjour du roi à Compiègne. Ce sera pour moi un surcroît d'obligation envers vous que je m'imposerai volontiers et que je serai charmé de joindre à celle du portrait de Sa Majesté que vous m'avez procuré d'une faveur si honnête et si obligeante.* A.N. O[1] 1798 183 ; *cf.* 184 et 185
14.8.1767 E à M : *En conséquence de vos ordres du 3 de ce mois, j'ai vu le logement de M. le cardinal de Choiseul ; sa demande est juste, ayant à craindre pour le feu si l'on tardait à y faire le changement qu'il vous propose. C'est un objet de 600 livres.* Réponse : *Demande au roi* A.N. O[1] 1071 208 ; *cf.* 1812 IV 9
18.7.1767 M à E : *Par le compte que vous me rendez... de la demande de M. le cardinal de Choiseul, je vois combien elle est fondée. Je l'ai mise en conséquence sous les yeux du roi qui l'a approuvée ; ainsi, vous profiterez, s'il est possible, du temps où la Cour est absente de Versailles pour exécuter le déplacement du petit escalier dont il est question.* A.N. O[1] 1798 188
Sommièvre, Marie de Choiseul-Beaupré, comtesse de (1731-?). Dame pour accompagner Madame Adélaïde 1764-1787
1770 *État* A « Mme de Sommièvre »
Lescure, Marie Thérèse de Sommièvre, comtesse de (?-?). Dame pour accompagner Madame Adélaïde 1755
5.1775 La comtesse de Lescure à A : ... *J'occupe l'appartement de ma mère... les fenêtres sont toutes pourries...* A.N. O[1] 1799 350
16.5.1775 Mique à A : *Mme la comtesse de Lescure demande trois croisées avec grand carreau, des verres de Bohême, en remplacement de deux croisées en mauvais état qui sont dans sa chambre à coucher et d'une en bon état qui est dans son cabinet...* A.N. O[1] 1799 351
27.5.1775 A à la comtesse de Lescure : *Quoique l'augmentation de dépense que pourra occasionner le changement que vous désirez dans les nouvelles croisées à faire pour l'appartement de Mme de Sommièvre soit un peu plus considérable que vous ne paraissez le penser, l'objet total est néanmoins de nature à me permettre de vous donner une preuve de mon désir de vous être agréable. Les trois croisées dont il s'agit et qui sont en effet dans le cas d'être refaites à neuf, seront mises en grand carreaux. Je dois seulement vous observer, Madame, que par un règlement fait l'année dernière, les réparations de vitrage, ainsi que quelques autres, ayant été mises sur le compte des personnes qui occupent les appartements, les carreaux que vous désirez peuvent vous être plus onéreux que l'autre espèce de vitrine...* A.N. O[1] 1799 352

AP 106 [1]
Fronsac, Louis Antoine Sophie de Vignerot du Plessis de Richelieu, duc de (1736-1791). Premier gentilhomme de la Chambre en survivance 1756
1787 *État* E « M. le duc de Fronsac » "6 pièces, 3 à cheminée."

AP 107 et 108 sont combinés.
Sommièvre, Marie de Choiseul-Beaupré, comtesse de (1731-?). Dame pour accompagner Madame Adélaïde 1764-1787
1787 *État* E « Mme de Sommièvre » "4 pièces, 3 à cheminée, 2 soupentes"

AP 109 et 111 *bis* [2]
Mareschal, Georges (1658-1736). Premier chirurgien du roi 1703-1723 ; maître d'hôtel du roi 1706
7.12.1707 *Le roi donne à Nyert le fils l'appartement de feu M. Denis Moreau* **[CC 68]**, *qui en avait un qu'on donne aux capitaines des gardes de M. le duc d'Orléans ; et celui qu'ils avaient,* **[AP 111]** *le roi le donne à M. Mareschal, son premier chirurgien, pour augmenter celui qu'il avait déjà et qui touche celui qu'on lui donne.* D XII 25

AP 109
Mareschal, Georges Louis (1685-1747). Premier chirurgien, en survivance de son père 1706-1719 ; gentilhomme ordinaire 1716 ; fermier général 1732
GG-B 397 « Plan de plusieurs appartements dans l'étage en mansarde sur la rue... **[AP 109]** M. Mareschal le fils » ; GG-B 418
1741 *État* « M. Mareschal, fils » "4 pièces, 3 à cheminée ; 3 entresols, 1 à cheminée"

AP 109 et 113
Lorge, Louis de Durfort, comte, puis duc de (1714-1790). Menin 1745

1. **AP 106** était combiné avec **AN 75**, au-dessous, à cette époque.
2. **AP 109** se trouvait dans l'attique du pavillon central, sur la rue de la Surintendance. On y accédait par un escalier au sud dont il partageait le palier avec **AP 107 et 106**. De plus, jusqu'à ce qu'il fût supprimé, il incluait un espace entre la cour du Grand Escalier et la cour de la Bouche, qui était une partie de **AP 111**. Cet espace est appelé ici **AP 111*bis*** afin de le distinguer de **AP 111A** qui fut plus tard retranché de l'extrémité nord de **AP 111** et annexé à **AP 112**. **AP 109 et 111** furent séparés à la mort de Mareschal père en décembre 1736. Luynes note (I 143) : *La mort de Mareschal ne fait aucun changement. M. de La Peyronie était déjà en place... Il y a un logement fort commode attaché à la charge de premier chirurgien ; mais La Peyronie en avait déjà un ; il compte même ne le point quitter.* L'espace de l'aile latérale **AP 111A**, attribué auparavant à **AP 109**, fut détaché et ajouté à **AP 111**, l'appartement des Gramont ; **AP 109** fut assigné à la comtesse de Lorge, qui eut droit en plus au galetas au-dessus, **AP 113**, jusqu'en 1756.

Lorge, Marie Marguerite Reine Butault de Marsan, comtesse, puis duchesse de († après 1790). Dame de la dauphine 1745
4.12.1744 *Mme la comtesse de Lorge, dame de Madame la dauphine, a eu le logement dans l'aile des Princes qu'avait M. de Bissy le fils,* [**AP 113**] *et M. de Bissy a eu celui qu'avait M. son père* [**AGM 20**] *auprès du logement du secrétaire d'État des Affaires étrangères.* L* VI 173
18.12.1745 N au roi : *M. le comte et Mme la comtesse de Lorge ont un logement pour eux qui n'est bon que pour un garçon et que M. de Bissy le père a toujours occupé seul. Il est absolument indispensable de leur augmenter, ayant l'un et l'autre une charge qui leur en donne le droit ; il n'y a à portée d'eux que le petit logement de M. Mareschal* [**AP 109**] *qui ne vient presque jamais. Votre Majesté pourrait aussi donner le logement de Mme la duchesse de Lorge* [**AP 73**] *à M. de Saint-Hérem qui en serait très content pour lui, Mme sa femme, et M. l'évêque de Langres, et M. le comte de Noailles manderait à Mme la duchesse de Lorge de la part de Votre Majesté si Elle le jugerait à propos qu'étant pressée de logements, Elle se trouve obligée de lui ôter le sien, mais qu'Elle a donné une augmentation à M. le comte de Lorge afin qu'il puisse la loger et M. le duc de Lorge*[et de Randan] *quand ils viendraient faire leur cour à Votre Majesté.* Bon du roi : A.N. O[1] 1076 98
18.1.1746 E à T : *M. L'Écuyer... a remis au directeur général un état signé de lui contenant le montant de la dépense à faire au nouveau logement de M. le comte de Lorge au dit château, aile du Midi, à l'étage de l'attique, côté des cours, marqué n° 109, évalué à 900 livres.* A.N. O[1] 1810 I 64

AP 113 est séparé de **AP 109**, puis **AP 109** est combiné avec **AP 111**.

GG-B 2779 « Plan des appartements du comte et de la comtesse de Maillebois [**AP 111**] et de la comtesse de Lorge [**AP 109** et en retombe **AP 113**] [1] »
26.9.1756 N au roi : *Votre Majesté avait eu la bonté d'accorder à Mme la marquise de Flavacourt le troc de son logement* [**AP 82**] *avec celui de M. le comte de Maillebois* [**AP 111**] , *Madame la dauphine a désiré que Mme de Flavacourt le lui cédât, ce qu'elle a fait. Madame la dauphine a ordonné en même temps au comte de Noailles de le demander à Votre Majesté en augmentation pour M. le comte et Mme la comtesse de Lorge. M. le comte de Noailles a résisté avec de bonnes raisons mais il a fallu obéir. M. et Mme de Lorge prétendent qu'ils rendront en prenant cette augmentation trois petits logements, un de mari et femme* [**AP 109 et 111 *bis***] *et un de garçon* [**AP 113**]. *Votre Majesté veut-Elle bien accorder cette grâce non à M. et Mme de Lorge mais à Madame la dauphine ?* Bon du roi : A.N. O[1] 1076 459
30.9.1756 Le comte de Lorge à M : *Je comptais vous trouver et avoir l'honneur de vous voir pour vous prier de vouloir bien recommander à M. L'Écuyer la bagatelle d'ouvrages qui sont à faire à l'appartement de Mme la comtesse de Maillebois qui a été donné à Mme de Lorge en augmentation de celui que nous habitons. Comme nous devons rendre nos entresols et la partie d'appartement qu'avait M. de Maillebois, il s'agit de percer une porte et d'en boucher deux, en reposant une autre et reculer une cloison et quelques autres ouvrages mineurs qui ne sont que de très petits objets... Je vous supplie... de vouloir bien donner vos ordres pour que ces petits ouvrages soient finis pendant Fontainebleau afin que la comtesse de Lorge puisse occuper ce logement à son retour. J'ai une niche que j'ai fait faire à mes frais dans les entresols que je rends. Si vous pouvez m'en ordonner une dans ma nouvelle chambre à coucher, je laisserai la mienne qui est très utile où elle est.* A.N. O[1] 1796 311 ; *cf.* 1811 II 108
30.10.1756 E à M : *Les ajustements et changements que M. le comte de Lorge demande dans son logement sont un objet de 400 livres.* A.N. O[1] 1796 309
4.2.1757 *Je, architecte ordinaire et contrôleur des Bâtiments... certifie que les glaces mentionnées... ne sont point du roi, qu'elles appartiennent à M. le comte de Lorge... Dans l'ancienne chambre à coucher une glace ; dans la chambre à coucher au-dessus de la cheminée deux glaces ; dans le cabinet ensuite sur la cheminée trois glaces ; dans la salle à manger sur la cheminée une glace ; dans le petit cabinet sur la cheminée une glace.* A.N. O[1] 1796 357
11.11.1758 M à E : *J'ai reçu votre devis sur la demande de Mme la comtesse de Lorge montant à 160 livres au lieu de 12 livres à quoi les gens dehors de cette dame ont évalué les réparations qu'elle désire. J'ai l'honneur de lui écrire que la situation présente des Bâtiments ne me permettra pas de les lui accorder. Vous ne ferez rien du tout à ce logement.* A.N. O[1] 1796 632 ; *cf.* 636 et 639
24.8.1758 La comtesse de Lorge à M : *On a visité le milieu du plancher de ma chambre... auquel on a remarqué que les solives avaient fait un effort [et] que le reste du plafond était rempli de crevasses. J'avais demandé qu'on les rétablisse tout de suite, ce qui n'aurait pas fait une heure d'ouvrage pendant que les maçons y étaient et que l'on le blanchisse, à quoi l'on m'a répondu qu'il fallait de nouveaux ordres de vous. Je vous avoue... que suivant ce que vous avez dit à M. L'Écuyer devant moi, je le croyais suffisament autorisé pour rétablir un plafond qu'il faisait dégrader. On m'a fait une croisée dans ma chambre ; celle qui y était tombant en pourriture. Parce que j'ai demandé au lieu de volet que l'on y mit, une porte de haut en bas afin que cette chambre soit susceptible de mettre un lit, l'on ne m'a fait ni volet ni porte et mon appartement est par ce moyen ouvert à tous les ouvriers du château et même aux voleurs qui passeront tant qu'ils voudront par la corniche et s'en retourneront par les gouttières. Je me flatte que vous voudrez bien donner des*

1. Le tiers du pavillon central, partie nord, correspond au large espace numéroté « *111 Chambre de Mme la comtesse de Maillebois demandé par Mme la comtesse de Lorge ainsi qui tout ce qui est du même numéro*, annoté *Bon* ». Le reste de **AP 111** incluait l'espace éclairé par les trois fenêtres suivantes vers le nord et la cuisine de **AP 111*bis***. **AP 111A** est tiré de l'espace éclairé par les trois fenêtres suivantes vers le nord. La désignation est "*111A Logement de Mme la comtesse de Maillebois qui reste au roi à donner pour un garçon* », annoté « *Approuvé.* » La retombe montre **AP 113** avec l'annotation « *113 Logements que M.* [le comte] *et Mme la comtesse de Lorge remettent et qui restera au roi à donner.*" Pour **AP 113**, voir plus loin.

ordres à M. L'Écuyer pour réparer demain ce qui a été dégradé et mettre la porte que je demande au lieu du volet qui tient lieu, repliant sur elle-même des deux côtés de la fenêtre. Cela ne coûtera pas plus de 12 francs au roi pour faire cette porte au lieu des volets ordinaires, suivant ce que m'ont dit des gens de l'art... Réponse : *J'aurais répondu plus tôt, Madame, à la lettre dans laquelle vous me demandez quelques réparations dans votre logement que vous me marquez avoir été estimées 12 livres par les gens de l'art, mais j'ai été obligé d'attendre les éclaircissements... Je suis bien mortifié que les gens de l'art que vous avez consultés vous aient prévenu qu'il n'était question que d'un objet de 12 livres puisque par le devis que je viens de recevoir il en coûterait 160 livres que je vous avoue avec regret je ne pouvais vous accorder vu les dures et fâcheuses circonstances où se trouvent les Bâtiments.* A.N. O[1] 1811 III 58

17.9.1765 *État des ouvrages que M. le duc de Lorge se propose de faire faire dans son appartement au château de Versailles et des prix : en maçonnerie, le plafond de la salle de compagnie avec corniche 170 livres ; en menuiserie 21 toises de lambris en bois de chêne à petits cadres, compris la valeur des deux portes entravées sur le plan dans les angles et celle de la double face des quatre portes 672 livres... total 1 071. L'on n'a point compris le changement d'un vieux chambranle composé des différentes pièces de marbre qui est dans la chambre où l'on doit faire les susdits ouvrages. Et M. le duc de Lorge désirait que M. le marquis de Marigny voulût bien ordonner qu'on cherche dans les magasins du roi un chambranle convenable à la dite pièce et qu'il fût posé aux frais du roi sans augmentation aux sommes portées au présent état... Les prix portés ci-dessus surpassent de beaucoup la somme de 360 livres à laquelle il a fixé ses ordres à M. L'Écuyer. La dépense que l'on devait faire aux frais du roi... on a reconnu que le plafond et corniche seraient entièrement différents avec une boiserie neuve et que par la vétusté et mauvais état de la boiserie actuelle qu'il la fallait refaire à neuf dans toute l'étendue de la pièce. Or comme M. le duc et Mme la duchesse de Lorge ont déjà fait beaucoup de dépenses à leurs frais au dit appartement depuis 10 ans qu'ils l'occupent, M. le duc de Lorge serait très reconnaissant si M. le marquis de Marigny voulait bien ordonner que la dépense faite aux frais du roi soit portée à 800 livres. En ce cas, M. le duc de Lorge fournirait le surplus.* A.N. O[1] 1797 570

1766 N au roi : *M. le duc et Mme la duchesse de Lorge n'ont plus de places, les ayant données à leurs enfants qui sont logés, cela paraît une multiplication inutile. L'on croît cependant qu'il faut consulter Madame la dauphine avant de les ôter.* A.N. O[1] 1076 829

Lorge et de Quintin, Adélaïde Philippine de Durfort, comtesse de Lorge, puis duchesse de (1744-1819). Dame de la dauphine 1762

8.1.1769 *Madame Victoire demande qu'on laisse par emprunt à Mme la comtesse de Lorge son petit logement jusqu'au mariage de Monseigneur le dauphin.* A.N. O[1] 1077 44

Maulde, Marguerite Félicité de Conflans, marquise de († 1777). Dame pour accompagner Mesdames les cadettes 1750

Saluces, Angélique Aimée Romaine Julie de Tarneau, marquise de (?-?). Dame d'honneur de la duchesse de Penthièvre ; dame pour accompagner Mesdames les cadettes 1760, puis Madame Sophie

1768 *Le logement de M. le duc et Mme la duchesse de Lorge en fermant une porte de communication avec Mme la comtesse de Lorge* [**AP 110**], *à Mme la comtesse de Maulde et Mme la comtesse de Saluces, dames de Mesdames* ... Logements... pour le service de Mesdames : A.N. O[1] 1077 404 ; *cf.* 1798 202

23.8.1769 M à E : *Mme la comtesse de Saluces me demande de lui faire délivrer une douzaine de feuilles de parquet et quelques morceaux de glaces pour rendre son appartement habitable...* A.N. O[1] 1798 281 ; *cf.* 1812 IV 75

14.4.1769 M à la comtesse de Saluces, rue d'Enfer, vis-à-vis les Chartreux à Paris : ... *Étant informé... que si l'on ne vous eût pas ôté l'entresol dépendant de votre logement au château de Versailles, dont jouissaient avant vous M. le duc et Mme la duchesse de Lorge, vous pourriez y loger avec Mme la comtesse de Maulde sans être obligée de faire les changements que vous demandez, dans cette circonstance, je vous exhorterais de faire les sollicitations nécessaires pour vous rendre votre entresol, ce que je désirerais fort pour éviter une dépense de deux cents pistoles au moins dans un temps où les ouvriers refusent absolument de travailler faute d'être payés. D'ailleurs, je ne suis que trop fondé à représenter combien tous les changements et percements des murs qui se font continuellement dans ce château le détruisent et emploient la plus grande partie des fonds destinés aux réparations.* A.N. O[1] 1798 350

1770 *État* A « Mme la comtesse de Maulde et Mme de Saluces »

Bérenger, Raymond Pierre, comte de Gua, marquis de (1732-1792). Chevalier d'honneur de la dauphine en survivance 1755, en exercice 1762, puis de la comtesse de Provence en 1771

Bérenger, Marie Françoise de Sassenage, marquise de (?-?)

1775 N au roi : *Madame demande pour M. le marquis de Bérenger, son chevalier d'honneur, le logement de Mesdames les comtesses de Maulde et Saluces. Cette demande paraît du plus juste et Mme la comtesse de Saluces prendra le logement de M. le marquis de Bérenger* [**AN 58**], *si Votre Majesté le trouve bon.* A.N. O[1] 1077 367

12.1775 *Le logement de Mme la comtesse de Maulde à M. le marquis de Bérenger, chevalier d'honneur de Madame* ... Disposition : A.N. O[1] 1799 463

1787 *État* E « M. le marquis de Bérenger » "5 pièces, 3 à cheminée, 1 soupente"

AP 110

Renel, Henriette de Fitz-James, marquise de (1705-1739). Dame du palais 1728

Montaigu de Bouzols, Laure Anne de Fitz-James, marquise de (1710-?). Dame du palais 1737

1741 *État* « Dame du palais, Mme de Renel, puis Mme de Bouzols » "9 pièces, 5 à cheminée ; 1 soupente"

Beaune de Bouzols, Marie Hélène Charlotte de La Salle, vicomtesse de (1739-1766). Dame du palais 1763

22.5.1761 La marquise de Bouzols à M : *On va... travailler des tuyaux de cheminée dans mon appartement à Versailles... Après cet ouvrage, il sera nécessaire de reblanchir ce qui ne se peut que par votre ordre.* A.N. O[1] 1797 176

1.7.1761 M à E : *Vous auriez agréable de faire blanchir le logement de Mme la comtesse* [sic] *de Bouzols... ce sera un objet de dépense de 100 à 120 livres.* A.N. O[1] 1797 178

4.7.1761 *Mme la comtesse* [sic] *de Bouzols, par son mémoire à M. le marquis de Marigny, lui marque qu'on va travailler à des tuyaux de cheminée dans son appartement à Versailles où il y a plusieurs crevasses qui menacent pour le feu. Après l'ouvrage, il sera nécessaire de rétablir ce qui ne se peut faire que par votre ordre. Je vous demande en grâce de vouloir bien le donner.* Réponse : *Je viens de donner ordre à M. L'Écuyer de faire blanchir votre appartement.* A.N. O[1] 1812 I 13

Flavacourt, Hortense Félicité de Mailly-Nesle, marquise de (1715-1799). Dame du palais de la reine Marie Leszczyńska 1742

27.9.1763 La marquise de Bouzols à N : *À Paris, mardi. Comme Mme de Flavacourt est actuellement seule, Monsieur le comte, elle veut bien s'exécuter en notre faveur et troquer de logement avec nous* [1]. *Elle en est convenue avec M. de Bouzols qui vous prie ainsi que moi de vouloir bien ratifier cet arrangement et de le faire agréer par le roi s'il est nécessaire. Vous voilà par là délivré de toutes nos importunités. Il ne nous restera plus qu'à cultiver vos bonnes grâces et celles de Mme la comtesse. Soyez bien persuadé que c'est tout mon désir.* A.N. O[1] 1076 723

1763 *Le logement de Mme la marquise de Bouzols à Mme la marquise de Flavacourt...* Disposition : A.N. O[1] 1076 722

Garde-robe de Mme la comtesse de Provence

1770 *État* A « Mme de Flavacourt, puis Mme la comtesse de Lorge, puis garde-robe de Mme la comtesse de Provence »

3.1771 N au roi : *Mme la comtesse de Valentinois demande de quoi placer promptement la garde-robe de Mme la comtesse de Provence. Le logement de Mme la marquise de Flavacourt ne lui a pas été conservé quand elle a remis sa place de dame du palais de la reine. Il pourrait convenir pour cette destination si Votre Majesté l'approuve, ou celui de M. de Boisgelin* [**AP 78 et 79**], *si elle veut troquer.* A.N. O[1] 1077 122

14.3.1771 N au roi : *Mme la comtesse de Valentinois est très contente du logement de Mme la marquise de Flavacourt pour la garde-robe de la comtesse de Provence.* A.N. O[1] 1077 109

29.3.1771 *Mme la marquise de Flavacourt, aile du Midi pour la garde-meuble de Mme la comtesse...* Disposition : A.N. O[1] 1077 123 ; *cf.* 1798 614

28.7.1772 M à la comtesse de Valentinois : *J'ai l'honneur de vous annoncer que Sa Majesté m'a autorisé à faire payer sur les fonds des Bâtiments le montant des deux mémoires... présentés pour les ouvrages... achevés tant chez vous que dans la garde-robe de Mme la comtesse de Provence...* Note à E : *L'un à 1 810 livres et l'autre à 500 livres* A.N. O[1] 1799 41 ; *cf.* 10 et 43

1. Il s'agit de l'échange de **AP 110** contre **AP 77**.

Lostanges, Marie Élisabeth Charlotte Pauline de Gallucci de L'Hôpital, marquise de (1737-?). Dame pour accompagner Madame Adélaïde 1760

Lostanges, Armand Louis Marie Stanislaus, marquis de (1722-1769). Premier écuyer de Madame Adélaïde en survivance de son beau-père le marquis de L'Hôpital 1754

9.7.1777 La comtesse de Lostanges à A : *L'appartement que j'occupe au château étant dans une saleté affreuse, j'ai l'honneur de vous demander de donner vos ordres pour qu'il soit reblanchi... J'ai bien peur aussi que les plafonds ne demandent quelques réparations. Comme je loge à présent sous les toits, la pluie les a fort endommagés.* A.N. O[1] 1800 73

9.11.1777 *État des travaux... l'appartement de Mme de Lostanges à réparer et reblanchir, les réparations sont faites.* A.N. O[1] 1800 110

1787 *État* E « Mme la marquise de Lostanges. » "7 pièces, 5 à cheminée ; 1 soupente, 3 bûchers"

AP 111

Capitaines des gardes de M. le duc d'Orléans

Mareschal, Georges (1658-1736). Premier chirurgien du roi 1703-1723 ; maître d'hôtel du roi 1706

7.12.1707 *Le roi donne à Nyert le fils [l'appartement de feu M. Denis Moreau* **CC 68**], *qui en avait un qu'on donne aux capitaines des gardes de M. le duc d'Orléans, et celui qu'ils avaient, le roi le donne à M. Mareschal, son premier chirurgien, pour augmenter celui qu'il avait déjà* [**AP 109**] *et qui touche celui qu'on lui donne.* D XII 25

Gramont, Louis Antoine de Gramont, comte de Lesparre, comte, puis duc de (1689-1745). Colonel des gardes françaises 1741

Gramont, Geneviève de Gontaut-Biron, comtesse puis duchesse de (1697-1756)

1.9.1737 ... *celui de Mareschal le père a été donné à M. le comte de Gramont.* L* I 341

GG-B 417 « Plan redistribuant l'appartement de feu le sieur Mareschal père entre sieur Mareschal fils [**AP 109**] et le comte et [la] comtesse de Gramont [**AP 111**] »

12.2.1738 GG-B 1374 « Élévation d'une travée de l'aile du Midi, à l'angle nord-est du pavillon central sur la rue de la Surintendance avec le balcon demandé par le comte de Gramont pour la croisée de la chambre de la comtesse dans l'attique... » ; *Cf.* 1737

Duras, Jean Baptiste de Durfort, duc de (1684-1770). Maréchal de France 1741

7.6.1741 *M. le duc de Gramont va occuper celui de son frère* [**VA 16**]. *M. le maréchal de Duras demande à changer le sien contre celui que quitte M. de Gramont, lequel est au-dessous de M. de Tessé* [**AP 113**]. L* III 419

1741 *État* « Premier chirurgien du roi, M. Mareschal, puis M. le comte de Gramont, puis M. le duc de Duras » "8 pièces, 5 à cheminée"

Souvré, François Louis Le Tellier, marquis de (1704-1767). Maître de la garde-robe du roi 1748

13.2.1746 *Au-dessus de Mme de Flavacourt* [**AP 82**] *est l'appartement qu'occupait Mme la maréchale de*

Duras. Le roi vient de le donner à M. de Souvré, maître de la garde-robe. L* VII 217 [1]

Clermont-Gallerande, Gabrielle Françoise de Villers d'O, comtesse de (1699-1765). Dame d'atour de Mesdames 1750

30.8.1750 *Le logement de M. le marquis de Souvré à Mme la marquise de Clermont, dame d'atour de Mesdames*... Disposition : A.N. O¹ 1076 257

Maillebois, Marie Yves Desmarets, comte de (1715-1791). Maître de la garde-robe du roi en survivance 1736

Maillebois, Marie Magdeleine Catherine de Voyer de Paulmy d'Argenson, comtesse de (1724-?)

30.10.1750 *Le logement de M. de Souvré qui avait été à Mme la marquise de Clermont à M. le comte de Maillebois.* Bon du roi : A.N. O¹ 1076 265

GG-B 2779 « Plan des appartements du comte et de la comtesse de Maillebois [**AP 111**] et de la comtesse de Lorge [**AP 109, 111**], et en retombe [**AP 113**] »

AP 111 est divisé, donnant naissance à **AP 111A** et absorbant l'espace restant avec **AP 109**.

AP 111A

Montbarrey, Françoise Parfaite Thais de Mailly, princesse de (1737-1819). Dame pour accompagner Madame Adélaïde 1752

18.3.1757 *Le logement de garçon à côté de M. le comte et Mme la comtesse de Lorge, occupé ci-devant par M. le comte de Maillebois, prêté à Mme la comtesse de Montbarrey*... Projet d'arrangements : A.N. O¹ 1076 476

9.1757 *Le logement de garçon de M. le comte de Maillebois, aile du Midi dans l'attique, n° 111, prêté à Mme la comtesse de Montbarrey, 3 chambres l à cheminée* État des logements prêtés... pour le service de Madame l'infante... jusqu'au 1ᵉʳ avril 1758 : A.N. O¹ 1076 491

1758 *Le logement, ci-devant de mari, de M. le comte de Maillebois, prêté à Mme la marquise de Montbarrey jusqu'au premier avril 1758, au 1ᵉʳ gentilhomme de la manche, si Mme de Narbonne n'aime pas mieux à cause de sa grossesse celui de M. de Talon,* [celui-ci] *étant très haut*... Disposition des logements... pour le service de Mgr le duc de Bourgogne : A.N. O¹ 1076 506

AP 111A et 112 sont combinés temporairement.

Broglie, Victor François, comte, puis duc de (1718-1804). Maréchal de France 1759

1770 *État* A « M. de Broglie [2] »

AP 111A

Lieuray, Jean-Baptiste, baron de (1720-1772). Écuyer de Madame Adélaïde ; gentilhomme de la manche des comtes de Provence et d'Artois 1770

1770 *État* A « M. de Broglie, puis gentilhomme de la manche, le baron de Lieuray. »

1. Mme de Duras, en tant que dame d'honneur de Mesdames de France, reçut **AP 68** et le maréchal de Duras reçut les entresols au-dessus de cet appartement.

2. Le duc de Broglie fut exilé à Ruffec 24 septembre 1773.

Bouillon, Louise Henriette Gabrielle de Lorraine, duchesse de (1718-1788)

Montmorin Saint-Hérem, Jean-Baptiste Calixte, marquis de (1727-1781). Gouverneur de Fontainebleau en survivance

Montmorin Saint-Hérem, Marguerite de La Rocque de Budos, marquise de († 1821)

1772 N au roi : *Mme la duchesse de Bouillon ne pouvant coucher sa femme de chambre dans le logement de M. le baron de Lieuray, le remet à Votre Majesté et demande à la place la survivance de celui de M. le marquis de Bérenger qu'avait M. de Montmorin* [**AN 58**]. *Si Votre Majesté l'approuve, le logement de M. le baron de Lieuray sera à M. le marquis de Montmorin.* A.N. O¹ 1077 163

1777 *État* B « M. le marquis de Montmorin »

Montmorin Saint-Hérem, Jean-Baptiste Armand, marquis de (1759-1814)

28.5.1787 P au roi : *Un très petit logement qu'occupait M. le marquis de Montmorin, gouverneur de Fontainebleau, à M. son fils* A.N. O¹ 1802 351 ; *cf.* 1077 314 et 444

1787 *État* A « M. le marquis de Montmorin » "3 pièces, 1 à cheminée"

AP 112

Tonnerre, Geneviève Armande de La Rochefoucauld de Roye de Blanzac, comtesse de (1692-1745). Dame pour accompagner la duchesse d'Orléans 1715

GG-B 419 « Plan de l'appartement de Mme de Tonnerre »

La Peyronie, François Gigot de (1678-1747). Premier chirurgien du roi 1733-1747

1741 *État* « Mme de Tonnerre, à S.A.R., puis M. de La Peyronie" "7 pièces, 4 à cheminée ; 4 entresols, 1 à cheminée ; 1 grenier"

Poitiers, Marie Geneviève Henriette Gertrude de Bourbon-Malauze, comtesse de (1691-1778). Dame du palais de la duchesse d'Orléans 1715

Lorge et de Randan, Guy Michel de Durfort, comte de Lorge, puis en 1728 duc de Quintin et de Durfort, puis en 1733 duc de (1704-1773). Maréchal de France 1768

Lorge et de Randan, Élisabeth Philippine de Poitiers de Rye, duchesse de (1715-1773)

GG-B 416 « ... pièce pour l'appartement du duc de Randan », 1338 « ... projet pour changements... Mme de Poitiers et M. de Randan... »

11.9.1750 *État des logements que le roi a ôtés dans son château de Versailles pour loger son service... M. le duc de Randan* A.N. O¹ 1076 261

AP 112 et 112A sont séparés.

AP 112

Bracq, Anne Marguerite, *dite* Mlle de (1678-?). Dame de Mesdames les cadettes 1750

AP 112A

Welderen, N..., *dite* Mlle de (1703-1754). Dame attachée à Mesdames les cadettes 1750

11.9.1750 *Mlle de Welderen et Mlle de Bracq chez M. le duc de Randan*... Disposition : A.N. O¹ 1076 260

2.12.1750 *Mlle de Welderen prie M. de Tournehem de lui*

faire mettre des glaces sur les deux petites cheminées de son appartement à Versailles d'où on a ôté les glaces qui y étaient, de sorte qu'il ne reste que la muraille, ce qui fait un très vilain effet. Elle demande aussi que l'on fasse une cheminée dans une des deux petites chambres de ses femmes pour pouvoir faire sa cuisine commune avec Mlle de Bracq. Réponse : *M. L'Écuyer fera faire les ouvrages... montant à la somme de 200 livres dans l'appartement de Mlle de Welderen.* A.N. O[1] 1810 III 71 et 75

AP 112 et 112A sont combinés.

Rochechouart-Faudoas, Charlotte Françoise de Faucon de Rys, *dite* Mlle de Charleval, en 1751 marquise de (1708-1789). Dame pour accompagner Mesdames les cadettes 1748-1758
Rochechouart-Faudoas, Jean Louis Roger, marquis de (1717-1776). Menin du dauphin
12.4.1751 *Le logement de Mlle de Welderen et Mlle de Bracq à Mme la marquise de Rochechouart-Faudoas...* Disposition : A.N. O[1] 1076 279
6.5.1752 *Mme la marquise de Rochechouart-Faudoas demande des ouvrages à faire à son logement au château au sujet d'un percement de porte qui a été fait dans son cabinet qui est le blanchissage et raccordement de vernis... montant à 67 livres.* Bon du roi : A.N. O[1] 1811 I 11

AP 112 et 112A sont séparés.

13.7.1753 E à M : *La séparation à faire dans le logement que viennent de quitter M. le marquis et Mme la marquise de Rochechouart-Faudoas pour y loger M. le comte de Tessé et M. le comte de Choiseul ne s'agissant que d'un bouchement de porte pour le remettre comme il était ci-devant, c'est rien.* A.N. O[1] 1795 304
17.7.1753 M à E : *Vous auriez agréable, Monsieur, de faire... le partage en deux du logement de M. et Mme de Rochechouart-Faudoas pour M. le comte de Tessé, premier écuyer de la reine, et M. le comte de Choiseul, menin du dauphin, et le remettre comme il était il y a deux ans pour Mme de Charleval et Mme de Welderen.* A.N. O[1] 1795 347
1753 *Le logement de M. le marquis et Mme la marquise de Rochechouart-Faudoas en le remettant en deux comme il était quand Mlles de Charleval et Welderen l'occupaient.* A.N. O[1] 1795 353

AP 112
Tessé, René Mans de Froulay, comte de (1736-1814). Premier écuyer de la reine 1770
29.6.1753 *Le logement de M. le marquis et Mme la marquise de Rochechouart-Faudoas, en le remettant en deux comme il était quand Mlle de Charleval et Mlle de Welderen l'occupaient, à M : le comte de Tessé, premier écuyer de la reine et M. le comte de Choiseul, menin...* Disposition : A.N. O[1] 1076 337
Bassompierre, Charlotte de Beauvau-Craon, marquise de (1717-1787). Dame pour accompagner Mesdames Henriette et Adélaïde 1751
1755 N au roi : *Il y a un petit logement vacant consistant en une petite chambre, un cabinet et une garde-robe que M. de Tessé occupait. Le roi de Pologne désire vivement ce logement pour Mme la marquise de Bassompierre.* Réponse : *Accordé.* A.N. O[1] 1077 469
29.8.1755 *Le roi a donné le logement de M. de Tessé à Mme de Bassompierre.* L* XIV 249
7.9.1755 M à E : *Mme de Bassompierre me demande des réparations dans son logement au château de Versailles. Ayez agréable de m'envoyer le plan et le devis de la dépense sur deux colonnes.* A.N. O[1] 1796 178 ; *cf.* 177 et 179
26.9.1755 E à M : *Logement de Mme de Bassompierre : maçonnerie 55 livres ; menuiserie 119 ; serrurerie 38 ; peinture 43 : total 268 livres.* A.N. O[1] 1796 192
25.9.1759 *Le logement de Mme la marquise de Bassompierre... gardé en réserve jusqu'à ce que Monseigneur le duc de Berry passe aux hommes...* Disposition : A.N. O[1] 1076 571
Damas d'Antigny, Zéphyrine Félicité de Rochechouart-Faudoas, comtesse, puis marquise de (1724-1776). Dame pour accompagner Madame Adélaïde
Damas d'Antigny, Jacques François, comte, puis marquis de (1732-1811). Menin du dauphin 1770
26.12.1759 La comtesse de Damas à M : *J'ai reçu les clefs du logement de Mme la marquise de Bassompierre que M. le comte de Noailles m'a fait prêter par permission du roi et que je rendrai quand Mgr le duc de Berry passera aux hommes suivant l'intention de Sa Majesté.* A.N. O[1] 1076 572
4.4.1760 *Le logement de Mme la marquise de Bassompierre, n° 112, destiné au sous-précepteur de Mgr le duc de Berry, à Mme la comtesse de Damas...* Disposition : A.N. O[1] 1076 593
Civrac, François Aymery de Durfort, marquis de († 1786). Menin surnuméraire du dauphin 1752
1764 *Le logement de Mme la marquise de Damas à M. le comte de Civrac, menin...* Disposition : A.N. O[1] 1076 765

> **Rochechouart-Faudoas**, Jean Louis Roger, marquis de (1717-1776). Menin du dauphin
> 1766 *Le logement de M. le comte de Civrac, aile du Midi, à M. le marquis de Rochechouart-Faudoas...* Distribution : A.N. O[1] 1077 373

Fougières, François Marie, comte de (1721-1787). Sous-gouverneur des comtes de Provence et d'Artois 1766
1768 N au roi : *Le logement de M. le comte de Civrac,* **[AP 112]** *ci-devant à Mme la marquise de Damas à M. le comte de Fougières, sous-gouverneur des Enfants de France...* Disposition : A.N. O[1] 1076 759
Broglie, Victor François comte, puis en 1742 duc de (1718-1804). Maréchal de France 1759
1774 *Le logement de M. le comte de Fougières, aile du Midi, à M. le maréchal de Broglie...* Disposition : A.N. O[1] 1077 381 et 386
[177...] M au roi : *M. le maréchal de Broglie vient de confier au comte de Noailles qu'il croyait que Mme la maréchale de Broglie remettra sa place vu sa mauvaise santé. Votre Majesté a eu la bonté d'accorder à M. le maréchal et Mme la maréchale un logement ; ils demandent à le conserver. M. le maréchal mérite cette grâce par ses services et la dignité dont il est revêtu et qui n'est pas*

convenable au cabaret. Réponse : *Bon pour une chambre* [**AP 112A**] *et non le logement.* A.N. O[1] 1077 385
Leyde, Anne Marie de Croÿ, marquise de (1706-?). *Camarera mayor* de Madame Infante, fille aînée de Louis XV
Prisis, Claude de (?-?). Aide-major des quatre compagnies des gardes du roi 1771
18.12.1776 *Le logement de Mme la marquise de Leyde au château à M. de Prisis, aide-major général* A.N. O[1] 1799 635 ; *cf.* 1077 355
1777 *État* B « M. de Prisis »
Major des gardes du corps
1787 *État* E « M. le major des gardes du corps » "2 pièces 1 à cheminée ; 2 entresols, 1 à cheminée"

AP 112A
Choiseul-Beaupré, François Martial de Choiseul de Sommerville, *dit* comte de (1717-1792). Menin du dauphin 1770
29.6.1753 *Le logement de M. le marquis et Mme la marquise de Rochechouart-Faudoas en le remettant en deux comme il était quand Mlle de Charleval et Mlle de Welderem l'occupaient à M. le comte de Tessé, premier écuyer de la reine, et M. le comte de Choiseul, menin...* Disposition : A.N. O[1] 1076 337
8.12.1753 *Le logement de Mlle de Bracq à M. le comte de Choiseul...* Disposition : A.N. O[1] 1076 1753
10.12.1753 *Le logement de Mlle de Bracq donné à M. le comte de Choiseul...* L* XIII 120
Mirepoix, Anne Marguerite Gabrielle de Beauvau-Craon, duchesse et maréchale de (1707-1798). Dame du palais 1753
9.1753 N au roi : *La reine désire que Mme la duchesse de Mirepoix, sa dame de palais... soit logée... Le logement de M. le comte de Choiseul ci-devant à M. le marquis de Rochechouart-Faudoas à Mme la duchesse de Mirepoix, qui en sera contente en attendant mieux...* A.N. O[1] 1077 412
8.9.1753 *On a donné à Mme de Mirepoix un logement qu'avaient M. et Mme de Rochechouart-Faudoas ici dans l'aile des Princes.* L* XIII 50

> **Leyde**, Anne Marie de Croÿ, marquise de (1706-?). *Camarera mayor* de Madame Infante, fille aînée de Louis XV
> 1753 N au roi : *Personne ne veut du logement de M. le marquis de Rochechouart-Faudoas, qui avait été donné au comte de Choiseul, et depuis à Mme la duchesse de Mirepoix, Votre Majesté voudrait-Elle bien l'accorder à Mme la marquise de Leyde ?* A.N. O[1] 1077 410

Beaujeu, Antoine Honoré de Quiqueran, chevalier de (?-?). Sous-gouverneur du duc de Bourgogne 1758
1758 *Le logement de M. le comte de Choiseul à M. le chevalier de Beaujeu, sous-gouverneur...* Disposition des logements... pour le service de Mgr le duc de Bourgogne : A.N. O[1] 1076 506
Andouillé, Jean-Baptiste Antoine (1719-1799). Premier chirurgien du roi 1760-1784
5.4.1761 N au roi : *M. Andouillé n'avait le petit logement de M. le chevalier de Beaujeu que par emprunt pendant la maladie de Mgr le duc de Bourgogne. Il ne le peut habiter avec sa femme. Votre Majesté veut-Elle bien lui accorder quoiqu'il ne soit que de survivance 600 livres jusqu'à ce qu'il ait un logement en nature et du 4 janvier 1761 ?* Bon du roi : A.N. O[1] 1076 596
Paris, Christophe de Beaumont du Repaire, archevêque de (1703-1781). Évêque de Bayonne, puis de Vienne ; archevêque de Paris 1746-1781
20.3.1761 *Le logement de M. le chevalier de Beaujeu, occupé par M. Andouillé à M. l'archevêque de Paris...* Disposition : A.N. O[1] 1076 641
19.4.1761 *Le logement de M. le chevalier de Beaujeu ci-devant à M. le comte de Choiseul et qui avait été prêté à M. l'archevêque de Paris ...* Disposition : A.N. O[1] 1076 642
1762 *M. l'archevêque de Paris ne couche jamais à Versailles. Votre Majesté lui a donné pour sa retraite le logement de M. le chevalier de Beaujeu. Il redemande son ancien...* A.N. O[1] 1076 697
28.5.1762 *M. l'archevêque de Paris persiste à désirer son ancien logement* [**AP 79**] *et Mme de Durfort à le garder. Celui qu'occupe M. l'archevêque aujourd'hui a une pièce de plus que son ancien. Votre Majesté approuve-t-Elle qu'on lui offre celui de garçon de M. de Marchais et qu'on lui dise en même temps que s'il ne veut pas celui-là, il est nécessaire qu'il garde celui qu'il occupe ?* Réponse : *Approuvé.* A.N. O[1] 1076 682
Jard, N... de (?-?). Chirurgien, accoucheur de la dauphine
1763 *Le logement de M. l'archevêque à l'accoucheur de Madame la dauphine qui restera pour prêter...* Disposition : A.N. O[1] 1076 722

> **Fougières**, François Marie, comte de (1721-1787). Sous-gouverneur des comtes de Provence et d'Artois 1766
> 1768 *Monseigneur le dauphin demande... le logement d'accoucheur de Madame la dauphine, autrefois* [occupé] *par M. l'archevêque de Paris pour M. de Fougières, sous-gouverneur.* A.N. O[1] 1076 761

Châtelet, Diane Adélaïde de Rochechouart-Faudoas, comtesse, marquise, puis duchesse du († 1794). Dame de la dauphine 1752
Praslin, Marie de Champagne de La Suze de Villaines, comtesse, puis en 1762 duchesse de († 1783)
1770 [1] *État* A « Mme du Châtelet, puis Mme de Choiseul-Praslin »
Broglie, Victor François, duc de (1718-1804). Maréchal de France 1759
1787 *État* E « M. le maréchal de Broglie » "2 pièces à cheminée ; 3 entresols"

AP 113 [2]
Tessé, René Mans de Froulay, marquis, puis comte de (1681-1746). Premier écuyer de l'infante d'Espagne 1724, puis de la reine 1725
7.6.1741 *M. le maréchal de Duras demande à changer*

1. Mme du Châtelet occupait aussi à cette époque le logement voisin, **AP 93**, sur le parterre du Midi.
2. Situé au centre de l'aile donnant sur la rue, le pavillon s'élevait un étage au-dessus du niveau de l'attique. Ici **AP 113** était le galetas au-dessus de **AP 111**. Il possédait trois fenêtres regardant l'ouest au-dessus de la cour du Grand Escalier et trois fenêtres sur la rue.

le sien contre celui que quitte M. de Gramont **[AP 111]** *lequel est au-dessous de M. de Tessé.* L* III 419
Bissy, Anne Claude de Thiard, marquis de (1681-1765)
18.12.1745 *M. le comte et Mme la comtesse de Lorge ont un logement pour eux qui n'est bon que pour un garçon et que M. de Bissy le père a toujours occupé seul...* Bon du roi : O[1] 1076 98
GG-B 397 « Plan de plusieurs appartements dans l'étage en mansarde sur la rue... M. de Bissy... en retombe... », GG-B 398 « marquis de Bissy »
1741 *État* « M. de Bissy » "4 pièces, 2 à cheminée"

Entre 1745 et 1756, l'appartement est combiné avec **AP 109 et 111 *bis*** au-dessous.

Praslin, Marie de Champagne de La Suze de Villaines, comtesse, puis en 1762 duchesse de († 1783)
18.3.1756 *Le logement en entresols au-dessus de M. le comte et Mme la comtesse de Lorge mis à part de même prêté à Mme la comtesse de Choiseul, dame de Madame la dauphine...* Projet d'arrangements : A.N. O[1] 1076 476
9.1757 *Le logement qu'occupaient M. et Mme la comtesse de Lorge au-dessus de l'attique, aile du Midi, n° 113, prêté à Mme la comtesse de Choiseul, quatre chambres ; deux à cheminée.* État des logements prêtés... pour le service de Madame l'infante... jusqu'au premier avril 1758 : A.N. O[1] 1076 491
1758 N au roi : *Le comte de Noailles avait arrangé de donner aux 3e et 4e gentilshommes de la manche les entresols prêtés à M. le comte et Mme la comtesse de Lorge, mais ils* [ne servent] *pas et Madame la dauphine les a demandés pour Mme la comtesse de Choiseul, qui est à elle...* Disposition des logements... pour le service de Mgr le duc de Bourgogne : A.N. O[1] 1076 506
24.3.1758 *Le logement de M. le comte et Mme la comtesse de Lorge qui était destiné aux derniers gentilshommes de la manche à Mme la comtesse de Choiseul, dame de Madame ...* Disposition : A.N. O[1] 1076 511
1770 *État* A « Mme de Choiseul »
Roure, Françoise Sophie Scolastique de Baglion de La Salle, marquise du (?-?). Dame de la dauphine, puis dame pour accompagner la comtesse de Provence
Roure, Denis Auguste de Grimoard de Beauvau du, marquis du (1735-1814). Menin du dauphin
19.7.1775 La marquise du Roure à A : *Le roi m'ayant donné... le logement qu'occupait M. de Boisgelin* **[AP 78]**... *l'appartement que j'occupais ci-devant vient d'être pris pour la garde-robe de Madame Sophie. J'avais fait blanchir la boiserie, qui en avait un extrême besoin. Comme cette réparation qui est finie depuis peu tourne au profit du roi, je crois que il vous paraîtrait juste qu'elle soit sur son compte, n'ayant joui de l'appartement qu'un moment...* Réponse : ... *quant au blanchissage que vous avez fait donner tout récemment à une pièce dont vous n'êtes plus dans le cas de jouir, c'est trop juste que la dépense ne se soit point à votre charge et je donne des ordres en conséquence...* A.N. O[1] 1799 384
Garde-robe de Madame Sophie
1777 *État* B
6.7.1780 La comtesse de Montmorin à A : *Mme la comtesse de Montmorin prie M. le comte d'Angiviller de vouloir bien accorder pour la garde-robe de Madame Sophie un supplément de deux armoires d'environ quatre à cinq pieds de large sur six de haut, très utiles pour le service.* Réponse : *Ordonné sur le champ.* A.N. O[1] 1800 588
18.1.1782 H à A : *Mme la marquise de Montmorin prie... qu'il soit posé des grilles en fer aux trois croisées de la garde-robe de Madame Sophie sur les combles parce qu'on a tenté plusieurs fois d'en voler les effets. Comme cet objet est très instant, j'ai autorisé les serruriers à aller en avant.* A.N. O[1] 1801 237
Châlons, Anne Jeanne Françoise Aglaé d'Andlau, comtesse de (1746-1826). Dame pour accompagner la comtesse d'Artois
29.2.1782 La comtesse de Châlons à A : *Le roi a bien voulu... me donner le logement qui servait à la garde-robe de Madame Sophie. Je vous prie de vouloir bien donner des ordres pour qu'on y fasse les réparations indispensables.* A.N. O[1] 1801 269
24.3.1782 *La garde-robe de Madame Sophie à Mme la comtesse de Châlons.* A.N. O[1] 1801 263
16.4.1782 H à A : *J'ai examiné les demandes de Mme de Châlons qui sont très peu dispendieuses et en conséquence, j'ai autorisé les entrepreneurs à aller en avant.* A.N. O[1] 1801 283
1.4.1782 LR et L* : *L'appartement de la comtesse de Châlons : les changements sont faits en totalité.* A.N. O[1] 1801 221
18.4.1782 La comtesse de Châlons à A : ... *Si vous aviez la bonté de permettre qu'on me donne une glace du magasin et une cheminée de marbre, cela serait bien utile à ma petite chambre qui a grand besoin d'ornement.* Réponse : *Adhésion si le magasin peut fournir.* A.N. O[1] 1801 290
1787 *État* E « Mme la comtesse de Châlons » "5 pièces, 3 à cheminée, 1 soupente"
3.11.1788 *Le logement de Mme de Châlons à un précepteur de Monseigneur le dauphin...* Distribution : A.N. O[1] 1802 537 ; *cf.* 1077 366

AP 114
La Peyronie, François Gigot de (1678-1747). Premier chirurgien du roi 1733-1747
GG-B 418 et 420
16.12.1736 *La mort de Mareschal ne fait aucun changement. M. de La Peyronie était déjà en place... Il y a un logement fort commode attaché à la charge de premier chirurgien ; mais La Peyronie en avait déjà un ; il compte même ne le point quitter.* L* I 143

AP 115
Armentières, Diane Gabrielle de Jussac, marquise douairière d' (1688-1777). Dame pour accompagner la duchesse de Berry 1715, puis la duchesse d'Orléans 1727
GG-B 418 « ... projet des transformations... appartements du sieur de La Peyronie **[AP 114]** et de Mme d'Armentières **[AP 115]** avec projet en retombe pour agrandir l'appartement de M. de La Peyronie ». *Cf.* 420

AP 116

Première femme de Son Altesse royale

Meuse, Henri Louis de Choiseul, marquis de (1689-1754)

10.1741 *Le logement de M. de Meuse est au-dessus de ma chambre et au-dessus du corridor ; sa chambre n'a qu'une petite fenêtre sur la cour des cuisines. M. de Meuse avait envie de faire une seconde fenêtre et avait demandé au roi la permission de la faire à ses dépens. Le roi lui avait accordé cette grâce ; mais M. Gabriel y ayant trouvé de l'inconvénient, le projet est resté là.* L* IV 6

1741 *État* « Première femme de Son Altesse royale puis M. de Meuse » "4 pièces, 1 à cheminée ; 2 entresols à cheminée"

AP 114 et 115 sont combinés.

La Peyronie, François Gigot de (1678-1747). Premier chirurgien du roi 1733-1747

1.1738 *Celui de Mme d'Armentières* [**AP 115**], *qui est tout contre celui de Mme de Conflans* [**AP 119**] *qui est au-dessus de celui de Mme de Luynes et vis-à-vis celui de M. de Meuse* [**AP 116**], *à M. de La Peyronie qui n'avait point d'entrée de ce côté-ci à son appartement et on donne à Mme d'Armentières un logement qu'avait Mme de Montbazon* [**AP 102**], *et qu'elle a rendu, qui est au-dessus de Mlle de Clermont.* L* II 13

1741 *État* « Mme d'Armentières à S.A.R., puis M. de La Peyronie » "2 pièces à cheminée ; 1 entresol à cheminée"

1741 *État* « M. de La Peyronie » "7 pièces, 5 à cheminée ; 2 entresols sans cheminée"

La Martinière, Germain Pichault de (1697-1783). Premier chirgurien du roi 1747

1770 *État* A « Premier chirurgien »

1777 *État* B « M. de la Martinière »

1787 *État* E « Premier chirurgien du roi » "8 pièces, 7 à cheminée ; 3 entresols ; 1 bûcher"

AP 115A

Marchais, George René Binet, baron de (1712-1780). Premier valet de chambre du roi en survivance de Bachelier 1747, en exercice 1754

2.5.1747 *Le roi a disposé du logement de feu La Peyronie. Ce logement était fort grand... Le roi réserve la moitié de ce logement* [**AP 115**] *pour le premier chirurgien qui sera nommé ; et l'autre moitié* [**AP 115B**] *il en donne à M. de Meuse dont l'appartement n'est séparé que par le corridor ; le surplus est donné à Binet le fils reçu en survivance de Bachelier...* L* VIII 204

Montmorency-Fosseux, Anne Léon II, marquis de (1731-1799)

6.12.1761 N au roi : *M. le baron de Montmorency et M. le marquis de Fosseux ont paru très affligés du changement de logement de Mme la comtesse de Narbonne* [**AP 106**] *avec M. le marquis de Fosseux désiré par Monseigneur le dauphin et Madame et exécuté par les ordres de Sa Majesté. Le comte de Noailles demande à Votre Majesté la permission de donner à M. de Fosseux le logement de garçon rendu par M. de Marchais s'il le préfère à celui de M. le maréchal de Maillebois* [**S 2A et 2B**]. A.N. O[1] 1076 660

Maillebois, Jean-Baptiste François Desmarets, *dit* marquis de (1682-1762). Maréchal de France

12.1761 N au roi : *M. le baron de Montmorency aimant mieux pour son fils le logement de M. le maréchal de Maillebois* [**S 2A et 2B**] *que celui qu'a rendu M. de Marchais, Votre Majesté veut-Elle bien accorder ce logement de garçon à M. de Maillebois et celui de M. de Maillebois à M. de Fosseux ?* Bon du roi : A.N. O[1] 1076 665

Premières femmes de la dauphine

1763 *Le logement qu'occupe M. de Marchais du vivant de M. Binet avec la petite cuisine aux deuxième et première femmes de Madame la dauphine...* Disposition : A.N. O[1] 1076 719

1763 N au roi : *Le comte de Noailles, pour l'exécution de ces ordres, propose de donner à Mesdames les premières femmes de chambre d'abord après le départ du roi de Pologne, duc de Lorraine et de Bar, le logement qui avait été construit pour M. de Marchais qui est très propre, boisé et orné avec une petite cuisine à côté et de placer, tout de suite, M d'Artaize dans le logement où avaient été autrefois M. et Mme Dufort* [**AP 57**]. A.N. O[1] 1076 721

Angiviller, Charles Claude de Flahaut de La Billarderie, comte d' (1730-1809). Gentilhomme de la manche du duc de Berry 1762

13.3.1766 M à E : *Vous pouvez aussi ordonner les changements et ajustements au logement de M. d'Angiviller pourvu qu'ils n'excèdent pas les 483 livres portées par votre devis.* A.N. O[1] 1798 3

28.12.1766 M au roi : *M. Artaize avait le logement des premières femmes de chambre de Madame la dauphine* [**AP 57**]. *Votre Majesté veut-Elle bien le leur rendre avec permission de le troquer avec un du côté de l'aile du Nord ? M. le comte de Noailles propose de donner le très petit logement où M. Artaize les avait confinées à M. d'Angiviller qui sert depuis cinq ans sans autre logement qu'un que M. de Neuilly lui prêtait à la Grande Écurie*[1]. Bon du roi : A.N. O[1] 1071 201

AP 115B

Jard, N... (?-?). Accoucheur de la reine

2.5.1747 *Le roi a disposé du logement de feu La Peyronie* [**AP 114**]. *Ce logement était fort grand ; il était terminé d'un côté par le corridor au-dessus du cabinet de Mme de Luynes* [**AP 84 et 86**], *et de l'autre par un degré qui descend à côté de la grande porte au milieu de la cour de la Bouche. Le roi réserve la moitié de ce logement pour le premier chirurgien qui sera nommé ; et l'autre moitié il en donne à M. de Meuse dont l'appartement n'est séparé que par le corridor* [**AP 116**] ; *le surplus* [**AP 115A**] *est donné à Binet le fils reçu en survivance de Bachelier, lequel troque aussitôt ce logement contre celui qui joint celui de son père* [**AP 104 et 105**] *et qui avait été donné à M. Jard accoucheur de Madame la dauphine.* L* VIII 204

1. En fait, il semble que le comte d'Angiviller occupait **S 18 et 19** avant 1766.

AP 116 et 115B sont combinés.

Meuse, Henri Louis de Choiseul, marquis de (1689-1754)
1743 *Ouvrages qui ont été faits au château de Versailles sur le compte des seigneurs et qui sont à payer... M. de Meuse : menuiserie 730 livres ; peinture 409 livres ; sculpture 179 livres ; glaces 466 livres.* Bon du roi : A.N. O[1] 1795 88
26.6.1746 *M. L'Écuyer... a remis à M. le directeur général... des ouvrages faits au château de Versailles aux appartements et sur le compte des seigneurs ci-après dénommés en 1743 et que le roi a trouvé bon qu'ils soient payés sur les fonds de ses Bâtiments de l'année courante 1746... M. le marquis de Meuse 1 792 livres.* A.N. O[1] 1810 I 74
2.5.1747 N au roi : *Le roi a disposé du logement de feu La Peyronie. Ce logement était fort grand... Le roi réserve la moitié de ce logement* [**AP 115**] *pour le premier chirurgien qui sera nommé ; et l'autre moitié* [**AP 115B**] *il en donne à M. de Meuse dont l'appartement n'est séparé que par le corridor ; le surplus est donné à Binet le fils reçu en survivance de Bachelier...* L* VIII 204
11.7.1747 *Logement vacant, celui du sieur Jard, donné à M. de La Martinière, qui ne peut faire son service sans cette augmentation.* Réponse : *Laisser la pièce et l'entresol à M. de Meuse.* Bon du roi : A.N. O[1] 1076 168 ; *cf.* 1810 I 234
3.8.1747 *M. de Choiseul-Meuse, par sa lettre de 28 juillet dernier marque à M. de Tournehem que le roi lui a accordé une pièce et un entresol de l'appartement de M. de La Peyronie au château de Versailles en le suppléant d'un ordre que la porte qui donne de chez M. de La Martinière dans la garde-robe que feu M. Peyronie avait prise sur cette pièce soit bouchée et qu'il soit fait un petit escalier pour monter dans l'entresol, n'étant pas raisonnable qu'il prenne une entrée sur M. de La Martinière. [Il] dit que M. le comte de Noailles lui a montré le bon du roi pour les deux pièces. [Il] espère que M. de Tournehem voudra bien lui accorder sa demande et se ressouvenir du grand portrait du roi dont il a bien voulu se charger.* Réponse : *Renvoyez cette lettre à M. L'Écuyer.* A.N. O[1] 1810 I 235
Boufflers-Remiencourt, Marie Françoise Catherine de Beauvau-Craon, marquise de (1711-1786). Dame pour accompagner Mesdames les cadettes 1757
Boufflers-Remiencourt, Charles Marc Jean François Régis, marquis de (1736-1783). Menin du dauphin 1752
18.4.1754 *Le logement de M. le marquis de Meuse donné à Mme la marquise de Boufflers.* L* XIII 220
19.4.1754 *Le logement de M. de Meuse pour Mme la marquise de Boufflers, dame de Mesdames et M. le marquis de Boufflers. Le roi de Pologne désire cet arrangement...* Disposition : A.N. O[1] 1076 364
9.11.1754 *M. le marquis de Marigny est prié de se ressouvenir qu'il a eu la bonté de promettre de donner ses ordres pour que l'on blanchisse les entresols de l'antichambre de l'appartement qu'occupe Mme la marquise de Boufflers à Versailles. C'est celui qu'occupait M. le marquis de Meuse.* Bon du roi : A.N. O[1] 1811 I 137
9.11.1754 M à E : *Vous ferez... blanchir l'antichambre et les entresols de Mme la marquise de Boufflers, dépense qui suivant votre devis doit monter à 49 livres.* A.N. O[1] 1796 96 ; *cf.* 99 et 102
Maugiron, Marie Françoise de Sassenage, marquise de (?-?). Dame de la dauphine 1762
16.1.1763 *Le logement de Mme la marquise de Boufflers douairière à Mme la marquise de Maugiron...* Disposition : A.N. O[1] 1076 699
Beaujeu, Antoine Honoré de Quiqueran, chevalier de (?-?). Sous-gouverneur du duc de Bourgogne 1758
Montbel, René François, comte de (?-?). Sous-gouverneur des comtes de Provence et d'Artois 1764 ; puis gentilhomme d'honneur du comte de Provence
Montbel, N... de Bassi, comtesse de (?-?). Dame de la comtesse d'Artois 1780
1764 N au roi : *Monseigneur le dauphin demande pour M. de Montbel le logement de M. le chevalier de Beaujeu qu'il remplace dans sa place de sous-gouverneur des Enfants de France...* A.N. O[1] 1076 759
1770 *État* A « M. de Montbel »
17.4.1772 N au roi : *Votre Majesté ayant laissé l'éducation de Mgr le comte d'Artois à MM. les sous-gouverneurs, ils ne peuvent plus quitter Versailles. M. le comte de Fougières est passablement* [logé], *mais M. le comte de Montbel est dans le logement de garçon de feu M. le marquis de Meuse. Ainsi il paraît nécessaire de l'agrandir dans ce moment.* A.N. O[1] 1077 157
Caumont, Marie Louise de Noailles, marquise de La Force, duchesse de (1710-?). Dame de la dauphine 1745
1.5.1772 N au roi : *Mme la duchesse de Caumont ayant repris amitié et confiance en son frère, le comte de Noailles, il lui a conseillé de déprendre son logement* [**AP 58**] *qui est de mari et femme et d'en prendre un plus petit. Elle y consent si Votre Majesté veut bien lui accorder celui de M. de Montbel, qui consiste en une chambre et une antichambre. Elle en sera contente. Le comte de Noailles soupçonne que sa sœur ne gardera pas sa place beaucoup d'années.* A.N. O[1] 1077 160
Saulx-Tavannes, Éléonore Eugénie de Lévis-Châteaumorand, comtesse, puis duchesse de (?-?). Dame du palais de la reine 1759
7.1766 N au roi : *Mme la duchesse de Caumont a rendu son très petit logement. Votre Majesté veut-Elle bien le donner à Mme la comtesse de Tavannes et permettre au maréchal de Mouchy de payer 100 livres pour qu'on n'ôte plus rien de cet appartement. Il y a un abus intolérable à tous les changements* [d'occupant où] *l'on veut tout enlever. Il est essentiel que Votre Majesté donne l'ordre le plus exact à ce sujet, tant à M. le directeur général des Bâtiments qu'au gouverneur de Versailles qu'il ne soit jamais ôté des appartements quand on les quitte que les glaces et les commodes qui sont des meubles.* A.N. O[1] 1076 811
31.12.1775 *Le logement de Mme la duchesse de Caumont à Mme la comtesse de Tavannes...* Disposition : A.N. O[1] 1799 466
1777 *État* B « Mme de Tavannes »
Narbonne-Pelet, Marie Anne Pauline de Ricard de Brégançon, marquise de Joyeuse-Garde, vicomtesse de (?-?). Dame pour accompagner la comtesse de Provence 1774
1783 *Celui de Mme la comtesse de Tavannes, dame du palais, à Mme la vicomtesse de Narbonne, la seconde*

à loger des dames de Madame ... Disposition : A.N. O[1] 1077 438 ; *cf.* 1801 328
15.1.1783 LR et L** à A : *Situation des travaux : l'appartement de Mme la vicomtesse de Narbonne-Pelet. Le blanchi de cet appartement est très avancé.* A.N. O[1] 1801 412
1787 *État* E « Mme la vicomtesse de Narbonne » "4 pièces, 1 à cheminée ; 2 entresols à cheminée ; 1 bûcher"

AP 117
Champcenetz, Louis Quentin de Richebourg, marquis de (1690-?). Premier valet de chambre du roi en survivance 1703 ; gouverneur de Meudon, Bellevue et Chaville
Champcenetz, Thérèse Louise Trévillon, marquise de (?-?)
1741 *État* « Premier valet de chambre du roi, M. de Champcenetz » "6 pièces, 5 à cheminée"
GG-B 1370 « Plan légendé... dans l'attique du pavillon d'Orléans. Retombes de soupentes pour les garde-robes et les domestiques » ; 1371 « Plan de la chambre de Mme de Champcenetz avec projets de changements... »
21.4.1750 T au roi : *M. de Champcenetz a un logement au château de Versailles auquel il serait nécessaire de faire plusieurs réparations et ajustements... Ces réparations monteront... à 774 et les ajustements à 2 132 livres...* Bon du roi : A.N. O[1] 1070 363 ; *cf.* 1810 III 18
Champlost, Marie Louis Quentin, baron de (1709-1760). Premier valet de garde-robe ; premier valet de chambre du roi 1757
18.3.1757 *Le logement de M. Champcenetz père à M. Champlost...* Disposition : A.N. O[1] 1076 472
19.4.1757 *Le logement de M. de Champcenetz à M. de Champlost, premier valet de chambre du roi, à condition de loger M. de Champcenetz quand il viendra faire sa cour au roi* ... Disposition : A.N. O[1] 1076 478
Hébert, Antoine (1717-1792). Aide-major de la Cour 1745
29.3.1771 N au roi : *M. Darros, second aide-major de la Cour, ne peut être que chez M. Hébert, logement que M. le comte de Noailles destinait au confesseur. Il n'a de ressource que dans l'ancien logement de suisse de la Chapelle,* **[AN 00]** *si l'on peut y faire une cheminée.* A.N. O[1] 1077 114
1770 *État* A « Aide-major de Cour »
Maudoux, Louis Nicolas (1724-?). Confesseur du roi 1764-1774, puis de Marie-Antoinette
29.3.1771 *Le logement du second aide-major de Cour, n° 117, attique, aile du Midi, au confesseur du roi...* Disposition : A.N. O[1] 1077 124 ; *cf.* 1798 657 et 1802 733
18.8.1771 *Le second aide-major de Cour où était M. Hébert qui lui avait la place en attendant qu'on le remette dans le logement qui est destiné dans l'aile* [du Gouvernement] *qu'on va rebâtir* ... Disposition : A.N. O[1] 1798 684
Champlost, Charles Jean Marie Quentin, chevalier, puis baron de (1742-1793). Premier valet de chambre du roi en survivance 1776
1777 *État* B « M. de Champlost »
Brionne, Louise Julie Constance de Rohan-Montauban, comtesse de (1734-1807)
2.7.1778 *Glaces ci-après portées à l'appartement de M. de Champlost, premier valet de chambre, que Mme la comtesse de Brionne va occuper...* D.C.V. citant A.S.A. 13 folio 119 ; *cf.* A.S.A. 14 folio 15 daté 3.10.1778
1787 *État* E « Mme la comtesse de Brionne » "6 pièces, 3 à cheminée ; 4 entresols, 1 à cheminée"

AP 118
Bonneval, Michel de († 1766). Intendant des Menus-Plaisirs 1736
Officiers de garde de Monsieur le dauphin
Champcenetz, Jean Louis Quentin de Richebourg, marquis de († 1813). Premier valet de chambre du roi en survivance jusqu'à 1757 ; gouverneur de Meudon, Bellevue et Chaville en survivance
1740 *Le chef de brigade de M. le dauphin, aile du Midi, attique et galetas, n° 118, une pièce à cheminée et l'entresol à cheminée donnés à M. de Champcenetz pour supplément pour son fils...* Logements... donnés par le roi : A.N. O[1] 1076 133
1741 *État* « <u>M. de Bonneval</u>, puis officiers des gardes de M. le dauphin » "1 pièce à cheminée, 1 entresol sans cheminée"
GG-B 1370 « ... dans l'attique du pavillon d'Orléans. Retombes de soupentes pour les garde-robes et les domestiques »
2.12.1750 *M. de Champcenetz fils supplie M. de Tournehem de lui accorder les ouvrages désignés ci-après dans son appartement de Versailles... 871 livres.* Réponse : *M. L'Écuyer fera faire les ajustements demandés.* A.N. O[1] 1810 III 72
18.3.1757 *La chambre au château de M. Champcenetz à MM. de Champcenetz père et fils...* Disposition : A.N. O[1] 1076 472
5.10.1760 N au roi : *Votre Majesté avait eu la bonté de donner une petite chambre à M. de Champcentez père quand il se retira. Votre Majesté veut-Elle avoir la bonté de la laisser à son fils ?* A.N. O[1] 1076 619
1770 *État* A « M. de Champcenetz fils »
Polignac, Armand Jules François, comte puis duc de (1745-1817). Premier écuyer de la reine en survivance 1776
1777 *État* B « M. Jules de Polignac »
Champcenetz, Jean Louis Quentin de Richebourg, marquis de († 1813). Premier valet de chambre du roi
1787 *État* E « M. de Champcenetz » "1 pièce à cheminée ; 1 entresol à cheminée

AP 119
Conflans, Louise Françoise de Jussac, marquise de Chaumont (?-?). Dame pour accompagner la duchesse d'Orléans 1715 ; gouvernante des enfants de la maison d'Orléans
Soubise, Charles de Rohan-Soubise, prince de (1715-1787). Capitaine-lieutenant des gendarmes de la garde 1734
1.1.1738 *Il y a eu... quelques changements dans les logements. Celui de M. le maréchal d'Estrées a été donné à Mme de Conflans ; celui de Mme de Conflans qui est au-dessus de celui de Mme de Luynes* **[AP 84 et 86]**, *à M. de Soubise ; mais seulement en attendant*

et pour s'habiller en arrivant de la chasse parce qu'il loge fort loin dans la ville... L* II 13
Maillebois, Marie Yves Desmarets, comte de (1715-1791). Maître de la garde-robe du roi en survivance 1736
3.11.1739 *Le roi donne à Versailles le logement de Mme d'Alincourt à M. de Soubise* [**AP 59**] ; *ce logement était vacant depuis longtemps. Sa Majesté a donné à M. de Maillebois le fils le petit logement qu'avait M. de Soubise et qui était auparavant à Mme de Conflans.* L* III 69
Champcenetz, Jean Louis Quentin de Richebourg, marquis de († 1813). Premier valet de chambre du roi en survivance jusqu'à 1757 ; gouverneur de Meudon, Bellevue et Chaville en survivance 1736
1741 *État* « Mme de Conflans à S.A.R., puis M. de Champcenetz, fils » "3 pièces à cheminée"
GG-B 1370 « ... dans l'attique du pavillon d'Orléans. Retombes de soupentes pour les garde-robes et les domestiques [**AP 117 à 119** vers 1754] » ; 1371
Montoison, Alison Tranquille de Clermont-Tonnerre, marquise de (1724-1752). Dame surnuméraire du palais 1749
26.7.1750 N au roi : *La reine demande le logement de garçon que quitte M. le comte de Maillebois pour Mme de Montoison. Comme elle a une charge et droit d'en avoir un, le comte de Noailles propose à Votre Majesté de lui accorder. Le dit logement est trop petit pour deux.* Bon du roi : A.N. O[1] 1076 253
Butler, Louise Sophie Cooke de (?-?). Sous-gouvernante des Enfants de France 1746
17.12.1752 *Le logement de Mme la marquise de Montoison à Mme Butler...* Disposition : A.N. O[1] 1076 314
Leyde, Anne Marie de Croÿ, marquise de (1706-?). *Camerera mayor* de Madame Infante, fille aînée de Louis XV
22.[1].1753 *Mme Butler supplie M. de Vandières de lui accorder les réparations suivantes qui sont nécessaires dans son logement que le roi vient de lui donner au château de Versailles, qui consistent à remettre du plâtre dans les endroits absolument à jour, raccommoder le plancher d'un entresol où les planches qui le forment sont pourries, relever et réparer les fourneaux de la cuisine, une niche dans la chambre à coucher, un attique de cheminée et y poser une glace qui est dans un autre entroit et blanchir tout le logement en blanc le plus simple. Devis = réparations 369 livres ; ajustement 534 livres.* Bon du roi : A.N. O[1] 1811 I 50 ; *cf.* 56 : M à E : *Vous ferez faire... au logement de Mme Butler les réparations et ajustements portés... à 534 livres.*
15.8.1753 N au roi : *Le logement de Mme Butler, qu'occupait Mme de Leyde, ne sera habitable que dans un mois, c'est à Votre Majesté à décider lequel des logements... Votre Majesté veut que l'on emprunte jusqu'au 24 septembre.* Clarification : *M. de Matignon...* [**AN 46**] A.N. O[1] 1076 242
31.8.1753 E à M : *Mme de Butler ne me demande que les gros ouvrages, se chargeant des autres... 3 152 livres.* Réponse : *Néant* A.N. O[1] 1070 544 et 1811 II 15
Champcenetz, Louis Pierre Quentin de Richebourg, marquis de (1754-1822). Gouverneur et capitaine des chasses de Meudon, Bellevue et Chaville en survivance
Champlost, Charles Jean Marie Quentin, chevalier, puis baron de (1742-1793). Premier valet de chambre du roi 1776
1770 *État* A « M. de Champcenetz fils, puis M. de Champlost »
Trancourt, N... de (?-?). Secrétaire de la reine
1777 *État* B « M. de Trancourt, secrétaire de la reine » GG-B 1328
Orléans, Louis Philippe Joseph, duc de Chartres 1752 à 1785, puis d'Orléans (1747-1793)
23.7.1780 *Les deux pièces de Trancourt pour l'appartement de M. le duc de Chartres ...* Distribution autographe de Louis XVI : A.N. O[1] 1800 593 : *cf.* 1077 262
1783 *État* D « M. le duc de Chartres »
1787 *État* E « M. le duc d'Orléans » "2 pièces, 1 à cheminée, 1 soupente"
Trancourt, M. de. (?-?). Valet de chambre et secrétaire de la reine (?-?)
1789 *État* F « M. de Trancourt »

GALETAS DU PAVILLON DU ROI

AP 120
Mercier, Marie Madeleine Bocquet, Mme (1683-1750). Nourrice du dauphin 1707 ; première femme de chambre de la reine 1725
Mercier, Simon (?-?). Contrôleur de la maison de la reine
1741 *État* « Première femme de chambre de la reine, Mme la nourrice du roi » "8 pièces, 5 à cheminée, 1 soupente"
Perrin [1], Élisabeth Geneviève (?-?), Geneviève Michelle (?-?), et Marie Geneviève (?-?). Femmes de chambre de la reine
Bibault, Marie Marguerite [2] († 1780). Femme de chambre de la reine 1725-vers 1768
22.3.1750 N au roi : *La reine a désiré le logement de feu Mme de Mercier pour Mlles Perrin et Bibault, et Votre Majesté a bien voulu l'accorder. Comme ces demoiselles n'y viennent que 8 jours chacune, elles gardent leurs logements au Grand Commun. Les demoiselles Destournelles et Thibault remplaçant les dites demoiselles Perrin et Bibault supplient Votre Majesté de leur accorder leur logement en argent, qui est de 300 livres chacune.* A.N. O[1] 1076 248
Misery, Julie Louise Bethault de Chemault, baronne de Bibault de (?-?). Première femme de chambre de Marie Leszczyńska
1765 N au roi : *Votre Majesté avait eu la bonté d'accorder à la reine le logement de Mme Mercier pour la retraite de ses premières femmes, feu Madame la dauphine en conséquence avait demandé et obtenu la même chose pour les siennes, et en avait reconnu l'inutilité avant sa mort, puisqu'elle le leur avait fait ôter pour loger M. l'évêque de Verdun ; le comte de Noailles propose à Votre Majesté de supprimer à perpétuité le logement de retraite et l'accorder à Mme de Misery pour tout logement tant pour elle que pour sa famille.* A.N. O[1] 1076 791

1. Mlles Perrin occupaient aussi **GC 40A à gauche** ainsi que **11A à gauche** (cave) dans l'état de 1741, puis **GC 66 à droite**.
2. Mlle Bibault occupait aussi **GC 69 et 71 à droite** ainsi que **18B à gauche** (cave) dans l'état de 1741.

11.8.1775 Mme de Misery à A : *Quoique je n'aie pas l'honneur d'être connue de vous, Monsieur, j'espère celui d'être attachée à la reine et éprouvant ses bontés, vous voudrez bien avoir celle d'être favorable à une demande qui est à peu près la première que j'ai faite depuis treize ans que j'occupe mon appartement au château. Le roi en avait disposé et je devais le quitter, mais une circonstance, la plus malheureuse qui se soit jamais rencontrée, a été cause qu'il m'est resté jusqu'à présent, et la reine a eu la bonté de me faire dire hier qu'elle avait celle de me le faire conserver au moins pour un temps après le malheur qui vient de m'arriver... Il m'est impossible d'y rentrer sans solliciter quelque changement sans lequel mon mari ne peut occuper une très petite chambre dans laquelle mon malheureux gendre a terminé sa vie après quatre mois de mariage et trois mois d'une cruelle maladie contre laquelle on ne peut s'empêcher d'avoir la prévention de craindre en occupant aussi promptement la même pièce. Mon appartement est si petit que je n'ai aucune ressource qu'en changeant la désignation des deux pièces contiguës. J'espère... que vous voudrez bien donner vos ordres à M. Heurtier à qui je vais en écrire afin qu'il se transporte chez moi et il vous rendra compte des changements que je demande...* Réponse de H à A : *J'ai examiné... la demande de Mme de Misery et j'ai reconnu qu'elle consiste en un changement de cloison et un blanchissage dans son appartement et que la dépense pourra monter à environ 300 livres.* A.N. O[1] 1804 28 et 29

1777 *État* A « Première femme de chambre de Madame la dauphine, Mme de Misery »

1787 *État* E « Mme de Misery, première femme de la reine » "8 pièces 5 à cheminée, 1 bûcher"

L'aile du Nord

L'aile du Nord fut le dernier bâtiment majeur du château à être entrepris et le dernier à être achevé. Sa construction commença en 1685 avec le creusement de profondes fondations pour la façade sur les jardins, tandis que l'Opéra, qui avait été envisagé sur un site à l'extrémité de l'aile, ne fut pas inauguré avant 1770. Dans sa forme finale, l'aile comprenait six éléments majeurs : sur le parterre du Nord, la Chapelle, attenante au corps central, les appartements princiers donnant sur le parterre du Nord et l'Opéra à l'extrémité nord ; sur les cours intérieures, une aile latérale massive reliant la façade sur les jardins aux deux petites ailes des logements qui longeaient la rue des Réservoirs. Comme pour la plupart des bâtiments du château, aucun maître-plan n'avait préludé à la construction de l'aile, qui fut l'objet de toute une série de projets, de compromis et de faux départs avant de s'élever enfin.

La partie la plus ancienne datait des années 1660. C'était un petit pavillon de jardin appelé la grotte de Thétis [1]. Il comprenait trois niches abritant des statues et des fontaines alimentées par un réservoir sur le toit. Derrière se trouvait une aile de service pourvue d'un seul étage et d'un toit à pignon dont les lucarnes regardaient le côté nord de l'ancienne aile du Gouvernement. Plus tard, cette construction fut remplacée par une autre qui faisait pendant au bâtiment des Offices et fut augmentée d'un pavillon terminal conçu pour s'accorder avec le pavillon du Roi [2]. Elle était agrémentée de colonnes unissant les deux premiers niveaux, d'une seconde série de colonnes au niveau de l'attique et d'urnes sur l'entablement. En 1681, une petite aile réunit la grotte au corps central ; c'est là qu'une Chapelle improvisée fut en usage jusqu'en 1709.

Cette Chapelle devait être temporaire, car il était prévu un nouveau et magnifique lieu de culte dans la nouvelle aile. À l'origine, une Chapelle avec un dôme était envisagée au centre de l'aile. La façade de celle-ci avait été conçue comme l'exacte réplique de l'aile des Princes, avec le même nombre de croisées et d'avant-corps. Le grand salon au centre de l'aile devait servir de vestibule au sanctuaire [3]. Les fondations étaient déjà jetées, quand Hardouin-Mansart renonça au projet. À la place, on construisit sur ces fondations une large aile latérale entre la façade sur les jardins et

1. GG-B 91-93.
2. GG-B 2980 et 2891.
3. Fiske KIMBALL, « The Chapels of the Château of Versailles », *Gazette des beaux-arts*, VIe période, t. XXVI, 2e semestre, 1944, p. 315-332.

le côté de la rue [1]. Ce labyrinthe résidentiel, aussi large que les ailes latérales et la cour du Grand Escalier dans l'aile des Princes, finit par porter le nom de Gros Pavillon.

Au lieu d'une Chapelle coiffée d'un dôme, Hardouin-Mansart proposa en 1689 le plan de l'édifice actuel, plus traditionnel et qui rappelle dans une certaine mesure la Sainte-Chapelle de Paris [2]. Il devait prendre place sur le site de l'aile de service et du pavillon terminal derrière la grotte de Thétis, laquelle fut démolie pour créer de vastes fondations de maçonnerie, dont le travail commença la même année. Cependant, le chantier fut retardé par la guerre et ne débuta pas avant 1697, lorsque la paix de Ryswick libéra des fonds pour la construction [3]. Elle continua dix années durant pour ne s'achever qu'un an après la mort de Mansart. Le résultat fut accueilli avec réserve. Saint-Simon, toujours critique, se plaignait que le plan sacrifiât tout à l'intention d'offrir une large perspective à partir de la tribune du roi au premier étage [4]. En outre, le faîte du toit gothique s'élevait au-dessus de la façade classique, créant une juxtaposition de styles criante.

Durant ce délai, les appartements résidentiels furent achevés. On sait que Hardouin-Mansart entretenait la vanité de Louis XIV et son goût des bâtiments en lui faisant valoir que c'était lui, le roi, qui avait créé ces projets. En 1685, après lui avoir montré ses plans, l'architecte les révisa au cours de la nuit pour assurer cinquante-cinq logements dans la nouvelle aile [5]. Les appartements princiers étaient situés au rez-de-chaussée et au premier étage du côté du parterre du Nord. Comme dans l'aile des Princes, ils ouvraient sur une longue galerie éclairée par des arcades donnant sur les cours intérieures. Au bout de cette galerie, les plans de 1687 indiquent encore un espace réservé pour un grand théâtre, appelé indifféremment salle des spectacles ou salle des ballets. L'idée n'en fut jamais abandonnée [6] et le projet, repris dans les années 1760, donna naissance à l'Opéra.

De l'achèvement de la Chapelle en 1709 jusqu'à la construction de l'Opéra, une vue à vol d'oiseau de l'aile du Nord montrait une grille incomplète ressemblant schématiquement à un 9. Le long du parterre du Nord, la façade symétrique de celle de l'aile des Princes allait de l'appartement terminal jusqu'au corps central ; la Chapelle et le Gros Pavillon, orientés vers l'est, étaient réunis par une aile étroite le long de la rue des Réservoirs, créant la cour basse de la Chapelle. La seconde cour, qui porta finalement le nom de cour de l'Opéra, était bordée par des constructions temporaires le long de la rue et sur le site réservé au théâtre.

SUR LES COURS DE SERVICE

La déclivité du sol à partir de la cour Royale impliquait que les cours de service de l'aile du Nord se trouveraient sur des niveaux différents. Entre l'aile du Gouvernement et la Chapelle, la petite cour de la Chapelle était presque au niveau du corps central. Comme la cour des Princes, elle ouvrait par des arcades sur le parterre du Nord. Au nord de la Chapelle, on notait un dénivelé considérable vers la cour basse de la Chapelle.

1. GG-B 1674.
2. Guy WALTON, « The *Chapelle royale* », *Eighteenth-Century Life*, vol. 17, 1993, p. 86-94.
3. Michel PETZET, « Quelques projets inédits pour la Chapelle de Versailles, 1688-1689 », *Art de France*, 1961, p. 315-319.
4. SS XVI 44.
5. D I 148, se référant à AN 21 à 76.
6. BLONDEL, planches 2, « p », et 3, « q » ; GG-B 94, 1170, 1190-1194, 2967, 2982 et 2983.

Cette épithète ne se rapportait pas seulement à la dénivellation, mais qualifiait traditionnellement une cour de service. Là, au-dessous de la façade sur les jardins, du Gros Pavillon et des logements sur la rue, se trouvaient de nombreux offices et, comme dans l'aile des Princes, des caves pour les fournisseurs du château, qui furent plus tard transformées en bureaux pour les administrateurs du domaine de Versailles [1].

Cette série de celliers voûtés continuait au-delà du Gros Pavillon jusqu'au pavillon terminal [2]. Là commençaient les constructions temporaires. Curieusement, beaucoup de vues anciennes de Versailles montrent une aile complétée par des constructions en accord avec les bâtiments et formant une grille complète et symétrique, exactement semblable au schéma de l'aide sud [3]. Ces représentations donnaient une image flatteuse de la capacité supposée qu'avait le roi d'amener tout projet à son point de perfection. Hélas ! la cour de l'Opéra resta inachevée pendant des générations, avec son périmètre muré ou enserré de constructions provisoires [4].

Bien que les fondations du théâtre de Hardouin-Mansart eussent été jetées, y compris les supports des loges dans le pavillon terminal, les appartements des courtisans eurent finalement la priorité. Au premier étage et dans les attiques furent construits des logements [5]. Au-dessous du premier étage, il y avait un vide de quarante-trois pieds de haut, soutenu par des échafaudages reposant sur des piles de maçonnerie [6]. En 1734 fut créé dans cet espace un appartement pour la princesse de Conti [7]. Les fondations du théâtre étaient cause par leur configuration d'une curieuse distribution de l'espace, en particulier de la présence d'un cabinet circulaire là où l'on avait primitivement envisagé l'escalier. En outre, une petite annexe vint empiéter sur le site du futur Opéra. Au niveau de la cour, cette annexe fut affectée à des bureaux, mais à l'étage supérieur, la suite de pièces étroites donna un logement exigu mais se suffisant à lui-même, souvent attribué à un proche parent de l'occupant de l'appartement plus important donnant sur la façade [8]. Le reste du site fut envahi par des constructions temporaires, dont certaines étaient de simples appentis contre les réservoirs ou les murs qui l'enfermaient. Ces appentis servaient de cuisines aux bénéficiaires des appartements princiers.

Une seconde tentative de fermer partiellement la cour de l'Opéra fut entreprise le long de la rue des Réservoirs. La vue à vol d'oiseau peinte par Pierre Denis Martin vers 1722 à partir de la place d'Armes montre que l'aile, qui devait s'étendre par la suite de manière à inclure dix fenêtres entre le Gros Pavillon et le site de l'Opéra, ne se prolongeait en fait que de quelques pieds au-delà du corps central. Les plans indiquent que ce corps de logis contenait une petite chambre pourvue d'une seule fenêtre donnant sur la rue, et un large escalier sur la cour. Sur les paliers inférieurs, des toilettes publiques avaient été aménagées autour de massifs puits de maçonnerie fermés. Au-delà de cette construction sur la rue des Réservoirs, se trouvaient les étages

1. **AN 1 à 10**.

2. **AN 11 à 13**.

3. *Cf.* la vue à vol d'oiseau d'Israël SILVESTRE vers 1684 (musée national du Château de Versailles) reproduite dans G. WALTON, *Louis XIV's Versailles*, p. 18 ; la vue à vol d'oiseau de Dumas, vers 1700 (BNF) reproduite *ibid.*, p. 142 ; les gravures de Jacques Rigaud vers 1730 (The Minnich Collection, Minneapolis Institute of Art) reproduite dans Christopher HIBBERT, *Versailles*, New York, 1972, p. 98.

4. *Cf.* le tableau de Pierre Denis Martin montrant le château vu de la place d'Armes, vers 1722 (musée national du Château de Versailles), reproduit dans Jean-Marie PÉROUSE DE MONTCLOS, *Versailles*, New York et Paris, 1991, p. 49.

5. **AN 44**, au premier étage, et **AN 56**, dans les attiques.

6. Pour les échafaudages, voir MARIE, *Versailles... Louis XV*, p. 228 ; pour le nouvel appartement de la princesse de Conti, voir *ibid.* p. 258 *sq.* où il est donné comme mesures 40 pieds et 11 pouces.

7. **AN 30 A**.

8. **AN 44 A et B**, au premier étage, et **AN 54 A et B**, dans les attiques.

inférieurs de ce qui allait devenir l'aile conduisant à l'Opéra. L'inclinaison du site faisait que la cour de l'Opéra était situé beaucoup plus bas que la cour basse de la Chapelle, ce qui permettait, en plus des sous-sols, de disposer de cuisines au niveau de la cour [1], avec deux niveaux d'entresols, dont le second était même divisé en petits logements [2]. Voltaire habita à côté durant son séjour à la Cour en 1745 [3]. Ses plaintes laissent entendre que cette aile était encore un logement de service. Les latrines publiques empestaient, les cheminées fumaient, les fenêtres et les portes étaient brisées. Ce n'est que dans les années 1750, quand les étages supérieurs furent ajoutés, que l'aile fut considérée comme espace du roi. Le comte de Noailles veilla alors à son achèvement, pour assurer une façade uniforme sur la rue des Réservoirs, avec des toits de même niveau, du Gros Pavillon à l'Opéra. De vastes appartements doubles furent construits au niveau des appartements princiers du rez-de-chaussée et du premier étage [4]. Et un gain de place fut obtenu au niveau de l'attique [5].

Dans le Gros Pavillon, on comptait aussi un décalage de deux niveaux entre les cours et le rez-de-chaussée de la façade sur les jardins. Sur les cours, l'espace compris entre la jonction de l'aile sur le jardin et la rue des Réservoirs était intégralement dévolu au service [6]. Il était divisé par un long vestibule central qui donnait accès aux pièces dont les fenêtres regardaient les cours. L'une de ces pièces proches de la galerie abritait la cuisine qu'utilisait la duchesse de Saint-Simon. De l'autre côté du passage, un local servait au lavage du linge [7]. Ces pièces, comme toutes celles des niveaux inférieurs du Gros Pavillon, allaient être annexées par le comte de Noailles et utilisées comme bureaux pour le gouvernement. En 1741, son premier assistant, le bailli de Versailles, occupait la plus grande partie de cet espace ainsi que les entresols [8]. Quand les Noailles s'installèrent dans les appartements du rez-de-chaussée, les entresols de l'espace sur les cours furent annexés à l'espace supérieur.

Également délogé quand l'aile du Gouvernement fut abandonnée, le concierge suivit les Noailles dans l'aile du Nord. Il occupa désormais la plus grande partie du rez-de-chaussée de l'aile, entre la cour basse de la Chapelle et la rue des Réservoirs [9]. Et son collègue, le commandant de la garde suisse du château, partagea le reste avec le personnel de la Chapelle. Au milieu du XVIIIe siècle, la cour basse de la Chapelle était devenue le nouveau centre des services du château. Pour marquer cette évolution, Noailles demanda que l'inscription au-dessus du portail donnant sur la rue des Réservoirs fût changée de cour de la Chapelle en cour du Gouvernement [10].

REZ-DE-CHAUSSÉE

Le rez-de-chaussée de l'aile du Nord était un espace résidentiel, desservi par une longue galerie entre le vestibule de la Chapelle et l'Opéra. Comme dans l'aile des

1. **A, 15 A, B** et **C**.
2. **AN 14 B, C** et **D**.
3. **AN 14 A**.
4. **AN 33 A** et **AN 46 A**.
5. **AN 73 A**.
6. **AN 14**.
7. Plus tard numéroté **AN 16**.
8. **AP 22** et **23**.
9. **AN 17, 18** et **19** avec **AP 24, 25** et **26** dans les entresols.
10. A.N. O[1] 1797 212 et 213 ; *cf.* 1812 I 28.

Princes, les appartements princiers se trouvaient du côté des jardins [1]. Cependant, ils étaient beaucoup moins attrayants que leurs équivalents du sud. Moins ensoleillés vu leur exposition, ils étaient aussi nettement plus petits. Le bâtiment de façade entier sur les jardins était moins profond que l'aile qui le doublait ; il en résultait que les pièces regardant le parterre du Nord étaient dépourvues des antichambres en entresol caractéristiques de l'aile des Princes.

Le centre de la galerie constituait un point de jonction important, avec à gauche un grand escalier menant aux étages supérieurs et, à droite, un couloir traversant le Gros Pavillon en son milieu. Sur ce couloir donnaient deux appartements doubles : celui de droite regardait la cour basse de la Chapelle [2], celui de gauche la cour de l'Opéra [3]. Plus loin, ce couloir central coupait un étroit passage. À droite et à gauche se trouvaient deux appartements sur la rue des Réservoirs [4]. Ils furent souvent réunis en érigeant la cloison à l'extrémité du passage. Plus tard, l'appartement du nord, près de la nouvelle aile menant du Gros Pavillon à l'Opéra, fut agrandi par l'annexion de l'espace nouvellement créé [5]. L'appartement du sud s'appuyait contre l'aile qui du côté de la rue allait du Gros Pavillon à la Chapelle. Le long du passage étroit se suivaient trois petits appartements [6]. Ils étaient habituellement occupés par différents officiers des corps de garde ou par le clergé desservant la Chapelle.

La plus grande partie du personnel ecclésiastique de la Cour était logée dans le Grand Commun [7]. En dehors des membres des maisons princières, habilités à obtenir un logement, seul le grand aumônier avait droit à un appartement de fonction. Lui et ses subordonnés se prétendaient non seulement de grands officiers de l'État, mais aussi les évêques de la Cour [8]. Sous Louis XIV, ils étaient gratifiés d'un appartement dans le corps central [9]. Au XVIIIe siècle, on leur accorda un logement plus proche de la Chapelle, dans l'aile du Nord [10]. Au-dessous du grand aumônier venaient le premier aumônier, le maître ordinaire de l'oratoire, huit aumôniers (servant par quartiers de deux), huit chapelains servant par quartiers, huit clercs, deux sommiers pour compter la quête et un sacristain. De ces clercs, le premier aumônier était habituellement le doyen, et les aumôniers, dont les offices étaient vénaux jusqu'en 1685 et largement honorifiques, restaient le plus souvent dans leur diocèse [11].

Sous la direction du grand aumônier, les chapelains disaient chaque jour pour le roi une messe basse, au cours de laquelle les clercs faisaient les répons [12]. Madame Palatine, qui conservait beaucoup de sentiments de sa jeunesse protestante, dédaignait cette pratique. Écrivant quelques jours avant la consécration de la nouvelle Chapelle de Hardouin-Mansart en 1710, elle notait : « Je vous assure qu'à la messe même il y

1. **AP 27** : BLONDEL, planches 2, « d » et 6, « 1 » ; **AN 28** : *ibid.*, planches 2, « e », et 6, « 2 » ; **AN 29** : *ibid.*, planches 2, « f », et 6, « 3 » ; et **AN 30** : *ibid.*, planches 2, « f », et 6, « 4 ».

2. **AN 31** : *ibid.*, planches 2, « m », et 6, « 10 » ; et **AN 32** : *ibid.*, planches 2, « n », et 6, « 11 ».

3. **AN 38** : *ibid.*, planches 2, « k », et 6, « 6 » ; et **AN 38 A** : *ibid.*, planches 2, « l », et 6, « 5 ».

4. **AN 33** : *ibid.*, planches 2, « o », et 6, « 12 » ; et **AN 34** : *ibid.*, planches 2, « i », et 6, « 7 ».

5. **AN 33 A** : *ibid.*, planche 2, « o ».

6. **AN 35, 36 et 37** : *ibid.*, planches 2, « 8 et 9 », et 6, « g et h ».

7. **GC 41 à gauche** pour le maître de l'oratoire ; **GC 52 et 53 à droite** pour les deux aumôniers du roi servant leur quartier ; **CG 88, 93, 95 et 96 à droite** pour les chapelains du roi servant leur quartier ; **CG 88 A à droite** pour le clerc servant son quartier ; **CG 52 à gauche** pour les sommiers et **CG 94 à droite** pour le sacristain. *État*, 1741.

8. *État de France*, 1683. Pour la vie ecclésiastique à la Cour, voir John MCMANNERS, « The Religious Observances of Versailles under Louis XV », dans *Enlightenment Essays in Memory of Robert Shackleton*, Gilles Barber et C.P. Courtney, éd., Oxford, 1988, p. 175-188.

9. **CC 26 A**.

10. **AN 42**.

11. D I 139, 298 ; S I 187.

12. D XV 49.

a des distinctions de rang. Par exemple, seules les petites-filles de France ont le droit d'avoir des clercs de la Chapelle pour faire leurs répons et tenir les torches du *Sanctus* au *Domine, non sum dignus*. Les princesses du sang n'avaient pas le droit d'avoir des torches ou des clercs distincts, et faisaient faire leurs répons par des pages [...]. Vous voyez ainsi qu'il y a quelque chose de mondain dans les affaires spirituelles [1]. » Ces devoirs peu astreignants attiraient des clercs pauvres et oisifs qu'on appelait plaisamment « grille-boudins » parce que l'un d'eux avait été surpris un jour en train de faire rôtir un morceau de boudin sur le charbon allumé pour l'encensoir, à la messe de minuit [2]. Ces humbles serviteurs de l'Église se rassemblaient dans la sacristie qui occupait le reste de cette petite aile sur le côté de la rue, près de la Chapelle [3].

Outre ce personnel attaché au roi, la plupart des offices étaient célébrés par les prêtres de la congrégation de la Mission, fondée par saint Vincent de Paul, mieux connus sous le nom de pères de la Mission. Douze d'entre eux furent d'abord attachés à la Chapelle, avec six enfants de chœur pour servir la messe. Ils devaient la célébrer sans interruption toute la matinée, et chanter vêpres en fin d'après-midi. Dans l'intervalle, au moins deux prêtres devaient prier à l'autel. Le soir, ils exposaient le saint sacrement pour l'office de la bénédiction et achevaient la journée par une lecture de l'examen de conscience [4]. En raison de leur service permanent, ces bons pères méritaient de loger au château. Ils étaient dotés d'offices et d'espaces de rangement sur la cour basse de la Chapelle [5]. Dans l'attique, ils disposaient d'un espace agencé comme un dortoir de séminaire plutôt que comme un appartement. Ce local exigu comprenait huit chambres, dont seulement deux avec des cheminées. Cependant, ces prêtres étaient proches de la Chapelle [6], qu'ils atteignaient par un escalier séparé qui leur était réservé. Au-dessous, au premier étage, se trouvait un petit appartement aménagé pour leur supérieur [7].

Outre ces offices quotidiens, un prédicateur était invité à venir prêcher durant l'avent et le carême et aux grandes fêtes religieuses. Au rez-de-chaussée, un appartement spécial lui était réservé [8]. Ses occupants comptent parmi les plus célèbres orateurs sacrés de l'Ancien Régime : Bourdaloue et Soanen, pour ne citer qu'eux, donnèrent chacun devant le roi et la Cour une série de sermons surprenants par leur refus de toute concession.

Premier étage

Le premier étage de l'aile du Nord fut conçu sur le même modèle que le niveau inférieur : les appartements princiers donnaient sur le parterre du Nord [9], le Gros Pavillon comptait quatre appartements principaux [10]. Un cinquième appartement fut

1. Charlotte von der Pfalz, duchesse d'Orléans, *Letters from Liselotte*, trad. Marie Kroll, New York, 1971 [lettre datée du 3 avril 1710], p. 142.
2. L* XIII 390.
3. Blondel, planche 6.
4. *Le Mercure galant*, mai 1682.
5. **AN 4 et 21**.
6. **AN 63**.
7. **AN 50** : Blondel, planche 3, « o ».
8. **AN 36 A**.
9. **AN 39** : Mortin, planche 3, « 34 », et Blondel, planches 9, « 1 », et 3, « e » ; **AN 40 et 41** : Blondel, planches 9, « 2 » et 3, « f » ; **AN 42** : *ibid.*, planches 9, « 3 », et 3 « g » ; **AN 43** : *ibid.*, planche 9, « 4 » ; **AN 45** : *ibid.*, planche 9, « 5 ».
10. **AN 45** (plus tard divisé en **45 A et B**) : Blondel, planches 9, « n », et 3, « h » sur la cour de l'Opéra ; **AN 46 et 47** : *ibid.*, planches 9, « 12 » et « 10 », et 3, « l » sur la rue des Réservoirs ; et **AN 48** : *ibid.*, planches 9, « p », et 3, « i » sur la cour basse de la Chapelle.

ajouté quand fut construite l'aile de jonction avec l'Opéra [1]. Et deux logements trouvèrent place dans l'aile construite entre le Gros Pavillon et la Chapelle [2]. À l'intersection de cette aile et de la galerie supérieure de la Chapelle, un vestibule était destiné aux musiciens qui prenaient part aux offices religieux [3].

Il leur fallait une salle très grande, parce que le personnel musical attaché à la Chapelle était fort nombreux. Un manuscrit du règne de Louis XIV mentionne les postes dans la musique de la Chapelle royale [4]. À sa tête était placé le maître de la Chapelle-musique, un ecclésiastique plutôt qu'un musicien, assisté de quatre sous-maîtres qui servaient par quartiers. Véritables directeurs musicaux, ils choisissaient et composaient la musique, distribuaient les partitions, assuraient les répétitions. Ils conduisaient aussi un chœur de près de quatre-vingt-dix chanteurs, clercs comme laïcs, comprenant neuf sopranos et mezzos (y compris des « faussets » [falsettistes], des castrats et de jeunes garçons appelés pages), dix-huit ténors à voix haute, vingt-quatre ténors, vingt-sept barytons et treize basses. Les grands motets complexes étaient interprétés par un orchestre de dix-neuf musiciens, dont sept violons et violes, quatre basses, deux flûtes, un basson et un cor, plus des hautbois assortis empruntés aux établissements musicaux attachés aux Grandes Écuries. En 1683, la mort de la reine donna à Louis XIV l'occasion de choisir une administration musicale toute nouvelle. Parmi les trente-cinq candidats qui furent auditionnés, il en choisit quatre et sélectionna personnellement Delalande, qui, en 1714, cumulait éventuellement toutes les positions [5]. En plus du chœur et de l'orchestre, il dirigeait quatre organistes, servant chacun par quartiers, six pages, deux agents chargés des préparatifs des voyages, un imprimeur, un copiste et deux maîtres pour enseigner aux pages à jouer du luth. Comme le clergé de la Chapelle, la plupart de ces musiciens n'avaient pas de logement au château et devaient trouver une habitation en ville. Un grand nombre d'entre eux avaient une maison dans le quartier du Parc-aux-Cerfs où ils reçurent cinquante des quatre cent soixante-dix lots distribués en 1696. Seul le grand maître disposait d'un appartement dans les bâtiments royaux : Lully à la Grande Écurie [6], Delalande dans le Grand Commun [7].

Ces musiciens jouaient sur une estrade de part et d'autre des orgues, face à la tribune du roi, à l'autre bout de la Chapelle. Sauf en des occasions spéciales comme les mariages et les baptêmes, la famille royale ne descendait pas à l'autel, au rez-de-chaussée. Le roi assistait à l'office de sa tribune, la reine et Mesdames de France préférant les balcons vitrés appelés « lanternes » situés à chaque extrémité. Le reste de la Cour se rassemblait dans les travées le long de la nef, se plaçant de façon à être vu plutôt que pour prier.

Pour aller des Grands Appartements à la nouvelle aile, les courtisans devaient passer par le balcon de la Chapelle consacrée en 1682, qui fut enrobée peu après dans l'aile du

1. **AN 46 A** : *ibid.*, planche 3, « k ».
2. **AN 49** : *ibid.*, planches 9, « 7 », et 3, « n » ; **AN 50** : *ibid.*, planches 9, « o », et 3, « 6 ».
3. **AN 51** : MORTIN, planche 3, « 38 » ; BLONDEL, planche 9, « p ».
4. L. DUSSIEUX *(Le Château de Versailles*, t. I, p. 115) énumère les postes. James R. ANTHONY, « Paris », *The New Grove Dictionary of Music and Musicians*, New York, 1980, mentionne la diminution du nombre des choristes et des musiciens.
5. D XV 252. *Cf.* Philippe BEAUSSANT et Patricia BOUCHENOT-DÉCHIN, *Les Plaisirs de Versailles : théâtre et musique*, Paris, 1996, p. 280.
6. A.N. O^1 1076 252.
7. Marcelle BENOÎT, *Versailles et les musiciens du roi : étude institutionnelle et sociale, 1661-1773*, Paris, 1971, p. 318 et 326 ; « Les musiciens de Versailles à travers les minutes notariales de Lamy versées aux Archives départementales de Seine-et-Oise : 1661-1733 », *Recherches sur la musique française classique*, vol. III, 1963, p. 189-206, et « Les musiciens de Versailles à travers les minutes notariales de maître Guyot versées aux archives départementales des Yvelines : 1661-1733 », *ibid.*, vol. XV, 1975, p. 155-190.

Nord lors de la construction de celle-ci. Cet inconvénient fut supprimé avec l'achèvement de l'église de Hardouin-Mansart et Robert de Cotte, et en 1710 la Chapelle provisoire fut démolie. Elle fut remplacée par le dernier des grands salons d'apparat, le salon d'Hercule. Plus loin, se trouvait la galerie desservant les appartements princiers de l'aile Neuve. Jusque dans les années 1750, ce long passage s'achevait à l'entrée du vaste appartement situé dans le pavillon terminal. Mais cette construction avait toujours été considérée comme temporaire, l'espace en question devant être affecté à l'Opéra.

L'Opéra

La musique profane fut toujours très appréciée à la Cour, et par tradition l'opéra était la principale forme de divertissement musical. Les représentations varièrent beaucoup, depuis les sélections jouées en privé pour Louis XIV et Mme de Maintenon dans les dernières années du règne jusqu'aux représentations solennelles qui faisaient partie des festivités précédant le carême. Cependant, l'absence de grand théâtre constituait un frein. Les plans originaux de l'aile du Nord incluaient une salle de ballet à l'extrémité de ce bâtiment [1]. Jusqu'en 1770, cependant, la majorité des représentations d'opéra publiques comme des pièces de théâtre furent données dans la salle des Comédies, un vestibule transformable situé au rez-de-chaussée de l'étroit bâtiment reliant le corps central et l'aile des Princes, la cour des Princes et le parterre du Midi [2]. Il était trop exigu pour recevoir la Cour tout entière et on conçut d'innombrables projets pour le transférer ailleurs. Sous Louis XIV, on proposa l'un des appartements jouxtant le corps central [3]. Plus tard, on suggéra la Vieille Aile [4]. Aucune de ces solutions n'étant satisfaisante, l'on en vint à reconsidérer le site original à l'extrémité de l'aile Neuve [5]. Dès les années 1740, l'architecte Ange Jacques Gabriel commença à dresser plans et projets, qui furent révisés et redessinés dans les années 1750 [6]. La plupart mentionnaient une salle de ballet, mais aucun ne fut adopté. Seule l'aile devant relier le Gros Pavillon et les massives fondations du futur Opéra fut construite au-dessus des aires de service existantes.

Un plan primitif désignait cette construction comme destinée à servir de réception (foyer) et de salles de toilette (loges) des acteurs [7]. Les étages supérieurs furent commencés en 1750 et achevés en 1752. Mais les dépenses de la guerre de Sept Ans empêchèrent une nouvelle fois de construire le théâtre, de sorte que cette aile fut immédiatement envahie par les courtisans. Plusieurs logements d'hôtes étaient disponibles. Voltaire dut ainsi le sien à sa nomination comme historiographe du roi, titre honorant un illustre homme de lettres, qu'avaient porté Racine et Boileau avant lui. Mais il était surtout venu à la Cour pour préparer la mise en scène de *La Princesse de Navarre*, pièce qui devait être donnée pour le mariage du dauphin en 1745. Cette célébration, comme les fêtes qui suivirent le second mariage du prince en 1747, eut lieu dans le manège sis dans la

1. GG-B 94, 1170, 2961, 2982 (« Profil intérieur de la salle et théâtre des ballets de Versailles donné le 17 janvier 1685 par... Vigarani ») ; BNF, département des Estampes, Va 361, VII.

2. BLONDEL, planche 2, « t » ; GG-B 172, 1322, 1818, 1857-1860 ; BNF, département des Estampes, VA 361, VII, n° 1638 (papiers de Robert de Cotte).

3. CC 26 A : BNF, département des Estampes, VA 361, IV, 2250-2252 (papiers de Robert de Cotte) ; D VII 406.

4. GG-B 8, 28-29, 163, 226, 877, 1864-1867, 1871-1874, 3024.

5. T. G. BOUCHER, « L'Opéra royal », dans Pierre GALLET et Yves BOTTINEAU, *Les Gabriel*, p. 194-213 ; Jean FERAY, « Les théâtres successifs du château de Versailles », *Les Monuments historiques de la France*, Paris, 1957, p. 3-18 ; Alain GRUBER, « L'Opéra de Versailles est-il l'œuvre de Gabriel ? », *Revue de l'art*, vol. XIII, juillet 1971, p. 87-97 ; Pierre VERLET, « Gabriel et la construction de l'opéra de Versailles », *Le Jardin des arts*, vol. XXXIII, juillet 1957, p. 55-61.

6. GG-B 1617, 1629, 1649-1689.

7. FERAY, *op. cit.*, p. 9 ; *cf.* GG-B 1616-1617.

Grande Écurie, que les frères Slodtz transformèrent pour l'occasion en un théâtre parfait. En fait, les énormes dépenses consenties pour aménager ce cadre provisoire rendirent tout leur intérêt aux projets de construction de l'Opéra plusieurs années plus tard, alors que Louis XV envisageait de marier ses trois petits-fils.

En 1763, le premier d'une série de nouveaux plans fut dressé, et 38 450 livres débloquées pour la préparation du site et les constructions extérieures [1]. Les plans conçus l'année suivante prévoyaient de préserver davantage d'appartements pour les princes de la famille royale et leurs maisons. Le comte de Noailles, qui en tant que gouverneur du château devait faire face à la colère et aux manigances des courtisans, était « furieux » [2]. Par un compromis, on tenta de conserver les appartements sur le parterre du Nord en réduisant l'espace alloué à l'entrée du vestibule de l'Opéra [3]. Mais cet arrangement un peu masqué fut rejeté et on dressa des plans définitifs en 1765 [4]. La démolition commença en juin de la même année [5]. En moins de quatre ans, le gros œuvre et la toiture de l'Opéra furent terminés et les travaux de la décoration intérieure débutèrent rapidement. Des millions étaient nécessaires pour achever l'ouvrage à temps pour célébrer le mariage du futur Louis XVI et de Marie-Antoinette en mai 1770 [6]. Quelques mois auparavant, le duc de Croÿ avait pu se faire une première opinion de la nouvelle construction : « J'allai voir la nouvelle salle des spectacles qu'on achevait avec une grande multitude d'ouvriers. [...] Elle était d'une forme plus élégante qu'on voit à l'ordinaire, de la plus grande richesse et beauté [...]. La hauteur et profondeur d'au-dessus et dessous le théâtre était effrayante, ainsi que le détail des machines et cela dut être prodigieusement cher, mais on ne sut rien de sa dépense [7]. »

Ce théâtre, notait Croÿ, était l'un des plus polyvalents en Europe, et bien qu'il estimât que c'était une erreur de raccourcir la fosse d'orchestre pour assurer une ampleur maximale à la salle, il admira les coulisses, faisait observer que l'espace ouvert au-dessus et au-dessous était aussi haut que les tours de Notre-Dame de Paris et permettait de rapides changements de décors. Le duc était présent lors de la première représentation et s'extasia devant la machinerie bien qu'il ne fût pas allé à l'Opéra depuis des années. D'autant que ce théâtre était transformable en fonction des besoins du moment. Le plancher mobile du parterre pouvait être élevé au niveau de la scène pour obtenir une salle de bal ; les cloisons entre les loges étaient amovibles, de façon à créer des balcons plus ouverts. La scène tout entière pouvait être métamorphosée par l'installation de faux murs et de fausses colonnes, agrémentés de draperies. Il était ainsi possible de prévoir plus de sièges pour les spectateurs des bals, ou d'aménager une tribune pour les musiciens lorsque le théâtre servait de salle de banquet. Le dernier usage de l'Opéra de Versailles sous l'Ancien Régime fut d'ailleurs une fête de cette sorte, la fatale réunion des officiers des gardes du corps dont l'insulte à la cocarde patriotique devait être l'étincelle qui allait enflammer la colère parisienne et causer la marche sur le palais les 5 et 6 octobre 1789.

Mais entre-temps l'Opéra devint le cadre d'imposantes fêtes de la Cour, en parti-

1. GG-B 1601-1610 ; 1612-1613, 1618-1622 ; VERLET, « Gabriel... », p. 557.
2. C* II 104.
3. GG-B 1623-1626, 1628, 1630-1648.
4. GG-B 1746, 1690-1706, 1708, 1711, 1713-1745, 1747-1759, 188-1801.
5. BOUCHER, *op. cit.*, p. 302 citant A.N. O[1] 1822.
6. *Le Mercure de France*, juin et août 1770 ; Denis PAPILLON DE LA FERTÉ, *Journal de La Ferté, intendant et contrôleur de l'argenterie, Menus-Plaisirs et affaires de la chambre du roi, 1756-1780*, E. Boysse éd., Paris, 1887, p. 247 *sq.*
7. C* II 390.

culier le mariage des petits-fils de Louis XV, les comtes de Provence et d'Artois. Ces célébrations solennelles très coûteuses étaient typiques d'une époque où la vie officielle et la vie privée de la famille royale étaient strictement séparées. Marie-Antoinette préférait aller à l'Opéra de Paris ou organiser des séances théâtrales privées au Petit Trianon, tandis que l'Opéra de Versailles était destiné aux fastes officiels de la monarchie. Ses défenseurs justifiaient la dépense avec une logique toute colbertienne qui ravirait un ministre de la Culture d'aujourd'hui : l'Opéra était un luxe qui encouragerait les arts et attirerait les visiteurs étrangers [1].

Attiques

Les attiques de l'aile du Nord étaient disposés comme les niveaux inférieurs. On accédait aux principaux appartements des courtisans par le large escalier qui débouchait sur le centre du parterre du Nord. En haut, un couloir s'étendait à travers le Gros Pavillon jusqu'à la rue des Réservoirs. Il menait à deux appartements ouvrant sur la cour de l'Opéra [2], et à deux autres donnant sur la rue [3]. Dans l'aile s'étendant jusqu'à l'Opéra existait un logement accessible par un petit vestibule latéral [4]. À proximité de la Chapelle, de petits logements étaient occupés par les pères de la Mission [5] et les officiers de la garde [6]. Un double appartement ensoleillé [7] regardant la cour basse de la Chapelle se trouvait hors du vestibule central.

À l'origine, une longue galerie desservirait les appartements en attique donnant sur les jardins, de la même façon qu'aux niveaux inférieurs [8]. Vers le sud, elle s'achevait sur un appartement construit contre la voûte du salon de la Chapelle [9] et elle était bordée sur toute sa longueur par un grand logement occupé par les Noailles durant le règne de Louis XIV ; toute l'extrémité sud de l'étage de l'attique portait alors le nom de « rue de Noailles ». Au XVIIIe siècle, cette enclave fut divisée en deux appartements très spacieux [10]. Dans l'intervalle, la large galerie avait été considérablement réduite afin de créer des antichambres pour les courtisans et des entresols sur toute la longueur du corridor [11]. Ces espaces allaient devenir indépendants [12].

Au nord de l'escalier central, on trouvait trois appartements : deux d'entre eux donnaient sur le parterre [13], un troisième, à son extrémité, occupait le pavillon terminal [14]. Quand le logement de la princesse de Conti fut achevé en 1735 et qu'une annexe fut ajoutée au pavillon terminal, on modifia l'accès à ces appartements. Ceux donnant sur le parterre dans l'appartement le plus proche de l'escalier central [15] furent agrandis en empiétant sur l'ancienne galerie qui donnait sur la cour de l'Opéra. On

1. *Rapport de service des Menus-Plaisirs*, février 1768, A.N. O^1 1785 2, cité dans Feray, *op. cit.*, p. 26 *sq.*
2. AN 57 et 58.
3. AN 59 et 60.
4. AN 59 A.
5. AN 63 1 à 15 avec 15 cellules numérotées.
6. AN 62, 63 A et 64.
7. AN 61.
8. GG-B 1175.
9. AN 52.
10. AN 53 et 53 A.
11. GG-B 1127, 1135 et 1136.
12. AN 53 B et C.
13. AN 54 et 55.
14. AN 56.
15. AN 54.

put ainsi créer une antichambre et déplacer l'entrée du second appartement [1], auquel on accéda désormais par un petit escalier situé au bout de la galerie au premier étage. Il partageait un palier avec l'appartement situé dans l'attique du pavillon terminal et son annexe [2], dont l'attique était desservi par un escalier étroit [3].

L'étage mansardé du Gros Pavillon abritaient deux autres niveaux. Des lucarnes donnaient le jour à six appartements le long du vestibule central : deux donnaient sur la cour de l'Opéra [4], deux sur la rue des Réservoirs [5] et deux encore sur la cour basse de la Chapelle [6]. Ces logements étaient trop bas de plafond pour avoir des entresols, mais ils étaient souvent complétés par des espaces bas et obscurs situés juste sous le toit [7]. Des tabatières éclairaient un labyrinthe de pièces dont les arêtes des voûtes descendaient jusqu'au plancher et qui étaient encombrées de poutres et de tuyaux de cheminée. Bien qu'ils ne fussent guère plus grands que nos modernes chambres de bonne, ces espaces étaient néanmoins qualifiés d'appartements. Un personnage du rang du duc de Lorge n'estimait pas déchoir en sollicitant un tel logement, que lui-même appelait un « trou dans le mur ».

1. AN 55.
2. AN 56 et 56 A.
3. AN 56 B.
4. AN 65 et 66.
5. AN 67 et 68.
6. AN 69 et 70.
7. AN 71 au-dessus de AN 65 ; AN 73 au-dessus de AN 67 avec AN 73 A ; AN 74 au-dessus de AN 68 ; AN 75 au-dessus de AN 69 ; et AN 76 au-dessus de AN 70.

OFFICES ET FOURRIÈRES SUR LES COURS

AN 1
Menuisiers des Bâtiments
Menuisiers du garde-meuble
Bachelier, François Gabriel (1689-1754). Concierge du château de Versailles en survivance ; premier valet de chambre du roi 1744
1741 *État* « Menuisiers des Bâtiments, puis du garde-meuble, puis M. Bachelier » "2 pièces sans cheminée"
Le Bel [1], Dominique Guillaume (1696-1768). Premier valet de chambre du roi 1719 ; inspecteur général des châteaux de Versailles et Marly ; gouverneur du Vieux Louvre et de la conciergerie de Saint-Germain
Boucheman, Louis Diane, écuyer († 1782). Concierge du château de Versailles
Boucheman, Pierre de (1752-?). Concierge du château de Versailles en survivance de son père 1771
1787 *État* E « M. de Boucheman » "1 pièce"

AN 2
Gouverneur de Versailles
1741 *État* « Gouverneur de Versailles » "2 pièces sans cheminée"
Fourrière pour les Grands Appartements
1787 *État* E « pour les Grands Appartements » "1 pièce"

AN 3
Rohan-Soubise, Armand Gaston Maximilien, cardinal de (1674-1749). Grand aumônier de France 1713-1749
1741 *État* « Grand aumônier de France, M. le cardinal de Rohan » "2 pièces sans cheminée"
Soubise, Armand de Rohan-Soubise, cardinal de (1717-1756). Grand aumônier de France 1749-1756
La Rochefoucauld, Frédéric Jérôme de La Rochefoucauld de Roye, cardinal de (1701-1757). Grand aumônier de France 1756
La Roche-Aymon, Charles Antoine, cardinal de (1697-1777). Grand aumônier de France 1757-1777
Rohan-Guémené, Louis René Édouard, cardinal de (1734-1803). Grand aumônier de France 1778-1786
1787 *État* E « M. le grand aumônier » "1 pièce"

AN 4
Pères de la Mission
1741 *État* « Pères de la Mission » "1 pièce sans cheminée"
1770 *État* A « Pères de la Mission »
1777 *État* B « aux Missionnaires »
1781 *État* D « pour le bois de la sacristie »
1787 *État* E « pour le vin de la Chapelle » "1 pièce à cheminée ; 1 entresol sans cheminée"

AN 5
La Roche-sur-Yon, Louise Adélaïde de Bourbon-Condé, *dite* Mlle de (1696-1750)
Estrées, Lucie Félicité de Noailles, comtesse, puis maréchale d' (1683-1745). Dame du palais de la duchesse de Bourgogne 1698
Coigny, François de Franquetot, en 1747 duc de (1670-1759). Maréchal de France 1734
1741 *État* « Mlle de La Roche-sur-Yon, puis Mme la maréchale d'Estrées, puis M. le maréchal de Coigny » "3 pièces, 1 à cheminée ; 1 entresol sans cheminée"
Lauraguais, Diane Adélaïde de Mailly de Nesle, duchesse de (1714-1769). Dame d'atour de la dauphine 1744
19.5.1748 *Mme la duchesse de Lauraguais à qui le roi vient de donner un logement au château de Versailles* **[AN 38A]** *expose par son mémoire qu'il n'est pas possible de l'habiter tel qu'il est... La cuisine dépendant de l'appartement est sous les voûtes* **[AN 5]**. *Mme la duchesse prie M. de Tournehem de la lui faire donner.* Réponse : *... Je crois que il ne dépend plus de moi, mais du gouvernement de faire donner la cuisine demandée par Mme de Lauraguais.* A.N. O[1] 1810 II 58
[avant 1769] *Dans l'aile du Nord, le n° 5, dans les souterrains au côté de la Chapelle... la cuisine de Mme de Lauraguais* A.N. O[1] 1802 722
Civrac, Anne Marie de La Faurie de Monbadon, marquise de Durfort, puis en 1774 duchesse de (1720-1786). Dame d'honneur de Madame Victoire 1776
23.5.1780 La duchesse de Civrac à A : ... *Je n'ai pour garde-manger... qu'une armoire. On répare ma cuisine dans ce moment et en même temps je désirerais bien que vous voulussiez permettre qu'on étayât mon garde-manger, qui n'a ni jour ni air, de trois pieds sur un dans des arcades, qui n'a d'autre service que celui de ma cuisine..* Réponse : *Le directeur général ne permettra pas une construction qui contredirait l'engagement positif de sa lettre de 2 janvier 1779 pour le nettoiement dès qu'il serait possible.* A.N. O[1] 1800 545
Magasin des glaces
1787 *État* E « Magasin des glaces » "1 pièce"

AN 6
Magasin des Bâtiments
1741 *État* « Magasin des Bâtiments » "1 pièce sans cheminée"

AN 7
Rupelmonde, Marie Marguerite Élisabeth d'Alègre, marquise de (1688-1752). Dame du palais de la reine 1725-1741
1741 *État* « Dame du palais, Mme de Rupelmonde » "1 pièce au-dessus du grand degré"

AN 8
Receveur du Domaine de Versailles
1741 *État* « Receveur du Domaine de Versailles » "1 pièce sans cheminée"

AN 6, 7 et 8
Poix, Philippe Louis Marc Antoine de Noailles, marquis de Noailles, prince de (1752-1819). Intendant et gouverneur de Versailles en survivance 1767
1787 *État* E « M. le prince de Poix, gouverneur du château » "2 bûchers et dessous de l'escalier"

1. Le Bel occupait aussi **AN 18 et 19**.

AN 9
Maine, Louis Auguste de Bourbon, légitimé de France, duc du (1670-1736)
Dombes, Louis Auguste de Bourbon, prince de (1710-1755)
1741 *État* « M le duc du Maine, puis M. le prince de Dombes » "1 pièce sans cheminée."
Narbonne, Françoise de Châlus-Sanssat, marquise de (1734-1821). Dame d'honneur de Madame Adélaïde 1764
1787 *État* E « Mme la duchesse de Narbonne » "1 bûcher"

AN 10
Magasin du cirier
1741 *État* « Magasin du cirier » "1 pièce sans cheminée"
5.10.1776 Béseville à A : *Béseville, suisse de M. le maréchal-duc de Mouchy, prend la liberté respectueuse de recourir à vos bontés. En sa qualité de suisse du gouvernement, il occupe au château un logement qui lui est accordé par le roi. Ce logement, favorable au commerce des vins, qu'il y fait, ne laisse à désirer au supplément qu'une petite cave pour retirer ses marchandises... la même opération a eu lieu en faveur de M. de Vaujoye dont la position est tout à fait semblable.* Réponse de A : ... *Une décision favorable... donnerait sûrement naissance à beaucoup de demandes du même genre. M. de Vaujoye est le receveur des Domaines et du bois, et ce titre lui donne un logement d'une nature bien différente de celui auquel peut prétendre un suisse auquel on permet le commerce mais sans qu'on soit tenu de lui donner les moyens de le faire. Néant.* A.N. O[1] 1799 598
Suisse du château
1787 *État* E « Suisse du château » "1 bûcher ; 2 entresols"

AN 10A
Receveur du Domaine de Versailles
1741 *État* « Receveur du Domaine de Versailles » "1 pièce et 2 entresols sans cheminée"
Narbonne, Arthur Richard Dillon, archevêque de (1721-1806). Archevêque de Toulouse puis de Narbonne 1763-1801
28.8.1760 E à M : *Logement de M. l'archevêque de Narbonne : L'Écuyer a été trouver cet archevêque de la part de M. le marquis de Marigny pour lui faire connaître l'inconvénient qu'il y aurait de perdre une des arcades de la galerie, ce qu'on a toujours refusé à MM. ses prédécesseurs qui ont eu dans la cour au-dessus la belle et grande cuisine dépendant du logement. Il en convient, mais il apporte pour raison le nombre des marches que ses gens ont à monter. Comment les autres ont-ils fait ? Cet archevêque propose de laisser une distance à un bout de cette arcade pour l'écoulement des eaux. Il en résulterait alors que, gênant les passants de leur commodité, ils feraient des saletés dans cette galerie.* A.N. O[1] 1797 108 avec plan
1787 *État* E « M. l'archevêque de Narbonne » "2 bûchers"

FOURRIÈRES SUR LA COUR DE L'OPÉRA

AN 11
Saint-Simon [1], Louis de Rouvroy, duc de (1675-1755)
Saint-Simon, Marie Gabrielle de Lorge, duchesse de (1678-1743). Dame d'honneur de la duchesse de Berry 1710
1741 *État* « M. [le duc] et Mme la duchesse de Saint-Simon » "1 pièce sans cheminée ; 1 entresol sans cheminée"
Ruffec, Charlotte Thérèse de Gramont, princesse de Bournonville, puis duchesse de (1707-1755)
2.1.1748 *La cuisine de Mme la duchesse de Ruffec avait été prise pour le magasin des nouvelles lanternes, comme elles n'ont plus lieu, la dite duchesse demande à y rentrer.* Bon du roi : A.N. O[1] 1076 180

AN 12
Cirier du château
1741 *État* « Cirier du château » "3 pièces, 1 à cheminée ; 3 entresols, 1 à cheminée"
Pompadour, Jeanne Antoinette Poisson, marquise de (1721-1764). Maîtresse du roi
Avisse, N... († avant 1784). Premier garçon du garde-meuble
6.5.1750 *M. le comte de Noailles par sa lettre du 2 de ce mois marque à M. de Tournehem que Mme la marquise de Pompadour leur a pris un très joli logement* **[AG 2A]** *où était le premier garçon du garde-meuble. Il a fallu le lui restituer et le roi juge à propos de donner au sieur Avisse, qui est celui dont il est question, le logement de Mme la veuve de Rochechouart* **[AN 74]** *dans le château à cause de son service. Il se trouve que ce logement a été pillé par les voisins et qu'il n'y reste qu'une chambre où un homme avec trois filles ne peut se tenir, et qu'il est déterminé à proposer au roi : de mettre le dit sieur Avisse chez le cireur, qui avait été destinée à Mme de Pompadour pour sa cuisine. Sa Majesté a trouvé qu'il serait beaucoup mieux-là que dans l'autre endroit pour son service... Il prie M. de Tournehem de vouloir bien donner ses ordres pour qu'on l'accommode au plus tôt dans ce magasin du cireur pour qu'il puisse rendre la clef du logement qu'il occupe où l'on a à faire travailler.* Réponse : *Les ajustements de ce nouveau logement consistent en quelques petites parties de planches et des cloisons, bouchements de portes et percements, blanchissage, peinture, réparation des vitres, serrures et outres ouvrages de cette espèce de peu de conséquence.* A.N. O[1] 1810 III 22
1763 *Le cireur du Domaine a eu de tous temps un logement au château et cette clause a toujours été insérée dans son marché. La disette des logements a obligé de le lui ôter pour y mettre le sieur Avisse quand il céda son logement* **[AG 2A]** *à M. Bourdelin et une cuisine pour Mme de Narbonne...* A.N. O[1] 1076 724
[après 1768] *Les n°s 12 et 13, sous l'aile du jardin, autrefois au cireur, sont au sieur Avisse, premier garçon*

1. Le duc de Saint-Simon et la duchesse de Ruffec occupaient aussi **AN 45**, au-dessus.

du garde-meuble avec partie du garde-meuble. A.N. O[1] 1802 722
1770 *Le sieur Avisse, l'ancien garçon du garde-meuble de Votre Majesté, ne va plus dans son logement depuis la construction de l'Opéra.* A.N. O[1] 1077 94
1787 *État* E « Garçon du garde-meuble » "3 pièces, 1 à cheminée ; 4 entresols"

AN 13
Décharge du garde-meuble
1741 *État* « Décharge du garde-meuble » "2 pièces sans cheminée"
1787 *État* E « Dépôt du garde-meuble » "2 pièces"

À L'EMPLACEMENT DE LA SALLE DES BALLETS [1]

Bourbon, Louis III Henri de Bourbon-Condé, *dit* Monsieur le Duc, duc de (1692-1740)
Charolais, Charles de Bourbon-Condé, comte de (1700-1760)
Conti, Louis François de Bourbon-Conti, prince de (1717-1776)
Condé, Louis Joseph de Bourbon-Condé, prince de (1736-1818)
Charost, Armand II de Béthune, marquis, puis en 1695 duc de (1666-1747). Capitaine des gardes du corps 1711 ; gouverneur du roi 1722 ; chef du Conseil des finances 1730
1741 *État* « Dans l'emplacement de la salle des ballets : les cuisines et offices de Monsieur le Duc, puis le comte de Charolais, M. le prince de Conti, puis M. le prince de Condé, et M. le duc de Charost »
Savary, N... († 1754). Suisse des appartements
5.5.1754 N au roi : *Savary a un logement dans le bâtiment neuf sous l'appartement de M. le duc de Luxembourg* [**AN 33**]. *Il quitte le sien au premier septembre qui est très vilain et qui doit être abattu quand on bâtira la salle de l'Opéra. Il demande une partie de son ancien logement pour son frère et le reste pour le premier sergent des suisses. Votre Majesté veut-Elle bien avoir la bonté de l'accorder ?* Bon du roi : A.N. O[1] 1076 369

REZ-DE-CHAUSSÉE DU GROS PAVILLON

AN 14 sur la cour de l'Opéra [2].

Fresson, Roland Charles (?-?). Procureur au bailliage de Versailles 1694 ; bailli de Versailles 1703
1695 GG-B 1161 [3] et 1162 [4]
Fresson, François Alexandre († 1746). Bailli de Versailles en survivance 1703
Gouverneur de Versailles
1741 *État* « Gouverneur de Versailles » "7 pièces, 4 à cheminée ; 7 entresols, 2 à cheminée"
Le Moine, Louis Armand, *dit* de Clermont (?-?) [5]. Valet de la garde-robe ordinaire du roi
s.d. [1746] N au roi : *Le sieur Le Moine demande pour lui et sa nombreuse famille le logement de feu M. Fresson. Le comte de Noailles demande à Votre Majesté de lui rendre celui du sieur Le Moine qui était autrefois à l'hôtel du Gouvernement. Il ne peut s'en passer tant pour ses gens, que ceux de Mme la comtesse de Noailles, l'hôtel du Gouvernement n'étant presque pas habitable par son ancienneté et le mauvais état où il est.* Bon du roi : A.N. O[1] 1076 136
Noailles, Philippe, comte de, prince de Poix (1715-1794). Intendant et gouverneur de Versailles
18.9.1762 G à M : *Voici le plan des changements que nous faisons dans la cuisine de M. le comte de Noailles suivant sa demande. Il compte se charger de l'excédent des 200 livres. Mais je dois observer qu'en mettant le marteau dans le mur de refend qui sépare la cuisine d'une petite pièce de Mme de Villars, nous l'avons trouvé dans le plus mauvais état et tout calciné, ainsi que lorsqu'il a été question de démonter l'escalier de charpente, nous en avons trouvé cinq marches brûlées. Je ne sais s'il n'y aurait pas une sorte de justice que le roi entrât dans cette dépense qui serait devenue nécessaire quand même M. le comte de Noailles n'aurait pas demandé les changements qui nous en ont procuré la découverte.* A.N. O[1] 1797 239 ; *cf.* 264.
1770 *État* A « M. le gouverneur »
1771 N au roi : *Votre Majesté a parlé des cuisines et offices de Mme la comtesse du Barry en attendant qu'on rebâtisse l'aile* [du Gouvernement]. *Le comte de Noailles n'a à proposer que la sienne ou d'emprunter celle de M. le comte d'Eu et celle de MM. les capitaines des gardes qui pendant ce temps se contenteraient de leur ancienne cuisine auprès de leur appartement, et le comte de Noailles prêtera à M. le comte d'Eu la moitié de la sienne pour faire son morceau quand il viendra à Versailles.* Réponse : *Oui.* A.N. O[1] 1077 114
Poix, Philippe Louis Marc Antoine, marquis de Noailles, prince de (1752-1819). Intendant et gouverneur de Versailles en survivance 1767
1787 *État* E « M. le prince de Poix » "8 pièces, 3 à cheminée ; 2 entresols, 1 à cheminée"

1. Dans les plans ultérieurs, ces espaces construits contre les fondations nord furent numérotés **AN 14A et 14B**. L'espace sous **AN 30** fut numéroté **13A et 13B** au niveau de la cour, **AP 16A** correspondant à l'entresol au-dessus. Tous disparurent quand l'Opéra fut construit.
2. **AN 14** incluait tout le rez-de-chaussée du Gros Pavillon sur la cour de l'Opéra, la cour basse de la Chapelle et la rue des Réservoirs. Entre les cours, il consistait en deux séries de pièces divisées par un long corridor médian surmontées d'entresols auxquels on accédait par plusieurs escaliers intérieurs. Ces espaces étaient éclairés par les fenêtres de la cour et en partie aérés par des fenêtres intérieures ouvrant dans la voûte du corridor central. Les dimensions de **AN 14** furent réduites au XVIIIe siècle lorsqu'on le divisa en **AN 14A et 14B**. Plus tard les entresols devinrent **AN 22 et 23**.
3. Ce plan montre le rez-de-chaussée, annoté 6A à 6D. Il y a deux fourneaux de cuisine, larges et avec hottes, en 6C et 6D, dont le dernier est mentionné par le duc de Saint-Simon comme étant attaché à son logement, **AN 45**. Voir aussi GG-B 2845.
4. Ce plan est celui des entresols numérotés 7A à 7 G.
5. Il s'agit probablement de Louis Armand Le Moine, *dit* de Clermont, valet de chambre du roi. Plus tard, on lui donna **GC 47**, à gauche.

AN 14 sur la cour de la Chapelle
Liard, Antoine Renaud (?-?). Receveur général du Domaine de Versailles 1722
Ormesson, Henri François-de-Paule Lefèvre d' (1681-1756). Intendant des finances 1722 ; conseiller d'État ordinaire 1730 ; administrateur du temporel de Saint-Cyr
Caumont, Jacques Nompar de Caumont, marquis de La Force, puis duc de (1714-1755)
Caumont, Marie Louise de Noailles, duchesse de (1710-?). Dame de la dauphine, 1744
1741 *État* « M. Liard, receveur géneral du gouvernement, puis M. de Caumont » "5 pièces, 1 à cheminée"
1740 *Offices de M. le maréchal de Noailles : chambre anciennement à M. d'Ormesson, occupée par Mme la duchesse de Caumont, présentement au maître d'hôtel de M. le comte de Noailles.* D.C.V. citant O[1] 3453 folio 48
[1744] *Le roi ayant bien voulu conserver un logement au sieur Liard au château de Versailles, le comte de Noailles propose qu'il soit accordé et à M. Vaujoie 600 livres pour ses logements jusqu'à la mort de M. Liard.* Bon du roi : A.N. O[1] 1076 90

AN 14 [**A, B, C** etc.] dans l'entresol sur la rue des réservoirs avant 1751 [1].

Noailles, Adrien Maurice, maréchal, duc de (1678-1766). Capitaine des gardes du corps 1707
1.11.1730 GG-B 1149 « Plan des changements à faire dans les entresols et au-dessus de cuisines et offices du gouvernement pour composer un appartement pour M. le duc de Noailles, à Versailles »

1749 GG-B 1149 « Plans des appartements au-dessus des cuisines du gouvernement occupé par M. le duc de Caumont... »

AN 14 [A]
Le Bel, N..., Mme (?-?)
Voltaire [2], François Marie Arouet, *dit* (1694-1778). Historiographe du roi 1745
38.3.1745 Voltaire à Mme Denis : *Dite al vostro cocchiero d'entrare nella ultima porta dell'ultimo cortile a man destra al destro lata della capelli* [sic]. *Poi caminando a man destra, scenderete per una piccola scala la quale vi conduce al mio stanzolino numero 14A vicino al piu puzzolente cacatoio di Versailles...* Pierpont Morgan Library, ms 1901, publié dans *Lettres d'amour de Voltaire à sa nièce*, éd. T. BESTERMAN, éd., *Studies on Voltaire and the Eighteenth Century*, 4, 1957

14.6.1746 Voltaire à T : *M. de Voltaire, historiographe du roi, prie M. le directeur général des Bâtiments de vouloir bien ordonner qu'on fasse les réparations ci-après à son appartement, cour des cuisines de Monseigneur le prince de Condé, n° 14, ci-devant appartement de Mme Le Bel, savoir : une fenêtre et un volet, une porte et une cloison, un tambour à cheminée qui fume. Une couche de blanc sur les murs. Un chambranle de cheminée de pierre, peur de feu ; et 12 pieds en carré de parquet.* [Il] *demande aussi qu'on fasse une porte à des privés publics qui sont au pied de l'escalier et qu'on détourne, s'il se peut, la rigole de la gouttière voisine pour les laver.* Réponse : *À M. L'Écuyer pour m'en rendre compte.* A.N. O[1] 1810 I 96 publié par T. BESTERMAN, éd., 1957, p. 278
15.6.1748 *Mme Le Bel a remis à M. de Tournehem un mémoire des réparations nécessaires à faire à son appartement, cour des cuisines de M. le prince de Condé, savoir : boucher un trou que l'eau qui tombe du réservoir a fait dans le plancher du corridor ; recarreler cette partie endomagée et une partie de la chambre qu'occupe Mme la marquise du Châtelet ; détruire un grand réchauffoir qui occupe une partie de la petite chambre où loge une femme de Mme la marquise du Châtelet et en construire un dans la chambre des domestiques avec les matériaux ; diminuer la cheminée de la femme de chambre ; raccommoder une soupente qui est dans cette chambre et la prolonger dans celle des domestiques... 192 livres.* Bon du roi : A.N. O[1] 1810 II 66
Châtelet [3], Gabrielle Émilie Le Tonnelier de Breteuil, marquise du (1706-1749)
13.4.1746 *Mme la marquise du Châtelet supplie M. de Tournehem de vouloir bien ordonner qu'il soit mis dans sa chambre au château de Versailles une cheminée de pierre peinte en marbre au lieu du chambranle de bois auquel le feu peut prendre et environ 12 pièces de parquet...* Réponse : *À M. L'Écuyer pour me rendre compte.* A.N. O[1] 1810 104
21.10.1747 *Mme la marquise du Châtelet demande qu'on fasse faire dans son appartement à Versailles, savoir : raccommoder la soupente qui est dans la chambre de la femme de chambre, cette soupente étant prête à tomber et y faire les jours du côté du corridor ; de faire continuer la soupente au-dessus de la chambre des gens et faire un petit escalier dans un coin ; faire un potager et deux fourneaux ; faire diminuer la cheminée de la chambre de la femme de chambre qui est une cheminée de cuisine avec un jeu d'orgues pour empêcher la fumée ; ôter des potagers qui sont dans cette chambre et y faire mettre une porte pleine au lieu de la vitrée ; faire fermer tout à fait la cloison qui sépare cette chambre et celle des gens.* [Elle] *demande du parquet pour sa petite chambre.* Réponse : *À M. L'Écuyer pour m'en rendre compte.* A.N. O[1] 1810 I 244. *Cf.* II 36 : *Devis de 710 livres.* Réponse de T : *Ne se peut.*

1. Cet espace, ordinairement destiné au maréchal de Noailles, était divisé en plusieurs petits logements. Avant l'achèvement de l'aile entre le Gros Pavillon et le site de l'Opéra, ces pièces paraissent avoir été désignées A, B, C, etc. Une partie de cet espace fut accordée à Mme Le Bel, dont le mari occupait le logement contigu, **AN 19**. D'autres espaces furent attribués à des occupants temporaires, comme Voltaire et le président d'Ogier. Lorsque l'aile faisant la jonction avec l'Opéra fut achevée en 1751, ces désignations **14 A, B, C et D**, furent données aux appartements de cette aile. Ensuite l'espace dans les entresols de **AN 14** sur la rue des Réservoirs paraît avoir été absorbé par le gouvernement du château.
2. Voltaire n'occupait qu'une petite partie d'**AN 14A**.

3. Lorsque Voltaire était à la Cour, sa maîtresse, la marquise du Châtelet, semble avoir reçu un autre de ces petits logements temporaires dans **AN 14A**. Bien que la localisation en soit incertaine, une partie de cet espace paraît avoir antérieurement appartenu à des cuisines.

AN 14 [B]
Ogier, Jean François d'Énonville d' (1703-1775). Président du parlement de Paris ; surintendant de la maison de la dauphine 1744 et 1747 ; conseiller d'État 1766
24.6.1743 E à T : *État des marbres... Une tablette de cheminée pour la chambre de M. d'Ogier de vert de Campan...* A.N. O[1] 1763A
2.4.1746 *M. L'Écuyer... a présenté ce jour d'hui à M. le directeur général un plan sur lequel est le devis des réparations à faire au logement de M. le président Ogier au château de Versailles. Total = 600 livres.* A.N. O[1] 1810 I 84

Puysieulx, Louis Philogène Brûlart, marquis de (1702-1770). Ministre 1751-1756
3.10.1751 *M. le président Ogier et celui des gardes servant près de Monseigneur le dauphin à M. le marquis de Puyzieulx quand ils seront placés ailleurs...* Distribution : A.N. O[1] 1076 290 ; *cf.* 1798 614

AN 14A, B, C, et D dans l'aile entre le Gros Pavillon et l'Opéra après 1750 [1]
14.10.1751 *M. Gabriel a remis à M. de Tournehem un plan des seconds entresols du rez-de-chaussée de l'aile Neuve joignant la salle des machines qui sont destinés pour l'usage du théâtre dans lesquels on peut former en cloison provisionnelle deux petits appartements pour remplacer deux logements de la Surintendance au rez-de-chausée des cours dont on peut faire une cuisine et office pour M. le marquis de Puyzieulx.* Réponse : *M. L'Écuyer fera faire les deux appartements tels qu'ils sont marqués sur le plan et les deux pour servir de remplacement aux deux appartements dont l'un sert actuellement à l'officier des gardes du corps près de Monsieur le dauphin* [**AN 14 (C)**] *et M. le président d'Ogier* [**AN 14 (B)**], *lesquels deux appartements occupés par eux doivent servir suivant la décision du roi de cuisine de M. le marquis de Puyzieulx quand les deux appartements seront faits à Fontainebleau.* A.N. O[1] 1810 III 126 ; *cf.* 136

AN 14A
Périgord, Marie Marguerite Françoise de Talleyrand, comtesse de (1727-1775). Dame du palais de la reine 1744 ; dame d'honneur de Mesdames les cadettes 1768
GG-B 1233 « deuxième entresol sur le rez-de-chaussée » "A" « cuisine de Madame de Périgord »
Bureau du Domaine
1770 *État* « Bureau du Domaine »

AN 14B
Mesmes, Albert Paul, marquis de (1751-?). Gentilhomme d'honneur du comte d'Artois
1770 *État* A « M. de Mesmes »
Montaigu, Thibault François Henri de Poilvilain, chevalier de (1718-1771). Premier maître de la garde-robe du comte de Provence 1771 ; Aide-major des quatre compagnies des gardes du corps 1756
GG-B 1233 « deuxième entresol sur le rez-de-chaussée » "B" « M. de Montaigu » [2]
25.2.1757 *M. le chevalier de Montaigu, aide-major des gardes du corps du roi, par son mémoire à M. le marquis de Marigny, le prie très humblement de vouloir bien ordonner qu'il soit fait dans la cuisine qu'il a au château un évier pour y pouvoir faire une décharge d'eaux, qui faute de cette commodité, sont jetées dans la cuisine et y séjournent même, de façon que le plancher en sera incessamment pourri. Il n'y a pas un [pied] à percer pour faire passer le tuyau de décharge. M. le marquis de Marigny sait la dépense que M. de Montaigu a faite par sa permission à son logement et qu'il lui en a coûté plus de 25 louis pour la distribution. C'est pourquoi il espère que la nécessité et la commodité pour les bâtiments de mettre un évier dans sa cuisine ne lui sera pas refusée.* Réponse de M à E : *Vous aurez agréable de faire faire dans la cuisine du logement de M. le chevalier de Montaigu un évier... pour la conservation du plancher.* A.N. O[1] 1811 II 129 ; *cf.* 1796 353 et 354

AN 14B *bis*
La Vrillière, Louis V Phélypeaux de La Vrillière, comte de Saint-Florentin, puis en 1770 duc de (1705-1777). Ministre d'État 1751-1775 ; chancelier des ordres du roi
1775 N au roi : *Il y a à côté une chambre à M. de Beaumont* [**AGM 12**] *qu'il n'occupe pas. Le maréchal de Mouchy propose de la donner à M. le duc de La Vrillière qui après 54 ans de ministre se trouve renvoyé dans une chambre qu'il occupe par la cuisine de Mme la comtesse de Narbonne.* A.N. O[1] 1077 370
Narbonne, Françoise de Châlus-Sanssat, marquise de (1734-1821). Dame d'atour de Madame Adélaïde 1764
12.1775 *La chambre de M. le chancelier des ordres du roi à donner pour cuisine à Mme la comtesse de Narbonne jusqu'à ce qu'elle en ait une autre...* Disposition : A.N. O[1] 1799 463
[177...] N au roi : *Il y une discussion des plus vives entre M. le marquis de [La] Suze et Mme la comtesse de Narbonne sur une cuisine qui est dans l'intérieur du logement de M. le grand maréchal* [**AN 53**] *et que la dame d'atour de Madame Adélaïde ne veut pas rendre.*

1. La déclivité de la rue des Réservoirs implique que la cour de l'Opéra était plus basse que la cour basse de la Chapelle. Cela permettait d'insérer un second niveau d'entresols entre **AN 15 A, B et C** au niveau de la cour, et **AN 33A** au niveau du rez-de-chaussée de la façade sur les jardins. Dans GG-B 1191, le maître plan préparé vers 1720, les entresols sont numérotés **AN 14 Á, B, C, et D**. Le plan antérieur, GG-B 1191, utilisait ces lettres, mais les plans ultérieurs, tels que GG-B 1233, assignent des lettres différentes à ces espaces. Les dénominations données dans GG-B 1233 ont été employées ici pour désigner les espaces. **AN 14A** était une simple pièce à l'angle sud-est de la cour. À **AN 14C** correspondaient les trois fenêtres dans l'aile juste au nord du Gros Pavillon, et à **AN 14B** les trois fenêtres suivantes sur la rue. Il s'étendait à travers l'aile jusqu'à la cour et on y accédait par un escalier séparé. Il était éclairé par les fenêtres les plus éloignées vers le nord sur la rue des Réservoirs. Sur la cour, près du site réservé à l'Opéra, se trouvait **AN 14D**, composé de deux pièces pourvues de deux fenêtres.

2. À la mort du chevalier de Montaigu, ce logement fut combiné avec les pièces adjacentes et numéroté alors **AN 14C**. Voir plus loin.

Le maréchal de Mouchy qui a une horreur des nouveaux réchauffoirs établis dans les galeries qui font une malpropreté indécente propose de lui accorder une chambre à cheminée qui est auprès de la garde-robe de Madame Victoire, ci-devant à M. d'Ogier [**AN 14C**] *et qui n'est pas occupée. Elle la rendra quand on pourra lui donner une autre cuisine.* A.N. O[1] 1077 368
1787 *État* E « Cuisine de Mme la comtesse de Narbonne » "2 pièces, 1 à cheminée"

AN 14A et B sont combinés.

Narbonne, Arthur Richard Dillon (1721-1806). Archevêque de Toulouse ; archevêque de Narbonne 1763-1801
1787 *État* E « M. l'archevêque de Narbonne » "8 pièces, 3 à cheminée"

AN 14C

Ogier, Jean François d'Énonville d' (1703-1775). Président au parlement de Paris ; surintendant de la maison de la dauphine 1744 et 1747 ; conseiller d'État 1766
15.10.1751 E à Tournehem : *Je... vous accuse la réception du plan des deux nouveaux logements dans l'aile neuve du Nord pour l'officier des gardes du corps auprès de M. le dauphin et pour M. le président d'Ogier que vous m'avez fait l'honneur de m'adresser.* A.N. O[1] 1795 210
GG-B 1233 « deuxième entresol sur le rez-de-chaussée » "C' « M. le président Ogier »
1770 *État* A "M. le président Ogier"
Montmorin Saint-Hérem, Jean Baptiste Calixte, marquis de (1727-1781). Gouverneur de Fontainebleau en survivance
29.5.1771 N au roi : *Madame Adélaïde demande que le logement réservé pour le futur premier écuyer de Votre Majesté* [**CC 59A**] *soit prêté à Mme la comtesse de Narbonne jusqu'à ce que son logement soit assuré. L'on pourrait, si Votre Majesté l'approuve, donner à M. le marquis de Montmorin, qui occupait ce logement, le trou qu'avait M. le président Ogier dans le bas de l'aile près de l'Opéra.* A.N. O[1] 1077 125
Garde-robe de Mesdames
28.9.1771 E à M : *M. le comte de Noailles vient de me dire à l'occasion de l'aile près de la Chapelle où sont les garde-robes de Mesdames les cadettes* [**AG 4A**] *que l'intention du roi était de les leur remplacer au plus tôt dans le logement de M. de Montaigu* [**AP 14B**], *aide-major, qui est mort il y a quelques jours...* A.N. O[1] 1798 673
3.10.1771 M à l'abbé Terray : *M. le comte de Noailles me fait informer que l'intention de Sa Majesté est de transférer la garde-robe des habits de Mesdames les cadettes et de loger son confesseur dans un petit placement au-dessus du suisse de la Chapelle* [**AN 50**]... *cet arrangement exige un millier d'écus...* A.N. O[1] 1798 677
18.10.1771 *Le logement de M. le premier aide-major de cour pour placer la garde-robe de Mesdames à demeurer* A.N. O[1] 1798 684
Breteuil, Louis Charles Auguste Le Tonnelier, baron de (1730-1807). Secrétaire d'État pour Paris et la Maison du roi 1783-1787
6.10.1783 *La garde-robe de Madame à M. le marquis de Noailles ; la garde-robe de Madame Victoire à M. le baron de Breteuil.* Bon du roi : A.N. O[1] 1801 521
Vergennes, Constantin, vicomte de (1761-1832). Capitaine des gardes de la porte 1783
30.11.1783 *Le logement de M. le baron de Breteuil à M. le vicomte de Vergennes, capitaine des gardes de la porte...* Distribution : A.N. O[1] 1081 539
20.7.1784 La comtesse de Vergennes à A : *Mme la comtesse de Vergennes a l'honneur de renouveler à M. le comte d'Angiviller l'assurance de ses très parfaits attachements et de le prier de vouloir bien donner des ordres pour qu'on accélère les arrangements qui doivent rendre libres les pièces servant de garde-robe à Madame Victoire et qu'on destine au vicomte de Vergennes, son fils.* A.N. O[1] 1801 629
22.10.1785 P à A : *Il y a deux ans... que le roi m'ordonna de retirer des logements qui servaient de garde-robes à Madame et à Madame Victoire. Sa Majesté me dit que son intention était qu'elles fussent placées dans le logement de Madame Sophie* [**CC 25**]. *Sa Majesté a disposé de ces garde-robes : celle de Madame en faveur de M. le marquis de Noailles et celle de Madame Victoire en faveur de M. le vicomte de Vergennes. L'arrangement à faire pour rendre ces logements habitables n'est pas de mon département. C'est à vous... à prendre en conséquence les ordres du roi....* Réponse : *Le 22 lettre à M. Heurtier pour avoir instruction des travaux à faire.* A.N. O[1] 1802 134
1786 GG-B 1296 « Plan du [*sic*] garde-robe de Madame Victoire, destiné à loger M. le vicomte de Vergennes »
1787 *État* E « Garde-robe de Mesdames » "5 pièces, 3 à cheminée, 1 réchauffoir"

AN 14 D
Bâtiments du roi
GG-B 1233 « deuxième entresol sur le rez-de-chaussée » "D" "Bâtiments du roi"
Lorge et de Quintin, Adélaïde Philippine de Durfort, comtesse de Lorge, puis duchesse de (1744-1819). Dame d'honneur de la comtesse d'Artois 1774
1787 *État* « Office de Mme la duchesse de Lorge » "1 pièce à cheminée"

AN 15 [1]
Toulouse, Louis Alexandre de Bourbon, légitimé de France, comte de (1678-1737)
Rohan-Soubise, Armand Gaston Maximilien de Rohan-Soubise, cardinal de (1674-1749). Grand aumônier de France 1713-1749
1741 *État* « Cuisine et offices de M. [le comte] et Mme la comtesse de Toulouse, puis grand aumônier, cuisines et offices de M. le cardinal de Rohan » "6 pièces, 3 à cheminée ; 5 entresols sans cheminée"

1. **AN 15** était situé au rez-de-chaussée du Gros Pavillon sur la rue des Réservoirs.

Soubise, Armand de Rohan, cardinal de (1717-1756). Grand aumônier de France 1749-1756

La Rochefoucauld, Frédéric Jérôme de La Rochefoucauld de Roye, cardinal de (1701-1757). Grand aumônier de France 1756-1757

La Roche-Aymon, Charles Antoine, cardinal de (1697-1777). Grand aumônier de France 1757-1777

après 1768 *Dans le même rez-de-chaussée sur la rue, n° 15, sont les offices de M. le grand aumônier.* A.N. O[1] 1802 722

Rohan-Guéméné, Louis René Édouard, cardinal de (1734-1803). Grand aumônier de France 1778-1786

1787 *État* E « Cuisine de M. le grand aumônier » "5 pièces, 1 à cheminée ; 6 entresols, 1 à cheminée"

AN 15A, B et C[1]

AN 15A

Tingry, Charles François Chrétien de Montmorency-Luxembourg, prince de (1713-1787). Capitaine des gardes du corps 1764

[après 1768] *Le n° 15A en suivant sur la deuxième cour appartient à M. le prince de Tingry.* A.N. O[1] 1802 722

1770 *État* A « M. le prince de Tingry »

1783 *État* D « M. le prince de Tingry »

Luxembourg, Anne Paul Samuel Sigismond de Montmorency-Luxembourg, *dit* chevalier de (1742-1790). Capitaine des gardes du corps en survivance 1767

1787 *État* E « Cuisine de M. le chevalier de Luxembourg » "2 pièces, 1 à cheminée ; 3 entresols ; 2 bûchers"

AN 15B

Bernis, François Joachim de Pierre, abbé, puis cardinal de (1715-1794)

13.3.1757 GG-B 2758 Projet proposé pour faire une cuisine et offices pour M. l'abbé-comte de Bernis entre la seconde cour basse de la Chapelle et l'intérieur de la salle des spectacles

7.2.1752 *Devis : Logement de M. l'abbé de Bernis... la cuisine, l'office et chambre du cuisinier à pratiquer dans l'endroit destiné pour la salle des spectacles, où il n'y a que du* [sic] *cage... 3 750 livres.* A.N. O[1] 1070 528 ; *cf.* 1811 II 130

Suisse du château

1770 *État* A « Suisse du château »

1787 *État* E « Suisse de l'antichambre du roi » "2 pièces, 1 à cheminée ; 2 entresols, 1 à cheminée"

AN 15C

Bélestat, Marie Charlotte de Rousselet de Châteaurenault, comtesse de (1728-1765). Dame pour accompagner Mesdames les cadettes en survivance de sa mère 1752

Clermont-Gallerande, Gabrielle Françoise de Villers d'O, marquise de (1699-1765). Dame d'atour de Mesdames les cadettes 1750-1765

15.10.1755 GG-B 2751 « Plan de l'appartement de la comtesse de Bélestat, dans la partie neuve de l'aile du Nord au rez-de-chaussée sur la rue avec changements à y faire » "cuisine de la marquise de Clermont"

Sassenage, Charles François, marquis de (1704-1762). Chevalier d'honneur de la dauphine en survivance 1749, en exercice 1755

Bérenger, Raymond Pierre, comte de Gua, marquis de (1732-1792). Chevalier d'honneur de la dauphine en survivance de son beau-père 1755, en exercice 1762, puis de la comtesse de Provence 1771

[après 1768] *Les deux pièces ensuite contre le passage, 15C, la cuisine est à M. Bérenger* A.N. O[1] 1802 722

Cuisine du capitaine des gardes du corps en quartier

[176...] N au roi : *MM. des capitaines des gardes donnent à manger journellement pendant leur quartier. Ils ont la cuisine de Mme la marquise de Clermont* [**auprès de CC 23**][2] *mais elle est très petite et très incommode. Celle de M. le comte de Bérenger est plus grande et plus belle, mais le comte de Noailles n'ose pas proposer le troc sans un ordre exprès de Votre Majesté de peur de déplaire à Madame la dauphine. Si Votre Majesté veut simplement permettre au comte de Noailles de proposer à M. de Bérenger sans lui ordonner et lui laisser même son libre arbitre, il sera difficile de cette façon que cela puisse faire une tracasserie au comte de Noailles qui ne les aime pas.* Réponse : *Approuvé.* A.N. O[1] 1077 346

1769 N au roi : *MM. les capitaines des gardes ont demandé à la mort de Mme la duchesse de Villequier sa cuisine* [**ADM 7A**] *pour leur quartier. Votre Majesté a eu la bonté de leur accorder. Mme la duchesse de Beauvillier qui occupe par intérim ce logement* [**AN 39**] *s'est emparée de cette cuisine. Votre Majesté trouve-t-Elle bien que le comte de Noailles la fasse rendre à MM. les capitaines des gardes en échange de celle de feu M. le marquis de Sassenage dont ils sont en possession et qui restera attachée au logement de feu Mme la duchesse de Villequier ?* A.N. O[1] 1077 61

Beauvau-Craon, Charles Juste, *dit* prince de (1720-1793). Capitaine des gardes du corps 1757 ; maréchal de France 1783

Périgord, Marie Marguerite Françoise de Talleyrand, comtesse de (1727-1775). Dame d'honneur de Mesdames Victoire, Sophie et Louise 1768

1770 *État* A « Cuisine de M. de Beauvau, puis de Mme de Périgord »

Beauvillier, Marie Françoise Suzanne de Creil de Bournezeau, duchesse de (1716-?). Dame d'honneur de Madame Adélaïde 1750

Lorge et de Quintin, Adélaïde Philippine de Durfort, comtesse de Lorge, puis duchesse de (1744-1819). Dame d'honneur de la comtesse d'Artois 1774

1777 *État* B « Mme de Beauvillier, dame d'honneur, puis duchesse de Quintin »

1. Ces espaces au niveau de la rue sur la rue des Réservoirs étaient disposés de chaque côté du passage donnant accès à la cour de l'Opéra. **AN 15A et C** donnaient vers le sud ; **AN 15C** vers le nord. À chacun d'eux correspondait une série complète d'entresols.

2. Mme de Clermont utilisait **AN 15C** quand elle habitait **AN 28**. Plus tard elle eut une petite cuisine près de son appartement dans le corps central.

1787 *État* « Cuisine de Mme la duchesse de Lorge » "2 pièces, 1 à cheminée"

AN 16 [1]
Lessives du château
Commun du gouverneur
1741 *État* « Pour les lessives du château, puis pièces du commun du gouverneur » "1 pièce à cheminée ; 1 entresol sans cheminée"
Magasin des Bâtiments
1787 *État* E « Magasin des Bâtiments » "1 douairière"

AN 17
Corps de garde des suisses du château
1741 *État* « Corps de garde des suisses du château » "1 pièce à cheminée, 1 entresol sans cheminée"
Magasin du cirier
1787 *État* E « Magasin du cirier » "1 fourrier"

REZ-DE-CHAUSSÉE ENTRE LA COUR BASSE DE LA CHAPELLE ET LA RUE DES RÉSERVOIRS

AN 18
Suisses de la porte de la cour de la Chapelle
1741 *État* « Suisses de la porte de la cour de la Chapelle, rez-de-chaussée », "1 pièce à cheminée ; 2 entresols, 1 à cheminée"

AN 19
Menuisiers des Bâtiments
Menuisiers du garde-meuble
1741 *État* « Menuisiers des Bâtiments, puis du garde-meuble » "4 pièces, 2 à cheminée ; 4 entresols, 1 à cheminée"

AN 18 et **19** sont combinés.

Bachelier, François Gabriel (1689-1754). Concierge du château de Versailles en survivance ; premier valet de chambre 1744
1741 *État* « M. Bachelier » **[AP 18]** "1 pièce à cheminée ; 2 entresols, 1 à cheminée » **[AP 19]** "4 pièces, 2 à cheminée ; 4 entresols, 1 à cheminée"
GG-B 1142
Le Bel, Dominique Guillaume (1696-1768). Premier valet de la chambre et de la garde-robe du roi en survivance de son père ; premier valet de chambre du roi 1719 ; inspecteur général des châteaux de Versailles et Marly
7.4.1754 N au roi : *M. Bachelier est dans l'état le plus triste. On est très empressé à la Cour d'avoir des logements, ce qui fait qu'on a déjà pensé à cette succession. Le comte de Noailles prend la liberté de représenter que M. Le Bel n'a de logement que celui du concierge* **[AG 3]** *qui n'est pas des plus solides et qu'il paraît juste de lui accorder ce logement en cas qu'il vienne à vaquer...* Distribution : A.N. O^1 1076 363
23.6.1754 *Le logement de feu M. Bachelier à M. Le Bel, premier valet de chambre du roi* O^1 1076 371
24.7.1754 *Le logement de M. Bachelier à M. Le Bel, premier valet de chambre* L* XIII 287
Boucheman, Louis Diane († 1782). Valet de chambre du roi ; concierge du château de Versailles
1770 *État* A « M. Boucheman »

AN 18 et **19** sont séparés.

AN 18
Suisses des appartements
1787 *État* E « Suisses des appartements » "1 fourrière"

AN 19
Boucheman, Louis Diane († 1782). Valet de chambre du roi ; concierge du château de Versailles
1770 *État* A « M. Boucheman »
Boucheman [2], Pierre de (1752-?). Concierge du château en survivance de son père 1771
1787 *État* E « M. de Boucheman, concierge du château » "6 pièces, 3 à cheminée ; 3 entresols"

AN 20
Boullogne, François, sieur (?-?). Apothicaire du roi [3]
Commandant des suisses du château
1741 *État* « M. Boullogne, puis commandant des suisses du château » "3 pièces, 1 à cheminée ; 3 entresols, 1 à cheminée"
Foirstié, N... († 1755). Commandant des suisses du château
3.1.1755 *Le sieur Foirstié n'a qu'une seule cheminée dans son logement et est obligé de faire son pot dans sa chambre ; il y a une petite pièce à côté dont les Missionnaires peuvent très bien se passer. Votre Majesté veut-Elle permettre qu'il la fasse ajouter au logement du sieur Foirstié et qu'il fasse accommoder le dit logement au dépens du Domaine ?* Bon du roi : A.N. O^1 1076 388
D'Achard, N... (?-?). Capitaine des grenadiers ; commandant des suisses du château et des invalides [4] de la garde de Versailles
13.4.1755 N à M : *J'ai l'honneur de vous parler et de vous écrire pour le logement de M. Foirstié, commandant des suisses, auquel je désirais quelques réparations et accommodements ; vous aviez bien voulu me les accorder en bornant cependant votre bonne volonté à 400 ou 500 livres. Comme M. Foirstié était très mal, il a désiré qu'on le laisse mourir en paix ; il est mort. Le roi a accordé sa place de M. Duché* [5] *et celle de M. Duché à M. d'Achard, ci-devant capitaine des gre-*

1. La pièce à l'angle nord-ouest de la cour basse de la Chapelle, dite 6D sur GG-B 1161, paraît avoir été détachée de **AN 14** et renumérotée **AN 16**.

2. M. Boucheman occupait aussi **AN 24, 25, et 26** vers 1787.
3. M. Boullogne occupait aussi **AN 22**.
4. Il s'agit de personnes venant de Paris, plus ou moins valides, qui servaient comme auxiliaires de la garde de la ville de Versailles.
5. En 1753, M. Duché logeait dans l'hôtel de Louis, rue de l'Orangerie. A.N. O^1 1071 407.

nadiers et pour lequel Sa Majesté a des bontés, l'ayant eu longtemps dans ses gardes. C'est lui qui occupera le logement au château. Je vous demande donc pour lui la même grâce que vous m'aviez accordée pour M. Foirstié. Je vous prie très instamment de donner vos ordres en conséquence à M. L'Écuyer le plus tôt qu'il sera possible parce que je désirerais que cela pût être fait pendant le premier voyage de Marly. Ce que vous ne jugeriez pas à propos de payer sur les bâtiments, le roi m'a autorisé à le payer sur le Domaine... Réponse : *À M. L'Écuyer de me rendre compte.* Bon du roi : A.N. O[1] 1070 458 ; *cf.* 457 et 459 et 1811 II 26
1787 *État* E « Corps de garde des suisses et le commandant », 2 pièces, 1 à cheminée ; 4 entresols, 2 à cheminée ; 1 cave"

AN 21
Pères de la Mission
1741 *État* « Pères de la mission » "1 pièce sans cheminée ; 2 entresols sans cheminée"
1787 *État* « Missionnaires » "1 pièce sans cheminée"

ENTRESOLS DU REZ-DE-CHAUSSÉE DU GROS PAVILLON

AN 22
Fresson, François Alexandre († 1746). Bailli de Versailles en survivance de son père 1703
GG-B 1149
Boullogne, François, sieur (?-?). Apothicaire du roi
Le Serre, N... de, *dit* le fils (?-?)
1741 *État* « Bailli de Versailles, puis M. de Boullogne et M de La Serre, fils » "10 pièces, 4 à cheminée"
Habert, François Marie († 1779). Premier apothicaire du roi en survivance 1755 et du comte d'Artois
28.5.1762 N au roi : *La veuve Imbert demande à conserver son logement au château* **[AP 27]** *à l'exemple de la veuve Boullogne qui avait conservé le sien après la mort de son mari, apothicaire de Votre Majesté, mais la veuve Imbert n'est point dans le cas de la veuve Boullogne, dont le fils eut la charge. Elle prend pour prétexte que son fils est premier valet de la garde-robe, mais il n'est que survivancier, et M. de Fronsac n'a pas pu avoir un logement en cette qualité. Le sieur Habert le demande. Il n'a que 300 livres qu'il rendra. Il a une nombreuse famille et si Votre Majesté veut conserver l'habitation dans le château de ses apothicaires, il paraît dans le cas de mériter cette grâce à condition de laisser six mois où un an à Mme Imbert, si elle en a besoin pour arranger ses affaires.* Bon du roi : A.N. O[1] 1077 679
1770 *État* A « M. Habert »
8.2.1778 P au roi : *Le prince de Poix propose à Votre Majesté de destiner le logement du sieur Forgeot* **[AP 27]** *à être celui des apothicaires du quartier et prendre celui du sieur Habert et Martin* **[AP 42]** *au château. État : M. Habert aile du Nord, entresols 7, dont 4 à cheminée.* P.-S. : *Votre Majesté veut-Elle bien accorder 400 livres à chacun des trois apothicaires pour les dédommager de la perte de leurs logements ?* A.N. O[1] 1077 244 et 245
La Roche-Aymon, Colette Marie Paule Hortense Bernardine de Beauvillier, marquise de (1749-1830). Dame du palais 1775
17.2.1778 P au roi : *Votre Majesté veut-Elle bien accorder à Mme la marquise de La Roche-Aymon le logement du sieur Habert et celui de Mme de La Roche-Aymon* **[AN 43A]** *à M. le marquis d'Ossun ?* Bon du roi : A.N. O[1] 1077 246
Ossun, Pierre Paul, *dit* marquis d' (1713-1788). Ministre 1778
Ossun, Charles Pierre Hyacinthe, comte d' (1750-1791)
Ossun, Geneviève de Gramont, comtesse d' (1751-1794). Dame d'atour de la reine 1781
20.6.1783 La comtesse d'Ossun à A : *Je ne vous demande pas d'autre réparations dans mon logement... quand j'ai été nommée dame d'atour de la reine que de blanchir l'antichambre. Je ne croyais pas le garder longtemps, mais à présent que l'on me menace d'y rester au moins cinq ans, il est absolument nécessaire de blanchir les deux salons.* Réponse de H à A : *J'ai autorisé l'exécution.* A.N. O[1] 1801 472 et 476
2.2.1784 L** à A : *Mme la marquise d'Ossun demande la pose d'un poêle à ses frais dans son antichambre et la suppression du manteau de cheminée pour former une niche. Comme il n'y a point d'inconvénient, M. Heurtier m'a autorisé à faire faire les arrangements.* A.N. O[1] 1801 563 ; *cf.* 564
Guiche, Antoine Louis de Gramont, comte de Louvigny, puis en 1780 duc de (1746-1836)
24.12.1785 *Le logement de Mme la comtesse d'Ossun à M. le duc de Guiche ; M. le duc de Villeroy n'y ayant qu'un pied-à-terre.* A.N. O[1] 1802 149 et 150 ; *cf.* 1077 343 et 443
1787 *État* E « M. le marquis d'Ossun » "7 pièces, 4 à cheminée"

AN 23
Liard, Antoine Renaud (?-?). Receveur général du Domaine de Versailles 1722
GG-B 1149
1741 *État* « Receveur du Domaine de Versailles » "10 pièces, 5 à cheminée"
Noailles, Philippe, comte de, prince de Poix (1715-1794). Intendant et gouverneur de Versailles
Poix, Philippe Louis Marc Antoine, marquis de Noailles, puis prince de (1752-1819). Intendant et gouverneur de Versailles en survivance 1767
1770 *État* A « M. le gouverneur »
1787 *État* E « M. le prince de Poix » "9 pièces 4 à cheminée"

AN 23A
Vaujoie, Guy Louis Poulain de (?-?). Receveur du Domaine
Sasfield, N... (?-?)
1777 *État* B « M. de Vaujoie, puis de Sasfield »

AN 24
Noailles [1], Philippe, comte de, prince de Poix, comte de (1715-1794). Gouverneur de Versailles 1729

1. Le gouverneur de Versailles utilisait aussi **AN 2**.

Noailles, Louis de Noailles, comte puis en 1737 duc d'Ayen, puis en 1766 duc de (1713-1793). Capitaine des gardes du corps 1730
Rupelmonde, Yves Marie, comte de (1707-1745)
1741 *État* « Gouverneur de Versailles, puis M. le comte d'Ayen, M. de Rupelmonde, puis gouvernement » "1 pièce sans cheminée"

AN 25 et 26
Officiers des gardes du corps
1741 *État* « Officiers des gardes du corps » [**AN 25**] "3 pièces, 2 à cheminée" ; [**AN 26**] "4 pièces, 1 à cheminée"

AN 24, 25 et 26
Boucheman, Louis Diane, écuyer († 1782). Valet du chambre du roi ; concierge du château de Versailles
1770 *État* A « Concierge du château »
31.1.1779 M. Boucheman à A : *Le sieur Boucheman, concierge du château de Versailles, supplie M. le comte d'Angiviller de vouloir bien lui accorder un poêle de faïence pour placer dans sa salle à manger, attendu qu'on ne peut faire usage de la cheminée de cette pièce à cause de la fumée. Ce poêle procurera le double avantage d'échauffer sa salle à manger et le cabinet. Le sieur Boucheman espère que M. le comte d'Angiviller voudra bien se prêter à sa demande d'autant plus que son logement, qui est attaché à sa place dont son fils a la survivance, n'est plus sujet à mutation.* Réponse : *Refus fondé sur le nouveau plan d'administration.* A.N. O[1] 1800 345
Boucheman, Pierre de (1752-?). Concierge du château de Versailles en survivance de son père 1771
Boucheman, Élisabeth Henriette Bérenger de (?-?). Femme de chambre de Mesdames
18.12.1782 M. Boucheman, fils, à A : *Devenu titulaire de la place de concierge du château par la mort de mon père que je viens d'avoir le malheur de perdre, permettez-moi d'avoir recours à vous pour obtenir des petits changements dans l'appartement qu'il occupait qui sont indispensables pour le rendre habitable pour moi et pour ma mère avec laquelle je suis dans le cas de le partager. Ces nouvelles dispositions qui ne consistent que dans le déplacement de quelques légères cloisons ne peuvent faire l'objet que d'une très modique dépense.* A.N. O[1] 1801 408
1787 *État* E « M. Boucheman, concierge du château » "5 pièces, 3 à cheminée"

REZ-DE-CHAUSSÉE SUR LE PARTERRE DU NORD

AN 27 [1]
Lude, Marguerite Louise de Béthune, duchesse du (1643-1726). Dame d'honneur de la duchesse de Bourgogne 1696
Maine, Louis Auguste de Bourbon, légitimé de France, duc du (1670-1736)
Maine, Anne Louise Bénédicte de Bourbon-Condé, duchesse du (1676-1753)
15.2.1692 *M. du Maine quitte le grand appartement des Bains qu'il occupait* [**CC 23**], *et logera avec Mme la duchesse du Maine dans l'aile Neuve sous l'appartement qu'occupait présentement Mademoiselle* [**AN 39**]. *Le roi a prêté une partie de ce logement-là à Mme la duchesse de Lude à qui on en donne un autre.* D IV 26
... en bas tout auprès de la grande porte de la Chapelle. SS XXVI 56
9.3.1700 *Le roi a ordonné de dorer sur le vernis le petit entresol de Mme la duchesse du Maine.* A.N. O[1] 1809 31
MORTIN, planche 2, "27"

AN 28 [2]
Orléans, Philippe d'Orléans, duc de Chartres, puis d' (1674-1723). Régent de France
5.1710 *Mme d'Orléans logeait en haut du château et lui en bas au premier pavillon du côté de la Chapelle.* SS *Additions* à D XIII 170

AN 27 et 28 sont combinés.

Maine, Louis Auguste de Bourbon, légitimé de France, duc du (1670-1736)
Maine, Anne Louise Bénédicte de Bourbon-Condé, duchesse du (1676-1753)
Maine, Louise Françoise de Bourbon, *dite* Mlle du (1707-1743)
1725 GG-B 1119 « l'ancien appartement du duc du Maine devenu celui de Mlle du Maine »
GG-B 1115 « Plan légendé... appartements de la duchesse et Mlle du Maine... au rez-de-chaussée de l'aile du Nord sur le jardin entre le vestibule de la Chapelle et l'escalier central... »
1740 GG-B 1121 « Esquisse de plan côtés de l'appartement de la duchesse du Maine dans l'aile du Nord sur le jardin... »
Orléans, Louis duc d' (1703-1752)
Orléans, Louis Philippe Ier d'Orléans, duc de Chartres, puis duc d' (1725-1785)
20.12.1738... *le duc de Chartres, au retour de la chasse du roi, se trouva fort incommodé, ce qui fut suivi pendant la nuit d'une grosse fièvre. Comme cette maladie parut de conséquence, et même avec soupçon de la petite vérole, on ne jugea pas à propos de le laisser dans l'appartement qu'il occupe dans le château de Versailles : il fut transporté dès le lendemain à l'hôtel d'Orléans, dans l'appartement que le comte d'Argenson, chancelier et chef du conseil du duc d'Orléans, y occupe. Le Mercure de France*, janvier 1739, p. 160 *sq.*
1741 *État* « M. le duc du Maine, M. le duc de Chartres » [**AN 27**] "5 pièces à cheminée ; 1 entresol sans cheminée" « Mme la duchesse du Maine, puis M. le duc d'Orléans » [**AN 28**] "5 pièces, 4 à cheminée ; 5 entresols à cheminée"
Orléans, Louise Henriette de Bourbon-Conti, duchesse de Chartres puis d' (1725-1759)
4.1.1744 *M. le duc d'Orléans a cédé à M. le duc de*

1. Croisées 4 à 9.

2. Croisées 10 à 15.

Chartres son logement à l'occasion de son mariage ; le roi lui a donné celui qu'avait Mlle du Maine dans l'aile des Princes [**AP 52**]. L* V 293

GG-B 1116 « Plan légendé d'un projet non exécuté pour l'appartement qu'occupaient le duc et la duchesse de Chartres... »

Maine, Anne Louise Bénédicte de Bourbon-Condé, duchesse du (1676-1753)

27.4.1744 *M. et Mme la duchesse de Chartres logeaient dans l'appartement qu'avaient occupé M. et Mme la duchesse du Maine dans l'aile Neuve. M. le duc de Chartres ayant demandé quelques changements dans cet appartement pour y avoir plus de commodité, le roi lui a proposé de changer avec Mme la duchesse du Maine. Ce changement s'est fait de concert avec M. le duc d'Orléans qui logeait dans l'aile des Princes, dans ce qui faisait l'appartement de M. le duc du Maine. Mme la duchesse du Maine reprend son ancien appartement.* L* V 401

Modène, Charlotte Aglaé d'Orléans, duchesse de (1700-1761)

6.4.1746 *Mme la duchesse de Modène n'était pas contente de l'appartement que le roi lui avait donné ici. Cet appartement est composé de celui de Mme de L'Hôpital et celui de M. l'archevêque de Paris* [**AP 80 et 81**] *; mais comme les pièces sont fort petites, Mme de Modène ne voulut point en faire usage. Le roi vient de lui donner l'appartement qu'avait M. le duc d'Orléans dans l'aile Neuve et qu'il a rendu au roi...* L* VII 268

3.12.1747 *L'appartement de M. le duc d'Orléans que Son Altesse a rendu au roi à Mme la duchesse de Modène...* Disposition : A.N. O[1] 1076 171

11.1755 BLONDEL, planche 2, "d" « Appartement de Mme la duchesse de Modène »

Madame Adélaïde, Marie Adélaïde de France, *dite* (1732-1800)

4.8.1752 *Madame Adélaïde avait envoyé demander l'ordre du roi pour savoir l'endroit où elle devait descendre, son appartement* [**CC 23**] *n'étant point en état ; on avait ôté tous les marbres qui y étaient. Le roi lui envoya dire de descendre chez Mme la duchesse du Maine, où il lui avait fait accommoder un lit tout prêt. Mme la duchesse du Maine a rendu depuis peu cet appartement qui est auprès de la Chapelle, dans la galerie en bas ; et en attendant que le roi en ait disposé Madame Adélaïde l'occupe.* L* XII 88

22.8.1752 *Madame Adélaïde loge chez Mme la duchesse du Maine ; cet appartement sera vacant quand Madame Adélaïde entrera dans le sien, car Mme la duchesse du Maine l'a rendu ne voulant plus venir ici.* L* XII 112

Clermont-Gallerande, Gabrielle Françoise de Villers d'O, marquise de (1699-1765). Dame d'atour de Mesdames 1750

1753 *Il y a grand conflit de juridiction pour le logement de Mme la duchesse du Maine. Mesdames le désirent vivement pour Mme la comtesse de Clermont ; M. le dauphin et Mme la dauphine pour Mme la duchesse de Lauraguais qui ne ferme pas l'œil dans le sien* [**AN 38A**]. A.N. O[1] 1077 408

25.12.1753 *Le logement de Mme la duchesse du Maine à Mme la marquise de Clermont, dame d'atour de Mesdames ...* Disposition : A.N. O[1] 1076 352

31.12.1753 *Disposition des logements... de M. le comte de Noailles : Le logement de feu Mme la duchesse du Maine, donné à Mme la marquise de Clermont, dame d'atour de Mesdames...* L* XIII 127

11.1755 BLONDEL, planche 2, "e" « Appartement de Mme la marquise de Clermont-Gallerande »

Boufflers, Marie Anne Philippine de Montmorency-Logny, duchesse de (1732-1797). Dame du palais en survivance de sa belle-mère 1746-1768

27.8.1754 *Le logement de Mme la marquise de Clermont, dame d'atour de Mesdames, à Mme la duchesse de Boufflers.* L* XIII 28

Condé [1], Louis Joseph de Bourbon-Condé, prince de (1736-1818)

Condé, Charlotte Godefride Élisabeth de Rohan-Soubise, princesse de (1737-1760)

7.2.1757 *L'appartement de M. le prince et Mme la princesse de Condé : Il est indispensable... de mettre dans la chambre à coucher de ce prince une cheminée de marbre avec un trumeau de glace et si l'on veut un pareil trumeau entre les croisées,* [et] *dans la deuxième antichambre, qui sert de sa salle à manger, une cheminée commune de marbre ; dans le cabinet de la princesse, y pratiquer une garde-robe pour y mettre coucher une femme. Blanchir ces deux appartements et les mettre en état... réparations n'y ayant été faites depuis longtemps, cette dépense pourra aller à 6 000 livres.* A.N. O[1] 1070 528

2.3.1757 M au roi : *M. et Mme la princesse de Condé supplie très humblement Votre Majesté de vouloir bien leur accorder les réparations et ajustements nécessaires à l'appartement qu'ils occuperont au château de Versailles qui, suivant le plan et le devis ci-joint, monteront à 6 000 livres.* Bon du roi : A.N. O[1] 1070 532 ; *cf.* 1811 II 130

13.3.1757 GG-B 2759 « Appartement de M. le prince et Mme la princesse de Condé »

18.3 1757 *Le logement de Mme la duchesse de Modène et celui de Mme la marquise de Clermont à M. le prince et Mme la princesse de Condé.* Projet d'arrangements : A.N. O[1] 1076 476

29.3.1757 *Le logement de Mme la duchesse de Modène et celui de Mme la marquise de Clermont à M. le prince et Mme la princesse de Condé...* L* XV 497

8.3.1757 M à E : *Vous ferez faire les réparations nécessaires dans le logement de M. le prince et Mme la princesse de Condé... un objet de dépense de 6 000 livres.* A.N. O[1] 1796 370

AN 27 et 28 sont séparés.

AN 28

Périgord, Marie Marguerite Françoise de Talleyrand, comtesse de (1727-1775). Dame du palais 1744

Périgord, Gabriel Marie de Talleyrand, comte de (1726-1795). Menin du dauphin 1749

1. **AN 27 et 28** sont combinés pour le prince et la princesse de Condé. Il occupait **AN 27**, et elle occupait **AN 28**, qui après sa mort changea souvent d'occupant. Leur fils, le duc de Bourbon, prit des parties de **AP 28** après son mariage en 1770. Voir GG-B 1131 et 2759.

22.1.1759 *Je, architecte ordinaire et contrôleur des Bâtiments... certifie que les glaces mentionnées ci-dessous ne sont point du roi, qu'elles appartiennent à Mme la comtesse de Périgord : dans la chambre à coucher un trumeau en trois glaces et un trumeau vis-à-vis dans la deuxième chambre en trois glaces ; dans le petit cabinet sur la cheminée, une glace avec bordure, un trumeau vis-à-vis d'une glace avec bordure ; dans la chambre à coucher de M. sur la cheminée, un trumeau en trois glaces.* A.N. O[1] 1797 28

1760 *M. le prince de Condé demande avec insistance qu'on lui rende le logement de feu Mme la princesse de Condé, que Votre Majesté a bien voulu lui accorder pour M. le duc de Bourbon, mais Mme la comtesse de Périgord qui l'occupe serait dans la rue, ce que ne serait pas convenable pour une dame du palais de la reine.* A.N. O[1] 1077 390

Narbonne, Françoise de Châlus-Sanssat, marquise de (1734-1821). Dame pour accompagner Madame Adélaïde 1760, puis sa dame d'atour 1764

Noailles, Anne Claude Louise d'Arpajon, comtesse de, puis en 1774 maréchale de Mouchy (1729-1794). Dame d'honneur de la reine 1764

10.7.1766 *Le logement de Mme la princesse de Condé, qui était prêté à Mme la comtesse de Narbonne, prêté à la dame d'honneur de la reine pendant qu'on accommode son logement...* Disposition : A.N. O[1] 1076 817

Périgord, Marie Marguerite Françoise de Talleyrand, comtesse de (1727-1775). Dame d'honneur de Mesdames les cadettes 1768

1766 N au roi : *La dame d'honneur de la reine ne pouvant habiter son logement que le 1er novembre, elle restera jusqu'à ce temps dans l'appartement de feu Mme la princesse de Condé que Votre Majesté a permis qu'elle occupe. M. le prince de Condé en demande la propriété pour M. le duc de Bourbon, qui l'occupera quand il fera ses exercices. En attendant Mme la comtesse de Périgord demande la permission de l'occuper jusqu'à Pâques* [quand] *M. Gabriel promet de lui rendre le sien en haut entre MM. de Beauvau et de Chaulnes* [**AN 54 et 56**]. Bon du roi : A.N. O[1] 1077 371

AN 27 et 28 sont combinés.

Condé, Louis Joseph de Bourbon-Condé, prince de (1736-1818)

Eu, Louis Charles de Bourbon, comte d' (1701-1775)

1.4.1768 N au roi : *Le logement de M. le duc de Bourbon, qui ne s'établit à Versailles que le premier janvier 1769, prêté à M. le comte d'Eu jusqu'après le voyage de Fontainebleau* [quand] *M. le comte d'Eu habitera dans une des pièces du nouvel appartement de Madame Louise* [**CC 24**] *jusqu'à ce que cette princesse juge à propos de l'habiter.* A.N. O[1] 1077 24

Bourbon, Louis Henri Joseph de Bourbon-Condé, duc de (1756-1830)

Bourbon, Louise Marie Thérèse Bathilde d'Orléans, duchesse de (1750-1822)

1770 *État* A « M. le prince de Condé, puis M. le duc et Mme la duchesse de Bourbon »

14.3.1771 N au roi : *M. le prince de Condé demande à céder son logement à Mme la duchesse de Bourbon quand elle sera dans le cas d'accomplir le devoir conjugal...* A.N. O[1] 1077 108

1.4.1771 Le prince de Condé à M : *Son Altesse Sérénissime Mgr le prince de Condé prie M. le marquis de Marigny de vouloir bien donner ses ordres à M. L'Écuyer pour que l'on change la disposition d'un escalier dans l'appartement de Mme la duchesse de Bourbon à Versailles. M. le prince de Condé avancera l'argent de cette dépense, comme ce qu'il désire est relatif aux dispositions pour l'habitation commune de M. le duc et Mme la duchesse de Bourbon. Il est essentiel que M. le marquis de Marigny veuille bien donner ses ordres sans délai...* Note de E : *Ce changement demandé est un objet de 600 livres pour ce prince.* A.N. O[1] 1798 612

2.4.1771 M au prince de Condé : *Je viens de donner les ordres nécessaires pour le changement du petit escalier... Je suis en vérité fâché que la situation des bâtiments du roi ne permette pas à leurs entrepreneurs une minutie de cette nature, mais rien n'est plus vrai, et je crois pouvoir affirmer que quoiqu'on aille commencer tout à l'heure, les ouvriers ne travailleront que mollement jusqu'à ce qu'ils sachent ces 600 livres remis à M. L'Écuyer...* A.N. O[1] 1798 612 ; *cf.* 613

22.7.1771 *Le logement de M. le prince de Condé à Mme la duchesse de Bourbon...* Disposition : A.N. O[1] 1798 644

Condé, Louise Adélaïde de Bourbon-Condé, *dite* Mlle de Condé (1757-1824)

1777 *État* B « M. le duc de Bourbon et Mlle de Condé »

1783 *État* D « M. le prince de Condé et Mlle de Condé »

1787 *État* E « M. le duc de Bourbon » "4 pièces ; 8 entresols à cheminée"

AN 29 [1] **et 30** [2]

Conti, Marie Thérèse de Bourbon-Condé, princesse de (1666-1732)

Conti, François Louis de Bourbon-Conti, prince de (1664-1709)

1707 *Mémoire général des ouvrages qui ont été faits par augmentation dans les Bâtiments du roi pendant la présente année 1707 : Les entresols faits dans l'appartement de Mme la princesse de Conti à l'aile Neuve ont coûté... 12 000 livres.* A.N. O[1] 1762B dossier 1

Villars, Claude Louis Hector, marquis, puis duc de (1653-1734). Maréchal de France 1702

29.10.1709 *C'est le roi qui a proposé à M. le maréchal de Villars de se venir établir à Versailles pour être plus proche de Sa Majesté et de son premier chirurgien, lui ayant prêté le logement de Mgr le prince de Conti, qui est plus commode que le sien* [**AP 92**]... D XIII 54 et 57 : *Mme la princesse de Conti a été prévenue de toutes sortes d'honnêtetés du roi par un ordinaire de sa part, pour prêter le logement de feu Mgr le prince de Conti à M. le maréchal de Villars ; cet emprunt fondé sur ce qu'il sera vacant apparemment la première année de son deuil. Cf.* SS XVIII 219 : *Le roi voulut qu'il vînt et demeurât à Versailles... et lui prêta le bel appartement*

1. Croisées 17 à 22.
2. Croisées 23 à 25. L'espace dans le pavillon, croisées 26 à 28, ne fut achevé qu'en 1734.

de l'aile Neuve parce qu'il n'avait qu'un fort petit logement au haut du château où il eût été difficile de le porter. et *op. cit.* XIX 2 : *Villars... triomphait... dans l'appartement et les meubles même du prince de Conti et de la princesse sa mère, qui en fut piquée au vif et M. le duc aussi quoique brouillé avec elle.*

AN 29 et 30 sont séparés.

AN 29
Conti, Louis François de Bourbon-Conti, prince de (1717-1776)
1735 GG-B 1249 « Plan de l'appartement du prince de Conti au rez-de-chaussée de l'aile du Nord sur le jardin, à droite de l'escalier central »
1737 GG-B 1107 ; *cf.* 1132
1741 *État* « M. le prince de Conti » "5 pièces, 3 à cheminée ; 6 entresols, 3 à cheminée"
Madame Henriette, Anne Henriette de France, *dite* (1732-1752)
Madame Adélaïde, Marie Adélaïde de France, *dite* (1732-1800)
20.5.1746 *Les différents changements que l'on fait dans les appartements à côté de Madame la dauphine* [**AP 68 et 69**] *qui étaient occupés par Mme de Brancas et Mme de Modène, et qui sont destinés à Mesdames et à Mme la maréchale de Duras, ne sont point encore finis ; et ces appartements ne seront pas en état d'être habités à l'accouchement de Madame la dauphine. C'est ce qui a déterminé le roi à faire prêter un appartement à Mesdames, afin qu'on pût mettre le leur* [**CC 26**] *en état de recevoir l'enfant qui viendra. On a été longtemps dans l'incertitude de l'appartement auquel le roi se déterminerait ; enfin il a décidé pour celui de M. le prince de Conti, qui est dans l'aile des Princes* [sic] *en bas. Cependant comme les derniers ordres du roi pour faire ce changement ne sont point encore arrivés, tout est toujours au même état.* L* VII 317
5.1746 N à T : *L'appartement de Mesdames* [**AP 69**] *sera achevé dans le courant de la semaine prochaine pour les plâtres. On travaille avec toute la diligence possible à la menuiserie. Elle ne pourrait cependant être posée que dans quelque mois à cause de l'humidité des plâtres dans les parties neuves. Mesdames ont choisi en attendant l'appartement de M. le prince de Conti n'y ayant pas suffisamment de logement pour elles dans l'appartement du capitaine des gardes* [**CC 8**]. A.N. O[1] 1076 123
22.5.1746 *Comme l'arrangement du logement de Mesdames chez M. le prince de Conti ne finissait pas, Mme la maréchale de Duras a proposé que M. de Tournehem écrivît à M. le prince de Conti et le priât de donner ses ordres pour qu'on démeublât son appartement.* L* VII 319
28.5.1746 T au prince de Conti : *Peu de temps après son arrivée à l'armée, le roi me fit l'honneur de me marquer qu'étant nécessaire de faire faire quelques ouvrages à l'appartement des Enfants de France, il m'ordonnait de dire à Mesdames qu'elles pouvaient choisir l'appartement que Votre Altesse Sérénissime occupe ou celui du capitaine de gardes du corps en quartier* [**CC 8**]. *Elles trouvèrent ce dernier trop petit et trop incommode. Elles me firent l'honneur de me dire qu'elles choisirent celui de Votre Altesse. J'en ai rendu compte au roi ; il m'a fait l'honneur de me marquer que sans perte de temps, j'eusse à faire faire les ouvrages qui étaient nécessaires à l'appartement de l'enfant à naître. Il n'est pas possible de pouvoir y travailler tant que Mesdames seront dans l'appartement qu'elles occupent* [**CC 26**]. *Elles m'ont chargé d'avoir l'honneur de vous instruire du choix qu'elles ont fait de votre appartement en conséquence de l'offre que Votre Altesse a faite à Sa Majesté. Oserai-je vous supplier Monseigneur de vouloir bien donner vos ordres pour que Mesdames puissent aller l'occuper afin qu'aussitôt qu'elles y seront établies je puisse faire exécuter les ordres que le roi m'a donnés pour l'appartement du prince à naître ?* A.N. O[1] 1101 87 ; *cf.* 1810 I 35 et 37
Petite Madame, Marie Thérèse de France, *dite* la (1746-1748)
12.12.1747 *Madame, depuis quatre ou cinq jours, est sortie de l'appartement de M. le prince de Conti, dans l'aile Neuve où elle logeait ; elle est entrée dans l'appartement qui lui était destiné au bout de l'aile des Princes* [**AP 69**]. L* VIII 348
La Marche, Louis François Joseph de Bourbon-Conti, *dit* comte de, puis prince de Conti (1734-1814)
1746 GG-B 2788 « Plan de l'apppartement de M. le comte de La Marche [**AN 29**] et de M. le prince de Conti [**AN 30**] »
30.6.1748 *M. le comte de La Marche par sa lettre du 13 juin 1748 marque à M. de Tournehem que sur la prière qu'il lui avait faite de faire parqueter sa chambre on n'a parqueté que celle de Mme de La Marche, qu'en place de cela il demande une niche comme celle de Mme de La Marche et qu'elle ferait toute la commodité de son appartement ; il demande aussi qu'on lui fasse mettre une glace sur la cheminée.* Réponse : *Bon à faire ce qui est demandé sur le plan montant à 450 livres et se servir pour la glace de celles qui sont au magasin.* A.N. O[1] 1810 II 69
11.1755 Blondel, planche 2, "f" « Appartement de M. le prince de Conti et M. le comte de La Marche »
2.12.1756 *M. le prince de Conti vient de faire démeubler et de rendre son appartement de Versailles, déclarant qu'il n'y reviendrait plus jamais. Le roi était fort las de lui, de ses mémoires et de son travail infatigable. Un beau matin, Sa Majesté a cacheté tous ses mémoires et les a renvoyés au dit prince ; celui-ci a boudé à L'Isle-Adam, puis a pris le parti que nous venons de dire, ce qui fait un événement à la Cour.* D'Argenson IX 354
1760 GG-B 1246 Plan légendé d'un « projet pour loger M. le prince de Conti et M. le comte de La Marche marié » au rez-de-chaussée de l'aile du Nord sur les jardins...
1770 *État* A « ... destinée à M. [le comte] et Mme la comtesse de La Marche »
14.9.1771 G à M : *État de dépense : l'appartement de Mgr le comte de La Marche... 22 200 livres* A.N. O[1] 1071 290
17.10.1771 M à l'abbé Terray : *Sa Majesté m'a ordonné de faire travailler aux logements de M. le comte de La Marche et M. le prince de Beauvau* [**AN 56**] *projetés*

depuis longtemps et dont l'exécution ne pourrait aujourd'hui être remise, attendu la nécessité de rebâtir l'aile [du Gouvernement] *du château qui est étayée, l'objet de la formation de ces logements est suivant le devis de M. Gabriel un objet de 45 000 livres que Sa Majesté m'a autorisé à vous demander comme chose urgente et indispensable comme ces logements doivent être exécutés en trois mois de temps, Sa Majesté ayant fixé en février prochain la démolition de l'aile du château qui est à rebâtir...* A.N. O[1] 1798 680 ; *cf.* 675

7.3.1773 N à M : ... *Le comte de La Marche n'en sortira pas avant que le pied-à-terre qu'on lui a promis auprès de Mme la comtesse de La Marche ne soit arrangé et ce prince a marqué assez d'attachement à Sa Majesté pour mériter cette légère faveur. Le roi a eu la bonté de me dire quand je lui en ai parlé que c'était son intention de faire finir tout de suite le dit pied-à-terre de M. le comte de La Marche et en même temps le logement... de M. de Beauvau* [**AN 56**]. A.N. O[1] 1800 283

9.6.1773 *État des glaces... pour l'appartement de M. le comte de La Marche : dessus de la cheminée et vis-à-vis du grand cabinet, deux glaces de chacune 60 pouces de hauteur sur 44 pouces de largeur ; deux autres de chacune 32 pouces de hauteur sur 44 pouces jointes de têtes.* A.N. O[1] 1799 141

28.7.1773 Le concierge du comte de La Marche à M, à Compiègne : *Son Altesse Mgr le comte de La Marche m'ordonne de vous écrire... pour vous dire qu'il trouve une grande incommodité à son appartement tant pour sa garde-robe* [...] *parce que la petite antichambre n'a pas de cheminée. Il vous prie... d'y faire mettre un poêle...* A.N. O[1] 1799 83

31.7.1773 E à M : *Vous pouvez, peut-être, par le moyen de Monsieur le contrôleur général, empêcher qu'elle n'ait lieu, s'agissant de faire passer le tuyau d'un poêle par une des croisées du mur de refend de l'aile et le faire monter jusqu'en haut de l'aile, chose très vilaine et d'un exemple très dangereux, celui dont il est question, n'étant occasionné que pour avoir vu le poêle dans le salon de la Chapelle qu'on y posa pour le roi il y a plusieurs années, lequel a été supprimé.* A.N. O[1] 1799 84

12.8.1773 L'abbé Terray à G : *Le roi n'approuve point... l'établissement dans aucune des parties du château de Versailles de tuyaux de poêles qui débouchent par une croisée allant de là parcourir toute la hauteur du bâtiment. On connaît la dégradation qui est la suite trop ordinaire de ces tuyaux ainsi placés et d'ailleurs leur aspect ne pourrait qu'être choquant dans des bâtiments tels que ceux de Versailles.* A.N. O[1] 1799 86

1787 *État* E « M. le prince de Conti » "7 pièces 4 à cheminée ; 4 entresols à cheminée"

AN 30

Conti, Louis Armand II de Bourbon-Conti, prince de (1695-1727)

Conti, Louise Élisabeth de Bourbon-Condé, princesse de (1693-1775)

Conti, Louise Diane d'Orléans, princesse de, *dite* Mlle de Chartres puis Mme la princesse de Conti la jeune (1716-1736)

1741 *État* « Mme la princesse de Conti douairière, puis la Jeune, puis Mme la princesse de Conti » "5 pièces, 3 à cheminée ; 5 entresols, 2 à cheminée"

1746 GG-B 2788 « Plan de l'apppartement de M. le comte de La Marche [**AN 29**] et de M. le prince de Conti [**AN 30**] [1] »

La Marche, Louis François Joseph de Bourbon-Conti, *dit* comte de, puis prince de Conti (1734-1814)

La Marche, Marie Fortunée d'Este, *dite* comtesse de, puis princesse de Conti (1731-1803)

22.1.1759 *Le logement de M. le prince de Conti à Mme la comtesse de La Marche ; le logement occupé par Mme la princesse de La Trémoille quand Madame l'Infante sera partie à M. le prince de Conti* [**CC 25**], *le logement de M. le duc de Lauraguais* [**AP 79 bis**] *prêté pour pied-à-terre à M. le prince de Conti...* Disposition : A.N. O[1] 1076 540

17.4.1759 E à M : *Logement de Mgr le comte et Mme la comtesse de La Marche : deux plafonds très mauvais à refaire, le percement d'une cloison pour la pose d'un poêle et plusieurs légères réparations ; la réparation des corniches en plâtre au-dessous des plafonds en sculpture, plusieurs légères réparations et ajustements de menuiserie ; le blanchissage général et grattage des deux logements en blanc et dorure dans les principales pièces et en blanc ordinaire dans les autres, avec les bronzes sur les ferrures ; la réparation et nettoiement de toutes les ferrures qui sont en mauvais état ; le nettoiement général de toutes les vitres après que le blanchissage aura été fait. Le concierge de ce prince dit que son intention est d'avoir des cheminées de marbre avec des glaces au-dessus, celles qui y sont actuellement étant très anciennes.* A.N. O[1] 1797 22

30.4.1759 M à E : *Je vois... que les réparations de Leurs Altesses Sérénissimes M. le comte et Mme la comtesse de la Marche monteront à 1 537 livres. Vous connaissez la triste situation où sont les entrepreneurs des Bâtiments et l'impossibilité réelle où je suis depuis un an de leur faire donner l'argent à compte des sommes considérables qui leur sont dues du passé. Comment pourrais-je, dans cette position, demander encore aux mêmes entrepreneurs de faire les autres ouvrages de ces 1 537 livres ? Vous n'ignorez pas que plusieurs de ces entrepreneurs ont déjà répondu à M. le contrôleur qu'ils étaient hors d'état de continuer leur travaux et leurs entreprises si on ne leur donnait de prompts secours. J'aurais ardemment désiré pouvoir faire ce que Leurs Altesses Sérénissimes demandent mais la force faisant loi, je ne puis ordonner des devis contenus dans votre lettre du 17 avril que les articles suivants : savoir : 1. concernant les 2 plafonds, un percement de cloison pour poser un poêle, et plusieurs légères réparations de maçonnerie ; 2. la réparation des corniches et les plâtres ; 3. plusieurs légères réparations ; 4. nettoiement général... total 457 livres.* A.N. O[1] 1797-21

20.6.1766 *État des logements que le roi ôtera le 1er août 1766 pour faire la salle de l'Opéra : Le logement de la princesse de Conti* [**AN 30A**] *en entier, et six croisées de M. le comte de La Marche. Il lui en restera six avec les entresols dont on en accommodera une pour le pied-à-terre de M. le comte de La Marche et quand le bâti-*

1. Croisées 22 à 28.

ment sera fait on rendra à M. le comte de La Marche trois croisées de son plain-pied. A.N. O[1] 1076 8181
1770 N au roi : *M. le comte de La Marche supplie Votre Majesté de lui laisser son petit pied-à-terre pour les quatre croisées qu'on lui a prises pour l'Opéra et dont on ne lui rendra que peu de chose, mais si on lui laisse son pied-à-terre avec ce qu'il pourra tirer des pièces de son ancien logement, il ne demandera point de changements et sera très content.* A.N. O[1] 1077 87
18.10.1771 *Pour remplacer le pied-à-terre de M. le comte de La Marche* [**AG 4**] *l'on doit en arranger un pendant Fontainebleau pour ce prince à côté de Mme la comtesse de La Marche...* Disposition : A.N. O[1] 1798 684

AN 30A [1]
Conti, Louise Élisabeth de Bourbon-Condé, princesse de (1693-1775)
[1734] GG-B 1108-12 ; *cf.* GG-B 1592, 1594, 1595 [vers 1748] ; 2840 « 25 août 1751 » ; 1623 « mars 1764 »
20.6.1766 *État des logements que le roi ôtera le 1er août 1766 pour faire la salle de l'Opéra : le logement de la princesse de Conti en entier...* A.N. O[1] 1076 818
28.6.1766 M au roi : *Je prends la liberté de représenter à Votre Majesté qu'il est instant qu'Elle veuille bien donner ses ordres à M. le comte de Noailles pour que le logement de Mme la princesse de Conti, Mme de Maulde* [**AN 44A**] *et autres qui se trouvent compris dans les plans de la nouvelle salle de spectacle soient évacués attendu qu'on ne saurait trop tôt les démolir pour être en état d'y bâtir dès le commencement du primtemps.* A.N. O[1] 1071 156

AN 30 et 30A deviennent le site de la salle de l'Opéra.

GROS PAVILLON

AN 31
Béthune, Marie Louise de La Grange d'Arquien, marquise de (1634-1728). Dame d'atour de la reine Marie-Thérèse en survivance 1668
1695 GG-B 1164
Maine, Louise Françoise de Bourbon, *dite* Mlle du (1707-1743)
Clermont-Gallerande, Pierre Gaspard, *dit* comte de Clermont d'Amboise, puis marquis de (1682-1756). Capitaine des gardes du duc de Berry 1711 ; capitaine des gardes du Régent 1719 ; premier écuyer du duc d'Orléans 1724
Clermont-Gallerande, Gabrielle Françoise de Villers d'O, marquise de (1699-1765). Dame du palais de la duchesse de Bourgogne ; dame de la duchesse d'Orléans 1719 puis sa dame d'atour 1727
1741 *État* « Mlle du Maine, M. de Clermont d'Orléans [*sic*] » "5 pièces à cheminée, 3 entresols, 1 à cheminée" BLONDEL, planche 6, "10" GG-B 1159 [1740]
Nivernais, Hélène Angélique Françoise Phélypeaux de Pontchartrain, duchesse de (1715-1782). Dame du palais de la reine 1745
Nivernais, Louis Jules Mancini de Mazarin, duc de, prince de Vergagne (1716-1798)
18.12.1745 N au roi : *Comme selon les apparences Votre Majesté ne laissera pas le logement à Mme de Clermont, dame d'honneur de Mme la duchesse d'Orléans, Votre Majesté est suppliée de le donner à M. et Mme la duchesse de Nivernais et d'accorder pour consolation à M. et Mme de Clermont la chambre de M. de Biron* [**AP 105 et 105**], *qu'on ne peut réellement pas appeler un appartement...* Bon du roi : A.N. O[1] 1076 98
Froulay, Charles Élisabeth, marquis de (1720-1747)
Froulay, Gabrielle de La Motte-Houdancourt, marquise de (1723-?)
Montmorency-Fosseux, Anne Léon Ier, baron de, (1705-1785). Menin du dauphin 1746
3.11.1746 *M. et Mme de Froulay en avaient un [appartement] au haut du petit escalier qui descend dans la grande galerie d'en bas... on l'avait destiné pour celui qui serait nommé huitième menin du dauphin ; ainsi c'est M. le baron de Montmorency qui a ce logement.* L* VIII 6
Montmorin Saint-Hérem, Jean Baptiste François, marquis de (1704-1779). Gouverneur de Fontainebleau en survivance 1755
Montmorin Saint-Hérem, Constance Lucie Adélaïde de Valois de Villette, marquise de (?-?)
27.11.1746 *M. le comte de Froulay à M. et Mme de Montmorin...* Disposition : A.N. O[1] 1076 117
4.12.1746... *celui qui avait été destiné à M. et Mme de Froulay a été donné à M. et Mme de Montmorin.* L* VIII 23
24.1.1747 *Mme de Montmorin, à qui le roi vient de donner un nouveau logement au château de Versailles dans l'aile du Nord, expose à M. de Tournehem que son appartement est petit et qu'elle souhaiterait qu'on lui fasse un entresol au-dessus de sa chambre, de refaire à cet effet deux portes neuves dans la dite chambre ainsi que les croisées, changer l'alcôve pour y placer son lit, la boiser au pourtour, changer des portes vitrées aux côtés de l'alcôve en portes pleines, de faire dans la petite garde-robe à côté de la dite alcôve un escalier de menuiserie pour monter au dit entresol qu'il conviendrait de séparer par une cloison de planche et deux portes pleines et deux croisées à cet entresol.* [Elle] *dit aussi qu'il serait nécessaire de boiser le parquet de la dite chambre qui est plus élevée que l'antichambre de 4 pouces, ce qui serait supprimer une marche qui est dans l'embrasement de la porte.* [Elle] *demande aussi qu'on lui ajuste un petit dessus de cheminée avec une glace de petit volume et qu'on change la cloison qui sépare le cabinet de toilette d'avec la garde-robe pour y pratiquer une chaise percée à la place de celle qui existe.*

1. La galerie du rez-de-chaussée de l'aile Neuve s'achevait là ou allait s'élever l'Opéra. Seules les fondations avaient été tracées à l'époque de la construction de l'aile de ce théâtre. Au-dessus, au bout de la galerie au rez-de-chaussée du pavillon terminal, il n'y avait qu'une cage vide remplie d'étais supportant les étages supérieurs. En 1734, un appartement fut aménagé dans cet espace pour la princesse douairière de Conti et numéroté **AN 30A**.

Réponse : *À M. L'Écuyer à me rendre compte.* A.N. O[1] 1810 I 174
20.6.1747 *M. de Saint-Hérem demande à M. de Tournehem par sa lettre de 13 mai d'ordonner qu'il soit fait une croisée neuve à son appartement au château de Versailles à la place d'une qui est entièrement pourrie, le rétablissement du plafond, la construction d'une niche dans sa chambre et en même temps un attique de cheminée avec la glace.* Réponse : *À M. L'Écuyer pour m'en rendre compte.* A.N. O[1] 1810 I 229
8.9.1747 *Mme Villette de Montmorin par sa lettre à M. de Tournehem en date du 9 août le prie de ne lui pas au moins refuser de faire raccommoder les fenêtres et les portes de son appartement à Versailles. [Elle dit] qu'étant exposé au nord, il lui est impossible de pouvoir rester chez elle, surtout en hiver où le vent entre de tous côtés.* Note : *M. de Tournehem a dit lui-même que les réparations pour les fenêtres demandées doivent être faites si elles sont telles qu'il est exposé.* A.N. O[1] 1810 I 236
3.12.1748 *M. de Montmorin n'a à sa chambre au château de Versailles qu'une petite fenêtre dont les croisées ne voient rien. Il prie M. de Tournehem d'ordonner qu'on en fasse une neuve et qu'au lieu de vitres en plomb, comme celle qui y est, on y mette des grands carreaux.* Réponse : *À M. L'Écuyer pour m'en rendre compte.* A.N. O[1] 1810 II 105
11.9.1750 *État des logements que le roi a ôtés dans son château de Versailles pour loger son service... M. le marquis de Montmorin.* A.N. O[1] 1076 261
Carignan, Christine Henriette de Hesse-Rheinfels, princesse de (1717-1778)
11.9.1750 *Mme la princesse de Carignan chez M. le marquise de Montmorin...* Disposition : A.N. O[1] 1076 260
11.1755 BLONDEL, planche 2, "m" « Appartement de Mme la princesse de Carignan »
Noailles, Philippe, comte de (1715-1794). Gouverneur de Versailles en survivance 1720, titulaire en 1729
Noailles, Anne Claude Louise d'Arpajon, comtesse de (1729-1794). Dame d'honneur de la reine 1769-1775
8.12.1755 N à M : *Enfin, Monsieur, après avoir refusé constamment pendant 26 ans à M. le duc d'Antin, M. Orry, et M. de Tournehem tout ce qu'ils avaient bien voulu m'offrir pour les réparations et ajustements du gouvernement, j'y ai recouru aujourd'hui, le roi l'ayant jugé à propos dans l'endroit indiqué dans le mémoire de mes demandes que je joins ici. Je vous prie de vouloir bien me mander quand vous aurez pris les ordres du roi, si ce que je désire peut être accordé parce que sans cela, je ne pourrai m'arranger dans ce logement avec quelque décence.* A.N. O[1] 1796 226
27.6.1756 N au roi : *Le comte de Noailles demande à Votre Majesté la permission de troquer son logement sur la cour* [**AG 28 et 29**] *avec Mme la princesse de Carignan. Moyennant cet arrangement, il s'établira comme il pourra dans le nouveau gouvernement et sa femme n'aura qu'une chambre et une garde-robe en attendant que Mme la duchesse de Lauraguais en ait un autre et lui cède le sien* [**AN 38**]. A.N. O[1] 1076 447
27.6.1756 *Le logement de Mme la princesse de Carignan pour faire partie du logement destiné au gouvernement...* Changements : A.N. O[1] 1076 444
1756 N au roi : *Votre Majesté a eu la bonté d'accorder pour le gouvernement... le logement de Mme la princesse de Carignan quand il vaquerait.* A.N. O[1] 1077 457
Arpajon, Anne Charlotte Le Bas de Montargis, duchesse d' (1695-1767)
Poix, Anne Louise Marie de Beauvau, princesse de (1750-1834)
30.[12].1767 N à M : *J'ai été hier pour avoir l'honneur de vous voir, Monsieur, et pour vous présenter mon fils le prince de Poix. J'espère que vous vous accommoderez aussi bien avec ce nouveau gouverneur de Versailles qu'avec l'ancien, du moins je lui inspirerai les mêmes sentiments que je vous ai avoués. Le roi m'avait donné un petit logement auprès de celui de Mme la comtesse de Noailles quand mon père sortit du Conseil, ma belle-mère l'a eu après. J'ai eu le malheur de la perdre. L'on avait à y travailler de nécessité aux cheminées qui menaçaient ruine. J'ai laissé toute liberté à M. L'Écuyer et ai fait démeubler, mais il me serait infiniment agréable qu'il pût être raccommodé pour le 15 ou 20 de février, époque du retour de ma fille, s'il était possible. Je vous demande votre protection auprès de M. L'Écuyer comme un ancien officier la demanderait au feu roi auprès de M. de Louvois...* A.N. O[1] 1071 217
3.1.1768 M à E : *M. le comte de Noailles demande... de faire travailler incessament aux réparations qu'exige le logement que le roi avait [donné] anciennement près de celui de Mme la comtesse de Noailles et qui a depuis été occupé par Mme sa belle-mère. Marquez-moi le plus tôt que vous pouvez en quoi elles consistent et à quelle somme montera la dépense...* A.N. O[1] 1798 203 Réponse de E : *État des réparations nécessaires à faire au logement de Mme la comtesse de Noailles lequel a été depuis occupé par Mme d'Arpajon, sa belle-mère. Venant d'être [re]faits dans ce logement plusieurs vieux tuyaux de cheminée pour empêcher que le feu n'y prît, il a fallu déposer plusieurs parties des lambris et parquets, lesquels se trouvant absolument hors d'état d'être reposés par leur ancienneté ainsi que plusieurs feuilles de parquet, il est indispensable de les remplacer en mêmes lambris communs et des plus simples.* A.N. O[1] 1071 217
22.3.1768 M au roi : *Le logement qu'occupait ci-devant Mme la comtesse de Noailles et que va occuper incessament Mme la princesse de Poix ayant exigé il y a quelque temps diverses réparations essentielles à la sûreté du château, il reste pour le remettre en état d'être habité à y substituer quelques parquets et lambris aux anciens qui ne peuvent absolument servir.* Bon du roi : A.N. O[1] 1071 219
16.3.1768 N à M : *Vous avez eu la bonté... de donner vos ordres pour qu'on arrange le logement de ma belle-fille. Nous n'avons qu'une demi-glace sur la cheminée. Si vous voulez bien ordonner à M. L'Écuyer de nous en donner une, en cas qu'il y en eût dans le magasin, je vous en serais très obligée... j'espère que vous pourrez nous accorder cette petite faveur ; c'est le 29 de ce mois que ma belle-fille vient s'établir ici...* A.N. O[1] 1798 253
28.3.1768 *État des réparations à faire au château de*

Versailles : au logement destiné à Mme la princesse de Poix, 1 200 livres. A.N. O[1] 1763B
1768 M à E : *M. le comte de Noailles m'a marqué que dans le logement de Mme la princesse de Poix qui vient d'être réparé, il n'a qu'une demi-glace sur la cheminée et il désirerait en avoir une entière s'il s'en trouve de mesure dans le magasin. Je serai ravi de faire ce plaisir à M. le comte de Noailles...* A.N. O[1] 1798 254
1770 *État* A « M. le gouverneur »
1777 *État* B « Mme la princesse de Poix »
Noailles, Anne Claude Louise d'Arpajon, comtesse de, princesse de Poix, puis maréchale-duchesse de Mouchy (1729-1794). Dame d'honneur de la reine 1769-1775
Noailles, Louis Marie, vicomte de (1756-1804)
26.6.1779 P à A : *J'ai une prière à vous faire pour mon frère le vicomte de Noailles à qui le roi a eu la bonté d'accorder une chambre près du logement de ma mère dans la galerie de la Chapelle qui fait partie de mon logement et qui était occupée depuis 25 ans par M. Bazin [1], secrétaire du gouvernement. Il y a dans cette chambre quelques réparations à faire...* A.N. O[1] 1800 413 ; *cf.* 415
1781 *État* D « Mme la maréchale de Mouchy »
19.8.1785 H à A : *Mme la princesse de Poix prie M. le directeur général de lui accorder le blanchissement de son logement qui est noir et sale.* A.N. O[1] 1802 116
13.6.1786 P à A : *Le roi m'a permis... de troquer le logement de Mme de Poix contre celui du grand aumônier* [**AN 42**]... A.N. O[1] 1802 193
Montmorency-Laval, Louis Joseph Adélaïde de (1752-1808). Évêque de Metz, puis grand aumônier de France 1786
18.7.1786 H à A : *L'appartement du grand aumônier est un objet de 1 500 à 1 800 livres.* A.N. O[1] 1802 245
1787 *État* E « M. le grand aumônier » "6 pièces, 3 à cheminée, 5 entresols, 1 à cheminée"

AN 32
Marsan, Charles de Lorraine-Armagnac, comte de (1648-1708)
[1695] GG-B 1164
Caylus, Jean Anne de Thubières de Grimoard de Pestels de Lévis, comte de († 1704). Menin du dauphin 1686
27.9.1696 *Le roi a donné à M. de Caylus le logement de M. de Marsan.* D V 476
Cayeu, Claude Jean-Baptiste Hyacinthe Rouault, comte de, plus tard marquis de Gamaches (1652-1736). Premier gentilhomme de la chambre du duc de Chartres ; menin du duc de Bourgogne 1702
16.11.1704 *M. de Caylus mourut il y a quelques jours à Bruxelles ; il était ancien lieutenant général ; il était menin de Monseigneur et avait un logement dans le château que le roi a donné à M. de Cayeu.* D X 179. *Cf.* S IX 129 note 6 : *Il y avait assez longtemps qu'il languissait sans en avoir, quoique naturellement il en dût avoir un, étant attaché comme il l'était auprès du duc de Bourgogne.*
Egmont, Henriette Julie de Durfort de Duras, comtesse de Pignatelli d' (1696-1779). Dame du palais 1725-1727
1741 *État* « Mme la comtesse d'Egmont » "5 pièces, 4 à cheminée ; 3 entresols, 2 à cheminée"
GG-B 1159 [1740] ; BLONDEL, planche 4 "11"
6.1743 *Le roi a bien voulu conserver ici à Mme d'Egmont le logement qu'elle avait dans l'aile Neuve ; il est auprès de celui qu'avait Mme de Mailly* [**AN 33**], *en bas dans une petite galerie où l'on monte de la galerie d'en bas de la Chapelle par dix ou douze marches ; il est du même côté que celui de Mme de Mailly et n'en est séparé que par un petit corridor.* L* V 55
Nivernais, Françoise Phélypeaux de Pontchartrain, duchesse de (1715-1782). Dame du palais 1747-1748
Nivernais, Louis Jules Mancini de Mazarin, duc de, prince de Vergagne (1716-1798)
29.1.1746 *Propositions... de mettre M. de Nivernais chez Mme d'Egmont* Bon du roi : A.N. O[1] 1076 102
1.2.1746... *le roi ôta à Mme la comtesse d'Egmont son logement qui est dans la première petite galerie de l'aile Neuve ; il le donne à M. et Mme de Nivernais.* L* VII 210
3.7.1746 *M. le duc de Nivernais prie M. le directeur général par son mémoire du 2e de ce mois qu'il ordonne que l'on mette des doubles châssis aux fenêtres des entresols où il est logé et des grillages de fils de fer depuis le bas de chaque fenêtre jusqu'aux barreaux qui sont à la hauteur d'appui.* Réponse : *À M. L'Écuyer pour m'en rendre compte.* A.N. O[1] 1810 I 102
20.11.1746 E à T : *M. le duc de Nivernais attendu qu'il est exposé au nord souhaiterait des doubles châssis.* Bon du roi : A.N. O[1] 1810 I 114
Saulx-Tavannes, Charles Marie Gaspard, comte de (1713-1784). Menin du dauphin 1747
Saulx-Tavannes, Marie Françoise Casimire de Froulay de Tessé, comtesse de (1714-1753). Dame du palais 1747
4.1.1747 [Le logement de] *Mme la duchesse de Nivernais à Mme la comtesse de Saulx.* Bon du roi : A.N. O[1] 1076 143 ; *cf.* 1810 I 173
8.1.1747... *celui qui était à M. et Mme de Nivernais dans l'aile Neuve qui était à Mme d'Egmont... vient d'être donné à M. et Mme de Saulx.* L* VIII 77
12.2.1748 *M. le comte de Saulx désire qu'un très petit entresol qui fait tout son appartement fût boisé. En ayant parlé à M. de Tournehem avant le voyage de Marly, il le supplie de donner ses ordres pour que cet ajustement soit exécuté.* A.N. O[1] 1810 II 39
26.9.1748 *M. le comte de Saulx, par sa lettre du 21 septembre 1748, marque à M. de Tournehem que pour que son appartement fût entièrement accommodé, il ne reste plus que la chambre à coucher de Mme de Saulx où il serait nécessaire de repeindre la menuiserie qui est en couleur de bois,* [c'est] *pourquoi il prie M. le directeur général d'ordonner cette petite partie... et donner ses ordres pour que cette dernière soit faite sur le compte du roi.* Réponse : *M. L'Écuyer fera faire à l'appartement de M. le comte de Saulx les réparations et ajustements demandés... montant à 554 livres.* A.N. O[1] 1810 II 87
Maillebois, Marie Yves Desmarets, comte de (1715-

1. On proposa un logement au Grand Commun à M. Bazin. Les Noailles lui donnaient l'attique de l'Ancien Gouvernement qui venait d'être restauré. Le comte de Noailles, devenu maréchal de Mouchy, installa ses bains personnels aux frais du Domaine dans le logement de son ancien secrétaire.

1791). Maître de la garde-robe du roi en survivance 1736

8.8.1750 *Le logement de M. le comte et Mme la comtesse de Saulx à M. le comte de Maillebois.* Bon du roi : A.N. O[1] 1076 255

Clermont-Gallerande, Gabrielle Françoise de Villers d'O, marquise de (1699-1765). Dame d'atour de Mesdames les cadettes 1750

30.10.1750 *Le logement de M. le comte de Saulx, qui avait été donné à M. le comte de Maillebois à Mme la marquise de Clermont...* Changements : A.N. O[1] 1076 265

Gramont, Antoine Adrien Charles, comte de (1726-1762). Menin surnuméraire du dauphin en exercice 1752

Gramont, Marie Louise de Fauoq, comtesse de (1732-1798). Dame du palais de la reine 1751

23.12.1753 *Le logement de Mme la marquise de Clermont par emprunt à M. le comte et Mme la comtesse de Gramont qui sont depuis 22 mois sur le pavé et qui y seront jusqu'à ce que M. et Mme de Condé soient logés...* Disposition : A.N. O[1] 1076 352

31.12.1753 *Le logement de Mme la marquise de Clermont, donné par emprunt à M. le comte et Mme la comtesse de Gramont, jusqu'à ce qu'ils soient dans leur logement.* L* XIII 128

Boufflers, Marie Anne Philippine Thérèse de Montmorency-Laval, duchesse de (1732-1797). Dame du palais de la reine en survivance de sa belle-mère 1747

15.8.1754 *Le logement de Mme la marquise de Clermont, dame d'atour de Mesdames à Mme la duchesse de Boufflers...* Distribution : A.N. O[1] 1076 374

11.1755 BLONDEL, planche 2, "n" « Appartement de Mme la duchesse de Boufflers, dame du palais de la reine »

Roure, Marie Antoinette Victoire de Gontaut, comtesse du (1719-1770). Dame de la dauphine 1746-1762

3.1.1769 *Le logement de Mme la duchesse de Boufflers à Mme la comtesse du Roure, douairière* A.N. O[1] 1077 42

Roure, Françoise Sophie Scolastique de Baglion de La Salle, comtesse du (?-?). Dame de la dauphine

1768 *Maison de la feue Madame la dauphine logée au château de Versailles : Mme la comtesse de Roure... Elle n'avait que l'expectative de celui de sa belle-mère.* A.N. O[1] 1077 445

Poix, Philippe Louis Marc Antoine, marquis de Noailles, puis prince de (1752-1819). Intendant et gouverneur de Versailles en survivance de son père 1767

13.4.1770 N au roi : *Mme la comtesse de Roure, par sa mort laisse un logement vacant... Le prince de Poix le désire aussi très vivement pour être à portée de sa femme qui est à côté dans l'appartement de Mme la marquise d'Arpajon* [**AN 31**]. *Cela lui tient plus à cœur à présent que ses père et mère sont fixés à Versailles par leurs places et qu'il y aura sa principale résidence.* A.N. O[1] 1077 76

1770 *Le logement de feue Mme la comtesse de Roure, n° 32, aile du Nord, à M. le prince de Poix, gouverneur de Versailles...* Distribution : A.N. O[1] 1799 110

1770 *État* A « M. le prince de Poix »

3.8.1773 *Demandes relatives au château de Versailles : les réparations du logement de M. le prince de Poix, instamment demandé par M. le comte de Noailles* [est un] *objet de 2 400 livres selon M. L'Écuyer.* A.N. O[1] 1799 155

1777 *État* B « Mme la princesse de Poix »

Noailles, Philippe, comte de, plus tard maréchal-duc de Mouchy (1715-1794). Intendant et gouverneur de Versailles 1726-1778 ; maréchal de France

1781 *État* D « M. le maréchal de Mouchy »

Chastellux, Angélique Victoire du Durfort-Civrac, marquise de (1752-1816). Dame pour accompagner Madame Victoire 1773

1787 *État* E « Mme la comtesse de Chastellux » "5 pièces, 3 à cheminée ; 4 entresols, 2 à cheminée"

AN 33

Béthune, Armand Ier de Béthune, marquis de Béthune puis en 1690 duc de Charost, en 1695 duc de (1641-1716). Capitaine des gardes du corps en survivance

[1695] GG-B 1163

Mailly, Louise Julie de Mailly de Nesle, comtesse de (1710-1751). Dame du palais 1739 ; maîtresse du roi

GG-B 1150, 1159 ; BLONDEL, planche 6, "12"

28.11.1739 *Mme de Mailly a trouvé en arrivant ici son appartement accommodé tout à neuf ; elle y va faire mettre un meuble neuf.* L* III 78

AN 34

Monaco, Louis Grimaldi, duc de Valentinois, prince de (1642-1701). Ambassadeur à Rome 1698

[1695] GG-B 1163

Monaco, Antoine Grimaldi, duc de Valentinois, prince de (1661-1731)

Sforza, Louise Adélaïde Damas de Thiange, duchesse (1664-1732). Dame d'honneur de la duchesse d'Orléans puis de la reine douairière d'Espagne

11.6.1710 *Le roi prendra les appartements de la duchesse de Sforza et de Mme de Gondrin* [**AN 45A et B**] *pour y loger la dame d'honneur de Mme de Berry, qui n'est pas encore nommée. On met la duchesse de Sforza dans l'appartement de M. de Monaco, qui est depuis longtemps à Monaco...* D XIII 182

Rupelmonde, Marie Marguerite Élisabeth d'Alègre, comtesse de (1688-1752). Dame du palais 1725-1741

Estrées, Louis Charles César Le Tellier, marquis de Courtenvaux, en 1739 comte d' (1695-1771). Capitaine des cent-suisses en commission à la place de son neveu mineur 1722-1734

1734 GG-B 1155 « Plan du nouvel appartement de M. de Courtenvaux, ci-devant celui de Mme de Rupelmonde dans le gros pavillon de l'aile du Nord au 1er étage sur la rue... »

Pomponne, Henri Charles Arnauld, abbé de (1669-1756). Aumônier du roi 1698 ; conseiller d'État de l'Église 1711

GG-B 1133 ; 1159 [1740] ; BLONDEL, planche 2, "7"

1741 *État* « Dame du palais, Mme de Rupelmonde, puis M de Courtenvaux, puis M. l'abbé de Pomponne, puis Mme de Mailly » "4 pièces, 3 à cheminée ; 3 entresols, 1 à cheminée"

AN 33 et 34 sont combinés.

Mailly, Louise Julie de Mailly de Nesle, comtesse de (1710-1751). Dame du palais 1739 ; maîtresse du roi
24.2.1740 *En arrivant à Versailles samedi,* [Mme de Mailly] *trouva une augmentation à son appartement, le roi ayant ordonné que l'on fermât le bout du corridor dont on lui a fait une antichambre, et une aussi pour M. l'abbé de Pomponne dont l'appartement est vis-à-vis celui de Mme de Mailly. Elle trouva aussi un meuble nouveau qu'elle a acheté.* L* III 144
25.8.1741 *Le roi a donné l'appartement de M. et de Mme de Talleyrand* [**AN 47**] *à M. l'abbé de Pomponne ; et celui de M. l'abbé de Pomponne, qui est immédiament au-dessous a été donné à Mme de Mailly ; il est vis-à-vis le sien, et on va faire un grand cabinet pour recevoir la compagnie.* L* III 461
11.1741 *L'ancien logement de M. l'abbé de Pomponne, qui lui [Mme de Mailly] avait été donné, s'est trouvé dans l'impossibilité d'être accomodé parce que les poutres sont pourries ; et on a pris le parti d'en murer les parties jusqu'à ce qu'on juge à propos de le rebâtir. Par toutes ces circonstances, en comptant le logement qui est dans les petits appartements* [**CC 59A**] *et celui du petit de Vintimille* [**AN 38**], *on peut dire que Mme de Mailly a présentement cinq appartements dans le château.* L* IV 27
6.12.1742 *On a démeublé entièrement les appartements de Mme de Mailly... le petit des cabinets* [**CC 59A**] *est même condamné... Il paraît certain qu'on lui ôte les deux autres. Ce n'était cependant ni le goût ni l'intention du roi ; je sais, à n'en pouvoir douter, qu'il voulait qu'elle en ait un, et même il l'avait dit ; mais apparemment on l'a fait changer sur cet article, ou il a intention de lui en rendre un autre par la suite.* L* IV 291

AN 33 et 34 sont séparés.

AN 33
Matignon, Edmée Charlotte de Brenne de Bourbon, marquise de (1700-1756). Dame du palais 1726-1741
Matignon, Marie Thomas Auguste de Goyon, marquis de (1684-1766)
1741 *État* « Dame du palais, Mme de Mailly, puis M. et Mme de Matignon » "4 pièces, 1 à cheminée ; 3 entresols, 1 à cheminée"

Fitz-James, Victoire Louise de Goyon de Matignon, duchesse de (1722-1777). Dame du palais sur la résignation de sa belle-mère 1741
Fitz-James, Charles, en 1736 duc de (1712-1787). Maréchal de France 1775
29.1.1746 *Proposition... de mettre... M. et Mme de Fitz-James chez M. et Mme de Matignon.* A.N. O[1] 1076 102

Périgord, Gabriel Marie de Talleyrand, comte de (1726-1795). Menin du dauphin 1749
Périgord, Marie Marguerite Françoise de Talleyrand, comtesse de (1727-1775). Dame du palais 1744
3.11.1746 *M. et Mme la marquise de Matignon avaient eu d'abord les deux logements haut et bas de Mme de Mailly dans l'aile Neuve ; on leur a laissé seulement celui qui donne dans la petite galerie qui est vis-a-vis l'escalier... Le logement que Mme de Matignon avait en bas devenant vacant par cet arrangement on l'a donné à M. et Mme de Périgord...* L* VIII 13
5.12.1746 *Mme la comtesse de Périgord prie M. de Tournehem de donner ses ordres pour faire boiser la chambre de M. le comte de Périgord, que l'on y pose une cheminée de marbre et une glace au-dessus. Comme c'est un entresol très petit la dépense montera à fort peu de chose.* Réponse de E : *Devis = 554 livres.* A.N. O[1] 1810 I 128
Boufflers, Marie Anne Philippine Thérèse de Montmorency-Logny, duchesse de (1732-1797). Dame du palais de la reine en survivance de sa belle-mère 1749
17.9.1748 *Le roi ayant trouvé bon que Mme la duchesse de Boufflers et Mme de Périgord changent de logements...* A.N. O[1] 1810 II 83

AN 34
Flavacourt, Hortense Félicité de Mailly-Nesle, marquise de (1715-1799). Dame du palais de la reine 1742
24.10.1742 *...celui que l'on refait vis-à-vis Mme de Mailly est donné à Mme de Flavacourt.* L* IV 256
26.10.1742 *À l'égard de Mme de Flavacourt... le roi lui en a donné un qui n'est pas encore fini ; c'est celui dans l'aile Neuve qu'occupait ci-devant l'abbé de Pomponne, qui avait été donné à Mme de Mailly, étant vis-à-vis le sien. Elle ne peut l'habiter, les murs s'étant trouvés trop mauvais. On travaille actuellement à cette réparation.* L* IV 257
3.11.1742 *On aperçoit depuis huit ou dix jours, et plus particulièrement depuis deux ou trois, que le roi ne pense plus de la même façon de Mme de Mailly, et que ce changement vient d'un goût nouveau et qui paraît très décidé pour Mme de La Tournelle... On a jugé par plusieurs entretiens de M. de Richelieu avec Mme de la Tournelle et par une conversation qu'il eut avec le roi, à la chasse, deux ou trois jours avant son départ pour la Flandre, qu'il avait été chargé de cette négociation. Mme de Mailly, qui couche toujours dans le petit appartement à côté des cabinets* [**CC 59A**] *devait aller coucher hier dans son ancien appartement, et Mme de Flavacourt, qui l'occupe, devait monter dans celui d'en haut* [**AN 46**] *et y coucher dans un lit de camp de louage. Mme de Mailly ni elle n'ayant point de meubles. On transporta hier tous les meubles de Mme de Mailly et le roi lui avait dit qu'elle pouvait emporter le meuble de son appartement et tout ce qui y était ; mais elle n'accepta point cette offre, et le projet fut changé hier pendant le souper. Le roi lui dit qu'elle pouvait coucher dans ce petit appartement. Son état est d'autant plus digne de compassion qu'elle aime véritablement le roi...* L* IV 265

Rubempré, Louis V de Mailly, comte de (1696-1767). Capitaine-lieutenant des gendarmes écossais à la démission de son frère 1733 ; premier écuyer de la dauphine 1744
Rubempré, Anne Françoise Élisabeth d'Arbaleste de Melun, comtesse de (1707-1775)
1.12.1744 *M. et Mme de Rubempré ont un appartement neuf dans l'aile Neuve ; c'est celui qui est vis-à-vis l'appartement qu'occupait Mme de Mailly. Le*

roi lui avait donné aussi cet appartement, et lorsque le roi voulut le faire accommoder pour elle, le mur se trouva si mauvais qu'il fallut le refaire du haut en bas. L* VI 171

6.3.1745 *J'ai marqué ci-dessous que M. et Mme de Rubempré avaient un logement neuf dans l'aile Neuve ; cet arrangement est changé. On leur a donné le logement* [**AP 65**] *qu'avait feu Mme de Mailly (depuis Mme de Mazarin). et en dernier lieu M. le maréchal d'Estrées...* L* VI 346

La Vauguyon, Antoine Paul Jacques de Quélen d'Esteur de Caussade, duc de (1706-1772). Menin du dauphin 1745

10.3.1745 *M. de Rubempré avait le logement qu'avait Mme de Mazarin... on lui avait d'abord destiné un logement neuf dans l'aile Neuve qui avait été fait pour Mme de Mailly ; ce logement étant trop petit pour mari et femme a été donné à M. de La Vauguyon. Sa femme qui est petite-fille de M. le duc de Charost vient peu dans ce pays.* L* VI 353

Froulay, Charles Élisabeth, marquis de (1720-1747)

Froulay, Gabrielle de La Motte-Houdancourt, marquise de (1723-?)

27.9.1746 N au roi : ... *M. et Mme de Froulay demandent celui de M. et Mme de La Vauguyon.* Bon du roi : A.N. O[1] 1076 115

3.11.1746 *M. et Mme la marquise de Matignon avaient eu d'abord les deux logements haut et bas de Mme de Mailly, on leur a laissé seulement celui qui donne dans la petite galerie qui est vis-à-vis l'escalier... Le logement que Mme de Matignon avait en bas devenant vacant par cet arrangement on l'a donné à M. et Mme de Périgord, et l'appartement vis-a-vis de celui-ci à M. et Mme de Froulay...* L* VIII 6 [1]

Civrac, Marie Françoise de Pardaillan de Gondrin, marquise de (1728-1764). Dame pour accompagner Mesdames 1747

Rohan-Guéméné, Constantin de Rohan-Guéméné, *dit* prince Constantin (1697-1779). Premier aumônier du roi 1748

27.6.1748 *Le logement de Mme la marquise de Civrac à M. le prince Constantin...* Disposition : A.N. O[1] 1076 205

3.7.1748 *L'appartement que Mme de Champagne avait au-dessus de la reine* [**CC 68**] *... a été donné à Mme de Civrac, ce qui la met plus à portée de Mme la duchesse d'Antin, sa mère qui loge dans l'aile des Princes* [**AP 60**] *et celui que Mme de Civrac avait dans l'aile Neuve a été donné au prince Constantin, ce qui la rend voisine de M. le cardinal de Rohan* [**AN 43**]. L* IX 58

28.10.1748 *M. le prince Constantin prie M. de Tournehem de lui accorder les réparations nécessaires à son nouveau logement lesquelles montent suivant le devis fait par M. L'Écuyer à la somme de 266 livres.* A.N. O[1] 1810 II 96

Castellane, Françoise Pauline de Castellane, marquise de († 1760). Dame pour accompagner Mesdames les cadettes 1750

11.9.1750 *Mme de Castellane chez M. le prince Constantin...* Disposition : A.N. O[1] 1076 260

11.1755 Blondel, planche 2 "i" « Appartement du prince Constantin, premier aumônier du roi »

Senlis, Jean Armand de Bessuejoulz de Roquelaure, évêque de († 1818). Évêque de Senlis 1754 ; premier aumônier du roi

1764 *Le logement du premier aumônier du roi à M. l'évêque de Senlis à condition d'y loger M. le cardinal de Rohan quand il couchera à Versailles...* Disposition : A.N. O[1] 1076 764

1787 *État* E « M. le premier aumônier » "6 pièces, 3 à cheminée ; 5 entresols, 1 à cheminée"

AN 33A [2]

Noailles, Adrien Maurice, comte et duc d'Ayen, puis en 1704 duc, puis maréchal de (1678-1766). Capitaine des gardes du corps 1707

29.5.1750 *M. le maréchal de Noailles a l'appartement du rez-de-chaussée du bâtiment neuf de l'aile du Nord...* Disposition : A.N. O[1] 1076 250

Luxembourg, Charles François II de Montmorency-Luxembourg, *dit* duc de Montmorency en 1718, duc de Piney-Luxembourg, puis duc de (1702-1764). Capitaine des gardes du corps 1750 ; maréchal de France 1757

29.6.1753 E à M : *Le logement dans l'aile Neuve qui était destiné à M. le maréchal de Noailles à M. le duc de Luxembourg...* Disposition : A.N. O[1] 1076 337 ; 1795 352 et 353

20.7.1753 *L'on continue à faire le nouveau logement de M. le duc de Luxembourg dans l'aile Neuve lequel se trouvera prêt à son retour à l'exception d'une pièce dont le lambris ne pourra être fait, laquelle on tapissera en attendant.* A.N. O[1] 1795 364

23.7.1753 E à M : *M. le duc de Luxembourg venant d'avoir le logement neuf auquel on joint celui de Mme la duchesse de Boufflers... Il a dû vous en avoir parlé au sujet de quelques petits ajustements indispensables.* A.N. O[1] 1795 396

AN 33 et 33A sont combinés [3].

Luxembourg, Charles François II de Montmorency-Luxembourg, *dit* duc de Montmorency en 1718, duc de Piney-Luxembourg, puis duc de (1702-1764). Capitaine des gardes du corps 1750 ; maréchal de France 1757

Luxembourg, Madeleine Angélique de Neufville, duchesse de Boufflers, puis maréchale-duchesse de Piney- (1707-1787). Dame du palais de la reine 1734

1. Le marquis de Froulay reçut **AN 76** dans le Gros Pavillon le 12 avril 1746.

2. **AN 33A** était situé dans la nouvelle aile construite sur la rue des Réservoirs entre le Gros Pavillon et le site de l'Opéra. Il était originairement destiné au maréchal de Noailles, mais fut finalement donné au maréchal de Luxembourg, qui le joignit à **AN 33**.

3. La distribution exacte de l'espace entre **AN 33 et 33A** à cette période est difficile à déterminer. La ci-devant duchesse de Boufflers qui, en 1750, épousa le maréchal de Luxembourg semble avoir pris un certain espace de **AN 33** dans l'attente de l'unir à **AN 33A** lorsqu'elle abandonna **AN 53**. Elle y logea sa belle-fille jusqu'à ce que les deux appartements fussent réunis en 1753. Ensuite, la duchesse de Luxembourg devenue veuve reçut son propre appartement, **AN 56**.

Boufflers [1], Charles Joseph Jean, duc de (1731-1751)
Boufflers, Marie Anne Philippine Thérèse de Montmorency-Logny, duchesse de (1732-1797). Dame du palais de la reine en survivance de sa belle-mère 1749 ; dame de la dauphine 1770-1771
30.6.1750 ... *se fit le mariage de M. de Luxembourg avec Mme de Boufflers... Le parti que Mme de Boufflers prit il y a quelque temps... de quitter un appartement beau et commode qu'elle avait tout en haut dans l'aile Neuve* [**AN 53**], *pour en prendre un moins commode dans la galerie au-dessous, avait fait juger qu'elle comptait habiter incessament celui que M. de Luxembourg a dans le même quartier ; en effet ce qui a déterminé ce changement est le peu d'usage que Mme de Boufflers comptait faire de Versailles jusqu'à son mariage, et la réflexion qu'elle obtiendrait plutôt de céder ce nouvel appartement à son fils et sa belle-fille comme elle a fait depuis en effet. Il y a grande apparence que ce qui a retardé le mariage sont les changements que M. de Luxembourg a fait faire dans son hôtel et même quelque augmentation de bâtiments.* L* X 287 *sq.*
29.6.1753 *Le logement de Mme la duchesse de Boufflers à Mme la duchesse de Luxembourg...* Disposition : A.N. O^1 1076 337 ; *cf.* 1795 352 et 353
8.9.1753 *M. et Mme de Luxembourg ont actuellement un appartement dans cette même aile Neuve, dont une partie est celui que feu Mme de Mailly occupait et le surplus une prolongation dans les bâtiments neufs* [**AN 33A**]. L* XIII 50
13.9.1753 E à M : *L'on travaille à finir le logement destiné ci-devant à M. le comte de Noailles, dans l'aile Neuve, qui vient d'être donné à M. le duc de Luxembourg avec celui de Mme la duchesse de Boufflers et à faire le percement nécessaire pour la communication des ces deux logements.* A.N. O^1 1795 304
27.10.1753 E à M : *L'on attend du sieur Guesnon le restant de plusieurs parties de menuiserie du logement de M. le duc de Luxembourg, qui doivent arriver de Paris ces jours-ci ; lorsqu'elles seront posées, il n'y restera plus que peu de choses pour le finir et le mettre en état de pouvoir être occupé au retour.* A.N. O^1 1795 424
GG-B 1177 « Plan de l'appartement du duc et de la duchesse de Luxembourg dans l'aile du Nord entre la rue des Réservoirs et la cour de l'Opéra, au premier étage sur la rue... aile Neuve joignant la Comédie »
11.1755 Blondel, planche 2, "o" « Appartement de M. le duc de Luxembourg, capitaine des gardes du roi »

AN 33 et 33A sont séparés.

AN 33
Luxembourg, Madeleine Angélique de Neufville, duchesse de Boufflers, puis maréchale-duchesse de Piney- (1707-1787). Dame du palais de la reine 1734
1764 *Le logement de Mme la maréchale de Luxembourg, séparé de celui de feu M. le maréchal, laissé à Mme la maréchale de Luxembourg...* Disposition : A.N. O^1 1076 763
1765 N au roi : *M. le prince de Tingry est presque toujours à Versailles, même n'étant pas de quartier, et tenant un état, supplie très humblement Votre Majesté de lui rendre le logement de Mme la maréchale de Luxembourg. Pour empêcher que cette dame ne se plaigne trop amèrement, si Votre Majesté permet, le comte de Noailles écrira de sa part à Mme la duchesse de Boufflers qu'elle fera plaisir de prêter son logement à Mme la maréchale de Luxembourg et que si sa santé lui permet de servir Mme la future dauphine, on verra pour lors à placer ailleurs, s'il est possible, Mme la maréchale de Luxembourg.* A.N. O^1 1076 787
8.12.1768 N au roi : *M. le prince et Mme la princesse de Tingry étant toujours résidents à Versailles et y tenant un état paraissent mériter toute préférence pour leur logement, M. le prince de Tingry est dans un entresol malsain et inhabitable. Mme la maréchale de Luxembourg a promis de se prêter à des arrangements qui conviendraient à Votre Majesté pourvu qu'elle n'eût pas l'air d'ôter le logement à Mme sa belle-fille. Le comte de Noailles propose à Votre Majesté de donner à Mme la maréchale de Luxembourg, pour elle et Mme la duchesse de Boufflers, le logement de Mme la comtesse de Damas* [**AP 91**] *dont l'état est ci-joint et dans lequel elles peuvent très bien loger toutes les deux. Le comte de Noailles supplie très humblement Votre Majesté de vouloir bien lui ordonner de mander de sa part à Mme la maréchale de Luxembourg que cet arrangement lui est agréable et que son intention est qu'elle et Mme la duchesse de Boufflers l'acceptent au plus tôt ; c'est la seule façon de tirer le pauvre prince d'oppression et arranger pour nicher son survivancier.* Réponse : *Approuvé.* A.N. O^1 1077 35
9.9.1768 N au roi : *Mme la maréchale de Luxembourg n'a pas voulu rendre le logement à M. le prince de Tingry en allant chez Mme la duchesse de Boufflers par emprunt, disant que sa belle-fille était très en état de reprendre son service auprès Madame la dauphine. Il est cependant constant que M. le prince de Tingry ne peut tenir dans le logement qu'il occupe sans cet agrément. C'est à Votre Majesté à décider si le comte de Noailles doit mander à Mme la maréchale de Luxembourg de se conformer aux premiers arrangements ou bien de la laisser importuner le prince son cousin jusqu'à ce qu'elle ait un autre logement.* A.N. O^1 1077 27

AN 33A
Tingry, Charles François Chrétien de Montmorency-Luxembourg, prince de (1713-1787). Capitaine des gardes du corps 1764
1764 N au roi : *Le logement de M. le maréchal de Luxembourg, avec la cuisine, à M. le prince de Tingry...* Disposition : A.N. O^1 1076 763
7.1766 *M. le prince de Tingry est très resserré dans le logement de feu M. le maréchal de Luxembourg. Il*

1. 9.4.1747 L* VIII 177 : ... *le mariage du fils de M. de duc de Boufflers est déclaré. Il épouse une Mlle de Montmorency, fille de M. de Montmorency de Flandre... M. et Mme. de Boufflers prennent les mariés chez eux ; ils les logent et nourrissent sans aucun terme fixe. M. le comte de Boufflers restera en Flandre pour la campagne et Mme de Boufflers reviendra ici avec sa belle-mère.*

demande l'assurance de celui de Mme la maréchale, si elle venait à le rendre à sa volonté ou par mort. A.N. O[1] 1076 811

AN 33 et AN 33A sont combinés.

Tingry, Charles François Chrétien de Montmorency-Luxembourg, prince de (1713-1787)
Tingry, Éléonore Josèphe Pulchérie de Laurens, princesse de (1745-?)
1768 *Le logement de Mme la maréchale de Luxembourg à M. le prince de Tingry...* Disposition : A.N. O[1] 1798 202
1769 *Le logement de Mme la maréchale de Luxembourg à M. le prince de Tingry qui est logé dans un très vilain entresol et très malsain...* A.N. O[1] 1077 403
3.1.1769 *Le logement de Mme la maréchale de Luxembourg à M le prince de Tingry pour Mme la princesse de Tingry.* A.N. O[1] 1077 42
8.3.1769 M à E : *Vous trouverez ci-joint... un plan des arrangements projetés par M. Gabriel pour l'appartement de Mme la princesse de Tingry. Vous examinerez à quoi pourra en monter la dépense et vous m'en rendrez compte le plus tôt qu'il vous sera possible...* A.N. O[1] 1798 346
7.8.1769 M au prince de Tingry : ... *Je conçois aisément combien votre séjour habituel à la Cour vous rend nécessaires les réparations à votre logement. Je viens en conséquence d'écrire au contrôleur du département de l'examiner et de me rendre compte de ce qui y est à faire...* A.N. O[1] 1798 371 ; *cf.* 372 et 373
1770 *État* A « M. le prince de Tingry »
6.11.1776 H à A : *J'ai examiné l'objet de la demande de M. le prince de Tingry. Il y avait déjà longtemps que j'étais persécuté pour cet objet qui ne regarde point le service du prince... C'est rien moins qu'un objet de réparations à une devanture d'alcôve avec portes-grilles que le valet de chambre demande pour son agrément et le blanchissage de toute sa chambre. J'ai été singulièrement émerveillé de voir combien il en coûte peu aux grands seigneurs pour mentir lorsqu'il s'agit de faire plaisir à leurs valets. Ce valet de chambre avait fait son possible pour obtenir de moi l'objet dont il s'agit, et ce n'a été que malgré lui qu'il a mis son maître dans le cas de nous faire un mensonge à sa faveur... Le prince me saurait bien mauvais gré s'il savait que je vous rendisse compte du fait qu'atteste aussi fortement sa faiblesse mais qui n'en est pas moins positif. Cependant, M. le comte, j'ai commandé la devanture et je ferai blanchir la pièce du valet de chambre parce que, sur ce je lui ai dit que dans tout ce qu'il demandait je ne vois rien pour le prince, il m'a répondu que M. le chevalier de Luxembourg se servait souvent de cette chambre et qu'il la regardait comme étant à lui, ce à quoi je n'ai pas pu répondre quoique cela ne fût pas vrai.* Réponse : *J'approuve le parti que vous avez pris. Peut-être avec le temps, parviendrai-je à inspirer le dégoût de pareils abus.* A.N. O[1] 1799 620
1.11.1776 A à H : *À Fontainebleau. M. le prince de Tingry me marque... qu'on lui mande de Versailles que son appartement exige quelques légères réparations et que leur peu d'importance semble permettre de les traiter avant le retour de la Cour. Il le désire parce que M. le chevalier de Luxembourg occupe la chambre joignante celle dans laquelle il faut travailler. Voyez, je vous prie, ce dont est question et pourvoyez s'il y a possiblité.* A.N. O[1] 1799 614
1783 *État* D « M. le prince de Tingry »
Luxembourg, Anne Paul Samuel Sigismond de Montmorency-Luxembourg d'Olonne, *dit* chevalier de (1742-1790). Capitaine des gardes de corps en survivance du prince de Tingry 1767
1787 *État* E « M. le chevalier de Luxembourg » "10 pièces, 9 à cheminée ; 7 entresols, 2 à cheminée" GG-B 1234, 1236

AN 35
Paris, François Harlay de Champvallon, archevêque de (1625-1695). Archevêque de Paris 1661
Thiange, Claude Philibert Damas, marquis de (1663-1708). Menin du dauphin
Thiange, Anne Philippine Geneviève de Harlay de Bréval, marquise de (1665-1728). Fille d'honneur de la Grande Mademoiselle
22.8.1695 *Le roi a donné à M. de Thianges l'appartement qu'avait l'archevêque de Paris. Madame de Thianges est nièce du feu archevêque.* D V 264
9.1.1708 *Le marquis de Thianges était mort... il... avait un logement dans le château... il est petit mais il est commode parce qu'il est en bas.* D XII 54
Vaudemont, Charles Henri de Lorraine, prince de (1649-1723)
10.1.1708 *Le roi a donné à M. de Vaudemont le logement qu'avait ici M. de Thianges ; il est petit, mais il est commode parce qu'il est en bas.* D XII 55
Duras, Angélique Victoire de Bournonville, duchesse, puis maréchale de (1686-1764). Dame d'honneur de Mesdames les aînées 1746
25.1.1709 *Le roi a donné à M. de Vaudemont même sans qu'il le demandât le logement qu'avait Mme de Ventadour avant que Mme la maréchale de La Motte fut morte. Ce logement est beaucoup plus beau et plus commode que celui qu'avait M. de Vaudemont qui est dans l'aile par-delà la Chapelle et on a donné celui-là à la duchesse de Duras dont on a pris le logement pour les missionnaires qui servent de la Chapelle.* D XII 316
Officiers des gardes du corps
1741 « Officiers des gardes du corps » "2 pièces, 1 à cheminée ; 1 entresol sans cheminée"
Lassay, Léon de Madaillan de Lesparre, comte de (1678-1750). Premier écuyer de Madame la Duchesse, première douairière
Nivernais, Hélène Angélique Françoise Phélypeaux de Pontchartrain, duchesse de (1715-1782). Dame du palais 1745-1748
Nivernais, Louis Jules Mancini de Mazarin, duc de, prince de Vergagne (1716-1798)
Froulay, Charles Élisabeth, marquis de (1720-1747). Menin du dauphin
Froulay, Gabrielle de La Motte-Houdancourt, marquise de (1723-?)
29.1.1746 *Propositions... de mettre... M. de Froulay chez M. de Nivernais...* Bon du roi : A.N. O[1] 1076 102
1.2.1746 ... *le roi ôta à Mme la comtesse d'Egmont son*

logement qui est dans la première petite galerie de l'aile Neuve ; il le donne à M. et Mme de Nivernais ; celui de Mme de Nivernais qui était celui de Lassay aussi dans la même galerie, à M. et Mme de Froulay. L* VII 210
4.2.1746 *M. le comte de Froulay... prie M. le directeur général de donner ses ordres pour que les ajustements nécessaires du logement qu'il va occuper soient faits dont l'état est joint à sa lettre : blanchir tout l'appartement ; fournir trois glaces dans la chambre, cabinet et entresol ; supprimer la moitié de la porte à deux vantaux de la garde-robe derrière le cabinet pour en faire une croisée ; faire du réchauffoir une garde-robe pour une femme ; démolir et reconstruire l'escalier de la chambre et l'entresol pour le rendre plus commode ; faire une niche dans la chambre de M. le comte pour mettre un lit avec deux portes de chaque côté, l'une d'entrée, l'autre de communication à un cabinet de chaise ; rétablir la cheminée de la dite pièce, la parqueter et peindre en gris blanc avec vernis.* Réponse : *Sa Majesté a trouvé que l'on fit les réparations suivant le devis...* A.N. O[1] 1810 I 68
Chef de brigade des gardes du roi
11.1755 Blondel, planche 2, "h" « Logement du chef de brigades des gardes du roi »
Officiers des gardes du corps
1787 *État* E « Officers des gardes du corps » "2 pièces, 1 à cheminée, 1 entresol"
28.10.1787 Le marquis de Champignette à A : *M. le marquis de Champignette prie M. le comte d'Angiviller de vouloir bien donner ses ordres pour qu'on raccommode sa cheminée et quelques autres petites choses à l'appartement qu'il occupe au château comme lieutenant des gardes du corps du roi, cour basse de la Chapelle, n° 35.* A.N. O[1] 1802 383

AN 36
Prédicateur du roi
1741 *État* « Prédicateur du roi » "2 pièces, 1 à cheminée ; 1 entresol à cheminée"

> 6.4.1749 N au roi : *MM. les chefs de brigade supplient très humblement Votre Majesté d'avoir la bonté de permettre de changer un logement près de la Chapelle* [**AN 37**] *contre celui du prédicateur lequel sera par cet arrangement à portée de son service et MM. les chefs de brigade se trouveront tous rassemblés dans le même quartier.* A.N. O[1] 1076 234

11.1755 Blondel, planche 2, "g" « Logement du prédicateur du roi »
30.11.1766 E à M : *Le supérieur de la Chapelle de Votre Majesté n'ayant pas de cheminée dans sa chambre, M. le comte de Noailles serait obligé à M. le comte de Marigny* [sic] *de vouloir bien donner l'ordre de la faire et dans le cas qu'il ne le peut, il s'offre de la payer vu que cette cheminée est indispensable. C'est un objet de 700 livres.* Réponse : *Bon* A.N. O[1] 1798 122 et 23
Bérenger, Raymond Pierre, comte de Gua, marquis de (1732-1792). Chevalier d'honneur de la dauphine 1762-1767
1.4.1768 *Le logement du prédicateur prêté à M. le marquis de Bérenger depuis le 4 avril jusqu'au 25 novembre...* Disposition : A.N. O[1] 1077 24
Montmorin Saint-Hérem, Jean Baptiste François, marquis de (1704-1779). Gouverneur de Fontainebleau en survivance 1755
8.1.1769 *Votre Majesté a eu la bonté d'accorder à M. le marquis de Montmorin un bon pour le premier logement de grâce, comme cela pourrait être long, le comte de Noailles demande la permission de lui prêter le logement de prédicateur, hors l'avent, carême et le jour de Pentecôte.* A.N O[1] 1077 43
1770 *État* A « M. de Montmorin ou logement de prédicateur »
Prédicateur
1787 *État* E « Prédicateur » "1 pièce à cheminée, 1 entresol"

AN 36A
Duras, Angélique Victoire de Bournonville, duchesse, puis maréchale de (1686-1764)
9.3.1706 *Le roi a donné un logement à Mme la duchesse de Duras dans l'aile Neuve...* D XI 51
Missionnaires
Les missionnaires de la congrégation de Saint-Lazare avaient été appelés en 1674 pour desservir la Chapelle du château et celle de la ville. Il y en avait douze pour l'une et vingt et un pour l'autre. SS XII 88
25.1.1709 ... *on a donné celui* [du prince de Vaudemont] [**AN 35**] *à la duchesse de Duras dont on a pris le logement pour les missionaires desservant de la Chapelle.* D XII 316
1787 *État* E « Missionnaires » "1 pièce à cheminée, 1 entresol"

AN 37
Officiers des gardes du corps
1741 *État* « Officier des gardes du corps » "3 pièces, 1 à cheminée ; 2 entresols sans cheminée"
Chef de brigade des gardes du roi
11.1755 Blondel, planche 2, "h" « Logement du chef des brigades des gardes du roi »
Officiers des gardes du roi
1787 *État* E « Officiers des gardes du roi » "3 pièces, 1 à cheminée, 2 entresols"

AN 38 et 38A
Saint-Géran, Bernard de La Guiche, comte de (1641-1696). Ambassadeur à Florence, Londres et Berlin
Saint-Géran, Françoise Madeleine Claude de Warignies, comtesse de (1655-1733). Dame du palais de la reine Marie-Thérèse
[1695] GG-B 1164 [1]
Castries, Marie Élisabeth de Rochechouart-Mortemart, *dite* Mlle de Vivonne, puis marquise de (1653-1718). Dame d'atour de la duchesse de Chartres 1696
17.10.1696 *Le roi, mécontent de la conduite de Mme de Saint-Géran, lui a envoyé ordre à Versailles où elle était demeurée, de s'éloigner de la Cour de plus de trente*

1. **AN 38A et AN 38B** paraissent avoir été combinés pour M. et Mme de Saint-Géran à cette date. **AN 38A** est numéroté 10 et **AN 38B** est numéroté 12. Cependant la porte qui les faisait communiquer est indiquée comme ayant été condamnée.

lieues ; on ne lui laisse la liberté de demeurer à Paris que jusqu'à la fin de ce mois... le roi a déjà disposé de son appartement qu'il a donné à Mme de Castries. D VI 15. *Cf.* SS *Additions, ibid.* et D VII 42 : 7.3.1699 *Mme de Saint-Géran, qui était exilée depuis deux ans, a permisssion de revenir à la Cour... Comme elle n'a plus de logement ici, le comte de Tessé lui en prête un aux écuries de Mme la duchesse de Bourgogne* [1].

AN 38 et 38A sont séparés [2]

AN 38
Duras, Jacques Henri de Durfort, duc de (1625-1704). Capitaine des gardes du corps et maréchal de France 1675
Cavoye, Louis d'Oger, marquis de (1650-1716). Grand maréchal des logis de la Maison du roi 1677-1709
20.10.1704 *Le roi a donné à M. de Cavoye le logement qu'avait M. de Duras.* D X 157

AN 38A
Bellefonds, Bernardin Gigault, marquis de (1630-1694). Premier écuyer de la dauphine 1680
Lude, Marguerite Louise de Béthune, comtesse de Guiche, puis duchesse de (1645-1726). Dame du palais ; dame d'honneur de la duchesse de Bourgogne 1696
19.12.1694 *Le roi donna à Mme la duchesse de Lude l'appartement qu'avait le maréchal de Bellefonds. On a ôté une pièce qu'on a donnée à M. de Duras* [**AN 38**] *et que le roi avait eu intention qui fût de son appartement quand il en fit la distribution.* D V 123
6.1.1699 *Mme de Saint-Simon... me dit qu'elle venait d'être avertie par Mme de Noailles, sortant de chez la duchesse du Lude, qui l'avait trouvée sortant de chez M. de Duras, qui était l'appartement joignant...* SS VI 81

AN 38 et 38A sont combinés.

Prye, Louis, marquis de (1673-1751). Sous-gouverneur de Louis XV 1719
Prye, Agnès Berthelot de Pléneuf, marquise de (1698-1727). Maîtresse de Monsieur le Duc ; dame du palais 1725-26

AN 38 et 38A sont séparés.

AN 38
La Roche-sur-Yon, Louise Adélaïde de Bourbon-Conti, *dite* Mlle de (1696-1750)
GG-B 1160 « ... l'appartement de Mme de Prye dans le gros pavillon de l'aile du Nord, au premier étage ; devenu celui de Mlle de La Roche-sur-Yon, en 1740 celui de la maréchale d'Estrées »

1. Les écuries de la duchesse de Bourgogne, plus tard dites les Écuries de la reine, se trouvaient dans la rue de la Pompe à Versailles.
2. **AN 38** comprenait les pièces vers la rue des Réservoirs ; **AN 38A** était l'annexe vers le parterre du Nord.

AN 38A
Alègre, Jeanne Françoise de Garaud de Donneville, marquise d' (1662-1723). Dame d'honneur de Mlle de la Roche-sur-Yon

AN 38 et 38A sont combinés.

Estrées, Lucie Félicité de Noailles, comtesse, puis maréchale d' (1683-1745). Dame du palais de la duchesse de Bourgogne 1698
BLONDEL, planche 6, "6"
Estrées, Victor Marie, comte, puis duc d' (1660-1737). Maréchal de France 1703
12.1.1738 *M. le grand prévôt a fait aujourd'hui une difficulté au sujet du scellé à l'appartement de M. le maréchal d'Estrées ; il prétend que c'est à la prévôté de l'hôtel, et non au châtelet qu'appartient le droit d'apposer le scellé ici au château. Il est d'usage que le châtelet de Paris ayant mis le scellé ici dans la maison d'une personne morte à Paris, le mette aussi dans toutes les habitations du défunt qui sont dans l'étendue du ressort du parlement de Paris ; ce qui a été suivi pour l'appartement de M. le maréchal d'Estrées après en avoir parlé à M. le maréchal de Noailles, gouverneur de Versailles, qui en a demandé la permission du roi. La difficulté n'est point encore absolument réglée ; mais il y a lieu de croire que la décision ne sera pas pour M. le grand prévôt.* L* II 11

AN 38 et 38A sont séparés.

AN 38
Estrées, Lucie Félicité de Noailles, comtesse, puis maréchale d' (1683-1745). Dame du palais de la duchesse de Bourgogne 1698
BLONDEL, planche 6, "6"
Villars, Jeanne Angélique Roque de Varengeville, duchesse et maréchale d' (1675-1763). Dame du palais 1725-1727
[1740] GG-B 1159
Conflans, Louise Françoise de Jussac, marquise de Chaumont, puis de (?-?). Dame pour accompagner la duchesse d'Orléans 1715 ; gouvernante des enfants de la maison d'Orléans
BLONDEL, planche 6, "5"
14.1.1738 *Il y a eu... quelques changements dans les logements... Celui de M. le maréchal d'Estrées a été donné à Mme de Conflans.* L* I 13
[1740] GG-B 1159 « dans l'aile du Nord au 1er étage sur la rue »
Vintimille, Jean Baptiste Félix Hubert, comte de (1720-1775)
Vintimille, Pauline Félicité de Mailly de Nesle, comtesse de (1712-1741)
Vintimille, Charles Emmanuel de Vintimille du Luc, *dit* le petit (1741-1814). Fils naturel de Louis XV
1741 *État* « Mme de Conflans, puis M. de Vintimille »
5.1741 *On vient de redemander à Mme de Conflans celui qu'elle avait auprès de Mme la maréchale d'Estrées dans l'aile Neuve ; elle n'en faisait point usage depuis deux ans étant devenue totalement aveugle.* L* III 406 ; *cf. ibid.* 419

6.12.1742 *Le roi reprend... celui du petit Vintimille.* L* IV 291
Coigny, François de Franquetot, marquis, puis en 1747 duc de (1670-1759). Maréchal de France 1734
1741 *État* « Mlle de La Roche-sur-Yon, puis Mme la maréchale d'Estrées, puis M. le maréchal et le comte de Coigny » "7 pièces à cheminée ; 8 entresols, 2 à cheminée"
6.12.1742 *Le roi reprend aussi l'appartement de Mme la maréchale d'Estrées... M. de Richelieu a écrit de la part du roi à Mme la maréchale d'Estrées, à Nanteuil de céder son logement, et de prendre en échange celui de Mme de Mazarin* [**AP 65**]. *La maréchale a répondu qu'elle se trouverait toujours heureuse d'avoir quelque chose à offrir au roi, qui pût lui être agréable. Cependant... elle en était fort fâchée.* L* VI 291 *sq.*
15.5.1748 *Le roi... donna... un appartement à Mme de Lauraguais* [**AP 38A**]. *C'est celui qu'avait feu M le comte de Coigny, dans l'aile Neuve ; c'est le premier à droite dans la petite galerie, auquel on arrive par quinze ou seize marches en venant de la galerie qui est au niveau bas de la Chapelle... Le roi... avait donné au petit Vintimille et en dernier lieu à M. le maréchal de Coigny le logement qui est après celui-là et qui était à feu la maréchale d'Estrées...* L* IX 37
27.6.1748 N au roi : *M. le maréchal de Coigny avait une cuisine dépendante de son appartement qui servait à M. et Mme de Matignon dans l'absence de M. le maréchal. C'est à Votre Majesté à décider si elle doit rester à qui elle appartient ou passer à Mme la duchesse de Lauraguais qu'on a assuré y avoir de grandes prétentions.* Réponse : *Pour Mme de Lauraguais.* A.N. O[1] 1076 204
19.1.1749 : *M. le maréchal de Coigny par sa lettre de 19 janvier, prie M. de Tournehem de faire faire une porte à son appartement à Versailles à côté de celle qu'il a sur le corridor dans une embrasure de fenêtre qui y est déjà et que comme il n'a pour tous ses gens qu'une seule pièce en entresol sur sa chambre, il demande seulement de la séparer en deux par une cloison ambulante de deux toises de long.* Réponse : *Ouvrages à faire, 128 livres ; M. L'Écuyer... fera faire les ouvrages et changements demandés par M. le maréchal de Coigny.* A.N. O[1] 1810 II 136
Goësbriand, Louise Nicole Maximilienne Béthune de Sully, marquise de (1710-1766). Dame pour accompagner Mesdames les cadettes 1750
11.9.1750 *Mme de Goësbriand chez M le maréchal de Coigny...* Disposition : A.N. O[1] 1076 260
11.1755 BLONDEL, planche 2 "k" « Appartement de Mme Goësbriand »
1756 N au roi : *Votre Majesté a accordé au gouvernement la chambre de Mme de Goësbriand.* A.N. O[1] 1077 457

AN 38A
Coigny, Jean Antoine François de Franquetot, comte de (1702-1748)
GG-B 1156 « ... comte et comtesse de Coigny »
Coigny, Marie Thérèse Josèphe Corentine de Nevet, comtesse de († 1778)
Lauraguais, Diane Adélaïde de Mailly-Nesle, *dite* Mlle de Montcavrel, duchesse de (1714-1769). Dame d'atour de la dauphine
15.5.1748 *Le roi... donna... un appartement à Mme de Lauraguais. C'est celui qu'avait feu M le comte de Coigny, dans l'aile Neuve ; c'est le premier à droite dans la petite galerie, à laquelle on arrive par quinze ou seize marches en venant de la galerie qui est au niveau bas de la Chapelle. Ce logement était celui du feu maréchal d'Estrées ; il a été occupé par M. de Prye, par Mme d'Alègre dame d'honneur de Mlle de La Roche-sur-Yon, par Mme de Conflans, sœur de Mme d'Armentières. Le roi l'avait donné au petit Vintimille et en dernier lieu à M. le maréchal de Coigny le logement qui est après celui-là et qui était à feu la maréchale d'Estrées et celui-ci à M le comte de Coigny.* L* IX 37
19.5.1748 *Mme la duchesse de Lauraguais à qui le roi vient de donner un logement au château de Versailles expose par son mémoire qu'il n'est pas possible de l'habiter tel qu'il est. Elle supplie M. de Tournehem de vouloir bien y faire faire des changements ci-après : la suppression d'une niche des deux cabinets dans sa chambre à coucher ; mettre un chambranle de marbre neuf ; un dessus de glace montant plus haut que celle en place, une autre glace vis-à vis ; deux croisées neuves ; écarter le plafond à l'alignement de la poutre ; redresser le parquet de la dite pièce ; faire une porte de communication pour aller de la chambre à la chaise ; mettre du lambris neuf dans la dite pièce ; une moulure de plâtre au-dessus du lambris ; le vernis en blanc avec les moulures vertes. Dans le cabinet, supprimer le renfoncement de la niche pour faire la garde-robe de chaise plus grande qui sera éclairée par une glace tirant du jour du cabinet ; faire boiser la dite garde-robe et la vernir en blanc ; mettre un autre chambranle de marbre dans le dit cabinet ; faire des bordures autour de la glace ; refaire une autre partie d'armoire ; mettre une espagnolette à la croisée ; le tout vernis de couleur ; changer le bas d'un escalier de la garde-robe pour fermer la communication de la chambre à la chaise percée, mettre des armoires dans les garde-robes pour habits et linge. Rajuster deux croisées de l'antichambre... reblanchir le lambris de l'antichambre et le reste de l'appartement. Pratiquer un réduit sous les voûtes pour serrer du bois avec un coffre dans le corridor pour la provision du jour. La cuisine dépendant de l'appartement est sous les voûtes* [**AN 5**]. *Mme la duchesse prie M. de Tournehem de la lui faire donner.* Réponse : *Je prie M. L'Écuyer de me rendre compte des demandes portées dans ce mémoire avec un devis de ce que le tout pourra coûter pour que je puisse prendre les ordres du roi. Je crois qu'il ne dépend plus de moi, mais du gouvernement de faire donner la cuisine demandée par Mme de Lauraguais.* A.N. O[1] 1810 II 58
24.6.1748 *Changements et ajustements demandés à faire dans le nouveau logement de Mme la duchesse de Lauraguais au château de Versailles... Bon pour 2 432 livres.* A.N. O[1] 1810 II 67
27.6.1748 *Le logement de M. et Mme la comtesse de Coigny à Mme la duchesse de Lauraguais...* Disposition : A.N. O[1] 1076 205
8.9.1748 *Mme la duchesse de Lauraguais demande par son état à M. de Tournehem une cloison dans son loge-*

ment pour en séparer l'antichambre. Réponse : *M. L'Écuyer fera faire ce que demande Mme de Lauraguais montant à 170 livres.* A.N. O¹ 1810 II 81
9.11.1754 E à M : *Mme la duchesse de Lauraguais prie M. de Marigny de vouloir bien faire faire deux châssis neufs aux croisées de son nouvel appartement dans la cour de la Chapelle. Les anciens tombent de vétusté et c'est un article de réparations. Elle demanderait en outre un escalier de communication des deux étages dans l'intérieur de son logement.* A.N. O¹ 1796 95
9.11.1754 M à E : *Il ne m'est pas possible d'accorder à Mme la duchesse de Lauraguais l'escalier neuf qu'elle demande ; à l'égard des deux croisées et des autres petites réparations urgentes dont son logement a besoin, j'approuve que vous y fassiez travailler..* A.N. O¹ 1796 96
11.1755 Blondel, planche 2 "l" « Appartement de Mme la duchesse de Lauraguais »

AN 38 et 38A sont combinés.

Noailles, Anne Claude Louise d'Arpajon, comtesse de, princesse de Poix, puis maréchale-duchesse de Mouchy (1729-1794). Dame d'honneur de la reine 1774
12.4.1756 GG-B 2109 *bis* « Logement destiné pour le gouvernement »
[1758] *Le logement de Mme la duchesse de Lauraguais à Mme la comtesse de Noailles* A.N. O¹ 1077 433
16.12.1758 *Je, architecte ordinaire et contrôleur des Bâtiments... certifie que les glaces mentionnées ci-dessous ne sont point du roi, qu'elles appartiennent à Mme la comtesse de Noailles : dans l'entresol l'antichambre sur le passage, une glace ; dans la pièce des bains sur la cheminée, une glace.* A.N. O¹ 1796 647 ; *cf.* 1071 22 et 1811 III 67
16.3.1760 *Je, architecte ordinaire et contrôleur des Bâtiments... certifie que les glaces mentionnées ci-dessous ne sont point du roi, qu'elles appartiennent à Mme la comtesse de Noailles : dans l'entresol donnant sur la galerie, une glace sur la cheminée.* A.N. O¹ 1796 94
4.2.1766 N au roi : *La dame d'honneur était parfaitement bien logée pour venir passer trois jours par mois à Versailles, mais tenant un grand état journellement et ayant très souvent 25 personnes à souper, il est impossible de s'y retourner. Elle peut s'arranger dans l'appartement qu'elle a en sacrifiant ses entresols et commodités à l'agrément du public. Elle y est déterminée. Votre Majesté veut-Elle bien lui permettre de présenter sa requête à M. le marquis de Marigny qui prendra les ordres de Votre Majesté quand elle lui aura fait ses demandes qui ne seraient pas indiscrètes ? Elle désirait que cela pût se faire pendant Compiègne.* Réponse : *Approuvé* A.N. O¹ 1798 18 ; *cf.* 19 et 20
3.1766 GG-B 2769 « État des lieux : Logement de Mme la comtesse de Noailles tel qu'il est » et « Projet : Logement de Mme la comtesse de Noailles suivant le projet »
18.3.1766 E à M : *État des ouvrages demandés par Mme la comtesse de Noailles pour avoir un cabinet de compagnie d'une grandeur à pouvoir contenir les personnes qu'elle est obligée de recevoir chez elle ; celui qu'elle a actuellement étant... trop petit, ce qui ne se peut faire qu'en changeant les distributions de son logement pour, de l'antichambre qui est une plus grande pièce, faire le cabinet de compagnie... Total 12 500 livres* A.N. O¹ 1071 144 ; *cf.* 1812 III 104
3.1766 M à E : *J'ai rendu compte à Sa Majesté des changements et ajustements demandés par Mme la comtesse de Noailles à son logement au château de Versailles. Sa Majesté ne juge pas à propos que les 12 500 livres auxquelles vous estimez ces changements soient à la charge des Bâtiments. Vous auriez agréable, donc, de ne donner aucun ordre à cet égard.* A.N. O¹ 1798 25
8.4.1766 M à N : *J'accepte avec grand plaisir votre offre de faire payer par le Domaine le tiers des frais qu'occasionneront les changements car je ne peux vous taire combien ils sont onéreux dans les circonstances. J'aurai soin de les ordonner à temps pour qu'à votre retour de Compiègne votre appartement soit en état de vous recevoir.* A.N. O¹ 1798 40
7.3.1766 La comtesse de Noailles au roi : *La dame d'honneur de la reine ne demande que l'on élargisse sa salle à manger et sa salle de compagnie que pour le bien du public et pour faire honneur à la Cour en tenant un grand état. À l'entrée de M. l'ambassadeur d'Angleterre, qu'elle est obligée de recevoir chez elle par étiquette, il se trouve plus de la moitié des Anglais de la suite obligés de rester dans le petit antichambre avec les laquais. Le directeur général des Bâtiments ne pouvant pas absolument faire toute la dépense sur les Bâtiments, le comte de Noailles s'offre d'en payer un tiers sur le Domaine, mais c'est tout ce qu'il peut faire. La dame d'atour de Madame a obtenu des embellissement à un logement* **[AG 29]** *que MM. de Noailles, père et fils gouverneurs de Versailles, n'ont jamais demandé pendant les 27 ans qu'ils l'occupent. La dame d'honneur n'a pas voulu engager la reine à importuner Votre Majesté de cette demande. Elle a eu une entière confiance dans les bontés de Votre Majesté.* Réponse : *Approuvé* A.N. O¹ 1071 163 ; *cf.* 1812 III 133
6.7.1766 N à M : *M. le marquis de Marigny a fait faire le devis de ce qui est nécessaire à faire pour l'utilité publique à l'appartement de la dame d'honneur de la reine. Ce devis montant à 12 500 livres, M. le directeur général des Bâtiments a demandé 4 000 livres d'avance...* A.N. O¹ 1076 806
22.3.1767 N au roi : *Dans l'arrangement de l'appartement de la dame d'honneur que Votre Majesté a eu la bonté d'accorder et dont le Domaine paye le tiers, il se trouve différentes commodités qui ont été faites tant à l'appartement de la dame d'honneur qu'à celui du gouverneur. Cela monte à 500 livres. MM. des bâtiments ne le veulent pas payer. Votre Majesté permet-Elle au comte de Noailles de le faire payer sur la conciergerie de Versailles ?* Réponse : *Oui.* A.N. O¹ 1077 4
1770 *État* A « Mme la comtesse de Noailles »
1777 *État* B « Mme la maréchale de Mouchy »
Rohan-Guéméné, Louis René Édouard, prince, puis cardinal de (1734-1803). Grand aumônier 1778-1786
1781 *État* D « Le grand aumônier »
Noailles, Philippe, comte de, plus tard maréchal de Mouchy (1715-1794). Gouverneur du château de Versailles, 1729-1778

1787 *État* E « M. le maréchal de Mouchy » "6 pièces, 4 à cheminée ; 5 entresols, 2 à cheminée"

PREMIER ÉTAGE SUR LE PARTERRE

AN 39 [1]
Seignelay, Catherine Thérèse de Matignon-Torigny, marquise de (1661-1699)
Mademoiselle, Élisabeth Charlotte d'Orléans, *dite*, future duchesse de Lorraine (1676-1744)
13.11.1691 *... on a donné celui de l'aile Neuve, qu'on a prêté à Mme de Seignelay, à Mademoiselle.* D III 430
15.2.1692 *M. le duc du Maine quitte le grand appartement des Bains* [**CC 24**]*... et logera avec Mme du Maine dans l'aile Neuve* [**AN 27**] *sous l'appartement qu'occupe présentement Mademoiselle.* D IV 26
27.3.1696 *Le roi a donné l'appartement qu'avait feu Mme de Guise* [**AP 67**] *à Mademoiselle qui sera bien mieux logée qu'elle n'était et qui sera tout auprès de Madame ; il garde le logement de Mademoiselle.* D V 385
Bonzi, Pierre, cardinal de (1631-1703). Grand aumônier de la reine 1670
26.5.1696 *M. le cardinal de Bonzi arriva... le roi lui donne l'appartement qu'avait Mademoiselle.* D V 416
Marsan, Charles de Lorraine-Armagnac, comte de (1648-1708)
Marsan, Catherine Thérèse de Matignon-Torigny, marquise de Seignelay, puis comtesse de (1661-1699)
26.9.1696 *On donna à M. et à Mme de Marsan l'appartement qu'avait Mademoiselle avant la mort de Mme de Guise et que l'on avait prêté au cardinal de Bonzi qui s'en retourne en Languedoc.* D V 476
Orléans, Louis Ier d'Orléans, duc de Chartres, puis en 1723 d' (1703-1752)
16.8.1707 *M. le duc de Chartres eut... fièvre... comme son appartement* [**AP 66A**] *est fort près de celui du duc de Bretagne* [**AP 67**] *il fallait le transporter dans l'appartement de M. de Marsan, qui est de l'autre côté de la Chapelle. Cet appartement est vide parce que M. de Marsan a la goutte à Paris.* D XI 438

AN 40 et 41 [2]
Fürstemberg, Guilllaume Égon von, cardinal de (1629-1704). Cardinal 1686
Berry, Charles de France, duc de (1686-1714)
25.8.1693 *Le roi laisse à Mme la maréchale de La Motte son appartement, et donne celui qu'avait M. le duc de Berry* [**VA 36**] *au cardinal de Fürstemberg ; on prendra pour M. de Berry celui du cardinal. M. le duc de Berry... ne sortira des mains de Mme la maréchale de La Motte que le 27.* D IV 346
La Motte-Houdancourt, Louise de Prie, maréchale de (1624-1709). Gouvernante des Enfants de France 1664-1709
8.10.1699 *[le] roi... donna au duc de Bourgogne l'appartement qu'il avait fait bâtir exprès dans une des petites cours* [**CC 32**]*... et il y ajouta l'appartement du cardinal de Fürstemberg et la moitié de celui de la maréchale de La Motte* [**VA 36**]. *Il donne à la maréchale de La Motte l'appartement du duc de Berry mais la duchesse de La Ferté, sa fille, y perdit beaucoup ; car, comme l'appartement du duc de Berry était beaucoup plus petit que celui que la maréchale quittait, la duchesse de la Ferté, qui avait toujours occupé une partie de l'appartement de sa mère, se trouve sans logement dans le château.* S VI 190
Fürstemberg, Guillaume Égon, cardinal de (1629-1704). Cardinal 1686
26.3.1704 *Le roi pria Madame de vouloir bien loger dans l'appartement de feu Monsieur* [**AP 68 et 69**] *qui a toujours été vide depuis sa mort et l'on mettra dans l'appartement que quitta Madame l'enfant dont Madame la duchesse de Bourgogne accouchera. Le roi prend le logement de M. le cardinal de Fürstemberg* [**AP 67**] *qui touche à celui de Madame pour y mettre Mme la maréchale de La Motte, et on ouvre une porte de communication entre ces deux appartements. On donne le logement qu'avait la maréchale de La Motte dans l'autre aile à M. le cardinal de Fürstemberg qui l'a eu déjà d'autrefois.* D IX 470
Reims, Charles Maurice Le Tellier, archevêque de (1642-1710). Archevêque de Reims 1671 ; Conseiller d'État 1679
Soit fantaisie de malade, soit raisons domestiques, [le comte d'Ayen] *se lassa d'être dans l'appartement de son père et de sa mère* [**AN 52, 53 et 53A**] *où lui et sa femme étaient très commodément logés... il fit demander à l'archevêque de Reims son logement* [**AP 97**] *à emprunter, qui n'en avait point d'autre et la demande était d'autant plus incivile que l'archevêque étant lors au plus mal avec le roi, et le comte d'Ayen n'étant pas le maître de céder celui que M. le duc de Berry avait quitté depuis quelque temps sous celui du duc de Noailles, où il s'était mis, c'était déloger tout à fait l'archevêque... Voici donc la cause de la disgrâce de l'archevêque de Reims, dont la source arriva la veille de la Pentecôte de cette année [1703]... Il s'y trouve une étroite correspondance entre P. Quesnel... et Monsieur de Reims... Le roi entra dans une grande indignation. La famille de l'archevêque, tout à fait tombée de crédit et de considération depuis que le ministre en était sorti et ses amis furent alarmés... L'archevêque savait trop bien la Cour pour ne pas saisir cette occasion favorable ; il comprit dans l'instant que Mme de Maintenon, plus contente alors de sa nièce qu'elle ne l'avait été, raffolée du comte d'Ayen malade, et plus qu'importunée de la duchesse de Noailles, dont elle n'aimait pas la personne, et moins encore les vues et les demandes continuelles pour une vaste famille, fatiguée même du duc de Noailles, serait ravie d'en être en retraite à son aise et loin d'eux chez les comte et comtesse d'Ayen, dans son appartement, qui était séparé de ceux du père et du fils de tout le château. Il répondit donc en envoyant ses clefs avec toute la politesse d'un rustre en disgrâce et protesta que quand il n'irait pas dans son diocèse, il ne rentrerait point dans son appartement. Dès le même jour il en fit ôter tous les meubles, sans y rien laisser,*

1. Croisées 4 à 9.
2. Croisées 10 à 15.

et s'en alla loger dans sa maison à la ville. Le lendemain, le roi rencontrant l'archevêque sur son passage, alla droit à lui, le remercia le plus obligeamment du monde, lui dit qu'il n'était pas juste qu'il fût délogé, lui ordonna d'aller voir l'appartement que M. le duc de Berry avait quitté, qui avait été prêté au comte d'Ayen, de voir s'il s'en pourrait accommoder, d'y ordonner tous les changements et tous les agréments qu'il lui plairait ; et ajouta que contre ce qu'il avait établi depuis quelque temps, il ne voulait pas qu'il lui en coûtât rien, et qu'il ordonnerait aux Bâtiments de tout exécuter sous ses ordres. M. de Reims, comblé bien au-dessus de ses espérances, profita de cet heureux moment : il obtint une audience du roi, qui lui fut aussi favorable que la dernière avait été affligeante. Elle fut longue et détaillée ; le roi lui rendit ses bonnes grâces premières et il promit aussi au roi les siennes pour les Jésuites, sans que le roi l'eût exigé. Il fit accommoder aux dépens du roi qui lui en demanda souvent des nouvelles, ce logement de M. le duc de Berry, qui, un peu moins grand que le sien qu'il quittait, était de plain-pied à la galerie haute de l'aile Neuve et aux appartements du roi, et un des beaux qui ont vue sur les jardins au lieu que le sien était au haut du château à l'opposé [**AP 97**], *et qu'il n'avait rien à y perdre pour le voisinage de la Surintendance où son père, son frère et son neveu étaient morts, qui était occupée par Chamillart et sa famille, successeur de leur charge. Et voilà comment, dans les cours, des riens raccommodent souvent les affaires les plus désespérées ; mais ces hasards heureux y sont pour bien peu de gens.* SS XI 115-123

19.1.1705 *Le roi donne à M. l'archevêque de Reims l'appartement qu'avait autrefois le duc de Berry et qu'avait occupé depuis la maréchale de La Motte, et on donne au duc de Noailles, qui se porte mieux, l'appartement de l'archevêque de Reims.* D X 235

Eu, Louis Charles de Bourbon, comte d' (1701-1775)
Dombes, Louis Auguste de Bourbon, duc de (1710-1755)
13.5.1710 *Le roi a prêté aux enfants de M. le duc du Maine le logement de M. l'archevêque de Reims qu'il n'avait que par emprunt.* D XIII 122

AN 39, 40 et 41 sont combinés.

Berry, Charles de France, duc de (1686-1714)
Berry, Marie Louise Élisabeth d'Orléans, duchesse de (1695-1719)
8.6.1710 ... *on met Monseigneur le duc de Berry dans les appartements qui sont depuis le nouveau salon devant la Chapelle jusqu'au degré qui sépare la galerie de l'aile Neuve et pour cela on déloge M. le duc de Chartres et les enfants de M. du Maine et on leur donne l'appartement qu'avait M. le duc de Berry* [**AN 42**] *qui est partagé en deux. M. le duc de Chartres en aura un et les enfants de M. du Maine l'autre.* D XIII 178
Orléans, Louis Ier d'Orléans, duc de Chartres, puis en 1723 d' (1703-1752)
MORTIN, planche 3, "34"
Bourbon, Louis III Henri de Bourbon-Condé, prince du sang, *dit* Monsieur le Duc (1692-1740). Premier ministre 1723-1725
1.1.1724 *Monsieur le Duc ayant pris le logement de feu Monsieur le duc d'Orléans* [**CC 26**] , *celui que quittait Monsieur le Duc fut donné à M. le prince de Dombes et le comte d'Eu* [**AN 40 et 41**]. VILLARS IV 279

AN 39, 40 et 41 sont séparés.

AN 39
Dombes, Louis Auguste de Bourbon, prince de (1710-1755)
1741 *État* « M. le prince de Dombes » "4 pièces, 3 à cheminée ; 9 entresols, 3 à cheminée"
GG-B 1128 « Appartements du prince de Dombes et du comte d'Eu au 1er étage de l'aile du Nord sur le jardin entre le salon de la Chapelle et l'escalier central » ; BLONDEL, planche 9, "1"
Sens, Élisabeth Alexandrine de Bourbon-Condé, *dite* Mlle de (1705-1765)
19.10.1755 *Le logement de M. le prince de Dombes donné à Mlle de Sens.* L* XIV 283
26.10.1755 *Le logement de M. le prince de Dombes, en laissant à M. le comte d'Eu un petit cabinet qui était en commun avec Monsieur son frère et la cuisine à Mlle de Sens* ... Distribution : A.N. O[1] 1076 398
10.12.1755 M à E : *Vous ferez faire les réparations et les ajustements que Son Altesse Mlle de Sens demande aux nouveaux logements que Sa Majesté lui a accordés... montant à 15 309 livres, les glaces non comprises.* A.N. O[1] 1796 222
11.1755 BLONDEL, planche 3 "e" « Appartement de Mlle de Sens »
28.11.1755 GG-B 2757 « Logement ci-devant de Mgr de Dombes, actuellement à Mlle de Sens »
9.12.1755 M au roi : *Mlle de Sens supplie très humblement Votre Majesté de vouloir bien lui accorder les réparations et ajustements qu'elle désire dans le nouveau logement que Votre Majesté lui a accordé qui, suivant le plan et le devis ci-joint, monteront à 15 309 livres.* Bon du roi : A.N. O[1] 1070 489 ; *cf.* 1811 II 61
25.1.1756 E à M : *L'on a commencé à travailler au logement de Son Altesse Sérénissime Mlle de Sens lundi dernier ; ce qui a empêché d'y mettre les ouvriers plus tôt a été la difficulté d'avoir un menuisier. Ceux de Versailles étant fort occupés, j'ai été obligé de charger le sieur Bertereau de cet ouvrage.* A.N. O[1] 1796 243
14.11.1756 E à M : *L'appartement de Mlle de Sens est fait, n'étant plus question que de la serrurerie et des vitres qu'on achève de poser.* A.N. O[1] 1796 321

> **Duras**, Angélique Victoire de Bournonville, duchesse, puis maréchale de (1686-1764). Dame d'honneur de Mesdames les cadettes 1750-1764
> 9.1757 *Le logement de Mlle de Sens, principal étage à côté du grand aumônier, aile du Nord n° 39, prêté par ordre de Mesdames à Mme la maréchale de Duras jusqu'à ce que le sien soit accommodé : 3 chambres à cheminée ; 9 entresols, 3 à cheminée.* État des logements prêtés... pour le service de Madame Infante... jusqu'au 1er avril 1758 : A.N. O[1] 1076 491

Villequier, Félicité Louise Le Tellier de Courtenvaux,

duchesse de (1736-1768). Dame d'honneur de Mesdames les cadettes 1764

Villequier, Louis Alexandre Céleste d'Aumont, duc de (1736-1814). Premier gentilhomme de la chambre du roi en survivance de son père 1762

21.4.1765 *Le logement de feu Mlle de Sens, avec cuisine, aile du Nord, n° 39, à Mme la duchesse de Villequier, dame d'honneur de Mesdames et M. le duc de Villequier, premier gentilhomme de la chambre du roi en survivance* ... Disposition : A.N. O[1] 1797 524

1.6.1765 E à M : *Madame Victoire vient de me charger de vous mander qu'elle voudrait bien que vous fassiez travailler au plus tôt aux changements que Mme la duchesse de Villequier vous a demandés à son nouveau logement.* Réponse : *Faire les réparations, mais réduire les ajustements.* A.N. O[1] 1797 538

19.7.1765 E à M : *Ce que Mme la duchesse de Villequier... vous a demandé pour son nouveau logement est fait, à très peu de choses près.* Note de M : *Il ne faut ici que l'absolue nécessité...* A.N. O[1] 1071 124

Beauvillier, Marie Françoise Suzanne de Creil de Bournezeau, duchesse de (1716-?). Dame d'honneur de Madame Adélaïde 1750

> **Eu**, Louis Charles de Bourbon, comte d' (1701-1775)
> 1768 N au roi : *Le logement de Madame devrait être arrangé quand Votre Majesté partira pour Compiègne, Mme la duchesse de Beauvillier se trouvera sur le pavé. Votre Majesté avait accordé le logement de Mme la duchesse de Villequiers à M. le comte d'Eu, mais le comte de Noailles en cherchera un autre pour ce prince qui peut rester chez M. le duc de Bourbon* [**AN 27 et 28**] *jusqu'au premier janvier 1769, ainsi, si Votre Majesté l'approuve il sera prêté à Mme la duchesse de Beauvillier et quand elle en sera sortie, Madame Victoire le demandera à Votre Majesté pour Mme la marquise de Durfort, sa dame d'atour.* A.N. O[1] 1077 398

Civrac, Anne Marie de La Faurie de Monbadon, marquise de Durfort, puis en 1774 duchesse de (1720-1786). Dame d'atour de Mesdames les cadettes en survivance 1756, en exercice 1766 ; dame d'honneur de Madame Victoire 1776

1768 *Le logement de feu Mme la duchesse de Villequier à Mme la marquise de Durfort, dame d'atour de Mesdames* ... Disposition : A.N. O[1] 1798 495

1769 *Le logement de Mme la duchesse de Villequier, avec une cuisine* [**AN 5**], *à Mme la marquise de Durfort dame d'atour de Mesdames...* Logements pour le service de Mesdames : A.N. O[1] 1077 404 ; *cf.* 1798 202

4.10.1769 N au roi : ... *Mme de Beauvillier... remettra le sien à Mme la marquise de Durfort, à qui Votre Majesté a eu la bonté de l'accorder.* A.N. O[1] 1077 54

20.7.1770 E à M : *Mme la comtesse de Durfort... m'ayant demandé de lui faire plusieurs réparations et ajustements dans son nouveau logement au château, sur l'exposé que je lui ai fait de l'état actuel des Bâtiments, Madame Victoire prenant vif intérêt à tout ce qu'elle regarde, m'a assuré ce matin de payer cette dépense aussitôt que je lui en aurais remis les mémoires. D'après cette promesse, je vais y mettre des ouvriers...* A.N. O[1] 1798 510

1770 *État* A « Mme la marquise de Durfort, puis duchesse de Civrac »

3.10.1774 H à A : *Mme la duchesse de Durfort m'a envoyé chercher... pour me dire que M. le comte de Noailles lui avait permis de faire un tambour saillant de 5 pieds dans la galerie de l'Opéra pour agrandir une petite antichambre et garantir du vent pendant l'hiver sa salle à manger... Je n'ai pas laissé ignorer à Mme la duchesse de Durfort que cette affaire dépendait absolument de la police des Bâtiments et non de celle du gouvernement et qu'une innovation pareille serait d'un mauvais exemple.* Réponse : *J'avais déjà été prévenu par Mme la duchesse de Durfort elle-même de son projet du tambour, mais comme je l'ai été également, et des devoirs de ma charge, et des décisions particulières du feu roi sur l'article des tambours, je viens d'en écrire à Mme de Durfort pour l'engager à se détacher d'une chose que je ne peux ni tolérer ni permettre...* A.N. O[1] 1799 252 ; *cf.* 255-257 [plans] et 258

14.8.1777 *Les inspecteurs du château ont l'honneur d'instruire M. le comte que le feu vient de prendre dans la cheminée de la cuisine de Mme la duchesse de Civrac et qu'il a été occasionné par un très petit amas de suie qui s'est fait entre un tuyau de poêle venant de l'appartement de M. le prince de Condé* [**AN 27 et 28**] *lequel passe dans la cheminée de la cuisine.* A.N. O[1] 1800 91

1777 *État* D « Mme de Civrac »

GG-B 1188

AN 40 et 41

Eu, Louis Charles de Bourbon, comte d' (1701-1775)

GG-B 1103 « Plan de l'appartement de la maréchale de La Motte au principal étage de l'aile du Nord... 1er étage sur le jardin à gauche de l'escalier central. Partie de l'appartement de M. le duc de Bourbon. Aujourd'hui Mlle du Maine et en 1740 le comte d'Eu »

1741 *État* « M le prince d'Eu » [**AN 40**] "6 pièces ; 4 à cheminée ; 4 entresols à cheminée" [**AN 41**] "3 pièces, 2 à cheminée ; 5 entresols, 2 à cheminée"

Blondel, planche 9, "2"

11.1755 Blondel, planche 3, "f"

8.4.1756 M à E : *Vous auriez agréable de faire faire incessamment dans le logement du comte d'Eu au château de Versailles les changements que Son Altesse Sérénissime demande... à la somme de 3 420 livres.* A.N. O[1] 1796 259

1.5.1764 E à M : *L'article des croisées que M. le comte d'Eu vous a demandées pour son appartement est une affaire de 2 570 livres.* A.N. O[1] 1797 469

28.10.1764 M au roi : *M. le comte d'Eu supplie très humblement Votre Majesté de permettre qu'il soit refait à son logement à Versailles cinq grandes croisées. La dépense... montera à 2 056 livres.* Bon du roi : A.N. O[1] 1071 116 ; *cf.* 117 et 1812 III 29

Madame Louise, Louise Marie de France, *dite* (1737-1787)

15.3.1768 E à M : *J'ai l'honneur de vous informer que Madame Louise venant de passer de son appartement dans celui de M. le comte d'Eu pour qu'on puisse travailler aux changements qu'elle a demandés...* A.N. O[1] 1798 252

1.4.1768 *Le logement de M. le comte d'Eu prêté à Madame Louise jusqu'à ce qu'elle puisse habiter le sien...* Disposition : A.N. O[1] 1077 24

1768 N au roi : *Madame Louise a pris le logement de*

M. le comte d'Eu et compte l'occuper dix-huit mois ou deux ans. Ce prince est fort affligé et demande un autre logement. Comme on dit que M. le duc de Bourbon ne viendra s'établir que le premier janvier 1769, si Votre Majesté l'approuve, le comte de Noailles écrira de sa part pour le demander à emprunter à M. le prince de Condé jusqu'à Fontainebleau et alors on pourrait prêter deux pièces de Madame Louise **[CC 24]** *à M. le comte d'Eu en laissant la communication avec Madame Sophie* **[CC 25]** *bouchée jusqu'à ce que Madame Louise occupe son nouvel appartement.* A.N. O[1] 1077 383
1768 *Le logement de M. le comte d'Eu, qui avait été prêté à Mme Louise rendu à ce prince...* Disposition : A.N. O[1] 1077 34 ; *cf.* 1802 733
1770 *État* A « M. le comte d'Eu »
Narbonne, Françoise de Châlus-Sanssat, comtesse de (1734-1821). Dame d'atour de Madame Adélaïde 1764, puis sa dame d'honneur 1780
10.11.1774 N au roi : *Votre Majesté avait très bien jugé que le comte de Noailles ne réussirait pas dans sa négociation. Il y a échoué, n'ayant pas la permission de Votre Majesté de se servir de son autorité. Madame Adélaïde désire que Mme la comtesse de Narbonne reste dans l'ancien logement destiné à M. de La Suze* **[AN 53]** *jusqu'à ce qu'elle possède celui de M. le comte d'Eu. Ainsi l'édifice du comte de Noailles était renversé. Il propose à Votre Majesté de donner à M. de Croissy, en conséquence du bon du feu roi, le logement de Mme de Narbonne* **[AN 46 et 47]** *et à M. de La Suze celui de M. de Croissy* **[AN 61]** *en attendant l'évacuation de Mme de Narbonne, si difficile à opérer...* A.N. O[1] 1077 214
8.2.1775 *Le logement de M. le comte d'Eu à Madame Adélaïde pour Mme la comtesse de Narbonne...* Disposition : A.N. O[1] 1077 218 ; *cf.* 1799 463
20.3.1777 H à A : *Mme la comtesse de Narbonne m'a envoyé chercher pour me dire que vous lui avez accordé des verres de Bohême dans tous les panneaux de sa bibliothèque.* Réponse : *Je me suis en effet rendu au désir de Mme de Narbonne qui intéresse le plus grand agrément de Madame Sophie, cette princesse faisant de la pièce dont il s'agit.* A.N. O[1] 1800 27
1777 *État* B « Mme de Narbonne »
23.2.1781 GG-B 1189 « Plan de l'appartement de Mme de Narbonne... devenu celui du duc de Berry »
12.5.1781 LR et L* à A : *L'appartement de Mme la duchesse de Narbonne : Le plancher de la chambre et les cloisons sont posés ; on fait les plâtres ; le salon est boisé ; les lambris de la chambre sont prêts à poser ; les changements dans les entresols sont presque faits.* A.N. O[1] 1801 6. *Cf.* 7 : *presque fait* et 8 : *fini en totalité.*
24.5.1782 H à A : *Mme la duchesse de Narbonne... prie qu'il soit posé dans son salon une tablette de marbre blanc de 4 pieds, 1 pouce de longeur sur 15 pouces de largeur et 16 lignes d'épaisseur.* A.N. O[1] 1801 306
1783 *État* D « Mme de Narbonne »
4.7.1784 H à A : *Le feu a pris hier soir la nuit dans une des cheminées de l'appartement de Mme la comtesse de Narbonne au château... cet accident qui n'a pas eu de suite a été occasionné par des fagots que Madame Adélaïde avait jetés dans cette cheminée sans précaution.* A.N. O[1] 1801 623

AN 39, 40 et 41 sont combinés.

Angoulême, Louis Antoine d'Artois, duc d' (1785-1844)
Berry, Charles Ferdinand d'Artois, duc de (1778-1780)
Sérent, Armand Louis, marquis de (1736-1822). Gouverneur des enfants du comte d'Artois
Sérent, Bonne Marie Félicité de Montmorency-Luxembourg, marquise de (1739-1823). Dame d'atour de Madame Élisabeth
GG-B 1188 « Projet légendé... appartement de Mmes de Narbonne et [de] Civrac »
1786 GG-B 1184 « Plan légendé d'un projet pour l'appartement du duc d'Angoulême dans l'aile du Nord... »
1786 GG-B 1185 « Projet de plan légendé pour l'appartement des ducs d'Angoulême et de Berry et de M. de Sérent, leur gouverneur... »
11.10.1786 Le marquis de Sérent à A : *J'ai l'honneur de vous prier de vouloir bien donner les ordres nécessaires pour qu'on travaille le plus promptement possible aux différents changements qui sont indispensables pour pouvoir habiter le nouvel appartement que le roi vient de désigner pour l'éducation des enfants de Monseigneur le comte d'Artois... Ce n'est pas une des moindres contrariétés pour moi que ce bouleversement de logement... me disperse entièrement moi et ma famille...* A.N. O[1] 1802 227
28.10.1786 *Le logement de Mme la duchesse de Civrac et Mme la duchesse de Narbonne à M. le duc d'Angoulême et M. le duc de Berry et M. le marquis de Sérent et sa femme* A.N. O[1] 1802 242 et 243 ; *cf.* 1077 437
2.11.1787 H à A : *M. le marquis de Sérent est disposé à occuper tout à l'heure les appartements de Mme de Narbonne et de Mme de Civrac lorsque ces appartements seront libres. M. le marquis de Sérent devait hier venir prendre connaissance du local destiné aux enfants de Mgr le comte d'Artois mais le scellé qu'on a mis dans l'appartement de Mme de Civrac lui a défendu l'entrée ainsi qu'à moi. Les gens de Mme de Narbonne, ceux du prince de Beauvau et de Mme de Lamballe ne sont pas disposés à déménager.* A.N. O[1] 1802 251
7.11.1786 Le marquis de Sérent à H : *L'appartement de Mgrs les ducs d'Angoulême et de Berry... est entièrement libre et vous pourriez y faire travailler lorsque vous le jugerez à propos...* A.N. O[1] 1802 268
22.6.1787 H à A : *J'ai examiné... les demandes de M. le marquis de Sérent relativement aux appartements de Mgrs les ducs d'Angoulême et de Berry et j'ai reconnu que la besogne est bien diminuée de ce qu'elle devait être au moyen de ce que les planches qu'il est question de baisser ne changent pas de place. Je pense que cet appartement pourra coûter 12 000 à 15 000 livres à arranger et que les nouvelles distributions proposées par M. le marquis de Sérent sont vraiment utiles et nécessaires au service des princes.* A.N. O[1] 1802 357 ; *cf.* 356 et 358
1787 *État* E « M. le duc d'Angoulême » **[AP 39]** "3 pièces, 2 à cheminée ; 9 entresols, 8 à cheminée" ; « M. le duc de Berry » **[AP 40]** "1 pièce à cheminée et 1 entresol" ; « M. le marquis de Sérent » **[AP 41]** "5 pièces à cheminée ; 8 entresols, 5 à cheminée".

AN 42 [1]
Anjou, Philippe de France, duc d' (1683-1746). Roi d'Espagne 1700
Berry, Charles de France, duc de (1686-1714)
8.10.1699 *Le roi... donna au duc d'Anjou l'ancien appartement du duc de Bourgogne et au duc de Berry l'ancien appartement du duc d'Anjou.* S VI 190
Gesvres, Léon Potier, duc de (1620-1704). Premier gentilhomme de la chambre du roi 1669
14.12.1702 *Le roi a donné l'appartement qu'avait Mgr le duc de Berry à Versailles à M. le duc de Gesvres qui va entrer en année ; cet appartement avait toujours été vide depuis que Mgr le duc de Berry le quitta pour prendre celui de Mgr le duc de Bourgogne.* D IX 65 *sq.*

AN 42 est temporairement divisé.

Eu, Louis Charles de Bourbon, comte d' (1701-1775)
Dombes, Louis Auguste de Bourbon, prince de (1710-1755)
Orléans, Louis d'Orléans, duc de Chartres, puis en 1723 d' (1703-1752)
8.6.1710 ... *on mettra Mgr le duc de Berry dans les appartements qui sont depuis le nouveau salon devant la Chapelle jusqu'au degré qui sépare la galerie de l'aile Neuve* [**AN 39, 40 et 41**] *et pour cela on déloge M. le duc de Chartres et les enfants de M. de Maine et on leur donne l'appartement qu'avait M. le duc de Berry, qui est partagé en deux. M. le duc de Chartres en aura un et les enfants de M. de Maine l'autre.* D XIII 178

AN 42 est recomposé.

Rohan-Soubise, Armand Gaston Maximilien de Rohan-Soubise, cardinal de (1674-1749). Cardinal 1712 ; grand aumônier de France 1712-1749
1741 *État* « Grand aumônier de France, M. le cardinal de Rohan » "6 pièces ; 4 à cheminée ; 6 entresols, 3 à cheminée"
BLONDEL, planche 9, '3". « M. le cardinal de Rohan, grand aumônier »
24.8.1738 *Le roi de Pologne loge dans l'appartement de M. de cardinal de Rohan et mange seul et en particulier dans l'appartement de M. de Belle-Isle* [**AN 49**], *qui l'a prêté à M. le duc Ossolinski.* L* II 200
Vintimille, Pauline Félicité de Mailly de Nesle, comtesse de (1712-1741). Dame de la dauphine
25.8.1741 *Mme de Vintimille est allée s'établir dans l'appartement de M. le cardinal de Rohan, où elle doit accoucher. Le roi y fut hier passer la soirée ; aujourd'hui M. le duc de Gramont a fait porter à dîner aux deux sœurs et demain elles commenceront à manger chez Mme de Vintimille, avec un petit cuisinier qu'elles ont pris.* L* III 458
2.9.1741 *Tous ces jours passés le roi a fait porter son souper chez Mme de Vintimille... où il resta jusqu'à deux heures. Mme de Vintimille avait à ce qu'on dit dès lors des douleurs ; mais elle les cachait. Ce matin à cinq heures, les douleurs ayant augmenté... et à neuf heures elle est accouchée d'un garçon qui se porte bien.* L* III 467
4.9.1741 *Mme de Vintimille est établie dans le grand cabinet de M. le cardinal de Rohan, où on a mis deux lits. Le roi paraît très occupé de tout ce qui regarde la santé de Mme de Vintimille et entre dans tous les détails. On a mis du fumier depuis le haut de la rampe qui règne le long de l'aile Neuve jusqu'en bas, et les trois jets d'eau qui sont dans le jardin ne jouent plus parce qu'ils faisaient trop de bruit. On a porté l'enfant dans l'entresol au-dessus de l'appartement que doit occuper Mme de Vintimille* [**AN 38**]. L* IV 470
9.9.1741 *Le corps de Mme de Vintimille est resté jusqu'à huit heures dans l'appartement de M. le cardinal de Rohan où elle est morte. On ne laisse jamais un corps mort dans le château, celui même de M. le duc d'Orléans fut emporté sur-le-champ. On a employé ce temps à peindre Mme de Vintimille ; à huit heures on l'a emportée à l'hôtel de Villeroy.* L* III 478
Soubise, Armand de Rohan, cardinal de (1717-1756). Grand aumônier de France en survivance 1745
11.1755 BLONDEL, planche 3, "g" « Appartement de M. le cardinal de Soubise »
GG-B 1254
La Rochefoucauld, Frédéric Jérôme de La Rochefoucauld de Roye, cardinal de (1701-1757). Cardinal 1748 ; grand aumônier 1756-1757
1.8.1756 *Le logement de M. le cardinal de Soubise à M. le cardinal de La Rochefoucauld...* Changements : A.N. O[1] 1076 452
29.8.1756 *Le roi vient de donner le logement de M. le cardinal de Soubise à M. le cardinal de La Rochefoucauld.* L* XV 209
17.9.1756 E à M : *Les glaces du logement de charge du premier aumônier du roi ayant été payées par M. le cardinal de Rohan, savoir l'intention de M. le marquis de Marigny pour M. le cardinal de La Rochefoucauld qui va occuper ce logement.* Réponse : *Une dans la chambre à coucher ; une dans le salon ; une dans le cabinet.* A.N. O[1] 1796 306
4.2.1757 *Je, architecte ordinaire et contrôleur des Bâtiments... certifie que les glaces mentionnées... ne sont point du roi, qu'elles appartiennent à M. le cardinal de la Rochefoucauld... dans le cabinet de compagnie entre les croisées et le trumeau deux glaces ; dans la chambre à coucher le trumeau vis-à-vis la cheminée deux glaces.* A.N. O[1] 1796 359
La Roche-Aymon, Charles Antoine, cardinal de (1697-1777). Grand aumônier de France 1760 ; archevêque de Reims 1762 ; cardinal 1771
28.8.1764 *M. le grand aumônier supplie très humblement Votre Majesté de lui accorder quatre croisées neuves à son logement et deux doubles-châssis, dont la dépense suivant le rapport de M. l'Écuyer est de 2 456 livres.* Bon du roi A.N. O[1] 1076 751 et 1812 III 28
1770 *État* A « M. le grand aumônier »
Rohan-Guémené, Louis René Édouard, prince, puis cardinal de (1734-1803). Grand aumônier de France 1777-1786
1777 *État* B « M. le grand aumônier »
11.9.1778 Le Bègue à A : *M. le cardinal de Guémené désire avoir une étuve à portée de son appartement afin*

1. Croisées 17 à 22.

que vous mangiez chaud lorsque vous lui ferez le plaisir de dîner chez lui. En conséquence, je vous prie de vouloir bien envoyer un des messieurs des Bâtiments pour indiquer sous quelle arcade de la galerie je ferai cette étuve et m'autoriser à la faire faire aux frais de ce prince. A.N. O^1 1804 27
25.4.1785 Le cardinal de Rohan à A : *Le cardinal de Rohan désire que pour faciliter le service de son maître d'hôtel et de son chef d'office une des arcades qui se trouve vis-à-vis l'appartement actuellement occupé par les croisées à son usage qui n'offrent aucune autre... commodité soit arrangée avec des armoires de la même mesure que celles que se trouvent vis-à-vis l'appartement de Mme la duchesse de Civrac* [**AN 39**]. Réponse : *La demande de M. le cardinal de Rohan n'entraîne aucun inconvénient... Cette dépense formera un objet de 50 écus à 200 francs.* A.N. O^1 1802 55

AN 43 [1]
Bourgogne, Louis de France, duc de (1682-1712)
Anjou, Philippe de France, duc d' (1683-1746). Roi d'Espagne 1700
8.10.1699 *Le roi... donna au duc de Bourgogne, l'appartement qu'il lui avait fait bâtir exprès dans des petites cours* [**CC 32**]*... et... donna au duc d'Anjou l'ancien appartement du duc de Bourgogne et au duc de Berry l'ancien appartement du duc d'Anjou.* S VI 190
Bourbon, Louise Françoise de Bourbon, légitimée de France, *dite* Mlle de Nantes, puis Madame la duchesse (1673-1743)
Sens, Élisabeth Alexandrine de Bourbon-Condé. *dite* Mlle de (1705-1765)
GG-B 1106 « Au 1er étage de l'aile du Nord sur le jardin, 1737 » ; BLONDEL planche 9, "4"
1741 *État* « Mme la duchesse, puis Mlle de Sens » "4 pièces, 3 à cheminée ; 10 entresols, 4 à cheminée"
21.1.1748 E à T : *État des ajustements demandés... à l'appartement de Son Altesse Sérénissime Mlle de Sens. Les ajustements montent à 9 750 livres ; les réparations occasionnées à ce sujet 710 livres. Total 10 460 livres.* Réponse : *Le roi a ordonné qu'on remette à un autre temps.* A.N. O^1 1810 II 38
La Marche, Louis François Joseph de Bourbon-Conti, *dit* comte de (1734-1814)
La Marche, Marie Fortunée d'Este, *dite* comtesse de (1731-1803)
19.10.1755 *Le logement de M. le prince de Dombes* [**AN 39**] *donné à Mlle de Sens. Celui de Mlle de Sens à M. le prince de Conti pour Mme la comtesse de La Marche, quand M. le comte de La Marche se mariera.* L* XIV 283
26.10.1755 *Le logement de Mlle de Sens à M. le prince de Conti pour arranger Mme la comtesse de la Marche...* Distribution : A.N. O^1 1076 398
11.1755 BLONDEL, planche 3 [2]
GG-B 1239 « Plan d'un appartement au premier étage de la galerie de l'aile du Nord qui communique avec l'Opéra... Pour le comte et la comtesse de La Marche [1770] » ; *cf.* 1241, 1242 et 1255

AN 43 était le numéro donné à la loge du roi quand l'Opéra fut achevé. L'espace entre **AN 42** et le foyer de l'Opéra reçut le numéro **AN 43A** dans l'état de 1787.

AN 43A
Laval, Jacqueline Hortense de Bullion-Fervaques, duchesse de (?-?). Dame pour accompagner la comtesse de Provence
29.3.1771 *Le logement qu'on doit faire à côté de M. le grand aumônier à Mme la duchesse de Laval...* Disposition : A.N. O^1 1077 123 ; *cf.* 1798 614
La Roche-Aymon, Colette Marie Paule Hortense Bernardine de Beauvillier, marquise de (1749-1830). Dame du palais 1775
La Roche-Aymon, Antoine Charles Guillaume, vicomte de (1751-1831). Menin du dauphin 1770 ; gentilhomme d'honneur du comte d'Artois
30.3.1771 *Le logement qui doit être à côté de M. le grand aumônier à M. le grand aumônier avec permission de le faire bâtir en faisant les avances à MM. des Bâtiments et d'y loger, s'il le peut, son neveu le menin et mettre quelque papiers...* Disposition : A.N. O^1 1077 132
1777 *État* B « Mme la marquise de La Roche-Aymon »
12.1.1780 *Mme la marquise de La Roche-Aymon : il s'agit d'une chambre parquetée où elle voudrait faire mettre du carreau pour en pouvoir faire une cuisine...* Mémoire sommaire : A.N. O^1 1800 509
Fitz-James, Marie Claudine Sylvie de Thiard de Bissy, duchesse de (?-?). Dame du palais
30.11.1781 *Le logement de M. et Mme la marquise de La Roche-Aymon à Mme la duchesse de Fitz-James* Changements : A.N. O^1 1801 20
2.12.1781 *Mme la duchesse de Fitz-James obtient le logement de Mme de La Roche-Aymon et M. le directeur général a dit de rendre commune la visite des deux appartements.* A.N. O^1 1801 200 ; *cf.* 202
7.12.1781 H à A : *Les demandes... de Mme de Fitz-James* [consistent] *dans le percement d'une porte, dans une légère cloison pour dégager sur l'escalier, dans l'établissement de deux portes pour fermer une alcôve, et d'une devanture de bibliothèque pour serrer des livres dans un enfoncement de 6 pieds de large, et dans le blanchissement de tout l'appartement... J'ai autorisé les entrepreneurs d'aller en avant.* A.N. O^1 1801 211
Chastellux, Angélique Victoire de Durfort-Civrac, comtesse de (1752-1816). Dame pour accompagner Madame Victoire en survivance de sa mère 1773, puis sa dame d'honneur 1786
Chastellux, Henri Georges César, comte de (1746-1814). Gentilhomme d'honneur de Madame Victoire 1787
1.3.1782 LR et L** : *L'appartement de M. le comte de Chastellux : les changements de cet appartement sont bien avancés et le blanchi est commencé.* A.N. O^1 1801 220 ; *cf.* 221 *Fait en totalité.*
6.7.1782 H à A : *Mme la duchesse de Fitz-James insiste... que les sonnettes de son appartement* [**AP 23**]

1. Croisées 23 à 28.
2. Ce plan montre que les pièces éclairées par les croisées 23 et 24 sont vacantes. Les croisées 25, 26 et 27 éclairent un escalier projeté.

soient posées aux frais du roi et elle fonde sa demande sur ce que l'appartement qu'elle quitte en était pourvu et sur ce qu'elle n'a pas cru en troquant avec M. de Chastellux être dans le cas de payer celles dont elle aurait besoin dans son nouvel appartement. A.N. O[1] 1801 323
1782 GG-B 1147 « Plan de l'appartement destiné à Mme de Chastellux dans l'aile du Nord, dans une galerie à l'entresol »
10.2.1783 La comtesse de Chastellux à A : *La comtesse de Chastellux n'ayant pas de cuisine au château prie M. le comte d'Angiviller de vouloir bien faire construire dans une des fenêtres de la galerie qui correspondent à son appartement un fourneau qui puisse servir de réchauffoir. Il y en a déjà plusieurs dans cette galerie ; il en reste assez de fenêtres libres pour la commodité publique et l'appartement de Mme de Chastellux est trop petit pour qu'il lui reste une pièce qui puisse être destinée à cet usage. Elle ne peut s'en passer pendant le temps de ses couches. Si M. le comte d'Angiviller ne lui accordait pas cette demande, elle ne pourrait jamais prendre un bouillon chaud. Elle espère qu'il voudra bien se prêter à un arrangement qui n'a rien de nouveau et qui lui est d'une nécessité absolue.* A.N. O[1] 1801 422

AN 42 et 43A sont combinés.

Poix, Philippe Louis Marc Antoine, marquis de Noailles, puis prince de (1752-1819). Gouverneur de Versailles 1778
Poix, Anne Louise Marie de Beauvau, princesse de (1750-1834)
[177...] *Le logement qu'on bâtira en finissant l'Opéra à M. et Mme la princesse de Poix...* Disposition : A.N. O[1] 1077 381
1783 *Etat* D « M. le prince de Poix »
13.6.1786 P à A : *Le roi m'a permis... de troquer le logement de Mme de Poix* [**AN 31**] *contre celui du grand aumônier* [**AN 42**] *et le mien* [**AN 48**] *contre celui de M. et Mme la comtesse de Chastellux* [**AN 43A**]. *J'ai perdu pour le local mais la vue me console de tout. J'y ai mené M. Heurtier ce matin et lui ai expliqué ce que je désirerais. Il y a un entresol entier à faire dans le salon et d'autres à raccommoder. Les boiseries sont dans le plus mauvais état. Je vous prie de permettre que l'on fasse ce que j'ai demandé dans cet appartement dont je ne changerai jamais où je serai tous les jours davantage.* A.N. O[1] 1802 193
6.9.1786 LR à A : *En faisant casser les plâtres d'un des planchers supérieurs du nouvel appartement de M. le prince de Poix, l'on a découvert une travée de planches donnant chez M. de Boisgelin* [**AN 54**] *dont les solives sont entièrement consumées dans leur portes.* A.N. O[1] 1802 210
18.7.1786 H à A : *M. le prince de Poix va prendre, comme vous savez, l'appartement du grand aumônier et joindre à cet appartement celui de M. de Chastellux qui est à la suite des entresols au-dessus. Les changements qui sont à faire à ces deux appartements pour n'en faire qu'un de mari et femme à l'usage du prince de Poix ne sont pas considérables par rapport aux distributions qui restent à peu près les mêmes, mais il faut reboiser tous les planchers et refaire toutes les boiseries du bas qui sont vieilles et usées et j'estime que ces deux derniers objets seuls coûteront 18 000 à 20 000 livres.* A.N. O[1] 1802 245
1787 *État* E « Mme la princesse de Poix » [**AN 42**] "6 pièces, 4 à cheminée ; 7 entresols, 3 à cheminée" ; « M. le prince de Poix » [**AN 43A**] "4 pièces, 3 à cheminée"

AN 44 [1]
Beauvillier, Paul, duc de (1648-1714). Premier gentilhomme de la chambre du roi en succession de son père 1666 ; chef du Conseil des finances 1685 ; gouverneur, premier gentilhomme de la Chambre, et maître de la garde-robe du duc de Bourgogne 1689, puis des ducs d' Anjou 1690 et de Berry 1693
3.9.1689 *Le roi remit Monseigneur, duc de Bourgogne, entre les mains de M. le duc de Beauvillier ; il lui donna un appartement dans l'aile Neuve du château, qui est celle de la main gauche...* S III 151. *cf.* SS II 12 : *M. de Beauvillier me dit de le suivre de loin jusque dans un passage obscur entre la tribune* [de l'ancienne Chapelle] *et la galerie de l'aile Neuve, au bout de laquelle il logeait.*
7.6.1704 *Le duc de Berry... avait fait une fort rude chute* [à la chasse] *s'était démis l'épaule droite et était un peu blessé au visage. Il revenait dans son carrosse... Le roi et toute la Cour l'attendaient dans la galerie devant son appartement. On le portait en chaise dans le degré et il voulut mettre à pied voyant le roi. Quand il fut dans sa chambre... Mareschal, aidé de plusieurs autres chirurgiens, lui remit l'épaule fort vite... Le roi, qui était demeuré dans le cabinet de M. de Beauvillier, entra dans la chambre de Mgr le duc de Berry* [**AN 42**]... *et loua fort sa fermeté.* D X 35
Villeroy, François de Neufville, duc de (1644-1730). Maréchal de France 1693 ; capitaine des gardes du corps en succession de son père 1695 ; gouverneur du roi 1717-1722
26.10.1714 *Le maréchal de Villeroy est présentement dans l'appartement qu'avait M. de Beauvillier et le roi donne le sien* [**AN 55**] *à M. le duc de Mortemart, et comme cet appartement est grand, Mme de Beauvillier y pourra loger quand elle voudra venir à la Cour.* D XV 29
Charost, Armand II de Béthune, marquis, puis en 1695 duc de (1666-1747). Capitaine des gardes du corps 1711 ; gouverneur du roi 1722 ; chef du Conseil des finances 1730
14.1.1734 GG-B 1108 « Plan légendé dans le pavillon de l'extrémité de l'aile du Nord, des appartements du... duc de Béthune... au plain-pied de l'appartement du duc de Charost au premier étage [**AN 44 et 44A**] »
1741 *État* « Capitaine des gardes du corps, M. le duc de Charost » "10 pièces, 7 à cheminée ; 13 entresols, 4 à cheminée"
BLONDEL, planche 9, "5"
29.1.1747 *Le feu prit hier au château au-dessus de la porte de M. le duc de Charost, soit par la négligence du suisse de M. de Charost, soit qu'il se fût endormi ; ce qui est certain, c'est que ce suisse a pensé y périr. Le feu fut très violent ; heureusement il ne s'est point*

1. Croisées 29 à 31.

étendu au-delà des quatre murailles qui forment l'enceinte de l'antichambre de M. de Charost ; mais il a monté jusqu'en haut et a fort endommagé l'appartement de M. de Luxembourg **[AN 56]**, *dont il a fallu jeter les meubles par les fenêtres. Les secours ont été portés le plus promptement qu'il a été possible par les compagnies des gardes françaises et suisses qui sont ici. MM. des Bâtiments y ont toujours resté, M. de Tournehem à la tête, qui donnait les ordres nécessaires ; et quand tout a été apaisé avec une prodigieuse quantité d'eaux, on y laissa une garde de trente suisses de la garde.* L* VIII 93 ; *cf.* C* I 70

Noailles, Adrien Maurice, comte d'Ayen, en 1704 duc de (1678-1766). Capitaine des gardes du corps 1707 ; maréchal de France 1734 ; ministre d'État 1743

4.11.1747 *... l'appartement de M. le duc de Charost dans le bout de l'aile Neuve à Versailles est donné à M. le maréchal de Noailles et celui de M. le duc de Béthune et de Mme d'Ancenis qui est tout auprès à M. et Mme d'Ayen. M. le maréchal de Noailles a actuellement un appartement dans ce qu'on appelle la Surintendance au bout de l'aile des Princes* **[AP 54 et 54A]** ; *M. et Mme d'Ayen logent dans le double de cet appartement. Le logement de M. et Mme d'Ayen est pour Mme d'Ancenis et celui de M. de Noailles pour M. de Béthune. Cet arrangement paraissait devoir convenir à tous deux ; il rapprochait M. le maréchal de Noailles de M. le comte de Noailles, qui loge au gouvernement auprès de la Chapelle* **[AG 28 et 29]** ; *et M. le duc de Béthune se trouvait plus à portée de Mme de Tessé, sa fille, qu'il aime fort et qui loge dans la galerie des Princes* **[AP 93]** ; *il se trouvait aussi un peu plus près de chez la reine où son service de premier écuyer l'oblige d'être souvent. Malgré toutes ces raisons de convenances, l'arrangement n'a pas pu se faire. M. de Noailles a été voir l'appartement de M. de Charost et n'a pas été content de ceux de Mme d'Ancenis et de M. de Béthune qui sont cependant des logements neufs et fort commodes ; M. de Béthune de son côté a trouvé que le logement de M. de Noailles ne lui convenait pas ; qu'il y a beaucoup de dépenses à faire pour des meubles, et quoiqu'il se trouve jouir aujourd'hui de 122 000 livres, il ne juge pas que sa situation présente lui permette de s'engager dans aucune dépense... L'échange des deux appartements ne pouvant donc se faire on demande l'un des deux de M. de Béthune ou Mme d'Ancenis pour Mme de Rupelmonde qui est fort amie de Mme d'Ancenis. Mme de Rupelmonde en a actuellement un de mari et femme auprès de la Surintendance* **[S 23]** *joignant M. l'évêque de Mirepoix. M. le comte de Noailles compte obtenir cet appartement pour Mme de La Mark sa sœur, qui n'en a point encore.* L* VIII 318

Béthune, Paul François de Béthune, marquis d'Ancenis, puis duc de (1682-1759). Capitaine des gardes du corps en survivance

3.12.1747 *Le logement de M. le duc de Charost à M. le duc de Béthune...* Disposition : A.N. O[1] 1076 171

24.6.1748 *M. le duc de Béthune demande que M. de Tournehem donne les ordres qu'on fasse à son appartement des réparations.* Réponse : *Bon à faire les ajustements montant à 780 livres.* A.N. O[1] 1810 II 67

Beauvillier, Marie Françoise Suzanne de Creil de Bournezeau, duchesse de (1716-?). Dame d'honneur de Madame Adélaïde 1750

14.1.1752 N au roi : *La duchesse de Beauvillier craint d'être délogée d'un moment à l'autre. Elle désirait vivement le logement de M. le comte de Saint-Séverin* **[AP 61]**, *mais Votre Majesté l'a accordé à M. le duc de Béthune. Comme la salle de l'Opéra pourrait être quelque temps sans être bâtie et qu'il peut pendant ce temps arriver des changements, Votre Majesté est suppliée d'accorder à Mme la duchesse de Beauvillier le logement de M. le duc de Béthune quand il sera dans celui de M. le comte de Saint-Séverin.* Bon du roi : A.N. O[1] 1076 299

Sassenage, Charles François, marquis de (1704-1762). Chevalier d'honneur de la dauphine en survivance 1749, en titre 1755

Sassenage, Marie Françoise Casimire de Sassenage, marquise de (?-?)

31.10.1752 N au roi : *On donne à M. et à Mme de Sassenage l'appartement de M. le duc de Béthune.* L* XII 178

29.10.1752 *M. le duc de Béthune désirant de garder son logement, le comte de Noailles propose au roi de donner à M. le marquis de Sassenage celui qu'occupe aujourd'hui M. le comte de Saint-Séverin* **[AP 61]**. A.N. O[1] 1076 308

Penthièvre, Louis Jean Marie de Bourbon, *dit* duc de (1725-1793). Grand veneur 1736

9.11.1755 N au roi : *M. le duc de Bouillon et Mme la comtesse de Noailles ne pourraient s'arranger parce que M. le duc de Penthièvre a le logement par emprunt de Mme de Brancas* **[AN 45B]**. *Ne pourrait-t-on pas emprunter celui de M. le duc de Béthune jusqu'à Pâques pour M. le duc de Penthièvre ?* Réponse : *Approuvé.* A.N. O[1] 1076 409

Soubise, Charles de Rohan-Soubise, duc de (1715-1787). Capitaine des gardes du corps, 1737 ; maréchal de France 1758 ; ministre d'État 1759

1.4.1759 *Le logement de M. le duc de Béthune à M. le maréchal de Soubise...* Disposition : A.N. O[1] 1076 558

Brancas, Louise Diane de Clermont-Gallerande, duchesse de Villars-, *dite* duchesse douairière de (1711-1784). Dame pour accompagner Mesdames 1747-1762 ; dame d'honneur de la dauphine en survivance de sa belle-fille 1762-1767

1760 *Le logement de feu M. le duc de Béthune à Mme la duchesse de Brancas, première douairière...* Disposition : A.N. O[1] 1077 356

5.10.1760 N au roi : *Mme la duchesse de Brancas, première douairière, paraît désirer le logement de M. le duc de Béthune si Mme la comtesse de Clermont ne le prend pas. Votre Majesté, dans ce cas, veut-Elle bien le lui accorder ? On en rend un qui pourrait servir assez à deux jeunes mariés.* A.N. O[1] 1076 613

16.11.1760 N à M : *J'ai entendu dire au roi qu'il ne voulait faire aucune dépense au logement de feu M. le duc de Béthune hors de faire blanchir et raccommoder les portes et fenêtres. C'est un objet de peu de conséquence. S'il était rempli, cela faciliterait plusieurs arrangements de logements faits en conséquence et qui tiennent à cœur à Madame.* A.N. O[1] 1797 124 ; *cf.* 1811 III 136

10.3.1761 E à M : *Quant à la demande... que vous a faite Mme la duchesse de Brancas pour le logement de M. le duc de Béthune qu'elle doit occuper, elle consiste à la réparation d'une grosse cloison qu'elle a cru être un mur et à refaire le plafond du cabinet. Cette dépense est un objet tout ou plus de 500 livres.* A.N. O^1 1829 533 ; *cf.* 541

13.3.1761 La duchesse de Brancas à M : *On m'a dit que le plafond du petit cabinet de l'appartement de M. le duc de Béthune que je dois occuper et la chambre à coucher menacent ruine. Je vous prie de vouloir bien donner vos ordres pour qu'ils soient examinés.* Réponse : *Je donne ordre que on aille faire dans l'instant la visite des réparations nécessaires dans le petit cabinet de l'appartement de M. le duc de Béthune.* A.N. O^1 1812 I 1, *cf.* 6

5.5.1761 M à E : *Vous auriez agréable d'aller examiner les réparations à faire dans le cabinet du logement de M. le duc de Béthune et en même temps le mur de la chambre à coucher et de m'envoyer l'état des réparations nécessaires à y faire avec un devis. Mme la duchesse de Brancas qui doit occuper ce logement me marque que le plafond du cabinet ainsi que le mur de la chambre à coucher sont dans un si mauvais état qu'elle craint pour sa vie.* A.N. O^1 1797 128

25.5.1761 N au roi : *Mme la duchesse de Brancas supplie très humblement Votre Majesté de vouloir bien lui accorder les réparations nécessaires au logement de M. le duc de Béthune qu'elle doit occuper qui, suivant le devis ci-joint, ne sauraient excéder la somme de 500 livres.* Bon du roi : A.N. O^1 1071 40

14.8.1761 La duchesse de Brancas à M : *J'ai prié M. L'Écuyer de faire mettre trois armoires dans une garde-robe de l'appartement que je viens d'occuper, attendu qu'il n'y en a pas une seule ou d'y faire porter celles qu'on a faites dans celui que je vais quitter* [**AP 75**] *et qui ont été faites pour moi. Il m'a dit qu'il lui fallait des ordres de vous. Je vous supplie de vouloir bien lui en donner promptement parce que Mme de Civrac est fort pressée de son logement et que je ne puis pas faire déménager que les armoires ne soient faites...* Réponse de E : *J'ai cru ne devoir pas promettre le transport des armoires de l'ancien logement de Mme la duchesse de Brancas dans celui qui vient de lui être donné pour éviter les plaintes que M. le comte et Mme la comtesse de Civrac n'auraient pas manqué de faire avec juste raison, devant occuper cet ancien logement. Si M. le marquis ordonne de donner des armoires à Mme de Brancas, il y en a une au magasin qui pourrait convenir dans son nouveau logement.* A.N. O^1 1812 I 15

4.12.1761 M à N : *J'ai donné ordres pour qu'on fasse blanchir et raccommoder les portes et fenêtres du logement de feu M. le duc de Béthune.* A.N. O^1 1797 125 ; *cf.* 126

10.1762 E à M : *J'ai visité dans le logement de Mme la duchesse de Brancas la croisée de sa chambre à coucher et les deux de son cabinet qu'elle vous demande de refaire à neuf avec des espagnolettes. Il est vrai qu'elles sont mauvaises mais elle peut d'autant plus s'en passer cet hiver qu'elle a de très bons doubles-châssis ; d'ailleurs, il ne serait pas possible à nos menuisiers de le faire pendant cette absence, vu tous les autres ouvrages dont ils sont chargés et que les croisées en question sont de conséquence, chacune étant un objet de 500 livres à cause de leur grande hauteur et largeur.* A.N. O^1 1797 280 ; *cf.* 281 et 1812 I 47

16.7.1763 La duchesse de Brancas à M : *Les réparations que je vous ai demandées, Monsieur, consistent pour mon appartement à Versailles dans trois fenêtres neuves à mettre à ma chambre à coucher et à mon petit cabinet à la place de trois anciennes que leur extrême pesanteur a si fort fait déjeter qu'elles ne joignent plus et que lorsqu'il fait du vent et de la pluie, j'en éprouve toutes les incommodités. Le moindre vent les ébranle et me cause un bruit épouvantable et la pluie y passe de tous les côtés, ce qui est aussi incommode que préjudiciable pour les planches qui ne peuvent manquer d'en souffrir. Les trois autres fenêtres sont à peu près dans le même état. Je ne vous demande dans ce moment-ci que les trois de ma chambre et de mon cabinet que je vous prie de vouloir bien ordonner pour le temps du voyage de Fontainebleau. Je vous serais même très obligée de faire faire à chaque croisée les quatre carreaux d'en haut des châssis dormant, en sorte qu'il n'y ait que le surplus qui s'ouvre comme celles à présent et d'y faire mettre des ferrures en espagnolettes car celles qui y sont ferment très mal. Les battants de ces fenêtres, étant moins élevés, seront moins pesants et moins sujets à se déjeter, et cela peut se faire sans déranger l'uniformité extérieure des croisées. Il y en a plusieurs autres dans le château.* A.N. O^1 1797 345

20.6.1766 *État des logements que le roi ôte 1er août 1766 pour faire la salle de l'Opéra : l'appartement de Mme la duchesse de Brancas en entier.* A.N. O^1 1076 818

AN 44A [1]

Béthune, Paul François de Béthune, marquis d'Ancenis, puis duc de (1682-1759). Capitaine des gardes du corps en survivance 1715

Béthune, Julie Christine Régine George d'Antraigues, marquise d'Ancenis, duchesse de (1688-1737). Dame du palais de la reine 1725

14.1.1734 GG-B 1108 « Plan légendé, dans le pavillon de l'extrémité de l'aile du Nord, des appartements... du duc de Béthune... au plain-pied de l'appartement du duc de Charost, au premier étage... » ; BLONDEL, planche 9, "13"

28.6.1737 *Mme la duchesse de Béthune... est depuis longtemps incommodée de la poitrine... Depuis que M. de Béthune est en quartier, il loge à l'appartement de quartier au-dessous du roi* [**CC 8**], *ce qui fait que son logement sert à son fils et sa belle-fille. Le changement de quartier l'embarrassait, les privant de cette*

1. En 1733, une annexe fut ajoutée au pavillon terminal. Elle s'étendait sur le site projeté pour l'Opéra et incluait **AN 30A, 44A et B, et 54A et B**. De ceux-ci, l'espace le plus large était **AN 44A**. Le plan de construction montre qu'elle incluait les entresols de **AN 30A** et **AN 44A** qui était divisé en un appartement avec antichambre, grand cabinet, chambre et cabinet au niveau de la galerie, avec un appartement semblable **AN 44B** dans les entresols. Le duc de Béthune et la duchesse d'Ancenis divisèrent ces appartements.

facilité. M. de Charost et lui imaginèrent de proposer à M. de Villeroy qui va prendre l'appartement du quartier, de vouloir bien prêter le sien [**AP 85**] *à M. de Béthune à moins qu'il n'aimât mieux rester dans le sien et laisser M. de Béthune dans celui du quartier...* L* I 281

1741 *État* « M. le duc de Béthune »

3.12.1747 *Le logement de M. le duc de Charost à M. le duc de Béthune ...* Disposition : A.N. O[1] 1076 171

Rupelmonde, Marie Chrétienne Christine de Gramont, comtesse de (1721-1790). Dame du palais 1741-1751

16.1.1748 *Mme de Rupelmonde supplie M. de Tournehem de lui accorder trois petits trumeaux de glace sur les cheminées de son nouvel appartement au château de Versailles (la menuiserie en est faite et les places sont disposées pour les recevoir). et une petite cloison de bois de sapin dans sa garde-robe d'environ 4 pieds et largeur sur 9 pieds de hauteur avec une porte pour le dégager. Observez qu'il avait deux glaces dans l'appartement qu'elle quitte* [**AN 58**]. *Elle prie M. de Tournehem d'y avoir égard.* Réponse : *À M. L'Écuyer pour m'en rendre compte.* A.N. O[1] 1810 II 33

Maulde, Marguerite Félicité de Conflans, comtesse de († 1777). Dame de Mesdames les cadettes 1750

12.4.1751 *Le logement de Mme la marquise de Rupelmonde à Mme la comtesse de Maulde.* A.N. O[1] 1076 279

26.10.1751 T au roi : *Mme la comtesse de Maulde a un appartement au château de Versailles du côté du théâtre, lequel doit être un jour démoli. Elle supplie très humblement Sa Majesté de lui accorder les réparations qui y sont nécessaires qui se montent suivant le devis... à 942 livres* Bon du roi : A.N. O[1] 1810 III 126

8.1757 La comtesse de Maulde à M : *Je vous demande en grâce, Monsieur, de vouloir bien donner vos ordres à M. L'Écuyer pour que le mémoire qui vous était présenté au projet d'une niche dans mon logement soit enfin ordonné pendant le voyage de Fontainebleau. Je n'ai que ce moyen pour loger ma fille aînée. J'ai donné parole de la retirer du couvent au retour du voyage. Ce que je demande est peu pour le roi, serait beaucoup pour moi.* A.N. O[1] 1796 436 ; *cf.* 1811 II 168

20.8.1757 E à M : *Mme de Maulde : changements et ajustements consistent en une alcôve à faire à neuf, une garde-robe de chaise avec une cloison dans l'antichambre recouverte de lambris... 1 000 livres.* Réponse : *Néant.* A.N. O[1] 1070 544

31.8.1757 M à E : *Vous me demandez par votre lettre de 20 août des changements et ajustements dans le logement qu'occupe Mme la comtesse de Maulde consistant en une alcôve à faire à neuf, une garde-robe de chaise avec une cloison dans l'antichambre, recouverte de lambris, et dont la dépense monterait à 100 pistoles. Je suis fâché que la situation actuelle des Bâtiments ne me permet point d'employer cette somme en changements et en ajustements... les fonds n'étant plus suffisants pour les réparations les plus indispensables.* A.N. O[1] 1796 431

9.1757 M à la comtesse de Maulde : *Dans la situation actuelle des Bâtiments... tout ce que je vous puis faire dans les circonstances présentes, c'est de permettre que cette niche soit faite à vos dépens par les ouvriers du roi et sous les yeux du contrôleur.* A.N. O[1] 1796 437

9.9.1757 La comtesse de Maulde à M : *J'ai l'honneur de vous rendre compte que tous les entrepreneurs et fournisseurs de mon appartement ont exécuté vos ordres en remettant leurs mémoires en règle et prêts pour la vérification.* A.N. O[1] 1796 451

19.10.1757 M à E : *Quoique je vous aie précédemment mandé, Monsieur, de n'employer qu'une somme de 300 livres aux réparations à faire dans le logement de Mme de Maulde, vous auriez agréable néanmoins d'y employer 600 livres, le roi ayant approuvé cette dépense lorsque je lui ai fait la représentation que Mesdames le désiraient.* A.N. O[1] 1796 458

23.1.1757 La comtesse de Maulde à M : *Mme de Maulde prie instamment M. le marquis de Marigny de vouloir bien... exposer au roi sa demande. Il est trop bon père pour refuser à Mme de Maulde... d'avoir sa fille*[1] *auprès d'elle, ce qui ne lui serait pas possible à moins de l'arrangement proposé qui est une bagatelle pour Sa Majesté. Elle espère que M. le marquis de Marigny ne lui refusera pas avant son départ pour Paris une grâce qu'elle obtiendrait aisément de Mesdames...* Bon du roi pour 600 livres : A.N. O[1] 1072 93

4.9.1758 *Mme la comtesse de Maulde par son mémoire à M. le marquis de Marigny le prie instamment de vouloir ordonner à M. Gillet de faire dire aux peintres qui sont chez Mme de Rochechouart* [**AN 53**] *d'aller blanchir tout de suite les deux chambres de Mme de Maulde à ses dépens ou à ceux du roi, comme il plaira à M. le marquis de Marigny. L'appartement de Mme de Rochechouart étant voisin de celui de Mme de Maulde, elle prend cette occasion d'avoir les ouvriers qu'elle ne pourra pas avoir d'ici à un an. Elle se défend de prendre des étrangers après son aventure des menuisiers à qui elle rendit comme de raison ce qu'il leur en coûte pour avoir été en prison, ce qui fait deux fois la somme de l'ouvrage qu'ils avaient faits, ce qui n'est pas gracieux.* Réponse de M à E : *... il ne m'est possible de lui accorder sa demande... d'un autre côté, elle m'offre... de les faire blanchir à ses dépens. Vous aurez agréable de lui permettre à cette condition et à la charge que ce sera l'entrepreneur des peintres des Bâtiments qui en fera la réparation.* A.N. O[1] 1811 III 31

[176...] M au roi : *Mme la comtesse de Maulde qui a un appartement au château de Versailles du côté de la salle du théâtre, lequel doit être un jour démoli, supplie très humblement Sa Majesté de lui accorder les réparations qui y sont nécessaires, qui se monteront suivant le devis à la somme de 942 livres, non compris les glaces.* Bon du roi : A.N. O[1] 1795 96

11.7.1758 M à E : *Mme la comtesse de Maulde me demande de faire mettre en blanc les deux chambres de son logement... Vous connaissez la situation actuelle des fonds des Bâtiments... par conséquence, il ne m'est pas possible de lui accorder sa demande que de la faire blanchir à ses dépens. Vous auriez agréable de lui permettre à cette condition et à la charge que ce seront les*

1. Marie Adélaïde de Maulde († 1790), plus tard femme de Claude Henri Hercule Joseph de Lur-Saluces, comte de Saluces.

entrepreneurs et peintres des Bâtiments qui en feront la réparation. A.N. O[1] 1796 592

20.6.1766 *État des logements que le roi ôte le 1er août 1766 pour faire la salle de l'Opéra... Le petit appartement derrière à Mme la comtesse de Maulde.* A.N. O[1] 1076 818

8.1766 M à E : *Mme la comtesse de Maulde* [qui] *occupe un logement au château de Versailles qui doit être détruit à cause de la construction de la nouvelle salle des spectacles me demande permission de faire enlever la boiserie d'un cabinet ainsi que le parquet et un chambranle de cheminée qui est d'un marbre commun pour les faire poser dans l'appartement que Mme sa fille occupe à Saint-Germain où ils conviendraient. Cette satisfaction, qui est une mince indemnité de la perte qu'elle fait de son logement, je la lui accorderais avec plaisir si la chose est sans inconvénient. Vous voudrez, donc, bien me marquer si vous n'y en trouvez aucun, afin que je puisse me déterminer sur cette demande.* A.N. O[1] 1798 78

8.1766 E à M : *La boiserie et le chambranle de cheminée en marbre commun sont de très peu de valeur ; d'ailleurs, cet enlèvement ne peut tirer à conséquence pour en craindre l'exemple vu que la circomstance en est unique...* A.N. O[1] 1798 95

8.1766 M à E : *Je vous autorise... à laisser à Mme la comtesse de Maulde la liberté d'enlever la boiserie, le parquet, et le chambranle en marbre commun qui sont dans son appartement pour être transportés à Saint-Germain et être placés dans celui de Mme la comtesse de Saluces.* A.N. O[1] 1798 94

AN 44B

Ancenis, François Joseph de Béthune, marquis, puis en 1737 duc d' (1717-1739). Capitaine des gardes du corps 1739

Ancenis, Marthe Élisabeth de La Rochefoucauld de Roye, duchesse d' (1720-?). Dame du palais en survivance de sa belle-mère 1737-1745

31.3.1745 [Mme d'Ancenis] *dit qu'elle ne veut point quitter M. le duc de Charost, qui est presque toujours habitant à Versailles. Elle a demandé au roi de vouloir bien lui conserver son logement, ce qui a été accordé. Ce logement est tout au bout de l'aile Neuve et fut bâti il y a quelques années pour M. et Mme de Béthune. Les deux logements sont au-dessus l'un de l'autre et se communiquent par un escalier particulier.* L* VI 379

Meaux, Antoine Renauld de La Roche-Fontenilles, évêque de (1699-1759). Premier aumônier de Mesdames 1750-1759 ; évêque de Meaux 1738-1759

30.10.1750 *Le logement de Mme la duchesse d'Ancenis par emprunt, ou celui de M. le bailli de Saint-Simon* [**AN 76**], *en attendant mieux à M. l'évêque de Meaux, premier aumônier de Mesdames...* Disposition : A.N. O[1] 1076 265

10.11.1750 *M. l'évêque de Meaux par sa lettre du 7 du dit mois de novembre marque à M. de Tournehem qu'il vient de faire un voyage à Versailles pour voir l'appartement que le roi vient de lui accorder sous le n° 44, auparavant occupé par Mme la duchesse d'Ancenis ; que cet appartement communique dans le milieu par un escalier à deux autres appartements au-dessus apparemment ; que cette communication a été faite pour M. le duc de Béthune et M. de Charost. C'est, à ce qu'il croit, Mme de Rupelmonde qui occupe cet appartement* [**AN 44A**] *en bas. Il sait qu'elle voudrait que la communication soit rompue par une planche. Il ne le désire pas moins qu'elle, ainsi ce sera leur rendre à l'un et à l'autre un vrai service si M. de Tournehem veut bien donner ses ordres pour que cet ouvrage soit fait. M. l'évêque de Meaux ajoute que cet appartement, qui est d'ailleurs joli, n'a pas seulement un réchauffoir, qu'on pourrait le pratiquer dans une pièce qui a une cheminée. Il prie M. de Tournehem de vouloir bien donner ses ordres pour que ces deux petits ouvrages soient faits.* Réponse : *À M. L'Écuyer pour m'en rendre compte.* A.N. O[1] 1810 III 65

Coigny, Marie Thérèse Josèphe Corentine de Nevet, comtesse de († 1778). Dame de Mesdames 1750

22.1.1759 *Le logement de feu M. l'évêque de Meaux à Mme la comtesse de Coigny en gardant la cuisine de M. le maréchal de Coigny...* Disposition : A.N. O[1] 1076 540

7.2.1759 M à la comtesse de Coigny : *Aussitôt que j'ai reçu la lettre que vous m'avez fait l'honneur de m'écrire le 24 du mois passé, j'ai chargé M. L'Écuyer de voir M. de La Fontanieu, garde-magasin, et examiner des marbres s'il y a dans le magasin une cheminée de marbre complète des dimensions nécessaires pour votre chambre à coucher.* A.N. O[1] 1797 31 ; *cf.* 29, 30 et 1811 III 70

31.3.1759 *Je, architecte ordinaire et contrôleur des Bâtiments... certifie que les glaces mentionnées ci-dessus ne sont point du roi qu'elles appartiennent à Mme la comtesse de Coigny : dans le cabinet de compagnie un trumeau vis-à-vis la cheminée.* A.N. O[1] 1797 12

20.6.1766 *État des logements que le roi ôte le premier août 1766 pour faire la salle de l'Opéra : le petit appartement de Mme la comtesse de Coigny.* A.N. O[1] 1076 818

AN 44 et 44A furent remplacés par la salle de l'Opéra.

PREMIER ÉTAGE DU GROS PAVILLON ET DE L'AILE SUR LA RUE DES RÉSERVOIRS

AN 45

AN 45 fut souvent occupé par une famille telle que les Gondrin et les Sforza ou par un couple, comme le duc et la duchesse de Saint-Simon. En 1746, l'espace fut divisé encore en deux parties : **AN 45 A** vers le parterre du Nord et **AN 45 B** vers les rues des Réservoirs. La comtesse d'Egmont avait **AN 45 A** tandis que le fils de Saint-Simon, le duc et la duchesse de Ruffec, avaient **AN 45 B** jusqu'en 1750. Pendant cinq ans l'appartement fut divisé entre deux titulaires. Puis de 1755 à 1787, l'espace fut réuni pour le Grand chambellan, le duc de Bouillon, puis les ducs de Villeroy et de Guiche, tous deux capitaines des gardes du corps.

AN 45A [1]

Dangeau, Philippe de Courcillon, marquis de (1638-1720). Menin du dauphin 1680 ; chevalier d'honneur de la dauphine de Bavière 1685, puis de la duchesse de Bourgogne 1696

1.9.1685 *Le soir, les noces du marquis de Montchevreuil avec Mlle de Coëtquen se firent à Versailles dans la Chapelle ; Mme d'Arpajon donna à souper à une partie de la noce et Mme de Maintenon donna aux mariés et à beaucoup des dames un festin dans ma chambre qu'elle choisit à cause du voisinage.* D I 215

Dangeau [2], Sophie Marie de Bavière, comtesse de Levenstein-Rochefort-Montaigu, marquise de (1664-1736). Fille d'honneur de la dauphine 1684-1686 ; dame du palais de la duchesse de Bourgogne 1696

20.6.1686 *Toutes les hardes furents brûlées dans notre appartement par le feu de la cuisine de M. de Vivonne.* D I 353

Lauzun, Antonin Nompar de Caumont La Force, comte, puis en 1692 duc de (1633-1723)

23.2.1689 *Le roi nous donna l'appartement du duc et du marquis de la Vieuville et donna le nôtre à M. de Lauzun, qui était logé au Grand Commun. Il nous le donna même avant que nous le lui demandassions.* D II 337

Tresmes, Bernard François Potier, marquis de Gesvres, puis en 1702 duc de, *dit* duc de Gesvres après 1719 (1655-1739). Premier gentilhomme de la Chambre en succession de son père 1670

[1695] GG-B 1165 [3]

3.6.1695 *Le roi a donné au duc de Lauzun l'appartement qu'avait le maréchal d'Humières* [**AP 71**] *et au marquis de Gesvres l'appartement qu'avait M. de Lauzun.* D V 215

27.1.1701 *Le duc de Gesvres, qui commence à se porter mieux, demande au roi l'appartement qu'a le marquis de Gesvres son fils.* D VIII 24

AN 45B

La Trémoille, Charles Belgique Hollande de, duc de Thouars, prince de Tarente et de Talmond, duc de (1655-1709). Premier gentilhomme de la Chambre [1695] GG-B 1165 [4]

AN 45A et B sont combinés.

Gondrin, Louis de Pardaillan d'Antin, marquis de (1688-1712). Menin du dauphin en succession de son père 1711

Toulouse, Marie Victoire Sophie de Noailles, marquise de Gondrin, plus tard comtesse de (1688-1766). Dame du palais de la duchesse de Bourgogne en succession de sa belle-sœur 1707

Sforza, Louise Adélaïde Damas de Thiange, duchesse (1664-1732). Dame d'honneur de la duchesse d'Orléans, puis de la reine douairière d'Espagne

Saint-Simon, Louis de Rouvroy, duc de (1675-1755)

Saint-Simon, Marie Gabrielle de Lorge, duchesse de (1678-1743). Dame d'honneur de la duchesse de Berry 1710

11.6.1710 *Le roi prendra les appartements de la duchesse de Sforza et de Mme de Gondrin pour y loger la dame d'honneur de Mme de Berry.* D XIII 182

11.6.1710 [Le roi] *prit un soin marqué de nous former le plus agréable appartement de Versailles ; il délogea pour cela d'Antin et la duchesse Sforza pour des deux nous en faire un complet à chacun ; il y ajouta des cuisines dans la cour au-dessous* [**AN 11**], *chose très rare au château parce que nous donnions toujours à dîner et souvent à souper depuis que nous étions à la Cour.* SS XIX 338 ; *cf.* XXI 15 *sq.*

BLONDEL, planche 9, “n”

1741 *État* « M. et Mme la duchesse de Saint-Simon » “9 pièces, 6 à cheminée ; 4 entresols, 1 à cheminée”

Ruffec, Jacques Louis de Rouvroy de Saint-Simon, vidame de Chartres, puis en 1722 duc de (1697-1746)

Ruffec, Catherine Charlotte Thérèse de Gramont, princesse de Bournonville, puis duchesse de (1707-1755)

26.3.1743 *Le roi donna... à M. le duc et à Mme la duchesse de Ruffec l'appartement de M. le duc et de feu Mme de Saint-Simon. Cet appartement est dans l'aile Neuve auprès de celui de Mme la maréchale de Villars* [**AN 38**]. *Cet arrangement s'est fait de concert avec M. de Saint-Simon qui a demandé cette grâce pour son fils et qui a cru ne devoir point de temps à la solliciter parce qu'étant présentement seul et cet appartement étant double, il pourrait arriver que dans le besoin où l'on est d'appartements, on lui proposerait de le changer contre un moins grand. M. de Saint-Simon ne vient plus à la Cour.* L* IV 445

AN 45A et B sont séparés.

1.2.1746 *Le roi ôte à M. de duc de Saint-Simon son logement... Ce logement est double ; on le partage en deux ; la moitié pour Mme la duchesse de Ruffec, l'autre moitié pour Mme d'Egmont douairière.* L* VII 210

1. Cette attribution de **AN 45A** à Dangeau, Lauzun, puis Tresmes est très hypothétique. Dangeau remarquait avec joie en avril 1685 que Hardouin-Mansart avait changé la distribution d'une nouvelle aile pour donner 55 appartements (I 148). Mais, est-il possible que le sien ait été prêt seulement cinq mois après ? Autre question : quand sa chambre fut utilisée pour le banquet de noces du marquis de Montchevreuil et de Mlle de Coëtquen, fut-elle choisie à cause de sa proximité par rapport au logement non identifié de Mme d'Arpajon, où à la Chapelle ? En ce qui concerne les premières années d'existence de l'aile du Nord, nous n'aurons jamais de certitude. Mais la mention de l'incendie dans la cuisine de M. de Vivonne, pièce que nous attribuons avec plus de certitude à **AN 57** au-dessus, semble confirmer cette configuration. De plus, la note de Dangeau selon laquelle l'appartement fut alloué au marquis de Gesvres, dit plus tard duc de Tresmes, le 3 juin 1695 s'accorde avec l'attribution de l'ancien appartement de Gesvres (**VA 50**) à Racine, le 20 du même mois (V 225). Malgré l'absence de preuves directes, il est possible que l'appartement de Dangeau ait été dans l'aile qui s'étendait à l'est du présent salon de la Chapelle, parallèlement à l'aile du Gouvernement.

2. Le marquis de Dangeau se maria le 31 mars 1686.

3. Sur ce plan, la moitié ouest de l'appartement est numérotée 19.

4. Sur ce plan, la moitié est de l'appartement est numérotée 17 et attribuée à M. de La Trémoille.

AN 45A
Egmont, Henriette Julie de Durfort de Duras, comtesse de Pignatelli d' (1696-1779). Dame du palais 1725-1727
29.1.1746 *Propositions... de mettre... Mme d'Egmont dans la petite moitié du logement de Mme de Saint-Simon, en mandant à Mme la maréchale de Villars que le roi lui laisse son appartement et la prie de loger sa petite-fille pour qu'en cet espace Sa Majesté puisse loger M. et Mme de Ruffec dans la grande moitié.* Bon du roi : A.N. O[1] 1076 102
Lauraguais, Louis duc de Brancas, duc de (1714-1793)
9.6.1748 ... *Mme d'Egmont logeait depuis trois ou quatre ans dans la galerie qui donne dans celle de M. le cardinal de Rohan ; ce logement faisant partie de l'appartement de M. et Mme de Saint-Simon ; et avant cela elle était logée dans la galerie* [**AN 32**] *au-dessous de l'appartement qu'elle quitte dans l'aile Neuve. L'appartement que quitte Mme d'Egmont a été donné à M. de Lauraguais.* L* IX 49
27.6.1748 *Le logement de Mme la comtesse d'Egmont, douairière à M. le duc de Lauraguais...* Disposition : A.N. O[1] 1076 205
14.4.1749 *M. le duc de Lauraguais demande à M. de Tournehem que au cas qu'il se trouve dans les magasins quelque vieille alcôve ou niche, il voudrait bien la lui accorder pour son appartement à Versailles, ainsi qu'un petit morceau de glace pour sa cheminée.* Réponse : *À M. L'Écuyer pour m'en rendre compte.* A.N. O[1] 1810 II 148
Suzy, Charles François de Ronty, vicomte de (?-?). Major de la Cour
8.12.1753 *Le logement de M. le duc de Lauraguais à M. de Suzy qui le changera avec le père Desmarets* [**AG 27**], *s'il veut le troc.* A.N. O[1] 1076 349
10.12.1753 *Le logement de M. le duc de Lauraguais, près de la Chapelle, donné à M. de Suzy.* L* XIII 120

AN 45B
Ruffec, Charlotte Thérèse de Gramont, princesse de Bournonville, puis duchesse de (1707-1755)
11.9.1750 *État des logements que le roi a ôtés dans son château de Versailles pour loger son service... Mme la duchesse de Ruffec.* A.N. O[1] 1076 261
Brancas, Louise Diane de Clermont-Gallerande, duchesse de Villars-, *dite* duchesse douairière de (1711-1784). Dame pour accompagner Mesdames 1747-1762
7.8.1750 *Le logement de Mme la duchesse de Ruffec douairière à Mme la duchesse de Brancas douairière ...* Bon du roi : A.N. O[1] 1076 255
21.9.1750 *Mme la duchesse de Brancas douairière, à qui on ôte le sien* [**AP 68**], *va occuper celui qu'on a laissé à Mme la duchesse de Ruffec dans l'aile Neuve, qui est celui qu'avait auparavant M. le duc de Saint-Simon et qui n'était que la moitié de celui de M. et de feu Mme de Saint-Simon* [**AN 45A et B**], *et qui* [**AN 45A**] *a été depuis à Mme d'Egmont et est à présent à Mme de Lauraguais.* L* X 338
11.3.1751 T au roi : *Mme la duchesse de Brancas, douairière, supplie Sa Majesté de lui accorder quelques changements et réparations dans son logement au château de Versailles qui pourront se monter, suivant le devis, à la somme de 1 321 livres, sans y comprendre trois glaces qu'elle demande.* Bon du roi : A.N. O[1] 1070 382 ; *cf.* 1810 III 88

AN 45A et 45B sont combinés.

Bouillon, Charles Godefroy de La Tour d'Auvergne, duc de (1706-1771). Grand chambellan de France 1720-1754
9.11.1755 *Le logement de Mme la duchesse de Brancas douairière, avec la chambre de M. de Suzy, à M. le duc de Bouillon qui le désire vivement, n'en demandant jamais d'autre...* Disposition : A.N. O[1] 408
Penthièvre, Louis Jean Marie de Bourbon, *dit* duc de (1725-1793). Grand veneur 1736
9.11.1755 *M. le duc de Bouillon et Mme la comtesse de Noailles ne pourraient s'arranger parce que M. le duc de Penthièvre a le logement par emprunt de Mme de Brancas. Ne pourrait-t-on pas emprunter celui de M. le duc de Béthune* [**AN 44**] *jusqu'à Pâques pour M. le duc de Penthièvre ?* Réponse : *Approuvé.* A.N. O[1] 1076 409
11.1755 Blondel, planche 3, "h" « Appartement de M. le duc de Bouillon, grand chambellan »
9.12.1755 M au roi : *M. le duc de Bouillon supplie très humblement Votre Majesté de vouloir bien lui accorder des réparations et ajustements qu'il demande dans son logement qui, suivant le plan et devis ci-joints, monteront à 4 963 livres.* Bon du roi : A.N. O[1] 1070 482 ; *cf.* 485 et 1811 II 60
10.12.1755 M à E : *Vous auriez agréable de faire faire les réparations et les ajustements que M. le duc de Bouillon demande dans son logement qui monteront à 4 963 livres.* A.N. O[1] 1796 225
14.12.1755 GG-B 2750 « Plan légendé de l'appartement du duc de Bouillon »
12.14.1756 GG-B 2109 bis « Plans légendés du gros pavillon de l'aile du Nord : logements du duc de Bouillon... mêmes plans montrant les logements du nouveau gouvernement »
1758 N au roi : *M. le duc de Bouillon a pour lui seul le même logement que le comte de Noailles et une pièce de plus qui est l'escalier qui est du côté du gouvernement.* A.N. O[1] 1077 421
Durfort de Duras, Emmanuel Céleste Augustin de Durfort, marquis de, plus tard duc de (1741-1800)
Durfort de Duras, Louise Henriette Charlotte Philippine de Noailles, marquise de, plus tard duchesse de (1745-1832). Dame du palais 1767
Villeroy, Louis François Anne de Neufville, duc de (1695-1766). Capitaine des gardes du corps en survivance
1763 *Le logement de M. le duc de Bouillon, qui avait été à M. le marquis et Mme la marquise de Duras, à M. le duc de Villeroy et après à M. le marquis de Villeroy pour sa vie ...* Disposition : A.N. O[1] 1076 729
Villeroy, Gabriel Louis de Neufville, duc de (1738-1794). Capitaine des gardes en survivance de son oncle 1766
1766 *Le logement de feu M. le duc de Villeroy à M. le*

duc de Villeroy son neveu. Arrangements : A.N. O[1] 1077 355
1770 *État* A « M. le duc de Villeroy »
1777 *État* B « M. le duc de Villeroy »
Guiche, Antoine Louis de Gramont, comte de Louvigny, puis en 1780 duc de (1746-1836). Capitaine des gardes du corps en survivance du duc de Villeroy 1779
1.9.1780 Le duc de Guiche à A : *Le duc de Guiche a obtenu du roi la permission d'occuper la moitié du logement de M. le duc de Villeroy qui a bien voulu se prêter à cet arrangement, le duc de Guiche a l'honneur de prier M. le comte d'Angiviller de vouloir bien faire donner les ordres nécessaires pour que ces deux moitiés deviennent indépendantes en formant deux logements.* A.N. O[1] 1800 597
4.8.1780 H à A : *J'ai examiné l'appartement de M. le duc de Guiche et... les objets de sa demande consistant en une suppression de plusieurs cloisons légères, en quelques faibles réparations de menuiseries et un blanchi général, en la retaille des petits bois de trois croisées pour être mises à grands carreaux de verre de Bohême et en une glace au teint dans le trumeau entre les croisées de la pièce qui doit lui servir de chambre à coucher et de salon de compagnie... J'ai tout ordonné à l'exception de la glace à fournir et de la réfection des croisées. Je crois la glace indispensable mais quant à l'ajustement des croisées pour mettre aux grands carreaux, je n'ai pas laissé ignorer à M. le duc de Guiche que s'il obtenait sa demande à cet égard, il serait exception à la règle. J'ai l'honneur de représenter à M. le directeur général que je pense d'après son adhésion à des demandes de pareille nature que s'il veut obliger M. le duc de Guiche, il peut accéder à la sienne eu égard à l'importance de son service près la personne du roi et la petitesse et incommodité de son logement à Versailles.* A.N. O[1] 1800 599
11.10.1785 Le duc de Guiche à A : *Le duc de Guiche a l'honneur de rappeler à M. le comte d'Angiviller qu'il a eu la bonté de lui promettre de lui faire donner une glace dans son appartement à Versailles.* A.N. O[1] 1802 133
Bouillon, Godefroy Charles Henri de La Tour d'Auvergne, *dit* prince du Turenne, puis en 1771 duc de (1728-1792). Grand chambellan de France en exercice 1771-1774, puis 1782-1792
24.12.1785 ... *celui de M. le duc de Guiche à M. le grand chambellan, en réservant sa chambre pour Mme la comtesse de Juigny, dame du palais.* A.N. O[1] 1802 149 et 150 ; *cf.* 1077 343
12.1785 *Le logement de M. le duc de Guiche à M. le duc de Bouillon en conservant deux chambres pour Mme la comtesse de Juigny, dame du palais...* Disposition : A.N. O[1] 1077 443
1787 *État* E « M. le duc de Guiche » "7 pièces, 5 à cheminée ; 4 entresols"

AN 46A
Saint-Séverin, Alphonse Marie Louis de Sanseverino d'Aragona, *dit* comte de (1705-1757). Conseiller d'État 1744-1745 ; ministre d'État 1749
29.5.1750 *M. le comte de Saint-Séverin à l'appartement du premier étage...* Disposition : A.N. O[1] 1076 250
Sassenage, Charles François, marquis de (1704-1762). Menin du dauphin 1745 ; chevalier d'honneur de la dauphine en survivance 1749, en titre 1755
Sassenage, Marie Françoise Casimire de Sassenage, marquise de (?-?)
Maugiron, Marie Françoise de Sassenage, marquise de (?-?).
17.12.1752 *Le logement que l'on devait arranger pour M. le comte de Saint-Séverin dans l'aile du Nord avec la cuisine, en le faisant arranger pour trois comme M. le marquis de Sassenage le demande à M. et Mme la marquise de Sassenage et Mme la marquise de Maugiron...* Disposition : A.N. O[1] 1076 314
Condé, Louis Joseph de Bourbon-Condé, prince de (1736-1818)
Condé, Charlotte Godefride Élisabeth de Rohan Soubise, princesse de (1737-1760)
29.6.1753 N au roi : *M. le comte de Charolais a parlé au comte de Noailles pour avoir un logement pour le prince et la princesse de Condé et une chambre pour lui avec une garde-robe, et ce prince dit que Votre Majesté a eu la bonté de lui promettre. Rien n'est plus difficile et plus embarrassant et après avoir bien cherché le comte de Noailles n'a trouvé qu'un seul moyen. Ce serait de déclarer à M. le comte de Sassenage qu'il ne pourra entrer qu'après Fontainebleau dans le logement que Votre Majesté lui a donné pour lui, Mme de Sassenage, et Mme de Maugiron, et comme il sera prêt après Compiègne, on le donnerait à M. [le prince] et Mme la princesse de Condé et l'on emprunterait à M. le vicomte de Chabot sa chambre et sa garde-robe sans la démeubler pour M. le comte de Charolais* [**AP 79**], *il en sera content. Cet arrangement ne subsiterait que pendant les couches de Madame la dauphine, Madame l'Infante partant le 24 septembre, l'on pourra travailler tout de suite et après Fontainebleau, tout se retrouvera dans sa place.* Réponse : *Approuvé.* A.N. O[1] 1076 339
7.1753 *Le logement qui avait été bâti dans l'aile du Nord pour M. le comte de Saint-Séverin et que le roi a donné depuis à M. le marquis et Mme la marquise de Sassenage et Mme la marquise de Maugiron par emprunt à M. le prince et Mme la princesse de Condé.* Logements que le roi a empruntés depuis le retour de Compiègne jusqu'au départ pour Fontainebleau : A.N. O[1] 1795 326
17.7.1753 M à E : *Vous auriez agréable... de presser le logement de M. et Mme de Sassenage et M. de Maugiron pour que M. le prince et Mme la princesse de Condé puissent habiter à leur retour de Compiègne.* A.N. O[1] 1795 347
20.7.1753 E à M : *On a commencé lundi dernier à poser le restant de la menuiserie du logement de Mme la marquise de Sassenage et à y poser des cheminées* [en pierre] *de Liaux en attendant celles de marbre pour que Mgr le prince et Mme la princesse de Condé puissent l'habiter au retour de Compiègne.* A.N. O[1] 1795 364
24.7.1753 E à M : *Bourgeois, menuisier chargé du logement de Mme de Saint-Séverin dans l'aile Neuve, vient de m'assurer... que le parquet posé, il se trouve hors d'état de pouvoir se charger des lambris, n'ayant rien touché depuis plusieurs années.* A.N. O[1] 1795 379
27.7.1753 E à M : *On achève la pose de la menuiserie du logement de M. le marquis de Sassenage lequel se*

trouvera en état d'y pouvoir loger M. le prince et Mme la princesse de Condé. A.N. O[1] 1795 424

12.10.1754 E à M : *Ouvrages demandés : une soupente pour coucher des gens de M. le marquis de Sassenage... 111 livres* Réponse : *À l'égard des demandes que fait M. de Sassenage, cela ne se peut pas.* A.N. O[1] 1796 80 et 81

12.10.1754 M à E : *Vous donnerez ordres pour que l'appartement de M. le marquis de Sassenage soit mis en blanc de doreur, ainsi que les bordures des glaces, que vous ne ferez cependant* [pas] *dorer.* A.N. O[1] 1796 82 ; *cf.* 1811 I 127

11.1755 Blondel, planche 3, "k" « Appartement de M. de Sassenage »

30.5.1757 E à M : *M. de Sassenage pour une cuvette de plomb à serrer de la glace... environ 100 livres* Bon du roi : A.N. O[1] 1072 73

Lamballe, Louis Alexandre Joseph Stanislas de Bourbon, prince de (1747-1768). Grand veneur de France en survivance

28.5.1762 N au roi : *Mme la comtesse de Toulouse a parlé au comte de Noailles pour loger M. le prince de Lamballe et a paru penser au logement de M. de Sassenage. Le comte de Noailles est bien loin de s'opposer à ce que cette princesse peut désirer, mais il lui a représenté que l'entrée en était vilaine et peu décente pour un logement de prince. De plus il y a trois personnes placées dans ce logement dont le service est journalier auprès de Madame la dauphine. Où pourrait-on le replacer ? Votre Majesté permet-Elle au comte de Noailles de promettre à Mme la comtesse de Toulouse de sa part le premier logement de prince vacant ou quelqu'autre qui pourra lui convenir ?* A.N. O[1] 1076 680

Bérenger, Raymond Pierre, comte du Gua, marquis de (1732-1792). Chevalier d'honneur de la dauphine en survivance de son beau-père 1762, puis de la comtesse de Provence en survivance

Bérenger, Marie Françoise de Sassenage, marquise de (?-?)

Maugiron, Marie Françoise de Sassenage, marquise de (?-?). Dame de la dauphine 1762

1762 N au roi : *Madame la dauphine supplie Votre Majesté d'accorder à M. le comte de Bérenger, son chevalier d'honneur, pour lui, Mme la marquise de Maugiron et sa famille le logement de feu M. le marquis de Sassenage.* A.N. O[1] 1076 684

Cucé-Boisgelin, Louis Bruno, comte de (1734-1794). Maître de la garde-robe du roi 1760 ; exilé 1788

Cucé-Boisgelin, Marie Catherine Stanislas de Boufflers, comtesse de (1744-1794). Dame pour accompagner Mesdames les cadettes 1760, puis Madame Victoire

Boufflers-Remiencourt, Marie Françoise Catherine de Beauvau-Craon, marquise de (1711-1786). Dame pour accompagner Mesdames les cadettes 1757

16.3.1763 *Le logement de feu M. le marquis de Sassenage à M. le comte de Cucé, maître de la garde-robe et Mme de Cucé et Mme la marquise de Boufflers, douairière, dame de Mesdames ...* Disposition : A.N. O[1] 1076 699

1763 N au roi : *Le comte de Noailles avait proposé un arrangement qui lui avait paru convenable et qui rendait heureux et contents M. le comte de Cucé, maître de la garde-robe de Votre Majesté, Mesdames la marquise de Boufflers et la comtesse de Cucé, dame de Mesdames, Mme la marquise de Maugiron, dame de la dauphine, Mme la marquise de Sassenage et M. le marquis de Maugiron. M. de Berenger voudrait garder à lui seul un des plus beaux logements du château, et s'est plaint amèrement à Madame la dauphine. Le comte de Noailles serait très affligé de voir annuler un bon de Votre Majesté et l'a représenté vivement à Madame la dauphine qui consent bien que le premier arrangement subsiste, mais qui demande de Votre Majesté d'avoir la bonté de le suspendre jusqu'au premier logement qui vaquera dans le château un peu plus grand que celui de M. de Cucé, pour lors on héritera en entier celui de Mme la marquise de Maugiron qui a remis sa place.* Réponse : *Approuvé.* A.N. O[1] 1076 725

Beauvau-Craon, Charles Juste, *dit* prince de (1720-1793). Capitaine des gardes du corps 1757 ; maréchal de France 1783

[176...] N au roi : *M. le prince de Condé demande avec insistance qu'on lui rende le logement de feu Mme la princesse* **[AN 28]**, *que Votre Majesté a bien voulu lui accorder pour M. le duc de Bourbon, mais Mme la comtesse de Périgord qui l'occupe serait dans la rue, ce qui ne serait pas convenable pour une dame du palais de la reine. Si Votre Majesté approuve, l'on pourrait donner le logement de M. le comte de Bérenger, dont M. le comte de Cucé avait le bon, qu'il remit, à M. le prince de Beauvau s'il le préfère à celui qu'on doit lui bâtir quand on achèvera la salle de l'Opéra, et celui qu'occupe M. le prince de Beauvau* **[AN 56]** *servirait à Mme la comtesse de Périgord.* A.N. O[1] 1077 390

Périgord, Marie Marguerite Françoise de Talleyrand, comtesse de (1727-1775). Dame du palais 1744 ; dame d'honneur de Mesdames les cadettes 1768

Périgord, Gabriel Marie de Talleyrand, comte de (1726-1795). Menin du dauphin 1749

1768 *Le logement de M. le marquis de Bérenger qui avait été donné à M le prince de Beauvau, qui garde le sien, à Mme la comtesse de Périgord...* Disposition : A.N. O[1] 1077 386

1768 *La maison de feu Madame la dauphine logée au château de Versailles : M. le comte de Bérenger, la comtesse de Périgord a eu son logement.* A.N. O[1] 1077 445

22.7.1768 M à E : *Mme la comtesse de Périgord me demande quelques arrangements dans son logement à Versailles. Il est question de faire une alcôve dans la chambre de M. de Périgord qu'elle me marque être sans cela inhabitable par la petitesse et de boiser et accommoder avec des armoires une toute petite pièce pour en faire un cabinet, enfin de mettre deux glaces dans le cabinet de compagnie. Vous voudrez, bientôt que la Cour sera de retour à Versailles, examiner ce logement et me rendre compte tant du besoin qu'il peut avoir de ces arrangements que de la dépense qu'ils pourraient occasionner.* A.N. O[1] 1798 267 ; *cf.* 1812 IV 62

7.9.1768 M à E : *L'ouvrage demandé... est inévitable pour pouvoir loger M. le comte de Périgord dans la petite pièce qu'il a. C'est un objet avec les bordures des glaces de 500 livres au plus. Quant aux glaces ne se trouvant pas au magasin, ci-joint en est l'état pour la manufacture.* Bon du roi pour 800 livres : A.N. O[1] 1071 241 ; *cf.* 239, 240, 242

26.11.1768 M à la comtesse de Périgord : *Sa Majesté... sous les yeux de qui je viens de mettre votre demande de quelques arrangements nécessaires dans votre logement au château de Versailles pour y donner retraite à M. le comte de Périgord, a bien voulu vous les accorder ainsi que les deux glaces que vous désirez pour la décoration de votre salon de compagnie...* A.N. O[1] 1798 298

1770 *État* A « Mme de Périgord »

7.10.1770 La comtesse de Périgord à M : *Je vous supplie... de vouloir bien donner vos ordres pour qu'on me fasse à Versailles un coffre au bois dans le corridor de M. le comte de Noailles à côté du logement de M. le duc de Villeroy* [**AN 45 A et B**] *car je n'ai pas un endroit pour mettre du bois pour plus de deux jours...* [et] *il faut qu'une partie soit dans l'antichambre où on mange. Vous avez eu la bonté de me promettre, il y a plus de deux ans, deux glaces qui manquent dans mon salon à Versailles...* A.N. O[1] 1798 569

15.10.1770 M à E : *Je consens... que vous en fassiez poser deux* [glaces] *dans l'appartement de Mme de Périgord, l'une dans sa chambre, l'autre dans celle de M. de Périgord, ainsi que le coffre au bois que Mme de Périgord me demande d'être mis pour l'usage de son logement dans la galerie de Noailles.* A.N. O[1] 1798 570

Beauvillier, Marie François Suzanne de Creil de Bournezeau, duchesse de (1716-?). Dame d'honneur de Madame Adélaïde 1750

31.5.1775 La duchesse de Beauvillier à A : *J'ai passé chez vous... pour vous parler du logement de Mme la comtesse de Périgord que le roi m'a donné en place de celui qui est destiné pour l'enfant de Mgr le comte d'Artois* [**AP 50**]... Réponse : *Je donne avec empressement... les ordres... pour que l'appartement de Mme de Périgord qui vous est destiné soit blanchi et mis par ce moyen dans un état de propreté, persuadé que c'est l'unique réparation à faire, puisque Mme de Périgord n'en demandait pas...* A.N. O[1] 1799 355

27.6.1775 La duchesse de Beauvillier à A : *Vous serez ennuyé... de recevoir sans cesse mes lettres. Pour vous en épargner une, j'allai hier chez vous prier de donner vos ordres pour qu'on prenne dans le magasin une petite glace pour mettre sur une cheminée d'une chambre de mon appartement qui donne sur la cour. Aujourd'hui on m'avertit qu'il faut votre permission pour faire démonter les armoires qui m'appartiennent dans celui que je quitte* [**AN 50**]. *Il n'y avait qu'un buffet et un bas d'armoire dans la seconde antichambre, une armoire dans le passage de l'office, une dans l'office et une dans l'entresol qui donne sur le jardin. J'ai fait faire toutes les autres et j'ai besoin de les faire emporter...* Réponse : *C'est en exécution des ordres du roi que nous nous sommes concertés, M. le maréchal de Mouchy et moi, pour que dans tous les changements d'appartement, il ne puisse être enlevé aucune glace, boiserie, ni chose de ce genre que de concert avec les employés subordonnés respectivement à M. le maréchal et moi... Je vous supplie... en conséquence de donner ordre à vos gens d'avertir M. Heurtier, inspecteur du château, afin qu'il prenne les connaissances qu'il faut avoir... Je donne ordres... que la glace vous soit fournie du magasin.* A.N. O[1] 1799 368

17.4.1778 La duchesse de Beauvillier à A : *Il est absolument nécessaire... pour loger ici dans mon appartement une de mes femmes, dont il ne me peut passer, de changer la niche où est mon lit afin qu'elle puisse servir à cette chambre en fermant d'une cloison...* A.N. O[1] 1800 155

5.6.1779 H à A : *J'ai examiné... la demande de Mme la duchesse de Beauvillier et j'ai l'honneur de... rendre comte que toutes les dames d'honneur de la famille royale ont effectivement des persiennes et des doubles châssis et qu'en conséquence des ordres de M. le directeur général que m'a donnés M. le chevalier de La Billarderie, j'ai fait aller en avant sur ces persiennes.* A.N. O[1] 1800 397

Lorge et de Quintin, Adélaïde Philippine de Durfort, comtesse de Lorge, puis en 1774 duchesse de (1744-1819). Dame d'honneur de la comtesse d'Artois 1774

Lorge et de Quintin, Jean Laurent de Durfort Civrac, en 1774 duc de (1746-1826)

[177...] P au roi : *M. le prince de Poix propose à Votre Majesté le logement de Mme de Beauvillier à Mme la duchesse de Lorge.* A.N. O[1] 1077 344

1777 *État* B « Mme de Beauvillier, dame d'honneur, puis Mme de Quintin »

9.5.1778 H à A : *Les demandes faites par Mme la duchesse de Lorge sont un percement de porte dans la cloison qui sépare sa chambre de celle de M. le duc et l'établissement d'un petit tambour en pan coupé pour communiquer à sa garde-robe.* A.N. O[1] 1800 183

6.2.1781 H à A : *Les changements de l'appartement de M. le duc de Lorge sont très avancés pour la maçonnerie et la menuiserie, toutes les pièces de cet appartement où il n'a pas eu de changements sont blanchies.* A.N. O[1] 1801 1

28.10.1786 [1] *Le logement de la duchesse de Lorge à la dame d'honneur de Madame Victoire...* Distribution : A.N. O[1] 1802 242 et 243 ; *cf.* 1077 437

1787 *État* E « Mme la duchesse de Lorge » "7 pièces à cheminée"

12.2.1788 *La duchesse de Lorge prie M. le comte d'Angiviller de vouloir bien ordonner qu'il soit posé un petit poêle dans sa salle à manger.* A.N. O[1] 1802 427

AN 46

Espinoy, Jeanne Pélagie de Rohan-Chabot, princesse d' (1651-1698)

GG-B 1165 [2]

Espinoy, Marie Françoise, *dite* Mlle d' (1671-1759)

Melun, Anne Julie d'Espinoy, *dite* Mlle de (1672-1734)

28.11.1698 ... *le roi a donné à Mlles d'Espinoy et de Melun le logement dans le château qu'avait Madame leur mère. Madame la princesse de Conti a fort sollicité le roi pour leur faire accorder cette grâce.* D VI 466

Matignon, Louis Jean Baptiste de Goyon, comte de Gacé, plus tard marquis de (1682-1747)

BLONDEL, planche 9, "n"

1. Quand la comtesse de Chastellux fut nommée dame d'honneur de Madame Victoire, elle avait déjà un appartement (**AN 48**).
2. Ici **AN 46** est numéroté 15 et attribué à la princesse d'Espinoy.

AN 46 est combiné avec **AN 33 et 34** au-dessus.

Mailly, Louise Julie de Mailly de Nesle, comtesse de (1710-1751). Dame du palais de la reine 1739 ; maîtresse du roi
1741 *État* « M. le comte de Matignon, puis M. Gacé, puis M. et Mme de Matignon » "4 pièces, 2 à cheminée ; 2 entresols sans cheminée"
11.1741 ... *celui de M. le comte de Matignon, qui est immédiatement au-dessus de celui de Mme de Mailly a été donné à Mme de Mailly. On fait un escalier en dedans de son appartement qui montera à celui-ci ; elle couchera dans celui d'en haut, que l'on fait accommoder, et fait de sa chambre en bas, où elle était incommodée par le bruit, un grand cabinet.* L* VI 27
4.1742 *L'appartement au-dessus, qui était celui de M. le comte de Matignon, et qu'on lui a donné... est présentement fort bien accommodé, avec un escalier commode pour communiquer de l'appartement d'en haut à celui d'en bas. C'est dans cet appartement d'en haut qu'elle compte mettre un lit et celui d'en bas sera pour mettre la compagnie.* L* IV 152
BLONDEL, planche 9, "12"

AN 46 est séparé de **AN 33 et 34.**

Matignon, Edmée Charlotte de Brenne de Bourbon, marquise de (1700-1756). Dame du palais 1725-1741
Matignon, Marie Thomas Auguste de Goyon, marquis de (1684-1766)
Périgord, Marie Marguerite Françoise de Talleyrand, comtesse de (1727-1775). Dame du palais 1744
Périgord, Gabriel Marie de Talleyrand, comte de (1726-1795)
Anville, Jean-Baptiste Louis Frédéric de La Rochefoucauld, de Roye, marquis de Roucy, puis duc d' (1709-1746)
11.2.1746 *Mme de Périgord chez M. de Montmorin* [**AN 68**] *ou de Matignon et M. d'Anville dans l'autre...* Disposition : A.N. O[1] 1076 104
26.2.1746 *M. le prince de Chalais demande à Votre Majesté la moitié de l'appartement de M. de Matignon qu'occupait ci-devant Mme de Mailly, que Mme de Périgord aime beaucoup mieux que celui de M. le Montmorin.* Bon du roi : A.N. O[1] 1076 108

AN 47
Coëtquen, Marguerite Gabrielle de Rohan-Chabot, marquise de († 1720)
Coëtquen, Marie Charlotte de Noailles, marquise de (1677-1723)
Coëtquen, Malo Auguste, comte de Gombourg, marquis de (1678-1727)
GG-B 1165 [1]
Lorge, Guy de Durfort, comte de Lorge, puis en 1691 duc de Quintin-Lorge, *dit* maréchal de (1630-1702). Maréchal de France 1676 ; capitaine des gardes du corps 1674
Saint-Simon, Louis de Rouvroy, duc de (1675-1755)
Saint-Simon, Marie Gabrielle de Lorge, duchesse de (1678-1743). Dame d'honneur de la duchesse de Berry 1710
1709 ... *le duc de Chevreuse vint chez moi dans l'appartement de feu maréchal de Lorge, que j'occupais et monta tout de suite dans un petit entresol à cheminée dont je faisais mon cabinet...* SS XVII 155
19.12.1709 *Le roi avait compté que le logement de M. le maréchal de Lorge me demeurait ; ce que je l'avais si bien cru moi-même que depuis sept ans que je l'occupais, je n'avais demandé aucun de ceux qui avaient vaqué...* SS XVIII 296
Lorge et de Quintin, Guy Nicolas de Durfort, comte, puis duc de Quintin, en 1702 duc de (1683-1758)
16.6.1709 *Le duc de Lorge qui n'a plus le logement qu'il avait à Versailles chez M. de Chamillart* [**AP 70**], *son beau-père, a redemandé au duc de Saint-Simon son beau-frère le logement qu'il lui avait prêté dans le château qui était le logement du feu maréchal de Lorge et qu'à sa mort le roi avait laissé à sa famille.* D XII 446
Melun, Anne Julie d'Espinoy, *dite* Mlle de (1672-1734)
1734 GG-B 1151 « Plan de l'appartement qu'occupait Mlle de Melun dans le gros pavillon de l'aile du Nord au principal étage sur la rue »
Talleyrand, Daniel Marie de Talleyrand-Périgord, comte de Grignols, puis de (1706-1745). Menin 1745
Talleyrand, Marie Élisabeth Chamillart de Cany, comtesse de (1740). Dame du palais de la reine 1740
BLONDEL, planche 9, "10" « M. le comte de Talleyrand »
Pomponne, Henri Charles Arnauld, abbé de (1669-1756). Aumônier du roi 1698 ; Conseiller d'État de l'Église 1711
25.8.1741 *Le roi a donné l'appartement de M. et Mme de Talleyrand à l'abbé de Pomponne.* L* III 461
1741 *État* « Mlle de Melun, puis M. de Talleyrand, puis M. l'abbé de Pomponne » "5 pièces, 3 à cheminée ; 3 entresols sans cheminée"
Ce n'est pas que M. l'abbé de Pomponne fût menteur, mais il était enthousiasmé de tout ce qu'il avait et de tout ce qu'il faisait... Son appartement était toujours le plus commode de tout Versailles. Il avait eu un logement dans la seconde galerie de traverse ; il disait qu'il était de plain-pied avec le roi. L* XV 139
Périgord, Marie Marguerite Françoise de Talleyrand, comtesse de (1727-1775). Dame du palais de la reine 1744
5.12.1744 *Mme de Périgord, dame du palais de la reine et fille de M. le prince de Chalais, avait un logement dans la petite galerie qui est tout en haut dans l'aile Neuve ; ce logement a été donné à M. le duc d'Anville, à qui on a ôté le sien* [**ADM 24**] *pour le donner à Mme de Beauvillier... et l'on a donné à Mme de Périgord un logement neuf* [**AN 47**] *qui est au-dessous de celui-là et au-dessus de celui qu'on vient de donner à M. de Rubempré* [**AN 34**]. L* VI 179

AN 46 et 47 sont combinés.

Matignon, Edmée Charlotte de Brenne, marquise de (1700-1756). Dame du palais de la reine 1726-1741
Matignon, Marie Thomas Auguste de Goyon, marquis de (1684-1766)

1. Ici **AN 47** est numéroté 14 et attribué à Mme de Coëtquen.

25.2.1746 *M. le marquis de Matignon... informe M. le directeur général que le roi a trouvé à propos de faire un changement dans l'appartement de Mme de Matignon et le sien qu'ils occupent à Versailles et que Sa Majesté, en leur retirant celui qui est dans le corridor en bas* [**AN 33**], *a eu la bonté de lui conserver celui qui est au-dessus et d'y joindre le logement qui est vis-à-vis, ci-devant occupé par M. et Mme de Périgord et consent que le bout du corridor soit fermé pour joindre ces deux logements, comme il est pratiqué au-dessus et au-dessous...* A.N. O[1] 1801 I 72
3.11.1746 N au roi : *M. et Mme la marquise de Matignon avaient eu d'abord deux logements haut et bas de Mme de Mailly dans l'aile Neuve, on leur a laissé seulement celui qui donne dans la petite galerie qui est vis-à-vis l'escalier ; on y a joint celui qui est vis-à- vis et on a fermé le bout de la galerie, comme on fit il y a quelques années à celle de dessous pour Mme de Mailly.* L* VIII 6
18.12.1748 T au roi : *M. le marquis de Matignon demande qu'on lui fasse ajuster en réchauffoir une petite garde-robe qui en a déjà servi anciennement et de faire déboucher une porte qui y était qui a été fermée dans ce temps-là. Il demande aussi une soupente pour coucher son cuisinier. Le tout montera suivant le devis à la somme de 200 livres.* Bon du roi : A.N. O[1] 1070 347 ; *cf.* 1810 II 105

AN 46 et 47 sont séparés.

AN 46
Matignon, Edmée Charlotte de Brenne de Bourbon, marquise de (1700-1756). Dame du palais de la reine 1726-1741
Matignon, Marie Thomas Auguste de Goyon, marquis de (1684-1766)
11.9.1750 *État des logements que le roi a ôtés dans son château de Versailles pour loger son service : ... M. le marquis de Matignon,* [**AN 47**] *en laissant sa femme.* A.N. O[1] 1076 261
11.55 BLONDEL, planche 3, "l" « Appartement de M. le marquis de Matignon »
Leyde, Anne Marie de Croÿ, marquise de (1706-?). *Camarera mayor* de Madame Infante, fille aînée de Louis XV
15.8.1753 N au roi : *Le logement de Mme Butler* [**AP 119**], *qu'occupait Mme de Leyde, ne sera habitable que dans un mois. C'est à Votre Majesté à décider lequel des logements ci-dessous Votre Majesté veut que l'on emprunte jusqu'au 24 septembre ? Logements qui ne sont point à des charges et qui sont honnêtes : M. et Mme de Matignon ; M. le maréchal de Coigny ; M. le prince de Talmond ; Mme la princesse de Carignan ; M. le marquis de Meuse ; M. le maréchal de Belle-Isle ; Mme la duchesse de La Trémoille.* Clarification : *M. de Matignon en laissant le maréchal de Coigny.* A.N. O[1] 1076 342
Goësbriand, Louise Nicole Maximilienne de Béthune de Sully, marquise de (1710-1766). Dame pour accompagner Mesdames les cadettes 1750
1756 N au roi : *Votre Majesté a accordé... à Mme la marquise de Goësbriand le logement de Mme la marquise de Matignon.* A.N. O[1] 1077 457
2.1756 Le maréchal de Coigny à N : *Sa Majesté me fait dire en même temps à Mme la comtesse de Goësbriand qu'elle lui donnait le logement de Mme la marquise de Matignon avec cette antichambre... Sa Majesté m'a paru déterminée à ne rien changer à l'arrangement que Madame Victoire a désiré pour Mme la comtesse de Goësbriand.* A.N. O[1] 1076 420 *bis*
30.3.1756 *Devis : logement de Mme la marquise de Goësbriant... consistant en commodités [et] ajustements de cuisine pour pouvoir se loger, n'ayant pas dépendu d'elle de rester dans celui* [**AN 38**] *qu'elle vient de quitter 1 109 livres.* Bon du roi : A.N. O[1] 1070 493 ; *cf.* 1811 II 76
8.4.1756 M à E : *Vous auriez agréable de faire faire au nouveau logement de Mme de Goësbriand les ajustements qu'elle demande et dont la dépense montera à 1 109 livres.* A.N. O[1] 1796 260
La Ferrière, Charles de Masso, chevalier, puis marquis de († 1773). Sous-gouverneur du dauphin 1758 puis des comtes de Provence et d'Artois
1758 *Le logement de M. et Mme de Matignon à M. le chevalier de La Ferrière...* Disposition des logements... pour le service de Mgr le duc de Bourgogne : A.N. O[1] 1076 506
Valentinois, Marie Christine Chrétienne de Saint Simon, comtesse de (1728-1774). Dame de Mesdames 1762 ; dame d'atour de la comtesse de Provence 1778
1766 *Le logement de Mme la comtesse de Goësbriand, aile du Nord, à Mme la comtesse de Valentinois...* Distribution : A.N. O[1] 1077 373
Beauvillier, Marie Françoise Suzanne de Creil de Bournezeau, duchesse de (1716-?). Dame d'honneur de Madame Adélaïde 1750
1770 *Le logement de Mme la comtesse de Valentinois, aile du Nord, à Mme la duchesse de Beauvillier, dame de Madame.* A.N. O[1] 1077 381
1770 *État* « Mme la duchesse de Beauvillier... »

AN 47
Coigny, François de Franquetot, marquis, puis duc de (1670-1759). Maréchal de France 1734
11.9.1750 *M. le maréchal de Coigny chez M. le marquis de Matignon...* Disposition : A.N. O[1] 1076 260 ; *cf. ibid.* 261 : *État des logements que le roi a ôtés... pour loger son service... M. le marquis de Matignon, en laissant sa femme*
11.1755 BLONDEL, planche 3, "m" « Appartement de M. le maréchal de Coigny »
19.1.1756 Le maréchal de Coigny à N : *Permettez-moi, Monsieur, de vous témoigner la surprise et le chagrin que j'ai de l'arrangement que vous me proposez. Je vous ai souvent marqué le désir que j'avais de loger avec ma belle-fille en antichambre commune. Il serait bien simple de lui donner l'appartement de M. de Matignon* [**AN 46**] *et le sien* [**AN 60**] *à Mme de Goësbriand. L'on m'a déjà fait changer de logement ; ce serait vouloir m'ôter celui qui me reste que d'en séparer l'antichambre, puisqu'il deviendrait pour moi inhabitable ; j'ai besoin à mon âge d'avoir du monde auprès de moi, à peine aurais-je de quoi placer un domestique. Ce logement sert en mon absence à ma petite-fille qui est au service de Mesdames aussi bien que Mme de Goësbriand et qui devait être logée. Je vous supplie donc de faire passer mes représentations au roi. J'espère qu'il aura pitié de*

ma vieillesse. Sa Majesté m'a comblé de trop de grâces pour me priver de celle qui me mettra à portée de lui faire ma cour jusqu'à la fin de ma vie. A.N. O^1 1076 420

8.2.1756 N au roi : *Votre Majesté a entendu parler de la querelle qu'il y avait eu entre Mme de Coigny et de Riantz et Mme de Goësbriand au sujet d'un logement et d'une antichambre. Le comte de Noailles en a eu sa bonne part, mais M. le maréchal de Coigny, s'affligeant de la soustraction de son antichambre, le comte de Noailles propose à Votre Majesté de lui en laisser la jouissance tous les voyages qu'il fera à Versailles et dans le reste du temps, elle restera en toute la propriété de Mme de Goësbriand et les verrous seront fermés en son côté.* A.N. O^1 1076 419

2.1756 N au maréchal de Coigny : *Le roi m'a ordonné de vous demander, Monsieur le maréchal, le sacrifice de l'antichambre comme si elle était à vous quoiqu'elle eût été toujours sous le numéro du logement de Mme la marquise de Matignon, et Sa Majesté me fait dire en même temps à Mme la comtesse de Goësbriand qu'elle lui donnait le logement de Mme la marquise de Matignon avec cette antichambre... Sa Majesté m'a paru déterminée à ne rien changer à l'arrangement que Madame Victoire a désiré pour Mme la comtesse de Goësbriand.* A.N. O^1 1076 420 *bis*

Riantz, Henriette Bibienne Colbert de Croissy, marquise de (1727-1804). Dame pour accompagner Mesdames les cadettes 1751

22.1.1759 *La survivance du logement de M. le maréchal de Coigny à condition de n'en rien dire à Mme la marquise de Riantz...* Disposition : A.N. O^1 1076 540

Belzunce de Castelmoron, Charlotte Alexandrine Sublet d'Heudicourt, marquise de (1722-?). Dame pour accompagner Mesdames 1746

15.8.1771 *La survivance du petit logement de Mme la marquise de Riantz à la comtesse de Belzunce.* A.N. O^1 1798 657 ; *cf.* 1802 733

AN 46 et 47 sont combinés.

Narbonne, Françoise de Châlus-Sanssat, marquise de (1734-1821). Dame du palais de l'Infante, fille aînée de Louis XV ; dame d'atour de Madame Adélaïde 1764

29.3.1771 *Le logement de Mme la duchesse de Beauvillier, dame de Madame, et celui de Mme de Riantz, n°s 46 et 47, aile du Nord principal étage à Mme la comtesse de Narbonne...* Disposition : A.N. O^1 1077 124 ; *cf.* 1798 657 et 1802 733

Croissy, Jean-Baptiste Joachim Colbert de Torcy, marquis de (1703-1777). Capitaine des gardes de la porte 1723-1770

1770 *État* A « Mme de Beauvillier, puis la comtesse de Narbonne, puis marquis de Croissy »

11.8.1773 Le marquis de Croissy a l'abbé Terray : *Le marquis de Croissy supplie M. l'abbé Terray de vouloir bien lui accorder dans le logement qui lui a été donné cette année les réparations nécessaires pour l'occuper commodément. Elles consistent en un réchauffoir qu'on y peut pratiquer et une peinture en blanc sur la boiserie du dit appartement et une double porte dans l'antichambre.* Réponse : ... *L'article du réchauffoir est absolument impossible puisqu'on ne pourrait le placer que dans la croisée de l'escalier. Vous en sentirez facilement vous-même tous les inconvénients. Quant au blanchissage, votre appartement se trouve égal à tous ceux du château ; et je regarde les double portes comme un ajustement particulier dont la dépense ne doit pas être à la charge du roi.* A.N. O^1 1799 159

11.10.1774 A à H : *Je vous crois... plus parfaitement instruit que personne de ce qui reste à faire pour mettre le logement qu'occupait Mme la comtesse de Narbonne en état avant les extravagances qui ont engagé le feu roi à lui en faire prêter un autre, c'est-à-dire si je ne me trompe, celui de M. le comte d'Eu* [**AN 40 et 41**] [1]. *On m'assure qu'il s'agit de poser les boiseries qui sont d'ailleurs entièrement préparées pour cela. Si le fait est exact, je vous recommande de donner une attention particulière pour que ces boiseries soient... mises en œuvre pour le retour de la Cour.* A.N. O^1 1799 251

12.10.1774 H à A : *Ce logement ne peut être terminé sous peu de temps parce que dans la réparation de la partie de l'aile du Nord, où il est situé, on l'a laissé en souffrance par la certitude où j'étais que Mme la comtesse de Narbonne ne l'habiterait point. Elle m'en avait fait la confidence. D'après cette confidence, dont j'avais fait part à M. L'Écuyer, M. L'Écuyer m'avait ordonné de ne pas aller en avant sur cette partie jusqu'à ce qui on en ait fait la destination parce que la nouvelle disposition des cloisons et planches ayant changé la distribution de cet appartement, M. L'Écuyer avait pensé, ainsi que moi, qu'il fallait mieux attendre pour l'arranger suivant les besoins des personnes qui l'habiteraient parce que ce qui aurait été très convenable à Mme la comtesse de Narbonne n'aurait sûrement pas convenu à d'autres ; et en effet on a donné cet appartement à M. le marquis de Croissy, dont la famille étant nombreuse, le met dans le cas de faire de chaque chambre une chambre à coucher, c'est-à-dire de loger trois maîtres dans ce qui n'en devrait loger que deux. Cet appartement ne peut guère être terminé avant deux mois parce que... tous les lambris sont à recouper à cause des nouvelles distributions que la réparation a occasionnées, qu'il faudra refaire à neuf plusieurs parties des boiseries pour remplacer celles qui sont hors d'état de resservir par vétusté, qu'il faudra distribuer les garde-robes convenablement pour M. le marquis de Croissy et qu'il faudra enfin que vous soyez préalablement instruit de tout ce que l'on fera à cet égard...* A.N. O^1 1799 250

10.11.1774 N au roi : *Votre Majesté avait très bien jugé que le comte de Noailles ne réussirait pas dans sa négociation. Il y a échoué, n'ayant pas la permission de Votre Majesté de se servir de son autorité. Madame Adélaïde désire que Mme la comtesse de Narbonne reste dans l'ancien logement destiné à M. de La Suze* [**AN 53**] *jusqu'à ce qu'elle possède celui de M. le comte d'Eu* [**AN 40 et 41**]. *Ainsi l'édifice du comte de Noailles était renversé. Il propose à Votre Majesté de donner à M. de Croissy, en conséquence du bon du feu roi, le logement de Mme de Narbonne* [**AN 46 et 47**] *et à M. de La Suze celui*

1. Le comte d'Angiviller, qui venait d'entrer en fonctions, en fait, se trompe. En 1774, le comtesse de Narbonne avait reçu **AN 53** à titre de prêt. Elle ne se vit attribuer officiellement l'appartement du comte d'Eu qu'en février 1775.

de M. de Croissy [**AN 61**] *en attendant l'évacuation de Mme de Narbonne, si difficile à opérer...* A.N. O[1] 1077 214
Sablé, Jean Baptiste François Menelai Colbert, marquis de (1728-?). Capitaine des gardes de la porte 1763
1777 *État* B « M. le marquis de Sablé »
Laval, Marie Louise Mauricette de Montmorency-Luxembourg de Lux, marquise, puis en 1783 *dite* duchesse de (1750-1829). Dame pour accompagner Madame Adélaïde 1770, puis sa dame d'atour 1780
Laval, Anne Alexandre Sulpice Joseph de Montmorency, duc de (1747-1817)
30.9.1783 *Le logement de M. le marquis de Sablé à Mme la duchesse de Laval, dame d'atour de Madame Adélaïde.* A.N. O[1] 1077 283 ; *cf.* 1801 539
1787 *État* E « Mme la duchesse de Laval, dame d'atour de Mme Adélaïde » [**AP 46**] "5 pièces, 2 à cheminée ; 1 entresol" ; [**AP 47**] "5 pièces 3 à cheminée"
27.4.1788 Le duc et duchesse de Laval à A : *Le duc et la duchesse de Laval demandent avec beaucoup d'insistance à M. le comte d'Angiviller d'avoir la bonté de donner les ordres nécessaires à M. Heurtier touchant la réparation et le changement qu'exige leur appartement à Versailles.* A.N. O[1] 1802 446 ; *cf.* 448

AN 48
Richelieu, Armand Jean de Vignerot du Plessis de Richelieu, duc de (1629-1715). Chevalier d'honneur de la dauphine 1680
GG-B 1165[1]
Richelieu, Louis François Armand de Vignerot du Plessis de Richelieu, duc de Fronsac, puis en 1715 duc de (1696-1788)
14.5.1715 *Le roi a donné à M. le duc de Fronsac le logement qu'avait à Versailles M. de Richelieu, son père.* D XV 418

AN 48A
Villars, Jeanne Angélique Roque de Varengeville, maréchale de (1675-1763). Dame du palais 1725-1727
1709 *La maréchale de Villars... jusqu'à la disgrâce de Chamillart, nous avions logé porte à porte.* SS XVIII 302
9.6.1709 *... la maréchale de Villars, qui logeait porte à porte de nous entra...* SS XVII 438
Huxelles, Nicolas de Laye du Blé, marquis d' (1652-1730). Maréchal de France 1703 ; ministre d'État 1726-1729
10.12.1714 *Le roi a donné au maréchal d'Huxelles le logement qu'avait le maréchal de Villars, à qui le roi vient de donner le logement de feu Mgr le duc de Berry* [**CC 26A**]. D XV 299

AN 48 et 48A sont combinés

Estrées, Lucie Félicité de Noailles, comtesse, puis maréchale d' (1683-1745). Dame du palais de la duchesse de Bourgogne 1698
23.1.1741 *Mme de Mailly est incommodée, a été saignée, et ne sort pas même de sa chambre* [**AN 46**] *ou de chez Mme la maréchale d'Estrées qui loge auprès d'elle.* L* III 310
20.2.1741 *Mme de Mailly a été presque toujours malade pendant cette semaine... hier elle soupa dans les cabinets avec Mme sa sœur. Elles dînent tous les jours chez Mme la maréchale d'Estrées à cause de la proximité.* L* III 318
Villars, Jeanne Angélique Roque de Varengeville, duchesse et maréchale de (1675-1763). Dame du palais 1725-1727
BLONDEL, planche 9, "p" « Appartement de Mme la maréchale de Villars »
1741 *État* « Mme la maréchale d'Estrées, puis Mme la maréchale de Villars » "8 pièces, 4 à cheminée ; 5 entresols, 1 à cheminée ; cuisine et office »
Bouillon, Charles Godefroy de La Tour d'Auvergne, duc de, *dit* prince de Turenne (1706-1771). Grand chambellan 1730-1754
26.7.1750 *Le logement de Mme la maréchale de Villars et un petit logement de garçon* [**AN 48A**] *à M. le duc de Bouillon...* Disposition : A.N. O[1] 1076 253
18.10.1750 E à T : *Vous m'avez donné l'ordre, Monsieur, de vous envoyer le détail des vernis que M. le duc de Bouillon vous a demandés dans son nouveau logement. Le sieur Pollevert, ayant beaucoup d'ouvrages à finir, je vous supplierais de vouloir remettre celui-là à un autre temps, d'autant que ce seigneur vient très peu à la Cour.* A.N. O[1] 1795 181
11.3.1751 T au roi : *M. le duc de Bouillon à qui Sa Majesté a accordé un logement au château de Versailles, la supplie très humblement de lui accorder quelques réparations et ajustements qui y sont nécessaires qui monteront suivant le devis à la somme de 1 158 livres.* Bon du roi : A.N. O[1] 1070 381 ; *cf.* 1810 III 88

AN 48A est séparé de **AN 48**

Suzy, Charles François de Ronty, vicomte de (?-?). Major des gardes du corps 1750
30.8.1750 *Le logement de garçon de M. le duc de Bouillon à M. le vicomte de Suzy à la place de l'entresol* [**VA 20**] *qui devait être fait sur le grand maître qui aurait été une grande dépense et difficile à habiter...* Distribution : A.N. O[1] 1076 257
14.9.1750 *M. le comte de Suzy, major des gardes du corps, prie M. de Tournehem de lui accorder des changements à son logement à côté de celui du duc de Bouillon et deux changements de porte à celui qu'il occupe actuellement... évalués ensembles à 200 livres.* Bon du roi : A.N. O[1] 1810 III 55 ; *cf.* 63
Lauraguais, Diane Adélaïde de Mailly-Nesle, duchesse de (1714-1769). Dame d'atour de la dauphine 1744
8.12.1753 *Le logement de M. de Suzy à Mme la duchesse de Lauraguais...* Disposition : A.N. O[1] 1076 349
10.12.1753 *Le logement de M. de Suzy, donné à Mme la duchesse de Lauraguais.* L* XIII 120
9.11.1754 E à M : *Mme la duchesse de Lauraguais par*

1. Ce plan divisait **AN 48** en deux espaces numérotés 16 et 18, tous deux attribués au duc de Richelieu. Déjà âgé, celui-ci s'était remarié en 1702 et vécut avec sa femme à Paris jusqu'en 1714, date où il se brouilla avec elle et voulut regagner l'hôtel de Richelieu, place Royale, qu'il avait loué à l'archevêque de Reims (SS XXIV 152). Pendant ses absences, il semble que les pièces du côté du parterre, numérotées "18", furent données à la maréchale de Villars.

son mémoire à M. le marquis de Marigny de vouloir bien donner ses ordres pour faire faire deux châssis neufs aux croisées de son nouvel appartement à Versailles dans la cour de la Chapelle. Les anciennes tombent en vétusté et c'est un article des réparations. Elle demande en outre un escalier des deux étages dans l'intérieur de l'appartement de son logement. Réponse : *Il n'est pas possible d'accorder à Mme la duchesse de Lauraguais l'escalier neuf qu'elle demande ; à l'égard des croisées et des autres petites réparations urgentes, j'approuve que vous y fassiez travailler.* A.N. O[1] 1811 I 137
11.1755 BLONDEL, planche 3, "i" « vacant »

AN 48 et 48A sont combinés.

Noailles, Philippe, comte de (1715-1794). Intendant et gouverneur du château de Versailles 1729-1778
Noailles, Anne Claude Louise d'Arpajon, comtesse de (1729-1794). Dame d'honneur de la reine 1769-1775
9.11.1755 N au roi : *Le comte de Noailles craint toujours d'importuner Votre Majesté pour ce qui le regarde. C'est ce qui l'empêche de demander pour l'établissement du gouvernement à se servir du logement de M. le duc de Luxembourg* [**AN 36A**] *et celui de M. le marquis de Sassenage* [**AN 46A**] *qu'il désire beaucoup. Le logement de M. le prince de Dombes* [**AN 39**] *et celui de M. le comte d'Eu* [**AN 40 et 41**], *ou ceux de Mme la duchesse de Modène* [**AN 27**] *ou de Mme la marquise de Clermont* [**AN 28**] *lui auraient fort convenu, mais les représentations des princes du sang auraient pu importuner Votre Majesté et c'est ce que le comte de Noailles évitera toujours avec soin. Après avoir bien cherché et réfléchi, le comte de Noailles croit si Votre Majesté l'approuve qu'il pourra s'arranger et s'établir dans le logement que M. le duc de Bouillon quitte, le trouvant trop petit, et sa femme dans celui de Mme la duchesse de Lauraguais* [**AN 48A**], *faisant dans la suite la conquête des chambres de Mme de Carignan* [**AN 31**] *et de Goësbriand* [**AN 38**] *absolument nécessaires. Le gouvernement* [**AG 28 et 29**], *dont M. le major a déjà une pièce, pourra loger encore jusqu'à ce qu'il tombe, mari et femme à l'aise ; il paraît assez juste que quand M. le comte de Noailles y aura passé 30 ans, les jeunes personnes puissent courir les mêmes risques.* A.N. O[1] 1076 406
9.11.1755 *Le logement de M. le duc de Bouillon à Mme la comtesse de Noailles...* Disposition : A.N. O[1] 1076 408
11.11.1755 N à M : *Enfin le roi a bien consenti que je fisse un commencement d'établissement pour le gouvernement dans le logement que le duc de Bouillon quitte comme trop petit. Je ne vous cacherai pas ce que Sa Majesté m'a promis : le logement de Mme la duchesse de Lauraguais* [**AN 38A**], *de Mme de Goësbriand* [**AN 38**] *et dans la suite celui de Mme la princesse de Carignan* [**AN 31**]. *Cela ne composera jamais un bel appartement, mais j'y serai probablement et je rendrai au roi autant des pièces jusqu'à ce que l'on se détermine à bâtir mon aile... Je crois que vous trouverez mes demandes simples, raisonnables, et peut-être trop modestes.* A.N. O[1] 1796 229
12.4.1756 GG-B 2109 *bis* « Logement destiné pour le gouverneur »
1756 N au roi : *Votre Majesté a eu la bonté d'accorder pour le gouvernement le logement... de Mme la duchesse de Lauraguais.* A.N. O[1] 1077 457
12.4.1756 N à M : *Le roi ayant décidé que le gouvernement serait établi à l'avenir dans l'appartement que M. le duc de Bouillon quitte, n° 48, en y joignant successivement ceux de Mme de Lauraguais, de Mme de Goësbriand, n° 38, et Mme de Carignan, n° 31, M. le comte de Noailles espère que M. le marquis de Marigny obtiendra du roi de lui faire accommoder convenablement ce logement destiné à lui et à ses successeurs. Il joint ici l'état de ses demandes : 1. de raccommoder les deux entresols faits au n° 48 et d'en faire un l'office et le réchauffoir et un sur la chambre de Mme de Goësbriand ; 2. de boucher un retour d'escalier totalement inutile au public et nuisible au logement ; 3. d'ôter des cloisons et petits retranchements très vilains dans la chambre à coucher, y faire à la place une niche avec deux petits cabinets à côté ; 4. faire boiser la petite garde-robe à chaise percée et l'autre pièce avec de la vieille boiserie qui peut se trouver... dans les bâtiments ; l'on désire la même chose pour les entresols pour éviter de couper les meubles du roi dont le gouverneur de Versailles a l'usage ; 5. M. le comte de Noailles désire d'avoir une glace dans la salle à manger et deux dans la salle de compagnie. Il y en a deux que l'on peut prendre au gouvernement à présent, et qui ne seront qu'à changer ; 6. il désire aussi que l'on donne une couleur sur le vernis blanc de la salle de compagnie et du cabinet en haut qui est un peu enfumé ; il demande aussi la même chose pour la petite chambre à coucher, n° 38 où Mme la comtesse de Noailles couchera et pour lui la chambre à coucher, n° 48, de M. le comte de Noailles ; 7. il demande aussi trois cheminées de marbre qui manquent dans les appartements et trois petites glaces dessus ; 8. quelques marches de l'escalier pour descendre du n° 48 dans l'entresol de n° 38 ; 9. il demande dans le cabinet une place pour travailler et mettre un bureau, et comme la porte pour aller à la garde-robe se trouve à côté de sa place, il en désire une dans le fond de l'emplacement de la niche actuellement et des petites glaces dans le panneau d'en haut et à droite et à gauche d'un côté un endroit pour serrer des papiers dans les tiroirs avec des étiquettes comme il en a à son ancien appartement, et de l'autre côté une bibliothèque fermante. Quoique selon les apparences, il se passe encore un ou deux ans avant que le gouvernement puisse être établi totalement suivant ce projet, pour n'avoir pas à faire nouvelles demandes quand l'établissement se finira par le changement de Mme la duchesse de Lauraguais et Mme la princesse de Carignan, M. le comte de Noailles ajoute à ses demandes que ce qui regarde cet objet puisse être accordé en même temps : une cloison à ôter dans l'antichambre de Mme la duchesse de Lauraguais et rien de plus ; faire de la chambre et de l'antichambre de Mme la princesse de Carignan une salle à manger, un réchauffoir et un entresol au-dessus pour un secrétaire. Le gouvernement, moyennant ces arrangements, ne sera ni si grand ni si clair qu'il était à beaucoup près, mais il sera commode et mettra le roi hors d'embarras pour le placer quand l'aile tombera ou lorsque Sa Majesté jugera à propos*

de la faire jeter à bas. Réponse de M à N : *Après avoir examiné les réparations que vous demandez dans le nouveau logement au château destiné par le roi pour y établir désormais le gouvernement, j'ordonne à M. L'Écuyer de m'envoyer le plan et le devis. J'ai présenté hier votre mémoire, le plan et le devis montant à 15 000 livres. Sa Majesté m'a chargé de vous écrire pour vous engager à tâcher de réduire cette dépense.* A.N. O^1 1811 II 77-79

19.9.1756 N au roi : *M. le comte de Noailles a eu une petite discussion avec M. le directeur général des Bâtiments au sujet des glaces de son nouveau logement. M. de Marigny prétendait que le feu roi n'en donnait à personne pas même aux princes du sang, et en cela il a raison. Mme la comtesse de Noailles n'est pas moins [désireuse] de s'excepter de la règle. Le feu roi ayant donné à feu M. Blouin 14 glaces dans le gouvernement, et le comte de Noailles n'ayant demandé qu'une partie de ce qu'il a trouvé dans le dit gouvernement, il paraît que sa demande n'était pas déraisonnable... Le gouverneur supplie Votre Majesté de confirmer la permission qu'elle a déjà bien voulu donner de faire payer sur la dépense des bâtiments du Domaine ce qui lui a été et lui sera refusé par M. le directeur général. C'est un logement qui ne variera plus, qui n'est ni beau, ni grand... et qu'il faut rendre commode.* Bon du roi : A.N. O^1 1076 464

17.11.1756 N à M : *J'ai fait une très grande faute mais c'est par pure ignorance, Monsieur, ainsi je ne dois pas en être puni. Comme vous avez trouvé bon que je garde toutes les glaces du gouvernement, j'ai cru qu'il était plus simple de leur épargner le voyage au magasin. L'on m'avère que c'est un crime. J'avoue la vérité que je n'en entends pas encore la raison. J'espère que vous auriez le crédit de réparer une faute et que vous voudraissez* [sic] *bien donner vos ordres pour que l'on me finisse promptement.* A.N. O^1 1796 317

20.11.1756 M à N : *Je suis convaincu, Monsieur, que vous rendrez justice au désir que j'ai de vous obliger. C'est dans cette confiance que je viens vous marquer ma surprise sur la quantité des glaces qui sont demandées pour votre appartement. J'en ai fait faire l'évaluation et il s'en trouve pour 2 000 écus. Vous voulez une glace dans votre antichambre, vous en voulez quatre dans votre cabinet de compagnie, vous voulez des glaces blanches pour poser dans le cabinet et garde-robe ; en un mot 2000 écus simplement pour les glaces. Vous savez l'usage des Bâtiments autrefois. Le roi n'accordait pas des glaces à qui que ce soit. Depuis que le roi en accorde, c'est tout au plus une dans le salon. Quelquefois, on en passe une dans le cabinet, on va même jusqu'à en accorder une pour la chambre à coucher. Je pense bien qu'il faut faire les choses de bonne grâce quand il est question de M. le gouverneur. Vous êtes juste. Vous êtes attaché aux intérêts du roi. Réduiriez-vous la quantité des glaces que vous feriez poser dans l'appartement du gouverneur si vous étiez à ma place ?* A.N. O^1 1796 314

7.12.1756 E à M : *M. le comte de Noailles ayant quité son ancien logement* [**AG 28 et 29**] *en échange de ceux de Mme la princesse de Carignan* [**AN 31**], *M. le duc de Bouillon, et Mme la marquise de Goësbriand* [**AN 38**], *dans lesquels se trouvaient plusieurs arrangements de glaces à y faire, j'ai cru devoir, Monsieur, me donner l'honneur de vous envoyer ci-joint un état de propositions détaillé pour vous faire connaître ce dont il s'agit. État des glaces pour le nouveau logement de M. le comte de Noailles : 23 glaces... 10 blanches.* A.N. O^1 1796 312 et 313

12.1756 *État des glaces qui étaient dans le gouvernement ancien et nouveau : trois glaces laissées à Mme la princesse de Carignan ; une glace laissée à M. le vicomte de Suzy* [**AG 28**] *; deux glaces laissées à M. le marquis de Muy* [**AG 29**] *; une glace laissée à M. le premier valet de garde-robe ; deux glaces ôtées da la salle de compagnie du gouvernement ; une glace ôtée de l'antichambre du gouvernement ; trois glaces qui ont restées chez M. le duc de Bouillon* [**AN 38**] *; cinq glaces qui étaient chez Mme la marquise de Goësbriand* [**AN 31**]. *Total 18 glaces, dont 11 très belles.* A.N. O^1 1796 327

8.12.1756 M à N : *J'ai examiné avec soin l'état des glaces joint à votre lettre. Je vous avoue, Monsieur, que je ne peux pas comprendre où était le profit que les Bâtiments ont fait sur les glaces dans la mutation du gouvernement. En effet, vous avez conservé toutes celles qui étaient dans les logements de M. le duc de Bouillon* [**AN 38**], *de Mme de Goësbriand* [**AN 38**], *et Mme la princesse de Carignan* [**AN 31**], *qui forment le nouveau gouvernement. Et vous avez de plus celle de la chambre à coucher au nouveau gouvernement que la manufacture va vous fournir et le chapiteau de la glace qui était déjà posée dans le nouveau gouvernement. À juger des choses sans partialité, il est difficile de concevoir le profit que les Bâtiments ont fait sur les glaces dans les changements du gouvernement.* A.N. O^1 1796 326

18.12.1756 N à M : *En me servant, Monsieur, du terme de profiter lorsque j'ai eu l'honneur de vous écrire au sujet des glaces qui ont passé de l'ancien gouvernement au magasin des Bâtiments, je ne croyais pas que ce terme servît pour une signification stricte... Je vous observerai seulement que les Bâtiments ne m'ont fourni de la manufacture dans le nouveau gouvernement que l'unique glace de la cheminée de ma chambre à coucher et que les trois belles glaces de Mme de Goësbriand et une de l'antichambre de l'ancien gouvernement sont rentrées dans les magasins des Bâtiments. Or si de quatre glaces, il n'est donné qu'une, je dirais alors, s'il m'était encore permis de me servir du terme, que les Bâtiments ont profité.* A.N. O^1 1796 328

24.12.1756 M à N : *Dans le calcul que vous faites, Monsieur, des glaces fournies au nouveau gouvernement et de celles qui sont rentrées dans le magasin du roi, vous auriez vu que la compensation était exacte si le miroitier vous avait rendu un compte fidèle. Il est vrai qu'il est rentré trois glaces dans le magasin, mais il en a été fourni trois autres : L'une de la manufacture et deux de l'ancien gouvernement. Les deux dernières sont placées dans votre salle de compagnie où il n'y avait ci-devant que deux trumeaux, et il y en a quatre actuellement. Vous voyez par là que les trois glaces qui ont été retirées de l'appartment de Mme de Goësbriand sont remplacées par trois autres.* A.N. O^1 1796 329

4.5.1757 *Glaces pour le logement de M. le comte de*

Noailles : dans l'antichambre au-dessus de la cheminée, le trumeau de trois glaces ; dans la chambre à coucher le trumeau entre les croisées ; dans la dite chambre huit glaces blanches ; dans le cabinet particulier deux glaces blanches ; dans l'entresol au-dessus du dit cabinet une glace ; dans l'antichambre au-dessus de la cheminée une glace ; dans la chambre à coucher au-dessus de la cheminée une glace ; dans la dite chambre le trumeau vis-à-vis la cheminée deux glaces ; dans la même chambre le trumeau entre les croisées deux glaces ; dans la même chambre quatre glaces blanches ; dans le cabinet particulier quatre glaces blanches ; dans l'entresol au-dessus de la chambre à coucher une glace sur la cheminée. A.N. O[1] 1796 353

19.10.1757 M à E : *J'ai reçu la note que vous m'avez envoyée le 15 de ce mois des réparations et ajustements concernant le logement de M. le comte de Noailles, dont la dépense a monté à 15 000 livres... mais comme je trouvais cette dépense fort au-dessus des facultés actuelles des Bâtiments, je redonnais l'ordre le 8 avril 1756 de la réduire aux seules réparations nécessaires parce qu'il n'était pas possible de prendre sur nos fonds la dépense des ajustements. Vous me marquez dans cette note d'avoir communiqué dans le temps à M. le comte de Noailles l'ordre que je vous avais donné et vous me dites qu'il s'obligerait de payer ce qui ne lui serait point passé. Vous ajoutez que rien ne lui a été refusé, ce qui vous oblige de me demander de fixer quelle somme doit être à la charge des Bâtiments sur les 15 000 livres de dépenses afin d'arranger les mémoires de cet ouvrage pendant que M. L'Épée est à Versailles. C'est pour répondre à ce désir que vous auriez agréable de retrancher... 7 892 livres.* A.N. O[1] 1796 474

23.1.1766 N à M : *Je vous rends grâce, Monsieur, de vouloir bien me consulter sur la place où je compte mettre le portrait de Notre Majesté. Si je n'avais pas une maison propre et honnête pour recevoir cette gracieuse marque de ses bontés, je crois que je la ferais bâtir exprès. Aussi, Monsieur, si vous voulez bien donner vos ordres pour que le portrait du roi soit dans les proportions ordinaires, je vous aurais la plus grande obligation. L'on ne peut être plus sensible que je le suis aux marques de votre amitié. Rendez justice à celle que je vous ai vouée pour ma vie...* A.N. O[1] 1798 16

1770 *État* A « Au gouvernement »

1777 *État* B « M. le gouverneur »

Poix, Philippe Louis Marc-Antoine, marquis de Noailles, puis prince de (1752-1819). Intendant et gouverneur de Versailles en survivance en 1767

Poix, Anne Louise Marie de Beauvau, princesse de (1750-1834)

1778 H à A : *Il faut une nouvelle cheminée pour le nouveau salon de M. le prince de Poix au château ; il n'y en a de convenable ni au magasin de Paris, ni à celui de Versailles. M. le directeur général ordonne-t-il qu'il en soit fait une neuve et en quels marbres ? La distribution que M. le prince de Poix fait de l'appartement qu'occupaient ci-devant M. et Mme la maréchale de Mouchy exige des nouvelles glaces. M. le directeur général les donne-t-il ?* A.N. O[1] 1800 124 ; *cf.* 125

Chastellux, Henri Georges César, comte de (1746-1814). Gentilhomme d'honneur en survivance de Madame Victoire 1787

Chastellux, Angélique Victoire de Durfort-Civrac, comtesse de (1752-1816). Dame d'honneur de Madame Sophie

13.6.1786 P à A : *Le roi m'a permis... de troquer le logement de Mme de Poix* **[AN 31]** *contre celui du grand aumônier* **[AN 42]** *et le mien* **[AN 48]** *contre celui de M. et Mme la comtesse de Chastellux* **[AN 43A]**... A.N. O[1] 1802 193

21.6.1786 Le comte de Chastellux à A : *M. le prince de Poix m'a proposé de changer son appartement avec le mien. Ce changement exigera des nouvelles distributions qui vraisemblablement remettraient l'appartement de M. de Poix à peu près au même état qu'il était lorsque M. le maréchal de Mouchy l'occupait. Je vous prie... de vouloir bien vous faire rendre compte des réparations et changements que se trouveraient nécessaires. Je serais bien fâché de mettre de l'indiscrétion dans mes demandes, mais devant d'occuper cet appartement avec Mme la comtesse de Chastellux, il est impossible qu'il soit trouvé comme lorsqu'il était occupé par une seule personne.* A.N. O[1] 1802 195

18.7.1786 H à A : *M. le comte de Chastellux demande que l'appartement du prince du Poix soit rétabli tel qu'il était au temps de M. le maréchal de Mouchy, c'est-à-dire que ce qui fait aujourd'hui le salon redevienne l'antichambre afin que l'appartement de Mme de Chastellux soit à droite et le sien à gauche. Cet arrangement ne change effectivement presque rien aux distributions, mais il change le marchepied et ce changement de marche coûtera au moins 4 000 livres avec toute l'économie qu'on y pourra mettre...* A.N. O[1] 1802 245

3.8.1786 *L'appartement qu'occupait M. le prince de Poix donné à M. le comte et Mme la comtesse de Chastellux...* cité par de NOLHAC, *Versailles... Marie-Antoinette*, p. 102

1787 *État* E « M. le comte de Chastellux » "5 pièces, 4 à cheminée ; 3 entresols"

2.7.1787 Le comte de Chastellux à A : *J'ai eu l'honneur de vous parler... des caves qui étaient vacantes et qui sont à votre disposition... dans l'aile Neuve. Vous eûtes la bonté de me répondre que vous crussîtes* [sic] *qu'elles avaient été toutes occupées et qu'il n'y en avait aucune que vous puissiez me donner. Je viens d'apprendre qu'il y en a trois, placées à côté de celle de Madame Victoire, qu'elles avaient été données à M. le cardinal de Rohan et que M. l'évêque de Metz en a d'autres. Je vous prie... de vouloir bien vous en rendre compte et puisqu'en effet elles ne sont pas occupées, de penser au besoin que j'en ai et que mes circonstances me mettent dans le cas de réclamer. Les places que nous occupons, Mme de Chastellux et moi, l'honneur que Madame Victoire veut bien nous faire de passer ses soirs chez moi, nous obligent d'avoir une maison et nous n'avons au château aucune cave pour serrer du vin ou du bois. J'ai eu aussi l'honneur de vous parler ; c'est de faire mettre des grands carreaux aux fenêtres de mon appartement. je crois que les mêmes bois peuvent servir. Il y en a déjà à plusieurs appartements dans la cour de la Chapelle et l'obscurité des logements rend presque nécessaire cette dépense que je crois peu considérable.* Réponse : *Jouissance pro-*

visoire d'une cave, mais refus de grand vitrage. A.N. O[1] 1802 363

AN 49

Fénelon, François de Salignac de La Motte, *dit* abbé de (1654-1715). Précepteur des Enfants de France ; archevêque de Cambrai

6.8.1697 *On parle beaucoup à la Cour et à la Ville du départ de l'archevêque de Cambrai pour son diocèse ; et tout le monde voulait qu'il fût disgracié, jusque-là qu'on disait ouvertement que l'on détendait son appartement de Versailles, mais la vérité était qu'il avait demandé congé au roi pour aller à Rome pour y soutenir son livre et que le roi le lui ayant refusé, il avait pris le parti de s'en aller à Cambrai.* S V 320

Lévis, Marie Françoise d'Albert de Chevreuse, marquise puis duchesse de (1678-1734). Dame du palais de la duchesse de Bourgogne 1698

13.1.1699 *Le roi a donné à Mme la marquise de Lévis l'appartement qu'avait M. l'archevêque de Cambrai, qu'on a rayé de dessus l'état depuis deux jours.* D VII 8

16.1.1699 *Le roi dit au duc de Chevreuse qu'il avait donné à sa fille, la marquise de Lévis, l'appartement de l'archevêque de Cambrai, et qu'il l'avait rayé sur l'état pour ses appointements de précepteur du duc de Bourgogne, dont il lui avait fait défense de prendre à l'avenir la qualité. Le duc de Chevreuse eut peine à se remettre en apprenant du roi même le malheur de son ami, et n'eut pas plus de force qu'il lui en fallait pour remercier le roi de la grâce qu'il faisait à sa fille.* S VI 111

Belle-Isle, Charles Louis Auguste Fouquet, comte, puis duc de, en 1742 duc de Gisors (1684-1761). Maréchal de France 1741 ; secrétaire d'État à la guerre 1757-1761

GG-B 1124 « Ancien projet d'appartement pour le comte de Belle-Isle dans l'aile nord au principal étage sur le rue » ; BLONDEL, planche 9, "7"

Ossolinski, François Maximilien, duc de Tenczin-(1676-1756). Grand maître de la Maison du roi de Pologne

24.8.1738 *Le roi de Pologne loge dans l'appartement de M. de cardinal de Rohan* [**AN 42**] *et mange seul et en particulier dans l'appartement de M. de Belle-Isle qui l'a prêté à M. le duc Ossolinski.* L* II 200 ; *cf.* XII 145

1741 *État* « Mme la duchesse de Lévis, puis M. de Belle-Isle » "5 pièces, 3 à cheminée ; 1 entresol sans cheminée"

11.1755 BLONDEL, planche 3, "n" « Appartement de M. le maréchal de Belle-Isle »

Bernis, François Joachim de Pierre, abbé, puis cardinal de (1715-1794). Secrétaire d'État aux Affaires étrangères 1757-1758

16.1.1757 *Le logement de M. le maréchal de Belle-Isle avec une cuisine que l'on construira auprès de l'endroit destiné pour la salle des spectacles à M. l'abbé de Bernis...* Disposition : A.N. O[1] 1076 469

31.1.1756 *... le logement de M. le maréchal de Belle-Isle à côté de la Chapelle, avec une cuisine que l'on construira auprès de l'endroit destiné pour la salle des spectacles donné à M. l'abbé de Bernis.* L* XV 392

13.3.1757 GG-B 2757 « Plan de l'appartement de M. le maréchal de Belle-Isle destiné à M. l'abbé-comte de Bernis »

Orléans, Louis Sextius de Jarente, évêque d' (1746-1788). Évêque de Digne 1745 puis d' ; chargé de la feuille des bénéfices 1757

26.6.1757 *... le logement de M. le maréchal de Belle-Isle, qu'on avait donné à M. de Bernis, est donné à M. l'évêque de Digne.* L* XVI 86

Noailles, Anne Claude Louise d'Arpajon, comtesse de (1729-1794). Dame d'honneur de la reine 1769-1775

1757 *Le logement de M. l'évêque de Digne à Mme la comtesse de Noailles qui le rendra quand elle entrera en possession de celui de Mme la duchesse de Lauraguais* [**AN 38A**]... Disposition : A.N. O[1] 1077 463

16.7.1757 *Le logement de M. l'abbé de Bernis à M. l'évêque de Digne...* Disposition : A.N. O[1] 1076 486

21.8.1757 M à l'évêque de Digne : *J'aurais bien souhaité, Monsieur, pouvoir donner l'ordre de faire faire les doubles châssis que M. L'Écuyer m'a dit que vous demandez dans votre logement à Versailles, mais le roi a signé un état des logements qui doivent en être fournis, dans lequel état des logements messires les premiers gentilhommes de la chambre ne sont point compris. Je suis par cette raison gêné au point de ne pouvoir faire ce que vous désirez.* A.N. O[1] 1796 428

19.10.1757 M à E : *Vous auriez agréable de faire faire les doubles châssis que M. l'évêque de Digne m'a demandés pour son logement.* A.N. O[1] 1796 475

Mirepoix, Anne Marguerite Gabrielle de Beauvau-Craon, princesse de Lixin, puis marquise et enfin duchesse de (1707-1798). Dame du palais 1753

Mirepoix, Gaston Charles Pierre de Lévis de Lomagne, marquis de, puis en 1751 duc de (1702-1757). Maréchal de France 1757

10.12.1757 *L'appartement de M. de Digne à M. le maréchal de Mirepoix.* A.N. O[1] 1076 487

24.3.1758 *Le logement de M. l'évêque d'Orléans à Mme la maréchale de Mirepoix.* A.N. O[1] 1076 511

17.2.1771 *Le logement de Mme la maréchale de Mirepoix, aile du Nord, premier étage n° 49 réservé pour le premier écuyer...* Disposition : A.N. O[1] 1798 599 ; *cf.* 1076 124 et 1802 733

Riantz, Henriette Bibienne Colbert de Croissy, marquise de (1727-1804). Dame pour accompagner Mesdames les cadettes 1751, puis de Madame Sophie

1770 *État* A « Mme la marquise de Mirepoix, puis le future premier écuyer, puis Mme la marquise de Riantz »

29.3.1771 N au roi : *Madame Victoire et Madame Sophie ont demandé au comte de Noailles le logement de Mme la maréchale de Mirepoix pour Mme la marquise de Riantz. Le comte de Noailles leur a montré l'ordre de Votre Majesté de le réserver pour son premier écuyer. Le comte de Noailles demande la confirmation de cet ordre.* A.N. O[1] 1077 126

29.3.1771 *Le logement de M. le maréchal de Mirepoix, n° 49, principal étage à Mme le marquise de Riantz...* Disposition : A.N. O[1] 1077 124 ; *cf.* 1798 657

30.8.1775 La marquise de Riantz à A : *Mme de Riantz prie M. le directeur général de ne la pas oublier pour les fenêtres qu'il lui a promis de faire renouveler à*

l'antichambre de son appartement à Versailles. A.N. O[1] 1799 403
1787 *État* E « Mme de Riantz » "5 pièces 3 à cheminée ; 3 entresols, 1 à cheminée"

AN 49A
Officiers des gardes du roi
1787 *État* E « Officiers des gardes du roi » "3 pièces, 1 à cheminée ; 1 entresol"

AN 50
Missionnaires
GG-B 1125 « Ancien projet... d'un lieutenant des gardes et des pères de la Mission... dans l'aile Nord au principal étage sur la rue » ; BLONDEL, planche 9, "6" « Logement des PP. de la Mission qui desservent la Chapelle »
1741 *État* « Pères de la Mission » "5 pièces, 1 à cheminée"
11.1755 BLONDEL, planche 3, "o" « vacant »
27.12.1761 *Les maîtres de musique de la Chapelle de Votre Majesté demandent une pièce occupée par les Missionnaires et qui est contiguë à leur salle des répétitions. Les Missionnaires représentent qu'ils sont 14 pour le service journalier de la Chapelle ; mais qu'aujourd'hui, quoiqu'ils sont toujours le même nombre, ils n'ont plus que onze cellules de huit pieds de large par les retranchements qui ont été faits en différents temps et il n'y en a qu'une seule à feu où ils se chauffent en commun. Dans cet état, il paraît impossible de resserrer d'avantages les Missionnaires qui sont déjà fort à l'étroit.* A.N. O[1] 1076 661
1787 *État* E « Missionnaires » "3 pièces, 1 à cheminée"

AN 50 *bis* [1]
Suisse de la Chapelle
1741 *État* « Suisse de la Chapelle » "2 pièces en entresol, 1 à cheminée".
Darros, N... (?-?). Second aide-major de la Cour
29.3.1771 *M. Darros, second aide-major de la Cour, ne peut être que chez M. Hébert* **[AP 117]**, *logement que le comte de Noailles destinait au confesseur. Il n'a de ressource que dans l'ancien logement de suisse de la Chapelle, si l'on peut y faire une cheminée.* A.N. O[1] 1077 114
Confesseur du roi
28.9.1771 E à M : *M. le comte de Noailles vient de me dire à l'occasion de l'aile près de la Chapelle... que l'intention du roi était... de loger son confesseur dans un petit réduit au-dessus du suisse de cette Chapelle où il était possible de faire une cheminée...* A.N. O[1] 1798 673
18.10.1771 *L'ancien logement du suisse de la Chapelle en y faisant arranger une cheminée prêté au confesseur du roi en attendant qu'on le remette dans le logement qui lui est destiné dans l'aile qu'on va rebâtir...* Disposition : A.N. O[1] 1798 684

1. L'État de 1741 assignait à ce logement le numéro **AN 00**. Il a reçu ici le numéro **50 *bis*** pour la commodité de la lecture.

AN 51
Salle de la Musique du roi
MORTIN, "38" ; BLONDEL, planche 9, « Salle où les musiciens s'assemblent » ; planche 3, "p"
1741 *État* « Salle de la musique » "1 pièce à cheminée"
27.12.1761 *Il y a plus de 60 ans que les musiciens de la Chapelle de Votre Majesté sont dans la même pièce. On leur a fait un tambour qui leur a ôté l'incommodité d'un passage public qu'ils avaient autrefois. Si le maître de la Chapelle veut une grande armoire pour serrer leur motets, le comte de Noailles demande la permisssion de Votre Majesté de la leur faire arranger et de la payer.* A.N. O[1] 1076 661
1787 *État* E « Salle de la Musique » "1 pièce à cheminée"

ATTIQUES SUR LE PARTERRE DU NORD

AN 52, 53 et 53A sont combinés [2].

Noailles, Anne Jules, comte, puis en 1678 duc de (1650-1708). Capitaine des gardes du corps en survivance 1661
Noailles, Marie Françoise de Bournonville, duchesse de (1656-1748). Dame du palais 1674
L'appartement de [M. le duc et Mme la duchesse de Noailles]... *si vaste que cela s'appelait la rue de Noailles et tenait toute la moitié du haut de la galerie de l'aile Neuve...* SS XI 115
Guiche, Marie Christine de Noailles, duchesse de (1684-1748)
Noailles, Adrien Maurice de Noailles, comte d'Ayen, puis en 1704 duc de (1678-1766). Capitaine des gardes du corps 1707
Noailles, Françoise Charlotte Amable d'Aubigné, comtesse d'Ayen, puis duchesse de (1684-1739)
7.7.1698 *Le roi... donne l'appartement qu'avait la comtesse de Roucy à la duchesse de Guiche qui avait cédé le sien à la comtesse d'Ayen sa belle-sœur quand elle épousa son frère.* D VI 378
4.12.1700 *Sa Majesté a aussi approuvé les nouvelles cheminées de marbre, les glaces et les trumeaux que M. le maréchal de Noailles a demandés dans son appartement à la nouvelle aile.* A.N. O[1] 1809 50
22.5.1707 *Le feu prit la nuit à Versailles à l'appartement du maréchal de Noailles ; le désordre ne fut pas si grand qu'il pouvait être, parce qu'on y remédia promptement. Il y avait plus de quatre mille hommes qui travaillaient à l'éteindre. Le dommage ne laissa pas d'être encore considérable parce que le toit et la charpente sont entièrement brûlés.* D XI 373. *Cf.* S X 323 : *... la nuit précédente à l'heure après minuit, le feu avait*

2. Cette série de trois appartements s'étendait de la voûte du salon de la Chapelle jusqu'à l'escalier au milieu de la façade sur le parterre du Nord. On y accédait par une galerie le long de la cour de la Chapelle, au-dessus de laquelle on avait construit des entresols. **AN 52** était éclairé par les croisées 1 à 3 ; **AN 53** était éclairé par les croisées 4 à 8.

pris dans l'appartement du maréchal de Noailles, qui avait été brûlé, et qu'on avait eu bien de la peine à en sauver les meubles bien endommagés ; que sans le prompt secours qu'on y avait apporté, l'incendie aurait été plus considérable et que s'il avait fait du vent, la Chapelle, le garde-meuble et peut-être le corps du château auraient été brûlés.
1707 *Mémoire général des ouvrages qui ont été faits par augmentation dans les Bâtiments du roi pendant la présente année 1707 : La réparation faite à l'appartement de M. le maréchal de Noailles et aux combles de la grande aile au-dessus au sujet de l'incendie qui y est arrivé a coûté par estimation 5 600 livres.* A.N. O[1] 1762B dossier 1
GG-B 1126 « ... deux appartements à faire dans l'ancien appartement du duc de Noailles dans l'attique de l'aile du Nord, côté jardin, entre l'escalier central et le dessus du salon de la Chapelle »

AN 52, 53 et 54 sont séparés.

AN 52
Guise, Anne Marie Joseph de Lorraine, comte d'Harcourt, *dit* comte de (1679-1739)
Guise, Marie Louise Chrétienne de Castille Jeannin de Montjeu, comtesse de (1686-1736)
Guise, Louis Marie Léopold de Lorraine-Harcourt, prince de (1720-1747)
GG-B 1127 « Plan de l'appartement du duc de Guise dans l'attique de l'aile du Nord sur le jardin près du dessus du salon de la Chapelle »
8.6.1722 *Le duc de Noailles et le marquis de Canillac ont eu ordre de se retirer, le premier à ses terres de Peynières... l'appartement du duc de Noailles à Versailles a été donné à la comtesse de Guise et à la princesse de Léon* [**AN 53**]. *Le Mercure galant*, juin 1722
Vintimille, Jean Baptiste Félix Hubert, comte de (1720-1775)
Vintimille, Pauline Félicité de Mailly de Nesle, comtesse de (1712-1741)
16.9.1739 *On murmurait dès avant hier soir du mariage de Mlle de Nesle avec M. de Vintimille... le roi donne ... un logement dans Versailles qu'on croit sera celui de M. de Guise ; c'est dans l'aile Neuve auprès de M. de Chalais* [**AN 53**] *au bout de ce que l'on appelait autrefois la rue de Noailles.* L* III 46
1740 GG-B 1135 « Plan de l'appartement de M. et Mme de Vintimille dans l'attique de l'aile du Nord »
Talleyrand, Daniel Marie de Talleyrand-Périgord, comte de Grignols puis de (1706-1745). Menin du dauphin 1745
Talleyrand, Marie Élisabeth Chamillart de Cany, marquise de (1713-1788). Dame du palais 1740
19.8.1741 *L'appartement qu'avait Mme de Vintimille et qui joint celui de Mme de Chalais a été donné à Mme de Talleyrand.* L* III 455
1741 *État* « Mme la princesse de Guise, puis M. de Vintimille, puis M. et Mme de Talleyrand » "6 pièces ; 3 à cheminée ; 3 entresols, 1 à cheminée"
La Suze, Louis Michel de Chamillart, comte de (8.2.1709-27.8.1774). Grand maréchal des logis 1716
La Suze, Anne Marguerite Chauvelin, comtesse de (1724-?)
1746 *M. le grand maréchal demande pour lui et sa femme le logement de M. de Talleyrand et de donner le sien* [**AN 69 et 75**] *à la veuve ; il compte prendre soin de toute cette pauvre famille et ce logement lui ferait grand plaisir, et ce serait pour sa vie.* Bon du roi : A.N. O[1] 1076 130
2.1.1747 *M. le comte de La Suze, grand maréchal des logis du roi, a présenté un plan de son appartement dans l'attique de l'aile du Nord à M. de Tournehem, directeur général des Bâtiments de Sa Majesté, sur lequel plan sont marqués en rouge les changements qu'il désire être faits dans le logement au château de Versailles.* Réponse de T : *À M. L'Écuyer pour me rendre compte.* A.N. O[1] 1810 I 172
10.7.1747 *M. de La Suze demande que M. de Tournehem fasse accommoder son logement, n'étant pas praticable comme il est actuellement pour deux...* Réponse : *À M. L'Écuyer pour m'en rendre compte.* Réponse de E : *C'est un objet qui passe 3 000 livres.* Note de T : *Cette dépense est trop considérable.* A.N. O[1] 1810 I 235
21.1.1748 E à T : *État des ajustements demandés... à l'appartement de M. le grand maître. Les ajustements proposés montent à la somme de 1 259 livres ; les réparations occasionnées par les ajustements 100 livres. Total = 1 349.* Bon du roi : A.N. O[1] 1810 II 38
24.6.1748 *M. le comte de La Suze, grand maréchal, prie M. de Tournehem de lui accorder deux glaces à son appartement au château de Versailles.* Réponse : *Bon à fournir du magasin.* A.N. O[1] 1810 II 67
2.2.1758 E à M : *Logement de M. le comte de La Suze, changements et ajustements : une lanterne à faire dans le comble pour donner jour par augmentation dans son cabinet ; dans le cabinet de compagnie y faire une cloison pour le recouvrir et y pratiquer deux petites garderobes pour la commodité et pour pouvoir éloigner le bruit des domestiques de l'antichambre... 611 livres.* Réponse : *La situation présente des Bâtiments ne me permet pas de le lui accorder.* A.N. O[1] 1796 520 et 521
19.6.1764 M à E : *État des ouvrages demandés à faire : M. le grand maréchal, son logement à reblanchir... 256 livres.* A.N. O[1] 1797 452
7.8.1764 M au roi : *M. le comte de La Suze supplie très humblement Votre Majesté de lui accorder le blanchissage de son logement au château de Versailles, dont la dépense est de 256 livres.* Bon du roi : A.N. O[1] 1812 III 25
8.1766 M à E : *Puisque suivant votre avis, l'ouvrage demandé par M. de La Suze pour éclairer son cabinet est de toute nécessité et n'occasionnera pas une dépense de plus de 500 livres, je vous autorise à le faire exécuter, en vous recommandant qu'il soit fait, s'il est possible, avant la fin du voyage afin que M. le grand maréchal puisse à son retour jouir de son cabinet.* A.N. O[1] 1798 94
18.9.1766 M au roi : *Le cabinet de l'appartement que M. de La Suze, grand maréchal, occupe au château de Versailles ne prend son jour que d'en bas, ce qui lui fatigue extrêmement la vue. Il est très possible de remédier à cette incommodité en pratiquant un abat-jour*

dans le toit. L'objet de la dépense serait d'environ 600 livres. Bon du roi : A.N. O[1] 1071 186 et 187 ; *Cf.* 1812 III 143

21.5.1769 Le comte de La Suze à M : ... *Je voudrais faire faire quelques réparations et changements dans mon logement à Versailles, bien entendu que ce sera à mes dépens, mais je vous prie de vouloir bien m'accorder l'agrément. En même temps, vous me rendrez un grand service si vous voulez bien permettre que l'on prenne quelques vieilles boiseries dans les magasins du roi pour faire des lambris dans la chambre que je ferai accommoder...* A.N. O[1] 1798 353

25.5.1769 Le comte de La Suze à M : *Depuis que j'ai eu l'honneur de vous écrire... j'ai fait réflexion sur les réparations que j'avais à vous demander dans mon logement au château de Versailles, lesquelles je vous supplie... de vouloir bien m'accorder. La plus grande partie consiste en deux croisées toutes pourries, une grande planche qui tombe, une espèce de lanterne à faire, une cheminée très dangereuse à faire déplacer et replacer, ainsi que les fourneaux de cuisine pour pouvoir faire un petit escalier avec quelques petits changements dans les dedans pour lequels je vous prie de vouloir bien permettre qu'on prenne de vieilles menuiseries dans les magasins du roi. Cette réparation naturellement ne devait pas me regarder, mais connaissant, malgré l'envie que vous avez d'obliger, l'obstacle qui s'y rencontre dans ce moment, après que vous auriez bien voulu donner des ordres à M. L'Écuyer pour qu'il veuille bien vous rendre compte de l'état des lieux et de ma demande, voici ce que je prends la liberté de vous proposer ; c'est de donner 1200 francs pour payer la main-d'œuvre et dont vous me ferez rembourser quand cela vous sera possible, soit de tout ou d'une partie.* A.N. O[1] 1798 359

31.3.1769 M, à Ménars, au comte de La Suze : *J'ai reçu seulement ici, Monsieur, la lettre que vous m'avez fait l'honneur de m'écrire concernant les petits changements et réparations que vous désirez faire à vos frais dans votre appartement au château de Versailles. J'y donne mon consentement avec bien du plaisir. Je désirais même que les facilités actuelles des Bâtiments du roi me permissent de les y faire entrer pour quelque partie de la dépense, mais elles sont telles que je me vois avec douleur obligé de suspendre les réparations les plus urgentes et les plus indispensables. C'est ce qui me fait vivement désirer que le plancher qu'il est question de découvrir ne se trouve point mauvais ; et je l'espère, car je ne puis vous dissimuler la crainte où je suis que dans le cas contraire, malgré toute ma bonne volonté, il ne s'écoulera encore du temps avant que cette partie soit rétablie, attendu l'impossibilité où je me trouve de donner aucun secours aux entrepreneurs.* A.N. O[1] 1798 352

31.3.1769 M, à Ménars, à E : *M. le comte de La Suze désirant faire faire à ses dépens dans son logement au château de Versailles quelques changements et réparations, j'y ai donné mon consentement. Ainsi, vous vous conduirez en conséquence. Ces réparations et changements devraient être faits sous vos yeux. Il est inutile que je vous recommande à cet égard les ménagements convenables et nécessaires pour la solidité et la sûreté du château.* A.N. O[1] 1798 352

27.6.1769 E à M : *Les changements que M. le comte de La Suze désire font un objet de 3 000 livres sur quoi il s'offre d'en payer 1 200.* Réponse : *Mandez à M. de La Suze que l'état des Bâtiments ne permet pas...* A.N. O[1] 1798 360

1769 N au roi : *M. le comte de La Suze, étant très infirme depuis plusieurs années, souffre dans l'entresol qu'il occupe à Versailles. Il supplie très humblement Votre Majesté de vouloir bien avoir la bonté de lui accorder le logement de M. le prince de Beauvau* [**AN 53**] *quand il sera en possession de celui qu'on arrange pour lui* [**AN 55**]. A.N. O[1] 1077 57

Villequier, Louis Alexandre Céleste d'Aumont, duc de (1736-1814). Premier gentilhomme de la chambre du roi 1762

1.8.1770 N au roi : *Votre Majesté a eu la bonté d'accorder au 1er de janvier 1771 le logement de feu M. le duc de Chaulnes* [**AN 54**] *à M. le comte de La Suze à cause de sa très mauvaise santé, Votre Majesté veut-Elle bien donner en échange à M. le duc de Villequier celui de M. le comte de La Suze ?* A.N. O[1] 1077 91

1.7.1774 N au roi : *M. le comte de La Suze a occupé pendant 40 ans le logement que M. le duc de Villequier avait en dernier lieu...* A.N. O[1] 1077 207

Vintimille, Charles Emmanuel Marie Madgeleine Vintimille du Luc, marquis de (1741-1814). Chevalier d'honneur de la comtesse d'Artois

Vintimille, Marie Marguerite de Castellane, marquise de (1747-1770)

1770 *État* A « M. de La Suze, puis M. de Villequier, puis marquis et marquise de Vintimille »

10.11.1774 N au roi : *M. le marquis de Vintimille préfère le logement de M. le duc de Villequier, si Votre Majesté l'approuve, à celui de Mme de Bassompierre* [**AP 95**]. *Cela est indifférent.* A.N. O[1] 1077 214

Bassompierre, Charlotte de Beauvau-Craon, marquise de (1717-1787). Dame pour accompagner Mesdames Henriette et Adélaïde 1751

8.2.1775 *Le logement de M. de duc de Villequier à Mme la marquise de Bassompierre, dame de Madame Adélaïde...* Distribution : A.N. O[1] 1077 218

1787 *État* E « M. le comte [sic] de Vintimille » "7 pièces, 3 à cheminée ; 4 entresols, 2 à cheminée, 2 bûchers"

9.8.1787 Le marquis de Vintimille à A : *Vous m'avez permis... de vous demander des ordres pour que mon appartement à Versailles soit blanchi ; il en a le plus grand besoin. Le plafond de mon brisis, chambre à coucher, exige aussi quelques réparations...* A.N. O[1] 1802 370

AN 53

Léon, Françoise de Roquelaure, princesse de (1684-1741)

8.6.1722 *Le duc de Noailles et le marquis de Canillas ont eu ordre de se retirer, le premier à ses terres de Peynières... l'appartement du duc de Noailles à Versailles a été donné à la comtesse de Guise* [**AP 53**] *et à la princesse de Léon. Le Mercure galant*, juin 1722

Chalais, Marie Françoise de Rochechouart-Faudoas, marquise de Cany, puis princesse de (1686-1771). Dame du palais 1725-1743

GG-B 1136 « Plan de l'appartement de la princesse de Chalais... dans l'attique de l'aile du Nord »
1741 *État*[1] « Dame du palais, Mme la princesse de Chalais »
1.3.1737 *Le roi soupa hier dans ses cabinets... depuis quelque temps il monte après souper sur les toits du château. Plusieurs de ceux qui avaient eu l'honneur de souper avec Sa Majesté voulant aller au bal de l'Opéra, Elle les renvoya pour qu'ils y allassent. Le roi parut même avoir quelque désir d'y aller aussi, non pas dans ses carrosses, mais dans celui de M. le comte de Clermont ou de quelque autre. M. le duc d'Ayen, capitaine de ses gardes en quartier, était déjà allé se coucher ; le roi descendit chez lui à son logement de quartier* [**CC 8**], *le réveilla, le fit rhabiller devant lui et lui mit sa bourse. M. de Chalais, ayant soupé avec lui, lui dit que, s'il voulait aller au bal sans faire tant de chemin, qu'il y en avait un chez Mme de Chalais pour Mme de Rochechouart-Faudoas, Mlle de Chalais et autres jeunes personnes. Le roi fit passer M. de Chalais devant lui et lui recommanda de ne rien dire, et ayant pris par-dessous la voûte et par la galerie d'en bas, il monta chez M. de Chalais ; il s'y assit, dansa un menuet avec Mme de Rochechouart-Faudoas, ensuite alla prendre Mme de Rupelmonde la mère, qui ne fit que la révérence. Le roi parut désirer encore de danser quelques contredanses ; il en dansa une avec Mlle de Chalais, et ensuite une avec Mme de Rochechouart-Faudoas. Il parut s'être fort bien diverti et ne sortit qu'à quatre heures et demi, ayant fort chaud. Il revint par le même chemin sans lumière.* L* I 194 *sq.*
5.7.1737 *Le roi... se promène avec ceux qui ont eu l'honneur de souper avec lui jusqu'au bout de l'aile Neuve... Il a été plusieurs fois faire la conversation chez Mme de Chalais, par une fenêtre qui donne sur le toit.* L* I 287
10.5.1748 Le prince de Chalais à T : *M. le prince de Chalais fait renouveler à M. de Tournehem qu'il lui a promis de faire mettre des croisées à sa chambre à coucher et à son antichambre, les châssis qui y sont étant si mauvais que les carreaux ne peuvent pas tenir...* A.N. O^1 1810 II 57
Duras, Emmanuel Félicité de Durfort, comte, puis duc de (1715-1789). Premier gentilhomme de la Chambre 1757
11.3.1750 *M. et Mme de Chalais avaient remis au roi : l'appartement qu'ils avaient au château du côté de l'aile Neuve ; ils ont pris le parti de ne plus venir à Versailles.* L* X 260
29.5.1750 *M. le duc de Duras chez M. le prince de Chalais* ... Disposition : A.N. O^1 1076 250
6.9.1750 T au roi : *M. le duc de Duras supplie Sa Majesté de lui accorder plusieurs changements et réparations à son logement au château de Versailles, lesquels se monteront suivant l'estimation ci-jointe à la somme de 1 693 livres.* Bon du roi : A.N. O^1 1070 371 ; *Cf.* 1810 III 55
Civrac, Anne Marie de La Faurie de Monbadon, marquise de Durfort, puis en 1774 duchesse de (1720-1786). Dame surnuméraire de Mesdames les cadettes 1751, puis leur dame d'atour en survivance 1756

1. Pas d'indication sur le nombre des pièces.

Civrac, Jacques Aymery Joseph, marquis de Durfort, puis en 1774 duc de (1716-1787). Ambassadeur à Venise 1755-1760
28.5.1752 N au roi : *M. le duc de Duras supplie très humblement Votre Majesté d'avoir la bonté de donner son logement à Mme de Durfort, dame de Mesdames, après le départ de Madame l'Infante.* Bon du roi : A.N. O^1 1076 301
23.4.1754 *Mme de Durfort, dame de Mesdames, fut volée hier dans son appartement au château dans l'aile Neuve du côté de la Chapelle ; on ouvrit un secrétaire qui était dans sa chambre, on lui prit une bourse, dans la quelle il y avait 55 louis et trois tabatières d'or ; ce qui est encore plus fâcheux, on lui prit aussi des boucles d'oreilles valant 10 000 ou 12 000 francs que Mme de Rochechouart-Faudoas lui avait prêtées. Il y avait dans ce même secrétaire quatre ou cinq rouleaux de 50 louis chacun dans un tiroir à secret ; les voleurs n'ont pas trouvé le secret ou n'ont pas eu le temps d'ouvrir le tiroir. Le secrétaire a été ouvert par force ; il semble aussi qu'il y ait eu une porte d'une garde-robe enfoncée, mais on a cru remarquer qu'elle l'a été en dedans pour donner lieu de soupçonner que c'étaient les voleurs externes. Jusqu'à présent, il y a de grands indices contre un domestique de la maison, qui cependant y est depuis seize ans, et un des principaux indices est un grand chien de M. de Durfort, fort méchant pour ceux qu'il ne connaît pas, lequel n'a point fait de bruit et a paru fort tranquille.* L* XIII 234 *sq.*
5.5.1754 *De cinq ou six domestiques dont est composée la maison de M. et de Mme de Durfort, quatre furent arrêtés et mis en prison dans le premier moment. Deux laquais qui servaient ce jour-là même M. et Mme de Durfort à souper chez Mme la maréchale de Duras, et qui après le souper restèrent à dormir dans l'antichambre ne paraissaient pas soupçonnés, quoique l'un d'eux ne fût à la maison que depuis trois semaines. Un très ancien domestique... était regardé comme l'auteur du vol... cependant il se trouve qu'il est innocent et que le nouveau domestique est le seul coupable. L'ancien et le nouveau sont restés en prison ; on était au moment d'appliquer l'ancien à la question ; il niait toujours constamment et faisait dire beaucoup de messes pour que la vérité se découvrît ; enfin le nouveau, touché apparemment du repentir de ses fautes, a commencé à écrire une lettre anonyme pour indiquer le lieu où il avait caché le vol et l'a jetée par la fenêtre à un homme de sa connaissance. Cette lettre a été portée à M. de Durfort ; on a été au lieu indiqué au pied d'une statue qui a les bras cassés dans le fer à cheval de Latone ; on a trouvé 35 louis et les diamants. On a su depuis que presque tout le reste de l'argent a été jeté dans les lieux avec une boîte d'or.* L* XIII 246 *sq.*
18.5.1754 *Le 14 de ce mois, le domestique de Mme de Durfort... fut pendu ici à neuf heures du soir.* L* XIII 252
Périgord, Marie Marguerite Françoise de Talleyrand, comtesse de (1727-1755). Dame du palais de la reine 1744
10.12.1757 *Le logement de M. de Duras à Mme de Périgord...* Projet : A.N. O^1 1076 487
1757 *Le logement de M. le duc de Duras, en attendant*

celui de M. Rouillé, **[AN 55]** *à Mme la comtesse de Périgord...* Disposition : A.N. O¹ 1077 463

Rochechouart-Faudoas, Jean Louis Roger, marquis de (1717-1776). Menin du dauphin

Rochechouart-Faudoas, Charlotte Françoise de Faulcon de Rys, *dite* Mlle de Charleval, puis marquise de (1708-1789). Dame pour accompagner Mesdames les cadettes 1748-1758

1758 *Le logement de M. le duc de Duras à M. le marquis de Rochechouart-Faudoas, menin de Monseigneur le dauphin, et Mme la marquise, dame de Mesdames...* Disposition : A.N. O¹ 1077 475

24.3.1758 *Le logement de M. le duc de Duras à M. le marquis et Mme la marquise de Rochechouart-Faudoas...* Disposition : A.N. O¹ 1076 511

25.4.1758 M au roi : *Mme la marquise de Rochechouart-Faudoas demande une petite cloison de séparation pour empêcher que les gens de Monsieur passent par le cabinet pour entrer dans sa chambre et plusieurs petits ajustements et parties de blanchissages... 300 livres.* Bon du roi : A.N. O¹ 1071 9 et 1811 III 16

14.5.1758 M à E : *Vous ferez travailler aux réparations que Mme la marquise de Rochechouart-Faudoas m'a demandées qui monteront à 300 livres.* A.N. O¹ 1796 56

29.10.1762 E à M : *Mme la comtesse de Rochechouart-Faudoas vient de m'écrire que vous lui avez accordé le blanchissage de son logement et sur ce que j'ai dit à son concierge qui m'a remis sa lettre qu'il me fallait votre lettre, il m'a prié de remettre cette réparation au printemps prochain, se trouvant obligé d'aller à la campagne pour du temps.* Réponse : *Bon* A.N. O¹ 1797 289

Fronsac, Louis Antoine Sophie de Vignerot du Plessis de Richelieu, duc de (1736-1791). Premier gentilhomme de la chambre du roi en survivance 1756

1764 N au roi : *M. le maréchal de Richelieu n'ayant qu'un logement de garçon* **[CC 56]** *supplie Votre Majesté d'avoir la bonté de le lui conserver comme grâce, sa vie durant, et de donner celui de Mme la comtesse de Rochechouart-Faudoas pour le change à M. le duc de Fronsac.* A.N. O¹ 1076 737

22.4.1764 *Le logement de feu Mme la comtesse de Rochechouart-Faudoas à M. le duc de Fronsac pour le logement du premier gentilhomme de la chambre...* Disposition : A.N. O¹ 1076 739

1766 N au roi : *Le comte de Noailles a défendu les logements des menins autant qu'il a été possible, mais depuis la dévastation causée par le bâtiment de l'Opéra il n'ose plus rien dire. Il joint ici l'état de ceux qui sont dans le cas de les perdre... M. le marquis de Rochechouart-Faudoas en a un bon.* A.N. O¹ 1076 829

Beauvau-Craon, Charles Juste, *dit* prince de (1720-1793). Capitaine des gardes du corps 1756

1766 *Le logement de M.* [le marquis] *et Mme la marquise de Rochechouart-Faudoas à M. le prince de Beauvau qui a perdu le sien* **[AN 56]** *par la construction de l'Opéra...* Disposition : A.N. O¹ 1076 827

1776 *Le logement de Mme la marquise de Rochechouart-Faudoas, aile du Nord à M. le prince de Beauvau...* Distribution : A.N. O¹ 1077 373

14.9.1766 *M. L'Écuyer, contrôleur du département du château de Versailles, laissera à M. le prince de Beauvau la liberté de faire blanchir l'antichambre et les plafonds de l'appartement ci-devant occupé par M. le marquis et Mme la marquise de Rochechouart-Faudoas au château de Versailles qui lui été donné à la place de celui qu'il occupait ci-devant.* A.N. O¹ 1798 103

Laval, Guy André Pierre de Montmorency-Laval, en 1758 duc de (1723-1798). Premier gentilhomme de la chambre du comte de Provence 1771

29.11.1771 *M. le duc de Laval demande l'expectative du logement de M. le prince de Beauvau quand il sera dans celui qu'il doit avoir* **[AN 56]** *et qui n'est pas achevé.* Bon du roi : A.N. O¹ 1077 142

Forcalquier, Marie Françoise Renée de Carbonnel de Canisy, marquise d'Antin, puis comtesse de (1725-1796). Dame d'honneur de la comtesse d'Artois 1773-1774

29.8.1773 *Le logement qu'occupe M. le prince de Beauvau, quand il sera dans le sien, à Mme la comtesse de Forcalquier, rendant un entresol qui a été pris sur le logement de M. le duc de Villequier...* Disposition : A.N. O¹ 1077 181

31.8.1773 N à l'abbé Terray : ... *Il serait essentiel que le logement très avancé de M. le prince de Beauvau* **[AN 56]** *puisse être fini. Cela en ferait un du moins pour Mme la comtesse de Forcalquier, dame d'honneur de Mme la comtesse d'Artois, qui va se trouver au mariage logée à la ville, ce qui n'est ni commode ni décent.* A.N. O¹ 1799 164

3.9.1773 N au roi : *Mme la comtesse de Forcalquier à qui Votre Majesté a eu la bonté d'avoir donné la survivance du logement de M. le prince de Beauvau a écrit au dit prince en Lorraine pour l'engager à lui remettre tout de suite. M. le prince de Beauvau, très alarmé, en a écrit au comte de Noailles, qui a répondu que l'intention de Votre Majesté n'était pas de déloger un de ses capitaines des gardes ou la dame d'atour de Mme la comtesse de Provence.* A.N. O¹ 1077 187

Narbonne, Françoise de Châlus-Sanssat, marquise de (1734-1821). Dame d'atour de Madame Adélaïde 1764

1770 *État A* « M. le prince de Beauvau, puis prêté à Mme la comtesse de Narbonne »

1.1.1774 N au roi : *M. le comte de La Suze a occupé pendant 40 ans le logement que M. le duc de Villequier avait en dernier lieu* **[AN 52]**. *Le feu roi lui donna le logement de M. le duc de Chaulnes* **[AN 54]** *qui est grand et beau. M. le comte de Boisgelin le demande pour l'occuper avec sa femme ; rien de plus juste. Il a un service de toute l'année et cela le réunit avec sa femme qui a aussi une place chez Mesdames. Cet arrangement a un autre avantage. Il rendra à Votre Majesté deux logements séparés* **[AN 78 et 79]** *dont un des deux peut loger mari et femme. Si Votre Majesté veut avoir la bonté de donner à M. de La Suze le logement de M. et Mme de Beauvau, que Mme de Narbonne occupe encore, il y sera très bien et pourra y loger sa mère.* A.N. O¹ 1077 207 ; *Cf.* 1799 463

10.11.1774 N au roi : *Votre Majesté avait très bien jugé que le comte de Noailles ne réussirait pas dans sa négociation. Il y a échoué n'ayant pas la permission de Votre Majesté de se servir de son autorité. Madame Adélaïde désire que Mme la comtesse de Narbonne reste dans l'ancien logement destiné à M. de La Suze jusqu'à ce qu'elle possède celui de M. le comte d'Eu* **[AN 40 et 41]**. *Ainsi l'édifice du comte de Noailles étant renversé... il propose à Votre Majesté de donner à M. le marquis de Croissy, en conséquence du bon du feu roi, le logement de Mme de Narbonne* **[AN 46 et 47]** *et à M. de La Suze celui de M. de Croissy* **[AN 61]** *en attendant l'évacuation de Mme de Narbonne, si difficile à opérer...* A.N. O[1] 1077 214

La Suze, Louis Michel de Chamillart, comte de (1709-1774). Grand maréchal des logis 1716

La Suze, Anne Marguerite Chauvelin, comtesse de (1724-?)

La Suze, Louis Michel de Chamillart, comte de Courcelles, vicomte, puis marquis de (?-?). Grand maréchal des logis en survivance 1771

8.2.1775 *Le logement de M. le prince de Beauvau, occupé en dernier lieu par Mme la comtesse de Narbonne, à M. le marquis de La Suze, grand maréchal des logis...* Distribution : A.N. O[1] 1077 218

29.8.1775 Le comte de La Suze à A : *M. le comte d'Angiviller a bien voulu avoir la bonté de promettre à M. de La Suze qu'il donnerait ses ordres pour que le logement que le roi lui a donné à Versailles, ci-devant occupé par Mme la comtesse de Narbonne, fût reparé et blanchi...* A.N. O[1] 1799 407

1775 N au roi : *Il y a une discussion des plus vives entre M. le marquis de La Suze et Mme la comtesse de Narbonne sur une cuisine qui est dans l'intérieur du logement de M. le grand maréchal et que la dame d'atour de Madame Adélaïde ne veut pas rendre. Le maréchal de Mouchy, qui a une horreur des nouveaux réchauffoirs établis dans les galeries qui font une malpropreté indécente, propose de lui accorder une chambre à cheminée qui est auprès de la garde-robe de Madame Victoire, ci-devant à M. Ogier et qui n'est pas occupée.* **[AN 14B bis]** *Elle la rendra quand on pourra lui donner une autre cuisine* **[AN 53C]**. A.N. O[1] 1077 368

3.2.1779 Le marquis de La Suze à A : *Le marquis de La Suze est souvent obligé avec beaucoup de parents ou amis au logement qu'il a plu au roi de lui accorder à Versailles. Pour en rendre la distribution plus commode il désirerait obtenir... le percement d'une porte dans l'intérieur entre une petite antichambre noire et un petit cabinet donnant sur le parterre. Ces deux pièces sont celles de son logement qui sont les plus voisines de celui de M. de Vintimille* **[AN 52]**. *Il n'y aurait pas de gros mur à percer, mais une simple cloison et comme cette cloison est recouverte en boiserie, on trouverait dans la boiserie même de quoi y faire la porte. Ce percement se ferait ainsi aux moindres frais possible...* A.N. O[1] 1800 346

1787 *État* E « M. le marquis de La Suze, grand maréchal des logis » "8 pièces, 5 à cheminée ; 3 entresols"

1.1.1788 Le marquis de La Suze à A : *M. le marquis de La Suze prie M. le comte d'Angiviller de vouloir bien avoir souvenir de la promesse qu'il lui a fait l'honneur de lui faire d'ordonner les réparations nécessaires à son logement à Versailles. Il lui en aura une grande obligation si M. le comte d'Angiviller veut bien ordonner aussi qu'on lui boise un petit entresol et que l'on mette des jalousies à son logement comme l'on en a mis à celui de M. le duc de Saulx* **[AN 53A]**, *attendu qu'il est situé au couchant et qu'on ne peut pas tenir pendant l'été.* Réponse de H à A datée 27.7.1788 : *Je pense que les demandes de M. le marquis de La Suze sont dans le cas d'être accueillies favorablement... premièrement parce que vu la petitesse du local, elles sont de peu de dépense, et en second lieu parce que M. le marquis de La Suze a attendu à la dernière extrémité pour demander dans son logement les réparations et les petites jalousies, dont il y a longtemps que ce logement a besoin.* A.N. O[1] 1802 418

AN 53A

Alincourt, Marie Josèphe de Boufflers, duchesse d' (1704-1738). Dame du palais 1727-1734

1730 *Mémoires des ouvrages de sculptures faits... depuis le mois de janvier 1730... chez Mme la duchesse d'Alincourt : une agrafe au milieu de la traverse d'une alcôve ornée de feuilles et une palmette et agrafe sur la longueur de deux pieds trois pouces, plus deux grandes oreilles ornées d'enroulement de rinceaux...* A.N. O[1] 1763A

Luxembourg, Madeleine Angélique de Neuville-Villeroy, duchesse de Boufflers puis de (1707-1787). Dame du palais de la reine 1734

GG-B 1136 « Plan de l'appartement... de Mme de Boufflers dans l'attique de l'aile du Nord »

1741 *État* [1] « Dame du palais Mme la duchesse d'Alincourt, puis Mme la duchesse de Boufflers »

Boufflers, Charles Joseph Marie, duc de (1731-1751)

Boufflers, Marie Anne Philippine Thérèse de Montmorency-Logny, duchesse de (1732-1797). Dame du palais de la reine en survivance de sa belle-mère 1749

9.4.1747 ... *le mariage du fils de M. de duc de Boufflers est déclaré. Il épouse une Mlle de Montmorency, fille de M. de Montmorency de Flandre... M. et Mme de Boufflers prennent les mariés chez eux ; ils les logent et nourrissent sans aucun terme fixe. M. le comte de Boufflers restera en Flandre pour la campagne et Mme de Boufflers reviendra ici avec sa belle-mère.* L* VIII 177

Périgord, Marie Marguerite Françoise de Talleyrand, comtesse de (1727-1775). Dame du palais 1744 ; dame d'honneur de Mesdames les cadettes 1769

Périgord, Gabriel Marie de Talleyrand, comte de (1726-1795). Menin surnuméraire, puis en exercice 1749

17.9.1748 *Le roi ayant trouvé bon que Mme la duchesse de Boufflers et Mme de Périgord changent de logements, Mme la comtesse de Périgord prie M. de Tournehem de lui faire cintrer trois fenêtres d'entresols, blanchir son antichambre et ses entresols, de faire remplacer deux glaces qui sont dans la chambre que quitte Mme de Boufflers et qui sont à elle, et en faire mettre deux dans la chambre de M. de Périgord.* Réponse : *M. L'Écuyer m'a rendu compte de cette demande verbalement, mais n'ayant rien d'écrit, je le prie de m'envoyer sa réponse au pied de cette note, ne m'en ressouvenant plus l'objet de la dépense de cette demande.* A.N. O[1] 1810 II 83

30.6.1750 ... *se fit le mariage de M. de Luxembourg avec Mme de Boufflers... Le parti que Mme de Boufflers prit il y a quelque temps... de quitter un appartement beau et commode qu'elle avait tout en haut dans l'aile Neuve, pour en prendre un moins commode dans la*

1. Pas d'indication sur le nombre des pièces.

galerie au-dessous [**AN 33**], *avait fait juger qu'elle comptait habiter incessamment celui que M. de Luxembourg a dans le même quartier ; en effet ce qui a déterminé ce changement est le peu d'usage que Mme de Boufflers comptait faire de Versailles jusqu'à son mariage, et la réflexion qu'elle obtiendrait plutôt de céder ce nouvel [appartement] à son fils et sa belle-fille comme elle a fait depuis en effet. Il y a grande apparence que ce qui a retardé le mariage sont les changements que M. de Luxembourg a fait faire dans son hôtel et même quelque augmentation de bâtiments.* L* X 287 *sq.*
Orléans, Louis Sextius de Jarente, évêque d' (1709-1788). Évêque de Digne 1745, puis d'Orléans 1757 ; ministre de la feuille des bénéfices
10.12.1757 *Le logement de Mme de Périgord à l'évêque de Digne...* Distribution autographe de Louis XV : A.N. O[1] 1076 487
Berryer, Nicolas René (1703-1762). Ministre 1758 ; secrétaire d'État à la Marine 1758-1761
1758 *Le logement de M. le comte et Mme la comtesse de Périgord à M. Berryer...* Disposition : A.N. O[1] 1077 432
Antoine de Saint-Pons, François Antoine d' (?-?). Premier écuyer de Madame Infante, duchesse de Parme
Malaspina, N..., marquise de (?-?). Dame de Madame Infante
Saulx-Tavannes, Charles Marie Gaspard, comte de (1713-1784). Menin du dauphin ; chevalier d'honneur de la reine 1755
29.9.1758 *Le logement de M. Berryer, ci-devant à M. le comte et Mme la comtesse de Périgord, par emprunt à Mme la marquise de Malaspina et à M. d'Antoine, la porte pouvant être condamnée et y ayant deux sorties... l'assurance du logement de M. Berryer, qu'avaient M. et Mme de Périgord à M. le comte de Saulx, chevalier d'honneur, et à M. le marquis de Tavannes, menin.* Projet : A.N. O[1] 1076 529
1766 *M. et Mme la comtesse de Tavannes ne sont pas dans l'intimité conjugale qu'on pourrait désirer. Ils sont logés ensemble chez Mme la duchesse de Villars* [**AP 92**] *où ils ont mis un mur de séparation entre leur deux appartements, ce qui les rend très incommodes. M. le comte de Saulx ne faisant pas son service, la reine lui a demandé son logement qu'il a rendu. Votre Majesté veut-Elle l'accorder à M. le comte de Tavannes ?* A.N. O[1] 1076 812
1770 *État* A « M. le comte de Saulx »
Saulx-Tavannes, Charles François Casimir de, comte de (1739-1792). Chevalier d'honneur de la reine en survivance 1771
31.12.1775 *Le logement de M. le comte de Saulx à M. le comte de Tavannes...* Disposition : A.N. O[1] 1799 466
20.9.1778 Le comte de Saulx-Tavannes à A : *J'ai l'honneur de vous envoyer ci-joint... le mémoire du sieur Chiquat, menuisier des Bâtiments du roi, pour la croisée faite à Versailles dans l'appartement que j'occupe et que vous avez bien voulu me promettre de faire payer sur le compte des Bâtiments ainsi qu'il a été fait en faveur de Mme la princesse de Chimay pour le même objet de dépense et pareille ouverture de croisée. Vous avez eu la bonté de trouver juste que le chevalier d'honneur de la reine ne soit pas assujetti à un payement d'ouvrage local dont la dame d'honneur est dispensée... 227 livres.* A.N. O[1] 1800 276 et 277
1787 *État* E « M. le comte de Saulx-Tavannes »

AN 53B
Garçon du château
1741 *État*[1] « Garçon du château »
Maugin, N..., *dite* « la veuve » (?-?)
31.12.1749 *La veuve de Maugin, qui a eu l'honneur de servir Sa Majesté pendant 30 ans en qualité de garçon du château, et à qui le roi a fait la grâce de lui accorder son logement au château de Versailles, supplie M. de Tournehem d'ordonner qu'il y soit fait quelques réparations qui sont extrêmement nécessaires pour la sûreté du dit logement.* Réponse : *À M. L'Écuyer pour m'en rendre compte.* A.N. O[1] 1810 II 85
31.10.1774 Le comte de La Suze à A : *Sa Majesté ayant donné à M. le comte de Boisgelin le logement qu'occupait ci-devant M. le comte de La Suze* [**AN 54**], *elle a bien voulu en accorder un autre au marquis de La Suze,* [**AN 53**] *dont le logement qu'habitait la veuve Maugin* [**AN 53B**] *fut partie. Ce petit logement est dans l'aile de la Chapelle dans le corridor à droite au haut du grand escalier de cette aile...* A.N. O[1] 1779 330
Trans, Anne de Chamillart de La Suze, marquise de (1739-1820). Dame pour accompagner la comtesse d'Artois 1773
1770 *État* A « la veuve Maugin, puis Mme la marquise de Trans »
Chabot-Périgord, N..., comte de (?-?)
1783 *État* D « M. le comte de Chabot-Périgord »
1787 *État* E « M. le comte de Chabot » "3 entresols à cheminée"

AN 53C
Frotteur
26.9.1762 N au roi : *Le dernier des balayeurs a une chambre noire au château auprès de M. le comte de Saulx* [**AN 53A**] *et la veuve Maugin* [**AN 53B**] *au lieu et place de 90 livres qu'ont les autres. Votre Majesté veut-Elle bien lui accorder les 90 livres et que la femme d'un de ses camarades, qui a beaucoup d'enfants et qui est souvent prête à devenir veuve, occupe la chambre noire d'où elle aura l'œil sur tous les logements de cette aile ?* Réponse : *Oui.* A.N. O[1] 1076 688
1770 *État* A « Frotteur »
Ferdinand, N... (?-?)
1777 *État* B « Ferdinand »
Office de Mme de Narbonne
1787 *État* E « Office de Mme de Narbonne » "2 pièces, 1 à cheminée"

AN 54[2]
Reims, Charles Maurice Le Tellier, archevêque de (1642-1710). Archevêque de Reims 1671 ; Conseiller d'État 1679

1. Pas d'indication sur le nombre des pièces.
2. Croisées 14 à 19.

Chevreuse, Charles Honoré d'Albert, duc de (1646-1712). Ministre d'État secrètement 1694

Chevreuse[1], Jeanne Marie Colbert, duchesse de (1650-1732). Dame du palais de la reine 1674

20.11.1689 *M. de Reims a troqué son appartement dans l'aile nouvelle pour se rapprocher de M. de Louvois, contre M. et Mme de Chevreuse* **[AP 97]** *qui ont été bien aises de se rapprocher de M. de Beauvillier.* D III 27

Chaulnes, Louis Auguste d'Albert de Luynes, duc de (1676-1744). Capitaine-lieutenant des gardes du roi 1704

GG-B 1117

Picquigny, Charles François d'Albert d'Ailly, duc de (1707-1731)

1741 *État* « Commandant des chevau-légers M. le duc de Chaulnes, puis M. le duc de Picquigny » "9 pièces, 6 à cheminée ; 4 entresols, 3 à cheminée"

Chaulnes, Michel Ferdinand d'Albert d'Ailly, duc de Picquigny, puis en 1744 duc de (1714-1769)

Chaulnes, Anne Josèphe Bonnier de La Mosson, duchesse de (1717-1782)

6.1745 ... *dans l'aile Neuve, tout en haut dans les combles... l'appartement de la maréchale de Chaulnes ci-devant (et présentement à M. de Picquigny)...* L* V 55

Chaulnes, Marie Joseph Louis d'Albert d'Ailly, duc de Picquigny, puis en 1769 duc de (1741-1793)

17.7.1749 *Mme la duchesse de Chaulnes demande qu'on fasse un entresol dans son logement au château de Versailles pour y loger M. son fils avec un valet de chambre et que la pièce où il couchera soit lambrissée en y faisant une alcôve et une garde-robe et à l'antichambre un abat-jour pour l'éclairer. Cette dépense montera suivant l'estimation qui en a été faite à la somme de 1 514 livres.* Bon du roi : A.N. O[1] 1070 353

16.4.1755 *Ajustements et changements que M. le duc et Mme la duchesse de Chaulnes demandent dans leur logement : allonger la première pièce d'entrée et y pratiquer une seconde antichambre ; dans la chambre de M. le vidame y faire une niche avec une garde-robe de chaise au bout ; dans la chambre de Madame y faire une alcôve avec un cabinet et une garde-robe aux deux côtés avec un abat-jour ; baisser l'appui de la croisée du cabinet de Madame du côté du jardin et pratiquer une balustrade sur l'avant-corps pareille à celle qui a été faite à l'ancien logement de Mme de Pompadour pour donner plus d'air et de jour ; le renouvellement de cinq vieilles croisées à faire à neuf avec plusieurs réparations aux planchers, cheminées et autres endroits.* M au roi : *M. et Mme la duchesse de Chaulnes supplient très humblement Votre Majesté de vouloir bien leur accorder les réparations et ajustements qu'ils désirent dans leur logement. Les réparations, suivant le devis ci-joint, monteront à 811 livres, et les ajustements à 2 772. En 1 749, il a été dépensé dans ce même logement 1 514 livres.* Réponse : *Bon pour les réparations* A.N. O[1] 1070 451 et 452 ; *Cf.* 1811 II 20

Garde-robe de Mesdames

[1769] N à G : *Mme la duchesse de Chaulnes ne revient jamais à Versailles, ne pourrait-on pas prendre pour la garde-robe de Mesdames qui n'a pas été encore rendue à M. le duc de Chaulnes et que le roi avait ordonné d'ajouter au logement projeté pour M. et Mme de Périgord* **[AN 55]** *et destiné depuis à Mme la comtesse de Valentinois ?* A.N. O[1] 1802 724

Villequier, Louis Alexandre Céleste d'Aumont, duc de (1736-1814). Premier gentilhomme de la Chambre 1762

5.10.1769 N au roi : *Mme la comtesse de Périgord ne pouvant pas se déterminer à prendre le logement de feu M. le duc de Chaulnes jusqu'à ce qu'elle en aura un achevé, et l'état de M. le duc de Villequier étant des plus pressants, le premier janvier approchant, Votre Majesté permet-Elle au comte de Noailles de faire remettre les clefs du dit logement à M. de Villequier qui le fera accommoder...* A.N. O[1] 1077 55

5.10.1769 N au roi : ... *comme le logement de M. le duc de Chaulnes est vacant et qu'il n'est pas fini, le comte de Noailles demande permission de le prêter à M. le duc de Villequier...* A.N. O[1] 1077 56

8.2.1770 E à M : *M. le duc de Villequier m'ayant assuré que vous lui avez promis deux trumaux de glaces pour mettre dans son cabinet de compagnie. Les trouvant dans le magasin, j'ai l'honneur de vous envoyer ci-joint l'état pour les y faire poser si c'est votre intention.* Réponse : *Il faut réserver les glaces de 64 et 65 pouces pour le roi et mettre celles de M. de Villequier en trois morceaux, s'ils se trouvent dans le magasin.* A.N. O[1] 1798 463 ; *Cf.* 464-466

La Suze, Louis Michel de Chamillart, comte de (1709-1774). Grand maréchal des logis 1716

15.6.1770 N au roi : *M. le comte de La Suze est dans le plus triste état pour sa santé. Il est dans un entresol* **[AN 61]** *où il y a eu déjà trois maladies mortelles et il risque toujours des rechutes quand il vient à Versailles. Il craint que le logement de M. le prince de Beauvau* **[AN 56]** *ne soit pas sitôt prêt et qu'il ne puisse pas jouir de celui que Votre Majesté a eu la bonté de lui accorder. En conséquence, comme M. le duc de Villequier n'a que pour son année celui de M. le duc de Chaulnes, Votre Majesté est très humblement suppliée d'accorder le dit logement le premier janvier 1771 à Mme la comtesse de Périgord si elle préfère et celui de M. de Périgord* **[AN 46A]** *à M. le comte de [La] Suze.* A.N. O[1] 1077 85

1.8.1770 N au roi : *Votre Majesté a eu la bonté d'accorder au 1er de janvier 1771 le logement de feu M. le duc de Chaulnes à M. le comte de La Suze à cause de sa très mauvaise santé, Votre Majesté veut-Elle bien donner en échange à M. le duc de Villequier celui de M. le comte de La Suze* **[AN 52]** ? A.N. O[1] 1077 91

9.7.1773 Le comte de La Suze à M : *M. le marquis de Marigny a fait au comte de La Suze l'honneur de lui promettre... de donner les ordres nécessaires pour lui procurer une cheminée dans la chambre à coucher de son logement à Versailles où il n'a que le tuyau à élever depuis le comble existant jusqu'à cette hauteur...* A.N. O[1] 1799 152

1. Mme de Chevreuse semble avoir conservé l'appartement après la mort du duc jusqu'à 1715. Voir SS XXIII 200 : *Sa douleur fut telle qu'on la peut imaginer... après son deuil elle tira de longue, mais elle ne put éviter les partis et les particuliers. La mort du roi rompit ses chaînes, elle se donna pour morte ; elle vécut à l'hôtel de Luynes et à Dampierre.*

Cucé-Boisgelin, Louis Bruno, comte de (1734-1794). Maître de la garde-robe du roi 1760 ; gentilhomme de la manche du dauphin, 1770 ; exilé 1788
Cucé-Boisgelin, Marie Catherine Stanislas de Boufflers, comtesse de (1744-1794). Dame pour accompagner Mesdames les cadettes, 1760 puis Madame Victoire
1770 *État* A « M. de Villequier, prêté seulement, puis comte de La Suze, puis comte et comtesse de Boisgelin »
1.7.1774 *M. le comte de La Suze a occupé pendant 40 ans le logement que M. le duc de Villequier avait en dernier lieu* [**AN 52**]. *Le feu roi lui donna le logement de M. le duc de Chaulnes qui est grand et beau. M. le comte de Boisgelin le demande pour l'occuper avec sa femme. Rien de plus juste. Il a un service de toute l'année et cela le réunit avec sa femme qui a aussi une place chez Mesdames.* A.N. O[1] 1077 207
8.2.1775 *Le logement de feu M. le comte de La Suze à M. le comte de Boisgelin, maître de la garde-robe, et à Mme la comtesse de Boisgelin, dame de Madame Adélaïde...* Distribution : A.N. O[1] 1076 281
8.5.1775 Le comte de Cucé-Boisgelin à A : *Je quitte mon appartement* [**AP 79**] *et je vais habiter celui qui était occupé par feu M. de La Suze. J'ai fait faire dans le mien une bibliothèque. Il est destiné pour une des personnes qui seront attachées au service de l'enfant de Mgr le comte d'Artois. Si vous désirez que je laisse ma bibliothèque, je consens pourvu que vous ordonniez qu'on m'en fasse une autre dans l'appartement que je vais occuper. J'ai aussi une petite grâce à vous demander. J'ai fait blanchir l'année dernière le logement que je quitte. Cette réparation vous empêchera de le faire faire aujourd'hui. L'eau qui a tombé a gâté les plafonds et certains endroits de la boiserie de celui de M. de La Suze. Je vous prierais qu'on le reblanchît. Il n'en faut point le gratter ; une seule couche suffira. J'ai encore une représentation à vous faire. Ma charge est une de celles auxquelles le roi donne des doubles croisées. C'est à ce titre qu'on en a mis à mon logement et celui de Mme de Boisgelin, qui en est séparé. Le charge de M. de La Suze n'étant point dans le même cas, il les a fait faire. M. son fils me les propose au prix de l'estimation qui en sera faite ; je vous demande que le roi les prenne au prix de l'estimation. Elles lui coûteraient moins que s'il eût fallu en faire des neuves.* A.N. O[1] 1799 339
15.5.1775 A au comte de Cucé-Boisgelin : *J'écris... à M. Hazon, contrôleur du château, de prendre les mesures convenables pour procurer des objets qui vous intéressent...* A.N. O[1] 1799 340
1778 H à A : *J'ai retrouvé au magasin les glaces nécessaires pour l'appartement de M. de Boisgelin. Il serait convenable que j'eusse une lettre de M. le directeur général qui m'autorise à traiter avec M. de Boisgelin par rapport aux conditions auxquelles M. le directeur lui accorde les glaces.* A.N. O[1] 1800 123
26.1.1778 H à A : *Les parquets dans lesquels on va mettre des glaces à l'appartement de M. le comte de Boisgelin sont sans bordures. M. de Boisgelin demande à M. le directeur général de faire dorer celles qu'il faudra nécessairement poser. Cette dorure pourra coûter 300 livres.* Réponse : *Approuvé.* Note : *Dans le même appartement, des dessus de glaces qui étaient ci-devant remplis par des tableaux, lesquels n'appartenant pas au roi ont été enlevés. M. de Boisgelin demande... de lui en faire remettre du magasin quelque méchants qu'ils soient.* A.N. O[1] 1800 127
1787 *État* E « M. le comte de Boisgelin » "8 pièces, 6 à cheminée ; 9 entresols, 4 à cheminée"

AN 55 [1]
Villeroy, François de Neufville, marquis, puis duc de (1644-1730). Maréchal de France 1693 ; capitaine des gardes du corps 1695 ; gouverneur du roi 1717-1722
Villeroy, Marie Marguerite de Cossé-Brissac (1648-1708)
GG-B 1130 « Plan de l'appartement du duc et duchesse de Villeroy dans l'attique de l'aile Neuve sur le jardin avant 1715 »
Mortemart, Louis II de Rochechouart-Mortemart, duc de (1681-1746). Premier gentilhomme de la Chambre 1710
26.10.1714 *Le maréchal de Villeroy est présentement dans l'appartement qu'avait M. de Beauvillier* [**AN 44**] *et le roi a donné le sien à M. le duc de Mortemart, et comme cet appartement est grand, Mme de Beauvillier y pourra loger quand elle voudra venir à la Cour.* D XV 269
Rochechouart, Charles Auguste de Rochechouart-Mortemart, en 1731 duc de (1714-1743). Premier gentilhomme de la Chambre en survivance 1718, en exercice 1731
1741 *État* « Premier gentilhomme de la Chambre, M. le duc de Mortemart, puis M. le duc de Rochechouart » "9 pièces, 7 à cheminée ; 6 entresols, 2 à cheminée"
GG-B 1117 « Plan... de l'appartement du duc de Rochechouart, dans l'attique de l'aile du Nord sur le jardin... entre celui du duc de Chaulnes, [**AN 54**] et ceux du duc de Luxembourg [**AN 56**] et M. de Courtenvaux »
La Motte-Houdancourt, Louis Charles, comte de (1687-1755). Chevalier d'honneur de la reine 1743 ; maréchal de France 1747
23.12.1743 *M. le comte de Noailles a été ce matin dire à M. de La Motte, de la part du roi, que Sa Majesté lui donnait l'appartement de feu M. le duc de Rochechouart...* L* V 226
30.[7].1752 M au roi : *M. le maréchal de La Motte supplie très humblement Votre Majesté de vouloir bien lui accorder les réparations et ajustements à faire dans son logement qui consistent à raccommoder et blanchir les plafonds qui ont souffert par les pluies qui gâtent les meubles, dont le devis est ci-joint, montant pour les réparations à 379 livres et pour les ajustements à 257 livres.* Bon du roi : A.N. O[1] 1811 II 25
7.9.1752 M à E : *Sa Majesté a aussi accordé à M. le maréchal de La Motte des réparations... le devis montant à 379 livres.* A.N. O[1] 1795 260
9.11.1755 N au roi : *M. le prince et Mme la princesse de Turenne auraient volontièrement* [sic] *le logement de M. le maréchal de La Motte s'ils n'avaient espéré au bout de quelque temps d'avoir celui de M. le duc*

1. Croisées 20 à 25.

d'Aumont, **[VA 36]** *que Votre Majesté lui a laissé pour deux ans. Mme de Turenne aime fort son quartier et le voisinage de Mme la comtesse de Marsan. M. le comte et Mme la comtesse de Périgord, M. le comte et Mme la comtesse de Gramont désirent vivement le logement de M. le maréchal de La Motte. M. le marquis de Civrac le désire aussi pour lui et sa femme qui étant dame d'atour a besoin d'être logée plus grandement.* A.N. O[1] 1076 409

Civrac, François Aymery de Durfort, marquis de († 1786). Menin surnuméraire du dauphin 1752

Civrac, Marie Françoise de Pardaillan de Gondrin d'Antin, marquise de (1728-1764). Dame d'atour pour accompagner Mesdames 1747 ; dame pour accompagner Madame Adélaïde 1753, puis sa dame d'atour 1755

9.11.1755 *Le logement de M. le maréchal de La Motte à M. le marquis de Civrac, menin, et Mme la marquise, dame d'atour de Madame* A.N. O[1] 1076 408

Périgord, Marie Marguerite Françoise de Talleyrand, comtesse de (1727-1775). Dame du palais 1744

Rouillé, Antoine Louis, comte de Jouy (1689-1761). Secrétaire d'État à la Marine 1749-1754 ; secrétaire d'État aux Affaires étrangères 1754-1757

Rouillé, Marie Anne Catherine Pallu, Mme (?-?)

16.7.1757 *Le logement de feu M. le maréchal de La Motte, dont Mme la comtesse de Périgord a la survivance, à M. Rouillé, en conservant à Mme la comtesse la même survivance* ... Disposition : A.N. O[1] 1076 486

2.8.1757 E à M : *J'ai visité le nouveau logement de M. Rouillé auquel il y aura quelques légers nettoiements et blanchissages à faire pendant le Fontainebleau prochain, ne pouvant mettre des ouvriers actuellement vu qu'il vient d'être meublé et que d'ailleurs il peut être habité comme il est.* A.N. O[1] 1796 433

19.9.1757 M. Rouillé à M : *J'ai oublié de vous parler d'un endroit qui peut servir à renfermer une petite provision de bois ; il n'y en a aucun dans l'appartement qu'on puisse destiner à cet usage et vous jugerez aisément de la difficulté d'en faire venir chaque jour du dehors. Je vous serai très obligé de me procurer, s'il est possible, ou une cave qui puisse y suppléer, ou au moins une travée dans la galerie et de donner vos ordres en conséquence à M. L'Écuyer afin que le coffre soit prêt pour la saison.* A.N. O[1] 1796 442

26.9.1757 M à M. Rouillé : *C'est à M. le comte de Noailles à disposer des caves et des travées de la galerie, ne pouvant être employées à cet usage sans gratter entièrement la décoration. Je vous prie donc de vouloir bien demander à M. de Noailles un autre emplacement à votre bienséance et s'il y a quelques réparations à y faire pour recevoir le bois, je les ordonnerai sur-le-champ.* A.N. O[1] 1796 444

12.10.1757 M au roi : *M. Rouillé supplie très humblement Votre Majesté de vouloir lui accorder les réparations et ajustements nécessaires au nouveau logement qu'il occupe au château de Versailles dont le devis montera à 949 livres, les glaces comprises.* Bon du roi : A.N. O[1] 1070 543 et 544 ; *Cf.* 1811 II 153

2.2.1758 M à E : *M. Rouillé me demande une cuisine auprès de celle qui a été faite pour M. l'évêque de Digne* **[AN 49]**. *Il m'assure que c'est un objet essentiel puisqu'en continuant de se servir de réchauffoir, il court le risque de mettre feu au château. Il m'offre d'ailleurs d'en faire la dépense à ses frais.* A.N. O[1] 1796 518

Civrac, François Aimery de Durfort, marquis de († 1786). Menin surnuméraire du dauphin 1752

Civrac, Marie Françoise de Pardaillan de Gondrin d'Antin, marquise de (1728-1764). Dame pour accompagner Mesdames 1747 ; dame pour accompagner Madame Adélaïde 1753, puis sa dame d'atour 1755

1758 N au roi : *M. le comte et Mme la comtesse de Civrac... ont refusé le logement de M. et Mme de Rouillé qui leur avait été donné et qui est sûrement le plus beau quoique le moins orné du château.* A.N. O[1] 1077 421

Périgord, Marie Marguerite Françoise de Talleyrand, comtesse de (1727-1775). Dame du palais 1744 ; dame d'honneur de Mesdames les cadettes 1768

[176...] N au roi : *Le logement de M. Rouillé a été promis à M. le comte et comtesse de Périgord. M. le feu chevalier d'honneur de la reine, quoique veuf, désirait le logement pour être auprès de M. son oncle, grand aumônier, mais il prévoit que ce n'est pas le cas de donner les logements doubles sans nécessité. Il est vrai que M. le Saulx en a un de mari et femme* **[AN 53A]** *mais il ne peut être séparé en deux et celui de M. et Mme de Périgord pouvait l'être si on le voulait. Si M. le duc de Villeroy le désirait, il pourrait avoir le préférence.* A.N. O[1] 1077 434

20.6.1766 *État des logements que le roi ôte 1er août 1766 pour faire la salle de l'Opéra : 4 croisées de l'appartement de Mme la comtesse de Périgord. Il en restera 2 pour mettre leurs meubles jusqu'à ce qu'on ait prêts un corridor et 2 croisées sur les six de l'appartement de M. le duc de Chaulnes qui sera refondu en entier.* A.N. O[1] 1076 818

1770 *État A* « destinée à Mme de Périgord »

Bérenger, Raymond Pierre, comte du Gua, marquis de (1732-1792). Chevalier d'honneur de la dauphine, puis de la comtesse de Provence en survivance

1769 N au roi : *Le comte de Noailles demande permission à Votre Majesté de demander de sa part à M. le comte de Bérenger que Votre Majesté accorde au chevalier d'honneur de Madame la future dauphine le logement qu'on fait à côté de M. le duc de Chaulnes pour Mme la comtesse de Périgord jusqu'à ce qu'il en vaque un dans l'aile du Midi plus à portée de son service et qu'en attendant Votre Majesté approuve qu'il s'arrange avec M. le comte de Mailly pour occuper le même logement quand ils viendraient faire leur cour, n'ayant pas de service à faire selon les apparences avant 1770.* A.N. O[1] 1077 389

Valentinois, Marie Christine Chrétienne de Saint-Simon, comtesse de (1728-1774). Dame de Mesdames 1762 ; dame d'atour de la comtesse de Provence 1770

1770 N au roi : *Le logement qu'on va refaire auprès de celui de M. le duc de Chaulnes, dans la place où était celui de M. le comte et Mme la comtesse de Périgord, aile du Nord, près de l'Opéra, à Mme la comtesse de Valentinois* A.N. O[1] 1077 381

Poyanne, Charles Léonard Bernard de Baylens, marquis de (1719-1781). Commandeur des carabiniers

8.1.1769 N au roi : *L'on fait un logement pour M. le*

prince et Mme la princesse de Beauvau à côté de celui de M. le duc de Chaulnes. Le comte de Noailles demande la permission à M. Gabriel, du consentement de M. et Mme la princesse de Beauvau, d'y ménager une chambre pour M. le marquis de Poyanne, c'est la seule marque de reconnaissance que M. le comte de Noailles puisse lui donner pour les bontés infinies qu'il a pour son fils. A.N. O[1] 1077 41
3.1769 GG-B 1235 « Plan légendé d'un projet d'appartement pour M. de Poyanne, avec retombe d'entresol, dans l'attique de l'aile du Nord sur la cour de l'Opéra, près du duc de Chaulnes en formant la salle de spectacle. Promis à M. de Poyanne »
1777 *État* B « M. de Poyanne »
Chabannes [1], Marie Élisabeth de Talleyrand-Périgord, comtesse de (1733-?). Dame pour accompagner Madame Adélaïde 1758, plus tard dame de Madame Victoire
1787 *État* E « Mme de Chabannes » "1 pièce à cheminée et 1 entresol"

AN 56 [2]
Luxembourg, François Henri de Montmorency, duc de (1628-1695). Capitaine des gardes du corps 1673 ; maréchal de France 1675
10.6.1695 GG-B 1146 « Plan de l'appartement du duc de Montmorency, devenu celui du duc de Luxembourg dans l'attique de l'aile du Nord »
Luxembourg, Charles François Frédéric Ier de Montmorency-Luxembourg, prince de Tingry, puis en 1688 duc de Beaufort-Montmorency, *dit* duc de Montmorency, puis en 1695 duc de Piney-Luxembourg, puis *dit* duc de (1662-1726)

> 6.1.1695 *Le roi donna au duc de Montmorency le logement du défunt maréchal son père, mais ne pouvant se résoudre à être tous les jours dans la chambre où il l'avait vu mourir, il l'échangea contre celui du duc de Montfort* [**AN 61**], *son beau frère, lequel ensuite l'échangea contre celui du duc de Gramont* [3].

7.1.1695 *Le roi a donné à M. de Montmorency l'appartement qu'avait M. de Luxembourg, son père ; le roi donne l'appartement qu'avait M. de Montmorency* [**AN 61**] *au duc de Montfort.* D V 132
1723 GG-B 1104 à 1111 « Plans de l'appartement du duc de Luxembourg... dans attique du pavillon au bout de l'aile du Nord sur le jardin »
Luxembourg, Charles François Frédéric II de Montmorency-Luxembourg-Piney, duc de Montmorency, puis en 1718 *dit* duc de Piney-Luxembourg, puis duc de (1702-1764). Capitaine des gardes du corps 1750 ; maréchal de France 1757
Luxembourg, Marie Sophie Émilie Honorate Colbert de Seignelay, duchesse de (1711-1747)
14.1.1734 GG-B 1108 « ... cuisine du duc de Luxembourg dans l'attique... »
1741 *État* « M. le duc de Luxembourg » "11 pièces, 5 à cheminée ; 10 entresols, 1 à cheminée"
Gramont, Antoine Adrien Charles, comte de (1726-1762). Menin surnuméraire du dauphin avec exercice 1752
Gramont, Marie Louise de Fauoq, comtesse de (1732-1798). Dame du palais de la reine 1751
12.4.1751 *Le logement de M. le duc de Luxembourg à Mme la comtesse de Gramont...* Disposition : A.N. O[1] 1076 279
Henrichemont, Maximilien Antoine Armand de Béthune, prince d' (1730-1786)
Henrichemont, Louise Gabrielle de Châtillon, princesse d' (1731-1824). Dame du palais de la reine 1753
1752 N au roi : *Le logement de Mme la comtesse et M. le comte de Gramont, occupé à présent par M. le duc de Luxembourg à Mme la princesse d'Henrichemont* A.N. O[1] 1076 315
1753 *Le logement de M. le duc de Luxembourg à Mme la princesse d'Henrichemont...* Disposition : A.N. O[1] 1795 353
29.6.1753 *Le logement de M. le duc de Luxembourg à Mme la princesse d'Henrichemont...* Disposition : A.N. O[1] 1076 337

AN 56 et 56 *bis* sont créés par division de **AN 56.**

8.9.1753 *On sépare en deux le logement de M. et Mme de Luxembourg qui est au bout de l'aile Neuve ; on en donne une partie à M. de Saulx et l'autre à M. de Choiseul qui est menin ; ils sont veufs l'un et l'autre.* L* XIII 50
1753 *Le logement de M. le duc et Mme la duchesse de Luxembourg séparé en deux : à M. le comte de Saulx, le côté de Mme la duchesse de Luxembourg, à M. le comte de Choiseul le côté de M. le duc de Luxembourg...* Disposition : A.N. O[1] 1077 421

AN 56
Saulx-Tavannes, Charles Marie Gaspard, comte de (1713-1784). Chevalier d'honneur de la reine 1755
Broglie, Louise Augustine Salbigothon de Crozat de Thiers, comtesse, puis duchesse de (1713-1784). Dame pour accompagner Mesdames les cadettes 1754
29.11.1758 *L'assurance du premier logement vacant de M. le comte de Saulx, M. le comte de Muy* [**AP 96**] *et Mme de Lalande* [**AP 98**] *à Mme la duchesse de Broglie...* Projet : A.N. O[1] 1076 529

AN 56 *bis*
Choiseul-Beaupré, François Martial de Choiseul de Sommerville, *dit* comte de (1717-1792). Menin du dauphin
Boufflers, Marie Anne Philippine de Montmorency-Logny, duchesse de (1732-1797). Dame du palais de la reine en survivance de sa belle-mère 1747
8.12.1753 *Le logement de M. le comte de Choiseul à*

1. À cette époque Mme de Chabannes avait **AN 66** à côté.
2. Cet appartement occupait le pavillon terminal de l'aile. Il était éclairé par les croisées 26 à 28 sur le parterre et trois fenêtres supplémentaires regardant les réservoirs, vers le nord. À l'est, **AN 56A et B** furent ajoutés en 1735. Ces appartements furent démolis et AN 56 fut éventré pour bâtir l'Opéra.
3. L'annotateur de Sourches écrit au sujet de l'appartement : *Il était dans une aile du château tout opposée à celle où était l'appartement du duc de Montfort et plus commode au duc de Gramont parce qu'il y avait moins à monter.* Cet appartement n'a pu être localisé avec certitude.

Mme la duchesse de Boufflers... Disposition : A.N. O^1 1076 349
10.12.1753 *Le logement de M. le comte de Choiseul, ci-devant à M. le duc de Luxembourg, donné à Mme la duchesse de Boufflers.* L* XIII 120

AN 56 et **56 *bis*** sont combinés.

AN 56
Mirepoix, Anne Marguerite Gabrielle de Beauvau-Craon, princesse de Lixin, puis duchesse de (1707-1798). Dame du palais 1753
Mirepoix, Gaston Charles Pierre de Lévis de Lomagne, en 1751 duc de (1702-1757). Capitaine des gardes du corps 1756
15.8.1754 *Le logement de Mme la duchesse de Boufflers, qui était à M. le duc de Luxembourg, à M. le duc de Mirepoix...* Distribution : A.N. O^1 1076 374
8.1754 *Le logement de M. le comte de Saulx, ci- devant à Mme la duchesse de Luxembourg, avec la cuisine, à Mme la duchesse de Mirepoix...* Disposition : A.N. O^1 1077 409
1757 *Le logement de M. de Mirepoix à M. le prince de Beauvau.* A.N. O^1 1077 463
27.8.1754 *Le logement de Mme la duchesse de Boufflers, qui était à M. le duc de Luxembourg, à M. le duc de Mirepoix.* L* XIII 331
Beauvau-Craon, Charles Juste, prince de (1720-1793). Grand d'Espagne 1744 ; capitaine des gardes du corps 1757 ; maréchal de France 1783
Beauvau-Craon, Marie Sylvie de Rohan-Chabot, princesse de (1729-?)
10.12.1757 *L'appartement de M. de Mirepoix à M. le prince de Beauvau...* Disposition : A.N. O^1 1076 487
24.2.1758 *Le logement de M le maréchal de Mirepoix à M. le prince de Beauvau...* Disposition : A.N. O^1 1076 511
19.6.1764 E à M : *État des ouvrages demandés à faire : Mme la princesse de Beauvau, y déposer le lambris d'une chambre et le reposer dans celle où elle se propose... plusieurs réparations et blanchissement à faire... 600 livres.* A.N. O^1 1797 452 ; *Cf.* 450 et 456
7.8.1764 M au roi : *Mme la princesse de Beauvau supplie très humblement Votre Majesté de permettre que le lambris d'une pièce de son appartement soit déposé pour être reposé dans sa chambre, ce qui occasionnera, y compris la peinture, une dépense de 600 livres.* Bon du roi : A.N. O^1 1071 107 ; *cf.* 1812 III 26

Périgord, Marie Marguerite Françoise de Talleyrand, comtesse de (1727-1775). Dame du palais 1744 ; dame d'honneur de Mesdames 1769
[176...] N au roi : *M. le prince de Condé demande avec instance qu'on lui rende le logement de feu Mme la princesse de Condé* [**AN 28**] *que Votre Majesté a bien voulu lui accorder pour M. le duc de Bourbon, mais Mme la comtesse de Périgord qui l'occupe serait dans la rue, ce qui ne sied pas pour une dame du palais de la reine. Si Votre Majesté l'approuve l'on pourrait donner le logement de M. le comte de Bérenger, dont M. le comte de Cucé avait le bon, qu'il remit* [**AN 46A**], *à M. le prince de Beauvau s'il le préfère à celui qu'on doit lui bâtir quand on achèvera la salle de l'Opéra, et celui qu'occupe M. le prince de Beauvau servirait à Mme la comtesse de Périgord ?* A.N. O^1 1077 390
20.6.1766 *État des logements que le roi ôte le 1ᵉʳ août 1766 pour faire la salle de l'Opéra : l'appartement de M. le prince de Beauvau.* A.N. O^1 1076 818
1770 *État* A « destiné à M. le prince de Beauvau »
15.6.1770 N au roi : *M. le comte de La Suze est dans le plus triste état pour sa santé. Il est dans un entresol* [**AN 61**] *où il y a eu déjà trois maladies mortelles et il risque toujours des rechutes quand il vient à Versailles. Il craint que le logement de M. le prince de Beauvau ne soit pas sitôt prêt et qu'il ne puisse pas jouir de celui que Votre Majesté a eu la bonté de lui accorder. En conséquence, comme M. le duc de Villequier n'a que pour son année celui de M. le duc de Chaulnes* [**AN 54**], *Votre Majesté est très humblement suppliée d'accorder le dit logement le premier janvier 1771 à Mme la comtesse de Périgord si elle préfère et celui de M. de Périgord* [**AN 46A**] *à M. le comte de La Suze.* A.N. O^1 1077 85
11.2.1770 GG-B 1237 « ... dans l'attique de l'aile du Nord sur le jardin derrière la salle de l'Opéra... » *Cf.* 1238 ; 1240 ; 1738 ; 1835 « un appartement (pour le prince de Beauvau) au-dessus de la galerie de l'amphithéâtre » ; 2947 ; 2948
16.9.1771 G à M : *Extrait des détails de la dépense à faire pour achever l'appartement du château de Versailles dans l'étage de l'attique de l'aile du Nord près la salle de l'Opéra : 22 700 livres.* A.N. O^1 1071 291 et 292
17.10.1771 M à l'abbé Terray : *Sa Majesté m'a ordonné de faire travailler aux logements de M. le comte de La Marche* [**AN 43**] *et M. le prince de Beauvau projetés depuis longtemps et dont l'exécution ne pourrait aujourd'hui être remise, attendu la nécessité de rebâtir l'aile* [du Gouvernement] *du château qui est étayée, l'objet de la formation de ces logements est suivant le devis de M. Gabriel un objet de 45 000 livres que Sa Majesté m'a autorisé à vous demander comme chose urgente et indispensable comme ces logements doivent être exécutés en trois mois de temps, Sa Majesté ayant fixé en février prochain la démolition de l'aile du chateau qui est à rebâtir...* A.N. O^1 1798 680 ; *Cf.* 675
11.11.1773 G à M : *L'appartement... de M. le prince de Beauvau* [sera] *en état d'être habité pour le retour.* A.N. O^1 1799 102
6.9.1773 L'abbé Terray à N : *Votre embarras pour les logements du château de Versailles ne m'en est rendu que trop sensible par la lecture de l'état que vous avez joint à votre lettre... Je serai en garde contre tous les projets que ne contiennent pas autant d'utilité que d'agrément... Je donnerai les ordres nécessaires pour que l'achèvement prochain du logement de M. le prince de Beauvau permette en faveur de Mme la comtesse de Forcalquier des arrangements* [au **AN 53**] *dont je sens toute la nécessité.* A.N. O^1 1799 166 ; *Cf.* 164 et 165
10.10.1773 E à l'abbé Terray : *État des vieux marbres qu'il faut pour l'appartement de M. le prince de Beauvau au château de Versailles provenant de l'aile qui a été démolie... Une cheminée de marbre de vert de Campan à console, carrée sur face avec sculpture dans le*

milieu ; une autre de vert de Campan à grosses moulures et console carrée ; une autre de Languedoc à oreilles... une autre de vert de Campan à pilastres carrés... plus deux cheminées de pierre... une cheminée de griotte... A.N. O[1] 1764A dossier 1
10.10.1773 *État général des différents travaux : L'appartement de M. le prince et Mme la princesse de Beauvau... 22 700 livres.* A.N. O[1] 1799 184
1777 *État* B « M. de Beauvau »
2.8.1781 H à A : *M. le prince de Beauvau prie M. le directeur général qu'on agrandisse un abat-jour qui éclaire sa cuisine afin d'y donner plus d'air et empêcher que la vapeur du charbon, qui la rend presque impraticable, n'incommode ses cuisines... Cette demande est nécessaire et sans inconvénient.* Note datée le 12 : *L'abat-jour au-dessus de la cuisine de M. le prince de Beauvau est commencé à poser.* A.N. O[1] 1801 141
1783 *État* D « M. de Beauvau »
Narbonne, Françoise de Châlus-Sanssat, marquise de (1734-1821). Dame d'honneur de Madame Adélaïde 1780
28.10.1786 *Le logement du maréchal de Beauvau, qui conserve la loge donnée par le feu roi, à la dame d'honneur de Madame Adélaïde.* Note de A : *D'après l'explication par M. Heurtier de ce que le roi lui a dit à Fontainebleau le 28 octobre... M. de Beauvau... conserve la loge dans l'œil-de-bœuf du grand Opéra, ce que Sa Majesté a formellement énoncé ; sur ce qui lui a été rendu, que Mme Adélaïde avait dit qu'elle prenait cette loge, ce qui sûrement était une vue de faveur pour Mme la duchesse de Narbonne.* A.N. O[1] 1802 243 et 243 ; *Cf.* 1077 437
30.10.1786 H à A : *J'ai muré aujourd'hui la communication à la loge du prince de Beauvau de manière que cette loge n'ait plus d'accès à l'avenir que par le corridor public du grand Opéra du côté de la reine.* A.N. O[1] 1802 248
11.3.1787 Le prince de Beauvau à A : *Le roi ayant eu besoin de l'appartement que j'occupais depuis longtemps au château et qu'il avait bien voulu me conserver lorsque j'ai remis la place de capitaine des gardes à mon gendre, a eu la bonté de me faire dire que son intention était que j'y perdisse le moins possible. Les glaces qui se trouvent dans cet appartement avaient été fournies par les Bâtiments à l'exception des deux très petites que je n'ai point réclamées, non plus que quelques autres embellissements que j'avais faits à mes frais...* A.N. O[1] 1802 301
1787 *État* E « Mme la duchesse de Narbonne » "10 pièces, 6 à cheminée : 6 entresols, 2 à cheminée, 1 bûcher"

AN 56A [1]
1734 GG-B 1137 « Plan d'un nouvel appartement à faire au-dessus de celui de la duchesse de Béthune [**AN 44A**] dans la mansarde de l'aile du Nord sur la cour... »
Estrées, Louis Charles César Le Tellier, marquis de Courtenvaux, à partir de 1739 *dit* comte d' (1695-1771). Capitaine-colonel des cent-suisses 1734
Estrées, Anne Catherine de Champagne-La-Suze Villaines, comtesse d' (1715-1743)
Estrées, Adélaïde Félicité Brûlart de Puysieulx, comtesse d' (1725-1786)
1741 *État* [2] « M. le comte d'Estrées »
Croÿ, Anne Emmanuel Ferdinand François, prince de Meurs et de Solre (1718-1784). Maréchal de France 1783
1.1.1747 *Le comte d'Estrées, qui commandait cet hiver à Mons où il avait fait venir sa femme, me prêta, à la recommandation de Mme de Solre, son appartement de Versailles pour cet hiver ; il est admirable, en haut, au-dessus de M. de Charost* [**AN 44**], *très commode. J'y allai loger pour la première fois la veille de l'An au soir, et il fit tout mon agrément à la Cour, dont je sentis bien la différence et la nécessité d'y être logé pour tout, et surtout pour dans bien des moments vides, qui se trouvent pour venir se reposer, travailler et réfléchir. Je gardai toujours mon appartement et mes écuries chez le Fortison pour mon équipage que j'y envoyai.* C* I 65
26.1.1747 *Le 26 janvier, comme je finissais de m'habiller en revenant de la chasse, et que j'étais dans l'appartement du comte d'Estrées, où je logeais, le feu prit violemment dans la chambre du suisse de M. Charost, dessous nous, en sorte que pouvant gagner le seul escalier que nous avions pour nous sauver, je pris mon écritoire et me sauvai chez M. Le Bel* [**AG 3**] *où je la mis, et je revins aider à faire travailler au feu. Je m'y donnai bien du soin. On fit deux chaînes des soldats de la garde française et suisse et les pompes étant venues, on l'éteignit à la fin avec peine. Le feu sortant dans la galerie, de toute la grandeur de l'œil-de-bœuf de cette chambre, et si le plafond qui était dessus fût tombé et que le feu eût gagné les combles, par le vent qu'il faisait, au moins toute l'aile aurait brûlé, et si cela eût pris la nuit, j'étais brûlé avec le comte et la comtesse de La Motte, étant au-dessous,* [**AN 55**]. *Je la rassurai et me raccommodai avec elle de ce moment, ne l'ayant pas vue depuis mon mariage manqué avec sa fille. Comme le feu gagne chez M. de Luxembourg, qui était au-dessous on fut obligé d'abîmer tout cet appartement mais les gros murs qui séparaient celui du comte d'Estrées de celui-là firent qu'il n'y eut rien du tout. On en avait déjà tout sauvé, de sorte que je fus obligé d'aller coucher dans mon appartement dans la ville, mais j'y revins le lendemain au soir quand tout fut remis.* C* I 70 *sq.*
20.3.1759 *Je, architecte ordinaire et contrôleur des Bâtiments... certifie que les glaces mentionnées ci-dessus ne sont point du roi, qu'elles appartiennent à Mme la maréchale d'Estrées : dans le cabinet de compagnie un trumeau au-dessus de la cheminée en deux glaces ; dans la chambre à coucher, un trumeau au-dessus de la cheminée en deux glaces.* A.N. O[1] 1797 14
Brancas de Forcalquier, Marie Anne Renée Jacqueline Grandhomme de Giseux, marquise de (?-?). Dame pour accompagner Mesdames les cadettes 1754
1758 *Le logement de M. le maréchal d'Estrées à Mme la marquise de Brancas...* Disposition : A.N. O[1] 1077 430
20.6.1766 *État des logements que le roi ôte 1er août*

1. Cet appartement, construit sur le site de l'Opéra en 1735, était un espace séparé, numéroté **AN 56A**. Au-dessus se trouvait **AN 56B**. Tous deux furent démolis pour construire l'Opéra.

2. Pas d'indication du nombre des pièces.

1766 pour faire la salle de l'Opéra : l'appartement de Mme la marquise de Brancas A.N. O[1] 1076 818

AN 56B

Autun, Yves Alexandre Marbeuf, *dit* abbé de Marbeuf, évêque d' (1732-1799). Lecteur du dauphin ; aumônier ordinaire de la reine 1749 ; en 1767 évêque d'Autun
1741 *État* « M. l'abbé de Marbeuf » "au-dessus"
17.1.1762 N au roi : *L'abbé de Marbeuf est logé au château et n'a pas voulu rendre son logement en cédant sa charge* A.N. O[1] 1076 668
20.6.1766 *État des logements que le roi ôte 1er août 1766 pour faire la salle de l'Opéra : celui de l'abbé de Marbeuf.* A.N. O[1] 1076 818

ATTIQUES DU GROS PAVILLON ET DE L'AILE SUR LA RUE DES RÉSERVOIRS

AN 57

Vivonne, Louis Victor de Rochechouart-Mortemart, duc de Mortemart, *dit* maréchal de (1636-1688). Premier gentilhomme de la Chambre en survivance de son père 1641 ; maréchal de France 1675
Vardes, François René du Bec-Crespin, marquis de (1621-1688). Capitaine-colonel des cent-suisses 1655
Beuvron, François III d'Harcourt, marquis de (1627-1704)
Beuvron, Angélique Fabert, marquise de Genlis, puis marquise de (1648-1730)
21.1.1688 *L'appartement de M. de Mesmes* [au Grand Commun] *a été donné à M. de Vardes et celui de M. de Vardes a été donné à M. et Mme de Beuvron, qui n'en avaient point.* D II 98
[1695] GG-B 1157 Plan légendé de l'appartement de M. de Beuvron dans le gros pavillon de l'aile du Nord
Lauzun, Antonin Nompar de Caumont La Force, comte, puis duc de (1632-1723)
Officiers de la garde du roi
4.1.1689 *M. de Lauzun arriva à Versailles... Le roi ordonna à Bontemps de lui donner un appartement qui fut d'abord celui de défunt M. le maréchal de Vivonne et ensuite celui de feu M. de Vardes... On le lui ôta deux jours après, le roi en ayant besoin pour loger les officiers de ses gardes, dont il avait fait abattre les logements pour commencer à faire bâtir sa Chapelle.* S III 5
Dreux, Thomas, marquis de Brézé (1677-1749). Grand maître des cérémonies 1701-1720
Dreux-Brézé, Michel de Dreux, marquis de (1700-1754). Grand maître des cérémonies sur la démission de son père 1720
Dreux-Brézé, Joachim de, marquis de Brézé († 1781). Grand maître des cérémonies 1754
1741 *État* « Grand maître des cérémonies, M. de Dreux » "5 pièces, 4 à cheminée"
6.4.1749 *Le logement de M. de Dreux à M. de Brézé ...* A.N. O[1] 1076 233
4.3.1754 *L'affaire du chevalier de Dreux est décidée ; le roi lui a donné le logement ici à Versailles et la charge de son frère, avec le gouvernement de Loudun.* L* XIII 183
15.9.1755 M à E : *Le sieur Galant m'a remis un plan des changements que M. le marquis de Dreux offre et veut faire dans le logement qu'il occupe au château de Versailles. Vouz auriez agréable d'y faire travailler en conformité de ce plan.* A.N. O[1] 1796 181
Dreux, Louise Jeanne Marie de Courtenval de Pezé, marquise de (?-?)
1770 *État* A « M. le marquis de Dreux »
Dreux, Henri Évrard de Dreux-Brézé, marquis de (1766-1829). Grand maître des cérémonies en succession de son père 1781

Coigny, Gabriel Augustin de Franquetot, comte de (1740-1817). Chevalier d'honneur de Madame Élisabeth
22.12.1785 La marquise de Dreux à A : *Le roi... vient d'ôter à mon fils M. de Brézé l'appartement qu'il avait dans le château de Versailles pour lui donner celui de M. le comte de Coigny* [**S 28**]. *Cet appartement est occupé par M. de Dreux depuis plus de soixante ans. La seconde année de mon mariage, en 1756, mon mari y fit faire une alcôve et des cloisons non seulement pour le rendre un peu plus logeable, mais aussi pour me procurer une garde-robe que je n'avais point et où loger un lit pour ma seconde femme. Aujourd'hui l'on refuse de me laisser emporter mon alcôve à nos dépens parce que je ne peux représenter les quittances des ouvriers que M. de Dreux a employés et payés. L'on m'a dit de m'adresser à vous, Monsieur, si vous avez la bonté de me les donner vous ferez une chose juste et je vous en serai d'autant plus obligée que l'alcôve qui est dans le logement qu'occupait M. de Coigny est beaucoup plus étroite que la nôtre, ce qui fait un grand inconvénient pour mon lit et sa tenture. Il est en niche...* A.N. O[1] 1802 147

1787 *État* E « M. le grand maître des cérémonies » "5 pièces, 4 à cheminée"

AN 58

Roquelaure, Marie Louise de Montmorency-Laval, duchesse de (1657-1735). Fille d'honneur de la dauphine ; « duègne » auprès de la duchesse de Bourgogne GG-B 1166
Mortemart, Marie Anne Colbert, duchesse de (1665-1750)
1.10.1696 [1] *Le roi a donné à Mme de Roquelaure l'appartement qu'avait Mme de Mortemart et à Mme de Mortemart il lui en donne un dans l'aile Neuve qu'elle a souhaité pour être plus près de mesdames ses sœurs.* D VI 6
Mortemart, Louis II de Rochechouart-Mortemart, duc de (1681-1746). Premier gentilhomme de la Chambre 1710-1718
Polignac, Melchior, cardinal de (1661-1741). Cardinal 1712 ; maître de Chapelle du roi 1713-1716
14.5.1715 *Le roi a donné au cardinal de Polignac le logement qu'avait le duc de Mortemart dans l'aile Neuve, avant qu'il eût le logement du maréchal de Villeroy* [**AN 56**]. D XV 401

1. Mme de Mortemart quitta la Cour vers 1690 et se retira dans une maison près du Couvent des dames de Saint-Marie-Saint-Denis en 1703. Voir L* IX 360.

Villeroy, Louis François Anne de Neufville, marquis de Villeroy, puis duc de Retz en 1722 puis duc de (1695-1766). Capitaine des gardes du corps en survivance 1716, puis en titre 1734

Rupelmonde, Marie Marguerite Élisabeth d'Alègre, marquise de (1688-1752). Dame du palais de la reine 1725-1741

Rupelmonde, Marie Chrétienne Christine de Gramont, comtesse de (1721-1790). Dame du palais 1741-1751

28.4.1745 *Mme de Rupelmonde la mère et sa belle-fille sont dans une affliction extrême. La mère avait un appartement ici dans l'aile Neuve ; elle l'a fait démeubler et a renvoyé les clefs, disant qu'elle ne venait ici que par rapport à son fils, qu'elle n'a plus aucun objet et qu'elle ne veut plus venir à la Cour.* L* VI 428

1741 *État* « M le duc de Retz, puis Mme de Rupelmonde » "5 pièces, 3 à cheminée ; 2 entresols à cheminée au-dessus des offices de M. de Toulouse [**AN 15**]"

Saxe, Maurice, comte de (1696-1750). Maréchal de France 1747

4.6.1745 ... *le roi a donné à M. le maréchal de Saxe le logement que Mme de Rupelmonde la mère a rendu ; ce logement est aussi dans l'aile Neuve, dans la petite galerie qui est entre celle où logent Mme la maréchale de Villars* [**AN 48**] *et M. le duc de Saint-Simon* [**AN 45**], *et celle où logent Mmes de Talmond* [**AN 67**] *et de Montmorin* [**AN 68**]. L* VI 471 ; *Cf.* VII 13

Châteaurenault, Anne Julie de Montmorency-Fosseux, comtesse de (1704-1778). Dame pour accompagner Mesdames Henriette et Adédaïde 1750-1752, puis Mesdames les cadettes

9.10.1750 *Mme de Châteaurenault prie M. de Tournehem de lui accorder les réparations et ajustements ci-après... 422 livres.* A.N. O[1] 1810 III 58

12.10.1750 *Le logement de M. le maréchal de Saxe à Mme la comtesse de Châteaurenault...* Distribution : A.N. O[1] 1076 269

6.5.1752 *Mme la comtesse de Châteaurenault demande qu'on lui fasse une cuisine à son logement au château de Versailles. Cet ouvrage pourra coûter 100 livres.* Bon du roi : A.N. O[1] 1811 I 11

Boufflers, Marie Anne Philippine Thérèse de Montmorency-Logny, duchesse de (1732-1797). Dame du palais en survivance de sa belle-mère 1747

29.6.1753 *Le logement de Mme la comtesse de Châteaurenault à Mme la duchesse de Boufflers...* Disposition : A.N. O[1] 1076 337 et 1795 352 et 353

Boufflers-Remiencourt, Marie Françoise Catherine de Beauvau-Craon, marquise de (1711-1786). Dame pour accompagner Mesdames les cadettes 1757

13.12.1750 *Le logement de Mme la comtesse de Châteaurenault à Mme la marquise de Boufflers...* Distribution : A.N. O[1] 1076 269

8.12.1753 *Le logement de Mme la duchesse de Boufflers, ci-devant à Mme la comtesse de Châteaurenault, à Mme la marquise de Boufflers...* Disposition : A.N. O[1] 1076 349

Bracq, Anne Marguerite, *dite* Mlle de (1678-?). Dame pour accompagner Mesdames les cadettes 1750

13.3.1754 *Madame Louise a accordé sa recommandation à Mlle de Bracq. Elle supplie très humblement Votre Majesté de vouloir bien lui accorder dans le logement qu'elle occupe changements et réparations de 2 008 livres.* Bon du roi : A.N. O[1] 1811 I 105

18.4.1754 *Le logement de Mme la marquise de Boufflers donné à Mlle de Bracq.* L* XIII 320

19.4.1754 *Le logement de Mme la marquise de Boufflers, qui avait été à Mme la comtesse de Châteaurenault,* [puis] *à M. le maréchal de Saxe, et* [puis] *à Mme la comtesse de Rupelmonde à Mlle de Bracq qui en a un de mari et femme...* Disposition : A.N. O[1] 1076 364

30.5.1754 E à M : *Sur les notes que j'ai eu l'honneur de vous présenter le 21 de ce mois sont portées 100 livres pour les ajustements que Mme de Bracq vous a demandés dans son nouveau logement. Depuis quelques jours, elle demande le blanchissage de ses lambris et voudrait une cloison de séparation dans la pièce que vous lui avez prêtée, dont le détail est ci-joint. Lui ayant représenté plusieurs fois qu'il me fallait votre ordre, Monsieur, cette réponse ne l'ayant pas satisfaite, elle a prié Madame Louise de m'envoyer dire de lui venir parler ce matin et après lui avoir rendu compte de ce qu'il en était, elle m'a fort approuvé. J'ai cru devoir de suite ne lui pas laisser ignorer les 2 000 livres qui avaient été dépensées dans le logement que Mme de Bracq venait de quitter* [**AN 67**] *afin que dans le cas de changement, cette princesse fût moins facile à voir demander des ajustements pour ses dames et effectivement, elle m'a parue surprise des 2 000 livres.* A.N. O[1] 1795 33

30.5.1754 E à M : *Ajustements demandés par Mlle de Bracq dans son logement : Pour plusieurs petites parties déjà demandé 100 livres ; nouvelles demandes consistant à blanchir sa chambre, son cabinet et les garde-robes, compris le grattage 189 livres ; deux vieilles bordures de glaces à redorer compris le regrattage 86 livres ; pour une cloison de planches avec une porte dans la chambre dépendant de la salle des spectacles qu'on prête à Mlle de Bracq 80 livres : total 455 livres.* A.N. O[1] 1796 35

21.7.1754 M à E : *Vous aurez agréable Monsieur de faire faire dans le logement de Mlle de Bracq les réparations portées dans l'état que vous avez joint à votre lettre du 30 mai et qui montent à 455 livres.* A.N. O[1] 1796 34

13.10.1754 M à E : *Vouz auriez agréable, Monsieur, d'ordonner qu'il soit fait un coffre à l'usage de Mme de Bracq pour son bois à brûler.* A.N. O[1] 1796 75 ; *Cf.* 74

28.4.1756 *Mlle de Bracq, qui est attachée à Madame Louise et qui est la seule des trois filles qui furent mises auprès de trois princesses à leur arrivée de Fontevrault, se retire avec 10 000 livres de pension. Elle demande à conserver un appartement au château ; mais cela paraît difficile à M. le comte de Noailles à cause de la grande quantité des logements dont on a besoin. On lui offre un appartement dans une des maisons appartenant au roi dans Versailles ; c'est ce qu'on appelle les maisons de Louis.* L* XV 37

Puysieulx, Louis Philogène Brûlart, comte de Sillery, marquis de (1701-1770). Ministre d'État 1751-1756

Puysieulx, Charlotte Félicité Le Tellier de Louvois de Rebenac, marquise de (?-?)

27.6.1756 *Le logement de Mlle de Bracq ci-devant à M. le maréchal de Saxe à M. le marquis de Puysieulx...* Disposition : A.N. O[1] 1076 408

19.6.1756 *Je n'ai point encore parlé de la retraite de M. de Puysieulx... M. de Puysieulx rend son logement,* **[AP 70]** *qui est grand et commode, et le roi le donne à M. de Penthièvre ; le roi lui en donne un autre qui n'est que pour une seule personne. M. et Mme de Puysieulx pourront y venir alternativement ; c'est le logement qu'a eu feu Mme de Rupelmonde d'Alègre, et puis M. le maréchal de Saxe.* L* XV 135
GG-B 2781 « N° 58 M. le marquis de Puysieulx »
Bérenger, Raymond Pierre, comte du Gua, marquis de (1732-1792). Chevalier d'honneur de la dauphine 1762, puis de la comtesse de Provence 1771
1770 *État* A « M. de Puysieulx, puis de Bérenger »
14.3.1771 N au roi : *Votre Majesté avait accordé à M. le marquis de Bérenger, chevalier d'honneur de Mme la comtesse de Provence, le logement qu'on doit arranger auprès de M. le grand aumônier, mais M. Gabriel ayant dit qu'il ignorait quand on y travaillerait faute de fonds, en conséquence le dit chevalier d'honneur écrit tous les jours au comte de Noailles dans la crainte de n'avoir pas la tête à couvert au mariage de Mgr le comte de Provence. Si Votre Majesté veut avoir la bonté de lui donner le logement de M. le marquis de Puysieulx en attendant qu'il en ait un dans l'autre aile, il faudra bien qu'il s'en contente, n'y ayant rien de vacant dans ce moment. M. le marquis de Montmorin a persécuté le comte de Noailles pour avoir le dit logement. Si Votre Majesté veut lui accorder, elle pourrait lui promettre d'abord que M. le marquis de Bérenger en aura un autre.* A.N. O[1] 1077 110
29.3.1771 *Le logement de M. le marquis de Puysieulx, n° 58, attique de l'aile du Nord à M. le marquis de Bérenger, chevalier d'honneur de Mme la comtesse de Provence, et quand il en changera, la survivance à M. le marquis de Montmorin...* Disposition : A.N. O[1] 1077 123 ; *Cf.* 1798 614

Montmorin Saint-Hérem, Jean Baptiste Calixte, marquis de (1727-1781). Gouverneur de Fontainebleau en survivance

Bouillon, Louise Henriette Gabrielle de Lorraine, *dite* Mlle de Marsan, puis duchesse de (1718-1788)
17.4.1772 *M. le marquis de Montmorin réclame... l'espérance de l'ancien logement de M. le marquis de Puysieulx que Votre Majesté a eu la bonté de lui promettre, mais Mme la duchesse de Bouillon étant Mademoiselle de Lorraine et femme du grand chambellan paraît devoir avoir la préférence.* Réponse : *Approuvé.* A.N. O[1] 1077 172

Saluces, Pierre de Lur, marquis de (?-?)
Saluces, Angélique Aimée Romaine Julie de Tarneau, comtesse de (?-?). Dame pour accompagner Madame Sophie
1775 *Le logement de M. de Bérenger à Mme la comtesse de Saluces...* Disposition : A.N. O[1] 1799 463
1777 *État* B « M. de Saluces »
Narbonne-Lara, Antoinette Françoise Claudine de la Roche-Aymon, vicomtesse de (1750-?)
24.3.1782 *Le logement de Mme la marquise de Saluces à Mme la vicomtesse de Narbonne, dame de Madame Adélaïde...* Disposition : A.N. O[1] 1801 263
25.11.1782 H à A : *Mme la duchesse de Narbonne m'a prié de... demander pour le déplacement de deux petites cloisons légères dans l'appartement de sa belle-fille et ce déplacement entraîne peu de dépense.* A.N. O[1] 1801 399
1783 *État* D « Mme la vicomtesse de Narbonne »
Beauvau-Craon, Charles Juste, *dit* prince de (1720-1793). Capitaine des gardes du corps ; maréchal de France 1783
1787 *État* E « M. le maréchal de Beauvau » "5 pièces, 3 à cheminée ; 2 entresols"
1789 *État sommaire des travaux qui ont été ordonnés et exécutés... pendant les six derniers mois de l'année 1789 : l'appartement de M. le prince de Beauvau, la fourniture de deux persiennes.* A.N. O[1] 1765 dossier 2

AN 59

Charost, Armand II de Béthune, marquis, puis en 1695 duc de (1666-1747). Capitaine des gardes du corps 1711 ; gouverneur du roi 1722 ; chef du Conseil des finances 1730
GG-B 1166 [1]
Marets [2], Louis François Dauvet, marquis des (1710-1748). Grand fauconnier 1718
GG-B 1169 « Plans légendés... plan de l'étage en mansarde au plain-pied de l'attique du Gros Pavillon ; appartement de M. des Marets dans le Gros Pavillon »
Froulay, Louis Gabriel, *dit* bailli de (1694-1766). Ambassadeur de la religion en France 1741 ; ministre plénipotentiaire 1741
GG-B 2781 « N° 59 M. le bailli de Froulay »
1741 *État* « Grand fauconnier de France, M. le comte des Marets, puis M. le bailli de Froulay » "5 pièces, 2 à cheminée ; 2 entresols"
5.5.1747 *Il y quelques années qu'on bouchait un des privés de l'attique de l'aile du Nord du château pour y pratiquer à la place une chambre, laquelle successivement passait au bailli de Froulay ; un de ses gens l'occupe actuellement. Cette suppression du privé est très incommode pour le monde et occasionne des saletés continuelles dans les corridors.* Réponse : *Bon pour le rétablissement.* A.N. O[1] 1810 208
Rubempré, Louis V de Mailly, comte de (1696-1767). Capitaine lieutenant de la compagnie des gendarmes écossais 1733 ; premier écuyer de la dauphine 1744
Rubempré, Anne Françoise Élisabeth d'Arbaleste de Melun, comtesse de (1707-1775). Dame de la dauphine 1747
2.5.1748 *Le logement de M. le bailli de Froulay et Mme la comtesse d'Estrades à M. et Mme de Rubempré...* Disposition : A.N. O[1] 1076 201
5.5.1748 *M. et Mme de Lauraguais logent depuis plusieurs années dans un appartement qui est auprès de celui de Mme de Pompadour... le roi donne l'appartement de Mme de Lauraguais* **[CC 59]** *à Mme d'Estrades* **[AN 60]** *et celui du M. de Lauraguais* **[CC 60]** *au bailli de Froulay... M. le bailli de Froulay et Mme d'Estrades ont chacun un logement dans la même petite galerie que celui de M. le maréchal de Saxe* **[AN 58]** *qui est celui de M. et Mme de Rupelmonde première douairière. On donne à M. et Mme de Rubempré les appartements du bailli de Froulay et de Mme d'Estrades.* L* IX 30 ; *Cf.* 36
Chimay, Madeleine Charlotte Le Peletier de Saint-Far-

1. Ici **AN 59** est numéroté 21 et attribué à M. de Charost. Son père occupait **AN 33**, au-dessous à cette époque.
2. M. des Marets occupait aussi **AN 67** au-dessus.

geau, princesse de (?-?). Dame pour accompagner Mesdames les cadettes 1754 ; puis Madame Victoire 1759
1766 *Le logement de M. le bailli de Froulay, aile du Nord à Mme la princesse de Chimay*... Disposition : A.N. O[1] 1077 373
7.11.1766 M à la princesse de Chimay : *D'après la première lettre que vous m'avez fait l'honneur de m'écrire, je chargerai effectivement M. L'Écuyer d'examiner ce qu'il en pourrait coûter pour arranger le nouvel appartement que Sa Majesté vous a donné au château de Versailles. Je viens de recevoir sa réponse par laquelle il me marque que cet arrangement coûtera 1 000 écus. Je ne sais vous dissimuler que je suis effrayé d'une dépense aussi considérable. Je mettrai néanmoins votre demande sous les yeux du roi, mais je crains beaucoup que Sa Majesté n'en pense de même et je n'oserais vous donner beaucoup d'espérance de succès.* A.N. O[1] 1798 117
21.11.1766 E à M : *Sieur L'Écuyer supplie M. le marquis de vouloir bien lui donner ses ordres touchant Mme la princesse de Chimay pour laquelle Mesdames prennent un vif intérêt ; c'est un objet de 3 000 livres.* A.N. O[1] 1071 191
30.11.1766 M à E : *M. L'Écuyer, contrôleur des Bâtiments du roi au département du château de Versailles, fera travailler incessamment aux réparations et arrangements des logements de Mme la princesse de Chimay*... A.N. O[1] 1798 120
14.12.1766 N au roi : *Mme la princesse de Chimay à qui Votre Majesté a eu la bonté de donner le logement au château de Versailles qu'occupait le bailli de Froulay, la supplie très humblement de lui accorder les réparations et arrangements nécessaires... 1 510 livres.* Bon du roi : O[1] 1071 196 ; *Cf.* 195, 197 et 1812 III 157
14.7.1767 E à M : *À l'égard de la permission que vous avez accordée... à Mme la princesse de Chimay, douairière, de reprendre de son ancien logement* **[AN 62A]** *la glace qu'elle y a laissée pour la faire replacer dans celui qui vient de lui être donné, je me conformerai à votre intention en lui donnant les ouvriers nécessaires pour la poser et l'obliger.* A.N. O[1] 1071 208 ; *Cf.* 1812 IV 9
23.4.1769 M à la princesse de Chimay : *Je suis très mortifié, Madame, de ne pouvoir mettre dans l'exécution les petits arrangements que vous m'avez fait l'honneur de me demander avec toute la célérité que vous désirez*... A.N. O[1] 1798 341
23.4.1769 M à E : *Mme la princesse* [de Chimay] *me demande... quelques arrangements dans le petit cabinet de son logement. Vous auriez agréable d'examiner le plus tôt possible ce dont il s'agit et de m'en rendre comte*... A.N. O[1] 1798 342
1770 *État* A « Mme de Chimay, douairière »
1777 *État* B « Mme la princesse de Chimay, dame d'honneur de la reine, puis dame de compagnie de Madame »
22.8.1782 La princesse de Chimay à A : *Mon appartement à Versailles... ayant grand besoin d'être blanchi, je vous serais très obligée si vous vouliez donner vos ordres pour cela*... A.N. O[1] 1801 359
16.9.1782 LR et L* à A : *L'appartement de la princesse de Chimay : le blanchi est fait.* A.N. O[1] 1801 225 ; *Cf.* 367
1787 *État* E « Mme la princesse de Chimay, dame de Mme Adélaïde » "5 pièces, 3 à cheminée"

AN 59A

Souvré, François Le Tellier, marquis de (1704-1767). Maître de la garde-robe du roi 1725
GG-B 2781 « Profil du logement de M. le marquis de Souvré »
29.5.1750 *M. le marquis de Souvré a l'appartement au-dessus de M. le comte de Saint-Séverin* **[AN 46A]**... Disposition : A.N. O[1] 1076 250
1.4.1756 *Devis : logement de M. le marquis de Souvré, cuisine neuve à faire dans le haut de l'escalier et suprimer celle qu'il a derrière sa salle à manger pour agrandir cette pièce et lui ôter la mauvaise odeur... 744 livres.* Bon du roi : A.N. O[1] 1070 509 et 510 ; *Cf.* 1811 II 86
1.6.1756 M à E : *Vous auriez agréable de faire faire une cuisine pour M. le marquis de Souvré dans la place de l'escalier et de supprimer celle qu'il a derrière sa salle à manger afin d'agrandir cette pièce... Cet objet sera une dépense de 744 livres.* A.N. O[1] 1796 264
27.1.1760 N au roi : *Il y a deux maîtres de la garde-robe de nommés. Celui qui achète la charge de M. le Maillebois n'en peut avoir le logement. Celui qui a celle de M. de Souvré, se trouverait trop bien partagé. Pour éviter la jalousie et les différends, Votre Majesté permet-Elle au comte de Noailles de donner le logement de M. de Souvré aux deux maîtres de la garde-robe jusqu'à ce qu'on ait pu les dédoubler ?* Réponse : *Bon par prêt.* A.N. O[1] 1076 577
Villeroy, Louis François Anne de Neufville, duc de (1695-1766). Capitaine des gardes du corps 1734
27.1.1760 N au roi : *M. le duc de Villeroy désire le logement de M. le marquis de Souvré. Comme il est capitaine des gardes et qu'il a un survivancier à loger, il paraît juste que Votre Majesté lui accorde cette grâce ; mais le comte de Noailles prend la liberté à cette occasion de faire une représentation à Votre Majesté qui est qu'il lui paraîtrait convenable que toutes les grandes charges de Votre Majesté gardassent toujours leurs logements et qu'ils passassent aux successeurs sans nul changement. Ce serait une grande diminution d'embarras et de dépense.* A.N. O[1] 1076 584
27.1.1760 *Le logement de M. le marquis de Souvré, vacant par la démission de sa charge à M. le duc de Villeroy*... Disposition : A.N. O[1] 1076 585
27.1.1760 *M. le marquis de Souvré demande à conserver un logement dans le château à cause de ses longs services.* Note : *Le roi a répondu : Quand il n'y aurait plus de charges à loger.* A.N. O[1] 1076 586
Durfort de Duras, Emmanuel Céleste Augustin, marquis puis duc de (1741-1800). Premier gentilhomme de la chambre du roi
Durfort de Duras, Louise Henriette Charlotte Philippine de Noailles, marquise, puis duchesse de (1745-1832). Dame du palais 1767
1763] N au roi : *Le comte de Noailles supplie très humblement Votre Majesté de vouloir bien lui accorder le premier logement vacant à Versailles pour sa fille et de lui permettre de demander en grand secret à M. de Fontanieu la charité de quelques meubles qui passeront pour être du gouvernement. Ce sera une belle œuvre ;*

la pauvre fille n'ayant que 12 000 livres pour elle, ses gens et tout... A.N. O[1] 1076 625
[1763] N au roi : *Le comte de Noailles dans son établissement à Versailles n'a jamais songé à y loger une dame d'honneur et sa nombreuse suite. Tout ce qu'il a est bon pour passer deux ou trois jours par mois dans un lieu, mais cela ne devient plus soutenable quand on habite le même lieu toute l'année. Dans cette circonstance, le comte de Noailles demande à Votre Majesté le premier logement vacant pour sa fille.* A.N. O[1] 1077 434
1763 *Le logement de M. le duc de Villeroy à M. le marquis et Mme la marquise de Duras...* A.N. O[1] 1076 729
28.10.1764 M au roi : *Mme de Durfort supplie très humblement Votre Majesté de permettre qu'on vernisse sa chambre à coucher et son cabinet qui sont très sales. Cette dépense avec quelques autres petites réparations... c'est un objet de 1 135 livres.* Bon du roi : A.N. O[1] 1812 III 28

AN 60
Chaulnes, Charles d'Albert d'Ailly, duc de (1625-1698). Capitaine des chevau-légers de la garde 1664 ; ambassadeur à Rome
GG-B 1166 [1]
Castries [2], Armand Pierre de la Croix, abbé de (1659-1747). Aumônier ordinaire de la duchesse de Bourgogne ; premier aumônier de la duchesse de Berry
15.1.1699 *Le roi donna une nouvelle pension à Villacerf le père et à son fils l'appartement de l'abbé de Castries... au lieu duquel le roi donna à cet abbé l'appartement du défunt duc de Chaulnes.* S VI 111
Sainte-Maure, Honoré, comte de (1652-1731). Menin du dauphin 1680 ; premier écuyer du duc de Berry 1702 ; premier écuyer de la Grande Écurie 1717
Polignac, Melchior, cardinal de (1661-1741). Cardinal 1712 ; maître de chapelle du roi 1713-1716
Matignon, Louis Jean Baptiste de Goyon, comte de Gacé, puis marquis de (1682-1747)
1741 *État* « Premier écuyer de la Grande Écurie, M. le comte de Sainte-Maure, puis M. le cardinal de Polignac, puis M de Gacé » "4 pièces, 2 à cheminée"
11.1741 *L'appartement qu'avait feu M. le cardinal de Polignac, au-dessus de l'appartement de Mme de Mailly* [**AN 33**], *mais deux étages plus haut, vient d'être donné à M. le comte de Matignon (Gacé). qui avait celui immédiatement au-dessous* [**AN 46**]. L* VI 27
29.10.1747 *M. le comte de Matignon, qui mourut hier, était un homme particulier ; il voyait peu de monde et venait rarement à la Cour. Il avait été dans une grande liaison avec feu Monsieur le duc et Mme de Prye. Le marquis de Matignon, son frère, était aussi en grande liaison avec feu Monsieur le duc.* L* VIII 380
Périgord, Marie Marguerite Françoise de Talleyrand, comtesse de (1727-1775). Dame du palais de la reine 1744 ; dame d'honneur de Mesdames les cadettes 1769
Périgord, Gabriel Marie de Talleyrand, comte de (1726-1795)
Anville, Jean Baptiste Louis Frédéric de La Rochefoucauld de Roye, marquis de Roucy, puis duc d' (1709-1746)
5.12.1744 *Mme de Périgord, dame du palais de la reine et fille de M. le prince de Chalais, avait un logement dans la petite galerie qui est tout en haut dans l'aile Neuve ; ce logement a été donné à M. le duc d'Anville, à qui on a ôté le sien* [**ADM 24**] *pour le donner à Mme de Beauvillier... et l'on a donné à Mme de Périgord un logement neuf* [**AN 47**] *qui est au-dessous de celui-là et au-dessus de celui qu'on vient de donner à M. de Rubempré* [**AN 34**]. L* VI 179
Estrades, Élisabeth Charlotte Huguet de Semonville, comtesse d' († 1784). Dame d'atour de Mesdames
11.2.1746 *Mme d'Estrades chez M. d'Anville...* Disposition : A.N. O[1] 1076 104
2.10.1746 *M. L'Écuyer a présenté... à M. le directeur général un mémoire des ouvrages proposés... chez Mme d'Estrades faire lambrisser sa chambre et la peindre en chiponin* [sic = japonais ?] *avec un trumeau de glace sur la cheminée et un vis-à-vis.* A.N. O[1] 1810 I 119
Montmorency-Fosseux, Anne Léon Ier, baron de (1705-1785). Menin du dauphin 1746 ; chevalier d'honneur de Madame Adélaïde 1750
21.12.1746 *Le logement de M. le duc d'Anville à M. le baron de Montmorency...* Disposition : A.N. O[1] 1076 122 ; *Cf.* 1810 I 133
Rubempré, Louis V de Mailly, comte de (1696-1767). Capitaine-lieutenant de la compagnie des gendarmes écossais 1733 ; premier écuyer de la dauphine 1744
Rubempré, Anne Françoise Élisabeth d'Arbaleste de Melun, comtesse de (1707-1775). Dame de la dauphine 1747
2.5.1748 *Le logement de M. le bailli de Froulay et Mme la comtesse d'Estrades à M. et Mme de Rubempré...* Disposition : A.N. O[1] 1076 201
5.5.1748 *M. et Mme de Lauraguais logent depuis plusieurs années dans un appartement qui est auprès de celui de Mme de Pompadour... le roi donne l'appartement de Mme de Lauraguais* [**CC 59**] *à Mme d'Estrades et celui de M. de Lauraguais* [**CC 60**] *au bailli de Froulay... M. le bailli de Froulay et Mme d'Estrades ont chacun un logement dans la même petite galerie que celui de M. le maréchal de Saxe* [**AN 58**] *qui est celui de M. de Mme de Rupelmonde première douairière. On donne à M. et Mme de Rubempré les appartements du bailli de Froulay et de Mme d'Estrades.* L* IX 30 ; *Cf.* 36
Coigny, Marie Thérèse Josèphe Corantine de Nevet, comtesse de († 1778). Dame de Mesdames 1750
15.5.1748 ... *Mme la comtesse* [de Coigny] *n'avait point de logement... le roi lui en donne un qui est celui de Mme d'Estrades.* L* IX 37
27.6.1748 *Le logement de Mme la comtesse d'Estrades à Mme la comtesse de Coigny...* Disposition : A.N. O[1] 1076 205
9.10.1750 La comtesse de Coigny à T : *J'ai allé hier...*

1. Ici **AN 60** est numéroté 20 et attribué au duc de Chaulnes.
2. Son frère occupait **AN 38** au-dessous. Voir SS IV 350 : *Intimement lié avec son frère et sa belle-sœur et logeant chez eux, il voulut ne les point quitter, demeurer honnêtement à la Cour et avoir un logement.*

pour vous demander une grâce que vous avez accordée à M. le marquis de Matignon qui avait le logement [**AN 47**] *au-dessous de celui que j'occupe. Vous avez bien voulu lui permettre de faire ouvrir une porte dans le couloir. Je vous demande la même persmission... Cela me donnera le moyen de me servir d'une pièce... dont, sans la porte, je ne me peux faire usage.* Réponse : *Ordre expédié.* A.N. O[1] 1795 178

Montmorency-Fosseux, Anne Léon II, marquis de (1731-1799). Menin du dauphin 1757
GG-B 2781 « N° 60 M. le marquis de Fosseux... [1] »

Meaux, Jean Louis Marthonie de Caussade, évêque de (1712-1779). Évêque de Meaux 1759-1779 ; premier aumônier de Madame Adélaïde 1759-1779
22.1.1759 *Le logement de Mme la comtesse de Coigny au premier aumônier de Madame...* Disposition : A.N. O[1] 1076 540

L'Hôpital, Paul François Gallucci, marquis de (1697-1776). Premier écuyer de Mesdames Henriette et Adélaïde 1750
[avant 1770] *Le logement qui avait été prêté à Mme la duchesse de Beauvillier, aile du Nord, à M. le marquis de L'Hôpital...* Disposition : A.N. O[1] 1077 381

Beauvillier, Charlotte Susanne de Nos de Feuillé, duchesse de (1730-1792). Dame d'atour de Madame Adélaïde 1755
1770 *État* A « Mme la duchesse de Beauvillier, dame de Madame »
29.3.1771 *Le logement M. le marquis de L'Hôpital, attique n° 60 aile du Nord à Mme la duchesse de Beauvillier, dame de Madame.* A.N. O[1] 1077 124 ; *Cf.* 1798 657 et 1802 733
1787 *État* E « Mme la duchesse de Beauvillier, dame de Mme Adélaïde » "5 pièces, 2 à cheminée"

AN 61

Châtillon, Marie Rosalie de Brouilly de Piennes, marquise de (1665-1735). Dame d'atour de la duchesse d'Orléans 1689-1706
GG-B 1166 [2]
21.11.1689 ... *Mme de Montmorency pour suivre sa mère a troqué le sien contre Mme de Châtillon...* D III 27

Montmorency, Marie d'Albert de Luynes, duchesse de (1671-1694)

Luxembourg, Charles François Frédéric Ier de Montmorency-Luxembourg, prince de Tingry, puis en 1668 duc de Beaufort-Montmorency, *dit* duc de Montmorency, puis duc de (1662-1726)

Montfort, Honoré Charles d'Albert de Luynes, comte de Tours, puis en 1688 duc de (1669-1704)

Montfort, Marie Anne Jeanne de Courcillon, duchesse de (1671-1718)
7.1.1695 *Le roi a donné à M. de Montmorency l'appartement qu'avait M. de Luxembourg, son père* [**AN 56**] ; *le roi donne l'appartement qu'avait M. de Montmorency au duc de Montfort.* D V 132

Souvré, François Louis Le Tellier, marquis de (1704-1767). Maître de la garde-robe du roi 1725
1741 *État* « Maître de la garde-robe du roi M. le marquis de Souvré » "8 pièces, 6 à cheminée"

Croissy, Jean-Baptiste Joachim Colbert de Torcy, marquis de (1703-1777). Capitaine des gardes de la porte 1723

Croissy, Charlotte Henriette Bibienne de Franquetot de Coigny, marquise de (1703-1772)
11.2.1746 *M. de Croissy chez M. de Souvré...* Disposition : A.N. O[1] 1076 104
13.2.1746 *M. de Souvré en avait un dans l'aile Neuve, au second corridor, au-dessus de la galerie d'en haut. Ce logement qui est assez grand et dont les fenêtres donnent sur la Chapelle est donné à M. et Mme de Croissy.* L* VII 217
25.4.1746 *M. le marquis de Croissy... demande... les réparations... à la somme de 321 livres.* Réponse : *Bon à la réserve des bordures des glaces et de bronze pour les serrures, n'étant d'usage d'en fournir.* A.N. O[1] 1810 I 88
GG-B 2781 « N° 61 M. le marquis de Croissy »
13.1.1751 *Mme de Croissy représente à M. de Tournehem que la boiserie de son cabinet est en si mauvais état qu'elle est prête à tomber en plusieurs endroits...* Réponse : *À M. L'Écuyer pour m'en rendre compte.* A.N. O[1] 1810 III 81
18.4.1753 *M. de Croissy par son mémoire à M. de Vandières lui marque que, sur les représentations qui furent faites à M. de Tournehem en 1750 au sujet de l'état déplorable où était son appartement à Versailles qui demandait une réparation totale, M. de Tournehem fit vérifier par M. L'Écuyer si sa demande était juste. Le compte qui en fut rendu ayant prouvé que la réparation était nécessaire, il donna ses ordres pour qu'elle fût faite en deux ans au commencement de 1751. On travailla à la moitié de l'appartement qui est occupé par Mme de Croissy en 1752 ; on n'a rien fait à l'autre moitié occupée par M. de Croissy qui n'a cependant pas moins de besoin d'être réparée et c'est cette moitié restante que M. de Vandières est supplié de vouloir bien faire examiner en conséquence du compte qu'il en sera rendu et de donner ses ordres pour le faire rétablir.* Réponse : *À M. L'Écuyer pour m'en rendre compte.* Réponse de E : *Devis des réparations à faire aux plafonds et la cheminée de sa chambre à coucher et deux petites pièces à côté : le changement d'une niche ; lambrisser à neuf cette chambre à coucher et faire resservir les vieux lambris qui en proviendraient dans les dites deux pièces ; la réparation du parquet dans les deux petites pièces : 1 519 livres. En 1751, pareil ouvrage a été fait dans le logement de Mme de Croissy comme réparations et proposé pour 1 125 livres.* Bon du roi : A.N. O[1] 1811 I 53

La Suze, Louis Michel de Chamillart, comte de Courcelles, vicomte, puis marquis de (?-?). Grand maréchal des logis en survivance 1771
1770 *État* A « M. de Croissy, puis le marquis de La Suze »
31.10.1774 Le comte de La Suze à A : *Sa Majesté ayant*

1. Il ne semble pas que le baron de Fosseux ait occupé cet appartement. Les autres occupants notés sur le plan pour **AN 58, 59 et 61** indiquent que celui-ci fut dressé entre 1756 et 1766. C'est durant cette période que le baron de Fosseux se retrouva sans appartement : ayant quitté **AP 106** en 1761, son nom fut proposé pour **AP 115A** la même année ; il occupa brièvement **S 2A et B**, avant de recevoir finalement **AN 59** en 1763.

2. Ici **AN 61** est numéroté 22 et 23 et attribué à M. et Mme de Châtillon.

donné à M. le comte de Boisgelin le logement qu'occupait ci-devant M. le comte de La Suze [**AN 54**], *Elle a bien voulu en accorder un autre au marquis de La Suze, dont le logement qu'il habitait quand la veuve Maugin* [**AN 53B**] *fut partie. Ce petit logement est dans l'aile de la Chapelle dans le corridor à droite au haut du grand escalier de cette aile. Il avait besoin pour être habitable de quelques réparations. Le marquis de La Suze supplie M. le marquis* [sic] *d'Angiviller de vouloir bien avoir la bonté de donner ses ordres pour qu'elles soient faites. Il désire entre autres choses le percement d'une fenêtre dans une des chambres de ce logement. Cette fenêtre existait autrefois et était ouverte sur la cage du grand escalier de l'aile de la Chapelle. Il ne demande que son rétablissement pour donner un peu de jour et de l'air de plus à une chambre où il est très difficile de s'en procurer d'ailleurs et qui serait malsaine sans cela. Les autres réparations à faire dans ce logement sont très légères...* Réponse : A à E : *Je désire que vous vous mettiez en état de m'instruire sur cet article et celui des réparations... M. de La Suze par son service auprès du roi a des aisances particulières dans son logement, mais je vous prie de ne pas perdre de vue qu'il est essentiellement dans les intentions du roi de restreindre toutes dépenses dans les justes bornes et surtout de ne permettre à l'avenir dans les logements que Sa Majesté donne tous ces changements, toutes ces variations qui ont fini par rendre le château inconnaissable dans tous ses intérieurs.* A.N. O[1] 1799 330

10.11.1774 N au roi : *Votre Majesté avait très bien jugé que le comte de Noailles ne réussirait pas dans sa négociation. Il y a échoué n'ayant pas la permission de Votre Majesté de se servir de son autorité. Madame Adélaïde désire que Mme la comtesse de Narbonne reste dans l'ancien logement destiné à M. de La Suze jusqu'à ce qu'elle possède celui de M. le comte d'Eu* [**AN 40 et 41**]. *Ainsi l'édifice du comte de Noailles étant renversé... il propose à Votre Majesté de donner à M. le marquis de Croissy, en conséquence du bon du feu roi, le logement de Mme de Narbonne* [**AN 46 et 47**] *et à M. de La Suze celui de M. de Croissy* [**AN 61**] *en attendant l'évacuation de Mme de Narbonne, si difficile à opérer...* A.N. O[1] 1077 214

26.3.1775 Le comte de La Suze à A : *M. de La Suze supplie M. le comte d'Angiviller de vouloir bien avoir la bonté de se rappeler la promesse qu'il lui a fait l'honneur de lui faire de donner ses ordres pour qu'on blanchisse le logement qu'il doit occuper à Versailles... de M. le marquis de Croissy...* A.N. O[1] 1799 329

Donnissan, Marie Françoise de Durfort-Civrac, marquise (1747-1839). Dame d'atour de Madame Sophie 1775

1775 N au roi : *Madame Victoire demande le logement de M. le marquis de La Suze pour Mme la marquise Donnissan, sa dame d'atour.* A.N. O[1] 1077 362

12.1775 *Le logement de M. le marquis de La Suze à M. le marquis Donnissan, gentilhomme d'honneur de Monsieur, et Mme la marquise Donnissan, dame d'atour de Madame Victoire...* Disposition : A.N. O[1] 1799 463

4.9.1777 *Les inspecteurs du château ont l'honneur d'instruire M. le comte que le feu vient de prendre chez Mme la marquise Donnissan dans une garde-robe. Il a été causé par une lumière oubliée dont les flambardes ont tombé dans une corbeille de gaze, qui n'a pas tardé à être enflammée mais par le prompt secours que l'on y a porté, il n'y a eu que la corbeille brûlée.* A.N. O[1] 1800 94

22.3.1779 La marquise Donnissan à A : *Depuis quatre ans que j'ai un appartement très incommode, je n'ai pu obtenir aucun changement. Vous avez eu la bonté... d'envoyer deux fois chez moi M. Heurtier pour savoir si ce que je demandais pouvait s'exécuter. Il s'est trouvé des difficultés qu'on n'a pas voulu vaincre et je ne vous ai plus importuné. Comme il ne s'en présente pas dans les propositions que j'ai à vous faire, j'espère que je serai plus heureuse et que vous voudrez bien avoir quelques bontés pour mes nouveaux projets. Il ne s'agit absolument que de déplacer deux cloisons qui je crois ne portent rien, et dans les cas qu'elles portent quelque chose, on m'a assurée que l'on pouvait y suppléer. Je voudrais aussi faire changer le parquet d'une chambre avec des carreaux qui sont dans une autre, ainsi je ne vous demande absolument que la main-d'œuvre pour cet objet-là. Les autres prières que j'aurais à vous faire ne seront pas considérables non plus. Elles ne consistent qu'en une cheminée de marbre et la boiserie d'une chambre. Il y en a tant de vieilles au magasin que j'espère que vous me me refuserez pas.* Réponse de H : *Les demandes de Mme la marquise Donnissan n'entraîneront d'après elle aucune difficulté majeure et les changements qui en font l'objet pourraient coûter 600 à 700 livres.* A.N. O[1] 1800 355

27.2.1780 A à L** : *Mme la marquise Donnissan ayant succédé au logement de feu M. le marquis de Croissy a acheté diverses glaces en l'état ci-joint signé de M. L'Écuyer et vu par M. le marquis de Ménars. Elle expose qu'elle a en 1779 acheté une autre glace qu'elle a fait poser dans sa nouvelle chambre à coucher et désire qu'il lui soit remis une reconnaissance semblable, ce qui est juste...* A.N. O[1] 1800 517 ; *Cf.* 518

25.9.1781 La marquise Donnissan à A : *Ma chambre est la seule pièce de mon appartement qui ne soit pas boisée et comme elle fume horriblement, les meubles s'y noircissent promptement. Pour éviter cet inconvénient, je ne connais rien de mieux que de pouvoir blanchir tous les ans. Ma chambre sera moins sombre, moins triste...* A.N. O[1] 1801 161

28.8.1782 La marquise Donnissan à A : *Vous souviendriez-vous... je vous ai sollicité en vain depuis quatre ans pour ma chambre. Permettez-moi de vous représenter combien elle m'est nécessaire. Ma chambre est petite et triste et noire de fumée ; il faut absolument blanchir tous les ans la boiserie à hauteur d'appui, le plafond et tout mon appartement à cause du même inconvénient, mais tout le reste est boisé ; ma chambre seule ne l'est pas.* Réponse de H : *La boiserie demandée par Mme Donnissan est peu dispendieuse, sa chambre n'ayant pas une grande étendue et une partie de la boiserie pourrait se trouver au magasin.* A.N. O[1] 1801 361 et 362

16.9.1782 LR et L** à A : *L'appartement de Mme Donnissan : le blanchi est avancé ainsi que la pose de la menuiserie de la chambre.* A.N. O[1] 1801 225 ; *Cf.* 367

14.10.1783 La marquise Donnissan à A : *La raison qui*

me force de vous importuner tous les ans... pour vous prier de donner des ordres pour faire blanchir mon appartement ne change point. Je suis accablée de fumée, ce qui rend mon habitation triste et sombre... A.N. O^1 1801 667

18.10.1783 La marquise Donnissan à A : *M. le comte d'Angiviller a permis à Mme Donnissan de lui envoyer une petite note pour le prier de donner ordre pour faire blanchir son appartement à Versailles.* A.N. O^1 1801 524

10.2.1786 H à A : *Madame Victoire m'a fait venir chez elle... pour m'ordonner de prendre connaissance d'une devanture de bibliothèque dont Mme Donnissan a besoin dans son salon et pour faire faire promptement cette devanture après qu'elle avait été autorisée par M. le directeur général.* A.N. O^1 1802 160

Beauvau-Craon, Charles Juste, *dit* prince de (1720-1793). Capitaine des gardes du corps 1757 ; maréchal de France 1783

2.11.1786 P au roi : *Je propose à Votre Majesté de faire les changements ci-après par la mort de Mme de Civrac... celui de Mme la marquise Donnissan à M. le maréchal de Beauvau.* Bon du roi : A.N. O^1 1802 353 ; *Cf.* 1077 436

11.3.1787 Le prince de Beauvau à A : *Le roi ayant eu besoin de l'appartement que j'occupais depuis longtemps au château* [**AP 56**] *et qu'il avait bien voulu me conserver lorsque j'ai remis la place de capitaine des gardes à mon gendre, a eu la bonté de me faire dire que son intention était que j'y perdisse le moins possible. Les glaces qui se trouvent dans cet appartement avaient été fournies par les Bâtiments à l'exception de deux très petites que je n'ai point réclamées, non plus que quelques autres embellissements que j'avais fait faire à mes frais. Le logement que j'occupe à présent et qui l'était auparavant à Mme la comtesse Donnissan ne peut d'aucune manière être comparé à celui que j'ai perdu dans le nombre des glaces qui s'y trouvent. Il y en a quatre qui sont réclamées par elle. Cet objet est peu considérable mais comme il est possible que je troque bientôt cet appartement contre un autre, je ne crois pas faire une demande indiscrète en vous priant... de trouver bon que je ne sois pas chargé de payer à Mme Donnissan ces glaces, dont il faudrait demander ensuite le prix à la personne à qui ce même logement serait après moi...* A.N. O^1 1802 301

1787 *État* E « Mme la marquise Donnissan, dame d'atour de Mme Victoire » "10 pièces, 4 à cheminée"

AN 62

Officiers des gardes du corps

1741 *État* « Officier des gardes du corps » "2 pièces à cheminée ; 1 entresol"

14.12.1766 M à E : *M. L'Écuyer, contrôleur des Bâtiments du roi au département du château de Versailles, fera travailler incessamment... à la construction de l'entresol demandé par MM. les officiers des gardes du corps logés dans l'aile de la Chapelle.* A.N. O^1 1798 120

1787 *État* E « Officiers des gardes du corps » "2 pièces à cheminée"

AN 62A

Narbonne, Françoise de Châlus-Sanssat, comtesse de (1734-1821). Dame pour accompagner Madame Adélaïde 1760, puis sa dame d'atour 1764

17.3.1761 N au roi : *Madame désire que Mme la comtesse de Narbonne sorte de son logement beaucoup trop voisin du privé, en attendant qu'elle en puisse avoir un autre, Votre Majesté est suppliée de permettre qu'elle occupe celui de M. l'évêque de Laon* [**CC 65**] *jusqu'au retour de M. le duc de Fronsac.* A.N. O^1 1076 643

Chimay, Madeleine Charlotte Le Peletier de Saint-Fargeau, princesse de (?-?). Dame des Mesdames les cadettes 1754, puis de Madame Victoire 1759

17.3.1761 N au roi : *Madame Victoire demande le logement de Mme la comtesse de Narbonne pour Mme la princesse de Chimay.* Bon du roi : A.N. O^1 1076 644

1761 *M. le prince de Beauvau et MM. les chefs de brigade de sa compagnie prennent la liberté de représenter à Votre Majesté qu'ils ont un logement* [**AN 62, 63A et 64**] *très désagréable en été et inhabitable en hiver n'y pouvant pas faire de feu. Ils supplient très humblement Votre Majesté de leur accorder celui de Mme la princesse de Chimay quand elle en changera ; ils seront très contents et n'en demanderont jamais d'autre.* A.N. O^1 1076 663

28.10.1764 M au roi : *Mme la princesse de Chimay douairière supplie Votre Majesté de lui accorder les réparations nécessaires à son logement dont la dépense montera à 134 livres.* A.N. O^1 1071 113 ; *Cf.* 114, 115 et 1812 III 29

Lastic, Anne Charon de Ménars, comtesse de (1733-?). Dame pour accompagner Mesdames les cadettes 1762, puis de Madame Sophie

1766 N au roi : *Madame Victoire demande que le don que Votre Majesté a fait du logement de Mme la princesse de Chimay à MM. les chefs de brigade de la compagnie de Beauvau soit suspendu et qu'il soit prêté à Mme la comtesse de Lastic.* A.N. O^1 1076 826

1766 *Le logement de Mme la princesse de Chimay, douairière, qui était destiné a MM. les chefs de brigade à demeurer à Mme la comtesse de Lastic, MM. les chefs de brigade gardant leur ancien logement moyennant la communication qu'on y fait...* Disposition : A.N. O^1 1076 824

AN 63

Pères de la Mission

1741 *État* « Pères de la Mission » "9 pièces, 1 à cheminée"

1787 *État* E « Missionnaires » "8 pièces 2 à cheminée"

AN 63A

Officiers des gardes du corps

1787 *État* E « Officiers des gardes du corps » "3 pièces, 1 à cheminée"

AN 64

Officiers des gardes du corps

1741 *État* « Officiers des gardes du corps » "3 pièces, 2 à cheminée"

1770 *État* A « Officiers des gardes du corps »

La Chaise, N..., marquis de (?-?)
1777 *État* B « M. de La Chaise »
Officiers des gardes du corps
11.1780 N au roi : *Le prince de Poix propose... celui de M. de La Chaise... au lieutenant des gardes du corps et ses officiers, en lui en rendant un petit au Grand Commun.* A.N. O[1] 1077 267
2.1782 Officiers des gardes à A : *MM. les lieutenants des gardes du corps du roi prient M. le comte d'Angiviller de vouloir bien donner ses ordres pour qu'on travaille à celui de leur logement qui est le plus près de la Chapelle et au haut de l'escalier de la sacristie afin de le rendre plus logeable et moins incommode. Ce logement est vacant dans ce moment-ci.* A.N. O[1] 1801 244
19.2.1782 H à A : *La demande de MM. les lieutenants des gardes du corps... consiste dans le changement de distribution et cet appartement qui est très incommode en ce qu'il faut passer dans leur chambre pour entrer dans celle de leurs domestiques, ce qui peut être fait sans inconvénient et avec peu de dépense puisqu'il n'y a que la dépose et repose du lambris d'une pièce dans l'autre ; la fourniture d'une devanture d'alcôve ; et la reconstruction d'une cheminée supprimée anciennement et dont la souche existe.* A.N. O[1] 1801 245
1787 *État* E « Officiers des gardes du corps » "3 pièces, 2 à cheminée"

GALETAS DU GROS PAVILLON

AN 65
Luynes, Marie Brûlart, marquise de Charost puis duchesse de Luynes (1684-1763). Dame d'honneur de la reine 1735
Alincourt, Marie Josèphe de Boufflers, duchesse d' (1704-1738). Dame du palais 1727-1734
GG-B 1152 « Plan de l'appartement de la duchesse d'Alincourt, puis du duc de Châtellerault dans le galetas du gros pavillon de l'aile du Nord »
1741 *État* « Mme la marquise de Charost puis la duchesse d'Alincourt puis M. le prince de Talmond » "5 pièces, 2 à cheminée"

AN 66
Quélen, N... de (?-?). Exempt des gardes du roi
GG-B 1167 « Plans d'appartements dans le gros pavillon de l'aile du Nord... M. de Quélen »
Picquigny, Charles François d'Albert d'Ailly, comte, puis duc de (1707-1731)
Talmond, Anne Charles Frédéric de La Trémoille, duc de Châtellerault, puis en 1739 prince de (1711-1759)
Talmond, Marie Louise Jablonowska, duchesse de Châtellerault, puis princesse de (1701-1773)
1741 *État* « M. le duc de Picquigny, puis M. de Châtellerault puis M. le prince de Talmond » "5 pièces à cheminée ; 2 entresols, 1 à cheminée au n° 72 »
GG-B 1153 « Plan de l'appartement de la duchesse de Châtellerault, dans le galetas du gros pavillon de l'aile du Nord [**AN 66**] ; retombe [**AN 72**] »

AN 65 et 66 sont combinés.

Talmond, Anne Charles Frédéric de La Trémoille, duc de Châtellerault, puis en 1739 prince de (1711-1759)
Talmond, Marie Louise Jablonowska, duchesse de Châtellerault, puis princesse de (1701-1773)
25.5.1736 *Il y a eu ces jours-ci plusieurs changements de faits pour des appartements... celui de Mme la duchesse d'Alincourt qu'a eu Mme de Luynes, à Mme de Châtellerault pour joindre à celui qu'elle avait déjà à côté.* L* I 82
27.2.1751 *Mme la princesse de Talmond représente que la cheminée de son cabinet à Versailles est en morceaux et qu'elle n'est retenue que par des bandes de fer. Elle demande que l'on fasse transporter cette cheminée dans la garde-robe de ses femmes et porter ce qui y est dans son cabinet. Elle demande aussi quatre morceaux de glace de 2 pouces 1/2 carré pour les deux petites croisées de ses entresols. Elle représente aussi que le petit degré qui mène à l'entresol est indigne, n'étant que des bandes de fer jointes par un bas de vieux fil d'archal qui accroche et déchire les habits. Elle y demande une rampe s'il y en avait une au magasin qui puisse convenir et que, faute de quoi, l'on remplisse les bandes de fer des planches minces qu'on blanchirait à la colle et peindrait dans la rampe.* Réponse : *À M. L'Écuyer à m'en rendre compte.* A.N. O[1] 1810 III 86
2.4.1757 *Je, architecte ordinaire et contrôleur des Bâtiments... certifie que les glaces mentionnées... ne sont point du roi, qu'elles appartiennent à Mme la princesse de Talmond : dans la chambre à coucher le dessus de la cheminée en deux glaces ; dans le cabinet particulier le dessus de la cheminée en deux glaces.* A.N. O[1] 1796 354

AN 65 et 66 sont séparés.

AN 65
Narbonne, Françoise de Châlus-Sanssat, comtesse de (1734-1821). Dame du palais de l'Infante de Parme ; dame pour accompagner Madame Adélaïde 1759
1757 *Arrangement ordonné pour loger la suite de Madame Infante pendant son séjour à Versailles : Mme la comtesse de Narbonne chez M. le prince de Talmond...* A.N. O[1] 1077 414
1.4.1759 *Le logement emprunté à M. le prince de Talmond et prêté à Mme la comtesse de Narbonne rendu à M. le prince de Talmond.* A.N. O[1] 1076 558
Talmond, Marie Jablonowska, duchesse de Châtellerault, puis princesse de (1701-1773)
Choiseul-Beaupré, François Martial de Choiseul de Sommerville, comte de (1717-1792). Menin du dauphin 1751
1758 *Le logement de Mme la princesse de Talmond à M. le comte de Choiseul, menin du dauphin...* Disposition des logements... pour le service de Monseigneur le duc de Bourgogne : A.N. O[1] 1076 506
Lastic, Anne Charon de Ménars, comtesse de (1733-?). Dame pour accompagner Mesdames les cadettes 1762, puis Madame Sophie
Mesmes, Anne Marie Henriette Feydeau de Brou, marquise de (?-?). Dame pour accompagner Madame Victoire 1765

1769 *Le petit logement de Mme la comtesse de Lastic à Mme la marquise de Mesmes...* Logements pour le service de Mesdames : A.N. O[1] 1077 404 ; *Cf.* 1798 202
1787 *État* E « Mme la marquise de Mesmes, dame de Madame Victoire » "3 pièces, 2 à cheminée, 1 soupente"

AN 66
Boufflers-Remiencourt, Marie Françoise Catherine de Beauvau-Craon, marquise de (1711-1786). Dame pour accompagner Mesdames les cadettes 1757
Laval, Renée Élisabeth de Maupeou, marquise de (1729-1759). Dame pour accompagner Madame Adélaïde 1753
Laval, Joseph Pierre de Montmorency-Laval-Tartigny, comte de (1729-1757). Menin du dauphin 1754
8.12.1753 *Le logement de Mme la marquise de Boufflers à Mme la marquise de Laval, en conservant celui qu'elle a* [**AN 72**] *qui consiste en une chambre...* Disposition : A.N. O[1] 1076 349
10.12.1753 *Le logement de Mme la marquise de Boufflers donné à Mme la marquise de Laval en conservant celui qu'elle a déjà qui contient une chambre.* L* XIII 120
Muy, Jean-Baptiste de Félix, marquis de (1676-1759). Sous-gouverneur du dauphin ; premier maître d'hôtel de la dauphine en exercice à la place de son fils 1745
1754 *Par la promotion de Mme la comtesse de Laval à l'infortunée Mlle [de] Bracq, il vaque une chambre et une garde-robe avec antichambre et assez jolie, ci-devant à Mme la marquise de Boufflers.* Réponse : *à l'économat.*
Muy, Louis Nicolas Victor de Félix, chevalier, puis comte de (1711-1775). Menin du dauphin 1743
5.5.1754 *Le logement de Mme la comtesse de Laval, ci-devant à Mme la marquise de Boufflers, consistant en une antichambre et une garde-robe pour M. le marquis de Muy, premier maître d'hôtel de Madame la dauphine...* Disposition : A.N. O[1] 1076 368
10.5.1754 *Le logement de Mme la comtessse de Laval, ci-devant à Mme la marquise de Boufflers, pour M. le marquis de Muy.* L* XIII 250
21.4.1754 E à M : *M. le marquis de Muy a un nouveau logement qu'il s'agirait de blanchir ; pour ce 20 livres.* Réponse : *Néant.* A.N. O[1] 1796 43
1766 N au roi : *Le comte de Noailles désirait infiniment que les arrangements de Votre Majesté puissent lui permettre de conserver le logement de tous les menins qui n'ont point de droit pour le garder, mais il y en a un que le comte de Noailles supplie Votre Majesté de vouloir bien accorder irrévocablement, c'est celui de M. le comte de Muy.* A.N. O[1] 1076 797
1766 N au roi : *Le comte de Noailles a défendu les logements des menins autant qu'il a été possible mais depuis la dévastation causée par le bâtiment de l'Opéra, il n'ose plus rien dire. Il joint ici l'état de ceux qui sont dans le cas de les perdre : M. le comte de Muy, le doyen. Votre Majesté a eu la bonté de lui accorder un bon pour le garder. Il est sous les toits.* A.N. O[1] 1076 829
Créqui-Hémont, Charles Marie, marquis de (1738-1801). Premier maître d'hôtel du comte de Provence, exerçant par commission ; premier maître d'hôtel de la comtesse de Provence en survivance 1777
2.10.1774 N au roi : *M. le marquis de Créqui a dit au comte de Noailles que M. le comte de Muy désire pour lui le logement qu'il avait, étant menin de feu Monseigneur le dauphin et qu'il avait accommodé à ses dépens.* Réponse : *Cela ne se peut pas.* A.N. O[1] 1077 213
Chabannes, Marie Élisabeth de Talleyrand-Périgord, comtesse de (1733-?). Dame pour accompagner Madame Adélaïde 1775
9.10.1781 La comtesse de Chabannes à A : *Je vous prie... de vouloir bien donner vos ordres pour que M. Loiseleur laisse établir dans mon appartement à Versailles les poêles que j'y ai fait porter. Ceux qui y sont présentement* [sont] *tous à moi et j'ignorais qu'il fût besoin d'avoir permission pour les changer. Je suis extrêmement frileuse et vous me rendrez... un grand service d'avoir la bonté de lui mander de ne plus s'opposer à la construction de mes poêles, ni qu'ils soient placés dans la cheminée de mon antichambre. Le fumiste nouveau du roi n'y trouve aucun inconvénient et je trouve un grand avantage à boucher les cheminées qui me poussent un air très froid...* A.N. O[1] 1801 171
9.2.1785 La comtesse de Chabannes à A : *J'ai fait prier M. Heurtier de passer chez moi pour lui expliquer une demande que j'avais à vous faire au sujet d'une cloison que je désire faire dans mon antichambre qui donnera beaucoup de commodité à mes gens.* A.N. O[1] 1801 26
1787 *État* E « Mme la comtesse de Chabannes, dame de Mme Adélaïde » "4 pièces, 3 à cheminée"

AN 67 et 68 [1]

AN 67
Moreau, Denis, sieur († 1707). Premier valet de la garde-robe du roi ; premier valet de chambre du dauphin 1683, puis du duc de Bourgogne 1689
Tallard, Camille d'Hostun de La Baume, duc de (1652-1728). Maréchal de France 1703 ; ministre d'État 1726
20.11.1701 *Le roi a donné à M. de Tallard le logement dans l'aile Neuve qu'avait Moreau.* D VIII 242
20.4.1722 *Le Régent fut longtemps à se déterminer sur les logements. Par ce nouvel ordre, mon logement m'était ôté ainsi qu'à tous les autres maréchaux de France, excepté au maréchal de Tallard, qui, par son alliance avec la maison de Rohan, eut le crédit de conserver le sien.* VILLARS III 124 *sq.*
[avant décembre 1732] GG-B 1327 « Plan des appartements du duc d'Hostun [**AN 68**] et du duc de Tallard [**AN 67 et 73** en retombe] dans le galetas du Gros Pavillon sur la rue des Réservoirs » ; *Cf.* GG-B 1167
Caumont, Jacques Nompar de Caumont, marquis de La Force, puis duc de (1714-1755)
Caumont, Marie Louise de Noailles, marquise de La Force, puis duchesse de (1710-?). Dame de la dauphine 1745

1. Ces deux appartements furent combinés avec **AN 73 et 74** dans le brisis à l'usage de la famille Tallard durant un certain nombre d'années. Leurs occupants successifs reçurent aussi les pièces en attique situées au-dessus.

Marets [1], Louis François Dauvet, marquis des (1710-1748). Grand fauconnier 1718
1741 *État* « M. le duc de Tallard, puis M. et Mme de Caumont [?], puis M. et Mme des Marets » "5 pièces, 2 à cheminée"
La Rivière, Julie Louise Céleste de, marquise de (1718-1753). Dame pour accompagner Mesdames 1747
28.4.1748 N au roi : *Le logement de M. des Marets grand fauconnier vacant par sa mort au successeur de M. des Marets, s'il n'a point de logement, et s'il en a un à Mme de La Rivière, dame de Mesdames.* Note : *Averti par le roi.* A.N. O[1] 1076 198
10.6.1748 *Mme la marquise de La Rivière prie M. de Tournehem de lui faire accommoder le logement qu'avait M. des Marets que le roi vient de lui donner, lequel n'est point habitable pour une personne que sa place oblige à résidence.* A.N. O[1] 1810 II 64
27.6.1748 *Le logement de M. des Marets à Mme la marquise de La Rivière* ... Disposition : A.N. O[1] 1076 205
10.7.1748 *M. le marquis et Mme la marquise de La Rivière prient M. de Tournehem de faire construire une cheminée à neuf et une lucarne, une niche avec une garde-robe à côté, une croisée et une cloison de séparation ;* [de faire] *lambrisser en sapin la face de la croisée, n'étant pas possible à cause de la mansarde d'y mettre de la tapisserie et* [de] *blanchir le tout.* [Ils demandent] *dans la pièce de compagnie une croisée neuve, un vieux dessus de cheminée pris du magasin et [de] blanchir le tout ; dans la chambre à coucher un vieux dessus de cheminée et de blanchir le tout ; de blanchir l'antichambre et les garde-robes des entresols au-dessus.* Réponse : *Bon à faire ce qui est parlé sur cet état montant à 1 305 livres.* A.N. O[1] 1810 II 72
12.8.1748 *On travaille aussi à quelque nouveau changement dans l'appartement que le roi a donné à Mme de La Rivière, qui n'en avait point ; cet appartement est celui qu'occupait M. des Marets dans la petite galerie, en haut, auprès de ce qu'on appelle la rue de Noailles où logent actuellement M. et Mme de Chalais* [**AN 53**], *Mme de Boufflers* [**AN 53A**] *et M. de Talleyrand* [**AN 69**]. L* XI 76
1.8.1753 La marquise de La Rivière à M : *Mme de La Rivière par son mémoire à M. de Vandières lui marque qu'elle espère qu'il voudra bien ressouvenir qu'il lui a promis bien des fois ses bontés et particulièrement au dernier voyage à Marly, tant en considération qu'elle n'a jamais changé et ne changera jamais de logement à Versailles, se bornant à être un peu honnêtement dans celui qu'elle occupe, que pour réparer un tort réel qu'il lui a fait en donnant aux Luxembourg deux chambres qui lui étaient nécessaires et authentiquement promises par M. de Tournehem, voilà où se réduit sa demande. Elle laisse plusieurs choses en arrière de peur d'augmenter la dépense : du lambris sans vernis, une petite cheminée (dont la dépense sera peu considérable, MM. des Bâtiments, qu'elle a consultés là-dessus par l'ordre de M. de Vandières, lui ayant assuré), une chambre parquetée, et qu'on refasse un balcon, qu'on lui a défait, un peu plus grand...* A.N. O[1] 1811 I 68 ; *Cf.* 1070 413
30.11.1748 *Mme de La Rivière prie M. de Tournehem de lui accorder quelques glaces si petites qu'il voudra, et une ou deux portes d'armoires pour son appartement à Versailles qui est actuellement achevé.* A.N. O[1] 1810 II 105 ; *Cf.* 108
27.9.1753 M au roi : *Mme la marquise de La Rivière demande pour son logement : de faire une cheminée dans sa garde-robe ; de parqueter et lambrisser à neuf son cabinet de compagnie, avec quelques tablettes dans les armoires ; de lambriser sa chambre à coucher au-dessus du lambris d'appui seulement ; deux doubles-châssis pour empêcher que l'eau de la pluie ne traverse les croisées et ne pourrisse les planchers ; rallonger le balcon de quelques barreaux, le total montant, savoir : 2 015 livres.* Bon du roi : A.N. O[1] 1811 I 78
30.9.1753 M à E : *Vous auriez agréable, Monsieur, de faire faire les réparations que Mme de La Rivière m'a demandées dans le logement qu'elle occupe au château de Versailles... 2 015 livres.* A.N. O[1] 1795 442
30.9.1753 E à M : *État où étaient les ouvrages du château de Versailles... Quant à Mme la marquise de La Rivière, rien n'était encore commencé à son logement lorsqu'elle est morte.* A.N. O[1] 1795 453
Bracq, Anne Marguerite de (1678-?). Dame pour accompagner Mesdames les cadettes
8.12.1753 *Le logement de Mme la marquise de La Rivière à Mlle de Bracq...* Disposition : A.N. O[1] 1076 349
10.12.1753 *Le logement de Mme la marquise de La Rivière donné à Mlle de Bracq.* L* XIII 120
13.3.1754 M au roi : *Madame Louise a accordé sa recommandation à Mlle de Bracq. Elle supplie très humblement Votre Majesté de vouloir bien lui accorder dans le logement qu'elle occupe au château les réparations contenues au devis ci-joint montant à 2 800 livres.* Bon du roi : A.N. O[1] 1070 420 ; *Cf.* 421 et 1810 I 105
10.4.1754 M à E : *Vous aurez agréable, Monsieur, de faire travailler aux réparations du logement que Mme de Bracq occupe au château, dont la dépense montera à 2 800 livres.* A.N. O[1] 1796 15
Laval, Renée Élisabeth de Maupeou, comtesse de (1729-1759). Dame pour accompagner Madame Adélaïde
Laval, Joseph Pierre de Montmorency-Laval-Tartigny, comte de (1729-1757). Menin du dauphin 1754
18.4.1754 *Le logement de Mlle de Bracq donné à Mme la marquise de Laval.* L* XIII 230
5.5.1754 *Le logement de Mlle de Bracq à Mme la marquise de Laval...* Disposition : A.N. O[1] 1076 367
29.8.1754 E à M : *Ajustements demandés par Mme la comtesse de Laval montent à 890 livres.* A.N. O[1] 1796 50
1.9.1754 M au roi : *Mme la comtesse de Laval supplie très humblement Votre Majesté de vouloir bien lui accorder les ajustements nécessaires à son logement qui suivant le devis ci-joint monteront à 539 livres.* Bon du roi : A.N. O[1] 1070 439 ; *Cf.* 440
7.9.1754 M à E : *Le roi ayant décidé, Monsieur, il y a déjà quelques temps que les ajustements dans les logements que Sa Majesté a accordés ne seraient plus à*

1. M. des Marets occupait aussi **AN 59** au-dessous et **AN 73** dans le brisis au-dessus.

l'avenir à la charge des Bâtiments, et Sa Majesté ayant renouvelé cet ordre ces jours-ci, il ne m'est pas possible d'accorder à Mme la comtesse de Laval, ce [qu'elle m'a demandé]. A.N. O[1] 1796 68
25.9.1754 M à E : *Vous auriez agréable, Monsieur, de voir quelles sont les réparations nécessaires et indispensable à faire dans le logement de Mme la comtesse de Laval.* A.N. O[1] 1796 77
25.9.1754 M à la comtesse de Laval : *Quoique le roi m'ait défendu tous ajustements dans les logements que Sa Majesté accorde, je lui présenterai néanmoins votre demande.* A.N. O[1] 1796 78
1.10.1754 La comtesse de Laval à M : *Si j'en crois, Monsieur, ce que vient de me dire M. Galant*[1]*, sur mon logement, je pourrais me détacher de tout ce que je vous ai demandé d'embellissement, mais je vous avoue que j'ai bien de la peine à le croire quand je me rappelle les espérances que vous m'avez données il y a cinq mois et que je pense que sans ces espérances, il y aurait quatre mois que je serais dans mon appartement. En tous cas, je n'ai inquiétude que pour ce que je vous ai demandé de boiserie et de parquet, parce qu'il n'y a que cela qu'on puisse appeler embellissement. Le reste est de peu de conséquence et d'ailleurs est nécessaire pour qu'on puisse se servir de la cuisine et pour que cet appartement puisse servir pour mari et femme. Il m'a été donné comme tel avant que M. de Laval eût l'honneur d'être auprès de Monseigneur le dauphin et à cette heure il nous tient lieu de celui qu'il serait dans le cas de demander. Enfin, de quelque façon que vous vous décidiez pour la boiserie et pour le parquet, je vous supplie de vouloir bien donner vos ordres pour qu'on travaille tout de suite à ce que je pourrais regarder comme absolument indispensable, si je n'aimais mieux le tenir de votre bonne volonté, et pour qu'on achève ce qui a été accordé et qu'on m'a arrêté qu'à cause des demandes que j'ai faites. Voilà le froid qui va venir, si par malheur, mon appartement n'était pas prêt, avec ma misérable santé, je ne ferais pas mon service huit jours sans me rendre malade.* A.N. O[1] 1796 76
12.10.1754 E à M : *Mme la comtesse de Laval se réduisant aux simples nécessités, son logement ne demande que... 160 livres.* A.N. O[1] 1796 80
12.10.1754 M à E : *J'ai écrit à Mme la comtesse de Laval que je ne peux lui accorder aucune espèce d'ajustements mais que pour les réparations indispensables à faire dans le logement, j'allais vous donner l'ordre d'y mettre les ouvriers. Celles-ci doivent monter à 160 livres.* A.N. O[1] 1796 81
Saulx-Tavannes[2], Charles François Casimir de, marquis de (1739-1792). Menin du dauphin 1758
Tavannes, Éléonore Eugénie de Lévis-Châteaumorand, comtesse, puis duchesse de (?-?). Dame du palais 1759
25.9.1759 *Le logement vacant par la mort de Mme la marquise de Laval à Mme la marquise de Tavannes, dame du palais et M. le marquis, menin...* Distribution : A.N. O[1] 1076 571

1. Nicolas Galant, architecte et inspecteur des Bâtiments du roi.
2. Les Tavannes, Mailly, et Nesle occupaient aussi **AN 73** dans le brisis au-dessus.

Mailly-d'Haucourt, Louis Marie, comte, puis en 1777 duc de (1744-1792). Capitaine des gendarmes écossais
Mailly-d'Haucourt, Jeanne Marie de Talleyrand-Périgord, comtesse, puis en 1777 duchesse de (1748-1792). Dame du palais 1771
1770 *État* A « Mme de Tavannes, puis [Mme] de Mailly
Nesle, Louis Joseph, comte de Mailly-Rubempré, marquis de (1744-1810). Premier écuyer de la dauphine 1763, puis de la comtesse de Provence
Nesle, Camille Françoise Gabrielle de Hautefort, marquise de (1739-?)
1787 *État* E « M. le marquis de Nesle » "6 pièces 3 à cheminée, 2 bûchers ; 4 entresols, 2 à cheminée"

AN 68
Saint-Aignan, Paul Hippolyte de Beauvillier, duc de (1684-1776). Premier gentilhomme du duc de Berry 1711
Quentin [aussi écrit Cantin], Jean (?-?). Premier valet de garde-robe du roi
29.10.1710 *M. de Saint-Aignan avait un fort petit logement qu'on avait donné à un fils de Mme Cantin...* D XIII 253
Tallard, Marie Isabeau Gabrielle de Rohan-Soubise, duchesse de (1699-1754). Dame du palais 1725-1729
Tallard, Marie Joseph d'Hostun, comte de Tallard, puis en 1712 duc d'Hostun, *dit* duc de (1684-1755)
GG-B 1167
8.3.1713 *Le roi... donna au maréchal de Tallard un logement vis-à-vis celui qu'il a* [**AN 67**] *et c'est où il mettra sa belle-fille.* D XIV 358
[avant décembre 1732] GG-B 1327 « Plan des appartements du duc d'Hostun [**AN 68**] et du duc de Tallard [**AN 67 et 73** en retombe] dans le galetas du Gros Pavillon de l'aile du Nord sur la rue des Réservoirs »
Montmorin Saint-Hérem, Jean-Baptiste François, marquis de (1704-1779). Gouverneur de Fontainebleau
Montmorin Saint-Hérem, Constance Lucie Adélaïde de Valois de Vilette, marquise de (?-?)
GG-B. 1168 « ... au 5e étage l'appartement du marquis de Montmorin »
1741 *État* « Mme la duchesse de Tallard puis M. de Montmorin » "3 pièces, 2 à cheminée"
Périgord, Marie Marguerite François de Talleyrand, comtesse de (1727-1775). Dame du palais de la reine 1744
Périgord, Gabriel Marie de Talleyrand, comte de (1726-1795). Menin surnuméraire du dauphin puis en exercice 1749
16.2.1746 N au roi : *M. le prince de Chalais demande de Votre Majesté la moitié de l'appartement qu'occupait ci-devant Mme de Mailly* [**AN 33**]*, que Mme de Périgord aime beaucoup mieux que celui de M. de Montmorin. Si Votre Majesté voulût bien sans déranger M. de Montmorin donner à M le duc d'Anville le logement que Votre Majesté a ôté au maréchal de Brancas* [**AP 72 avec 104 et 105**]*, M. d'Anville serait content et M. de Montmorin serait au désespoir si on le changeait.* Bon du roi : A.N. O[1] 1076 108
L'Hôpital, Paul François de Gallucci, marquis de

(1697-1776). Ambassadeur auprès du roi des Deux-Siciles 1740-1750 ; premier écuyer de Mesdames Henriette et Adélaïde 1750

27.11.1746 *M. et Mme de Montmorin à M. le marquis de L'Hôpital*... Disposition : O[1] 1076 117

25.3.1746 *M. le marquis de Montmorin prie M. le directeur général d'ordonner quelques commodités indispensables à son appartement dans l'aile du Nord, n° 68 : une porte en menuiserie à fournir pour fermer une garde-robe ; une petite armoire de quatre pieds de haut sur trois pieds de largeur et deux pieds de profondeur dans une garde-robe avec six tablettes de sapin de trois pieds de large ; un portemanteau de 12 rosettes tournantes* [sic], *une tringle de fer pour mettre un rideau, une petite armoire au-dessus de la porte*... Réponse : *À M. L'Écuyer pour m'en rendre compte.* A.N. O[1] 1810 I 82

Flamarens, Agésilas Gaston de Grossolles, marquis de (1686-1762). Grand louvetier 1741-1762

21.12.1746 *Le logement de M et Mme de Montmorin à M. le marquis de Flamarens*... Disposition : A.N. O[1] 1076 122 ; *Cf.* 1810 I 133

30.12.1746 *Le roi a donné ces jours-ci l'appartement qu'avait Mme de Montmorin à M. de Flamarens. Cet appartement est tout en haut dans l'aile Neuve ; il a été autrefois occupé par M. de Saint-Aignan et depuis par M. de Tallard.* L* VIII 43

Clermont-Gallerande, Pierre Gaspard de, *dit* comte de Clermont d'Amboise, puis marquis de (1682-1756). Premier écuyer du duc d'Orléans 1724

Brancas, Louise Diane de Clermont-Gallerande, duchesse de Villars-, *dite* duchesse douairière de (1711-1784). Dame pour accompagner Mesdames 1747-1762

1747 *Mme la duchesse de Brancas, douairière dans celui de M. de Flamarens ci-devant celui de M. et Mme de Montmorin.* Bon du roi : A.N. O[1] 1076 138

14.1.1747 *... l'appartement qu'avait Mme de Montmorin ici dans l'aile Neuve avait été donné à M. de Flamarens ; il vient de changer cet appartement contre un plus petit que M. de Clermont-Gallerande avait dans un petit corridor qui rend dans celui du contrôleur général. C'est Mme la duchesse de Brancas qui fait principalement usage de cet appartement et avec qui cet arrangement s'est fait.* L* VIII 86

Rohan-Guémené, Constantin de, *dit* prince Constantin (1697-1779). Premier aumônier du roi 1748

11.9.1750 *M. le prince Constantin chez Mme la duchesse de Brancas, douairière*... Disposition : A.N. O[1] 1076 260

Castellane, Françoise Pauline de Castellane, marquise de († 1760). Dame de Mesdames les cadettes 1750

Talleyrand, Charles Daniel de Talleyrand-Périgord, comte de (1734-1788). Menin du dauphin 1759

Talleyrand, Alexandrine Marie Victoire Étienne de Damas, comtesse de († 1809)

4.4.1760 *Le logement de Mme de Castellane, dame de Mesdames, vacant par sa mort, n° 68, à M. le comte de Talleyrand*... Disposition : A.N. O[1] 1076 593

1760 N au roi : *Monseigneur le dauphin, Madame la dauphine et Mesdames demandent d'un accord le logement de feu Mme de Castellane pour M. le comte de Talleyrand, menin, et sa femme et Mme la marquise de Chabannes, dame de Mesdames et son mari*[1], *Votre Majesté, veut-Elle bien avoir la bonté de l'accorder en leur conservant le petit trou qu'ils ont au-dessus de Mme de Talleyrand* [**AN 75**] *? Ce sera le bonheur de leur vie*... A.N. O[1] 1076 594

Brancas de Forcalquier, Marie Anne Renée Jacqueline Grandhomme de Giseux, marquise de (?-?). Dame de Mesdames les cadettes 1754

17[64] *Le logement de M. le comte de Talleyrand, aile du Nord, à Mme la marquise de Brancas, dame de Mesdames*... Distribution : A.N. O[1] 1077 373

Lastic, Anne Charon de Ménars, comtesse de (1733-?). Dame pour accompagner Mesdames les cadettes 1762, puis Madame Sophie

1769 *Le logement de Mme la marquise de Brancas à Mme la comtesse de Lastic, dame de Mesdames* A.N. O[1] 1077 404

1787 *État* E « Mme la comtesse de Lastic, dame de Madame Victoire » "4 pièces, 3 à cheminée ; 1 soupente, 2 bûchers"

AN 69

La Suze, Louis Michel de Chamillart, comte de (1709-1774). Grand maréchal des logis 1716-1774

La Suze, Anne Marguerite Chauvelin, comtesse de (1724-?)

GG-B 1335 « Plan de l'appartement du comte de La Suze dans le galetas du gros pavillon de l'aile du Nord avec projets de transformations »

1741 *État* « Grand maréchal des logis, M. le comte de La Suze » "5 pièces, 4 à cheminée ; 2 entresols"

Talleyrand, Marie Élisabeth Chamillart de Cany, marquise de (1713-1788). Dame du palais de la reine 1740

1746 N au roi : *M. le grand maréchal demande pour lui et sa femme le logement de M. de Talleyrand* [**AN 52**] *et de donner le sien à la veuve ; il compte prendre soin de toute cette pauvre famille et ce logement lui ferait grand plaisir, et ce serait pour sa vie.* Bon du roi : A.N. O[1] 1076 130

6.12.1746 *Mme la marquise de Talleyrand prie M. de Tournehem de vouloir bien donner ses ordres pour que l'on pose une cheminée de pierre dans sa garde-robe qui est très nécessaire pour ne pas craindre le feu. Elle le prie aussi de faire blanchir son antichambre en détrempe seulement ; c'est un objet de 20 toises carrées tout au plus.* Bon du roi : A.N. O[1] 1810 I 129

30.11.1748 T au roi : *Mme la marquise de Talleyrand, logée au château de Versailles, demande un escalier qui monte de sa garde-robe dans celle où couche sa femme de chambre, étant obligée de passer par le corridor public pour y communiquer, de supprimer la cheminée qui donne dans sa garde-robe et la placer dans le garde-robe de sa femme de chambre qui est dessus.* Note de E : *Cette demande est un objet de 1 600 livres.* Bon du roi : A.N. O[1] 1070 346 ; *Cf.* 1810 II 83

22.4.1749 *Mme la marquise de Talleyrand prie M. de Tournehem de donner ses ordres pour que sa chambre,*

1. À cette époque, les Chabannes occupaient aussi **AP 74** au-dessus.

sa garde-robe et une petite porte d'une petite chambre soient blanchies et que la petite garde-robe soit avec des filets. Bon du roi : A.N. O¹ 1810 II 149
29.9.1755 M à E : *Vous ferez faire les réparations au logement de Mme la comtesse de Talleyrand qui suivant le devis... monteront à 517 livres.* A.N. O¹ 1796 187
4.5.1758 M au roi : *Mme la marquise de Talleyrand supplie très humblement Votre Majesté de vouloir bien lui accorder les réparations nécessaires au logement qu'elle occupe au château de Versailles dont l'objet de la dépense, suivant le devis ci-joint, sera 1 114 livres.* Bon du roi : A.N. O¹ 1071 16. *Cf.* 15 : *Devis. Logement de Mme de Talleyrand : chambre à coucher, refaire à neuf le lambris dans toute la dite chambre qui est très vieux ainsi que les deux croisées, compris le blanchissage ; cabinet, déposer et reposer la menuiserie pour le remettre en état, faire une croisée, compris blanchisssage ; antichambre, deux croisées neuves à faire et blanchissage...*
14.5.1758 M à E : *Vous auriez agréable de faire mettre les ouvriers aux réparations dans le logement de Mme la marquise de Talleyrand, dont la dépense montera à 1 114 livres.* A.N. O¹ 1796 568
3.7.1758 La marquise de Talleyrand à M : *Dans la crainte de ne pouvoir vous trouver chez vous, je prends le parti d'avoir l'honneur de vous écrire pour vous supplier de trouver bon qu'on mette du parquet chez moi. Il est nécessaire de lever les carreaux pour visiter le plancher qui a baissé considérablement. Par la même occasion pendant que les ouvriers y sont, s'il y avait du parquet dans les magasins, vous me feriez grand plaisir de donner vos ordres pour qu'on le mette chez moi. Il n'en faut pas beaucoup car la chambre n'est pas grande et le cabinet est fort petit, ainsi je ne crois pas que cela puisse faire une augmentation de dépense considérable. C'est peut-être le seul appartement de Versailles où il n'y ait que du carreau.* Réponse de M à E : *J'ai vu par votre devis...* [que] *le parquet de Mme la marquise de Talleyrand... monter*[a] *à 500 livres, n'y en ayant point dans le magasin. Vous auriez agréable de lui dire que les temps sont trop malheureux pour que je puisse lui accorder sa demande.* A.N. O¹ 1811 III 35 ; *Cf.* 1795 597

AN 70
Denonville, Jacques René de Brisay, marquis de (1637-1710). Sous-gouverneur du duc de Bourgogne 1689
Denonville, Catherine Courtin de Tanqueux, marquise de († 1710)
Saint-Aignan, Paul Hippolyte de Beauvillier, duc de (1684-1776). Premier gentilhomme du duc de Berry 1711
29.9.1710 *M. de Denonville avait un assez beau logement dans l'aile Neuve que le roi a donné au duc de Saint-Aignan, pour qui M. de Beauvillier l'avait demandé. M. de Saint-Aignan avait un fort petit logement, qu'on a donné à une fille de Mme Cantin* [sic]. D XIII 253
Breteuil, François Victor Le Tonnelier, baron de (1686-1743). Chancelier de la reine 1725
GG-B 1167 « Plan d'appartements dans le gros pavillon de l'aile du Nord... M. le baron de Breteuil... »

Bignon, Armand Jérôme (1711-1772). Bibliothécaire du roi 1743
1741 *État* « M. l'abbé Bignon » "5 pièces, 2 à cheminée"
Hardion, Jacques (1686-1766). Garde des livres du roi
30.10.1766 E à M : *M. Bignon comme bibliothécaire du roi a un logement au château de Versailles dont M. Hardion, garde des livres, jouissait sous son bon plaisir. Il vient de mourir. M. Bignon voudrait l'occuper. Il s'agit pour le remettre en état d'en rétablir plusieurs parties de maçonnerie et menuiserie et de le reblanchir, n'ayant rien fait depuis 1722 que la Cour est revenue à Versailles. C'est un objet de 500 livres* A.N. O¹ 1798 115
1770 *État* A « Bibliothécaire du roi »

AN 69 et 70 sont combinés.

Talleyrand, Charles Daniel de Talleyrand-Périgord, comte de (1734-1788). Menin du dauphin 1759
Talleyrand, Alexandrine Marie Victoire Étienne de Damas, comtesse de († 1809)
8.7.1775 Le comte de Talleyrand à A : *M. de Talleyrand a l'honneur de prier M. le comte d'Angiviller de vouloir bien faire donner des ordres aux menuisiers du roi pour enlever les boiseries qui sont dans le logement de M. Bignon et qu'on ne peut pas ôter sans sa permission.* Réponse de Cuvillier à H : *M. le directeur général désire que M. Heurtier aille chez M. de Talleyrand pour y concerter quelque arrangement des boiseries dans le logement M. de Bignon. M. de Talleyrand propose aussi de faire, à ses frais, quelques accommodements de menuiseries pour qu'on lui fournisse du bois du magasin...* A.N. O¹ 1799 411
19.3.1776 M, d'Hazon, à A : ... *J'ai l'honneur d'observer à M. le directeur général que l'année dernière Mme la comtesse de Talleyrand demanda entre autres arrangements du parquet dans deux pièces de son appartement à la place du carreau et que le tout fût fait à ses frais ; on lui accorda seulement du parquet et du lambris de démolition, dont elle paya la façon...* A.N. O¹ 1799 502
22.10.1781 H à A : *M. le comte de Talleyrand a demandé qu'il lui fût permis de faire faire à ses frais une alcôve en planches dans une pièce de son appartement... j'ai... ordonné l'exécution.* A.N. O¹ 1801 181
1787 *État* E 1787 **[AN 69]** « M. de Talleyrand » "5 pièces 2 à cheminée ; 1 entresol" ; **[AN 70]** « Mme de Talleyrand » "5 pièces, 3 à cheminée, 2 entresols"

GALETAS AU-DESSUS DE L'ATTIQUE DU GROS PAVILLON

AN 71
Dreux-Brézé, Joachim de, marquis de Brézé († 1781). Grand maître des cérémonies 1754
1741 *État* « Grand maître de cérémonies M. de Dreux » "3 pièces, 2 à cheminée"
La Salle, Marie Louis de Caillebot, marquis de (1716-1796). Sous-lieutenant des gendarmes de la garde

6.4.1749 *Le logement de M. de Brézé, composé de trois pièces dans les combles à M. de La Salle.* A.N. O^1 1076 233
17.4.1749 Le marquis de La Salle à T : *M. le marquis de La Salle, auquel le roi a eu la bonté d'accorder le logement de M. le marquis de Brézé au château de Versailles, supplie M. de Tournehem de vouloir bien ordonner qu'on lui fasse les réparations nécessaires et quelques petits ajustements qui ne peuvent être un objet, le logement ne consistant qu'en une très petite chambre avec son antichambre.* Réponse : *Bon du roi ; M. L'Écuyer fera faire les ouvrages demandés... conformémant au devis... montant à 802 livres.* A.N. O^1 1810 II 148
8.5.1749 T au roi : *M. le marquis de La Salle demande plusieurs ouvrages dans son appartement au château de Versailles qui montent... y compris une glace à la somme de 802 livres.* A.N. O^1 1070 352
1787 *État* E « M. le marquis de La Salle » "4 pièces 2 à cheminée"

AN 72
Bonrepaus, François d'Usson de (1650-1725). Intendant général de la marine et des armées navales 1683-1693 ; lecteur du roi 1685
Saumery, Jacques François de Johanne de La Carre, marquis de (1651-1730). Sous-gouverneur des Enfants de France 1690 ; sous-gouverneur de Louis XV 1715
13.1.1691 ... *le logement de M. de Bonrepaus dans l'aile a été donné à M. Saumery, sous-gouverneur des enfants de Monseigneur.* D III 273
16.7.1695 GG-B 1145 « Plan de l'appartement de M. Saumery dans le comble du gros pavillon de l'aile du Nord devenu en 1740 partie de l'appartement de la princesse de Talmond. Devis détaillé »
Picquigny, Charles François d'Albert d'Ailly, comte, puis duc de (1707-1731)
Rupelmonde, Marie Marguerite Élisabeth d'Alègre, marquise de (1688-1752). Dame du palais de la reine 1725-1741
1741 *État* « M. le duc de Picquigny puis Mme de Rupelmonde » "2 pièces, 1 à cheminée"
Talmond, Anne Charles Frédéric de La Trémoille, duc de Châtellerault, puis en 1739 prince de (1711-1759)
Talmond, Marie Louise Jablonowska, duchesse de Châtellerault, puis en 1739 princesse de (1701-1773)
25.5.1736 *Il y a eu ces jours-ci plusieurs changements de faits pour des appartements... celui de Mme la duchesse d'Alincourt qu'a eu Mme de Luynes, à Mme de Châtellerault pour joindre à celui qu'elle avait déjà à côté.* L* I 82.
GG-B 1153 [1] « Plan de l'appartement de la duchesse de Châtellerault dans le galetas du gros pavillon du Nord [**AN 66**] ; en retombe [**AN 72**] »
Puysieulx, Louis Philogène Brûlart, comte de Sillery, marquis de (1701-1770). Ministre d'État 1751-1756
Puysieulx, Charlotte Félicité Le Tellier de Louvois de Rebenac, marquise de (?-?)
Gouye, Anne Yvonnette Marguerite d'Esther de La Rivière de Saint-Georges de Vériac, marquise de (?-?). Dame de Mesdames 1749
Laval, Renée Élisabeth de Maupeou, marquise de (1729-1759). Dame pour accompagner Madame Adélaïde 1753
Laval, Joseph Pierre de Montmorency-Laval-Tartigny, comte de (1729-1757). Menin du dauphin 1754
25.3.1753 *La chambre de Mme la marquise de Gouye à Mme la marquise de Laval...* Disposition : A.N. O^1 1076 332 ; O^1 1795 302
Bassompierre, Charlotte de Beauvau-Craon, marquise de (1717-1787). Dame pour accompagner Mesdames Henriette et Adélaïde 1751
5.5.1754 *La chambre au-dessus de ce logement* [**AN 66**] *sous les toits qui avait été à Mme de Gouye et avant elle à M. le marquis de Puysieulx à Mme la marquise de Bassompierre ...* Disposition : A.N. O^1 1076 368
10.5.1754 *Le logement de Mme la comtessse de Laval* [**AN 66**] *ci-devant à Mme la marquise de Boufflers, pour M. le marquis de Muy ; le logement au-dessus, de Mme de Gouye, ci-devant à Mme la marquise de Puysieulx, à Mme la marquise de Bassompierre.* L* XIII 250
1754 N au roi : *Une autre chambre et garde-robe dans les toits, très vilaine et très fumante, ci-devant à M. le marquis de Puysieulx et connue vulgairement sous le nom du trou de Mme de Gouye, demandée par Mme la marquise de Bassompierre et par Mme la marquise de Haussi, pour retraite* A.N. O^1 1077 404
Saint-Sauveur, Magdeleine Suzanne de Goulet de Rugy, marquise de (1723-1777). Sous-gouvernante des Enfants de France
1755 *Mme de Bassompierre avait un trou dans les toits vulgairement dit le trou de Mme de Gouye parce qu'elle l'occupa longtemps. Votre Majesté veut-Elle l'accorder à Mme de Saint-Sauveur avec permission de s'en accommoder avec Schneider, concierge de la Surintendance qui a deux entresols* [**S 28A**] *au-dessus de sa tête* [**S 28B**] ? *M. le comte n'a pas à se louer personnellement de Mme de Saint-Sauveur, mais il se croit obligé de représenter qu'elle est trop mal logée pour une place aussi assujettissante que celle qu'elle occupe.* Réponse : *Approuvé.* A.N. O^1 1077 469
29.8.1755 *Le roi a donné le logement de M. de Tessé* [**AP 112**] *à Mme de Bassompierre, celui de Mme de Bassompierre, par augmentation à Mme de Saint-Sauveur.* L* XIV 249
Rohan-Guéméné, Eugène Hercule Camille de, chanoine de, *dit* prince Camille (1737-?)
9.11.1755 *Le logement qui avait été autrefois à M. le marquis de Puysieulx et qui était en dernier lieu à Mme de Saint-Sauveur au prince Camille...* Disposition : A.N. O^1 1076 408
Choiseul-Beaupré, François Martial de Choiseul de Sommerville, comte de (1717-1792). Menin du dauphin 1770
9.1759 *M. le comte de Choiseul le menin demande en augmentation le logement de M. le prince de Talmond, disant qu'il est fort à l'étroit.* A.N. O^1 1076 567
Chabannes [2], Marie Élisabeth de Talleyrand-Périgord,

1. **AN 72** dans le brisis devint une partie de l'enclave des Châtellerault avec **AN 65 et 66** à l'étage au-dessous.

2. Mme de Chabannes occupait aussi **AN 66** au-dessous ainsi qu'une pièce de **AN 55**.

comtesse de (1733-?). Dame pour accompagner Madame Adélaïde 1759
Chabannes, Jacques Charles, comte de Curton, *dit* comte de (1737-1780). Premier écuyer de Madame Adélaïde 1775
[177...] *Le logement de M. le comte de Choiseul-Beaupré à Mme la marquise de Chabannes...* Distribution : A.N. O[1] 1077 373
1770 *État* A « Mme de Choiseul puis Chabannes »
1787 *État* E « Mme la comtesse de Chabannes, dame d'atour de Madame Adélaïde » "2 pièces 1 à cheminée, 2 bûchers"

AN 73 et 74 [1]
Cordière, N... (?-?). Premier valet de chambre du duc de Berry
Tallard, Marie Joseph d'Hostun, comte de, en 1712 duc d'Hostun à la renonciation de son père, *dit* duc de (1684-1755)
Tallard, Marie Isabeau Gabrielle de Rohan-Soubise, duchesse de (1699-1754). Dame du palais 1725-1729
14.4.1715 *Le roi a augmenté aussi le logement qu'avait la duchesse de Tallard vis-à-vis du maréchal son beau-père en lui donnant celui de La Cordière, premier valet de chambre du duc de Berry.* D X 401
[avant décembre 1732] GG-B 1327 « Plan des appartement du duc d'Hostun [**AN 68**] et du duc de Tallard [**AN 67 et 73** en retombe] dans le galetas du gros pavillon de l'aile du Nord sur la rue des Réservoirs »
Trudaine, Daniel Charles (1703-1769). Intendant des finances 1734
1740 *M. Le duc d'Hostun, aile Neuve, brisis n° 73, 3 pièces dont 2 à cheminée donné à M. Trudaine...* Logements... donnés par le roi : A.N. O[1] 1076 133
Caumont, Jacques Nompar de Caumont, marquis de La Force, puis duc de (1714-1755)
Marets [2], Louis François Dauvet, marquis des (1710-1748). Grand fauconnier 1718
1741 *État* « M. le duc de Tallard, puis M. de Caumont, puis M. et Mme des Marets » "3 pièces, 2 à cheminée"
Saulx-Tavannes [3], Éléonore Eugénie de Lévis-Châteaumorand, comtesse de (?-?). Dame du palais de la reine 1759
Mailly, Jeanne Marie de Talleyrand-Périgord, comtesse, puis en 1777 duchesse de (1748-1792). Dame du palais 1771, puis dame d'atour de la reine 1775
Mailly, Louis Marie de Mailly d'Haucourt, comte, puis en 1777 duc de (1744-1792). Capitaine des gendarmes écossais
1770 *État* A « Mme de Tavannes, puis [Mme] de Mailly »
Buzançois, Marie Louise de Mailly, comtesse de (1747-?). Dame d'honneur de Madame Sophie
1776 N au roi : *Madame Sophie demande la survivance de logement de Mme la marquise de Mailly qui ne peut rester dans celui qu'elle occupe. Cette ambition pour Mme la comtesse de Buzançais, dame d'honneur, paraît plus modeste.* Bon du roi : A.N. O[1] 1076 367
18.12.1776 *Le logement de Mme de Mailly à Mme la comtesse de Buzançais.* Arrangements : A.N. O[1] 1799 635
Major des gardes du corps du roi
Aide-major des gardes du corps du roi
14.12.1776 *Le logement de Mme la marquise de Mailly, donné par bon du roi à la comtesse de Buzançais, dame d'honneur de Madame Sophie, prêté à M. le major et M. l'aide-major général des gardes du corps...* Disposition : A.N. O[1] 1799 631
1777 N au roi : *M. le major et M. de Prisis ont été fâchés de leur changement de logement avec Mme la marquise de Mailly, prétendant qu'il est préjudicable au service de Votre Majesté. Monsieur, sur la demande de Madame Sophie, pour sa dame d'honneur, veut bien céder le logement de sa table et de son premier maître d'hôtel* [**AP 98**] *que M. le major occupera jusqu'à ce qu'il puisse entrer dans celui de l'aile* [Gabriel] *avec ses deux aides-majors généraux. Votre Majesté consent-Elle à ce nouveau changement ? On cherchera à loger M. de Prisis s'il ne peut tenir dans le logement.* Bon du roi : A.N. O[1] 1077 447
1777 *État* B « M. de Buzançais »
1783 *État* D « M. de Buzançais »
Nesle, Louis Joseph, comte de Mailly-Rubempré, marquis de (1744-1810). Premier écuyer de la dauphine 1765, puis de la comtesse de Provence
Nesle, Camille Françoise Gabrielle de Hautefort, marquise de (1739-?)
24.2.1782 *Le logement de Mme la comtesse de Buzançais à M. le marquis de Nesle, premier écuyer de Madame.* A.N. O[1] 1801 263
1787 *État* E « M. le marquis de Nesle » "4 pièces, 2 à cheminée"

AN 73A [4]
Durfort de Duras, Louise Henriette Charlotte Philippine de Noailles, duchesse de Durfort, puis de Duras (1745-1832). Dame du palais 1767
Durfort de Duras, Emmanuel Céleste Augustin, marquis de Duras, puis duc de Durfort, puis en 1789 duc de Duras (1741-1800)
1770 *État* A « M. et Mme la duchesse de Durfort »
1777 *État* B « Mme la duchesse de Durfort »
1787 *État* E « Mme la duchesse de Duras, dame du palais de la reine » "11 pièces, 9 à cheminée"

AN 74
Rochechouart, Julie Sophie de Rochechouart de Jars, vicomtesse de (?-?). Dame de Madame la duchesse, première douairière

1. Ces logements étaient situés dans le brisis du Gros Pavillon sur la rue des Réservoirs. Habituellement le premier était annexé à **AN 67** à l'étage au-dessous, tandis que le second était rattaché à **AN 68**. La Cordière occupa ces pièces mansardées jusqu'à leur incorporation dans l'appartement double du maréchal d'Hostun, de son fils et de sa bru, au-dessous. En 1743, la marquise de Rochechouart-Faudoas se les vit attribuer. Plus tard, quand **AN 67 et 68** furent divisés, **AN 73** resta l'annexe de **AN 67**, mais **AN 68** devint un appartement séparé.
2. M. des Marets occupait aussi **AN 59** et **67** à cette époque.
3. Les Saulx-Tavannes, les Mailly d'Haucourt et les Mailly-Nesle occupaient aussi **AN 67**, au-dessous.
4. Ce logement était combiné avec **AN 59A**, au-dessous, situé à l'étage le plus élevé de l'aile joignant le Gros Pavillon à l'Opéra.

GG-B 1167
6.1743 *Le roi a conservé à Mme la vicomtesse de Rochechouart, qui était attachée à Madame la duchesse [de Bourbon], un petit logement qu'elle avait ici dans l'aile Neuve tout en haut dans les combles ; il donne dans une petite galerie qui est entre l'appartement de M. le maréchal de Chaulnes ci-devant (et présentement à M. de Picquigny)* [**AN 54**] *et ce qu'on appelle la rue de Noailles, où sont les logements de Mmes de Boufflers* [**AN 53A**], *de Chalais* [**AN 53**] *et de Talleyrand.* L* V 55
GG-B 1167 et 1168
1741 *État* « Mme de Rochechouart [dame] de Mme la duchesse » "5 pièces, 2 à cheminée"
Avisse, N... de († avant 1784). Premier garçon du garde-meuble
6.5.1750 *M. le comte de Noailles par sa lettre du 2 de ce mois marque à M. de Tournehem que Mme la marquise de Pompadour leur a pris un très joli logement* [**AG 2A**] *où était le premier garçon du garde-meuble. Il a fallu lui restituer et le roi juge à propos de donner au sieur Avisse, qui est celui dont est question, le logement de Mme la veuve de Rochechouart dans le château à cause de son service. Il se trouve que ce logement a été pillé par les voisins et qu'il n'y reste qu'une chambre où un homme avec trois filles ne peut tenir, et qu'il est déterminé a proposer au roi de mettre le dit sieur Avisse chez le cireur* [**AN 12**]... A.N. O[1] 1810 III 22
29.5.1750 N au roi : *Avisse, premier garçon du garde-meuble chez Mme la vicomtesse de Rochechouart et deux pièces du cireur du Domaine...* Changements : A.N. O[1] 1076 250
26.7.1750 *Votre Majesté ayant besoin du logement du sieur Avisse, il est indispensable de lui accorder 300 livres de logement du 1er janvier 1750.* Note : *M. de Fontanieu a représenté au comte de Noailles qu'il était indispensable de laisser le garde-meuble sans un garçon.* Note : *Le comte de Noailles ne trouve de logements dans les brisis qui ne soient occupés par des charges du côté du garde-meuble que ceux de Mme de Rochechouart, M. le bailli de Saint-Simon* [**AP 76**] *et M. de La Salle* [**AP 71**]. *Votre Majesté veut-Elle ordonner lequel il faut donner à Avisse, puisque celui-ci est indispensable pour son service ?* Réponse : *Mme de Rochechouart.* A.N. O[1] 1076 251
Chabannes [1], Marie Élisabeth de Talleyrand-Périgord, comtesse de († 1733). Dame pour accompagner Madame Adélaïde 1759
Talleyrand [2], Charles Daniel, comte de (1734-1788). Menin du dauphin 1759
[177...] N au roi : *Il y a un petit entresol sous les toits que Mme la marquise de Chabannes occupait. Votre Majesté veut-Elle bien l'accorder à Mme la marquise de Talleyrand pour y entasser ses enfants ?* A.N. O[1] 1077 380
1770 *État* A « Mme de Chabannes, puis le comte de Talleyrand »

1. La comtesse de Chabannes occupait aussi **AN 66** au-dessous et **AN 72** ainsi qu'une pièce de **AN 55**.
2. Les Talleyrand occupaient aussi **AN 69 et 70** à l'étage au-dessous et **AN 75** à proximité.

AN 75
La Suze [3], Louis Michel de Chamillart, comte de (1709-1774). Grand maréchal des logis en survivance 1716
La Suze, Anne Marguerite Chauvelin, comtesse de (1724-?)
1741 *État* « Grand maréchal des logis, M. le comte de La Suze » "2 pièces, 1 à cheminée »
Ruffec, Charlotte Thérèse de Gramont, duchesse de (1707-1755)
Talleyrand, Alexandrine Marie Victoire Étienne de Damas, comtesse de († 1806)
Chimay, Madeleine Charlotte Le Peletier de Saint-Fargeau, princesse de (?-?). Dame pour accompagner Mesdames les cadettes 1754 puis Madame Victoire 1759
1755 N au roi : *Logement vacant : celui de Mme la duchesse de Ruffec... Ce logement est très petit, très vilain, sous les toits ; il y faut monter par un escalier qui est comme une échelle...* Note : *La reine [demande] pour Mme la marquise de Talleyrand, la mère, pour loger sa belle-fille, qu'elle nourrit. Elle loge dans l'avenue de Saint-Cloud et se ruine en porteurs. La richesse n'est pas l'apanage de cette maison.* Réponse : *Bon, à condition de le prêter à Mme de Chimay.* A.N. O[1] 1077 473
7.4.1755 [4] *C'est Mme de Talleyrand la jeune qui a eu un logement* [**AN 45B**] ; *elle en avait un fort vilain au-dessus de sa mère* [**AN 69**]... L* XIV 106
6.7.1755 La comtesse de Talleyrand, à Paris, à M : *J'ai l'honneur de passer chez vous pour vous prier de vouloir bien ordonner qu'on mette des croisées neuves à mon petit appartement à Versailles. C'est celui qu'avait la duchesse de Ruffec et qui est en si mauvais état qu'elle n'y a jamais couché. Les fenêtres de cet appartement sont si petites que cette réparation ne serait pas fort chère et elle est indispensable pour qu'on puisse l'habiter.* Réponse : ... *361 pour réparations et pour 156 pour ajustements.* Bon du roi : A.N. O[1] 479, 480 et 418 ; *Cf.* 1811 II 49

AN 74 et 75 sont combinés.

Chabannes, Marie Élisabeth de Talleyrand-Périgord, marquise de (1733-?). Dame pour accompagner Madame Adélaïde 1759
Chabannes, Jacques Charles, comte de Curton *dit* comte de (1737-1780). Premier écuyer de Madame Adélaïde 1775
1760 N au roi : *Monseigneur le dauphin, Madame la dauphine et Mesdames demandent d'un accord le logement de feu Mme de Castellane* [**AN 68**] *pour M. le comte de Talleyrand, menin, et sa femme et Mme la marquise de Chabannes, dame de Mesdames, et son mari. Votre Majesté veut-Elle bien avoir la bonté de*

3. Le comte de La Suze occupait aussi **AN 69**, au-dessous.
4. Luynes a confondu les appartements. L* XIV 103 : *Le logement de feu Mme de Ruffec* [**AN 45B**], *dans l'aile de la Chapelle, qui faisait la moitié de celui de M. et Mme de Saint-Simon, vient d'être donné à Mme de Talleyrand, qui le prêtera à Mme de Chimay jusqu'à ce qu'elle ait un logement.*

l'accorder en leur conservant le petit trou qu'ils ont au-dessus de Mme de Talleyrand ? Ce sera le bonheur de leur vie... A.N. O¹ 1076 594
18.7.1767 M à E : *... puisque vous avez trouvé au magasin une vieille cheminée de marbre et une petite glace propre à être mise au-dessus, j'approuve que vous les fassiez poser dans l'appartement de Mme de Chabannes.* A.N. O¹ 1798 188
1770 *État* A « Mme de Talleyrand »
1777 *État* B « Cuisine de M. de Talleyrand »
Talleyrand, Louis de Talleyrand-Périgord, chevalier de (1735-?). Premier écuyer de Mesdames Sophie et Victoire 1771
1787 *État* E « M. le chevalier de Talleyrand' **[AN 75]** "2 pièces à cheminée, 2 soupentes" **[AN 75]** "2 pièces à cheminée, 2 bûchers"

AN 76
Olonne, Charles Anne Sigismond de Montmorency-Luxembourg, duc d' (1697-1785).
1741 *État* « M. le duc d'Olonne » "4 pièces, 1 à cheminée"
Courson, Henri Coignet, comte de († 1745). Conseiller d'État au Conseil du roi
GG-B 1154 « Plan de l'appartement de M. de Courson dans le brisis au-dessus du gros pavillon de l'aile du Nord »
Castries, Angélique de Talaru de Chalmazel, marquise de la Croix (1723-?). Dame de Mesdames Henriette et Adélaïde 1743
4.6.1745 *Le roi a donné le logement de feu M. de Courson à Mme de Castries, fille de M. de Chalmazel ; ce logement est dans l'aile Neuve auprès de ceux de Mmes de Chalais* **[AN 53]** *et de Boufflers* **[AN 53A]**, *mais plus haut.* L* VI 471
Saint-Simon, Claude de Rouvroy, bailli de (1694-1777)
Montmorency-Fosseux, Anne Léon Ier, baron de, *dit* premier baron de la chrétienté (1705-1785). Menin du dauphin 1746 ; chevalier d'honneur de Madame Adélaïde 1750
15.7.1746 *Le logement de Mme de Castries à M. le bailli de Saint-Simon...* Disposition A.N. O¹ 1076 113
27.11.1746 *Le petit logement de Mme de Castries en attendant qu'il y en ait un vacant à M. le baron de Montmorency...* Disposition : A.N. O¹ 1076 117
Froulay, Charles Élisabeth, marquis de (1720-1747)
4.12.1746 *On a donné à M. de Froulay celui de tout en haut dans l'aile Neuve, qui avait été donné à Mme de Castries après la mort de M. de Courson.* L* VIII 23
21.12.1746 *Le petit logement de Mme de Castries à M. le bailli de Saint-Simon...* Disposition : A.N. O¹ 1076 122 ; *Cf.* 1810 I 133
26.12.1746 *Il y a quelques jours le roi a donné un appartement à M. le chevalier de Saint-Simon, frère de M. de Metz... qu'on appelle le bailli... Le logement qu'on lui a donné est dans l'aile des Princes* [sic] *tout en haut sous le toit ; c'est celui qu'avait Courson, celui qui jouait. Il avait été donné depuis à Mme de Castries, qui n'en avait point voulu, le trouvant trop haut et trop éloigné de son père M. de Chalmazel* **[AMG 11 et 11A]**. L* VIII 42
11.9.1750 *État des logements que le roi a ôtés dans son château de Versailles pour loger son service... M. le bailli de Saint-Simon.* A.N. O¹ 1076 261
Meaux, Antoine Renauld de La Roche-Fontenilles, évêque de (1699-1759). Évêque de Meaux 1738 ; premier aumônier de Mesdames 1750
30.10.1750 *Le logement de Mme la duchesse d'Ancenis* **[AN 44B]** *par emprunt ou celui de M. le bailli de Saint-Simon à M. l'évêque de Meaux, premier aumônier de Mesdames...* Disposition : A.N. O¹ 1076 265
Lorge et de Randan, Guy Michel de Durfort, comte de Lorge, puis duc de Quintin et de Durfort 1728, puis en 1733 de (1704-1773). Maréchal de France 1768
29.3.1756 Le duc de Randan, à Besançon, à M : *Mon concierge de Versailles m'a mandé, Monsieur, qu'en réponse à la lettre que j'ai eu l'honneur de vous écrire le 29 janvier, vous avez voulu ordonner les cloisons que je vous ai témoigné désirer dans mon logement pour le rendre habitable. Depuis ce temps, jusqu'au présent les ouvriers auraient fini dix fois cette bagatelle si vos ordres avaient été exécutés. J'apprends que non seulement ils n'ont pas encore travaillé mais même qu'ils ont dit à mon concierge qu'ils ne savaient pas quand ils le pourraient. C'est ce qui m'oblige à vous importuner encore et à vous prier instamment de donner des ordres nouveaux et précis... J'ai des affaires essentielles qui exigent ma présence à Paris et à Versailles et je ne peux partir tant que mon appartement ne sera pas habitable.* A.N. O¹ 1796 253
18.3.1756 M à E : *Je vous écrivais, Monsieur, le 10 du mois de juillet de faire faire les petits ajustements et réparations que M. le duc de Randan m'avait demandés... dont la dépense n'était que de 60 livres. Ayez agréable d'y faire mettre les ouvriers.* A.N. O¹ 1796 254
28.3.1756 E à M : *Aussitôt que vous m'avez écrit l'ordre pour les réparations du logement de M. le duc de Randan, ne montant alors qu'à 60 livres, les ouvriers allaient y commencer ; mais ce seigneur ayant demandé en sus une soupente, je ne crus pas devoir la lui faire faire sans avoir eu l'honneur de vous informer. Le tout se monte à 159 livres.* A.N. O¹ 1796 272
1.4.1756 *Devis : Logement du duc de Randan, une soupente neuve et ajustements... 159 livres.* Bon du roi : A.N. O¹ 1070 496 et 497
8.4.1756 M à E : *Vous auriez agréable de faire faire au logement de M. le duc de Randan les réparations nécessaires qui monteront à 159 livres.* A.N. O¹ 1796 261
Lorge, Louis de Durfort, comte, puis duc de (1714-1790). Menin du dauphin 1745, puis en 1770
29.4.1773 N au roi : *M. le duc de Lorge demande le trou que feu M. le maréchal de Lorge occupait au château. Il est très vilain mais le comte de Noailles pense qu'il faut suspendre cette demande jusqu'à ce que les principales charges de la maison de Mgr le comte et Mme la comtesse d'Artois soient logées, tout étant préférable à être logé dans la rue [de] Satory quand on a un service journalier.* A.N. O¹ 1077 182
Hénin, Charles Alexandre d'Alsace-Hénin-Liétard, *dit* prince de (1744-1794). Capitaine des gardes du corps du comte d'Artois

29.8.1773 *Le trou de M. le maréchal de Lorge à M. le prince de Hénin, capitaine des gardes de Monseigneur le comte d'Artois pour pied-à-terre...* Disposition : A.N. O[1] 1077 181

Crussol, Alexandre Charles Emmanuel de Crussol d'Uzès, chevalier, puis bailli de (1743-1815). Capitaine des gardes du comte d'Artois

1770 *État* A « M. le maréchal de Lorge, puis le prince d'Hénin, puis le chevalier de Crussol »

20.1.1774 N au roi : ... *Le comte de Noailles propose aussi le logement de M. le prince de Hénin qui est le trou de feu M. le maréchal de Lorge pour M. le chevalier de Crussol. Les deux capitaines des gardes de Monseigneur le comte d'Artois seront moyennant cela nichés...* A.N. O[1] 1077 194

Talleyrand, Charles Daniel de Talleyrand-Périgord, comte de (1734-1788). Menin du dauphin 1759

17.4.1775 *Les dames du palais de la reine ont le droit d'avoir logement de mari et femme. Mme la comtesse de Talleyrand n'a pas cet avantange, en conséquence, elle demande qu'on donne à M. le chevalier de Crussol le petit logement de feu M. le duc de Tresmes* **[VA 49]** *et M. le comte de Talleyrand aura le trou de M. le chevalier de Crussol qui est dans son voisinage.* A.N. O[1] 1077 222

28.4.1775 *Le logement de M. le chevalier de Crussol, capitaine des gardes de Monseigneur le comte d'Artois à Mme la comtesse de Talleyrand pour M. le comte de Talleyrand...* Distribution : A.N. O[1] 1799 338

Bignon, Jean Frédéric (1747-1784). Bibliothécaire du roi

1777 *État* B « M. Bignon »

Caylus, Élisabeth Suzanne de Jaucort, duchesse de († 1816). Dame pour accompagner la comtesse de Provence 1774

1787 *État* E « Mme la duchesse du Caylus, dame de Madame » "4 pièces, 3 à cheminée"

1789 *État* F « Mme de Caylus, dame de Madame »

18.4.1789 La duchesse de Caylus à A : ... *Venant d'avoir un logement dans le château... je vous prie de vouloir bien avoir la bonté de jeter les yeux sur la note ci-jointe pour donner vos ordres afin qu'on fasse les réparations nécessaires. Je ne demande que les plus urgentes et j'espère, Monsieur, que vous voudrez bien me les accorder. Mme de La Vallière m'avait promis que quand j'aurais un logement, elle négocierait pour moi près de vous, mais ne devant que des réparations peu considérables, je n'ai pas sollicité ma tante d'en parler à Mme d'Angiviller.* A.N. O[1] 1802 592. *Cf.* 593 *Parqueter le cabinet de toilette, la chambre à coucher, boiser l'antichambre, boiser en lambris tout l'appartement ; boiser une petite garde-robe, supprimer l'alcôve du salon et faire une cloison pleine pour une armoire à côté... remplir le vide par un panneau plein dans la chambre à coucher ; une cheminée de marbre, celle qui y est étant de pierre affreuse.* Réponse de A : *M. le directeur général renvoie à M. Heurtier pour avoir son avis sur les demandes qui ne lui paraissent dictées que par des besoins personnels et arbitraires.* Réponse de H : *J'ai l'honneur de rendre comte à M. le directeur général que j'ai vu conformément à ses ordres Mme la duchesse de Caylus laquelle a restreint ses demandes à un petit nombre d'objets qui pourront coûter 600 livres. Ce qui est souligné indique les suppressions dans ses demandes ; on pense que la cheminée pourra se trouver au magasin.*

Les ailes des Ministres

Lorsque commencèrent, à la fin des années 1660, les travaux de l'enveloppe, destinée à agrandir le rendez-vous de chasse de Louis XIII, Colbert comprit qu'il avait échoué dans ses efforts pour engager Louis XIV à construire à Paris. Versailles devint une résidence où le roi passa de plus en plus de temps. Mais comme le château suffisait à peine à héberger la famille royale et quelques courtisans favoris et que l'agglomération n'était encore qu'un simple hameau, il fallait impérativement trouver de la place pour loger la Cour et la haute administration du royaume. C'est pourquoi, dans les années 1670, s'élevèrent à l'est de la place d'Armes, là où se trouvent aujourd'hui les Grandes et les Petites Écuries, une série d'hôtels particuliers construits par la noblesse. Et devant le château, on édifia quatre pavillons séparés : ceux de gauche s'alignaient sur le pavillon du Roi, tandis qu'à droite, deux constructions identiques s'alignaient sur le pavillon situé à l'arrière de la grotte de Thétis. Les travaux, commencés en 1671, furent achevés peu après.

Ces quatre pavillons étaient destinés à loger les principaux administrateurs du royaume, les secrétaires d'État. Ce poste était une commission plutôt qu'un office, car le titulaire servait exclusivement selon le plaisir du roi, bien que chaque nouveau secrétaire indemnisât son prédécesseur par une somme substantielle. À chacun était assignée l'administration d'un certain nombre de provinces. Les intendants, responsables de l'administration locale, recevaient les ordres royaux du secrétaire d'État chargé de leur province et lui soumettaient des rapports . Chacun des secrétaires d'État disposait par ailleurs d'un domaine de responsabilité dans lequel il conseillait le roi et agissait comme agent de l'exécutif. Bien que techniquement aucun d'entre eux ne pût être qualifié de ministre avant d'être invité à siéger au Conseil d'État, tous agissaient en chefs de département ministériel. Le secrétaire d'État aux Affaires étrangères avait en charge les relations avec les puissances extérieures, celui à la Guerre s'occupait de l'armée, de l'artillerie, des fortifications et de l'entretien des routes. Le secrétaire d'État à la Maison du roi contrôlait en outre le clergé ainsi que les affaires touchant les protestants. Le secrétaire d'État à la Marine s'occupait de la Marine et souvent des colonies.

À l'origine, chaque ministre occupait un pavillon séparé. En 1678, des ailes furent construites pour relier les deux séries de pavillons. Chaque aile ouvrait par treize fenêtres au rez-de-chaussée et au premier étage, et un nombre égal de lucarnes dans les combles. Dans le même temps, afin de distinguer les pavillons d'origine, on en suréleva légèrement les toitures. Ces bâtiments prirent le nom d'ailes des Ministres, et l'espace qu'ils délimitaient fut appelé la cour des Ministres. Bientôt les ministres renoncèrent aux pavillons au profit d'appartements plus spacieux dans les ailes ; chacune de celles-ci, divisée en deux pour donner quatre vastes appartements ministériels dotés de sous-sols sous la cour, de sous-sols inférieurs à l'arrière, comprenait trois principaux niveaux et des combles.

Chaque aile était précédée d'une large terrasse. Si le sol de la cour Royale était pratiquement plan, la cour des Ministres descendait ensuite en pente régulière, accroissant la différence de niveau entre elle-même et la terrasse des ailes des Ministres. Les deux terrasses s'achevaient par une sorte de bastion, avant de s'incurver en deux rampes s'inclinant doucement vers la grille d'honneur. Sous ces terrasses, on trouvait des logements pour les gardes qui surveillaient le périmètre extérieur du château. À droite, le pavillon extérieur abritait la caserne des gardes-suisses, une salle commune pour leurs officiers, ainsi qu'un logement pour leur colonel dans les entresols [1]. À gauche leur faisaient pendant les aménagements destinés aux gardes françaises [2]. Sous les ailes étaient aménagés des bureaux et des salles de rangement pour les appartements ministériels [3], tandis que sous les pavillons près du château s'étendaient les cuisines [4].

Sur la cour des Ministres, les *États des logements* distinguent clairement les espaces des pavillons et des ailes. À chaque étage, chaque pavillon était constitué de deux, voire trois logements séparés par un escalier central [5]. Les ailes comptaient deux appartements répartis sur quatre étages. Habituellement, l'antichambre et le cabinet du ministre étaient au rez-de-chaussée, au niveau de la terrasse ; c'est là qu'il recevait les visiteurs de marque et les solliciteurs [6]. Au premier étage, un appartement était attribué à la femme du ministre. C'est là que se trouvaient les salles de réception officielles où la plupart des secrétaires d'État tenaient table ouverte, pratiquant une généreuse hospitalité. Au-dessus venaient les appartements privés, où logeaient souvent des membres de leur famille, et, dans les combles, des pièces pour les clercs. Chaque appartement était desservi par un escalier joignant la cave au grenier. Dans les premières années, quand Colbert habitait le pavillon de la Surintendance tandis que Louvois et Chamillart préféraient l'hôtel de la Surintendance, ces appartements ministériels furent divisés, chacun des quatre étages comprenant un appartement séparé destiné à des courtisans. À la fin du XVIIIe siècle, ces espaces étaient devenus immuables et relevaient chacun d'un seul et même ministère. À cette époque, on trouvait à droite les appartements du ministre de la Marine [7] et ceux de son collègue des Affaires

1. **AMD 1, 2, 3** et **4 A**.
2. **AMG 1, 2** et **3**.
3. **AMD 5** et **6** et **AMG 4, 4 A** et **5**.
4. **AMD 7** et **7 A**, et **AMG 6**.
5. **AMD 8** et **9** au rez-de-chaussée de la cour dans le premier pavillon vers la place d'Armes et **AMD 12** et **12 B** au rez-de-chaussée de la cour, dans le second pavillon près de la Chapelle ; **AMG 7, 8** et **8 A** au rez-de-chaussée de la cour, dans le premier pavillon près de la place d'Armes, et **AMG 11** et **11 A** au rez-de-chaussée sur la cour, dans le second pavillon près de la cour des Princes.
6. Chaque espace des appartements de ministre était attribué au titulaire du département ; son épouse, lorsqu'elle était présente, était seulement mentionnée dans l'espace numéroté du premier étage. Certains longs rapports des Bâtiments ont été divisés de manière à renseigner au sujet des espaces des différents étages.
7. **AMD 10, 14, 21** et **28**.

étrangères [1] ; à gauche, ceux du ministre de la Guerre [2] et du ministre de la Maison du roi [3].

Les étages supérieurs des pavillons comprenaient des appartements destinés à des courtisans. Les ministres installaient parfois leurs enfants dans les plus beaux de ces appartements, de façon à prolonger l'espace familial au premier étage [4]. Les courtisans moins favorisés se voyaient souvent offrir les logements des attiques des pavillons [5]. Ils n'étaient ni prestigieux ni spacieux et avaient de surcroît l'inconvénient de se trouver loin du corps central. Pires encore étaient les galetas. C'étaient de petites pièces basses de plafond, à peine mieux que nos chambres de bonne, attribuées à des célibataires ou à des hôtes de passage.

1. **AMD 11, 15, 22 et 29.**
2. **AMG 9, 14, 21 et 26.**
3. **AMG 10, 15, 22 et 27.**
4. **AMD 16 et 17** au premier étage du premier pavillon près de la place d'Armes et **AMD 13 et 13 A** au premier étage du second pavillon près de la Chapelle ; et **AMG 12, 13 et 13 A** au premier étage du premier pavillon près de la place d'Armes et **AMG 16 et 17** au premier étage du second pavillon près de la cour des Princes.
5. **AMD 18, 19 et 20** dans les attiques du premier pavillon près de la place d'Armes et **AMD 23 et 24** dans les attiques du second pavillon près de la Chapelle ; **AMG 18, 19 et 30** dans les attiques du premier pavillon près de la place d'Armes et **AMG 24 et 25** dans les ailes du second pavillon près de la cour des Princes.

AILE DROITE PREMIER PAVILLON [*dit* de M. de La Vrillière] REZ-DE-CHAUSSÉE SUR LA RUE

ADM 1

Corps de garde suisse
1741 *État* « Corps de garde suisse » "4 pièces, 1 à cheminée"
5.12.1753 Le baron Zurlauben à M : *Depuis 15 ans, une voûte du corps de garde suisse est étayée. Cet endroit où les troupes mettent leur armes menace au point que malgré les précautions qui ont été prises pour l'assurer, il est plus étonnant de la voir soutenir que de la voir écrouler. Ce malheur peut arriver dans le temps que les troupes y entrent en corps ou en sortent...* A.N. O[1] 1795 466
11.12.1753 M à E : *M. de Zurlauben me marque le danger imminent où est la voûte du corps de garde suisse malgré la précaution qu'on a prise pour l'étayer. Ayez agréable de m'envoyer sans aucun délai l'état et le devis de cette réparation.* A.N. O[1] 1795 467
3.3.1773 M au comte d'Affry : *Je connais... dès longtemps toute l'impatience de la réparation au sujet de laquelle vous m'avez fait l'honneur de m'écrire l'année dernière d'examiner les voûtes du corps de garde suisse et en particulier celui des piliers qui menace ruine...* A.N. O[1] 1799 72 ; *cf.* 73 7 74
7.3.1773 M au comte d'Affry : *Dans le travail que Sa Majesté a agréé m'accorder, j'ai mis sous les yeux du roi les mémoires et plans relatifs à la construction du nouveau corps de garde suisse. J'ai l'honneur de vous annoncer que Sa Majesté a bien voulu les approuver en ces termes « bon à exécuter quand il y aura des fonds ». Ainsi, vous voyez que tout dépendra actuellement de l'intérêt que Mgr le comte d'Artois voudra bien y mettre pour les obtenir de M. le contrôleur général. L'objet est 14 600 livres...* A.N. O[1] 1799 75
24.8.1773 E à M. Cuvillier : ... *Le pilier d'une des voûtes du corps de garde suisse est repris et est actuellement sans aucune crainte pour la voûte qui était en danger.* A.N. O[1] 1799 168
14.6.1780 *Mémoire de ce qu'il y aurait à faire au corps de garde suisse : La cuisine des soldats sujette à fumer et à laquelle il n'y a de l'air que par la porte aurait besoin d'un châssis qui puisse servir à la place du châssis dormant ; vu le besoin urgent d'avoir une chambre, il pourrait s'en établir une par le moyen d'une soupente en entrant à gauche à côté de l'entrée du corps de garde voûté... On voulut bien voir s'il ne serait pas praticable d'avoir un robinet de bonnes eaux avec une baguette qui servirait à tous les soldats de la garde.* A.N. O[1] 1800 573
17.6.1780 H à A : ... *Il y aurait beaucoup d'inconvénients à permettre le branchement d'un tuyau d'eau bonne à boire parce qu'il faudrait qu'il fût fait sur le conduit qui mène l'eau au château qui est déjà très altéré par les différents branchements qui y ont été faits et qu'il y aurait à craindre lorsque le robinet du corps de garde serait ouvert que le conduit du château ne donne plus d'eau, ce qui ferait manquer non seulement le service du château mais encore celui des fontaines publiques et particulières qui en dépendent.* A.N. O[1] 1800 574
3.1782 M. Scians à A : *On ne peut que se rendre agréable vis-à-vis vous M. le comte... de bien proposer... qu'il soit déposé dans le corps de garde des gardes françaises et dans celui des gardes suisses du château à chacun cinquante seaux propres pour l'incendie. Il en résultera lorsque les troupes sont requises pour le secours du feu, ils apporteront avec eux les seaux qui seront très utiles en attendant que les pompes soient mises en train d'agir. La dépense de 100 seaux montera à la somme de 350 livres.* Réponse : *Scians a déposé dans les corps de gardes 50 seaux.* A.N. O[1] 1801 265 et 266
22.6.1782 H à A : *M. le comte d'Affry m'a dit qu'il avait eu l'honneur de... demander des abat-jour pour éclairer et renouveler l'air du corps de garde des suisses ; cet objet est peu dispendieux et très nécessaire à la salubrité du corps de garde.* A.N. O[1] 1801 320
2.3.1785 M. de Vogüe à A : *Permettez-moi de vous représenter l'extrême nécessité qu'il y a de réparer les latrines du corps de garde des gardes suisses à Versailles. Les soldats ne peuvent plus y entrer sans risque d'y être ensevelis.* A.N. O[1] 1802 42
13.3.1785 LR à A : *Relativement à la fosse d'aisance des gardes suisses, quoique depuis trois ans il y en ait une moitié de condamnée pour raison de danger [et] que présentement l'autre moitié restante ne peut être occupée sans courir les mêmes risques... la réparation de cet objet ne peut plus éprouver de retard sans craindre de nouveaux accidents.* A.N. O[1] 1802 47
1787 *État* F « 4 pièces, 1 à cheminée et 2 soupentes »

ADM 2
Magasins du château et de la conciergerie
Corps de garde suisse
Cave du colonel des suisses
1741 *État* « Magasins du château et de la conciergerie, puis corps de garde suisse » "3 pièces sans cheminée, 1 soupente"
1787 *État* F "1 pièce"

ADM 3 [1]
Officiers suisses de la concierge
1741 *État* « Officiers suisses de la conciergerie » "7 pièces, 2 à cheminée et les autres sans cheminée"
Seaux pour le feu
1787 *État* F "1 pièce" "entresol sur le corps de garde"

ADM 4
Colonel suisse et le concierge
1741 *État* « Le colonel suisse et le concierge » "2 pièces sous le balcon"
Pigache, N... (?-?). Capitaine-concierge des corps des gardes suisses, puis commissaire de la Marine
12.7.1748 E à T : *La chute du plancher de la cuisine de sieur Pigache, concierge du corps de garde suisse, arrivée hier a été causée par la pourriture d'une*

1. En 1741, **ADM 3** désigne les « entresols sur la garde de corps ». En 1787, cette numérotation est attribuée au rez-de-chaussée.

sablière qui portait les solives que heureusement, Monsieur, cet accident n'a blessé personne et que ce rétablissement n'est pas un objet. J'y ai mis les ouvriers ce matin. A.N. O[1] 1795 110

18.10.1753 Le baron Zurlauben à M : *M. Zurlauben, colonel du régiment des gardes suisses, prie très instamment M. de Vandières de vouloir bien donner ses ordres pour les arrangements qu'il va lui détailler et qui sont absolument nécessaires au bien du régiment et au service. Précédemment, les officiers de la garde mangeaient à la ville ou se faisaient apporter à manger de l'auberge. Dans le premier cas, ils couraient le risque de ne pas remplir leur service ; dans le second, ils étaient fort chèrement et mal nourris. Le corps des officiers a donc pris le parti de s'attacher un cuisinier et pour cet effet, ils ont engagé M. de Zurlauben à prêter à cet homme la cuisine* **[ADM 4A]** *qui est dépendante de son logement* **[ADM 8]** *au dit corps de garde suisse à Versailles. Mais comme cette cuisine est petite et peu commode, il a l'échangée avec celle du sieur Pigache, capitaine-concierge du dit corps de garde et pour consommer cet arrangement, il est question dans cette dernière cuisine d'y construire un fourneau percé de six trous dont les matériaux seront pris de celui que l'on abattra dans la première et dans laquelle il en sera construit un petit des mêmes matériaux et de faire dans cette nouvelle cuisine un petit four et d'abattre celui qui est dans l'ancienne et permettre qu'il soit pris dans le magasin du roi des vieux lambris pour faire quelques armoires tenant aux murs dans une chambre voisine, des planches pour former des séparations qui seront enduites de plâtre, et trois vieilles portes. Tout ceci il n'en coûtera que la main-d'œuvre, et cet objet de dépense étant bien peu considérable, a déterminé plus volontiers M. de Zurlauben à faire cette prière à M. de Vandières relativement à l'avantage qui en résultera pour le corps.* A.N. O[1] 1795 462 ; *cf.* 1811 I 79

26.10.1753 M au baron de Zurlauben : *C'est avec bien du plaisir, Monsieur, que j'envoie l'ordre à M. L'Écuyer pour faire exécuter tous les articles de votre demande.* A.N. O[1] 1795 462

25.11.1778 Le sieur Pigache à A : *Le sieur Pigache, capitaine concierge du corps de garde suisse... a l'honneur de supplier M. le comte d'Angiviller de vouloir bien lui permettre de faire placer un poêle à ses frais dans une des pièces du logement qu'il occupe au-dessus du corps de garde suisse. Il prend la liberté d'exposer à M. le comte que cette chambre à une croisée au nord donnant en face de la rue des Bons-Enfants où il désirait faire passer le tuyau de son poêle et ose se flatter que sa demande paraîtra d'autant moins indiscrète qu'il existe déjà d'autres tuyaux sur cette face du château qui est la moins apparente.*

Réponse : *Vous savez que je déteste les tuyaux de poêle...* A.N. O[1] 1800 293

5.12.1778 H à A : *Le sieur Pigache a déjà un poêle dans une pièce qu'il habite au-dessus du corps de garde suisse, dont le tuyau passe par une croisée et monte tout le long de la face du château vis-à-vis le château d'eau... J'ai l'honneur d'observer à M. le directeur général que cette façade a toujours été sacrifiée et j'ai celui de lui envoyer l'état des poêles dont les tuyaux passent par les croisées de cette façade et montent jusqu'en haut et de lui certifier que ces tuyaux ont existé depuis longtemps et je les ai trouvés en arrivant au château et que j'ai su qu'ils avaient été tolérés pour des motifs de nécessité indispensable. L'addition demandée par M. Pigache est modérée sur ce qu'il n'a qu'un seul poêle pour échauffer tout son logement et qu'il va se marier et que sans cette grâce... son logement sera impraticable.* A.N. O[1] 1800 308

29.12.1778 *État des poêles dont les tuyaux sortent par les fenêtres qui sont sur la face du château vis-à-vis le château d'eau : dans la caserne des officers suisses ; chez le sieur Pigache, concierge ; dans le chambre des sergents ; et dans la salle des musiciens.* A.N. O[1] 1800 323

17.7.1781 M. Pigache à A : *Le roi ayant bien voulu supprimer la charge de capitaine concierge des corps de gardes suisses au Louvre et maisons royales, dont j'étais pourvu... je suis dans ce moment occupé à vider un logement que j'avais aux entresols au-dessus du corps de garde suisse et dont jouissaient mes ancêtres de plus de cent ans. Cette longue jouissance... m'a mis dans le cas de faire dans ce logement quelques dépenses pour m'y procurer plus de commodité. Il en est quelques-unes d'un genre à convenir à quiconque occupera l'appartement que je quitte. J'ose espérer de vos bontés que vous voudrez bien en ordonner la visite par MM. des Bâtiments et m'accorder le dédommagement que vous estimez convenable pour l'abandon que j'en fais. Les objets dont il est question consistent dans une alcôve, quelques armoires dans la cuisine, deux croisées que j'ai fait vitrer en verre de Bohême.* Réponse : *Refusé suivant les règles.* A.N. O[1] 1801 138

Concierge du corps de garde

1787 *État* F "5 pièces, 1 à cheminée"

ADM 4A

Cuisine du colonel suisse

1787*État* F « sous le balcon » "2 pièces, 1 à cheminée"

REZ-DE-CHAUSSÉE DE L'AILE SUR LA RUE

ADM 5 [1]

Seignelay, Jean-Baptiste Colbert, marquis de (1651-1690). Secrétaire d'État à la Marine, à la Maison du roi et au Clergé 1683-1690

Pontchartrain, Louis II Phélypeaux, comte de (1643-1727). Contrôleur général des finances 1689-1699 ; secrétaire d'État à la Marine, à la Maison du roi et au Clergé 1690-1699 ; chancelier de France 1699-1714

Pontchartrain, Jérôme Phélypeaux, comte de Maurepas, puis de (1674-1747). Secrétaire d'État à la Marine, à la Maison du roi et au Clergé 1693-1715

La Vrillière, Louis IV Phélypeaux, marquis de (1672-1725). Secrétaire d'État pour les Affaires générales de la religion prétendue réformée en survivance de son père 1700 ; secrétaire du Conseil de la Régence ; secrétaire d'État à titre provisoire au nom de Maurepas, titulaire mais mineur 1721-1723

1. Ces logements de service appartenaient à l'appartement ministériel officiel, qui incluait aussi **ADM 10, 14, 21 et 28**, au-dessus.

Breteuil, François Victor Le Tonnelier, marquis de (1686-1743). Secrétaire d'État à la Guerre 1723-1726, puis 1740-1743 ; ministre d'État 1741 ; chancelier de la reine
Maurepas, Jean Frédéric Phélypeaux, comte de Pontchartrain et de (1701-1781). Secrétaire d'État en survivance de son père 1715, en exercice sous la tutelle de La Vrillière avec lettres de dispense en 1718 ; secrétaire d'État à la Marine 1723-1749 ; ministre d'État 1738-1749
1740 *M. de Maurepas, avant-cour à droite, rez-de-chaussée de la rue dans l'aile, ses cuisines et offices, n° 5, 8 pièces dont 4 à cheminée et 3 entresols sans cheminée...* Logements... donné par le roi : A.N. O[1] 1076 133
La Vrillière, Louis V Phélypeaux de La Vrillière, comte de Saint-Florentin, puis en 1770 duc de (1705-1777). Secrétaire d'État en survivance de son père 1723, en exercice 1725 ; chancelier de la reine 1743 ; secrétaire d'État à la Maison du roi 1749-1775 ; ministre d'État 1751-1775
Argenson, Marc Pierre de Voyer de Paulmy, comte d' (1696-1764). Intendant de Paris 1740 ; secrétaire d'État à la Guerre 1743-1757
1741 *État* « M. de Maurepas, puis de Saint-Florentin, puis d'Argenson » "4 pièces à cheminée ; 3 entresols sans cheminée"
Rouillé, Antoine Louis, comte de Jouy (1689-1761). Secrétaire d'État à la Marine 1749-1754 ; secrétaire d'État aux Affaires étrangères 1754-1757
Machault d'Arnouville, Jean-Baptiste de (1701-1794). Contrôleur général des finances, 1745-1754 ; garde des Sceaux 1750-1751 ; secrétaire d'État à la Marine 1754-1757
11.1755 BLONDEL planche 2, "7" « Appartement du ministre de la Marine, aujourd'hui M. de Machault, garde des Sceaux »
Rouillé, Antoine Louis, comte de Jouy (1689-1761). Secrétaire d'État à la Marine 1749-1754 ; secrétaire d'État aux Affaires étrangères 1754-1757
Peyrenc de Moras, François Marie (1718-1771). Ministre de la Marine 1757-1758
Massiac, Claude Louis, marquis de (1686-1770). Secrétaire d'État à la Marine de juin à novembre 1758
Berryer, Nicolas René, comte de la Ferrière (1703-1762). Secrétaire d'État à la Marine 1758-1761 ; garde des Sceaux 1761
1770 *État* A « Ministre de la Marine » [1]
Boynes, Pierre Étienne Bourgois de (1718-1783). Intendant de Franche-Comté 1754 ; conseiller d'État 1761 ; ministre de la Marine 1771-1774
Turgot de Broucourt, Anne Robert Jacques, baron de l'Aulne (1727-1781). Secrétaire d'État à la Marine 1774 ; Contrôleur général des finances 1774-1776
Sartine, Antoine Raymond Jean Gilbert Gabriel de, comte d'Alby (1729-1801). Ministre de la Marine 1774-1780
12.12.1775 Mme de Sartine à A : *Mme de Sartine vous prie de donner vos ordres pour rendre logeables deux petits galetas donnant dans sa cuisine au château pour coucher deux valets de chambre. Voilà l'état de ce qui est nécessaire : deux poêles à four de grandeur à contenir du bois scié en traits ; poser deux serrures de sûreté à deux portes ; blanchir un des dits endroits ; la croisée en dehors et le barreaux de fer pour éclairer le dit endroit qui est très sombre.* A.N. O[1] 1799 457
1776 H à A : *Les poêles demandés par Mme de Sartine ne peuvent se poser qu'avec beaucoup de difficulté ; on ne pouvait faire évider les tuyaux que par une croisée et il faudrait les faire monter jusqu'au-dessus du comble pour ne pas incommoder les voisins... L'objet de la demande, non compris les poêles, pourra monter à 60 livres. Les poêles seraient un objet de moins de 50 écus.* A.N. O[1] 1799 475
Bertin, Henri Léonard Jean-Baptiste, comte de Bourdeilles (1720-1792). Contrôleur général des finances 1759-1763
Castries, Charles Eugène Gabriel de la Croix, marquis de (1727-1801). Maréchal de France ; ministre de la Marine 1780-1787
1777 *État* B « M. Bertin puis M. de Castries »
La Luzerne, César Henri comte de (1737-1799). Ministre de la Marine 1787-1789, puis 1789-1790
1787 *État* F "8 pièces, 7 à cheminée ; 2 entresols, 1 à cheminée"
1787 *État* F « Ministre de la Marine » "9 pièces, 2 à cheminée : 7 entresols, 2 à cheminée, 4 caves, 2 caveaux"

ADM 6 [2]
Croissy, Charles Colbert, marquis de (1625-1696). Secrétaire d'État aux Affaires étrangères 1679-1696
Torcy, Jean-Baptiste Colbert, marquis de (1665-1746). Secrétaire d'État aux Affaires étrangères en survivance de son père 1689, en exercice 1696-1715
La Vrillière, Louis Phélypeaux de La Vrillière, comte de Saint-Florentin, puis en 1770 duc de (1705-1777). Secétaire de État en survivance de son père en 1723, en exercice 1725 ; chancelier de la reine 1743 ; secrétaire d'État à la Maison du roi 1749-1775 ; ministre d'État 1751-1775
1741 *État* « M. de Saint-Florentin » "10 pièces, 6 à cheminée ; 4 entresols, 1 à cheminée"
21.1.1757 E à M : *Détail des réparations et ajustements que demande M. le comte de Saint-Florentin dans son logement au château de Versailles... Ajustements à l'étage des souterrains formant le rez-de-chaussée vers la rue : dans le serre de maître d'hôtel, une armoire... garnie de fonds de tiroir et tablettes ; dans la chambre au-dessus un bas d'armoire... garni des fonds et tablettes ; dans la même chambre une table de bois de chêne ; dans la chambre du cuisinier un bas d'armoire et une table... total 230 livres.* A.N. O[1] 1796 349

1. Le duc de Choiseul détint le portefeuille de ministre de la Marine de 1761 à 1766, et son cousin, le duc de Praslin, de 1766 à 1770. Chacun d'eux occupait l'appartement relatif à leur principale fonction : Choiseul, en tant que secrétaire d'État à la Guerre, occupait **AGM 4, 9, 19, 21 et 26** ; Praslin **AGM 5, 10, 15, 22 et 27**.

2. Ces espaces de service appartenaient à l'appartement ministériel officiel, qui incluait aussi **ADM 11, 15, 22 et 29** au-dessus.

Vergennes, Charles Gravier, comte de (1717-1787). Ministre des Affaires étrangères 1774-1787
Montmorin, Armand Marc, comte de (1746-1792). Ministre des Affaires étrangères 1787-1791
1787 *État* F « Ministre des Affaires étrangères » "11 pièces, 6 à cheminée ; 3 entresols, 4 à cheminée"

SECOND PAVILLON REZ-DE-CHAUSSÉE SUR LA RUE

ADM 7

Officiers de M. le duc de Maine
1741 *État* « Officiers de M. le duc de Maine » "6 pièces, 2 à cheminée ; 7 entresols, 2 à cheminée."
Boullogne, Jean de, comte de Nogent (1690-1769). Intendant des finances 1744 ; contrôleur général des finances 1757-1759
Eu, Louis Charles de Bourbon, comte d' (1701-1775)
[après 1768] *Dans le pavillon de M. de Boullogne les trois pièces sur la petite cour et la petite cour sous ces cuisines et aussi [celles] de M. le comte d'Eu.* A.N. O^1 1802 722
Maurepas, Jean Frédéric Phélypeaux, comte de Pontchartrain et de (1701-1781). Ministre d'État et chef du Conseil des finances 1774-1781
25.8.1779 H à A : *Le feu a pris dans la cheminée de la cuisine de M. le comte de Maurepas placée sous le pavillon de M. de Boullogne* [**AMG 12**] *au château près et attendant la rampe de la Chapelle* [sic]. *Cet accident qui n'a pas de suite a été occasionné par un gros tuyau de poêle qui vient de l'appartement de M. l'évêque d'Évreux* [**ADM 23**] *et qui passe dans cette cheminée. Il n'y a malheureusement que trop de ces tuyaux qui engorgent les cheminées et qui empêchent les ramoneurs de faire leur service. Celui dont il est question ici est, avec cela, d'une grosseur outre mesure parce qu'il fait le service d'une cuisine de petite mesure qui fut supprimée à la mort de M. le duc de Saint-Aignan mais que M. Mique, alors premier architecte, a fait reconstruire pour faire cour à M. l'évêque d'Évreux.* A.N. O^1 1800 446
Villequier, Louis Alexandre Céleste d'Aumont, duc de (1736-1814). Premier gentilhomme de la Chambre 1762
1787 *État* F « Cuisine de M. le duc de Villequier » "1 pièce à cheminée ; 3 entresols, 4 à cheminée"

ADM 7A

Sens, Élisabeth Alexandrine de Bourbon-Condé, *dite* Mlle de (1705-1765)
Villequier, Félicité Louise Le Tellier de Courtenvaux, duchesse de (1736-1768). Dame d'honneur de Mesdames 1764-1768
[après 1768] *Dans le pavillon de M. de Boullogne... le surplus du pavillon composé de trois pièces, compris une sous le passage d'entrée de M. le comte de Saint Florentin était ci-devant à Mademoiselle de Sens, puis à Mme de Villequier, actuellement vacant.* A.N. O^1 1802 722
1769 N à G : *Il serait essentiel de savoir si les cuisines et offices de feu Mlle de Sens, en dernier lieu à Mme la duchesse de Villequier, pouvaient se partager de façon que le roi pût donner une cuisine à M. le comte d'Eu, une à Mme de Durfort, qui a le logement de Mme la duchesse de Villequier* [**AN 39**], *et une à MM. les capitaines des gardes. Ces deux cuisines et offices paraissent immenses sur le plan. Cet arrangement débarrasserait le roi, s'il pouvait avoir lieu.* A.N. O^1 1802 724
Capitaine des gardes en quartier
1769 N au roi : *MM. les capitaines des gardes ont demandé à la mort de Mme la duchesse de Villequier sa cuisine pour leur quartier. Votre Majesté a eu la bonté de leur accorder. Mme la duchesse de Beauvillier qui occupe par intérim ce logement* [**AN 39**] *s'est emparée de cette cuisine. Votre Majesté trouve-t-Elle bien que le comte de Noailles le fasse rendre à MM. les capitaines des gardes en échange de celle de feu M. le marquis de Sassenage* [**AN 15C**] *dont ils sont en possession et qui restera attaché au logement de feu Mme la duchesse de Villequier ?* A.N. O^1 1077 61
[177...] *Madame Adélaïde demande avec insistance une cuisine pour Mme la comtesse de Noailles. Elle avait demandé celle de M. le comte d'Eu, mais elle avait été donnée par Votre Majesté à MM. les capitaines des gardes et à M. le comte de Maurepas.* A.N. O^1 1077 367
1771 N au roi : *Votre Majesté a parlé des cuisines et offices de Mme la comtesse de Barry en attendant qu'on rebâtisse l'aile* [du Gouvernement]. *Le comte de Noailles n'a à proposer que la sienne* [**AN 14 annexe**] *ou d'emprunter celle de M. le comte d'Eu* [**ADM 7**] *et celle de MM. les capitaines des gardes du corps qui pendant ce temps se contenteraient de leur ancienne auprès de leur appartement et le comte de Noailles prêtera à M. le comte d'Eu la moitié de la sienne pour faire son morceau quand il viendra à Versailles.* Réponse : *Oui.* A.N. O^1 1077 114
1787 *État* F « Cuisine du capitaine des gardes de quartier » "3 pièces, 1 à cheminée ; 1 entresol à cheminée"

PREMIER PAVILLON REZ-DE-CHAUSSÉE SUR LA COUR

ADM 8

Gramont, Elizabeth Hamilton, comtesse de (1641-1708)
27.5.1690 *L'appartement qu'avait la comtesse de Gramont a été donné aux officiers de la garde suisse comme les Français ont celui qui est vis-à-vis, chacun au-dessus de leur corps de garde.* D III 132
Stuppa, Jean Pierre (1620-1701). Colonel des gardes suisses 1685
Wagner, Maurice († 1702). Colonel des gardes suisses 1701
11.1.1701 *Le roi donna la charge de colonel du régiment des gardes suisses à Wagner, qui était lieutenant-colonel ; et le roi lui a dit aujourd'hui qu'il donnait aussi le logement que M. Stuppa avait ici dans le château.* D VIII 10
Reynold, François de (1642-1722). Colonel des gardes suisses 1702
Besenval, Jean Victor, baron de (1671-1736). Colonel des gardes suisses 1722-1736
1741 *État* « Le colonel des suisses » "4 pièces à cheminée ; entresols, 2 à cheminée"

Erlach, Jean Jacques d' († 1742). Colonel des gardes suisses 1736-1742
Castella, Rodolphe de (1678-1743). Colonel des gardes suisses 1742-1743
Zurlauben, Béat Fidèle Antoine Jean Dominique de La Tour-Châtillon, baron de (1720-1771). Capitaine des gardes suisses
11.1755 BLONDEL, planche 2, "6" « Logement des officiers des gardes suisses »
Affry, Louis Auguste Augustin, comte d' (1713-1793). Colonel des gardes suisses 1767-1793
1767 *Le logement de M. le baron de Zurlauben, ancien colonel du régiment des gardes suisses, à M. le comte Affry qui l'a remplacé...* Disposition : A.N. O[1] 1077 386
9.7.1768 *Je, architecte et contrôleur des Bâtiments du roi au département du château de Versailles, certifie que les glaces mentionnées... ne sont pas du roi et qu'elles appartiennent à M. d'Affry... un trumeau vis-à-vis de la cheminée en deux glaces, l'une de 54 pouces de haut et l'autre de 27 pouces, l'une et l'autre de 49 pouces de largeur ; un autre trumeau vis-à- vis de la croisée de 44 pouces de haut et celle au-dessus de 27 pouces, l'un et l'autre de 49 pouces de largeur.* A.N. O[1] 1798
17.9.1785 M. d'Affry à A : *L'antichambre de la salle à manger de mon appartement... a besoin d'être blanchie.* A.N. O[1] 1802 124
1787 *État* F « Colonel suisse » "5 pièces, 4 à cheminée ; 1 entresol à cheminée"

ADM 9
Capitaine des gardes suisses
1741 *État* « Capitaine des gardes suisses » "3 pièces à cheminée ; 3 entresols, 2 à cheminée"
Affry, Louis Auguste Augustin, comte d' (1713-1793). Capitaine des gardes suisses 1733 ; lieutenant-colonel 1746
28.10.1756 *Devis : logement de M. d'Affry. Sa demande consiste en une niche dans sa chambre à coucher avec une garde-robe et porte vitrée de chaque côté et reposer une partie du lambris ; dans l'entresol, sous le palier de l'escalier plusieurs cloisons pour former deux petites garde-robes avec deux planches et ajustements... total 450 livres.* Bon du roi : A.N. O[1] 1070 520 et 521 ; *cf.* 18II 108 et 109
7.1781 M. d'Affry à A : *Réparations des chambres des capitaines des gardes suisses dans le corps de garde... La chambre qui est nord est remplie de fientes ; en détachant des murs toute la boiserie et les couvrant de chaudes plâtres, on se garantirait de cette vermine ; avec quelques filets en blanc sur un fond vert on remplacerait avantageusement la boiserie. La chambre au midi, sur la cour, supprimer l'alcôve et continuer la boiserie ; celle qu'on trouvera dans la pièce précédente pourrait suffire à cette réparation ; continuer le parquet et remplacer quelques feuilles toutes gâtées. La porte d'entrée du côté du balcon est fort mauvaise ; la remplacer et y substituer d'autres panneaux. Peindre en gris la boiserie.* Réponse de H : *Ces objets sont utiles et très peu dispendieux.* A.N. O[1] 1801 126 et 127
1787 *État* F "2 pièces à cheminée ; 2 entresols à cheminée"

REZ-DE-CHAUSSÉE DE L'AILE SUR LA COUR

ADM 10 [1]
Seignelay, Jean-Baptiste Colbert, marquis de (1651-1690). Secrétaire d'État à la Marine, à la Maison du roi, et au Clergé 1683-1690
Pontchartrain, Louis II Phélypeaux, comte de (1643-1727). Contrôleur général des finances 1689-1699 ; secrétaire d'État à la Marine, à la Maison du roi et au Clergé 1690-1699 ; chancelier de France 1699-1714
3.11.1690 *M. de Seignelay est mort.* D III 243 ; *cf. ibid.* note 1 ... *dans un des quatre pavillons destinés aux quatre secrétaires d'État. Le Mercure galant*
10.11.1690 *M. de Pontchartrain a tout l'appartement qu'avait M. de Seignelay...* D III 247
Pontchartrain, Jérôme Phélypeaux, comte de Maurepas, puis de (1674-1747). Secrétaire d'État à la Marine, à la Maison du roi et au Clergé 1693-1715
2.9.1699 *Le même jour que Bourcherat mourut... le roi, au sortir du Conseil, dit à Pontchartrain... je vous fais chancelier et votre fils sera secrétaire d'État en titre et exercera tout à fait... Pontchartrain saisit l'occasion de demander et d'obtenir de conserver son logement de Versailles au château.* SS VI 288 *sqq.*
9.9.1699 ... *l'on sut que le chancelier ne quitterait point son appartement de secrétaire d'État à Versailles.* S VI 184. *Cf. ibid.* note 1 : *Ce fut un très grand coup de politique pour lui car il avait prévu que s'il allait loger à la Chancellerie, sa cour deviendrait aussi déserte comme elle avait été nombreuse pendant qu'il était contrôleur général et l'on croyait que sa femme lui avait inspiré de demander cette grâce au roi parce qu'elle ne pouvait se résoudre de voir sa maison devenir une solitude et cela sous le prétexte de tenir de plus près son fils de Pontchartrain, secrétaire d'État, et de le former dans les fonctions de sa charge.*
1699 ... *sur la fin de 1699... on vit alors un spectacle... la Cour en foule chez Chamillart et la maison de Pontchartrain déserte... lui, chancelier, garde des Sceaux, ministre, et son fils secrétaire d'État logeant avec lui.* SS *Additions* à D XV 178
4.12.1700 *Sa Majesté a... approuvé et réglé la nouvelle cheminée, les croisées neuves et autres changements de lambris que M. de Pontchartrain a demandés au cabinet de son appartement dans l'avant-cour.* A.N. O[1] 1809 50
La Vrillière, Louis IV Phélypeaux, marquis de (1672-1725). Secrétaire d'État pour les Affaires générales de la religion prétendue réformée en survivance de son père 1700 ; secrétaire du Conseil de la Régence ; secrétaire d'État provisoire pour Maurepas, titulaire mais mineur 1721-1723
Breteuil, François Victor Le Tonnelier, marquis de (1686-1743). Secrétaire d'État à la Guerre 1723-1726, puis 1740-1743 ; ministre d'État 1741 ; chancelier de la reine
Maurepas, Jean Frédéric Phélypeaux, comte de Pontchartrain et de (1701-1781). Secrétaire d'État en survivance de son père 1715, en exercice sous la tutelle de La Vrillière avec lettres de dispense en 1718 ; secré-

1. Cet appartement ministériel officiel incluait **ADM 5**, au rez-de-chaussée sur la rue, et **ADM 14, 21 et 28** au-dessus.

taire d'État à la Marine 1723-1749 ; ministre d'État 1738-1749
BNF, département des Estampes Va 361 I "2" « Logement de M. le comte de Maurepas, secrétaire d'État pour la Marine », vers 1735-1740
1740 *M. de Maurepas, avant-cour à droite, rez-de-chaussée de la cour, premier pavillon, son logement n° 10, 7 pièces, 7 à cheminée et 2 entresols, dont 1 à cheminée* Logements... donnés par le roi : A.N. O[1] 1076 133
Argenson, Marc Pierre de Voyer de Paulmy, comte d' (1696-1764). Intendant de Paris 1740 ; secrétaire d'État à la Guerre 1743-1757
1741 *État* « M. de Maurepas, puis M. d'Argenson » "7 pièces à cheminée ; 9 entresols, 1 à cheminée"
Rouillé, Antoine Louis, comte de Jouy (1689-1761). Secrétaire d'État à la Marine 1749-1754 ; secrétaire d'État aux Affaires étrangères 1754-1757
26.4.1749 *Sa Majesté a donné à M. Rouillé la place de secrétaire d'État de la Marine... M. Rouillé logera dans l'appartement qu'occupe actuellement M. d'Argenson...* L* IX 396 *sq.*
14.7.1749 E à T : *Mme de Rouillé m'écrit, Monsieur, au sujet du cabinet de M. le marquis de Beuvron qu'elle veut faire vernir, en marquant que vous avez donné l'ordre ; j'ai cru devoir lui répondre qu'il était pour celui de Mme la marquise seulement, que d'ailleurs nos peintres qu'on faisait venir travailler d'autorité jour et nuit au cabinet du conseil, ne pouvant s'en détourner, cet ouvrage ne permettant point de relâche... je vous supplierais de me permettre d'attendre au retour de Compiègne.* A.N. O[1] 1795 143
Machault d'Arnouville, Jean-Baptiste de (1701-1794). Contrôleur général des finances 1745-1754 ; secrétaire d'État à la Marine 1754-1757 ; garde des Sceaux 1750-1757
30.8.1754 *M. de Machault aura le logement de M. Rouillé et M. Rouillé celui de M. de Saint-Contest.* L* XIII 306
11.1755 BLONDEL, planche 2, "7" « Appartement du ministre de la Marine, aujourd'hui M. de Machault, Garde des Sceaux »
Rouillé, Antoine Louis, comte de Louy (1689-1761) Secrétaire d'État à la Marine 1749-1754 ; secrétaire d'État aux Affaires étrangères 1754-1757
26.6.1757 *M. Rouillé obtint hier sa démission de la place de secrétaire d'État des Affaires étrangères ; M. l'abbé de Bernis est nommé à sa place... M. Rouillé lui a cédé suivant la règle son logement et reprend celui qu'il occupait lorsqu'il avait la Marine.* L* XVI 86
Peyrenc de Moras, François Marie (1718-1771). Ministre de la Marine 1757-1758
Massiac[1], Claude Louis, marquis de (1686-1770). Secrétaire d'État à la Marine de juin à novembre 1758
Berryer, Nicolas René, comte de La Ferrière (1703-1762). Secrétaire d'État à la Marine 1758-1761
1770 *État* A « Ministre de la marine »
Boynes, Pierre Étienne Bourgois de (1718-1783). Intendant de Franche-Comté 1754 ; conseiller d'État 1761 ; ministre de la Marine 1771-1774
23.7.1771 E à M : ... *Au logement de M. de Boynes, plusieurs petites parties de menuiseries à changer de place... 260 livres* A.N. O[1] 1798 654
Turgot de Broucourt, Anne Robert Jacques, baron de l'Aulne (1727-1781). Secrétaire d'État à la Marine 1774 ; contrôleur général des finances 1774-1776
Sartine, Antoine Raymond Jean Gilbert Gabriel de, comte d'Alby (1729-1801) Ministre de la Marine 1774-1780
11.9.1774 *M. de Sartine occupe le logement que M. et Mme de Boynes occupent.* A.N. O[1] 1077 208
8.2.1775 *Le logement de M. Turgot, ci-devant à M. de Boynes à M. de Sartine, secrétaire d'État de la Marine* A.N. O[1] 1077 218
Bertin, Henri Léonard Jean-Baptiste, comte de Bourdeilles (1720-1792). Contrôleur général des finances 1759-1763
Castries, Charles Eugène Gabriel de la Croix, marquis de (1727-1801). Maréchal de France ; ministre de la Marine 1780-1787
1777 *État* B « M. Bertin puis M. de Castries »
La Luzerne, César Henri, comte de (1737-1799). Ministre de la Marine 1787-1789, puis 1789-1790
1787 *État* F "8 pièces, 7 à cheminée ; 2 entresols, 1 à cheminée"

ADM 11[2]
Croissy, Charles Colbert, marquis de (1625-1696). Secrétaire d'État aux Affaires étrangères 1679-1696
Torcy, Jean-Baptiste Colbert, marquis de (1665-1746). Secrétaire d'État aux Affaires étrangères en survivance de son père 1689, en exercice 1696-1715
19.9.1696 *Le roi a voulu que M. et Mme de Pomponne demeurassent à Versailles avec M. de Torcy à qui le roi avait laissé l'appartement de M. de Croissy son père et on donne à Mme de Croissy et à Mme de Bouzols, sa fille, le logement qu'avaient M. et Mme de Pomponne* [**ADM 12**]. D V 472
4.12.1700 *Sa Majesté approuve tous les lambris et menuiserie, cheminée, trumeaux et autres changements que M. de Torcy a demandés à son appartement de l'avant-cour.* A.N. O[1] 1809 50
La Vrillière, Louis V Phélypeaux de La Vrillière, comte de Saint-Florentin, puis en 1770 duc de (1705-1777). Secrétaire d'État en survivance de son père en 1723, en titre 1725 ; chancelier de la reine 1743 ; secrétaire d'État à la Maison du roi 1749-1775 ; ministre d'État 1751-1775
BNF, département des Estampes Va 361I "3" « Logement de M. le comte de Saint-Florentin, secrétaire d'État », vers 1735-1740
1741 *État* « M. de Saint-Florentin » "9 pièces, 8 à cheminée ; 5 entresols, 1 à cheminée"
11.3.1751 T au roi : *M. le comte de Saint-Florentin demande plusieurs réparations dans son logement au château de Versailles, lesquelles pourront monter à 1469 livres, suivant le devis ci-joint, si Sa Majesté veut bien les lui accorder.* Bon du roi : A.N. O[1] 1070 383 ; *cf.* 1810 III 88

1. Aucun témoignage ne confirme la résidence en ces lieux du marquis de Massiac durant son bref passage aux affaires.

2. Cet appartement ministériel officiel incluait **ADM 5** au rez-de-chaussée de la rue et **ADM 15, 22, et 29** au-dessus.

11.1755 BLONDEL, planche 2 « Appartement de M. le comte de Saint-Florentin »
19.5.1759 M à E : *Vous ferez blanchir en blanc commun la petite chambre de M. le comte de Saint-Florentin.* A.N. O[1] 1797 48
1770 *État* A « M. le duc de La Vrillière »
Vergennes, Charles Gravier, comte de (1717-1787). Ministre des Affaires étrangères 1774-1787
19.7.1775 Le comte de Vergennes à A : *Le roi avait bien voulu me permettre de succéder à l'appartement que M. le duc de La Vrillière doit laisser vacant par sa retraite, j'ai l'honneur de vous en prévenir et vous prier de vouloir bien ordonner tels arrangements que vous trouverez convenables afin que les glaces et autres meubles scellés dans les boiseries ou dans les murailles n'en soient point enlevés s'ils appartiennent à M. le duc de La Vrillière. Je remettrai l'appartement que j'occupe en très bon état, bien garni des glaces et de consoles au compte du roi. Je ne me réserverai, si vous le permettez, M. le comte, que les châssis à grand carreaux de verres de Bohême que je crois qui peuvent servir à l'un comme à l'autre appartement, les fenêtres étant faites sur les mêmes dimensions. J'aurai bien quelques réparations nécessaires à vous demander, entre autres de faire reblanchir l'intérieur de la maison qui semble ne l'avoir pas été depuis des siècles...* A.N. O[1] 1799 387
1777 *État* B « M. de Vergennes »
1787 *État* F "9 pièces, 8 à cheminée, 2 entresols, 1 à cheminée"
Montmorin, Armand Marc, comte de (1746-1792). Secrétaire d'État aux Affaires étrangères 1787-1791
Montmorin, Françoise Gabrielle de Tana de Chadieu, comtesse de (1742-1794). Dame pour accompagner Mesdames les cadettes 1757, puis dame d'atour de Madame Sophie 1775-1782

SECOND PAVILLON REZ-DE-CHAUSSÉE SUR LA COUR

ADM 12

Pomponne, Simon Arnauld, marquis de (1618-1699). Secrétaire d'État aux Affaires étrangères 1671-1679 ; ministre d'État 1691-1699 ; secrétaire d'État aux Affaires étrangères conjointement avec son gendre Colbert de Toray 1696-1699
24.7.1691 *Dans le moment que* [Louvois] *fut mort, le roi écrivit de sa main à Pomponne de revenir sur le champ... Il entra au premier conseil qui se tint. Pomponne dès le même jour eut un logement au château, assez grand, et vécut avec toutes sortes de mesures et de prévenances avec Croissy qui y répondit de son côté...* SS VI 350 ; *cf.* D III 370 et S III 441
Croissy, Françoise Béraud, marquise de (1642-1719)
Bouzols, Marie Françoise Colbert de Croissy, marquise de (1671-1724)
19.9.1696 *Le roi a voulu que M. et Mme de Pomponne demeurassent à Versailles avec M. de Torcy à qui le roi avait laissé l'appartement de M. de Croissy son père* **[ADM 11]** *et on donne à Mme de Croissy et à Mme de Bouzols, sa fille, le logement qu'avaient M. et Mme de Pomponne.* D V 472
30.9.1699 *Le roi rendra à M. de Torcy tout le logement qu'avait M. de Pomponne à Versailles, et M. de Torcy logera Mme de Croissy, sa mère, et Mme de Bouzols sa sœur, et le roi reprendra les logements qu'il lui avait donnés qui étaient l'ancien appartement de M. de Pomponne.* D VII 161
Tessé, René III de Froulay, comte de (1648-1725). Premier écuyer de la duchesse de Bourgogne 1697 ; maréchal de France 1703
Chamarande, Louis d'Ornaison, comte de (1660-1737)
7.10.1699 [Le roi] *donne à M. de Tessé le logement qu'avait Mme de Bouzols ; à M. de Chamarande le logement qu'avait Mme de Croissy.* D VII 164
8.10.1699 [Le roi] *donna à Villacerf, pour lui et pour la table de la duchesse de Bourgogne tout le bas d'un des gros pavillons, que défunt Chamarande avait occupé, comme premier maître d'hôtel de défunte Madame la dauphine,* **[AMG 11 et 11A]** *et ainsi le jeune Chamarande, qui en occupait la moitié fut obligé de déloger, mais on le replaça dans le pavillon qui était vis-à-vis du sien de l'autre côté de la cour, dont on lui donna l'étage d'en bas à partager avec M. le comte de Tessé, parce que la marquise de Croissy qui l'occupait, passa dans l'appartement que le défunt marquis de Pomponne occupait dans celui de son gendre le marquis de Torcy* **[ADM 11]**. S VI 191
Saint-Pouenge, Gilbert Colbert, marquis de (1642-1706)
Bouzols, Marie Françoise Colbert de Croissy, marquise de (1671-1724)
26.10.1706 ... *le roi apprit à son lever que Saint-Pouenge était mort à Paris... Le roi a donné le logement qu'avait Saint-Pouenge à Mme de Bouzols ; ce logement touche à celui de M. de Torcy, son frère.* D XI 235
Boullogne, Jean de, comte de Nogent (1690-1769). Intendant des finances 1744 ; contrôleur général des finances 1757-1759
BNF, département des Estampes Va 361I "4" « Logement de M. de Boullogne, premier commis du Conseil » vers 1735-1740
1741 *État* « M. Boulogne » **[ADM 12]** "3 pièces à cheminée ; 3 entresols sans cheminée" **[ADM 12A]** "4 pièces, 3 à cheminée ; 4 entresols, 2 à cheminée"
11.1755 BLONDEL, planche 2, "9" « Logement de M. Boulogne, intendant des finances »
Boullogne, Jean Nicolas de (1726-1787). Intendant des finances en survivance de son père 1753, en exercice 1757
1770 *État* A « M. Boullogne »
1787 *État* F « M. Boullogne » "4 pièces, 2 à cheminée ; 4 entresols, 3 à cheminée"

AM 12 est divisé en **AN 12A et 12B**.

ADM 12A

Le Clerc, Armand (?-?). Premier commis du contrôle général vers 1744-1774
1770 *État* A « M. Le Clerc »

Vaines, Jean (1733-1803). Premier commis aux finances 1774-1776
1777 *État* B « Premier commis aux finances »
Necker, Jacques (1732-1804). Directeur général du Trésor royal 1776 ; directeur général des finances 1777-1781
1780 *Le logement de M. Necker, qui a toujours été à la place de premier commis aux finances, à M. Du Fresnes, premier commis aux finances.* Disposition : A.N. O1 1077 434
Du Fresnes, Bertrand († 1801) Premier commis aux finances ; intendant du Trésor royal
20.9.1780 Du Fresnes à A : *Je n'ai demandé aucune sorte de réparations ni de changements dans mon logement au château de Versailles. Il est très propre, très commode et n'ai besoin de rien.* A.N. O1 1800 614
1787 *État* F « M. Du Fresnes » "2 pièces à cheminée ; 1 entresol à cheminée"
Nivernais, Louis Jules Mancini de Mazarin, prince de Vergagne, duc de (1716-1798). Ambassadeur à Rome 1749-1752, à Berlin 1756, à Londres 1762-1763 ; ministre 1787
2.7.1789 N au roi : *Votre Majesté laisse sûrement à M. le duc de Nivernais le logement qu'il avait dans l'aile du Nord avant d'entrer au ministère ; il n'a plus besoin du cabinet de M. Du Fresnes, intendant du Trésor royal , qui lui avait été prêté pour donner à manger. Le maréchal de Mouchy propose à Votre Majesté de faire rendre au logement du premier commis aux finances la principale pièce que M. le duc de Nivernais en avait retenue. Le logement qu'il avait avant d'être ministre devrait lui suffire.* A.N. O[1] 1077 324
26.7.1789 N au roi : *Le maréchal de Mouchy ne peut se dispenser de mettre sous les yeux de Votre Majesté la lettre qu'il a reçue de M. le duc de Nivernais par laquelle il paraît que cet ancien ministre est fâché qu'on lui ait retiré les deux pièces qui avaient appartenu autrefois à la place du premier commis aux finances et que M. Du Fresnes, directeur du Trésor royal, demande et dont il a absolument besoin pour la comodité du travail des finances dont il est chargé. Mais, pour ne rien changer à l'arrangement qui est fait, le maréchal de Mouchy propose à Votre Majesté de prêter à M. le duc de Nivernais la moitié du logement qui a été occupé par M. le maréchal de Broglie* **[AP 53]** *avec le réchauffoir. On pourra remettre les meubles qui y étaient.* A.N. O[1] 1077 329

ADM 12B
Suisse de M. de Boullogne
1777 *État* B
1783 *État* D

PREMIER PAVILLON PREMIER ÉTAGE

ADM 13 et 13A
Sourches, Louis François du Bouchet, comte de (1645-1716). Grand prévôt de l'hôtel du roi en survivance de son père 1649, en exercice 1664-1714
Sourches, Louis du Bouchet, comte de Montsoreau puis de (1666-1746). Grand prévôt de l'hôtel du roi en survivance de son père puis en exercice 1714-1746
1741 *État* « M. le grand prévôt » **[ADM 13]** "4 pièces à cheminée ; 1 entresol sans cheminée" **[ADM 13A]** "4 pièces à cheminée ; 1 entresol sans cheminée"
Sourches, Louis du Bouchet, marquis de (1711-1788). Grand prévôt de l'hôtel du roi en survivance de son père 1719
Sourches, Marguerite Henriette Desmarets de Maillebois, comtesse de († 1783)
12.6.1746 E à T : *État des marbres qui sont à fournir pour le service du roi au château de Versailles dans l'appartement de M. le grand prévot : dans la chambre à coucher un chambranle de cheminée verte de Campan... dans le cabinet un chambranle de cheminée de marbre de brèche d'Alep...* A.N. O[1] 1763A
19.6.1746 *M. de Sourches, grand prévôt de France, par sa lettre datée d'Anvers le 13 juin 1746, envoie à M. le directeur général un état des réparations à faire au logement qu'occupait feu M. son père, avec celui des ajustements que l'on pourrait faire. Il le supplie en même temps de vouloir bien décider sur ce qui doit être regardé comme réparations nécessaires et d'ordonner qu'elles soient faites et de lui permettre de faire faire le reste, en outre de lui accorder des chambranles de marbre pour les cheminées, ceux qu'y sont étant de bois, par conséquent dangereux pour le feu.* Bon du roi : A.N. O[1] 1810 I 97 ; *cf.* 101 *État = 1 489 livres.* et 103
2.10.1746 *M. le marquis et Mme la marquise de Sourches supplient M. de Tournehem de vouloir bien donner ses ordres pour qu'il soit fait deux attiques avec leur parquet pour les cheminées des chambres et cabinet de l'appartement de Mme de Sourches à Versailles et pour que le plafond et le tuyau de la cheminée de M. de Sourches, qui a sa vue sur la rue des Bons Enfants, soient refaits, attendu que l'un et l'autre sont en ruine et qu'on ne peut faire de feu dans la cheminée ni habiter la chambre sans risque. L'attique de la cheminée et celle du cabinet coûteront chacune 120 livres. Pour diminuer la dépense, on ôtera un membre de corniche de la cheminée du cabinet pour recevoir l'attique.* Bon du roi : A.N. O[1] 1810 I 119
4.8.1753 E à M : *On a travaillé pendant le voyage de Compiègne à la réparation d'un tuyau de lieux qui était crevé et qui passait dans le mur de la chambre de M. de Sourches à Versailles. Il supplie M. de Vandières de vouloir bien ordonner que l'on reblanchisse en même temps les lambris et cette chambre qui en ont grand besoin.* A.N. O[1] 1795 387
4.8.1753 M à E : *M. le comte de Sourches, Monsieur, me demande d'ordonner qu'on blanchisse le lambris de la chambre de son appartement dans laquelle on travaille à la réparation d'un tuyau. Quoique je vous aie écrit que je n'ordonnerai point de nouvelles réparations d'ici à la fin du voyage de Compiègne, cependant comme celle-ci est peu de chose, vous le ferez faire s'il est possible avant le retour de Versailles sinon elle sera remise à une autre absence.* A.N. O[1] 1795 386
Sourches-Tourzel, Louis François du Bouchet, marquis de Sourches et de (1744-1786). Grand prévôt de l'hôtel du roi en survivance de son père 1769
Sourches-Tourzel, Louise Élisabeth Félicité Armande

Jeanne Joséphine de Croÿ d'Havré, marquise de (1749-1832). Gouvernante des Enfants de France 1789
Sourches-Tourzel [1], Charles Louis Yves du Bouchet, marquis de (1768-1815). Grand prévôt de l'hôtel du roi en survivance de son père 1786
1787 *État* E « M. le grand prévôt » "6 pièces à cheminée ; 2 entresols, 1 à cheminée"
19.6.1788 Le marquis de Tourzel à A : *J'aurais eu l'honneur... de vous parler des réparations qui seraient nécessaires de faire à mon appartement à Versailles si je n'avais été obligé de partir cette nuit pour mon régiment... On me mande que les différents changements qui ont été faits au-dessus de l'appartement que j'occupe ont tellement ébranlé et fondu les plafonds qu'il est impossible qu'ils subsistent dans l'état où ils sont... Je vous prie de vouloir bien faire donner les ordres pour que cette réparation se fasse le plus tôt possible parce qu'étant absent pour quartier, au moins les plâtres auraient le temps de sécher jusqu'à mon retour.* Réponse : *Faire examiner.* A.N. O[1] 1802 471

PREMIER ÉTAGE DE L'AILE

ADM 14 [2]
Seignelay, Jean-Baptiste Colbert, marquis de (1651-1690). Secrétaire d'État à la Marine, à la Maison du roi et au Clergé 1683-1690
Pontchartrain, Louis II Phélypeaux, comte de (1643-1727). Contrôleur général des finances 1689-1699 ; secrétaire d'État à la Marine, à la Maison du roi et au Clergé 1690-1699 ; chancelier de France 1699-1714
Pontchartrain, Jérôme Phélypeaux, comte de Maurepas, puis de (1674-1747). Secrétaire d'État à la Marine, à la Maison du roi et au Clergé 1693-1715
La Vrillière, Louis IV Phélypeaux, marquis de (1672-1725). Secrétaire d'État pour les Affaires générales de la religion prétendue réformée en survivance de son père 1700 ; secrétaire du Conseil de la Régence ; secrétaire d'État à titre provisoire au nom de Maurepas, titulaire mais mineur 1721-1723
La Vrillière, Françoise de Mailly, marquise de (1688-1742)
8.2.1712 *Mme de La Vrillière qui a la fièvre ici depuis quelques jours est soupçonnée d'avoir la rougeole ; elle est logée dans la cour des secrétaires d'État ; ainsi elle ne l'oblige point à déloger.* D XVI 36
Breteuil, François Victor Le Tonnelier, marquis de (1686-1743). Secrétaire d'État à la Guerre 1723-1726, puis 1740-1743 ; ministre d'État 1741 ; chancelier de la reine
Maurepas, Jean Frédéric Phélypeaux, comte de Pontchartrain et de (1701-1781). Secrétaire d'État en survivance de son père 1715, en exercice sous la tutelle de La Vrillière avec lettres de dispense en 1718 ; secrétaire d'État à la Marine 1723-1749 ; ministre d'État 1738-1749, puis 1774-1781 comme chef du Conseil des finances
1740 *M. de Maurepas, avant-cour à droite au premier étage, son logement, n° 14, 12 pièces dont 8 à cheminée et 3 entresols sans cheminée, donné à M. de Breteuil*
Logements... donnés par le roi : A.N. O[1] 1076 133
Argenson, Marc Pierre de Voyer de Paulmy, comte d' (1696-1764). Intendant de Paris 1740 ; secrétaire d'État à la Guerre 1743-1757
1741 *État* « M. de Maurepas, puis M. d'Argenson » "9 pièces, 8 à cheminée ; 1 entresol"
15.11.1743 *État des glaces à fournir pour le château de Versailles... dans l'appartement de Mme d'Argenson : pour la cheminée du cabinet, deux glaces, dont une 48 pouces de haut et l'autre au-dessus de 24 pouces, sur chacune 40 pouces 9 lignes de largeur ; pour la cheminée de la dite chambre, deux glaces dont une 48 pouces de hauteur et l'autre au-dessus de 36 pouces 6 lignes, sur chacune 46 pouces 6 lignes de largeur ; pour le trumeau de la chambre deux glaces dont une 48 pouces 6 lignes de hauteur et l'autre 36 pouces 6 lignes, sur chacune 46 pouces, 6 lignes de largeur ; pour le boudoir, quatre glaces blanches dont deux de chacune 44 pouces 6 lignes d'hauteur sur chacune 24 pouces de largeur. Les deux autres de chacune 29 pouces 9 lignes de hauteur sur chacune 21 pouces de largeur...* A.N. O[1] 1795 74
Rouillé, Antoine Louis, comte de Jouy (1689-1761). Secrétaire d'État à la Marine 1749-1754 : secrétaire d'État aux Affaires étrangères 1754-1757
Rouillé, Marie Anne Catherine Pallu, Mme (?-?)
Machault d'Arnouville, Jean-Baptiste de, comte de (1701-1794). Contrôleur général des finances 1745-1754 ; garde des Sceaux 1750-1757 ; secrétaire d'État à la Marine 1754-1757
Peyrenc de Moras, François Marie (1718-1771). Ministre de la Marine 1757-1758
Massiac, Claude Louis, marquis de (1686-1770). Secrétaire d'État à la Marine de juin à novembre 1758
Berryer, Nicolas René, comte de La Ferrière (1703-1762). Secrétaire d'État à la Marine 1758-1761
17.4.1759 E à M : *Le logement de M. Berryer : M. Berryer voulant faire meubler une chambre pour Mlle sa fille, demandait un morceau de lambris dans une petite partie de 4 pieds 1/2 de largeur où il n'est pas possible de mettre de la tapisserie. Ne se trouvant pas au magasin de lambris convenable, il conviendrait d'en mettre du neuf pour 60 livres et le blanchissage.* A.N. O[1] 1797 22
1770 *État* A « Ministre de la Marine »
Boynes, Pierre Étienne Bourgois de (1718-1783). Intendant de Franche-Comté 1754 ; conseiller d'État 1761 ; ministre de la Marine 1771-1774
Turgot de Broucourt, Anne Robert Jacques, baron de l'Aulne (1727-1781). Secrétaire d'État à la Marine 1774 ; contrôleur général des finances 1774-1776
Sartine, Antoine Raymond Jean Gilbert Gabriel de, comte d'Alby (1729-1801). Ministre de la Marine 1774-1780
Sartine, Marie Anne Hardy du Plessis, Mme de (1739-?)
1776 *État des ouvrages nécessaires à faire dans l'appartement de Mme de Sartine au château : agrandir la croisée d'une chambre très sombre pour y donner plus*

1. En 1786 le jeune marquis succéda à son père après la mort prématurée de ce dernier à Fontainebleau et partagea l'appartement qui consistait en **ADM 13 et 13A** avec sa mère. Voir P. de Nolhac, *Versailles... Marie Antoinette*, p. 94.
2. Ce logement du premier étage d'ordinaire occupé par l'épouse du ministre était une partie de l'appartement ministériel officiel, qui incluait **ADM 5 et 10** au-dessous, et **ADM 21 et 28** au-dessus.

de jour, cette croisée est percée dans un mur de cloison et donne sur un corridor public ; refaire le contre-cœur de plusieurs cheminées ; poser à deux cheminées une languette en plâtre pour servir de soubassement ; poser dans les petits bois dans deux croisées une résistance ; faire une recherche pour boucher en plâtre les trous de souris ; mettre une couche en blanc du roi dans une petite chambre très noire ; raccommoder une porte dont les fiches sont cassées. A.N. O^1 1799 483

Bertin, Henri Léonard Jean-Baptiste, comte de Bourdeille (1720-1792). Contrôleur général des finances 1759-1763

Castries, Charles Eugène Gabriel de la Croix, marquis de (1727-1801). Maréchal de France ; ministre de la Marine 1780-1787

Castries, Gabrielle Isabeau Thérèse de Rosset de Fleury, marquise puis maréchale de (1728-?). Dame pour accompagner Madame Adélaïde 1751

14.6.1781 LR et L** à A : *L'appartement de M. le marquis de Castries : le changement de la cheminée du salon est fait. L'appartement de Mme la marquise : Les démolitions nécessaires à l'arrangement sont faites ; les nouvelles distributions sont très avancées de poser.* A.N. O^1 1801 7 ; *cf.* 8 « *Très avancé* » et 12 « *Fait* »

22.4.1781 H à A : *M. le marquis de Castries m'a envoyé chercher... de lui faire changer la cheminée de son salon.* A.N. O^1 1801 87

26.4.1781 Le marquis de Castries à A : *J'ai l'honneur de vous prier... de vouloir bien donner des ordres pour faire déplacer une cheminée qui est dans le logement que Mme de Castries occupe à Versailles. Sa position est extrêmement incommode et son emplacement d'autant plus nécessaire que l'endroit serait inhabitable l'hiver.* A.N. O^1 1801 93

1.5.1781 H à A : *On travaille au changement de cheminée demandé par M. de Castries... Je ne vois aucun inconvénient à ce que les croisées de sa fille et de sa belle-fille soient mises à ses dépens aux grands carreaux... Plusieurs ministres... ont fait de semblables demandes et elles ont été accordées aux frais du roi.* A.N. O^1 1801 94

1.12.1782 La marquise de Castries à A : *J'ai l'honneur de vous envoyer... le projet d'un petit ouvrage à faire à l'escalier de l'appartement que j'occupe au château. Il a pour objet de rendre plus commode la salle à manger qui est inhabitable par le froid qu'on y ressent. Quelque médiocre que soit cette dépense j'aurais pris le parti de la faire faire à mon compte, mais on m'a assuré qu'aucun ouvrier de ce pays-ci ne voudrait y travailler.* Réponse de H : *Mme la marquise de Castries m'a envoyé chercher hier pour me demander l'établissement d'une cloison vitrée dans le degré qui conduit à son appartement au premier étage afin de parer du vent et de l'air froid qui entrent dans sa salle à manger les personnes qui y mangent et qui y sont fort incommodées.* A.N. O^1 1801 401 et 402

27.4.1784 Le maréchal de Castries à A : *Mme de Castries habite une chambre dans l'appartement que j'occupe à Versailles qui a besoin de quelques réparations. J'étais déterminé à faire faire le travail pour mon compte, mais on m'assure qu'aucun ouvrier ne voudrait l'entreprendre. Je vous serais donc obligé de vouloir bien donner des ordres pour faire travailler à cette réparation...* A.N. O^1 1801 591

5.6.1784 La maréchale de Castries à A : *Il serait désirable... pour que Mme de Mailly, ma fille, puisse être logée tant fois plus commodément de faire quelques changements au local qu'elle occupe dans le pavillon de M. de Castries. J'ai l'honneur de vous envoyer en conséquence un croquis de la nouvelle distribution que j'ai celui de vous prier d'autoriser. Vous y verrez qu'il ne s'agit que de cloisons à changer, à l'exception d'une petite croisée à percer sur la cour des Ministres qui n'est susceptible d'aucun inconvénient, à quoi je dois vous ajouter qu'il en a été construit une semblable dans le pavillon pareil occupé par M. le baron de Breteuil* [**AMG 15**]. A.N. O^1 1801 620

2.10.1786 H à A : *Mme la maréchale de Castries m'a écrit pour vous prier de lui faire la demande d'une chambre à établir pendant le voyage de Fontainebleau auprès de la loge de son Suisse, d'un châssis de porte battante à l'escalier de sa cuisine afin d'éviter le vent qui vient dans son appartement, et d'un poêle à niche dans sa salle à manger pour agrandir et donner facilité au service.* Réponse : *Réponse d'adhésion.* A.N. O^1 1802 220

La Luzerne, César Henri, comte de (1737-1799). Ministre de la Marine 1787-1789, puis 1789-1790

La Luzerne, Adélaïde Angran d'Alleray, comtesse de († 1817)

6.11.1787 LR à A : *J'ai l'honneur d'informer M. le directeur général...* [que] *j'ai rempli ses intentions auprès de Mme de La Luzerne en examinant avec elle les nouveaux arrangements qu'elle se propose de faire faire dans son appartement qui consistent à baisser le plancher d'un entresol, à de légères distributions, à reblanchir l'appartement et ses dépendances, et trois glaces dans le salon d'audience où il n'y en a qu'une petite.* A.N. O^1 1802 391

11.1787 H à A : *J'ai l'honneur de supplier M. le directeur général de vouloir bien ordonner à la manufacture la livraison d'une glace à teint de 47 1/2 sur 32 pouces pour l'appartement de M. le comte de La Luzerne en replacement d'une qui avait été supprimée pour mettre un cadran à girouette.* A.N. O^1 1802 396 ; *cf.* 404

19.12.1787 *Des glaces au teint jointées de tête et bandes... pour être posées dans l'appartement de M. le comte de La Luzerne... Pour la cheminée une de 51 sur 51, une de 20 sur 51 ; en face de la cheminée une de 58 sur 51, une de 20 sur 51 ; entre les croisées une de 58 sur 51, une de 20 sur 51.* A.N.O^1 1802 407

1787 *État* F "9 pièces, 8 à cheminée ; 1 soupente"

27.4.1788 M. de La Luzerne à A : *L'obligation... de loger une de mes filles que je vais faire sortir du couvent me force de recourir à vous pour m'en procurer le moyen.* Réponse de H : *Mme de La Luzerne désirait d'abord la construction d'une nouvelle cheminée ou du moins un percement de porte dans un gros mur. J'ai fait sentir à cette dame l'impossibilité ou du moins l'extrême difficulté de la satisfaire... Elle s'est rendue à mes raisons et elle se borne à demander à M. le directeur général quelques distributions légères et peu dispendieuses.* A.N. O^1 1802 450 et 451

1789 *État sommaire des travaux qui ont été ordonnés et exécutés... pendant les six derniers mois de l'année 1789 : l'appartement de M. de La Luzerne, la conti-*

nuation des nouvelles distributions de l'appartement de M. le vicomte. A.N. O[1] 1765 dossier 2

ADM 15 [1]

Croissy, Charles Colbert, marquis de (1625-1696). Secrétaire d'État aux Affaires étrangères 1679-1696

Torcy, Jean-Baptiste Colbert, marquis de (1665-1746). Secrétaire d'État aux Affaires étrangères en survivance de son père 1689, en exercice 1696-1715

La Vrillière, Louis V Phélypeaux de La Vrillière, comte de Saint-Florentin, puis en 1770 duc de (1705-1777). Secrétaire d'État en survivance de son père en 1723, en titre 1725 ; chancelier de la reine 1743 ; secrétaire d'État à la Maison du roi 1749-1775 ; ministre d'État 1751-1775

Saint-Florentin, Amélie Ernestine de Planten, comtesse de (1700-1766)

1741 *État* « M. La Vrillière, puis M. Saint-Florentin » "9 pièces, 8 à cheminée ; 1 entresol"

30.7.1753 E à M : *L'on travaille à la pose du parquet de Mme la comtesse de Saint-Florentin ainsi que vous me l'avez ordonné et j'espère qu'elle le touvera fait à son retour.* A.N. O[1] 1796 154

Vergennes, Charles Gravier, comte de (1717-1787). Ministre des Affaires étrangères 1774-1787

Vergennes, Anne Vivers, comtesse de (1730-?)

18.9.1776 Le comte de Vergennes à A : ... *Je n'ai pas moins que deux grâces à vous demander à la fois. Le première, fort intéressante pour ma santé et pour celle de Mme de Vergennes parce qu'elle nous procurerait la facilité d'user plus souvent des bains qui nous sont très recommandés à l'un et l'autre, consisterait à pratiquer dans mon appartement une conduite pour les eaux de la baignoire... L'autre est d'une plus grande conséquence, mais l'incommodité qui résulte du mauvais état dans lequel se trouve cette partie du bâtiment est si insupportable, ma santé en est tellement affectée, que s'il fallait choisir ou d'éprouver les menus inconvénients de l'hiver ou d'y voir des revenants, je préférais les fantômes, choses pourtant fort effrayantes pour les dames. La matière n'est pas plaisante à traiter... car il est question de la partie secrète de la maison. Je crois que la peste et toutes ses parures l'occupent depuis le haut jusqu'en bas et particulièrement dans la partie de mon appartement...* A.N. O[1] 1799 586

24.9.1776 Hazon à A : *J'ai reçu la lettre ci-jointe que vous a écrite M. le comte de Vergennes. Il n'y a aucun inconvénient à arranger ses bains comme il les demande, mais outre la conduite il faudra une chaudière et un réservoir couvert en planches de plomb... La dépense pourra être un objet de 1 200 livres. À l'égard de la mauvaise odeur de ses latrines, le plus sûr moyen d'y remédier serait de les remonter d'un étage et de les pratiquer dans les combles comme nous avons déjà pratiqué avec succès en plusieurs endroits. Cela pourrait coûter 700 à 800 livres.* A.N. O[1] 1799 590

27.11.1776 La comtesse de Vergennes à A : *Je n'aurai plus rien à désirer... s'il est possible de rendre plus praticable la façon de transporter l'eau dans* [les bains]. *On m'a prouvé qu'il n'y avait pas d'autre moyen que de se servir d'une pompe. J'en ferais bien volontiers les frais si vous vouliez ordonner que le local fût arrangé de manière à la mettre en usage...* Réponse : *Je charge M. Hazon de pourvoir aux petits arrangements nécessaires.* A.N. O[1] 1799 625 ; *cf.* 626

4.12.1776 Hazon à A : *Pour faire monter l'eau depuis les souterrains jusqu'à l'entresol du premier étage où sont les bains de Mme de Vergennes, il sera nécessaire d'adapter un tuyau de cuivre à la pompe dont elle compte faire l'acquistion. Cette dépense pourra monter à 300 livres, compris percements, scellements, brides de fer, etc.* A.N. O[1] 1799 627

Vergennes, Constantin, vicomte de (1761-1832). Enseigne des gardes de la porte 1777

1777 La comtesse de Vergennes à A : *Je ferai coucher mon fils aîné près de M. de Vergennes. J'ai été visiter avant mon départ la chambre que je lui destine. J'ai trouvé qu'elle avait besoin de plusieurs réparations qui heureusement ne peuvent être coûteuses mais qui n'en sont pas moins nécessaires. Les croisées particulièrement ont besoin d'être réparées et peut-être renouvelées parce que dans l'état où elles sont, elles ne peuvent garantir de l'air et que les fenêtres sont au nord, l'une est dans la chambre qu'il occupera, l'autre dans une petite chambre qui en dépend. Voilà... à quoi je borne ma demande à moins qu'il n'y ait quelque chose à faire dans la cheminée, puis à faire peindre le tout en blanc et en détrempe sans vernis.* A.N. O[1] 1800 105

9.11.1777 *État des travaux : ... L'appartement de M. de Vergennes, quelques changements à faire... commencé et sera en état au retour* A.N. O[1] 1800 110

19.8.1785 H à A : *La comtesse de Vergennes demande la suppression de la boiserie d'une petite pièce de son appartement au château pour substituer à cette boiserie de la tapisserie et rendre par ce moyen la pièce en question beaucoup plus chaude pendant l'hiver.* A.N. O[1] 1802 116

1787 *État* F « Ministre des Affaires étrangères » "9 pièces à cheminée"

Montmorin, Armand Marc, comte de (1746-1792). Secrétaire d'État aux Affaires étrangères 1787-1791

SECOND PAVILLON PREMIER ÉTAGE

ADM 16 et 17

Carignan, Christine Henriette de Hesse-Rheinfels-Rothenburg, princesse de Savoie- (1717-1778)

Carignan, Louis Victoire Amédée Joseph de Savoie, prince de (1721-1778)

1741 *État* « Mme de Carignan » **ADM 16** "4 pièces, 3 à cheminée" **ADM 17** "4 pièces à cheminée ; 1 entresol sans cheminée"

ADM 16 et **17** sont séparés

ADM 16

Boufflers-Remiencourt, Marie Françoise Catherine

1. Le logement du premier étage d'ordinaire occupé par l'épouse du ministre appartenait à l'appartement ministériel officiel, qui incluait **ADM 6 et 11** au-dessous et **ADM 22 et 29** au-dessus.

de Beauvau-Craon, marquise de (1711-1786). Dame pour accompagner Mesdames 1748

13.12.1750 *État des personnes qui demandent le logement de Mme la marquise de Boufflers : Monsieur le Premier pour le comte de Ségur ; M. le marquis de Puyzieulx pour M. l'archevêque de Sens, dont il désire le logement pour Mlle sa sœur ; M. le marquis de Montmorin ; M. le maréchal de Lowendal ; M. le maréchal de Balincourt ; M. le comte de Lautrec...* Réponse : *Bon pour Mlle de Sillery personellement.* A.N. O[1] 1076 268

Sens, Jean Joseph Languet de Gergy, archevêque de (1677-1753). Évêque de Soissons 1715 ; archevêque de Sens 1730 ; conseiller d'État d'Église 1747

13.12.1750 *Le logement de Mme la marquise de Boufflers à M. l'archevêque de Sens.* Distribution : A.N. O[1] 1076 269

Nivernais, Louis Jules Mancini de Mazarin, duc de (1716-1798). Ambassadeur à Rome 1749-1752, à Berlin 1756, à Londres 1762-1763 ; ministre 1787

Nivernais, Hélène Angélique Françoise Phélypeaux de Pontchartrain, duchesse de (1715-1782). Dame du palais 1745-1748

29.6.1753 N au roi : *Le logement de feu M. l'archevêque de Sens étant hors du château ne peut convenir à une personne à charge. M. le duc de Nivernais le demande ; il en a eu un ; il a l'honneur d'être ambassadeur de Votre Majesté.* Bon du roi : A.N. O[1] 1077 338

10.1753 M à E : *M. le duc de Nivernais me demande pour son logement au château de Versailles quelques réparations consistant en une alcôve dans la chambre à coucher, quelques planches de lambris à remettre, plusieurs portes et fenêtres à racommoder.* A.N. O[1] 1795 460

13.3.1754 M au roi : *M. le duc de Nivernais supplie très humblement Votre Majesté de vouloir bien lui accorder dans son logement au château de Versailles les réparations nécessaires contenues au devis ci-joint montant à 847 livres. Les ajustements, suivant le même devis, monteront à autres 757 livres, dont je ne fais la représentation à Votre Majesté que pour lui rappeler qu'Elle a décidé l'année passée qu'Elle n'accorderait à l'avenir que les réparations nécessaires et que les ajustements qu'on demanderait resteraient à la charge des demandeurs.* Réponse : *Bon pour les réparations* A.N. O[1] 1070 422 et 423 [plan = GG-B 2742] *Cf.* 1811 I 105

31.3.1754 M à E : *Vous aurez agréable, Monsieur, de faire travailler incessamment aux réparations que M. le duc de Nivernais demande dans son logement au château de Versailles et qui suivant votre devis monteront à 847 livres.* A.N. O[1] 1790 7 ; *cf.* 8

3.1769 Mémoire pour le duc de Nivernais : *Sa Majesté a eu la bonté de donner, il y a longtemps, un petit appartement au duc et duchesse de Nivernais au-dessous de partie de celui de M. le duc de Saint-Aignan* [**AMG 23 et 32**]. *Il consiste en trois seules pièces dont une au milieu qui sert d'antichambre et sur laquelle on a pris des petites garde-robes de propreté tirant un peu de jour et d'air par le dessus des portes de la chambre à coucher où il y avait un vitrage. À l'occasion du travail qui vient d'être fait au pavillon où est cet appartement, MM. des Bâtiments se sont trouvés obligés de supprimer ces ouvertures au-dessus des portes parce qu'il leur a fallu y faire passer des tuyaux de cheminée. Alors le duc de Nivernais a prié MM. des Bâtiments de lui rendre un peu de jour dans ces garde-robes en le tirant du comble qu'on refusait. Ces messieurs en ont senti la convenance et ont donné de l'air d'en haut par un tuyau de deux pieds en carré qui passe au fond d'une antichambre de M. le duc de Saint-Aignan. M. le duc de Saint-Aignan s'en plaint et demande la suppression de ce tuyau si nécessaire au duc de Nivernais. Le duc de Nivernais prend la liberté de supplier Sa Majesté de vouloir bien jeter les yeux sur le plan ci-joint et décider ensuite sur le sort de ce tuyau qui n'ôte que deux pieds à une antichambre de M. le duc de Saint-Aignan et qui rend sain et propre le petit appartement du duc de Nivernais auquel on a ôté toute sa commodité en privant l'antichambre et les garde-robes du jour qu'elles recevaient par les dessus de porte.* A.N. O[1] 1798 331. *Cf.* 1200 folio 77

26.3.1769 M à E : *M. le duc de Saint-Aignan faisant plainte de l'arrangement qui avait été fait pour procurer du jour à l'antichambre de M. le duc de Nivernais, Sa Majesté... a décidé que les choses resteront dans l'état actuel...* A.N. O[1] 1798 351

1787 *État* F « M. le duc de Nivernais » "3 pièces à cheminée"

2.7.1789 N au roi : *Votre Majesté laisse sûrement à M. le duc de Nivernais le logement qu'il avait dans l'aile du Nord avant d'entrer au ministère ; il n'a plus besoin du cabinet de M. Du Fresnes, intendant du Trésor royal* [**ADM 12A**], *qui lui avait été prêté pour donner à manger. Le maréchal de Mouchy propose à Votre Majesté de faire rendre au logement du premier commis aux finances la principale pièce que M. le duc de Nivernais en avait retenue. Le logement qu'il avait avant d'être ministre devrait lui suffire.* A.N. O[1] 1077 324

23.7.1789 Le duc de Nivernais à A : *J'apprends... que quelques employés des Bâtiments sont venus dans mon appartement dans le dessein de m'en enlever une partie, prenant pour cela le prétexte de ma retraite du ministère. Il est vrai que l'état de ma santé m'a obligé de quitter le Conseil, il y a six semaines, et il est vrai que je renonce à la pension ministérielle que j'ai eu l'honneur de demander au roi, mais je n'imagine pas que son intention soit de me dépouiller...* A.N. O[1] 1802 621

25.7.1789 H à A : *M. le prince de Poix a fait demander ces jours-ci que le cabinet du premier commis aux finances qui a été prêté à M. le duc de Nivernais retourne à sa première destination, en condamnant la porte de communication entre le cabinet et l'appartement de M. le duc... J'ai cru devoir regarder la demande de M. le prince de Poix comme non avenue.* A.N. O[1] 1802 622

14.9.1789 N au roi : *Lorsque M. le duc de Nivernais fut fait ministre d'État, il demanda à M. l'évêque de Saint-Ouen de lui prêter deux pièces qui composaient son logement dans l'aile des Ministres à gauche* [sic]. *On en a donné un autre dans le château à M. l'évêque de Saint-Ouen. Comme ces deux pièces ont toujours fait partie du logement du premier commis aux finances, M. Du Fresnes, directeur du Trésor royal, qui [en] a besoin, les réclame ; d'ailleurs, M. le duc de Nivernais ne venant que fort peu à Versailles, n'y donnant plus à manger et conservant son ancien logement, n'[en] a plus

besoin, M. le maréchal de Mouchy supplie Votre Majesté d'approuver que le logement du premier commis aux finances soit rendu en entier à M. Du Fresnes comme l'a eu feu M. de Boullogne, [et] *que M. le duc de Nivernais rende les deux pièces de ce logement.* Bon du roi : A.N. O^1 1077 327
1789 *État sommaire des travaux qui ont été ordonnés et exécutés... pendant les six derniers mois de l'année 1789 : l'appartement de M. de Nivernais, le bouchement de deux portes pour y pratiquer des armoires ainsi que le raccordement de la peinture.* A.N. O^1 1765 dossier 2
Du Fresnes, Bertrand († 1801). Premier commis aux finances ; intendant du Trésor royal

ADM 17
Talaru-Chalmazel, Marie Justine de Sassenage, marquise de (?-?). Dame surnuméraire de la dauphine 1750
1747 *Le logement de Mme la princesse de Carignan, séparé de celui de M. le prince de Carignan à Mme la marquise de Talaru, dame de la dauphine* A.N. O^1 1077 420
Egmont, Henriette Julie de Durfort de Duras, comtesse de Pignatelli d' (1696-1779). Dame du palais 1725-1727
1.5.1751 *Le logement de Mme la marquise de Talaru à Mme la comtesse d'Egmont...* Distribution : A.N. O^1 1076 281
1770 *État* A « Mme la comtesse d'Egmont »
Hautefort, Marie Amélie Caroline Josèphe Françoise Xavière, comtesse de Bavière-Hochenfels, comtesse d' (1744-1820)
1776 N au roi : ... *Mme la comtesse d'Egmont a rendu le sien... celui de Mme la comtesse d'Egmont à Madame pour Mme la comtesse de Hautefort, avec permission de le changer avec M. le prince de Montmorency.* Bon du roi : A.N. O^1 1077 358
25.2.1776 *Le logement de Mme la comtesse d'Egmont à Mme la comtesse d'Hautefort, dame de Madame* ... Distribution : A.N. O^1 1799 497
8.12.1776 La comtesse d'Hautefort à A : *Trouvez bon... qu'il soit mis des doubles châssis dans mon logement à Versailles. On en a fait poser à toutes les croisées chez M. l'évêque d'Évreux qui occupe le logement au second dans le même pavillon* [**ADM 23**] *et sans cela le mien deviendrait inhabitable cet hiver...* A.N. O^1 1799 629
12.12.1776 A à la comtesse d'Hautefort : *Le roi ne fournit des doubles châssis à personne excepté à quelques charges destinées sur son état. Si M. l'évêque d'Évreux en a, sans doute il les a fait faire. Cependant, comme un suisse m'a dit qu'il y en avait en magasin, quelque surpris que j'aie dû être qu'il en fût instruit, j'ai donné ordre à M. Heurtier de les voir si... il y en avait qui n'eussent pas de destination et qui fussent de mesure, et dans ce cas de les faire mettre chez vous. S'il n'y en a point, je vous prie de trouver bon... que je ne fasse pas aux frais du roi une dépense à laquelle je ne suis pas autorisé.* A.N. O^1 1799 630
1777 *État* B « Mme d'Hautefort »
Roure, Françoise Sophie Scolastique de Baglion de La Salle, comtesse du (?-?). Dame de la dauphine, puis dame pour accompagner la comtesse de Provence 1783
Roure, Denis Auguste de Grimoard de Beauvau, comte du (1735-1814). Menin du dauphin
Roure, Charlotte Françoise Antoinette Denise de Grimoard de Beauvau du, plus tard comtesse de Brison (1763-1846)
1780 P au roi : *[Le logement] de Mme la comtesse d'Hautefort à Mme la marquise du Roure.* A.N. O^1 1077 267
25.12.1780 La comtesse du Roure à A : *Le roi vient de me donner... l'appartement qu'occupait Mme la comtesse d'Hautefort afin de me donner le moyen de loger ma fille avec moi. Ce logement occupé par deux personnes a besoin de quelques petits changements de distribution qui seraient de très petite conséquence et qui ne consistent qu'à faire changer une cloison de planches et faire pratiquer une soupente pour loger un ou deux domestiques.* Réponse : *Renvoyé à M. Heurtier pour examiner.* A.N. O^1 1800 651
31.12.1780 H à A : *J'ai examiné... la demande de Mme du Roure... Elle consiste à reculer une cloison de planches pour grandir une alcôve dans une chambre de son appartement, à ouvrir une porte dans... une autre cloison de planches pour communiquer dans un cabinet, à déposer un dessus de cheminée pour être reposé dans une autre, à blanchir la chambre de Mme sa fille et son cabinet et à faire deux soupentes en planches dans son antichambre. Tous ces objets sont sans inconvénient et très peu dispendieux.* A.N. O^1 1800 652
6.2.1781 H à A : *Les soupentes et le reculement de la cloison pour grandir une alcôve dans l'appartement de Mme la comtesse du Roure sont faits ; il n'y a plus qu'à blanchir.* A.N. O^1 1801 1
29.4.1787 La comtesse de Roure à A : *Dans l'appartement que j'habite... il manque absolument une garde-robe. Il y aurait moyen d'en pratiquer une dans l'embrasure d'une porte, si vous vouliez bien me permettre d'anticiper d'un pied sur le palier de l'escalier. Cette réparation d'ailleurs est de la plus petite conséquence, mais elle me procurera une chose dont il est incommode de se passer.* Réponse : *À M. Heurtier pour avoir éclaircissement.* A.N. O^1 1802 342
1787 *État* F « Mme la comtesse du Roure » "4 pièces, 3 à cheminée"

PREMIER PAVILLON SECOND ÉTAGE

ADM 18
Fontanieu [1], Gaspard Moïse de, marquis de Fiennes et de, *dit* de la (1694-1767). Intendant de Grenoble ; conseiller d'État et contrôleur général des meubles de la Couronne 1718-1767
1741 *État* « M. de Fontanieu » "3 pièces à cheminée"
1770 *État* A « M. de Fontanieu »
Fontanieu, Pierre Élisabeth de, *dit* chevalier de Villecourt (1730-1784). Intendant général des meubles de la Couronne en survivance de son père 1758, en titre 1767-1783 ; contrôleur général de la Maison du roi 1781

1. M. de Fontanieu occupait aussi **ADM 25** au-dessus.

1777 *État* B « Intendant général des meubles de la Couronne »
1787 *État* F « Intendant du garde-meuble » “3 pièces, 2 à cheminée”

ADM 19

Soissons, François, duc de Fitz-James, archevêque de (1709-1764). Premier aumônier du roi 1742
1741 *État* « M. l'évêque de Soissons » “2 pièces à cheminée”
Verneuil, Eusèbe Félix de Chaspoux, marquis de (1720-1791). Secrétaire de la chambre et du cabinet du roi 1743 ; grand échanson 1756
1770 *État* A « M. de Verneuil »
1777 *État* B « Secrétaire du cabinet ayant la plume »
1787 *État* F « M. de Verneuil, lecteur du roi » “2 pièces, 1 à cheminée ; 2 entresols sans cheminée”
Corbin, N... de, abbé (?-?). Instituteur du dauphin
Bourcet, Pierre Jean (1752-?) Premier valet de chambre du dauphin
28.5.1787 P au roi : *Celui de l'avant-cour qu'occupe M. l'abbé Corbin au premier valet de chambre de M. le dauphin.* A.N. O[1] 1802 351 et 352 ; *cf.* 1077 314 et 444
9.11.1787 M. de Bourcet à A : *Je viens d'obtenir... un logement dans la cour des Ministres au-dessus du corps des gardes suisses. Ce logement exige des réparations indispensables pour pouvoir être habité... Les réparations... consistent en l'établissement de quelques cloisons, portes, fenêtres, manteau de cheminée, de cuisine et potager...* A.N. O[1] 1802 393
7.2.1788 M. Bourcet à A : *Cette nouvelle sollicitation consiste : premièrement à obtenir de votre bonté un parquet en bois au lieu du plancher en brique qui se trouve dans la chambre dont l'exposition est au midi ; deuxième un boisage dans une autre petite chambre exposée au nord ; enfin deux petites glaces pour servir de trumeau aux deux cheminées de cet appartement...* A.N. O[1] 1802 422

ADM 20

Croizat de Thiers, N... (?-?). Lecteur du roi avant 1768
1741 *État* « M Croizat, lecteur du roi » “3 pièces, 2 à cheminée ; 3 entresols ; 2 à cheminée”
Lecteur du roi
1770 *État* A « Lecteur du roi »
Chalut de Verin, Geoffroy († 1787). Trésorier de la maison de la dauphine 1744 ; fermier général 1754-1788 ; lecteur du roi 1768-1784
1777 *État* B « M. de Chalut »
Ailly, Marie François d' (1724-1800). Procureur-syndic de l'assemblée provinciale d'Île-de-France ; directeur des vingtièmes et conseiller d'État 1788
1787 *État* F « M. d'Ailly... » “3 pièces, 2 à cheminée”
Polignac, Louis Melchior Armand, marquis de (1717-1792). Premier écuyer du comte d'Artois 1773
8.4.1787 *Le logement d'un lecteur du roi, avant-cour, à M. le marquis de Polignac...* Disposition : A.N. O[1] 1802 334 et 335

SECOND ÉTAGE DE L'AILE

ADM 21 [1]

Seignelay, Jean-Baptiste Colbert, marquis de (1651-1690). Secrétaire d'État à la Marine, à la Maison du roi et au Clergé 1683-1690
Pontchartrain, Louis II Phélypeaux, comte de (1643-1727). Contrôleur général des finances 1689-1699 ; secrétaire d'État à la Marine, à la Maison du roi et au Clergé 1690-1699 ; chancelier de France 1699-1714
Phélypeaux, Jean (1646-1711). Intendant de Paris
Saint-Simon, Louis de Rouvroy, duc de (1675-1755)
Saint-Simon, Marie Gabrielle de Lorge, duchesse de (1678-1743)
19.12.1709 [2] *... nous arrivâmes à Pontchartrain le 19 décembre... le chancelier me prit dans le cabinet de sa femme... ils m'offrirent ce qu'ils pouvaient qui était une grande et belle chambre et une garde-robe chez eux au château, qui était le logement de leur frère, qui par ses apoplexies, ne sortait plus de sa maison de Paris. Ils me dirent que je pourrais me tenir là dans la journée, si je n'y voulais pas coucher, Mme de Saint-Simon avoir où s'habiller et tous deux y voir nos amis.* SS XVIII 296
21.12.1709 *La chancelière nous mena voir le logement qu'elle nous destinait. Les empressements avaient été poussés là-dessus avec adresse, jusqu'à faire sentir qu'ils se tiendraient offensés et méprisés du refus ; ils y avaient ajouté l'offre tout aussi poussée de nous y faire servir un morceau pour nous et pour nos amis. En un mot tant fut procédé, qu'ils me forcèrent comme on force un cerf. Il fallut accepter ; mais je capitulai sur le manger que je ne voulus pas souffrir.* SS XVIII 298
Pontchartrain, Jérôme Phélypeaux, comte de Maurepas, puis de (1674-1747). Secrétaire d'État à la Marine, à la Maison du roi et au Clergé 1693-1715
La Vrillière, Louis IV Phélypeaux, marquis de (1672-1725). Secrétaire d'État pour les Affaires générales de la religion prétendue réformée en survivance de son père 1700 ; secrétaire du Conseil de la Régence ; secrétaire d'État à titre provisoire au nom de Maurepas, titulaire mais mineur 1721-1723
Maurepas, Jean Frédéric Phélypeaux, comte de Pontchartrain et de (1701-1781). Secrétaire d'État en survivance de son père 1715, en exercice sous la tutelle de La Vrillière avec lettres de dispense en 1718 ; Secrétaire d'État à la Marine 1723-1749 ; ministre d'État 1738-1749, puis 1774-1781 comme chef du Conseil des finances
Breteuil, François Victor Le Tonnelier, marquis de (1686-1743). Secrétaire d'État à la Guerre 1723-1726, 1740-1743 ; ministre d'État 1741 ; chancelier de la reine
1740 *M. de Maurepas, avant-cour à droite dans l'aile du deuxième étage, ses bureaux, n° 21, 11 pièces, dont 7 à cheminée et 11 entresols sans cheminée, donné à*

1. Cet espace appartenait à l'appartement ministériel officiel ainsi que **ADM 5, 10, et 14**, au-dessous et **ADM 28**, dans les combles.
2. Saint-Simon utilisa ce logement d'emprunt jusqu'en juillet 1710, date où Mme de Saint-Simon devint dame d'honneur de la duchesse de Berry et reçut un appartement de fonction dans l'aile Neuve, **AN 45**.

M. de Breteuil... Logements... donnés par le roi : A.N. O[1] 1076 133
Argenson, Marc Pierre de Voyer de Paulmy, comte d' (1696-1764). Intendant de Paris 1740 ; secrétaire d'État à la Guerre 1743-1757
1741 *État* « M. de Maurepas puis M. d'Argenson » "11 pièces, 7 à cheminée, 1 entresol sans cheminée"
Rouillé, Antoine Louis, comte de Jouy (1689-1761). Secrétaire d'État à la Marine 1749-1754 ; secrétaire d'État aux Affaires étrangères 1754-1757
Machault d'Arnouville, Jean-Baptiste de, comte de (1701-1794). Contrôleur général des finances 1745-1754 ; garde des Sceaux 1750-1757 ; secrétaire d'État à la Marine 1754-1757
Peyrenc de Moras, François Marie (1718-1771). Ministre de la Marine 1757-1758
Massiac, Claude Louis, marquis de (1686-1770). Secrétaire d'État à la Marine juin à novembre 1758
Berryer, Nicolas René, comte de La Ferrière (1703-1762). Secrétaire d'État à la Marine 1758-1761
1770 *État* A « Ministre de la Marine »
Boynes, Pierre Étienne Bourgois de (1718-1783). Intendant de Franche-Comté 1754 ; conseiller d'État 1761 ; ministre de la Marine 1771-1774
Turgot de Broucourt, Anne Robert Jacques, baron de l'Aulne (1727-1781). Secrétaire d'État à la Marine 1774 ; contrôleur général des finances 1774-1776
Sartine, Antoine Raymond Jean Gilbert Gabriel de, comte d'Alby (1729-1801). Ministre de la Marine 1774-1780)
Bertin, Henri Léonard Jean-Baptiste, comte de Bourdeilles (1720-1792). Contrôleur général des finances 1759-1763
Castries, Charles Eugène Gabriel de la Croix, marquis de (1727-1801). Maréchal de France ; ministre de la Marine 1780-1787
1777 *État* B « M. Bertin puis M. de Castries »
La Luzerne, César Henri (1737-1799). Ministre de la Marine 1787-1789, puis 1789-1790
1787 *État* F « Ministre de la Marine » "14 pièces, 7 à cheminée"

ADM 22 [1]
Croissy, Charles Colbert, marquis de (1625-1696). Secrétaire d'État aux Affaires étrangères 1679-1696
Torcy, Jean Baptiste Colbert, marquis de (1665-1746). Secrétaire d'État aux Affaires étrangères en survivance de son père 1689, en exercice 1696-1715
La Vrillière, Louis V Phélypeaux de La Vrillière, comte de Saint-Florentin, puis en 1770 duc de (1705-1777). Secrétaire d'État en survivance de son père en 1723, en titre 1725 ; chancelier de la reine 1743 ; secrétaire d'État à la Maison du roi 1749-1775 ; ministre d'État 1751-1775
1741 *État* « M. de Saint-Florentin » "14 pièces, 10 à cheminée ; 5 entresols, 1 à cheminée"
Vergennes, Charles Gravier, comte de (1717-1787). Ministre des Affaires étrangères 1774-1787
1787 *État* F « Ministre des Affaires étrangères » "16 pièces, 11 à cheminée, 5 entresols, 1 à cheminée"
Montmorin, Armand Marc, comte de (1746-1792). Secrétaire d'État aux Affaires étrangères 1787-1791

SECOND PAVILLON SECOND ÉTAGE

ADM 23
Mansart, Jules Hardouin- (1646-1708). Inspecteur général des bâtiments 1691 ; surintendant des Bâtiments 1699
Estrées, Lucie Félicité de Noailles, comtesse, puis maréchale d' (1683-1745)
Puységur, Jacques François de Chastenet, marquis de (1655-1743). Gentilhomme de la manche du duc de Bourgogne 1698
Montviel, Jacques de Vassal, marquis de (1659-1744)
8.10.1699 *On donna dans le même pavillon à la comtesse d'Estrées tout l'appartement du second étage que Mansart avait occupé à la réserve de trois chambres qu'on donna à Puységur et Montviel.* S VI 191
Saulx-Tavannes, Nicolas Charles de, archevêque de Rouen (1690-1759). Premier aumônier de la reine 1721 ; archevêque de Rouen 1734 ; cardinal 1736 ; grand aumônier 1757
18.10.1742 *On a donné hier à M. l'archevêque de Rouen l'appartement de feu M. le maréchal de Nangis, au-dessus de la reine* **[CC 66]** ; *et celui de M. l'archevêque de Rouen qui est auprès de M. de Saint-Florentin a été donné en même temps à M. d'Argenson, ministre d'État...* L* IV 254
Argenson, Marc Pierre de Voyer de Paulmy, comte d' (1696-1764). Intendant de Paris 1740 ; secrétaire d'État à la Guerre 1743-1757
Anville, Jean-Baptiste Louis Frédéric de La Rochefoucauld de Roye, marquis de Roucy, duc d' (1709-1746)
1741 *État* « Premier aumônier de la reine, M. de Châlons, puis M. le duc d'Anville » "3 pièces à cheminée ; 3 entresols, 2 à cheminée"
22.10.1742 *L'article ci-dessus était le premier arrangement, mais M. d'Argenson a mieux aimé rester dans l'appartement qu'il a comme intendant de Paris* **[AP 21]**, *jusqu'à ce qu'il en trouvât un autre qui lui convienne, et l'appartement de M. l'archevêque de Rouen a été donné à M. le duc d'Anville...* L* IV 254
Beauvillier, Marie Françoise Suzanne de Creil de Bournezeau, duchesse de (1716-?). Dame pour accompagner Mesdames 1744, puis dame d'honneur de Madame Adélaïde 1750
1.12.1744 ... *de l'autre côté et vis-à-vis* [de M. de Maurepas], *M. d'Anville avait un appartement en haut, le roi l'a donné à Mme la duchesse de Beauvillier, qui est attachée à Mesdames. Cet appartement est de convenance, étant auprès de celui de M. le duc d'Aignan.* L* VI 172
1.8.1746 G à T : *Mme la duchesse de Beauvillier demande qu'il soit fait une cheminée dans une pièce de son appartement qui en serait toute la commodité, la chose étant d'autant plus pratique que cet appartement*

1. Cet espace appartenait à l'appartement ministériel officiel, ainsi que **ADM 6, 11, et 15** au-dessous et **ADM 29** dans les combles.

se trouve dans le comble d'un des pavillons de la grande cour et qu'il passe au-dedans de la dite pièce un tuyau d'une autre cheminée. A.N. O[1] 1810 I 88

18.1.1748 *Mme la duchesse de Beauvillier demande une cheminée, du parquet et de la boiserie de l'antichambre de l'appartement du duc de Saint-Aignan... qu'il veut bien lui céder, offrant d'entrer s'il est nécessaire dans la moitié de la dépense de la cheminée...* Réponse de T : *À M. L'Écuyer pour m'en rendre compte.* A.N. O[1] 1810 II 34

26.4.1748 E à T : *Cette cheminée est demandée depuis plus de quatre ans et a été toujours refusée par la difficulté et la grande dépense pour la faire, moyennant quoi le parquet et le lambris ont été regardés comme inutiles... ne se peut pas.* A.N. O[1] 1810 35

26.4.1748 *Ouvrages demandés pour le logement de la duchesse de Beauvillier : faire une pièce de compagnie de son antichambre et reporter cette antichambre dans un petit office et corridor ; ériger une cheminée feinte pour la décoration de cette pièce dans laquelle on mettra un poêle ; faire toutes les démolitions et rétablissements nécessaires et lambrisser la dite pièce et la parqueter.* Bon du roi : A.N. O[1] 1810 54. *Cf. Devis des ouvrages demandés par la duchesse de Beauvillier 1 484 livres* A.N. O[1] 1070 337

5.10.1748 *Mme la duchesse de Beauvillier supplie M. de Tournehem de vouloir bien lui accorder du vernis blanc pour la pièce de son appartement qu'on accommode actuellement à Versailles.* Réponse : *Bon à mettre en blanc sans vernis.* A.N. O[1] 1810 II 89

Saint-Aignan, Paul Hippolyte de Beauvillier, duc de (1684-1776)

13.12.1750 *Le logement de Mme la duchesse de Beauvillier à M. le duc de Saint-Aignan.* Distribution : A.N. O[1] 1076 269

1770 *État* A[1] « M. le duc de Saint-Aignan »

Évreux, François de Narbonne-Lara, évêque d' (1720-1792). Évêque d'Évreux 1774

Tréguier, Jean-Baptiste Joseph de Lubersac, évêque de († 1822). Aumônier du roi 1767 ; premier aumônier de Madame Sophie

1776 N au roi : *Le logement de M. le duc de Saint-Aignan est vacant par sa mort... Votre Majesté veut-Elle donner le logement de M. le duc de Saint-Aignan à M. l'évêque de Tréguiers, premier aumônier de Madame Sophie et Madame Victoire s'ils peuvent s'y arranger ?...* Bon du roi : A.N. O[1] 1077 358

25.2.1776 *Le logement de M. le duc de Saint-Aignan à l'évêque d'Évreux, premier aumônier de Madame Victoire, et M. l'évêque de Tréguiers, premier aumônier de Madame Sophie...* Distribution : A.N. O[1] 1799 497

Chartres, Pierre Augustin Bernard de Rosset de Rocozel de Fleury, archevêque de (1717-1780). Grand aumônier de la reine 1743-1780

1777 *État* B « MM. les évêques d'Évreux et de Tréguiers, puis d'Évreux et de Chartres »

1787 *État* F « M. l'évêque d'Évreux » "3 pièces, 2 à cheminée"

1. En 1770, cet appartement était combiné avec **ADM 32**, situé au-dessus.

ADM 24

Sainte-Maure, Honoré, comte de (1652-1731). Menin du dauphin 1680 ; premier écuyer du duc de Berry 1702 ; premier écuyer de la Grande Écurie 1717

Pomponne, Henri Charles Arnauld, abbé de (1669-1756). Aumônier du roi 1698 ; conseiller d'État de l'Église 1711

28.4.1712 *Le roi a donné à l'abbé de Pomponne le logement que Sainte-Maure avait avant que d'être premier écuyer de Mgr le duc de Berry ; ce logement est fort vilain, mais il sera fort commode à l'abbé de Pomponne parce qu'il touche celui de M. de Torcy, son beau-frère.* D XIV 136

Saint-Aignan, Paul Hippolyte de Beauvillier, duc de (1684-1776). Premier gentilhomme du duc de Berry 1711

1741 *État* « M. le duc de Saint-Aignan » "4 pièces, [2 ?] à cheminée ; 1 entresol sans cheminée"

Beauvillier, Marie Françoise Suzanne de Creil de Bournezeau, *dite* duchesse douairière de (1716-?). Dame pour accompagner Mesdames 1744, puis dame d'honneur de Madame Adélaïde 1750

13.12.1750 *Le logement de M. le duc de Saint-Aignan à Mme la duchesse de Beauvillier, dame de Mesdames.* Distribution : A.N. O[1] 1076 269

Rennes, Louis Guy Guérapin de Vauréal, évêque de (1690-1760). Maître de la Chapelle et évêque de Rennes 1732-1758

1.5.1751 *Le logement de Mme la duchesse de Beauvilliers à M. l'évêque de Rennes...* Distribution : A.N. O[1] 1076 281

Beauvillier, Charlotte Susanne de Nos de Feuillé, duchesse de (1730-1792). Dame pour accompagner Madame 1750

9.11.1755 *Le logement de M. l'évêque de Rennes à Mme la duchesse de Beauvillier, dame de Madame ...* Disposition : A.N. O[1] 1076 408

28.5.1756 La duchesse de Beauvillier au roi : *Mme la duchesse de Beauvillier supplie très humblement Votre Majesté de vouloir bien lui accorder les réparations, changements et ajustements nécessaires aux logements que Votre Majesté lui a accordés dans le pavillon de M. de Boullogne, cour des Ministres : soit blanchir ses plafonds, mettre en état les croisées et les vitres de même, que de deux cloisons qui y sont il n'en fasse faire qu'une afin qu'elle puisse l'habiter.* Réponse : *À M. L'Écuyer pour m'en rendre compte.* A.N. O[1] 1070 504 et 505 : Bon du roi pour 1 110 livres ; *cf.* 1811 II 85

31.5.1756 GG-B 2753 « Plan du logement de la duchesse de Beauvillier, dans le pavillon de M. de Boullogne, dans l'aile droite des Ministres du côté de la Chapelle »

14.3.1758 M au roi : *La duchesse de Beauvillier la jeune supplie très humblement Votre Majesté de vouloir bien lui accorder quelques petits ajustements dans le logement qu'elle occupe au château de Versailles et qui suivant le devis ci-joint monteront à 171 livres.* Bon du roi : A.N. O[1] 1071 1 ; *cf.* 1811 III 9

14.5.1758 M à E : *Vous ferez faire les réparations au logement de Mme la duchesse de Beauvillier la jeune.* A.N. O[1] 1796 548

[1762] *Le logement de Mme la duchesse de Beauvillier,*

près de M. le comte de Saint-Florentin dans l'avant-cour, à la dame qui remplacera Mme la maréchale de Broglie, en attendant qu'il y en ait un dans le château... Disposition : A.N. O[1] 1077 381

Berchény, Agnès Victoire de Berthelot de Baye, comtesse de (1741-?). Dame pour accompagner Mesdames les cadettes 1764, puis de Madame Sophie

1765 *Madame Victoire demande le logement de Mme la duchesse de Beauvillier, dame de Madame, pour Mme la comtesse de Berchény, dame de Mesdames.* A.N. O[1] 1077 395

1770 *État* A « Mme la comtesse de Berchény »

1777 *État* A « Mme la comtesse de Berchény »

Pons Saint-Maurice, Louis Marie, vicomte de (1739-vers 1792). Conseiller d'État de l'épée

24.3.1782 [1] *Le logement de Mme la comtesse de Berchény à M. le vicomte de Pons...* A.N. O[1] 1801 263

1787 *État* F « M. le vicomte de Pons » "4 pièces, 3 à cheminée ; 2 entresols, 1 à cheminée"

PREMIER PAVILLON LE COMBLE

ADM 25

Fontanieu [2], Gaspard Moïse de, marquis de Fiennes et de, *dit* de La (1694-1767). Intendant de Grenoble ; conseiller d'État ; contrôleur général des meubles de la Couronne

1741 *État* « M. de Fontanieu » "4 pièces, 2 à cheminée"

Fontanieu, Pierre Élisabeth de, *dit* chevalier de Villecourt (1730-1784). Intendant et contrôleur général des meubles de la Couronne en survivance de son père 1758, en titre 1767-1783 ; contrôleur général de la Maison du roi 1781

1787 *État* F « Intendant du garde-meuble » "4 pièces, 2 à cheminée"

ADM 26

Commandant des suisses du château

1741 *État* « Commandant des suisses du château » "3 pièces, 1 à cheminée"

D'Achard, N... (?-?). Capitaine des grenadiers ; commandant des suisses du château et des invalides de la garde de Versailles

Caumont, N..., chevalier de (?-?) Commandant des suisses du château et des invalides de la garde de Versailles

10.6.1753 Le chevalier de Caumont à M : *Le roi ayant eu la bonté de nommer le chevalier de Caumont pour remplacer M. Duché, commandant des suisses du roi et des invalides de la garde de Versailles, l'appartement que M. d'Achard occupait lui étant donné, osait-il espérer que M. le marquis de Marigny voudrait bien se ressouvenir qu'il voulut bien lui promettre, ainsi que M. le comte de Noailles, une petite glace sur sa cheminée, seule et unique de tout l'appartement.* A.N. O[1] 1795 401

ADM 27

Aide-major des gardes suisses

1741 *État* « Aide-major des gardes suisses » "3 pièces, 1 à cheminée"

ADM 26 et 27

Officiers des gardes suisses

1787 *État* F "4 pièces, 1 à cheminée"

LE COMBLE DE L'AILE

ADM 28 [3]

Seignelay, Jean-Baptiste Colbert, marquis de (1651-1690). Secrétaire d'État à la Marine, à la Maison du roi et au Clergé 1683-1690

Pontchartrain, Louis II Phélypeaux, comte de (1643-1727). Contrôleur général des finances 1689-1699 ; secrétaire d'État à la Marine, à la Maison du roi et au Clergé 1690-1699 ; Chancelier de France 1699-1714

Pontchartrain, Jérôme Phélypeaux, comte de Maurepas, puis de (1674-1747). Secrétaire d'État à la Marine, à la Maison du roi et au Clergé 1693-1715

La Vrillière, Louis IV Phélypeaux, marquis de (1672-1725). Secrétaire d'État pour les Affaires générales de la religion prétendue réformée en survivance de son père 1700 ; secrétaire du Conseil de la Régence ; secrétaire d'État à titre provisoire au nom de Maurepas, titulaire mais mineur 1721-1723

Maurepas, Jean Frédéric Phélypeaux, comte de Pontchartrain et de (1701-1781). Secrétaire d'État en survivance de son père 1715, en exercice sous la tutelle de La Vrillière avec lettres de dispense en 1718 ; secrétaire d'État à la Marine 1723-1749

Breteuil, François Victor Le Tonnelier, marquis de (1686-1743). Secrétaire d'État à la Guerre 1723-1726, puis 1740-1743 ; ministre d'État 1741 ; chancelier de la reine

1740 *M. de Maurepas, avant-cour à droite dans l'aile troisième étage, pour ses gens, n° 28, 11 pièces sans cheminée donné à M. de Breteuil...* Logements donnés par le roi : A.N. O[1] 1076 133

Argenson, Marc Pierre de Voyer de Paulmy, comte d' (1696-1764). Intendant de Paris 1740 ; secrétaire d'État à la Guerre 1743-1757

1741 *État* « M. de Maurepas, puis M. d'Argenson » "11 pièces sans cheminée"

Rouillé, Antoine Louis (1689-1761) Secrétaire d'État à la Marine 1749-1754 ; secrétaire d'État aux Affaires étrangères 1754-1757

Machault d'Arbouville, Jean-Baptiste de, comte de (1701-1794). Contrôleur général des finances 1745-1754 ; garde des Sceaux 1750-1757 ; secrétaire d'État à la Marine 1754-1757

Peyrenc de Moras, François Marie (1718-1771). Ministre de la Marine 1757-1758

1. Le vicomte de Pons continua d'occuper une pièce dans **AP 79** de 1782 à 1789.

2. M. de Fontanieu occupait aussi **ADM 18** au-dessous.

3. Cet espace appartenait à l'appartement ministériel officiel de même que **ADM 5, 10, 21 et 14** au-dessous.

Massiac, Claude Louis, marquis de (1686-1770). Secrétaire d'État à la Marine de juin à novembre 1758
Berryer, Nicolas René, comte de La Ferrière (1703-1762). Secrétaire d'État à la Marine 1758-1761
1770 *État* A « Ministre de la Marine »
Boynes, Pierre Étienne Bourgois de (1718-1783). Intendant de Franche-Comté 1754 ; conseiller d'État 1761 ; ministre de la Marine 1771-1774
Turgot de Broucourt, Anne Robert Jacques, baron de l'Aulne (1727-1781). Secrétaire d'État à la Marine 1774 ; contrôleur général des finances 1774-1776
Sartine, Antoine Raymond Jean Gilbert Gabriel de (1729-1801). Ministre de la Marine 1774-1780
Bertin, Henri Léonard Jean-Baptiste, comte de Bourdeilles (1720-1792). Contrôleur général des finances 1759-1763
Castries, Charles Eugène Gabriel de la Croix, marquis de (1727-1801). Maréchal de France ; ministre de la Marine 1780-1787
1777 *État* B « M. Bertin puis M. de Castries »
La Luzerne, César Henri, comte de (1737-1799). Ministre de la Marine 1787-1789, puis 1789-1790
1787 *État* F "9 pièces sans cheminée"

ADM 29 [1]
Croissy, Charles Colbert, marquis de (1625-1696). Secrétaire d'État aux Affaires étrangères 1679-1696
Torcy, Jean Baptiste Colbert, marquis de (1665-1746). Secrétaire d'État aux Affaires étrangères en survivance de son père 1689, en exercice 1696-1715
La Vrillière, Louis V Phélypeaux de La Vrillière, comte de Saint-Florentin, puis en 1779 duc de (1705-1777). Secrétaire d'État en survivance de son père 1723, en titre 1725 ; chancelier de la reine 1743 ; secrétaire d'État à la Maison du roi 1749-1775 ; ministre d'État 1751-1775
1741 *État* « M. de Saint-Florentin » "15 pièces 2 à cheminée"
Le Boulanger, N... (?-?). Premier commis de M. de La Vrillière
19.10.1748 *M. Le Boulanger, premier commis de M. le comte de Saint-Florentin, par sa lettre à M. de Tournehem du 9... marque que, depuis 23 ans qu'il est dans son bureau, il n'a jamais rien demandé que la réparation d'une cheminée dont la chute prochaine a obligé M. L'Écuyer de la reconstruire, que cette cheminée avait des lézardes et crevasses par lesquelles passait dans son bureau la fumée venant de la garde-robe de Mme de Saint-Florentin et que tout son bureau est noir, qu'on ne l'a jamais blanchi depuis la construction du château et que le peu qui y reste de peint en blanc est noir et tombe en écailles, que pour peu que M. le directeur général trouve de difficulté pour l'objet, qu'il y renonce, mais qu'il ne peut pas se dispenser d'insister pour une double croisée, qu'un de ses commis ne peut pas tenir l'hiver contre cette croisée, que le vitrier du roi en a regardé la double croisée qui y était mais disait qu'elle était très mauvaise, que l'article des deux planches ou tablettes à allonger lui est nécessaire pour les papiers du ministre.* Réponse : *Devis envoyé à M. de Tournehem par M. L'Écuyer au bas duquel M. de Tournehem a mis son bon pour 7 livres.* A.N. O[1] 1810 II 92
24.1.1757 E à M : *Détail des réparations et ajustements que demande M. le comte de Saint-Florentin dans son logement au château de Versailles : au deuxième étage, dans le bureau, une croisée de lucarne en place de celle de nulle valeur... La repose du double châssis qui est au magasin pour éviter l'écoulement des eaux pluviales dans ce bureau... Au même étage à la porte d'entrée d'un appartement vis-à-vis le bureau un tambour à faire de vieille menuiserie du magasin à l'effet de faire ouvrir la porte en dedans pour empêcher qu'elle ne blesse ceux qui passent dans le couloir... total* [des] *réparations 69 livres.* A.N. O[1] 1796 349
Candon, N... (?-?)
17.9.1758 N au roi : *Le comte de Noailles demande la permission à Votre Majesté de donner au premier janvier 1758 les 300 livres qu'ont les garçons de Candon et de prendre pour le gouvernement le petit logement qu'avait le dit Candon sous les toits au-dessus des mansardes de M. de Saint-Florentin, ayant été obligé de déménager son secrétaire pour celui de M. le maréchal de Noailles.* Bon du roi : A.N. O[1] 1076 526
Gallement, François (?-?). Secrétaire du duc de La Vrillière ; premier secrétaire de M. de Malesherbes
Silvestre, N... (?-?). Commis du duc de La Vrillière
23.9.1774 Gallement, secrétaire du duc de La Vrillière, à A : *Le bureau que j'occupe chez M. le duc de La Vrillière exige des réparations de différents genres, mais en tout peu considérables. Il en est cependant d'indispensables, telles qu'un plafond très mauvais, un poêle et ses dépendances, dans le cas de faire craindre des accidents...* Réponse : A à E : *Je désire... que vous chargiez M. Heurtier ou telle autre personne que vous jugerez à propos d'en examiner les réparations vraiment nécessaires, dont peut être susceptible le bureau du dit sieur Gallement.* A.N. O[1] 1799 241
1775 *Extrait des détails des réparations à faire... au bureau de M. Gallement, 600 livres...* A.N. O[1] 1799 396
31.10.1774 M. Silvestre, commis du duc de La Vrillière, à A : *Je crois que vous connaissez mon bureau à Versailles. Il n'a qu'une fenêtre. Encore est-elle si mauvaise que je pouvais presque dire qu'il n'en a point du tout. Elle est si délabrée, elle joint si mal de tous les côtés que malgré un double châssis, tout aussi mauvais que l'on y ajuste pendant l'hiver, le vent du nord qui s'enfile très droit vient me geler les doigts en écrivant. Je ne vous cache point ma misère. Une fenêtre neuve est de première nécessité. Il y aurait un peu de luxe si vous vouliez ordonnez qu'elle fermât avec une espagnolette et qu'elle fût à grands carreaux. Si je ne craignais de vous fatiguer par trop de demandes, j'ajouterais encore un mot pour mon parquet. Il y manque quelques morceaux ; quelques autres sont détachés ; et l'on n'y peut marcher qu'avec assez d'incommodité.* Réponse : *Je mande à M. L'Écuyer de pourvoir à votre demande d'autant plus qu'elle n'est pas dispendieuse...* A.N. O[1] 1799 265
1775 *Extrait des détails des réparations à faire... au bureau de M. Silvestre, 1136 livres...* A.N. O[1] 1799 396
30.4.1782 LR à A : *Le feu a pris ce soir entre six heures*

1. Ce logement appartenait à l'appartement ministériel officiel, ainsi que **ADM 6, 11, 15 et 22** au-dessous.

et sept heures dans le bureau de M. Silvestre... Il a été occasionné par une cheminée à Franklin, mais par le secours que l'on y a porté sur-le-champ, il n'a fait aucun progrès ; seulement la cheminée ambulante est hors service ayant été démolie avec promptitude pour donner plus de facilité aux ouvriers de manœuvrer. A.N. O[1] 1801 296

Vergennes[1], Charles Gravier, comte de (1717-1787). Ministre des Affaires étrangères 1774-1787

1787 *État* F « Ministre des Affaires étrangères » "16 pièces sans cheminée"

12.9.1787 Le baron de Breteuil à A : *Le roi ayant approuvé... que les bureaux dépendant de mon département, qui sont présentement placés au pavillon des affaires étrangères soient transportés dans une partie du logement qu'occupait M. le maréchal de Ségur* [**AMG 26**], *je vous prie de vouloir donner vos ordres pour que les officiers des Bâtiments fassent le plus tôt possible les dispositions nécessaires à cet effet...* Réponse : *M. le directeur général avait le 13 septembre donné des ordres verbalement pour éviter les délais, mais dans les deux jours suivants les vues de M. de Breteuil ayant été contredites par le nouveau ministre de la Guerre, M. de Brienne, tout a été suspendu.* A.N. O[1] 1802 380

Montmorin, Armand Marc, comte de (1746-1792). Secrétaire d'État aux Affaires étrangères 1787-1791

SECOND PAVILLON LE COMBLE

ADM 30

Le Marie, François Louis, sieur († 176...). Garçon du château

1741 *État* « Garçon du château Le Marie » "8 pièces, 1 à cheminée"

ADM 31

Saint-Aignan, Paul Hippolyte de Beauvillier, duc de (1684-1776)

1741 *État* « M. le duc de Saint-Aignan » "1 pièce sans cheminée"

1770 *État* A[2] « M. le duc de Saint-Aignan »

ADM 30 et 31

Lévis, François Gaston, marquis, puis duc de (1720-1787). Capitaine des gardes du comte de Provence 1771 ; maréchal de France

Lévis, Gabrielle Augustine Michèle de Tharon, maréchale de (1744-1794)

[176...] N au roi : *Votre Majesté avait eu la bonté d'accorder au comte de Noailles le petit logement de feu Le Marie dans le toit du pavillon de M. le comte de Saint-Florentin. Le comte de Noailles a marié le comte de Lévis comme son fils et demande la permission de lui donner ce petit grenier quand il sera rebâti.* Réponse : *Approuvé.* A.N. O[1] 1077 396

1770 *État* A « M. et Mme de Lévis »

ADM 32

Saulx-Tavannes, Nicolas Charles de, archevêque de Rouen (1690-1759). Évêque de Châlons 1721 ; premier aumônier de la reine 1721 ; archevêque de Rouen 1734 ; cardinal 1736 ; grand aumônier 1757

Anville, Jean-Baptiste Louis Frédéric de La Rochefoucauld de Roye, marquis de Roucy, duc d' (1709-1746)

1741 *État* « Premier aumônier de la reine, M. de Châlons, puis M. le duc d'Anville » "3 pièces sans cheminée"

Saint-Aignan, Paul Hippolyte de Beauvillier, duc de (1684-1776)

1770 *État* A « M. le duc de Saint-Aignan »

ADM 30, 31 et 32

Lévis, François Gaston, marquis, puis duc de (1720-1787). Capitaine des gardes du comte de Provence 1771 ; maréchal de France

1787 *État* F « M. le marquis de Lévis » "2 pièces"

AILE GAUCHE PREMIER PAVILLON REZ-DE CHAUSSÉE SUR LA RUE

AGM 1

Corps de garde des gardes françaises[3]

1741 *État* « Corps des gardes françaises » "4 pièces à cheminée ; 3 entresols, 1 à cheminée"

11.6.1748 *MM. les officiers des gardes françaises demandent qu'on leur fasse faire cinq soupentes dans le corps de gardes françaises pour empêcher que les soldats ne couchent par terre...* Réponse : *Bon pour mettre sur l'état.* A.N. O[1] 1810 II 65

23.4.1756 M. Cornillon, major des gardes françaises à M : *Vous m'avez fait espérer... que vous voudriez bien ordonner les réparations dont nous aurions besoin du corps de garde des gardes françaises à Versailles... La suppression des baraques contre les murs contribuerait infiniment à la bonne discipline, lesquelles ne servent qu'occasion de libertinage de la part du soldat et plusieurs de ces baraques sont appuyées contre des portes ou des croisées qu'on a bouchées, ce qui prive les soldats d'avoir de l'air dans le corps de garde.* Bon du roi pour 2 190 livres : A.N. O[1] 1070 517 et 518 ; *cf.* 519, 520 et 1811 II 94 et 104

12.11.1762 M au roi : *Le corps de garde des gardes françaises a besoin d'un entresol pour séparer les malades du reste de la troupe. C'est un objet de dépense*

1. Bien que l'appartement du secrétaire d'État à la Maison du roi eût été officiellement attribué au secrétaire d'État aux Affaires étrangères, les bureaux du département de la Maison du roi continuèrent d'occuper **AMG 29** pendant un certain temps.

2. En 1770 cet espace fut combiné avec **ADM 24** au-dessus.

3. Les corps de garde des gardes françaises incluaient une chambrée sous les rampes enfermant la cour des Ministres. Il existe plusieurs références à cet espace. Après 1773, une nouvelle caserne, conçue pour ressembler à une tente, fut construite entre la place d'Armes et la rue de la Chancellerie, du côté de l'avenue de Sceaux. Voir GG-B vol. II n°s 848-879.

d'environ 1 270 livres. Bon du roi : A.N. O[1] 1071 65 ; *cf.* 1812 I 54

3.1782 M. Scians à A : *On ne peut que se rendre agréable vis-à-vis vous M. le comte... de bien proposer... qu'il soit déposé dans le corps de garde des gardes françaises et dans celui des gardes suisses* [**AMD 1**] *du château à chacun cinquante seaux propres pour l'incendie. Il en résultera* [que], *lorsque les troupes sont requises pour le secours du feu, ils apporteront avec eux les seaux qui seront très utiles en attendant que les pompes soient mises en train d'agir. La dépense de 100 seaux montera à la somme de 350 livres.* Réponse : *Scians a déposé dans les corps de garde 50 seaux.* A.N. O[1] 1801 265 et 266

1787 *État* F "4 pièces, 1 à cheminée"

ENTRESOLS SUR LE CORPS DE GARDE

AGM 2
Officiers des gardes françaises et le concierge
1741 *État* « Officiers français et le concierge » "7 pièces, 1 à cheminée"

AGM 3
Le concierge du corps de garde
1741 *État* « Le concierge du corps de garde » "2 pièces sous le balcon"

AGM 2 et 3
Officiers des gardes françaises
1787 *État* F "8 pièces, 2 à cheminée"

REZ-DE-CHAUSSÉE DE L'AILE SUR LA RUE

AGM 4 [1]
Pontchartrain, Louis de Phélypeaux, comte de (1643-1727). Contrôleur général des finances 1689-1699 ; chancelier de France
Chamillart, Michel (1652-1721). Intendant des finances 1690 ; contrôleur général des finances 1699-1708 ; secrétaire d'État à la Guerre 1701-1709
Desmarets, Nicolas, seigneur de Maillebois (1648-1721). Directeur des finances 1703 ; contrôleur général des finances 1708-1715
Blanc, Louis Claude le (1669-1728). Ministre de la Guerre 1720-1723, puis 1726-1728
Breteuil, François Victor Le Tonnelier, marquis de (1686-1743). Secrétaire d'État à la Guerre 1723-1726, puis 1740-1743 ; ministre d'État 1741 ; chancelier de la reine 1725
Angervilliers, Nicolas Prosper Bauyn, seigneur d' (1675-1740). Intendant de Paris 1724 ; secrétaire d'État à la Guerre 1728-1740
Maurepas, Jean Frédéric Phélypeaux, comte de Pontchartrain et de (1701-1781). Secrétaire d'État en survivance en 1715 et en exercice 1718 ; secrétaire d'État à la Marine 1723-1749 ; ministre d'État 1738-1749, puis 1774-1780
1741 *État* « M. d'Angervilliers, puis M. de Maurepas » "10 pièces, 7 à cheminée ; 9 entresols sans cheminées"
1740 *M. d'Angervilliers avant-cour à gauche, rez-de-chaussée de la rue dans l'aile à la suite du deuxième pavillon, ses cuisines et offices, n° 4, 10 pièces, dont 7 à cheminée et 9 entresols dont 1 à cheminée donné à M. de Maurepas.* Logements donnés... par le roi : A.N. O[1] 1076 133
26.5.1747 *M. L'Écuyer a... envoyé... le devis des réparations à faire au logement de M. le comte de Maurepas à Versailles : à l'office, y changer de place un petit escalier nuisible et dangereux par sa position... 200 livres ; à la cuisine, une arrière-cuisine carrelée qu'il faudrait faire paver, construire dans la dite cuisine un potager de 10 à 12 fourneaux et une paillasse avec un cul de hotte... 150 livres ; dans la première cuisine une petite auge de pierre pour placer sous une fontaine et remanier le pavé... 60 livres...* A.N. O[1] 1810 I 221
Argenson, Marc Pierre de Voyer de Paulmy, comte d' (1696-1764). Secrétaire d'État à la Guerre 1743-1757
Paulmy Antoine René de Voyer d'Argenson, marquis de (1722-1787). Secrétaire d'État à la Guerre en survivance de son oncle 1751, en titre 1757-1758
Belle-Isle, Louis Charles Auguste Fouquet, comte, puis en 1748 duc de (1684-1761). Maréchal de France 1741 ; secrétaire d'État à la Guerre 1758-1761
16.5.1758 E à M : *Le logement du maréchal de Belle-Isle : aux offices et cuisine le rétablissement des fourneaux, conduits à refaire, scellement et autres... L'emblanchissement en général de toutes des pièces du logement, cuisine, offices et cage de l'escalier... 13 028 livres.* A.N. O[1] 1796 538
Choiseul, Étienne François de, comte de Stainville, puis duc de (1719-1785). Secrétaire d'État à la Guerre 1761-1770
29.5.1761 *État des ouvrages dans l'appartement du ministre de la Guerre... dans le souterrain plusieurs percements dans les gros murs à faire pour la communication des cuisines et office, 400 livres...* A.N. O[1] 1071 37 ; *cf.* 1812 I 7
3.8.1768 M à E : *J'approuve... les changements que M. le duc de Choiseul demande pour ses cuisines du château d'autant que ce n'est point un objet de dépense ainsi que me l'a démontré M. Gabriel que j'ai chargé de vous envoyer le plan. Il est très essentiel que cela soit fait pendant le voyage...* A.N. O[1] 1798 273
Monteynard, Louis François, marquis de (1715-1791). Secrétaire d'État à la Guerre 1771-1774
Muy, Louis Nicolas Victor de Félix, chevalier, puis comte de (1711-1775). Secrétaire d'État à la Guerre 1774-1775 ; maréchal de France 1774
1770 *État* A « M. le duc de Choiseul, puis de Montynard, puis du Muy »
Saint-Germain, Claude Louis, comte de (1707-1778). Ministre de la guerre 1775-1777
Montbarrey, Alexandre Marie Éléonor de Saint-Mauris, prince de (1732-1795). Secrétaire d'État à la Guerre 1777-1780

1. Ces espaces de service appartenaient à l'appartement officiel, qui incluait aussi **AGM 9, 14, 21, et 26** au-dessus.

1777 *État* B « M. de Montbarrey »
Ségur, Philippe Henri, marquis de (1724-1801). Ministre de la Guerre 1780-1787
1787 *État* F « Ministre de la Guerre » "8 pièce, 6 à cheminée ; 3 entresols, 1 à cheminée, 4 caves"
Loménie de Brienne, Athanase Louis Marie, comte de (1730-1794). Ministre de la Guerre 1787-1788
1.10.1787 H à A : *M. de Brienne, ministre de la Guerre, a fait demander le blanchissement de ses offices et de ses cuisines qui sont très sales et très noires... J'ai cru remplir les intentions de M. le directeur général en autorisant M. Loiseleur à faire faire le blanchissement.* A.N. O[1] 1802 383
Puységur, Pierre Louis de Chastenet, comte de (1727-1807). Ministre de la Guerre 1788-1789
14.1.1789 H à A : *J'ai examiné avec M. Loiseleur la cause qui produit l'inondation dans la cour de M. de Puységur et j'ai reconnu que cette inondation vient du mauvais état du réservoir qui est sous la rampe qui monte au château du côté de M. le comte de Puységur. Il y a déjà longtemps que le réservoir menace ruine et que nous avons eu la précaution d'en refaire un neuf lequel est tout prêt à mettre en place, mais la présence continuelle de la Cour à Versailles a empêché de procéder au remplacement parce que le résevoir dont il s'agit est récepteur de presque toutes les eaux qui vont aux bouches dans cette partie du château. Il est cependant nécessaire aujourd'hui de remplacer le vieux réservoir dont les dernières fortes gelées viennent de hâter la ruine totale. Mais malgré le besoin urgent de ces réparations, il est pourtant nécessaire d'attendre la fin du gel afin de pouvoir brancher provisoirement un conduit au moyen de duquel nous puissions faire nos réparations sans cesser les eaux.* A.N. O[1] 1802 561

AGM 4A [1]
Noailles, Emmanuel Marie Louis, marquis de (1743-1822). Premier gentilhomme de la chambre de Monsieur 1773 ; ambassadeur en Basse-Allemagne, aux Provinces-Unies et en Angleterre
1777 *État* B « le marquis de Noailles »
Châtre, Claude Louis de la Châtre, comte de Nançay, puis marquis de la (1745-1824). Gentilhomme d'honneur du comte de Provence, puis premier gentilhomme de sa chambre 1779
1787 *État* F « M. le comte de La Châtre » "1 cuisine à cheminée ; 1 entresol, 1 cave"

AGM 5 [2]
Louvois, François Michel Le Tellier, marquis de (1641-1691). Secrétaire d'État à la Guerre 1667-1691
Le Peletier, Claude (1630-1711). Contrôleur général des finances 1683-1689 ; surintendant des Postes 1691-1697
Chamillart, Michel (1652-1721). Intendant des finances 1690 ; contrôleur général des finances 1699-1708 ; secrétaire d'État à la Guerre 1701-1709
Desmarets, Nicolas, seigneur de Maillebois (1648-1721). Directeur des finances 1703 ; contrôleur général des finances 1708-1715
Fleuriau de Morville, Charles Jean-Baptiste, comte de (1686-1732). Secrétaire d'État à la Marine 1722, puis aux Affaires étrangères 1723-1727
Chauvelin, Germain Louis de, seigneur de Grisenoy (1685-1762). Garde des Sceaux, ministre et secrétaire d'État aux Affaires étrangères 1727-1737
Amelot de Chaillou, Jean Jacques (1689-1749). Secrétaire d'État aux Affaires étrangères 1737-1744
Maurepas, Jean Frédéric Phélypeaux, comte de Pontchartrain et de (1701-1781). Secrétaire d'État en survivance en 1715 et en exercice 1718 ; secrétaire d'État à la Marine 1723-1749 ; ministre d'État 1738-1749
1741 *État* « M. Chauvelin, puis M. d'Amelot » "8 pièces, 4 à cheminée ; 9 entresols sans cheminée"
Argenson, René Louis de Voyer, marquis d' (1694-1757). Secrétaire d'État aux Affaires étrangères 1744-1747
Puysieulx, Louis Philogène Brûlart de Sillery, marquis de (1701-1770). Secrétaire d'État aux Affaires étrangères 1747-1751 ; ministre d'État 1751-1756
Saint-Contest, François Dominique Barberie, marquis de (1701-1754). Secrétaire d'État aux Affaires étrangères 1751-1754
Rouillé, Antoine Louis, comte de Jouy (1689-1761). Secrétaire d'État à la Marine 1749-1754 ; secrétaire d'État aux Affaires étrangères 1754-1757
Bernis, François Joachim de Pierre, cardinal de (1715-1794). Secrétaire d'État aux Affaires étrangères 1757-1758
Praslin, César Gabriel, comte de Choiseul-Chevigny, duc de (1712-1785). Secrétaire d'État aux Affaires étrangères 1761-1770 ; secrétaire d'État à la Marine 1766-1770
Praslin, Marie de Champagne de La Suze de Villaines, duchesse de († 1783)
Aiguillon, Emmanuel Armand de Vignerot du Plessis de Richelieu, comte, puis duc d'Agenois, en 1750 duc d' (1720-1788). Secrétaire d'État aux Affaires étrangères 1771-1774
Vergennes, Charles Gravier, comte de (1717-1787). Secrétaire d'État aux Affaires étrangères 1774-1787
1770 *État* A « M. le duc de Praslin, puis le duc d'Aiguillon, puis [M.] de Vergennes »
Malesherbes, Chrétien Guillaume de Lamoignon, marquis de (1721-1794). Secrétaire d'État à la Maison du roi 1775-1776
Amelot de Chaillou, Antoine Jean (1732-1795). Secrétaire d'État à la Maison du roi 1776-1783
9.1776 *Réparations à faire à l'appartement de M. Amelot :... cuisine et offices : à l'escalier réparer une marche, faire deux portes pour fermer deux caveaux qui sont au pied du dit escalier, des tablettes garnies de clous à crocheter, un râtelier pour les pailles, une grille au lavoir, d'autres tablettes à poser, deux clefs pour la serrure de l'entrée d'office et une armoire ; au garde-manger dix trous de rats à boucher ; à l'argenterie la hotte de la cheminée à réparer ; à la lingerie une porte vitrée ; dans l'entresol une porte vitrée avec dessus vitré, une autre porte vitrée à accommoder...* A.N. O[1] 1799 588
1777 *État* B « M. Amelot »

1. Le marquis de Noailles et le marquis de La Châtre occupaient **AGM 17** au-dessus.
2. Ces espaces de service appartenaient à l'appartement ministérial officiel, qui incluait **AGM 10, 15, 22 et 27** au-dessus.

Breteuil, Louis Charles Auguste Le Tonnelier, baron de (730-1807). Secrétaire d'État à la Maison du roi 1783-1787
31.8.1785 L** à A : *Le baron de Breteuil... prie... de lui accorder le blanchi de sa cuisine [et] du corridor qui y conduit...* Réponse de H : *J'ai... autorisé d'avance M. Loiseleur à aller en avant sur la demande de M. le baron de Breteuil.* A.N. O[1] 1802 122
Laurent de Villedeuil, Paul Charles (1742-1828). Secrétaire d'État à la Maison du roi 1781-1789
1737 *État* F « Ministre de la Maison du roi » "7 pièces, 6 à cheminée ; 1 entresol sans cheminée"
Saint-Priest, François Emmanuel de Guignard, comte de (1735-1821). Secrétaire d'État à la Maison du roi
1787 *État* F « Ministre de la Maison du roi » "11 pièces, 4 à cheminée ; 11 entresols, 3 à cheminée, 5 caves"

SECOND PAVILLON REZ-DE-CHAUSSÉE SUR LA RUE

AGM 6
Petit commun du roi
1741 *État* « Petit commun du roi » "5 pièces, 3 à cheminée ; 5 entresols, sans cheminée"
1770 *État* A « Petit commun du roi »
1777 *État* B « Petit commun »
Bouche de Mesdames
10.8.1782 H à A : *J'ai examiné... la demande de M. de Pommery relativement à la bouche de Mesdames... le garde-manger et la pâtisserie sont à daller... le passage et le lavoir sont à réparer... l'établissement du four peut être sans inconvénient.* A.N. O[1] 1801 348
1787 *État* F "4 pièces, 3 à cheminée ; 2 entresols sans cheminée"

PREMIER PAVILLON REZ-DE-CHAUSSÉE SUR LA COUR

AGM 7
Gramont, Louis Antoine Armand, en 1725 duc de (1688-1741). Colonel des gardes françaises en survivance de son père 1716
Gramont, Louis Antoine de, comte de Lesparre, puis duc de (1689-1745). Colonel des gardes françaises en survivance de son frère 1714
10.12.1725 *Le logement de M. de Louvigny sera à donner s'il obtient celui de son père* **[VA 16]** : *à M. le comte de Gramont.* Bon du roi : A.N. O[1] 1077 28
Pons, Charles Louis de Lorraine-Marsan, prince de (1696-1755)
1.9.1737 *Il y a eu ces jours-ci quelques changements dans les logements de Versailles : celui du maréchal le père a été donné à M. le comte de Gramont ; celui de M. de Gramont à M. le prince de Pons et celui de M. le prince de Pons à Mme la duchesse de Brissac...* L* I 341
1741 *État* « M. le comte de Gramont, puis M. le prince de Pons » "4 pièces, 3 à cheminée ; 3 entresols, 1 à cheminée"
11.1755 Blondel, planche 2, "2" « Ancien logement de M. le prince de Pons, aujourd'hui vacant »

Jumilhac, Pierre Joseph de la Chapelle, marquis de (1692-1783). Capitaine de la première compagnie des mousquetaires 1738
9.11.1755 *Le logement de M. le prince de Pons dans l'avant-cour à M. le marquis de Jumilhac pour être à demeurer celui de capitaine des mousquetaires gris.* Disposition : A.N. O1 1076 408
9.11.1755 N au roi : *M. le prince Camille et Mme de Marsan demandent le logement de M. le prince de Pons. Il ne paraît pas aisé d'accorder leur demande dans la détresse où l'on est pour les logements. Une chambre, si Votre Majesté le veut, se trouvera vacante dans le changement proposé par l'état suivant : M. le comte de Saulx désire le logement de M. de Jumilhac, ne pouvant tenir dans celui de M. et Mme de Civrac. Il n'y a pas grand inconvénient. M. de Jumilhac sera mieux pour sa place dans l'avant-cour, son camarade M. de La Rivière étant au Grand Commun, et si Votre Majesté approuve, le logement de M. le prince de Pons restera attaché à la place de capitaine des mousquetaires gris.* A.N. O[1] 1076 409
6.4.1756 M au roi : *M. de Jumilhac supplie très humblement Votre Majesté de lui faire la grâce de lui accorder les réparations et ajustements nécessaires à son logement qui, suivant le devis ci-joint, monteront à 763 livres.* Bon du roi : A.N. O[1] 1070 501 ; *cf.* 502
4.8.1756 M à E : *Auriez agréable de faire faire au logement de M. de Jumilhac les réparations et ajustements qui monteront à 763 livres.* A.N. O[1] 1796 258
La Chaise, N..., marquis de († 1758). Capitaine des mousquetaires gris 1767
[176...] *Le logement de M. le marquis de Jumilhac, ancien capitaine des mousquetaires, à M. le chevalier de La Chaise, qui l'a remplacé ...* Disposition : A.N. O[1] 1077 386
1770 *État* A « Commandant des mousquetaires gris »
Leyde, Anne Marie de Croÿ, marquise de (1706-?). *Camarera mayor* de Madame Infante, fille aînée de Louis XV
18.12.1776 *Le logement de M. le comte de La Chaise, cour des Ministres, à Mme la marquise de Leyde pour M. le duc de Harvé* [sic]. A.N. O[1] 1799 635 ; *cf.* 1077 355
Avaray, Claude Antoine de Beziade, comte, puis duc d' (1740-1829). Maître de la garde-robe du comte de Provence 1771
1777 *État* B « Mme de Leyde et M. le duc d'Avaray »
1787 *État* F « M. le duc d'Avaray » "4 pièces à cheminée ; 3 entresols, 2 à cheminée"

AGM 8
Capitaine des gardes françaises
1741 *État* « Capitaine aux gardes françaises » "4 pièces, 3 à cheminée ; 3 entresols sans cheminée"
Officiers des gardes françaises
27.7.1754 *Les capitaines aux gardes françaises ont à Versailles leurs logements dans le pavillon à droite au-dessus du corps de garde de leurs soldats. Ils ont une de leurs chambres où il n'y a point de garde-robe pour coucher leur domestique et ils sont obligés de l'envoyer au cabaret. Ils désiraient que pendant le voyage du roi à Compiègne M. de Vandières veuille bien donner ses*

ordres pour pratiquer une soupente près de la dite chambre et qui soit prise sur l'escalier au-dessus de la porte qui conduit aux trois autres chambres qu'ils occupaient. Cette soupente ne peut point embarrasser le passage du dit escalier, et il y en a une semblable et située dans le même lieu dans l'escalier du pavillon du corps des gardes suisses. Réponse : *Cette soupente est un objet de 120 livres et serait d'une grande commodité pour MM. les officiers de la garde.* A.N. O^1 1796 26 et 27 ; *cf.* 1811 I 113
11.1755 BLONDEL, planche 2 "1" « Logement des officiers des gardes françaises »
1787 *État* F « Officiers aux gardes françaises » "4 pièces, 3 à cheminée, 4 entresols, 2 à cheminée"

AGM 8A
Aide-major des gardes françaises
1741 *État* « Aide-major des gardes françaises » "2 entresols à cheminée"
21.5.1757 GG-B 2107 *bis* « Projet pour la chambre des aides-majors à Versailles » avec l'annotation de E : « L'ouvrage demandé est un objet de 600 livres. »

REZ-DE-CHAUSSÉE DE L'AILE SUR LA COUR

AGM 9 [1]
Pontchartrain, Louis II Phélypeaux, comte de (1643-1727). Contrôleur général des finances 1689-1699 ; chancelier de France
Estrées [2], César, cardinal d' (1628-1714). Ambassadeur à Rome
10.11.1690 *M. de Pontchartrain a tout l'appartement qu'avait M. de Seignelay* [**AMD 10, 14, 21 et 28**]... *on donne à M. le cardinal d'Estrées, l'appartement de M. de Pontchartrain...* D III 247

AGM 10
Louvois, François Michel Le Tellier, marquis de (1641-1691). Secrétaire d'État à la Guerre 1667-1691

AGM 9 et 10 sont combinés [3].

Le Peletier, Claude (1630-1711). Contrôleur général des finances 1683-1689 ; surintendant des Postes 1691-1697
Cet appartement était un de ceux qui étaient destinés pour les ministres d'État ; mais quand le défunt marquis de Louvois fut nommé contrôleur général des Bâtiments, il aima mieux occuper le logement de la Surintendance, qu'avait occupé le contrôleur général Colbert, parce qu'il était beaucoup plus étendu, et donna le sien au contrôleur général Le Peletier. S XI 26 note de l'annotateur
18.9.1697 *M. Le Peletier le ministre obtint du roi la permission de se retirer et quitter tous ses emplois.* D VI 191

AGM 9 et 10 sont séparés.

AGM 9
Espinoy [4], Jeanne Pélagie de Rohan-Chabot, princesse d' (1651-1698)
Espinoy, Louis de Melun, prince d' (1673-1704)
Espinoy, Élisabeth de Lorraine-Lillebonne, princesse d' (1664-1748)

AGM 10
Tessé, René III de Froulay, comte de (1648-1725). Maréchal de France
24.10.1697 *Le roi a donné une partie du logement que M. Le Peletier le ministre avait à Versailles au comte de Tessé, et il augmente aussi de quelque chose celui de M. Le Peletier, intendant des finances.* D VI 215

AGM 9 et 10 sont combinés.

Chamillart, Michel (1652-1721). Contrôleur général des finances 1699-1708
2.9.1699 ... *Chamillart aurait tout celui qu'avait occupé le contrôleur général Le Peletier ; ce qui embarrassait bien le comte de Tessé* [**AGM 10**], *Villacerf,* [**AGM 15**], *la princesse d'Espinoy,* [**AGM 9**] *et plusieurs autres entre lesquels on l'avait partagé...* S VI 183

AGM 9
Espinoy, Louis de Melun, prince d' (1673-1704)
Espinoy, Élisabeth de Lorraine-Lillebonne, princesse d' (1664-1748)
13.7.1701 *Le roi a donné tous les logements vacants à Versailles. Mme d'Espinoy a la moitié de l'appartement bas qu'avait M. Chamillart avant que d'être secrétaire d'État ; l'autre moitié* [**AGM 10**] *est donnée au duc de La Rocheguyon. M. Le Peletier a la moitié de l'appartement de Mme Chamillart* [**AGM 14**] *au-dessus de Mme d'Espinoy, et la duchesse de Villeroy a l'autre moitié* [**AGM 15**] *au-dessus de M. de La Rocheguyon. M. de Souvré et les deux Bontemps ont les logements* [**AGM 21 et 22**] *au-dessus de M. Le Peletier et de la duchesse de Villeroy.* D VIII 147

AGM 10
La Rochefoucauld, François VIII de La Rochefou-

1. Cet appartement ministériel officiel incluait **AGM 4** au-dessous, et **AGM 14, 21 et 26** au-dessus.
2. Le cardinal d'Estrées fut rappelé de son poste diplomatique à Rome en novembre 1689 (S II 178) et arriva à Paris en janvier 1690. Il regagna Rome pour le conclave qui élut Innocent XII en 1691 et y demeura comme chargé des affaires pendant plus de deux ans.
3. Sous Louis XIV, **AGM 9 et 10** étaient habituellement combinés pour former le logement de ministres importants comme Le Peletier, Chamillart et Desmarets. Dans le cas où les ministres préféraient résider dans le pavillon ou l'hôtel de la Surintendance, les deux appartements, avec les espaces situés au-dessus et au-dessous, étaient partagés entre les courtisans.

4. La princesse douairière d'Espinoy avait épousé en secret Le Peletier de Soucy, qui occupait l'appartement juste au-dessus du sien, **AGM 14**.

cauld, duc de (1663-1728). Grand maître de la garde-robe du roi ; grand veneur en survivance 1679
13.7.1701 *Le roi a donné tous les logements vacants à Versailles. Mme d'Espinoy a la moitié de l'appartement bas qu'avait M. Chamillart avant que d'être secrétaire d'État ; l'autre moitié est donnée au duc de* [La] *Rocheguyon.* D VIII 147

AGM 9 et 10 sont combinés.

Desmarets, Nicolas, seigneur de Maillebois (1648-1721). Directeur des finances 1703 ; contrôleur général des finances 1708-1715
21.2.1708 *Le roi, ayant fait entrer Desmarets dans son cabinet, lui déclara qu'il le faisait contrôleur général des finances... Sa promotion faisait un grand changement dans les logements de Versailles, car il ne pouvait pas se passer d'un très grand logement, tant pour lui que pour sa famille et pour ses bureaux. Ainsi, le roi lui rendit l'appartement qu'avait autrefois occupé le contrôleur général Le Peletier, et par ce moyen la princesse d'Espinoy* [**AGM 9**], *le duc de* [La] *Rocheguyon, le duc de Villeroy* [**AGM 15**], *Le Peletier de Souzy* [**AGM 14**], *le marquis de Souvre* [**AGM 21**] *et les deux frères Bontemps* [**AGM 22**] *se trouvaient délogés, après avoir fait des ajustements dans leurs appartements dont ils avaient espéré une plus longue possession.* S XI 26

AGM 9 et 10 furent divisés en 1722.

AGM 9 [1]
Blanc, Louis Claude le (1669-1728). Ministre de la Guerre 1720-1723, puis 1726-1728
Breteuil, François Victor Le Tonnelier, marquis de (1686-1743). Secrétaire d'État à la Guerre 1723-1726, puis 1740-1743 ; ministre d'État 1741 ; chancelier de la reine 1725
Angervilliers, Nicolas Prosper Bauyn, seigneur d' (1675-1740). Intendant de Paris 1724 ; secrétaire d'État à la Guerre 1728-1740
Maurepas, Jean Frédéric Phélypeaux, comte de Pontchartrain et de (1701-1781). Secrétaire d'État en survivance en 1715 et en exercice 1718 ; secrétaire d'État à la Marine 1723-1749
1740 *M. d'Angervilliers avant-cour à gauche, rez-de-chaussée de la cour dans l'aile, son logement nº 9, 8 pièces, dont 7 à cheminée et 3 entresols dont 2 à cheminée, donné à M. de Maurepas...* Logements donnés par le roi : A.N. O¹ 1076 133
17.2.1740 *M. d'Angervilliers mourut avant-hier. Le logement de M. d'Angervilliers à Versailles a été donné à M. de Maurepas ; c'est celui où il est né ; M. le chancelier de Pontchartrain et M. de Pontchartrain occupaient le même logement.* L* III 143 [2]
1741 *État* « M. d'Angervilliers, puis de Maurepas » "10 pièces, 7 à cheminée ; 9 entresols, 1 à cheminée" BNF, département des Estampes, Va 361I « Plan de l'avant-cour et des Bâtiments des Ministres » note B « Logement de M. Amelot, secrétaire d'État pour les Affaires étrangères »
31.7.1741 *M. le marquis de Castries épousa Mlle de Chalmazel ; le souper fut chez M. de Maurepas qui avait prêté à M. de Chalmazel une partie de son appartement.* L* III 447
20.11.1746 E à T : *M. le comte de Maurepas demande le rétablissement du parquet de la pièce qui précède son cabinet et de faire à neuf celui du cabinet.* Bon du roi : A.N. O¹ 1810 I 114
Argenson, Marc Pierre de Voyer de Paulmy, comte d' (1696-1764). Secrétaire d'État à la Guerre 1743-1757
29.4.1749 *Sa Majesté a donné à M. Rouillé la place de secrétaire d'État de la Marine... M. Rouillé logera dans l'appartement qu'occupe actuellement M. d'Argenson* [**AMD 5, 10, 15, 21 et 28**]. *Celui de M. de Maurepas, qui est le premier après M. de Chamazel, du côté de la cour des Princes, sera rendu à M. d'Argenson ; c'était l'appartement de M. le Blanc et de M. d'Angervilliers. À la mort de celui-ci, M. de Maurepas le désira et il lui fut donné.* L* IX 396 *sq.*
1749 N au roi : *M. d'Argenson ne désire à Versailles le logement de M. de Maurepas que parce que la pièce où l'on attend est plus grande que celle qu'il a aujourd'hui... de plus ce logement est à portée de tous ses bureaux. Il a prié le comte de Noailles de prendre sur ce changement les ordres de Votre Majesté, subordonnant, comme de raison, son désir et tout ce qui pourrait y convenir, aux changements différents que Votre Majesté voudrait faire.* Réponse : *Oui.* A.N. O¹ 1077 359
1.1.1750 *Le logement de M. de Rennes* [**AGM 17**] *ici est au-dessus de celui de M. de Chalmazel* [**AGM 11**], *c'était celui qu'occupait avant lui M. l'abbé de Breteuil... M. de Breteuil, secrétaire d'État de la Guerre, ayant alors le logement qui joint celui-là, on avait fait une porte de communication... Ce logement... était autrefois, avec celui de M. de Chalmazel, le logement du contrôleur général et de sa femme. M. et Mme de Dodun y logaient lorsque le roi, pendant la Régence... acheta l'hôtel de Beauvillier où les contrôleurs généraux ont logé depuis.* L* X 178 *sq.*
11.1755 BLONDEL, planche 2, "4" « Appartement du ministre de la Guerre, aujourd'hui M. d'Argenson »
Paulmy, Antoine René de Voyer d'Argenson, marquis de (1722-1787). Secrétaire d'État à la Guerre en survivance de son oncle 1751, en titre 1757-1758
Belle-Isle, Louis Charles Auguste Fouquet, comte, duc, puis en 1742 duc de Gisors (1684-1761). Maréchal de France, 1741 ; secrétaire d'État à la Guerre 1758-1761
24.3.1758 *Le logement du ministre de la Guerre à M. le maréchal de Belle-Isle...* Disposition : A.N. O¹ 1076 511
10.5.1758 Le maréchal de Belle-Isle à M : *J'ai trouvé l'appartement du ministre de la Guerre dans un état de délaissement et de malpropreté qui n'est pas croyable.*

1. Cet appartement ministériel officiel incluait **AGM 4**, au-dessous, et **AGM 14, 21 et 26**, au-dessus.
2. Le duc de Luynes se trompe sur deux points : comme contrôleur général, Pontchartrain occupait **AGM 9** ; de plus, Maurepas naquit en 1701, alors que les Pontchartrain l'avait quitté pour le logement du secrétaire d'État à la Marine, dans l'aile droite des Ministres, en 1690.

Je suis bien éloigné de demander que le roi y fasse aucune dépense extraordinaire et je me borne à prier M. le marquis de Marigny d'y faire ce qui est indispensable. Il faut que tous les parquets et lambris quoique vieux et en partie dégradés servent. Il n'y a que les deux antichambres de laquais en haut et en bas qu'il est nécessaire d'achever de boiser, tout simplement et tout vivement, plus la salle à manger ; faire un entresol dans la chambre à droite en entrant dans cette première antichambre dans lequel on fera une armoire et percer une porte pour communiquer dans la petite pièce qui est à côté et joignant l'escalier des bureaux où il y a une sortie ; percer une porte d'entrée de la chambre en entresol sur le même escalier ; ouvrir une autre porte qui est déjà faite dans la pièce qui sera sous cet entresol donnant dans la chambre à coucher de M. le comte de Gisors [1], *cette pièce étant destinée pour faire son cabinet ; élargir le palier de l'escalier d'environ 4 pieds ; blanchir à la colle tout ce qui peut en avoir besoin depuis le bas jusqu'au haut de ce logement.* A.N. O[1] 1796 556

16.5.1758 E à M : *Le logement du maréchal de Belle-Isle : rez-de-chaussée : la première chambre, emboiser le pourtour de cette pièce, faire deux croisées neuves avec les portes et chambranles, le plafond et la corniche à refaire, carrelage, et relèvement des intérieurs des portes, plus une cloison des planches pour mettre coucher le premier laquais de M. le maréchal ; à la deuxième antichambre, deux croisées neuves et renouveler le parquet, le plafond, la corniche ; dans la petite antichambre à niche, le parquet neuf à refaire dont partie du vieux servira à réparer celui de la deuxième antichambre ci-dessus, plus le châssis à verre à la croisée avec le lambris de pourtour, chambranles et portes, le plafond et scellement des lambourdes.* A.N. O[1] 1796 538

Choiseul, Étienne François, comte de Stainville, duc de (1719-1785). Secrétaire d'État aux Affaires étrangères 1758-1761, puis avec son cousin le duc de Praslin 1761-1770 ; secrétaire d'État à la Guerre 1761-1770 ; secrétaire d'État à la Marine 1761-1766

29.5.1761 M au roi : *Je supplie très humblement Votre Majesté de me permettre de lui représenter que M. le duc de Choiseul a demandé des changements dans les logements du ministre des Affaires étrangères et dans celui du ministre de la Guerre, dont les plans sont ci-joint avec leur devis montant à 10 000 livres.* Bon du roi : A.N. O[1] 1071 36 et 1812 I 2 ; *cf.* 37 : *État des ouvrages dans l'appartement du ministre de la Guerre... : appartement au rez-de-chaussée un petit escalier de dégagement à faire à neuf avec les changements des chambres nécessaires pour les femmes de Mme la duchesse de Choiseul, 1600 livres ; à l'appartement de M. de Choiseul, idem, rez-de-chaussée plusieurs percements de portes à faire pour communiquer dans celui de la Guerre.*

29.05.1761 GG-B 2763 « Plan de l'appartement du ministre de la Guerre, le duc de Choiseul avec tous les étages... »

7.1763 E à M : *Logement de M. le duc de Choiseul : changer le lambris de son grand cabinet ainsi que les bordures des trumeaux, dessus des cheminées, et des portes ; ce qui monterait, non compris la peinture et dorure qu'il s'offre de payer, à 5 000 livres ; la deuxième demande, si le première n'avait pas lieu, est de rétablir le vieux lambris seulement et de mettre des ferrures neuves aux portes et croisées : 2 000 livres.* A.N. O[1] 1797 348

2.7.1763 E à M : *M. le duc de Choiseul désire faire accommoder son grand cabinet ; sur ce que j'ai cru devoir lui représenter le peu de fonds que vous avez, il s'est réduit sur cette dépense, mais si votre intention était de l'obliger, vous le flatterez fort de lui donner du lambris neuf dans ce cabinet.* A.N. O[1] 1797 347

25.7.1763 M au roi : *M. le duc de Choiseul supplie très humblement Votre Majesté de lui accorder quelques changements et réparations dans son grand cabinet qui monteront... à 600 livres.* Bon du roi : A.N. O[1] 1071 76 et 77 ; *cf.* 1812 II 23

19.11.1763 E à M : *Le peintre qui devait changer les trois dessus de porte de marine pour le cabinet de M. le duc de Choiseul ne pouvant les faire sans en avoir les châssis, je vous supplie de vouloir bien m'en faire donner l'adresse et le nom pour les lui envoyer.* A.N. O[1] 1797 322

19.11.1763 E à M : *Je vais envoyer à M. Cochin les trois châssis pour les dessus-de-porte du cabinet de M. le duc de Choiseul.* A.N. O[1] 1797 391

1.5.1764 E à M : *Vous m'avez ordonné, Monsieur, la menuiserie et la dorure de la chambre à coucher de M. le duc de Choiseul, montant à 5 539 livres.* A.N. O[1] 1797 469

15.7.1764 E à M : *Le parquet et le lambris de la chambre à coucher de M. le duc de Choiseul seront entièrement achevés mardi soir et je compte y mettre le lendemain les peintres.* A.N. O[1] 1797 470

Monteynard, Louis François, marquis de (1715-1791). Secrétaire d'État à la Guerre 1771-1774

27.1.1771 E à M : *M. le comte de Monteynard a été très sensible de ce que j'ai été chez lui de votre part pour lui faire offre de tout ce qui dépendait de vous dans son appartement. Il m'a répondu que tout y était si bien accommodé qu'il n'avait rien à y désirer et qu'il ne manquera pas de vous en faire ses remerciements quand il vous verrait.* A.N. O[1] 1789 594

09.07.1771 Le marquis de Monteynard à M : *Il y a... quelques petites réparations à faire au logement que j'occupe ici. Comme je ne les demande pas pour l'agrément, ni mes commodités particulières, mais pour éviter en quelques ans de plus grandes dégradations, j'ai eu l'honneur de vous prier de vouloir faire donner ordre à l'un des ouvriers en maçonnerie que vous jugerez à propos de venir...* A.N. O[1] 1798 640 ; *cf.* 641

Muy, Louis Nicolas Victoire de Félix, chevalier, puis comte de (1710-1775). Secrétaire d'État à la Guerre 1774-1775 ; maréchal de France 1774

1770 *État* A « M. le duc de Choiseul, puis de Monteynard, puis de Muy »

Saint-Germain, Claude Louis, comte de (1707-1778). Ministre de la Guerre 1775-1777

Montbarrey, Alexandre Marie Éléonor de Saint-Mau-

1. Le comte de Gisors était le fils du maréchal de Belle-Isle.

ris, prince de (1732-1795). Secrétaire d'État à la guerre 1777-1780
1777 *État* B « M. de Montbarrey »
Ségur, Philippe Henri, marquis de (1724-1801). Ministre de la Guerre 1780-1787
1787 *État* F « Ministre de la Guerre » "8 pièces, 7 à cheminée"
Loménie de Brienne, Athanase Louis Marie, comte de (1730-1794). Ministre de la Guerre 1787-1788
Puységur, Pierre Louis de Chastenet, comte de (1727-1807). Ministre de la Guerre 1788-1789
28.3.1789 Le comte de Puységur à A : *La pièce qui forme la bibliothèque dans l'appartement que j'occupe... est entièrement exposée au midi et les bureaux que j'y ai établis pour mes secrétaires particuliers y sont frappés du soleil pendant trois saisons de l'année de façon à ne pouvoir travailler sans le secours d'une jalousie. Je vous serais en conséquence très obligé de vouloir bien donner vos ordres pour qu'il en soit posé à la croisée de cette pièce.* A.N. O[1] 1802 587
3.7.1789 Le comte de Puységur à A : *Le suisse de la porte de mon logement... étant obligé d'aller coucher en ville moitié du temps faute d'air et de pouvoir habiter constantement le petit trou de logement qu'il a à côté de sa porte, et me sollicitant de vous prier de vouloir bien donner vos ordres pour faire examiner les moyens de lui pratiquer une soupente par addition de son petit logement telle que vous l'avez fait faire pour les suisses des autres ministres, je vous serais très obligé si vous n'en trouvez pas d'inconvénient...* Réponse : *Refusé absolument.* A.N. O[1] 1802 615 ; *cf.* 617

AGM 10
Fleuriau de Morville, Charles Jean-Baptiste, comte de (1686-1732). Secrétaire d'État à la Marine 1722, puis aux Affaires étrangères 1723-1727
Chauvelin, Germain Louis, seigneur de Grisenoy (1685-1762). Garde de Sceaux, ministre et secrétaire d'État aux Affaires étrangères 1727-1737
22.8.1727 *M. de Chauvelin est ministre et secrétaire d'État des Affaires étrangères à la place de M. de Morville... M. Chauvelin a à Versailles le pavillon de M. de Morville.* BARBIER II 14 *sq.*
Amelot de Chaillou, Jean Jacques (1689-1749). Secrétaire d'État aux Affaires étrangères 1737-1744
1741 *État* « M. Chauvelin, puis M. Amelot » "8 pièces à cheminée ; 2 entresols"
9.5.1744 *Il paraît décidé qu'on va travailler dans l'appartement qu'occupait M. Amelot et y faire plusieurs appartements. Cet arrangement fait juger que ce que l'on a dit de la suppression de la charge du quatrième secrétaire d'État pourrait bien être fondé.* L* V 424
19.5.1744 *J'ai marqué ci-dessus que l'on allait faire des logements dans l'appartement qu'occupait M. Amelot. Cela n'est point vrai ; M. Gabriel n'a reçu encore aucun ordre.* L* V 440
Argenson, René Louis de Voyer, marquis d' (1694-1757). Secrétaire d'État aux Affaires étrangères 1744-1747
2.10.1746 *M. le marquis d'Argenson, ministre des Affaires étrangères, par sa lettre du 16 dernier, marque à M. le directeur général que s'il était possible de faire boiser son cabinet à Versailles, il lui ferait un grand plaisir, étant obligé de rendre la tapisserie qui y est qu'on lui a prêtée, ce qui pourrait se faire à bon marché en le boisant en sapin et le faire blanchir, ce qui s'exécutera pendant Fontainebleau.* Réponse de E à T : *Le lambris que M. le marquis d'Argenson demande dans son cabinet où il reçoit MM. les ambassadeurs est un objet de 1200 livres. Comme le temps presse, il est important de savoir si on lui fera.* Réponse de T à E : *Vous pouvez aller en avance quoique je compte en prendre l'ordre du roi.* A.N. O[1] 1810 I 119
Puysieulx, Louis Philogène Brûlart de Sillery, marquis de (1701-1770). Secrétaire d'État aux Affaires étrangères 1747-1751 ; ministre d'État 1751-1756
Saint-Contest, François Dominique Barberie, marquis de (1701-1754). Secrétaire d'État aux Affaires étrangères 1751-1754
16.9.1751 *M. et Mme de Puysieulx ont cédé leur appartement à M. de Saint-Contest, qui a prêté serment le 12. L'appartement qu'occupait M. le cardinal de Tencin au bout de la galerie des Princes* [**AP 71**] *a été donné à M. et à Mme de Puysieulx.* L* XI 229
1.6.1752 E à M : *Le logement de M. de Saint-Contest... les changements à faire pour pratiquer un logement de maître ne consistent qu'en quelques portes vitrées et autres petits ajustements dont l'objet sera 200 livres au plus.* A.N. O[1] 1795 344
22.3.1753 M à E : *Vous ferez faire, Monsieur, au logement de M. de Saint-Contest ce qu'il demande...* A.N. O[1] 1795 345
Rouillé, Antoine Louis, comte de Jouy (1689-1761). Secrétaire d'État à la Marine 1749-1754 ; secrétaire d'État aux Affaires étrangères 1754-1757
30.8.1754 *M. de Machault aura le logement de M. Rouillé* [**AMD 10**] *et M. Rouillé celui de M. de Saint-Contest.* L* XIII 306
11.1755 BLONDEL, planche 2, "3" « Appartement du ministre pour les Affaires étrangères, aujourd'hui M. Rouillé »
Bernis, François Joachim de Pierre, cardinal de (1715-1794). Secrétaire d'État aux Affaires étrangères 1757-1758
16.7.1757 *Le logement de M. Rouillé à M. l'abbé de Bernis, ministre des Affaires étrangères.* Disposition : A.N. O[1] 1076 486
26.6.1757 *M. Rouillé obtint hier sa démission de la place de secrétaire d'État des Affaires étrangères ; M. l'abbé de Bernis est nommé à sa place. M. Rouillé lui cède suivant la règle son logement et reprend celui qu'il occupait lorsqu'il avait la Marine* [**AMD 10**]. L* XVI 86
08.3.1757 M à E : *Vous auriez agréable de faire mettre les ouvriers aux réparations nécessaires dans le logement de M. l'abbé-comte de Bernis, qui monteront à 7 750 livres.* A.N. O[1] 1796 372
2.8.1757 E à M : *Je fais travailler les peintres et maçons au nouvel appartement de M. l'abbé de Bernis et compte que le tapissier pourra commencer à meubler demain matin le rez-de-chaussée comme l'on déménage au premier étage.* A.N. O[1] 1796 433
24.12.1757 E à M : *L'abbé de Bernis me demande quel-*

ques arrangements dans le bureau des fonds des Affaires étrangères soit pour y placer les papiers, soit pour y mettre en sûreté sous la clef ce qu'on est obligé d'y garder. A.N. O^1 1796 495
Choiseul, Étienne François de, comte de Stainville, puis duc de (1719-1785). Secrétaire d'État aux Affaires étrangères 1758-1761, puis avec son cousin le duc de Praslin 1761-1770 ; secrétaire d'État à la Guerre 1761-1770 ; secrétaire d'État à la Marine 1761-1766
29.9.1758 *Le logement de M. le cardinal de Bernis à M. le duc de Choiseul.* Projet : A.N. O^1 1076 529
Praslin, César Gabriel de Choiseul-Chevigny, duc de (1712-1785). Secrétaire d'État aux Affaires étrangères 1760-1770 ; secrétaire d'État à la Marine 1766-1770
10.9.1763 E à M : *M. le duc de Praslin désire de faire mettre dans son grand cabinet la tenture de tapisseries qu'il a. Il s'agit de blanchir les parties où il ne peut y en avoir et d'un dessus de porte sculpté avec dorure dont il fera faire le tableau sur son compte. Il demande aussi le blanchissage de la salle à manger. C'est un objet en total de 400 à 450 livres.* A.N. Bon du roi : O^1 1070 88 et 89 ; *cf.* 1812 II 43
8.11.1763 M à E : *Vous auriez agréable de faire blanchir les portes du grand cabinet de M. le duc de Praslin à Versailles où il ne peut être mis de la tapisserie. Vous y feriez faire en même temps un dessus de la porte sculptée que vous ferez aussi dorer et vous ordonnerez qu'on blanchisse sa salle à manger... ces articles sont un objet de dépense de 400 à 450 livres.* A.N. O^1 1797 419
Aiguillon, Emmanuel Armand de Vignerot du Plessis de Richelieu, comte, puis duc d'Agenois, en 1750 duc d' (1720-1788). Secrétaire d'État aux Affaires étrangères 1771-1774
8.6.1771 *Le logement du ministre des Affaires étrangères à M. le duc d'Aiguillon...* Disposition : A.N. O^1 1798 627
23.7.1771 E à M : *M. le duc d'Aiguillon a demandé de lui faire lambrisser sa petite chambre et de blanchir quelques pièces dont le détail est 800 livres.* A.N. O^1 1798 654
Vergennes, Charles Gravier, comte de (1717-1787). Secrétaire d'État aux Affaires étrangères 1774-1787
1770 *État* A « M. le duc de Praslin, puis le duc d'Aiguillon, puis de Vergennes »
Malesherbes, Chrétien Guillaume de Lamoignon, marquis de (1721-1794). Secrétaire d'État à la Maison du roi 1775-1776
1776 ... *M. de Malesherbes s'est établi dans l'appartement qu'avait occupé jusqu'alors le ministre des Affaires étrangères...* A.N. O^1 1799 546
Amelot de Chaillou, Antoine Jean (1732-1795). Secrétaire d'État à la Maison du roi 1776-1783
9.1776 *Réparations à faire à l'appartement de M. Amelot : rez-de-chaussée : première antichambre, les deux croisées à renouveler ; seconde antichambre, une croisée à renouveler ; grand cabinet, la hotte de la cheminée à réparer ; chambre à coucher, des jalousies à faire et les volets à refaire ; bibliothèque, des jalousies à faire, des volets à refaire, du parquet à raccommoder, une glace à déposer... Total [pour les réparations à tous les étages] 1200 livres* A.N. O^1 1799 588
1777 *État* B « M. Amelot »
Breteuil, Louis Charles Auguste Le Tonnelier, baron de (1730-1807). Secrétaire d'État à la Maison du roi 1783-1787
31.8.1785 L** à A : *Le baron de Breteuil... prie... de lui accorder le blanchi de son grand escalier...* Réponse de H : *J'ai... autorisé d'avance M. Loiseleur à aller en avant sur la demande de M. le baron de Breteuil.* A.N. O^1 1802 122
Laurent de Villedeuil, Paul Charles (1742-1828). Secrétaire d'État à la Maison du roi 1787-1789
1787 *État* F « Ministre de la Maison du roi » "7 pièces, 6 à cheminée ; 1 entresol sans cheminée"
Saint-Priest, François Emmanuel de Guignard, comte de (1735-1821). Secrétaire d'État à la Maison du roi 1787 Registres des magasins de juillet à octobre

SECOND PAVILLON REZ-DE-CHAUSSÉE SUR LA COUR

AGM 11
Chamarande, Claire Gilbert d'Ornaison, comte de (1621-1699). Premier valet de chambre du roi ; premier maître d'hôtel de la dauphine de Bavière 1680
Chamarande, Louis d'Ornaison, comte de (1660-1737). Premier valet de chambre du roi ; premier maître d'hôtel de la reine 1733

AGM 11A
Castries, Armand Pierre de la Croix, abbé de (1659-1747). Aumônier de la duchesse de Bourgogne 1697 ; premier aumônier de la duchesse de Berry 1710

AGM 11 et 11A sont combinés.

Villacerf, Pierre Gilbert Colbert, marquis de (1672-1733). Premier maître d'hôtel de la duchesse de Bourgogne 1699 ; premier maître d'hôtel de la reine 1725
15.1.1699 *Le roi donna une nouvelle pension de 15 000 livres à Villacerf le père, et à son fils l'appartement de l'abbé de Castries, qui était adossé à la salle où se tenait la table de la duchesse de Bourgogne.* [**AGM 11**]. S VI 111
8.10.1699 [Le roi] *donna à Villacerf pour lui et pour la table de la duchesse de Bourgogne tout le bas d'un des gros pavillons que défunt Chamarande avait occupé comme premier maître d'hôtel de la défunte Madame la dauphine, et ainsi le jeune Chamarande qui en occupait la moitié fut obligé de déloger.* S VI 190 *sq.*
Dodun, Charles Gaspard (1676-1736). Contrôleur général des finances 1723-1726
Chamarande, Louis d'Ornaison, comte de (1660-1737). Premier valet de chambre et maître d'hôtel du roi en survivance ; premier maître d'hôtel de la reine 1733
Chalmazel, Louis II de Talaru, comte de Chamarande, *dit* marquis de (1680-1763). Premier maître d'hôtel de la reine en survivance de son oncle 1733-1763

BNF département des Estampes, Va 361I « Plan de l'avant-cour et des Bâtiments des ministres » note D "Logement de M. Chalmazel, premier maître d'hôtel de la reine"
27.12.1735 *Mme de Zéno, ambassadrice de Venise... s'est rendue aujourd'hui le 27... Le dîner fut grand ; il n'y avait que quinze personnes, la salle de M. de Chalmazel ne pouvant contenir une plus grande table.* D I 57
1741 *État* « Premier maître de hôtel de la Reine M. de Villacerf, puis M. de Chalmazel ». **[AGM 11]** "3 pièces à cheminée ; 2 entresols, 1 à cheminée", **[AGM 11A]** "3 pièces, 2 à cheminée ; 2 entresols sans cheminée".
1.1.1750 *Le logement de M. de Rennes* **[AGM 17]** *ici est au-dessus de celui de M. de Chalmazel, c'était celui qu'occupait avant lui M. l'abbé de Breteuil... M. de Breteuil, secrétaire d'État de la Guerre, ayant alors le logement* **[AGM 9]** *qui joint celui-là, on avait fait une porte de communication... Ce logement... était autrefois avec celui de M. de Chalmazel le logement du contrôleur général et de sa femme. M. et Mme de Dodun y logeaient lorsque le roi, pendant la Régence... acheta l'hôtel de Beauvillier où les contrôleurs généraux ont logé depuis. Comme il fallait un logement à portée pour la table de la reine, on donna celui d'en bas à M. de Chamarande, son premier maître d'hôtel.* L* X 178 *sq.*
11.1755 BLONDEL, planche 2, "5" « Logement de M. de Chalmazel, premier maître de l'hôtel de la reine »
22.5.1761 E à M : *Toutes les reconstructions et réparations des logements du pavillon de M. de Chalmazel sont avancées et il y a lieu d'espérer qu'ils pourront être achevés pour le retour de Marly.* A.N. O[1] 1797 153
Talaru, César Marie Talaru, marquis de Chalmazel, comte de Chamarande, *dit* marquis de (1725-1794). Premier maître d'hôtel de la reine 1763-1770
17.3.1763 N au roi : *M. le marquis de Talaru ayant la charge de M. le marquis de Chalmazel doit avoir son logement.* A.N. O[1] 1076 703
22.4.1769 Le marquis de Talaru à M : *MM. les marquis de Talaru sont venus pour avoir l'honneur de voir M. le marquis de Marigny et de le prier de vouloir bien peindre en blanc de doreur leur salle à manger qui, par le laps de temps qui s'est écoulé depuis qu'elle a été peinte, est d'une malpropreté affreuse. Ils lui auraient une vraie obligation de donner ses ordres en conséquence avant le mariage de Monseigneur le dauphin et de leur accorder aussi une persienne à la fenêtre de la dite salle à manger.* A.N. O[1] 1800 371
Talaru[1], Louis François, vicomte de (1729-1782). Premier maître d'hôtel de la reine en survivance de son frère 1770
Talaru, Henriette Jeanne Hélène de Bec de Lièvre, vicomtesse de (1742-?). Dame de compagnie de Madame Adélaïde 1768
1770 *État* A « Maître d'hôtel de Mme la dauphine »
1.5.1770 M à E : *M. et Mme de Talaru m'ont représenté... la grande malpropreté de la salle à manger de leur logement et le besoin qu'elle a d'être reblanchie. Vous y ferez mettre incessamment les ouvriers afin qu'elle soit comme ils le désirent pour le temps des fêtes. À l'égard d'une persienne qu'ils désireraient pour la croisée de cette salle à manger, vous leur observerez que jamais il n'a été d'usage d'en faire placer aux frais du roi...* A.N. O[1] 1798 500
3.9.1781 Le vicomte de Talaru à A : *Le vicomte de Talaru fait mille compliments au comte d'Angiviller, et le prie de se rappeler la demande qu'il lui a faite verbalement de sept croisées à verre de Bohême pour son appartement...* A.N. O[1] 1801 179
16.9.1782 LR et L** à A : *L'appartement de la vicomtesse de Talaru : on pose les croisées de l'appartement.* A.N. O[1] 1801 225
21.9.1782 H à A : *Mme de Talaru m'a demandé le changement du poêle de sa salle à manger qui est tout dégradé et qui donne très peu de chaleur, et l'établissement dans cette même salle d'une niche pour le nouveau poêle... Si M. le directeur général le trouve bon, je ferai faire la niche la semaine prochaine et y ferai mettre un poêle du magasin provenant de chez M. le comte d'Artois.* Réponse : *Répondu d'adhésion.* A.N. O[1] 1801 372
12.10.1782 LR et L** à A : *L'appartement de la vicomtesse de Talaru : les croisées sont posées, ainsi que le poêle de la salle à manger.* A.N. O[1] 1801 227
7.1.1783 Le marquis de Talaru à A : *Le marquis de Talaru fait mille compliments à M. le comte d'Angiviller et lui demande de vouloir bien donner les ordres pour faire boiser le fond de l'alcôve et faire blanchir la chambre qu'occupait le vicomte de Talaru.* A.N. O[1] 1801 414
14.1.1783 H à A : *Les objets désirés par M. le marquis de Talaru... sont faits...* A.N. O[1] 1801 416
19.3.1783 LR et L** à A : *L'appartement de Mme la vicomtesse de Talaru : les armoires de la pièce d'entresol sont posées... L'appartement de M. de Talaru : on ne peut pas poser la menuiserie, les plâtres n'étant pas secs.* A.N. O[1] 1801 435
19.5.1783 Le marquis de Talaru à A : *M. le marquis de Talaru fait mille compliments à M. le comte d'Angiviller et lui demande... de faire faire trois persiennes à mouvement pour les croisées de son salon de compagnie.* A.N. O[1] 1801 451
2.6.1783 H à A : *En vertu de l'ordre de M. le directeur général, j'ai examiné... la demande de M. le marquis de Talaru... J'ai l'honneur de lui rendre compte que les persiennes qu'il désire ne s'accordent pas ordinairement aux frais de l'administration, cependant j'ai celui de lui représenter que feu M. de Talaru avait très anciennement fait faire à ses dépens des persiennes à mouvement et que lorsque ces persiennes furent usées, il ordonna à la demande de feu M. de Talaru de bâtir en bois des nouvelles auxquelles on fit réserver la ferrure posée par M. de Talaru. J'ai l'honneur d'observer à M. le directeur général que je pense, en suivant l'exemple de ce qu'il a fait pour feu M. de Talaru, qu'il pourrait accorder à M. le marquis de Talaru l'objet de sa demande à la charge par lui de payer la serrure des mouvements dont la dépense est la plus forte.* A.N. O[1] 1801 456
18.4.1783 LR à A : *Situation des travaux : l'apparte-*

1. Le vicomte et la vicomtesse de Talaru occupaient aussi à différentes époques des espaces plus restreints situés au-dessus : **AGM 24A** et **AGM 29A**, mais ils semblent avoir habité dans l'appartement du marquis de Talaru. La vicomtesse continua d'y résider après la mort de son mari en 1782.

ment de M. le marquis de Talaru. On va poser les lambris, ce que l'humidité des plâtres n'avait pas permis de faire. A.N. O[1] 1801 557

14.6.1784 Le marquis de Talaru à A : *M. de Talaru et Mme de Talaru prient M. le comte d'Angiviller de vouloir bien promettre que l'on mette des persiennes à la fenêtre du cabinet et de la chambre à coucher parce que ce sont les seules fenêtres de l'appartement de M. de Talaru qui n'en ont pas et que cela sera une sûreté et une commodité pour ces deux pièces.* Réponse de H : *M. de Talaru a obtenu précédement des persiennes à presque toutes les croisées de son appartement et... les deux qu'il demande... en sont au moins aussi nécessaires.* A.N. O[1] 1801 628

1787 *État* F « M. le marquis de Talaru » "3 pièces à cheminée ; 2 entresols sans cheminée"

2.3.1788 Le marquis de Talaru à A : *Je suis... le seul dans la cour des Ministres qui ne puisse pas loger mon suisse à la porte de mon appartement et obligé de le coucher sous les combles où il ne peut pas veiller à ce qui se passe la nuit. On a construit des entresols à chaque porte des autres pavillons ; le mien seul est excepté. J'en ai parlé à M. Heurtier en novembre dernier mais comme le saison des travaux finissait, il m'a conseillé d'attendre le renouvellement de la campagne. J'ai donc l'honneur de vous prier de vouloir bien donner vos ordres pour qu'on fasse à mon pavillon un entresol pareil à celui du pavillon qu'occupe M. le duc de Nivernais* **[ADM 12A]** *et qui est en face et pareil au mien...* A.N. O[1] 1802 578 ; *cf.* 585

25.3.1789 H à A : *La dépense de ces entresols pareils à ceux que M. le directeur général a accordés aux ministres dans les autres pavillons peut aller à 400 livres environ...* A.N. O[1] 1802 586

PREMIER PAVILLON PREMIER ÉTAGE

AGM 12

Conflans, Philippe Alexandre de, *dit* bailli de (1676-1744). Premier gentilhomme de la chambre du Régent 1723 ; premier gentilhomme de la chambre du duc d'Orléans 1724

Armentières, Louis de Conflans de Brienne, marquis d' (1711-1774). Premier gentilhomme de la chambre du Régent en survivance de son père ; maréchal de France 1768

1741 *État* « M. de Conflans et M. son neveu *[sic]* » "4 pièces à cheminée ; 2 entresols sans cheminée"

Beuvron, Anne Thomas d'Harcourt, chevalier, puis marquis de (1727-1797)

Beuvron[1], Marie Catherine Rouillé, marquise de (✝ après 1797)

12.3.1758 *M. Rouillé a demandé le petit logement ci-devant à M. de Cremille, près des Affaires étrangères, pour Mme la marquise de Beuvron, sa fille.* Bon du roi : A.N. O[1] 1076 507

Praslin, César Gabriel de Choiseul-Chauvigny, duc de (1712-1785). Secrétaire d'État aux Affaires étrangères 1761-1770

GG-B 2782 « Premier pavillon à gauche au-dessus du corps de gardes françaises... n° 12 à M. le duc de Praslin »

18.10.1761 N au roi : *L'on a dit au comte de Noailles que l'intention de Votre Majesté était de joindre le logement de Mme la marquise de Beuvron à l'appartement du ministre des Affaires étrangères, quoiqu'il en ait toujours été séparé. Le comte de Noailles supplie Votre Majesté de lui donner ses ordres à ce sujet et lui demande la permission de promettre à M. d'Harcourt, qui occupait alternativement ce logement, le premier qui vaquera dans l'avant-cour.* A.N. O[1] 1076 655

1762 N au roi : *Il y dans le logement de M. le prince de Tingry* **[AGM 13]** *et dans celui de M. et Mme de Beuvron de quoi donner l'augmentation au ministre des Affaires étrangères, de quoi loger M. et Mme de Beuvron et ménager un logement du garçon* **[AGM 13A]** *que Madame désire pour M. le comte de Béthune, son chevalier d'honneur en survivance. Votre Majesté permet-Elle au comte de Noailles de terminer cet arrangement avec MM. Gabriel et L'Écuyer ?* Réponse : *Oui.* A.N. O[1] 1076 694

Beuvron, Anne Thomas d'Harcourt, marquis de (1727-1797)

Beuvron, Marie Catherine Rouillé, marquise de (?-?)

1768 *Le logement ci-devant de M. le marquis et Mme la marquise de Beuvron, qui avait été donné à M. le duc de Praslin pour augmentation de sa salle à manger, rendu à Mme la marquise de Beuvron...* Disposition : A.N. O[1] 1077 34 ; *cf.* 1802 733

8.1.1769 N au roi : *M. le duc de Praslin est très affligé que Votre Majesté ait ôté le logement à M. son fils et Mme sa belle-fille. Il représente que tous les ministres ont eu cette grâce pour leurs enfants et il cite les exemples de M. d'Argenson pour M. et Mme de Voyer et M. de Rouillé pour M. et Mme de Beuvron. Il est sûr que M. le duc de Praslin est fait par son nom pour avoir des distinctions de préférence sur ces ministres. Le comte de Noailles propose à Votre Majesté pour ne pas sortir de sa règle et en même temps accorder quelque faveur à M. de Praslin, de donner à Mme la vicomtesse de Choiseul la jouissance de son logement jusqu'à ce qu'on lui en ait accordé un plus petit de grâce ou de le lui laisser tout à fait, si M. le duc de Praslin veut rendre celui qui est auprès de lui qui logera un conseiller au conseil royal, le tout à son choix.* A.N. O[1] 1077 47

1769 N au roi : *M. le duc de Praslin a obtenu de Votre Majesté la promesse de laisser le logement de Mme la vicomtesse de Choiseul, sa fille,* **[AP 80 et 81]** *à condition de rendre celui qu'il avait eu pour augmenter sa salle à manger. Il s'y est déterminé. Il demande seulement qu'il soit accordé à Mme sa fille une petite cuisine quand il en vaquera dans cette aile* **[AP 8A]**. *Votre Majesté, veut-Elle bien lui promettre ?* Réponse : *Oui.* A.N. O[1] 1077 62

Ormesson, Marie François-de-Paule Lefèvre, marquis d' (1710-1756). Conseiller d'État 1758

1768 *Le logement à côté qui avait été donné à M.* [le marquis] *et Mme la marquise de Beuvron à M. d'Ormes-*

1. La marquise de Beuvron était la fille unique du secrétaire d'État.

son, conseiller au Grand Conseil... Disposition : A.N. O[1] 1077 34 ; *cf.* 1802 733

Cochin, Auguste Henri, seigneur d'Épinay (1730-1784). Intendant des finances 1767-1775

Beaumont, Jean Louis Moreau, seigneur de (1715-1785). Intendant des finances 1756

1770 *État* A « M. Cochin, puis [M.] de Beaumont »

14.11.1774 *Il est d'usage de donner une chambre dans l'avant-cour à l'intendant des finances qui a le détail des domaines de la Couronne. M. Cochin en avait un. Votre Majesté permet-Elle qu'on le donne à M. de Beaumont, son successeur ?* A.N. O[1] 1077 216

La Vrillière, Louis V Phélypeaux de La Vrillière, comte de Saint-Florentin, puis en 1770 duc de (1705-1777). Secrétaire d'État en survivance de son père en 1723, en titre 1725 ; chancelier de la reine 1743 ; secrétaire d'État à la Maison du roi 1749-1775 ; ministre d'État 1751-1775

1775 N au roi : *Il y a à côté une chambre à M. de Beaumont qu'il n'occupe pas. Le maréchal de Mouchy propose de la donner à M. le duc de La Vrillière qui après 54 ans de ministre s'est trouvé renvoyé d'une chambre qu'il occupe* **[AN 14B *bis*]** *par la cuisine de Mme la comtesse de Narbonne.* A.N. O[1] 1077 370

12.1775 *Le logement à côté* [de Mme de Soucy] *à M. le duc de La Vrillière pour pied-à-terre.* Disposition : A.N. O[1] 1799 463

Polignac, Louis Melchior Armand, marquis de (1771-1792). Premier écuyer du comte d'Artois

1787 *État* F « M. le marquis de Polignac, premier écuyer de Mgr le comte d'Artois » "3 pièces, 2 à cheminée"

Breteuil, Louis Charles Auguste Le Tonnelier, baron de (1730-1807). Secrétaire d'État à la Maison du roi 1783-1787 ; Ministre 1789

8.4.1787 *Celui de M. le marquis de Polignac, avant-cour n° 12, au-dessus du corps de gardes françaises à M. le baron de Breteuil en augmentation de son bureau...* Disposition : A.N. O[1] 1802 334 et 335 ; *cf.* 336

8.4.1787 P au baron de Breteuil : *J'ai l'honneur de vous prévenir, Monsieur, que le roi a bien voulu vous accorder le logement de M. le marquis de Polignac, n° 12 au-dessus du corps de gardes françaises, pour une augmentation de bureaux qui vous est nécessaire. J'ai écrit, en conséquence, à M. le marquis de Polignac d'en faire remettre le plus tôt que possible la clef* [au] *concierge.* A.N. O[1] 1076 69

AGM 13

Reims, Armand Jules de Rohan-Guéméné, archevêque de (1695-1762). Archevêque de Reims 1722

Montmorency, Christian Louis de Montmorency-Luxembourg, en 1711 prince de Tingry, puis en 1734 *dit* maréchal de (1675-1746). Maréchal de France 1734

1741 *État* « M. l'archevêque de Rohan, puis M. le prince de Tingry, puis M. le maréchal de Montmorency » "4 pièces"

Tingry, Charles François Chrétien de Montmorency-Luxembourg, prince de (1713-1787). Capitaine des gardes du corps du roi

27.11.1746 *Logements vacants... M. le maréchal de Montmorency à M le prince de Tingry.* Disposition : A.N. O[1] 1076 117

Tingry, Louise Madeleine de Fay de La Tour-Maubourg (1734-1754)

8.5.1749 T au roi : *M. le prince de Tingry demande réparations et ajustements dans son appartement au château de Versailles, lesquels suivant le devis monteront, y compris une glace, à la somme de 1288 livres.* Bon du roi : A.N. O[1] 1070 351 ; *cf.* 1810 II 17

17.5.1749 *M. le prince de Tingry prie M. de Tournehem de vouloir bien lui faire ajuster son appartement au château, savoir : dans l'antichambre y mettre deux croisées neuves ; supprimer la cheminée et faire les plâtres au plafond et dans la cheminée ; faire une niche dans la grande chambre et une petite garde-robe à chaque bout ; mettre une glace sur la cheminée et un double châssis à la croisée ; dans le cabinet, mettre une petite glace sur la cheminée et faire baisser le plancher de quelques pouces pour rendre la pièce au-dessus supportable (ce plancher n'est que de planches). On demande qu'il soit carrelé et la même chose à la garde-robe à côté. L'escalier est impraticable à cause de sa petitesse. Les portes, les serrures et tout le lambris ont besoin d'être réparés. Reblanchir tout l'appartement.* Réponse : *M. L'Écuyer fera faire les réparations et ajustements... conformément au bon du roi et devis... montant à 1 288 livres.* A.N. O[1] 1810 II 148

Beuvron, Anne Thomas d'Harcourt, chevalier, puis marquis de (1727-1797)

Beuvron, Marie Catherine Rouillé, marquise de (?-?)

12.1761 N au roi : *Le logement de Mme la comtesse de Civrac* **[CC 68]** *est à donner. Le comte de Noailles avait proposé à Votre Majesté de le garder pour la survivancière de Mme la duchesse de Luynes, mais comme il paraît certain qu'il n'y en aura pas, le comte de Noailles propose à Votre Majesté de l'accorder à M. le prince de Tingry qui n'a point de charge mais qui paraît mériter cette distinction par son assiduité à faire sa cour à Votre Majesté. Sa santé n'est pas très bonne et sa première jeunesse qui commence à passer le met dans le cas de désirer cette grâce. Il en rend un de mari et femme dans l'avant-cour qu'il sera bon de donner à deux personnes s'il est possible, le nombre des logements diminuant et le besoin augmentant tous les jours* A.N. O[1] 1076 663

17.1.1762 *Le logement de M. le prince de Tingry, le côté de l'appartement de la femme, consistant en une grande antichambre, une belle chambre à coucher, avec une garde-robe et deux petits entresols, dont un à cheminée à M. le marquis de Beuvron ; le côté du mari en réserve pour M. le comte de Lusac.* Disposition : A.N. O[1] 1076 667

AGM 13 et 13A sont créés.

1762 N au roi : *Il y dans le logement de M. le prince de Tingry* **[AGM 12]** *et dans celui de M. et Mme de Beuvron* **[AGM 13]** *de quoi donner l'augmentation au ministre des Affaires étrangères, de quoi loger M. et Mme de Beuvron et ménager un logement de garçon* **[AGM 13A]** *que Madame désire pour M. le comte de Béthune, son chevalier d'honneur en survivance. Votre*

Majesté permet-Elle au comte de Noailles de terminer cet arrangement avec MM. Gabriel et L'Écuyer ? Réponse : *Oui.* A.N. O[1] 1076 694

14.2.1762 N au roi : *Le comte de Noailles a retiré une partie de M. le prince de Tingry et demande la permission de Votre Majesté de faire un petit arrangement avec M. Gabriel pour tâcher avec une pièce de M. le prince de Tingry et une autre prise s'il est possible sur M. de Beuvron de faire un appartement habitable. Les logements sont si rares qu'il faut profiter de tout.* A.N. O[1] 1076 674

AGM 13

Beuvron, Anne Thomas d'Harcourt, chevalier, puis marquis de (1727-1797)

Beuvron, Marie Catherine Rouillé, marquise de (?-?)

Stainville, Jacques Philippe de Choiseul, comte de (1727-1789). Chambellan de l'empereur

Stainville, Thomasse Thérèse de Clermont d'Amboise, comtesse de (1746-?)

14.2.1762 N au roi : *M. et Mme de Stainville occupent le logement de M. de Beuvron jusqu'à ce que le leur soit habitable. Votre Majesté ne le destine-t-Elle pas pour augmentation au ministre des Affaires étrangères ?* A.N. O[1] 1076 674

1770 *État* A « M. le marquis de Beuvron »

Soucy, Marie Louise Lenoire, marquise de (?-?). Sous-gouvernante des Enfants de France

[1773] N au roi : *Mme la marquise de Soucy n'est pas logée, Mme la marquise de Beuvron désirait le logement de feu M. le duc des Deux-Ponts* [**AGM 13A**] *dans l'avant-cour, mais il paraît juste de le donner de préférence à la sous-gouvernante des Enfants de France.* A.N. O[1] 1077 370

12.1775 *Le logement de feu M. le duc des Deux-Ponts dans l'avant-cour à Mme la marquise de Soucy, sous-gouvernante des Enfants de France...* Disposition : A.N. O[1] 1799 463

3.10.1776 La marquise de Soucy à A : *Vous m'avez permis... de vous interrompre au sujet de l'appartement que j'occupe ici. Lorsque vous eûtes la bonté de donner vos ordres pour l'arrangement de la cuisine, il fut alors convenu qu'il y aurait un évier et un plomb pour conduire les eaux dans la rue. Quelques jours après, M. Heurtier me dit qu'on avait jugé que cela conduirait à une dépense trop forte, mais que pour y suppléer en quelque sorte on mettrait une pierre en forme d'évier pour faciliter l'écoulement des eaux, ce qu'on n'a pas fait. Il n'y a qu'un simple tambour de planche sur lequel ma cuisinière est forcée de se faire tomber toute l'eau. Il arrive de là le plus souvent que l'eau traverse le dit tambour et vient rejaillir sur moi au moment que suis à table. Indépendamment de cet inconvénient et de la pourriture des planches qui doit s'ensuivre, je suis continuellement en crainte et d'autant plus que, les fenêtres étant au niveau du plancher, ma cuisinière court le risque en prenant son élancement pour éloigner l'eau du mur, de se jeter par la fenêtre et c'est ce qui lui est presque arrivé dernièrement et sans les jupons qui s'accrochèrent elle aurait été tuée parce qu'on n'aurait eu pas le temps de la retenir. Vous ne doutez pas, je crois... de la crise où j'étais dans ce moment... Je vous supplie... qu'on mette au moins à chaque fenêtre des entresols une barre de fer pour servir de point d'appui à tous mes domestiques...* A.N. O[1] 1799 595

17.10.1777 La marquise de Soucy à A : *On n'a point blanchi mon appartement lorsque je suis entrée ayant négligé de le démeubler. Je ne vous en aurais pas étourdi dans ce moment-ci si l'endroit où je dois coucher ma fille que je retire de Saint-Cyr n'était très malpropre et ayant toutes les suites de la malpropreté. Je désirais aussi faire reculer trois planches d'une cloison pour y faire une armoire très petite dans la chambre de ma fille et vous demande encore vos ordres aux ouvriers pour cela. Si vous jugez... que mes demandes soient trop tardives, faites-moi la grâce de me le mander et si j'ai la liberté, je le ferai à mes frais, car cela est absolument nécessaire pour que je puisse loger ma fille...* A.N. O[1] 1800 104

9.11.1777 *État des travaux : ... l'appartement de la comtesse de Soucy à reblanchir et y changer une cloison... commencé et sera fini pour le retour.* A.N. O[1] 1800 110

10.5.1778 La baronne de Mackau à A : *Mme la baronne de Mackau supplie M. le comte d'Angiviller de vouloir donner ses ordres pour que l'escalier qui monte à l'appartement de Mme la comtesse de Soucy au-dessus du corps de garde soit visité et raccommodé, attendu l'accident qui arriva à Mme de Soucy... et qui fait trembler Mme de Mackau pour Mme sa fille qui est grosse de sept mois et monte et descend cet escalier presque tous les jours...* A.N. O[1] 1800 179

22.6.1782 H à A : *J'ai l'honneur de rendre compte à M. le directeur général que Mme de Soucy la prie de permettre le blanchissement de son appartement accordé dès l'année dernière et que je lui ai promis la bonne volonté de M. le directeur général.* A.N. O[1] 1801 320

7.1784 La marquise de Soucy à A : *Oserais-je vous prier, M. le comte, de vouloir bien engager M. Heurtier de venir faire une visite à mon appartement ? Les carreaux sont dans le plus mauvais état ; je les ai trouvés lorsque j'y suis venue fort dégradés. Dans ce moment, il est impossible de ne pas les faire réparer. Je vous aurais la plus grande obligation de donner vos ordres à ce sujet.* A.N. O[1] 1801 630

1787 *État* F « Mme de Soucy, sous-gouvernante des Enfants de France » "3 pièces à cheminée ; 3 entresols"

AGM 13A

Béthune, Armand Louis, comte de (1711-1790). Chevalier d'honneur de Madame Adélaïde en survivance 1755

GG-B 2782 « Premier pavillon à gauche au-dessus du corps de gardes françaises... n° 13A M. le comte de Béthune »

6.11.1767 Mme de Béthune de Montmartel, à Paris, à M : *Je me flatte... que vous voulez bien donner l'ordre que l'on fasse quelques petits changements à l'escalier de l'entresol de l'appartement de mon fils à Versailles.* A.N. O[1] 1798 198

11.1767 M à E : *Mme de Montmartel me marque... que l'escalier de l'appartement de M. le marquis* [sic] *de Béthune à Versailles a besoin de quelques changements*

qui n'entraîneront qu'un travail et une dépense très médiocre. Elle m'ajoute que vous avez déjà connaissance du local et de l'ouvrage à y faire. Marquez-moi, en conséquence le plus tôt que vous pouvez en quoi il consiste et ce qu'il peut coûter.
Deux-Ponts, Frédéric de Bavière-Birkenfeld, prince palatin, *dit* duc des (1724-1767)
1770 *État* A « M. le duc des Deux-Ponts »
Beuvron, Anne Thomas d'Harcourt, chevalier, puis marquis de (1727-1797)
Beuvron, Marie Catherine Rouillé, marquise de (?-?)
1773 *Mme la marquise de Beuvron désirait le logement de feu M. le duc des Deux-Ponts dans l'avant-cour.* A.N. O[1] 1077 370
1787 *État* E « M. le marquis de Beuvron »

PREMIER ÉTAGE DE L'AILE

AGM 14
Pontchartrain, Louis Phélypeaux, comte de (1643-1727). Contrôleur général des finances 1689-1699 ; chancelier de France
Pontchartrain, Marie de Maupeou, comtesse de († 1714)
Le Peletier, Michel, *dit* Le Peletier de Souzy (1640-1725). Intendant des finances 1684-1701 ; directeur général des Fortifications 1691-1725
Le Peletier des Forts, Michel Robert, comte de Saint-Fargeau (1675-1740). Intendant des finances en survivance 1700-1715
10.11.1690 *M. de Pontchartrain a tout l'appartement qu'avait M. de Seignelay* [**ADM 10, 14, 21 et 28**]... *on rend à M. Le Peletier* [de Souzy] *l'appartement de Mme de Pontchartrain où il logera MM. ses frères...* D III 247

AGM 15
Louvois, François Michel Le Tellier, marquis de (1641-1691). Secrétaire d'État à la Guerre 1667-1691
Le Peletier, Claude (1630-1711). Contrôleur général des finances 1683-1689 ; surintendant des Postes 1691-1697
Villacerf, Édouard Colbert, marquis de (1628-1699). Premier maître d'hôtel de la duchesse de Bourgogne 1697 ; surintendant des Bâtiments 1691-1699
15.1.1699 *Le roi donna une nouvelle pension de 15 000 livres à Villacerf le père, et à son fils l'appartement de l'abbé de Castries* [**AGM 11A**], *qui était adossé à la salle où se tenait la table de la duchesse de Bourgogne* [**AGM 11**]. S VI 111. *Cf.* D VI 480
2.9.1699 *... il était aussi très bien logé au-dessus du comte de Tessé* [**AGM 10**] *et il avait une très belle salle pour tenir sa table.* S VI 184 note 3

AGM 14 et 15 sont combinés.

Chamillart, Michel (1652-1721). Intendant des finances 1690 ; contrôleur général des finances 1699-1708
Chamillart, Élisabeth Thérèse le Rebours, Mme (1657-1731)
7.10.1699 *À M. Le Peletier l'intendant M. Chamillart laisse l'appartement* [**dans AGM 14**] *qu'avait M. de Pontchartrain pendant qu'il était intendant des finances et que M. Le Peletier le ministre était contrôleur général.* D VII 164

AGM 14 et 15 sont séparés.

AGM 14

Le Peletier de Souzy [1], Michel (1640-1725). Intendant des finances 1684-1701 ; directeur général des Fortifications 1691-1725
13.7.1701 *Le roi a donné tous les logements vacants à Versailles... M. Le Peletier a la moitié de l'appartement de Mme Chamillart au-dessus de Mme d'Espinoy* [**AGM 9**]. D VIII 147
19.7.1701 *Sa Majesté a approuvé de faire les changements et accommodements que demande M. Le Peletier, directeur des Fortifications, dans le nouveau logement qu'Elle lui a accordé dans l'aile de l'avant-cour.* A.N. O[1] 1809 69
26.2.1708 *... il n'y avait que Le Peletier de Souzy qui restât dans son appartement.* S 11 30. *Cf.* D XII 86 *On laisse M. Le Peletier de Souzy dans le logement où il était.*

AGM 15
Villeroy, Marie Marguerite de Cossé-Brissac, duchesse de (1648-1708)
13.7.1701 *Le roi a donné tous les logements vacants à Versailles... M. Le Peletier a la moitié de l'appartement de Mme Chamillart* [**AGM 14**] *au-dessus de Madame d'Espinoy* [**AGM 9**] *et la duchesse de Villeroy a l'autre moitié au-dessus de M. de La Rocheguyon* [**AGM 10**]. D VIII 147

AGM 14 et 15 sont combinés.

Desmarets, Nicolas, seigneur de Maillebois (1648-1721). Directeur des finances 1703 ; contrôleur général des finances 1708-1715
21.2.1708 *Le roi, ayant fait entrer Desmarets dans son cabinet, lui déclara qu'il le faisait contrôleur général des finances... Ainsi le roi lui rendit l'appartement qu'avait autrefois occupé le contrôleur général Le Peletier, et par ce moyen... Le Peletier de Souzy... se trouvaient délogés, après avoir fait des ajustements dans leurs appartements dont ils avaient espéré une plus longue possession.* S XI 26
Desmarets, Madeleine Béchameil, Mme (1655-1725)
10.6.1709 *Le roi a disposé des appartements que M. Chamillart donnait dans la Surintendance. Il y loge M. Le Peletier et M. des Forts son fils. On donne à M. Desmarets le logement qu'avait M. Le Peletier qui augmentera fort le logement de Mme Desmarets et qui y devait être joint naturellement.* D XII 442

1. Le Peletier de Souzy avait épousé en secret la princesse d'Espinoy, qui occupait l'appartement juste au-dessus, **AGM 9**.

AGM 14
Blanc, Louis Claude le (1669-1728). Ministre de la Guerre 1720-1723, puis 1726-1728
Breteuil, François Victor Le Tonnelier, marquis de (1686-1743). Secrétaire d'État à la Guerre 1723-1726, puis 1740-1743 ; ministre d'État 1741 ; chancelier de la reine 1725
Angervilliers, Nicolas Prosper Bauyn, seigneur d' (1675-1740). Secrétaire d'État à la Guerre 1728-1740
Maurepas, Jean Frédéric Phélypeaux, comte de Pontchartrain et de (1701-1781). Secrétaire d'État en survivance en 1715 et en exercice 1718 ; secrétaire d'État à la Marine 1723-1749 ; ministre d'État 1738-1749
1741 *État* « M. d'Angervillier, puis M. de Maurepas »
"8 pièces, 7 à cheminée"
26.5.1747 *M. L'Écuyer a ... envoyé ... le devis des réparations à faire au logement de M. le comte de Maurepas à Versailles : chez M. de Maurepas, dans l'embrasement de la croisée une cuvette de plomb et un tuyau... 25 livres.* A.N. O1 1810 I 221
Argenson, Marc Pierre de Voyer de Paulmy, comte d' (1696-1764). Ministre et secrétaire d'État à la Guerre 1743-1757
Argenson, Anne Larcher, marquise d' (1706-1754)
29.9.1748 *Mme d'Argenson prie M. le directeur général d'envoyer prendre la mesure d'un petit tableau pour mettre sur la cheminée de son cabinet de toilette.* A.N. O^1 1810 II 87
5.10.1748 E à T : *Concernant Mme d'Argenson, il ne s'agit que d'un tableau rond, commun, de 2 pieds 1/4 de diamètre pour placer sur la cheminée de sa chambre à coucher où est une ouverture de cette grandeur. Comme le sujet lui est indifférent, à ce qu'elle m'a dit, M. Portail en a trouvé un de nulle valeur qu'on y mettra.* A.N. O^1 1795 128
8.8.1749 *Mme de Voyer avait demandé plusieurs changements, réparations et ajustements, tant dans son logement à Versailles que dans ceux de M. le comte et Mme la comtesse d'Argenson, lesquels seraient montés à 14 000 livres, mais par un devis qui a été fait les ouvrages demandés ont été réduits à moindre quantité et la dépense n'ira qu'à 9 289 livres y compris 3 737 livres que Sa Majesté a déjà accordées sur les dites ouvrages. Ce qui reste à faire aujourd'hui et qui fait partie de la demande pourra coûter environ 5 552 livres suivant l'estimation ci-jointe...* Bon du roi : A.N. O^1 1070 354 ; *cf.* 1810 II 166
Paulmy, Antoine René de Voyer d'Argenson, marquis de (1722-1787). Secrétaire d'État à la Guerre en survivance de son oncle 1751, en titre 1757-1758
Paulmy, Suzanne Marguerite Fyot, marquise de (?-?)
Belle-Isle, Louis Charles Auguste Fouquet, comte, duc, puis en 1748 duc de Gisors (1684-1761). Maréchal de France 1741 ; secrétaire d'État à la Guerre 1758-1761
16.5.1758 E à M : *Le logement du maréchal de Belle-Isle : premier étage à la première antichambre, deux croisées à faire à neuf, le lambris du prépourtour de la pièce et chambranles des portes, le plafond et la corniche à refaire ; à la deuxième antichambre, déposer et reposer le vieux parquet, faire à neuf le lambris du pourtour de la pièce avec les portes et embrasements, le plafond, corniche seulement des lambourdes et autres ; à la pièce à droite de la première antichambre, la démolition et reposage du vieux lambris, la maçonnerie du plancher neuf de l'entresol dans la pièce, plafond, et corniche avec percement des portes et autres ; au cabinet de compagnie, le plafond à faire ; le plancher de l'entresol du premier étage ; l'enlargissement du palier du grand escalier pour placer les fontaines ; intérieurs des portes au rez-de-chaussée à relever. La cage du dit escalier dont le plafond est à refaire. L'emblanchissement en général de toutes les pièces du logement, cusines, offices et cage de l'escalier... 13 028 livres.* A.N. O^1 1796 538
Choiseul, Étienne François de, comte de Stainville, puis duc de (1719-1785). Secrétaire d'État à la Guerre 1761-1770
Choiseul, Louise Honorine Crozat du Châtel, duchesse de († 1808)
29.5.1761 *État des ouvrages dans l'appartement du ministre de la Guerre... pour l'agrandissement de la chambre à coucher de Mme la duchesse de Choiseul au premier étage... estimé pour les plâtres, menuiserie et autre... 1 200 livres.* A.N. O^1 1071 37 ; *cf.* 1812 I 7
31.12.1763 M au roi : *M. le duc de Choiseul supplie très humblement Votre Majesté de lui accorder que le lambris de sa chambre à coucher qui tombe de vétusté soit refait à neuf. Cette réparation entraînera nécessairement celle du parquet et la dorure de la pièce. Cette dépense suivant, le devis ci-joint, est un objet de 5 539 livres.* Bon du roi : A.N. O^1 1071 95 ; *cf.* 1812 II 57
Monteynard, Louis François, marquis de (1715-1791). Secrétaire d'État à la Guerre 1771-1774
Muy, Louis Nicolas Victor de Félix, chevalier, puis comte de (1711-1775). Secrétaire d'État à la Guerre 1774-1775 ; maréchal de France 1774
Saint-Germain, Claude Louis, comte de (1707-1778). Ministre de la guerre 1775-1777
Montbarrey, Alexandre Marie Éléonor de Saint-Mauris, prince de (1732-1795). Secrétaire d'État à la Guerre 1777-1780
Montbarrey, Françoise Parfaite Thais de Mailly, princesse de (1737-1819). Dame pour accompagner Madame Adélaïde 1752
9.11.1777 *État des travaux : L'appartement de la princesse de Montbarrey à reblanchir et les croisées à remettre à grands carreaux... tous ces différents objets sont finis.* A.N. O^1 1800 110
Ségur, Philippe Henri, marquis de (1724-1801). Ministre de la Guerre 1780-1787
28.8.1785 Le maréchal de Ségur à A : *Il serait bien à désirer... que le logement du ministre de la Guerre que j'occupe à Versailles fût bien distribué... et... commodément arrangé. Je... désirerais que pendant l'absence prochaine de la Cour vous voulussiez bien ordonner : premièrement d'y faire faire la visite des planches et la réparation des parquets, reblanchir ce qui en a besoin et redorer les tours de glace du salon ; secondement de faire partager en deux la première antichambre du premier étage et pratiquer aux dépens de la cage de l'escalier une antichambre pour la livrée, avec un lavoir à assiettes ; et enfin, pour loger mon suisse, faire agrandir sa loge et son entresol. Où il est, on ne peut pas* [être] *plus mal. Les deux plans ci-joints vous indiqueront... ce*

que je demande et désirerais... d'une part d'avoir une seconde salle à manger pour une seconde table que l'on est obligé de mettre dans le salon où l'on abîme les meubles. Ce qui est très incommode, c'est que cette seconde table ne peut être mise qu'après que la première est servie et qu'il faut ensuite qu'elle soit ôtée avant qu'on quitte la première pour qu'elle soit évacuée du salon à temps. De l'autre, il y aurait une pièce pour le détail du service et des buffets, et une antichambre de plus pour la livrée, et mon suisse serait logé moins mal à côté de sa porte. Réponse de L** : *Tous ces objets coûteraient environ 50 000 livres.* A.N. O[1] 1802 117 et 121 ; *cf.* 120 [plan], 123 et 127

Ségur, Antoinette Élisabeth Marie d'Aguesseau, comtesse de (?-?)

22.9.1786 La comtesse de Ségur à A : *La comtesse de Ségur prie de lui accorder le blanchissage de son appartement et le changement d'un morceau de glace du trumeau de la cheminée de sa chambre pour le rendre carré.* Réponse : *Réponse d'adhésion au blanchi, même au trumeau si le magasin peut fournir et qu'il n'y a pas trop à dépenser pour la boiserie.* A.N. O[1] 1802 211

9.10.1786 H à A : *État des ouvrages à faire : chez Mme de Ségur, le blanchi de son appartement.* A.N. O[1] 1802 244

Loménie de Brienne, Athanase Louis Marie, comte de (1730-1794). Ministre de la Guerre 1787-1788

1787 *État* F « Ministre de la Guerre » "8 pièce, 6 à cheminée ; 3 entresols, 1 à cheminée"

Puységur, Pierre Louis de Chastenet, comte de (1727-1807). Ministre de la Guerre 1788-1789

AGM 15

Fleuriau de Morville, Charles Jean-Baptiste, comte de (1686-1732). Secrétaire d'État à la Marine 1722, puis aux Affaires étrangères 1723-1727

Chauvelin, Germain Louis, seigneur de Grisenoy (1685-1762). Ministre et secrétaire d'État aux Affaires étrangères 1727-1737

Amelot de Chaillou, Jean Jacques (1689-1749). Secrétaire d'État aux Affaires étrangères 1737-1744

1741 *État* « M. Chauvelin, puis M. Amelot » "8 pièces à cheminée"

Argenson, René Louis de Voyer, marquis d' (1694-1757). Secrétaire d'État aux Affaires étrangères 1744-1747

Puysieulx, Louis Philogène Brûlart de Sillery, marquis de (1701-1770). Secrétaire d'État aux Affaires étrangères 1746-1751 ; ministre d'État 1751-1756

Puysieulx, Charlotte Félicité Le Tellier de Louvois de Rebenac, marquise de (?-?)

Saint-Contest, François Dominique Barberie, marquis de (1701-1754). Secrétaire d'État aux Affaires étrangères 1751-1754

Rouillé, Antoine Louis, comte de Jouy (1689-1761). Secrétaire d'État à la Marine 1749-1754 ; secrétaire d'État aux Affaires étrangères 1754-1757

Rouillé, Marie Anne Catherine Pallu, Mme (?-?)

1.9.1754 M au roi : *M. Rouillé supplie très humblement Votre Majesté de vouloir bien lui accorder les réparations et ajustements nécessaires à son logement... montant à 2 400 livres.* Bon du roi : A.N. O[1] 1070 432 ; *cf.* 433, 434 [plan] et 1811 I 123

13.10.1754 E à M : *Ce que vous demande Mme de Rouillé est un changement et ajustement dans sa garde-robe de propreté, non compris dans ce qui a été passé pour monsieur son mari.* A.N. O[1] 1796 85

13.10.1754 M à E : *L'état actuel des fonds et la décision du roi sur la partie des ajustements me met dans l'impossibilité d'accorder aucune des demandes... dans votre lettre... excepté* [celles] *de Mme de Rouillé faites faire dans son logement.* A.N. O[1] 1796 86

27.10.1754 *Mme Rouillé et Mme la comtesse de Beuvron supplient très humblement Votre Majesté de vouloir bien leur accorder les réparations nécessaires à leurs appartements* [**AGM 14 et 19**] *qui, suivant le devis, monteront à 1 254 livres.* Bon du roi : A.N. O[1] 1070 446 ; *cf.* 445

Bernis, François Joachim de Pierre, cardinal de (1715-1794). Secrétaire d'État aux Affaires étrangères 1757-1758

Choiseul, Étienne François de, comte de Stainville, puis duc de (1719-1785). Secrétaire d'État aux Affaires étrangères, seul 1758-1761, puis avec son cousin le duc de Praslin 1761-1770 ; secrétaire d'État à la Guerre 1761-1770 ; secrétaire d'État à la Marine 1761-1766

Choiseul, Louise Honorine Crozat du Châtel, duchesse de († 1808)

15.9.1759 M à E : *Mme la duchesse de Choiseul demande pour 2 croisées de son logement 2 persiennes. C'est un objet de 80 livres.* A.N. O[1] 1797 42

17.9.1759 E à M : *Il n'est pas possible d'ordonner les persiennes que Mme la duchesse de Choiseul demande.* A.N. O[1] 1797 43

7.5.1761 E à M : *L'on continue avec toute la vivacité possible à achever les changements et ajustements du logement de Mme la duchesse de Choiseul ainsi que les bureaux de M. le duc qui sont au-dessus* [**AGM 27**] *pour que tout se trouve fait au retour de Marly.* A.N. O[1] 1797 159 ; *cf.* 161

12.9.1769 G à M : *M. le duc de Choiseul tremble pour deux planchers à son appartement à Versailles, celui de sa seconde antichambre et celui du salon de compagnie au-dessus. Je viens de les examiner. Les plâtres sont tous cassés et brisés et il pourrait bien y avoir quelque déficit dans les charpentes et surtout dans les solives d'enchevêtrure, ces planchers étant de l'origine du mur. Il requiert que les plâtres en soient ôtés pendant le voyage de Fontainebleau pour s'assurer des charpentes et refaits pendant cet intervalle. Je lui ai représenté la position dans laquelle nous étions sans le sol, sans aucun secours et endettés...* A.N. O[1] 1798 401

8.10.1769 E à M : *Le chevêtre et une des solives du plancher du cabinet de Mme la duchesse de Choiseul s'étant trouvés pourris, je les fais remplacer au plus tôt pour en rétablir ensuite les plâtres des plafonds et reposer les feuilles de parquet... Cette dépense ne passera 400 livres, compris trois autres plafonds à faire...* A.N. O[1] 1798 408 ; *cf.* 420-423

Praslin, César Gabriel de Choiseul-Chevigny, duc de (1712-1785). Secrétaire d'État aux Affaires étrangères 1760-1770 ; secrétaire d'État à la Marine 1766-1770

Praslin, Marie de Champagne de La Suze de Villaines, duchesse de († 1783)

29.5.1761 *État des ouvrages dans l'appartement du ministre... des Affaires étrangères : la suppression de plusieurs cloisons de deux pièces au premier étage pour n'en faire qu'une grande salle à manger à l'usage du ministre et des ambassaseurs, 4 000 livres.* A.N. O[1] 1071 37 ; *cf.* 1812 I 7
10.12.1763 E à M : *M. le duc de Praslin demande la permission de faire faire à ses dépens au premier étage les deux croisées du cabinet de compagnie de madame en carreaux de Bohême. L'inconvénient qui s'y trouvera serait dans l'uniforme des autres carrraux de verre ordinaire ; cependant ayant à son rez-de-chaussée ainsi que M. le duc de Choiseul de pareil verre de Bohême, cela pourrait ne souffrir aucune difficulté.* A.N. O[1] 1797 409
1764 *J'étais dans l'habitude, tous les lundis, d'aller souper chez la duchesse de Praslin, où se trouvait toute la Cour, ainsi que les ambassadeurs qui ne voulaient pas partir de trop grand matin, le mardi pour le lever du roi. Dès que vous arriviez dans la seconde antichambre, un valet de chambre vous invitait, de la part de Mme la duchesse, à rester à souper. On faisait toujours son brelan à cinq, et j'étais des habitués. On ne jouait qu'en gros dix-écus. Un valet de chambre vous changeait les écus sales contre d'autres qu'on avait fait récurer. On perçait dans la nuit jusqu'à trois heures du matin ; alors ceux qui n'étaient pas des habitués s'en allaient, il ne restait que quelques dames de la Cour.* DUFORT I 319
Aiguillon, Emmanuel Armand de Vignerot du Plessis Richelieu, comte, puis duc d'Agenois, en 1750 duc d' (1720-1788). Secrétaire d'État aux Affaires étrangères 1771-1774
Vergennes, Charles Gravier, comte de (1717-1787). Secrétaire d'État aux Affaires étrangères 1774-1787
1770 *État* A « M. le duc de Praslin, puis le duc d'Aiguillon, puis de Vergennes »
Malesherbes, Chrétien Guillaume de Lamoignon, marquis de (1721-1794). Secrétaire d'État à la Maison du roi 1775-1776
Amelot de Chaillou, Antoine Jean (1732-1795). Secrétaire d'État à la Maison du roi 1776-1783
Amelot de Chaillou, Françoise Jeanne Legendre, Mme (?-?)
9.1776 *Réparations à faire à l'appartement de M. Amelot... premier étage : première antichambre deux croisées à renouveler à petits carreaux ; salle à manger une jalousie à faire ; salon deux doubles croisées à faire à grands carreaux ; chambre à coucher deux jalousies à faire ; chambre destinée à Mlle d'Amelot une jalousie à réparer ; chambre à la suite de celle de Mlle d'Amelot une jalousie à réparer et du parquet à raccommoder...* A.N. O[1] 1799 588
28.4.1780 H à A : *Mme Amelot désirait que M. le directeur général lui permette d'établir une soupente dans une garde-robe pour loger une femme de chambre... Cet établissement est sans inconvénient et de peu de conséquence.* A.N. O[1] 1800 532
Breteuil, Louis Charles Auguste Le Tonnelier, baron de (1730-1807). Secrétaire d'État à la Maison du roi 1783-1787 ; ministre 1789
Laurent de Villedeuil, Paul Charles (1742-1828). Secrétaire d'État à la Maison du roi 1787-1789
1787 *État* F « Ministre de la Maison du roi » "7 pièces, 6 à cheminée ; 1 entresol sans cheminée"
17.9.1788 L** à A : *M. de Villedeuil... prie la suppression d'un corps de bibliothèque dans une pièce de son appartement pour former une chambre à M. son fils et la démolition d'une cloison de lambris dans la pièce à côté pour faire un cabinet et le blanchissement des deux portes de communication de l'appartement de M. le comte de Brienne.* Réponse : *Mandé à M. Heurtier de pourvoir.* A.N. O[1] 1802 516
Saint-Priest, François Emmanuel de Guignard, comte de (1735-1821). Secrétaire d'État pour Paris et la Maison du roi 1789-1790

SECOND PAVILLON PREMIER ETAGE

AGM 16
Bissy, Henri de Thiard, cardinal de (1657-1737)
1741 *État* «M. le cardinal de Bissy » "3 pièces à cheminée"
Broglie, François Marie, comte, puis en 1742 duc de (1671-1745). Maréchal de France
1.9.1737 *... celui de M. le cardinal de Bissy a été donné à M. le maréchal de Broglie...* L* I 341
Rochechouart-Faudoas, Marie Françoise de Conflans d'Armentières, *dite* comtesse de (1713-1764). Dame de la dauphine 1744
1.12.1744 *Mmes de Rochechouart-Faudoas et de Pons sont logées en attendant seulement dans les appartements de M. l'évêque de Rennes* **[AGM 17]** *et de celui de M. le maréchal de Broglie ; ces deux appartements sont dans la cour des Ministres, à gauche en arrivant de Paris, du côté du M. de Maurepas.* L* VI 171 *sq.*
Sassenage, Charles François, marquis de (1704-1762). Menin du dauphin ; chevalier d'honneur de la dauphine en survivance en 1749
1745 *Personnes qui demandent des logements : M. et Mme de Sassenage celui de M. le maréchal de Broglie, dont ils sont en possession ; la veuve et les enfants le demandent aussi*[1]. Bon du roi : A.N. O[1] 1076 129
6.3.1745 *Les entresols de feu Mme de Ventadour* **[AP 68]** *ont été donnés à M. et Mme de Rochechouart-Faudoas. Mme de Rochechouart-Faudoas avait eu par emprunt... l'appartement de M. le maréchal de Broglie ; cet appartement a été donné aussi par emprunt à M. de Sassenage.* L* VI 346
17.7.1746 *Le logement de M. de Fitz-James* **[AP 106]** *a été donné à M. et Mme de Sassenage... Il n'y a donc à donner qu'un petit logement qu'avait M. de Sassenage dans la cour des Ministres.* L* VII 344
Paris, Christophe de Beaumont du Repaire, archevêque de (1703-1781). Archevêque de Paris 1746
15.7.1746 *Le logement de M. de Sassenage à M. l'archevêque de Paris...* Disposition : A.N. O[1] 1076 113
Castries, Angélique de Talaru de Chalmazel, marquise de la Croix (1723-?). Dame pour accompagner Mesdames Henriette et Adélaïde 1746

1. La veuve du maréchal-duc de Broglie était née Thérèse Gillette Locquet de Grandville.

27.11.1746 *Le logement de M. l'archevêque de Paris à Mme de Castries...* Disposition : A.N. O[1] 1076 117
4.12.1746 *... on a donné à Mme de Castries celui de M. le maréchal de Broglie, qui est au-dessus de M. de Chalmazel* [**AGM 11**]. L* VIII 23
18.12.1746 *Mme la marquise de Castries, douairière, prie M. de Tournehem qu'on lui boise son antichambre où il manque très peu de boiserie, le lambris d'appui y étant.* [Elle] *demande aussi deux petites glaces, l'une pour sa chambre et l'autre pour son cabinet, avec un petit tableau pour mettre au-dessus de la cheminée, le tout pour l'appartement que le roi lui a donné.* Réponse de T : *À M. L'Écuyer pour m'en rendre compte.* Réponse de E : *Devis = 445 livres.* Note de T : *Bon, à la réserve du tableau.* A.N. O[1] 1810 I 130
26.12.1746 *Il y a quelques jours le roi a donné un appartement à M. le chevalier de Saint-Simon... Le logement qu'on lui a donné est... tout en haut sous le toit* [**AN 76**] ; *c'est celui qu'avait Courson... Il avait été donné depuis à Mme de Castries, qui n'en avait point voulu, le trouvant trop haut et trop éloigné de son père, M. de Chalmazel. On lui en a donné un autre depuis, plus près et plus commode, c'est celui qu'avait feu M. le maréchal de Broglie.* L* VIII 42
5.5.1763 *Mme la marquise de Castries supplie très humblement Votre Majesté de permettre qu'il soit substitué une cloison poteau recouverte de plâtre à un des planchers qui séparent son cabinet de la chambre de Mme de Talaru... La dépense : 353 livres.* A.N. O[1] 1076 705. *Cf.* 1812 II 14 et 15
1770 *État* A « Mme de Castries »
30.11.1783 *Le logement de Mme la marquise de Castries* [est] *vacant...* Distribution : A.N. O[1] 1077 282
Castries, Gabrielle Isabeau Thérèse de Rosset de Fleury, marquise de (1728-?). Dame pour accompagner Madame Adélaïde 1751
Castries, Charles Eugène Gabriel de la Croix, marquis de (1727-1801). Ministre de la Marine 1780 ; maréchal de France 1783
1787 *État* E « Mme la maréchale de Castries »
1787 *État* E « Mme la duchesse *[sic]* de Castries »

AGM 17

Rennes, Charles Louis Auguste Le Tonnelier de Breteuil, évêque de (1689-1732). Maître de la Chapelle 1716-1732 ; évêque de Rennes 1723-1732
Rennes, Louis Guy Guérapin de Vauréal, évêque de (1690-1760). Maître de la Chapelle et évêque de Rennes 1732-1758
1741 *État* « Grand maître de la Chapelle du roi, M. l'évêque de Rennes » "4 pièces à cheminée"
Châteauroux, Marie Anne de Mailly-Nesle, marquise de La Tournelle, puis en 1744 duchesse de (1717-1744). Dame du palais de la reine 1742 ; maîtresse du roi
La reine ayant accepté Mme de La Tournelle [comme dame du palais], *il fut question de lui donner un appartement ; et le duc de Richelieu, qui ne doute de rien, m'avoua, lorsqu'on en parlait chez le roi, avoir dit : « Il y en un qui n'est pas vacant, mais point occupé, celui de l'évêque de Rennes ; je dirai à Mme la duchesse de Brancas de lui écrire que le roi, espérant qu'il ne lui refusera pas, l'a donné à Mme de La Tournelle en attendant qu'elle en ait un à elle... Quelque jours après Mme de La Tournelle occupa cet appartement ; il était dans la cour des Ministres, près de la cour des Princes.* Brancas, *Mémoires de la duchesse de Brancas*, E. Asse, éd., Paris, 1890, p. 35 *sq.*
9.1742 *Le roi dit à M. de Richelieu de se trouver le soir à son souper... M. de Richelieu... passa dans la chambre du roi comme il le lui avait ordonné... Enfin Sa Majesté vint, rencogna M. de Richelieu dans un coin de la fenêtre et lui demanda s'il avait soupé. Sa Majesté lui dit d'y aller et de se trouver à minuit avec une méchante perruque et une grosse redingote dans l'endroit de la cour* [de Marbre] *qu'il indiqua... M. de Richelieu alla tout de suite faire ce que Sa Majesté avait dit et se trouva précisément à minuit au rendez-vous... Au moment que M. de Richelieu s'y attendait le moins, il vit un homme auquel il n'avait pas pris garde, qui se jeta sur lui en lui disant « Que fais-tu là ? » Comme cet homme avait une grosse perrruque noire et un habit fort déguenillé, M. de Richelieu ne le reconnut pas d'abord ; mais comme ce homme lui dit « Suis-moi ! » ils cheminèrent sans que ce même homme lui dit un mot, en traversant toute la cour et entrant dans la porte du pavillon d'avant celui des Ministres ; ils passèrent devant celle du premier maître d'hôtel de la reine* [**AGM 11**] *et montèrent l'escalier jusqu'au premier étage, où ils entrèrent dans l'appartement du maître de la Chapelle du roi, dont l'abbé Vauréal avait la charge et qu'il avait prêté à Mme de La Tournelle lorsqu'il partit pour aller en ambassade en Espagne où il était alors. Le roi entra le premier ; M. de Richelieu le suivit et ils se trouvèrent avec Mme de la Tournelle, se mettant tous à rire. Cette dame fit alors à M. de Richelieu une petite péroraison, comment le roi la voulait venir voir les soirs et se déguiser de peur de médisance ; tout le monde se rangeait bien vite dès qu'il paraissait ; mais, ajoutait Mme de La Tournelle, elle avait craint que des cochers ou des postillons malavisés venant à toute bride ne reconnaisssent le roi, et elle avait désiré quelqu'un de fort attentif qui pourrait arriver... Ces visites recommençaient tous les soirs, et comme il y avait toujours ou très souvent des laquais de M. de Chalmazel et de ceux qui avaient soupé chez ce premier maître d'hôtel, qui voyaient passer deux personnes inconnues,* [il était à craindre qu'ils] *n'eussent la curiosité de savoir qui elles étaient. Il était impossible qu'à la deuxième ou troisième fois, ils ne le dissent à leur maître et que M. de Maurepas, qui avait des espions partout, ne découvrît qui ils étaient. Quand on l'a su après, on a cru, et avec vraisemblance, que c'était M. le duc de Richelieu qui avait conduit cette affaire-là...* Maréchal-duc de Richelieu, *Mémoires authentiques du maréchal de Richelieu*, A. de Boislisle, éd., Paris, 1918, p. 61-65
14.9.1742 *Mmes de Flavacourt et de La Tournelle sont restées depuis la mort de Mme de Mazarin. Mme de La Tournelle loge dans l'appartement de M. l'évêque de Rennes.* L* IV 226
4.11.1742 *On prétend aussi que les projets du roi pour Mme de La Tournelle ne sont pas nouveaux... il paraît constant aussi que le roi la voit tous les soirs ; on dit*

que c'est chez elle, dans le logement de M. de Rennes, et que le roi va absolument seul. L* IV 267

6.11.1742 *Le roi continue à aller tous les soirs chez Mme de La Tournelle, et y reste deux et trois heures ; il y va, à ce que l'on dit, seul et avec une grande perruque par-dessus ses papillotes, et un surtout... il est extrêmement amoureux.* L* IV 268

Pons, Gabrielle Rosalie Le Tonnelier de Breteuil, comtesse de (1725-1792). Dame de la dauphine 1744-1768

1.12.1744 *Mmes de Rochechouart-Faudoas et de Pons sont logées en attendant seulement dans les appartements de M. l'évêque de Rennes et celui de M. le maréchal de Broglie* [**AGM 16**] *; ces deux appartements sont dans la cour des Ministres à gauche en arrivant de Paris du côté de M. de Maurepas.* L* VI 171 *sq.*

Duras, Jean-Baptiste de Durfort, duc de (1684-1770). Maréchal de France 1741

15.7.1746 *M. l'évêque de Rennes à M. de Duras...* Disposition : A.N. O[1] 1076 113

1.1.1750 *M. l'évêque de Rennes arriva le premier jour de l'an ; il vient de Rennes... Le logement de M. de Rennes ici est au-dessus de celui de M. de Chalmazel* [**AGM 11**] *; c'était celui qu'occupait avant lui M. l'abbé de Breteuil, son prédécesseur dans l'évêché de Rennes et* [en tant que] *maître de la musique de la Chapelle. M. de Breteuil, secrétaire d'État de la Guerre, ayant alors le logement* [**AGM 14**] *qui joint celui-là, on avait fait une porte de communication. Ce logement, qui est celui du maître de la Chapelle, était autrefois avec celui de M. de Chamazel le logement du contrôleur général et de sa femme. M. et Mme Dodun y logeaient lorsque le roi, pendant la régence de M. le duc d'Orléans, acheta l'hôtel de Beauvillier, où les contrôleurs généraux ont logé depuis. Comme il fallait un logement à portée pour la table de la reine, on donna celui d'en bas à M. de Chamarande, son premier maître d'hôtel.* L* X 178

Talaru, César Marie Talaru, marquis de Chalmazel, comte de Chamarande, *dit* marquis de (1725-1794). Premier maître d'hôtel de la reine 1763-1770

Talaru-Chalmazel, Marie Justine de Sassenage, marquise de (?-?). Dame surnuméraire pour accompagner la dauphine 1750

22.1.1751 T au roi : *Mme de Talaru demande quelques réparations et ajustements dans le logement que Sa Majesté lui a accordé au château du Versailles, lesquels se monteront, sans y comprendre deux glaces pour les deux cheminées, à la somme de 1 173 livres.* Bon du roi : A.N. O[1] 1070 377 ; *cf.* 1810 III 84

1.5.1751 [1] *Le logement de M. l'évêque de Rennes à Mme la marquise de Talaru...* Distribution : A.N. O[1] 1076 281

1.6.1751 *Mme la marquise de Chalmazel prie M. de Tournehem de vouloir bien donner ses ordres pour disposer l'arrangement du logement de M. et Mme de Talaru qui n'était qu'un appartement simple et qui devient double. Ce qui est demandé ne consiste qu'en très peu de choses, comme démolition du fourneau dans une cuisine qui deviendra une chambre à coucher, revêtement d'une cheminée, un chambranle, du lambris, une glace sur la cheminée, et quelques cloisons en planches.* A.N. O[1] 1810 III 103

6.8.1751 T au roi : *M. le marquis de Talaru a une cuisine qui dépend de son logement au château de Versailles. Il souhaiterait que l'on en fît une chambre à coucher suivant le devis ci-joint. La dépense pourra monter à 1177 livres sans y comprendre une petite glace pour la cheminée.* Bon du roi : A.N. O[1] 1070 386 ; *cf.* 1810 III 103 et 104

Paulmy, Antoine René de Voyer d'Argenson, marquis de (1722-1787). Secrétaire d'État à la Guerre, en survivance de son oncle 1751, en titre 1757-1758

27.8.1754 *Le logement de M. et Mme de Talaru à M. le marquis de Paulmy avec une porte de communication avec M. le comte d'Argenson* [**AGM 14**]. L* XIII 328

15.9.1754 *M. et Mme la marquise de Talaru restent suivant leur demande dans leur logement de l'avant-cour au-dessus de celui du premier maître...* Changements : A.N. O[1] 1076 382

20.4.1763 La comtesse de Talaru à M : *Étant obligée d'habiter le logement de ma belle-mère* [**AGM 11**] *où je serai très mal logée, je vous demande de vouloir bien avoir la bonté de permettre qu'on transporte la niche qui est dans l'appartement que je quitte pour la mettre dans celui que je vais occuper.* A.N. O[1] 1797 325

27.4.1763 M à la comtesse de Talaru : *J'ai donné ordre, par courrier à M. L'Écuyer, Madame, de faire transporter la niche qui est dans l'appartement que vous avez dans celui que vous allez occuper* [**AGM 11**] *aussitôt que la Cour sera partie pour Marly. Comme vous le désirez pour que vous puissiez céder votre ancien appartement à Mme la duchesse de Gramont.* A.N. O[1] 1797 327 ; *cf.* 1812 II 15

Gramont, Béatrix de Choiseul-Stainville, duchesse de (1729-1794)

[176...] *On ne tarda pas à voir arriver Mme la comtesse de Choiseul, chanoinesse de Remiremont, femme d'une grande taille, d'un caractère décidé et pleine d'esprit. Elle débuta très simplement et se montra douce et complaisante ; mais dès qu'elle eut tâté le terrain, qu'elle se sentit forte du crédit de son frère, et qu'elle se fut attachée à la société du roi, elle vola de ses propres forces... Le duc de Choiseul voulait lui donner un rang. Le duc de Gramont, sans esprit, abandonné de tout le monde, traînait une vie crapuleuse, malgré son nom et de grandes richesses. La nature ne l'avait fait que pour être perruquier. Le ministre jeta les yeux sur lui pour lui donner sa sœur. L'espérance de le tirer de la crapule était illusoire, mais les avantages du côté du rang étaient immenses. On passa sur tout ; en six mois, elle fut duchesse de Gramont, et trois mois après, séparée et maîtresse de ses actions, logeant chez son frère et habitant avec la duchesse de Choiseul, qui, dans sa délicate personne, réunissait toutes les vertus de son sexe.* DUFORT I 245

1763 N au roi : *M. le duc de Choiseul a fait un projet d'arrangement pour* [que] *Mme la duchesse de Gramont soit dans le logement de Mme la marquise de Talaru.* A.N. O[1] 1076 717

1. M. de Rennes reçut l'ordre de rester dans son diocèse en janvier 1753 à cause de sa conduite à l'assemblée des états de Bretagne. Il ne retourna pas à Versailles avant décembre 1754. Voir L* XII 317, XIII 405.

13.3.1763 N au roi : *L'hôtel de Gramont étant à M. le comte de Guiche, Mme la duchesse se trouvera sans logement quand M. son beau-fils se mariera. M. le marquis de Talaru ayant la charge de M. le marquis de Chalmazel doit avoir son logement. Si Votre Majesté voulait bien avoir la bonté d'accorder celui de M. de Talaru à Mme la duchesse de Gramont, qui lui serait très agréable y ayant une porte qui communique dans l'antichambre de M. le duc de Choiseul, Mme la duchesse de Gramont serait très reconnaissante de cette marque de bonté de Votre Majesté.* A.N. O[1] 1076 703

2.7.1763 E à M : *Mme la duchesse de Gramont venant d'avoir un logement au château qui tient à celui de M. le duc de Choiseul, elle doit vous écrire pour plusieurs ajustements dont elle ne peut pas se passer. C'est un objet de 2 400 livres et comme elle désire occuper ce logement à son retour de Compiègne, je crois qu'il serait à propos d'y faire commencer au plus tôt.* A.N. O[1] 1797 347

26.7.1763 M au roi : *Mme la duchesse de Gramont supplie très humblement Votre Majesté de lui accorder les réparations nécessaires à son logement au château de Versailles qui... monteront à 2 400 livres* A.N. O[1] 1071 74 ; *cf.* 1812 II 24

1.5.1764 E à M : *Vous m'avez ordonné... de passer à Mme la duchesse de Gramont 2 400 livres sur ce qu'elle a fait faire dans le sien.* A.N. O[1] 1797 469

28.8.1765 *État de la dépense faite à l'appartement de Mme la duchesse de Gramont au château de Versailles. Je, soussigné, architecte du roi et contrôleur du château de Versailles, certifie que* [de] *tous les ouvrages mentionnés ci-dessus, il n'en a été passé sur le compte du roi que pour 2 400 livres ; c'est pourquoi il reste à payer par Mme la duchesse de Gramont la somme de 6 181 livres.* A.N. O[1] 1798 155

11.12.1765 E à M : *Mme la duchesse de Gramont, pour le logement de laquelle n'a été passé sur le compte du roi que 2 400 livres en 1763, d'après vos ordres, m'avait très assuré ainsi qu'aux entrepreneurs, de leur tenir compte du surplus montant à 6 000 livres. Elle est encore à les payer.* A.N. O[1] 1797 578

12.3.1766 M au roi : *Par un bon ci-joint de Votre Majesté du 18 juillet 1763, Elle accorda 2 400 livres pour être employés aux réparations du logement de Mme la duchesse de Gramont. Lorsque le sieur L'Écuyer y mit les ouvriers, la duchesse de Gramont lui donna différents ordres dont l'exécution outre passait de beaucoup les 2 400 livres. Le sieur L'Écuyer lui représentait qu'il ne pouvait passer la somme ci-dessus. Il me rendra compte dans le temps et il vient de me le répéter tout à l'heure que Mme de Gramont lui avait dit de ne s'inquiéter de rien et qu'elle payerait le surplus de la dépense, quelle qu'elle fût. Ce surplus, selon le sieur L'Écuyer, est un objet de 8 000 à 9 000 livres. Lorsque les ouvriers sont venus lui demander leur payement, il les a assurés de la parole de Mme de Gramont, et les a renvoyés vers elle. Mme de Gramont ne veut plus entendre parler de payement et elle vient de me faire écrire pour que les mémoires des dits ouvriers soient mis sur le compte de Votre Majesté. Je me garderai bien d'en rien faire sans un ordre positif de Votre Majesté. Sûrement Elle n'aurait pas accordé 12 000 livres pour un seul et simple petit logement, ailleurs c'est à ceux qui ordonnent des dépenses à les payer. Ainsi, je supplie Votre Majesté de m'autoriser à défendre au sieur L'Écuyer de recevoir aucune des dits mémoires qui doivent être soldés par Mme de Gramont.* Réponse : *Approuvé.* A.N. O[1] 1071 154 ; 1812 III 102

23.3.1767 E à M : *Sur ce que vous m'avez fait l'honneur de me dire il y a quelque temps de ne me mettre plus en peine des 6 000 livres qui restaient aux ouvriers qui ont travaillé au logement de Mme la duchesse de Gramont au château de Versailles, j'en ai parlé à M. Montucla, lequel ignore l'arrangement que vous avez pris à ce sujet avec M. le duc de Choiseul et Mme sa sœur. Il vient de me faire écrire qu'il attendait que vous lui envoyerez l'ordonnance de cette somme pour la faire signer au roi, ayant grande apparence que cette duchesse se trompe. Je vous supplie de vouloir bien charger M. Montucla de finir cette affaire qui dure depuis trois ans par la faute de Mme de Gramont.* A.N. O[1] 1798 154

29.3.1767 *État des sommes dues aux entrepreneurs des Bâtiments du roi qui ont travaillé pour le compte de Mme la duchesse de Gramont à son appartement au château de Versailles... 6 200.* A.N. O[1] 1798 138 ; *cf.* 137 : *Nous les soussignés, entrepreneurs des Bâtiments du roi reconnaissons d'avoir reçu par la main de M. L'Écuyer à l'acquit de Mme la duchesse de Gramont, les sommes pour lesquelles nous sommes employés.*

Brancas, Louise Diane de Clermont-Gallerande, duchesse de Villars-, *dite* duchesse douairière (1711-1784). Dame d'honneur de la dauphine en survivance de sa belle-fille, en exercice 1762-1767

Brancas, Louis, duc de Lauraguais, puis de (1714-1793)

1770 *État* A [1] « Mme la duchesse de Gramont, puis M. le duc de Brancas »

6.1.1771 N au roi : *Votre Majesté ne laissant pas le logement à Mme la duchesse de Gramont, Mme la duchesse de Brancas s'en accommodera en attendant celui de Mme la princesse de Conti, si Votre Majesté veut bien le lui accorder avec une pièce pour une cuisine détachée de celle de M. le duc de Choiseul. Votre Majesté veut-Elle bien l'accorder ? Elle sera par cet arrangement débarrassée de la dame d'honneur et de la dame d'atour de Mme la comtesse de Provence.* A.N. O[1] 1077 102

29.5.1771 *Le logement de Mme la duchesse de Gramont, nº 17, avant-cour à gauche, à Mme la duchesse de Brancas, dame d'honneur de Mme la comtesse de Provence, y ajoutant une cuisine qui était au ministre de la Guerre...* Disposition : A.N. O[1] 1077 123 ; *cf.* 1798 614

Noailles [2], Emmanuel Marie Louis, marquis de (1743-1822). Premier gentilhomme de la chambre du comte de Provence 1773

10.9.1775 Le marquis de Noailles à A : *Le marquis de Noailles prie M. le comte d'Angiviller de vouloir donner ses ordres pour faire supprimer la partie du sol de son*

1. Mme de Gramont et M. de Brancas occupaient aussi **AGM 30A**, au-dessus.

2. À cette époque les marquises de Noailles et de La Châtre avaient une cuisine [**AGM 4A**] au-dessus.

escalier afin de faciliter le passage de la chaise de Mme la marquise de Noailles... A.N. O[1] 1799 413

Châtre, Claude Louis de la Châtre, comte de Nançay, puis marquis de la (1745-1824). Gentilhomme d'honneur de Monsieur, puis premier gentilhomme de sa chambre 1779

1777 *État* B « M. le marquis de Noailles, puis M. de la Châtre »

9.1.1780 P au roi : *Le prince de Poix propose à Votre Majesté de donner à M. le marquis de Noailles le logement de M. le duc de Laval* [**AP 55**] *et celui de M. le marquis de Noailles à M. le comte de La Châtre.* A.N. O[1] 1077 257

12.1.1780 *Lettre de M. le comte de La Châtre, qui vient d'être mis en possession de l'appartement ci-devant occupé par M. le marquis de Noailles, y demande quelques changements.* Mémoire sommaire : A.N. O[1] 1800 508

18.1.1780 H à A : ... *Les différentes demandes de M. le comte de La Châtre... sont utiles, sans inconvénients et peu dispendieuses puisqu'elle n'excéderont pas une somme de 150 livres.* A.N. O[1] 1800 514

3.8.1783 H à A : *L'appartement de M. de La Châtre a effectivement besoin d'être repeint d'un bout à l'autre. La dépense du blanchissement demandé pourra être de 250 à 300 livres.* A.N. O[1] 1801 495

1787 *État* F « M. le comte de La Châtre » "4 pièces, 3 à cheminée"

PREMIER PAVILLON SECOND ÉTAGE

AGM 18

Verneuil, Eusèbe Jacques Chaspoux, marquis de (1695-1747). Secrétaire du cabinet 1717 ; introducteur des ambassadeurs 1736-1743

Puységur, Jacques François de Chastenet, marquis de (1655-1743). Gentilhomme de la manche du duc de Bourgogne 1698 ; maréchal de France 1734

1741 *État* « Secrétaire du cabinet du roi, M. de Verneuil, puis M. le maréchal de Puységur » "2 pièces à cheminée"

Maupeou, René Charles de (1688-1775). Premier président au parlement de Paris 1743-1763

31.12.1743 ... *le roi a donné ici un logement à M. le premier président ; c'est celui qu'avait feu M. le maréchal de Puységur, au-dessus de M. d'Amelot* [**AGM 10 et 15**], *dans la cour des Ministres. Il n'était point d'usage que le premier président ait un logement et je crois que c'est ici le premier exemple.* L* V 227. *Cf.* BARBIER III 480 : *Depuis ce temps, le roi a accordé à M. le premier président un logement dans le château de Versailles. M. de Maupeou est le premier qui ait eu cette faveur ; c'est être traité en ministre. Il doit cela aussi bien que sa place au crédit de M. le comte de Maurepas, dont la grand-mère, Mme la chancelière de Pontchartrain, était Maupeou. On croit aussi que cela tend à traiter directement avec M. le premier président des affaires où on aura besoin d'enregistrement et que peu à peu on travaille peut-être à éloigner les remontrances et députations de robins dont les figures ne plaisent pas en cour.*

Sens, Jean Joseph Languet de Gergy, archevêque de (1677-1753). Évêque de Soisson 1715 ; archevêque de Sens 1730 ; conseiller d'État d'Église

Sillery, Marie de Brûlart, *dite* Mlle de (1707-1771)

13.12.1750 *État des personnes qui demandent le logement de Mme la marquise de Boufflers* [**ADM 16**]... *M. le marquis de Puyzieulx pour M. l'archevêque de Sens, dont il désire le logement pour Mlle sa sœur...* Réponse : *Bon pour Mlle de Sillery personnellement.* A.N. O[1] 1076 268

13.12.1750 *Le logement de l'archevêque de Sens, restant toujours séparé du celui du ministre des Affaires étrangères, à Mlle de Sillery...* Distribution : A.N. O[1] 1076 269

22.12.1750 *M. le marquis de Puysieulx prie M. de Tournehem d'ordonner que l'on fasse les réparations suivantes à l'appartement que le roi à donné à Mlle de Sillery, sa sœur, dans le pavillon du corps des gardes françaises : 1. poser une porte qui a été ouverte anciennement dans le corridor des bureaux des Affaires étrangères et reboucher celle du côté du pavillon ; 2. faire reblanchir tout l'appartement qui en a besoin ; 3. faire raccommoder les portes et serrures ; 4. remettre une serrure et quelques clefs qui manquent dans la chambre qui est du côté de la cour ; 5. faire achever de boiser le peu qui reste de l'appartement qui ne l'est pas ; 6. dans la chambre à coucher mettre un chambranle de marbre à la cheminée, celui qui y est étant de pierre de liais...* Réponse : *M. L'Écuyer fera faire les réparations et ajustements... montant à 744 livres.* A.N. O[1] 1810 III 77

Paulmy, Antoine René de Voyer d'Argenson, marquis de (1722-1787). Secrétaire d'État à la Guerre en survivance de son oncle 1751

3.10.1751 *Le logement de Mlle de Sillery à M. le marquis de Paulmy...* Distribution : A.N. O[1] 1076 290

10.10.1751 *Le roi lui a donné le logement de Mlle de Sillery à Versailles qui est auprès de M. de Saint-Contest.* L* XI 248

Crémille, Louis Hyacinthe Boyer de (1700-1768). Adjoint au maréchal de Belle-Isle

8.12.1751 *Le logement de M. le marquis de Paulmy, ci-devant à Mlle de Sillery, à M. de Crémille...* Changements : A.N. O[1] 1076 294

23.8.1754 N au roi : *L'on murmure à la Cour de ce que M. de Crémille a un logement dans l'avant-cour et l'on en fait des reproches sans cesse au comte de Noailles. M. de Crémille n'est pas fait sans doute par sa naissance et son état pour avoir un logement à la Cour, mais M. de Puységur et avant lui M. de Chamlay, cordon rouge, ayant été tous deux maréchaux des logis en l'armée ont eu la même faveur du feu roi. M. de Crémille l'a encore mieux mérité que ses prédécesseurs, le feu roi n'ayant jamais eu le bonheur de gagner deux batailles en personne à la tête de son armée. Le comte de Noailles supplie donc Votre Majesté d'avoir la bonté de lui permettre d'assurer de sa part M. de Crémille que cette grâce ne lui sera pas retirée ; il sera soumis à tous les arrangements qui pourraient convenir pourvu qu'il conserve dans quelque endroit que ce soit cette marque *de la bonté de Votre Majesté.* Bon du roi : A.N. O[1] 1076 378

Brancas de Forcalquier, Marie Anne Renée Jacqueline Grandhomme de Giseux, marquise de (?-?). Dame pour accompagner Mesdames les cadettes 1754

Chimay, Madeleine Charlotte Le Peletier de Saint-Fargeau, princesse de (?-?). Dame pour accompagner Mesdames les cadettes 1754

18.3.1757 *Le logement de M. de Crémille, mis à part pour le service de monseigneur le duc de Bourgogne, prêté au premier avril à Mme la marquise de Brancas et Mme la princesse de Chimay.* Projet d'arrangements : A.N. O[1] 1076 476

3.1757 *Celui de M. de Crémille mis a part pour le service de M. le duc de Bourgogne, prêté jusqu'au premier d'avril 1758 à Mme la marquise de Brancas et à Mme la princesse de Chimay.* L* XV 497

Antoine de Saint-Pons, François Antoine d' (?-?). Premier écuyer de Madame Infante

9.1757 *Le logement qu'occupait M. de Crémille dans l'avant-cour à gauche, premier pavillon, deuxième étage, 6 chambres, 4 à cheminée, prêté à la princesse de Chimay et Mme la marquise de Brancas alternativement, à M. d'Antoine.* A.N. O[1] 1076 491

Luppé, Pierre Charles Joseph, chevalier, puis comte de (1725-1770). Gentilhomme de la manche 1758

Brancas de Forcalquier, Marie Anne Renée Jacqueline Grandhomme de Giseux, marquise de (?-?). Dame de Mesdames les cadettes 1745

Brancas de Forcalquier, Louis Paul, marquis de (1718-?). Grand d'Espagne 1753

29.9.1758 *Le logement prêté à M. d'Antoine dans l'avant-cour, à Mme la marquise de Brancas, pour M. le marquis de Brancas ...* Projet : A.N. O[1] 1076 529

12.5.1758 *Le logement... de M. le baron de Luppé dans l'avant-cour, auquel sera ajouté la partie qui en dépend, prêté à M. d'Antoine, quand Madame l'Infante s'en ira, à Mme la marquise de Brancas, dame de Mesdames.* L* XVI 438 et A.N. O[1] 1077 429

AGM 18 et 18A sont créés.

AGM 18

Crémille, Louis Hyacinthe Boyer de (1700-1768). Adjoint au maréchal de Belle-Isle

1.4.1759[1] *Les chambres de M. l'évêque de Meaux, et M. le marquis de Boufflers et de M. le prévôt des marchands dans l'avant-cour à M. de Crémille ...* Disposition : A.N. O[1] 1076 559

Deux-Ponts, Charles Auguste de Bavière-Birkenfeld, prince palatin, puis duc des, voyageant incognito sous le nom de comte de Sponheim (1746-1799)

1.4.1768 *Le logement de M. de Crémille à M. le comte de Sponheim...* Disposition : A.N. O[1] 1077 24

20.8.1768 E à M : *D'après vos ordres, j'ai vu ce matin le logement de M. le prince des Deux-Ponts qui est très vilain étant dans un brisis ; mais c'est possible en supprimant la cuisine de lui procurer deux chambres à coucher avec chacune un cabinet et des garde-robes. L'on en ôte actuellement les meubles, et lundi il y aura des ouvriers.* A.N. O[1] 1798 280

21.10.1769 E à M : ... *Les petits changements que vous m'avez ordonné de faire pour M. le prince des Deux-Ponts par une de vos lettres du 17 août dernier sont achevés et il pourra y loger à son retour de Fontainebleau...* A.N. O[1] 1798 290

7.11.1769 E à M : *Le logement de M. le prince des Deux-Ponts est entièrement achevé et il pourra l'occuper au retour de Fontainebleau...* A.N. O[1] 1798 419

Buzançois, Marie Louise de Mailly, comtesse de (1747-?). Dame d'honneur de Madame Sophie et de Madame Louise 1768

1769 *L'ancien logement de M. le duc des Deux-Ponts, n° 18, avant-cour à gauche à Mme la comtesse de Buzançais, dame de Mesdames* A.N. O[1] 1799 109

1770 *État A* « Mme la comtesse de Buzançais »

13.4.1770 N au roi : ... *M. le duc de Saint-Aignan demandait le logement que M. le comte de Sponheim a quitté dans l'avant-cour pour M. et Mme de Buzançais... Si Votre Majesté veut faire plaisir à Madame Victoire... Elle pourrait donner le logement de M. le comte de Sponheim à Mme la comtesse de Buzançais.* A.N. O[1] 1077 75

AGM 18A

Montmorency-Fosseux, Anne Léon II, marquis de (1731-1799). Menin du dauphin 1757

1758 N au roi : *Le logement de Mme la marquise de Brancas à M. le marquis de Fosseux.* Disposition : A.N. O1 1077 430

1758 *M. le marquis de Fosseux supplie Votre Majesté et M. le comte de Noailles se joint à sa prière pour obtenir de Votre Majesté son bon pour le premier logement de garçon ou de veuve vacant dans le château... Il rendra celui qu'il a dans l'avant-cour.* A.N. O[1] 1077 426

Montesquiou d'Artagnan, Anne Pierre, marquis de (1739-1798). Gentilhomme de la manche du duc de Bourgogne 1758, puis des Enfants de France ; premier écuyer du comte de Provence

1758 *Le logement prêté à Mme la marquise de Brancas, auprès de M. d'Antoine, au second gentilhomme de la manche...* Disposition des logements... pour le service de Mgr le duc de Bourgogne : A.N. O[1] 1076 506

Boufflers-Remiencourt, Charles Marc Jean François Régis, marquis de (1736-1783). Menin du dauphin 1752

1758 *Le logement qui avait été prêté à M. d'Antoine à M. le marquis de Boufflers.* Disposition : A.N. O[1] 1077 430

Coigny, Marie Thérèse Josèphe Corentine de Nevet, comtesse de († 1778). Dame pour accompagner Mesdames les cadettes 1750

1766 *Le logement ou, pour mieux dire, la chambre de M. le marquis de Boufflers à Mme la comtesse de Coigny jusqu'à ce qu'elle puisse avoir un logement de plain-pied.* A.N. O[1] 1077 373

1. Les logements occupés par M. de Meaux et le prévôt des marchands étaient probablement contigus à **AGM 18**. Le 22 janvier, M. de Meaux reçut **AN 60** et le même jour M. de Crémille se vit accorder **AGM 18** et le prévôt **AGM 24A**.

AGM 18 et 18A sont combinés.

Bayeux, Joseph Dominique de Cheylus (1719-1797). Évêque de Cahors 1766, puis en 1777 de ; premier aumônier de la comtesse d'Artois
16.1.1776 *Le logement de la comtesse de Buzançois à M. l'évêque de Cahors, premier aumônier de Mme la comtesse d'Artois.* Disposition : A.N. O[1] 1799 304
7.12.1777 L'évêque de Bayeux à A : *M. l'évêque de Bayeux assure de son respect M. le comte d'Angiviller. Il le prie de vouloir bien envoyer examiner les croisées de son appartement et donner ordre qu'on en fasse une nouvelle dans sa chambre à coucher, celle qui y est, étant dans le plus mauvais état et tombant en vétusté... au pavillon des gardes françaises...* A.N. O[1] 1800 114
1787 *État* F « M. l'évêque de Bayeux » "4 pièces à cheminée ; 1 entresol"

AGM 19
Pons, Charles Louis de Lorraine-Marsan, prince de (1696-1755)
1741 *État* « M. le prince de Pons » "2 pièces, 1 à cheminée ; 1 entresol sans cheminée"
Brissac, Catherine Madeleine Pécoil, duchesse de (1707-1770)
1.9.1737 ... *celui de M. le prince de Pons à Mme la duchesse de Brissac douairière, mère de Mme la duchesse d'Ayen.* L* I 341
4.3.1745 ... *Mme la duchesse de Brissac... en avait un au-dessus du corps de garde des gardes françaises, mais fort loin, fort haut, fort incommode.* L* VI 367
Feydeau de Brou, Paul Esprit (1682-1767). Conseiller d'État 1737 ; intendant de Paris 1742-1744 ; membre du Conseil des finances 1744
12.3.1745 N au roi : *Le comte de Noailles prend la liberté de proposer à Votre Majesté le logement... de Mme la duchesse de Brissac, qui est très petit et très vilain à M. Brou, conseiller au Conseil royal.* Bon du roi : A.N. O[1] 1076 94
Clermont-Gallerande, Pierre Gaspard, *dit* comte de Clermont d'Amboise, puis marquis de (1682-1756). Capitaine des gardes du duc de Berry ; premier gentilhomme du duc d'Orléans
Clermont-Gallerande, Louis Georges de, *dit* comte de Clermont (1684-1758). Premier gentilhomme de la chambre du duc d'Orléans 1752
24.12.1747 N au roi : *M. le duc d'Orléans ayant rendu à Votre Majesté son logement à Versailles, le logement de M. de Clermont-Gallerande, premier gentilhomme de la chambre de M. le duc d'Orléans, devient vacant. M. son frère, le lieutenant général, le demande. Ce logement est assez vilain et est dans l'avant-cour du château.* A.N. O[1] 1076 178
Crémille, Louis Hyacinthe Boyer de (1700-1768). Adjoint au maréchal de Belle-Isle
11.9.1750 *M. de Crémille chez M. le marquis de Clermont-Gallerande.* Distribution des logements pour le service de Mesdames : A.N. O[1] 1076 260
Paulmy, Antoine René de Voyer d'Argenson, marquis de (1722-1787). Secrétaire d'État à la Guerre en survivance de son oncle 1751
8.12.1751 *Le logement de M. de Crémille, ci-devant à M. le marquis de Clermont, à M. le marquis de Paulmy...* Changements : A.N. O[1] 1076 294
Beuvron, Marie Catherine Rouillé, marquise de (?-?)
27.8.1754 *Le logement de M. le marquis de Paulmy, au second étage, qui est près de M. Rouillé, à M. Rouillé pour Mme la marquise de Beuvron et point à la place du ministre des Affaires étrangères, avec une porte de communication avec le logement de M. Rouillé.* L* XIII 328
13.10.1754 E à M : *La demande de Mme de Beuvron est un devant d'alcôve dans sa chambre à coucher avec un cabinet de chaque côté et dans la cuisine de son logement on détruit les fourneaux et ustensiles pour en faire une chambre à ses femmes, ce qui est changement et ajustement.* Réponse : *Faire faire les réparations demandées par Mme de Beuvron.* A.N. O[1] 1796 85 et 1811 I 129
27.10.1754 *Mme Rouillé et Mme la comtesse de Beuvron supplient très humblement Votre Majesté de vouloir bien leur accorder les réparations nécessaires à leurs appartements* [**AGM 15 et 19**] *qui, suivant le devis, monteront à 1 254 livres.* Bon du roi : A.N. O[1] 1070 446 ; *cf.* 445
Feydeau de Marville, Claude Henri, seigneur de (1705-1787). Conseiller d'État ordinaire 1756
11.9.1774 *M. de Joly de Fleury demande le logement de M. de Marville dans l'avant-cour.* A.N. O1 1077 209
Joly de Fleury, Jean François de, *dit* président (1718-1802). Membre du Conseil des dépêches et du commerce 1760
1770 *État* A « M. de Marville, puis [M.] de Fleury, conseiller au Conseil des dépêches »

AGM 20
Bissy, Jacques de Thiard, marquis de (1647-1743)
Bissy, Anne Claude de Thiard, marquis de (1681-1765)
Bissy, Angélique Henriette Thérèse de Chauvelin, marquise de (1685-1764)
1741 *État* « M. de Bissy, puis maréchal de Broglie » "2 pièces, 1 à cheminée ; 1 entresol sans cheminée"
4.12.1744 *Mme la comtesse de Lorge... a eu le logement dans l'aile des Princes qu'avait M. de Bissy le fils ; et M. de Bissy a eu celui qu'avait M. son père auprès du logement du secrétaire d'État des Affaires étrangères.* L* VI 173
Broglie, François Marie, comte, puis en 1742 duc de (1671-1745). Maréchal de France
Crémille, Louis Hyacinthe Boyer de (1700-1768). Adjoint au maréchal de Belle-Isle
27.6.1748 *Le logement de M. de Bissy dans l'avant-cour aux combles à M. de Crémille pour être à portée de son travail jusqu'à ce qu'il ait celui qui lui est destiné près des bureaux de M. le comte d'Argenson.* Bon du roi : A.N. O[1] 1076 226
3.7.1748 *L'appartement qu'avait feu M. de Bissy a été donné à M. de Crémille.* L* IX 58
5.2.1749 *M. de Crémille demande à M. de Tournehem la permission de faire travailler à l'appartement que le roi lui a accordé à Versailles. Ce travail consiste à ouvrir une petite lucarne à côté de la fenêtre de sa chambre pour donner l'air à une niche. Il y une pareille lucarne*

à l'appartement qu'occupe aujourd'hui M. l'archevêque de Sens [**AGM 18A**] *et de faire faire une ouverture au mur qui sépare l'autre partie de la niche où il compte mettre une chaise percée.* A.N. O^1 1810 folio 140
Verneuil, Eusèbe Félix de Chaspoux, marquis de (1720-1791). Introducteur des ambassadeurs 1743-1756 ; secrétaire du cabinet ayant la plume 1747
11.9.1750 *M. de Verneuil chez M. de Crémille* ... Distribution : A.N. O^1 1076 260
3.5.1756 *M. de Verneuil supplie Votre Majesté d'avoir la bonté de lui conserver le logement qu'il a dans l'avant-cour à titre de secrétaire du cabinet ayant la plume et point comme introducteur des ambassadeurs.* A.N. O^1 1076 439

AGM 19 et 20 sont combinés.

Ormesson, Louis II François-de-Paule Lefèvre d', marquis de Noiseau (1718-1789). Premier président au parlement de Paris 1788-1789
1775 N au roi : *M. d'Ormesson, conseiller au Conseil royal, est mort. Il avait un petit logement au château* [**S 20B**] *Votre Majesté veut-Elle l'accorder à M. de Fleury conseiller des dépêches et laisser à M. d'Ormesson* [son frère] *à cause de son travail de Saint-Cyr, celui de M. de Fleury* [**AGM 19**] ? A.N. O^1 1077 367
1775 *Le logement de M. de Fleury dans l'avant-cour à M. d'Ormesson, surintendant des finances chargé du travail de Saint-Cyr...* Disposition : A.N. O^1 1799 463
1787 *État* F « M. le premier président » [**AGM 19**] "2 pièces, 1 à cheminée" [**AGM 20**] « M. d'Ormesson » "2 pièces, 2 à cheminée"

SECOND ÉTAGE DE L'AILE

AGM 21 [1]
Pontchartrain, Louis II Phélypeaux, comte de (1643-1727). Contrôleur général des finances 1689-1699 ; chancelier de France 1699-1714
Chamillart, Michel (1652-1721). Intendant des finances 1690 ; contrôleur général des finances 1699-1708 ; secrétaire d'État à la Guerre 1701-1709
Puységur, Jacques François de Chastenet, marquis de (1655-1743). Gentilhomme de la manche du duc de Bourgogne 1698 ; maréchal de France 1734
8.10.1699 [Le roi] *donna au contrôleur général Chamillart tout le grand appartement qu'avait le contrôleur général Le Peletier... Dans ce logement... il y avait beaucoup de gens très bien logés, comme Puységur et Montviel.* S VI 190
Souvré, Louis Nicolas Le Tellier, marquis de (1667-1725). Maître de la garde-robe du roi 1689
13.7.1701 *Le roi a donné tous les logements vacants à Versailles... M. de Souvré et les deux Bontemps ont les logements au-dessus de M. Le Peletier et de la duchesse de Villeroy.* D VIII 147

1. Cet espace était la mansarde de l'appartement ministériel officiel, qui incluait **AGM 4, 9 et 14** au-dessous et **AGM 26** dans le comble.

Desmarets, Nicolas, seigneur de Maillebois (1648-1721). Contrôleur général des finances 1708-1715
21.2.1708 *Le roi, ayant fait entrer Desmarets... lui déclara qu'il le faisait contrôleur général des finances... Ainsi le roi lui rendit l'appartement qu'avait autrefois occupé le contrôleur général Le Peletier, et par ce moyen... le marquis de Souvré...* [et al.] *se trouvaient délogés après avoir fait des ajustements dans leurs appartements, dont ils avaient espéré une plus longue possession.* D XI 26
Blanc, Louis Claude le (1669-1728). Ministre de la Guerre 1720-1723, puis 1826-1828
Breteuil, François Victor Le Tonnelier, marquis de (1686-1743). Secrétaire d'État à la Guerre 1723-1726
Angervilliers, Nicolas Prosper Bauyn, seigneur d' (1675-1740). Secrétaire d'État à la Guerre 1728-1740
Maurepas, Jean Frédéric Phélypeaux, comte de Pontchartrain et de (1701-1781). Secrétaire d'État à la Marine 1723-1749 ; ministre d'État 1738-1749, 1774-1780
1740 *M. d'Angervillier, avant-cour à gauche deuxième étage dans l'aile, ses bureaux, n° 21, 12 pièces, dont 11 à cheminée, donné à M. de Maurepas...* Logements... donnés par le roi : A.N. O^1 1076 133
1741 *État* « M. d'Angervillier, puis M. de Maurepas » "12 pièces, 11 à cheminée"
Argenson, Marc Pierre de Voyer de Paulmy, marquis d' (1696-1764). Secrétaire d'État à la Guerre 1743-1757
Paulmy, Antoine René de Voyer d'Argenson, marquis de (1722-1787). Secrétaire d'État à la Guerre en survivance de son oncle 1751 ; en titre 1757-1758
Belle-Isle, Louis Charles Auguste Fouquet, comte de, duc, puis en 1742 duc de Gisors (1684-1761). Maréchal de France 1741 ; secrétaire d'État à la Guerre 1758-1761
Choiseul, Étienne François, comte de Stainville, puis duc de (1719-1785). Secrétaire d'État aux Affaires étrangères 1758-1761 ; secrétaire d'État à la Guerre 1761-1770
Monteynard, Louis François, marquis de (1711-1775). Secrétaire d'État à la Guerre 1771-1774
Muy, Louis Nicolas Victor de Félix, chevalier, puis comte de (1711-1775). Secrétaire d'État à la Guerre 1774-1775 ; maréchal de France 1774
Saint-Germain, Claude Louis, comte de (1707-1778). Ministre de la Guerre 1775-1777
Montbarrey, Alexandre Marie Éléonor de Saint-Mauris, prince de (1732-1795). Secrétaire d'État à la Guerre 1777-1780
Ségur, Philippe Henri, marquis de (1724-1801). Ministre de la Guerre 1780-1787
25.9.1785 Mayeux, chef du Bureau des renvois du secrétariat à la Guerre à A : *Département de la Guerre : Bureau des renvois du secrétariat du ministre établi dans trois pièces mansardées de la partie du logement qu'il occupe à Versailles : ce bureau occupe effectivement trois pièces aux mansardes, y compris l'antichambre du garçon qui en sépare deux, chaque pièce ayant sa croisée prenant jour au nord sur la cour. La croisée de la pièce occupée par sept à huit commis est une à deux vantaux portant 16 carreaux de verre commun de la dimension d'environ huit pouces, six lignes de large sur 11 pouces de haut. Les cadres et châssis sont encore*

en état de servir en entretenant, comme on le fait au besoin, les bois d'encollage de papier et les carreaux de mastic, mais comme la baie de cette seule croisée ne donnait pas le jour nécessaire à l'étendue de cette pièce, il y avait de plus deux autres petits jours, l'un à deux, l'autre à quatre carreaux à peu près de même dimension dans la partie de la toiture au-dessus de la poutre qui règne supérieurement le long de cette croisée et perpendiculaire à chacun de ses côtés, ce qui a suffi et suffit encore pour cette pièce. À l'égard de la croisée de l'antichambre, elle est très ancienne et encore à petits carreaux, desserrés des bordures encadrées de plomb ; et les panneaux soutenus par les petites baguettes de fer clouées aux châssis des vantaux sont si détériorés par les intempéries et leur vétusté qu'ils sont absolument hors d'état de servir davantage. Il importe donc, pour l'utilité comme pour la sûreté de cette pièce et la facilité du service du garçon qui l'occupe, qu'il soit fait le plus tôt possible une nouvelle croisée... Quant au cabinet du chef du bureau, il n'y a qu'une croisée de quatre grands carreaux, donc deux à chaque vantail, laquelle quoique en très bon état ne fournit pas à beaucoup près le jour suffisant pour pouvoir non seulement faire toutes les opérations commodément, mais encore pour arranger et tenir l'ordre indispensablement nécessaire dans tous les papiers qu'il reçoit et remet tous les jours, et dans ceux qu'il est obligé de garder dans les armoires de manière que trop gêné et fatigué par le défaut de jour il se trouve forcé de demander en grâce qu'il soit aussi ouvert deux nouveaux petits jours dans la toiture au-dessus de la poutre qui règne sur la croisée aux points les plus propres à éclairer les tables des côtés des armoires du fond de cette pièce afin d'éviter l'usage et la consumation de la bougie pendant le jour même... Il y a aussi des armoires établies en 1777 par le menuisier des Bâtiments du roi dans les deux pièces du bureau qui ont besoin d'être un peu regrattées et les devants mis en couleur. A.N. O[1] 1802 128

Loménie de Brienne, Athanase Louis Marie, comte de (1730-1794). Ministre de la Guerre 1787-1788

1787 *État* F « Ministre de la Guerre » "12 pièces à cheminée"

Puységur, Pierre Louis de Chastenet, comte de (1727-1807). Ministre de la Guerre 1788-1789

AGM 22 [1]

Louvois, François Michel Le Tellier, marquis de (1641-1691). Secrétaire d'État à la Guerre 1667-1691

Le Peletier, Claude (1630-1711). Contrôleur général des finances 1683-1689 ; surintendant des Postes 1691-1697

Chamillart, Michel (1652-1721). Intendant des finances 1690 ; contrôleur général des finances 1699-1708 ; secrétaire d'État à la Guerre 1701-1709

Montviel, Jacques de Vassal, marquis de (1659-1714). Gentilhomme de la manche du duc de Bourgogne 1698

8.10.1699 [Le roi] *donna au contrôleur général Chamillart tout le grand appartement qu'avait le contrôleur général Le Peletier... Dans ce logement... il y avait beaucoup de gens très bien logés, comme Puységur et Montviel.* S VI 190

Bontemps, Louis Alexandre (1669-1742). Premier valet de chambre du roi en survivance 1767, en exercice 1701

Bontemps, Claude Nicolas Alexandre (?-?). Premier valet de la garde-robe du roi 1690

10.4.1701 *Sa Majesté a permis de faire les petits accommodements que demandent MM. Bontemps dans les nouveaux logements que Sa Majesté leur a donnés dans l'aile de l'avant-cour.* Ordres du roi : A.N. O[1] 1809 62 verso

18.1.1701 *Le roi donne à* [Bontemps] *l'aîné aux Tuilleries à Paris un logement magnifique qu'avait feu M. Bontemps ; il lui donne aussi un beau logement ici.* D VIII 15

13.7.1701 *Le roi a donné tous les logements vacants à Versailles... M. de Souvré et les deux Bontemps ont les logements au-dessus de M. Le Peletier et de la duchesse de Villeroy...* D VIII 147

Desmarets, Nicolas, seigneur de Maillebois (1648-1721). Contrôleur général des finances 1708-1715

21.2.1708 *Le roi, ayant fait entrer Desmarets... lui déclara qu'il le faisait contrôleur général des finances... Ainsi le roi lui rendit l'appartement qu'avait autrefois occupé le contrôleur général Le Peletier, et par ce moyen... les deux frères Bontemps...* [et al.] *se trouvaient délogés après avoir fait des ajustements dans leur appartements, dont ils avaient espéré une plus longue possession.* D XI 26

Breteuil, François Victor Le Tonnelier, marquis de (1686-1743). Secrétaire d'État à la Guerre 1723-1726 ; chancelier de la reine 1725

Fleuriau de Morville, Charles Jean-Baptiste, comte de (1686-1732). Secrétaire d'État à la Marine 1722, puis aux Affaires étrangères 1723-1727

Chauvelin, Germain Louis, seigneur de Grisenoy (1685-1762). Ministre et secrétaire d'État aux Affaires étrangères 1727-1737

Amelot de Chaillou, Jean Jacques (1689-1749). Secrétaire d'État aux Affaires étrangères, 1737-1744

1741 *État* « M. Chauvelin, puis M. Amelot » "18 pièces à cheminée"

Argenson, René Louis de Voyer, marquis d' (1694-1757). Secrétaire d'État aux Affaires étrangères 1744-1747

Puysieulx, Louis Philogène Brûlart de Sillery, marquis de (1701-1770). Secrétaire d'État aux Affaires étrangères 1746-1751

30.9.1748 T au roi : *M. le marquis de Puysieulx désirant loger chez lui M. de Sillery, son neveu et héritier, demande que l'on fasse faire plusieurs réparations dans le logement qu'il lui destine qui se monteront à 568 livres.* Bon du roi : A.N. O[1] 1070 344 ; *cf.* 1810 II 88

Saint-Contest, François Dominique Barberie, marquis de (1701-1754). Secrétaire d'État aux Affaires étrangères 1751-1754

Rouillé, Antoine Louis, comte de Jouy (1689-1761). Secrétaire d'État aux Affaires étrangères 1754-1757

Bernis, François Joachim de Pierre, cardinal de (1715-

1. Cet espace était la mansarde de l'appartement ministériel officiel, qui incluait **AGM 5, 10 et 15**, au-dessous, et **AGM 27** dans le comble.

1794). Secrétaire d'État aux Affaires étrangères 1757-1758
Choiseul, Étienne François de, comte de Stainville, duc de (1719-1785). Secrétaire d'État aux Affaires étrangères 1758-1761 ; secrétaire d'État à la Guerre 1761-1770
Praslin, César Gabriel de Choiseul-Chevigny, duc de (1712-1785). Secrétaire d'État aux Affaires étrangères 1760-1770 ; secrétaire d'État à la Marine 1766-1770
Aiguillon, Emmanuel Armand de Vignerot du Plessis de Richelieu, comte, puis duc d'Agenois, en 1750 duc d' (1720-1788). Secrétaire d'État aux Affaires étrangères 1771-1774
Vergennes, Charles Gravier, comte de (1717-1787). Secrétaire d'État aux Affaires étrangères 1774-1787
1770 *État* A « M. le duc de Praslin, puis le duc d'Aiguillon, puis de Vergennes »
Malesherbes, Chrétien Guillaume de Lamoignon, marquis de (1721-1794). Secrétaire d'État à la Maison du roi 1775-1776
Amelot de Chaillou, Antoine Jean. (1732-1795). Secrétaire d'État à la Maison du roi 1776-1783
Breteuil, Louis Charles Auguste Le Tonnelier, baron de (1730-1807). Secrétaire d'État à la Maison du roi 1783-1787 ; ministre 1789
Matignon, Angélique Élisabeth Le Tonnelier de Breteuil, comtesse de († 1833)
26.4.1787 Le baron de Breteuil à A : *Les boiseries... et le plafond de l'appartement qu'occupe ici ma fille, sont dans un si mauvais état que je ne puis me dispenser de demander qu'on y fasse des réparations. Vous seriez aussi frappé que M. Heurtier l'a été de leur nécessité. Il y a certainement de bien longues années qu'on n'a rien fait pour l'entretien de cet appartement.* A.N. O^1 1802 341
Laurent de Villedeuil, Paul Charles (1742-1828). Secrétaire d'État à la Maison du roi 1787-1789
1787 *État* F « Ministre de la Maison du roi » "7 pièces, 6 à cheminée ; 1 entresol sans cheminée"
Saint-Priest, François Emmanuel de Guignard comte de (1735-1821). Secrétaire d'État à la Maison du roi 1787 *État* F "12 pièces à cheminée, 1 entresol"

SECOND PAVILLON SECOND ÉTAGE

AGM 23
Prye, Louis, marquis de (1673-1751). Sous-gouverneur du roi 1719
1741 *État* « M. le marquis de Prye » "3 pièces à cheminée"
9.5.1751 *M. de Prye mourut hier, ici, dans son appartement au château... Il y avait longtemps que sa tête était fort affaiblie, et feu Mme de Ventadour, avec qui il passait sa vie, se faisait un plaisir de raconter l'étonnement où elle était à son âge de ne point radoter, pendant qu'elle entendait au coin de son feu Mme de Visé, qui était fort de ses amies, faire la conversation avec M. de Prye et se demander l'un à l'autre si le feu roi ne se remarierait pas et autres propos semblables.* L* XI 127 *sq.*
Courteille, Jacques Dominique de Barberie, marquis de (1696-1767). Conseiller d'État 1747 ; intendant des finances
12.4.1751 *Le logement de M. de Prye à M. de Courteille qui prêtera une chambre à M. de Savelette, garde du Trésor royal...* Disposition : A.N. O^1 1076 279
23.10.1751 T au roi : *M. de Courteille à qui Sa Majesté a accordé le logement qu'occupait ci-devant M. le marquis de Prye au château de Versailles supplie très humblement Sa Majesté de lui accorder les réparations et ajustements nécessaires pour le rendre habitable, étant dans un délabrement considérable, qui monteront suivant le plan et le devis ci-joints à 3212 livres, non compris les glaces.* Bon du roi : A.N. O^1 1891 III 136 ; *cf.* 1070 376
Savelette de Magnaville, Charles Pierre (1713-1797). Maître des requêtes ; fermier général ; puis garde du Trésor royal 1749
27.6.1756 N au roi : *Votre Majesté a eu la bonté d'accorder à M. Savelette un petit cabinet sous la même clef et dans le logement de M. de Courteille qui en était content parce que c'était son beau-père. M. de Puysieulx et M. Moras ont demandé ce cabinet pour M. d'Harveley ; M. de Magnaville l'a demandé aussi pour lui ; mais M. de Paulmy le désire vivement ayant un très petit logement et se trouvant beau-frère de M. de Courteille il peut s'arranger plus aisément avec lui. Votre Majesté veut-Elle bien l'accorder à M. de Paulmy et permettre au comte de Noailles de promettre à MM. les gardes du Trésor royal une retraite pour mettre leur argent quand il y en aura une et qui sera à chacun dans son année ?* Bon du roi : A.N. O^1 1076 448
Feydeau de Marville, Claude Henri, seigneur de (1705-1787). Membre du Conseil royal des finances 1766
[176...] *le logement de feu M. de Courteille dans l'avant-cour à M. de Marville, conseiller au Conseil royal* Disposition : A.N. O^1 1077 381
Laval, Guy André Pierre de Montmorency-Laval, marquis de Lezai, puis duc de (1723-1798). Premier gentilhomme de la chambre du comte de Provence 1771
Laval, Mathieu Paul Louis de Montmorency-Laval, vicomte de (1748-1809). Premier gentilhomme de la chambre du comte de Provence en survivance de son père 1771
Noailles, Emmanuel Marie Louis, marquis de (1743-1822). Premier gentilhomme de la chambre de Monsieur 1773
1.5.1772 *Si Votre Majesté veut avoir la bonté d'accorder à M. le duc de Laval le logement qu'il désire* **[AP 55]**, *le comte de Noailles propose de donner celui qu'il avait à M. le marquis de Noailles, laissant à M. le vicomte de Laval la chambre qu'il occupe.* A.N. O^1 1077 172
2.1.1773 *Le logement et la cuisine de M. le duc de Laval, en réservant à M. le vicomte de Laval la chambre qu'il occupe à M. le marquis de Noailles, premier gentilhomme du comte de Provence ...* Distribution : A.N. O^1 1799 116
3.8.1773 *Demandes relatives au château de Versailles : quelques arrangements chez M. le marquis de Noailles pour avoir de l'eau et pour être séparé de M. le duc de Laval* [est un] *objet de 326 livres...* A.N. O^1 1799 155
Cossé, François Arius Hyacinthe Timoléon, vicomte de

(1749-1803). Premier gentilhomme de la chambre du comte de Provence
1770 *État* A « M. le marquis de Noailles et M. le vicomte de Laval, puis M. le vicomte de Cossé »
1783 *État* D « M. le vicomte de Cossé »
Châtre, Claude Louis de La Châtre, comte de Nançay, puis marquis de la (1745-1824)
1787 *État* F [1] « M. le comte de La Châtre » "3 pièces à cheminée"

AGM 24
Avignon, Guillaume d' (1647-1724). Major des gardes du corps 1710-1716
Jumilhac, Pierre Joseph de la Chapelle, marquis de (1692-1783). Capitaine de la première compagnie des mousquetaires 1738
1741 *État* « Commandant des mousquetaires gris M. d'Avignon, puis, M. de Jumilhac » "4 pièces, 3 à cheminée ; 2 entresols sans cheminée"
15.3.1748 Le marquis de Jumilhac à T : *M. le marquis de Jumilhac prie M. de Tournehem par son mémoire d'envoyer quelqu'un visiter son appartement qui est au-dessus de Mme de Chalmazel dans les attiques, n° 24, qu'il voulut... faire un petit changement qui est de peu de dépense à la niche où son lit est placé.* Réponse : *Bon à exécuter conformément au devis montant à 351 livres.* A.N. O[1] 1810 II 46
Paulmy, Antoine René de Voyer d'Argenson, marquis de (1722-1787). Secrétaire d'État à la Guerre, en survivance de son oncle 1751, en titre 1757-1758 ; ambassadeur à Varsovie
29.8.1754 *Il y a eu quelques changements dans les logements ici... celui de M. et Mme de Jumilhac à M. et Mme de Paulmy.* L* XIII 331
4.10.1754 E à M : *M. le marquis de Paulmy, ayant depuis peu de jours le logement de M. de Jumilhac, tenant à celui de M. le comte d'Argenson... Devant de vous demander de lui faire mettre en état pour l'occuper avec Mme de Paulmy, j'ai cru devoir, Monsieur, me donner l'honneur de vous envoyer ci-joint le plan avec l'estimation de la dépense, laquelle est un objet d'environ 2000 livres. Dans tout le château, il n'y a pas un pareil logement pour la malpropreté, et les réparations de propreté en sont inévitables.* A.N. O[1] 1796 72
8.10.1754 E à M : *Dans la chambre à coucher de M. de Paulmy, ainsi que celle de Mme, n'y ayant que deux vieux chambranles de liais, fort vilains. Je crois devoir les remplacer par deux de marbre, l'un provenant du cabinet de Madame Adélaïde, qu'elle fait supprimer pour y mettre un poêle, et l'autre du cabinet de Mme Rouillé, qu'elle trouve avec juste raison trop grand pour la petitesse de cette pièce.* A.N. O[1] 1796 91
13.10.1754 M à E : *Faites faire... les ouvrages nécessaires chez M. Paulmy afin que cet appartement soit en état au retour de la Cour.* A.N. O[1] 1796 86
15.10.1754 E à M : *... Dans la chambre à coucher de M. le marquis de Paulmy ainsi que dans celle de Mme, n'y ayant que deux vieux chambranles de liais, fort vilains, je crois devoir les remplacer par deux de marbre, l'un provenant du cabinet de Madame Adélaïde, qu'elle fit supprimer pour y mettre un poële et l'autre du cabinet de Mme Rouillé qu'elle trouve avec juste raison trop grand pour la petitesse de cette chambre. Je remplacerai ce dernier chambranle par un très petit de mesure qui se trouve dans l'entresol qu'on accommode pour le valet de chambre de M. le garde des Sceaux.* Bon du roi : A.N. O[1] 1811 III 133 et 135
Crémille, Louis Hyacinthe Boyer de (1700-1768). Aide de camp du maréchal de Belle-Isle
18.3.1757 *Le logement de M. le marquis de Paulmy à M. de Crémille.* Projet d'arrangement : A.N. O[1] 1076 476
29.5.1757 *Le logement de M. le marquis de Paulmy à M. de Crémille.* L* XV 497
Hauteville, N..., chevalier d' (?-?)
1.4.1759 *Le logement de M. de Crémille, ci-devant à M. et Mme de Paulmy, et avant à M. et Mme de Jumilhac, la partie ci-devant à Mme de Paulmy à M. le chevalier d'Hauteville, la partie occupée par M. de Paulmy à M. le prévôt des marchands.* Disposition : A.N. O[1] 1076 599

AGM 24 est divisé en **AGM 24** et **AGM 24A**.

AGM 24
Meaux, Jean Louis Marthonie de Caussade, évêque de (1712-1779). Premier aumônier de Madame Adélaïde 1759 ; évêque de Meaux 1759
Caumont, Bertrand Nompar de Caumont, chevalier, puis marquis de La Force et de (1725-1773)
1770 *État* A « M. l'évêque de Meaux, puis le marquis de Caumont »
1.10.1770 *M. le marquis de Caumont, premier gentilhomme de la chambre de Monseigneur le comte de Provence demande le logement de M. l'évêque de Meaux dans l'avant-cour en attendant qu'il puisse en avoir un au château.* A.N. O[1] 1077 90
29.3.1771 N au roi : *M. le comte de Noailles ne peut tenir à la persécution pour les logements... Il a supplié de fixer les rangs et de décider que MM. les premiers gentilshommes de la chambre de Monseigneur le comte de Provence seraient logés de préférence à MM. les capitaines des gardes, en conséquence le comte de Noailles a cru faire merveille de proposer à Votre Majesté le logement de M. le maréchal d'Estrées pour M. le comte de Caumont et celui de M. le marquis de Caumont pour logement de quartier jusqu'à ce qu'on puisse en donner un second. M. de Lévis s'est fâché et voulait donner un mémoire à Votre Majesté contre M. le comte de Noailles qui a voulu épargner cette importunité à Votre Majesté. Pour donc satisfaire la gloriole de M. le marquis de Lévis, si Votre Majesté approuve, on donnera à M. de Baglion qui est dans le château, aile du Midi, n° 76, le logement de l'avant-cour pour le temps qu'il restera gentilhomme de la manche et M. le capitaine des gardes de Monseigneur le comte de Provence entrera à sa place dans le château.* A.N. O[1] 1077 118
29.3.1771 *Le logement de M. le comte de Caumont avant-cour à gauche, deuxième étage, n° 24 pour logement de quartier au capitaine des gardes de Monseigneur le comte de Provence...* Disposition : A.N. O[1] 1077 123 ; *cf.* 1798 614
Lévis, François Gaston, marquis, puis duc de (1720-

1. Le marquis de la Châtre occupait aussi **AGM 17** au-dessous.

1787). Capitaine des gardes du corps du comte de Provence 1771 ; maréchal de France 1783

Chabrillan, Jacques Aimar Henri de Moreton, comte de (1729-1802). Capitaine des gardes du corps du comte de Provence

30.3.1771 *Messieurs les capitaines des gardes du corps de Mgr le comte de Provence demandent que le logement de l'avant-cour que Votre Majesté a eu la bonté de leur accorder soit sous le nom de M. le comte de Chabrillan qui le prêtera à M. le marquis de Lévis jusqu'à ce qu'il en ait un dans le château.* A.N. O[1] 1077 133

1777 *État* B [1] « M. de Chabrillan »

AGM 24A

Camus de Pontcarré de Viarmes, Jean-Baptiste Élie († 1775). Prévôt des marchands de Paris

1.4.1759 *Le logement de M. de Crémille, ci-devant à M. et Mme de Paulmy, et avant à M. et Mme de Jumilhac, la partie ci-devant à Mme de Paulmy à M. le chevalier d'Hauteville, la partie occupée par M. de Paulmy à M. le prévôt des marchands...* Disposition : A.N. O[1] 1076 599

23.5.1759 GG 2783 « Plan de l'appartement de M. le prévôt des marchands au château de Versailles »

31.7.1759 *M. le prévôt des marchands supplie très humblement Votre Majesté de vouloir bien lui accorder les réparations nécessaires au logement qu'Elle a bien voulu lui accorder au château de Versailles suivant le devis ci-joint de 300 livres... Les cloisons de sapin et boiseries, châssis, portes et planches estimés à 150 livres ; les réparations de la face du lambris, impression de peinture, vitrerie et menues serrureries et raccordements, 150 livres.* Bon du roi : A.N. O[1] 1811 III 84 ; *cf.* 1072 136

Talaru, Louis François, vicomte de (1729-1782). Premier maître d'hôtel de la reine en survivance de son frère 1763

Talaru, Henriette Jeanne Hélène de Bec de Lièvre, vicomtesse de († 1742). Dame pour accompagner Madame Adélaïde 1769

1764 *M. Bignon étant logé, Votre Majesté permet-Elle de prêter sa chambre de prévôt des marchands au maître d'hôtel de la reine en survivance ?* A.N. O[1] 1076 754

25.8.1764 Le chevalier de Talaru à N : *Je reconnais que le logement que j'occupe à côté de celui du premier aumônier de Madame est celui que le roi a accordé à M. le prévôt de marchands de Paris, qu'il ne m'est que prêté et que je le rendrai à M. le prévôt des marchands quand il me sera demandé.* A.N. O[1] 1076 755

> 1770 N au roi : *Madame désire le logement de Mme la duchesse de Brissac* [**VA 50**] *pour M. l'évêque de Meaux et le logement de M. l'évêque de Meaux* [**AGM 24**] *à Mme la comtesse de Talaru. M. le comte de Talaru rendra celui qu'il occupe qui est à M. le prévôt des marchands.* A.N. O[1] 1077 87

Damas d'Antigny, Jacques François, comte, puis marquis de (1732-1811). Gentilhomme d'honneur du comte de Provence 1777

1777 *État* B « M. de Talaru » "2 pièces" « puis le comte de Damas »

AGM 24 et 24A sont combinés.

La Tour d'Auvergne, Marie Louise Adélaïde de Scépeaux, comtesse de († 1802). Dame pour accompagner la comtesse de Provence 1772

1782 *Le logement de M. le comte de Chabrillan à Mme la comtesse de La Tour d'Auvergne.* Distribution : A.N. O[1] 1077 439 ; *cf.* 1801 328

1787 *État* F « Mme la comtesse de La Tour d'Auvergne » "4 pièces, 3 à cheminée"

PREMIER PAVILLON LE COMBLE

AGM 25

Suisses du château

1741 *État* « Suisses du château » "7 pièces ; 2 à cheminée"

Officiers aux gardes françaises

1787 *État* F « Officiers aux gardes [francaises] » "4 pièces, 2 à cheminée"

AGM 25A

Suisse des ambassadeurs

Courtat, N..., sieur (?-?). Suisse pour la salle des Ambassadeurs

Crussol, François Emmanuel de Crussol d'Uzès, duc d'Uzès, *dit* duc de (1728-1802)

26.7.1781 Le duc de Crussol à A : *M. le duc de Crussol ayant trouvé à louer du sieur Courtat, suisse du roi pour la salle des Ambassaseurs, un petit logement au-dessus des gardes françaises, et désirant le faire arranger, a l'honneur de prier M. le comte d'Angiviller de vouloir bien lui donner la permission de faire aggrandir une lucarne qui est le seul jour de ce logement. M. le comte d'Angiviller peut accorder cette permission d'autant plus aisément qu'elle a déjà été donnée pour le semblable jour, et que cela ne nuit en rien à la décoration, attendu que ces lucarnes sont dans le comble.* Réponse : *Il sera procédé.* A.N. O[1] 1801 139 *cf.* 144

30.11.1782 Le duc de Crussol à A : *Le duc de Crussol a l'honneur de prier M. le comte d'Angiviller... de donner des ordres... pour faire faire quelques réparations dans une chambre qui est contiguë à l'appartement qu'il occupe à Versailles.* A.N. O1 1801 400

15.1.1783 LR et L** à A : *Situation des travaux : l'appartement du duc de Crussol. L'arrangement de la petite pièce servant de salle à manger est très avancé.* A.N. O[1] 1801 412

1787 *État* F "2 pièces, 1 à cheminée"

LE COMBLE DE L'AILE

AGM 26 [2]

Pontchartrain, Louis Phélypeaux, comte de (1643-

1. Le comte de Chabrillan occupait aussi **AGM 30** au-dessus.

2. Ce logement était situé dans le comble de l'appartement ministériel officiel qui incluait **AGM 4, 9, 14 et 21**, au-dessous.

1727). Contrôleur général des finances 1689-1699 ; chancelier de France

Chamillart, Michel (1652-1721). Contrôleur général des finances 1699-1708 ; secrétaire d'État à la Guerre 1701-1709

Desmarets, Nicolas, seigneur de Maillebois (1648-1721). Contrôleur général des finances 1708-1715

Blanc, Louis Claude le (1669-1728). Ministre de la Guerre 1720-1723

Breteuil, François Victor Le Tonnelier, marquis de (1686-1743). Secrétaire d'État à la Guerre 1723-1726 ; chancelier de la reine 1725

Blanc, Louis Claude, le (1669-1728). Ministre de la Guerre 1726-1728

Angervillier, Nicolas Prosper Bauyn, seigneur d' (1675-1740). Secrétaire d'État à la Guerre 1728-1740

Maurepas, Jean Frédéric Phélypeaux, comte de Pontchartrain et de (1701-1781). Secrétaire d'État en survivance en 1715 et en exercice 1718 ; secrétaire d'État à la Marine 1723-1749 ; ministre d'État 1738-1749
1741 *État* « M. d'Angervillier, puis M. de Maurepas » "10 pièces, sans cheminée

Argenson, Marc Pierre de Voyer de Paulmy, comte d' (1696-1764). Secrétaire d'État à la Guerre 1743-1757

Du Buisson, N... (?-?). Premier commis de la Guerre
2.10.1746 *M. du Buisson, premier commis de la Guerre, de qui le bureau est composé de 2 pièces situées sur le petit escalier de la cour et dont la vue donne sur la rue aboutissant à la partie dont le passage est sous l'appartement du ministre, expose que les cheminées sont fort vilaines pour des lieux ou l'on reçoit les personnes les plus qualifiées, ainsi que les croisées. Il supplie M. de Tournehem de vouloir bien faire changer les fenêtres, en y faisant mettre des châssis de grands carreaux avec des volets.* Réponse : *À M. L'Écuyer pour m'en rendre compte.* A. N. O[1] 1810 I 119

Marie [1], François Louis (1719-1784). Premier commis du bureau de la Guerre
22.6.1756 Sieur Marie, premier commis de M. d'Argenson à M : *Les augmentations des commis employés dans le bureau qui m'est confié m'ayant mis extrêment à l'étroit dans le lieu que j'occupe dans le pavillon de M. d'Argenson, il n'est pas possible de l'arranger pour leur travail sans faire quelques changements de cloison peu considérables en eux-mêmes mais qui procureront la place de deux tables...* Réponse de E : *C'est une demande de 500 livres.* Bon du roi : A.N. O[1] 1070 513 et 514 ; *cf.* 1811 II 93

Paulmy, Antoine René de Voyer d'Argenson, marquis de (1722-1787). Secrétaire d'État à la Guerre en survivance de son oncle 1751, en titre 1757-1758

Belle-Isle, Louis Charles Auguste Fouquet, comte, duc, puis en 1742 duc de Gisors (1684-1761). Maréchal de France 1741 ; secrétaire d'État à la Guerre 1758-1761

1. GG-B 2762 montre quatre pièces entre le pavillon près du château et le mur pare-feu divisant l'aile au centre. La première fenêtre éclaire la « chambre des femmes de Mme Choiseul ». Les six fenêtres suivantes regardant le sud éclairent le « bureau de M. Marie ». Un long couloir divisait l'aile. Regardant le nord, les quatre premières fenêtres éclairent le « bureau de M. Fumeron » et les trois fenêtres suivantes le « logement de M. de Vaux ».

Choiseul, Étienne François, comte de Stainville, duc de (1719-1785). Secrétaire d'État aux Affaires étrangères 1758-1761 ; secrétaire d'État à la Guerre 1761-1770
29.5.1761 *État des ouvrages dans l'appartement du ministre de la Guerre et des Affaires étrangères : aux bureaux de M. de Vaux, Fumeron et Marie dans l'attique, plusieurs changements et réparations à y faire consistant en cheminées, cloisons plafonds, 1 500 livres.* A.N. O[1] 1071 37 ; *cf.* 1812 I 7

Monteynard, Louis François, marquis de (1715-1791). Secrétaire d'État à la Guerre 1771-1774

Muy, Louis Nicolas Victor de Félix, chevalier, puis comte de (1711-1775). Secrétaire d'État à la Guerre 1774-1775 ; maréchal de France 1774

Saint-Germain, Claude Louis, comte de (1707-1778). Ministre de la Guerre 1775-1777

Sénac de Meilhan, Gabriel (1736-1803). Intendant général de la Guerre 1776
30.10.1776 H à A : *J'ai l'honneur de vous faire part que M. Berthier est venu me voir pour me dire que M. le comte de Saint-Germain vous avait écrit deux fois au sujet du bureau que M. de Fumeron a quitté au château de Versailles sans recevoir de réponse, que M. le comte de Saint-Germain désirait que les pièces occupées ci-devant par M. de Fumeron fussent reblanchies et réparées. J'ai répondu à M. Berthier que j'allais faire faire sur-le-champ les réparations et blanchissage demandés par M. de Saint-Germain et qu'en prévenant vos ordres sur cet objet, j'étais sûr de ne pas vous déplaire parce que je connais vos intentions pour tout ce qui regardait le service de M. de Saint-Germain.* Réponse datée du 1er novembre : *Ce que vous me rendez, Monsieur, d'après votre entrevue avec M. Berthier me prouve qu'il n'est pas exactement informé. M. le comte de Saint-Germain ne m'a écrit qu'une seule fois le 9 août pour quelques ajustements dans les pièces qu'avait occupées M. de Fumeron. Une conférence que j'eus deux jours après avec ce ministre me fournit l'occasion de lui dire que je pourvoirais aux arrangements qu'il désirait et j'en donnai en effet la commission à M. Hazon le 21 août. Il sait en voulant s'en occuper qu'il s'agissait de disposer les lieux pour M. de Meilhan et jugea qu'il fallait attendre sa présence pour consulter ses vrais besoins. Les événements postérieurs en faisant disparaître l'intérêt de M. de Meilhan, je n'avais approuvé aucune demande nouvelle de M. de Saint-Germain. Vous êtes parfaitement entré dans ma façon de penser en assurant M. Berthier de toute mon attention pour ce qui peut intéresser M. de Saint-Germain et je me flatte que ce ministre n'en doute pas. Vous pouvez agir en conséquence.* A.N. O[1] 1799 614
9.8.1776 *Le bien du service... l'économie et la conduite publique m'ayant déterminé à réunir ensemble à l'hôtel de la Guerre dans l'emplacement qui leur avait été destiné des portions du bureau du département de la Guerre qui étaient restées par des considérations personnelles qui n'existent plus au logement que j'occupe au château de Versailles, je vous prie... de vouloir bien donner vos ordres le plus promptement possible pour que les six pièces qu'occupaient ces portions du bureau dans les mansardes qui sont au-dessus de moi soient distribuées, réparées, et blanchies de manière à pouvoir

y donner un logement à M. Sénac de Meilhan... A.N. O[1] 1799 559
3.9.1776 A à Hazon : ... *Quant aux projets qui semblaient devoir intéresser M. de Meilhan, il me paraît que les choses sont changées ; ainsi il faut les suspendre...* A.N. O[1] 1799 574 ; *cf.* 614
Montbarrey, Alexandre Marie Éléonor de Saint-Mauris, prince de (1732-1795). Secrétaire d'État à la Guerre 1777-1780
Ségur, Philippe Henri, marquis de (1724-1801). Ministre de la Guerre 1780-1787
Loménie de Brienne, Athanase Louis Marie, comte de (1730-1794). Ministre de la Guerre 1787-1788
1787 *État* F « Ministre de la Guerre » "12 pièces sans cheminée"
Puységur, Pierre Louis de Chastenet, comte de (1727-1807). Ministre de la Guerre 1788-1789

AGM 27 [1]
Louvois, François Michel Le Tellier, marquis de (1641-1691). Secrétaire d'État à la Guerre 1667-1691
Le Peletier, Claude (1630-1711). Contrôleur général des finances 1683-1689 ; surintendant des Postes 1691-1697
Chamillart, Michel (1652-1721). Contrôleur général des finances 1699-1708 ; secrétaire d'État à la Guerre 1701-1709
Desmarets, Nicolas, seigneur de Maillebois (1648-1721). Directeur des finances 1703 ; contrôleur général des finances 1708-1715
Fleuriau de Morville, Charles Jean-Baptiste, comte de (1686-1732). Secrétaire d'État à la Marine 1722, puis aux Affaires étrangères 1723-1727
Chauvelin, Germain Louis, seigneur de Grisenoy (1685-1762). Ministre et secrétaire d'État aux Affaires étrangères 1727-1737
Amelot de Chaillou, Jean-Jacques (1689-1749). Secrétaire d'État aux Affaires étrangères 1737-1744
1741 *État* « M. Chauvelin, puis M. Amelot » "12 pièces sans cheminée"
Argenson, René Louis de Voyer, marquis d' (1694-1757). Secrétaire d'État aux Affaires étrangères 1744-1747
Galoche, N..., sieur (?-?). Secrétaire du ministre des Affaires étrangères
4.2.1746 *M. le marquis d'Argenson, ministre des Affaires étrangères, a ce jourd'hui envoyé un mémoire à M. le directeur général par lequel il demande plusieurs réparations et ajustements à la partie de son appartement qu'occupe S. Galoche, son secrétaire : ... Dans la chambre à coucher servant de bureau démolir la soupente, fort incommode, la reconstruire ; changer le degré pour construire sous la dite soupente une alcôve et deux portes à côté, l'une pour servir d'entrée et l'autre pour commuiquer à un bûcher ; mettre une grande armoire entre la cheminée et le rempart de la mansarde pour serrer les fonds du roi et les papiers du ministre ; poser un chambranle de liais à sa cheminée à la place d'un de bois ; lambrisser à hauteur d'appui le reste de la chambre et faire un panneau de hauteur sur la cheminée pour mettre une glace ; rétablir le plafond [et] y mettre une corniche de plâtre ; blanchir la chambre ; mettre des panneaux de grisailles dans l'embrasement et au-dessus de la croisée ; rétablir les carreaux de la pièce.* Réponse de T : *Sa Majesté a trouvé bon que l'on fît les réparations suivant le devis et plan. Devis = 642 livres.* A.N. O[1] 1801 I 69
Puysieulx, Louis Philogène Brûlart de Sillery, marquis de (1701-1770). Secrétaire d'État aux Affaires étrangères 1746-1751
Méroger, Jacques Simon Pigousse, sieur (1703-1771). Commis aux Affaires étrangères 1725-1771
12.5.1748 *Le sieur Méroger, commis aux Affaires étrangères, prie M. de Tournehem de vouloir bien ordonner qu'il soit posé une porte dans un des bureaux des Affaires étrangères, laquelle est absolument nécessaire par rapport au service.* Réponse : *Cette demande a été accordée verbalement.* A.N. O[1] 1810 II 51
Saint-Contest, François Dominique Barberie, marquis de (1701-1754). Secrétaire d'État aux Affaires étrangères 1751-1754
Rouillé, Antoine Louis, comte de Jouy (1689-1761). Secrétaire d'État aux Affaires étrangères 1754-1757
27.5.1755 M au roi : *M. Rouillé supplie très humblement Votre Majesté de lui accorder les réparations nécessaires à cause des changements qui viennent d'être faits dans ses bureaux dont la dépense, suivant le devis ci-joint, montera à 541 livres* A.N. O[1] 1070 469 ; *cf.* 1811 II 26
Bernis, François Joachim de Pierre, cardinal de (1715-1794). Secrétaire d'État aux Affaires étrangères 1757-1758
Choiseul, Étienne François de, comte de Stainville, puis duc de (1719-1785). Secrétaire d'État aux Affaires étrangères, 1758-1761 ; secrétaire d'État à la Guerre 1761-1770
Praslin, César Gabriel de Choiseul-Chevigny, duc de (1712-1785). Secrétaire d'État aux Affaires étrangères 1760-1770 ; secrétaire d'État à la Marine 1766-1770
Aiguillon, Emmanuel Armand de Vignerot du Plessis de Richelieu, comte, puis duc d'Agenois, en 1750 duc d' (1720-1788). Secrétaire d'État aux Affaires étrangères 1771-1774
Vergennes, Charles Gravier, comte de (1717-1787). Secrétaire d'État aux Affaires étrangères 1774-1787
1770 *État* A « M. le duc de Praslin, puis le duc d'Aiguillon, puis de Vergennes »
Malesherbes, Chrétien Guillaume de Lamoignon, marquis de (1721-1794). Secrétaire d'État à la Maison du roi 1775-1776
Amelot de Chaillou, Antoine Jean (1732-1795). Secrétaire d'État à la Maison du roi 1776-1783
19.5.1776 M. Amelot à A : *Je me propose... de faire venir incessamment ici celui de mes bureaux qui est depuis quelques temps à Paris. Le local qu'il doit occuper n'étant pas disposé pour cet usage, je vous prie de vouloir bien donner des ordres pour y faire les réparations et changements nécessaires...* A.N. O[1] 1799 580
Silvestre, N... (?-?). Commis du secrétaire d'État à la Maison du roi
17.8.1776 Silvestre à A : *J'ai un véritable besoin d'avoir une seconde fenêtre dans mon bureau. Celle qui y est me donne un jour si faux et si incommode pour*

1. Ce logement était situé dans le comble de l'appartement ministériel officiel, qui incluait **AGM 5, 10, 15 et 22**, au-dessous.

les yeux, que je suis obligé de m'en éloigner... A.N. O^1 1799 563 ; *cf.* 564
24.8.1776 Hazon à A : *J'ai examiné la demande de M. Silvestre, premier commis de M. Amelot. On ne peut disconvenir que la première lucarne qui a été faite pour éclairer son bureau ne blesse un peu sa symétrie mais comme on a eu soin de la rendre le moins apparent qu'il a été possible en couvrant la devanture en plomb qui se trouve du même ton que l'ardoise à côté, et qu'elle est plus petite que les lucarnes à demeure qui sont en pierre et couronnées d'un fronton auxquelles l'œil s'attache principalement, cela rend le défaut peu sensible. En faisant la seconde lucarne que demande M. Silvestre pareille à la première, l'inconvénient ne sera pas trop grand.* A.N. O^1 1799 565
3.9.1776 A à Hazon : *Puisque les moyens que vous vous proposez... d'après l'exemple du passé, pour pratiquer un nouveau jour dans le bureau de M. Silvestre peuvent être employés sans inconvénient... vous voudrez donner ordres à cette opération...* A.N. O^1 1799 574
Robinet, N... (?-?). Premier commis
19.9.1776 Hazon à A : *Je vis hier... M. Robinet et reconnus avec lui des arrangements qu'exigent ses bureaux qui sont : 1er dans une petite pièce très sombre où se tient son domestique, le percement d'une croisée sur le corridor, l'établissement d'un petit poêle de faïence et une cloison ourdie derrière une armoire dont le fond n'est qu'en plancher afin d'empêcher que... on n'entende ce qui se dit dans le cabinet de M. Robinet ; 2e dans un très petit bureau de l'autre côté du corridor, baisser le plancher d'environ un pied pour que l'on puisse se tenir debout dans celui au-dessus qui n'a que cinq pieds entre le carreau et le plafond.* A.N. O^1 1799 581
Gallement, François, (?-?). Secrétaire du ministre de la Maison du roi
3.3.1781 *M. Amelot demande qu'il soit fait dans le bureau de M. Gallement au château quelques armoires avec tablettes pour servir de dépôt aux registres et papiers relatifs à la place de secrétaire des ordres du roi à laquelle il vient d'être nommé.* A.N. O^1 1801 52
Breteuil, Louis Charles Auguste Le Tonnelier, baron de (1730-1807). Secrétaire d'État à la Maison du roi, 1783-1787 ; ministre 1789
7.1.1785 L** à A : *Le baron de Breteuil prie le blanchi d'une petite pièce dans l'étage du comble de son appartement et une alcôve de cloisons à faire avec des vieux lambris.* A.N. O^1 1802 3 ; *cf.* 67
31.8.1785 L** à A : *Le baron de Breteuil... prie... de lui accorder le blanchi du corridor des bureaux.* Réponse de H : *J'ai... autorisé d'avance M. Loiseleur à aller en avant sur la demande de M. le baron de Breteuil.* A.N. O^1 1802 122
Laurent de Villedeuil, Paul Charles (1742-1828). Secrétaire d'État à la Maison du roi 1787-1789
1787 *État* F « Ministre de la Maison du roi » "7 pièces, 6 à cheminée ; 1 entresol sans cheminée"
Saint-Priest, François Emmanuel de Guignard, comte de (1735-1821). Secrétaire d'État pour Paris et la Maison du roi
1787 *État* F « Ministre de la Maison du roi » "12 pièces sans cheminée"

SECOND PAVILLON LE COMBLE

AGM 28
Bissy, Henri de Thiard, cardinal de (1657-1737)
1741 *État* « M. le cardinal de Bissy » "3 pièces, 1 à cheminée"
Crémille, Louis Hyacinthe Boyer de (1700-1768). Adjoint au maréchal de Belle-Isle
27.6.1748 *Le logement de M. de Bissy, dans l'avant-cour aux combles à M. de Crémille, pour être à portée de son travail jusqu'à celui qui lui est destiné près les bureaux de M. le comte d'Argenson...* Disposition : A.N. O^1 1076 205

AGM 28 et 30 sont combinés 1754-1757.

Paulmy, Antoine René de Voyer d'Argenson, marquis de (1722-1787). Secrétaire d'État à la Guerre 1757-1758
27.8.1754 *Il y eut quelques changements dans les logements ici. C'est à M. et Mme de Jumilhac qu'a été donné celui de M. et Mme de Cossé, et de M. et Mme de Jumilhac à M. et Mme de Paulmy.* L* XIII 331
15.9.1754 *Le logement de M. de Jumilhac à M. le marquis de Paulmy...* Changements : A.N. O^1 1076 382
27.10.1754 M au roi : *M. le marquis de Paulmy supplie très humblement Votre Majesté de vouloir bien lui accorder les réparations nécessaires à son nouveau logement afin qu'il puisse l'occuper avec Mme de Paulmy ; c'est un objet de dépense, suivant le plan et devis ci-joint, de 2 366 livres.* Bon du roi : A.N. O^1 1070 447
15.10.1754 GG 2747 « Plan du logement du marquis de Paulmy dans l'attique et le comble du pavillon de l'aile des Ministres »

AGM 28
Castries, Gabrielle Isabeau Thérèse de Rosset de Fleury, marquise de (1728-?). Dame pour accompagner Madame Adélaïde 1751
1787 *État* F [1] « Mme la maréchale de Castries » "3 pièces sans cheminée"

AGM 29
Rennes, Louis Guy Guérapin de Vauréal, évêque de (1690-1760). Maître de la Chapelle et évêque de Rennes 1732-1758
1741 *État* [2] « Grand maître de la Chapelle du roi, M. l'évêque de Rennes » "2 pièces à cheminée, 1 entresol sans cheminée"

AGM 29A
Bertier de Sauvigny, Louis Jean (1709-1788). Intendant de Paris 1770
11.5.1744 *Le logement de M. l'intendant de Paris dans l'avant-cour au brisis, consistant en une chambre, à M. le prévôt des marchands* A.N. O^1 1076 236

1. Mme de Castries occupait aussi **AGM 16**, au-dessous.
2. L'évêque de Rennes occupait aussi **AGM 17**, au-dessous.

6.12.1746 *M. de Sauvigny, intendant de la généralité de Paris, écrit à M. le directeur général le 28 novembre dernier, en lui représentant que l'appartement qu'il occupe à Versailles en attendant que M. de Brou lui remette celui qui lui est destiné* [**AP 21**] *est dans un délabrement affreux et qu'il a même besoin de réparations urgentes. Il supplie M. de Tournehem de donner ses ordres pour qu'on le mette en état d'être habité et d'y ajouter quelques ajustements, entre autres une glace à la cheminée.* Réponse : *À M. L'Écuyer.* A.N. O[1] 1810 I 129

Bernage, Louis Basile de (?-?). Prévôt des marchands de Paris

3.6.1749 *M. Bernage, prévôt des marchands de la Ville de Paris, marque par sa lettre à M. de Tournehem du 30 passé que le roi ayant bien voulu lui accorder le logement ci-devant occupé par M. de Sauvigny, intendant de Paris, au château de Versailles, il lui envoie un mémoire de quelques réparations et ajustements qu'il y a à faire en le priant de les lui accorder. Mémoire : Le roi ayant accordé au M. le prévôt des marchands le logement occupé par M. l'intendant de Paris auquel Sa Majesté a donné celui qu'occupait M. Rouillé* [**AP 103**], *M. le prévôt des marchands supplie M. de Tournehem d'ordonner une visite de ce logement et les réparations nécessaires aux portes et fenêtres qui sont dans un mauvais état ; d'y faire une niche ou alcôve pour y mettre un lit, en sauvant les avancées qui forment les combles ; d'y apporter quelques morceaux de lambris au pourtour ; de faire dans la petite antichambre qui précède la chambre une cloison de planches d'environ 6 pieds et long sur autant d'hauteur pour y coucher un domestique ; de faire mettre à l'entrée de la chambre pour donner jour à ce qui restera de l'antichambre une porte vitrée à la place de celle qui y est, et qui servira pour la nouvelle cloison ; de faire peindre le tout en blanc ou en couleur de bois. Et... la première porte d'entrée sur l'escalier, étant à refaire à neuf, il demande que les [pivots] soient changés de côté, attendu qu'elle s'ouvrira plus naturellement, comme aussi d'y faire mettre une bonne serrure, dont il suffira d'avoir deux clefs.* Réponse : *M. L'Écuyer fera faire les réparations et ajustements demandés, montant à 358 livres.* A.N. O[1] 1810 II 152 ; *cf.* 1795 140

Talaru, Louis François, vicomte de (1729-1782). Premier maître d'hôtel de la reine en survivance 1770

Prévôt des marchands

Damas d'Antigny, Jacques François, comte, puis marquis de (1732-1811)

1770 *État* B[1] « M. de Talaru, puis le prévôt des marchands, puis occupé par M. le comte de Damas » "1 pièce"

1777 *État*[2] « M. de Talaru, puis prévôt des marchands, puis occupé par M. le comte de Damas »

AGM 30

Avignon, Guillaume d' (1647-1724). Major des gardes du corps 1710

Jumilhac, Pierre Joseph de la Chapelle, marquis de (1692-1783). Capitaine de la première compagnie des mousquetaires

1741 *État*[3] « Commandant des mousquetaires gris M. d'Avignon, puis M. de Jumilhac » "2 pièces, 1 à cheminée ; 1 entresol sans cheminée"

Gramont, Béatrix de Choiseul-Stainville, duchesse de (1729-1794)

Noailles, Emmanuel Marie Louis, marquis de (1743-1822). Premier gentilhomme de la chambre de Monsieur 1773

1770 *État* A « Mme de Gramont, puis le marquis de Noailles »

Chabrillan, Jacques Aimar Henri de Moreton, comte de (1729-1802). Capitaine des gardes du corps du comte de Provence 1771

1777 *État* B « M. de Chabrillant »

La Tour d'Auvergne, Marie Louise Adélaïde de Scépeaux, comtesse de († 1802). Dame pour accompagner la comtesse de Provence 1772

1787 *État* F « Mme la comtesse de La Tour d'Auvergne » "2 pièces, 1 à cheminée"

AGM 30A

Gramont, Béatrix de Choiseul-Stainville, duchesse de (1729-1794)

1763 *M. le duc de Choiseul a fait un projet d'arrangment pour que Mme la duchesse de Gramont soit bien dans le logement de Mme la marquise de Talaru* [**AGM 17**]. *Mais il n'y a pas de quoi loger une seule femme. Mme la duchesse de Gramont désirait ou le logement de M. de Meaux ou* [celui de] *M. de Crémille pour placer ses femmes de chambre. M. de Crémille se prête à cet arrangement, cédant la moitié de son logement dans l'avant-cour...* A.N. O[1] 1076 717

Brancas, Louis de Brancas, duc de Lauraguais, puis de (1714-1793)

1770 *État* A « Mme la duchesse de Gramont, puis M. le duc de Brancas »

Talaru, Louis François, vicomte de (1729-1782). Premier maître d'hôtel de la reine en survivance 1770

1777 *État* B « M. de Talaru »

1783 *État* D « M. de Talaru »

1. En 1770, le vicomte de Talaru et le comte de Damas occupaient aussi **AGM 24A** au-dessous.

2. M. de Talaru et M. de Damas occupaient aussi **AGM 24A** en 1777, et M. de Talaru disposait de surcroît de **AGM 30A**.

3. M. de Jumilhac occupait aussi **AGM 24**, au-dessous.

Ancien hôtel de la Surintendance

Le nom de Surintendance fut donné à la résidence du surintendant des Bâtiments. Mais comme certains des logements qu'elle abritait furent occupés par des titulaires différents, ce mot requiert une définition plus précise. Le premier bâtiment affecté au surintendant des Bâtiments, l'hôtel de la Surintendance [1], fut construit en 1671 ; c'était l'une des résidences de ville situées le long de ce qui devait devenir la rue de la Surintendance. À l'achèvement de l'aile des Princes, cette construction fut incorporée à l'angle sud-est de la nouvelle aile du château. Dès lors, bien que les courtisans aient continué au XVIIIe siècle à le baptiser « de la Surintendance », sa dénomination exacte devint « pavillon de la Surintendance ».

Juste de l'autre côté d'une petite cour, un deuxième édifice fut bâti entre 1683 et 1690 [2]. Il fut appelé hôtel de la Surintendance jusqu'en 1699, date où un nouveau bâtiment fut élevé à l'angle de la rue du Vieux-Versailles et de la rue de la Surintendance. Ce troisième hôtel de la Surintendance sera le siège effectif de l'administration des Bâtiments du roi jusqu'en 1791. Cependant, au XVIIe siècle, quand les courtisans se référaient aux logements de la Surintendance, ils entendaient d'ordinaire soit le pavillon, soit le deuxième hôtel de la Surintendance, ici désigné sous le vocable d'ancien hôtel de la Surintendance.

Colbert ne vécut pas assez longtemps pour profiter du deuxième hôtel. Son successeur, Louvois, et les membres de sa famille occupèrent à la fois un appartement dans le pavillon et des bureaux dans l'hôtel, tant que le ministre fut chargé des Bâtiments. Chamillart fit de même. Cependant, il est difficile de déterminer si, sous Louis XIV, les ministres résidaient dans le pavillon et avaient leurs bureaux dans l'ancien hôtel de la Surintendance, ou bien s'ils habitaient ce dernier, usant des appartements du pavillon pour leur famille et leur clientèle.

Au XVIIIe siècle, l'ancien hôtel de la Surintendance conserva son usage gouvernemental. Le cardinal Dubois y résida brièvement, ainsi que le maréchal de Belle-Isle, l'évêque d'Orléans, ou M. de Boynes en tant que ministre de la Marine. Plusieurs intendants des finances y logèrent aussi, comme la comtesse d'Angiviller, l'épouse du

1. A.N. O^1 1848 dossier 4, 69.

2. Pierre VERLET, *Le Château de Versailles*, Paris, 1985, p. 153 ; Odile CAFFIN-CARCY, « Les hôtels de la Surintendance à Versailles », *Revue de l'histoire de Versailles*, vol. 77, 1993, p. 5-19.

directeur des Bâtiments. La proximité de l'hôtel du Contrôleur et du nouvel hôtel de la Guerre de l'autre côté de la rue en faisait un pied-à-terre idéal pour les officiers du gouvernement.

La construction consistait en un long corps de logis, pourvu de trois fenêtres sur la rue et de huit fenêtres parallèles à l'extrémité sud de l'aile de Princes, qui fermait l'autre côté de la cour de la Surintendance. Une longue et étroite galerie reliait le bâtiment au château et conduisait directement aux escaliers desservant le pavillon de la Surintendance et les appartements princiers de l'aile du Midi donnant sur les jardins. Ce corridor, souvent appelé « le couloir allant chez le contrôleur général », joignait le rez-de-chaussée de l'aile des Princes au premier étage de la Surintendance, qui comprenait plusieurs beaux appartements [1]. Au-dessous sur la cour, se trouvaient plusieurs autres logements, des bureaux et des remises de carrosses [2]. Entre ces deux niveaux était comprise une longue enfilade d'appartements entresolés [3]. En haut, les attiques et les combles contenaient encore des logements [4]. Au XVIIIe siècle, la plus grande partie de l'espace servait à abriter des courtisans qui n'avaient pu, en dépit de leur position ou de leurs obligations, obtenir d'appartement dans le château.

Sous Louis XIV, et jusqu'à la fin des années 1730, l'ancien hôtel de la Surintendance incluait au sud une cour basse comprenant des écuries, des salles pour le harnachement et des remises de carrosses [5], ainsi que des logements pour les officiers de certains membres collatéraux de la famille royale [6]. Progressivement, une grande partie de cet espace fut convertie en modestes logements de courtisans. Une autre aile de service fut également réquisitionnée [7]. Le passage du Contrôleur général fut étendu, prolongé, pour traverser l'ancien hôtel de la Surintendance, longer la rue du même nom en suivant un côté de la cour basse, et rejoindre enfin l'extrémité de l'hôtel du Contrôleur général.

Ces changements d'affectation entraînèrent la division et la subdivision des espaces et une attribution souvent confuse des numéros de logements. Néanmoins, en annexant les espaces environnants, les courtisans parvinrent à se ménager des lieux de vie satisfaisants. Et parce que le bâtiment était directement relié au château, qu'on pouvait l'atteindre sans passer par la rue ni prendre de chaise à porteurs ou a fortiori de carrosse, habiter l'ancien hôtel de la Surintendance valait mieux que de disposer d'une résidence en ville. On put donc le considérer comme une annexe du château. Les courtisans de rang modeste ou appartenant aux services des maisons, telle la baronne de Mackau, se montraient satisfaits de vivre à la Surintendance. D'autres, plus ambitieux, acceptaient volontiers un premier logement à la Surintendance, dans l'espoir d'obtenir plus tard un appartement de meilleure qualité au château. Certains enfin, qui ne venaient qu'occasionnellement à la Cour, comme le cardinal de Luynes ou le duc de La Vallière, pouvaient même préférer un petit pied-à-terre en ces lieux à un logement officiel dans le palais.

1. S 21, 21 A et B, 28 et 29.
2. S 1, 1 A et 2 A.
3. S 2, 2 B et 7.
4. S 30, 32, 32 A et 33.
5. S 4, 5, 6 et 7.
6. S 25, 26 et 26.
7. S 10, 11 et 12 au rez-de-chaussée ; S 16 et 17 dans les entresols ; et S 20, 20 A et B au premier étage.

ANCIEN HÔTEL DE LA SURINTENDANCE

Louvois, François Le Tellier, marquis de (1641-1691). Secrétaire d'État à la Guerre 1677-1691 ; surintendant des Bâtiments 1683-1691
Chamillart, Michel [1] (1652-1721). Contrôleur général des finances 1701-1708 ; secrétaire d'État à la Guerre 1701-1709
Chamillart, Élisabeth Thérèse le Rebours, Mme (1657-1731)
10.2.1701 *Sa Majesté a ordonné de faire tous les réparations et changements que M. et Mme Chamillart ont demandés à la Surintendance suivant le plan qui a été présenté à Sa Majesté et qu'Elle a approuvé.* A.N. O[1] 1809 59
Voysin de La Noiraye, Daniel François (1654-1717). Secrétaire d'État à la Guerre 1709-1715
Voysin de La Noiraye, Charlotte Trudaine, Mme (1663-1714)
10.6.1709 *Quelque apparent qu'il fût, vers les derniers temps de Chamillart, que Voysin lui succéderait, l'incertitude en dura jusqu'à sa déclaration. Le choix ne fut déterminé que le soir même de la retraite de Chamillart... Au sortir du souper, Blouin eut ordre de mander à Voysin à Paris de se trouver le lendemain de bon matin chez ce premier valet de chambre... qui le mena par les derrières dans les cabinets du roi, qui là, lui parla seul un moment après son lever et qui lui fit un accueil médiocre. Il le déclara ensuite... De chez le roi, il alla dans le cabinet de son précédesseur, prit possession des papiers et des clefs que lui donna et montra l'abbé Proustière, manda les commis, et de ce jour habita l'appartement avec les meubles de Chamillart, en sorte qu'il n'y parut de changement qu'un autre visage, jusqu'au mercredi suivant qu'on alla à Marly pendant lequel les meubles se changèrent. Le soir Mme Voysin arriva...* SS XVII 460
Dubois, Guillaume, cardinal (1656-1723). Ministre secrétaire d'État aux Affaires étrangères 1718 ; archevêque de Cambrai 1720 ; cardinal 1721 ; premier ministre 1722
15.7.1722 *Le cardinal Dubois eut toute la Surintendance entière pour lui seul, comme M. Colbert l'avait eue et après lui M. de Louvois. Il suivait à grands pas son projet de se faire déclarer Premier ministre, et pour cela d'isoler tant qu'il pourrait M. le duc d'Orléans. Paris rendait son accès facile à bien des gens qui ne pouvaient s'établir à Versailles, ni y aller, les uns point du tout, les autres que rarement et des moments. Ce changement dérangeait les soupers avec les roués et des femmes qui ne valaient pas mieux. Il comprenait bien que M. le duc d'Orléans les irait trouver à Paris tant qu'il pourrait, mais que les affaires qu'il savait lui présenter à propos le dérangeraient souvent ; que cette contrainte le dégoûterait, l'ennuyerait et, plus que toute autre chose, le préparerait à se décharger sur lui et pour acheter sa liberté, le déclarer Premier ministre et le suppléant en titre des absences qui ne seraient plus ou que bien rarement contrariées par les affaires dont lui, cardinal, devenu publiquement le maître, saurait bien se faire redouter, de manière qu'il n'aurait rien à craindre des voyages de son maître à Paris où il le laisserait se replonger dans sa petite loge de l'Opéra dans des indignes soupers, s'éloigner des affaires et lui en profiter pour voler des ses ailes et régner de son chef.* SS XL 263

1. Chamillart occupait aussi les principaux appartements du pavillon de la Surintendance, **AP 54 et 70** qu'il avait donnés à ses filles et à leurs maris. L'hôtel de la Surintendance lui servait de résidence et de bureau.

REZ-DE-CHAUSSÉE

S 1

Bourbon, Louise Françoise de Bourbon, légitimée de France, *dite* Madame la Duchesse (1673-1743)
1741 *État* « Cuisines et offices de Madame la duchesse » "5 pièces, 2 à cheminée ; 7 entresols, 1 à cheminée, 2 caves et 1 caveau, n° 6"
Beauvillier [2], Marie Françoise de Creil de Bournezeau, duchesse de (1716-?). Dame d'honneur de Madame Adélaïde 1750
1770 *État* A « Mme de Beauvillier »
Bouche de la comtesse de Provence
1787 *État* E « Bouche de Madame » "3 pièces, 1 à cheminée ; 2 entresols, 1 soupente et 1 entresol"

S 1A

Lingerie de la reine
1787 *État* E « Lingerie de la reine » "1 pièce ; 1 entresol"

S 1B

Bouche de la comtesse d'Artois
14.9.1784 M. de Ligny à A : *Pour entrer dans vos vues de juste économie, je m'occupe chaque jour d'être très réservé sur les demandes des réparations relatives aux bouches de Mgr* [le comte] *et Mme la comtesse d'Artois, dont les détails me sont confiés.* Réponse de H : *J'ai examiné conjointement avec M. Loiseleur la demande de M. de Ligny et j'ai reconnu que les réparations demandées à la bouche de Mme la comtesse d'Artois ne sont qu'un prétexte pour construire une cloison qui diminuerait dans toute sa longueur le passage qui communique de la cour de Mesdames dans celle de Mme la comtesse d'Angiviller. Cet objet de demande a déjà éprouvé un refus très formel l'année dernière de la part de M. le directeur général.* A.N. O[1] 1801 674 ; *Cf.* 1802 32
1787 *État* E « Bouche de Madame la comtesse d'Artois » "3 pièces, 2 à cheminée ; 3 entresols"

S 2

Berwick [3], Jacques Fitz-James, fils naturel de Jacques II, roi d'Angleterre (1670-1734).
La Roche-sur-Yon, Louise Adélaïde de Bourbon-Conti, *dite* Mlle de (1696-1750)

2. Mme de Beauvillier occupait aussi **AP 50** à cette époque.
3. Le duc de Berwick occupait aussi **S 7**.

1741 *État* « Cuisines et offices de M. le maréchal de Berwick, puis Mlle de La Roche-sur-Yon » "3 pièces, 2 à cheminée ; 2 caves et 1 caveau, n° 1"
GG-B 2778 « Plan du [rez-de-chaussée de la] Surintendance du côté du jardin » "à Mademoiselle de La Roche-sur-Yon A cuisine-bouche, B garde-manger et C (en entresol) chambres des officiers"
Tallard, Marie Isabeau Gabrielle de Rohan-Soubise, duchesse de (1699-1754). Gouvernante des Enfants de France en survivance 1729, puis en exercice 1732
Bouche de Mesdames
15.8.1751 *Le roi a ordonné que l'on prît la cuisine de Mme de Tallard pour y établir le serdeau de Mesdames. M. Félix, contrôleur de la Maison du roi, représente que le lieu où est établi l'office-bouche de Mesdames à Versailles n'a pas neuf pieds de haut, qu'il ne consiste qu'en une seule pièce dans laquelle sont deux ranges – un four et tous les fourneaux pour les potages, entrées et entremets –, que la chaleur y est si excessive qu'il s'y perd beaucoup de viande et qu'il n'est pas possible que les hommes s'y tiennent pendant l'été. Il demande la cuisine de Mme de Tallard, que Sa Majesté a destinée pour faire la salle du serdeau de Mesdames, que l'on y établirait les ranges, et que Sa Majesté veuille bien ordonner qu'il soit construit des entresols sur la salle des gentilhommes servant au Grand Commun pour y établir le serdeau de Mesdames, que par ce moyen, on épargnerait 3 000 livres de loyer si Sa Majesté n'aimait mieux prendre un logement au rez-de-chaussée du Grand Commun pour y mettre le dit serdeau et on remplacerait en argent le logement de celui à qui il serait pris au dit rez-de-chaussée pour établir le serdeau.* Réponse : *Le roi a mis en marge du mémoire d'établir le serdeau en entresols.* A.N. O[1] 1070 384 et 1810 III 107
27.6.1752 *La Bouche de Mesdames est à l'hôtel de Valbelle depuis l'établissement de la maison à raison de 8 livres par jour. La Bouche de Mesdames composée d'une seule pièce, sans garde-manger ni autres commodités d'office, et dont le plancher est si bas que la fumée continuelle occasionnait journellement des viandes gâtées et rendait malades tous les officiers et garçons, on s'est forcément trouvé obligé d'y enclaver la cuisine de Mme la duchesse de Tallard, pour en former une pièce pour le rôt et un garde-manger, ce qui fait à présent décence, propreté et sûreté du service et des viandes dont on ne pouvait ci-devant prévenir la perte...* A.N. O[1] 1076 303
1770 *État* A « À Mesdames »
Bouche de la comtesse de Polignac
1787 *État* E « Bouche de Mme la comtesse de Polignac » "6 pièces, 2 à cheminée ; 3 entresols"

S 2A sur le rez-de-chaussée de la cour avant 1741 [1]
Charolais, Louise Anne de Bourbon-Condé, *dite* Mlle de Sens, puis de (1695-1758)
Binet, Gérard (1688-1761). Premier valet de chambre du dauphin 1735 ; contrôleur de la maison de la dauphine 1744
1741 *État* « Mlle de Charolais, puis M. Binet, puis offices de Mademoiselle » "2 écuries, 3 remises dans la cour de la Surintendance, sellerie, 4 entresols sans cheminée au-dessous de la galerie"
GG-B 2778 « Plan du [rez-de-chaussée] de la Surintendance » "à Mlle D Gobelet de vin, E, F et G Gobelet, pain et logements des officiers [2]"
La Roche-sur-Yon, Louise Adélaïde de Bourbon-Conti, *dite* Mlle de (1696-1750)
4.12.1747 *Il a été remis à M. de Tournehem un plan des cours basses des cuisines de la Surintendance au château de Versailles sur lequel il a mis l'ordre ci-après : Le roi ayant destiné pour Mme la duchesse de Tallard la cuisine marquée 2A, M. Pluyette fera boucher les portes et faire les réparations nécessaires.* A.N. O[1] 1810 245
9.12.1747 *Mlle Louise Adélaïde de Bourbon de La Roche-sur-Yon par sa lettre de 9 décembre 1747 expose que comme le roi a ôté son office pour le donner à Mme de Tallard et qu'il est impossible de donner à manger à Versailles sans en avoir un, elle espère que le roi trouvera bon que M. de Tournehem lui fasse faire un entresol sur sa cuisine pour lui faire un office. Elle prie M. le directeur général de lui faire faire et de baisser les fenêtres de la cuisine qui sont fort haut et où l'on ne verrait guère quand il y aura un entresol.* Réponse : *À M. L'Écuyer pour m'en faire connaître la possibilité et la dépense.* A.N. O[1] 1810 I 233
21.1.1748 E à T : *État des ajustements demandés... à la cuisine de Son Altesse Sérénissime Mlle de La Roche-sur-Yon, les réparations montent à la somme de 1 472 livres.* Bon du roi : A.N. O[1] 1810 II 38
Gobelet de Mesdames
22.3.1787 H à A : *Le roi s'est aperçu de l'embarras que les gens du service des bouches causent et éprouvent dans le corridor public au-dessous de M. de Marville* [**S 21B**] *toutes les fois que la famille royale se rassemble chez Madame* [**AP 54**] *pour y souper. Sa Majesté a pensé que pour obvier à cet embarras, il serait possible d'élever au-dessus des offices de Mesdames des réchauffoirs au moyen desquels les gens des bouches au service de la famille royale feraient librement leur service sans être gênés et sans nuire à personne... Je pense aussi que rien n'est plus facile que de pratiquer ces réchauffoirs... et que ces réchauffoirs pourraient être même construits de manière à ne pas cacher le jour du corridor.* A.N. O[1] 1802 324.
1787 *État* E « Gobelet de Mesdames » "6 pièces, 2 à cheminée ; 3 entresols, 1 à cheminée"

S 2A aux entresols du corps de logis
Estissac, Louis François Armand de La Rochefoucauld de Roye, duc d' (1695-1783). Grand maître de la garde-robe du roi à la démission du duc de La Rochefoucauld 1758

1. Dans l'état de 1741, **S 6** correspondait aux espaces sur la cour appelé plus tard **S 2A**. Il y avait aussi un espace dans les entresols du corps du logis nommé sur les plans **2AB**, ici simplement appelé **S 2A** aux entresols.

2. Les espaces baptisés F et G sont créés en cloisonnant des parties basses de l'escalier desservant le pavillon de la Surintendance ; D et E donnent sur la cour de la Surintendance.

1741 *État* « En entresols, M. le duc d'Estissac ». "4 entresols, 1 à cheminée"
1746 *M. le duc d'Estissac a demandé verbalement à M. le directeur général... une glace pour mettre dans le cabinet de son appartement à la Surintendance des finances* [sic] *à Versailles de la mesure de 47 pouces sur 38.* Réponse : ... que *M. le directeur général devait attendre que l'appartement de M. et celui de Mme de Brancas fussent accommodés et que l'on verrait s'il y en avait de reste.* A.N. O[1] 1810 I 79
1.11.1756 M à E : *M. le duc d'Estissac prétend qu'en raccommodant l'appartement de M. le maréchal de Belle-Isle* **[S 20 et 21]** *le sien, qui est exactement dessous, en a été très endommagé. Voyez si cela est vrai et remédiez au mal.* A.N. O[1] 1796 308
14.11.1756 E à M : *Tout ce que ce logement* **[S 18 et 19]** *avait occasionné dans celui de M. le duc d'Estissac, qui est au-dessous, en réparations et tuyaux des cheminées où il avait à craindre pour le feu, plafonds et autres a été rétabli ; les lambris en ayant été gâtés par les maçons ont été blanchis, mais j'ai cru devoir refuser (quoique un faible objet), de faire bronzer les ferrures par raison qu'elles ne l'ont jamais été et l'exemple à craindre de l'introduction de ces bronzes, dont il n'avait été question ci-devant que dans les appartements de la famille royale et des princes du sang.* A.N. O[1] 1796 321
Berryer [1], Nicolas René (1703-1762). Conseiller d'État au Conseil des dépêches 1757
23.8.1758 *L'expectative du logement de M. le duc d'Estissac à M. Berryer, conseiller d'État au Conseil des dépêches...* Disposition : A.N. O[1] 1076 511
Maillebois, Jean-Baptiste François Desmarets, *dit* marquis de (1682-1762). Maître de la garde-robe du roi 1712-1759 ; maréchal de France 1741
1.4.1759 *Le logement de M. le duc d'Estissac à M. le maréchal de Maillebois en lui faisant espérer un autre à la première occasion...* Disposition : A.N. O[1] 1076 558
4.4.1760 N au roi : *M. le maréchal de Maillebois craint infiniment de perdre le petit logement que Votre Majesté a eu la bonté de lui accorder. Votre Majesté permet-Elle au comte de Noailles de le rassurer ?* Réponse : *Oui.* A.N. O[1] 1076 595
Montmorency-Fosseux, Anne Léon II, marquis de (1731-1799). Menin du dauphin 1757
18.10.1761 N au roi : *Mme la comtesse de Narbonne est dans le logement de M. l'évêque de Laon* **[CC 65 et 66]**. *M. le duc de Fronsac arrivera selon les apparences dans le mois de novembre. Votre Majesté permet-Elle au comte de Noailles d'emprunter le logement de M. le maréchal de Maillebois pour le marquis de Fosseux en attendant qu'il puisse avoir celui de Mme la duchesse de Caumont* **[AP 58 et 59]**, *et Mme la comtesse de Narbonne aura celui de M. le marquis de Fosseux* **[AP 106]** *à demeure ?* A.N. O[1] 1076 654
9.11.1761 N au roi : *M. le baron de Montmorency refuse de se prêter à l'arrangement que Madame désire et que Votre Majesté a jugé à propos de faire, qui est de prêter à M. le marquis de Fosseux le logement de M. le maréchal de Maillebois jusqu'à ce qu'il ait celui de Mme la duchesse de Caumont. Votre Majesté permet-Elle au comte de Noailles de répéter au dit premier baron chrétien que c'est son intention et qu'il s'y conforme ?* A.N. O[1] 1076 657
6.12.1761 N au roi : *M. le baron de Montmorency et M. le marquis de Fosseux ont paru très affligés du changement de logement de Mme la comtesse de Narbonne avec M. le marquis de Fosseux désiré par Mgr le dauphin et Madame et exécuté par les ordres de Sa Majesté. Le comte de Noailles demande à Votre Majesté la permission de donner à M. de Fosseux le logement de garçon rendu par M. de Marchais* **[AP 115A]** *s'il le préfère à celui de M. le maréchal de Maillebois, mais il supplie en même temps Votre Majesté de lui renouveler l'ordre qu'Elle a eu la bonté de lui donner de ne proposer pour logement double que ceux dont les mari et femme ont des charges, hors les grandes charges qui sont à Votre Majesté ou à la reine. Si cette règle ne soutient pas, il faut nécessairement bâtir un second château.* A.N. O[1] 1076 660
12.1761 N au roi : *M. le baron de Montmorency aimant mieux pour son fils le logement de M. le maréchal de Maillebois que celui qu'a rendu M. de Marchais, Votre Majesté veut-Elle bien accorder ce logement de garcon* **[AP 115A]** *à M. de Maillebois et celui de M. de Maillebois à M. de Fosseux ?* Bon du roi : A.N. O[1] 1076 665
16.3.1762 M à E : *Vous auriez agréable de faire délivrer du magasin une glace blanche de 24 pouces sur 19 pour la replacer à une des croisées du logement de M. le baron de Montmorency.* A.N. O[1] 1797 237
4.5.1775 Le baron de Montmorency à A : *M. le baron de Montmorency a l'honneur de prier M. d'Angiviller de vouloir bien donner des ordres pour qu'il soit construit dans son appartement deux petites croisées neuves ; celles qui y sont actuellement étant entièrement pourries.* Réponse de A à Hazon : *... fassiez vérifier si les croisées neuves... ne se trouveraient pas toutes faites au magasin...* A.N. O[1] 1799 335 et 336
Paris, Christophe de Beaumont du Repaire, archevêque de (1703-1781). Évêque de Bayonne, puis de Vienne, puis archevêque de Paris 1746-1781
1763 *Le logement de M. le marquis de Fosseux à l'archevêque de Paris.* A.N. O[1] 1076 716
Guistelle, Louise Élisabeth de Melun, grande d'Espagne, princesse de (1738-?). Dame pour accompagner Mesdames les cadettes 1768, puis Madame Victoire
1766 *Le logement de M. l'archevêque de Paris à Mme la princesse de Guistelle...* Disposition : A.N. O[1] 1077 373
14.5.1775 La princesse de Guistelle à A : *La lettre que vous m'avez écrite me fait grand plaisir, Monsieur, étant logée au premier, ayant un balcon que je me plais à garnir de fleurs qui donne sur la Petite Orangerie du roi, ce que l'on me gâte entièrement tous les jours, et moi-même je suis exposée à recevoir les odeurs qu'on jette d'en haut.* A.N. O[1] 1799 346
9.2.1782 H à A : *Mme la princesse de Guistelle m'a prié de rappeler au souvenir de M. le directeur général le mémoire qu'elle a eu l'honneur de lui adresser pour lui demander le remplacement d'une glace cassée dans son appartement.* Réponse : *Mander que la demande est inconnue.* A.N. O[1] 1801 243

1. Berryer devint bientôt secrétaire d'État à la Marine et obtint l'appartement ministériel.

2.3.1782 H à A : ... *Il ne se trouve point de glace dans le magasin des mesures convenables pour remplacer celle cassée chez Mme la princesse de Guistelle... J'ai écrit ce matin à cette princesse pour la prévenir et pour l'assurer que lorsqu'il s'en trouvera une je la ferai poser sur-le-champ.* A.N. O[1] 1801 256

S 2B

Estissac, Louis François Armand de La Rochefoucauld de Roye, duc d' (1695-1783). Grand maître de la garde-robe du roi 1758

1770 *État* A « Le grand maître de la garde-robe »

Guistelle [1], Louise Élisabeth de Melun, grande d'Espagne, princesse de (1738-?), Dame pour accompagner Mesdames les cadettes 1768, puis Madame Victoire

1787 *État* E « Mme la princesse de Guistelle » "4 pièces, 2 à cheminée ; 1 bûcher, 1 réchauffoir"

S 3

Binet, Gérard (1688-1761). Premier valet de la garde-robe du roi ; premier valet de chambre du dauphin 1735 ; contrôleur de la maison de la dauphine 1744

1741 *État* « Pour Mlle de Clermont, puis M. Binet » "2 pièces, caves au-dessous »

Gaston, N..., abbé (?-?). Feuille des bénéfices de l'apanage du comte d'Artois

1770 *État* A « abbé Gaston »

S 4

Du Parc, Charles François Lavechef (1701-1751). Secrétaire du cardinal de Fleury ; fermier général des Postes

1741 *État* « Remise de M. Du Parc et M. le cardinal de Fleury » "1 pièce et 1 dessous d'escalier"

S 5

Dubois, Joseph (1650-1740). Secrétaire du cabinet ayant la plume à la résignation de son frère, le cardinal, 1720-1736 ; secrétaire des commandements de l'infante d'Espagne, fiancée de Louis XV ; directeur général des Ponts et chaussées 1723-1736

1741 *État* « Remise de M. Dubois des Ponts et chaussées » "1 pièce et 1 cave sous le gros pavillon, n° 35 »

S 4 et 5 sont combinés.

Jard, N... (?-?). Accoucheur de la reine

1741 *État* « Accoucheur de la reine »

S 3, 4 et 5 sont combinés.

Luynes, Paul d'Albert, cardinal de (1703-1788). Évêque de Bayeux 1729 ; premier aumônier de la dauphine 1747 ; archevêque de Sens 1753 ; cardinal 1756

31.3.1760 Le cardinal de Luynes à M : *Je pars demain pour mon diocèse. C'est ce qui m'engage à avoir l'honneur de vous écrire pour vous prier de vouloir bien donner vos ordres à M. L'Écuyer pour faire à mon petit appartement quelques arrangements* [dans] *la nouvelle pièce que le roi m'a donnée.* Réponse : *Je viens de donner ordre à M. L'Écuyer de m'envoyer un plan et un devis des nouveaux arrangements que Votre Éminence souhaite dans son appartement.* A.N. O[1] 1811 III 109

1770 *État* A « M. l'archevêque de Sens »

10.5.1775 Le cardinal de Luynes, à Paris, à A : *Pendant vingt ans... que j'ai été attaché à la Cour et que j'ai habité le petit appartement que le feu roi avait bien voulu m'y donner, mes gens dans le commencement jetaient quelques fois par la fenêtre les vases où il y avait de l'urine. J'y mis ordre dès que j'en fus informé. D'après la mort de Madame la dauphine, mère du roi, je n'y réside que trois semaines dans le cours de l'année et certainement pendant le reste de l'année, mes gens n'y jettent rien, puisqu'ils n'y sont pas. Je ne prête jamais mon appartement. Massif, suisse de la Cour qui est au service du roi, est le seul qui en a la clef. Je suis persuadé qu'il ne jette rien par mes fenêtres, étant très commodément logé dans le fond de la cour. Ce qui est jeté ne peut donc l'être que par ceux qui habitent l'appartement au-dessus du mien* **[S 13]** *ou ceux qui occupent un autre appartement en entresol sur la même ligne, fort petit qui a un balcon avancé sur le jardin de la petite orangerie.* **[S 2B]** *Ce qui me donne lieu de le penser, c'est que dans le temps que j'habitais le rez-de-chaussée, j'ai vu souvent jeter des incommodités par les fenêtres de ces deux appartements et surtout par la porte-fenêtre de celui qui avait le balcon. J'ai même été obligé de m'en faire plainte...* A.N. O[1] 1799 343

Coigny [2], Gabriel Augustin de Franquetot, comte de (1740-1817). Chevalier d'honneur de Madame Élisabeth

1787 *État* E « M. le comte de Coigny » "5 pièces, 2 à cheminée ; 1 caveau"

S 6

Bontemps, Louis Dominique (1738-1766). Premier valet de chambre du roi en survivance ; gouverneur des Tuileries

Bontemps, Jeanne Thérèse Tissier, Mme, plus tard marquise de Bissy (?-?)

7.9.1762 *Il se trouve un mur dans le logement de M. Bontemps tenant de celui de M. le baron de Montmorency* **[S 13]** *lequel est entièrement ruiné par une déniche des lieux qui passe à travers...* D.C.V citant A.N. O[1] 1070 63 ; *Cf.* 1812 I 55

1770 *État* A « Mme de Bontemps »

Chamilly, Claude Christophe Lorimier, sieur de (1732-1794). Premier valet de chambre du roi à la démission de Le Bel en 1764, en exercice 1771

1777 *État* B « M. de Chamilly »

13.1.1780 H à A : *M. de Chamilly à qui l'on vient de donner un petit logement au rez-de-chaussée du château, cour dite de la Surintendance, a l'honneur de prier M. le directeur général de vouloir bien lui accorder un poêle de faïence pour parer à l'humidité de son logement qui est telle que sans ce poêle il ne peut l'habiter et de lui permettre de faire monter le tuyau dans un des angles de la dite cour, ce qui ne peut donner lieu à aucun inconvénient.* A.N. O[1] 1800 512

1. P. de NOLHAC note que la princesse de Guistelle est mentionnée dans les registres comme détenant **S 2B** le 28 août 1786. Voir *Versailles... Marie-Antoinette*, p. 116.

2. Le comte de Coigny occupait aussi **S 28**.

Provence, Louis Stanislas Xavier de France, comte de (1755-1824)
1787 *État* 1787 « Prêté à Monsieur » "4 pièces, 1 à cheminée"

S 7
Berwick [1], Jacques Fitz-James, fils naturel de Jacques II, roi d'Angleterre (1670-1734). Maréchal de France
Corps de garde des douze
1741 *État* « M. le maréchal de Berwick, puis corps du garde des douze, » "Écurie, deux remises dans la cour de la Surintendance, sellerie et entresols au-dessus »
Corps de garde des suisses du château
1787 *État* E « Corps de garde des suisses du château » "2 pièces, 1 à cheminée ; 1 soupente"

S 7A combiné avec **S 15 et 15A**

Marchais, George René Binet, baron de (1712-1780). Premier valet de chambre du dauphin, puis du roi en survivance, en exercice 1754
La Borde, Jean Benjamin (1734-1794). Premier valet de chambre du roi en survivance de Marchais
1763 N au roi : *M. de Marchais désire vivement que M. de La Borde qui a la survivance de sa charge ait aussi la survivance de son logement.* Bon du roi : A.N. O[1] 1076 727
1770 *État* A « M. Marchais, puis M. La Borde »
Angiviller [2], Élisabeth Josèphe de La Borde, baronne de Marchais, puis comtesse d' (1725-1808)
3.9.1775 A à H : *J'ai reçu les détails presque effrayants des dévastations que les rats commettent dans le château de Versailles de M. Le Roi qui vient de surveiller, particulièrement l'appartement de Mme de Marchais qui vient de lui marquer que ses meubles souffrent beaucoup. Le Juif Hirsch a reçu dans Versailles quelques jours avant mon départ les ordres les plus positifs de profiter du voyage pour travailler utilement et avait promis de ne pas désemparer. J'apprends que l'on ne l'a pas vu. Je lui en ai marqué mon mécontentement de manière à le convaincre de sa réalité. Je présume qu'il ne tardera pas à apparaître à Versailles. Quand il y sera, mettez un homme à sa suite pour vérifier ses recherches et l'emploi de sa drogue... Voyez à charger quelqu'un d'intelligent pour visiter l'appartement de Mme de Marchais et pour faire boucher les trous avec du plâtre et du verre pilé. Voyez, je vous prie, M. Le Roy pour lui demander la composition de sa pâte et en faire mettre en attendant le Juif, car nous périrons des rats.* A.N. O[1] 1799 445
9.10.1775 H à A : *J'espère qu'au retour de Mme de Marchais son appartement sera absolument purgé de ces exécrables vermines...* A.N. O[1] 1799 447 ; *Cf.* 450
10.1776 H à A : *L'appartement de Mme de Marchais sera terminé pour le retour de Fontainebleau.* A.N. O[1] 1799 615
19.12.1776 H à A : *Je n'ai pas bien entendu le projet de la comtesse de Marchais pour agrandir son antichambre et faire la chambre de ses femmes aux dépens de son garde-meuble, mais il n'y pas grand mal parce que le garde-meuble est plein d'effets et qu'on n'y peut faire de changements que lorsqu'il aura été déménagé.* A.N. O[1] 1799 638
1783 *État* D « Mme de Marchais »
1787 *État* E « Mme la comtesse d'Angiviller » "11 pièces, 4 à cheminée"

S 8
Pecquet, Antoine, sieur (1668-1728). Premier commis des Affaires étrangères 1700-1725
Rupelmonde, Marie Chrétienne Christine de Gramont, comtesse de (1721-1790). Dame du palais en survivance de sa belle-mère 1741-1751
Aide-apothicaire
1741 *État* « M. Pecquet, puis Mme de Rupelmonde la jeune, puis aide-apothicaire » "Écurie, 1 remise, 2 pièces, caves sous le gros pavillon n° 25"
15.2.1757 *Les quatres aides apothicaires du roi ont l'honneur de vous représenter qu'ils occupaient dans le château depuis de longues années un logement convenable à leur devoir et honnête ; qu'il a plu à M. le comte de Noailles, par ordre du roi, de disposer du dit logement pour M. le maréchal de Belle-Isle, qu'en conséquence il leur en a donné un dans le brisis du Grand Commun qui est inhabitable...* A.N. O[1] 1828 441

S 8 est combiné avec **S 21**

S 9
Portier
1741 *État* « Le portier » "2 pièces, 1 à cheminée et 2 entresols, dont 1 à cheminée et 1 cave au n° 26"
26.9.1756 N au roi : *Le maréchal de Belle-Isle ayant demandé et obtenu de Votre Majesté le logement de Schnieder* [**S 28A**], *concierge de la Surintendance, il est nécessaire de charger le portier de veiller plus attentivement que jamais à ce qui s'y passe. Le comte de Noailles est informé qu'il y a beaucoup de* [friponneries] *sur le vin, faites par différents particuliers ce qui est d'un mauvais exemple et fait tort aux droits de Votre Majesté. Le dit portier a un logement où il avait beaucoup de difficulté à tenir. Le comte de Noailles demande à Votre Majesté la permission de lui faire réunir une pièce usurpée par sieur Dunant et depuis par Carrière et de donner au sieur Carrière un dédommagement en argent sur l'*État des logements *de 150 livres.* Bon du roi : A.N. O[1] 1076 457

S 8 et 9 sont combinés.

Portier de la Surintendance
1787 *État* E « Portier de la Surintendance » "2 pièces, 1 à cheminée ; 3 entresols, 2 à cheminée"

1. Le duc de Berwick occupait aussi **S 2**.
2. Mme de Marchais était la maîtresse en titre du comte d'Angiviller. Après la mort du baron de Marchais, mari complaisant, ils se marièrent. Pourtant la nouvelle comtesse continua d'occuper son appartement à l'ancien hôtel de la Surintendance jusqu'à la Révolution, et y résida encore après l'exil de son second mari.

BASSE COUR. REZ-DE-CHAUSSÉE

S 10 [1]

Fagon, Louis (1680-1744). Membre du Conseil royal des finances 1722
1741 *État* « Cuisines de M. Fagon, conseiller d'État » "2 pièces, 1 à cheminée ; 1 entresol sans cheminée ; 2 caves, 1 sous le Gros Pavillon au n° 27 et l'autre au n° 7 sous le pavillon des Offices"
Mirepoix, Jean François Boyer, évêque de (1674-1755). Précepteur du dauphin 1735, chargé de la feuille des bénéfices 1743 ; premier aumônier de la dauphine 1744-1746
Boynes, Pierre Étienne Bourgois de (1718-1783). Conseiller d'État 1761 ; ministre de la Marine 1771-1774
Sartine, Antoine Raymond Jean Gilbert Gabriel de (1729-1801). Lieutenant général de police 1759-1774 ; conseiller d'État 1767
1770 *État* A « M. l'évêque d'Orléans, puis de Boynes, puis de Sartine »
Autun, Yves Alexandre de Marbeuf, évêque d' (1732-1799). Lecteur du roi ; aumônier ordinaire de la reine 1749
1787 *État* E « M. l'évêque d'Autun » "2 pièces, 1 à cheminée"

S 11

Montauban, Catherine Élénore Eugénie de Bethisy, princesse de (1707-1757). Dame du palais 1733-1757
1741 *État* « Écurie de M. Dubois des Ponts et Chaussées, puis offices de Mme la princesse de Montauban »
Montauban, Charles de Rohan-Montauban, *dit* prince de (1693-1766)
1770 *État* A « M. le prince de Montauban »
Rochefort, Charles Jules Armand de Rohan-Montauban, *dit* le prince de (1729-?)
[176...] N au roi : *M. le prince de Montauban avait un très petit logement du côté de la Surintendance. M. le maréchal de Soubise et Mme la comtesse de Brionne le demandent pour M. le prince de Rochefort, mais quoique ce logement soit vilain, il y a tant de charges à loger et si peu de logements que c'est une vraie grâce si Votre Majesté veut l'accorder. Si Votre Majesté accorde ce logement, comme il y a une cuisine, chose fort rare dans toute cette aile, le comte de Noailles demande la permission à Votre Majesté de mettre la condition qu'on pourra lui changer contre une autre cuisine si l'on en a besoin.* A.N. O[1] 1077 350
[176...] *Le petit logement de M. le prince de Montauban à M. le prince de Rochefort.* A.N. O[1] 1077 376
1777 *État* B « M. le prince de Rochefort »
Garde-robe de Madame Élisabeth
1787 *État* E « Garde-robe de Madame Élisabeth » "1 pièce, 1 à cheminée"

S 12

Clermont [2], Marie Anne de Bourbon-Condé, *dite* Mlle de (1697-1741). Surintendante de la Maison de la reine 1726-1741
Noailles, Adrien Maurice de Noailles, duc, puis maréchal de (1678-1766). Capitaine des gardes du corps 1707 ; maréchal de France ; ministre d'État 1743
Noailles, Louis de Noailles, duc d'Ayen 1737, puis en 1766 duc de (1713-1793). Capitaine des gardes du corps en survivance 1731 ; maréchal de France 1755
1741 *État* « Cuisines et offices de Mlle de Clermont, puis M. le maréchal de Noailles et M. de duc d'Ayen » "4 pièces, 3 à cheminée ; 6 entresols, 2 à cheminée ; 1 cave sous le pavillon des offices au n° 4 et 1 au n° 10 »
Tallard, Marie Isabeau Gabrielle de Rohan-Soubise, duchesse de (1699-1754). Gouvernante des Enfants de France 1732-1754
3.7.1751 E à T : *Je n'ai pas manqué de parler à M. le comte de Noailles... sur ce qu'il convient qu'il fît prévenir Mme la duchesse de Tallard que le roi venait de disposer de sa cuisine* **[S 2]** *pour le service de Mesdames. Il m'a prié d'écrire à M. le maréchal son père pour savoir laquelle de ses deux cuisines il remettra à cette duchesse...* A.N. O[1] 1810 III 107 *supra.*
4.7.1751 N à T : *Mon père remit, Monsieur, une cuisine et un office attenant, et il a envoyé hier son maître d'hôtel à Versailles pour les faire déménager. J'ai écrit à Mme la duchesse de Tallard en le lui indiquant...* A.N. O[1] 1810 III 107 *infra.*
Marsan, Marie Louise de Rohan-Soubise, comtesse de (1720-1803). Gouvernante des Enfants de France 1754-1774, puis de Madame Élisabeth
1770 *État* A « Mme Marsan »
Chimay, Laure de Fitz-James, princesse de (1744-1814). Dame de la dauphine 1770, puis dame d'honneur de la reine Marie-Antoinette 1775
1787 *État* E « Cuisine de Mme la princesse de Chimay, dame d'honneur » "2 pièces, 1 à cheminée"

S 12A

Créqui, Robert Créqui d'Hémont, chevalier de (1705-1745). Premier maître d'hôtel de la dauphine 1744
1741 *État* « Cuisine de M. le chevalier de Créqui »
Brionne, Louise Julie Constance de Rohan-Guémené, comtesse de (1734-1807)
1770 *État* A « Mme la comtesse de Brionne »
1787 *État* E « Mme la comtesse de Brionne » "2 pièces ; 1 à cheminée ; 4 entresols, 2 à cheminée"

ENTRESOLS AU-DESSUS DES REMISES ET ÉCURIES

S 13

Bavière, Emmanuel François Joseph, *dit* comte de († 1747). Fils naturel de Maximilien Marie Emmanuel, électeur de Bavière ; ambassadeur à Vienne 1745
1741 *État* « M. le comte de Bavière » "6 pièces, 2 à cheminée ; 1 cave sous le gros pavillon n° 23 »
Montmorency-Fosseux [3], Anne Léon Ier, baron de (1705-1785). Chevalier d'honneur de Madame Adélaïde 1750

1. Cet espace était généralement accordé à l'occupant de **S 21**.
2. Mlle de Clermont et les Noailles occupaient **AP 54**.
3. Le baron de Montmorency occupait aussi **S 28**.

11.7.1747 N a T : *Logements vacants : celui de M. le comte de Bavière à M. le baron de Montmorency.* A.N. O[1] 1801 I 234
12.12.1748 *M. le baron de Montmorency prie M. de Tournehem de lui faire raccommoder sa cheminée et lui faire placer un poêle dans la muraille de son cabinet.* Réponse : *M. L'Écuyer peut faire faire la demande de M. le baron de Montmorency...* A.N. O[1] 1810 II 109
1787 *État* E « M. le baron de Montmorency » "4 pièces, 2 à cheminée ; 1 bûcher"

S 14
Châtillon, Alexis Madeleine Rosalie, comte, puis duc de (1690-1754). Gouverneur du dauphin 1735
Feydeau de Brou, Paul Esprit (1682-1767). Conseiller d'État 1737 ; intendant de Paris 1742-1744 ; membre du Conseil des finances 1744
Clermont, Marie Anne de Bourbon-Condé, *dite* Mlle de (1697-1741). Surintendante de la maison de la reine 1726-1741
Feydeau de Marville, Claude Henri, seigneur de (1705-1787). Lieutenant général de la police 1739-1747 ; conseiller d'État 1747
1741 *État* « M. de Châtillon, puis M. l'intendant de Paris, puis M. de Marville » "2 pièces, dont 1 à cheminée ; 1 entresol sans cheminée et 1 dessous d'escalier"
Berryer, Nicolas René (1703-1762). Lieutenant de police 1747
Bertin, Henri Léonard Jean-Baptiste, comte de Bourdeilles (1720-1792). Lieutenant de police de Paris 1757
Gilbert de Voisins, Pierre (1684-1769). Membre du Conseil des dépêches 1765
24.3.1758 *Le logement que M. Berryer avait comme lieutenant de police à M. Bertin, lieutenant de police, qui offre de le prêter à M. Gilbert de Voisins et il aura en attendant les entresols de Mme de La Lande au Grand Commun.* A.N. O[1] 1076 511
Thiroux de Crosne, Louis (1736-1794). Lieutenant général de police 1785
1787 *État* E « Lieutenant de police de Paris » "2 pièces, 1 à cheminée ; 1 soupente"

S 15
Tournelle, N... (?-?). Commandant de cavalerie
Maillebois, Marie Yves Desmarets, comte de (1715-1791). Maître de la garde-robe du roi en survivance de son père 1736
Guébriant, Jean Bonaventure La Lay de, *dit* président (?-?). Président du parlement de Paris 1734 ; lecteur du roi
1741 *État* « M. de la Tournelle, commandant de cavalerie, puis M. de Maillebois, le fils, puis M. le président de Guébriant » "2 pièces, 1 à cheminée ; 4 entresols sans cheminée"

S 15 et 15A [1] sont combinés

Marchais, George René Binet, baron de (1712-1780). Premier valet de chambre du dauphin, puis du roi en survivance, en exercice 1754
La Borde, Jean Benjamin (1734-1794). Premier valet de chambre du roi en survivance de Marchais
1770 *État* A « M. Marchais, puis M. La Borde »
Angiviller, Élisabeth Josèphe de La Borde, baronne de Marchais, puis comtesse d' (1725-1808)
1783 *État* D « Mme de Marchais »
1787 *État* E « Mme la comtesse d'Angiviller » "9 pièces, 4 à cheminée"

S 16
Tingry, Charles François Chrétien de Montmorency-Luxembourg, prince de (1713-1787)
La Fare, Philippe Charles, marquis de (1687-1752). Capitaine des gardes du duc d'Orléans 1712 ; chevalier d'honneur de la dauphine d'Espagne 1744, puis de la dauphine de Saxe
GG-B 2223 « N° 16 Plan de l'appartement de M. le marquis de La Fare dans la basse cour de la Surintendance »
Biron, Louis Antoine, comte puis duc de (1700-1788). Premier écuyer du duc d'Orléans en survivance
1741 *État* « M. le prince de Tingry, puis M. de la Fare, puis M. le comte de Biron » "3 pièces, 2 à cheminée ; 1 entresol sans cheminée"
Brancas, Louise Diane de Clermont Gallerande, duchesse de Villars-, *dite* duchesse douairière de (1711-1784). Dame pour accompagner Mesdames 1747-1762
Flamarens [2], Agésilas Gaston de Grossolles, marquis de (1686-1762). Grand louvetier de France 1741
[1747] N au roi : *M. de Flamarens dans le logement de Mme la duchesse de Brancas, ci-devant à M. le duc de Biron.* A.N. O[1] 1076 138
Garde-robe de Madame Élisabeth
1787 *État* E « Garde-robe de Madame Élisabeth » "2 pièces, 1 à cheminée ; 1 soupente"

S 17
Bureau des Ponts et Chaussées
Ormesson [3], Henry Ier François-de-Paule Lefèvre d' (1681-1756). Conseiller d'État 1721 ; intendant des finances 1722 ; administrateur du temporel de Saint-Cyr
1741 *État* « Bureau des Ponts et Chaussées, puis M. d'Ormesson »
Chimay, Laure de Fitz-James, princesse de (1744-1814). Dame d'honneur de la reine Marie-Antoinette 1775
1787 *État* E « 1 pièce sans cheminée"

S 18
Lorge et de Randan, Guy Michel de Durfort, comte de Lorge, puis en 1728 duc de Quintin et de Durfort, puis en 1733 duc de (1704-1773)
1741 *État* « M. le duc de Durfort, puis M. le duc de

1. **S 15 et 15A** étaient combinés avec **S 7A** à cette époque. Voir plus haut.

2. Le marquis de Flamarens occupait aussi **S 20**, au-dessus.
3. M. d'Ormesson occupait aussi **S 20 B**, au-dessus.

Randan » "3 pièces, 1 à cheminée ; 1 cave sous le Gros Pavillon, n° 31 »

S 19

Pecquet, Antoine, sieur (1668-1728). Premier commis des Affaires étrangères 1700-1725

Rupelmonde, Marie Chrétienne Christine de Gramont, comtesse de (1721-1790). Dame du palais en survivance de sa mère 1741

1741 *État* « M. Pecquet, puis Mme de Rupelmonde la jeune » "1 pièce à cheminée"

Trusson, Jean-Baptiste (1691-1748). Commis des Affaires étrangères 1715-1747

Trusson, Anne Catherine Godard (?-?)

27.9.1748 Mme Trusson à T : *Madame Trusson supplie M. de Tournehem de vouloir bien avoir égard à sa demande par rapport au logement de M. le chevalier de Montaigu* [**S 18**] *qui avait été donné à M. l'évêque de Bayeux et que ce prélat, avec l'agrément du roi, vient d'échanger avec M. Pecquet, que M. Binet avait obtenu pour M. de Marchais comme survivance de M. Bachelier* [1] *et qu'elle occupe actuellement. Il y a une chambre dans cet appartement de M. le chevalier de Montaigu dont le carreau est fort mauvais. Cette pièce n'est pas grande. Elle le prie de vouloir bien ordonner qu'elle soit parquetée de parquet du magasin... comme la même pièce est blanchie et que cette couleur est tout écaillée, de trouver bon qu'elle soit revernie et qu'un petit cabinet qui est de 5 pieds carrés sur 6 de haut et qui a un lambris d'appui soit achevé et boisé.* Réponse : *Le roi a accordé ce que demande Mme Trusson.* A.N. O[1] 1795 119f ; *Cf.* 1810 II 81

S 18 et 19 sont combinés.

Rohan, Charlotte Rosalie de Châtillon, duchesse de (1719-1753). Dame de la dauphine 1744

Rohan, Louis Marie Bretagne Dominique de Rohan-Chabot, duc de (1710-1801)

Vassé, Charles Armand de, vidame du Mans, *dit* vidame de (1706-1741)

[174...] *Le logement de M. et Mme la duchesse de Rohan, Surintendance entresols 18 et 19, 4 pièces, dont 3 à cheminée et 1 cave sous le Gros Pavillon à M. le vicomte* [sic] *de Vassé.* Logements donnés par le roi : A.N. O[1] 1076 133

Guébriant, Jean Bonaventure La Lay de, *dit* président (?-?). Président au parlement de Paris ; lecteur du roi

20.8.1741 *Le roi disposa hier de plusieurs appartements... celui de M. de Vassé, qui est dans le corridor qui va chez M. le contrôleur général, a été donné à M. le président [de] Guébriant, lecteur du roi.* L* III 455

Montaigu, Louis Christophe Gabriel, chevalier puis comte de (1698-1753). Gentilhomme de la manche du dauphin 1741, puis menin du dauphin 1745

1741 *État* « M. le vidame de Vassé, puis M. le chevalier de Montaigu »

Luynes, Paul d'Albert, cardinal de (1703-1788). Évêque de Bayeux 1729 ; premier aumônier de la dauphine 1747 ; archevêque de Sens 1753 ; cardinal 1756

2.7.1748 *M. le chevalier de Montaigu... avait un appartement en entresol donnant sur la seconde cour de la Surintendance en allant chez M. le contrôleur général ; cet appartement a été donné à mon frère, qui n'en avait point encore et qui a toujours logé chez moi* [**AP 84 et 86**] *jusqu'à présent.* L* IX 58

30.9.1748 T au roi : *M. l'évêque de Bayeux ayant changé d'appartement au château de Versailles y demande plusieurs réparations qui pourront se monter à 368 livres.* Bon du roi A.N. O[1] 1070 345 ; *Cf.* 1810 II 88

12.12.1750 *Le feu a pris aujourd'hui dans l'appartement de M. le baron de Montmorency* [**S 28**] *... on a démeublé aussi l'appartement de mon frère qui est au-dessous.* L* X 32

Binet, Gérard, seigneur de Sainte-Preuve (1688-1761). Premier valet de chambre du roi ; premier valet de chambre du dauphin 1735 ; contrôleur de la Maison de la dauphine 1744

Marchais, George René Binet, baron de (1712-1780). Premier valet de chambre du dauphin

1.8.1756 *Votre Majesté ayant accordé à M. Binet l'expectative du petit logement de M. le cardinal de Luynes, qui laissera moyennant celui-ci le sien* [**CC 9A**] *à M. Marchais...* A.N. O[1] 1076 453

Angiviller, Charles Claude Flahault de La Billarderie, comte d' (1730-1809). Directeur général des Bâtiments 1774-1791

Cucé-Boisgelin, Louis Bruno, comte de (1734-1794). Maître de la garde-robe du roi 1759

10.1766 N au roi : *M. d'Angiviller, gentilhomme de la manche, a quitté ; sa place a été donnée à M. le chevalier de La Billarderie. Le comte de Noailles a proposé à Madame la dauphine de lui donner aussi le logement où son frère avait fait beaucoup de dépenses mais cette princesse n'a pas voulu y consentir et a dit au comte de Noailles de le proposer à Votre Majesté pour M. de Boisgelin. Votre Majesté veut-Elle bien l'accorder avec la permission à Mme la princesse de Guistelle de le changer avec le sien* [**S 2B**] *?* Réponse : *Oui.* A.N. O[1] 1076 825

Gaston, N..., abbé (?-?). Feuille des bénéfices de l'apanage du comte d'Artois

1766 *Le logement de M. d'Angiviller, vacant par sa retraite, à M. l'abbé Gaston, sous-précepteur des Enfants de France.* Disposition : A.N. O[1] 1076 824

1770 *État* A « abbé Gaston »

Bergame, Jean Paul Dolfin, évêque de († 1819). Évêque de Bergame 1777

1787 *État* E « M. l'évêque de Bergame » "4 pièces, 1 à cheminée"

PREMIER ÉTAGE

S 20

Clermont, Marie Anne de Bourbon-Condé, *dite* Mlle de (1697-1741). Surintendante de la maison de la reine 1726-1741

1. Voir plus loin **S 18 et 19**.

1741 *État* « Mademoiselle de Clermont » “4 pièces, 2 à cheminée ; 4 entresols, 2 à cheminée”

20A et 20B sont séparés de **S 20**

S 20

Clermont-Gallerande, Pierre Gaspard, comte de Clermont-d'Ambroise marquis de (1682-1756). Premier écuyer du duc d'Orléans 1724-1742

Brancas [1], Louise Diane de Clermont Gallerande, duchesse de Villars-, *dite* duchesse douairière de (1711-1784). Dame pour accompagner Mesdames 1747-1762

Flamarens, Agésilas Gaston de Grossolles, marquis de (1686-1762). Grand louvetier de France 1741-1762

[1747] N au roi : *Votre Majesté a eu la bonté d'accorder à M. le marquis de Flamarens un bon pour le logement de Mme la comtesse de Belzunce* **[AP 101]** *qui avait été occupé par feu M. le marquis de Heudicourt quand cette dame demanderait à changer d'appartement. En attendant M. le marquis de Flamarens en a un très petit* **[S 16]** *et où il a été très mal à son aise à sa dernière maladie. Il désirerait vivement que Votre Majesté eût la bonté de lui accorder en augmentation le logement de M. d'Ormesson* **[S 20B]** *soit pour lui ou pour son neveu qui est son survivancier. Il représente qu'il a l'honneur d'être grand officier de la Couronne... ainsi que son neveu qui paye 1 200 livres de capitation et occupe un appartement loué à 1 200 livres.* Réponse : *Le logement de Mme Belzunce quand il vaquera.* A.N. O[1] 1077 455

[1747] ... *l'appartement qu'avait Mme de Montmorin ici dans l'aile Neuve* **[AN 68]** *avait été donné à M. de Flamarens ; il vient de changer cet appartement contre un plus petit que M. de Clermont-Gallerande avait dans un petit corridor qui rend dans celui du contrôleur général. C'est Mme de Brancas qui fait principalement usage de cet appartement et avec qui cet arrangement s'est fait.* L* VIII 86

23.01 1747 *M. le marquis de Flamarens demande : que l'on ôte un potager de trois fourneaux qui est dans une petite chambre qu'il destine à coucher ; que l'on la lambrisse et qu'on mette à la cheminée un chambranle de marbre ou de pierre de liais et un petit châssis de verre ;* [qu'on] *change la cloison du passage pour pouvoir placer un lit.* [Il demande] *aussi une petite soupente en dedans de son corridor avec une échelle et une lucarne pour éclairer le passage, une armoire avec des tablettes dans son petit cabinet pour ses habits, un clef de la porte d'entrée et autres où ils en manque. Dans l'entresol,* [il demande] *une cloison de sapin avec une porte et quelques tablettes, des changements d'un poteau de la porte d'entrée pour y mettre des tablettes derrière,* [et] *deux écuyers en dehors du corridor.* Réponse de E : *Devis = 416* Note de T : *Bon à exécuter.* A.N. O[1] 1810 I 173 et 183

3.3.1748 *M. le marquis de Flamarens prie M. de Tournehem de vouloir bien lui faire ajuster le devant de sa niche qui est trop élevé en mettant un fond et deux petites portes en forme d'armoire de bois de chêne pour en diminuer la hauteur avec une échelle de menuiserie pour y monter.* Réponse : *Bon à exécuter le devis montant à 85 livres.* A.N. O[1] 1810 II 41

Flamarens, Emmanuel François de Grossolles, comte de (1734-1782). Grand louvetier de France en survivance de son oncle 1753

17.1.1762 *Le logement de feu M. le marquis de Flamarens à M. le comte de Flamarens, grand louvetier de France.* Disposition : A.N. O[1] 1076 667

1770 *État* A « M. le comte de Flamarens »

1775 Le comte de Flamarens à A : *Le comte de Flamarens a l'honneur de prier M. le marquis* [sic] *d'Angiviller de vouloir bien donner des ordres pour faire à son appartement au château de Versailles deux croisées, dont une de trois pieds et demi de haut sur 3 pieds et demi de large, et l'autre de 2 pieds et demi de haut sur 2 de large. C'est une réparation indispensable. les croisées étant toutes pourries...* Réponse de Hazon : *C'est un objet d'environ 30 livres...* A.N. O[1] 1799 416

1777 *État* B « M. le comte de Flamarens »

Haussonville, Joseph Louis Bernard de Cléron, comte d' (1739-1806). Grand louvetier de France 1780

29.12.1782 Le chevalier d'Haussonville à A : *Le roi ayant bien voulu me donner... l'appartement vacant par la mort de M. le comte de Flamarens, permettez-moi de vous rappeler les offres de service que vous avez bien voulu me faire. Cet appartement est très froid parce qu'il fermait très mal, que les boiseries et les fenêtres sont très anciennes. Je me contenterai pour le moment-ci qu'on raccommodât les boiseries, les portes et les fenêtres pour pouvoir l'habiter cet hiver et quant aux plâtres et autres réparations nécessaires, j'aurai recours à vos bontés pendant l'été.* A.N. O[1] 1801 309

Gontaut, Charles Antoine Arnauld, marquis de Monferrant et de Gontaut, puis en 1758 duc de (1708-1800). Maréchal de France 1745

27.11.1785 *Le logement, très petit, de M. le duc de Gontaut* **[AP 88]**... *troqué contre M. d'Haussonville...* Bon du roi : A.N. O[1] 1802 141 ; *Cf.* 1077 306

Haussonville, Charles Louis Bernard de Cléron, chevalier d' (1770-1846). Sous-gouverneur du dauphin

1787 *État* E « M. le chevalier d'Haussonville, sous gouverneur de Mgr le dauphin *[sic]* » “2 pièces à cheminée ; 1 entresol sans cheminée ; 1 soupente”

S 20A

Ballainvilliers, Simon Charles Sébastien Bernard, baron de († 1835). Lecteur du roi

1770 *État* A « M. de Ballainvilliers – à examiner »

Sénac de Meilhan, Gabriel (1736-1803). Lecteur du roi

5.12.1769 N au roi : *M. de Sénac a acheté de M. de Ballainvilliers la charge de lecteur de la chambre de Votre Majesté, il demande d'occuper le logement attaché à la dite charge.* Bon du roi : A.N. O[1] 1077 57

1769 *Le logement que M. de Ballainvilliers avait à M. de Sénac, qui a la charge* ... Disposition : A.N. O[1] 1798 495

1777 *État* B « M. Sénac »

1781 *État* D « M. Sénac, lecteur du roi »

Arbouville, Pierre d' (1735-1794). Sous-gouverneur du duc d'Angoulême

1. La duchesse de Brancas et le marquis de Flamarens occupaient aussi **S 16**, au-dessous.

1787 *État* E « M. le chevalier d'Arbouville, sous-gouverneur de Mgr le dauphin *[sic]* » "2 pièces, 1 à cheminée ; 1 entresol sans cheminée"

S 20B

Ormesson, Henry Ier François-de-Paule Lefèvre d' (1681-1756). Conseiller d'État 1721 ; intendant des finances 1722 ; administrateur du temporel de Saint-Cyr

Ormesson, Marie François-de-Paule Lefèvre, marquis d' (1710-1756). Membre du Conseil royal des finances 1742 et du Conseil d'État 1758 ; administrateur du temporel de Saint-Cyr en succession de son père 1756

29.3.1756 D'Ormesson à N : *À Paris. J'ai reçu la lettre que vous m'avez fait l'honneur de m'écrire le 26 de ce mois et je suis très reconnaissant de la peine que vous avez pris de venir avec Mme la comtesse de Noailles me faire compliment sur la perte que je viens de faire* [1]. *Il est vrai, Monsieur, que j'aurais fort désiré pouvoir conserver le logement de mon père. Ce n'est pas uniquement pour ma commodité mais celle des personnes qui ont affaire à moi pour Saint-Cyr s'y serait trouvée ; aussi le détail dont je suis chargé, soit pour les demoiselles qui demandent des places à Saint-Cyr, soit pour l'administration du temporel de cette maison, me met dans le cas de prendre assez souvent les ordres de Sa Majesté, de faire de fréquents voyages à Saint-Cyr, et d'avoir à répondre à beaucoup de personnes. MM. les gardes du roi, entr'autres, forment leurs demandes ou suivent celles déjà formées pendant leur quartier. Et vous sentez, comme moi, Monsieur, qu'il leur est beaucoup plus facile de le faire à Versailles que de se rendre à Paris pour me remettre les pièces nécessaires. Voilà les raisons qui me font espérer que vous voudriez bien me procurer un logement s'il est possible. En attendant, je ferai retirer les meubles de l'appartement que mon père occupait et je ferai remettre la clef à M. Le Bel. Je compte que cela sera exécuté la semaine prochaine.* A.N. O1 1077 452

Broglie, Louise Augustine Salbigothon de Crozat de Thiers, comtesse, puis duchesse de (1733-1813). Dame pour accompagner Mesdames les cadettes 1754

18.3.1757 *Le logement de M. d'Ormesson mis à part... pour le service de Mgr* [le duc de Bourgogne] *prêté au 1er avril 1758 à Mme la duchesse de Broglie.* A.N. O1 1076 476

Choiseul-Beaupré, François Martial de Choiseul de Sommerville, comte de (1717-1792). Menin surnuméraire du dauphin 1751

1.4.1758 *Le logement de M. d'Ormesson dans l'escalier de M. le contrôleur général, nº 20B, prêté à M. de Choiseul, menin, 4 chambres, 2 à cheminée.* A.N. O1 1076 491

Saint-Vital, Alessio, marquis de (1709-1774). Chevalier d'honneur de Madame l'infante de Parme

Jard, N... (?-?). Accoucheur de la reine

24.3.1758 *Le logement de M. d'Ormesson prêté à M. le marquis de Saint-Vital à M. Jard.* A.N. O1 1076 511

1. Son père était mort le 20 mars.

1758 *Le logement de M. le prince de Rochefort* **[S 11]** *séparé de Mme la princesse de Montauban ou le logement de M. d'Ormesson à M. Jard.* A.N. O1 1077 463

Gilbert de Voisins, Pierre (1684-1769). Membre du Conseil des dépêches 1757

1.4.1759 *Le logement de M. d'Ormesson prêté à M. le comte de Saint-Vital et qui avait été donné au sieur Jard à M. Gilbert de Voisins, conseiller d'État.* A.N. O1 1076 558 et 571

8.2.1760 *Je, architecte ordinaire et contrôleur des Bâtiments... certifie que les glaces mentionnées ci-dessous ne sont point du roi, qu'elles appartiennent à M. Gilbert de Voisins : une glace sur la cheminée de la chambre à coucher.* A.N. O1 1797 84

Ormesson, Marie François-de-Paule Lefèvre, marquis d' (1710-1755). Membre du Conseil royal des finances 1742 et du Conseil d'État 1758

31.5.1769 M, à Ménars, à E : *M. d'Ormesson venant d'obtenir... le logement qu'avait ci-devant M. Gilbert de Voisins, et qui avait été anciennement formé dans ce qui faisait le Bureau des ponts et chaussées, me marque y désirer, indépendamment de quelques réparations nécessaires et peu considérables, quelques légers changements. Vous examinerez en conséquence le plus tôt qu'il vous sera possible en quoi consistent ces réparations et changements...* Réponse de E : *Ce que M. d'Ormesson demande est un objet de 1 200 livres...* A.N. O1 1798 355 et 356

5.1769 *Le logement de M. Gilbert de Voisins accordé à M. d'Ormesson.* D.C.V. citant A.N. O1 1200 folio 121

1770 *État* A « M. d'Ormesson »

Joly de Fleury, Jean François de, *dit* président (1718-1802). Membre des Conseils des dépêches et du commerce 1760 ; doyen du Conseil 1789

1775 N au roi : *M. d'Ormesson, conseiller au Conseil royal est mort. Il avait un petit logement au château. Votre Majesté veut-Elle l'accorder à M. de Fleury, conseiller des dépêches, et laisser à M. d'Ormesson [son frère] à cause de son travail de Saint-Cyr, celui de M. de Fleury* **[AGM 19]** ? A.N. O1 1077 367

12.1775 *Le logement de feu M. d'Ormesson à M. de Fleury, conseiller au Conseil des dépêches...* Disposition : A.N. O1 1799 463

1777 *État* B « M. Joly de Fleury »

Galasière, Antoine Martin, marquis de Chaumont de (1697-1783). Membre du Conseil royal des finances 1776 et du Conseil du commerce 1780

Tabouréau des Réaux, Louis Gabriel (1718-1782). Membre du Conseil des finances 1777

20.6.1781 *Le logement de M. de Fleury à M. Galasière et la survivance à M. Tabourreau.* A.N. O1 1077 269 ; *Cf.* 1801 118

30.11.1781 *Le logement de M. Joly de Fleury à M. Galasière.* A.N. O1 1801 20

Boutin, Charles Robert (1722-1810). Conseiller d'État 1785

24.10.1783 *Le logement de M. de La Galasière à M. Boutin.* A.N. O1 1077 282 ; *Cf.* 1801 530

1787 *État* E « M. Boutin » "2 pièces, 1 à cheminée ; 1 entresol"

Joly de Fleury, Jean François de (1718-1802). Mem-

bre des Conseils des dépêches et du commerce 1760 ; doyen du Conseil 1789
3.11.1788 *Le logement de M. Boutin, qui n'est plus au Conseil à M. de Fleury, doyen du conseil.* A.N. O[1] 1802 537 ; *Cf.* 1077 366

S 21 [1]

Fagon, Louis (1680-1744). Membre du Conseil royal des finances 1722
1741 *État* M. Fagon, conseiller d'État » "4 pièces à cheminée ; 1 entresol sans cheminée"
Mirepoix, Jean François Boyer, évêque de (1674-1755). Précepteur du dauphin 1736, chargé de la feuille des bénéfices 1743 ; premier aumônier de la dauphine 1744-1746
15.5.1744 *M. de Mirepoix reçut hier une lettre de M. le comte de Noailles par laquelle il lui mandait que le roi lui donnait le logement de M. Fagon. Ce logement est dans ce qu'on appelle la Surintendance, en allant chez M. le contrôleur général ; il est grand et assez commode.* L* V 436
4.10.1755 L'abbé Cheliot, chapelain de Mme la dauphine, à M : *M. l'évêque de Mirepoix m'a donné par son testament une marque de son amitié qui m'est trop chère pour que je ne me mette pas en état de la conserver pieusement. Il m'a fait don de ses livres, qui dans le fond, ne sont pas un objet bien considérable, puisqu'ils n'ont été estimés dans l'inventaire qui a été fait des effets de la succession qu'environ 4 000 livres. Et il m'a même donné un titre onéreux, puisqu'il déclare dans son testament qu'il attend de mon attachement pour lui que je continuerai de donner à ses frères et sœurs, qui à la vérité sont fort âgés, les pensions qu'il avait accoutumé de leur faire, qui ne laissent pas que de monter à 600 livres chaque année. Je n'entre dans tout ce détail que pour vous faire connaître que le don que m'a fait feu M. de Mirepoix m'est à charge au lieu de m'être utile. Les livres dont il m'a fait présent à Versailles étaient dans des tablettes qui auraient été faites aux dépens du roi. Je me souviens que M. L'Écuyer fut chargé dans le temps de les faire dresser. M. le cardinal de La Rochefoucauld, à qui le roi a donné l'appartement de feu M. de Mirepoix et qui sans doute n'est pas dans le dessein de faire porter ses livres à Versailles, m'a déclaré qu'il ne voulait point laisser les tablettes dans le cabinet, dont il veut faire une chambre de compagnie. Ces tablettes semblent encore plus faites pour les livres qu'elle contenaient que pour le lieu où elles sont placées. Il n'y en a qu'autant qu'il en faut pour renfermer les livres auxquels elles étaient destinées. Elles ne sont pas portatives. On les a appliquées au lambris du cabinet. Elles ne sont pas fermées en forme d'armoires. Ce ne sont que des planches bien ajustées, quoiqu'elles ne soient pas en elle-mêmes bien précieuses ; et il semble qu'elles ne puissent guère que faire un embarras dans le garde-meuble. Elles me seraient cependant d'un grand usage parce qu'il n'y en a ni plus ni moins qu'il n'en faut pour placer mes livres et m'épargneraient des frais considérables d'en faire d'autres, qui, quelques précautions qu'on prenne, ne seront jamais si bien proportionnées à la grandeur et à la qualité des livres que j'y voudrais placer. Toutes ces considérations me font prendre la liberté de vous supplier très humblement de permettre que je fasse enlever les tablettes dont il s'agit.* Réponse de M à M. de Fontanieu, intendant du garde-meuble : *J'ai donné ordres à M. L'Écuyer de faire démonter la bibliothèque de feu l'ancien évêque de Mirepoix et de la faire transporter dans votre magasin. Vous aurez agréable de veiller à ce que, dans le transport, elles ne soient point endommagées et de la faire serrer jusqu'à nouvel ordre.* A.N. O[1] 1811 II 54

S 21 et 28B sont combinés.

La Rochefoucauld, Frédéric Jérome de La Rochefoucauld de Roye, cardinal de (1701-1757). Grand aumônier de France 1756
19.10.1755 *Celui de M. l'évêque de Mirepoix à M. le cardinal de La Rochefoucauld...* L* XIV 283
26.10.1755 *Le logement de M. l'évêque de Mirepoix à M. le cardinal de La Rochefoucauld.* A.N. O[1] 1076 398
9.11.1755 *Le logement de Mme de Saint-Sauveur* [**S 28B**] *consistant en une chambre et une garde-robe à M. le cardinal de La Rochefoucauld, pour se faire un cabinet...* Disposition : A.N. O[1] 1076 408
[175...] GG-B 1140

S 21 et 28B avec son entresol 28A
Belle-Isle, Charles Louis Auguste Fouquet, comte, duc, puis en 1742 duc de Gisors (1684-1761). Maréchal de France 1741 ; ministre d'État 1756
1.8.1756 N au roi : *M. le cardinal de Luynes désire vivement le logement de M. le cardinal de La Rochefoucauld comme l'avait feu M. l'évêque de Mirepoix et en retranchant le logement de Mme de Butler* [**S 28B**] *qui y avait été ajouté pour les bureaux de cette éminence. M. le maréchal de Belle-Isle demande aussi ce logement mais avec l'augmentation qui avait été accordée à M. le cardinal de La Rochefoucauld. M. de Marchais désire que la demande de M. le cardinal de Luynes soit préférée. Votre Majesté ayant accordé à M. Binet l'expectative du petit logement de M. le cardinal de Luynes* [**S 18 et 19**] *qui laissera moyennant cela le sien* [**CC 9A**] *à M. de Marchais, il paraît que M. le maréchal de Belle-Isle comme ministre doit avoir la préférence. En attendant la décision de Votre Majesté, le comte de Noailles demande la permission de faire condamner la porte de communication du logement et de faire remettre les clefs chez M. Le Bel ou M. Boucheman.* Bon du roi : A.N. O[1] 1076 453
2.9.1756 *Le logement de Mgr le cardinal de La Rochefoucauld avec celui de Mme de Saint-Sauveur qui avait été ajouté vient d'être donné à M. le maréchal de Belle-Isle et celui du sieur Schneider, concierge et garçon du château* [**S 28B**], *qui est en entresol au-dessus du cabinet, donné à M. le maréchal de Belle-Isle, à M. de Gisors.* L* XV 214
14.11.1756 E à M : *Celui de M. le maréchal de Belle-Isle est presque fait à l'exception du blanchissage qu'on*

1. **S 21** correspond à l'espace marqué **S 21A** sur le plan. Habituellement, son occupant bénéficiait aussi de **S 31** dans l'attique.

a commencé aujourd'hui, mais on peut le regarder comme habitable pour le retour. A.N. O[1] 1796 321

Gisors, Louis Marie Fouquet de Belle-Isle, comte de (1732-1758)

1758 N au roi : *M. le maréchal de Belle-Isle demande... le logement de Schnieder* **[S 28A]**, *garçon du château... pour M. le comte de Gisors, son fils parce qu'il est très voisin et M. le maréchal de Belle-Isle représente qu'étant fort sourd, l'on peut entendre en cet appartement tout ce qu'on dit dans son cabinet* **[S 28A]**... Bon du roi : A.N. O[1] 1076 522

1758 ... *le logement du concierge de la Surintendance... avait été donné à M. le comte de Gisors...* A.N. O[1] 1076 511

S 28A est détaché de **S 21 et 28B** pour former un logement indépendant pour le président Hénault.

S 21 et 28A

Orléans, Louis Sextius de Jarente, évêque d' (1706-1788). Ministre de la Feuille des bénéfices et des économats de l'administration des biens ecclésiastiques non pourvus de titulaires 1757-1771 ; évêque de Digne 1746 ; évêque d'Orléans 1758

23.10.1757 M au roi : *M. l'évêque de Digne supplie très humblement Votre Majesté de vouloir bien lui accorder des doubles châssis au logement qu'il occupe au château de Versailles. Il représente que feu M. l'évêque de Mirepoix en avait aux croisées du logement qu'il occupait. Il y a à présumer que, si Votre Majesté accorde cette grâce, beaucoup des seigneurs qui ne sont point compris sur l'état des personnes à qui Votre Majesté en a accordé, lui demanderont la même grâce, ce qui l'engagerait dans une dépense considérable que la situation des Bâtiments ne permettait guère.* A.N. O[1] 1072 90 ; *Cf.* 91. Bon du roi : 1811 II 167

24.3.1758 *Le logement de M. le maréchal de Belle-Isle, tel que l'avait M. le cardinal de La Rochefoucauld, c'est-à-dire le logement de l'ancien évêque de Mirepoix et celui de Mme Butler, avec la cuisine et les caves des logements, en retranchant seulement le logement du concierge de la Surintendance* **[S 28B]** *qui avait été donné à M. le comte de Gisors, à M. l'évêque d'Orléans.* A.N. O[1] 1076 511

18.4.1758 L'évêque d'Orléans à M : *M. l'évêque d'Orléans prie M. le marquis de Marigny de vouloir bien ordonner que l'on fasse une cloison à lambris de menuiserie dans une petite garde-robe de son appartement ; qu'on remplace la table de cuisine qu'il avait dans l'autre appartement* **[AN 49]** *; qu'on blanchisse la cuisine, le garde-manger et l'office ; qu'on ouvre une petite fenêtre du côté de l'orangerie pour donner de l'air au dit garde-manger qui n'en a point du tout, et en même temps du jour au degré pour y monter qui n'en a pas de même. Une soupente au-dessus de la porte de l'antichambre de mon appartement est absolument nécessaire pour coucher le suisse... une armoire intérieure pour les papiers courants.* Réponse : *Bon pour 400 livres* : A.N. O[1] 1071 8 et 9 ; *Cf.* 7, 10, 11 et 1811 III 16

14.5.1758 M à E : *Vous ferez faire la soupente que l'évêque d'Orléans me demande dans une partie de l'antichambre de son logement et une armoire pour serrer ses papiers, et vous pratiquerez un jour dans son garde-manger pour y donner de l'air... ces 3 objets... monteront à 400 livres.* A.N. O[1] 1796 561

14.5.1758 M à l'évêque d'Orléans : *Je viens de donner les ordres nécessaires à M. L'Écuyer pour qu'il fasse faire les réparations nécessaires dans votre logement au château de Versailles.* A.N. O[1] 1796 558

3.1760 Sarrau de Vahiny, commis au contrôle des Bâtiments, à M : *M. l'évêque d'Orléans demande... que des ouvriers autres que les entrepreneurs des Bâtiments puissent travailler à ses bureaux au château de Versailles à la vérité sous l'inspection de M. L'Écuyer, parce que ce prélat prétend que ces ouvriers lui ont fait des soumissions à des prix que ceux qui travaillent pour le roi au château n'ont pas voulu accepter, ni même les conditions du payement. M. le directeur général est dans le sentiment d'accorder à M. l'évêque d'Orléans ce qu'il lui demande. Il est certain que ce qu'il demande est contre les règles des Bâtiments et notamment contre l'arrêt du conseil que M. le directeur général a fait rendre il n'y a pas 18 mois par lequel il est défendu à tout ouvrier étranger de travailler aux ouvrages des maisons royales.* A.N. O[1] 1797 89

18.3.1760 M à l'évêque d'Orléans : *Aussitôt que j'ai eu aplani cette difficulté, j'aurai l'honneur de vous informer.* A.N. O[1] 1797 190

Boynes, Pierre Étienne Bourgeois de (1718-1783). Conseiller d'État 1761 ; ministre de la Marine 1771-1774

30.3.1771 *Le logement de M. l'évêque d'Orléans et la chambre de M. le président Hérault* **[S 28A]**, *qui peut y communiquer à M. de Boynes, secrétaire d'État.* A.N. O[1] 1077 132

Turgot de Broucourt, Anne Robert Jacques, baron de L'Aulne (1727-1781). Secrétaire d'État à la Marine 1774 ; contrôleur général des finances 1774-1776

3.7.1774 N au roi : *Le comte de Noailles comptait hériter du logement du cinquième secrétaire d'État, mais Votre Majesté ayant nommé M. Turgot à la place de M. de Berryer, il demande le logement que M. de Boynes occupait au château qui était ci-devant celui de l'évêque d'Orléans. Votre Majesté veut-Elle bien lui accorder en rendant à M. de Marville* **[S 21B]** *ce qui était enlevé et qui a été bâti au dépens des économats, c'est un entresol ?* Bon du roi : A.N. O[1] 1077 205

Sartine, Antoine Raymond Jean Gilbert Gabriel de (1729-1801). Lieutenant général de police 1759-1774 ; conseiller d'État 1767

1770 *État* A « M. l'évêque d'Orléans, puis de Boynes, puis de Sartine »

27.10.1771 E à M : ... *Quant à M. de Sartine, s'étant agi que de légères réparations et propretés, ne s'étant montées qu'une cinquantaine de francs...* A.N. O[1] 1798 702

Autun, Yves Alexandre de Marbeuf, évêque d' (1732-1799). Lecteur du roi, aumônier ordinaire de la reine 1749

9.11.1777 *État des travaux : ... L'appartement de M. l'évêque d'Autun à reblanchir et quelques réparations à faire... commencé et sera fait.* A.N. O[1] 1800 110

6.5.1781 L'abbé Verdollen, vicaire général d'Autun, à A : *M. d'Autun en partant pour la Bourgogne m'a chargé de vous représenter que son appartement au château de Versailles avait besoin d'être blanchi et que le cadre des glaces ainsi que les bras de cheminée exigeaient peut-être une nouvelle dorure, ou tout au moins des réparations si vous en jugez de même... M. d'Autun vous aurait une double obligation de profiter du temps de son absence pour les faire mettre en état. Le maître d'hôtel de M. d'Autun me parle de la nécessité d'un hangar fermant à clef à placer devant la porte de la cuisine pour servir de lavoir.* A.N. O[1] 1801 96
31.5.1781 H à A : *La demande de M. l'évêque d'Autun consiste dans le blanchi de quatre pièces de son appartement et dans la redorure des bordures de glaces et des bras de cheminée... Les Bâtiments ne fournissant des bras de cheminée que pour le service de la famille royale, M. l'évêque doit être tenu de faire redorer les siens à ses frais.* Réponse : *Faites exception des bras de cheminée pour M. l'évêque d'Autun.* A.N. O[1] 1801 109
1787 *État* E « M. l'évêque d'Autun » **[S 21]** "7 pièces, 6 à cheminée ; 1 soupente" **[S 28A]** "3 entresols, 1 à cheminée"

S 21B [1]
Feydeau de Marville, Claude Henri, seigneur de (1705-1787). Membre du Conseil des finances 1766
1787 *État* E : « M. de Marville »

S 22 [2]
Nangis, Louis Armand de Brichanteau, marquis de (1682-1742). Chevalier d'honneur de l'infante d'Espagne 1724, puis de Marie Leszczyńska 1725-1742
La Fare, Philippe Charles, marquis de (1687-1752). Capitaine des gardes du duc d'Orléans 1712 ; chevalier d'honneur de la dauphine d'Espagne 1744, puis de la dauphine de Saxe
1741 *État* « Chevalier d'honneur de la reine, puis M. de La Fare » "4 pièces à cheminée ; 3 entresols, 2 à cheminée ; 1 cave sous le gros pavillon, n° 28"
Orléans, Jean Philippe d'Orléans, fils légitimé du Régent, *dit* Monsieur le grand prieur (1702-1748). Grand prieur de l'ordre de Malte en France 1719
29.1.1746 N au roi : *M. de La Fare étant obligé d'aller très souvent à M. et Madame la dauphine est logé très incommodément ; il serait content de celui de M. le grand prieur* **[AP 75]**, *si Votre Majesté voulait le changement, conservant à M. et Mme d'Orléans celui de M. de La Fare.* Bon du roi : A.N. O[1] 1076 103
13.2.1746 *Il y a eu... un changement de logement entre M. La Fare et M. le grand prieur ; celui de M. le grand prieur, qui est dans l'aile des Princes* **[AP 75]**, *était trop grand pour lui ; et celui de M. de La Fare, qu'il trouvait trop petit, est dans la Surintendance* **[S 22 avec 16]** *; ils ont troqué.* L* VII 217
Montaigu, Louis Christophe Gabriel, chevalier, puis comte de (1698-1753). Capitaine des gardes ; gentilhomme de la manche 1741 puis menin du dauphin 1745
27.6.1748 *Le logement de M. le grand prieur à M. le chevalier de Montaigu. Mgr le dauphin désire ce changement.* Réponse : *Hors l'entresol est réservé du logement qu'avait le grand prieur...* Disposition : A.N. O[1] 1076 205
3.7.1748 *L'appartement dans la galerie des Princes* **[AP 75]** *vacant par la mort de M. le grand prieur a été donné à M. le chevalier de Montaigu, menin de Monsieur le dauphin. Il avait un appartement en entresol donnant sur la seconde cour de la Surintendance en allant chez M. le contrôleur général* **[S 19]** *; cet appartement a été donné à mon frère* [3]*...* L* IX 58
8.9.1748 Le chevalier de Montaigu à T : *M. le chevalier de Montaigu prie M. de Tournehem de trouver bon qu'il fasse changer la porte de la cuisine de son nouvel appartement, qu'il fasse faire une séparation dans l'entresol au-dessus de sa cuisine et qu'il fasse donner du jour à sa garde-robe.* Réponse : *Le devis fait par M. L'Écuyer monte à 400 livres.* Bon du roi : A.N. O[1] 1810 II 80
30.9.1748 T au roi : *M. le chevalier de Montaigu demande quelques changements dans son nouvel appartement au château de Versailles, lesquels pourront monter à 400 livres.* Bon du roi A.N. O[1] 1070 337 ; *Cf.* 1810 II 54
Saulx-Tavannes [4], Charles Marie Gaspard, comte de (1713-1784). Menin du dauphin ; chevalier d'honneur de la reine 1755
1753 *Le logement de M. le chevalier de Montaigu à M. le comte de Saulx...* Disposition : A.N. O[1] 1077 409
8.10.1753 M au comte de Saulx : *Si vous voulez bien m'envoyer le détail des réparations nécessaires dans votre nouveau logement, je me ferais grand plaisir de présenter votre demande du roi.* A.N. O[1] 1795 407
5.12.1753 M au roi : *M. le comte de Saulx supplie très humblement Votre Majesté de vouloir bien lui faire la grâce de lui accorder les petits changements, blanchissages et raccordements de vernis dans le nouveau logement que Votre Majesté lui a accordé au château de Versailles, la longue maladie de M. le chevalier de Montaigu ayant rendu ce logement très malpropre. C'est un objet de dépense suivant le devis ci-joint de 590 livres.* Bon du roi : A.N. O[1] 1070 419 ; *Cf.* 1763B et 1811 I 101
Saint-Sauveur, Madeleine Suzanne de Goulet de Rugy, marquise de (1723-1777). Sous-gouvernante des Enfants de France
1768 *Mme de Saint-Sauveur quittant sa place de sous-gouvernante des Enfants de France à cause de ses fré-*

1. **S 21B** fut construit en entresol au-dessus du passage entre l'aile des Princes et l'hôtel de la Surintendance. Il apparaît seulement dans l'*État* de 1787, mais sans indication du nombre des pièces qui le composaient.
2. **S 22** correspond généralement à l'espace **S 22D** du plan du premier étage de la Surintendance. L'espace marqué **S 21A** se rapporte en fait au logement numéroté **S 21** dans les *États* qui ont été suivis ici. La localisation exacte de l'espace numéroté **S21A** dans les *États* de 1777 et 1787 est inconnue. Il pourrait s'agir de la pièce unique et son entresol figurant sur le plan comme un espace détaché numéroté **S 22D** et situé au coin du passage du Contrôleur général, quand ce dernier devient parallèle à la rue de la Surintendance.
3. Il s'agit de l'évêque de Bayeux, plus tard cardinal de Luynes.
4. Il semble que le comte de Saulx reçut **AP 56**.

quentes incommodités, supplie Votre Majesté de lui accorder son logement au château ou un au Grand Commun. Réponse : *Ne se peut pas. Mme la comtesse de Marsan demande le logement de Mme de Saint-Sauveur pour Mme de Villefort qui la remplace.* A.N. O[1] 1077 382

Villefort, Thérèse Sophie Sibert, marquise de (?-?). Sous-gouvernante des Enfants de France en survivance de Mme de Saint-Sauveur

28.3.1768 *État des réparations à faire au château de Versailles : au logement de Mme la comtesse de Villefort... estimé à 1 300 livres.* A.N. O[1] 1763B ; *Cf.* 1812 IV 29

21.3.1768 E à M : *Réparations à faire au logement de Mme la comtesse de Villefort qui a remplacé Mme de Saint-Sauveur, sous-gouvernante des Enfants de France. Total 1 300 livres.* Bon du roi : A.N. O[1] 1071 213 et 214 ; *Cf.* 1812 IV 29

1.4.1768 *Le logement de Mme de Saint-Sauveur à Mme de Villefort, qui l'a remplacée.* Disposition : A.N. O[1] 1077 24

Bruegnon, Louise Jeanne Marguerite de Saint- Sauveur, comtesse de (?-?). Sous-gouvernante des Enfants de France 1768

9.12.1770 N au roi : *Mme la comtesse de Marsan a demandé au comte de Noailles, pour le service de Madame, le logement de Mme de Villefort pour Mme* [de] *Bruegnon, et celui de Mme* [de] *Bruegnon pour celle qui la remplacera.* Réponse : *Oui.* A.N. O[1] 1077 97

S 22 et 21A sont combinés.

1770 *État* A 1770 « Mme de Villefort à examiner, puis Mme de Bruegnon »

9.5.1775 Mme de Bruegnon à A : *On vous a mal informé en vous disant que les fenêtres de mon appartement donnaient sur la petite orangerie du roi, puisqu'il n'a d'autre vue que sur la cour qui est vis-à-vis de l'hôtel de la Guerre, et ma cuisine qui est dans l'autre côté du corridor donne sur une autre cour.* A.N. O[1] 1799 344

Mackau, Marie Angélique de Fitte de Soucy, baronne de (1723-1801). Sous-gouvernante des Enfants de France 1771

[177...] *Madame Élisabeth demande pour Mme la baronne de Mackau le logement de M. de Bruegnon au château.* A.N. O[1] 1077 367

9.11.1775 La baronne de Mackau à A : *Madame la baronne de Mackau supplie M. le comte d'Angiviller de vouloir bien permettre que l'on blanchisse le petit appartement que Mme de Bruegnon occupait au château de Versailles et que le roi a donné à Mme de Mackau. Celui qu'elle avait chargé de faire arranger ses meubles l'a mandée qu'il n'est pas possible de les placer avant qu'il ait été blanchi parce qu'il est noir comme l'encre.* A.N. O[1] 1799 451

12.1775 *Le logement de Mme la comtesse de Bruegnon à Mme la baronne de Mackau, sous-gouvernante des Enfants de France...* Disposition : A.N. O[1] 1799 463

27.5.1776 La baronne de Mackau à A : *Vous avez eu la bonté de me promettre que vous auriez l'honnêté de me faire faire un entresol dans mon petit salon dès qu'il y aurait une absence...* A.N. O[1] 1799 530

27.6.1776 La baronne de Mackau à A : *Je viens encore vous importuner... pour mon petit appartement pour lequel vous avez eu la bonté d'ordonner un entresol auquel on travaille dans ce moment. Vous vous rappellerez peut-être que lorsque vous me fîtes l'honneur de me venir voir, je vous priai de regarder le parquet du petit salon d'en bas qui est sûrement aussi vieux que le château et plein des trous, vous trouvâtes comme moi qu'il n'était plus praticable. J'ai cru que le moment où les ouvriers sont chez moi était favorable pour le renouveler et j'ai proposé au contrôleur qui conduit l'ouvrage de prendre ce très vieux parquet pour l'entresol et d'en mettre un autre dans le petit salon où j'ai été désolée tout l'hiver et l'été du vent coulis insupportable... Le contrôleur tout en trouvant ma proposition très raisonnable, m'a dit qu'il ne me pouvait faire ce que je désirais sans votre ordre. J'ose, donc, vous supplier... de vouloir bien encore m'accorder cette petite grâce...* A.N. O[1] 1799 531

1777 *État* B « Mme [de] Mackau »

25.7.1778 H à A : *M. le directeur général... peut accorder à Mme de Mackau, sauf inconvénient, le blanchissage de son appartement et les verres de Bohême qu'elle demande à condition qu'elle en supporte la dépense ainsi que cela s'est pratiqué depuis son administration...* A.N. O[1] 1800 219

8.10.1785 H à A : *Mme la baronne de Mackau demande... le blanchi de son appartement qui n'est pas d'une grande étendue et qui en a effectivement grand besoin.* Réponse : *Répondu d'adhésion.* 1802 129

1787 *État* E « Mme de Mackau, sous-gouvernante » "4 pièces 4 entresols, 1 à cheminée"

S 23

Pecquet, Antoine, sieur (1668-1728). Premier commis des Affaires étrangères 1700-1725

Rupelmonde, Marie Chrétienne Christine de Gramont, comtesse de (1721-1790). Dame du palais en survivance de sa belle-mère 1741

Rupelmonde, Yves Marie, comte de (1707-1745)

[174...] *Le logement de M. Pecquet, Surintendance premier étage, n° 23, 6 pièces, dont 2 à cheminée, et 2 caves, n° 25, à M. et Mme de Rupelmonde.* A.N. O[1] 1076 133

1741 *État* « M. Pecquet, puis Mme de Rupelmonde la jeune » "6 pièces, 2 à cheminée ; 4 entresols sans cheminée ; 2 caves, n° 25"

La Marck, Louis Engelbert, grand d'Espagne, comte puis duc de (1701-1773)

La Marck, Marie Anne Françoise de Noailles, duchesse de (1719-1793)

11.4.1747 *Mme de Rupelmonde en a actuellement un de mari et femme auprès de la Surintendance, joignant M. l'évêque de Mirepoix. M. le comte de Noailles compte obtenir cet appartement pour Mme de La Marck, sa sœur, qui n'en a point encore.* L* VIII 319

3.12.1747 *Le logement de Mme de Rupelmonde, ci-devant à M. Pecquet à Mme la comtesse de La Marck.* A.N. O[1] 1076 171

22.12.1747 *M. et Mme la comtesse de la Marck prient M. de Tournehem, au lieu des carreaux qui sont dans l'appartement que le roi leur a donné d'y faire mettre du parquet, des chambranles de marbre, des vitres à grand carreaux au lieu des petits à plomb qui y sont et faire vernir la boiserie qui y est.* Réponse : *À M. L'Écuyer pour m'en rendre compte et l'objet de la dépense si nous avons les parquets vieux.* Réponse de E : 1 289 livres. A.N. O[1] 1810 I 246
27.4.1763 M à E : *Mme la duchesse de La Marck me demande de faire examiner dans son logement au château s'il serait possible de faire une cheminée qu'elle désirait.* A.N. O[1] 1797 333
1770 *État* A « M. et Mme de La Marck »
1777 *État* B « Mme de La Marck »
Villeroy, Jeanne Louise Constance d'Aumont, duchesse de (1731-1816)
1787 *État* E « Mme la duchesse de Villeroy » "5 pièces, 4 à cheminée ; 4 entresols sans cheminée ; 1 bûcher"

S 24 et 26 sont combinés.

Trudaine, Daniel Charles (1703-1769). Intendant des finances 1734 ; conseiller d'État 1744
1741 *État* « Concierge, puis M. Trudaine » "5 pièces, 3 à cheminée ; 1 caveau sous le pavillon des offices »
16.2.1751 N à T : *J'ai pris de nouveau les ordres du roi, Monsieur, sur les pièces qu'il accordait à M. le baron de Montmorency en augmentation de son logement* [**S 28**]. *Sa Majesté m'a dit qu'Elle vous avait donné ses ordres de lui faire accommoder les entresols de Mme de Charolais* [**S 27**] *occupés ci-devant par S. Rebel et celui du concierge de M. le comte de Clermont* [**S 28**], *mais Sa Majesté laisse à M. Trudaine ce qui leur appartenait et ce n'a jamais été son intention de lui ôter ; je vous prie donc de vouloir bien donner vos ordres en conséquence pour que ce qui appartiendra à M. Trudaine soit rendu.* A.N. O[1] 1795 195

S 25
Berwick, Jacques Fitz-James, fils naturel de Jacques II, roi d'Angleterre (1670-1734). Maréchal de France
Binet, Gérard (1688-1761). Premier valet de chambre du dauphin 1735 ; contrôleur de la Maison de la dauphine 1744
1741 *État* « Grenier de M. le maréchal de Berwick, puis M. Binet » "1 grenier"

S 24 et 25 sont combinés.

Trudaine, Daniel Charles (1703-1769). Intendant des finances 1734 ; conseiller d'État 1744
1770 *État* A « M. Trudaine »
Trudaine de Montigny, Jean Charles Philibert (1733-1777). Intendant des finances en succession de son père
[177...] N au roi : *Dans la règle Votre Majesté n'a jamais accordé des logements dans le château qu'aux conseillers du Conseil royal, aux conseillers du Conseil des dépêches, et une chambre à l'intendant des finances chargé des Domaines. M. Trudaine demande celui de M. son père ; il est conseiller au Conseil royal en expectative et tant par ses services propres que ceux de M. son père, il paraît dans le cas d'obtenir cette grâce.* Réponse : *Approuvé.* A.N. O[1] 1077 326
Bertier de Sauvigny, Louis Jean (1709-1788). Intendant de Paris 1744-1776 ; conseiller d'État 1757 ; premier président du parlement Maupeou
1787 *État* E « M. de Sauvigny » "4 pièces, 2 à cheminée"
Montyon, Antoine Jean-Baptiste Robert Auget, baron de (1733-1820). Conseiller d'État
3.11.1788 *Le logement de M. de Sauvigny à M. de Montyon.* A.N. O[1] 1802 537 ; *Cf.* 1077 366

S 26
Saint-Cyr, Odet Joseph de Giry de Vaux, *dit* abbé de (1699-1761). Sous-précepteur du dauphin 1736 ; aumônier ordinaire de la dauphine 1744
1741 *État* « Concierge, puis M. Trudaine, puis l'abbé de St Cyr » "1 pièce à cheminée"
Huissiers de la chambre de la reine
[1746] N au roi : ... *les deux huissiers de la chambre de la reine qui logent dans une pièce qui donne dans l'appartement de M. l'abbé de Saint-Cyr, le demandent ou 50 écus chacun jusqu'à ce qu'il y ait un logement au Grand Commun vacant.* Réponse : *Bon à 50 livres chacun.* A.N. O[1] 1076 131

S 27
Charolais, Anne de Bourbon-Condé, *dite* Mlle de (1695-1758)
1741 *État* « Mlle de Charolais » "3 pièces sans cheminée ; 1 grenier"
Rebel, François (1701-1775). Compositeur de musique de la chambre du roi en survivance 1727 ; surintendant de la musique de la Chambre en survivance 1733, en titre 1749 ; inspecteur du théâtre 1746 ; administrateur général de l'Opéra 1772
11.9.1750 *État des logements que le roi a ôtés dans son château de Versailles pour loger son service... le sieur Rebel, si Mlle de Charolais n'a pas besoin de son logement.* A.N. O[1] 1076 261
Montmorency-Fosseux, Anne Léon Ier, baron de, *dit* premier baron de la chrétienté (1705-1785). Chevalier d'honneur de Madame Adélaïde 1750
16.2.1751 N à T : *J'ai pris de nouveau les ordres du roi, Monsieur, sur les pièces qu'il accordait à M. le baron de Montmorency en augmentation de son logement* [**S 13**]. *Sa Majesté m'a dit qu'Elle vous avait donné ses ordres de lui faire accommoder les entresols de Mlle de Charolais* [**S 27**] *occupés ci-devant par le sieur Rebel et celui du concierge de M. le comte de Clermont, mais Sa Majesté laisse à M. Trudaine ce qui lui appartenait* [**S 26**] *et ce n'a jamais été son intention de lui ôter ; je vous prie donc de vouloir bien donner vos ordres en conséquence pour ce qui appartiendra à M. Trudaine soit rendu.* A.N. O[1] 1795 195
Table-commun de Mesdames
30.11.1751 N au roi : *M. le comte de Saint-Florentin a dit au comte de Noailles qu'il était obligé pour la table-*

commun de Mesdames et pour serrer la vaisselle nécessaire pour leur service de louer dans la ville à 8 livres par jour. Le comte de Noailles ne connaît pas d'endroit propre pour ce service que les entresols de sieur Rebel et une pièce à côté appartenant au M. le comte de Clermont. Si Votre Majesté approuve cet arrangement, le comte de Noailles agira en conséquence et pour empêcher les plaintes de Mlle de Charolais. M. le comte de Saint-Florentin fera donner au sieur Rebel 300 livres de gratification annuelle ; cela contentera sa maîtresse et épargnera Votre Majesté d'une part des importunités de Mlle de Charolais et 2 900 livres de dépense de l'autre. Madame demande ces entresols pour son chevalier d'honneur, mais il paraît qu'il peut attendre quelque temps cette marque de bonté de Votre Majesté. Il pourra avoir cette satisfaction dans la suite quant on trouvera quelque endroit convenable au château ou au Grand Commun [1] *pour faire ce service.* Bon du roi : A.N. O[1] 1076 266

S 28 [2]

Clermont, Marie Anne de Bourbon-Condé, *dite* Mlle de (1697-1741). Surintendante de la maison de la reine 1726-1741

1741 *État* « Mlle de Clermont » "1 pièce sans cheminée"

Butler, Louise Sophie Cooke, Mme (?-?). Sous-gouvernante des Enfants de France 1746

28.4.1748 GG-B 2739 « Logement de Mme Butler au château de Versailles... M. L'Écuyer fera faire les réparations demandées »

14.1.1748 *Mme Butler supplie M. de Tournehem de faire accommoder son nouvel appartement en faisant mettre un chambranle de marbre à la place d'un de pierre, une glace sur la cheminée et du lambris de hauteur dans le pourtour de la chambre avec des parties et une croisée ; mettre aussi du lambris dans un petit cabinet qui n'a que sept pieds de haut ; prendre une cheminée de pierre de la chambre pour la mettre dans celle de sa femme de chambre ; un coffre dans le corridor pour servir au bois.* Bon du roi : A.N. O[1] 1810 II 40. *Cf.* 55 : *Devis de 1 517 livres.*

Feydeau de Brou, Paul Esprit (1682-1767). Membre du Conseil des finances 1744

17.10.1752 *Le logement de Mme Butler, qui ne consiste qu'en une chambre et une garde-robe à M. de Brou jusqu'à ce que le sien* **[AP 102]** *soit accommodé...* A.N. O[1] 1076 314

Saint-Sauveur, Madeleine Suzanne de Goulet de Rugy, marquise de (1723-1777). Sous-gouvernante des Enfants de France 1751

21.9.1753 E à M : *Mme de Saint-Sauveur ayant actuellement le logement de Mme Butler, demanderait à y faire quelques petits changements qui pourront monter à 80 livres.* Réponse : *Bon.* A.N. O[1] 1795 438

S 28A et B étaient combinés avec **S 21** ; puis **S 28A** fut séparé pour former un logement pour le président Hénault. Plus tard, il fut combiné de nouveau avec **S 21** pour l'évêque d'Autun.

S 28A

Schneider, N... († 1760). Concierge de l'hôtel de la Surintendance

26.9.1756 N au roi : *Le maréchal de Belle-Isle ayant demandé et obtenu de Votre Majesté le logement de Schneider, concierge de la Surintendance...* A.N. O[1] 1076 457

Hénault, Charles Jean François de, *dit* président (1685-1770). Surintendant de la maison de la reine 1758, puis de la dauphine 1768

24.3.1758 *Le logement de M. le comte de Gisors à M. le président Hénault, surintendant de la Maison de la reine ...* Disposition : A.N. O[1] 1076 511

27.1.1760 N au roi : *Feu Schneider était concierge de la Surintendance. M. le cardinal de La Rochefaucauld et depuis M. le maréchal de Belle-Isle eurent envie de son logement qui a été donné à M. le comte de Gisors et est occupé par M. le président Hénault.* A.N. O[1] 1076 580

Orléans, Louis Sextius de Jarente, évêque d' (1706-1788), Évêque de Digne, puis d'Orléans ; ministre de la feuille des bénéfices

1764 N au roi : *M. l'évêque d'Orléans désire vivement le logement de M. le président Hénault s'il vient à manquer ou à le quitter. Il est précisément sur sa tête. Votre Majesté veut-Elle bien avoir la bonté de le lui promettre à condition qu'il donnera en échange une chambre à cheminée et une garde-robe pour la surintendante de la Maison de la reine ?* A.N. O[1] 1076 756

1.4.1768 *La survivance du logement de M. le président Hénault à l'évêque d'Orléans...* Disposition : A.N. O[1] 1077 24

S 28B

Cochin, Augustin Henri, seigneur d'Épinay (1730-1784). Conseiller d'État ; intendant des finances 1767-1775

s. d. [1768] N au roi : *Votre Majesté a eu la bonté d'accorder à M. l'évêque d'Orléans la survivance du logement de M. le président Henault, qui est au-dessus de sa tête. Il rend en échange dès ce moment deux très petites pièces en haut ou logeait M. l'abbé Facheman. Si Votre Majesté le permet, le comte de Noailles les donnera à M. Cochin qui a les Domaines. Tous ceux qui les ont eus ont obtenu cet agrément.* Bon du roi A.N. O[1] 1077 394

1.4.1768 *Les deux petites pièces que M. l'évêque d'Orléans a cédées et qui dépendent de son logement à M. Cochin, intendant des finances qui a le département du Domaine.* Disposition : A.N. O[1] 1077 24

S 28

Montmorency-Fosseux [3], Anne Léon Ier, baron de

1. En 1752, la table de Mesdames fut établie dans le logement de la poste, **GC 27 à gauche**. Voir A.N. O[1] 303.

2. Au début du XVIIIe siècle, **S 28** se rapporte à l'espace marqué **S 28B** et à son entresol **S 28A** sur le plan dressé dans la seconde moitié du siècle quand les étables furent remplacées par des logements. Vers 1755, **S 28 A et B** furent combinés avec **S 21**. Ensuite **S 28** fut combiné avec **S 13** pour former un nouveau logement entre la cour basse et la petite orangerie.

3. Le baron de Montmorency occupait aussi **S 13**, au-dessous, et les entresols de **S 27**.

(1705-1785). Chevalier d'honneur de Madame Adélaïde 1750

23.3.1751 T à E : *Je vous renvoie le plan que vous m'avez remis concernant l'appartement de M. le baron de Montmorency. Il n'y a point de difficulté de rendre les clefs de la chambre du domestique de M. Trudaine qui était destinée pour la cuisine de M. le baron de Montmorency, mais en rendant cette clef lorsqu'on vous la demandera à M. Trudaine, gardez-vous bien de faire défaire le fourneau de cette pièce, qui n'est rendue que pour un temps au dit domestique et en attendant que l'on ait trouvé un autre endroit pour loger ce domestique, attendu qu'alors cette pièce sera rendue à M. le baron de Montmorency pour y faire sa cuisine.* A.N. O[1] 1810 III 90

Coigny, Gabriel Augustin de Franquetot, comte de (1740-1817). Chevalier d'honneur de Madame Élisabeth

1786 P au roi : *Le prince de Poix supplie Votre Majesté d'accorder le logement de feu M. le baron de Montmorency à M. le comte de Coigny, chevalier d'honneur de Madame Élisabeth.* Bon du roi : A.N. O[1] 1077 442

8.10.1785 Le comte de Coigny à A : *Le roi... m'ayant donné l'appartement de feu M. le baron de Montmorency, j'ai recours à vos bontés pour obtenir les réparations qu'il demande... plus à la propreté qu'à des objets essentiels, à l'exception d'une cloison dans l'antichambre.* A.N. O[1] 1802 132

Dreux-Brézé, Henri Évrard de Dreux, comte de (1766-1829). Grand maître des cérémonies en survivance de son père

22.12.1785 Le marquis de Dreux-Brézé à A : *Le roi.. vient d'ôter à mon fils, M. de Brézé, l'appartement qu'il avait dans le château* [**AN 57**] *pour lui donner celui de M. le comte de Coigny...* A.N. O[1] 1802 147

1787 *État* E « M. le baron de Montmorency » "4 pièces, 2 à cheminée"

S 29

Aigremont, Charles d' (?-?). Huissier de l'antichambre de la reine 1746

1741 *État* « Huissier de l'antichambre de la reine, M. d'Aigremont » "2 pièces, 1 à cheminée"

S 26, 27 et 29 sont combinés.

Radonvilliers, Claude François Lysarde, abbé de (1709-1789). Secrétaire du cardinal de La Rochefoucauld au bureau des bénéfices ecclésiastiques ; sous-précepteur du dauphin

1770 *État* « M. l'abbé de Radonvillers »

15.6.1770 N au roi : *Votre Majesté a eu la bonté d'accorder à M. l'abbé de Radonvilliers la place de son aumônier ordinaire, il désire, si Votre Majesté veut bien lui accorder, conserver le logement qu'il occupe. L'abbé de Saint-Cyr a obtenu la même grâce...* A.N. O[1] 1077 84

Cornu de Balivière, Henri Éléonor le, *dit* abbé Balivière (1741-?). Aumônier ordinaire du roi 1776

1787 *État* « M. l'aumônier ordinaire du roi » "7 pièces, 4 à cheminée"

Thiange, Jean Pierre Damas, comte de (1734-1800). Maître de la garde-robe du comte d'Artois

Thiange, Michelle Le Veneur de Tillières, comtesse de (?-?)

26.4.1789 La comtesse de Thianges à A : *M. le prince de Poix vient d'écrire à M. de Thianges que le roi lui avait donné le logement au château qu'occupait feu M. l'abbé de Radonvilliers et que Sa Majesté allait donner à M. Lemonnier son premier médecin celui que nous occupons au Grand Commun pour agrandir le sien... Nous allons envoyer voir l'appartement de M. l'abbé de Radonvilliers. On nous a dit qu'il avait besoin d'être reblanchi et il ne nous est pas possible de pouvoir y faire mettre nos meubles avant que cette petite réparation soit faite...* A.N. O[1] 1802 595

13.6.1789 *Les glaces de l'appartement de M. le comte de Thianges au Grand Commun, transportées dans son nouveau logement ci-devant occupé par feu l'abbé de Radonvilliers, près celui de Mme la comtesse d'Angivillers* [**S 7A avec 15 et 15A**]. D.C.V. citant A.S.A 16 folio 144

SECOND ÉTAGE

S 30

Dubois, Joseph (1650-1740). Secrétaire du cabinet ayant la plume à la résignation de son frère, le cardinal, 1720-1736 ; secrétaire des commandements de l'infante d'Espagne, fiancée de Louis XV ; directeur général des Ponts et Chaussées 1723-1736

Verneuil[1], Eusèbe Jacques Chaspoux, marquis de (1695-1747). Secrétaire de la Chambre et du Cabinet 1717 ; introducteur des ambassadeurs 1736-1743

1741 *État* « M. Dubois des Ponts et Chaussées, puis M. Verneuil, secrétaire du Cabinet » "5 pièces, 3 à cheminée ; 6 entresols, 1 à cheminée"

Maillebois, Marie Yves Desmarets, comte de (1715-1791). Maître de la garde-robe du roi en survivance de son père 1736

Maillebois, Marie Magdeleine Catherine de Voyer de Paulmy d'Argenson, comtesse de (1724-?)

1747 *Disposition des logements... Celui de M. le marquis de Verneuil en attendant qu'il y en ait un de vacant à M. et Mme la comtesse de Maillebois.* Bon du roi : A.N. O[1] 1076 1228

23.1.1747 *L'appartement qu'avait feu M. de Verneuil au bout de l'aile des Princes, dans la Surintendance, au-dessus de M. de Mirepoix, vient d'être donné à M. le comte de Maillebois avec celui de M. de Puyzieulx* [**S 34**]. L* VIII 90

Luppé[2], Pierre Charles Joseph, chevalier, puis comte de (1725-1770). Gentilhomme de la manche 1758

13.4.1763 *État des réparations et ajustements à faire au logement de M.* [de] *Luppé... La reconstruction du plancher de l'antichambre qui n'est qu'en planches à faire nécessairement en plate-formes comme aussi plusieurs plâtres et carreaux à rétablir, bouchement d'une porte... le blanchissage et grattage de plusieurs cham-*

1. Le marquis de Verneuil occupait aussi **S 34**, au-dessous.

2. Le chevalier de Luppé et le marquis de Montesquiou occupaient aussi **S 36**, au-dessus.

bres, la réparation des vitres, une glace sur la cheminée de 50 pouces de hauteur et 34 de longueur... 1 000 livres. Bon du roi : A.N. O[1] 1070 72 et 73 ; *Cf.* 1812 II 13
1770 *État* A « M. de Luppé »
Montesquiou d'Artagnan, Anne Pierre, marquis de (1739-1798). Premier écuyer du comte de Provence
1.10.1770 N au roi : *Le logement de M. de Luppé vaque par sa mort. M. le marquis de Montesquiou l'ancien des gentilshommes de la manche et nommé premier écuyer de Mgr le comte de Provence le désire vivement. Comme il ne compte pas quitter Versailles et y tenir un état, il paraît devoir avoir la préférence sur plusieurs personnes qui le demandent. M. le comte et Mme la comtesse de Montmorin sont très pauvres et ont perdu beaucoup à la mort de M. l'évêque de Langres. Ils perdront le logement qu'ils ont à la Petite Écurie quand Votre Majesté jugera à propos de nommer un premier écuyer. Ce serait une très bonne œuvre que Votre Majesté ferait de leur donner le logement de M. de Montesquiou* [**S 33**] *qui est des plus exigus pour deux.* A.N. O[1] 1077 93. *Cf.* D.C.V. citant A.S.A 11 folio 32
9.5.1775 Le marquis de Montesquiou à A : *J'ai donné aussitôt à tout mon domestique les ordres les plus sévères de ne rien jeter par les fenêtres de mon appartement qui donnent sur la petite orangerie du roi. Ils m'ont tous protesté qu'aucun d'eux n'avait donné lieu aux plaintes que je recevais de votre part.* A.N. O[1] 1799 345
1779 Mémoire sommaire : *Lettre-billet datée de Marly de M. le marquis de Montesquiou pour prier M. le directeur général de donner ordres au rétablissement de son appartement à Versailles, surtout l'antichambre qui est fort basse et en a un besoin extrême.* Réponse : *À M. Heurtier pour faire exécuter...* A.N. O[1] 1800 377
1787 *État* E « M. le marquis de Montesquiou » "5 pièces, 3 à cheminée ; 6 entresols, 1 à cheminée"

S 31 [1]
Fagon, Louis (1680-1744). Membre du Conseil royal des finances 1722
1741 *État* « M. Fagon, conseiller d'État » "1 pièce à cheminée ; 2 entresols, 1 à cheminée"
Mirepoix, Jean François Boyer, évêque de (1674-1755). Précepteur du dauphin 1736, chargé de la feuille des bénéfices 1743 ; premier aumônier de la dauphine 1744-1746
Orléans, Louis Sextius de Jarente, évêque d' (1706-1788). Ministre de la Feuille des bénéfices et des économats de l'administration des biens ecclésiastiques non pourvus de titulaires 1757-1771 : évêque de Digne 1746 ; évêque d'Orléans 1754
Montmort, François Rémond, marquis de (1707-?). Major des gardes du corps
1770 *État* « M. l'évêque d'Orléans, puis occupé par M. de Montmort » "1 pièce"

S 32
La Vallière, Louis César le Blanc de La Baume, duc de (1708-1780). Grand fauconnier de France 1748

1. Cet appartement était en général accordé à l'occupant de **S 21**.

La Vallière, Anne Julie Françoise de Crussol d'Uzès, duchesse de (1713-?)
1741 *État* « M. et Mme la duchesse de la Vallière » "10 pièces, 7 à cheminée ; 7 entresols, 1 à cheminée ; 1 cave sous le gros pavillon, n° 30, et 1 dessous le degré, n° 8"
21.1.1748 *État des ajustements demandés... à l'appartement de M. et Mme la duchesse de La Vallière. Les ajustements proposés montent à la somme de 1 883 livres, desquelles n'est alloué que 1 412 livres ; réparations occasionnées à ce sujet, 1 340 livres : total 2 751.* A.N. O[1] 1810 II 38
26.4.1748 *M. le duc de La Vallière prie instamment M. de Tournehem d'ordonner que dans l'appartement de Mme la duchesse de La Vallière, qu'il faut accommoder, on y mette une glace sur la cheminée qui aille jusqu'en haut, soit d'un ou plusieurs morceaux, y en ayant déjà qu'on peut prendre si cela convient.* Réponse : *À M. L'Écuyer pour prier de voir ce que demande M. le duc de La Vallière et s'il y a quelque glace dans le magasin qui y puisse aller ou plusieurs morceaux. Aussitôt qu'il m'en aura rendu compte, je lui donnerai l'ordre.* A.N. O[1] 1810 II 53
31.10.1772 E à M : *D'après vos ordres du 12 de ce mois, j'ai mis les ouvriers au logement de M. le duc de La Vallière pour les réparations urgentes et des blanchissages les plus nécessaires.* A.N. O[1] 1799 50
9.4.1780 Antonio à A : *Antonio, valet de chambre de Madame, prend la respectueuse liberté de mettre sous les yeux de M. le comte d'Angiviller la demande qu'il a eu l'honneur de lui faire d'un plomb pour la cuisine de l'appartement de M. le duc de La Vallière au château, dont il est gardien d'honneur et très zélé conservateur. Ce plomb est non seulement nécessaire pour la commodité de cette cuisine, mais encore plus pour la conservation des planches et même des murs qui quelque précaution qu'on prenne sont endommagés par les eaux que le défaut de plomb y fait répandre, surtout lors des repas de la chasse au vol ; les garçons de cuisine par paresse de vider leur baquets répandent des quantités d'eau qui malgré le soin qu'on a de faire balayer et éponger après qu'ils sont partis laissent une grande humidité dans cet endroit.* A.N. O[1] 1800 528
Lorge et de Quintin, Adélaïde Philippine de Durfort, duchesse de (1744-1819). Dame d'honneur de la comtesse d'Artois 1774
9.6.1779 P au roi : *M. l'évêque d'Autun est très affecté de la résistance de Mme la duchesse de Lorge à lui rendre le logement dont il a le bon de Votre Majesté. Le prince de Poix n'y trouve plus d'expédient que d'assurer à la mort de M. le duc de [La] Vallière son logement à Mme la duchesse de Lorge qui rendra le sien à l'évêque d'Autun. Ce cas arrivant, M. le marquis d'Esterházy occuperait le petit logement de M. le prince de Saint-Maurice* [**S 33 et 33A**] *en attendant qu'on puisse lui en procurer un autre.* Bon du roi : A.N. O[1] 1077 254
11.1780 P au roi : *Le logement de M. de La Vallière vaque... l'évêque d'Autun jouira de celui qui lui est accordé depuis longtemps. Votre Majesté veut-Elle accorder à Mme la duchesse de Lorge celui de M. de La Vallière ?* Réponse : *Donner à Mme la duchesse de*

Lorge le premier logement qui vaquera, ne trouvant pas celui de M. de La Vallière assez beau. A.N. O[1] 1077 266 et 267
Aide-major des gardes du corps du roi
1770 *État* E « M. et Mme de La Vallière, puis M. le major » "9 pièces"

S 31 et 32 sont combinés.

Créqui d'Hémont, Charles Marie, marquis de (1738-1801). Premier maître d'hôtel du comte de Provence ; premier maître d'hôtel de la comtesse de Provence
1787 *État* E « M. le marquis de Créqui » "8 pièces, 7 à cheminée, 4 entresols, 2 à cheminée"

S 33
Alègre, Yves, marquis, puis maréchal d' (1653-1733). Maréchal de France 1733
Châtillon, Alexis Madeleine Rosalie, comte puis duc de (1690-1754). Gouverneur du dauphin 1735
1741 *État* « M. le maréchal d'Alègre, puis M. le duc de Châtillon » "3 pièces à cheminée ; 3 entresols, 1 à cheminée"

S 33 est divisé en **S 33 et 33A**.

S 33
Montesquiou d'Artagnan, Anne Pierre, marquis de (1739-1798). Premier écuyer du comte de Provence
Montmorin, Armand Marc, comte de (1746-1792). Menin du dauphin 1770
Montmorin, Françoise Gabrielle de Tana de Chadieu, comtesse de (1742-1794). Dame pour accompagner Mesdames les cadettes 1767
1.10.1770 *Le logement de M. de Luppé* **[S 30]** *vaque par sa mort. M. le marquis de Montesquiou l'ancien des gentilshommes de la manche et nommé premier écuyer de Mgr le comte de Provence le désire vivement. Comme il ne compte pas quitter Versailles et y tenir un état, il paraît devoir avoir la préférence sur plusieurs personnes que le demandent. M. le comte et Mme la comtesse de Montmorin sont très pauvres et ont perdu beaucoup à la mort de M. l'évêque de Langres. Ils perdront le logement qu'ils ont à la Petite Écurie quand Votre Majesté jugera à propos de nommer un premier écuyer. Ce serait une très bonne œuvre que Votre Majesté ferait de leur donner le logement de M. de Montesquiou qui est des plus exigus pour deux.* A.N. O[1] 1077 93
L'Hôpital, Paul François de Gallucci, marquis de (1697-1776). Premier écuyer de Mesdames les aînées 1750
29.3.1771 *Le logement de M. le comte de Montmorin, n° 33, Surintendance à M. le marquis de L'Hôpital.* A.N. O[1] 1077 124
Chevreuse, Guyonne Élisabeth Josèphe de Laval-Montmorency, duchesse de (1755-1830)
1770 *État* A « M. de Montesquiou, puis M. de Montmorin, puis la duchesse de Chevreuse »
19.11.1771 *Le logement de M. le comte de Montmorin, n° 33 dernier étage du Surintendance à Mme la duchesse de Chevreuse.* A.N. O[1] 1077 139 ; *Cf.* 1798 700

S 33A
Marsan, N..., prince de (?-?)
1770 *État* A « M. le prince de Marsan »

33 et 33A sont combinés.

Pons Saint-Maurice, Emmanuelle Marie Anne de Cossé-Brissac, marquise de (1745-1791). Dame pour accompagner la comtesse de Provence
1770 *État* A « Mme la marquise de Pons »
6.1.1776 La marquise de Pons à A : *Le roi vient de m'accorder le logement qu'occupait dans le château Mme la duchesse de Chevreuse. Je désire pour ma commodité faire percer une porte à l'entresol où doit loger ma femme de chambre pour communiquer dans mon appartement. Il n'est qu'une cloison, ainsi je crois pas que cela offre de difficulté...* Note de H : *Il n'y a aucune circonstance à faire ce que désire Mme la marquise de Pons. C'est un objet de 40 livres, mais M. le directeur général soumet qu'on prenne la porte au magasin. Le dépense sera de peu de chose et j'observerai à Mme la marquise de Pons qu'elle doit la supporter...* A.N. O[1] 1799 485
16.1.1776 *Le logement que Mme la duchesse de Chevreuse a rendu à Mme la marquise de Pons, dame de Madame.* Disposition : A.N. O[1] 1799 304
25.2.1776 *Le logement de Mme la duchesse de Chevreuse à Mme la marquise de Pons, dame de Madame* Distribution : A.N. O[1] 1799 497
7.1776 *Mme la duchesse de Chevreuse et Mme la comtesse d'Egmont ont rendu leurs logements. Madame demande celui de Mme la duchesse de Chevreuse pour Mme la marquise de Pons...* A.N. O[1] 1076 808
8.7.1776 A à H : *Vous vous rappellerez sans doute... quelques petits arrangements que j'ai accordés en janvier dernier pour l'appartement de Mme la marquise de Pons, étant nommé au lieu de Mme de Châteaurenault. Cette dame me demande aujourd'hui un blanchissement général de l'appartement et l'établissement d'un bout de conduit en plomb qui en partant de sa cuisine aille rejoindre le conduit qui règne du haut en bas du Bâtiment. Ces objets me paraissent une dépense très modique et d'ailleurs indispensable...* A.N. O[1] 1799 528 ; *Cf.* 527
Esterházy, Valentin Ladislas, comte d' (1740-1805)
9.6.1779 P au roi : *M. l'évêque d'Autun est très affecté de la résistance de Mme la duchesse de Lorge à lui rendre le logement dont il a le bon de Votre Majesté. Le prince de Poix n'y trouve plus d'expédient que d'assurer à la mort de M. le duc de [La] Vallière son logement* **[S 32]** *à Mme la duchesse de Lorge qui rendra le sien à l'évêque d'Autun. Ce cas arrivant, M. le marquis d'Esterházy occuperait le petit logement de M. le prince de Saint-Maurice en attendant qu'on puisse lui en procurer un autre.* Bon du roi : A.N. O[1] 1077 254
14.12.1779 La marquise de Pons à A : *La marquise de Pons... ne peut s'empêcher... de demander... de vouloir bien donner des ordres pour lui mettre des doubles châs-*

sis, d'autant qu'il pleut chez elle comme dans la rue, malgré la précaution qu'elle a prise de faire [de cuveler ?] *les fenêtres. Elle a appris qu'il y avait des doubles châssis pour tout le château et il y a peu d'appartements qui en aient plus besoin que le sien, étant fort exposé. Elle avait bien désiré aussi la magnificence d'une cheminée en marbre dans sa chambre...* Réponse : *Même jour réponse très polie mais de refus.* A.N. O[1] 1800 489

Nesle, Louis Joseph, comte de Mailly-Rubempré, marquis de (1744-1810). Premier écuyer de la dauphine 1765, puis de la comtesse de Provence

Nesle, Camille Françoise Gabrielle de Hautefort, marquise de (1739-?)

24.3.1782 *Le logement de M. le marquis de Nesle, premier écuyer de Madame à M. l'archevêque de Paris* Distribution : A.N. O[1] 1801 263

Paris, Antoine Léonard Léon Leclerc de Juigné, archevêque de (1728-1811). Archevêque de Paris 1781

28.7.1782 M. de Paris à A : *Je ne demande aucun changement dans la distribution de l'appartement que je dois occuper dans le château de Versailles... Je désirerais seulement qu'en laissant subsister le local tel qu'il est actuellement, on y fît des réparations nécessaires.* A.N. O[1] 1801 339

31.7.1782 H à A : *La demande de M. l'archevêque de Paris... consiste dans la réfection de deux croisées et des plafonds des deux petites pièces, dans le blanchissement de quelques crevasses, dans la pose de plusieurs tringles à mettre au parquet et dans le blanchissement à une couche seulement de son appartement.* A.N. O[1] 1801 341

25.8.1782 M. de Paris à A : *M. l'archevêque de Paris prie M. le comte d'Angiviller de vouloir bien ordonner que les réparations nécessaires... soient exécutées : un plafond à refaire ; des carreaux à remettre ; les volets aux croisées ; racommoder les jets d'eau et repeindre deux glaces de cheminée de la chambre à coucher et du cabinet ; quatre grands carreaux de verre de Bohême à deux portes vitrées.* A.N. O[1] 1801 360

1783 *État* D « M. l'archevêque de Paris »

Sinety, André de Sinety, marquis de Lurcy-Lévis et de (?-?)

1787 *État* E « M. le marquis de Sinety » "3 pièces, 2 à cheminée ; 4 entresols, 2 à cheminée ; 1 bûcher"

COMBLE AU-DESSUS DU SECOND ÉTAGE

S 34

Puysieulx, Louis Philogène Brûlart, comte de Sillery, marquis de (1701-1770). Ambassadeur à Naples 1734 ; ministre plénipotentiaire à Breda 1746 ; secrétaire d'État aux Affaires étrangères 1747-1751

1741 *État* « M. Puysieulx » [1]

3.7.1746 *M. le marquis de Puyzieulx par son mémoire remis à M. le directeur général ce jour d'hui supplie d'ordonner qu'on visite son appartement et d'y faire deux doubles châssis, les vieux étant entièrement pourris et que ceux qu'il demande soient mieux faits que les anciens.* Réponse : *À M. L'Écuyer pour m'en rendre compte.* A.N. O[1] 810 I 102

Verneuil, Eusèbe Félix de Chaspoux, marquis de (1720-1791). Introducteur des ambassadeurs 1743-1756 ; secrétaire de la chambre et cabinet du roi 1743 ; grand échanson 1756

1747 *Disposition des logements... Celui de M. le marquis de Puyzieulx à M. de Verneuil, introducteur des ambassadeurs ; il est d'usage qu'il en avait toujours.* A.N. O[1] 1076 128

Gouye, Anne Yvonnette Marguerite d'Esther de La Rivière de Saint-Georges de Vériac, marquise de (?-?). Dame pour accompagner Mesdames 1749

11.9.1750 *Mme de Gouye chez M. de Verneuil.* Distribution des logements... pour le service de Mesdames : A.N. O[1] 1076 260

22.12.1750 *Mme de Gouye supplie M. de Tournehem de vouloir bien donner ses ordres pour faire peindre en couleur de bois tout simple et sans aucun vernis sa petite chambre à coucher dans l'appartement que le roi lui a donné au château de Versailles en qualité de dame de Mesdames. Elle demande aussi une glace sur la cheminée.* Réponse : *Bon à faire les réparations demandées... montant à 129 livres.* A.N. O[1] 1810 III 76

La Vallière, Louis César le Blanc de La Baume, duc de (1708-1780). Grand fauconnier de France 1748

1770 *État* A « M. et Mme la duchesse de La Vallière »

Marsan, N..., prince de (?-?)

1777 *État* A « M. le prince de Marsan »

S 35

Balayeur

1741 *État* « Un balayeur » "1 pièce sans cheminée ; 1 caveau sous le pavillon des offices, n° 9 »

1787 *État* E « Un balayeur du château, » "1 pièce"

S 36

Concierge

1741 *État* « Le concierge » "1 grenier"

Luppé, Pierre Charles Joseph, chevalier, puis comte de (1725-1770). Gentilhomme de la manche 1758

1770 *État* A « cuisine de M. de Luppé »

Montesquiou d'Artagnan, Anne Pierre, marquis de (1739-1798). Premier écuyer du comte de Provence

1787 *État* E « M. le marquis de Montesquiou » "2 greniers"

1. Sans indication du nombre de pièces.

Bibliographie

ANTHONY, James R., « Paris », *The New Grove Dictionary of Music and Musicians*, New York, 1980.

ANGIVILLER, Charles Claude de La Billarderie, comte d', *Mémoires de Charles de La Billarderie, comte d'Angiviller : Notes sur les* Mémoires de Marmontel, Louis Bobé, éd., Copenhague, 1933.

ANSELME DE SAINTE-MARIE, Pierre de Guibours, *dit* père, *Histoire généalogique et chronologique de la maison royale de France, des pairs, grands officiers de la Couronne, chevaliers, commandeurs et officiers de l'ordre du Saint-Esprit*, Paris 1726-1733, 9 vol.

ANTOINE, Michel, *Le Conseil du roi sous le règne de Louis XV*, Genève et Paris, 1970.

–, *Le Gouvernement et l'administration sous Louis XV : dictionnaire biographique*, Paris, 1978.

–, *Louis XV*, Paris, 1989.

ARGENSON, René Louis de Voyer, marquis d', *Journal et Mémoires du marquis d'Argenson*, E. B. Rathery, éd., Paris, 1859-1867, 9 vol.

ASCH, Ronald G. et BIRKE, Adolph M., éd., *Princes, Patronage and the Nobility : The Court Nobility at the Beginning of the Modern Age c. 1450-1650*, Londres, 1991.

ASTON, Trevor, éd., *Crisis in Europe 1560-1660*, Londres, 1965.

AUBINEAU, Léon, *Notices littéraires sur le* XVIIe *siècle*, Paris, 1859.

BABELON, Jean-Pierre, *Demeures parisiennes sous Henri IV et Louis XIII*, Paris, 1991.

BACHAUMONT, Louis Petit de, *Mémoires secrets*, Paris, 1883.

BAILLIE, H. Murray, « Étiquette and the Planning of State Apartments in Baroque Palaces », *Archaeologica*, vol. CI, 1967, p. 169-199.

BARBIER, Edmond Jean François, *Chronique de la Régence et du règne de Louis XIV, 1718-1763*, Paris, 1866-1877, 8 vol.

BARRY, Françoise, *Les Droits de la reine sous la monarchie française jusqu'en 1789*, Paris, 1932.

BASSOMPIERRE, François de, *Journal de ma vie : Mémoires du maréchal de Bassompierre, marquis de Chantérac*, éd., Paris, 1870-1877, 4 vol.

BAULEZ, Christian, « La restauration des salles à manger aux salles neuves », *La Revue du Louvre et des musées de France*, vol. 26, n° 3, 1976, p. 189-196.

BAUMÉ, Antoine, *Éléments de pharmacie théorique et pratique*, Paris, 1762.

BEATTIE, John M., *The English Court in the Reign of George I*, Cambridge, 1967.

BEAUSSANT, Philippe et BOUCHENOT-DÉCHIN, Patricia, *Les Plaisirs de Versailles : théâtre et musique*, Paris, 1996.

BENOÎT, Marcelle, *Versailles et les musiciens du Roi : étude institutionnelle et sociale 1661-1773*, Paris, 1971.

–, *Musiques de cour : Chapelle, chambre, écurie (1661-1773)*, Paris, 1971.

BERGER, Robert W., *Versailles : The Château of Louis XIV*, University Park, Pennsylvanie, 1985.

–, *The Palace of the Sun : The Louvre of Louis XIV*, University Park, Pennsylvanie, 1994.

BESENVAL, Pierre Victor, baron de, *Mémoires du baron de Besenval*, Paris, 1846.

BESTERMAN, Theodore, éd., *Studies on Voltaire and the Eighteenth Century*, vol. 4, Genève, 1957.

BIEN, David, « La réaction aristocratique avant 1789 : l'exemple de l'armée », *Annales E.S.C.*, vol. 29, n°s 1 et 2, 1974, p. 23-48 et 323-408.

BLAMPIGNON, Émile-Antoine, *Le Duc de Nivernais ou Un grand seigneur au* XVIIIe *siècle d'après sa correspondance inédite avec les principaux personnages de son temps*, Paris, s.d.

BLONDEL, Jacques François, *Architecture française ou Recueil des plans, élévations, coupes et profils des églises, maisons royales, palais, hôtels et édifices les plus considérables de Paris, ainsi que des châteaux et maisons de plaisance situés aux environs de cette ville*, Paris, 1752-1756, 4 vol.

BLUCHE, François, *Les Honneurs de la Cour*, Paris, 1957, 2 vol.

–, « L'origine sociale du personnel ministériel français

au XVIIIe siècle », *Bulletin de la Société d'histoire moderne*, vol. 56, série 12, n° 1, 1957, p. 9-13.

BOISLILE, Arthur de, « Secrets de la poste sous le règne de Louis XIV », *Annuaire bulletin de la Société de l'histoire de France*, 1890, p. 229-245.

BOMBELLES, Marc-Marie, marquis de, *Journal du marquis de Bombelles*, Jean Grassion, Frans Durif et Jeanine Charon-Bordas, éd., Genève, 1977-1993, 3 vol.

BOSSUET, Jacques Bénigne, *Correspondance*, Charles Urbain et E. Levesque, éd., Paris, 1909-1925.

BOTTINEAU, Yves, « La distribution de la demeure royale au XVIIIe siècle : le château de Versailles et le palais de Madrid », *Gazette des beaux-arts*, VIe période, t. CXVIII, juillet-août 1991, p. 17-26.

BOUCHER, Jacqueline, *La Cour de Henri III*, Rennes, 1986.

–, « L'évolution de la Maison du roi des derniers Valois aux premiers Bourbons », *XVIIe Siècle*, n° 137, octobre 1982, p. 359 *sq*.

BOUCHER, T. G., « L'Opéra royal », dans Michel Gallet et Yves Bottineau, éd. *Les Gabriel*, Paris, 1982, p. 194-213.

BOUTIER, Jean, DEWERPE, Alain, et NORDMAN, Daniel, *Un tour de France royal : le voyage de Charles IX, 1564-1566*, Paris, 1984.

BOYDEN, James M., *The Courtier and the King : Ruy Gómez de Silva, Philip II and the Court of Spain*, Berkeley, 1995.

BRANCAS, Marie Angélique Fremyn de Moras, duchesse de, *Mémoires de la duchesse de Brancas*, E. Asse, éd., Paris, 1890.

BRESC-BAUTIER, Geneviève et DU MESNIL, Hélène, « Le marbre du roi : l'approvisionnement en marbre des Bâtiments du roi, 1660-1715 », *Eighteenth-Century Life*, vol. XVII, 1993, p. 36-54.

BRITSCHE, Amédée, *La Jeunesse de Philippe Égalité*, Paris, 1926.

BROWN, Jonathan, et ELLIOTT, J.H., *A Palace for a King : The Buen Retiro and the Court of Philip IV*, New Haven, 1980.

BRYANT, Lawrence, *The King and the City in the Parisian Royal Entry Ceremony : Politics, Ritual and Art in the Renaissance*, Genève, 1986.

BUCHOLZ, Robert O., *The Augustan Court : Queen Anne and the Decline of Court Culture*, Stanford, 1993.

BURKE, Peter, *The Fabrication of Louis XIV*, New Haven, 1992.

BUTLER, Rohan, *Choiseul : Father and Son, 1719-1754*, Oxford, 1980.

CAFFIN-CARCY, Odile, « Les hôtels de la Surintendance à Versailles », *Revue de l'histoire de Versailles*, vol. 77, 1993, p. 5-19.

CAMPAN, Jeanne Louise Henriette Genest, Mme, *Mémoires sur la vie privée de Marie-Antoinette*, 3 vol., dans *Collection des mémoires relatifs à la Révolution française*, 3e éd., Paris, 1823, 11 vol.

CAPON, G. et YVE-PLESSIS, R., *La Vie privée du prince de Conti*, Paris, 1907.

CARS, Jean François de Pérusse, duc des, *Mémoires du duc des Cars*, Henri L'Épinois, éd., Paris, 1890, 2 vol.

CASTELLA DE DELLEY, Rodolphe de, *Le Régiment des gardes suisses au service de la France*, Fribourg, 1964.

CATTINI, M. et ROMANI, M. A., *La Corte in Europa*, Brescia, 1983.

CHASTENAY, Victorine de, *Mémoires de Mme de Chastenay, 1771-1815*, G. Chaussinand-Nogaret, éd., Paris, 1987.

CHAUSSINAND-NOGARET, Guy, *La Noblesse au XVIIIe siècle : de la féodalité aux Lumières*, Paris, 1976.

CHOISY, François-Timoléon, abbé de, *Journal du voyage de Siam fait en 1685 et 1686*, 2e éd., Paris, 1687.

CHEKE, Marcus, *The Cardinal de Bernis*, New York, 1959.

CHRISTEN, Éd., « Les sources minérales de Versailles », *Revue de l'histoire de Versailles et de Seine-et-Oise*, 1929, p. 171-180.

–, « La chirurgie et les premiers chirurgiens du roi aux XVIIe et XVIIIe siècles », *ibid*., 1931, p. 5-39.

CHURCH, Clive H., *Revolution and Red Tape : The French Ministerial Bureaucracy, 1770-1850*, Oxford, 1981.

COHEN, Albert, « *L'État de France* : One Hundred Years of Music at the French Court », *Notes : Quarterly Journal of the Music Library Association*, mars 1992, p. 767-806.

COLBERT, Jean-Baptiste, *Lettres, instructions et mémoires*, Pierre Clément, éd., Paris, 1861-1873, 7 vol.

CRIFO, G., « Tra sociologica e storia. Le scelte culturali de Norbert Elias », dans S. Bertelli et G. Crifo, éd., *Rituale, ceremoniale, etichetta*, Milan, 1985.

CROŸ, Emmanuel, duc de, *Journal inédit*, vicomte de Grouchy et P. Cottin, éd., Paris, 1907, 4 vol.

DANGEAU, Philippe de Courcillon, marquis de, *Journal du marquis de Dangeau [...] avec les additions inédites du duc de Saint-Simon...*, Émile Soulié *et al.*, éd., Paris, 1854-1860, 19 vol.

DARNTON, Robert, « The High Enlightenment and the Low Life of Literature in Pre-Revolutionary France », *Past and Present*, n° 51, 1970, p. 81-115.

DEE, Elaine Evan, et WALTON, Guy, *Versailles : The View from Sweden*, New York, 1988.

DELAVAUD, L., *Le Marquis de Pomponne*, Paris, 1911.

DETHAN, Georges, *Gaston d'Orléans : conspirateur et prince charmant*, Paris, 1959.

DESTREMAU, Noëlle, *Une sœur de Louis XVI : Madame Élisabeth*, Paris, 1983.

DEWALD, Jonathan, *Aristocratic Experience and the Origins of Modern Culture : France, 1570-1715*, Berkeley, 1993.

DICKENS, A. G., éd., *The Courts of Europe : Politics, Patronage and Royalty, 1400-1800*, New York, 1984.

DIDEROT, Denis, *Œuvres complètes*, Paris, 1969-1973, 15 vol.

DU BUS, Charles, « Le plus ancien plan de Versailles », *Gazette des beaux-arts*, sept.-oct. 1926, p. 183-197.

DUFORT, J. N., comte de Cheverny, *Mémoires sur les règnes de Louis XV et Louis XVI et sur la Révolution : 1731-1802*, Paris, 1886, 2 vol.

DU LAC, R., « Les transformations de la butte Montauron », *Revue de l'histoire de Versailles et de Seine-et-Oise*, 1916, p. 81-97 et 158-176.

DUMAS, Jean, « Les écuries des Bourbon-Penthièvre au XVIIIe siècle », *Les Écuries royales du XVIe au XVIIIe siècle*, Actes du colloque organisé à l'occasion de l'inauguration du musée des Carrosses de Versailles par l'Établissement public du Musée et du Domaine national de Versailles et l'Association pour l'Académie d'art équestre de Versailles, Paris, 1998.
DUSSIEUX, Louis Étienne, *Le Château de Versailles : histoire et description*, Paris, 1881, 2 vol.
–, *Généalogie de la maison de Bourbon*, 2e éd., Paris, 1872.
ÉGRET, Jean, *La Pré-Révolution française : 1787-1788*, Paris, 1962.
–, *Louis XV et l'opposition parlementaire, 1715-1774*, Paris, 1970.
–, *Necker, ministre de Louis XVI : 1776-1790*, Paris, 1975.
EHALT, H. C., *Ausdrucksformen absolutistischer Herrschaft. Die Wiener Hof im 17 und 18 Jahrhundert*, Munich, 1980.
ELIAS, Norbert, *La Société de cour*, trad. fr., Paris, 1974.
ELLIOT, J. H., « The Court of the Spanish Habsburgs : A Peculiar Institution », dans *Spain and its World, 1500-1700*, New Haven, 1989.
EVRARD, F., « Les travaux du canal de l'Eure sous Louis XIV », *Revue de l'histoire de Versailles et de Seine-et-Oise*, 1933, p. 96-151.
FERAY, Jean, « Les théâtres successifs du château de Versailles », *Les Monuments historiques de la France*, Paris, 1957, p. 3-18.
FEUILLET DE CONCHES, F., éd., *Correspondance de Madame Élisabeth de France, sœur de Louis XVI*, Paris, 1968.
FLORISOONE, Michel, « Le salon des Bassans à Versailles », *Revue des arts*, vol. 4, n° 2, 1954, p. 93-102.
FORSTER, Robert, *The House of Saulx-Tavanes : Versailles et Burgundy, 1700-1830*, Baltimore, 1971.
FRANKLIN, Alfred Louis, *La Vie privée d'autrefois : la cuisine*, Paris, 1980, réimpression de l'éd. de Paris, 1888.
FRIEDMAN, Ann, « The Evolution of the *parterre d'Eau* », *Journal of Garden History*, vol. VIII, 1988, p. 1-30.
–, « Charles Le Brun as Landscape Artist : His Designs of the First *parterre d'Eau* at Versailles », *Eighteenth-Century Life*, vol. 17, 1993, p. 24-35.
FUMAROLI, Marc, « Le langage de cour en France : problèmes et points de repères », *Europäische Hofkultur im 16 und 17 Jahrhundert*, August Buck, éd., dans *Wolfenbütteler Arbeiten zur Barockforschung*, vol. 9, p. 23-32.
GALIANI, Ferdinando, et ÉPINAY, Louise d', *Correspondance*, Paris, 1992-1996, 5 vol.
GALLET-GUERNE, Danielle, « Madame de Pompadour et l'appartement d'en bas au château de Versailles », *Gazette des beaux-arts*, VIe période, t. CXVIII, septembre 1991, p. 129-138.
GALLET-GUERNE, Danielle et BAULEZ, Christian, *Versailles : dessins d'architecture de la direction générale des Bâtiments du roi*. Tome I : *Le Château, les jardins, le parc, Trianon*, Paris, 1983 ; tome II : *La Ville, les environs...*, Paris, 1989.
GALLET, Michel, et BOTTINEAU, Yves, éd., *Les Gabriel*, Paris, 1982.
GALLET, Michel, *Les Architectes parisiens du XVIIIe siècle : dictionnaire biographique et critique*, Paris, 1995.
GAMS, Pius Bontifacius, *Series Episcoporum Ecclesiae Catholicae*, Graz, 1957.
GEFFROY, Mathieu Auguste, et ARNETH Alfred, éd., *Correspondance secrète entre Marie-Thérèse et le comte de Mercy-Argenteau avec les lettres de Marie-Thérèse et Marie-Antoinette*, Paris, 1875, 3 vol.
GIESEY, Ralph, *Cérémonial et Puissance souveraine : France, XVe-XVIIIe siècle*, Paris, 1987.
–, « Modèles de pouvoir dans les rites royaux en France », *Annales E.S.C.*, vol. XLI, 1986, n° 3, p. 579-597.
–, *The Royal Funeral Ceremony in Renaissance France*, Genève, 1960.
GIRAULT DE COURSAC, Pierrette, *L'Éducation d'un roi : Louis XVI*, Paris, 1972.
GMELINE, Patrick de, *De la cour à l'exil ou Cinquante ans de correspondance d'un gentilhomme du Rouergue, 1750-1800*, Paris, 1981.
GORDON, Alden R., « *Les Recueils des maisons royales en petit* and the Office of Jacques André Portail, garde des plans des Bâtiments du roi », *Eighteenth-Century Studies*, vol. 17, 1993, p. 146-160.
GOTTSCHALK, Louis, *Lady in Waiting : The Romance of Lafayette and Aglaé de Hunolstein*, Baltimore, 1939.
GRUBER, Alain, « L'Opéra de Versailles est-il l'œuvre de Gabriel ? », *Revue de l'art*, vol. XIII, juillet 1971, p. 87-97.
GUÉNARD, Élisabeth, *Histoire de Madame Élisabeth*, Paris, 1802, 3 vol.
GUILLEMENT, Roger, *Essai sur la Surintendance des Bâtiments du roi dans le règne personnel de Louis XIV*, Paris, 1912.
HANLEY, Sarah, « L'idéologie constitutionnelle en France : le lit de justice », *Annales E.S.C.*, vol. 37, n° 1, 1982, p. 32-62.
–, *The* lit de justice *of the Kings of France : Constitutional Ideology in Legend, Ritual and Discourse*, Princeton, 1983.
HARLÉ, Édouard, *Livre de famille : recueil de documents sur ma famille. Seconde partie : famille de ma mère*, Bordeaux, 1915.
HAUSSONVILLE, comte d', *Ma jeunesse*, Paris, 1885.
HAUTECŒUR, Louis, *Le Louvre et les Tuileries de Louis XIV*, Paris, 1927.
HAVARD, Henri, *Dictionnaire de l'ameublement et de la décoration depuis le XIIIe siècle jusqu'à nos jours*, Paris, 1887-1890, 4 vol.
HÉRON DE VILLEFOSSE, René, *L'Anti-Versailles ou le Palais-Royal de Philippe Égalité*, Paris, 1974.
HÉZECQUES, Félix, comte d', *Page à la cour de Louis XVI : souvenirs du comte d'Hézecques*, Emmanuel Bourassin, éd., Paris, 1987.
HIBBERT, Christopher, *Versailles*, New York, 1972.
HOOG, Simone, « Quelques marbres du cabinet du Roi identifiés à Versailles », *Gazette des beaux-arts*, VIe période, t. CXIX, avril 1992, p. 137-144.
JACKSON, Richard A., *Vive le roi ! A History of the*

French Coronation from Charles V to Charles X, Chapel Hill, 1984.

JACQUART, Jean, *François Ier*, Paris, 1981.

JAL, Augustin, *Dictionnaire critique de biographie et d'histoire, errata et suppléments pour tous les dictionnaires historiques d'après des documents historiques inédits*, 2e éd., Paris, 1872.

JALLUT, Marguerite, « Château de Versailles : cabinets intérieurs et petits appartements de Marie-Antoinette », *Gazette des beaux-arts*, VIe période, t. LXIII, mai-juin 1964, p. 289-354.

–, « Les petits appartements de Marie-Antoinette : la Révolution, le XIXe siècle et la destruction », *Revue de l'histoire de Versailles et de Seine-et-Oise*, vol. 56, 1965-1967, p. 87-97.

JARRY, Paul, « La cuve de marbre de l'appartement des Bains de Versailles », *ibid.*, 1934, p. 103-105.

JAURGAIN, Jean de, *La Maison de Caumont La Force*, Paris, 1912.

JOLY, Agnès, « Le maréchal de Mouchy, gouverneur de Versailles, et ses dernières années », *Revue de l'histoire de Versailles et des Yvelines*, vol. 66, 1982, p. 55-74.

JOSZ, Virgile, « Le portefeuille des Bâtiments du roi, 1730-1780 : documents inédits », *Mercure de France*, vol. XXXVIII, juin 1901, p. 577-609.

JUGEY, Sophie, « Grandeur et décadence d'une famille ducale au XVIIIe siècle : la fortune du duc d'Antin », *Revue d'histoire moderne et contemporaine*, vol. 37, juillet 1990, p. 452-477.

KANN, Roger, éd., *Journal d'un ambassadeur de France au Portugal, 1786-1788*, Paris, 1979.

KETTERING, Sharon, *Patrons, Brokers and Clients in Seventeenth-Century France*, New York, 1986.

–, « The Decline of Great Noble Clientage during the Reign of Louis XIV », *Canadian Journal of History*, août 1989, p. 157-177.

KIMBALL, Fiske, « The Chapels of the Château of Versailles », *Gazette des beaux-arts*, VIe période, t. XXVI, 2e semestre 1944, p. 315-332.

KLEINMAN, Ruth, « Social Dynamics at the French Court : The Household of Anne of Austria », *French Historical Studies*, vol. 16, no 3, printemps 1990, p. 517-535.

KNECHT, R. J., « The Court of Francis I », *European Studies Review*, vol. 8, janvier 1978, p. 1-22.

KRÜDENER, J., *Die Rolle des Hofes im Absolutismus*, Stuttgart, 1973.

LA BORDE, Jean Joseph de, *Mémoires*, Yves Durand, éd., *Annuaire-Bulletin de la Société d'histoire de France*, 1968-1969, p. 74-162.

LA FORCE, Auguste de Caumont, duc de, *Le Grand Conti*, Paris, 1922, rééd. 1948.

LAGNY, Jean, « L'hôtel de Saint-Simon à Versailles », *Cahiers Saint-Simon*, no 12, 1984, p. 7-15.

–, *Versailles, ses rues*, Versailles, 1990, 2 vol.

LE GUILLOU, Jean-Claude, « L'appartement de Monseigneur puis de ses fils : évolution chronologique 1684-1715 », *Eighteenth-Century Life*, vol. 17, 1993, p. 68-81.

–, « L'appartement de Madame Sophie au château de Versailles : formation et métamorphoses, 1774-1790 », *Gazette des beaux-arts*, VIe période, t. CIII, mai-juin 1981, p. 201-218.

–, « La création des cabinets et des petits appartements de Louis XV au château de Versailles, 1722-1738 », *ibid.*, VIe période, t. CV, avril 1985, p. 137-146.

–, « Le grand et le petit appartement de Louis XIV au château de Versailles, 1668-1684 », *ibid.*, VIe période, t. CVI, juillet-août 1986, p. 7-22.

–, « Remarques sur le corps central du château de Versailles à partir du château de Louis XIII », *ibid.*, VIe période, t. LXXXVII, février 1976, p. 49-60.

LEMOINE, Pierre, « La chambre de la Reine », *La Revue du Louvre et des musées de France*, vol. 26, no 3, 1976, p. 139-145.

–, « Les logements de Saint-Simon au château de Versailles », *Cahiers Saint-Simon*, no 12, 1984, p. 17-30.

LE ROI, J. A., « Dans quelle partie du château de Versailles l'appartement de Madame de Maintenon se trouvait-il placé ? », *Mémoires de la Société des sciences morales, des lettres et des arts de Seine-et-Oise*, vol. 2, 1848, p. 129-152.

–, éd., *Journal de la santé du roi Louis XIV de l'année 1647 à l'année 1711*, Paris, 1862.

–, « Travaux hydrauliques de Versailles sous Louis XIV, 1664-1688 », *Mémoires de la Société des sciences morales, des lettres et des arts de Seine-et-Oise*, vol. VII, 1866, p. 51-128.

LE ROY LADURIE, Emmanuel, *Saint-Simon ou le système de la Cour*, Paris, 1997.

LEVRON, Jacques, « Dans l'ombre de la Cour : la marquise de Coëtlogon, dame d'honneur de Mme d'Artois », *La Revue des Deux Mondes*, août 1966, p. 365-376.

–, « Dans l'ombre de la Cour : Mme de Rupelmonde », *ibid.*, janvier 1966, p. 198-210.

–, « Jérôme et Louis Blouin, premiers valets de chambre de Louis XIV et Louis XV », *ibid.*, février 1967, p. 374-384.

–, *La Vie quotidienne à la cour de Versailles*, Paris, 1965.

–, « Les *Almanachs de Versailles* », *Revue des Sociétés des amis de Versailles*, no 35, 1969, p. 7-13.

–, *Versailles, ville royale*, Roanne, 1981.

LIEDEKERKE-BEAUFORT, Hilarion, comte de, « Souvenirs d'un page du comte de Provence », *Revue de Paris*, mai 1952, p. 56 *sq.*

LOADES, D., *The Tudor Court*, Londres, 1986.

LOCKYER, R., *Buckingham : The Life and Political Career of George Villiers, First Duke of Buckingham, 1592-1628*, Londres, 1981.

LOUIS XIV, *Mémoires*, Jean Longnon, éd., Paris, 1978.

LOUIS-PHILIPPE Ier, *Mémoires de Louis-Philippe, duc d'Orléans, écrits par lui-même*, Paris, 1973, 2 vol.

LUÇAY, Charles Hélion de, *Les Origines du pouvoir ministériel en France : les secrétaires d'État depuis leur institution jusqu'à la mort de Louis XV*, Paris, 1881.

LUYNES, Charles Philippe d'Albert, duc de, *Mémoires du duc de Luynes sur la cour de Louis XV (1735-1758)...*, Louis Dessieux et Émile Soulié, éd., Paris, 1860-1865, 17 vol.

MCMANNERS, John, « The Religious Observances of

Versailles under Louis XV », dans *Enlightenment Essays in Memory of Robert Shackleton*, Giles Barber et C. P. Courtney, éd., Oxford, 1988, p. 175-188.

–, « France », *The European Nobility in the Eighteenth Century*, Albert Goodwin, éd., New York, 1967, p. 22-42.

MANGIN, M. J., « Louis XIV et ses jardins : Règlement autographe du roi pour la visite des jardins de Versailles », *Revue de l'histoire de Versailles et de Seine-et-Oise*, 1899, p. 7-14.

MARCEL, M. H., « Louis-Philippe et le château de Versailles », *ibid.*, 1909, p. 177-191.

MARGRY, Pierre, *Un fils de Colbert : étude suivie de la correspondance du marquis d'Ormoy avec son père concernant les bâtiments du palais de Versailles et les travaux faits dans les environs, 1663-1704*, Paris, 1873.

MARIE, Alfred, *Naissance de Versailles*, Paris, 1968, 2 vol.

–, « Le cabinet du Conseil au château de Versailles de 1678 à 1701 », *Bulletin de la Société de l'histoire de l'art français* », 1940, p. 65-75.

–, Alfred et Jeanne, *Versailles au temps de Louis XIV : Mansart et Robert de Cotte*, Paris, 1976, 2 vol.

–, *Versailles au temps de Louis XV*, Paris, 1984.

MARIE, Alfred et Jeanne, *Mansart à Versailles*, Paris, 1972, 2 vol.

MARIN, Louis, *Portrait of the King*, trad. Martha Houle, dans *Theory and History of Literature*, vol. 57, Minneapolis, 1988.

MARION, Marcel, *Dictionnaire des institutions de la France aux XVIIe et XVIIIe siècles*, Paris, 1923.

MARQUISET, Alfred, *Le Marquis de Marigny, 1727-1781*, Paris, 1918.

MAUGRAS, Gaston, *La Cour de Lunéville au dix-huitième siècle*, Paris, 1918.

–, *La Marquise de Boufflers et son fils le chevalier de Boufflers*, Paris, 1907.

–, *Les Dernières Années de la cour de Lunéville*, Paris, 1906.

–, *The Duc de Lauzun and the Court of Louis XV*, Londres, 1895.

MÉNEVAL, baron de, « Un favori de Mesdames de France, mort aide de camp de Napoléon », *Revue de l'histoire de Versailles et de Seine-et-Oise*, 1931, p. 101-110.

METTAM, Roger, *Power and Faction in Louis XIV's France*, Oxford, 1988.

MEYER, Daniel, *Quand les rois régnaient à Versailles*, Paris, 1982.

–, « L'ameublement de la chambre de Louis XIV à Versailles de 1701 à nos jours », *Gazette des beaux-arts*, VIe période, t. CXIII, février 1989, p. 81-104.

–, « L'appartement intérieur du roi », *La Revue du Louvre et des musées de France*, vol. 26, n° 3, 1976, p. 175-183.

MIRABEAU, Gabriel Honoré Riquetti, comte de, *Correspondance entre le comte de Mirabeau et le comte de La Marck pendant les années 1789, 1790 et 1791*, A. de Baucourt, éd., Paris, 1851, 3 vol.

MONGRÉDIEN, Georges, *La Vie quotidienne sous Louis XIV*, Paris, 1948.

MONTBARREY, Alexandre Marie Léonor de Saint-Mauris, prince de, *Mémoires autographes de M. le prince de Montbarrey*, Paris, 1826, 3 vol.

MONTPENSIER, Anne Marie Louise d'Orléans, duchesse de, *Mémoires de Mademoiselle de Montpensier*, Londres, 1741, 7 vol.

MOOTE, A. Lloyd, *The Revolt of the Judges : The Parlement of Paris and the Fronde, 1643-1652*, Princeton, 1971.

MORTIN. Graveur, il fut publié sans titre ni date.

MOUSSOIR, Georges, « Les gardes françaises à Versailles », *Revue de l'histoire de Versailles et de Seine-et-Oise*, 1915, p. 5-25.

MÜNTZ DE RAÏSSAC, Muriel, « Richard Mique et les appartements de Marie-Antoinette à Versailles », *Eighteenth-Century Life*, vol. 17, 1993, p. 207-219.

MURPHY, Orville T., *Charles Gravier, comte de Vergennes : French Diplomacy in the Age of Revolution*, Albany, New York, 1982.

NARBONNE, Bernard, *Les Grandes Heures de Saint-Germain-en-Laye*, Paris, 1950.

NARBONNE, Pierre, *Journal des règnes de Louis XIV et Louis XV, de l'année 1701 à l'année 1744*, J. A. Le Roy, éd., Paris, 1866.

NICOLLE, Jean, *Mme de Pompadour et la société financière de son temps*, Paris, 1980.

NOLHAC, Pierre de, *Autour de la Reine*, Paris, 1929.

–, *Histoire du château de Versailles*, Paris, 1911-1918, 3 vol.

–, « Le château de Versailles au temps de Marie-Antoinette », *Mémoires de la Société des sciences morales, des lettres et des arts de Seine-et-Oise*, vol. XVI, 1889, p. 19-124.

–, *Versailles inconnu*, Paris, 1925.

OBERKIRCH, Henriette Louise de Waldner de Freundstein, baronne d', *Mémoires de la baronne d'Oberkirch sur la cour de Louis XVI et la société française avant 1789*, Suzanne Burkard, éd., Paris, 1982.

ORCIBAL, Jean, éd., *Correspondance de Fénelon*, Paris, 1972-1992, 15 vol.

ORLÉANS, Charlotte Élisabeth von der Pfalz, duchesse d', *Correspondance complète de Madame, duchesse d'Orléans, née princesse Palatine, mère du Régent*, G. Burnet, éd., Paris, 1857.

–, *Lettres françaises*, Dirk Van der Cruysse, éd., Paris, 1989.

ORLÉANS, Liselotte von der Pfalz, duchesse de, *A Woman's Life in the Court of the Sun King : Letters of Liselotte von der Pfalz, 1652-1722*, Elborg Forster, trad., Baltimore, 1984.

OZANAM, Didier, et ANTOINE, Michel, *Correspondance secrète du comte de Broglie avec Louis XV, 1756-1774*, Paris, 1956-1961, 2 vol.

PARDAILHÉ-GALABRUN, Annik, *La Naissance de l'intime : 3 000 foyers parisiens, XVII-XVIIIe siècle*, Paris, 1988.

PÉRATÉ, André, « Le parterre d'eau du parc de Versailles sous Louis XIV », *Revue de l'histoire de Versailles et de Seine-et-Oise*, 1889, p. 15-35.

PÉROUSE DE MONTCLOS, Jean-Marie, *Versailles*, New York et Paris, 1991.

PETZET, Michel, « Quelques projets inédits pour la Chapelle de Versailles, 1688-1689 », *Art de France*, 1961, p. 315-319.

POIGNANT, Simone, *Les Filles de Louis XV : l'aile des Princes*, Paris, 1970.

POTIER DE COURY, Pol, *Histoire généalogique et chronologique de la Maison royale de France, des pairs, grands officiers de la Couronne, chevaliers, commandeurs et officiers de l'ordre du Saint-Esprit par les PP. Anselme, Ange et Simplicien, augmentée de la suite des généalogies de Père Anselme et de celle des membres de l'ordre promus de 1733 à 1789*, Paris, 1868-1890, 4 vol.

PRESS, Volker, « The Hapsburg Court as the Center of Imperial Government », *Journal of Modern History*, vol. 58, 1986, 3e supplément, p. 23-45.

PRION, Pierre, *Pierre Prion, scribe : mémoires d'un écrivain de campagne au XVIIIe siècle*, Orest Ranum et E. Le Roy Ladurie, éd., Paris, 1985.

RACINAIS, Henri, *Un Versailles inconnu : les Petits Appartements des roys Louis XV et Louis XVI au château de Versailles*, Paris, 1950, 2 vol.

RAMPELBERG, René-Marie, *Le Ministre de la Maison du roi, 1783-1788 : le baron de Breteuil*, Paris, 1975.

REISET, vicomte de, *Anne de Caumont La Force, comtesse de Balby*, Paris, 1907.

RÉVÉREND, A., *Titres, anoblissements et pairs de la Restauration, 1814-1830*, Paris, 1901.

REYNAUD, Nicole, et VILAIN, Jacques, « Fragments retrouvés de la décoration du grand appartement de la reine Marie-Thérèse à Versailles », *La Revue du Louvre et des musées de France*, vol. 20, 1970, nº 4-5, p. 231-238.

REYNIER, François, « Contribution à l'histoire de l'hôtel de Seignelay à Versailles », *Revue de l'histoire de Versailles et de Seine-et-Oise*, vol. 59, 1971, p. 67-114.

RICHELIEU, Louis François Armand de Vignerot du Plessis, maréchal-duc de, *Mémoires authentiques de M. de Richelieu (1725-1757), publiés d'après le manuscrit original par la Société de l'histoire de France*, A. de Boislisle, éd., vol. 383 des « Publications de la Société de l'histoire de la France », Paris, 1918.

RONSERAY, comte de, « Une grande famille de médecins sous Louis XIII et Louis XIV : les d'Aquin », *Revue de l'histoire de Versailles et de Seine-et-Oise*, 1932, p. 237-243.

ROUSSET, Camille, éd., *Correspondance de Louis XV et du maréchal de Noailles*, Paris, 1865, 2 vol.

SAINT-ALLAIS, N., *Nobiliaire universel de France*, Paris, 1840, 20 vol.

SAINT-SIMON, Louis de Rouvroy, duc de, *Mémoires de Saint-Simon : nouvelle édition collationnée sur le manuscrit autographe, augmentée des additions de Saint-Simon au Journal de Dangeau et de notes appendices*, Arthur de Boislisle et Louis Lecestre, éd., Paris, 1879-1930, 42 vol.

SAMOYAULT, Jean-Pierre, *Les Bureaux du secrétariat d'État des Affaires étrangères sous Louis XV : administration et personnel*, Paris, 1971.

SAULE, Béatrix, « Le premier goût du roi à Versailles : décoration et ameublement », *Gazette des beaux-arts*, VIe période, t. CXX, octobre 1992, p. 137-148.

–, « Tables royales à Versailles, 1682-1789 », dans *Versailles et les tables royales en Europe, XVIIe-XVIIIe siècle*, Paris, 1993, p. 41-68.

–, *Versailles triomphant : une journée de Louis XIV*, Paris, 1996.

SCHALK, Ellery, *From Valor to Pedigree : Ideas of Nobility in France in the Sixteenth and Seventeenth Century*, Princeton, 1986.

SCUDÉRY, Madeleine de, *La Promenade de Versailles*, Paris, 1669.

SÉGUR, Louis Philippe, comte de, *Mémoires, souvenirs et anecdotes*, François Barrière, éd., Paris, 1859, 2 vol., dans *Bibliothèque des mémoires relatifs à l'histoire de la France pendant le XVIIIe siècle*, vol. XIX et XX, Paris, 1859, I, p. 97.

SÉVIGNÉ, Marie de Rabutin-Chantal, marquise de, *Correspondance*, Roger Duchêne, éd., Paris, 1972-1978, 3 vol.

SHARPE, Kevin, *Criticism and Compliment : The Politics of Literature in the England of Charles I*, Cambridge, 1987.

SOLNON, Jean-François, *La Cour de France*, Paris, 1987.

SOURCHES, Louis François du Bouchet, marquis de, *Mémoires du marquis de Sourches sur le règne de Louis XIV*, Gabriel Juste de Cosnac et Arthur Bertrand, éd., Paris, 1882-1893, 13 vol.

SPANHEIM, Ézéchiel, *Relation de la cour de France en 1680*, Émile Bourgeois, éd., Paris, 1973.

STARKEY, David, éd., *The English Court : From the War of the Roses to the Civil War*, Londres, 1987.

STRATMANN-DÖHLER, Rosemarie, « Les logements des courtisans à Versailles », *Eighteenth-Century Life*, vol. 17, 1993, p. 167-181.

STRYJENSKI, Casimir, *La Mère des trois derniers Bourbons : Marie-Josèphe de Saxe et la cour de Louis XV*, Paris, 1902.

–, « Le château de Versailles et Napoléon », *Revue de l'histoire de Versailles et de Seine-et-Oise*, 1904, p. 134 *sq.*

–, *The Daughters of Louis XV*, Londres, 1912.

TADGELL, Christopher, *Ange Jacques Gabriel*, Londres, 1978.

TESSIN, Carl Gustaf, comte de, *Tableaux de Paris et de la Cour de France : 1739-1742*, Gunnar von Proschwitz, éd., Göteborg et Paris, 1984.

TESSIN, Nicodème, *L'Art en France et en Suède 1693-1718 : extraits d'une correspondance entre l'architecte Nicodème Tessin le Jeune et Daniel Cronström*, R.A. Weigert et C. Hernmach, éd., Stockholm, 1964.

–, « Relation de la visite de Nicodème Tessin à Marly, Versailles, Clagny, Rueil et Saint-Cloud en 1687 », *Revue de l'histoire de Versailles et de Seine-et-Oise*, 1926, p. 150-167 et 274-300.

THIERRY DE VILLE D'AVRAY, Marc Antoine, « Mémoires de Marc Antoine Thierry », *ibid.*, 1908, p. 81-107 ; 1909, p. 81-96.

TOURTIER-BONAZZI, Chantal de, éd., *Correspondance d'Annette de Mackau, comtesse de Saint-Alphonse, dame du palais de l'impératrice Josephine : extrait des archives Mackau et Watier de Saint-Alphonse (165 AP I et III)*, 1790-1870, Paris, 1967.

–, *Archives Mackau, Watier de Saint-Alphonse et Maison (156 AP I et III)*, Paris, 1972.

TOURZEL, Louise Élisabeth Félicité de Croÿ Havré, duchesse de, *Mémoires de Mme la duchesse de Tourzel, gouvernante des Enfants de France de 1789 à 1795*, Jean Chalon, éd., Paris, 1969.

VAN KLEY, Dale, *The Jansenists and the Expulsion of the Jesuits from France, 1751-1765*, Princeton, 1975.

VERLET, Pierre, « Gabriel et la construction de l'opéra de Versailles », *Le Jardin des arts*, vol. XXXIII, juillet 1957, p. 55-61.

–, *Le Château de Versailles*, Paris, 1985.

–, *Le Mobilier royal français*, Paris, 1945-1963, 3 vol.

VILLARS, Claude Hector Louis, maréchal-duc de, *Mémoires du maréchal de Villars*, dans Petitot et Monmerqué, éd., « Collection de Mémoires relatifs à l'histoire de France », 2e série, Paris, 1884, 4 vol.

VISCONTI, Primo, *Mémoires sur la cour de Louis XIV*, trad. Jean Le Moine, Paris, 1908.

VOLTAIRE, François Marie Arouet, *dit*, *Lettres d'amour de Voltaire à sa nièce*, Theodore Besterman, éd., Paris, 1957.

–, *Voltaire's Correspondence*, Theodore Besterman, éd., Genève, 1953-1965, 104 vol.

VRIGNAULT, Henri, *Généalogie de la maison de Bourbon*, 2e éd., Paris, 1957.

WALPOLE, Horace, *Horace Walpole's Correspondence with Mme du Deffand*, W. S. Lewis et Warren Hunting Smith, éd., in *The Yale Edition of Horace Walpole's Correspondence*, New Haven, 1937-1983, 48 vol.

WALTON, Guy, *Louis XIV's Versailles*, Chicago, 1986.

–, « The *Chapelle royale* », *Eighteenth-Century Life*, vol. 17, 1993, p. 86-94.

WEBER, Gerold, *Brunnen und Wasserkünste in Frankreich in Zeitalter von Louis XIV : mit einen typengeschichtlichen Überblick uber die französischen Brunnen ab 1500*, Worms, 1985.

WELVERT, Eugène, « L'éminence grise de Marie-Antoinette », *Revue de l'histoire de Versailles et de Seine-et-Oise*, 1921, p. 133-142 et 227-240 ; 1922, p. 40-60, 116-131 et 221-244.

–, « La princesse d'Hénin », *ibid.*, 1923, p. 123-138, 232-243 et 314-331 ; 1924, p. 92-104.

WICH, Daniel L., « The Court Nobility and the French Revolution », *Eighteenth-Century Life*, vol. XIII, 1980, p. 263-284.

WOODBRIDGE, John D., *Revolt in Prerevolutionary France : The Prince de Conti's Conspiracy against Louis XV, 1755-1757*, Baltimore, 1995.

YVERT, Benoît, éd., *Dictionnaire des ministres, 1789-1984*, Paris, 1990.

ZAGORÍN, Pérez, *The Court and the Country*, Londres, 1969.

–, « The Court and the Country : A Note on Political Terminology in the Earlier Seventeenth Century », *English Historical Review*, vol. 77, 1962, p. 306 *sq.*

Index

INDEX PROSOPOGRAPHIQUE

L'index prosopographique apporte le *cursus honorum* des courtisans et fonctionnaires ayant occupé les logements du château de Versailles. Les mentions sont données selon l'ordre alphabétique avec le titre seigneurial du possesseur, puis son prénom, son nom de famille et son rang. Les évêques apparaissent avec leur siège, les cardinaux sous leur nom de famille. Vient ensuite une brève description prosopographique.

Cinq sortes d'informations peuvent apparaître : en premier viennent les offices de Cour ; en deuxième lieu la suite des promotions militaires ; puis les postes dans le gouvernement et la bureaucratie ; les postes de gouverneur ; enfin l'appartenance aux ordres équestres. Espaces et annexes occupés par le courtisan dans le château sont mentionnés dans l'ordre chronologique.

Dans les cas des gouverneurs de château, des directeurs généraux des Bâtiments et de leur personnel, nous n'avons retenu leurs apparitions dans cet index que lorsqu'il est question d'eux en tant que particuliers, et non lors de leurs multiples apparitions professionnelles (la page 12 donne la liste des personnes ici concernées). De même pour les rois, seule l'initiative d'octroi de logement a été retenue, et non le simple accord passif. En revanche, on a pris soin de noter chacune des interventions des architectes, personnages essentiels.

Enfin, il faut rappeler que les dates de naissance et de décès sous l'Ancien Régime sont loin d'être exactes et restent souvent inconnues. Nous donnons ici les références aux sources [1]. Certaines sont plus dignes de confiance que d'autres. Un large usage a été fait des ouvrages suivants abrégés comme suit dans l'index :

A = ANTOINE, Michel, *Le Gouvernement et l'administration sous Louis XV : Dictionnaire biographique*, Paris, 1978.
AdF = *Almanach de France*
AdV = *Almanach de Versailles*
B = *Biographie universelle ancienne et moderne*, Paris, 1811-1828 et 1835-1882, 52 vol. avec 33 vol. de Suppléments.
D = DANGEAU, Philippe de COURCILLON, marquis de, *Journal du marquis de Dangeau* [...] *avec les additions inédites du duc de Saint-Simon*, Émile Soulié, Luis Dussieux *et alii*, éd., Paris, 1854-1882, 19 vol.
DN = LA CHENAYE-DESBOIS, F.A. de, *Dictionnaire de la noblesse de la France*, Kraus reprint, éd., Paris, 1863-1877, 3e éd.
DBF = LETOUZEY et ANÉ, *Dictionnaire de biographie française* : fascicules 1 à 102, s.l., 1933, 17 vol.
HWD = LEWIS W.S. et HUNTING SMITH Warren, *Horace Walpole's Correspondence with Madame de Deffand*, vol. 2 à 8 in *The Yale Edition of Horace Walpole's Correspondence*, New Haven et Londres, 1937-1983, 48 vol.
L* = LUYNES, Charles Philippe d'ALBERT, duc de, *Mémoires du duc de Luynes sur la cour de Louis XV* [...], Louis Durieux et Émile Soulié, éd., Paris, 1860-1865, 17 vol.
MdF = *Mercure de France*
NBG = *Nouvelle biographie générale*, Paris, 1852-1864.
PdC = POTIER DE COURY, Pol, *Histoire généalogique et chronologique de la Maison royale de France, des pairs, grands officiers de la Couronne, chevaliers, commandeurs et officiers de l'ordre du Saint-Esprit par les P.P. Anselme, Ange et Simplicien augmentée de la suite des généalogies de Père Anselme et de celles des membres de l'ordre promus de 1733 à 1789*, Paris, 1868-1890, 4 vol.
R = RÉVÉREND, A., *Titres, anoblissements et pairies de la Restauration, 1814-1830*, Paris, 1901-1906, 6 vol.
S-A = VITON Nicolas, *dit* SAINT-ALLAIS, *Nobiliaire universel de France*, Paris, 1840, 20 vol. (rééd. 1872-1875).
SS = SAINT-SIMON, Louis de ROUVROY, duc de, *Mémoires de Saint-Simon : nouvelle édition collationnée sur le manuscrit autographe* [...], Arthur de Boislisle et L. Lecestre, éd., Paris, 1879-1893, 13 vol.

1. On a donné la préférence aux mémoires pour établir la date de décès lorsque l'auteur apporte des détails significatifs.

-A-

a. En 1752, Mlle de Beaujeu épousa Geoffroy de Valbelle, marquis de Rians (L* XI 390). Ce dernier mourut en 1766, et sa veuve resta à la Cour. Plus tard, elle épousa le comte Adhémar de Montfalcon (PdC I 668) **b.** HWD III 145 **c.** L* XI 502 **d.** AdF 1763 **e.** Castella de Delley, p. 272 **f.** J. René Bary, « Le comte d'Affry, ambassadeur de Louis XV », *Revue de l'association des amis de Versailles*, n° 28, 1966, p. 22-27 **g.** L* XIV 263 **h.** Bary. **i.** R **j.** A.N. O[1] 118 folio 338 **k.** A.N. O[1] 128 folio 106 **l.** A.N. O[1] 1839 253 **m.** A **n.** A **o.** DN

p. DN **q.** A **r.** HWD III 82 et 86 **s.** HWD IV 12 et 60 **t.** DN **u.** L* XIV 404 **v.** A **w.** A **x.** DBF **y.** DBF **z.** SS II 169 **aa.** SS XXIII 376 **bb.** A.N. O[1]73 folio 413 **cc.** L* II 259 **dd.** A.N. O[1] 70 folio 202 **ee.** MdF **ff.** A.N. O[1] 1802 345 **gg.** DBF **hh.** DN **ii.** A

a. A.N. O^{1} 121 folio 1 **b.** DBF **c.** D.C.V. citant A.N. O^{1} 3466 folio 157 et 1837 II 65 **d.** DN **e.** L* IX 410 **f.** A.N. O^{1} 52 folio 212 **g.** A.N. O^{1} 64 folio 232 **h.** L* I 184 **i.** L* V 404 **j.** L* IV 402 **k.** DN **l.** L* III 61, XIII 163 **m.** A.N. O^{1} 81 folio 149-152 **n.** L* I 176 **o.** L* I 292 **p.** L* XIII 163 ; DN **q.** L* I 342, III 280 **r.** MdF **s.** R **t.** DBF **u.** DBF **v.** Anon, « Une famille alsacienne à la cour de Versailles », *Revue de l'association des amis de Versailles*, n° 30, 1967, p. 33-39, p. 37 **w.** A.N. O^{1} 79 folio 467 **x.** L* II 439 **y.** A.N. O^{1} 109 folio 214 **z.** D.C.V. citant un catalogue de Sotheby's Monaco, vente du 15.1.1981. **aa.** A.N. O^{1} 104 folio 141 **bb.** A.N. O^{1} 122 folio 262 **cc.** A.N. O^{1} 1077 66 **dd.** A.N. O^{1} 1077 282 **ee.** DN **ff.** L* III 141 **gg.** A.N. O^{1} 68 folio 97 **hh.** A.N. O^{1} 72 folio 177

ii. DBF **jj.** Charles Claude de La Billarderie, *Mémoires de Charles Claude de La Billarderie : Notes sur les* Mémoires de Marmontel, Louis Bobé, éd. Copenhague, 1933, XXXIV **kk.** A.N. O^{1} 106 fol. 127 **ll.** A.N. O^{1} 121 fol. 121 ; Galiani et d'Épinay, t. IV, p. 181 **mm.** A.N. O^{1} 1095 folio 284 **nn.** DBF **oo.** Vrignault **pp.** Vrignault **qq.** SS II 4 **rr.** DN **ss.** L* III 382 **tt.** DN **uu.** DN **vv.** HWD IV 47 **ww.** L* XVI 249 **xx.** A.N. O^{1} 55 folio 63 **yy.** DN **zz.** A.N. O^{1} 60 folio 156 et 1046 209

a. DN **b.** L* VI 197 **c.** A.N. O^1 67 folio 151 **d.** A.N. O^1 61 folio 101 **e.** A.N. O^1 102 folio 373 **f.** L* VII 407 **g.** L* I 373 **h.** DN **i.** DN **j.** A.N. O^1 36 folio 48 **k.** DBF **l.** *N.B.* Le comte de Ronseray propose une chronologie différente. Selon lui, Aquin était né en 1629 et mourut le 18.5.1696. « Une grande famille de médecins sous Louis XIII et Louis XIV : Les d'Aquin », *Revue de l'histoire de Versailles et de Seine-et-Oise*, 1932, p. 237-243 **m.** DBF **n.** DBN **o.** DN **p.** DN **q.** Isabelle et Jean-Louis Vissière, *Cher Voltaire : la correspondance de Madame du Deffand avec Voltaire*, Des femmes, Paris, 1987, p. 167 et 168 **r.** L* VIII 82 **s.** A.N. O^1 66 folio 112 **t.** A.N. O^1 67 folio 539 **u.** L* III 226 ; A.N. O^1 84 folio 364

v. L* IV 381 ; A.N. O^1 87 folios 5 et 7 **w.** L* XV 394 **x.** A.N. O^1 88 folio 271 **y.** L* XIII 290 et 297 **z.** L* XV 389 **aa.** A.N. O^1 84 folio 530 **bb.** A.N. O^1 88 folio 181 **cc.** L* VI 155 ; A.N. O^1 88 folio 272 **dd.** L* VIII 80 **ee.** DBF **ff.** A.N. O^1 102 folio 230 *sq.* **gg.** A.N. O^1 104 folio 674 **hh.** A.N. O^1 106 folio 123 **ii.** AdF **jj.** DBF **kk.** A.N. O^1 1076 538 **ll.** A.N. O^1 1076 600 : 11.5.1760 Noailles au roi : *L'abbé d'Argentré a été 18 mois sans logement. Le comte de Noailles n'a demandé à Votre Majesté pour lui que 400 livres pour l'en indemniser. Il désirerait 100 livres de plus pour n'être pas inférieur à l'instituteur des Enfants de France qui a 500 livres de logement.* Bon du roi. *Cf.* 591 **mm.** SS I 60 **nn.** SS III 336 **oo.** DN **pp.** DN **qq.** MdF ; HWD IV 7

a. DN **b.** DN **c.** D.C.V. citant A.N. O[1] 703 1198 et 1120 **d.** D.C.V. citant A.N. O[1] 3298, dossier 21, pièce 2 : 19.4.1766 *État des meubles d'été du cabinet de feu Monseigneur le dauphin remis du garde-meuble de la Couronne au chevalier d'Artaize, son premier valet de chambre...* **e.** L* XVI 205 **f.** A.N. O[1] 1096 folio 83 ; *cf.* HWD IV 397 **g.** Vrignault **h.** Vrignault **i.** DN **j.** DN **k.** SS I 136 **l.** D III 273 : 13.1.1691 *Le logement qu'avait Mlle Patrocle, femme de chambre de Mme la dauphine, morte depuis quelques jours, a été donné à M. d'Aubigny...* **m.** DN **n.** A.N. O[1] 67 folio 660 **o.** L* IX 54 **p.** A.N. O[1] 82 folio 218 **q.** DN **r.** SS II 140

s. DN **t.** Gams **u.** L* X 32 **v.** Gams **w.** PdC II 884 **x.** L* XVI 432 **y.** S-A XI 243 **z.** DN **aa.** S-A XI 424 **bb.** S-A XI 424 **cc.** S-A XI 423 **dd.** S-A XI 423 **ee.** DBF **ff.** DN **gg.** A.N. O[1] 112 folios 1093, 1099 et 1100 **hh.** DN **ii.** A.N. O[1] 60 folio 105

-B-

a. DN **b.** Pierre Verlet, *Le mobilier royal français*, p. 21 **c.** DN **d.** L* XVI 113 **e.** DN **f.** A.N. O^1 96 folio 411 **g.** L* VII 210 **h.** DBF **i.** L* XIII 248 **j.** D IX 145 ; S VIII 47 **k.** A.N. O^1 61 folio 140 **l.** L* V 322 ; A.N. O^1 88 folio 38 **m.** *État* 1741 **n.** A.N. O^1 1070 86 : 2.9.1742 *Le sieur Bachelier supplie le roi d'avoir la bonté de lui accorder la jouissance pendant sa vie du logement qu'occupait au Luxembourg dans les combles le sieur Pibrac et qui lui est inutile au moyen du bâtiment appelé la pharmacie qu'il occupe actuellement.* [Il] *supplie Sa Majesté de vouloir bien faire joindre à ce logement une remise et une écurie.* Réponse : *Bon. Cf.* 87 et 88. Le sieur Pibrac était le premier chirurgien de la feue reine d'Espagne. **o.** A.N. O^1 88 folio 38 **p.** DBF **q.** Marc-Marie, marquis de Bombelles, *Journal du marquis de Bombelles*, t. I, p. 32 : 11.7.1780 *Ma femme a reçu une lettre de Madame Élisabeth.... cette princesse lui apprend le choix qu'a fait Madame de Mme de Balby pour sa dame d'atour et l'étonnement que ce choix a produit à la Cour. Mme la duchesse de Lesparre n'a pas voulu avoir Mme de Balby pour sa survivancière et a préféré de lui faire place en donnant sa démission. Cf.* Geoffroy, *Correspondance secrète*, t. II, p. 447*sq.*

r. DBF **s.** DBF **t.** SS I 142 **u.** DN **v.** SS I 53 **w.** A.N. O^1 29 folio 489 **x.** DN **y.** SS III 8 **z.** A.N. O^1 40 folio 434 **aa.** La présentation de Mme du Barry fut très contestée. Voir HWD II, p. 185, 191, 194, 195 *sq.* 198, 202, 210, 223-5, 230 et Pierre de Nolhac, « La présentation de Mme du Barry », *Revue de Paris*, 15 août 1896, IV, p. 851-69. **bb.** DN **cc.** A.N. O^1 95 folio 297 **dd.** A.N. O^1 66 folio 366 **ee.** DN **ff.** A.N. O^1 69 folio 161-165 **gg.** L* 195 **hh.** DN **ii.** Gams

a. DN b. L* XVI 387 c. A.N. O[1] 102 folio 223 et 104 ; folio 669 d. NBG e. A.N. O[1] 91 folio 253 f. L* XVI 464, 474 g. A.N. O[1] 114 folio 174 h. HWD IV 457 i. A.N. O[1] 125 folio 273 j. DN k. A.N. O[1] 125 folio 478 l. SS V 154 m. A.N. O[1] 37 folio 170 n. SS V 154, XXIX 332 o. DN p. HWD IV 100 q. HWD IV 100 r. DN s. A.N. O[1] 29 folio 601 t. SS V 384 u. A.N. O[1] 89 folio 115 v. DN w. L* XVI 221 ; A.N. O[1] 101 folio 480 x. HWD III 104

y. DN z. R aa. L* XIII 118 bb. AdF cc. SS II 3 dd. DN ee. DN ff. L* V 409 ; A.N. O[1] 88 folio 152 gg. A.N. O[1] 94 folio 245 hh. AdF ; MdF ; L* X 339, 381 ii. DN jj. AdF kk. DN ll. A.N. O[1] 33 folio 218 mm. A.N. O[1] 34 folio 232 nn. A.N. O[1] 37 folio 165 oo. A.N. O[1] 29 folio 539 pp. DN qq. L* XII 26, 141 rr. DN ss. A.N. O[1] 24 folio 72

a. DN **b.** DN ; L* XIII 142 : *Il y a déjà quelques années qu'elle était presque en enfance.* **c.** L* V 406 ; MdF **d.** L* IV 109 **e.** A **f.** L* XV 171 **g.** A **h.** L* III 327 **i.** D XV 74 **j.** L* XV 55 **k.** L* XVI 380 ; A.N. O[1] 102 folio 250 **l.** L* IV 437 **m.** S-A III 95 **n.** L* VII 418 ; A.N. O[1] 90 folio 251 **o.** DN **p.** A.N. O[1] 108 folio 56 et 58

q. R **r.** L* XVI 161 ; MdF **s.** R **t.** Gams **u.** R **v.** MdF **w.** DN **x.** HWD II 362 **y.** A.N. O[1] 79 folio 1 **z.** DN **aa.** A.N. O[1] 30 folio 577 **bb.** L* XVI 148 **cc.** L* XVII 31 **dd.** François Joachim de, cardinal de Bernis, *Mémoires*, Paris, 1986, p. 27 et 31 **ee.** L* XI 272 **ff.** L* XIV 263 **gg.** L* XV 216 **hh.** L* XVI 87 ; A.N. O[1] 101 folio 203 **ii.** L* VIII 88 **jj.** Vrignault

a. Vrignault **b.** SS VI 321 **c.** A **d.** L* VIII 228 ; A.N. O[1] 91 folio 240 **e.** A.N. O[1] 95 folio 3 **f.** L* XVI 216 **g.** A.N. O[1] 102 folio 303 **h.** Barbier VII 78 **i.** A.N. O[1] 105 folio 597 **j.** DN **k.** A.N. O[1] 82 folio 20 **l.** A.N. O[1] 1077 449 ; GG-B II 443 **m.** DBF **n.** L* XVI 230 ; A.N. O[1] 101 folio 496 **o.** A.N. O[1] 103 folio 592 **p.** A.N. O[1] 107 folio 319 **q.** DN **r.** A.N. O[1] 52 folio 6 **s.** A.N. O[1] 54 folio 77 **t.** DN **u.** A.N. O[1] 62 folio 216

v. Castella de Delley, p. 280 **w.** DN **x.** HWD III 112 **y.** L* XIV 271 ; *cf.* XVII 41 **z.** DN **aa.** L* I 338 ; DN **bb.** DN **cc.** SS III 309 **dd.** DN **ee.** L* XIV 485 **ff.** L* VI 365 **gg.** DN **hh.** A.N. O[1] 127 folio 26 **ii.** DN **jj.** R

a. L* XVII 27 **b.** DN **c.** DN **d.** D.C.V. citant l'inventaire d'après décès de son mari. A.N. M.C. XCI 1345 12 florial an 5. **e.** L* IX 299 **f.** A.N. O[1] 1835 563 **g.** A.N. O[1] 1077 280 : 6.11.1768. ... *elle a eu l'honneur d'être à Votre Majesté, depuis à l'Infante, et à la reine pendant 43 ans...* **h.** A.N. O[1] 1076 385 **i.** A.N. O[1] 1076 212 **j.** A.N. O[1] 49 folio 54 **k.** L* I 227 **l.** A.N. O[1] 1076 212 : 25.8.1748 *La veuve Bienvenu remet à Votre Majesté le petit jardin et la petite maison qui avaient été accordés par brevet à feu son mari.*. *Cf.* 210 : 28.8.1748 *Le gouverneur et le concierge de Versailles sont les seuls au royaume qui n'aient pas de jardin. Mme de Bienvenu remet le sien à Votre Majesté et une petite maison qui en dépend. Le gouverneur, cédant pour cette fois le pas à son lieutenant, supplie Votre Majesté d'accorder le dit jardin et maison de Mme Bienvenu à M. Le Bel pour sa vie et le gouverneur attendra pour lui la première occasion.* **m.** A **n.** A.N. O[1] 87 folio 130 **o.** A.N. O[1] 106 folio 182 **p.** L* XIII 346 **q.** NBG **r.** A.N. O[1] 116 folio 330 bis **s.** A.N. O[1] 90 folio 63 **t.** MdF **u.** L* V 401

v. A.N. O[1] 1070 114 **w.** DN **x.** L* XV 171 **y.** SS XVIII 225 **z.** SS III 57 **aa.** L* I 157 **bb.** L* II 448 **cc.** DBF **dd.** L* XV 411 **ee.** L* III 226 **ff.** HWD IV 214 **gg.** DN **hh.** DN **ii.** 2.12.1771 : *Le maréchal de Biron, après trente et un ans de mariage, vient de mettre à la porte Madame sa femme par raison d'incompatibilité...* HWD III 151 **jj.** DN **kk.** DN **ll.** DN **mm.** SS IV 91 **nn.** DN **oo.** DN **pp.** DBF

a. DBF **b.** D X 179 **c.** NGB **d.** A.N. O^1 70 folio 187-190 **e.** Jacques Levron, « Jérome et Louis Blouin... », p. 374-84. **f.** DBF **g.** A.N. O^1 59 folio 146 **h.** Levron, *op. cit.* **i.** D VIII 24 : *Le roi a donné à Mademoiselle de Charolais l'appartement qu'avait M. Blouin...* **j.** D.C.V. citant A.N. M.C. CXXI 349, 10.1.1751 : Contrat de mariage. *Cf. Gazette de France* du 16.1.1751 : *Sieur Binet de Boisgiroult, fils de M. Binet, premier valet de chambre de Monseigneur le dauphin, a épousé le 14 la fille du Sieur Dufrest* [sic], *contrôleur général de la maison de Mme la dauphine et maître d'hôtel de la reine* ; et 23.2.1751 : *Mlle Dufrest* [sic] *est fille... de la première femme de la dauphine.* **k.** D.C.V. citant A.N. O^1 703 844 : 1.2.1780 *Brevet de retenue à Louis René Binet de Boisgiroult, ci-devant premier valet de chambre de feu Monseigneur le dauphin.* **l.** L* XIII 232 **m.** A.N. O^1 90 folio 72 **n.** D.C.V. citant A.N. M.C. CXVII 818, 25.7.1761 **o.** DBF **p.** *État* 1741 **q.** DBF **r.** A.N. O^1 29 folio 510 **s.** A.N. O^1 63 folio 144 **t.** A.N. O^1 63 folio 145 **u.** A.N. O^1 20 folio 289

v. A.N. O^1 62 folio 231 **w.** DBF **x.** A.N. O^1 10 folio 323 **y.** DN **z.** A.N. O^1 34 folio 78 **aa.** D VIII 141 : 3.7.1701 *Le roi a donné à M. de Callières, secrétaire du cabinet, le logement dans le château qu'avait ici le petit Bontemps.* **bb.** L* XVI 20 : 11.4.1757 *M. Tessier, l'un des trésoriers de la Grande Écurie et ci-devant notaire du fameux Samuel Bernard, fit un double mariage avec les Bontemps. Son fils épouse la sœur de Bontemps, et sa fille épouse Bontemps, premier valet de chambre du roi.* **cc.** DN ; PdC **dd.** DBF **ee.** A.N. O^1 21 folio 25 **ff.** A.N. O^1 33 folio 57 **gg.** A.N. O^1 54 folio 150 **hh.** A.N. O^1 61 folio 17 **ii.** A.N. O^1 70 folio 87 **jj.** DN **kk.** L* XVI 73 **ll.** DBF **mm.** A.N. O^1 88 folio 249 **nn.** A.N. O^1 88 folio 224 **oo.** L* VIII 38 **pp.** A.N. O^1 88 folio 249 **qq.** DBF **rr.** DN **ss.** SS III 325

a. SS III 325 **b.** D.C.V. citant A.N. M.C. VII 483, datée du 17.11.1787 où elle est qualifiée, fille de Jean Baptiste Béranger, fourrier des cent suisses des gardes du roi et Catherine Henriette Le Bel. *Cf.* LIII 541 daté 31.7.1778 et XIV 451 daté 24.4.1776. **c.** D.C.V. citant A.N. M. C. VII 483, 17.11.1787 **d.** D.C.V. citant A.N. M.C. VII 483 **e.** D.C.V. citant A.N. M.C. III 927, 14.10.1746 ; VII 438, 16.2.1778 et 483, 17.11.1787 où il est qualifié, fils du défunt Philippe Henri de Boucheman, écuyer. **f.** A.N. O[1] 1801 408 **g.** A.N. O[1] 71 folio 395 **h.** A.N. O[1] 98 folio 193 **i.** A.N. O[1] 285 69 **j.** A.N. O[1] 285 411 : 2.3.1777 Noailles au roi : ... *Il est fils, petit-fils par son père et par sa mère, de bons et anciens domestiques de Louis XIV et du feu roi...* **k.** A.N. O[1] 285 411 **l.** A.N. O[1] 117 folio 214 **m.** A.N. O[1] 285 591 **n.** L* II 332 **o.** SS XII 336 **p.** L* I 25, 125 *sq.* **q.** PdC I 733 **r.** A.N. O[1] 68 folio 560 **s.** DN **t.** A.N O[1] 48 folio 187

u. A.N. O[1] 48 folio 186 **v.** SS I 37 **w.** A.N. O[1] 40 folios 15 et 349 **x.** L* VIII 176 **y.** L* VIII 218 **z.** DN **aa.** MdF ; HWD III 106 **bb.** DN **cc.** DBF **dd.** L* XIII 77 **ee.** DBF **ff.** DN **gg.** DBF **hh.** DN **ii.** DBF **jj.** DN **kk.** BU **ll.** L* X 326, XI 265 ; A.N. O[1] 92 folio 459 **mm.** DBF **nn.** A.N. O[1] 72 folio 326 **oo.** DBF **pp.** DN **qq.** DBF **rr.** Exilé en Navarre en novembre 1744 pour son rôle dans l'affaire de Metz. Voir L* VI 167.

a. DBF **b.** DBF **c.** DN **d.** DBF **e.** L* VIII 326 ; MdF **f.** DBF **g.** DN **h.** A.N. O¹ 10 folio 125 **i.** DN **j.** DBF **k.** DBF **l.** MdF **m.** DBF **n.** SS XXII 302 **o.** A.N. O¹ 56 folio 188 **p.** A.N. O¹ 1076 181 **q.** A.N. O¹ 2811 dossier 1 **r.** A.N. O¹ 106 folio 227 **s.** MdF **t.** L* XVI 145 ; A.N. O¹ 101 folio 316

u. A.N. O¹ 112 folio1983 1309 et 1311 **v.** DN **w.** DN **x.** HWD III 13 **y.** L* III 421 **z.** SS VI 324 **aa.** L* III 124**bb.** SS I 46 **cc.** Vrignault **dd.** Vrignault **ee.** S I 59 **ff.** L* V 42 *sq.* **gg.** Vrignault **hh.** SS XVII 131 **ii.** L* IX 96 **jj.** R

a. HWD IV 52 **b.** Jean Charles Varennes, *Les Bourbon-Busset*, Paris, 1981, p. 159-164 **c.** R **d.** GdF ; HWD III 343, 345, 349, 357 ; MdF **e.** D.C.V. citant une plaque gravée sur une colonne en marbre noir..., catalogue de vente de la Galerie Karold de Murnel, juin 1983 **f.** A.N. O[1] 1106 folio 1 **g.** SS I 75 **h.** Vrignault **i.** SS III 132 **j.** A **k.** A **l.** DN

m. DBF **n.** HWD III 59 et IV 77 **o.** MdF ; L* X 330 **p.** A.N. O[1] 1072 43 **q.** S-A IX 382 **r.** DN **s.** SS XVII 8 **t.** S-A III 382 **u.** DN ; L* II 323 **v.** S-A IX 372 **w.** L* X 306 **x.** L* III 327 **y.** S-A IX 372 **z.** S-A IX 381 **aa.** DN **bb.** L* VII 160 **cc.** L* VIII 237 ; A.N. O[1] 91 folio 269 **dd.** L* X 354 ; MdF **ee.** MdF

a. L* X 224 ; A.N. O[1] 1070 18 et 19 ; cf. 1102 II 190 **b.** A.N. O[1] 1070 95 **c.** A.N. O[1] 1850 dossier 2, 7 **d.** A.N. O[1] 1070 114 **e.** L* VI 157 **f.** Brancas, *Mémoires*, t. II **g.** MdF ; L* VI 157 **h.** A.N. O[1] folio 90 **i.** SS II 339 **j.** SS XI 104, XIX 239, 311 **k.** DN **l.** DN : *fille de René Simon Grandhomme de Giseux, maître ordinaire des cérémonies de France.* **m.** L* XII 355 **n.** L* XIII 404 ; A.N. O[1] 96 folios 71 et 403 **o.** HWD IV 60 **p.** A.N. O[1] 434 : 16.4.1756 Noailles au roi : *M. le duc d'Estissac a dit au comte de Noailles qu'il y avait deux logements honnêtes à la maison qu'il a cédée en échange à Votre Majesté. Il paraît par le plan* [435] *qu'il n'y en a qu'un honnête. Votre Majesté, veut-Elle bien avoir la bonté d'accorder le plus honnête à Mme la marquise de Brancas, n° 1 ?* Bon du roi. **q.** A.N. O[1] 1077 433 **r.** SS XIV 258 **s.** SS XII 163 *sq.* **t.** S-A XIII 360 **u.** L* IV 381 **v.** A.N. O[1] 69 folio 426 **w.** A.N. O[1] 67 folio 397 **x.** A.N. O[1] 84 folio 81-85 **y.** L* III 337 **z.** SA XIII 360 **aa.** Yvert 37 **bb.** S-A XIII 368 **cc.** René Marie Rampelberg, *Le Ministre de la Maison du roi, 1783-1788 : le baron de Breteuil*, Paris, 1975 **dd.** L* XVII 1 **ee.** HWD III 134 ; Galiani et d'Épinay, t. IV, p. 150 **ff.** HWD IV 82 **gg.** A.N. O[1] 126 folio 463 **hh.** Rampelberg **ii.** DN **jj.** A.N. O[1] 89 folio 104 **kk.** L* IX 33 **ll.** DN **mm.** Gaston Maugras, *The Duc de Lauzun and the Court of Louis XV*, Londres, 1895, p. 246. La date est contestée. Voir Wilhelm Karl, prince von Isenburg, *Stammtafeln*, Berlin, 1935, I, p. 40 où la date de mort indiquée est 1815. **nn.** L* IX 104 **oo.** A.N. O[1] 105 558 ; *cf.* 1072 188 **pp.** Mme la duchesse de Brissac remplaçait sa belle-sœur, aussi appelée la duchesse de Brissac, qui s'était séparée de son mari à la condition de ne jamais revenir à la Cour. Voir L* VI 348 **qq.** SS XXXVI 213

a. L* VI 353 ; A.N.O[1] 89 folio 100 **b.** DN **c.** DBF **d.** L* II 335 **e.** DN **f.** DN **g.** R **h.** L* XII 16 **i.** L* XIII 331 ; MdF **j.** L* IV 173 **k.** DN **l.** R **m.** HWD II 330 **n.** L* XI 312 **o.** L* XVII 36 **p.** Le comte de Broglie fut exilé le 18 février 1762 puis rappelé en avril 1764. **q.** Le comte de Broglie fut exilé en 1773. Voir HWD III 402 **r.** A.N. O[1] 1799 344 **s.** A.N. O[1] 113 folio 71 ; cf. 1077 145 **t.** A.N. O[1] 1077 145 **u.** L* VII 198 ; A.N. O[1] 90 folio 32 **v.** A.N. O[1] 1076 564 : 3.7.1759 *Le garde-trésor... payera comptant à la dame Butler, sous-gouvernante des Enfants de France, 1 500 livres pour tenir lieu de logement pour l'année échue au présent mois.*

w. A.N. O[1] 1076 692 : 12.12.1762 *Monseigneur le dauphin et Mme la dauphine demandent à Votre Majesté de vouloir bien accorder à M. de Luppé, gentilhomme de la manche, le logement de M. Butler et le logement de M. de Luppé au Grand Commun à Mme Butler, ci-devant sous-gouvernante des Enfants de France.* **x.** DN **y.** R **z.** A.N. O[1] 113 folio 333 **aa.** DN **bb.** DN **cc.** Tessin, p. 331, note 3 **dd.** DN **ee.** DN **ff.** R **gg.** NBG **hh.** R

a. MdF **b.** PdC II 112 **c.** S-A IX 211 **d.** PdC II 112 **e.** Castella de Delley, p. 291 **f.** L* X 326 ; MdF **g.** R. Forster **h.** DN **i.** L* VII 333 ; A.N. O[1] 90 folio 167 **j.** L* VIII 194 **k.** SS IV 350 **l.** SS XX 221 **m.** DN **n.** DN **o.** DBF **p.** L* IX 49 **q.** HWD II 330 **r.** A.N. O[1] 124 folio 625 **s.** DBF **t.** L* V 198 **u.** DBF

v. SS III 324 **w.** DN **x.** PdC II **y.** L* XVI 83 **z.** MdF **aa.** A.N. O[1] 120 folio 308 **bb.** Reiset **cc.** DN **dd.** L* XVI 211 **ee.** Reiset **ff.** L* V 400 ; A. N. O[1] 88 folio 319 **gg.** A.N. O[1] 1088 405 : 12.3.1743 *Certificat du don de logement... à Mme la duchesse de Caumont, à vie, le logement occupé par le feu chevalier d'Hautefort au palais de Luxembourg. Cf.* 87 folios 101-102 et 104 folio 92 **hh.** A.N. O[1] 110 folio 576 **ii.** DN **jj.** DN **kk.** R

a. MdF **b.** DBF **c.** DBF **d.** En 1708 Mme de Caylus reçut un appartement, non identifié, près de Madame, duchesse d'Orléans, dans l'aile des Princes. Le logement avait été auparavant celui de Michel Colin, sieur de Chesne, premier valet de chambre du duc de Berry 1693, puis du duc de Bourgogne 1707 et maître d'hôtel de la dauphine, puis plus tard de Lydie de Rochefourt Théobon, comtesse de Beuvron (1638-21.10.1708), fille d'honneur, puis dame de Madame. Voir D VIII 148 : 13.7.1701 *Le roi a donné tous les logements vacants à Versailles. Mme la maréchale de Clérembault a celui qu'avait M. de Souvré, Mme la comtesse de Beuvron celui qu'avait M. du Chesne. Ces deux logements sont fort près de l'appartement de Madame qui les avait demandés pour ces deux dames-là. Cf.* D XII 250 : 23.10.1708 *Madame la comtesse de Beuvron mourut à Paris. Elle avait ici dans le château un fort joli petit appartement que le roi a donné à Madame de Caylus.* N.B. Dans le *Journal* de Dangeau, du Chesne s'écrit Chesnedé, usage adopté par le DBF. S'agit-il d'une orthographe différente du nom de sieur Chesnestre, à qui un plan (GG-B 1140) daté vers 1695 attribue un logement au premier étage de l'ancien hôtel de la Surintendance ? **e.** A.N. O[1] 58 folio 166 **f.** A.N. O[1] 73 folio 178 **g.** D X 157 : 20.10.1704 *Le roi a donné à M. de Cavoye le logement qu'avait M. de Duras à Versailles et à Mesdemoiselles de Charolais et de Sens, filles de M. le duc, le logement qu'avait M. de Cavoye...* **h.** DBF **i.** A.N. O[1] 114 folio 694 **j.** A.N. O[1] 118 folio 140 **k.** DBF **l.** DN **m.** A.N. O[1] 103 folio 164 **n.** DBF

o. DN **p.** DBF **q.** Voir le brevet de 1722 : A.N. O[1] 66 folio 419 **r.** L* XV 422 **s.** SS XV 363 **t.** L* III 280 **u.** DN **v.** MdF ; A.N. O[1] 79 folio 54 **w.** L* XV 187 **x.** L* IX 308 **y.** R **z.** A.N. O[1] 29 folio 60 **aa.** SS I 193 **bb.** A.N. O[1] 24 folio 6 **cc.** L* I 386 **dd.** MdF **ee.** SS VI 301 **ff.** SS VI 291 **gg.** A.N. O[1] 40 folio 219 verso **hh.** A.N. O[1] 45 folio 5

a. SS VI 295 : *Peu à peu, il se fit des amis et le roi voulut qu'il fût maître des requêtes, pour être plus libre et plus en état d'être avancé. Alors il lui donna un logement au château, chose fort extraordinaire pour un homme comme lui, et même unique. C'était en 1686. Cf.* D III 430 : 13.11.1691 *On en a ôté M. de Chamillart* [**CC 66**] *et l'on a remis à son ancien appartement auprès de M. le comte de Toulouse.* N.B. Plus tard, cet espace, non identifié, fut donné à Joseph Jean-Baptiste Fleureau d'Armenonville, lui aussi intendant des finances ; voir D VII 141. **b.** DBF **c.** A.N. O^1 1072 309 **d.** A.N. O^1 1077 323 **e.** DN **f.** L* IX 51 ; DN **g.** L* V 400 ; MdF **h.** DBF **i.** A.N. O^1 84 folio 154 **j.** L* XV 467 **k.** A.N. O^1 101 folio 126 **l.** DBF **m.** A.N. O^1 124 folio 24 **n.** A.N. O^1 1076 472 : 18.3.1757 *Le logement de M. de Boismilon, lieutenant des cents suisses à la Petite Écurie laissé à M. Champcenetz fils. Cf. D.C.V. citant A.N. O^1 1055 et 1072 87, 89 et 65 : 27.7.1757 Bon du roi pour réparations nécessaires au logement qu'occupe à la Petite Écurie M. de Champcenetz, fils : 300 livres.* et ... 8.1757 *Plans des changements au logement de M. Champcenetz le fils à la Petite Écurie...* **o.** DN **p.** DBF **q.** DBF **r.** A.N. O^1 47 folio 179 **s.** L* XV 467 **t.** DBF

u. *Almanach royal* 1741 **v.** A.N. O^1 62 folio 39 **w.** DBF **x.** Dufort, I 6 **y.** DN **z.** DN **aa.** L* XV 467 ; A.N. O^1 101 folio 154 **bb.** A.N. O^1 1072 87 et 89 **cc.** SS XVII 277 **dd.** D VIII 24 : 27.1.1701 *Le roi a donné à Mademoiselle de Charolais l'appartement qu'avait M. Blouin...* **ee.** D X 157 : *Le roi a donné à Cavoye le logement qu'avait M. de Duras* [**AN 38**] *et à Mesdemoiselles de Charolais et de Sens, filles de M. le Duc, le logement qu'avait M. de Cavoye...* **ff.** SS XVII 277 **gg.** DN **hh.** L* VIII 312 **ii.** A.N. O^1 55 folio 163 **jj.** A.N. O^1 66 folio 267 **kk.** A.N. O^1 74 folio 307 **ll.** DN

a. Gams **b.** HWD IV 52 **c.** L* XV 23 **d.** Gams **e.** Besenval (éd. 1987) 162 **f.** AdF **g.** Casimir Stryjenski, *The Daughters of Louis XV*, Londres, 1912, p. 305 **h.** DN **i.** DBF **j.** Stryjenski, *op. cit.*, p. 306 **k.** DBF **l.** DN **m.** A.N. O[1] 1800 335 **n.** MdF ; L* X 326 **o.** L* XII 26 **p.** AdF **q.** A.N. O[1] 102 folio 157 **r.** A.N. O[1] 88 folio 189 **s.** DN **t.** L* VI 175 **u.** L* IV 233 **v.** PdC I 798 **w.** L* XI 502 **x.** L* XI 467, XII 409 **y.** NBG **z.** L* XI 467 **aa.** L* VII 410 **bb.** L* XIII 67 **cc.** HWD IV 15 **dd.** L* XIV 460

ee. DN **ff.** DBF **gg.** L* I 63 **hh.** DBF **ii.** L* XIII 160 **jj.** A.N. O[1] 78 folio 460 **kk.** L* XIII 160. **ll.** Anselme de Sainte-Marie VII, p. 262 **mm.** DBF **nn.** SS XIV 120 **oo.** SS XIV 118 **pp.** DN **qq.** PdC II 536 **rr.** MdF **ss.** A.N. O[1] 1076 299 **tt.** Galiani et d'Épinay, t. IV, p. 87 **uu.** DN

a. DN **b.** L* VI 132 **c.** A.N. O^1 60 folio 139 **d.** DN **e.** L* IX 146 **f.** L* XI 146 **g.** DN **h.** DN **i.** MdF **j.** L* XI 335 **k.** L* XI 2 **l.** C* **m.** A.N. O^1 120 folio 313 **n.** MdF ; HWD III 428 **o.** MdF **p.** DN **q.** A **r.** A.N. O^1 50 folio 194 **s.** A.N. O^1 71 folio 262 **t.** Exilé à Bourges en 1737, puis à Issoire en 1743. **u.** L* I 182 *sq.*

v. DN **w.** SS XIX 74 **x.** DN **y.** DN **z.** R **aa.** DN **bb.** L* XI 299 **cc.** L* XI 40 ; MdF **dd.** MdF **ee.** DN **ff.** DN **gg.** L* I 87 : *La charge de mestre de camp général des dragons fut créée lorsqu'on supprima celle des carabins. Cette charge rend son titulaire sans difficulté premier brigadier du corps des dragons.* **hh.** A.N. O^1 102 folio 134 **ii.** DN **jj.** L* XI 487 **kk.** A.N. O^1 75 folio 347 **ll.** DN **mm.** PdC II 281 **nn.** AdF ; MdF **oo.** A.N. O^1 1835 634 **pp.** L* XIII 249 **qq.** L* XIII 331 ; A.N. O^1 98 folio 260 **rr.** AdF

a. DN **b.** L* XVII 51 ; A.N. O[1] 102 folio 772 **c.** DN **d.** A **e.** HWD III 155-159, 162, 165, 167 **f.** A.N. O[1] 102 folio 779 **g.** A.N. O[1] 105 589 **h.** A.N. O[1] 104 folio 451 **i.** A.N. O[1] 107 folio 293 **j.** DN **k.** L* XIII 165 ; DN **l.** HWD III 5 **m.** L* XIII 158 **n.** L* XV 392 **o.** AdF **p.** A.N. O[1] 103 folio 246 **q.** DN **r.** R **s.** A.N. O[1] 107 folio 126 **t.** HWD IV 52 **u.** L* XVI 257 **v.** A.N. O[1] 110 folio 551 ; HWD III 141 **w.** A.N. O[1] 110 folio 551 **x.** DBF **y.** DN **z.** DBF **aa.** L* XI 102 ; A.N. O[1] 95 folio 110

bb. L* XIV 460 **cc.** DBF **dd.** DN ; L* XII 461 **ee.** L* XI 102 ; A.N. O[1] 95 folio 148 **ff.** *Dansk Biografisk Leksikon*, Copenhagen, 1979, 16 vol., *s.v.* **gg.** Le roi du Danemark arriva à Paris le 21 octobre et rejoignit la Cour à Fontainebleau le 24. Le 31 il retourna à Paris. Mme du Deffand note : *Toutes nous caillets sont ivres de lui... Nous ferons crever le petit Danois ; il est impossible qu'il résiste à la vie qu'il mène ; c'est tous les jours des bals, des opéras comiques, des comédies [à] toutes les maisons royales qu'il visite.* À la mi-décembre la nouveauté avait déjà diminué. Le 7, Mme du Deffand note : *Sa Majesté Danoise a jeté d'abord tout son feu... il est, dit-on, comme une figure de cire.* Le 17, elle continue : *On ne parle plus de ce petit roi.* Voir HWD II 153, 155, 159, 163, 168 **hh.** A.N. O[1] 121 folio 177 **ii.** HWD IV 66 **jj.** R **kk.** L* XI 338 **ll.** L* XV 312 **mm.** A.N. O[1] 122 folio 122 **nn.** A.N. O[1] 1077 311 **oo.** DBF **pp.** MdF **qq.** L* XIV 261 **rr.** DBF **ss.** L* XI 466 **tt.** L* VIII 281 **uu.** DBF

a. DN **b.** L* VIII 227 **c.** L* XIV 223 ; A.N. O[1] 99 folio 215 **d.** SS XVII 271 **e.** HWD III 84 **f.** SS XVII 271 **g.** A.N. O[1] 69 folio 409 **h.** DN **i.** L* X 323 : *Mme de Clermont était dame d'atour de feu Mme la duchesse d'Orléans mais sans fonction ; c'était S.A.R. qui se mêlait elle-même de sa garde-robe, et elle donnait une somme à Mme de Clermont.* **j.** MdF. *Cf.* L* X 323 et 430 : *Elle ne fera de fonctions de cette charge, hors de service. Il est convenu qu'elle jouira seulement des appointements, et que Mme d'Estrades se mêlera de tout le détail et aura tous les revenant-bons, sur lesquels seulement Mme de Clermont touchera 1 000 livres par mois.* **k.** DN **l.** DN **m.** A.N. O[1] 63 folio 374 **n.** R **o.** DN **p.** L* IV 96

q. DN **r.** L* XVI 252 **s.** AdF **t.** DN **u.** R **v.** MdF **w.** DN **x.** R **y.** A **z.** A.N. O[1] 111 folio 459 **aa.** DBF **bb.** S-A IX 271 : *fille de Scipion de Verteris, seigneur de Reveste, noble vénitienne.* **cc.** L* III 283 **dd.** SS III 311 **ee.** DN **ff.** DN **gg.** L* VIII 84 **hh.** DBF **ii.** S-A X 32s **jj.** L* III 67 ; A.N. O[1] 83 folio 404 **kk.** A.N. O[1] 88 folio 247

a. DBF **b.** DBF **c.** L* VIII 464, 468 ; IX 187 **d.** S-A X 38 **e.** L* I 82 **f.** DBF **g.** L* IX 11 ; A.N. O[1] 92 folio 178 **h.** HWD III 220 **i.** A.N. O[1] 121 folio 198 **j.** L* XV 191 **k.** L* XVI 436 **l.** L* XIV 154 **m.** S-A III 39 **n.** R **o.** L* X 326 ; A.N. O[1] 94 folio 259 **p.** SS II 354 **q.** A.N. O[1] 44 folio 390 **r.** SS II 354 **s.** SS I 229

t. SS I 40 **u.** SS I 104 **v.** DN **w.** SS I 165 **x.** SS I 36 **y.** SS I 78 **z.** Vrignault **aa.** Vrignault **bb.** L* V 329

a. DBF **b.** SS I 131 **c.** SS II 125 **d.** SS II 125 **e.** SS XIV 386 **f.** HWD IV 344 **g.** SS XIV 410 **h.** SS XIII 50 **i.** HWD IV 194 **j.** SS I 58 **k.** L* II 422 **l.** DN **m.** AdF **n.** S-A X 460 **o.** HWD III 106

p. L* XV 390 **q.** MdF **r.** R **s.** S-A X 464 **t.** S-A X 464 **u.** R **v.** DN **w.** MdF et A.N. O[1] 21 folio 192 **x.** A.N. O[1] 110 folio 381 **y.** A.N. O[1] 125 folio 24 **z.** A.N. O[1] 122 folio 36 **aa.** DBF ; S-A X 460 **bb.** S-A **cc.** L* XIII 316 **dd.** R **ee.** L* XIII 356 **ff.** DN **gg.** SS VII 37 **hh.** DN **ii.** DN **jj.** L* VI 423 **kk.** A.N. O[1] 1801 139 **ll.** MdF **mm.** A.N. O[1] 91 folio 436

a. Hubert Elie, « La Mission en Suisse du marquis de Courteille, ambassadeur de Louis XV », *Revue de la Société de l'histoire de Versailles*, n° 37, 1969, p. 131-138 et n° 38, 1970, p. 43-50 **b.** Rosalind Saville, *The Wallace Collection : Catalogue of Sevres Porcelain, References, Appendices, Index*, Londres, 1988, p. 974 *sq.* **c.** DN **d.** DBF **e.** A.N. O[1] 102 195 **f.** L* XVI 456 **g.** DBF ; DN **h.** DN **i.** NBG **j.** DN **k.** DN **l.** L* VI 277 **m.** A.N. O[1] 79 folio 468 **n.** A.N. O[1] 85 folio 261 **o.** L* V 400 **p.** DN **q.** DN **r.** HWD III 183

s. DN **t.** DN **u.** A.N. O[1] 67 folio 710 **v.** DN **w.** A.N. O[1] 100 folio 247 **x.** HWD III 179 **y.** A.N. O[1] 111 folio 502 **z.** A.N. O[1] 119 folio 225 **aa.** Marie Pierre Dion, *Emmanuel de Croÿ (1718-1784) : Itinéraire intellectuel et réussite nobilitaire au siècle des Lumières*, dans *Études sur le XVIIIe siècle*, volume hors série n° 5, Bruxelles, 1987, p. 30 **bb.** DBF **cc.** En 1740 Louis Auguste de Fortisson, aide-major des chevau-légers, construisit un ensemble de bâtiments où il loua les appartements et les écuries. Dit l'hôtel de Fortisson, la propriété se trouvait anciennement au 18-20 rue des Bons Enfants, actuellement 34-36 rue du peintre Le Brun. Voir Lagny II 131. **dd.** C* I 75 et 98 **ee.** Cf. A.N. O[1] 1076 188 : 1.3.1748 Noailles au roi : *Le nommé Duverney, garçon de la chambre de Monseigneur le Dauphin, ayant une femme et des enfants, et n'ayant que deux très petites pièces à l'hôtel du Fresnoy, demande 200 livres de logement comme ses camarades. M. le prince de Croÿ désirait ce petit logement, n'en pouvant espérer longtemps du château.* Bon du roi. **ff.** DBF **gg.** DBF **hh.** DBF **ii.** DBF

a. A.N. O¹ 104 497 **b.** DN **c.** PdC I 866 **d.** A.N. O¹ 104 folio 616 **e.** A.N. O¹ 285 68 **f.** A.N. O¹ 1070 548 **g.** A.N. O¹ 285 75 : *... le sieur Duché laissera au sieur D'Achard ce qui regarde les suisses de Versailles, Marly et dépendances...* **h.** A.N. O¹ 285 152 **i.** A.N. O¹ 285 160 **j.** A.N. O¹ 1797 256 **k.** DN **l.** R **m.** A.N. O¹ 116 folio 553 **n.** DBF **o.** DN ; PdC I 798 **p.** MdF

q. DN **r.** A.N. O¹ 14 folio 407 **s.** SS III 468 **t.** A.N. O¹ 40 folio 1 **u.** SS XXXVIII 26 **v.** L* I 97 **w.** A.N. O¹ 30 folio 109 **x.** DBF **y.** A.N. O¹ 33 folio 377, 34 folio 239, 37 folio 167 **z.** DBF. **aa.** DBF

a. L* XII 467 **b.** Poignant, p. 96 **c.** DBF **d.** DBN **e.** A.N. O[1] 52 folio 22 **f.** D XII 85 **g.** DN **h.** DBN **i.** D.C.V. citant A.S.A. 15 folio 2 : 11.4.1781 ... *logement du duc des Deux-Ponts chez M. le duc de Coigny à la Petite Écurie.* Cf. A.N. O[1] 1236 : 9.7.1783 *Lettre de la duchesse douairière de Deux-Ponts qui demande quelques légers changements à son appartement à la Grande Écurie* **j.** DN **k.** BU **l.** DBF **m.** DBF **n.** A.N. O[1] 52 folio 15 **o.** DBF **p.** DBF.

q. A.N. O[1] 66 folio 124 **r.** A.N. O[1] 66 folio 228 **s.** A.N. O[1] 70 folio 171 **t.** A.N. O[1] 68 folio 488 **u.** DBF **v.** SS XIX 554 **w.** L* XIV 274 **x.** SS XIX 105 **y.** SS XIX 554 **z.** R **aa.** DN **bb.** AdF **cc.** SS VI 307 **dd.** D VI 333 **ee.** DBF **ff.** DBF **gg.** MdF **hh.** DBF **ii.** DBF **jj.** L* XIII 163

a. SS I 63 **b.** A.N. O[1] 67 folio 51 **c.** A.N. O[1] 55 folio 271 **d.** L* III 225 **e.** D XVIII 240 ; A.N. O[1] 65 folio 135 **f.** Jal, *Dictionnaire critique*, p. 511 **g.** L* I 114 ; A.N. O[1] 67 folio 329 **h.** L* XVI 454 **i.** L* V 401 **j.** A.N. O[1] 1076 171 : 3.12.1747 *Deux pièces dépendant de l'ancien appartement de Madame la dauphine* [**AP 68**] *qui étaient à un garçon de la chambre et à Mme Dufort, pour le service de la reine.* **k.** L* V 401 : *Il y aura deux contrôleurs de la maison ; l'un est de droit, c'est toujours le mari de la nourrice de M. le dauphin.* **l.** A.N. O[1] 1800 616 **m.** L* XI 325 **n.** L* IX 114 **o.** A.N. O[1] 1076 162 **p.** DN

q. L* VII 215 ; A.N. O[1] 90 folio 46 **r.** L* X 339 **s.** L* XVI 261 **t.** DN **u.** L* IX 309 **v.** L* XVI 188 ; A.N. O[1] 101 folio 444 **w.** HWD IV 175 **x.** L* XII 160 **y.** L* XIV 261 **z.** R **aa.** DBF **bb.** DN **cc.** DBF **dd.** DN **ee.** DBF **ff.** L* XVI 194 **gg.** L* III 327 **hh.** DN **ii.** R **jj.** DN **kk.** R **ll.** AdF **mm.** DBF **nn.** R

-E-

a. DBF **b.** DBF **c.** A.N. O^1 23 folio 42 **d.** A.N. O^1 25 folio 42 **e.** SS XV 275 **f.** MdF **g.** Castella de Delley, p. 8 **h.** DBF **i.** D VII 164 : 8.10.1699 *Mme la princesse d'Espinoy aura l'appartement qu'avait Madame de Roucy... Cf.* Sourches, t. VI p. 191 : 8.10.1699 *On donne à la princesse d'Espinoy et à Mlle de Lillebonne, sa sœur, deux appartements dans la grande aile pour les approcher de la princesse douairière de Conti* [logée dans **AP 52**] **j.** SS III 312 **k.** DBF **l.** SS IV 320 **m.** DBF

n. A.N. O^1 1077 263 **o.** DN : *Chef des noms et armes de sa maison par la mort du dernier duc de la Rochefoucauld, son beau-père, en 1762* **p.** L* I 373 ; A.N. O^1 1 folio 366 **q.** L* XVII 51 ; A.N. O^1 102 folio 552 **r.** DN **s.** L* XIII 390 **t.** A.N. O^1 102 folio 1 **u.** DN **v.** L* VII 59 : *Le mari de Mme d'Estrades est le fils de la sœur de M. Lenormant, fermier général, oncle de M. d'Etioles ; ainsi elle est cousine germaine de Mme d'Étioles.* **w.** HWD III 192 **x.** L* VII 45 **y.** L* IX 285 **z.** DN **aa.** DN **bb.** DN **cc.** Ce logement était temporaire, le cardinal étant souvent absent pour des missions diplomatiques, et parce que son appartement sur l'*État*, non identifié, était occupé par sa belle-sœur Marie Marguerite Morin, maréchale d'Estrées (1639-16.5.1714) qui le donna ensuite à sa fille, Élisabeth Rosalie d'Estrées, *dite* Mlle de Tourpes (1673 - 8.11.1750). Voir D III 247 : 10.11.1690 *On laisse à Madame la maréchale d'Estrées l'appartement qu'avait M. le cardinal dont elle avait toujours joui durant son absence* et D XV 154 : 28.5.1714 *Le roi a donné à Mlle de Tourpes le logement qu'avait ici la maréchale d'Estrées, sa mère.* **dd.** A.N. O^1 83 folio 491bis **ee.** A.N. O^1 106 folio 4 **ff.** DN

-F-

a. L* XV 411 **b.** A.N. O^1 91 folio 443 **c.** DN **d.** DN **e.** L* VI 265 **f.** A.N. O^1 56 folio 74 **g.** DN **h.** L* I 430 **i.** DN **j.** L* I 430 **k.** DN **l.** SS XIX 554 **m.** HWD IV 214 **n.** SS XIX 105 **o.** L* XIV 291 **p.** SS XIX 554 **q.** PdC II 693 **r.** Gams **s.** DN **t.** Gams **u.** DN

v. A.N. O^1 63 folio 280 **w.** SS I 287 **x.** L* V 423 **y.** B.N. ms Clairambault 754, p. 206 **z.** MdF ; D XII 292 **aa.** D XVI 451, XVII 274, 349, 381, 404, 411 ; XVII 210, 295 *sq.* ; A.N. O^1 66 folio 23 **bb.** SS II 11 **cc.** A.N. O^1 33 folio 219 ; *cf.* 37 folio 166 *sq.* **dd.** DBF **ee.** A.N. O^1 86 folio 453 **ff.** A.N. O^1 88 folio 273 **gg.** A.N. O^1 106 folio 229 **hh.** A ; DBF **ii.** A **jj.** A.N. O^1 70 folio 514 **kk.** L* III 99 **ll.** L* VIII 224 **mm.** L* XV 21 ; A.N. O^1 100 folio 94 **nn.** A **oo.** DN **pp.** HWD IV 175 **qq.** HWD III 106 **rr.** DN

a. DN **b.** HWD IV 464 **c.** L* III 309 **d.** DN **e.** A.N. O^1 85 folio 371 **f.** HWD III 194 **g.** A.N. O^1 117 folio 591 **h.** DN **i.** L* XII 420 **j.** DN **k.** DN **l.** DBF **m.** L* III 159 **n.** DN **o.** DN **p.** DBF **q.** DBF **r.** DN **s.** A.N. O^1 22 folio 260 **t.** A.N. O^1 60 folio 54

u. A.N. O^1 69 folio 415 **v.** L* I 36 **w.** DN **x.** DBF **y.** A.N. O^1 85 folio 168 **z.** DN ; DBF **aa.** A.N. O^1 80 folio 535 **bb.** A.N. O^1 1070 327 : *État du logement que le roi a donné à M. le duc de Fleury dans l'hôtel de la Surintendance des Bâtiments à Versailles, savoir : tout le grand appartement au rez-de-chaussée composé d'un vestibule, grande antichambre, chambre, cabinet, petite garde-robe en entresol, tout l'appartement ayant face sur le jardin et le double donnant sur la cour composé d'une grande chambre et d'un cabinet ; au-dessous du dit appartement trois grandes caves et deux petites ; dans le même corps de bâtiment, au rez-de-chaussée de basse cour, une cuisine, garde-manger, offices et caves, salle du commun et au-dessus en entresols huit chambres pour les domestiques, le tout n° 1. Dans la grande cour deux remises ensemble, n° 5 ; une écurie à double rang pour dix chevaux, n° 6. Au-dessus de l'écurie un grenier pour l'avoine et le fourrage, n° 7A, le tout à joindre aux appartements et logement n° 1.* Cf. 326. **cc.** DN **dd.** L* III 45 ; A.N. O^1 83 folio 344 **ee.** L* III 245 **ff.** DN **gg.** AdF **hh.** A.N. O^1 285 75 **ii.** A **jj.** DN **kk.** A.N. O^1 61 folio 115 **ll.** A.N. O^1 59 folio 247 **mm.** L* III 226 ; A.N. O^1 84 folio 367 **nn.** L* XI 34

a. DBF **b.** A.N. O[1] 1077 7 **c.** A.N. O[1] 1827 462 **d.** DBF **e.** A.N O[1] 102 folio 18 **f.** C* II 404 ; A.N. O[1] 102 folio 18 **g.** DBF **h.** DN **i.** Tessin, p. 245, note 12 **j.** MdF ; HWD III 337, 342, 348, 357, 359, 363 **k.** D.C.V. citant un sépulcre à la paroisse de Notre-Dame de Versailles **l.** A.N. O[1] 110 folio 227 **m.** HWD III 420 **n.** DBF

o. A.N. O[1] 1076 136 **p.** A.N. O[1] 61 folio 76 **q.** A.N. O[1] 1795 63 **r.** A.N. O[1] 38 folio 31 **s.** A.N. O[1] 47 folio 6 **t.** DBF **u.** L* XV 186 ; A.N. O[1] 100 folio 265 **v.** L* XV 186 **w.** DBF **x.** DN **y.** L* VIII 264 **z.** L* VI 295 *sq.* ; MdF **aa.** DBF **bb.** L* VI 268 **cc.** L* VIII 264 **dd.** DN **ee.** DN **ff.** L* XII 340 **gg.** DBF **hh.** DBF **ii.** DBF

-G-

a. DBF **b.** A.N. O[1] 1046 214 **c.** L* IV 132, 147 **d.** DBN **e.** A.N. O[1] 86 folio 225 et 1070 328 **f.** A **g.** L* I 165 *sq.* **h.** L* XVI 268 **i.** A **j.** A.N.O[1] 123 folio 59

k. AdF **l.** A.N. O[1] 1076 747 et 820 **m.** D.C.V. citant A.N. O[1] 3318 folio 32 **n.** S-A III 150 **o.** A.N. O[1] 1076 310 **p.** DN **q.** L* XVI 185 **r.** A.N. O[1] 66 folio 405 **s.** L* XVI 186 **t.** DN **u.** DN **v.** A

a. A.N. O[1] 84 folio 128 b. L* XVI 216 ; A.N. O[1] 101 folio 443 c. DBF d. A.N. O[1] 101 folio 84 e. L* XII 446 f. DN g. PdC II 629 h. MdF ; L* X 326 i. DN j. DN ; L* VIII 185 k. L* XVII 51 ; A.N. O[1] 102 folio 515 l. DN m. DFB n. L* IX 309 o. L* XVI 221

p. A.N. O[1] 1091 folios 372 et 401 q. DN r. DN s. DN t. L* IX 285, 333 et 345 u. DN v. DBF w. A.N. O[1] 97 folio 1 x. DBF y. Butler, p. 119. z. DBF aa. L* II 443 bb. L* XIV 382 ; DN

a. DN **b.** L* III 392 **c.** DBF **d.** DBF **e.** DN **f.** DBF **g.** DN **h.** L* IV 224 **i.** L* IX 20 : *Fille de M. de Faucq, homme de condition de Normandie et officier de gendarmerie, et de Mlle Sonning, fille d'un receveur général.* Cf. DN **j.** R **k.** L* IX 38 **l.** L* XI 162 ; AdF **m.** L* I 80 ; A.N. O^1 80 folio 569 **n.** A.N. O^1 72 folio 487 **o.** A.N. O^1 76 folio 1 **p.** DN **q.** DN **r.** R

-H-

s. A.N. O^1 124 folio 249 **t.** DBF **u.** DBF **v.** DBF **w.** SS II 345 **x.** En 1698, la duchesse de Guiche habita brièvement un appartement non identifié, ci-devant à la comtesse de Roucy. Voir D VI 378 : 7.07.1698 *[Le roi] donne l'appartement qu'avait la comtesse de Roucy à la duchesse de Guiche qui avait cédé le sien à la comtesse d'Ayen* [dans **AN 53A**], *sa belle-sœur, quand elle épousa son frère.* N. B. L'année suivante, la princesse d'Espinoy reçut ce logement. Voir D VII 164. **y.** DN **z.** R **aa.** DN **bb.** DN **cc.** DN **dd.** AdF **ee.** A.N. O^1 1077 375 : [1766] *Mme la dauphine désire vivement [un logement] pour Mme la princesse de Guistelle qui couche depuis 5 ans dans la garde-robe de Mme la comtesse de Marsan.* **ff.** A.N. O^1 99 folios 150 et 167

a. HWD IV 461 **b.** DN **c.** MdF **d.** DN **e.** L* XIV 404 **f.** DN **g.** L* X 293 **h.** A.N. O¹ 62 folio 135 **i.** DN **j.** DN **k.** A.N. O¹ 47 folio 33 **l.** DN **m.** Samoyault **n.** Bachaumont III 84 **o.** Antoine, *Louis XV*, p. 475 **p.** Samoyault **q.** R **r.** R **s.** A.N. O¹ 124 folio 79 **t.** DN ; NBG ; R

u. DN **v.** Reiset, p. 52 **w.** Gallet, *Les Architectes parisiens*, p. 260 **x.** A.N. O¹ 1046 222 **y.** L* XIV 266 et 343 **z.** A.N. O¹ 1799 324 et 325 **aa.** A.N. O¹ 1046 243 **bb.** DBF **cc.** A.N. O¹ 91 folio 178 **dd.** A.N. O¹ 97 folio 82 **ee.** A.N. O¹ 117 folio 563 **ff.** NBG **gg.** L* XVI 202 **hh.** A.N. O¹ 74 folio 34 **ii.** *État* 1741 **jj.** NBG **kk.** HWD II 485 **ll.** L* XIII 22 **mm.** L* XV 158 **nn.** Eugène Welvert, « La Princesse d'Hénin... » **oo.** DN **pp.** HWD III 220 **qq.** S-A IX 349 **rr.** HWD II 330

-I-

-J-

a. L* IX 144 **b.** PdC II 889 **c.** L* IX 299 **d.** L* II 489 **e.** DN **f.** PdC II 888 **g.** L* III 225 **h.** A.N. O^1 69 folio 237 **i.** A.N. O^1 74 folio 270 **j.** L* III 98 ; A.N. O^1 83 folio 467 **k.** DN **l.** S-A III 94 **m.** SS XIII 261 **n.** S-A III 95 **o.** GG-B **p.** A.N. O^1 1046 243 **q.** DN **r.** DN **s.** DN **t.** DN

u. A.N. O^1 47 folio 131 **v.** DN **w.** A.N. O^1 50 folio 172 **x.** DN **y.** DBF **z.** L* XVI 189 **aa.** A.N. O^1 125 folio 245 **bb.** D.C.V. citant A.N. O^1 1200 folio 122 : 31.5.1769 *M. Joly de Fleury demande des réparations au logement au Grand Commun laissé libre par M. d'Ormesson que le roi lui a accordé. Cf.* Archives du Service d'Architecture 10 folio 105 cité au D.C.V. **cc.** A.N. O^1 1077 217 : 31.12.1774 *Le logement que M. Joly de Fleury occupait au Grand Commun est vacant. Votre Majesté, veut-Elle bien l'accorder à M. de Sauvigny, [le fils] conseiller au Conseil des dépêches* ? Réponse : *Bon.* Cf. 219 **dd.** DN

-L-

a. L* II 162 **b.** A.N. O[1] 120 folio 12 bis **c.** L* III 158 **d.** C* **e.** A.N. O[1] 102 folio 846 et 110 folio 569 **f.** DN **g.** A.N. O[1] 67 folio 79 **h.** Dufort I 5 **i.** A.N. O[1] 106 folio 104 **j.** A.N. O[1] 118 folio 225 **k.** Laborde **l.** SS IV 253 **m.** A.N. O[1] 41 folio 126 **n.** SS I 48 **o.** A.N. O[1] 31 folio 243 **p.** SS I 47 **q.** L* III 391 **r.** A.N. O[1] 1077 267 **s.** SS XXIII 76 **t.** A.N. O[1] 66 folio 404 **u.** L* VI 130

v. L* XI 315 **w.** L* XVI 387 **x.** MdF **y.** DN **z.** DN **aa.** A.N. O[1] 48 folio 81 **bb.** DN **cc.** A.N. O[1] 22 folio 63 **dd.** SS III 317 **ee.** DN **ff.** SS I 227 **gg.** DN **hh.** DN **ii.** Poignant, p. 116. **jj.** A.N. O[1] 90 folio 79

a. D.C.V. citant son inventaire d'après décès : A.N. M.C. LXXIII 1247, 20.1.1817 ; cf. le contrat de mariage : M.C. LXXIII 207, 4.8.1787 **b.** A.N. O^{1} 128 249 **c.** NBG **d.** BU **e.** BU **f.** A.N. O^{1} 1070 95 **g.** PdC I 942 **h.** A.N. O^{1} 1070 95 **i.** A.N. O^{1} 85 folio 467 **j.** DN **k.** Mirabeau, I 15 **l.** DN **m.** A.N. O^{1} 105 folio 288 **n.** DN **o.** HWD III 337 **p.** A.N. O^{1} 105 folio 288 **q.** A.N. O^{1} 1095 385 **r.** A.N. O^{1} 1096 folio 23 ; *cf.* HWD IV 397 **s.** Éd. Christen, « La chirurgie et les premiers chirurgiens du roi aux XVIIe et XVIIIe siècles », p. 125-39 **t.** Dufort I 142 **u.** A.N. O^{1} 89 folio 83 **v.** L* VIII 236 **w.** L* X 47 **x.** L* VIII 287 **y.** MdF **z.** A.N. O^{1} 99 folio 159 **aa.** NBG **bb.** A.N. O^{1} 122 folio 232

cc. NBG **dd.** A.N. O^{1} 105 folio 416 **ee.** A.N. O^{1} 1072 188 et 189 **ff.** DN ; A VII 533 **gg.** L* XVI 295 **hh.** L* XII 159, 166 **ii.** SS IV 134 **jj.** A.N. O^{1} 10 folio 331 **kk.** DN **ll.** Gams **mm.** A.N. O^{1} 121 folio 55 ; HWD IV 52 **nn.** DN **oo.** A.N. O^{1} 65 folio 133 **pp.** L* VIII 192 **qq.** A.N. O^{1} 59 folio 93 et 63 folio 108 **rr.** A.N. O^{1} 63 folio 83

a. L* III 89 **b.** L* VIII 230 **c.** DN **d.** PdC II **e.** A.N. O^1 116 folio 554 **f.** HWD IV 52 **g.** DN **h.** DN **i.** A.N. O^1 folio 314 **j.** DN ; HWD III 59 **k.** L* XII 337 **l.** DN **m.** NBG **n.** AdF **o.** A.N. O^1 58 folio 116 **p.** A.N. O^1 62 folio 251 **q.** Exilé en novembre 1744 pour son rôle dans l'affaire de Metz. Voir L* VI 167 **r.** SS XXVI 241 **s.** DN **t.** XX I 118

u. DN **v.** L* XVI 14 **w.** L* IX 20 **x.** L* XIV 244 **y.** L* XV 137 ; A.N. O^1 100 folio 214 **z.** L* VIII 189 **aa.** L* VIII 227 **bb.** DN **cc.** SS XVII 131 **dd.** L* X 373 **ee.** DN **ff.** PdC I 890 **gg.** PdC I 890 **hh.** DN **ii.** L* XII 25 **jj.** A.N. O^1 761 [6.7.1766] et 762 folio 53 **kk.** AdV 1784 **ll.** A.N. O^1 285 626 **mm.** DN **nn.** L* X 346 **oo.** DN **pp.** NBG **qq.** L* XVII 87 **rr.** A.N. O^1 121 folio 70 ; HWD IV 52 **ss.** A.N. O^1 1076 333 : 25.3.1753 *La reine demande pour M. de Lassone 400 livres de logement qui s'éteindront à la mort de M. Helvétius...* Bon du roi.

a. GG II 450-454 **b.** A.N. O[1] 1838 544 **c.** DN **d.** L* XI 67 **e.** A.N. O[1] 106 folio 169 **f.** DN **g.** DN **h.** R **i.** D.C.V. citant A.S.A I 11.10.1736 **j.** A.N. O[1] 117 folio 708 **k.** DN **l.** L* VIII 194 **m.** L* I 431 **n.** DN **o.** PdC II 228 **p.** MdF **q.** S-A XI 181 *sqq.* **r.** L* III 402 **s.** DN **t.** S-A XI 181 **u.** S-A XI 181

v. DN **w.** L* XII 367 **x.** DN **y.** S-A IX 383 **z.** A.N. O[1] 87 folio 46 **aa.** L* V 405 ; A.N. O[1] 88 folio 318 **bb.** L* VII 4 **cc.** DN **dd.** L* XVII 56 ; S-A III 382 **ee.** DN **ff.** R **gg.** Yvert 89 **hh.** A.N. O[1] 127 folio 40 **ii.** DN

a. Sourches III 4 *sq.* : 1.4.1689 *M. de Lauzun arriva à Versailles... le roi ordonna à Bontemps de lui donner un appartement, qui fut d'abort celui de défunt M. le maréchal de Vivonne* [Note : *On lui ôta deux jours après, le roi en ayant besoin pour loger des officiers de ses gardes, dont il avait fait abattre les logements pour commencer à faire bâtir sa chapelle*] *et ensuite celui de feu M. de Vardes.* [Note : *Il était dans ce qu'on appelait le Grand Commun qui n'était pas du corps du château, comme l'appartement de M. de Vivonne.*] **b.** L* III 188 **c.** NBG **d.** DN **e.** SS XXXII 118 **f.** L* XVII 51 ; A.N. O[1] 102 folio 697 **g.** DN **h.** NBG ; R **i.** S-A III 307 **j.** L* XVII 57 **k.** DN **l.** L* XVI 133 **m.** L* XIII 331 **n.** DN **o.** PdC II **p.** A.N. O[1] 116 folio 141 **q.** A.N. O[1] 124 folio 707 **r.** SS XXXII 118 **s.** DN **t.** SS XXXII 118 n.3 **u.** DN **v.** S-A III 309

w. A.N. O[1] 11 folio 539 **x.** DN **y.** DN **z.** A.N. O[1] 96 folio 51 **aa.** DN **bb.** A.N. O[1] 92 folio 221 **cc.** L* XVII 51 **dd.** DN **ee.** HWD III 179 **ff.** L* VI 295 ; MdF **gg.** A.N. O[1] 102 folio 102 **hh.** A.N. O[1] 104 folio 665 et 106 folio 119 **ii.** L* VIII 321 **jj.** DN **kk.** A.N. O[1] 1829 591. *Cf.* 592-594 **ll.** DN **mm.** R **nn.** MdF **oo.** MdF **pp.** DN **qq.** L* X 423 : 18.8.1750 *J'ai appris aujourd'hui que Mme de La Vauguyon, fille de M. le duc de Béthune, qui logeait avec son mari sur le quai des Théatins, s'est retirée dans le couvent des filles de Sainte-Marie à Saint-Denis... Elle a pris ce parti sans trop consulter sa famille, mais il me paraît que l'on est déterminé à ne lui point proposer d'en sortir.*

a. DN **b.** Reiset, p. 36 note 2 **c.** L* VI 295 *sq.* ; MdF **d.** HWD IV 52 **e.** DN **f.** L* XVII 86 **g.** DN **h.** SS V 383 **i.** DN **j.** A.N. O^1 67 folio 130 **k.** L* IX 394 **l.** HWD IV 207 **m.** L* XV 134 **n.** DN **o.** A.N. O^1 1077 405 **p.** A.N. O^1 762 folio 145 **q.** L* II 195 **r.** Galiani et d'Épinay IV 178 **s.** A.N. O^1 1799 562

t. A.N. O^1 1831 136 **u.** A.N. O^1 1796 146 **v.** A.N. O^1 1070 332 **w.** NBG **x.** A.N. O^1 105 folio 34 **y.** MdF **z.** A.N. O^1 1077 200 : 3.7.1774 *M. Lieutaud, premier médecin, doit avoir le logement de sa charge qu'occupait M. Lemonnier avec sa femme. Quoique M. Lieutaud n'a pas de femme, il trouve le logement trop petit à cause de sa bibliothèque et voulait qu'on reprît une cuisine donnée par le feu roi à Mme la comtesse de Provence. Quoique le comte de Noailles fasse grand cas de M. Lieutaud qu'il a amené de Provence pour le placer à l'infirmerie royale, ce qui a été la cause de sa fortune, il ne peut trouver sa demande raisonnable. Il paraît de la justice et de la bonté de Votre Majesté d'accorder à M. et Mme Lemonnier, accablés de malheurs, le logement de M. Lieutaud au Grand Commun, en attendant la mort de M. Quesnoy, médecin ordinaire, dont M. Lemonnier a la survivance.* Réponse : *Bon.* **aa.** DN ; L* III 391 **bb.** DN **cc.** L* II 208 **dd.** DN **ee.** DN **ff.** DN **gg.** A.N. O^1 27 folio 200

a. DN **b.** DN **c.** L* III 212 **d.** A.N. O[1] 70 folio 182 **e.** DN **f.** A.N. O[1] 122 folio 31 **g.** A.N. O[1] 2811 dossier 1 **h.** A.N. O[1] 83 folio 35 **i.** Reiset, p. 37 **j.** Marc-Marie, marquis de Bombelles, *Journal*, t. I, p. 32 : 11.7.1780 *Ma femme a reçu une lettre de Madame Élisabeth* [...] *cette princesse lui apprend le choix qu'a fait Madame de Balbi pour sa dame d'atour et l'étonnement que ce choix a produit à la Cour. Mme la duchesse de Lesparre n'a pas voulu avoir Mme de Balbi pour sa survivancière et a préféré de lui faire place en donnant sa démission. Cf.* Geffroy III 447 *sq.* ; MdF **k.** SS VII 166 **l.** D XVIII 118 **m.** D VII 337 **n.** A.N. O[1] 127 folio 278 **o.** R **p.** HWD II 442 **q.** R **r.** HWD III 179 **s.** R

t. DN **u.** SS V 29 **v.** DN **w.** L* IX 282 **x.** DN **y.** L* II 439 **z.** DN **aa.** L* X 343, XI 36 ; MdF **bb.** DN **cc.** L* XV 312 **dd.** L* VII 251 **ee.** DN **ff.** NBG **gg.** A.N. O[1] 66 folio 450 **hh.** A.N. O[1] 94 folio 257 **ii.** DN **jj.** NBG **kk.** A.N. O[1] 285 42 **ll.** L* XIV 267 et XVI 429 ; A.N. O[1] 99 folio 252 et 102 folio 255

a. HWD IV 52 **b.** A.N. O^1 1077 12 **c.** A.N. O^1 1077 48 **d.** Duchesse d'Orléans, trad. E. Forster, 1984, p. 172 **e.** Pierrette Girault de Coursac, p. 59 **f.** Gams **g.** L* XVI 391 **h.** A.N. O^1 102 folio 218 ; 104 folio 671 et 106 folio 121 **i.** Girault de Coursac **j.** L* XVII 57 **k.** HWD IV 199 **l.** A.N. O^1 1094 folio 61 **m.** L* III 434 **n.** A.N. O^1 60 folio 151 **o.** L* XVI 447 **p.** A.N. O^1 67 folio 79 **q.** L* III 294 ; A.N. O^1 85 folio 2 **r.** NBG **s.** NBG **t.** DN **u.** A.N. O^1 20 folio 194

v. DN **w.** L* VI 295 *sq.* ; MdF **x.** MdF **y.** L* XVI 383 **z.** L* XVI 383 **aa.** D.C.V. citant A.N. M.C. XXXV 932 9.[4].1790 **bb.** MdF **cc.** DN **dd.** PdC I 349 **ee.** MdF **ff.** MdF **gg.** A.N. O^1 128 folio 305 **hh.** DN **ii.** DN **jj.** L* XVI 382 **kk.** HWD IV 66 **ll.** HWD VI 52 **mm.** DN **nn.** L* II 12 **oo.** DN **pp.** DN **qq.** MdF **rr.** L* III 344 : *Il ne sera pas payé comme commandant.*

a. L* XVI 126 **b.** SS I 60 **c.** DN **d.** MdF **e.** L* XIII 208 **f.** DN **g.** DN ; PdC I **h.** L* XIII 208 ; A.N. O[1] 104 folio 45 **i.** Vrignault **j.** Vrignault **k.** Vrignault **l.** Vrignault **m.** Vrignault **n.** Vrignault **o.** DN **p.** DN **q.** A.N. O[1] 27 folio 269 **r.** SS II 502 **s.** SS I 83 **t.** DN **u.** A.N. O[1] 1077 93 **v.** L* XVI 390 ; A.N. O[1] 102 folio 224 et 104 folio 676 **w.** DN

-M-

a. Il était le frère de la dauphine. **b.** DN **c.** L* XVII 55 **d.** DN **e.** HWD III 106 **f.** AdF ; MdF ; HWD III 106 **g.** DN **h.** PdC I 186 **i.** DN **j.** PdC I 935 **k.** A.N. O[1] 112 folio 1237 **l.** SS I 232 **m.** SS *ibid.* **n.** DN **o.** NBG **p.** L* X 293 ; A.N. O[1] 95 folio 165 **q.** L* XV 411 **r.** DN **s.** SS I 34 **t.** NBG **u.** L* III 280 ; MdF **v.** L* IX 457

w. DN **x.** L* VIII 315 **y.** DN **z.** DN **aa.** R **bb.** AdF ; MdF **cc.** DN **dd.** MdF **ee.** *Dictionnaire de théologie catholique*, Letouzey et Ané, éd., 1970 **ff.** L* VIII 23 ; A.N. O[1] 91 folio 36 **gg.** L* XIII 390 **hh.** L* XIII 26 **ii.** L* XIII 164 **jj.** L* XV 187 **kk.** L* XIII 384 **ll.** L* XVI 73 **mm.** L* XVI 433 **nn.** L* XVI 13 **oo.** A.N. O[1] 65 folio 291 **pp.** A.N. O[1] 77 folio 484 **qq.** A.N. O[1] 83 folio 454 **rr.** A.N. O[1] 89 folio 356 **ss.** L* XV 394 **tt.** A.N. O[1] 94 folio 314 **uu.** A.N. O[1] 101 folio 18 **vv.** Tourtier-Bonazzi, p. 10 **ww.** Tourtier-Bonazzi, p. 63 **xx.** A.N. O[1] 117 folio 953 **yy.** Tourtier-Bonazzi, p. 11 **zz.** A.N. O[1] 1077 145

a. Vrignault b. Vrignault c. Vrignault d. Vrignault e. Vrignault f. Vrignault g. Vrignault h. Vrignault

i. Vrignault **j.** Vrignault **k.** PdC II 371 **l.** DN **m.** R **n.** L* VII 196 ; A.N. O[1] 90 folio 8 **o.** DN **p.** PdC I 424 **q.** A.N. O[1] 56 folio 82 **r.** MdF **s.** L* III 327 **t.** L* XI 69 : 3.03.1751 *Elle jouit des honneurs de la grandesse en vertu du brevet accordé par le roi à l'occasion de la grâce faite à M. le maréchal de Maillebois par le roi d'Espagne ; cette grâce n'a pas cependant jusqu'à présent son entière exécution de la part de l'Espagne.* **u.** SS XX 299 **v.** L* XV 5 **w.** L* XI 69 **x.** DN

a. PdC I 782 **b.** A.N. O^1 81 folio 161 **c.** L* XII 487 **d.** L* XVI 460 **e.** HWD IV 322 **f.** DN **g.** L* III 280 **h.** L* IV 2367 **i.** SS I 87 **j.** A.N. O^1 68 folio 69 **k.** SS I 87 **l.** DN **m.** R **n.** AdF **o.** HWD IV 401 **p.** DN **q.** R **r.** SS I 101 **s.** SS I 32

t. SS XXXVI 37 **u.** L* V 127 **v.** SS I 59 **w.** A.N. O^1 73 folio 102 **x.** NBG **y.** HWD VI 207 **z.** SS V 195 **aa.** A.N. O^1 35 folio 219 **bb.** A.N. O^1 43 folio 40 **cc.** A.N. O^1 84 folio 597 **dd.** DBF **ee.** L* XIII 249 **ff.** L* I 142 **gg.** A.N. O^1 762 folio 11

a. SS XIV 103 **b.** A.N. O^1 50 folio 117 **c.** A.N. O^1 69 folio 168 **d.** A.N. O^1 1076 98 : 18.12.1745 *Ne vient presque jamais ici [...] habite rarement la Cour.* **e.** L* IX 17 **f.** L* IX 17 ; A.N. O^1 61 folio 10 **g.** Samoyault **h.** SS I 291 **i.** SS IX 177 **j.** SS VI 321 **k.** HWD IV 93 **l.** SS I 554 **m.** Marquiset

n. SS III 14 **o.** DN **p.** L* XIII 133 **q.** A.N. O^1 84 folio 219 **r.** *État* 1741 **s.** Luçay **t.** L* XVI 454 **u.** L* XVII 83 **v.** HWD III 210 **w.** DN **x.** L* III 280, 309 **y.** L* VIII 285 **z.** DN

a. L* X 400 *Elle a toujours demeuré en Dauphiné [...] elle n'était jamais venue à la Cour.* **b.** MdF **c.** L* X 326 **d.** A **e.** HWD VI 178 **f.** A.N. O[1] 54 folio 192 **g.** A.N. O[1] 87 folio 403 **h.** L* XVI 192 **i.** A.N. O[1] 107 folio 271 **j.** L* IX 394 **k.** A.N. O[1] 123 folio 80 ; HWD IV 315 **l.** DN **m.** DN **n.** L* IV 225 **o.** MdF **p.** DN **q.** L* XVI 213

r. DN **s.** L* XV 21 ; A.N. O[1] 100 folio 133 **t.** DN **u.** Gams **v.** L* X 337 ; MdF **w.** Gams **x.** PdC I 854 **y.** Gams **z.** PdC I 854 **aa.** Gams **bb.** Dufort I 75 **cc.** Poigant 31 ; A. N. O[1] 69 folio 415. **dd.** A.N. O[1] 1076 243 **ee.** L* IX 378 **ff.** A.N. O[1] 68 folio 1 **gg.** DN **hh.** L* XI 378 : 3.4.1749 *Il est mort dans ses terres en Flandre ; il y a presque toujours demeuré depuis la mort de sa femme.* **ii.** L* VIII 45 **jj.** L* III 280 **kk.** A.N. O[1] 77 folio 607 **ll.** Samoyault **mm.** DN **nn.** L* IX 395

a. AdF **b.** DN **c.** L* XIII 225 **d.** L* VI 266 **e.** DN **f.** A.N. O[1] 1088 folio 318 **g.** Ozanam et Antoine, p. 16 **h.** L* XI 310 **i.** L* XIII 33 ; MdF **j.** HWD II 330 **k.** DN **l.** L* XVI 194 **m.** A.N. O[1] 100 folio 165 **n.** DN **o.** L* XV 411 **p.** L* IX 274 **q.** L*. VIII 139 **r.** L* XIV 236 ; Gams **s.** A.N. O[1] 79 folio 501 **t.** L* IV 397 **u.** L* V 400 ; MdF **v.** L* VIII 23 **w.** Gams

x. SS XVI 265 **y.** L* V 39 : 13.6.1743 *On attend à Paris, dans le mois prochain, l'arrivée de Mme de Modène. M. le duc de Modène, son mari, s'étant déclaré pour l'Espagne, a perdu ses États, dont le roi de Sardaigne s'est emparé... Le roi avait eu la bonté de consentir à ce voyage ; le consentement de Mme la duchesse d'Orléans, n'était pas si aisé à obtenir.* **z.** SS III 20 **aa.** SS II 18 **bb.** A.N. O[1] 63 folio 139 **cc.** L* XIII 59 **dd.** A.N. O[1] 85 folio 261 **ee.** L* VI 295 *sq.* ; MdF **ff.** DN **gg.** A.N. O[1] 1798 673 **hh.** DN **ii.** DN

a. L* I 252 **b.** DN **c.** L* XVI 154 *sq.* **d.** L* III 280 **e.** SS XIV 323 **f.** SS I 190 **g.** A.N. O^1 10 folio 346 **h.** PdC II 860 **i.** PdC II 860 **j.** A.N. O^1 123 folio 166 **k.** HWD IV 359 **l.** DN **m.** DN **n.** PdC II 860 **o.** A.N. O^1 120 folio 283 **p.** L* X 360 **q.** A.N. O^1 1801 459 **r.** A.N. O^1 108 folio 511 **s.** DN **t.** SS I 109

u. D II 65 : 11.11.1687 *Mme de Montchevreuil [...] est présentement dans le nouvel appartement que le roi lui a donné. Elle a été prendre congé des filles* [d'honneur de la dauphine]. *La place ne sera point remplie. Cf.* VII 179 : 31.10.1699 *Le roi donne à M. et à Mme de Mornay le logement qu'avait Mme de Montchevreuil et à M. et à Mme de Pracomtal le logement qu'avaient M. et Mme de Mornay ; ainsi M. de Montchevreuil aura la consolation d'avoir toute sa famille ici auprès de lui.* **v.** A.N. O^1 23 folio 97 **w.** SS I 32 **x.** DN **y.** L* XVI 390 ; A.N. O^1 102 folio 228**z.** DN **aa.** A.N. O^1 103 folio 594 **bb.** A.N. O^1 1076 642 **cc.** A **dd.** HWD III 5 **ee.** L* XV 246 **ff.** SS I 237 **gg.** DN **hh.** SS III 120 **ii.** A.N. O^1 46 folio 10 **jj.** A.N. O^1 48 folio 204 **kk.** A.N. O^1 53 folio 173 **ll.** SS III 213

a. DN **b.** L* XIII 390 **c.** DN **d.** DN ; L* VIII 17 **e.** L* IV 391 **f.** L* VIII 17 **g.** DN **h.** A.N. O[1] 116 folio 552 **i.** R **j.** PdC I 733 **k.** SS II 47 **l.** PdC I 765 **m.** MdF **n.** L* VII 471 ; A.N. O[1] 90 folio 276 **o.** L* X 343 **p.** A.N. O[1] 94 folio 251 **q.** L* VII 133 **r.** L* XII 166 **s.** L* IX 308 ; DN ; S-A III 289 **t.** S-A III 289 **u.** DN **v.** R **w.** A.N. O[1] 101 folio 393 **x.** L* VIII 137

y. L* VII 134 **z.** DN **aa.** Gams **bb.** A.N. O[1] 128 folio 178 **cc.** NBG **dd.** A.N. O[1] 116 folio 554 **ee.** A.N. O[1] 1077 93 **ff.** PdC II 956 **gg.** A.N. O[1] 111 folio 36 **hh.** A.N. O[1] 122 folio 127 **ii.** PdC II 995 **jj.** DN **kk.** PdC II 957

a. DN **b.** PdC I 836 **c.** BU **d.** L* X 367 ; A.N. O^1 99 folio 119 **e.** DN **f.** A.N. O^1 1076 785 : 1765 *M. le marquis de Montmorin, gouverneur de Fontainebleau a eu un logement à Versailles plusieurs années. Il a l'honneur d'être attaché à Votre Majesté et de l'avoir bien servie à la guerre... Votre Majesté veut-Elle bien permettre au comte de Noailles de lui mander de sa part qu'il aura le premier qui vaquera de faveur ?* **g.** PdC II 995 **h.** PdC I 593 **i.** A.N. O^1 102 folio 44 **j.** A.N. O^1 105 folio 61 **k.** DN **l.** L* XII 197 **m.** L* VII 139, 245 **n.** L* VII 131 **o.** L* XI 421 **p.** L* IX 470 **q.** SS I 122 **r.** NBG **s.** A.N. O^1 27 folio 154

t. SS III 57 **u.** A.N. O^1 32 folio 328 **v.** DN **w.** L* VII 365 **x.** A.N. O^1 54 folio 22 **y.** L* V 225 **z.** DN **aa.** L* X 186 **bb.** D VI 6 **cc.** DN **dd.** A.N. O^1 79 folio 464 **ee.** L* VI 407 **ff.** S-A VII 327 **gg.** L* III 215 ; A.N. O^1 84 folio 320 **hh.** DN **ii.** L* VI 330 ; A.N. O^1 88 folio 332 **jj.** R **kk.** S-A VII 327 **ll.** DN **mm.** MdF **nn.** L* VII 44 **oo.** HWD IV 175 **pp.** HWD IV 60 **qq.** S-A VII 327 **rr.** DN ; R

-N-

a. L* XIII 407 **b.** DN **c.** SS XIII 363 **d.** A.N. O[1] 63 folio 91 **e.** A.N. O[1] 68 folio 52 **f.** A.N. O[1] 69 folio 419 **g.** SS III 173 **h.** L* III 327 **i.** L* IV 435 **j.** DBF **k.** L* XVI 457 **l.** HWD IV 199 **m.** A.N. O[1] 1834 59 **n.** L* IX 464 : *fille de Mme de Chalut, dame d'honneur de Mme la comtesse de Toulouse.* **o.** A.N O[1] 124 folio 705 **p.** D.C.V. citant B.N. nouvelles acquisitions françaises 6549-6445 et 6583 **q.** PdC II 693 **r.** L* IX 463 **s.** A.N. O[1] 103 folio 648 **t.** A.N. O[1] 108 folio 232 **u.** A.N. O[1] 124 folio 708

v. DN **w.** A.N. O[1] 117 folio 226 **x.** DN **y.** PdC II 693 **z.** D.C.V. citant B.N. nouvelles acquisitions françaises 6549-6553 et 6583 **aa.** S-A I 512 **bb.** DN ; MdF **cc.** NBG **dd.** A.N. O[1] 123 folio 158 **ee.** Galiani et d'Épinay, t. V, p. 166 **ff.** L* X 332 **gg.** DN **hh.** DN **ii.** PdC II 884 **jj.** DN **kk.** L* II 10 **ll.** MdF **mm.** DN **nn.** Blampignon, p. 322. **oo.** L* VI 378 ; MdF **pp.** L* VIII 461 ; *cf.* IX 183 : *Elle est dame du palais depuis que Mme d'Ancenis a voulu se retirer... Mme de Nivernais, voyant qu'une longue absence la met nécessairement hors d'état de remplir son devoir auprès de la reine, a cru ne devoir pas garder sa place et a fort désiré qu'elle fût remplie par Mme d'Agénois, nièce de Mme de Maurepas.*

a. Elle partit à Rome le 24 octobre 1748 pour rejoinde son mari, ambassadeur à cette Cour. Voir L* IX 98. **b.** Blampignon, p. 373. **c.** L* VIII 358 ; Blampignon note qu'il ne prit possession de son poste que le 12 janvier 1749. **d.** A.N. O[1] 110 folio 560 **e.** L* XI 108 **f.** A.N. O[1] 85 325 **g.** A.N. O[1] 56 folio 207 **h.** DN **i.** A.N. O[1] 51 folio 38 **j.** A.N. O[1] 61 folio 146 **k.** SS XXXII 235 **l.** SS I 114 **m.** A.N. O[1] 10 folio 203 **n.** SS I 114 **o.** S-A X 459

p. DN **q.** PdC II 247 **r.** MdF **s.** HWD IV 311 **t.** A.N. O[1] 1094 folio 437 **u.** DN **v.** NBG **w.** HWD IV 175 **x.** A.N. O[1] 62 folio 12 **y.** A.N. O[1] 1077 174 **z.** L* XI 64 **aa.** L* IX 218 : *Elle était... dame du palais de la feue reine Marie-Thérèse et peu assidue aux fonctions de cette place, étant presque toujours grosse.* **bb.** DN **cc.** Agnès Joly **dd.** A.N. O[1] 64 folio 161 **ee.** HWD IV 175 **ff.** L* VII 330 **gg.** DN

-O-

a. DN **b.** SS III 159 **c.** *The Modern Encyclopedia of Russian and Soviet History*, J. L. Wieczynski, éd., 58 vol., 1958. **d.** Vrignault **e.** SS XXXIV 312 **f.** A.N. O[1] 43 folio 179 **g.** A.N. O[1] 63 129 **h.** SS III 198 **i.** L* I 408 **j.** A.N. O[1] 56 folio 74 **k.** A l. MdF **m.** A.N. O[1] 91 folio 36 **n.** L* XII 393 **o.** A.N. O[1] 110 folio 508 **p.** A **q.** SS XXIV 48

r. SS I 76 **s.** SS I 60 **t.** SS I 59 **u.** L* IX 306 **v.** SS IX 280 **w.** L* IX 53 **x.** SS XXX 81 **y.** SS VI 73 **z.** SS XIV 256 **aa.** DBF **bb.** DBF **cc.** L* XVI 85 **dd.** M. d'Orléans fut exilé dans son diocèse au moment du renvoi de Choiseul.

-P-

a. DN **b.** NBG **c.** SS I 28 **d.** SS I 36 **e.** DN **f.** NBG **g.** NBG **h.** A **i.** L* III 174 et IV 111 **j.** L* XV 147 **k.** PdC I 714 **l.** L* I 214 **m.** DN **n.** PdC II 858 **o.** *Ibid.* **p.** *Ibid.* **q.** *Gazette de France*

r. A.N. O^1 110 folio 144 **s.** DN **t.** A **u.** L* XI 102 **v.** A.N. O^1 106 folio 10 **w.** DN ; A **x.** Gams **y.** PdC I 336 **z.** Gams **aa.** L* VIII 227 **bb.** Gams **cc.** DN **dd.** L* XI 145 **ee.** L* XVI 380 **ff.** DN **gg.** L* IX 157 **hh.** L* XVI 151 **ii.** L* XVI 401

a. Samoyault **b.** A.N. O[1] 53 folio 89 **c.** Vrignault **d.** L* I 406 **e.** MdF **f.** L* XIV 166. Il transmit la charge à son fils le prince de Lambesq en 1775, en se réservant les honneurs et prérogatives pendant la minorité de ce dernier. Après la mort de son fils, en 1768, il en reprit de nouveau possession. Cf. A.N. 300 AP I 67 brevets de 13 juin 1755 et lettres de provision de 6 mai 1768 cités par Jean Dumas dans *Les Écuries royales...*, p. 120. **g.** PdC I 942 **h.** L* XIII 243 **i.** PdC **j.** L* XI 310 **k.** L* IX 391 **l.** L* XV 191 **m.** PdC I **n.** L* XII 360 **o.** DN **p.** MdF **q.** L* V 399-401 **r.** L* XVI 19

s. A.N. O[1] 113 folio 308 **t.** A.N. O[1] 102 folio 638 **u.** L* XII 427 **v.** L* V 11 **w.** L* IX 18 **x.** A **y.** A.N. O[1] 100 folio 96 **z.** A.N. O[1] 101 folio 23 **aa.** L* XV 401 ; A.N. O[1] 101 folio 121 **bb.** L* XVI 453 **cc.** SS XXXV 320 **dd.** A.N. O[1] 63 folio 119 **ee.** SS XXXV 320 **ff.** SS IV 9 **gg.** SS IV 9 **hh.** DN

a. A.N. O[1] 1801 138 **b.** A.N. O[1] 1077 270 : *... pour lui tenir lieu du logement que ses pères et lui ont depuis plus de cent ans comme concierge du corps de garde suisse et qu'il rend aux officiers suisses qui seront à portée de leur service...* **c.** SS IV 36 **d.** PdC II 242 **e.** PdC II 242 **f.** A.N. O[1] 111 folio 222 **g.** A.N. O[1] 121 folio 66 ; HWD VI 59 **h.** DN **i.** A.N. O[1] 110 folio 612 **j.** A.N. O[1] 1070 254 **k.** DN ; L* IV 142 **l.** A.N. O[1] 79 folio 467 **m.** PdC I 854 **n.** HWD III 220 **o.** A.N. O[1] 128 folio 33

p. DN **q.** Roger Kann, p. 369 **r.** MdF **s.** NBG **t.** MdF **u.** A.N. O[1] 1835 634 **v.** DN **w.** A.N. O[1] 127 folio 297 **x.** DN **y.** DN **z.** L* IV 27 **aa.** A.N. O[1] 57 folio 124 **bb.** A.N. O[1] 60 folio 38 **cc.** SS I 301 **dd.** L* I 327 *sq.* **ee.** D.C.V. citant A.N. M.C. LXXXIV 628, son inventaire d'après décès daté 4 janvier 1788 **ff.** A.N. O[1] 108 folio 330 **gg.** SS VII 37 **hh.** L* VII 46 **ii.** Antoine, *Louis XV*, p. 500 **jj.** L* XIV 417 et XV 321

a. L* XV 134 ; Delavaud, p. 14 **b.** A.N. O[1] 1076 224 ; D.C.V. citant A.N. O[1] 1055 daté 24.10.1756. Cf. L* XV 139 : *Il trouvait un agrément et une commodité supérieure à tous dans celui qu'on lui avait donné dernièrement dans le Grand Commun.* **c.** A.N. O[1] 1070 59 **d.** A.N. O[1] 26 folio 109 **e.** SS I 40 **f.** PdC I 479 **g.** S-A XIII 360 **h.** L* III 159 **i.** DN **j.** L* XVI 294 **k.** DN **l.** S-A XIII 360 **m.** HWD II 259 **n.** DN **o.** PdC I 822 **p.** L* XI 79 **q.** DN **r.** DN **s.** PdC I 822 **t.** HWD III 146 **u.** L* IV 118 : fille de Lallement de Betz, fermier général. Cf. *ibid.* 280 **v.** L* V 400 ; MdF **w.** SS I 299 **x.** A.N. O[1] 37 folio 238 **y.** SS I 299 **z.** SS I 52 **aa.** A.N. O[1] 33 folio 240 **bb.** A.N. O[1] 34 folio 287 **cc.** A.N. O[1] 43 folio 267 **dd.** DN **ee.** A.N. O[1] 95 folio 721 **ff.** DN **gg.** A.N. O[1] 117 folio 487 **hh.** Ozanam et Antoine, t. I, p. 78 **ii.** R. Dubois-Corneau, *Le Comte d'Artois à Brunoy, 1744-1791*, Paris, 1909 **jj.** L* III 463 **kk.** L* XVII 30 **ll.** HWD II 330 **mm.** L* XII 180 **nn.** DN **oo.** SS I 240 **pp.** DN **qq.** DN **rr.** DN **ss.** NBG

-Q-

a. A.N. O^1 105 folio 592 **b.** DN **c.** DN **d.** L* XIV 459 **e.** A.N. O^1 103 folio 207 **f.** A.N. O^1 117 folio 695 **g.** SS XV 198 **h.** SS XXII 350 **i.** A.N. O^1 63 folio 2

j. L* VII 397 **k.** L* VI 295 *sq.* ; A.N. O^1 79 folio 471 **l.** DN **m.** DN **n.** L* V 123 **o.** A.N. O^1 42 folios 112 et 154 **p.** Yvert **q.** NBG **r.** A **s.** A.N. O^1 90 folio 284 **t.** A.N. O^1 91 folio 11 **u.** DN **v.** L* VIII 421 **w.** A.N. O^1 46 folio 167 et 47 folio 190

a. D XIII 225 ; cf. SS III 159 **b.** SS II 59 **c.** A.N. O^1 34 folio 344 **d.** BU **e.** L* XVI 391 ; A.N. O^1 121 folio 191 **f.** A.N. O^1 106 folio 122 **g.** AdV 1774 **h.** A.N. O^1 121 folio 191 **i.** L* XIV 244 **j.** DN **k.** A.N. O^1 24 folio 334 **l.** SS XV 225 **m.** Benoît citant A.N. O^1 61 folio 128 verso **n.** Benoît citant A.N. O^1 67 folio 333 **o.** Benoît citant A.N. O^1 71 folio 300 **p.** Benoît citant A.N. O^1 72 folio 104 *sq.* **q.** Benoît citant A.N. O^1 77 folio 230 et 232 **r.** Beaussant et Bouchenot-Déchin, p. 309 **s.** [1] A.N. O^1 1076 242 **t.** DN **u.** DN

v. A.N. O^1 15 folio 58 **w.** DN **x.** L* II 452 **y.** L* I 252 **z.** Gams **aa.** A.N. O^1 62 folio 167 **bb.** A.N. O^1 76 folio 305 **cc.** L* XI 413 **dd.** L* VII 4 **ee.** Castella de Delley, p. 347 **ff.** DN **gg.** L* XI 252 **hh.** A.N. O^1 1077 152 : 15.3.1773 *Bon pour accorder à Mme de Riantz le premier logement qui vient à vaquer au Luxembourg.* **ii.** SS II 17 **jj.** SS I 17 **kk.** SS X 113 **ll.** MdF ; L* V 225 ; A.N. O^1 88 folio 58 **mm.** D XV 186

a. A.N. O^1 88 folio 263 **b.** SS X 113 **c.** L* III 224 **d.** A.N. O^1 2811 dossier 1 **e.** A.N. O^1 69 folio 437 **f.** L* V 61 **g.** A.N. O^1 76 folio 77 **h.** DN **i.** PdC I 798 **j.** L* XVI 84 **k.** L* III 424 **l.** Gams **m.** L* XVI 17 **n.** A.N. O^1 1088 folio 50 **o.** PdC I 798 **p.** L* XVI 189 **q.** PdC I 998 **r.** DN **s.** HWD IV 99 **t.** DN **u.** R **v.** L* V 400 ; MdF ; PdC I 798

w. PdC I 798 **x.** L* VIII 435 ; A.N. O^1 95 folio 184 **y.** L* XVII 77 **z.** DN **aa.** A.N. O^1 112 folio 892 **bb.** SS I 81 **cc.** DN **dd.** DN **ee.** L* XII 407 **ff.** L* V 406 ; NDF **gg.** L* XI 489 **hh.** DN **ii.** L* IX 300 **jj.** DN **kk.** A.N. O^1 1070 394 : *M. le vicomte de Rohan a obtenu du roi un logement au vieux château de Meudon, qu'avait Mme la princesse de Berghes, sa tante.* **ll.** DN **mm.** NBG **nn.** L* I 133 **oo.** NBG **pp.** DN **qq.** L* IV 450 **rr.** DN **ss.** MdF **tt.** MdF ; L* VIII 469 **uu.** L* XV 241 **vv.** L* XII 337 **ww.** DN

a. PdC II 203 **b.** DN **c.** NBG **d.** DN **e.** L* IX 450 **f.** A.N. O[1] 57 folio 98 **g.** A.N. O[1] 27 folio 133 **h.** SS II 232 **i.** SS II 249 **j.** D VI 378 : 7.07.1698 *Le roi donna à la comtesse de Roucy... l'appartement... de sa mère* [**AP 86**]... *il donne l'appartement qu'avait la comtesse de Roucy à la duchesse de Guiche, qui avait cédé le sien* [dans le clos de Noailles **AN 52, 53 et 53A**] *à la comtesse d'Ayen, sa belle-sœur quand elle épousa son frère.* Cf. VII 164 : 8.10.1699 où D note : *Mme la princesse d'Espinoy aura l'appartement qu'avait Madame de Roucy avant qu'elle eut l'appartement de Mme d'Arpagon.* Le même jour, Sourches constate : *On donne à la princesse d'Espinoy et Mlle de Lilleborne, sa sœur, deux appartements dans la Grande Aile du château pour les approcher de la princesse douairière de Conti* [logée au **AP 52**]. *En 1701, ce logement était donné à Mme d'Elbeuf.* D VII 148 **k.** L* VII 144 **l.** A **m.** L* VI 155 **n.** L* VII 144 **o.** L* IX 395 **p.** L* XVI 86 **q.** L* XIII 305 **r.** L* XVI 401 **s.** A.N. O[1] 1076 162

t. PdC II 586 **u.** PdC I 596 **v.** A.N. O[1] 103 folio 225 **w.** PdC I 596 **x.** MdF **y.** DN ; MdF ; PdC I 586 **z.** L* V 406 **aa.** A.N. O[1] 1801 336 **bb.** Son mari était le maître d'armes du dauphin et des pages du roi (A.N. O[1] 94 folio 331). Il avait un logement de fonction à la Grande Écurie, mais il préférait vivre chez sa femme (A.N. O[1] 1072 270). **cc.** D.C.V. citant A.N. O[1] 1190 folio 230 **dd.** A.N. O[1] 1076 357 et 358 **ee.** A.N. O[1] 285 67 : 17.3.1752 N au roi : ... *Le sieur Roze, distillateur du Domaine est très vieux ; il est juste de le laisser mourir en place...* **ff.** L* XI 81 **gg.** PdC I 764 **hh.** L* V 399 ; A.N. O[1] 91 folio 35 **ii.** A.N. O[1] 88 folio 330 **jj.** L* IX 308 **kk.** L* XIV 460 **ll.** PdC II 884 **mm.** L* VIII 83 ; A.N. O[1] 91 folio 5 **nn.** DN **oo.** L* XIII 256 ; DN **pp.** SS VI 221

a. A.N. O[1] 59 folio 183 **b.** L* XVI 91 **c.** L* VII 343 **d.** SS V 317 **e.** DN **f.** DN **g.** L* III 345 **h.** Levron, « Dans l'ombre de la Cour : Mme de Rupelmonde », *Revue des deux mondes*, janvier 1966, p. 198-210**i.** L* XII 28 **j.** L* III 280, 345, 400 **k.** DN **l.** DN **m.** A.N. O[1] 107 folio 113 **n.** DN **o.** L* III 125

p. A **q.** L* XIII 302 ; DN **r.** L* X 19 **s.** A.N. O[1] 95 folio 280 **t.** L* XIII 200 **u.** A **v.** L* I 60 **w.** A **x.** DN **y.** SS I 145 **z.** SS *ibid.* **aa.** SS *ibid.* **bb.** Mme de Saint-Géran fut exilée entre 1696 et 1699. Après son retour, le comte de Tessé, premier écuyer de la duchesse de Bourgogne, donna un logement aux écuries de la princesse à la comtesse (SS III 319 et VI 134, D VII 42). Plus tard, elle reçut un appartement, non identifié, qui avait été autrefois le logement de Mme Venel, sous-gouvernante des Enfants de France et qui mourut en 1687. Il semble que l'appartement était resté vacant dans l'intervalle ! (D II 29 et VII 164) **cc.** NBG **dd.** L* XIII 196 **ee.** HWD IV 226-228 et 479 **ff.** A.N. O[1] 22 folio 23 **gg.** NBG **hh.** François Emmanuel de Guignard, comte de Saint-Priest, *Mémoires sur l'Ambassade de France en Turquie et sur le commerce des Français dans le Levant*, Publications de l'École des langues vivantes orientales, vol. VI, Paris, 1877, p. II **ii.** S-A VI 34 ; NBG

a. MdF **b.** L* XI 89 ; A.N. O[1] 95 folio 75 **c.** L* XIII 323 **d.** L* XV 440 **e.** PdC I 758 **f.** L* VIII 436 **g.** L* IX 156 **h.** L* VIII 421 **i.** DN : fille d'un fermier général **j.** PdC II 846 **k.** L* IX 163 **l.** MdF **m.** A.N. O[1] 121 folio 108 **n.** SS I 21 **o.** SS I 33 et 113 **p.** A.N. O[1] 65 folio 242 **q.** A.N. O[1] 34 folio 67 **r.** L* IV 394 **s.** SS VI 232 **t.** A.N. O[1] 14 folio 152 **u.** Vittorio Spretti, éd., *Enciclopedia Storico-Nobiliare Italiana*, Milan, 1932 **v.** L* XI 263, 282 **w.** SS II 205

x. A.N. O[1] 61 folio 77 **y.** DN ; L* VI 259 : *Elle est fille de M. le comte de Tarnau, qui était premier gentilhomme de la chambre de M. le comte de Toulouse et de M. le duc de Penthièvre.* **z.** B **aa.** A.N. O[1] 103 folio 596 **bb.** A.N. O[1] 121 folio 118 ; HWD IV 87 **cc.** Galiani et d'Épinay, t. V, p. 41 **dd.** DN **ee.** DN **ff.** PdC I **gg.** L* VI 295 *sq.* ; MdF **hh.** L* IX 391 ; A.N. O[1] 93 folio 178 **ii.** PdC I **jj.** L* IX 308 **kk.** A.N. O[1] 128 folio 84 **ll.** DN **mm.** R. Forster, p. 171 **nn.** L* XVII 57 **oo.** MdF

a. PdC II 525 **b.** DN **c.** DN **d.** R. Forster, p. XII **e.** L* VIII 299 ; A.N. O^1 91 folio 396 **f.** L* XIV 295 ; A.N. O^1 99 folio 323 **g.** PdC **h.** DN **i.** SS XVIII 104 **j.** L* IV 397 **k.** L* XVI 84 **l.** Gams **m.** L* XIV 469 **n.** Retiré en son diocèse 1750-1752. L* XI 373 **o.** AdF **p.** L* XIII 31 **q.** L* VIII 47 **r.** SS VI 360 **s.** DN ; SS III 360

t. A.N. O^1 1076 386 **u.** A.N. O^1 1076 369 **v.** A **w.** Dufort I 354 **x.** L* IX 478 **y.** L* X 59 **z.** SS XXXI 18 **aa.** L* VI 471 **bb.** L* VII 253 **cc.** A.N. O^1 1076 580 **dd.** A.N. O^1 1076 329 **ee.** NBG **ff.** NBG **gg.** SS III 8 **hh.** SS II 4 **ii.** SS VI 390

a. D XII 29 **b.** SS XV 358 **c.** L* IX 359 **d.** DN **e.** NBG **f.** B **g.** *Gazette de France*, 1769 **h.** HWD IV 311 **i.** Gams **j.** A.N. O^1 108 folio 263 **k.** Gams **l.** SS XVII 277 **m.** L* XII 449 **n.** L* VIII 351 **o.** R **p.** A.N. O^1 1835 634 **q.** PdC II 186 **r.** Noëlle Destremau, p. 27 **s.** SS VIII 315 **t.** SS V 43

u. MdF ; DN **v.** DN **w.** DN **x.** DN **y.** MdF **z.** DN **aa.** DN **bb.** DN **cc.** A.N. O^1 86 folio 101 **dd.** DN **ee.** L* II 302 **ff.** DN ; PdC II 246 **gg.** Elle apporta en dot la seigneurie de Soubise érigée en principauté. DN **hh.** SS I 85 **ii.** SS XII 259 **jj.** L* VI 390 **kk.** DN **ll.** L* XV 137 **mm.** A.N. O^1 89 folio 4 **nn.** DN **oo.** Kann, p. 378

a. SS XVII 11 b. DN c. Tourtier-Bonazzi, p. 12 d. L* XVI 276 e. L* XIV 223 f. A.N. O[1] 1076 574 : 6.1.1760 Noailles au roi : *Mesdames, en particulier Madame Louise, désirent très vivement un logement pour Mme de Soulanges qui en effet est la seule qui serve. Elle est logée indignement dans un trou au Grand Commun. L'ambition de Mesdames serait qu'elle eût le logement de Mme Béranger au Grand Commun, mais outre qu'elle* [Mme Béranger] *mérite considération pour elle-même, pour M. le Bel, son frère, et M. Boucheman, son gendre, il est sûr qu'elle a eu ce logement au Grand Commun pour lui tenir lieu de la pension de 1 200 livres qu'en eurent toutes celles qui se sont retirées. Pour tout accommoder à la satisfaction de Mesdames, et suivant la justice, le comte de Noailles propose à Votre Majesté de lui donner 400 livres de logement sur le Domaine et 400 sur la Cassette et elle cédera tout de suite son logement à Mesdames.* g. GG-B II 434 h. PdC I 246 i. HWD III 179 j. DN k. L* VII 307 l. DN m. SS IV 150 n. DN o. PdC I 246 p. PdC I 246

q. DN r. Tourzel s. MdF t. Tourzel u. Voir son testament A.N. M.C. CXIX 728 11.5.1832 v. DN w. MdF x. L* IV 416 y. DN z. L* IX 308 aa. DN bb. D XII 85 cc. PdC I 689 dd. DN ee. DN ff. SS XII 157 gg. Castella de Delley, p. 359

-T-

a. A.N. O^1 1076 805 et 1077 242 **b.** L* III 59 **c.** L* V 42 **d.** L* X 256 **e.** L* XIV 435 **f.** A **g.** Galiani et d'Épinay, t. V, p. 111 **h.** Galiani et d'Épinay, t. V, p. 166 **i.** HWD IV 369 **j.** DN **k.** PdC I 766 **l.** L* VII 246 ; MdF

m. L* XVI 369 **n.** L* XV 187 **o.** DN **p.** AdF **q.** DN **r.** HWD IV 199 **s.** DN **t.** L* XIII 131 **u.** A.N. O^1 69 folio 414 **v.** A.N. O^1 73 folio 387 **w.** DN

a. PdC **b.** A.N. O[1] 101 folio 648 **c.** DN **d.** A.N. O[1] 103 folio 208 **e.** L* XVI 18 **f.** HWD IV 199 **g.** DN **h.** L* VI 439 **i.** L* VI 295 *sq.* ; MdF **j.** PdC I 73 *sq.* **k.** A.N. O[1] 117 folio 1092 **l.** PdC I 73 *sqq.* **m.** L* III 280 **n.** AdF **o.** DN **p.** DN **q.** HWD III 437 **r.** SS XXXV 112 **s.** L* XVI 384 **t.** L* XVI 384 **u.** L* II 355, 359, 365, 381 **v.** DN **w.** PdC I 848 **x.** L* XIV 243

y. DN **z.** L* V 400 ; MdF **aa.** A.N. O[1] 1828 355 : 5.4.1756 Le comte de Tessé au marquis de Marigny : *Je vous prie, M., de vouloir bien donner vos ordres pour que l'on raccommode les planches et quelques cloisons... dans un petit appartement que j'ai donné à ma mère aux écuries de la reine.* Cf. 356 et 372 **bb.** A.N. O[1] 110 folio 242 : *Brevet de 3 000 livres par an pour tenir lieu du logement qu'elle avait aux écuries de la reine pour ses chevaux et équipages.* **cc.** A.N. O[1] 1802 722 **dd.** A.N. O[1] 49 folio 83 **ee.** DBF **ff.** A.N. O[1] 68 folios 2 et 586 **gg.** A.N. O[1] 69 folio 424 **hh.** A.N. O[1] 47 folio 124 **ii.** DBF **jj.** D VI 33 **kk.** DBF **ll.** L* VII 418 **mm.** PdC I 848 **nn.** L* IV 234 **oo.** L* XII 393 **pp.** L* XVI 278 **qq.** DBF

a. L* I 306 **b.** DN **c.** L* IV 229 **d.** L* IV 235 **e.** L* III 160 **f.** DN **g.** SS V 43 **h.** A.N. O¹ 111 folio 98 : 19.4.1767 *Brevet accordant la jouissance à vie d'un logement au Luxembourg, vacant par la démission de M. et Mme la marquise de Mesmes.* **i.** S-A XIV 437 : lettres patentes de 1769 disant : *issue d'une famille anciennement attachée à la personne de nos rois et qui depuis plus de 150 ans et pendant 4 générations consécutives a possédé différentes charges de la Cour.* **j.** R **k.** A.N. O¹ 1076 605 : 1.7.1760 *Le sieur Thierry, premier valet de chambre de Monseigneur le duc de Berry aura une retraite chez son maître, mais il lui faudrait un logement au Grand Commun. Il n'y en a pas dans le moment. Votre Majesté veut-Elle bien lui accorder 600 livres de logement du 1er juillet 1760 ?* **l.** S-A XIV 43 **m.** S-A XIV 437 **n.** A.N. O¹ 33 folio 331 **o.** MdF **p.** S-A XIV 437 **q.** A.N. O¹ 1072 334 ; GG-B II 684, 698, 692, 694-696, 699-703, 706-713 **r.** A.N. O¹ 1834 59, 108 et 353 **s.** A

t. NBG **u.** L* XI 309 **v.** A.N. O¹ 108 folio 207 **w.** L* IV 391 **x.** L* VIII 21 **y.** DN **z.** DN **aa.** L* XIII 353 **bb.** DN **cc.** DN **dd.** L* VII 99 et 131 **ee.** DN **ff.** L* VII 406 **gg.** A.N. O¹ 33 folio 248 **hh.** A.N. O¹ 40 folio 260 **ii.** A.N. O¹ 43 folio 307 **jj.** DN **kk.** SS I 39 **ll.** L* I 406 ; cf. *ibid.* 386, 389, 395 **mm.** SS XIV 261

-U-

-V-

a. R **b.** Gams **c.** DN **d.** DN **e.** L* II 407 **f.** A.N. O[1] 48 folio 191 **g.** DN **h.** DN **i.** MdF **j.** L* VI 266 **k.** L* XVI 188 **l.** DN **m.** HWD III 179 **n.** NBG **o.** MdF ; cf. Galiani et d'Épinay t. I, p. 93 **p.** A.N. O[1] 88 folio 177 **q.** MdF **r.** NBG **s.** HWD IV 466 **t.** L* XIV 474 ; A.N. O[1] 101 folio 54 **u.** A.N. O[1] 114 folio 175 **v.** Samoyault **w.** A **x.** Galiani et d'Épinay t. IV, p. 178 et 181 **y.** HWD IV 87 **z.** SS I 94 **aa.** SS II 281 **bb.** Denis Diderot, *Œuvres complètes* XI 1114 **cc.** Galiani et d'Épinay, t. IV, p. 178 **dd.** L* XIII 271 **ee.** L* X 46 **ff.** A.N. O[1] 106 folio 317 **gg.** HWD II 442 **hh.** MdF **ii.** L* III 369 **jj.** L* III 360

a. SS I 228 **b.** D XII 316 : 25.1.1709 *Le roi a donné à M. de Vaudemont, même sans qu'il le demandât, le logement qu'avait Mme la duchesse de Ventadour avant que Madame la maréchale de la Motte fût morte. Ce logement est beaucoup plus beau et plus commode que celui qu'avait M. de Vaudemont.* **c.** DN **d.** B **e.** A.N. O[1] 124 folio 683 **f.** D.C.V. citant A.N. M.C. XXII 668 **g.** A.N. O[1] 285 433 **h.** A.N. O[1] 1797 171 ; cf. 124 folio 683 **i.** A.N. O[1] 1076 90 **j.** SS I 303 **k.** DN ; L* VI 184 **l.** D I 23 **m.** D IX 199 ; SS II 99 *sq.* **n.** A.N. O[1] 48 folio 81 **o.** Comme dame d'honneur de Madame, Mme de Ventadour avait un appartement, probablement dans l'attique de l'aile des Princes. Voir D VIII 65 : 14.2.1702 *Madame la duchesse de Brancas, dame d'honneur de Madame n'ayant point encore de logement ici, Madame la duchesse de Ventadour, qui a quitté cette charge, crut devoir renvoyer à M. Blouin les clefs de son appartement pour que le roi en disposât. Le roi dit à Blouin de faire rendre les clefs à madame de Ventadour et de lui dire que c'était à elle et non à la charge que le logement était donné et qu'il serait fort aise même qu'elle en jouît longtemps et souvent.* Cf. D XII 316 : 25.1.1709 *Le roi a donné à M. de Vaudemont, même sans qu'il le demandât, le logement qu'avait Mme la duchesse de Ventadour avant que Madame la maréchale de la Motte fût morte. Ce logement est beaucoup plus beau et plus commode que celui qu'avait M. de Vaudemont* [**AN 35**]. **p.** Murphy, p. 165 *sq.* **q.** A.N. O[1] 121 folio 77 ; HWD IV 61 **r.** Galiani et d'Épinay, t. IV, p. 148

s. Murphy, p. 165 **t.** SS XIX 398 **u.** DN **v.** PdC II **w.** A.N. O[1] 87 folio 219 **x.** A.N. O[1] 100 folio 22 **y.** L* VIII 77 **z.** L* VIII 90 **aa.** DN **bb.** SS XVIII 410 **cc.** SS III 27 **dd.** SS III 26 **ee.** A.N. O[1] 69 folio 422 **ff.** DN **gg.** HWD III 106 **hh.** L* IV 223 ; MdF **ii.** L* IV 226 **jj.** DN **kk.** SS II 144

a. DN **b.** L* V 409 **c.** A.N. O^1 53 folio 174 **d.** L* V 409 **e.** L* III 167 ; V 409 ; VII 210 **f.** A.N. O^1 90 folio 30 **g.** A.N. O^1 1836 II 68 **h.** DN **i.** DN **j.** A.N. O^1 104 folio 621 **k.** A.N. O^1 106 folio 317 **l.** DN **m.** Ozanam et Antoine, t. I, p. 90 **n.** A.N. O^1 106 folio 111 **o.** A.N. O^1 109 folio 129 **p.** DN

q. DN **r.** SS I 114 **s.** A.N. O^1 39 folio 17 **t.** A.N. O^1 60 folio 53 **u.** A.N. O^1 66 folio 267 **v.** A.N. O^1 58 folio 201 **w.** DN **x.** NBG **y.** L* XVI 471 ; A.N. O^1 102 folio 333 **z.** HWD III 179 **aa.** DN **bb.** NBG **cc.** DN **dd.** DN **ee.** A.N. O^1 60 folio 204 **ff.** L* I 157 **gg.** SS II 131 **hh.** A.N. O^1 52 folio 7 **ii.** Anselme de Saint-Marie VII, p. 609 **jj.** SS I 22

-W-

-Z-

a. Tessin, p. 219 : « De la faveur de Vintimille / Dont le monde fut si surpris / Que reste-t-il à sa famille ? / Le diriez-vous ? Un demi Louis ! » **b.** S-A XIV 295 **c.** NBG **d.** DN **e.** NBG **f.** DN **g.** SS III 325 **h.** René Pomeau *et al.*, *Voltaire en son temps*, Paris, 1985, 2 vol., I, p. 630 **i.** A.N. O[1] 90 folio 305 ; Pomeau, *op. cit.*, p. 500 **j.** Pomeau, *ibid.*, I, p. 592

k. SS VI 264 **l.** *Ibid.* **m.** Castella de Delley, p. 372 **n.** L* XIII 358 **o.** A.N. O[1] 88 **p.** MdF ; L* X 330 ; A.N. O[1] 94 folio 260 **q.** DN **r.** Castella de Delley, p. 8 **s.** L* XVI 164

Table des plans et documents

Table des matières

La Vieille Aile

Le corps central

L'aile des Princes

L'AILE DU NORD

LES AILES DES MINISTRES

Cet ouvrage a été composé par
I.G.S. - Charente Photogravure à L'Isle-d'Espagnac (16)

Aubin Imprimeur
LIGUGÉ, POITIERS

Achevé d'imprimer en mars 2000
N° d'édition 2025 / N° d'impression L 59839
Dépôt légal avril 2000
Imprimé en France

ISBN 2-213-60205-0
35-14-0405-01/7